BPF 성능 분석 도구
BPF Performance Tools

BPF Performance Tools: Linux System and Applications Observability
by Brendan Gregg

Authorized translation from the English language edition, entitled BPF PERFORMANCE TOOLS, 1st Edition, by GREGG, BRENDAN, published by Pearson Education, Inc., publishing as Addison-Wesley Professional, Copyright ⓒ2020 Brendan Gregg.

KOREAN language edition published by INSIGHT PRESS, Copyright ⓒ2021

KOREAN translation rights arranged with PEARSON EDUCATION, INC.
through AGENCY ONE, SEOUL KOREA

BPF 성능 분석 도구:
BPF 트레이싱을 통한 리눅스 시스템 관측가능성과 성능 향상

초판 1쇄 발행 2021년 7월 26일 **지은이** 브렌던 그레그 **옮긴이** 이호연 **펴낸이** 한기성 **펴낸곳** (주)도서출판인사이트 **편집** 정수진 **제작 · 관리** 신승준, 박미경 **용지** 월드페이퍼 **출력 · 인쇄** 현문인쇄 **후가공** 이지앤비 **제본** 자현제책 **등록번호** 제 2002-000049호 **등록일자** 2002년 2월 19일 **주소** 서울시 마포구 연남로5길 19-5 **전화** 02-322-5143 **팩스** 02-3143-5579 **블로그** http://blog.insightbook.co.kr **이메일** insight@insightbook.co.kr **ISBN** 978-89-6626-312-7 책값은 뒤표지에 있습니다. 잘못 만들어진 책은 바꾸어 드립니다. 이 책의 정오표는 http://blog.insightbook.co.kr에서 확인하실 수 있습니다.

프로그래밍 인사이트

BPF 성능 분석 도구

BPF 트레이싱을 통한 리눅스 시스템 관측가능성과 성능 향상

브렌던 그레그 지음 | 이호연 옮김

인사이트

차례

옮긴이의 글

BPF를 처음 접하게 된 건 2018년 공개 SW 개발자센터 8월 오픈랩 세미나의 "BPF/XDP" 세션에서였습니다. 당시의 기억을 되살려 보면, 커널 내에 사용자가 작성한 코드를 동작시킬 수 있는 일종의 가상 머신이 존재한다는 것이 상당히 충격적이었습니다. 그 세션에서는 iptables의 더 빠른 대안책[1]으로 XDP를 사용해 패킷을 처리하는 방법을 코드와 함께 보여주었는데, 이때 BPF의 무궁무진한 활용 가능성에 매료되었습니다. 역자는 2018년에 API Gateway 관련 책[2]을 공동 집필했는데, 그 세션에서 다룬 BPF 기술을 가지고 단순한 패킷 처리를 넘어 API request transformation과 같이 복잡한 사용자 애플리케이션 로직을 처리할 수 있지 않을까 하는 상상을 하곤 했습니다(아직까지 이런 오픈 소스 프로젝트는 없습니다).

그 이후로 역자는 BPF에 상당히 매료되어, 이 기술을 사용하며 커널을 탐구해 나가기 시작했습니다. BPF 기술은 네트워크뿐만 아니라 트레이싱 분야에도 상당한 강점을 가지고 있는데, 이 책의 저자인 브렌던 그레그가 강조하는 것처럼 시스템과 애플리케이션에 대해 기존의 도구와는 차원이 다른 수준의 관측가능성을 제공하기 때문입니다. 특히 블랙박스처럼 느껴졌던 커널의 스토리지 스택의 동작 과정을 분석하는 데 많은 도움이 되었습니다. VFS, 파일 시스템, 블록 장치와 같은 광범위한 영역을 아주 깊숙이 들여다볼 수 있어서 성능 분석에 대한 다양한 관점을 얻을 수 있었습니다.[3]

BPF라는 기술은 커널과 밀접하게 연관되어 있어 설명하기 어렵고, 다양한 분야에서 범용적으로 사용되는 기술이라 완벽하게 이해하기 쉽지 않아서 한마디로 표현하기 힘들었습니다. 또한 성능 분석은 분석 대상 시스템에 대한 전반적인 이해를 필요로 하기 때문에 숙련되지 않은 엔지니어에게는 결코 쉽지 않은

---

1 XDP와 기존의 패킷 처리 방법과의 성능 비교와 관련해서는 역자가 2019년 SOSCON(삼성 오픈소스 컨퍼런스)에서 발표한 "Faster Packet Processing in Linux: XDP" 발표 자료를 참조하십시오. *https://github.com/DanielTimLee/soscon19_xdp*

2 《Kong: Becoming a King of API Gateways》(Bleeding Edge, 2018)

3 이와 관련해서 미국 보스턴에서 열린 USENIX Vault 19에서 "Performance Analysis in Linux Storage Stack with BPF"라는 주제로 BPF 튜토리얼 세션을 진행했습니다. 발표 자료는 다음을 참조하십시오. *https://github.com/kernel-digging/vault19_bpf_tutorial*

주제이기도 합니다. 이 책은 여러분이 BPF를 쉽게 이해할 수 있도록 트레이싱 분야에 초점을 맞춰 다양한 사용 사례와 함께 해당 기술에 대해 설명합니다. 또한 시스템의 각 컴포넌트(CPU, 메모리, 파일 시스템, 등)에 대한 트레이싱에 앞서 분석에 필요한 배경지식을 함께 설명하기 때문에 초보자도 쉽게 이해하고 따라할 수 있을 것입니다.

이 책에는 저자가 프로덕션 환경에서 실제로 겪은 이슈들과 다양한 문제들을 해결하기 위해 개발한 도구가 150개 이상 수록되어 있기 때문에, 이 도구들이 당장 필요하지 않더라도 향후에 레퍼런스로 사용할 수 있어 매우 유용합니다. 또한 독자 스스로 성능 분석 도구를 제작할 수 있도록 상세하게 안내하기 때문에, 상황에 꼭 맞는 도구가 존재하지 않더라도 각자가 원하는 방식으로 도구를 만들 수 있습니다. 이 책의 뒷부분에는 솔라리스 시절부터 현재까지 수년간 퍼포먼스 엔지니어로 활동해온 저자의 성능 분석 노하우도 수록되어 있어, 리눅스 성능 분석에 있어 완벽한 가이드를 제공합니다.

역자는 주로 C 언어를 사용해 BPF 프로그램을 작성했는데, 이것은 여간 어려운 일이 아니었습니다. 지난 3년 사이에 커널 BPF에는 수많은 변화가 있었습니다. 메모리 역참조 방법 변경, BPF 맵 정의 방식 변경, BPF 로더 API 변경 등 안정적이지 않은 인터페이스로 인해 여러 가지 문제를 겪었습니다. 하지만 이 책의 독자들은 주로 BPF 프론트엔드를 사용하여 프로그램을 작성할 것이기 때문에 이 점에 대해 너무 걱정하지 않아도 됩니다. BCC, bpftrace의 사용자 인터페이스는 C 언어보다 안정적이고 일관성 있는 경험을 제공합니다(만약 여러분이 C 언어로 BPF 프로그램을 작성한다면 구 버전 bpf_load API는 더 이상 커널에 존재하지 않음에 유의하십시오[4]).

많은 분들이 이 책을 통해 BPF 성능 분석에 대해 이해하고 유용한 성과를 얻으며 한 단계 더 나아갈 수 있는 계기가 되었으면 좋겠습니다. 부족한 실력으로 번역하느라 주변 많은 분께 폐를 끼친 것 같습니다. 이 자리를 빌려 모든 분들께 감사의 말씀을 전하고 싶습니다.

---

4 커널 개발자인 역자는 이 책을 번역하는 동안 커널 BPF에 다수의 컨트리뷰션을 하였는데, 이 인터페이스는 2020년 11월에 역자가 커널에서 모두 제거하였습니다. 해당 내용의 패치는 다음의 링크를 참조하십시오. *https://patchwork.ozlabs.org/cover/1405344*

추천의 글

프로그래머들은 "패치를 구현했다(implement)"는 표현보다는 "패치를 요리했다 (cook)"는 표현을 종종 씁니다. 저는 학창 시절부터 프로그래밍에 푹 빠져 살았 습니다. 프로그래머가 좋은 코드를 작성하기 위해서는 가장 좋은 '재료'를 사용 해야 합니다. 프로그래밍 언어는 다양한 구성 요소, 즉 '재료'를 제공하는데, 유 독 리눅스 커널 프로그래밍을 할 때는 커널 자체말고는 다른 재료가 없습니다.

2012년에 저는 커널에 기능을 추가할 일이 있었는데, 그때는 제가 필요로 하 는 그런 '재료'가 존재하지 않았습니다. 이때 저는 사용할 수 있기까지 꽤 오랜 시간이 걸리겠지만 커널 안에 필요한 구성 요소를 작성할 수도 있었을 것입니 다. 그러나 그 대신 숙련된 프로그래머를 위한, 커널 2계층 네트워크 브릿지와 3 계층 네트워크 라우터에 사용할 수 있는 '범용 재료'를 만들기 시작했습니다.

'범용 재료'에는 사용자의 프로그래밍 실력이 좋든 나쁘든 사용하기에 안전해 야 하는 등 몇 가지 중요한 요구 조건이 있었습니다. 악의를 가진 프로그래머든 초보 프로그래머든 이것을 이용해서 바이러스를 만들어 낼 수 없어야 합니다. 이 '범용 재료'는 이를 용납하면 안 됩니다.

리눅스 커널에는 이미 이와 유사한 특성을 지닌 BPF(Berkely Packet Filter) 라는 것이 있었습니다. 이것은 tcpdump 같은 애플리케이션에서 패킷을 필터 링해 걸러내는 데 사용하는 최소한의 명령어 집합으로 구성되어 있습니다. 제 가 개발 중인 '재료'에 그 이름을 차용해 eBPF라 명명했으며, 여기서 e는 확장 (extended)을 의미합니다.

몇 년 후 eBPF와 클래식 BPF의 차이점은 없어져 버렸고, 저의 '범용 재료'는 차츰 BPF라는 이름으로 불리기 시작했습니다. 유명 기업들이 이것을 가지고 거 대한 시스템을 만들어서 수많은 사람들에게 서비스를 제공하고 있습니다. 또한 BPF 설계에 기반한 안전 원칙 덕분에 많은 '요리사'들이 세계적인 명성을 가진 '셰프'가 될 수 있었습니다.

BPF를 요리하는 최초의 셰프가 이 책의 저자인 브렌던 그레그(Brendan Gregg)입니다. 그는 BPF를 네트워킹과 보안에 더해 성능 분석, 내부 관찰, 관측 가능성(observability)에도 사용할 수 있다는 것을 꿰뚫어 보았습니다. 하지만 그런 도구를 만들고 측정한 것을 해석하는 데는 연습과 지식이 필요합니다.

이 책이 당신이 가장 좋아하는 '요리책'이 되기를 바랍니다. 당신의 리눅스 주방에서 BPF를 사용하는 방법을 마스터 셰프에게서 배울 수 있도록 말이죠.

알렉세이 스타로보이토프(Alexei Starovoitov)
미국 워싱턴주 시애틀에서
2019년 8월

서문

"확장 BPF의 활용 사례는 ··· 경이로운 수준입니다."
 - 2015년 2월, 새로운 BPF의 창시자, 알렉세이 스타로보이토프[1]

2014년 7월, 알렉세이 스타로보이토프는 그가 개발하고 있는 흥미로운 기술인 eBPF(또는 그냥 BPF, 확장 버클리 패킷 필터)에 대해 논의하기 위해 캘리포니아 로스 가토스에 위치한 넷플릭스 사무실을 방문했습니다. BPF는 패킷 필터의 성능을 개선하는 기술로 당시에는 많이 알려지지 않았는데, 알렉세이는 이 기술을 패킷 이외에도 널리 사용되도록 확장시키려는 비전을 가지고 있었습니다. 그는 네트워크 엔지니어인 다니엘 보크먼(Daniel Borkmann)과 함께 BPF를 고급 네트워킹 프로그램 및 다른 프로그램을 실행시킬 수 있는 범용 가상 머신으로 만들고자 했습니다. 이는 매우 획기적인 생각이었습니다. 필자가 흥미를 느낀 건 성능 분석 도구로 활용한 사례이고, 필자는 이 BPF에서 필자가 필요로 하는 프로그래밍 역량을 어떻게 제공할 수 있는지 목격했습니다. 만약 알렉세이가 BPF를 패킷 이외에도 사용할 수 있도록 만든다면, 필자는 BPF를 사용하는 성능 분석 도구를 함께 개발하겠다고 약속했습니다.

BPF는 이제 어떤 이벤트 소스에도 연결할 수 있으며, 시스템 엔지니어링 분야에서 많은 주목을 받는 새로운 기술이 되어 많은 기여자들이 활발하게 활동하고 있습니다. 필자는 지금까지 70개 이상의 BPF 성능 분석 도구를 개발하고 발표했습니다. 이 도구들은 세계적으로 널리 사용되고 있고 넷플릭스, 페이스북 그리고 다른 일부 회사의 서버에 기본으로 탑재하고 있습니다. 이 책에 수록하기 위해 많은 것을 더 개발했고, 다른 기여자들의 도구들도 수록했습니다. 이 책을 통해 독자들과 성능 분석, 문제 해결 등에 사용할 수 있는 유용한 도구들을 공유하게 된 것은 필자에게는 큰 영광입니다.

성능 분석 엔지니어로서, 필자는 미지의 영역이 하나도 없도록 하기 위해 성능 분석 도구를 사용하는 것에 일종의 강박관념을 가지고 있습니다. 시스템 내의 밝혀지지 않은 부분은 성능 병목과 소프트웨어의 버그가 숨어 있는 곳입니다. 필자의 이전 작업물은 DTrace 기술을 사용했으며, 이것은 필자의 책 ≪DTrace: Dynamic Tracing in Oracle Solaris, Mac OS X, and FreeBSD≫

(Prentice Hall, 2011)에 해당 운영체제용으로 개발한 도구들과 함께 수록해 놓았습니다. 이제 유사한 기능과 좀 더 나은 가시성을 가진 리눅스 전용 도구들을 공유할 수 있게 되어 기쁩니다.

성능 분석 도구가 필요한 이유

BPF 성능 분석 도구를 사용하면 시스템의 성능 향상, 비용 절감, 소프트웨어 문제점 해결에 도움을 주어 여러분의 시스템과 애플리케이션을 최대한으로 활용할 수 있습니다. 이 도구를 사용하면 기존의 도구보다 훨씬 깊이 있게 분석할 수 있으며, 프로덕션 환경에서 시스템에 관계된 어떠한 의문점에 대해서도 즉시 해결책을 얻을 수 있습니다.

이 책에 대하여

이 책은 주로 관측가능성과 성능 분석에 활용되는 BPF 성능 분석 도구에 대해서 다룹니다만, 이 도구들은 소프트웨어 문제 해결, 보안 분석 등에도 사용됩니다. BPF를 학습할 때 가장 어려운 부분은 코드를 작성하는 방법이 아닙니다. 이런 인터페이스는 하루 정도면 배울 수 있습니다. 가장 어려운 부분은 BPF로 무엇을 할 것인가 입니다. 수천 개의 이벤트 중에서 무엇을 트레이싱해야 할까요? 이러한 질문에 대한 해답을 찾기 위해, 이 책은 성능 분석에 필요한 배경지식을 제공하고, BPF 성능 분석 도구를 사용해서 여러 가지 다른 소프트웨어와 하드웨어 타깃을 (넷플릭스 프로덕션 서버의 예시 출력 결과와 함께) 분석합니다.

BPF 관측가능성은 초능력과도 같은데, 시스템과 애플리케이션에 대한 기존의 가시성을 뛰어넘어 확장시키기 때문입니다. BPF를 효율적으로 사용하기 위해서는 iostat(1), perf(1)와 같은 기존의 성능 분석 도구는 언제 사용해야 하는지, 또 BPF 도구는 언제 사용해야 하는지 알아야 합니다. 이 책에 정리해 놓은 기존 도구들은 성능 문제들을 즉석에서 해결해 주기도 하지만, 그렇지 않은 경우에도 BPF 도구를 이용해 추가적으로 분석해 볼 유용한 컨텍스트나 실마리를 제공해 줍니다.

이 책의 여러 장에는 가장 중요한 핵심 내용을 안내하는 학습 목표를 제시하고 있습니다. 또한 이 책의 자료는 BPF 분석에 관한 넷플릭스 내부 교육 프로그램에서도 사용하고 있으며 일부 장에서는 선택적으로 활용할 수 있는 연습문제도 있습니다.

이 책에 수록된 수많은 BPF 도구는 리눅스 재단 IO Visor 프로젝트의 일부인 BCC와 bpftrace 저장소에서 가져온 것입니다. 이 도구들은 오픈 소스이며 저장소 홈페이지나 여러 리눅스 배포판 패키지를 통해 무료로 구할 수 있습니다. 필자 역시 이 책을 위해 새로운 bpftrace 도구를 여러 개 작성했으며 그 소스 코드를 여기에 수록했습니다.

이러한 도구들은 BPF의 다양한 역량을 임의로 보여주기 위해 개발한 것이 아니라 프로덕션 환경에서 실제로 사용하기 위해 만들었습니다. 이 도구들은 필자가 기존 분석 도구로는 해결이 불가능했던 프로덕션 이슈를 해결하는 데 필요로 했던 도구들입니다.

bpftrace로 작성한 도구들의 소스 코드를 이 책에 수록해 놓았습니다. 여러분이 bpftrace 도구를 수정하거나 새로운 도구를 개발하고자 한다면 5장에서 bpftrace 언어를 배울 수 있으며, 이 책에 있는 많은 소스 코드 사례를 통해 학습할 수도 있습니다. 소스 코드를 통해서 각 도구가 무엇을 하고 어떤 이벤트를 계측하고 있는지 확인할 수 있습니다. 각 도구마다 실행해 볼 수 있는 수도 코드가 수록되어 있다고 생각하면 됩니다.

BCC와 bpftrace의 프론트엔드 개발이 안정적인 단계에 접어들고 있지만, 향후 어떤 변경으로 인해 이 책에 수록되어 있는 일부 소스 코드가 더 이상 작동하지 않고 업데이트가 필요할 수도 있습니다. 여러분이 사용하는 도구가 BCC나 bpftrace에서 가져온 것이라면 해당 저장소에 업데이트 버전이 나와있는지 확인해 보시기 바랍니다. 이 책에 수록된 도구라면 이 책의 웹 페이지(*http://www. brendangregg.com/bpf-performance-tools-book.html*)를 확인하시면 됩니다. 가장 중요한 점은 도구의 동작 여부가 아니라, 여러분이 도구에 대해 이해하고 있고 여러분이 그 도구를 사용하기 원한다는 것입니다. BPF 트레이싱에서의 가장 어려운 부분은 여러분이 그것을 가지고 무엇을 할 것인가를 아는 것입니다. 망가진 도구조차 유용한 아이디어를 주기도 하니까요.

새로운 도구

독자에게 복합 분석 도구 세트를 제공하기 위해 코드 예제의 두 배나 되는 80개 이상의 새로운 도구를 개발해 이 책에 수록했습니다. 그중 많은 수를 그림 P.1에 표시해 놓았습니다. 이 다이어그램에 기존의 도구는 검은색 글자로, 새로운 도구는 회색 글자로 표시했습니다. 기존의 도구와 새로운 도구 모두 이 책에 수록

되어 있지만, 뒤에 나오는 다이어그램에서는 이들을 서로 다른 색상(회색/검은
색)을 사용해 구분하지 않습니다.

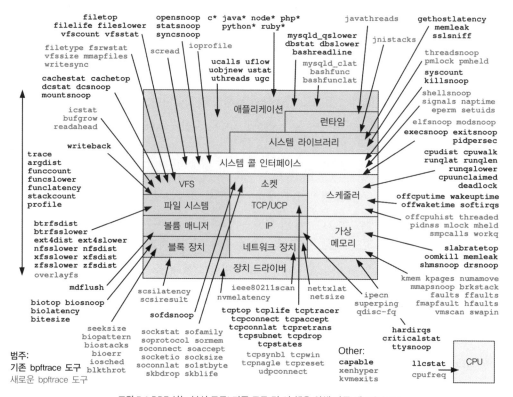

그림 P.1 BPF 성능 분석 도구: 기존 도구 및 이 책을 위해 만든 새로운 도구

GUI에 대하여

일부 BCC 도구는 선형 그래프에 대한 시계열 데이터, 플레임 그래프에 대한 스
택 트레이스, 혹은 히트맵에 대한 초당 히스토그램처럼 이미 GUI에 대한 지표
소스로 사용되고 있습니다. 많은 사람이 이런 BPF 도구들을 직접 사용하기보다
는 GUI를 활용해서 사용할 것으로 예상합니다. 여러분들이 어떤 방식으로 사용
하든, 이 도구들은 풍부한 정보를 제공해 줄 것입니다. 이 책은 도구들의 지표와
그것을 해석하는 방법, 그리고 필요한 새로운 도구를 직접 만드는 방법을 설명
해 줍니다.

리눅스 버전에 대하여

이 책 전체에 걸쳐 여러 가지 리눅스 기술을 소개하면서 보통 커널 버전과 발표된 연도도 함께 표시했습니다. 때로는 해당 기술의 개발자도 소개했으니 독자들은 원 개발자가 작성한 보조 자료를 참고할 수 있습니다.

확장 BPF는 부분적으로 리눅스에 추가되었습니다. 2014년 리눅스 3.18에 처음으로 추가되었으며, 그 이후 리눅스 4.x와 5.x에 더 많은 부분이 추가되었습니다. 이 책에 있는 BPF 도구를 실행할 수 있는 충분한 기능을 갖추려면 리눅스 4.9 또는 그 상위 버전을 사용하는 것을 추천합니다. 이 책에서 다루는 예제들도 리눅스 4.9부터 5.3 커널에서 실행한 것입니다.

확장 BPF를 다른 커널에서도 사용할 수 있게 작업을 진행 중입니다. 이 책의 후속편에서는 리눅스 이외의 운영체제에 대해 다루게 될 수도 있습니다.

이 책에서 다루지 않는 부분

BPF는 광범위한 주제이며 BPF 성능 분석 도구 외에도 이 책에서 다루지 못한 다른 많은 활용 사례가 있습니다. 여기에는 소프트웨어 정의 네트워킹(SDN), 방화벽, 컨테이너 보안, 장치 드라이버 같은 분야가 포함됩니다.

이 책은 bpftrace와 BCC 도구를 사용하는 것뿐만 아니라 새로운 bpftrace 도구를 개발하는 것에 초점을 맞추고 있지만, 새로운 BCC 도구를 개발하는 내용은 다루지 않습니다. BCC 소스 코드는 통상 너무 길어서 포함하지 못했습니다만, 몇 가지 사례를 선택하여 부록 C에 수록했습니다. BPF 도구가 어떻게 작동하는지 좀 더 자세히 알고 싶은 사람들을 위해 부록 D에 C 프로그래밍으로 도구를 개발한 사례를, 부록 E에 BPF 명령어의 사례를 수록해 놓았습니다.

이 책은 하나의 프로그래밍 언어나 애플리케이션의 성능만 국한해서 다루지 않습니다. 그렇게 다루는 다른 책들도 있는데 그런 책들은 언어 디버깅과 분석 도구들에 대해서도 다룹니다. 여러분이 문제를 해결하기 위해서 BPF 도구와 이러한 도구를 함께 사용할 가능성이 있으며, 이를 통해 서로 다른 도구가 상호 보완적이며 서로 다른 실마리를 제공한다는 것을 발견하게 될 것입니다. 리눅스의 기본 시스템 분석 도구들은 여기에 포함되어 있으므로 새로운 것을 만드느라 시간을 낭비하지 않고도, 또한 더 깊은 곳을 보는 것을 돕는 BPF 도구까지 사용하지 않고도 쉽게 성과를 얻을 수 있습니다.

이 책에는 각 분석 대상별 기술 배경과 전략을 요약 정리해 놓았습니다. 이 주제들에 대해서는 필자의 이전 책인 《Systems Performance: Enterprise and the Cloud》(Prentice Hall, 2011)[Gregg 13b]에서 보다 상세히 설명했습니다.

이 책의 구성

이 책은 총 3부로 구성되어 있습니다. 제1부는 1장부터 5장까지로, BPF 트레이싱에 필요한 배경 지식에 해당하는 성능 분석, 커널 트레이싱 기술, 그리고 BPF 트레이싱 프론트엔드 BCC와 bpftrace에 대해 다룹니다.

제2부는 6장부터 16장까지로, BPF 트레이싱의 대상인 CPU, 메모리, 파일 시스템, 디스크 입출력, 네트워킹, 보안, 언어, 애플리케이션, 커널, 컨테이너, 하이퍼바이저에 대해 다룹니다. 이 책을 처음부터 차례대로 학습할 수도 있지만, 자신이 관심을 가지고 있는 장으로 건너뛸 수 있게 이 책을 구성했습니다. 각 장은 배경 지식 설명, 분석 전략 제안, 그리고 특정 BPF 도구로 이어지는 유사한 포맷을 따릅니다. 기능 다이어그램은 복잡한 주제를 꿰뚫어 볼 수 있도록 도와주며 여러분이 무엇을 계측하고 있는지에 대해 머릿속으로 그림을 그릴 수 있게 해줍니다.

마지막 3부는 17장과 18장으로 기타 BPF 도구들, 유용한 팁, 요령, 그리고 흔히 발생하는 문제들과 같은 별도 주제에 대해 다룹니다.

부록에서는 bpftrace 원 라이너, bpftrace cheat sheet, BCC 도구 개발 개요, C BPF 도구 개발(perf(1) 사례 포함), BPF 명령어 요약에 대한 내용을 제공합니다.

이 책에는 많은 전문 용어와 약어가 나옵니다. 가능한 한 용어가 나오는 곳에 설명을 달아 놓았습니다. 전체적인 설명은 맨 뒤에 있는 용어 사전을 참고하시기 바랍니다.

정보의 출처에 대한 좀 더 상세한 내용은 이 머리말의 "보충 자료와 참고 자료", 이 책 맨 뒤에 있는 "참고 문헌"을 보시기 바랍니다.

대상 독자

이 책은 다양한 사람이 유용하게 사용할 수 있도록 만들었습니다. 이 책에 있는 BPF 도구를 사용하기 위해 코딩이 필요하지 않습니다. 여러분은 이 책을 언제든 실행할 준비가 되어 있는, 이미 만들어진 도구를 활용하는 요리책으로 활용할 수 있습니다. 직접 코드를 작성하고 싶다면 이 책에 수록된 모든 코드와 5장을 통해 신속하게 자신만의 도구를 만드는 방법을 학습할 수 있습니다.

이 책은 각 장마다 이해하는 데 필요한 배경 지식을 요약 정리해 놓아서, 성능 분석에 관계된 배경 지식이 꼭 필요한 것은 아닙니다.

이 책은 구체적으로 다음과 같은 독자층을 대상으로 하고 있습니다.

- **시스템 관리자, 사이트 안정성 관리자, 데이터베이스 관리자, 성능 분석 엔지니어, 지원 스태프**: 프로덕션 시스템을 책임지고 있다면 성능 이슈 진단, 리소스 사용 파악, 문제 해결을 위해 이 책을 활용할 수 있습니다.
- **애플리케이션 개발자**: 자신이 개발한 코드를 분석하고 시스템 이벤트에 맞춰 그 코드를 계측하는 데 활용할 수 있습니다. 예를 들어 디스크 I/O는 해당 이벤트를 발생시킨 코드와 함께 검토할 수 있습니다. 이러한 도구는 커널 이벤트 속을 직접 들여다볼 수 없는 애플리케이션 특화 도구를 넘어, 좀 더 완전하게 동작을 볼 수 있는 기능을 제공합니다.
- **보안 엔지니어**: 의심스러운 동작을 발견하고 정상 동작에 대한 화이트리스트를 만들기 위해 모든 이벤트를 모니터링하는 방법을 학습할 수 있습니다.
- **성능 모니터링 개발자**: 이 책을 통해 제품에 새로운 관측가능성을 추가하는 것에 관한 아이디어를 얻을 수 있습니다.
- **커널 개발자**: 자신의 코드를 디버깅하기 위해 bpftrace 원 라이너를 작성하는 법을 학습할 수 있습니다.
- **학생**: 운영체제와 애플리케이션에 대해 공부하는 학생들은 BPF 계측을 이용해서 동작 중인 시스템을 새롭고 맞춤화된 방법으로 분석할 수 있습니다. 논문을 통해 추상적인 커널 기술을 배우지 않고도, 학생들은 커널을 트레이싱하고 커널이 어떻게 동작하는지 확인할 수 있습니다.

이러한 맥락에서 이 책은 BPF 도구의 적용에 초점을 맞추고 있으며, 독자들이 기본적인 네트워킹("IPv4 주소란 무엇인가" 같은)이나 커맨드 라인 사용법과 같은 이 책에서 다루는 주제들에 대해 최소한의 지식 수준을 갖추었다고 가정합니다.

소스 코드 저작권

이 책에는 많은 BPF 도구에 대한 소스 코드가 수록되어 있습니다. 각각의 도구에는 그것이 BCC에서 왔는지, bpftrace에서 왔는지, 혹은 이 책을 위해 작성된 것인지 등 그 시초에 대한 각주가 붙어 있습니다. BCC 혹은 bpftrace에서 가져온 도구에 대해서는, 저작권 공지 확인을 위해 해당 저장소에서 전체 소스 코드를 참고하시기 바랍니다.

아래는 필자가 이 책에 수록하기 위해 개발한 새 도구의 저작권 공지입니다. 이 공지는 이 책의 저장소에 공개된 도구의 전체 소스 코드에 포함되어 있습니다. 이 도구를 공유하거나 전송할 때 이 저작권 공지를 제거해서는 안 됩니다.

```
/*
 * Copyright 2019 Brendan Gregg.
 * Licensed under the Apache License, Version 2.0 (the "License").
 * This was originally created for the BPF Performance Tools book
 * published by Addison Wesley. ISBN-13: 9780136554820
 * When copying or porting, include this comment.
 */
```

여기 수록된 도구 중 일부는 필자가 이전에 만들었던 도구와 마찬가지로 고도의 관측가능성을 제공하고자 하는 상용 제품에 포함될 가능성이 있습니다. 만약 해당 도구가 이 책에서 가져온 것이라면 제품 문서에 이 책과 BPF, 그리고 필자의 기여에 대한 부분을 넣어 주시면 좋겠습니다.

그림 인용

그림 17.2~17.9: 벡터(Vector) 스크린샷, © 2016 Netflix, Inc.

그림 17.10: grafana-pcp-live 스크린샷, Copyright 2019 © Grafana Labs

그림 17.11~17.14: 그라파나(Grafana) 스크린샷, Copyright 2019 © Grafana Labs

보충 자료와 참고 자료

독자들께 이 책의 웹사이트를 방문할 것을 권합니다.

http://www.brendangregg.com/bpf-performance-tools-book.html

이 책의 정오표, 독자의 피드백뿐만 아니라 수록한 모든 도구를 위 사이트에서 다운로드할 수 있습니다.

이 책에서 다룬 많은 도구는 소스 코드 저장소에도 있으며 거기서 관리되고 개선됩니다. 이 도구들의 최신 버전에 대해서도 이 저장소를 참조하시기 바랍니다.

https://github.com/iovisor/bcc

https://github.com/iovisor/bpftrace

이 저장소에는 필자가 작성하고 BPF 커뮤니티가 관리하고 업데이트하는 상세한 레퍼런스 가이드와 튜토리얼도 들어 있습니다.

이 책에서 사용하는 규약

이 책에서는 서로 다른 유형의 기술에 대해 설명하는데, 자료를 표시하는 방법은 더 많은 맥락을 보여줍니다.

도구의 출력 결과에서 볼드체는 수행한 명령어를 뜻하고, 어떤 경우에는 흥미로운 것을 강조할 때도 사용합니다. 해시 프롬프트(#)는 명령어나 도구가 루트 사용자(관리자)로서 실행된 것을 의미합니다.

```
# id
uid=0(root) gid=0(root) groups=0(root)
```

달러 프롬프트($)는 일반 사용자로 명령어와 도구를 실행시키는 것을 의미합니다.

```
$ id
uid=1000(bgregg) gid=1000(bgregg) groups=1000(bgregg),4(adm),27(sudo)
```

어떤 프롬프트는 작업 디렉터리를 보여주는 디렉터리 이름 접두사를 포함하고 있습니다.

```
bpftrace/tools$ ./biolatency.bt
```

이 책에서 다루는 대부분의 도구는 실행을 위해 루트 접근 혹은 이에 상응하는 권한을 필요로 하는데, 많은 명령어 앞에 해시 프롬프트가 사용됩니다. 여러분이 루트 사용자가 아니라면, 루트로 도구를 실행시키는 한 가지 방법은 도구에 sudo(8) 명령어(super-user do)의 sudo를 접두어로 붙이는 것입니다.

어떤 명령어들은 불필요한 셸 확장이 일어나는 것을 방지하기 위해 작은따옴표 안에 넣어서 실행합니다. 이렇게 감싸는 것은 아주 좋은 습관이며 예를 들면 다음과 같습니다.

```
# funccount 'vfs_*'
```

리눅스 명령어 이름 또는 시스템 콜은 ls(1) 명령어, read(2) 시스템 콜, funccount(8) 시스템 관리 명령어처럼 괄호 속에 매뉴얼 페이지 번호가 적혀 따라 나오게 됩니다. vfs_read() 커널 함수처럼, 빈 괄호는 프로그래밍 언어에서의 함수 호출을 의미합니다. 만약 인자를 가진 명령어가 문단에 포함되면 고정폭 글꼴로 표기했습니다.

명령어 출력 결과를 축약한 경우 사각 괄호로 둘러싸인 생략 부호를 포함하고 있습니다([⋯]). '^C'를 포함하고 있는 줄은 프로그램을 종료시키는 Ctrl-C가 입력되었다는 것을 뜻합니다.

웹사이트에 대한 참고 문헌은 [123]과 같이 번호를 붙여 놓았습니다.

감사의 글

많은 분들이 현재 사용 중인 BPF 트레이싱 도구를 만드는 데 필요한 모든 구성 요소들을 구축하기 위해 작업해 왔습니다. 커널 트레이싱 프레임워크, 컴파일러 툴 체인, 명령어 검증 도구(verifier), 기타 복잡한 구성 요소 내부의 이해할 수 없는 문제들을 해결하는 데 함께 한 그들의 기여가 많이 알려지지 않은 것 같습니다. 이런 작업들은 종종 잘 알려지지 않으며 찬사를 받지 못하기도 합니다. 그렇지만 그분들의 노고의 최종 결과물이 여러분이 실행시키려고 하는 BPF 도구인 것입니다. 이들 도구 중 다수를 필자가 제작하였는데, 이것을 필자 혼자서 제작했다는 공정하지 못한 인상을 주었을 수도 있습니다. 하지만 이 도구들은 정말 많은 다른 기술과 다른 많은 사람들의 작업을 기반으로 하고 있습니다. 필자는 그분들의 작업에 감사를 드리고자 하며 이 책을 만드는 데 기여해 주신 분들께도 감사를 전합니다.

관련한 기술을 만든 분들은 다음과 같습니다.

- eBPF: 기술을 만들고, 개발을 이끌고, BPF 커널 코드를 관리하고 eBPF에 대한 그분들의 비전을 추진한 알렉세이 스타로보이토프(Alexei Starovoitov, Facebook; 그 이전엔 PLUMgrid)와 대니얼 보크먼(Daniel Borkmann, Isovalent; 그 이전엔 Cisco, Red Hat)에게 감사를 전합니다. 다른 모든 eBPF 기여자들께, 특별히 그 기술을 지원하고 개선되도록 해주신 David S. Miller(Red Hat)에게 감사를 전합니다. 이 책을 쓰는 시점에 BPF 커널 코드에는 2014년 이후로 총 3,224건의 커밋이 이루어졌고, BPF 커뮤니티의 총 249명이 기여했습니다. 대니얼과 알렉세이를 제외하고, 커밋 개수를 기준으로 현재 최상위 기여자는 Jakub Kicinski(Netronome), Yonghong Song(Facebook), Martin KaFai Lau(Facebook), John Fastabend(Isovalent; 그 이전엔 Intel), Quentin Monnet(Netronome), Jesper Dangaard

Brouer(Red Hat), Andrey Ignatov(Facebook), Stanislav Fomichev(Google)입니다.

- **BCC**: BCC를 맨 처음 만들고 개발해주신 Brenden Blanco(VMware; 그 이전엔 PLUMgrid)에게 감사를 전합니다. 주요 개발자로는 Sasha Goldshtein (Google; 그 이전엔 SELA), Yonghong Song(Facebook; 그 이전엔 PLUMgrid), Teng Qin(Facebook), Paul Chaignon(Orange), Vicent Martí (github), Mark Drayton(Facebook), Allan McAleavy(Sky), Gary Ching-Pang Lin(SUSE)이 있습니다.

- **bpftrace**: bpftrace를 맨 처음 만들고 높은 수준의 코드와 광범위한 테스트를 강조한 Alastair Robertson(Yellowbrick Data; 그 이전엔 G-Research, Cisco)에게 감사를 전합니다. 지금까지 bpftrace에 기여해 준 다른 모든 분들, 특히 Matheus Marchini(Netflix; 그 이전엔 Shtima), Willian Gasper(Shtima), Dale Hamel(Shopify), Augusto Mecking Caringi(Red Hat), Dan Xu(Facebook)에게 감사를 전합니다.

- **ply**: BPF를 기반으로 하는 첫 번째 고급 트레이싱 도구를 개발한 Tobias Waldekranz에게 감사를 전합니다.

- **LLVM**: BCC와 bpftrace의 기반이 되는, LLVM의 BPF 백엔드 개발에 기여한 알렉세이 스타로보이토프, Chandler Carruth(Google), Yonghong Song, 그 외 다른 분들께 감사를 전합니다.

- **kprobe**: 이 책 전반에 걸쳐 널리 사용된 리눅스 커널 동적 계측을 설계하고, 개발하고, 작업한 모든 분께 감사를 전합니다. 그 분들 중에는 Richard Moore(IBM), Suparna Bhattacharya(IBM), Vamsi Krishna Sangavarapu (IBM), Prasanna S. Panchamukhi(IBM), Ananth N Mavinakayanahalli (IBM), James Keniston(IBM), Naveen N Rao(IBM), Hien Nguyen(IBM), Masami Hiramatsu(Linaro; 그 이전엔 Hitachi), Rusty Lynch(Intel), Anil Keshavamurthy(Intel), Rusty Russell, Will Cohen(Red Hat), David Miller(Red Hat)가 있습니다.

- **uprobe**: 리눅스 사용자 레벨 동적 계측을 개발한 Srikar Dronamraju(IBM), Jim Keniston, Oleg Nesterov(RedHat)에게, 그리고 기술 리뷰를 해주신 Peter Zijistra에게 감사를 전합니다.

- **tracepoint**: 리눅스 트레이싱에 기여해 주신 Mathieu Desnoyers(EfficiOS)에게 감사를 전합니다. Desnoyers는 정적 tracepoint를 개발하고 커널에 반영

될 수 있게 했습니다. 그 덕분에 안정적인 트레이싱 도구와 애플리케이션의 개발이 가능하게 되었습니다.

- **perf**: BPF 도구가 사용할 수 있도록 커널 특성을 추가하는 perf(1) 도구 관련 작업을 진행해 주신 Arnaldo Carvalho de Melo(Red Hat)에게 감사를 전합니다.

- **Ftrace**: Ftrace와 트레이싱에 기여해 주신 Steven Rostedt(VMware; 그 이전엔 Red Hat)에게 감사를 전합니다. Ftrace는 BPF 트레이싱 개발에 큰 도움이 되었습니다. 필자는 가능한 한 트레이싱 도구의 출력 결과와 이에 상응하는 Ftrace의 출력 결과를 대조해서 검토해왔기 때문입니다. Tom Zanussi(Intel) 는 최근에 Ftrace '히스토그램 트리거(hist triggers)'로 기여하고 있습니다.

- **(클래식) BPF**: Van Jacobson과 Steve McCanne에게 감사를 전합니다.

- **동적 계측**: 1992년에 동적 계측(Dynamic instrumentation) 분야의 기초를 세운 Barton Miller 교수(위스콘신 대학교, 매디슨 캠퍼스)와 그 당시 그의 학생이었던 Jeffrey Hollingsworth에게 감사를 전합니다.[Hollingsworth 94] 이것은 DTrace, SystemTap, BCC, bpftrace, 그 외의 다른 동적 트레이서들을 받아들이게 만든 핵심 기능이었습니다. 이 책에서 다루는 대부분의 도구는 동적 계측을 기반으로 하고 있습니다(kprobe와 uprobe를 사용하는 도구).

- **LTT**: 1999년에 첫 리눅스 트레이서인 LTT를 개발한 Karim Yaghmour와 Michel R. Dagenais에게 감사를 전합니다. 또한 리눅스 커뮤니티에서 트레이싱을 위해 끊임없이 분투하고 이후의 트레이서를 만드는 데 지원을 아끼지 않은 Karim에게 감사를 전합니다.

- **Dprobes**: 2000년에 최초의 리눅스용 동적 계측 기술인 DProbes를 개발한 Richard J. Moore와 IBM에 있는 그의 팀에게 감사를 전합니다. 이 기술은 오늘날 우리가 사용하고 있는 kprobe 기술을 이끌었습니다.

- **SystemTap**: SystemTap은 이 책에서 사용되지는 않지만, Frank Ch. Eigler (Red Hat)와 SystemTap의 다른 분들은 리눅스 트레이싱 분야가 훨씬 더 좋아지게 했습니다. 이분들은 종종 리눅스 트레이싱을 새로운 영역으로 이끌었고, 커널 트레이싱 기술에서 버그를 발견했습니다.

- **ktap**: 리눅스 VM기반 트레이싱 도구를 만드는 데 도움이 된 고급 트레이서 ktap에 대한 Jovi Zhangwei의 기여에 감사를 전합니다.

- 2005년에 발표되어 처음으로 널리 사용되게 된 동적 계측 기술인 DTrace를 개발하는 탁월한 작업을 해주신 썬 마이크로시스템(Sun Microsystems)의 엔지니어인 Bryan Cantrill, Mike Shapiro, Adam Leventhal에게도 감사를 전합

니다. DTrace가 세계적으로 알려지도록 하고, 리눅스에 있는 이것과 유사한 트레이싱 도구들의 수요를 이끌어 주신 썬 마이크로시스템의 마케팅, 에반젤리스트, 영업, 그리고 썬 내·외부의 다른 많은 분께도 감사를 전합니다.

여러 해에 걸쳐 이러한 기술들에 기여한, 여기 기록하지 못한 다른 많은 분께도 감사를 전합니다.

이러한 기술을 만드는 것과 별개로, 위에 기록된 많은 분들이 이 책을 만드는 데 도움을 주었습니다. 대니얼 보크먼은 몇몇 장에 대해 놀라운 기술적 피드백과 제안을 해주었고, 알렉세이 스타로보이토프 역시 eBPF 커널 내용에 대해 중요한 피드백과 조언을 해주었으며 이 책의 추천사도 써주었습니다. Alastair Robertson은 5장 "bpftrace"에 관련한 사례를 주었으며, Yonghong Song은 BTF를 개발하면서 BTF 내용에 대한 피드백을 주었습니다.

이 책을 만들면서 BPF 관련 기술 개발 분야에서 적극적인 역할을 하고 있는 많은 분들의 기술적인 피드백과 기여를 받을 수 있었던 것은 행운이었다고 생각합니다.

Matheus Marchini(Netflix), Paul Chaignon(Orange), Dale Hamel(Shopify), Amer Ather(Netflix), Martin Spier(Netflix), Brian W. Kernighan(Google), Joel Fernandes(Google), Jespter Brouer(Red Hat), Greg Dunn(AWS), Julia Evans(Stripe), Toke Høiland-Jørgensen(Red Hat), Stanislav Kozina(Red Hat), Jiri Olsa(Red Hat), Jens Axboe(Facebook), Jon Haslam(Facebook), Andrii Nakryiko(Facebook), Sargun Dhillon(Netflix), Alex Maestretti(Netflix), Joseph Lynch(Netflix), Richard Elling(Viking Enterprise Solutions), Bruce Curtis(Netflix), Javier Honduvilla Coto(Facebook)에게 감사를 전합니다. 이 분들의 도움으로 많은 부분들을 다시 쓰고, 추가하고, 개선했습니다. 필자는 몇몇 절에서 Mathieu Desnoyers(EfficiOS)와 Masami Hiramatsu(Linaro)로부터 일부 도움도 받았습니다. Claire Black 역시 여러 장의 최종 검토 및 피드백을 주었습니다.

필자의 동료인 Jason Koch는 '기타 도구' 장의 많은 부분을 써주었고 이 책의 거의 모든 장에 걸쳐 피드백을 주었습니다(5센티미터 두께 출력물에 손으로 코멘트를 작성해 주었습니다!).

리눅스 커널은 복잡하며 계속 변하고 있습니다. 수많은 깊이 있는 주제를 요약 정리하는 뛰어난 작업을 맡고 있는 lwn.net의 Jonathan Corbet과 Jake Edge에게 감사드립니다. 두 분이 작성한 많은 글이 참고문헌에 수록되어 있습니다.

이 책을 완성하기 위해 BCC와 bpftrace 프론트엔드에 많은 기능을 추가하고 발생한 이슈들을 고치는 일 또한 필요했습니다. 필자 그리고 몇몇 분이 이 책에 수록된 도구들이 작동하도록 수천 라인의 코드를 작성했습니다. 필요할 때마다 수정 작업을 해주신 Matheus Marchini, Willian Gasper, Dale Hamel, Dan Xu, Augusto Caringi에게 특별한 감사를 전합니다.

필자가 넷플릭스에 근무하면서 BPF 작업을 하는 것을 지원해 주신 현재 매니저 Ed Hunter와 전 매니저 Coburn Watson에게 감사를 전합니다. OS 팀에서 일하는 필자의 동료 Scott Emmons, Brian Moyles, Gabrielle Munoz에게도 감사를 전합니다. 이분들은 넷플릭스 프로덕션 서버에 BCC와 bpftrace가 설치될 수 있도록 하였고, 그 덕에 필자는 많은 사용 예시 스크린샷을 얻을 수 있었습니다.

전문적인 기술 편집과 조언, 그리고 앞으로 나올 다른 책을 위해 전폭적인 지원을 해준 필자의 아내인 Deirdré Straughan(AWS)에게 감사를 전합니다. 필자의 글쓰기는 여러 해에 걸친 그녀의 도움으로 크게 향상되었습니다. 필자가 이 책을 쓰느라 바쁜 와중에도 지지해 주고 희생을 감내해준 아들 Mitchell에게도 감사를 전합니다.

이 책은 필자와 짐 마우로(Jim Mauro)가 함께 쓴 ≪Dtrace≫에서 영감을 얻어 집필했습니다. 짐의 노고 덕에 책은 성공을 거두었으며, 책의 구조와 도구 설명법에 대해 그와 나눈 토론이 이 책의 수준을 높이는 데 큰 도움이 되었습니다. 짐은 이 책을 만드는 데도 많은 기여를 했습니다. 이 모든 것에 대해 짐에게 감사를 전합니다.

이 프로젝트에 열정적인 도움을 주신 Pearson 출판사의 선임 편집자 Greg Doench에게도 특별한 감사를 전합니다.

이 책을 쓰면서 필자는 BPF 관측가능성을 소개하는 기회를 얻는 크나큰 영광을 누렸습니다. 이 책에서 다룬 156개의 도구 중 135개를 필자가 개발했으며, 그 중 89개는 이 책을 위해 새로 개발한 것입니다(개수를 의도한 것은 아니었습니다만 새로운 도구가 100개 이상 있습니다). 이러한 도구들을 새로 만들기 위해서는 연구, 애플리케이션 환경과 클라이언트 워크로드 구성, 실험, 그리고 검사가 필요했습니다. 때로 지치기도 했지만 이 도구들이 아주 많은 분들에게 값진 것이 될 것이라는 것을 생각하면서 만족스럽게 일을 끝마칠 수 있었습니다.

브렌던 그레그
캘리포니아 산호세에서(이전에는 호주 시드니에서)
2019년 11월

1장

소개

이번 장에서는 핵심 용어, 사용하는 기술들 그리고 몇 가지 BPF 성능 분석 도구에 대해 소개합니다. 각 기술에 대해서는 이어지는 장들에서 더 자세히 설명합니다.

1.1 BPF/eBPF란?

BPF는 버클리 패킷 필터(Berkeley Packet Filter)의 약자로, 1992년에 패킷 캡처 도구들의 성능을 향상시키면서 개발된 기술입니다.[McCanne 92] 2013년에 알렉세이 스타로보이토프(Alexei Starovoitov)는 BPF[2]의 주요 개정을 제안하였고, 이후 알렉세이 자신과 대니얼 보크먼(Daniel Borkmann)에 의해 개발되어 2014년 리눅스 커널에 포함됩니다.[3] 이를 계기로 BPF가 고급 성능 분석 도구에 이용되는 등 다양한 분야에 사용 가능한 범용 실행 엔진이 되었습니다.

BPF를 활용할 수 있는 방법이 다양한 만큼, BPF가 무엇인지 정확하게 설명하는 게 쉽지는 않습니다. BPF는 다양한 커널과 애플리케이션 이벤트상에서 미니 프로그램들을 실행할 수 있는 방법을 제공합니다. 자바스크립트에 대해 잘 알고 있다면 그 공통점을 쉽게 찾을 수 있을 것입니다. 자바스크립트는 마우스 클릭과 같은 브라우저 이벤트를 통해 미니 프로그램들을 실행하는 것이 가능하고, 이런 기능 덕분에 다양한 웹 애플리케이션이 존재합니다. BPF는 디스크 I/O와 같은 시스템 이벤트와 애플리케이션 이벤트를 통해 커널에서 미니 프로그램들을 실행할 수 있게 함으로써 새로운 시스템 기술들을 가능케 했습니다. 이를 활용하면 커널을 완전히 프로그래밍할 수 있게 되고, 사용자(커널 개발자가 아니더라도)들은 시스템을 커스터마이즈하고 제어해서 당면한 문제들을 해결할 수 있게 됩니다.

BPF는 명령어 집합, 저장 객체 그리고 헬퍼 함수로 이루어진 적용성이 좋고 효율적인 기술입니다. BPF는 일종의 가상머신이라고 할 수도 있는데, 이는 자체 가상 명령어 집합을 가지고 있는 특성 때문입니다. 이러한 명령어는 리눅스 커널 BPF 런타임에서 실행되며, BPF 런타임에는 실행을 위해 BPF 명령어를 기계어로 변환하는 JIT 컴파일러와 인터프리터가 포함되어 있습니다. BPF 프로그램이 커널의 동작을 멈추거나 손상하지 않는 것을 보장하기 위해, BPF 명령어는 먼저 안전 검증 도구를 통과해야만 합니다(완벽한 보장은 아니나, 실행은 되지만 올바르지는 않은 비논리적 프로그램을 사용자가 작성하는 것을 방지합니다). BPF의 구성 요소들에 대해서는 2장에서 상세히 설명합니다.

이 책을 집필하는 시점까지 BPF는 네트워킹, 관측가능성(observability) 그리고 보안 분야에서 주로 사용되고 있습니다. 이 책은 그중 관측가능성을 중점적으로 다룰 것입니다.

확장 BPF(extended BPF)는 흔히 eBPF라는 약어로 표시하기도 하지만, 공식 약칭은 여전히 'e'가 없는 BPF이므로, 이 책에 사용되는 BPF는 확장 BPF를 의미합니다. 커널에는 확장 BPF와 '클래식' BPF 프로그램을 모두 실행하는 BPF(확장 BPF)라는 하나의 실행 엔진만이 존재합니다.[1]

1.2 트레이싱, 스누핑, 샘플링, 프로파일링과 관측가능성

분석 기법 및 도구를 분류하는 데 다음과 같은 용어를 사용합니다.

트레이싱(Tracing)은 분석 기법 중 이벤트를 기반으로 기록하는 방법으로, BPF 도구에서 사용하는 계측 기법의 일종입니다. 여러분은 이미 이런 특수 목적의 트레이싱 도구를 사용해 보았을 수도 있습니다. 시스템 콜(system call) 이벤트를 기록하고 출력하는 도구인 리눅스 strace(1)가 그런 예 중 하나입니다. 이 외에도 이벤트를 일일이 추적하지는 않지만, 고정 통계 카운터를 이용해 이벤트를 측정하고 요약하는 도구도 여럿 있는데, 리눅스 top(1)이 그중 하나입니다. 이러한 트레이싱 도구의 특징은 원시 이벤트(raw event)와 이벤트 메타데이터를 기록할 수 있다는 것입니다. 이러한 데이터는 양이 방대하여 살펴보기 위해서는

---

1 클래식 BPF 프로그램들(기존 BPF[McCanne 92])은 실행을 위해 자동으로 커널 안의 확장 BPF 엔진에 마이그레이션되었습니다. 클래식 BPF는 더 이상 개발되지 않습니다.

데이터의 가공이나 요약 등 높은 비용의 후처리 작업이 필요할 수 있습니다. 프로그래밍이 가능한 BPF 트레이싱 도구를 사용하면 이러한 과정을 피할 수 있는데, 여러 이벤트에서 작은 프로그램을 실행하여 통계 요약과 같은 맞춤화된 정보를 즉석에서 뽑아내거나 기타 다른 작업의 수행이 가능하기 때문입니다.

strace(1)는 이름에 'trace'가 포함되어 있지만, 모든 트레이싱 도구가 'trace'라는 이름을 포함하고 있는 것은 아닙니다. 예를 들어, tcpdump(8)는 네트워크 패킷에 전문화된 트레이싱 도구입니다(아마도 tcptrace라고 이름 지었어야 하지 않았을까요?). 솔라리스(Solaris) 운영체제에는 자체적인 버전의 tcpdump가 있었고, 네트워크 패킷을 스누핑(snooping)하는 데 이용되었기 때문에 snoop(1M)[2]이라 불렀습니다. 최초로 여러 가지 트레이싱 도구를 개발해서 공개한 사람으로서 조금 후회가 되기도 합니다만, 솔라리스에서도 그런 작업을 하면서 초기에 만든 도구들에서 '스누핑'이란 용어를 사용했습니다. 이러한 이유로 현재 execsnoop(8), opensnoop(8), biosnoop(8) 등과 같은 이름의 트레이싱 도구가 존재하게 된 것입니다. 스누핑, 이벤트 덤프 그리고 트레이싱은 일반적으로 같은 의미입니다. 이런 도구들에 대해서는 후반부 장들에서 다룹니다.

도구 이름과는 별개로, 트레이싱이란 용어는 커널 개발자들 사이에서 관측가능성(observability) 용도의 BPF를 설명할 때 주로 사용합니다.

샘플링(sampling) 도구는 전체가 아닌 부분적인 측정값을 가지고 대상을 개략적으로 그려내는데, 이는 프로파일 생성 혹은 프로파일링이라고도 알려져 있습니다. BPF 도구 중 profile(8)은 타이머에 기반해 실행 중인 코드의 샘플을 수집하는 도구인데, 10ms마다 샘플링할 수 있습니다. 바꿔 말하면 모든 CPU에서 초당 100개의 샘플을 수집할 수 있다는 의미입니다. 샘플링 도구의 장점은 여러 번의 이벤트 중 하나의 이벤트만 측정하기 때문에 성능 오버헤드가 트레이싱 도구에 비해 낮을 수 있다는 것입니다. 다만 샘플링 기법은 대략적인 그림만 제공하며, 샘플링 중 놓치는 이벤트들이 생긴다는 단점이 있습니다.

관측가능성(Observability)은 관측을 통해 시스템을 이해하고 이를 수행할 수 있는 도구들을 분류하는 것입니다. 트레이싱, 샘플링 및 고정 카운터 기반의 도구들이 여기에 속합니다. 시험적으로 작업 부하를 가해 시스템의 상태를 수정하는 벤치마크 도구는 포함되지 않습니다. 이 책에서 다루는 BPF 도구는 관측가능성 도구에 해당하고 프로그래밍이 가능한 트레이싱을 위해 BPF를 이용합니다.

2　솔라리스의 매뉴얼 섹션 1M은 유지보수와 관리 명령어에 관한 부분입니다(리눅스의 섹션 8에 해당).

1.3 BCC, bpftrace 그리고 IO Visor란?

BPF 명령어를 직접 코딩하는 것은 극도로 따분하고 피곤한 일이기 때문에 고급 언어를 이용해 BPF 명령어를 코딩할 수 있게 해주는 프론트엔드가 개발되었습니다. 대표적으로 BCC와 bpftrace가 이에 해당합니다.

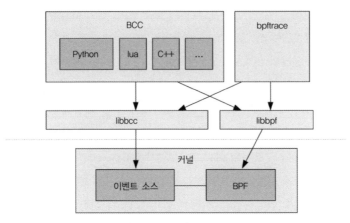

그림 1.1 BCC, bpftrace, BPF

BCC(BPF Compiler Collection, BPF 컴파일러 컬렉션)는 BPF 사용을 위해 최초로 개발된 상위 레벨 트레이싱 프레임워크입니다. 커널 BPF 코드를 작성하는 데에는 C 언어 프로그래밍 환경을, 사용자 레벨 인터페이스를 작성하는 데에는 파이썬(Python), 루아(Lua), C++ 같은 프로그래밍 환경을 제공합니다. BCC는 libbcc와 현재 libbpf 라이브러리[3]의 기원으로, BPF 프로그램으로 여러 이벤트를 계측할 수 있는 기능을 제공합니다. BCC 저장소에는 성능 분석과 문제 해결을 위한 70개 이상의 BPF 도구들이 있습니다. 여러분은 BCC 코드를 작성할 필요 없이 시스템에 BCC를 설치한 다음 BCC와 함께 제공된 도구를 실행할 수 있습니다. 이 책에서는 이러한 여러 도구를 살펴보게 됩니다.

bpftrace는 BPF 도구를 개발하기 위한 고급 언어를 제공하는 새로운 프론트엔드입니다. bpftrace 코드는 아주 간결하기 때문에 도구에 사용되는 소스 코드 대부분을 이 책에 그대로 실었습니다. 이 코드를 통해 작성된 도구가 무엇을 계측하고, 그 정보가 어떻게 처리되는지 볼 수 있습니다. bpftrace는 libbcc와 libbpf 라이브러리를 이용해 작성되었습니다.

---

3 첫 libbpf는 왕 난(Wang Nan)이 perf[4]와 함께 사용하기 위해 만들었습니다. libbpf는 현재 커널 소스의 일부입니다.

그림 1.1은 BCC와 bpftrace를 보여줍니다. 둘의 관계는 상호 보완적입니다. bpftrace는 간단하지만 강력한 원 라이너[4] 혹은 맞춤화된 짧은 스크립트에 이상적인 반면, BCC는 복잡한 스크립트 혹은 데몬 프로그램을 작성하는 데 적합하며 라이브러리와 함께 사용할 수 있습니다. 예를 들어 대부분의 파이썬 BCC 도구는 파이썬 argparse 라이브러리를 사용해 도구 커맨드 라인 인자를 복잡한 부분까지 미세 제어합니다.

또 다른 BPF 프론트엔드 중에는 현재 개발 중인 ply[5]라는 프로젝트가 있습니다. 이 프로젝트는 가벼우면서 의존성을 최소화하도록 설계되었기 때문에 임베디드 리눅스 환경에 적합합니다(이 책에서는 ply에 대해 깊게 다루지는 않습니다). 여러분의 동작 환경에서 bpftrace보다 ply가 적합하다 하더라도, 여러분은 이 책을 통해서 BPF로 무엇을 분석할 수 있을지 유용한 정보를 얻을 수 있을 것입니다.

이 책에 수록된 수십 개의 bpftrace 도구는 ply의 문법으로 변환한 후 ply를 이용하여 실행할 수 있습니다(ply의 향후 버전에서는 bpftrace 구문을 직접 지원할 것입니다). 이 책에서는 시스템의 여러 컴포넌트를 분석하는 데 필요한 기능들을 모두 갖추고 있으며 그동안 많은 개발이 이루어진 bpftrace에 초점을 맞춥니다.

BCC와 bpftrace 코드는 커널 안에 들어가 있지 않지만, IO Visor라는 리눅스 재단 프로젝트의 일부이고 Github에서 찾아볼 수 있습니다. 해당 저장소의 주소는 다음과 같습니다.

https://github.com/iovisor/bcc

https://github.com/iovisor/bpftrace

이 책에서 BPF 트레이싱이라는 용어는 BCC와 bpftrace 도구, 두 가지 모두를 가리킵니다.

1.4 BCC 살펴보기

신속한 진행을 위해 본론으로 들어가서 몇 가지 도구의 출력에 대해 먼저 살펴보겠습니다. 다음 도구는 새로운 프로세스를 트레이싱하며 프로세스가 시작할 때마다 한 줄 요약을 출력합니다. BCC에 포함되어 있는 execsnoop(8)이라는 도구는 exec(2) 변형인 execve(2) 시스템 콜을 트레이싱하며 작동합니다(exec

---

4 (옮긴이) 짤막한 프로그램을 의미합니다.

에서 이름이 유래). BCC 도구의 설치에 대해서는 4장에서 다루며, 후반부에서 이런 도구들에 대해 좀 더 상세하게 살펴볼 것입니다.

```
# execsnoop
PCOMM           PID    PPID   RET ARGS
run             12983  4469     0 ./run
bash            12983  4469     0 /bin/bash
svstat          12985  12984    0 /command/svstat /service/httpd
perl            12986  12984    0 /usr/bin/perl -e $l=<>;$l=~/(\d+) sec/;print
$1||0
ps              12988  12987    0 /bin/ps --ppid 1 -o pid,cmd,args
grep            12989  12987    0 /bin/grep org.apache.catalina
sed             12990  12987    0 /bin/sed s/^ *//;
cut             12991  12987    0 /usr/bin/cut -d -f 1
xargs           12992  12987    0 /usr/bin/xargs
echo            12993  12992    0 /bin/echo
mkdir           12994  12983    0 /bin/mkdir -v -p /data/tomcat
mkdir           12995  12983    0 /bin/mkdir -v -p /apps/tomcat/webapps
^C
#
```

결과를 보면 트레이싱이 이루어지는 동안 어떤 프로세스가 동작하였는지 알 수 있습니다. 일반적으로 아주 짧은 시간 동안만 동작한 프로세스는 top(1)과 같은 다른 도구들에서는 출력되지 않을 수 있습니다. 이 도구의 출력은 여러 줄로 이루어져 있는데 ps(1), grep(1), sed(1), cut(1) 등과 같은 표준 유닉스 유틸리티가 호출되었음을 확인할 수 있습니다. 현재 페이지에 있는 출력 결과만으로는 얼마나 빨리 출력되었는지 확인할 수 없습니다. execsnoop(8)를 -t 옵션과 함께 사용하면 타임스탬프 값과 함께 출력할 수 있습니다.

```
# execsnoop -t
TIME(s) PCOMM       PID    PPID   RET ARGS
0.437   run         15524  4469     0 ./run
0.438   bash        15524  4469     0 /bin/bash
0.440   svstat      15526  15525    0 /command/svstat /service/httpd
0.440   perl        15527  15525    0 /usr/bin/perl -e $l=<>;$l=~/(\d+) sec/;prin...
0.442   ps          15529  15528    0 /bin/ps --ppid 1 -o pid,cmd,args
[...]
0.487   catalina.sh 15524  4469     0 /apps/tomcat/bin/catalina.sh start
0.488   dirname     15549  15524    0 /usr/bin/dirname /apps/tomcat/bin/catalina.sh
1.459   run         15550  4469     0 ./run
1.459   bash        15550  4469     0 /bin/bash
1.462   svstat      15552  15551    0 /command/svstat /service/nflx-httpd
1.462   perl        15553  15551    0 /usr/bin/perl -e $l=<>;$l=~/(\d+) sec/;prin...
[...]
```

일부 출력 결과를 생략했지만([…]로 표시한 부분), 타임스탬프(TIME(s)) 열을 통해 새로운 단서를 확인할 수 있습니다. 새 프로세스의 생성이 약 1초 간격으로 이루어지고, 이 패턴이 반복된다는 점입니다. 이 결과를 통해 매초 새로운 30 개의 프로세스가 일괄적으로 실행되고, 또한 30개의 프로세스 실행 사이에 약 1 초 정도의 간격이 있다는 것을 확인할 수 있습니다.

이 출력 결과는 필자가 넷플릭스(Netflix)에서 실제로 겪은 이슈를 exesnoop(8) 을 이용해 디버깅한 결과입니다. 해당 이슈는 마이크로-벤치마킹을 하던 서버에서 발생하였는데, 그 벤치마크 결과는 신뢰성을 확보하기에는 너무 큰 변동성을 보여주었습니다. 필자는 유휴 상태여야 하는 시스템에서 execsnoop(8)을 실행해 보았더니 실제로는 시스템이 유휴 상태가 아니라는 사실을 발견했습니다! 매초 이런 프로세스가 실행되면서 벤치마크 결과를 교란시키고 있었습니다. 이 문제의 원인은 매초 실행되지만 실패하고 재실행되는 잘못 설정된 서비스로 밝혀졌습니다. 해당 서비스를 비활성화한 후에는 이러한 프로세스가 멈췄고(execsnoop(8) 을 이용해서 확인함) 벤치마크 결과가 일관성을 보이게 되었습니다.

execsnoop(8)의 출력 결과는 워크로드 특성화(workload characterization)라는 성능 분석 방법을 보조하는 역할을 합니다. 워크로드 특성화는 이 책에서 다루는 여러 가지 BPF 도구를 통해 수행할 수 있습니다. 이 분석 방법은 아주 간단한데, 현재 어떤 워크로드가 적용되고 있는지 정의하면 됩니다. 워크로드에 대해 잘 이해하기만 해도 많은 경우 문제를 해결할 수 있고, 지연 시간의 원인이 무엇인지 깊이 파고들거나 드릴다운 분석(Drill-Down Analysis)을 하는 수고를 덜 수 있습니다. 위의 사례는 시스템에 적용된 프로세스 워크로드입니다. 3장에서는 이 방법과 아울러 또 다른 분석 방법론에 대해 소개합니다.

여러분의 시스템에 execsnoop(8)를 약 한 시간 정도 실행시켜 보세요. 무엇이 발견되나요?

execsnoop(8)은 매 이벤트별로 데이터를 출력하지만, BPF를 이용해 효율적으로 정보를 집계하는 다른 도구도 있습니다. biolatency(8)는 블록 장치의 I/O(디스크 I/O)를 지연 시간 히스토그램으로 정리해 보여주는 도구로, 우선적으로 사용해 볼 수 있습니다.

다음은 특정 밀리초 내에 요청을 전송해야 하는 SLA(Service Level Agreement, 서비스 수준 협약) 때문에 지연 시간에 민감한 프로덕션 데이터베이스에서 biolatency(8)를 실행한 결과입니다.

```
# biolatency -m
Tracing block device I/O... Hit Ctrl-C to end.
^C
```

```
       msecs                  : count    distribution
          0 -> 1              : 16335    |****************************************|
          2 -> 3              : 2272     |*****                                   |
          4 -> 7              : 3603     |********                                |
          8 -> 15             : 4328     |**********                              |
         16 -> 31             : 3379     |********                                |
         32 -> 63             : 5815     |**************                          |
         64 -> 127            : 0        |                                        |
        128 -> 255            : 0        |                                        |
        256 -> 511            : 0        |                                        |
        512 -> 1023           : 11       |                                        |
```

biolatency(8) 도구는 블록 I/O 이벤트를 계측하고 BPF를 이용해 지연 시간
(latency)을 계산하고 요약합니다. 이 결과는 도구가 동작을 멈출 때(사용자가
Ctrl-C 입력) 출력됩니다. 필자는 해당 결과를 밀리초 기준으로 확인하기 위해
-m 옵션을 이용하였습니다.

이 출력 결과는 쌍봉분포(bi-modal distribution)와 지연 시간 극단값(latency
outliers)을 보여준다는 점이 흥미롭습니다. 가장 분포가 넓은 구간(ASCII 분포
도에서 확인할 수 있듯)은 0~1ms 영역으로, 총 트레이싱을 하는 동안 16,355건
의 I/O가 발생하였습니다. 이는 아주 빠른 속도인데, 디스크상의 캐시 히트에
기인할 것일 뿐 아니라 플래시 메모리 장치에서 구동했기 때문입니다. 두 번째
로 분포가 넓은 구간은 32~63ms 구간으로, 이는 이러한 저장 장치의 기대 성능
보다 훨씬 느린 것이고, 이 경우에는 큐잉(queuing)을 권장합니다. 이것은 더
많은 BPF 도구를 이용한 심층적 분석을 통해 확인할 수 있습니다. 마지막으로,
512~1023ms 구간에서는 11개의 I/O가 발생했습니다. 이와 같이 속도가 매우
느린 I/O 이벤트를 지연 시간 극단값(latency outliers)이라고 부르고 다른 BPF
도구를 이용하면 좀 더 심도 있게 검증해 볼 수 있습니다. DB 팀에게 이러한 이
벤트는, 분석하고 해결해야 할 최우선 과제입니다. 만약 DB가 이러한 I/O에 의
해 블록된다면, 그 데이터베이스의 지연 시간 목표를 초과하게 될 것입니다.

1.5 BPF 트레이싱 가시성

BPF 트레이싱은 전 소프트웨어 스택에 걸쳐 가시성(visibility)을 제공하고, 필요
에 따라 새로운 도구를 만들고 새로운 계측을 할 수 있도록 해줍니다. 여러분은
프로덕션 환경에서 시스템을 재부팅하거나 애플리케이션을 특정 모드로 재실행
할 필요 없이 바로 BPF 트레이싱을 사용할 수 있습니다. 마치 엑스레이 투시력
을 가진 것처럼 커널 컴포넌트나 장치, 애플리케이션 라이브러리의 깊숙한 부분

에 대해 알고 싶을 때, 동작 중인(live) 서비스와 프로덕션 환경에서 그동안 어느 누구도 해보지 못한 방법으로 내부를 들여다볼 수 있습니다.

그림 1.2는 일반적인 시스템 소프트웨어 스택을 도식화한 것입니다. 각 컴포넌트를 관측하는 데 필요한 BPF 기반 성능 분석 도구에는 어떤 게 있는지 주석을 달아 두었습니다. 이 도구들은 BCC, bpftrace와 이 책에서 찾아볼 수 있습니다. 후반부에서 많은 부분을 설명할 것입니다.

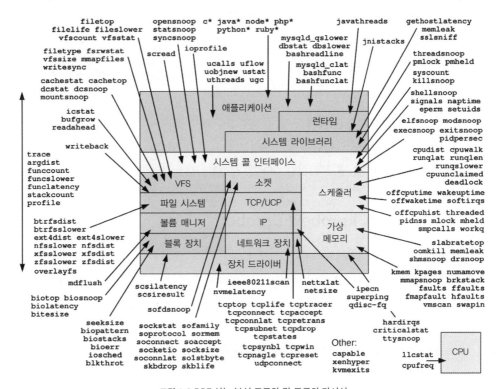

그림 1.2 BPF 성능 분석 도구와 각 도구의 가시성

커널 CPU 스케줄러, 가상 메모리, 파일 시스템 등과 같은 컴포넌트를 조사하고 분석하는 데 어떤 도구를 사용할 수 있을지 생각해 보십시오. 그림 1.2를 간단히 살펴보기만 해도 BPF를 이용해서 기존에 관측이 어려웠던 부분들을 들여다볼 수 있다는 것을 알게 될 것입니다.

표 1.1은 이런 컴포넌트를 조사하고 분석하는 데 사용하던 기존의 도구들과 BPF 트레이싱을 이용해 해당 컴포넌트를 관측할 수 있는지 여부를 정리한 것입니다.

컴포넌트	기존 분석 도구	BPF 트레이싱
언어 런타임에 의해 동작하는 애플리케이션: 자바, Node.js, 루비, PHP	런타임 디버거	런타임 지원을 통해 가능
코드 컴파일에 의해 동작하는 애플리케이션: C, C++, Go	시스템 디버거	가능
시스템 라이브러리: /lib/*	ltrace(1)	가능
시스템 콜 인터페이스	strace(1), perf(1)	가능
커널: 스케줄러, 파일 시스템, TCP, IP 등	Ftrace, perf(1)를 이용한 샘플링	더 상세히 관측 가능
하드웨어: CPU 내부, 장치	perf, sar, /proc 카운터	직·간접적으로 가능함[5]

표 1.1 기존 분석 도구

기존 도구들도 분석을 시작하는 데 유용하지만 BPF 트레이싱 도구를 사용하면 더 깊이 들여다볼 수 있습니다. 3장에서는 분석의 첫 단계로 시스템 도구를 이용해서 기본적인 성능을 분석하는 내용을 정리합니다.

1.6 동적 계측: kprobe와 uprobe

BPF 트레이싱은 소프트웨어 스택 전체에 걸쳐 가시성을 제공하기 위해 여러 이벤트 소스를 지원합니다. 동적 트레이싱이라고도 부르는 동적 계측에 대해서는 특별히 언급할 가치가 있는데, 이것은 프로덕션 환경에서 동작하고 있는 소프트웨어에 계측 지점(instrumentation point)을 삽입할 수 있습니다. 동적 계측은 소프트웨어를 수정하지 않은 상태로 동작하기 때문에 계측을 사용하지 않을 때는 오버헤드를 부과하지 않습니다. 또한 이 계측 방법은 BPF 도구들이 소프트웨어 스택에서 동작 중인 수만 가지 커널 및 애플리케이션 함수의 시작과 끝을 계측할 때 흔히 사용됩니다. 그리고 이 방법은 광범위한 영역을 아주 깊숙이 들여다볼 수 있어서 마치 초능력처럼 느껴질 수 있습니다.

동적 계측은 1990년대에 처음 탄생하였는데[Hollingsworth 94], 이는 디버거(debugger)가 임의의 명령어 주소에 중단점(breakpoint)을 삽입하는 기술에 기반하고 있습니다. 동적 계측에서는 대상 소프트웨어가 정보를 기록하고 대화형 디버거에게 제어권을 넘기는 게 아니라 자동으로 실행을 계속합니다. 과거에 이

---

5   BPF를 이용해 장치의 펌웨어를 직접 관측할 수 없지만, 커널 드라이버 이벤트 또는 PMC(성능 모니터링 카운터)를 트레이싱함으로써 간접적으로 펌웨어의 동작을 추론할 수 있습니다.

미 동적 트레이싱 도구(예: kerninst[Tamches 99])가 개발되었고 거기에 트레이싱을 위한 프로그래밍 언어가 포함되었지만, 이들 도구는 잘 알려지지 않았고 거의 사용되지 않았습니다. 이 도구들이 상당한 위험을 수반했기 때문입니다. 동적 트레이싱은 프로그램 동작 중에 주소 공간에 있는 명령어를 수정하게 되는데, 어떤 오류라도 발생하면 즉각적인 손상으로 이어지고 프로세스나 커널이 중단될 수 있습니다.

리눅스 동적 계측은 2000년에 한 IBM 팀이 DProbes라는 이름으로 처음 개발했는데, 해당 패치는 승인이 거절되었습니다.[6] 2004년이 되어서야 DProbes에서 유래된 커널 함수를 위한 동적 계측 방법(kprobe)이 마침내 리눅스에 추가되기는 하였지만 역시 잘 알려지지 않았고, 여전히 사용하기 어려웠습니다.

2005년에 썬 마이크로시스템(Sun Microsystems)은 사용하기 쉬운 D 언어 기반으로 만든 자체 버전의 동적 트레이싱인 DTrace를 출시하였고, 이를 솔라리스(Solaris) 10 운영체제에 포함하기 시작하면서부터 모든 것이 바뀌었습니다. 프로덕션 안정성 분야에서 유명하고 신뢰가 탄탄한 솔라리스 운영체제의 기본 설치 패키지에 DTrace를 포함시킴으로써 동적 트레이싱을 프로덕션 환경에서 안전하게 사용할 수 있다는 것을 입증했습니다. 이는 DTrace 기술의 전환점이 되었습니다. 필자는 DTrace의 실제 활용 사례를 보여주는 글을 여러 편 썼으며, 많은 DTrace 도구를 개발해서 발표하기도 하였습니다. 썬 마이크로시스템의 마케팅 팀은 기술을 홍보했으며 이로 인해 매출도 증진되었고, 이 DTrace 기술은 강력한 경쟁력을 가진 핵심 사양으로 인식되었습니다. 썬 마이크로시스템의 교육 서비스에서는 솔라리스 표준 교육 과정에 DTrace를 포함시켰고 DTrace만을 교육하는 전문 과정도 진행했습니다. 이러한 노력의 결과로 그동안 잘 알려지지 않았던 기술인 동적 계측 방법이 널리 알려지게 되었으며 수요도 늘어났습니다.

2012년에 사용자 레벨 함수에 대한 동적 계측 방법이 uprobe 형식으로 리눅스에 추가되었습니다. BPF 트레이싱 도구들은 소프트웨어 스택 전 영역의 동적 계측을 위해 kprobe와 uprobe를 모두 사용합니다.

동적 트레이싱이 어떻게 사용되는지 살펴보기 위해 표 1.2에 bpftrace probe 지정자(specifier) 중 kprobe와 uprobe의 예를 정리했습니다(bpftrace에 대해서는 5장에서 다룹니다).

---

6 리눅스 커뮤니티에서 DProbes 패치를 거절한 이유에 대해서는 앤디 클린(Andi Kleen)이 작성한 "커널 패치 제출하기에 대하여(On submitting kernel patches)"에 첫 번째 사례 연구로 기술되어 있는데, 이것은 리눅스 소스 트리의 Documentation/process/submitting-patches.rst[6]에서 찾아볼 수 있습니다.

probe 지정자	설명
kprobe:vfs_read	커널 vfs_read() 함수의 시작을 계측
kretprobe:vfs_read	커널 vfs_read() 함수의 리턴[7]을 계측
uprobe:/bin/bash:readline	/bin/bash의 readline() 함수 시작을 계측
uretprobe:/bin/bash:readline	/bin/bash의 readline() 함수 리턴을 계측

표 1.2 bpftrace kprobe와 uprobe의 예

1.7 정적 계측: tracepoint와 USDT

동적 계측에도 문제점이 있는데, 계측하고자 하는 함수가 소프트웨어의 버전이 높아짐에 따라 이름이 변경되거나 제거될 수 있다는 점입니다. 이를 인터페이스 안정성 이슈(interface stability issue)라고 합니다. 이러한 이유에 따라 BPF 도구는 커널이나 애플리케이션을 업그레이드한 후 갑자기 더 이상 제대로 동작하지 않을 수 있습니다. 가령, 계측할 함수를 찾을 수 없다는 에러를 출력하거나, 아무것도 출력하지 않을 수도 있습니다. 또 다른 문제점은 컴파일러가 최적화를 진행하며 함수들을 인라인화할지도 모른다는 것인데, 이 경우 kprobe나 uprobe를 이용한 계측이 불가능해집니다.[8]

이러한 안정성과 인라인화 문제에 대한 해결책 중 하나는 정적 계측으로 전환하는 것입니다. 정적 계측에서 사용되는 이벤트는 개발자가 관리하는 안정적인 코드라 이름이 변경될 가능성이 적습니다. BPF 트레이싱은 커널 정적 계측에는 tracepoint를, 사용자 레벨 정적 계측에는 정적으로 정의된 사용자 레벨 트레이싱(USDT)을 지원합니다. 정적 계측의 문제점은 이러한 계측 지점이 개발자에게 유지보수 부담이 된다는 점입니다. 이러한 이유에서 만약 계측 지점이 있다고 하더라도 대개 적은 수만 존재합니다.

이러한 세부 정보는 BPF 도구를 개발할 경우에만 중요합니다. 만약 여러분이 BPF 도구를 개발한다면 우선 정적 트레이싱(tracepoint와 USDT, User-level Statically Defined Tracing 사용)을 해보고, 정적 트레이싱이 불가능한 경우에는 동적 트레이싱(kprobe와 uprobe 사용)을 사용하는 전략을 추천합니다.

---

7 함수의 시작 지점은 하나이지만 끝나는 지점은 여럿일 수 있는데, 이는 함수 내 여러 지점에서 리턴할 수 있기 때문입니다. 리턴 probe는 모든 리턴 지점을 계측합니다(동작 원리에 대해서는 2장에서 설명합니다).

8 차선책으로 함수 오프셋(offset) 트레이싱이 있지만, 인터페이스로 사용하기에는 함수 진입점 트레이싱에 비해 훨씬 덜 안정적입니다.

표 1.3은 정적 계측에 사용되는 bpftrace probe 지정자 중 tracepoint와 USDT의 예시입니다. 이 표에 있는 open(2) tracepoint는 1.8 "bpftrace 살펴보기: open() 트레이싱"에서 사용됩니다.

probe 지정자	설명
tracepoint:syscalls:sys_enter_open	open(2) 시스템 콜을 계측
usdt:/usr/sbin/mysqld:mysql:query__start	/usr/sbin/mysqld의 query__start probe를 계측

표 1.3 bpftrace tracepoint와 USDT의 사용 예

1.8 bpftrace 살펴보기: open() 트레이싱

이번에는 bpftrace를 이용해 open(2) 시스템 콜을 트레이싱해봅시다. open(2)을 위한 tracepoint(syscalls:sys_enter_open[9])가 있으니, 커맨드 라인에 짤막한 bpftrace 프로그램, 즉 원 라이너를 작성해 보겠습니다.

아직까지 다음의 원 라이너에 대해 이해할 필요는 없습니다. bpftrace 프로그래밍 언어와 bpftrace의 설치 방법에 대해서는 5장에서 다룹니다. 하지만 프로그래밍 언어가 매우 직관적이기 때문에 이 언어에 대한 지식 없이도 이 프로그램이 어떤 동작을 하는지 추측할 수 있을 것입니다(직관적인 프로그래밍 언어는 좋은 디자인의 징조입니다). 지금은 단지 도구의 출력에 대해서만 신경 쓰면 됩니다.

```
# bpftrace -e 'tracepoint:syscalls:sys_enter_open { printf("%s %s\n", comm,
    str(args->filename)); }'
Attaching 1 probe...
slack /run/user/1000/gdm/Xauthority
slack /run/user/1000/gdm/Xauthority
slack /run/user/1000/gdm/Xauthority
slack /run/user/1000/gdm/Xauthority
^C
#
```

위의 출력 결과는 open(2) 시스템 콜에 전달된 프로세스의 이름과 파일 이름을 보여줍니다. bpftrace는 시스템 전역을 트레이싱하고 있기 때문에, open(2) 시스템 콜을 사용하는 모든 애플리케이션을 확인할 수 있습니다. 출력 결과의 각

---

9 이러한 시스템 콜 tracepoint의 사용을 위해서는 리눅스 커널의 컴파일 설정에서 CONFIG_FTRACE_SYSCALLS 빌드 옵션이 활성화되어야 합니다.

줄은 하나의 시스템 콜을 표현하는데, 이러한 형태는 이벤트별 데이터를 출력하는 도구의 사례입니다. BPF 트레이싱은 프로덕션 환경의 서버 분석 이외에도 다방면으로 활용할 수 있습니다. 예를 들어 위의 결과는 이 책을 작성하고 있는 랩톱 환경에서 이 도구를 실행한 것으로, Slack 채팅 애플리케이션이 열고 있는 파일들을 보여줍니다.

따옴표 내에 정의된 BPF 프로그램은 bpftrace 명령을 실행시키기 위해 엔터를 입력하는 순간 컴파일되고 실행되었습니다. 또한 bpftrace는 open(2) tracepoint도 활성화했습니다. 명령을 멈추기 위해 Ctrl-C를 입력하면 tracepoint는 비활성화되고, 작성된 짧은 BPF 프로그램 역시 제거됩니다. 이러한 BPF 트레이싱 도구의 온 디맨드 계측은 명령이 실행되는 몇 초 동안만 활성화되고 동작합니다.

원 라이너의 결과가 예상보다 느리게 출력되었는데, 이는 일부 open(2) 시스템 콜 이벤트가 누락되어 발생한 것 같습니다. 커널은 open 시스템 콜에 대한 몇 가지 변형을 지원하는데, 위는 그중 일부만 트레이싱한 것입니다. bpftrace의 -l 옵션과 와일드카드를 이용해 모든 open 관련 tracepoint를 나열할 수 있습니다.

```
# bpftrace -l 'tracepoint:syscalls:sys_enter_open*'
tracepoint:syscalls:sys_enter_open_by_handle_at
tracepoint:syscalls:sys_enter_open
tracepoint:syscalls:sys_enter_openat
```

요즘에는 openat(2) 변형이 더 자주 사용되는 것 같습니다. 또 다른 bpftrace 원 라이너를 작성해서 확인해 봅시다.

```
# bpftrace -e 'tracepoint:syscalls:sys_enter_open* { @[probe] = count(); }'
Attaching 3 probes...
^C

@[tracepoint:syscalls:sys_enter_open]: 5
@[tracepoint:syscalls:sys_enter_openat]: 308
```

이 원 라이너에 대해서는 5장에서 설명할 것입니다. 현재로서는 해당 출력 결과만 이해하면 됩니다. 이번에는 이벤트별 데이터를 출력하는 방식이 아니라 tracepoint 호출 횟수의 합계를 보여줍니다. 트레이싱 기간 동안 openat(2) 시스템 콜은 308번 호출되었고, open(2) 시스템 콜은 불과 5번밖에 호출되지 않았습니다. 이를 통해 openat(2) 시스템 콜이 더욱 자주 호출된다는 것을 알 수 있습니다. 이러한 요약 결과는 BPF 프로그램에 의해 커널 내부에서 효율적으로 계산됩니다.

위의 원 라이너에 두 번째 tracepoint를 추가해 open(2)과 openat(2)을 동시에 트레이싱하는 것도 가능합니다. 하지만, 이렇게 하면 프로그램의 길이가 약간 길어지고 커맨드 라인에서 다루기 어려워집니다. 여러 이벤트를 트레이싱해야 한다면, 차라리 스크립트(실행파일)로 저장해서 텍스트 편집기를 이용해 쉽게 수정할 수 있도록 하는 것이 좋습니다. 이렇게 두 개의 tracepoint로 작성된 스크립트는 bpftrace에 opensnoop.bt로 이미 탑재되어 있습니다. opensnoop.bt는 각 시스템 콜의 시작과 끝을 트레이싱하고 그 결과를 칼럼 형식으로 정리해 출력해 줍니다.

```
# opensnoop.bt
Attaching 3 probes...
Tracing open syscalls... Hit Ctrl-C to end.
PID    COMM            FD ERR PATH
2440   snmp-pass        4   0 /proc/cpuinfo
2440   snmp-pass        4   0 /proc/stat
25706  ls               3   0 /etc/ld.so.cache
25706  ls               3   0 /lib/x86_64-linux-gnu/libselinux.so.1
25706  ls               3   0 /lib/x86_64-linux-gnu/libc.so.6
25706  ls               3   0 /lib/x86_64-linux-gnu/libpcre.so.3
25706  ls               3   0 /lib/x86_64-linux-gnu/libdl.so.2
25706  ls               3   0 /lib/x86_64-linux-gnu/libpthread.so.0
25706  ls               3   0 /proc/filesystems
25706  ls               3   0 /usr/lib/locale/locale-archive
25706  ls               3   0 .
1744   snmpd            8   0 /proc/net/dev
1744   snmpd           -1   2 /sys/class/net/lo/device/vendor
2440   snmp-pass        4   0 /proc/cpuinfo
^C
#
```

각 칼럼은 프로세스ID(PID), 프로세스 실행 명령어(COMM), 파일 디스크립터(file descriptor, FD), 에러 코드(ERR) 그리고 시스템 콜이 열기를 시도했던 파일 경로(PATH)를 의미합니다. opensnoop.bt 도구는 잘못된 경로의 파일을 열려고 하는 등의 오류가 발생한 소프트웨어의 문제 해결이나, 설정 혹은 로그 파일의 접근에 기반해 해당 파일의 위치를 확인하는 데 사용될 수 있습니다. 이외에도 파일이 너무 빠르게 열린다거나 잘못된 경로가 자주 확인되는 등의 몇 가지 성능 이슈를 확인하는 데에도 사용할 수 있습니다. opensnoop.bt는 다양한 용도로 활용할 수 있는 도구입니다.

bpftrace에는 20개 이상의 즉시 실행 가능한 도구들이 있고, BCC에는 70개 이상의 즉시 실행 가능한 도구가 있습니다. 이러한 도구들은 문제 해결에 직접적인 도움을 줄 뿐만 아니라, 다양한 대상을 어떻게 트레이싱하는지 보여주는 소스 코드를 제공합니다. 이번 절에서 살펴본 것처럼 때때로 트레이싱 과정에서 실수가 발생하기도 하는데, 이 소스 코드는 이에 대한 해결책을 줄 수 있습니다.

1.9 BCC 살펴보기: open() 트레이싱

이번에는 BCC 버전의 opensnoop(8)에 대해서 살펴보겠습니다.

```
# opensnoop
PID     COMM            FD ERR PATH
2262    DNS Res~er #657 22   0 /etc/hosts
2262    DNS Res~er #654 178  0 /etc/hosts
29588   device poll      4   0 /dev/bus/usb
29588   device poll      6   0 /dev/bus/usb/004
29588   device poll      7   0 /dev/bus/usb/004/001
29588   device poll      6   0 /dev/bus/usb/003
^C
#
```

이 출력 결과는 동일한 칼럼 구조 등 bpftrace에서 다룬 원 라이너의 결과와 아주 유사합니다. 하지만 이 opensnoop(8)은 bpftrace 버전에는 없는 기능을 가지고 있는데, 그것은 다른 커맨드 라인 옵션과 함께 호출할 수 있다는 것입니다.

```
# opensnoop -h
usage: opensnoop [-h] [-T] [-x] [-p PID] [-t TID] [-d DURATION] [-n NAME]
                 [-e] [-f FLAG_FILTER]

Trace open() syscalls
optional arguments:
  -h, --help            show this help message and exit
  -T, --timestamp       include timestamp on output
  -x, --failed          only show failed opens
  -p PID, --pid PID     trace this PID only
  -t TID, --tid TID     trace this TID only
  -d DURATION, --duration DURATION
                        total duration of trace in seconds
  -n NAME, --name NAME  only print process names containing this name
  -e, --extended_fields
                        show extended fields
  -f FLAG_FILTER, --flag_filter FLAG_FILTER
                        filter on flags argument ex. O_WRONLY)
examples:
    ./opensnoop          # trace all open() syscalls
    ./opensnoop -T       # include timestamps
    ./opensnoop -x       # only show failed opens
    ./opensnoop -p 181   # only trace PID 181
    ./opensnoop -t 123   # only trace TID 123
```

```
./opensnoop -d 10      # trace for 10 seconds only
./opensnoop -n main    # only print process names containing "main"
./opensnoop -e         # show extended fields
./opensnoop -f O_WRONLY -f O_RDWR  # only print calls for writing
```

bpftrace 도구들이 일반적으로 간단하고 한 가지 일을 하는 반면, BCC 도구들은 대개 복잡하고 다양한 동작 모드를 지원합니다. 실패한 open만 표시하도록 하기 위해서는 bpftrace 도구를 수정해야 하지만 BCC 버전에서는 그 기능을 이미 옵션으로 지원하고 있습니다.(-x)

```
# opensnoop -x
PID    COMM            FD ERR PATH
991    irqbalance      -1   2 /proc/irq/133/smp_affinity
991    irqbalance      -1   2 /proc/irq/141/smp_affinity
991    irqbalance      -1   2 /proc/irq/131/smp_affinity
991    irqbalance      -1   2 /proc/irq/138/smp_affinity
991    irqbalance      -1   2 /proc/irq/18/smp_affinity
20543  systemd-resolve -1   2 /run/systemd/netif/links/5
20543  systemd-resolve -1   2 /run/systemd/netif/links/5
20543  systemd-resolve -1   2 /run/systemd/netif/links/5
[...]
```

이 출력 결과는 오류가 반복해서 발생하고 있음을 보여줍니다. 이러한 패턴은 비효율적인 부분, 혹은 무언가 잘못 설정된 것이 있음을 말해줍니다.

BCC 도구들은 종종 동작을 변경할 수 있는 몇 가지 옵션이 있고, 이 덕분에 BCC가 bpftrace 도구들에 비해 다재다능합니다. 바로 이 점이 BCC를 시작점으로 삼기 좋은 이유입니다. 별도의 BPF 코드를 작성할 필요 없이 BCC만을 이용해서 여러분의 문제를 해결할 수도 있을 것입니다. 그렇지만 BCC 도구로 필요한 만큼의 가시성을 얻을 수 없다면, 개발하기 더 쉬운 bpftrace로 전환해서 커스텀 도구를 만들 수 있습니다.

차후에 bpftrace 도구는 앞에서 살펴본 opensnoop(8)처럼 다양한 옵션을 지원하는 더욱 복합적인 BCC 도구로 변환될 수 있을 것입니다. BCC 도구들은 tracepoint를 사용할 수 있을 때는 그것을 이용하고 그렇지 않을 때는 kprobe로 전환하는 방식처럼, 복수의 다른 이벤트를 사용하는 것도 지원합니다. 하지만 BCC 프로그래밍은 훨씬 더 복잡하고, bpftrace 프로그래밍에 초점을 맞춘 이 책이 다루는 범위를 벗어납니다. 부록 C에서는 BCC 도구 개발에 대해 집중적으로 설명합니다.

1.10 정리

BPF 트레이싱 도구는 성능 분석과 문제 해결에 사용할 수 있는데, 이것을 제공하는 두 주요 프로젝트가 BCC와 bpftrace입니다. 이번 장에서는 확장 BPF, BCC, bpftrace 그리고 이러한 도구들이 사용하는 동적/정적 계측 방법에 대해 소개했습니다.

다음 장에서는 이 기술들을 더욱 상세하게 파고 들어갈 것입니다. 만약 문제 해결이 급한 분이라면, 당장은 2장을 건너뛰고 3장 혹은 관심 분야를 다루는 후반부 장으로 건너뛰고 싶을지도 모르겠습니다. 다만 유의할 점은, 이 책의 후반부에는 전문용어가 많이 나오는데, 그중 많은 것을 2장에서 설명하며 부록에 있는 용어 사전에도 정리해 놓았습니다.

2장

기술 배경

1장에서는 BPF 성능 분석 도구에서 사용되는 다양한 기술에 대해서 소개했습니다. 2장에서는 이 기술들의 역사, 인터페이스, 내부 동작(internals) 그리고 BPF와 함께 사용하는 방법 같은 좀더 상세한 부분에 대해 설명합니다.

이번 장은 이 책에서 가장 기술적으로 깊이가 있는 내용이며, 설명이 너무 길어지지 않도록 커널 내부 동작과 명령어 수준의 명령어 수준(instruction-level)의 프로그래밍[1]에 대해 어느 정도의 지식이 있다고 가정하고 진행합니다.

이번 장의 학습 목표는 모든 페이지를 암기하는 것이 아니라 다음의 내용을 알아보는 것입니다.

- BPF의 기원과 요즘 사용되는 확장 BPF의 역할 알기
- 프레임 포인터 기반 스택 추적(stack walking)과 다른 기법들 이해하기
- 플레임 그래프 읽는 방법 이해하기
- kprobe와 uprobe 사용법과 안정성 주의사항 이해하기
- tracepoint, USDT probe 그리고 동적 USDT의 역할 이해하기
- PMC 활용법과 PMC를 BPF 트레이싱 도구와 함께 활용하는 방법 알아보기
- BTF와 기타 BPF 스택 추적 방식 등 향후 개발에 대해 알아보기

이번 장을 이해하면 이 책 후반부의 내용을 더 잘 파악할 수 있지만, 지금 당장은 대충 훑고 지나가고 필요할 때 다시 돌아와서 세부적인 내용을 좀 더 찾아보아

---

1 커널 내부 동작에 대해 배우려면 시스템 콜, 커널/사용자 모드, 태스크(task)/스레드(thread), 가상 메모리 그리고 VFS를 다루는 어떤 가이드라도 참고하세요. [Gregg 13b] 같은 것도 있습니다.

도 됩니다. 3장에서는 성능 향상(performance wins)을 위해 BPF 도구를 사용하는 방법을 알아볼 것입니다.

2.1 BPF 도식화하기

그림 2.1은 이번 장에서 다루는 여러 기술과 각 기술 간의 관계를 보여줍니다.

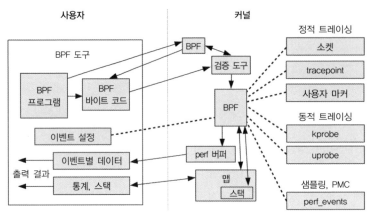

그림 2.1 BPF 트레이싱 기술

2.2 BPF

BPF는 원래 BSD 운영체제를 위해서 개발되었습니다. 1992년에 발표된 논문인 "BSD 패킷 필터: 사용자 레벨 패킷 캡처의 새로운 아키텍처(The BSD Packet Filter: A New Architecture for User-level Packet Capture)"[McCanne 92]에 기술되어 있습니다. 이 논문은 1993년 샌디에고에서 개최된 USENIX 겨울 학회에서 "DECstation 5000의 UDP/IP 스루풋에 대한 계측, 분석, 향상(Measurement, Analysis, and Improvement of UDP/IP Throughput for the DECstation 5000)"[7]과 함께 발표되었습니다. DEC의 워크스테이션은 사라진 지 오래지만, BPF는 패킷 필터링의 산업 표준으로 살아남았습니다.

BPF는 흥미로운 방식으로 동작합니다. 사용자는 BPF 가상머신용 명령어 집합(BPF 바이트코드라고도 부름)을 이용해 패킷 필터 표현식을 정의하고, 이것은 커널로 전달되어 인터프리터에서 실행됩니다. 이러한 동작 방식은 tcpdump(8)에서도 사용되는데, 사용자 레벨 프로세스로 보내기 위해 각각의 패킷을 복사(즉, 비용이 드는)할 필요 없이 필터링이 커널 레벨에서 이뤄질 수 있게 해서 패킷 필터링의 성능을 향상시킵니다. 또한 이 방식은 사용자 공간에서 만든 필터를

실행하기 전에 안전한지 검증할 수 있어서 안전성을 제공합니다. 초기의 패킷 필
터링이 커널 공간에서 이뤄졌음을 고려하면, 안전성은 매우 만족시키기 어려운
요구사항이었습니다.[2] 그림 2.2는 이 방식이 어떻게 동작하는지 보여줍니다.

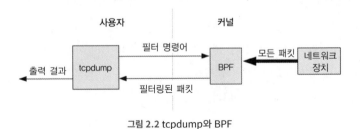

그림 2.2 tcpdump와 BPF

tcpdump(8)의 -d 옵션을 사용하면 패킷 필터 표현식에 사용되는 BPF 명령어를
출력할 수 있습니다. 예를 들면 다음과 같습니다.

```
# tcpdump -d host 127.0.0.1 and port 80
(000) ldh      [12]
(001) jeq      #0x800           jt 2 jf 18
(002) ld       [26]
(003) jeq      #0x7f000001      jt 6 jf 4
(004) ld       [30]
(005) jeq      #0x7f000001      jt 6 jf 18
(006) ldb      [23]
(007) jeq      #0x84            jt 10 jf 8
(008) jeq      #0x6             jt 10 jf 9
(009) jeq      #0x11            jt 10 jf 18
(010) ldh      [20]
(011) jset     #0x1fff          jt 18 jf 12
(012) ldxb     4*([14]&0xf)
(013) ldh      [x + 14]
(014) jeq      #0x50            jt 17 jf 15
(015) ldh      [x + 16]
(016) jeq      #0x50            jt 17 jf 18
(017) ret      #262144
(018) ret      #0
```

지금은 클래식 BPF라 불리는 최초의 BPF는 제한적인 가상머신이었습니다. 두
개의 레지스터, 16개의 메모리 슬롯으로 구성된 스크래치 메모리 저장 객체 그
리고 프로그램 카운터(program counter)만을 가지고 있었습니다. 그리고 이것
들은 전부 32비트 크기의 레지스터로 작동했습니다.[3] 클래식 BPF는 1997년에

---

2 (옮긴이) 초기 BPF는 안전성을 검증하지 않았기 때문에, 사용자가 올바르지 않은 패킷 필터 표현식을
   사용하면 커널을 중단시킬 수도 있었습니다.
3 64비트 커널의 클래식 BPF의 경우 주소는 64비트지만 레지스터는 32비트 데이터만을 볼 수 있기 때
   문에 로드 명령은 일부 외부 커널 헬퍼 함수 뒤에 숨겨져 있습니다.

리눅스 커널 2.1.75 버전에 포함되었습니다.[8]

BPF가 리눅스 커널에 추가된 이래 몇 가지 중요한 개선이 이루어졌습니다. 에릭 두마제(Eric Dumazet)는 2011년 7월에 공개된 리눅스 3.0에 BPF JIT 컴파일러를 추가했고[9], 이를 통해 인터프리터 전반에 걸쳐 성능 개선이 이루어졌습니다. 2012년에 윌 드류리(Will Drewry)는 seccomp(보안 컴퓨팅) 시스템 콜 정책(syscall policy)을 위한 BPF 필터를 추가했습니다.[10] 이것은 네트워크 외의 분야에서 BPF가 사용된 첫 번째 사례로, BPF가 범용적인 실행 엔진으로 사용될 수 있는 잠재력을 보여주었습니다.

2.3 확장 BPF(eBPF)

확장 BPF는 알렉세이 스타로보이토프가 플럼그리드(PLUMgrid)에 재직하던 중 소프트웨어 정의 네트워킹(Software Defined Networking, SDN) 솔루션을 만드는 새로운 방법을 조사하면서 만들었습니다. 이는 20년만의 첫 BPF 주요 업데이트이며, BPF를 범용 가상머신[4]으로 확장시켰습니다. 당시에는 제안 수준에 불과하였지만, 레드햇(Red Hat)의 커널 엔지니어인 대니얼 보크먼은 확장 BPF를 커널에 포함시키고 기존 BPF를 대체하기 위한 수정 작업을 지원했습니다.[5] 확장 BPF는 커널에 성공적으로 포함되었고, 그 이후로 지금까지 많은 개발자가 기여해오고 있습니다(감사의 글 참고).

확장 BPF는 기존 BPF와 비교해서 레지스터 개수 증가, 32비트에서 64비트 워드로 레지스터 크기 확장, 가변 저장 공간인 BPF "맵" 추가, 일부 제한된 커널 함수 호출[6]과 같은 개선 사항이 있습니다. 또한, 기계어와 레지스터에 대해 일대일 매핑을 갖도록 JIT 컴파일하게 설계되었기 때문에, 기존의 기계어 최적화 기법을 BPF에도 적용할 수 있습니다. BPF 검증 도구(BPF verifier) 역시 이런 개선 사항들을 반영하고 안전하지 않은 코드를 거부하도록 업데이트되었습니다.

---

4   BPF는 종종 가상머신이라 불리기도 하는데, 이는 단지 BPF의 사양만을 봤을 때 그렇다는 것입니다. 리눅스의 BPF 구현체(BPF 런타임)에는 인터프리터와 JIT 기계어 변환(JIT-to-native) 컴파일러가 포함되어 있습니다. 여기서 가상머신이란 용어는 프로세서 위에 다른 시스템 계층이 있다는 의미일 수 있으나, 실제로는 그렇지 않습니다. JIT 컴파일된 코드를 사용하면 다른 커널 코드와 마찬가지로 명령어가 프로세서에서 직접 실행됩니다. 스펙터(Spectre) 취약점 이후, 일부 배포판에는 x86용 JIT을 무조건 활성화해 (컴파일 시에) 인터프리터를 완전히 제거합니다.

5   이 이후에 알렉세이와 대니얼은 회사를 이직하였습니다. 이들은 현재 커널 BPF의 "메인테이너"입니다. 메인테이너는 리더십을 가지고 패치를 검토하며 무엇을 커널에 포함할지 결정합니다.

6   클래식 BPF에서는 명령어를 오버로드하고 이를 위해 모든 JIT를 수정해야 하는 등 매우 복잡했으나, 확장 BPF에서는 이런 명령어 오버로딩이 필요 없어졌습니다.

표 2.1은 클래식 BPF와 확장 BPF의 차이점을 보여줍니다.

세부 사항	클래식 BPF	확장 BPF
레지스터 개수	2: A, X	10: R0-R9, 읽기 전용 프레임 포인터 R10
레지스터 크기	32비트	64비트
저장 공간	16개의 메모리 슬롯: M[0-15]	512바이트의 스택 영역, 크기 제한 없는 "맵" 저장 공간
커널 호출 제한	매우 제한적, JIT별로 다름	bpf_call 명령어를 통해 사용 가능
이벤트 대상	패킷, seccomp-BPF	패킷, 커널/사용자 레벨 함수, tracepoint, 사용자 마커 (user markers), PMC(성능 모니터링 카운터)

표 2.1 클래식 BPF와 확장 BPF의 차이

알렉세이의 초기 제안은 2013년 9월 "확장 BPF(extended BPF)"[2]라는 제목의 패치였습니다. 또한 2013년 12월에 BPF를 트레이싱 필터로 활용하는 것에 대해 제안하였습니다.[11] 대니얼과의 토론과 개발 끝에 해당 패치는 2014년 3월 리눅스 커널에 머지되었습니다.[7][3][12] JIT 컴포넌트는 2014년 6월 리눅스 3.15 릴리스에 머지되었고, BPF를 제어하기 위한 bpf(2) 시스템 콜은 2014년 12월 리눅스 3.18 릴리스에 머지되었습니다.[13] 이후에 리눅스 4.x 버전에서 kprobe, uprobe, tracepoint, perf_events에 대한 BPF 지원이 추가되었습니다.

초기 패치에서는 확장 BPF를 eBPF로 표시했지만, 이후 알렉세이는 그냥 BPF[8]로 부르기로 하였습니다. 이제 net-dev 메일링 리스트[14]의 모든 BPF 개발은 BPF라고 칭합니다.

그림 2.3은 리눅스 BPF 런타임의 구조를 도식화한 것으로, BPF 명령이 어떻게 BPF 검증 도구를 통과하고 BPF 가상머신에서 실행되는지 보여줍니다. BPF 가상머신 구현체는 인터프리터와 JIT 컴파일러를 포함하고 있습니다. JIT 컴파일러는 프로세서에서 바로 실행될 수 있도록 BPF 명령어를 기계어로 변환합니다. 검증 도구는 종료 시점이 지정되지 않은 루프와 같은 안전하지 않은 동작을 제한합니다. BPF 프로그램의 종료 시점은 반드시 지정되어야 합니다.

---

7 bpf(2) 시스템 콜을 통해 외부로 공개되기 전인 초창기에는 "내부 BPF"라고도 불렀습니다. BPF는 네트워킹 기술이었기 때문에 이 패치들은 커널 네트워킹 메인테이너 데이비드 밀러(David S. Miller)가 받아서 수락했습니다. 오늘날 BPF는 점점 커져서 이제는 독자적인 커널 커뮤니티로 성장했으며, 모든 BPF 관련 패치는 bpf와 bpf-next 커널 트리로 머지됩니다. 여전히 BPF 트리의 풀 리퀘스트는 데이비드 밀러가 수락하기 때문에 큰 변화는 없습니다.

8 필자는 알렉세이에게 더 좋은 이름으로 바꾸자고 제안했지만 이름 짓는 것은 엔지니어에겐 어려운 일이었기 때문에 "비록 오늘날 BPF가 버클리, 패킷 혹은 필터링과는 거의 관계가 없지만, 그냥 버클리 패킷 필터(Berkely Packet Filter)를 가리키는 BPF라고 칭하게 되었습니다". 따라서, BPF는 이제 약어가 아닌 기술의 이름으로 간주해야 합니다.

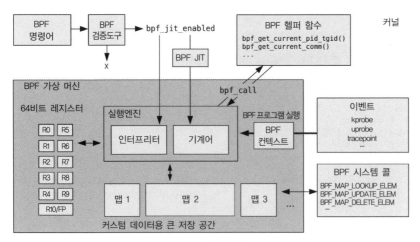

그림 2.3 BPF 런타임 내부 구조

BPF는 헬퍼 함수를 이용해 커널의 상태 정보를 얻어올 수 있고, 저장 공간을 위해서 BPF 맵을 활용할 수 있습니다. BPF 프로그램은 kprobe, uprobe 그리고 tracepoint와 같은 이벤트를 통해 실행됩니다.

이어지는 절들에서는 성능 분석 도구에 확장 BPF 프로그래밍이 왜 필요한지와 함께 BPF의 명령어, BPF API, BPF의 제약사항 및 BTF를 살펴봅니다. 이를 통해 bpftrace나 BCC를 사용할 때 BPF가 어떻게 작동하는지 이해하기 위한 기본적인 지식을 얻을 수 있습니다. 부록 D에서는 C 언어로 BPF 프로그래밍을 하는 내용을 다루고, 부록 E에서는 BPF 명령어에 대해 다룹니다.

2.3.1 왜 성능 분석 도구에 BPF가 필요한가?

BPF를 성능 분석 도구에 접목시켜 사용하면, BPF의 프로그래밍 능력을 활용해 사용자가 원하는 대로 성능을 분석할 수 있게 됩니다. 가령, BPF 프로그램을 사용해 사용자가 원하는 지연 시간을 계산할 수 있고 원하는 방식으로 통계 요약을 수행할 수 있습니다. 사실 이러한 기능만으로는 흥미를 끄는 정도일 뿐이며, 이미 이러한 기능을 갖춘 다른 많은 트레이싱 도구가 존재합니다. BPF의 특별한 점은 효율적이고 프로덕션 환경에서 사용하기에 안전하고, 리눅스 커널에 내장되어 있다는 점입니다. 덕분에 새로운 커널 컴포넌트를 추가할 필요 없이 BPF만을 사용하여 성능 분석 도구를 프로덕션 환경에서 안정적으로 실행할 수 있습니다.

성능 분석 도구가 BPF를 어떻게 사용하는지 알아보기 위해 출력 결과와 다이어그램을 살펴보겠습니다. 다음의 예시는 필자가 만든 초창기 BPF 도구 중 하나

인 bitehist로, 이 도구는 디스크 I/O 크기를 히스토그램으로 보여줍니다.[15]

```
# bitehist
Tracing block device I/O... Interval 5 secs. Ctrl-C to end.

      kbytes          : count      distribution
       0 -> 1          : 3          |                                     |
       2 -> 3          : 0          |                                     |
       4 -> 7          : 3395       |*************************************|
       8 -> 15         : 1          |                                     |
      16 -> 31         : 2          |                                     |
      32 -> 63         : 738        |*******                              |
      64 -> 127        : 3          |                                     |
     128 -> 255        : 1          |                                     |
```

그림 2.4에서는 BPF를 이용하면 도구의 효율성이 어떻게 개선되는지 보여줍니다.

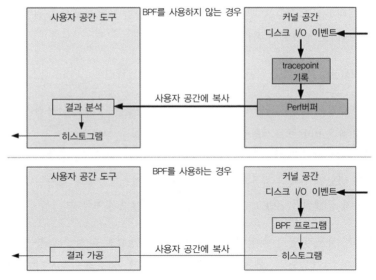

그림 2.4 BPF 사용 여부에 따른 히스토그램 생성 과정 비교

주요한 차이점은 히스토그램 생성이 커널 컨텍스트에서 이루어질 수 있기 때문에 사용자 공간에 복사되는 데이터의 양을 크게 줄일 수 있다는 것입니다. 이로 인한 효율성 증가가 매우 크기 때문에 프로덕션 환경에서도 이러한 도구를 실행할 수 있습니다. 이렇게 하지 않으면 비용이 너무 많이 듭니다. 상세히 설명하면 다음과 같습니다.

BPF를 사용하지 않는 경우 히스토그램 통계를 생성하는 과정[9]

1. 커널 공간에서: 디스크 I/O 이벤트에 대한 계측을 시작합니다.
2. 커널 공간의 각 이벤트에서: perf 버퍼에 이벤트를 기록합니다. 만약 tracepoint를 사용했다면(이 방식이 선호됨), 기록된 정보에는 디스크 I/O에 대한 일부 메타데이터 필드가 포함됩니다.
3. 사용자 공간에서: 주기적으로 모든 이벤트의 버퍼를 사용자 공간에 복사합니다.
4. 사용자 공간에서: 각 이벤트에 대해 이벤트 메타데이터의 바이트 필드를 분석합니다. 다른 필드는 무시됩니다.
5. 사용자 공간에서: 해당 바이트 필드에 대한 히스토그램 통계를 생성합니다.

I/O가 많은 시스템의 경우 2~4단계의 과정은 성능 오버헤드가 높습니다. 초당 10,000개의 디스크 I/O 트레이싱 기록을 사용자 공간 프로그램으로 전송하고 분석, 요약한다고 생각하면 이해하기 쉽습니다.

BPF를 사용하는 경우 아주 작은 프로그램을 수행하는 과정

1. 커널 공간에서: 디스크 I/O 이벤트에 대한 계측을 시작하고 사용자가 작성한 아주 작은 BPF 프로그램을 연결합니다.
2. 커널 공간의 각 이벤트에서: BPF 프로그램을 실행합니다. 이 프로그램은 바이트 필드만 가져와 사용자가 지정한 BPF 맵 히스토그램에 저장합니다.
3. 사용자 공간에서: BPF 맵 히스토그램을 한번 읽고 출력합니다.

이 방법은 사용자 공간에 이벤트를 복사하고 이 정보를 다시 처리하는 작업을 피할 수 있습니다. 또한, 사용하지 않는 메타데이터 필드 역시 복사하지 않습니다. 이전 출력 결과에서 사용자 공간으로 복사되는 유일한 데이터는 숫자 배열로 구성된 "count" 칼럼 뿐입니다.

---

9   이는 가능한 절차 중 최선의 방법이지만, 유일한 방법은 아닙니다. SystemTap과 같은 외부 트레이싱 도구를 설치할 수도 있지만 여러분이 사용하는 커널과 배포판에 따라 상당한 문제가 발생할 수 있습니다. 또한, 커널 코드를 수정하거나 kprobe 모듈을 개발할 수 있지만 이 두 가지 방법 모두 어려움과 위험을 수반합니다. 필자는 히스토그램 각 행에 범위 필터를 적용한 다중 perf(1) 통계 카운터인 "hacktogram"이라는 도구[16]를 만들었지만 매우 끔찍했습니다.

2.3.2 BPF와 커널 모듈의 비교

관측가능성 측면에서 BPF의 이점을 이해하는 또 다른 방법은 커널 모듈과 비교하는 것입니다. kprobe와 tracepoint는 꽤 여러 해 전부터 사용 가능했으며, 로드 가능한 커널 모듈 형태로 직접 사용할 수 있습니다.

트레이싱 목적으로 커널 모듈 대신 BPF를 사용할 때의 장점은 다음과 같습니다.

- BPF 프로그램은 검증 도구로 검사합니다. 커널 모듈은 버그(커널 패닉) 혹은 보안 취약점을 유발할 수 있습니다.
- BPF는 맵을 통해 풍부한 데이터 구조를 지원합니다.
- BPF 명령어 집합, 맵, 헬퍼 함수와 인프라는 안정적인 ABI이기 때문에 BPF 프로그램은 한번 컴파일되면 어디서든 실행될 수 있습니다(단, kprobe와 같이 커널 구조체를 계측하는 불안정한 컴포넌트를 이용하는 일부 BPF 프로그램에서는 불가능합니다. 해결 방법에 대해서는 2.3.10 "BPF CO-RE"를 참조하세요).
- BPF 프로그램 컴파일에 커널 빌드 결과물은 필요하지 않습니다.
- BPF 프로그래밍은 커널 모듈 개발에 필요한 커널 엔지니어링 지식보다 학습하기 쉬워서 더 많은 사람들이 이용할 수 있습니다.

네트워킹에 BPF를 사용하면 BPF 프로그램을 원자적으로 교체할 수 있는 등 부가적인 이점도 있습니다. 반면 커널 모듈의 교체를 위해서는 먼저 커널에서 모듈을 완전히 내린 다음 새 버전의 모듈을 커널에 다시 로드해야 하므로 서비스 중단이 발생할 수 있습니다.

커널 모듈의 장점은 BPF 헬퍼 함수 호출 제한 없이 다른 커널 함수와 커널 인프라를 이용할 수 있다는 것입니다. 그러나 임의로 커널 함수를 잘못 사용할 경우 버그가 발생할 위험이 있습니다.

2.3.3 BPF 프로그램 작성하기

BPF는 많은 프론트엔드 중 하나를 통해 프로그래밍할 수 있습니다. 트레이싱에 사용할 수 있는 것들은 다음과 같습니다(저급 언어에서 고급 언어 순서).

- LLVM
- BCC
- bpftrace

LLVM 컴파일러는 컴파일 타깃으로 BPF를 지원합니다. BPF 프로그램은 LLVM 이 지원하는 고급 언어(C 언어 또는 IR(LLVM 중간 표현))로 작성할 수 있으며, 이렇게 작성한 프로그램은 BPF 타깃으로 컴파일할 수 있습니다. LLVM에는 최적화 엔진이 포함되어 있어 BPF 명령의 효율성과 크기를 개선합니다.

LLVM IR을 이용해 BPF를 개발하는 것도 전보다 진전된 방법이지만, BCC 또는 bpftrace로 전환하는 것이 훨씬 더 좋습니다. BCC는 BPF 프로그램을 C로 작성할 수 있으며, bpftrace는 자체적인 고급 언어를 제공합니다. 두 가지 도구 모두 BPF로 컴파일하기 위해 내부적으로 LLVM IR과 LLVM 라이브러리를 이용합니다.

이 책에서 소개하는 성능 분석 도구는 BCC와 bpftrace를 이용해 프로그래밍 했습니다. BPF 명령어로 직접 프로그래밍하거나 LLVM IR을 이용해서 직접 프로그래밍하는 것은 BCC와 bpftrace 내부를 작업하는 개발자의 영역이며 이 책의 범위를 벗어납니다. 이 부분은 BPF 성능 분석 도구를 사용하거나 개발하는 일반 사용자에게는 필요하지 않습니다.[10] 커널 BPF 명령어 개발자가 되고 싶거나 내용이 궁금하다면 다음 자료를 참조하시기 바랍니다.

- 부록 E에서 BPF 명령어와 매크로에 대해 간략하게 소개합니다.
- BPF 명령어는 리눅스 소스 트리 Documentation/networking/filter.txt에 문서화되어 있습니다.[17]
- LLVM IR에 관한 정보는 온라인 LLVM 레퍼런스에 문서화되어 있습니다. llvm::IRBuilderBase 클래스 레퍼런스부터 참고하시기 바랍니다.[18]
- Cilium 프로젝트의 BPF 및 XDP 레퍼런스 가이드를 참고하세요.[19]

대부분의 사용자는 BPF 명령어로 직접 프로그래밍하지는 않겠지만, 때때로 도구가 문제를 일으킬 때 BPF 명령어를 살펴보는 분들도 있을 것입니다. 다음 두 절에서는 bpftool(8)과 bpftrace를 사용하는 사례를 차례대로 다룹니다.

2.3.4 BPF 명령어 확인하기: bpftool

bpftool(8)은 리눅스 4.15에 추가되었고, 이 도구를 이용하여 BPF 프로그램이나 BPF 맵과 같은 BPF 객체를 확인하고 조작할 수 있습니다. 이 도구는 리눅스 소스 코드의 tools/bpf/bpftool에 위치합니다. 이번 절에서는 bpftool(8)을 사용하

---

10 15년 동안 DTrace를 사용하였지만, D 중간 포맷(DIF)으로 프로그램을 직접 작성해야 했던 경우는 없었습니다(DTrace에서 BPF 명령어에 해당하는 개념).

여 로드한 BPF 프로그램을 찾고 이 프로그램의 BPF 명령어를 확인하는 방법을
설명합니다.

bpftool

bpftool(8)의 기본 출력 결과는 동작 가능한 대상 유형을 보여줍니다. 리눅스
5.2에서의 출력 결과는 다음과 같습니다.

```
# bpftool
Usage: bpftool [OPTIONS] OBJECT { COMMAND | help }
       bpftool batch file FILE
       bpftool version

       OBJECT := { prog | map | cgroup | perf | net | feature | btf }
       OPTIONS := { {-j|--json} [{-p|--pretty}] | {-f|--bpffs} |
                    {-m|--mapcompat} | {-n|--nomount} }
```

각 대상에 대한 별도의 도움말 페이지가 있습니다. 예를 들어 prog의 경우는 다
음과 같습니다.

```
# bpftool prog help
Usage: bpftool prog { show | list } [PROG]
       bpftool prog dump xlated PROG [{ file FILE | opcodes | visual | linum }]
       bpftool prog dump jited  PROG [{ file FILE | opcodes | linum }]
       bpftool prog pin    PROG FILE
       bpftool prog { load | loadall } OBJ   PATH \
                       [type TYPE] [dev NAME] \
                       [map { idx IDX | name NAME } MAP]\
                       [pinmaps MAP_DIR]
       bpftool prog attach PROG ATTACH_TYPE [MAP]
       bpftool prog detach PROG ATTACH_TYPE [MAP]
       bpftool prog tracelog
       bpftool prog help
       MAP := { id MAP_ID | pinned FILE }
       PROG := { id PROG_ID | pinned FILE | tag PROG_TAG }
       TYPE := { socket | kprobe | kretprobe | classifier | action |q
[...]
```

perf와 prog 하위 명령은 트레이싱 프로그램을 찾고 출력하는 데 사용합니다. 여
기서는 다루지 않은 bpftool(8)의 기능에는 BPF 프로그램 연결하기(attaching),
BPF 맵 읽고 쓰기, cgroups에 대한 동작과 시스템에서 사용 가능한 BPF 기능
나열하기 등이 있습니다.

bpftool perf

perf 하위 명령은 perf_event_open()를 이용해 연결한 BPF 프로그램들을 보여
주는데, 이것은 리눅스 4.17 이상의 BCC와 bpftrace 프로그램에서는 표준입니다.

```
# bpftool perf
pid 1765   fd 6:  prog_id 26   kprobe      func blk_account_io_start  offset 0
pid 1765   fd 8:  prog_id 27   kprobe      func blk_account_io_done   offset 0
pid 1765   fd 11: prog_id 28   kprobe      func sched_fork            offset 0
pid 1765   fd 15: prog_id 29   kprobe      func ttwu_do_wakeup        offset 0
pid 1765   fd 17: prog_id 30   kprobe      func wake_up_new_task      offset 0
pid 1765   fd 19: prog_id 31   kprobe      func finish_task_switch    offset 0
pid 1765   fd 26: prog_id 33   tracepoint  inet_sock_set_state
pid 21993  fd 6:  prog_id 232  uprobe      filename /proc/self/exe    offset 1781927
pid 21993  fd 8:  prog_id 233  uprobe      filename /proc/self/exe    offset 1781920
pid 21993  fd 15: prog_id 234  kprobe      func blk_account_io_done   offset 0
pid 21993  fd 17: prog_id 235  kprobe      func blk_account_io_start  offset 0
pid 25440  fd 8:  prog_id 262  kprobe      func blk_mq_start_request  offset 0
pid 25440  fd 10: prog_id 263  kprobe      func blk_account_io_done   offset 0
```

위의 출력 결과는 세 개의 다른 PID와 다양한 BPF 프로그램을 보여줍니다.

- PID 1765는 인스턴스(instance) 분석을 위한 Vector BPF PMDA 에이전트입니다(17장 참고).

- PID 21993은 bpftrace 버전의 biolatency(8)입니다. 이것은 두 개의 uprobe를 보여주는데, 각각 bpftrace 프로그램의 BEGIN probe와 END probe, 그리고 블록 I/O의 시작과 끝[11]을 계측하기 위한 두 개의 kprobe입니다(이 프로그램의 소스 코드는 9장 참고).

- PID 25440은 BCC 버전의 biolatency(8)인데, 현재는 블록 I/O의 다른 시작 함수[12]를 계측합니다.

오프셋(offset) 필드는 계측된 객체의 계측 오프셋을 보여줍니다. bpftrace에서 오프셋 1781920은 bpftrace 바이너리의 BEGIN_trigger 함수에 해당하고, 오프셋 1781927은 bpftrace 바이너리의 END_trigger 함수에 해당됩니다(readelf -s bpftrace 명령을 통해 확인할 수 있습니다).

prog_id는 BPF 프로그램 ID를 의미하고, 이는 다음의 하위 명령을 통해서 확인 가능합니다.

bpftool prog show

prog show 하위 명령은 (perf_event_open()으로 열린 프로그램뿐 아니라) 모든 프로그램을 나열해 보여줍니다.

---

[11] (옮긴이) blk_account_io_start, blk_account_io_done 함수
[12] (옮긴이) 앞선 두 PID와 PID 25440은 blk_mq_start_request와 blk_account_io_done을 트레이싱하고 있습니다.

```
# bpftool prog show
[...]
232: kprobe  name END  tag b7cc714c79700b37  gpl
        loaded_at 2019-06-18T21:29:26+0000  uid 0
        xlated 168B  jited 138B  memlock 4096B  map_ids 130
233: kprobe  name BEGIN  tag 7de8b38ee40a4762  gpl
        loaded_at 2019-06-18T21:29:26+0000  uid 0
        xlated 120B  jited 112B  memlock 4096B  map_ids 130
234: kprobe  name blk_account_io_  tag d89dcf82fc3e48d8  gpl
        loaded_at 2019-06-18T21:29:26+0000  uid 0
        xlated 848B  jited 540B  memlock 4096B  map_ids 128,129
235: kprobe  name blk_account_io_  tag 499ff93d9cff0eb2  gpl
        loaded_at 2019-06-18T21:29:26+0000  uid 0
        xlated 176B  jited 139B  memlock 4096B  map_ids 128
[...]
258: cgroup_skb  tag 7be49e3934a125ba  gpl
        loaded_at 2019-06-18T21:31:27+0000  uid 0
        xlated 296B  jited 229B  memlock 4096B  map_ids 153,154
259: cgroup_skb  tag 2a142ef67aaad174  gpl
        loaded_at 2019-06-18T21:31:27+0000  uid 0
        xlated 296B  jited 229B  memlock 4096B  map_ids 153,154
262: kprobe  name trace_req_start  tag 1dfc28ba8b3dd597  gpl
        loaded_at 2019-06-18T21:37:51+0000  uid 0
        xlated 112B  jited 109B  memlock 4096B  map_ids 158
        btf_id 5
263: kprobe  name trace_req_done  tag d9bc05b87ea5498c  gpl
        loaded_at 2019-06-18T21:37:51+0000  uid 0
        xlated 912B  jited 567B  memlock 4096B  map_ids 158,157
        btf_id 5
```

이 출력 결과는 bpftrace 프로그램ID(232~235)와 BCC 프로그램 ID(262~263) 및 로드된 다른 BPF 프로그램을 보여줍니다. 출력 결과에 btf_id가 있음을 통해 BCC kprobe 프로그램에 BPF 타입 포맷(BTF) 정보가 있음을 알 수 있습니다. BTF에 대해서는 2.3.9 "BPF 타입 포맷(BTF)"에서 더 자세히 설명할 것입니다. 지금은 BTF라는 것이 BPF 버전에 해당하는 debuginfo임을 이해하는 정도면 충분합니다.

bpftool prog dump xlated

각 BPF 프로그램은 자신의 ID로 덤프(dump)될 수 있습니다. xlated 모드는 어셈블리로 변환된 BPF 명령어를 출력합니다. 다음의 프로그램 234는 bpftrace 블록 I/O 완료(blk_account_io_done) 프로그램입니다.[13]

---

13 이것은 사용자가 커널로 로드한 것과 일치하지 않을 수도 있는데, BPF 검증 도구는 최적화(예: inlining map lookups)나 보안상의 이유(예: 스펙터 취약점)로 인해 일부 명령어를 다시 작성할 수 있기 때문입니다.

```
# bpftool prog dump xlated id 234
   0: (bf) r6 = r1
   1: (07) r6 += 112
   2: (bf) r1 = r10
   3: (07) r1 += -8
   4: (b7) r2 = 8
   5: (bf) r3 = r6
   6: (85) call bpf_probe_read#-51584
   7: (79) r1 = *(u64 *)(r10 -8)
   8: (7b) *(u64 *)(r10 -16) = r1
   9: (18) r1 = map[id:128]
  11: (bf) r2 = r10
  12: (07) r2 += -16
  13: (85) call __htab_map_lookup_elem#93808
  14: (15) if r0 == 0x0 goto pc+1
  15: (07) r0 += 56
  16: (55) if r0 != 0x0 goto pc+2
[...]
```

위의 출력 결과는 BPF가 사용할 수 있는 제한적인 커널 헬퍼 함수 호출 중 하나
인 bpf_probe_read()를 보여줍니다(표 2.2에 더 많은 헬퍼 함수 호출을 정리해
놓았습니다).

이번에는 앞의 출력 결과와 ID가 263인, BTF와 함께 컴파일된 bcc 블록 I/O
완료 프로그램을 비교해 봅시다.[14]

```
# bpftool prog dump xlated id 263
int trace_req_done(struct pt_regs * ctx):
; struct request *req = ctx->di;
   0: (79) r1 = *(u64 *)(r1 +112)
; struct request *req = ctx->di;
   1: (7b) *(u64 *)(r10 -8) = r1
; tsp = bpf_map_lookup_elem((void *)bpf_pseudo_fd(1, -1), &req);
   2: (18) r1 = map[id:158]
   4: (bf) r2 = r10
;
   5: (07) r2 += -8
; tsp = bpf_map_lookup_elem((void *)bpf_pseudo_fd(1, -1), &req);
   6: (85) call __htab_map_lookup_elem#93808
   7: (15) if r0 == 0x0 goto pc+1
   8: (07) r0 += 56
   9: (bf) r6 = r0
; if (tsp == 0) {
  10: (15) if r6 == 0x0 goto pc+101
; delta = bpf_ktime_get_ns() - *tsp;
  11: (85) call bpf_ktime_get_ns#88176
; delta = bpf_ktime_get_ns() - *tsp;
  12: (79) r1 = *(u64 *)(r6 +0)
[...]
```

---

14 여기에는 BTF를 기본으로 포함하고 있는 LLVM 9.0이 필요합니다.

위의 출력 결과는 이제 BTF의 소스 코드 정보도 포함하고 있습니다(볼드체로 강조). 여기서 BTF와 함께 보여드린 프로그램은 앞선 프로그램과 동일하지 않음에 유의하세요(명령어와 호출되는 함수가 다릅니다).

만약 BTF에 소스 파일과 라인 번호(line number) 정보도 포함되어 있다면, linum 지정자(modifier)를 통해 출력할 수 있습니다.(볼드체로 강조).

```
# bpftool prog dump xlated id 263 linum
int trace_req_done(struct pt_regs * ctx):
; struct request *req = ctx->di; [file:/virtual/main.c line_num:42 line_col:29]
   0: (79) r1 = *(u64 *)(r1 +112)
; struct request *req = ctx->di; [file:/virtual/main.c line_num:42 line_col:18]
   1: (7b) *(u64 *)(r10 -8) = r1
; tsp = bpf_map_lookup_elem((void *)bpf_pseudo_fd(1, -1), &req);
[file:/virtual/main.c line_num:46 line_col:39]
   2: (18) r1 = map[id:158]
   4: (bf) r2 = r10
[...]
```

이 경우 라인 번호 정보는 BCC가 프로그램을 실행할 때 생성하는 가상 파일을 가리킵니다.

opcodes 지정자는 BPF 명령어 opcodes를 포함하고 있습니다(볼드체로 강조).

```
# bpftool prog dump xlated id 263 opcodes
int trace_req_done(struct pt_regs * ctx):
; struct request *req = ctx->di;
   0: (79) r1 = *(u64 *)(r1 +112)
      79 11 70 00 00 00 00 00
; struct request *req = ctx->di;
   1: (7b) *(u64 *)(r10 -8) = r1
      7b 1a f8 ff 00 00 00 00
; tsp = bpf_map_lookup_elem((void *)bpf_pseudo_fd(1, -1), &req);
   2: (18) r1 = map[id:158]
      18 11 00 00 9e 00 00 00 00 00 00 00 00 00 00 00
   4: (bf) r2 = r10
      bf a2 00 00 00 00 00 00
[...]
```

BPF 명령어 opcodes는 부록 E에 설명해 놓았습니다.

이 외에도 visual 지정자가 있는데, 이는 외부 소프트웨어에서 시각화할 수 있도록 DOT 포맷으로 된 제어 흐름 그래프(control flow graph) 정보를 출력하는 명령입니다. 다음은 GraphViz과 그것의 방향 그래프 도구인 dot(1)을 이용한 사례입니다.[20]

```
# bpftool prog dump xlated id 263 visual > biolatency_done.dot
$ dot -Tpng -Elen=2.5 biolatency_done.dot -o biolatency_done.png
```

출력된 PNG 파일을 통해 명령어 흐름을 확인할 수 있습니다. GraphViz는 다양한 레이아웃 도구를 제공하는데, 필자는 주로 DOT 데이터를 그래프화하기 위해 dot(1), neato(1), fdp(1)와 sfdp(1) 같은 명령을 이용합니다. 이 도구들은 다양한 커스터마이징을 지원합니다(연결선 길이 조절: -Elen 같은). 그림 2.5는 GraphViz의 osage(1)를 이용해 BPF 프로그램을 시각화한 것입니다.

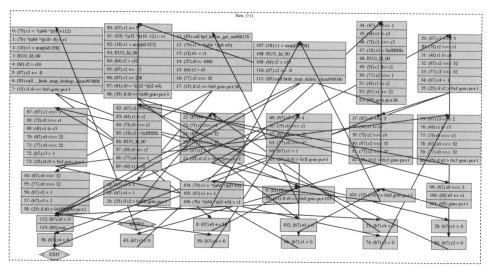

그림 2.5 GraphViz의 osage(1)를 이용해 시각화한 BPF 명령어 흐름

그림 2.5를 보면 매우 복잡한 프로그램임을 알 수 있습니다. 다른 GraphViz 도구들은 화살표들이 새 둥지처럼 뭉쳐지지 않도록 코드 블록을 넓게 펼쳐서 훨씬 큰 파일을 만들어냅니다. 이렇게 생긴 BPF 명령어들을 읽어야 한다면, 여러 다른 도구를 실험해서 목적에 부합하는 도구를 찾아야 합니다.

bpftool prog dump jited

`prog dump jited` 하위 명령은 실행될 프로세서에 대한 기계어 코드를 보여줍니다. 이 절에서는 x86_64를 보여주고 있지만 BPF는 리눅스 커널의 지원을 받는 모든 주요 아키텍처들을 위한 JIT가 있습니다. BCC 블록 I/O 완료 프로그램의 경우는 다음과 같습니다.

```
# bpftool prog dump jited id 263
int trace_req_done(struct pt_regs * ctx):
0xffffffffc082dc6f:
; struct request *req = ctx->di;
   0:   push    %rbp
   1:   mov     %rsp,%rbp
   4:   sub     $0x38,%rsp
```

```
 b:  sub    $0x28,%rbp
 f:  mov    %rbx,0x0(%rbp)
13:  mov    %r13,0x8(%rbp)
17:  mov    %r14,0x10(%rbp)
1b:  mov    %r15,0x18(%rbp)
1f:  xor    %eax,%eax
21:  mov    %rax,0x20(%rbp)
25:  mov    0x70(%rdi),%rdi
; struct request *req = ctx->di;
29:  mov    %rdi,-0x8(%rbp)
; tsp = bpf_map_lookup_elem((void *)bpf_pseudo_fd(1, -1), &req);
2d:  movabs $0xffff96e680ab0000,%rdi
37:  mov    %rbp,%rsi
3a:  add    $0xfffffffffffffff8,%rsi
; tsp = bpf_map_lookup_elem((void *)bpf_pseudo_fd(1, -1), &req);
3e:  callq  0xfffffffffc39a49c1
[...]
```

앞서 보았던 것처럼, 이 프로그램은 BTF가 있기 때문에 bpftool(8)이 소스 코드 라인을 포함할 수 있습니다. 없다면 출력되지 않습니다.

bpftool btf

bpftool(8)은 BTF ID를 출력할 수 있습니다. 예를 들어, BCC 블록 I/O 완료 프로그램의 BTF ID는 5입니다.[15]

```
# bpftool btf dump id 5
[1] PTR '(anon)' type_id=0
[2] TYPEDEF 'u64' type_id=3
[3] TYPEDEF '__u64' type_id=4
[4] INT 'long long unsigned int' size=8 bits_offset=0 nr_bits=64 encoding=(none)
[5] FUNC_PROTO '(anon)' ret_type_id=2 vlen=4
        'pkt' type_id=1
        'off' type_id=2
        'bofs' type_id=2
        'bsz' type_id=2
[6] FUNC 'bpf_dext_pkt' type_id=5
[7] FUNC_PROTO '(anon)' ret_type_id=0 vlen=5
        'pkt' type_id=1
        'off' type_id=2
        'bofs' type_id=2
        'bsz' type_id=2
        'val' type_id=2
[8] FUNC 'bpf_dins_pkt' type_id=7
[9] TYPEDEF 'uintptr_t' type_id=10
[10] INT 'long unsigned int' size=8 bits_offset=0 nr_bits=64 encoding=(none)
[...]
[347] STRUCT 'task_struct' size=9152 vlen=204
```

---

15 (옮긴이) 앞서 살펴본 bpftool prog show 출력 결과의 263번 프로그램을 살펴보면 BTF ID가 5임을 확인할 수 있습니다.

```
              'thread_info' type_id=348 bits_offset=0
              'state' type_id=349 bits_offset=128
              'stack' type_id=1 bits_offset=192
              'usage' type_id=350 bits_offset=256
              'flags' type_id=28 bits_offset=288
[...]
```

이 출력 결과를 통해 BTF가 타입과 구조체 정보를 가지고 있음을 확인할 수 있습니다.

2.3.5 BPF 명령어 보기: bpftrace

tcpdump(8)가 −d 옵션으로 BPF 명령어를 출력한 것처럼, bpftrace 역시 −v 옵션으로 출력이 가능합니다.[16]

```
# bpftrace −v biolatency.bt
Attaching 4 probes...

 Program ID: 677

 Bytecode:
0: (bf) r6 = r1
1: (b7) r1 = 29810
2: (6b) *(u16 *)(r10 −4) = r1
3: (b7) r1 = 1635021632
4: (63) *(u32 *)(r10 −8) = r1
5: (b7) r1 = 20002 6: (7b) *(u64 *)(r10 −16) = r1
7: (b7) r1 = 0
8: (73) *(u8 *)(r10 −2) = r1
9: (18) r7 = 0xffff96e697298800
11: (85) call bpf_get_smp_processor_id#8
12: (bf) r4 = r10
13: (07) r4 += −16
14: (bf) r1 = r6
15: (bf) r2 = r7
16: (bf) r3 = r0
17: (b7) r5 = 15
18: (85) call bpf_perf_event_output#25
19: (b7) r0 = 0
20: (95) exit
[...]
```

이러한 출력 결과는 bpftrace의 내부 오류가 발생했을 경우에도 확인할 수 있습니다. 만약 bpftrace 내부를 개발하는 사람이라면 BPF 검증 도구와 쉽게 충돌하고 커널이 프로그램을 거부하는 경우를 종종 확인할 수 있습니다. 이러한 명령어가 출력되면 원인을 파악하고 문제를 해결하기 위해 명령어를 검토해야 합니다.

---

16 일관성을 위해서는 −d 옵션으로 만들었어야 했다는 것을 방금 깨달았습니다.

　대부분의 사람들은 bpftrace나 BCC의 내부 오류나 BPF 명령어를 볼 일이 없을 겁니다. 이러한 이슈를 겪게 된다면 bpftrace나 BCC 프로젝트에 이슈를 남기든가 아니면 직접 고쳐서 기여하는 것을 고려해 보십시오.

2.3.6 BPF API

이번에는 BPF의 기능에 대해 더 잘 이해할 수 있도록 리눅스 4.20 소스 트리의 include/uapi/linux/bpf.h에 있는 확장 BPF API에서 필자가 발췌한 일부 내용을 정리합니다.

BPF 헬퍼 함수

BPF 프로그램은 임의의 커널 함수를 호출할 수 없습니다. 이러한 제약 조건 속에서 특정한 목적을 달성하기 위해 BPF가 호출할 수 있는 "헬퍼 함수(helper function)"가 제공됩니다. 표 2.2에 함수 일부를 정리해 놓았습니다.

BPF 헬퍼 함수	설명
bpf_map_lookup_elem(map, key)	맵에서 키를 찾고 그 키에 해당하는 값을 리턴(포인터)
bpf_map_update_elem(map, key, value, flags)	맵에서 키가 선택한 항목의 값을 갱신
bpf_map_delete_elem(map, key)	맵에서 키가 선택한 항목을 삭제
bpf_probe_read(dst, size, src)	src 주소에서부터 size 바이트만큼 안전하게 읽어서 dst에 저장
bpf_ktime_get_ns()	부팅부터 지금까지의 시간을 나노초로 리턴
bpf_trace_printk(fmt, fmt_size, ...)	traceFS의 trace{_pipe}에 쓰는 디버깅 헬퍼 함수
bpf_get_current_pid_tgid()	상위 비트에는 현재(current) TGID(사용자 공간의 PID에 해당)와 하위 비트에는 현재 PID(사용자 공간의 커널 스레드 ID에 해당)가 담긴 부호 없는 64비트 정수형(u64)을 리턴
bpf_get_current_comm(buf, buf_size)	task의 이름을 버퍼에 복사
bpf_perf_event_output(ctx, map, data, size)	데이터를 perf_event 링 버퍼에 기록, 이벤트별 출력에 사용
bpf_get_stackid(ctx, map, flags)	사용자 혹은 커널의 스택 트레이스를 가져오고 식별자를 리턴
bpf_get_current_task()	현재 task 구조체를 리턴. 이 구조체는 동작 중인 프로세스에 대한 많은 정보를 가지고 있고, 시스템의 상태를 포함하고 있는 다른 구조체와 연결되어 있음. 이는 불안정한 API로 간주됨
bpf_probe_read_str(dst, size, ptr)	안전하지 않은 포인터에서 NULL로 끝나는 문자열을 사이즈 크기만큼 dst로 복사(NULL바이트 포함)

(다음쪽에 이어짐)

bpf_perf_event_read_value(map, flags, buf, size)	perf_event 카운터를 읽고 buf에 저장. BPF 프로그램에서 PMC를 읽는 방법과 동일
bpf_get_current_cgroup_id()	현재 cgroup ID 리턴
bpf_spin_lock(lock), bpf_spin_unlock(lock)	네트워크 프로그램의 동시성 제어

표 2.2 BPF 헬퍼 함수

이런 헬퍼 함수 중 일부는 앞에서 다룬 bpftool(8) xlated 출력 결과나 bpftrace -v 출력 결과에서 볼 수 있습니다.

위 표의 설명에 있는 현재(current)라는 용어는 현재 CPU에서 동작 중인(on-CPU) 스레드를 의미합니다.

주목할 점은 include/uapi/linux/bpf.h 파일은 이런 헬퍼 함수에 대한 상세한 설명을 제공한다는 것입니다. 다음은 bpf_get_stackid()에서 부분 발췌한 것입니다.

```
* int bpf_get_stackid(struct pt_reg *ctx, struct bpf_map *map, u64 flags)
*     Description
*             Walk a user or a kernel stack and return its id. To achieve
*             this, the helper needs *ctx*, which is a pointer to the context
*             on which the tracing program is executed, and a pointer to a
*             *map* of type **BPF_MAP_TYPE_STACK_TRACE**.
*
*             The last argument, *flags*, holds the number of stack frames to
*             skip (from 0 to 255), masked with
*             **BPF_F_SKIP_FIELD_MASK**. The next bits can be used to set
*             a combination of the following flags:
*
*             **BPF_F_USER_STACK**
*                     Collect a user space stack instead of a kernel stack.
*             **BPF_F_FAST_STACK_CMP**
*                     Compare stacks by hash only.
*             **BPF_F_REUSE_STACKID**
*                     If two different stacks hash into the same *stackid*,
*                     discard the old one.
*             The stack id retrieved is a 32 bit long integer handle which
*             can be further combined with other data (including other stack
*             ids) and used as a key into maps. This can be useful for
*             generating a variety of graphs (such as flame graphs or off-cpu
*             graphs).
[...]
```

이 파일들은 리눅스 소스 코드를 호스팅하는 온라인의 어떤 사이트에서든 찾아 볼 수 있습니다. 예를 들어 *https://github.com/torvalds/linux/blob/master/include/uapi/linux/bpf.h*와 같은 것이 있습니다.

여기에는 헬퍼 함수가 있는데 주로 소프트웨어 정의 네트워킹(SDN)을 위한 헬퍼 함수에 해당합니다. 현재 리눅스 5.2 버전에는 98개의 헬퍼 함수가 있습니다.

bpf_probe_read()

bpf_probe_read()는 상당히 중요한 헬퍼 함수입니다. BPF의 메모리 접근은 BPF 레지스터와 BPF 스택(및 BPF 헬퍼 함수를 이용해 접근하는 맵)에 제한되어 있습니다. 임의의 메모리(예: BPF 영역 밖의 커널 메모리)는 bpf_probe_read() 를 이용해 읽어야 하는데, 이 함수는 안전한지 체크하고 페이지 폴트(page fault) 를 비활성화해서 읽기가 probe 컨텍스트에서 폴트를 일으키지 않도록 보장합니다(probe 컨텍스트에서의 폴트는 커널 문제를 일으킬 수 있습니다).

커널 메모리를 읽는 것과는 별개로, 이 헬퍼 함수는 사용자 공간의 메모리를 커널 공간으로 읽어 들이는 데에도 사용됩니다. 이것은 아키텍처에 따라 다르게 동작합니다. x86_64 아키텍처의 경우 사용자 주소 범위와 커널 주소 범위는 겹치지 않기 때문에 어떠한 모드로 동작할지는 주소에 의해서 결정됩니다. SPARC[21] 같은 다른 아키텍처에서는 이렇게 동작하지 않는데, 이러한 아키텍처를 지원하는 BPF에 대해서는 bpf_probe_read_kernel()과 bpf_probe_read_user()[17] 같은 추가적인 헬퍼 함수 사용을 요구할 것입니다.

BPF 시스템 콜 명령어

표 2.3은 사용자 공간에서 호출할 수 있는 BPF 명령들을 보여줍니다.

bpf_cmd	설명
BPF_MAP_CREATE	키/값 해시 테이블(연관 배열)로 사용될 수 있는 유연한 저장 객체인 BPF 맵을 생성
BPF_MAP_LOOKUP_ELEM	주어진 키에 있는 요소(element) 조회
BPF_MAP_UPDATE_ELEM	주어진 키에 있는 요소 수정
BPF_MAP_DELETE_ELEM	주어진 키에 있는 요소 삭제
BPF_MAP_GET_NEXT_KEY	맵 안의 모든 키를 순회
BPF_PROG_LOAD	BPF 프로그램을 검증하고 로드
BPF_PROG_ATTACH	BPF 프로그램을 이벤트에 연결
BPF_PROG_DETACH	BPF 프로그램을 이벤트에서 분리
BPF_OBJ_PIN	/sys/fs/bpf에 BPF 객체를 생성

표 2.3 BPF 시스템 콜 명령어

---

17 이 함수에 대한 필요성은 LSFMM 2019에서 데이비드 밀러가 제기했습니다.

이러한 명령들은 bpf(2) 시스템 콜의 첫 인자로 전달됩니다. strace(1)를 이용하면 그것들이 동작 중임을 즉시 확인할 수 있습니다. 예를 들어, BCC execsnoop(8) 도구를 실행할 때 호출되는 bpf(2) 시스템 콜을 점검하면 다음과 같습니다.

```
# strace -ebpf execsnoop
bpf(BPF_MAP_CREATE, {map_type=BPF_MAP_TYPE_PERF_EVENT_ARRAY, key_size=4,
value_size=4, max_entries=8, map_flags=0, inner_map_fd=0, ...}, 72) = 3
bpf(BPF_PROG_LOAD, {prog_type=BPF_PROG_TYPE_KPROBE, insn_cnt=513,
insns=0x7f31c0a89000, license="GPL", log_level=0, log_size=0, log_buf=0,
kern_version=266002, prog_flags=0, ...}, 72) = 4
bpf(BPF_PROG_LOAD, {prog_type=BPF_PROG_TYPE_KPROBE, insn_cnt=60,
insns=0x7f31c0a8b7d0, license="GPL", log_level=0, log_size=0, log_buf=0,
kern_version=266002, prog_flags=0, ...}, 72) = 6
PCOMM              PID    PPID   RET ARGS
bpf(BPF_MAP_UPDATE_ELEM, {map_fd=3, key=0x7f31ba81e880, value=0x7f31ba81e910,
flags=BPF_ANY}, 72) = 0
bpf(BPF_MAP_UPDATE_ELEM, {map_fd=3, key=0x7f31ba81e910, value=0x7f31ba81e880,
flags=BPF_ANY}, 72) = 0
[...]
```

이 출력 결과에서 BPF 명령은 볼드체로 강조했습니다. 현재의 ptrace() 구현이 대상 프로세스를 굉장히(100배 이상[22]) 느려지게 할 수 있기 때문에 필자는 보통 strace(1)를 사용하지 않습니다. 그러나 strace(1)가 bpf(2) 시스템 콜에 대한 숫자 인자를 읽을 수 있는 형태의 문자열(예: "BPF_PROG_LOAD")로 변환하여 출력하기 때문에 여기에서는 strace(1)을 사용했습니다.

BPF 프로그램 유형

각기 다른 BPF 프로그램 유형은 BPF 프로그램이 연결되는 이벤트의 타입을 정의하고, 이벤트에 필요한 인자를 정의합니다. 표 2.4는 BPF 트레이싱 프로그램에 주로 사용되는 프로그램 유형을 정리한 것입니다.

bpf_prog_type	설명
BPF_PROG_TYPE_KPROBE	kprobe와 uprobe용
BPF_PROG_TYPE_TRACEPOINT	tracepoint용
BPF_PROG_TYPE_PERF_EVENT	perf_events용(PMC 포함)
BPF_PROG_TYPE_RAW_TRACEPOINT	tracepoint용(인자 처리 없이)

표 2.4 BPF 트레이싱 프로그램 유형

앞서 다룬 strace(1)의 출력 결과에는 BPF_PROG_TYPE_ KPROBE 타입에 대한 두 번의 BPF_PROG_LOAD 호출이 있었는데, 그 버전의 execsnoop(8)이

execve()의 시작과 끝을 계측하는 데 kprobe와 kretprobe을 이용하기 때문입니다.

bpf.h에는 네트워킹과 다른 용도로 사용되는 프로그램 유형이 있고 이들 중 일부를 표 2.5에 정리해 놓았습니다.

bpf_prog_type	설명
BPF_PROG_TYPE_SOCKET_FILTER	소켓 연결용, 기존의 BPF 활용 사례
BPF_PROG_TYPE_SCHED_CLS	트래픽 제어(traffic control) 분류용
BPF_PROG_TYPE_XDP	eXpress Data Path(XDP) 프로그램용
BPF_PROG_TYPE_CGROUP_SKB	cgroup 패킷(skb) 필터용

표 2.5 다른 용도의 BPF 프로그램 유형

BPF 맵 유형

표 2.6은 일부 BPF 맵 유형을 정리한 것입니다.

bpf_map_type	설명
BPF_MAP_TYPE_HASH	키/값 쌍으로 구성된 해시 테이블 맵
BPF_MAP_TYPE_ARRAY	값들의 배열
BPF_MAP_TYPE_PERF_EVENT_ARRAY	사용자 공간으로 트레이싱 결과를 출력하는 perf_event 링 버퍼에 대한 인터페이스
BPF_MAP_TYPE_PERCPU_HASH	CPU별로 관리되는 더욱 빠른 해시 테이블
BPF_MAP_TYPE_PERCPU_ARRAY	CPU별로 관리되는 더욱 빠른 배열
BPF_MAP_TYPE_STACK_TRACE	stack ID별로 인덱싱된 스택 트레이스 저장 공간
BPF_MAP_TYPE_STACK	스택 트레이스 저장 공간

표 2.6 BPF 맵 유형

BPF_MAP_TYPE_PERF_EVENT_ ARRAY 타입의 BPF_MAP_CREATE 역시 앞서 본 strace(1)의 출력 결과에 들어 있었고, 이는 execsnoop(8)이 사용자 공간에 출력을 위해 이벤트를 전달하기 위함이었습니다.

bpf.h에는 특수 목적을 가진 더 많은 맵 유형이 있습니다.

2.3.7 BPF 동시성 제어

BPF는 스핀 록(spin lock) 헬퍼 함수가 추가된 리눅스 5.1 이전까지는 동시성 제어(Concurrency Control)를 할 수 없었습니다(트레이싱 프로그램에서는 아직도 사용할 수 없습니다). 트레이싱에서 병렬 스레드는 BPF 맵 필드를 조회하는 동시에 값을 갱신할 수 있어서, 한 스레드가 다른 스레드의 갱신 값을 덮어쓰는 일이 발생하면서 손상을 일으킬 수 있습니다. 이것은 "lost update"라고 부르는 문제인데, 읽기와 쓰기가 동시에 일어나서 겹치면서 갱신 사항이 유실됩니다. 트레이싱 프론트엔드인 BCC와 bpftrace는 이러한 손상을 방지하기 위해서 가능한 한 CPU별 해시 맵과 CPU별 배열 맵 유형을 이용합니다. 이들은 각 논리적 CPU가 사용할 인스턴스를 만들어서, 병렬 스레드가 공유 공간을 갱신하는 것을 방지합니다. 예를 들어 이벤트를 세는 맵은 CPU별 맵으로 업데이트할 수 있고, CPU별 맵의 값들은 총계가 필요할 때 합칠 수 있습니다.

예를 들어 이 bpftrace 원 라이너에서는 계산을 위해 CPU별 해시 맵을 이용합니다.

```
# strace -febpf bpftrace -e 'k:vfs_read { @ = count(); }'
bpf(BPF_MAP_CREATE, {map_type=BPF_MAP_TYPE_PERCPU_HASH, key_size=8, value_size=8,
max_entries=128, map_flags=0, inner_map_fd=0}, 72) = 3
[...]
```

그리고 이 bpftrace 원 라이너는 계산을 위해 일반 해시 맵을 사용합니다.

```
# strace -febpf bpftrace -e 'k:vfs_read { @++; }'
bpf(BPF_MAP_CREATE, {map_type=BPF_MAP_TYPE_HASH, key_size=8, value_size=8,
max_entries=128, map_flags=0, inner_map_fd=0}, 72) = 3
[...]
```

다음은 CPU가 8개인 시스템에서 두 개의 맵을 동시에 사용하고, 병렬로 자주 실행할 법한 함수를 트레이싱하는 예시입니다.

```
# bpftrace -e 'k:vfs_read { @cpuhash = count(); @hash++; }'
Attaching 1 probe...
^C

@cpuhash: 1061370
@hash: 1061269
```

count의 비교를 통해 일반 해시 맵이 CPU별 해시 맵에 비해 이벤트를 0.01% 정도 덜 셌다는 것을 알 수 있습니다.

CPU별 맵 외에도 배타적 add 명령어(BPF_XADD)나 맵 전체를 원자적으로 갱신할 수 있는 맵 안의 맵(map in map), 그리고 BPF 스핀 록 등 동시성 제어를 위한 다른 메커니즘도 있습니다. bpf_map_update_elem()을 이용해서 일반

해시 맵과 LRU 맵을 갱신하는 것은 원자적일 뿐만 아니라 동시 쓰기에 의한 데이터 경쟁으로부터 자유롭습니다. 리눅스 5.1에서 추가된 스핀 록은 bpf_spin_lock()과 bpf_spin_unlock() 헬퍼 함수로 제어합니다.[23]

2.3.8 BPF sysfs 인터페이스

리눅스 4.4에는 관례대로 /sys/fs/bpf에 마운트해놓은 가상 파일 시스템(VFS)을 통해 BPF 프로그램과 맵을 드러내는 명령이 도입되었습니다. "피닝(pinning)"이라 부르는 이 기능은 여러 곳에 사용됩니다. (상당 부분 데몬과 비슷하게) 항상 실행되고 있는 BPF 프로그램을 생성해 주고, 로드한 프로그램이 종료된 뒤에도 지속적으로 동작하게 해 줍니다. 이것은 또한 사용자 레벨 프로그램과 동작하고 있는 BPF 프로그램이 피닝된 BPF 맵에 읽기/쓰기를 함으로써 서로 상호작용할 수 있도록 합니다.

이 책에서 다루는 BPF 관측 도구는 시작과 끝이 있는 표준 유닉스 유틸리티를 따라 모델링했기 때문에 피닝을 사용하지 않았습니다. 그러나 필요하다면 이러한 도구들 중 어떤 것이라도 피닝된 형태로 전환할 수 있습니다. 이 방법은 네트워킹용 프로그램에서 흔하게 사용합니다(예: 실리움(Cilium) 프로젝트[24]).

피닝의 예를 하나 들자면, 안드로이드 운영체제는 /system/etc/bpf 경로에 있는 BPF 프로그램을 자동으로 로드하고 고정(pin)시키기 위해서 피닝을 이용합니다.[25] 이렇게 피닝된 프로그램과 상호작용하기 위해 여러 안드로이드 라이브러리 함수가 제공됩니다.

2.3.9 BPF 타입 포맷(BTF)

이 책에서 반복적으로 언급하는 문제 중 하나는, 계측하는 소스에 대한 정보가 부족하여 BPF 도구를 만드는 것이 어렵다는 것입니다. 앞으로 여러 차례 언급하겠지만, 이러한 문제에 대한 가장 이상적인 해결책은 여기에서 소개하는 BTF입니다.

BTF(BPF Type Format)는 BPF 프로그램, BPF 맵 등을 설명하는 디버깅 정보를 담은 메타데이터 포맷입니다. 처음에 BTF라는 이름이 선택된 이유는 데이터 타입을 지칭했기 때문입니다. 그러나 이후에 서브 루틴을 위한 함수 정보, 소스/라인 정보를 위한 라인 정보와 전역 변수 정보를 포함하도록 확장되었습니다.

BTF 디버그 정보는 vmlinux 바이너리에 내장하거나, 네이티브 Clang 컴파일 혹은 LLVM JIT를 이용해 BPF 프로그램과 함께 생성할 수 있는데, 이렇게 되면 BPF 프로그램은 로더(예: libbpf)와 도구(예: bpftool(8))를 사용해서 보다 쉽게 점검할 수 있습니다. bpftool(8)과 perf(1) 같은 점검, 트레이싱 도구는 이런 정보를 가져와 BPF 프로그램을 소스 코드와 함께 보여주거나, 16진수 덤프 대신 맵의 키/값을 C 구조체에 기반해 보기 좋게 출력할 수 있습니다. 앞에서 본 LLVM-9로 컴파일된 BCC 프로그램을 덤프하는 bpftool(8)의 예시가 이를 보여줍니다.

BPF 프로그램에 대해 설명하는 것과는 별개로, BTF는 모든 커널의 자료 구조를 설명하는 범용 포맷이 되어가고 있습니다. 어떤 측면에서 보면 BTF는 BPF에서 사용하는 커널 debuginfo에 대한 경량 대안이 되어가고 있고, 커널 헤더에 비해 더 완전하고 신뢰할 수 있는 대안이 되어가고 있습니다.

BPF 트레이싱 도구가 다양한 C 자료구조를 검색할 수 있도록 하려면 (보통 linux-headers 패키지를 통한) 커널 헤더의 설치가 필요합니다. 이러한 헤더들은 커널의 모든 자료구조에 대한 정의를 포함하고 있지 않기 때문에, 몇몇 BPF 관측 도구를 만드는 것을 어렵게 합니다. 이에 대한 대안책으로 누락된 구조체를 BPF 도구 소스 코드에 정의해야 합니다. 복잡한 헤더가 올바르게 처리되지 않는 문제도 있었습니다. bpftrace는 이러한 경우에 잠재적으로 올바르지 않은 구조체 오프셋을 가지고 계속하는 대신 중단 상태로 전환할 수 있습니다. BTF는 모든 구조체에 대한 신뢰할 만한 정의를 제공함으로써 이러한 문제를 해결합니다(앞에서 본 bpftool btf의 출력 결과는 task_struct가 어떻게 포함될 수 있는지 보여줍니다). 미래에 BTF를 포함하여 릴리스되는 리눅스 커널 vmlinux 바이너리는 자신을 설명하는 자기술어적(self-describing) 형태가 될 것입니다.

이 책을 쓰고 있는 지금도 BTF는 여전히 개발 중입니다. "한번 컴파일한 코드로 어디서든 사용 가능하게(compile-once-run-everywhere, CO-RE)"라는 이니셔티브(initiative)를 지원하기 위해서, 더 많은 정보를 BTF에 추가해야 합니다. BTF 최신 정보는 커널 소스 트리의 Documentation/bpf/btf.rst를 참고하세요.[26]

2.3.10 BPF CO-RE

BPF의 "한번 컴파일한 코드로 어디서든 사용 가능하게" 프로젝트는 BPF 프로그램을 BPF 바이트코드로 한번 컴파일하고 저장하면 다른 시스템에도 배포(distribute)하고 실행할 수 있는 것을 목표로 합니다. 이를 통해 용량 제약 때문에 컴파일러 설치가 어려운 임베디드 리눅스 환경에 BPF 컴파일러(예: LLVM,

Clang) 설치를 피할 수 있습니다. 이 뿐만 아니라, BPF 관측 도구를 실행할 때마다 컴파일러를 실행하면서 발생하는 런타임 CPU와 메모리 비용도 줄일 수 있게 해줍니다.

CO-RE 프로젝트와 개발자인 앤드리 나크리이코(Andrii Nakryiko)는 서로 다른 시스템에서 여러 다른 커널 구조체 오프셋을 다루는 것(필요에 따라 BPF 바이트코드의 필드 오프셋을 다시 작성해야 합니다)과 같은 도전 과제를 해결하고 있습니다. 또 다른 도전은 누락된 구조체 멤버에 관한 것인데, 이 경우에는 커널 버전, 커널 설정 그리고 사용자 제공 런타임 플래그에 따른 조건부 필드 접근이 필요합니다. CO-RE 프로젝트는 BTF 정보를 사용하게 될 것이며 이 책을 쓰고 있는 시점에도 여전히 개발이 진행 중입니다.

2.3.11 BPF의 한계

BPF 프로그램은 임의의 커널 함수를 호출할 수 없고, API에 나열해 놓은 BPF 헬퍼 함수만 호출할 수 있습니다. 미래의 커널 버전에는 필요에 따라 더 많은 헬퍼 함수가 추가될 것입니다. BPF 프로그램은 루프에도 제약이 있습니다. BPF 프로그램이 임의의 kprobe에 무한 루프를 삽입하는 것은 안전하지 않은데, 해당 스레드가 나머지 시스템을 멈추는 중요한 록(lock)을 잡고 있을 수 있기 때문입니다. 해결책으로는 루프를 풀어내든가(unrolling), 공통적으로 루프가 필요한 경우에 헬퍼 함수를 추가하는 방법 등이 있습니다. 리눅스 5.3에는 BPF의 한정된 루프(bounded loop)에 대한 지원이 포함되었는데, 여기에는 검증 가능한 런타임 상한 제약이 있습니다.[18]

BPF 스택 크기는 MAX_BPF_STACK으로 제한하는데 512로 지정되어 있습니다. 이 제한은 가끔 BPF 관측 도구를 제작할 때, 특히 다중 문자열 버퍼를 스택에 저장할 때 도달할 수 있습니다. 단일 char[256] 버퍼가 스택의 반절을 차지하기 때문입니다. 아직까지 BPF 커뮤니티에서 이 제한을 늘리려는 계획은 없습니다. 이에 대한 해결책은 BPF 맵 저장 객체를 대신 사용하는 것인데, 이 크기는 사실상 무한대입니다. bpftrace 문자열을 저장할 때 스택 저장 객체 대신 맵 저장 객체를 사용하도록 하는 변경 작업이 진행 중입니다.

---

18 여기에서 BPF가 튜링 완전인지 의문이 들 수 있습니다. 명령어 집합 자체로서는 튜링 완전 오토마타(Turing complete automata)가 만들어질 수 있습니다. 그러나 검증 도구가 시행하는 안전 제약(safety restrictions)을 고려하면, BPF 프로그램은 더 이상 튜링 완전이 아닙니다(예: 프로그램 중지에 기인).

초기에 BPF 프로그램의 명령어 갯수는 4096으로 제한되어 있었습니다. 길이가 긴 BPF 프로그램은 간혹 이 제한에 부닥칩니다(명령어의 수를 줄여주는 LLVM 컴파일러 최적화가 없으면 더욱 빨리 도달할 수 있습니다). 리눅스 5.2에서는 이 문제를 없애고자 제한값을 매우 크게 증가시켰습니다.[19] BPF 검증 도구의 목표는 안전한 프로그램만을 수용하고자 하는 것이기 때문에, 제한이 이 목적에 반해서는 안됩니다.

2.3.12 BPF 추가 자료

확장 BPF를 이해하기 위해 더 살펴볼 자료들은 다음과 같습니다.

- 커널 소스 트리의 Documentation/networking/filter.txt [17]
- 커널 소스 트리의 Documentation/bpf/bpf_design_QA.txt [29]
- bpf(2) 매뉴얼 페이지[30]
- bpf-helpers(7) 매뉴얼 페이지[31]
- 조너선 코벳(Jonathan Corbet)이 작성한 "BPF: 커널 안의 범용 가상머신 (BPF: the universal in-kernel virtual machine)"[32]
- 수차크라 샤르마(Suchakra Sharma)가 작성한 "BPF 내부 구조—II(BPF Internals—II)"[33]
- 실리움(Cilium) 프로젝트의 "BPF와 XDP 레퍼런스 가이드(BPF and XDP Reference Guide)"[19]

BPF 프로그램의 추가적인 예시는 4장과 부록 C, D, E에 수록해 놓았습니다.

2.4 스택 트레이스 추적

스택 트레이스(Stack trace)는 커널과 사용자 코드를 프로파일링하여 실행 시간을 관찰하고, 이벤트를 발생시킨 코드 경로를 이해하는 데 매우 유용한 도구입니다. BPF는 프레임 포인터 기반 스택 추적 또는 ORC 기반 스택 추적(stack walking)을 지원하며 스택 트레이스 기록을 위한 특별한 맵 유형을 제공합니다. BPF는 이후에 다른 스택 추적 기법들도 지원할 예정입니다.

---

19 이 제한은 100만 명령어로 변경되었습니다(BPF_COMPLEXITY_LIMIT_INSNS).[27] 비특권 (unprevieged) BPF 프로그램에는 4096 명령어 제한값(BPF_MAXINSNS)이 여전히 남아 있습니다.

2.4.1 프레임 포인터 기반 스택

프레임 포인터 기법은 레지스터(x86_64상의 RBP)에서 스택 프레임 연결 리스트의 처음(head)을 항상 찾을 수 있고, 리턴 주소가 RBP로부터 알려진 오프셋 위치(+8)에 저장된다는 규칙을 따릅니다.[Hubicka 13] 프로그램을 인터럽트(interrupt)하는 모든 디버거나 트레이싱 도구는 RBP를 읽을 수 있는데, RBP 연결 리스트를 탐색하며 알려진 오프셋 위치에서 주소들을 가져옴으로서 스택 트레이스를 손쉽게 얻어낼 수 있습니다. 그림 2.6은 이것을 보여줍니다.

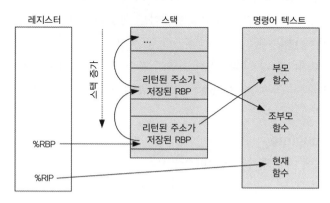

그림 2.6 프레임 포인터 기반 스택 추적(x86_64)

AMD64 ABI는 관례적으로 RBP를 프레임 포인터 레지스터로 이용하고 있지만, 함수의 시작과 끝 명령어들을 저장하지 않음으로서 RBP를 범용 레지스터로 활용할 수 있다고 언급합니다.

gcc 컴파일러는 현재 프레임 포인터 기반 스택 추적을 불가능하게 하는 방법인 프레임 포인터를 생략하고, RBP를 범용 레지스터로 사용하는 것을 기본으로 하고 있습니다. 이 기본값은 -fno-omit-frame-pointer를 사용하면 되돌릴 수 있습니다. 프레임 포인터 생략을 기본으로 하는 것을 제안한 패치의 세 가지 세부 사항은 다음과 같습니다.[34]

- 해당 패치는 범용 레지스터가 4개뿐인 i386을 위해 나왔습니다. RBP를 사용할 수 있다면 사용 가능한 범용 레지스터가 4개에서 5개로 늘어나고, 이를 통해 상당한 성능 향상을 이끌어 낼 수 있습니다. x86_64의 경우에는 사용 가능한 레지스터가 16개나 있기 때문에 이러한 변화가 큰 의미는 없습니다.[35]
- gdb(1)가 다른 기술을 지원한 덕분에, 스택 추적은 해결된 문제라고 여겼습니다. 그러나 이것은 인터럽트가 비활성화된 제한적인 컨텍스트에서 동작하

는 트레이싱 도구의 스택 추적을 고려하지 않습니다.

- 인텔(Intel)의 icc 컴파일러와의 벤치마크 경쟁 필요성

오늘날 x86_64에서 대부분의 소프트웨어는 프레임 포인터 스택 트레이싱을 불가능하게 하는 gcc의 기본 옵션 상태로 컴파일됩니다. 이전에 필자가 프로덕션 환경에서 프레임 포인터를 생략했을 때의 성능 향상에 대해 검토하였을 때, 성능 향상은 대체로 1퍼센트 미만이었고, 측정하기 어려울 정도로 0에 가까웠습니다. 많은 넷플릭스의 마이크로서비스는 프레임 포인터를 다시 활성화시킨 상태로 동작하며, CPU 프로파일링을 통해 찾아낸 성능 향상이 미세한 성능 손실을 훨씬 뛰어넘습니다.

프레임 포인터를 사용하는 것이 스택 추적을 위한 유일한 방법은 아닙니다. 다른 방법으로는 debuginfo, LBR 그리고 ORC 등이 있습니다.

2.4.2 debuginfo

소프트웨어에 대한 추가적인 디버그 정보는 주로 debuginfo 패키지를 통해 사용이 가능한데, 여기에는 DWARF 포맷으로 구성된 ELF debuginfo 파일이 포함됩니다. 여기에는 프레임 포인터 레지스터를 사용하지 않더라도 gdb(1)와 같은 디버거가 스택 트레이스를 추적하는 데 사용할 수 있는 섹션(section)을 포함하고 있습니다. 이 ELF 섹션은 .eh_frame과 .debug_frame입니다.

뿐만 아니라 debuginfo 파일은 소스와 라인 번호 정보 섹션을 포함하고 있어서, 디버깅되는 원래의 바이너리 파일을 왜소해 보이게 만듭니다. 12장의 예시를 통해 libjvm.so의 크기가 17MB인 것에 비해 debuginfo 파일은 크기가 222MB임을 확인할 수 있습니다. 일부 환경에서는 debuginfo의 큰 파일 크기 때문에 설치되지 않을 수도 있습니다.

BPF는 현재 이 방식의 스택 추적을 지원하지 않습니다. 이 방식은 CPU를 많이 사용할 뿐만 아니라 사용하지 않을 ELF 섹션까지 읽어들여야 하기 때문입니다. 이것은 인터럽트가 비활성화된 제한적인 BPF 컨텍스트에서 스택 추적의 구현을 어렵게 합니다.

BPF 프론트엔드인 BCC와 bpftrace는 심벌 해석(symbol resolution)을 위해 debuginfo 파일을 지원한다는 점에 주목하시기 바랍니다.

2.4.3 최종 브랜치 레코드

최종 브랜치 레코드(Last Branch Record, LBR)는 하드웨어 버퍼에 분기(함수 호출 분기 포함)를 기록하기 위한 인텔 프로세서의 기능입니다. 이 기법은 오버 헤드가 없고 스택 트레이스를 재구성하는 데 사용할 수 있습니다. 하지만 프로 세서에 따라 기록할 수 있는 깊이에 제한이 있고, 4개에서 32개 사이의 분기 저 장을 지원합니다. 프로덕션 환경의 소프트웨어 스택 트레이스는 (특히 자바의 경우) 32프레임을 초과할 수 있습니다.

현재는 BPF가 LBR을 지원하지 않지만 미래에 지원할 수도 있습니다. 제한된 스택 트레이스라도 스택 트레이스가 전혀 없는 것보다는 나으니까요!

2.4.4 ORC

스택 트레이스를 위한 새로운 디버그 정보 포맷인 웁스 되감기 기능(Oops Rewind Capability, ORC)이 고안되었고, 이는 DWARF에 비해 CPU를 덜 사용 합니다.[36] ORC는 .orc_unwind와 .orc_unwind_ip ELF 섹션을 사용하고, 지 금까지 리눅스 커널을 위해서 구현되었습니다. 레지스터가 제한적인 아키텍처 에서는 커널의 스택 트레이싱을 위해 컴파일할 때 프레임 포인터 대신 ORC를 이용하는 것이 바람직합니다.

ORC 스택 되감기(stack unwinding)는 BPF가 호출하는, 커널의 perf_callchain_ kernel() 함수를 이용하면 가능합니다. 이것은 BPF가 ORC 스택 트레이싱도 지원 한다는 의미입니다. 사용자 공간에 대한 ORC 스택은 아직 개발되지 않았습니다.

2.4.5 심벌

현재 스택 트레이스는 주소의 배열 형태로 커널 내부에 저장되고, 이는 나중에 사용자 레벨 프로그램에 의해 (함수 이름과 같은) 심벌(Symbol)로 변환됩니다. 수집과 변환 사이에서 심벌 매핑이 변경되어 변환이 잘못되거나 누락이 발생할 수 있습니다. 이는 12.3.4 "자바 메서드 심벌"에서 다룰 것입니다. 향후에 커널 이 스택 트레이스를 수집하고 바로 변환할 수 있게 커널 안에서의 심벌 변환을 지원할 가능성도 있습니다.

2.4.6 추가 자료

C와 자바에 대한 스택 트레이스와 프레임 포인터는 12장에서 다룰 것이고, 18장 에서는 전반적으로 개괄하여 설명합니다.

2.5 플레임 그래프

이 책의 후반부에서 플레임 그래프(flame graph)를 자주 사용할 것이기 때문에, 이번 절에서는 플레임 그래프를 어떻게 사용하고 읽는지 알아봅니다.

플레임 그래프는 필자가 MySQL 성능 이슈로 작업할 때 수천 페이지에 달하는 2개의 CPU 프로파일 텍스트 비교를 위해 발명한 스택 트레이스의 시각화 도구입니다.[20][Gregg 16] CPU 프로파일과는 별개로, 다른 프로파일러(profiler)나 트레이싱 도구를 이용해 기록된 스택 트레이스를 시각화하는 데에도 사용할 수 있습니다. 이 책의 후반부에서 BPF를 이용한 대기 상태(off-CPU) 이벤트, 페이지 폴트와 같은 트레이싱에 플레임 그래프를 적용하는 것을 살펴봅니다. 이번 절에서는 시각화에 대해 설명합니다.

2.5.1 스택 트레이스

스택 백 트레이스(stack back trace)나 콜 트레이스(call trace)로도 불리는 스택 트레이스는, 코드의 흐름을 보여주는 일련의 함수들입니다. 예를 들어 func_a()가 func_b()을 호출하고 func_b()가 func_c()를 호출한다면, 이때의 스택 트레이스는 다음과 같을 것입니다.

```
func_c
func_b
func_a
```

스택의 최하위(func_a)는 호출의 기원(origin)이고, 그 위의 라인들은 코드 흐름을 보여줍니다. 달리 말하면 스택의 최상위(func_c)는 현재 함수이고, 아래로 내려갈수록 함수의 부모, 조부모 등 계보를 보여줍니다.

2.5.2 스택 트레이스 프로파일링

스택 트레이스의 정주기 샘플링(timed sampling)은 각 라인마다 몇 십에서 몇 백줄이 될 수 있는 수 천개의 스택을 수집합니다. 이 양을 쉽게 조사하기 위해 리눅스 perf(1) 프로파일러는 스택 샘플을 콜 트리(call tree) 형태로 요약하고, 각 경로의 비율을 보여줍니다. BCC profile(8) 도구는 각 고유한 스택 트레

---

20 일반 레이아웃, SVG 출력 및 자바스크립트 상호작용에 대한 아이디어는 시간 순서대로 콜스택을 시각화하는 닐라칸트 나드기르(Neelakanth Nadgir)의 function_call_graph.rb에서 가져왔는데, 이는 사실 로흐 부르보네(Roch Bourbonnais)의 CallStackAnalyzer와 얀 보어하우트(Jan Boerhout)의 vftrace에서 영감을 얻은 것입니다.

이스에 대한 집계 수를 표시하는 다른 방법으로 스택 트레이스를 요약합니다. perf(1)와 profile(8) 도구에 대한 실제 사용 사례는 6장에서 볼 수 있습니다. 두 도구를 통해 대부분의 시간 동안 단 하나의 스택만이 CPU에서 동작 중인 것과 같은 심각한 문제를 쉽게 파악할 수 있습니다. 하지만 작은 성능 저하와 같은 다른 많은 문제들의 경우, 원인을 찾기 위해 수백 페이지에 달하는 프로파일러 출력을 조사해야 할 수도 있습니다. 플레임 그래프는 이러한 문제를 해결하기 위해 탄생했습니다.

플레임 그래프에 대해 이해하기 위해, 스택 트레이스의 빈도 수를 보여주는 다음의 CPU 프로파일러 출력 결과 사례를 살펴봅시다.

```
func_e
func_d
func_b
func_a
1

func_b
func_a
2

func_c
func_b
func_a
7
```

이 출력 결과는 총 10번의 샘플동안 발생한 스택 트레이스를 집계 수와 함께 보여줍니다. 예를 들어 func_a() → func_b() → func_c() 순서로 진행한 코드 경로는 7번 샘플링되었습니다. 이 코드 경로는 func_c()가 CPU에서 동작 중임을 보여줍니다. func_b()가 CPU에서 동작 중이고, func_a() → func_b() 순서로 진행한 코드 경로는 2번 샘플링되었습니다. func_e()가 CPU에서 동작 중인 것으로 끝나는 코드 경로는 1번 샘플링되었습니다.

2.5.3 플레임 그래프
그림 2.7은 이전의 프로파일링을 플레임 그래프로 표현한 것입니다.

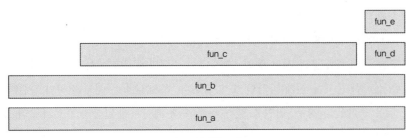

그림 2.7 플레임 그래프

이 플레임 그래프의 속성은 다음과 같습니다.

- 각 박스는 스택의 함수를 나타냅니다(스택 프레임).
- y축은 스택의 깊이(스택에 있는 프레임의 수)를 보여주는데, 바닥쪽이 루트 (root)이고 꼭대기가 리프(leaf)입니다. 아래에서 위로 본다면 코드의 흐름을 이해할 수 있고, 위에서 아래로 본다면 함수의 계보를 확인할 수 있습니다.
- x축은 샘플의 빈도를 나타냅니다. 주목해야 할 점은 대부분의 그래프가 왼쪽 에서 오른쪽으로 시간의 흐름을 보여주지만, 플레임 그래프는 그렇지 않다는 것입니다. 그 대신 프레임 병합을 최대화하기 위해 알파벳순으로 정렬해 보 여줍니다. 프레임의 y축 정렬에 따라 (대부분의 그래프처럼) 그래프의 원점 은 왼쪽 바닥 아래이고, 이는 0, a를 나타냅니다. x축의 길이는 다음과 같은 의미가 있습니다. 박스의 너비는 프로파일에서 함수의 존재를 의미하고, 상 자가 넓을수록 프로파일에 함수가 더 많이 있다는 뜻입니다.

플레임 그래프는 여러 스택 트레이스의 계층 구조를 시각화하기 위해 역 고드름 레이아웃[Bostock 10]을 적용한 인접 도표(adjacency diagram)입니다.

그림2.7에서 가장 빈번한 스택은 프로파일의 가운데에 위치한 가장 넓은 "타 워(tower)"인 func_a()부터 func_c()까지입니다. 이것은 CPU 샘플을 보여주는 플레임 그래프이므로 그림 2.8에서 강조된 것처럼 상단 가장 자리는 CPU에서 동작 중인(on-CPU) 함수라고 설명할 수 있습니다.

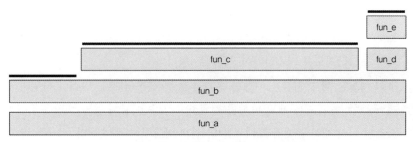

그림 2.8 on-CPU 함수에 대한 CPU 플레임 그래프

그림 2.8은 func_c()가 70%에 해당하는 시간 동안 직접적으로 CPU에서 동작하고 있었고 func_b()가 20%, 그리고 func_e()가 10% 동안 동작하고 있었다는 것을 보여줍니다. func_a()와 func_d()는 CPU상에서 직접적으로 동작하는 것이 샘플링되지 않았습니다.

플레임 그래프를 읽기 위해서는 가장 폭이 넓은 타워를 찾고 그것을 먼저 이해해야 합니다.

수천 개의 샘플로 이루어진 큰 프로파일에는 단지 몇 번만 샘플링된 코드 경로가 있을 수 있으며, 이는 함수 이름을 포함할 공간이 없을 정도로 좁게 표시됩니다. 따라서 함수 이름을 쉽게 읽을 수 있는 더 넓은 타워에 자연스럽게 주목하게 되고, 프로파일의 대부분을 먼저 이해하는 데 도움이 됩니다.

2.5.4 플레임 그래프의 특징

필자가 처음 만든 플레임 그래프 구현체는 다음의 기능을 지원합니다.[37]

색상 팔레트

각 프레임은 다른 색상 스키마에 따라 색칠할 수 있습니다. 기본값은 각 프레임에 임의의 따뜻한 색상을 사용하는 것으로, 인접한 타워를 시각적으로 구분하는 데 도움이 됩니다. 지난 몇 년 동안 필자는 더 많은 색상 스키마를 추가하였습니다. 사용자들에게 가장 유용한 플레임 그래프의 특징은 다음과 같습니다.

- 색상: 색상은 코드의 유형을 나타냅니다.[21] 예를 들어 빨간색은 네이티브 사용자 레벨 코드를, 오렌지색은 네이티브 커널 레벨 코드를, 노란색은 C++를, 녹색은 인터프리트된 함수를, 파란색은 인라인 함수를 나타내는 등 여러분이

---

21 이것은 필자의 동료 에이머 애더(Amer Ather)가 제안한 것입니다. 필자의 첫 번째 버전은 5분짜리 정규표현식(regex) 편법이었습니다.

사용하는 언어에 따라 달라집니다. 마젠타색은 검색어와 일치하는 항목을 강조하는 데 사용됩니다. 어떤 개발자들은 자신의 코드를 특정 색상으로 강조해서 두드러지도록 커스터마이징하기도 합니다.

- **채도**: 채도는 함수 이름을 해싱한 결과를 통해 결정됩니다. 인접한 타워와 쉽게 구분할 수 있도록 채도 변화를 지원하고 함수 이름에 동일 색상을 유지함으로써 여러 개의 플레임 그래프를 더 쉽게 비교할 수 있습니다.

- **배경색**: 배경색은 플레임 그래프 유형을 시각적으로 상기시켜 줍니다. 예를 들어 CPU 플레임 그래프에는 노란색을, 대기 상태(off-CPU) 혹은 I/O 플레임 그래프에는 파란색을, 메모리 플레임 그래프에는 초록색을 사용할 수 있습니다.

또 다른 유용한 색상 스키마는 IPC(사이클당 명령어 처리 횟수) 플레임 그래프에 사용되는 색상으로, 추가적인 차원인 IPC를 파란색에서 흰색, 빨간색까지 각 프레임을 그라데이션으로 채색해서 시각화합니다.

마우스 오버

맨 처음 만들어진 플레임 그래프 소프트웨어는 인터랙티브한 기능을 위해 브라우저에 로드될 수 있는 자바스크립트를 내장하여 SVG 파일을 생성합니다. 이를 활용한 기능의 한 예로, 프레임 위에 마우스를 올리면 프로파일에서 해당 프레임의 발생 비율을 나타내는 정보가 나타납니다.

확대/축소

프레임을 클릭하여 수평 방향으로 확대/축소가 가능합니다.[22] 이렇게 하면 좁은 프레임을 확대하여 함수 이름을 표시하고 검사할 수 있습니다.

검색

검색 버튼(또는 Ctrl-F)을 사용하여 검색어를 입력하면 해당 검색어와 일치하는 프레임이 마젠타 색상으로 강조되어 표시됩니다. 또한 해당 검색어를 포함하는 스택 트레이스가 얼마나 자주 발생했는지를 보여주는 누적 백분율도 보여줍니다. 따라서 특정 코드 영역에서의 프로파일 비율 계산이 쉽습니다. 예를 들어 "tcp_"를 검색하면 커널 TCP 코드 비율이 얼마나 되는지 알 수 있습니다.

---

22 플레임 그래프의 수평 확대/축소 기능은 에이드리언 마이유(Adrien Mahieux)가 개발했습니다.

2.5.5 플레임 그래프 변형

넷플릭스에서는 d3 라이브러리를 사용하여 더욱 인터랙티브한 버전의 플레임 그래프를 개발 중입니다.[23][38] 이것은 오픈소스이며 넷플릭스 플레임스코프 (FlameScope) 소프트웨어에서 사용됩니다.[39]

어떤 플레임 그래프는 y축의 순서를 뒤집어서 루트가 위쪽에 위치하는 "고드름 모양 그래프"를 만듭니다. 이렇게 그래프를 뒤집으면 플레임 그래프가 화면 높이보다 더 클 때, 그리고 플레임 그래프를 꼭대기에서부터 보이게 하려 할 때도 루트와 인접한 함수들을 볼 수 있습니다. 필자가 처음 만든 플레임 그래프 소프트웨어에는 --inverted 옵션을 사용해서 그래프를 반전시켰습니다. 필자가 선호하는 것은 이 고드름 모양 레이아웃을 뒤집어서 리프에서 루트로 병합되는, 즉 리프에서 시작해 마지막으로 루트까지 합쳐지는 또 다른 플레임 그래프 변형을 만드는 것입니다. 이것은 현재 CPU에서 동작 중인 함수를 시작으로 하고 후에 계보가 나오도록 병합하는 데 유용한데, 예를 들면 스핀 록(spin locks)이 있습니다.

플레임 차트(Flame charts)는 플레임 그래프에서 영감을 받아 비슷하게 생겼지만[Tikhonovsky 13], x축을 알파벳 대신 시간의 흐름에 따라 정렬했습니다. 플레임 차트는 웹 브라우저 분석 도구 중 자바스크립트의 검사에서 널리 사용되는데, 싱글 스레드 애플리케이션의 시간별 패턴을 이해하는 데 적합하기 때문입니다. 일부 프로파일링 도구는 플레임 그래프와 플레임 차트 모드 모두를 지원합니다.

차등 플레임 그래프(Differential Flame Graph)는 두 프로파일의 차이를 보여 줍니다.[24]

2.6 이벤트 소스

계측할 수 있는 다양한 이벤트 소스와 이벤트의 예는 그림 2.9와 같습니다. 이 그림은 BPF가 해당 이벤트의 연결을 지원하게 된 리눅스 커널 버전도 보여줍니다.

---

[23] d3 플레임 그래프는 필자의 동료 마틴 스피어(Martin Spier)가 만들었습니다.
[24] 코-폴 베제머(Cor-Paul Bezemer)는 차등 플레임 그래프(differential flame graph)를 연구하고 첫 번째 솔루션을 개발했습니다.[Bezemer 15]

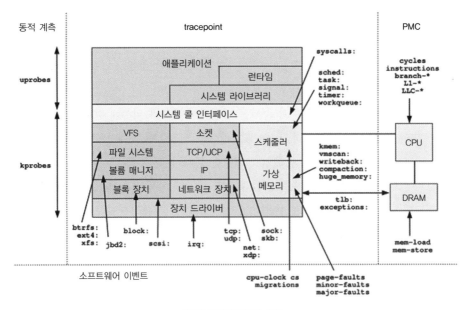

그림 2.9 BPF 이벤트 지원

이 이벤트 소스들은 다음 절에서 설명합니다.

2.7 kprobe

커널 동적 계측을 제공하는 kprobe는 2000년에 IBM에서 일하던 한 팀이 그들의 DProbes 트레이싱 도구를 기반으로 개발했습니다. kprobe는 리눅스 커널에 머지된 반면, DProbes는 머지되지 않았습니다. kprobe는 2004년에 발표된 리눅스 2.6.9에 탑재되었습니다.

kprobe는 모든 커널 함수에 대한 계측 이벤트를 만들 수 있으며 함수 안의 명령어도 계측할 수 있습니다. kprobe는 시스템을 재부팅하거나 어떤 특별한 모드로 커널을 실행할 필요 없이 시스템이 작동 중인 상태의 프로덕션 환경에서 실행할 수 있습니다. 이것은 매우 놀라운 능력으로, 필요에 따라 새로운 커스텀 지표들을 만들기 위해 수만에 달하는 어떤 커널 함수라도 계측할 수 있다는 의미입니다.

kprobe 기술에는 kretprobe라는 인터페이스가 있는데, 이를 이용해서 함수의 리턴 시점과 리턴 값을 계측할 수 있습니다. kprobe와 kretprobe는 동일한 함수를 계측할 때 함수의 지속 시간을 계산하기 위해 타임스탬프를 기록할 수 있는데, 이는 성능 분석의 중요한 지표가 됩니다.

2.7.1 kprobe의 동작 원리

kprobe를 이용해 커널 명령어를 계측하는 순서는 다음과 같습니다.[40]

A. kprobe의 경우

1. kprobe가 대상 주소에서 바이트 크기만큼 복사해서 저장합니다(중단점 (breakpoint) 명령어로 교체해 확장하는 데 필요한 바이트 수만큼).

2. 대상 주소가 중단점 명령어로 교체됩니다. x86_64에선 int3입니다 (kprobe 최적화가 가능하다면 jmp 명령어를 이용).

3. 명령어 흐름이 이 중단점에 도달하면 중단점 핸들러는 kprobe가 이 중단 점을 설정한 게 맞는지 확인하고, 만약 그렇다면 kprobe 핸들러를 실행 시킵니다.

4. 이후 기존 명령어들이 실행되고 명령어 실행 흐름이 재개됩니다.

5. kprobe가 더 이상 필요하지 않다면 최초의 바이트는 대상 주소에 다시 복사되고(copied back) 명령어들은 원래 상태로 돌아갑니다.

B. Ftrace가 이미 계측한 주소에 대한 kprobe인 경우(주로 함수 진입점), Ftrace 기반 kprobe 최적화가 가능합니다.[Hiramatsu 14]

1. Ftrace kprobe 핸들러는 트레이싱된 함수에 대한 Ftrace 동작으로 등록 되어 있습니다.

2. 그 함수는 함수 프롤로그(prologue)에 자신의 내장 호출(built-in call)을 실행하는데(gcc 4.6+와 x86 환경에서 __fentry__) 이것은 Ftrace 호출로 이어집니다. Ftrace는 kprobe 핸들러를 호출하고, 이후 실행 중인 함수 로 리턴합니다.

3. kprobe가 더 이상 필요하지 않다면 Ftrace에서 Ftrace-kprobe 핸들러가 제거됩니다.

C. kretprobe의 경우

1. kprobe가 함수 진입점에 생성됩니다.

2. 함수 진입점 kbrobe에 도달하면 리턴 주소가 저장되고, 트램펄린(trampo line, 대체) 함수인 kretprobe_trampoline()로 리턴 주소가 대체됩니다.

3. 마침내 함수가 리턴을 호출할 때(예: ret 명령어), CPU가 제어 권한을 트 램펄린 함수에 전달하여 kretprobe 핸들러를 실행시킵니다.

4. kretprobe 핸들러는 저장된 리턴 주소로 돌아가 종료됩니다.

5. kretprobe가 더 이상 필요하지 않다면 kprobe는 제거됩니다.

kprobe 핸들러는 아키텍처나 다른 요소들에 따라 선점(preemption)을 비활성화하거나 인터럽트를 비활성화한 상태로 동작할 수 있습니다.

커널 명령어 텍스트 섹션을 동작 중에 변경하는 것은 매우 위험한 것처럼 들릴 수 있지만 kprobe는 안전하게 설계되었습니다. 이 설계에는 kprobe가 계측하지 않을 함수들의 블랙리스트가 포함되어 있는데, 여기에는 재귀 트랩(trap) 조건을 피하기 위해 kprobe 자신도 들어있습니다.[25] 또한 kprobe는 중단점을 삽입하기 위해 안전한 기술인 x86 int3 명령어 혹은 stop machine()을 사용하는데, 이는 jmp 명령어가 사용될 때 다른 코어들이 변경될 명령어를 수행하지 못하도록 합니다. 실무에서 가장 큰 위험은 매우 빈번하게 발생하는 커널 함수를 계측하는 것인데, 이 경우 각 함수 호출에 더해진 작은 오버헤드가 더해져 시스템을 느려지게 합니다.

kprobe는 보안상의 이유로 커널 텍스트 섹션 수정을 허용하지 않는 일부 ARM 64비트 시스템에서는 작동하지 않을 수 있습니다.

2.7.2 kprobe 인터페이스

최초의 kprobe 기술은 pre-/post-핸들러를 정의한(C언어로 작성된) 커널 모듈을 작성하고, 이것을 kprobe API register_kprobe()를 이용해서 등록하는 방식으로 사용했습니다. 커널 모듈을 로드한 이후에는 printk() 호출로 시스템 메시지를 통해 커스텀 정보를 내보낼 수 있습니다. 작업이 끝나면 (등록을 해제하기 위해) unregister_kprobe()를 호출해야 했습니다.

필자는 ElfMaster이라는 닉네임을 사용하는 한 연구원이 작성한, 보안 웹진 〈Phrack〉의 2010년 기사 "kprobe를 이용한 커널 계측(Kernel instrumentation using kprobes)" 이외에는 이 인터페이스를 직접 사용하는 사람을 아직까지 보지 못했습니다.[26][41] 애초에 DProbes에서 사용하도록 만든 것이기 때문에 kprobe의 잘못은 아닐 것입니다. 현재 kprobe를 사용하는 세 가지 인터페이스가 있습니다.

- kprobe API: register_kprobe() 등
- Ftrace 기반, /sys/kernel/debug/tracing/kprobe_events: 이 파일에 설정 문자열

---

[25] NOKPROBE_SIMBOL 매크로에 커널 함수를 추가하여 트레이싱에서 제외할 수 있습니다.
[26] 우연의 일치로, 이 문장을 쓰고 3일 후에 ElfMaster를 만났는데, 그는 ELF 분석에 대해 많은 세부 내용을 알려 주었습니다. 그중에는 ELF 테이블을 제거하는 방법도 있었습니다. 4장에서 이것에 대해 개괄합니다.

을 적어 넣음으로써 kprobe를 활성화/비활성화할 수 있음

- perf_event_open(): perf(1) 도구에서 사용하고 최근에는 리눅스 커널 4.17에서 지원이 추가되어 BPF 트레이싱에서도 사용함(perf_kprobe pmu)

kprobe는 perf(1), SystemTap 그리고 BPF 트레이싱(BCC, bpftrace)과 같은 프론트엔드 트레이싱 도구를 통해서 가장 많이 사용됩니다.

최초의 kprobe 구현에는 커널 함수 진입을 트레이싱하기 위해 디자인된 인터페이스인 jprobes라는 변형도 있었습니다. 시간이 지남에 따라 kprobe가 모든 요구사항을 충족할 수 있게 되었고, jprobes 인터페이스는 필요치 않게 되었습니다. 2018년 kprobe 메인테이너인 마사미 히라마츠(Masami Hiramatsu)가 리눅스에서 jprobes 인터페이스를 제거했습니다.

2.7.3 BPF와 kprobe

kprobe는 BCC와 bpftrace를 위한 커널 동적 계측을 지원하는데 수많은 도구들이 이것을 사용합니다. 인터페이스는 다음과 같습니다:

- BCC: attach_kprobe()와 attach_kretprobe()
- bpftrace: kprobe와 kretprobe probe 유형

BCC의 kprobe 인터페이스는 함수의 진입점 계측과 명령어 오프셋(function_name[+offset]) 계측을 지원하는 반면, bpftrace는 현재 함수의 진입점만 계측할 수 있습니다.[27] 두 트레이싱 도구의 kretprobe 인터페이스는 함수의 리턴을 계측할 수 있습니다.

다음은 BCC의 사용 사례로, vfsstat(8) 도구는 가상 파일 시스템(VFS) 인터페이스의 주요 호출을 계측하고 이에 대한 요약을 매초 출력합니다.

```
# vfsstat
TIME          READ/s  WRITE/s CREATE/s  OPEN/s  FSYNC/s
07:48:16:       736     4209       0      24       0
07:48:17:       386     3141       0      14       0
07:48:18:       308     3394       0      34       0
07:48:19:       196     3293       0      13       0
07:48:20:      1030     4314       0      17       0
07:48:21:       316     3317       0      98       0
[...]
```

---

[27] (옮긴이) 현재는 bpftrace의 kprobe 인터페이스도 명령어 오프셋 트레이싱을 지원합니다. *https://github.com/iovisor/bpftrace/blob/master/docs/reference_guide.md#1-kprobekretprobe-dynamic-tracing-kernel-level*

트레이싱된 probe는 vfsstat 소스 코드에서 확인할 수 있습니다.

```
# grep attach_ vfsstat.py
b.attach_kprobe(event="vfs_read", fn_name="do_read")
b.attach_kprobe(event="vfs_write", fn_name="do_write")
b.attach_kprobe(event="vfs_fsync", fn_name="do_fsync")
b.attach_kprobe(event="vfs_open", fn_name="do_open")
b.attach_kprobe(event="vfs_create", fn_name="do_create")
```

여기에는 attach_kprobe() 함수가 사용되었습니다. 커널 함수는 "event=" 할당 연산자 뒤에 나와 있습니다.

다음의 짤막한 프로그램은 bpftrace 사용 사례로, "vfs_*"에 대응하는 모든 VFS 함수들의 호출을 집계합니다.

```
# bpftrace -e 'kprobe:vfs_* { @[probe] = count() }'
Attaching 54 probes...
^C

@[kprobe:vfs_unlink]: 2
@[kprobe:vfs_rename]: 2
@[kprobe:vfs_readlink]: 2
@[kprobe:vfs_statx]: 88
@[kprobe:vfs_statx_fd]: 91
@[kprobe:vfs_getattr_nosec]: 247
@[kprobe:vfs_getattr]: 248
@[kprobe:vfs_open]: 320
@[kprobe:vfs_writev]: 441
@[kprobe:vfs_write]: 4977
@[kprobe:vfs_read]: 5581
```

이 출력을 통해 트레이싱하는 동안 vfs_unlink() 함수는 두 번 호출되었고 vfs_read() 함수는 5,581번 호출되었음을 확인할 수 있습니다.

어떠한 커널 함수든 호출 횟수를 확인할 수 있는 것은 매우 유용한 능력이며, 커널 서브 시스템의 워크로드 특징을 파악하는 데 사용할 수 있습니다.[28]

2.7.4 kprobe 추가 자료

kprobe를 좀 더 이해하려면 다음 자료를 참고하세요.

- 리눅스 커널 소스 트리의 Documentation/kprobes.txt [42]

---

28 이 글을 쓰는 현재, Ftrace를 이용한 계측의 초기화와 해제가 다른 것보다 빠르기 때문에 필자는 여전히 이 작업에 Ftrace를 사용합니다. 이것에 관해서는 필자의 Ftrace perf-tools 저장소의 Funcount(8) 도구를 확인하세요. 이 글을 쓰고 있는 시점에, 일괄 처리 작업을 통해 BPF kprobe 초기화와 해제 속도를 개선하는 작업이 진행 중입니다. 여러분들이 이것을 읽을 때쯤에는 가능했으면 좋겠군요.

- 수드한슈 고스와미(Sudhanshu Goswami)가 작성한 "kprobes 개론(An Introduction to kprobes)" [40]
- 프라산나 판차무키(Prasanna Panchamukhi)가 작성한 "kprobe로 커널 디버 깅하기(Kernel Debugging with kprobes)" [43]

2.8 uprobe

사용자 레벨 동적 계측은 uprobe를 통해서 할 수 있습니다. 이것은 kprobe 인터페이스와 유사한 utrace 인터페이스를 이용해서 수년 전부터 개발되었습니다. 이 기술은 2012년 7월에 릴리스된 리눅스 3.5 커널에 uprobe 기술로 머지되었습니다.[44]

uprobe는 kprobe와 유사하지만, 사용자 공간 프로세스를 대상으로 합니다. uprobe는 사용자 레벨 함수 진입점과 명령어 오프셋의 계측이 가능하고 uretprobe는 함수의 리턴을 계측할 수 있습니다.

uprobe 역시 파일 기반입니다. 실행 파일의 함수를 트레이싱하면 (미래에 실행될 프로세스를 포함해) 이 파일을 사용하는 모든 프로세스가 계측됩니다. 이렇게 하면 라이브러리 호출이 시스템 전반에 걸쳐 트레이싱됩니다.

2.8.1 uprobe 동작 원리

uprobe의 동작 원리는 kprobe의 접근 방식과 유사합니다. fast 중단점을 대상 명령어에 삽입하고, 이것은 uprobe 핸들러에 실행 권한을 넘깁니다. uprobe가 더 이상 필요하지 않다면 대상 명령어는 최초 상태로 되돌아갑니다. uretprobe의 경우 uprobe를 통해 함수의 진입점을 계측하고, 리턴 주소는 kprobe와 마찬가지로 트램펄린 함수로 대체됩니다.

이러한 과정을 디버거를 이용해서 실제로 확인할 수 있습니다. 예를 들어, bash(1) 셸의 readline() 함수를 디스어셈블링해보면 다음과 같습니다.

```
# gdb -p 31817
[...]
(gdb) disas readline
Dump of assembler code for function readline:
   0x000055f7fa995610 <+0>:   cmpl   $0xffffffff,0x2656f9(%rip) # 0x55f7fabfad10
<rl_pending_input>
   0x000055f7fa995617 <+7>:   push   %rbx
   0x000055f7fa995618 <+8>:   je     0x55f7fa99568f <readline+127>
   0x000055f7fa99561a <+10>:  callq  0x55f7fa994350 <rl_set_prompt>
   0x000055f7fa99561f <+15>:  callq  0x55f7fa995300 <rl_initialize>
```

```
    0x000055f7fa995624 <+20>: mov     0x261c8d(%rip),%rax        # 0x55f7fabf72b8
<rl_prep_term_function>
    0x000055f7fa99562b <+27>: test    %rax,%rax
[...]
```

uprobe(또는 uretprobe)를 사용해 계측할 경우에는 다음과 같습니다.

```
# gdb -p 31817
[...]
(gdb) disas readline
Dump of assembler code for function readline:
    0x000055f7fa995610 <+0>:   int3
    0x000055f7fa995611 <+1>:   cmp     $0x2656f9,%eax
    0x000055f7fa995616 <+6>:   callq   *0x74(%rbx)
    0x000055f7fa995619 <+9>:   jne     0x55f7fa995603 <rl_initialize+771>
    0x000055f7fa99561b <+11>:  xor     %ebp,%ebp
    0x000055f7fa99561d <+13>:  (bad)
    0x000055f7fa99561e <+14>:  (bad)
    0x000055f7fa99561f <+15>:  callq   0x55f7fa995300 <rl_initialize>
    0x000055f7fa995624 <+20>:  mov     0x261c8d(%rip),%rax        # 0x55f7fabf72b8
<rl_prep_term_function>
[...]
```

첫 명령어가 int3 중단점(x86_64) 명령어로 바뀐 것에 주목하십시오.

readline() 함수를 계측하기 위해서 bpftrace 원 라이너를 작성하였습니다.

```
# bpftrace -e 'uprobe:/bin/bash:readline { @ = count() }'
Attaching 1 probe...
 ^C

@: 4
```

이 프로그램은 트레이싱되는 동안 실행 상태인 모든 bash 셸과 새로 실행된 bash 셸의 readline() 호출 수를 집계하고, Ctrl-C를 누르면 집계 수를 출력하고 종료합니다. bpftrace가 작동을 중단할 때 uprobe는 제거되며, 기존 명령어들이 복구됩니다.

2.8.2 uprobe 인터페이스

uprobe에는 두 개의 인터페이스가 있습니다:

- Ftrace 기반, /sys/kernel/debug/tracing/uprobe_events: 이 파일에 설정 문자열을 적어 넣음으로써 uprobes를 활성화/비활성화할 수 있음
- perf_event_open(): perf(1) 도구에서 사용하고 최근에는 리눅스 커널4.17에서 지원이 추가되어 BPF 트레이싱에서도 사용함(perf_kprobe pmu와 함께).

register_kprobe()와 유사한 register_uprobe_event()라는 커널 함수도 존재하지만, API로 공개되어 있지는 않습니다.

2.8.3 BPF와 uprobe

uprobe는 BCC와 bpftrace를 위한 사용자 레벨 동적 계측을 지원하는데 수많은 도구들이 이것을 사용합니다. 인터페이스는 다음과 같습니다.

* BCC: attach_uprobe()와 attach_uretprobe()
* bpftrace: uprobe와 uretprobe probe 유형

BCC의 uprobe 인터페이스는 계측 함수의 시작이나 임의의 주소 계측을 지원하는 반면, bpftrace는 현재 계측 함수의 시작만을 계측할 수 있습니다. uretprobe 인터페이스의 경우, 두 트레이싱 도구 모두 함수의 리턴을 계측할 수 있습니다.

다음은 BCC의 사용 사례로, gethostlatency(8) 도구는 resolver 라이브러리의 getaddrinfo(3), gethostbyname(3) 등의 함수 호출을 통한 호스트 해석(host resolution)을 계측합니다.

```
# gethostlatency
TIME      PID    COMM             LATms HOST
01:42:15  19488  curl             15.90 www.brendangregg.com
01:42:37  19476  curl             17.40 www.netflix.com
01:42:40  19481  curl             19.38 www.netflix.com
01:42:46  10111  DNS Res~er #659  28.70 www.google.com
```

트레이싱되는 probe는 gethostlatency 소스 코드에서 확인할 수 있습니다.

```
# grep attach_ gethostlatency.py
b.attach_uprobe(name="c", sym="getaddrinfo", fn_name="do_entry", pid=args.pid)
b.attach_uprobe(name="c", sym="gethostbyname", fn_name="do_entry",
b.attach_uprobe(name="c", sym="gethostbyname2", fn_name="do_entry",
b.attach_uretprobe(name="c", sym="getaddrinfo", fn_name="do_return",
b.attach_uretprobe(name="c", sym="gethostbyname", fn_name="do_return",
b.attach_uretprobe(name="c", sym="gethostbyname2", fn_name="do_return",
```

위 코드는 attach_uprobe()와 attach_uretprobe() 함수 호출입니다. 사용자 레벨 함수는 "sym=" 할당 연산자 뒤에 나와 있습니다.

bpftrace의 사용 사례로 다음의 원 라이너는 libc 시스템 라이브러리의 모든 gethost 함수를 나열한 다음, 이 함수들의 호출 횟수를 계산합니다.

```
# bpftrace -l 'uprobe:/lib/x86_64-linux-gnu/libc.so.6:gethost*'
uprobe:/lib/x86_64-linux-gnu/libc.so.6:gethostbyname
uprobe:/lib/x86_64-linux-gnu/libc.so.6:gethostbyname2
uprobe:/lib/x86_64-linux-gnu/libc.so.6:gethostname
uprobe:/lib/x86_64-linux-gnu/libc.so.6:gethostid
[...]
# bpftrace -e 'uprobe:/lib/x86_64-linux-gnu/libc.so.6:gethost* { @[probe] =
count(); }'
Attaching 10 probes...
^C

@[uprobe:/lib/x86_64-linux-gnu/libc.so.6:gethostname]: 2
```

위 출력을 통해 트레이싱하는 동안 gethostname() 함수가 두 번 호출되었음을 확인할 수 있습니다.

2.8.4 uprobe 오버헤드와 향후 개발

uprobe는 사용자 레벨 메모리 할당 루틴인 malloc()과 free()처럼 초당 백만 번 호출되는 이벤트에 연결될 수 있습니다. BPF가 성능 최적화되었음에도 불구하고 초당 백만 번의 작은 오버헤드가 더해집니다. BPF의 주된 활용 사례인 malloc()과 free() 트레이싱의 경우, 때로는 대상 애플리케이션을 10배(10x) 혹은 그 이상 느려지게 할 수 있습니다. 이 정도의 속도 저하는 테스트 환경 또는 이미 고장난 프로덕션 환경에서 문제를 해결할 때에만 허용되고, 일반적인 경우에는 사용이 금지됩니다. 18장에는 이러한 제약을 해결하는 데 도움이 되는 이벤트 발생 빈도에 대한 절이 있습니다. 사용자는 계측을 피해야 하는 빈도가 높은 이벤트가 무엇인지 파악해야 하고, 동일한 문제를 해결하기 위해서 트레이싱할 수 있는 느린 이벤트를 찾아야 합니다.

향후에는(아마도 여러분이 이것을 읽고 있을 때에도) 사용자 공간 트레이싱에 대대적인 큰 개선이 있을 수 있습니다. 현재의 uprobe 접근 방법인 커널의 트랩(trap)을 이용하는 대신, 공유 라이브러리를 사용해 커널 모드 전환 없이 사용자 공간 BPF 트레이싱을 하는 방법이 논의 중입니다. 이는 LTTng-UST에서 이미 수년간 사용한 방식이며, 성능은 10배에서 100배 더 빠릅니다.[45]

2.8.5 uprobe 추가 자료

추가적인 정보는 리눅스 커널 소스 트리의 Documentation/trace/uprobetracer. txt를 살펴보세요.[46]

2.9 tracepoint

tracepoint는 커널 정적 계측에 사용됩니다. 이것은 개발자가 커널 코드의 논리적 위치에 삽입한 호출을 트레이싱하는 것인데, 이 호출은 이후에 커널 바이너리로 컴파일됩니다. 마티외 데스노이어스(Mathieu Desnoyers)가 2007년에 개발한 tracepoint는 원래 커널 마커(Kernel Markers)라고 불렀고, 2009년 리눅스 2.6.32 릴리스에서 사용 가능하게 되었습니다. 표 2.7은 kprobe와 tracepoint를 비교한 것입니다.

세부 사항	kprobe	tracepoint
유형	동적	정적
대략적인 이벤트의 수	50,000+	100+
커널 관리	없음	요구됨
사용되지 않을 시 오버헤드	없음	아주 적음(NOP와 메타데이터)
안정적인 API	안정적이지 않음	안정적임

표 2.7 kprobe와 tracepoint 비교

tracepoint를 유지관리하는 것은 커널 개발자에게 부담이 되기 때문에, kprobe에 비해 사용 범위가 훨씬 제한적입니다. tracepoint가 안정적인 API를 제공한다는 장점을 가지고 있습니다.[29] tracepoint를 이용하는 도구들은 커널 버전이 올라가도 지속적으로 동작하겠지만, kprobe를 이용해 작성한 도구들은 계측하는 함수의 이름이 변경되거나 수정될 경우 동작하지 않을 수 있습니다.

가능한 한 tracepoint를 먼저 사용해야 하고, 이것으로 충분하지 않을 때만 kprobe를 사용해야 합니다.

tracepoint의 포맷은 subsystem:eventname(예: kmem:kmalloc)과 같은 형태입니다.[47] 트레이싱 도구들은 첫 번째 자리에 오는 다른 용어(system, subsystem, class 혹은 provider)를 통해 컴포넌트를 참고합니다.

2.9.1 tracepoint 계측 추가하기

이번 절에서는 tracepoint의 사용 사례를 통해 sched:sched_process_exec가 어떻게 커널에 추가되는지 살펴봅니다.

---

29 필자는 이것을 "최적-노력 안정적(best-effort stable)"이라고 부릅니다. 매우 드물게 일어나긴 하지만, tracepoint가 변경되는 것을 본 적이 있습니다.

include/trace/events에는 tracepoint를 위한 헤더 파일들이 있습니다. 다음은 sched.h에서 발췌한 것입니다:

```
#define TRACE_SYSTEM sched
[...]
/*
 * exec에 대한 tracepoint:
 */
TRACE_EVENT(sched_process_exec,

        TP_PROTO(struct task_struct *p, pid_t old_pid,
                struct linux_binprm *bprm),

        TP_ARGS(p, old_pid, bprm),

        TP_STRUCT__entry(
                __string(   filename,       bprm->filename)
                __field(        pid_t,          pid         )
                __field(        pid_t,          old_pid     )
        ),

        TP_fast_assign(
                __assign_str(filename, bprm->filename);
                __entry->pid        = p->pid;
                __entry->old_pid    = old_pid;
        ),

        TP_printk("filename=%s pid=%d old_pid=%d", __get_str(filename),
                __entry->pid, __entry->old_pid)
);
```

이 코드는 트레이스 시스템을 sched로 지정했고 tracepoint 이름을 sched_process_exec으로 지정했습니다. 그다음 줄은 메타데이터를 지정하는데, 이 중에는 TP_printk()의 "포맷 문자열(format string)"도 있습니다. 이것은 perf(1) 도구로 tracepoint를 기록할 때 포함되는 유용한 요약 정보입니다.

앞의 정보는 /sys에 위치한 Ftrace 프레임워크의 각 tracepoint에 대한 포맷 파일들을 통해 런타임에서도 확인할 수 있습니다. 예를 들면 다음과 같습니다.

```
# cat /sys/kernel/debug/tracing/events/sched/sched_process_exec/format
name: sched_process_exec
ID: 298
format:
        field:unsigned short common_type;    offset:0;    size:2; signed:0;
        field:unsigned char common_flags;    offset:2;    size:1; signed:0;
        field:unsigned char common_preempt_count;    offset:3; size:1; signed:0;
        field:int common_pid;    offset:4;    size:4;    signed:1;

        field:__data_loc char[] filename;    offset:8;    size:4; signed:1;
        field:pid_t pid;            offset:12;    size:4;    signed:1;
```

```
        field:pid_t old_pid;    offset:16;    size:4;      signed:1;
```

print fmt: "filename=%s pid=%d old_pid=%d", __get_str(filename), REC->pid,
REC->old_pid

트레이싱 도구는 tracepoint와 연관된 메타데이터를 이해하기 위해 이 포맷 파
일을 사용합니다.

다음의 tracepoint는 fs/exec.c의 커널 소스에 있는 trace_sched_process_
exec()를 통해 호출됩니다.

```
static int exec_binprm(struct linux_binprm *bprm)
{
        pid_t old_pid, old_vpid;
        int ret;

        /* load_binary가 pid를 바꾸기 전에 pid를 가져와야 합니다 */
        old_pid = current->pid;
        rcu_read_lock();
        old_vpid = task_pid_nr_ns(current, task_active_pid_ns(current->parent));
        rcu_read_unlock();

        ret = search_binary_handler(bprm);
        if (ret >= 0) {
                audit_bprm(bprm);
                trace_sched_process_exec(current, old_pid, bprm);
                ptrace_event(PTRACE_EVENT_EXEC, old_vpid);
                proc_exec_connector(current);
        }
[...]
```

trace_sched_process_exec() 함수는 tracepoint의 위치를 표시합니다.

2.9.2 tracepoint의 동작 원리

사용되지 않는 것에 대해 성능 부하가 발생하는 것을 피하기 위해, 활성화되지
않은 tracepoint의 오버헤드는 가능한 한 작아야 합니다. 마티외 데스노이어스
는 "정적 점프 패칭(static jump patching)"이라는 기술을 이용해 이를 이뤄냈습
니다.[30] 필요한 컴파일러 기능(asm goto)이 지원된다면, 다음과 같은 방법으로
동작합니다.

---

30 초기 버전들은 load immediate 명령어를 사용했는데, 이 방법에서는 피연산자를 0과 1로 패칭하면
서 tracepoint의 흐름을 제어하였습니다.[Desnoyers 09a][Desnoyers 09b] 그러나 이것은 점프 패칭의
선호에 따라 업스트림(upstream)에 반영되지 않았습니다.

1. 커널 컴파일 시점에, tracepoint 지점에 아무것도 하지 않는 명령어가 추가됩니다. 사용되는 실제 명령어는 아키텍처에 따라 달라집니다. x86_64 아키텍처의 경우 5바이트 no-operation(nop) 명령어입니다. 5바이트인 이유는 나중에 이 명령어가 5바이트 크기의 점프(jmp) 명령어로 교체될 것이기 때문입니다.

2. 또한 등록된 tracepoint probe 콜백들의 배열을 순회하는 tracepoint 핸들러 (트램펄린)가 함수의 맨 마지막에 추가됩니다. 이것은 명령어 텍스트 크기를 아주 조금만 증가시키는데(트램펄린은 매우 작은 루틴으로, 실행 흐름이 잠깐 들어왔다가 즉시 튀어나감), 명령어 캐시에 미치는 영향은 미미합니다.

3. 런타임에서 트레이싱 도구가 tracepoint를 활성화할 경우(실행 중인 다른 트레이싱 도구들이 이미 사용하고 있을 수도 있습니다)

   a. 트레이싱 도구를 위한 새 콜백을 추가하기 위해 tracepoint 콜백 배열이 수정되고 RCU를 통해 동기화됩니다.

   b. tracepoint가 사전에 비활성화되었다면 nop 위치는 tracepoint 트램펄린으로 jump하도록 재작성됩니다.

4. 트레이싱 도구가 tracepoint를 비활성화할 경우

   a. 콜백의 제거를 위해 tracepoint 콜백 배열이 수정되고 RCU를 통해 동기화됩니다.

   b. 마지막 콜백이 제거되면, 정적 점프는 nop으로 재작성될 수 있습니다.

이것은 비활성화된 tracepoint의 오버헤드를 무시할 수 있는 수준으로 최소화합니다.

만약 asm goto를 사용할 수 없다면, 대안 기술(fallback technique)이 사용됩니다. nop을 jmp로 패칭하는 것이 아니라, 메모리에서 읽어 들인 변수에 따른 조건적 분기를 사용합니다.

2.9.3 tracepoint 인터페이스

tracepoint에는 두 개의 인터페이스가 있습니다:

- Ftrace 기반, /sys/kernel/debug/tracing/events: 각 tracepoint 시스템에 대한 서브 디렉터리를 가지고 있고, 각 tracepoint 자체에 대한 파일을 가지고 있음 (이 파일에 설정 문자열을 적어 넣음으로써 활성화/비활성화할 수 있음)

- perf_event_open(): perf(1) 도구에서 사용하고 최근에는 BPF 트레이싱에서도 사용함(perf_tracepoint pmu를 통해)

2.9.4 tracepoint와 BPF

tracepoint는 BCC와 bpftrace를 위한 커널 정적 계측을 지원합니다. 인터페이스는 다음과 같습니다.

- BCC: TRACEPOINT_PROBE()
- bpftrace: tracepoint probe 유형

BPF는 리눅스 4.7부터 tracepoint를 지원하였지만, 필자는 이 지원이 이루어지기 전부터 많은 BCC 도구를 개발해왔기 때문에 tracepoint 대신 kprobe를 사용해야만 했습니다. 따라서 BCC에는 tracepoint 예시가 많지 않은데 단순히 BCC가 먼저 개발되었기 때문입니다.

tcplife(8) 도구는 BCC와 tracepoint를 사용하는 흥미로운 사례입니다. 이 도구는 TCP 세션을 다양한 세부 정보와 함께 한 줄로 요약해 출력합니다(이에 대해서는 10장에서 자세히 다룹니다).

```
# tcplife
PID    COMM    LADDR         LPORT RADDR         RPORT TX_KB RX_KB MS
22597  recordProg 127.0.0.1  46644 127.0.0.1     28527     0     0 0.23
3277   redis-serv 127.0.0.1  28527 127.0.0.1     46644     0     0 0.28
22598  curl       100.66.3.172 61620 52.205.89.26  80       0     1 91.79
22604  curl       100.66.3.172 44400 52.204.43.121 80       0     1 121.38
22624  recordProg 127.0.0.1  46648 127.0.0.1     28527     0     0 0.22
[...]
```

이 도구는 리눅스 커널에 적절한 tracepoint가 존재하기 전에 개발되었기 때문에 필자는 tcp_set_state() 커널 함수에 kprobe를 사용했습니다. 이 함수에 대한 tracepoint인 sock:inet_sock_set_state는 리눅스 4.16에 추가되었습니다. 필자는 이 도구를 이전 커널과 최신 커널 모두에서 실행되도록 다음과 같이 수정했습니다. 이 도구는 두 개의 프로그램(tracepoint용 프로그램과 kprobe용 프로그램)을 정의한 후 다음의 검사식으로 실행할 프로그램을 선택합니다.

```
if (BPF.tracepoint_exists("sock", "inet_sock_set_state")):
    bpf_text += bpf_text_tracepoint
else:
    bpf_text += bpf_text_kprobe
```

다음 원 라이너는 bpftrace와 tracepoint를 사용하는 사례로 앞서 본 sched:sched_process_exec tracepoint를 계측합니다.

```
# bpftrace -e 'tracepoint:sched:sched_process_exec { printf("exec by %s\n",
comm); }'
Attaching 1 probe...
exec by ls
exec by date
exec by sleep
^C
```

이 짤막한 bpftrace 프로그램은 exec()을 호출한 프로세스 이름을 출력합니다.

2.9.5 BPF Raw tracepoint

알렉세이 스타로보이토프는 BPF_RAW_TRACEPOINT라는 tracepoint를 위한 새 인터페이스를 개발하였고, 이는 2018년에 리눅스 4.17에 추가되었습니다. 이 인터페이스는 안정적이지만 필요하지 않을 수 있는 tracepoint 인자를 생성하는 데 소요되는 비용을 막아주고, 원시 인자(raw arguments)를 tracepoint에 노출시킵니다. 이것은 어떤 면에서 tracepoint를 마치 kprobe처럼 사용하는 것과 같은데, 불안정한 API를 사용하지만 더 많은 필드에 접근이 가능하고, 일반적인 tracepoint 성능 부하가 발생하지 않기 때문입니다. 또한 이 경우 tracepoint의 인자는 안정적이지 않지만 tracepoint probe 이름은 안정적이기 때문에 kprobe를 사용하는 것보다 조금 더 안정적입니다.

알렉세이는 부하 테스트를 통해 BPF_RAW_TRACEPOINT의 성능이 kprobe와 표준 tracepoint보다 우수함을 보여주었습니다.[48]

```
samples/bpf/test_overhead performance on 1 cpu:

tracepoint     base  kprobe+bpf tracepoint+bpf raw_tracepoint+bpf
task_rename    1.1M  769K       947K           1.0M
urandom_read   789K  697K       750K           755K
```

이것은 활성화된 tracepoint의 오버헤드를 최소화하기 때문에, 상시로 tracepoint를 계측하는 기술에 특히 유용합니다.

2.9.6 tracepoint 추가 자료

추가적인 정보는 마티외 데스노이어스가 작성한 커널 소스 트리의 Documentation/trace/tracepoints.rst를 참고하세요.[47]

2.10 USDT

USDT(User-level statically defined tracing, 정적으로 정의된 사용자 레벨 트레이싱)는 tracepoint의 사용자 공간 버전에 해당합니다. USDT는 사샤 골드스타인(Sasha Goldshtein)이 BCC에 구현했고, 필자와 마테우스 마르치니(Matheus Marchini)가 bpftrace에 구현했습니다.

사용자 레벨 소프트웨어를 위한 트레이싱과 로깅 기술은 수없이 많고, 많은 애플리케이션은 필요할 때 활성화될 수 있는 자신만의 커스텀 이벤트 로거(logger)를 탑재하고 있습니다. USDT가 이것들과 다른 점은 트레이싱의 활성화를 위해 외부 시스템 트레이싱 도구에 의존한다는 것입니다. 애플리케이션에 들어있는 USDT 지점들은 외부 트레이싱 도구 없이는 사용할 수 없고, 아무 동작도 하지 않습니다.

USDT는 썬 마이크로시스템의 DTrace 유틸리티 때문에 유명해졌고, 현재 많은 애플리케이션에서 사용이 가능합니다.[31] 리눅스는 SystemTap 트레이싱 도구에서 나온 USDT를 사용할 방법을 개발해 왔습니다. BCC와 bpftrace 트레이싱 도구들은 모두 이 작업을 활용하며, 둘 다 USDT 이벤트를 계측할 수 있습니다.

DTrace의 한 가지 특징은 많은 애플리케이션이 --enable-dtrace-probes 혹은 --with-dtrace 옵션을 사용하지 않는 이상, USDT probe를 기본적으로 컴파일하지 않는다는 점입니다.

2.10.1 USDT 계측 추가하기

USDT probe는 systemtap-sdt-dev 패키지가 제공하는 헤더와 도구를 사용하거나 커스텀 헤더를 사용해 애플리케이션에 추가할 수 있습니다. 이러한 probe는 USDT 계측 지점들을 만들기 위해 코드의 논리적인 위치에 삽입할 매크로를 정의합니다. BCC 프로젝트의 examples/usdt_sample에는 USDT 코드 예시가 있는데, 이는 systemtap-sdt-dev 헤더나 페이스북(Facebook)의 Folly[32] C++ 라이브러리[11]의 헤더를 사용해 컴파일할 수 있습니다. 다음 절에서는 Folly를 사용하는 예시를 하나하나 살펴보겠습니다.

---

31 일정 부분은 필자의 노력에 의해 가능해졌습니다. 필자는 USDT를 홍보했으며, 자바스크립트 분석을 위한 USDT probe를 Firefox에 추가했고(다른 애플리케이션에도 USDT probe 추가) 다른 USDT 제공자의 개발을 도왔습니다.

32 Folly는 Facebook Open Source Library의 약어입니다.

Folly

Folly를 이용해 USDT 계측을 추가하는 방법은 다음과 같습니다.

1. 대상 소스 코드에 헤더 파일을 추가합니다.

   ```
   #include "folly/tracing/StaticTracepoint.h"
   ```

2. 대상 위치에 다음과 같은 포맷으로 USDT probe를 추가합니다.

   ```
   FOLLY_SDT(provider, name, arg1, arg2, ...)
   ```

   "provider"는 probe를 그룹화하고, "name"은 probe의 이름을 의미하고, 그 후에 선택적 인자가 따라옵니다. BCC에 있는 USDT 예시는 다음과 같습니다.

   ```
   FOLLY_SDT(usdt_sample_lib1, operation_start, operationId, request.input().c_str());
   ```

   이것은 probe에 두 개의 인자를 제공하며 usdt_sample_lib1:operation_start로 probe를 정의합니다. 이 USDT 예시에는 operation_end probe도 들어 있습니다.

3. 소프트웨어를 빌드합니다. readelf(1)를 이용해 USDT probe가 존재함을 확인할 수 있습니다.

   ```
   $ readelf -n usdt_sample_lib1/libusdt_sample_lib1.so
   [...]
   Displaying notes found in: .note.stapsdt
     Owner                 Data size  Description
     stapsdt               0x00000047 NT_STAPSDT (SystemTap probe descriptors)
       Provider: usdt_sample_lib1
       Name: operation_end
       Location: 0x000000000000fdd2, Base: 0x0000000000000000, Semaphore:
   0x0000000000000000     Arguments: -8@%rbx -8@%rax
     stapsdt               0x0000004f NT_STAPSDT (SystemTap probe descriptors)
       Provider: usdt_sample_lib1
       Name: operation_start
       Location: 0x000000000000febe, Base: 0x0000000000000000, Semaphore:
   0x0000000000000000
       Arguments: -8@-104(%rbp) -8@%rax
   ```

   readelf(1)의 -n 옵션은 컴파일된 USDT probe 정보를 보여주는 note 섹션을 출력합니다.

4. 선택 사항: 때때로 추가하고자 하는 인자가 probe 위치에서 당장 사용이 불가할 수도 있으며, 인자의 사용을 위해 CPU 비용이 높은 함수를 호출해야 할 수도 있습니다. probe를 사용하지 않을 때 이러한 함수가 항상 호출되는 것을 막기 위해서 소스 파일의 함수 외부에 probe 세마포어(semaphore)를 추가할 수 있습니다.

```
FOLLY_SDT_DEFINE_SEMAPHORE(provider, name)
```

probe 지점은 다음과 같은 형태를 갖습니다.

```
if (FOLLY_SDT_IS_ENABLED(provider, name)) {
    ... expensive argument processing ...
    FOLLY_SDT_WITH_SEMAPHORE(provider, name, arg1, arg2, ...);
}
```

이렇게 되면 비용이 많이 드는 인자 처리는 probe가 사용 중(활성화)일 때에만 발생합니다. 세마포어 주소는 readelf(1)를 통해 확인할 수 있고, 트레이싱 도구는 probe를 사용할 때 이 세마포어를 설정할 수 있습니다.

이것은 트레이싱 도구를 약간 복잡하게 합니다. 트레이싱 도구들이 세마포어로 보호된 probe를 사용하려면 일반적으로 PID를 가지고 있어야 하는데, 그래야만 해당 PID에 대한 세마포어를 설정할 수 있기 때문입니다.

2.10.2 USDT의 동작 원리

애플리케이션이 컴파일되면 USDT probe 주소에는 nop(no-operation) 명령어가 위치합니다. 향후에 USDT probe가 계측되면 이 주소는 커널에 의해 중단점으로 동적으로 변경되는데, 이 과정에 uprobe를 사용합니다.

작업이 좀 더 많기는 하지만 uprobe와 마찬가지로 USDT의 실제 동작 과정을 보겠습니다. readelf(1) 출력 결과에서 probe의 주소는 0x6a2이었습니다. 이것은 바이너리 세그먼트(binary segment)로부터의 오프셋이기 때문에, 바이너리 세그먼트가 어디서 시작하는지 알아야 합니다. 이 주소는 PIE(position independent executables, 위치 독립 실행 파일)에 의해 바뀔 수 있는데, 주소 공간 레이아웃 랜덤화(address space layout randomization, ASLR)를 효과적으로 활용하기 때문입니다.

```
# gdb -p 4777
[...]
(gdb) info proc mappings
process 4777
Mapped address spaces:

        Start Addr          End Addr    Size    Offset objfile
    0x55a75372a000    0x55a75372b000    0x1000       0x0 /home/bgregg/Lang/c/tick
    0x55a75392a000    0x55a75392b000    0x1000       0x0 /home/bgregg/Lang/c/tick
    0x55a75392b000    0x55a75392c000    0x1000    0x1000 /home/bgregg/Lang/c/tick
[...]
```

시작 주소는 0x55a75372a000입니다. 해당 주소에 probe의 오프셋 0x6a2를 더한 위치의 명령어를 출력하면 다음과 같습니다:

```
(gdb) disas 0x55a75372a000 + 0x6a2
[...]
   0x000055a75372a695 <+11>: mov    %rsi,-0x20(%rbp)
   0x000055a75372a699 <+15>: movl   $0x0,-0x4(%rbp)
   0x000055a75372a6a0 <+22>: jmp    0x55a75372a6c7 <main+61>
   0x000055a75372a6a2 <+24>: nop
   0x000055a75372a6a3 <+25>: mov    -0x4(%rbp),%eax
   0x000055a75372a6a6 <+28>: mov    %eax,%esi
   0x000055a75372a6a8 <+30>: lea    0xb5(%rip),%rdi       # 0x55a75372a764
[...]
```

USDT probe를 활성화시킨 결과는 다음과 같습니다.

```
(gdb) disas 0x55a75372a000 + 0x6a2
[...]
   0x000055a75372a695 <+11>: mov    %rsi,-0x20(%rbp)
   0x000055a75372a699 <+15>: movl   $0x0,-0x4(%rbp)
   0x000055a75372a6a0 <+22>: jmp    0x55a75372a6c7 <main+61>
   0x000055a75372a6a2 <+24>: int3
   0x000055a75372a6a3 <+25>: mov    -0x4(%rbp),%eax
   0x000055a75372a6a6 <+28>: mov    %eax,%esi
   0x000055a75372a6a8 <+30>: lea    0xb5(%rip),%rdi       # 0x55a75372a764
[...]
```

nop 명령어는 int3(x86_64 중단점)으로 변경되었습니다. 이 중단점에 도달하면 커널은 USDT probe 인자에 연결된 BPF 프로그램을 실행시킵니다. USDT probe가 비활성화되면 nop 명령어는 복원됩니다.

2.10.3 BPF와 USDT

USDT는 BCC와 bpftrace를 위한 사용자 레벨 정적 계측을 지원합니다. 인터페이스는 다음과 같습니다.

- BCC: USDT().enable_probe()
- bpftrace: usdt probe 유형

예를 들면 이전 예시에서 본 루프(loop) probe 계측이 있습니다.

```
# bpftrace -e 'usdt:/tmp/tick:loop { printf("got: %d\n", arg0); }'
Attaching 1 probe...
got: 0
got: 1
got: 2
```

```
got: 3
got: 4
^C
```

이 bpftrace 원 라이너는 probe에 전달된 정수형 인자를 출력합니다.

2.10.4 USDT 추가 자료

USDT를 이해하는 데 도움이 되는 추가 자료들은 다음과 같습니다.

- 필자가 작성한 "Ftrace로 리눅스 USDT 해킹하기(Hacking Linux USDT with Ftrace)" [49]
- 사샤 골드스타인이 작성한 "BPF/BCC에서의 USDT probe 지원(USDT probe Support in BPF/BCC)" [50]
- 데일 해멀(Dale Hamel)이 작성한 "USDT 트레이싱 리포트(USDT Tracing Report)" [51]

2.11 동적 USDT

앞에서 설명한 USDT probe는 소스 코드에 추가되고 최종 바이너리에 컴파일되는데, 계측 지점에 nops을, ELF note 섹션에는 메타데이터를 남깁니다. 그러나 JVM을 가진 자바와 같은 일부 언어는 그때그때 인터프리트되거나 컴파일됩니다. 자바 코드에 계측 지점을 추가하기 위해서는 동적 USDT를 사용할 수 있습니다.

JVM의 C++ 코드에는 가비지 컬렉션(garbage collection, GC) 이벤트, 클래스 로딩 그리고 상위 레벨 동작들을 위한 많은 USDT probe가 이미 존재한다는 점에 주목합시다. 이러한 USDT probe는 JVM의 함수를 계측하는 용도입니다. 하지만 USDT probe는 그때그때 컴파일되는 자바 코드에는 추가될 수 없습니다. USDT는 note 섹션에 probe의 설명을 포함한, 사전 컴파일된 ELF 파일을 기대하지만 JIT-컴파일된 자바 코드에는 그러한 것이 없습니다.

동적 USDT는 이러한 문제를 다음과 같이 해결합니다.

- 원하는 USDT probe를 내장한 함수로 구성된 공유 라이브러리 사전 컴파일하기. 이 공유 라이브러리는 C나 C++로 작성할 수 있고, USDT probe를 위한 ELF note 섹션이 있습니다. 이것은 다른 USDT probe와 동일하게 계측할 수 있습니다.

- dlopen(3)을 이용해 필요할 때 공유 라이브러리를 로드하기.
- 대상 언어로부터 공유 라이브러리 호출을 추가하기. 이것은 언어에 맞는 API에 따라 구현될 수 있고 공유 라이브러리 호출 세부 사항을 숨길 수 있습니다.

Node.js와 파이썬에 대한 동적 USDT는 마테우스 마르치니가 작성한 libstapsdt라는 라이브러리로 이미 구현되었는데,[33] 이 라이브러리는 이들 언어에서 USDT probe를 정의하고 호출할 수 있는 방법을 제공합니다. 다른 언어에 대한 지원은 일반적으로 이 라이브러리를 래핑(wrapping)해서 추가할 수 있는데, 루비의 경우 데일 해멀이 루비의 C언어 확장을 이용하여 구현했습니다.[54]

예를 들어 Node.js 자바스크립트의 경우는 다음과 같습니다.

```
const USDT = require("usdt");
const provider = new USDT.USDTProvider("nodeProvider");
const probe1 = provider.addprobe("requestStart","char *");
provider.enable();

[...]
probe1.fire(function() { return [currentRequestString]; });
[...]
```

probe1.fire() 호출은 probe가 외부에서 계측될 경우에만 자신의 익명 함수를 실행합니다. 이 함수 내에서 인자는 probe로 전달되기 전에 (필요하다면) 처리할 수 있습니다. 또한 probe가 비활성화되어 사용되지 않는다면 해당 과정을 건너뛰기 때문에 이에 사용되는 CPU 비용을 걱정할 필요가 없습니다.

libstapsdt는 자동으로 런타임에 USDT probe와 ELF note 섹션을 포함한 공유 라이브러리를 생성하고, 동작하고 있는 프로그램의 주소 공간에 해당 섹션을 매핑합니다.

2.12 PMC

PMC(Performance monitoring counters, 성능 모니터링 카운터)는 PIC (performance instrumentation counters, 성능 계측 카운터), CPC(CPU performance counters, CPU 성능 카운터), 또는 PMU 이벤트(performance monitoring unit

---

33 libstapsdt에 대해서는 [52][53]을 참고하세요. libusdt라는 새로운 라이브러리가 이와 동일한 목적으로 개발되었으며, 이로 인해 다음의 코드 예시가 변경될 수 있습니다. libusdt의 향후 릴리스를 확인하기 바랍니다.

events, 성능 모니터링 단위 이벤트)라는 다른 이름으로도 알려져 있습니다. 이 용어들은 모두 동일한 대상, 즉 프로세서에 있는 프로그래밍 가능한 하드웨어 카운터를 의미합니다.

많은 PMC가 존재하지만 인텔은 몇 가지 핵심 기능에 대한 전체적인 개요를 제공하는 7개의 PMC를 "architectural set"로 선정했습니다.[Intel 16] architectural set PMC는 CPUID 명령어로 확인할 수 있습니다. 표 2.8은 유용한 PMC의 사례를 정리한 것입니다.

이벤트 이름	UMask	Event Select	Event Mask 기호
UnHalted Core Cycles	00H	3CH	CPU_CLK_UNHALTED.THREAD_P
Instruction Retired	00H	C0H	INST_RETIRED.ANY_P
UnHalted Reference Cycles	01H	3CH	CPU_CLK_THREAD_UNHALTED.REF_XCLK
LLC References	4FH	2EH	LONGEST_LAT_CACHE.REFERENCE
LLC Misses	41H	2EH	LONGEST_LAT_CACHE.MISS
Branch Instruction Retired	00H	C4H	BR_INST_RETIRED.ALL_BRANCHES
Branch Misses Retired	00H	C5H	BR_MISP_RETIRED.ALL_BRANCHES

표 2.8 인텔 아키텍처 PMC

PMC는 성능 분석에 필수적인 리소스입니다. CPU 명령어의 효율성, CPU 캐시의 히트율(hit ratio), 메모리, 인터커넥트(interconnect) 그리고 디바이스 버스의 사용률, 지연 사이클(stall cycle) 등은 PMC를 통해서만 측정할 수 있습니다. 성능 분석을 위해 이러한 계측을 사용하면 다양한 부분에서 성능 최적화를 이끌어 낼 수 있습니다.

PMC는 특이한 리소스이기도 합니다. 사용할 수 있는 PMC는 수백 가지가 있지만, CPU에서 한정된 숫자의 레지스터만(6개 이하 정도) 동시에 PMC를 측정하는 데 사용할 수 있습니다. 사용자는 이 6개의 레지스터를 가지고 어떤 PMC를 측정할지 정하거나 샘플링 방식으로 다른 PMC 세트들을 돌아가며 측정할 수 있습니다(리눅스 perf(1) 도구는 이 돌아가면서 측정하는 방법을 자동으로 지원합니다). 다른 소프트웨어 카운터들은 이러한 제약이 없습니다.

2.12.1 PMC 모드

PMC는 두 가지 모드 중 하나로 동작할 수 있습니다.

- **카운팅**: 이 모드에서 PMC는 이벤트의 발생 비율을 지속적으로 확인합니다. 커널은 초단위 지표 수집처럼 원할 때는 언제든지 이 카운터를 읽을 수 있습니다. 이 모드의 오버헤드는 사실상 0입니다.
- **오버플로 샘플링**: 이 모드에서 PMC는 자신들이 모니터링하고 있는 이벤트에 대한 인터럽트를 커널로 보낼 수 있고, 이를 통해 커널은 추가 상태 정보를 수집할 수 있습니다. 모니터링되는 이벤트는 초당 수백만에서 수십억 번 발생할 수 있는데, 각각의 이벤트가 인터럽트를 보내서 시스템을 거의 중단 상태에 이르도록 혹사시킬 수 있습니다. 해결책은 프로그래밍 가능한 카운터를 이용해서 카운터에 오버플로가 발생할 때 시그널을 보내 샘플을 수집하는 것입니다(예: 매 10,000 LLC 캐시 미스마다 혹은 매 100만 지연 사이클마다).

샘플링 모드는 커스텀 BPF 프로그램을 통해 계측할 수 있는 이벤트를 발생시키기 때문에 BPF 트레이싱에서 가장 흥미로운 부분입니다. BCC 와 bpftrace 모두 PMC 이벤트를 지원합니다.

2.12.2 PEBS

오버플로 샘플링은 인터럽트 지연(흔히 "스키드(skid)"라 부름) 혹은 비순차적 명령어 실행(out-of-order instruction execution) 때문에 이벤트를 발생시킨 올바른 명령어 포인터를 저장하지 못할 수도 있습니다. CPU 사이클 프로파일링의 경우 이러한 스키드는 문제가 되지 않을 수도 있으며, 일부 프로파일러는 록스텝 샘플링(lockstep sampling)[34]을 피하기 위해 의도적으로 지터(jitter) 개념을 도입하기도 합니다(혹은 99Hz 같은 오프셋 샘플링 레이트를 이용합니다). 하지만 LLC misses와 같은 다른 이벤트를 측정하기 위해서는 샘플링된 명령어 포인터가 정확해야 합니다.

인텔은 PEBS(precise event-based sampling, 정밀 이벤트 기반 샘플링)라는 솔루션을 개발했습니다. PEBS는 하드웨어 버퍼를 이용해서 PMC 이벤트가 발생하는 순간의 정확한 명령어 포인터를 저장합니다. 리눅스 perf_events 프레임워크는 PEBS 기능을 지원합니다.

---

34 (옮긴이) 록스텝 샘플링이란 다른 정주기 간격으로 발생하는 이벤트와 동일한 주기로 샘플링한 것을 가리키는데, 이렇게 수집된 샘플 데이터는 이벤트가 과도하게 발생한 것으로 표현될 수 있습니다.

2.12.3 클라우드 컴퓨팅

대부분의 클라우드 컴퓨팅 환경에서 아직까지는 게스트 환경에 PMC 접근을 제공하지 않습니다. 이를 제공하는 것이 기술적으로 가능하기는 합니다. 예를 들어, Xen 하이퍼바이저(hypervisor)는 게스트 환경에서 몇 가지 다른 세트의 MPC를 사용할 수 있도록 하는 **vpmu** 커맨드 라인 옵션을 가지고 있습니다.[35][55] 아마존(Amazon)은 자사의 니트로 하이퍼바이저 게스트(Nitro hypervisor guests) 환경에서 여러 PMC를 사용할 수 있도록 해 두었습니다.

2.13 perf_events

perf_events 기능은 perf(1) 명령을 통한 샘플링 및 트레이싱에 사용되며, 2009년에 리눅스 2.6.21에 추가되었습니다. 중요한 사실은 perf(1)와 perf_events 기능은 수년간 많은 주목을 받으며 개발되었고, BPF 트레이싱 도구 역시 함수 호출을 통해 perf_events의 기능을 이용할 수 있다는 것입니다. BCC 와 bpftrace는 링 버퍼를 위해 perf_events를 처음 사용하였고, 이후에는 PMC 계측에, 그리고 현재는 perf_event_open()을 이용해 모든 이벤트 계측에 사용하고 있습니다.

BPF 트레이싱 도구들이 perf(1)의 내부 구조를 활용하기도 하지만, perf(1)에도 BPF 인터페이스가 개발되고 추가되어 perf(1)를 또 다른 BPF 트레이싱 도구로 사용할 수 있습니다. perf(1)의 소스 코드는 BCC와 bpftrace와 달리 리눅스 소스 트리 안에 포함되어 있기 때문에 perf(1)만이 리눅스에 내장되어 있는 유일한 BPF 프론트엔드 트레이싱 도구입니다.

perf(1) BPF는 여전히 개발 중이고 사용이 어렵습니다. 여기에서 다루기에는 BCC와 bpftrace 도구에 초점을 맞추고 있는 이번 장의 범위를 넘어섭니다. perf BPF의 예시는 부록 D에서 볼 수 있습니다.

2.14 정리

BPF 성능 분석 도구는 확장 BPF, 커널과 사용자 동적 계측(kprobe와 uprobe), 커널과 사용자 정적 트레이싱(tracepoint와 USDT), 그리고 perf_events

---

35 필자는 몇 가지 다른 PMC 모드를 사용할 수 있게 해주는 Xen 코드를 작성하기도 하였습니다. 사이클 당 명령어 처리 횟수(instructions-per-cycle) PMC 전용인 ipc와 인텔 아키텍처용 arch였습니다. 필자의 코드는 Xen의 기존 vpmu 지원에 아주 조그만 기능 하나를 추가한 정도에 불과했습니다.

를 포함해 많은 기술을 사용합니다. 뿐만 아니라 BPF는 프레임 포인터 기반 스택 추적이나 커널 스택에 대한 ORC를 사용해서 스택 트레이스를 수집할 수 있고, 이렇게 수집한 것들을 플레임 그래프로 시각화할 수 있습니다. 이번 장은 이러한 기술을 다뤘고, 각 기술에 대한 추가 자료도 소개했습니다.

3장

성능 분석

이 책에서 소개하는 도구들은 성능 분석, 문제 해결, 보안 분석 등에 활용할 수 있습니다. 이러한 도구들을 적용하는 방법에 대한 이해를 돕기 위해, 이번 장에서는 성능 분석에 대해 집중적으로 설명합니다.

학습 목표

- 성능 분석의 목표와 성능 분석 활동 이해하기
- 워크로드 특성화 수행하기
- USE 방법론 수행하기
- 드릴다운(drill-down) 분석 수행하기
- 체크리스트 방법론(checklist methodologies) 이해하기
- 기존의 도구와 '60초 리눅스 성능 분석 체크리스트'를 이용해서 성능 향상점 찾아내기
- BCC/BPF 도구 체크리스트를 이용해서 성능 향상점 찾아내기

이번 장은 먼저 성능 분석의 목표와 활동 내역을 알아보고, 그 다음으로 방법론과 먼저 시도해 볼 수 있는 기존의 도구(non-BPF)에 대해 설명합니다. 기존의 도구들은 성능 향상점을 즉각적으로 찾도록 하거나 나중에 수행할 BPF 기반 분석을 위한 단서와 맥락(context)을 제공할 것입니다. BPF 도구 체크리스트는 이번 장의 맨 마지막에 수록되어 있고, 더 많은 BPF 도구를 후반부 장들에서 설명합니다.

3.1 개요

성능 분석에 뛰어들기 전에, 목표가 무엇이고 그 목표 달성에 도움이 될 수 있는 활동은 어떠한 것들이 있는지 생각해 봅시다.

3.1.1 목표

일반적으로 성능 분석의 목표는 최종 사용자(End-User) 성능을 개선하고 운영 비용을 절감하는 데에 있습니다. 이러한 목적은 성능 목표를 측정 가능한 수준으로 명시하는 데 도움을 줍니다. 예를 들면 측정을 통해 성능 목표가 언제 달성되었는지 보여주거나, 성능이 얼마나 부족한지 정량화할 수 있습니다. 측정 대상에는 다음과 같은 것들이 있습니다.

- 지연 시간: 요청이나 동작을 달성하는 데 소요된 시간으로, 일반적으로 밀리초 단위로 측정
- 발생 비율: 초당 동작 비율 혹은 요청 비율
- 스루풋: 일반적으로 비트나 바이트 단위의 초당 데이터 이동량
- 사용률: 시간에 따른 리소스의 사용량으로, 퍼센트로 표현
- 비용: 가격 대 성능비

최종 사용자 성능은 애플리케이션이 사용자의 요청에 반응하는 데 걸리는 시간에 따라 정량화할 수 있고, 이 시간을 단축하는 것이 목표가 됩니다. 이처럼 대기하는 데 소요된 시간을 '지연 시간'이라 부릅니다. 지연 시간은 요청 시간을 분석하고 각 시간을 컴포넌트별로 세분화함으로서 개선할 수 있는데 여기에는 CPU에서 동작하고 있는 시간 및 동작 중인 코드, 디스크, 네트워킹, 록과 같은 리소스를 대기하는 데 걸린 시간, CPU 스케줄러에 의해 자신의 차례를 기다리는 데 걸린 시간 등이 있습니다. 애플리케이션의 요청 시간과 여러 다른 컴포넌트의 지연 시간을 한번에 직접 트레이싱하는 BPF 도구를 작성할 수도 있습니다. 하지만 이러한 도구는 애플리케이션 특성에 종속되고 여러 다른 이벤트를 동시에 측정하면서 심각한 오버헤드를 발생시킬 수도 있습니다. 그 때문에 실제로 특정 컴포넌트의 시간 및 지연 시간을 조사하는 데에는 더 작은 특수 목적의 도구들이 흔히 사용됩니다. 이 책에는 그런 더 작고 특수 목적의 도구들이 많이 수록되어 있습니다.

운영 비용 절감에는 회사의 클라우드 혹은 데이터 센터 지출을 줄이기 위해

소프트웨어와 하드웨어 리소스가 어떻게 사용되는지 관찰하고 최적화할 부분을 찾는 작업이 포함됩니다. 이 작업에는 응답 시간이나 지연 시간이 아닌 각 컴포넌트가 어떻게 사용되는지에 대한 요약 혹은 로깅과 같은 다른 종류의 분석이 포함됩니다. 이 책에 수록된 많은 도구들은 이러한 목적으로 사용할 수 있습니다.

성능 분석을 할 때는 이와 같은 목표를 항상 염두에 두어야 합니다. BPF 도구들을 사용하다 보면 방향성을 잃고 수많은 지표들을 수집하게 되는데, 이 지표를 이해하기 위해 많은 시간을 투자하지만 결국 중요하지 않은 값으로 결론나기 십상입니다. 퍼포먼스 엔지니어인 필자는 좋아 보이지 않는 성능 지표에 대해 걱정하는 개발자들에게 도구의 출력 결과를 받아 보았습니다. 이들에게 주로 "알려진 성능 이슈를 겪고 있습니까?"라고 질문하지만, 보통 "아니요, 저희는 이 출력 결과가……흥미롭다고 생각했습니다."라고 대답합니다. 흥미로울 수도 있지만, 요청 지연 시간을 줄이고자 하는지 혹은 운영 비용을 줄이고자 하는지와 같은 목표를 먼저 정할 필요가 있습니다. 이 목표는 향후 분석에 대한 맥락을 설정합니다.

3.1.2 활동

BPF 성능 분석 도구는 특정 이슈를 분석하는 것 이상으로 사용할 수 있습니다. 다음의 성능 분석 활동[Gregg 13b] 목록과 BPF 성능 분석 도구를 각 활동에 어떻게 적용할 수 있는지 살펴봅시다.

	성능 분석 활동	BPF 성능 분석 도구
1	프로토타입 소프트웨어 혹은 하드웨어에 대한 성능 특성화(Performance characterization)	여러 가지 다른 워크로드에서의 지연 시간을 측정해 지연 시간 히스토그램 생성
2	소프트웨어 통합 전, 개발 코드에 대한 성능 분석	성능 병목 문제를 해결하고 전반적인 성능 향상점 찾기
3	소프트웨어 빌드, pre/post release에 대한 회귀 테스트 수행	여러 다른 소스 코드의 코드 사용률과 지연 시간을 기록, 성능 저하 문제를 빠르게 해결
4	릴리스된 소프트웨어에 대한 벤치마킹/벤치마케팅(benchmarketing)	성능 분석을 통해 벤치마크 수치를 향상시킬 방법 조사
5	대상 환경에서 POC(Proof-of-concept) 테스트	지연 시간 히스토그램을 생성해서 서비스 수준 협약서(SLA)의 요청 지연 시간을 충족하는지 확인

(다음쪽에 이어짐)

| 6 | 동작 중인 프로덕션 소프트웨어 모니터링 | 상시로 실행할 수 있는 성능 분석 도구를 제작해서 사각지대였던 새로운 지표를 드러내기 |
| 7 | 이슈의 성능 분석 | 성능 분석 도구와 커스텀 계측을 통해 특정 성능 이슈를 해결 |

이 책의 많은 도구가 특정 성능 이슈 조사에 적합하다는 것은 분명하지만, 어떻게 이 도구들이 모니터링, 회귀 테스트 및 다른 활동에 도움이 되는지에 대해서도 깊이 생각해 봅시다.

3.1.3 여러 가지 성능 이슈

이 책에 설명된 도구를 사용할 때는 여러 가지 성능 이슈를 찾을 수 있도록 준비하십시오. 문제는 어떠한 이슈가 가장 중요한지 파악하는 것이고, 이런 이슈는 일반적으로 요청 지연 시간이나 비용에 가장 큰 영향을 미칩니다. 만약 여러 가지 성능 이슈를 찾을 수 없을 것 같다면, 여러분이 사용하는 애플리케이션, 데이터베이스, 파일 시스템 혹은 소프트웨어 컴포넌트의 버그 트래커에서 "performance"라는 단어를 검색해 보십시오. 그러면 다수의 미해결 상태인 성능 이슈가 존재할 것이고, 트래커에 나열되지 않은 것들도 일부 있을 것입니다. 결국 가장 문제가 되는 것을 찾는 것이 중요합니다.

이슈 중 어떤 것들은 원인이 여러 가지일 수도 있습니다. 많은 경우 하나의 원인을 해결하면 다른 문제가 분명해집니다. 혹은 하나의 원인을 해결하면, 다른 컴포넌트가 병목 지점이 될 수도 있습니다.

3.2 성능 분석 방법론

수많은 성능 분석 도구와 사용 가능한 기능(예: kprobe, uprobe, tracepoint, USDT, PMC. 2장 참고)을 가지고도 이들이 제공하는 데이터로 무엇을 해야 할지 모를 수 있습니다. 수년 동안, 필자는 성능 분석 방법론(Performance Methodologies)에 대해 조사하고, 개발하고, 문서화하였습니다. 방법론(*methodology*)은 여러분이 따라해 볼 수 있는 과정을 제시하는데 여기에는 성능 분석의 시작점, 단계, 종료점을 설명하고 있습니다. 필자의 또 다른 책인 ≪Systems Performance≫는 수많은 성능 분석 방법론에 대해 문서화하였습니다.[Gregg 13b] 이번 절에서는 BPF 도구들을 가지고 따라 할 수 있는 몇 가지 방법론에 대해 개괄합니다.

3.2.1 워크로드 특성화

워크로드 특성화(workload characterization)의 목표는 적용된 워크로드에 대해 이해하는 것입니다. 이 방법론에서는 발생한 지연 시간과 같은 결과적인 성능에 대해 분석할 필요가 없습니다. 필자가 발견한 가장 큰 성능 향상 방법은 "불필요한 작업을 제거하는 것"이었습니다. 이러한 불필요한 작업은 적용된 워크로드의 구성 요소를 조사함으로써 확인할 수 있습니다.

워크로드 특성화 수행 시 권장하는 단계는 다음과 같습니다.

1. 무엇이 부하를 일으키고 있는가(PID, 프로세스 이름, UID, IP 주소)?
2. 왜 부하가 발생하고 있는가(코드 경로, 스택 트레이스, 플레임 그래프)?
3. 어떤 부하가 일어나고 있는가(IOPS, 스루풋, 유형)?
4. 시간에 따라 부하가 어떻게 바뀌고 있는가(인터벌당 요약)?

이 책의 많은 도구가 이러한 질문에 답해 줄 수 있습니다. 다음은 vfsstat(8)의 출력 결과 예시입니다.

```
# vfsstat
TIME        READ/s  WRITE/s CREATE/s   OPEN/s  FSYNC/s
18:35:32:      231       12        4       98        0
18:35:33:      274       13        4      106        0
18:35:34:      586       86        4      251        0
18:35:35:      241       15        4       99        0
18:35:36:      232       10        4       98        0
[...]
```

이것은 가상 파일 시스템(VFS) 레벨에 적용된 워크로드의 세부 사항을 보여주는데 동작 유형과 동작 비율을 제시함으로써 3번의 질문에 답하고, 시간 인터벌당 요약을 제공함으로써 4번의 질문에 답합니다.

이번에는 bpftrace와 원 라이너로 전환해 1번의 예시를 살펴보겠습니다(출력 결과는 축약됨).

```
# bpftrace -e 'kprobe:vfs_read { @[comm] = count(); }'
Attaching 1 probe...
^C

@[rtkit-daemon]: 1
[...]
@[gnome-shell]: 207
@[Chrome_IOThread]: 222
@[chrome]: 225
@[InputThread]: 302
```

```
@[gdbus]: 819
@[Web Content]: 1725
```

이 출력 결과를 통해 트레이싱하는 동안 "Web Content"라는 이름의 프로세스가 vfs_read()를 1,725번 호출하였다는 것을 알 수 있습니다.

이 책 전반에는 워크로드 특성화에 사용할 수 있는 더 많은 도구의 예시가 포함되어 있습니다. 그중에는 2번에서 사용한 플레임 그래프도 있는데, 후반부 장들에서 다룹니다.

분석 대상에 맞는 도구가 존재하지 않는다면, 이러한 질문에 답하기 위해 자신만의 워크로드 특성화 도구를 만들 수도 있습니다.

3.2.2 드릴다운 분석

드릴다운 분석(Drill-Down Analysis)은 지표를 조사하고 이것을 개별 컴포넌트로 분해할 방법을 찾고, 가장 큰 컴포넌트를 자체적인 세부 컴포넌트로 분해하며 근본 원인이 발견될 때까지 이 작업을 수행합니다.

비유를 들어봅시다. 여러분의 신용카드 청구서 비용이 비정상적으로 많이 나온 것을 발견했다고 상상해 보세요. 분석을 위해 은행에 로그인하여 거래 내역을 살펴봅니다. 자, 여러분은 온라인 서점에서 큰 비용이 발생한 것을 발견하게 됩니다. 어떤 책이 이렇게 비싼 건지 확인하기 위해 그 서점에 로그인하고, 이 BPF 책을 실수로 1,000부나 샀다는 것을 알게 됩니다(감사합니다!). 이처럼 단서를 찾고 이에 대해 자세히 조사하고, 또 다른 단서를 찾고, 문제가 해결될 때까지 이 과정을 반복하는 이것이 바로 드릴다운 분석입니다.

드릴다운 분석을 위한 추천 순서는 다음과 같습니다.

1. 최상단 레벨에서 조사하기 시작
2. 다음 레벨의 세부 내용을 조사
3. 가장 흥미로운 세부 내용 혹은 단서를 고르기
4. 만약 문제가 해결되지 않았으면 2단계로 돌아가기

드릴다운 분석에는 커스텀 툴 제작이 필요할 수도 있습니다. 여기에는 BCC보다 bpftrace를 이용하는 것이 적합합니다.

드릴다운 분석의 예시 중 하나는 지연 시간을 개별 컴포넌트별로 분해하는 것입니다. 다음과 같은 분석 순서를 생각해 봅시다.

1. 요청 지연 시간은 100ms(밀리초)입니다.

2. 이 지연 시간 중 10ms 동안은 CPU에서 동작하였고, 90ms 동안은 대기하였습니다(off-CPU).

3. off-CPU 시간 중 파일 시스템에서 대기한 시간은 89ms입니다.

4. 파일 시스템은 3ms 동안 록에서 대기하였고, 86ms 동안 저장 장치에서 대기하였습니다.

이 결과를 통해 저장 장치가 문제라고 결론지을 수 있고, 이게 답일 수도 있습니다. 하지만 드릴다운 분석은 맥락을 구체화하는 데에도 이용할 수 있습니다. 순서에 대해서도 깊이 생각해 봅시다.

1. 애플리케이션은 파일 시스템에서 89ms 동안 대기하였습니다.

2. 파일 시스템은 파일 시스템 쓰기에서 78ms 동안 대기하였고 읽기에서 11ms 동안 대기하였습니다.

3. 파일 시스템 쓰기는 접근 타임스탬프 갱신을 위해 77ms 동안 대기하였습니다.

이제 파일 시스템 접근 타임스탬프가 지연 시간의 원인이고 이 타임스탬프를 사용하지 않도록 설정하여 성능을 개선할 수 있다고 결론지을 수 있습니다(mount 옵션입니다). 이것은 빠른 디스크가 필요했다는 결론보다 훨씬 나은 결과입니다.

3.2.3 USE 방법론

필자는 리소스 분석을 위해 USE 방법론(USE Method)을 개발했습니다.[Gregg 13c]

　모든 리소스에 대해 다음을 확인하십시오.

1. 사용률(Utilization)

2. 포화 상태(Saturation)

3. 에러(Error)

첫 번째 단계는 소프트웨어와 하드웨어 리소스에 대해 조사하고 다이어그램을 그려보는 것입니다. 그런 후에 여러분은 각 리소스에 대해 위의 3가지 지표를 반복적으로 확인해 볼 수 있습니다. 그림 3.1은 일반적인 시스템에서 볼 수 있는 하드웨어 대상의 예시인데, 여기에는 조사해 볼 수 있는 각 컴포넌트의 버스들이 포함되어 있습니다.

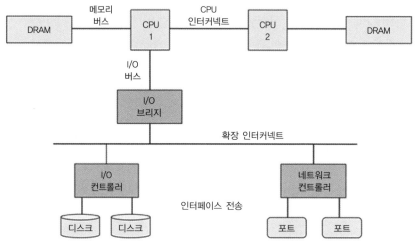

그림 3.1 USE 방법론 분석에 사용되는 하드웨어 대상

현재의 모니터링 도구를 이용해 그림 3.1에 있는 모든 항목의 사용률, 포화 상태, 에러를 보여줄 수 있는지 잘 생각해 보십시오. 현재 얼마나 많은 사각지대가 있습니까?

이 방법론은 지표를 먼저 구하고 해당 지표가 중요한 이유를 찾기 위해 역방향으로 추적하기보다, 중요한 질문들을 먼저 던지고 거기서부터 분석을 시작한다는 점이 장점입니다. 그뿐만 아니라 이 방법론은 사각지대를 드러내 줍니다. 각 항목을 편리하게 측정할 수 있는 도구의 유무를 떠나 여러분이 답변을 얻기 원하는 질문들로 분석을 시작합니다.

3.2.4 체크리스트

성능 분석 체크리스트는 실행해 볼 도구와 체크해 볼 지표들에 대해 소개합니다. 또한 누구나 따라할 수 있는 체크리스트의 분석 지침을 통해, 아주 흔히 발생하는 십여 개의 이슈를 확인해 보는 것 같은 손쉬운 성과에 집중할 수 있습니다. 이런 체크리스트는 회사의 다양한 직원들이 실행하기에 적합하며, 자신의 실력 향상에도 도움을 줄 수 있습니다.

다음 절에서 두 개의 체크리스트를 소개할 것입니다. 하나는 기존 도구(non-BPF)를 이용해 빠르게 분석하는 데 적절한 체크리스트(첫 60초)이고 다른 하나는 초기에 시도해 볼 BCC 도구 목록입니다.

3.3 60초 리눅스 성능 분석

이 체크리스트는 어떠한 성능 이슈에도 사용할 수 있는데, 필자는 일반적으로 이것을 성능이 좋지 않은 리눅스 시스템에 로그인 후 첫 60초 동안 실행해 봅니다. 이 체크리스트는 필자와 넷플릭스 성능 엔지니어링 팀이 발표했습니다.[56]

실행해 볼 도구들은 다음과 같습니다.

1. `uptime`
2. `dmesg | tail`
3. `vmstat 1`
4. `mpstat -P ALL 1`
5. `pidstat 1`
6. `iostat -xz 1`
7. `free -m`
8. `sar -n DEV 1`
9. `sar -n TCP,ETCP 1`
10. `top`

이어서 각 도구에 대해서 설명할 것입니다. BPF 책에서 기존 도구(non-BPF)를 설명하는 것은 주제에서 벗어나는 것처럼 보일 수도 있지만, 이것에 대해 설명하지 않는다면 이미 이용 가능한 중요한 리소스를 놓치게 될 수 있습니다. 이 명령들은 일부 성능 이슈를 완전히 해결해 줄 수도 있습니다. 그렇지 않다 하더라도 성능 문제가 어디에 있는지 알 수 있는 단서를 제공하여 후속 BPF 도구를 사용하여 실제 문제를 찾도록 지시할 수 있습니다.

3.3.1 uptime

```
$ uptime
 03:16:59 up 17 days,  4:18,  1 user,  load average: 2.74, 2.54, 2.58
```

이것은 동작 대기 중인 태스크(task, 프로세스)의 수를 나타내는 부하 평균을 빠르게 확인할 수 있는 방법입니다. 리눅스 시스템에서 이러한 숫자에는 CPU에서 동작되기를 기다리는 프로세스나 인터럽트 불가 I/O(주로 디스크 I/O) 때문에 대기하는 프로세스가 포함됩니다. 부하 평균은 리소스 부하(혹은 수요)에 대한 개략적인 이해를 도와, 향후에 다른 도구를 사용해서 조사할 수 있도록 해줍니다.

이 세 개의 숫자는 1분, 5분, 15분 동안의 부하 평균을 나타내는데, 이 합계 값들은 기하급수적으로 감소하는 지수 이동 평균(EMA)의 형태를 띕니다. 이 세 숫자를 통해 시간이 지남에 따라 부하가 어떻게 변화하는지 확인할 수 있습니다. 위의 예시에서 부하 평균은 최근 소폭 증가 추세를 보이고 있음을 확인할 수 있습니다.

부하 평균은 성능 이슈에 대응할 때 문제가 여전히 존재하는지 확인하기 위해 살펴보는 것이 좋습니다. 장애 허용(fault-tolerant) 시스템에서 성능 이슈가 발생한 서버는 여러분이 접속해서 살펴보려고 할 때 즈음엔 서비스에서 자동으로 제거될 수도 있습니다. 15분 부하 평균은 높고 1분 부하 평균이 낮은 경우, 성능 이슈를 확인하기엔 너무 늦게 접속했다는 징후일 수 있습니다.

3.3.2 dmesg | tail

```
$ dmesg | tail
[1880957.563150] perl invoked oom-killer: gfp_mask=0x280da, order=0, oom_score_adj=0
[...]
[1880957.563400] Out of memory: Kill process 18694 (perl) score 246 or sacrifice child
[1880957.563408] Killed process 18694 (perl) total-vm:1972392kB, anon-
rss:1953348kB, file-rss:0kB
[2320864.954447] TCP: Possible SYN flooding on port 7001. Dropping request.
Check SNMP counters.
```

이것은 지난 10개의 시스템 메시지를 보여줍니다. 이러한 메시지 중에서 성능 이슈가 발생할 만한 에러를 찾아보십시오. 위의 예시에서는 OOM 킬러(out-of-memory killer)와 요청을 드롭(drop)하고 있는 TCP 에러를 확인할 수 있습니다. TCP 메시지는 심지어 앞으로 분석할 지점으로 SNMP 카운터를 짚어주기까지 합니다.

3.3.3 vmstat 1

```
$ vmstat 1
procs ———————memory———————— ———swap— ——————io——— -system— ————————cpu————
 r  b  swpd    free   buff   cache  si  so    bi   bo    in    cs us sy id wa st
34  0    0 200889792  73708 591828   0   0     0    5     6    10 96  1  3  0  0
32  0    0 200889920  73708 591860   0   0     0  592 13284  4282 98  1  1  0  0
32  0    0 200890112  73708 591860   0   0     0    0  9501  2154 99  1  0  0  0
[...]
```

이것은 BSD에서 유래한 가상 메모리 통계 도구로 메모리 외에 다른 시스템 지표를 함께 보여줍니다. 인자 값 1과 함께 실행하면 이 도구는 1초 단위의 요약을 출력합니다. 첫 번째 줄의 숫자는 부팅한 이후 현재까지를 요약한 숫자라는 점에 유의하시기 바랍니다(메모리 카운터 제외).

확인할 칼럼은 다음과 같습니다.

- r: CPU에서 동작 중인 프로세스와 자신의 차례를 기다리고 있는 프로세스의 수입니다. 이 값은 I/O 정보가 포함되지 않기 때문에 CPU 포화 여부를 판단할 때 부하 평균보다 유용합니다. "r" 값이 CPU의 개수보다 크다면 포화 상태를 의미합니다.

- free: KB 단위로 나타낸 가용 메모리입니다. 만약 숫자 자릿수가 매우 크다면, 가용 메모리가 충분하다는 뜻입니다. 3.3.7절의 free -m 명령은 가용 메모리의 상태에 대해 더욱 자세히 설명합니다.

- si와 so: 스왑 인(Swap-ins)과 스왑 아웃(swap-outs)을 의미합니다. 이 값들이 0이 아니라면 메모리가 부족한 것입니다. 스왑 장치를 설정한 경우에만 이 값을 사용합니다.

- us, sy, id, wa, st: 모든 CPU에 대한 평균 CPU 시간을 세분화한 것입니다. 앞에서부터 순서대로 사용자 시간, 시스템 시간(커널), 유휴, I/O 대기 그리고 (다른 게스트에 의해, 혹은 Xen이나 게스트가 소유한 독자 드라이버 도메인에 의해) 빼앗긴 시간(stolen time)입니다.

앞의 예시는 CPU 시간이 대부분 사용자 모드에서 동작한다는 것을 보여줍니다. 이것은 다음 단계로 코드 프로파일러를 이용해서 동작 중인 사용자 레벨 코드를 분석해야 한다는 것을 가리킵니다.

3.3.4 mpstat -P ALL 1

```
$ mpstat -P ALL 1
[...]
03:16:41 AM  CPU   %usr  %nice  %sys %iowait  %irq  %soft %steal %guest %gnice  %idle
03:16:42 AM  all  14.27   0.00  0.75    0.44  0.00   0.00   0.06   0.00   0.00  84.48
03:16:42 AM    0 100.00   0.00  0.00    0.00  0.00   0.00   0.00   0.00   0.00   0.00
03:16:42 AM    1   0.00   0.00  0.00    0.00  0.00   0.00   0.00   0.00   0.00 100.00
03:16:42 AM    2   8.08   0.00  0.00    0.00  0.00   0.00   0.00   0.00   0.00  91.92
03:16:42 AM    3  10.00   0.00  1.00    0.00  0.00   1.00   0.00   0.00   0.00  88.00
03:16:42 AM    4   1.01   0.00  0.00    0.00  0.00   0.00   0.00   0.00   0.00  98.99
03:16:42 AM    5   5.10   0.00  0.00    0.00  0.00   0.00   0.00   0.00   0.00  94.90
03:16:42 AM    6  11.00   0.00  0.00    0.00  0.00   0.00   0.00   0.00   0.00  89.00
03:16:42 AM    7  10.00   0.00  0.00    0.00  0.00   0.00   0.00   0.00   0.00  90.00
[...]
```

이 명령은 CPU별 시간을 각 상태로 쪼개서 보여줍니다. 출력 결과는 문제가 있음을 보여주는데, CPU 0이 100%의 사용자 시간에 도달하였고 이는 싱글 스레드 병목의 증거입니다.

높은 %iowait 시간도 찾아보십시오. 이것에 대해서는 디스크 I/O 도구로 확인할 수 있습니다. 또한 높은 %sys 시간을 찾아보십시오. 이것은 CPU 프로파일링뿐만 아니라 시스템 콜과 커널 트레이싱을 통해 확인할 수 있습니다.

3.3.5 pidstat 1

```
$ pidstat 1
Linux 4.13.0-19-generic (...)        08/04/2018    _x86_64_    (16 CPU)

03:20:47 AM   UID       PID    %usr %system  %guest     %CPU   CPU  Command
03:20:48 AM     0      1307    0.00    0.98    0.00     0.98     8  irqbalance
03:20:48 AM    33     12178    4.90    0.00    0.00     4.90     4  java
03:20:48 AM    33     12569  476.47   24.51    0.00   500.98     0  java
03:20:48 AM     0    130249    0.98    0.98    0.00     1.96     1  pidstat

03:20:48 AM   UID       PID    %usr %system  %guest     %CPU   CPU  Command
03:20:49 AM    33     12178    4.00    0.00    0.00     4.00     4  java
03:20:49 AM    33     12569  331.00   21.00    0.00   352.00     0  java
03:20:49 AM     0    129906    1.00    0.00    0.00     1.00     8  sshd
03:20:49 AM     0    130249    1.00    1.00    0.00     2.00     1  pidstat
03:20:49 AM   UID       PID    %usr %system  %guest     %CPU   CPU  Command
03:20:50 AM    33     12178    4.00    0.00    0.00     4.00     4  java
03:20:50 AM   113     12356    1.00    0.00    0.00     1.00    11  snmp-pass
03:20:50 AM    33     12569  210.00   13.00    0.00   223.00     0  java
03:20:50 AM     0    130249    1.00    0.00    0.00     1.00     1  pidstat
[...]
```

pidstat(1)는 프로세스별 CPU 사용량을 보여줍니다. 이러한 용도로 널리 알려진 도구에는 top(1)이 있지만, pidstat(1)는 기본적으로 화면을 지우지 않고 출력을 지속적으로 업데이트하기 때문에 시간에 따른 변화량을 확인할 수 있습니다. 이 출력 결과는 매초 자바 프로세스가 CPU를 사용하는 양이 가변적임을 보여주는데, 이 백분율은 전 CPU에 걸쳐 합산되므로[1] 500%는 100%인 CPU 5개와 동일합니다.

---

1   최근 pidstat(1)에는 백분율의 한도를 100%로 정하는 변경이 있었습니다.[36] 이것은 100%를 초과하는 멀티 스레드 애플리케이션에 대한 출력 결과를 의미 없게 만들었습니다. 이 변경은 결국 취소됐지만, pidstat(1)의 변경된 버전을 사용하게 될 수도 있음을 유의하십시오.

3.3.6 iostat -xz 1

```
$ iostat -xz 1
Linux 4.13.0-19-generic (...)        08/04/2018     _x86_64_      (16 CPU)
[...]
avg-cpu:  %user   %nice %system %iowait  %steal   %idle
          22.90    0.00    0.82    0.63    0.06   75.59

Device:           rrqm/s   wrqm/s     r/s     w/s    rkB/s     wkB/s avgrq-sz
avgqu-sz   await r_await w_await  svctm  %util
nvme0n1             0.00  1167.00    0.00 1220.00     0.00 151293.00   248.02
2.10    1.72    0.00    1.72   0.21   26.00
nvme1n1             0.00  1164.00    0.00 1219.00     0.00 151384.00   248.37
0.90    0.74    0.00    0.74   0.19   23.60
md0                 0.00     0.00    0.00 4770.00     0.00 303113.00   127.09
0.00    0.00    0.00    0.00   0.00    0.00
[...]
```

이 도구는 저장 장치의 I/O 지표들을 보여줍니다. 각 디스크 장치에 대한 출력 결과 칼럼은 줄바꿈 처리되어 읽기 어려운 상태이니 주의하세요.

확인해 볼 칼럼은 다음과 같습니다.

- r/s, w/s, rkB/s, wkB/s: 장치에 전달된 읽기, 쓰기 수와 초당 읽기 KB, 쓰기 KB 를 의미합니다. 이 지표들은 워크로드 특성화에 사용할 수 있습니다. 성능 문 제는 단순히 과도한 부하가 발생해서일 수도 있습니다.
- await: I/O 평균 시간을 밀리초 단위로 나타낸 것입니다. 이것은 애플리케이 션이 대기하고 처리하는 데 걸린 시간 모두를 포함합니다. 예상보다 평균 시 간이 길다면 장치가 포화 상태에 있음을 암시하거나 장치에 문제가 있음을 나타낼 수 있습니다.
- avgqu-sz: 장치에 전달되는 요청의 평균 수입니다. 1보다 큰 숫자는 포화의 증거일 수 있습니다(물론 장치는 일반적으로 요청에 따라 병렬로 동작합니 다. 특히 여러 개의 백엔드 디스크로 구성된 가상 장치가 그렇습니다).
- %util: 장치 사용량. 이것은 말 그대로 바쁜 정도를 백분율로 표현한 것으로 매초 장치가 일을 하고 있던 시간을 보여줍니다. 장치가 요청에 따라 병렬로 작동할 수 있기 때문에 수용량 계획(capacity planning) 관점에서 사용량을 표시하지는 않습니다.[2] 장치에 따라 다를 수 있으나, 60%를 넘는 수치는 전형

---

2 이러한 표기법으로 인해 사용량(%util)이 100%라고 표시된 장치가 더 높은 워크로드를 수용할 수도 있는 혼란스러운 상황이 생길 수 있습니다. 이건 해당 시점에 무언가가 100%로 바쁘게 동작 중이었다 는 뜻이지, 장치가 100% 전부 사용되었다는 것은 아니기 때문에 더 많은 작업을 수용할 수 있을 것입 니다. iostat(1)가 보고한 %util은 작업을 병렬로 실행할 수 있는, 여러 디스크 풀로 구성된 볼륨에서 잘 못 해석되는 경우가 많습니다.

적으로 낮은 성능을 의미합니다(await 칼럼에서 확인할 수 있듯이). 100%에 가까운 수치는 포화 상태를 의미합니다.

출력 결과는 md0 가상 장치에 약 ~300MB/초의 쓰기 워크로드가 발생하였음을 보여주는데, 이것은 두 개의 nvme0 장치로 구성된 것으로 보입니다.

3.3.7 free -m

```
$ free -m
              total        used        free      shared  buff/cache   available
Mem:         122872       39158        3107        1166       80607       81214
Swap:             0           0           0
```

free -m은 가용 메모리를 MB 단위로 보여줍니다. 가용(available) 값이 0과 크게 차이가 나는 것을 확인할 수 있습니다. 가용 값은 버퍼 캐시와 페이지 캐시를 포함해 시스템에 실제 사용 가능한 메모리가 얼마나 있는지 보여줍니다.[3] 일부 메모리를 캐싱해 두면 파일 시스템의 성능이 향상됩니다.

3.3.8 sar -n DEV 1

```
$ sar -n DEV 1
Linux 4.13.0-19-generic (...)        08/04/2018    _x86_64_        (16 CPU)

03:38:28 AM     IFACE    rxpck/s    txpck/s     rxkB/s     txkB/s    rxcmp/s    txcmp/s
rxmcst/s     %ifutil
03:38:29 AM      eth0    7770.00    4444.00   10720.12    5574.74       0.00       0.00
0.00       0.00
03:38:29 AM        lo      24.00      24.00      19.63      19.63       0.00       0.00
0.00       0.00
03:38:29 AM     IFACE    rxpck/s    txpck/s     rxkB/s     txkB/s    rxcmp/s    txcmp/s
rxmcst/s     %ifutil
03:38:30 AM      eth0    5579.00    2175.00    7829.20    2626.93       0.00       0.00
0.00       0.00
03:38:30 AM        lo      33.00      33.00       1.79       1.79       0.00       0.00
0.00       0.00
[...]
```

sar(1) 도구는 몇몇 다른 종류의 지표를 수집하기 위한 여러 가지 모드를 갖추고 있습니다. 여기서는 이 도구를 이용해 네트워크 장치의 지표를 보여줍니다. 인터페이스 스루풋인 rxkB/s와 txkB/s를 통해 한계에 도달했는지 확인해 보세요.

---

3 free(1)의 출력 결과가 최근에 변경되었습니다. 기존에는 buffer와 cache를 별개의 칼럼으로 보여주고, 가용 칼럼이 존재하지 않아 사용자가 직접 계산해야 했습니다. 필자는 최신 버전이 더 마음에 듭니다. 버퍼와 캐시 칼럼이 분리된 형태는 -w 옵션을 이용한 와이드 모드에서 확인할 수 있습니다.

3.3.9 sar -n TCP,ETCP 1

```
# sar -n TCP,ETCP 1
Linux 4.13.0-19-generic (...)        08/04/2019      _x86_64_        (16 CPU)

03:41:01 AM  active/s passive/s    iseg/s    oseg/s
03:41:02 AM     1.00      1.00    348.00   1626.00

03:41:01 AM  atmptf/s  estres/s retrans/s isegerr/s    orsts/s
03:41:02 AM     0.00      0.00      1.00      0.00       0.00

03:41:02 AM  active/s passive/s    iseg/s    oseg/s
03:41:03 AM     0.00      0.00    521.00   2660.00

03:41:02 AM  atmptf/s  estres/s retrans/s isegerr/s    orsts/s
03:41:03 AM     0.00      0.00      0.00      0.00       0.00
[...]
```

이번에는 sar(1)를 이용해서 TCP 성능 지표와 TCP 에러에 대해서 살펴볼 것입니다. 살펴볼 칼럼은 다음과 같습니다.

- active/s: 초당 TCP 로컬 연결을 시작한 숫자(예: connect()를 통해)
- passive/s: 초당 TCP 리모트 연결을 시작한 숫자(예: accept()를 통해)
- retrans/s: 초당 TCP 재전송 횟수

액티브(active) 연결과 패시브(passive) 연결 숫자는 워크로드 특성화에 유용합니다. 재전송은 네트워크나 리모트 호스트 이슈의 징후입니다.

3.3.10 top

```
top - 03:44:14 up 17 days,  4:46,  1 user,  load average: 2.32, 2.20, 2.21
Tasks: 474 total,   1 running, 473 sleeping,   0 stopped,   0 zombie
%Cpu(s): 29.7 us,  0.4 sy,  0.0 ni, 69.7 id,  0.1 wa,  0.0 hi,  0.0 si,  0.0 st
KiB Mem: 12582137+total,  3159704 free, 40109716 used, 82551960 buff/cache
KiB Swap:        0 total,        0 free,        0 used. 83151728 avail Mem

   PID USER     PR  NI    VIRT    RES    SHR S  %CPU %MEM     TIME+ COMMAND
 12569 www      20   0  2.495t 0.051t 0.018t S 484.7 43.3 13276:02 java
 12178 www      20   0 12.214g 3.107g  16540 S   4.9  2.6   553:41 java
125312 root     20   0       0      0      0 S   1.0  0.0   0:13.20 kworker/u256:0

128697 root     20   0       0      0      0 S   0.3  0.0   0:02.10 kworker/10:2
[...]
```

이 시점에 여러분은 이미 이전 도구들을 통해서 이러한 많은 지표들을 확인했을 테지만, 마지막 단계로 top(1) 유틸리티를 사용해서 시스템과 프로세스 요약을 확인하며 이중으로 검사하는 것이 좋습니다.

　운이 좋다면, 이 60초 성능 분석을 통해 시스템 성능에 대해 한두 가지 단서를 발견할 수 있을 것입니다. 이러한 단서를 이용해 관련 BPF 도구들로 넘어가 추가 분석을 진행할 수 있습니다.

3.4 BCC 도구 체크리스트

다음의 체크리스트는 필자가 작성한 BCC 저장소의 docs/tutorial.md의 일부입니다.[30] 이 체크리스트는 전반적으로 작업해 볼 BCC 도구들의 목록입니다.

1. execsnoop
2. opensnoop
3. ext4slower (혹은 btrfs*, xfs*, zfs*)
4. biolatency
5. biosnoop
6. cachestat
7. tcpconnect
8. tcpaccept
9. tcpretrans
10. runqlat
11. profile

이러한 도구들은 새로운 프로세스, 열린 파일, 파일 시스템 지연 시간, 디스크 I/O 지연 시간, 파일 시스템 캐시 성능, TCP 연결과 재전송, 스케줄러 지연 시간, CPU 사용량 등 많은 정보를 보여줍니다. 이것들은 후반부 장들에서 더 자세히 다룰 것입니다.

3.4.1 execsnoop

```
# execsnoop
PCOMM            PID    RET ARGS
supervise        9660     0 ./run
supervise        9661     0 ./run
mkdir            9662     0 /bin/mkdir -p ./main
run              9663     0 ./run
[...]
```

execsnoop(8)은 매 execve(2) 시스템 콜에 따라 한 줄로 결과를 출력하여 새로운 프로세스의 실행을 보여줍니다. 짧은 시간 동안만 동작한 프로세스도 확인해 보십시오. 그 이유는 CPU 리소스를 소모하기 때문이기도 하지만, 대부분의 모니터링 도구는 어떠한 프로세스가 동작하고 있는지 주기적으로 스냅샷을 찍기 때문에 짧은 시간 동안만 동작한 프로세스는 스냅샷에 보이지 않을 수 있기 때문입니다. execsnoop(8)은 6장에서 자세히 다룹니다.

3.4.2 opensnoop

```
# opensnoop
PID     COMM            FD ERR PATH
1565    redis-server     5   0 /proc/1565/stat
1603    snmpd            9   0 /proc/net/dev
1603    snmpd           11   0 /proc/net/if_inet6
1603    snmpd           -1   2 /sys/class/net/eth0/device/vendor
1603    snmpd           11   0 /proc/sys/net/ipv4/neigh/eth0/retrans_time_ms
1603    snmpd           11   0 /proc/sys/net/ipv6/neigh/eth0/retrans_time_ms
1603    snmpd           11   0 /proc/sys/net/ipv6/conf/eth0/forwarding
[...]
```

opensnoop(8)은 각 open(2) 시스템 콜(과 변형)의 결과를 한 줄로 출력해서 보여주는데, 여기에는 열린 경로에 대한 상세 정보와 열기 동작의 성공 여부("ERR" 에러 컬럼)에 대한 정보를 포함하고 있습니다. 열린 파일들은 애플리케이션의 동작 방식을 이해하는 데 중요한 단서가 될 수 있습니다. 가령 애플리케이션이 어떤 데이터 파일, 설정 파일, 로그 파일을 열었는지 확인해 볼 수 있습니다. 때때로 애플리케이션은 존재하지 않는 파일을 읽으려고 지속적으로 시도할 수 있는데, 이 경우 애플리케이션이 잘못 동작하거나 성능이 저하될 수 있습니다. opensnoop(8)은 8장에서 자세히 다룹니다.

3.4.3 ext4slower

```
# ext4slower
Tracing ext4 operations slower than 10 ms
TIME      COMM         PID    T BYTES   OFF_KB    LAT(ms) FILENAME
06:35:01  cron         16464  R 1249    0          16.05  common-auth
06:35:01  cron         16463  R 1249    0          16.04  common-auth
06:35:01  cron         16465  R 1249    0          16.03  common-auth
06:35:01  cron         16465  R 4096    0          10.62  login.defs
06:35:01  cron         16464  R 4096    0          10.61  login.defs
[...]
```

ext4slower(8)는 ext4 파일 시스템의 일반적인 동작(읽기, 쓰기, 열기, 동기화(sync))을 트레이싱하고 시간 임계 값을 초과하는 것들을 출력합니다. 이 도구를 사용하면 느린 디스크 I/O에서의 애플리케이션 대기와 같은 성능 이슈가 발생하고 있는지 확인하거나 문제가 없음을 밝혀낼 수 있습니다. 다른 파일 시스 템용 extslower(8) 변형판에는 btrfsslower(8), xfsslower(8) 및 zfsslower(8)가 있습니다. 자세한 내용은 8장에서 다룹니다.

3.4.4 biolatency

```
# biolatency -m
Tracing block device I/O... Hit Ctrl-C to end.
^C
     msecs          : count     distribution
        0 -> 1      : 16335     |****************************************|
        2 -> 3      : 2272      |*****                                   |
        4 -> 7      : 3603      |********                                |
        8 -> 15     : 4328      |**********                              |
       16 -> 31     : 3379      |********                                |
       32 -> 63     : 5815      |*************                           |
       64 -> 127    : 0         |                                        |
      128 -> 255    : 0         |                                        |
      256 -> 511    : 0         |                                        |
      512 -> 1023   : 1         |                                        |
```

biolatency(8)는 디스크 I/O 지연 시간(장치에 블록 I/O를 요청(issue)하고 완료 (completion)까지 걸리는 시간)을 트레이싱하고 이것을 히스토그램으로 보여 줍니다. 이 도구는 iostat(1)를 통해 확인할 수 있는 평균값 지표들보다 디스크 I/O 성능을 더 잘 설명합니다. 위의 히스토그램은 여러 개의 모드(mode, 최빈값) 를 확인할 수 있습니다. 모드는 분포에서 다른 것들보다 빈번하게 출현한 값을 의미합니다. 위의 예시는 다중 모달(multi-modal) 분포 형태를 띠고 있습니다. 0~1ms 사이에 모드가 하나 있고, 8~15ms 범위를 중심으로 하는 또 하나의 모드 가 있습니다.[4] 극단값(outlier) 역시 확인할 수 있는데, 여기서는 512~1023ms 범 위에 극단값이 하나 있음을 확인할 수 있습니다. biolatency(8)는 9장에서 더욱 자세히 다룹니다.

3.4.5 biosnoop

```
# biosnoop
TIME(s)        COMM        PID    DISK   T  SECTOR    BYTES  LAT(ms)
0.000004001    supervise   1950   xvda1  W  13092560  4096      0.74
0.000178002    supervise   1950   xvda1  W  13092432  4096      0.61
```

---

4 이 분포는 약간 치우쳐 보이는데, 이것은 버킷의 크기가 점차적으로 넓어지는 로그 2의 분포를 사용했 기 때문입니다. 이보다 더 자세히 이해해야 한다면 더 해상도가 높은 선형 히스토그램을 사용하도록 biolatency(8)를 직접 수정하든가 biosnoop(8)을 이용해 디스크 I/O를 로깅하고 이 로그를 스프레드 시트 소프트웨어로 불러와서 커스텀 히스토그램을 만들어볼 수 있습니다.

```
0.001469001    supervise    1956    xvda1    W    13092440    4096    1.24
0.001588002    supervise    1956    xvda1    W    13115128    4096    1.09
1.022346001    supervise    1950    xvda1    W    13115272    4096    0.98
[...]
```

biosnoop(8)은 각 디스크 I/O의 지연 시간과 같은 상세 정보를 한 줄로 출력해서 보여줍니다. 이를 통해 디스크 I/O를 좀 더 상세히 검토할 수 있고, 시간에 따른 I/O 패턴을 찾아볼 수 있습니다(예: 쓰기 뒤에 큐잉된 읽기). biosnoop(8)은 9장에서 자세하게 다룹니다.

3.4.6 cachestat

```
# cachestat
   HITS    MISSES   DIRTIES  HITRATIO    BUFFERS_MB   CACHED_MB
  53401     2755     20953    95.09%           14       90223
  49599     4098     21460    92.37%           14       90230
  16601     2689     61329    86.06%           14       90381
  15197     2477     58028    85.99%           14       90522
[...]
```

cachestat(8)는 파일 시스템 캐시 관련 수치를 매초(혹은 매 커스텀 인터벌) 한 줄로 요약해서 출력합니다. 이 도구를 이용하면 낮은 캐시 히트율과 높은 비율의 캐시 미스에 대해서 확인할 수 있습니다. 이것은 성능 튜닝에 대한 단서를 제공할 수 있습니다. cachestat(8)는 8장에서 자세히 다룹니다.

3.4.7 tcpconnect

```
# tcpconnect
PID    COMM      IP  SADDR             DADDR              DPORT
1479   telnet    4   127.0.0.1         127.0.0.1          23
1469   curl      4   10.201.219.236    54.245.105.25      80
1469   curl      4   10.201.219.236    54.67.101.145      80
1991   telnet    6   ::1               ::1                23
2015   ssh       6   fe80::2000:bff:fe82:3ac fe80::2000:bff:fe82:3ac 22
[...]
```

tcpconnect(8)는 모든 액티브 TCP 연결에 대해 소스(source)와 목적지 (destination) 주소를 포함한 세부 내용을 한 줄로 출력해서 보여줍니다(예: connect()를 통해). 이 도구를 통해 예측하지 못한 연결을 찾아보세요. 이러한 연결은 애플리케이션의 비효율적인 설정이나 침입자를 의미할 수 있습니다. tcpconnect(8)는 10장에서 자세히 다룹니다.

3.4.8 tcpaccept

```
# tcpaccept
PID   COMM   IP RADDR               LADDR                     LPORT
907   sshd   4  192.168.56.1        192.168.56.102            22
907   sshd   4  127.0.0.1           127.0.0.1                 22
5389  perl   6  1234:ab12:2040:5020:2299:0:5:0 1234:ab12:2040:5020:2299:0:5:0
7001
[...]
```

tcpaccept(8)는 tcpconnect(8)와 동반 도구입니다. 이 도구는 모든 패시브 TCP 연결에 대해 소스와 목적지 주소를 포함한 세부 내용을 한 줄로 출력해서 보여줍니다(예: accept()를 통해). tcpaccept(8)은 10장에서 자세하게 다룹니다.

3.4.9 tcpretrans

```
# tcpretrans
TIME      PID  IP LADDR:LPORT          T> RADDR:RPORT          STATE
01:55:05  0    4  10.153.223.157:22    R> 69.53.245.40:34619   ESTABLISHED
01:55:05  0    4  10.153.223.157:22    R> 69.53.245.40:34619   ESTABLISHED
01:55:17  0    4  10.153.223.157:22    R> 69.53.245.40:22957   ESTABLISHED
[...]
```

tcpretrans(8)는 모든 TCP 재전송 패킷에 대해 소스 주소, 목적지 주소와 TCP 연결의 커널 상태 정보를 포함한 세부 내용을 한 줄로 출력해서 보여줍니다. TCP 재전송은 지연 시간과 스루풋 이슈를 발생시킬 수 있습니다. TCP 상태가 ESTABLISHED인 재전송에 대해서는 외부 네트워크 관련 문제를 찾아보십시오. SYN_SENT 상태에서의 재전송은 커널 CPU 포화와 커널 패킷 드롭을 가리킬 수 있습니다. tcpretrans(8)는 10장에서 자세하게 다룹니다.

3.4.10 runqlat

```
# runqlat
Tracing run queue latency... Hit Ctrl-C to end.
^C
     usecs               : count     distribution
         0 -> 1          : 233       |**********                              |
         2 -> 3          : 742       |************************************    |
         4 -> 7          : 203       |*********                               |
         8 -> 15         : 173       |********                                |
        16 -> 31         : 24        |*                                       |
        32 -> 63         : 0         |                                        |
        64 -> 127        : 30        |*                                       |
       128 -> 255        : 6         |                                        |
       256 -> 511        : 3         |                                        |
```

```
     512 -> 1023      : 5        |                                          |
    1024 -> 2047      : 27       |*                                         |
    2048 -> 4095      : 30       |*                                         |
    4096 -> 8191      : 20       |                                          |
    8192 -> 16383     : 29       |*                                         |
   16384 -> 32767     : 809      |*****************************************  |
   32768 -> 65535     : 64       |***                                       |
```

runqlat(8)는 스레드가 자신이 동작할 차례를 얼마나 기다렸는지 시간을 측정하고, 이 시간을 히스토그램으로 출력합니다. 이 도구를 통해서 CPU 접근이 예상보다 오래 걸린 스레드를 확인할 수 있는데 이러한 대기는 CPU 포화나 설정 오류 혹은 스케줄러 이슈 등으로 인해 발생할 수 있습니다. runqlat(8)는 6장에서 자세하게 다룹니다.

3.4.11 profile

```
# profile
Sampling at 49 Hertz of all threads by user + kernel stack... Hit Ctrl-C to end.
^C
[...]

    copy_user_enhanced_fast_string
    copy_user_enhanced_fast_string
    _copy_from_iter_full
    tcp_sendmsg_locked
    tcp_sendmsg
    inet_sendmsg
    sock_sendmsg
    sock_write_iter
    new_sync_write
    __vfs_write
    vfs_write
    SyS_write
    do_syscall_64
    entry_SYSCALL_64_after_hwframe
    [unknown]
    [unknown]
    -                iperf (24092)
        58
```

profile(8)은 어떤 코드 경로가 CPU 리소스를 소모하는지 알아낼 수 있는 CPU 프로파일러입니다. 이 도구는 스택 트레이스를 정주기 인터벌로 샘플링하고, 고유한 스택 트레이스에 대한 요약과 발생 빈도를 출력합니다. 위의 축약된 출력 결과에서 하나의 스택 트레이스가 58번 발생했음을 확인할 수 있습니다. profile(8)은 6장에서 상세하게 다룹니다.

3.5 정리

성능 분석의 목표는 최종 사용자 성능을 개선하고 운영 비용을 절감하는 것입니다. 성능 분석에 사용할 수 있는 도구와 지표는 다양하지만 사용 가능한 선택지가 너무 많아서 특정 상황에 적합한 도구와 지표를 선택하기 어려울 수 있습니다. 이러한 상황에서 성능 분석 방법론은 사용자에게 어떤 것을 선택해야 할지 안내하고 성능 분석의 시작점, 분석 절차 및 분석의 종료점에 대해 알려줍니다.

이번 장에서는 성능 분석 방법론인 워크로드 특성화, 지연 시간 분석, USE 방법론과 체크리스트에 대해 개괄하였습니다. 이번 장에서 설명한 '60초 리눅스 성능 분석' 체크리스트는 어떠한 성능 이슈에 대해서든 시작점이 될 수 있습니다. 이 체크리스트는 이슈를 즉시 해결하는 데 도움을 주거나, 최소한 어디에서 성능 이슈가 발생했는지 드러내고, 후속 BPF 도구를 사용하여 실제 문제를 찾을 수 있도록 지시할 수 있습니다. 또 BPF 도구들의 체크리스트도 다뤘고, 더 자세한 내용은 후반부 장들에서 다룰 것입니다.

4장

BCC

BCC(BPF Compiler Collection, 프로젝트와 패키지 이름을 따라 소문자 bcc로 쓰기도 합니다)는 BPF 소프트웨어 빌드를 위한 컴파일러 프레임워크와 라이브러리로 구성된 오픈 소스 프로젝트입니다. BCC는 BPF의 메인 프론트엔드 프로젝트로, BPF 개발자들이 개발에 참여하고 있습니다. 일반적으로 커널에 추가된 최신의 BPF 트레이싱 기술들이 처음으로 사용되는 곳입니다. 또한 BCC에는 바로 실행할 수 있는 70개 이상의 BPF 성능 분석 도구와 문제 해결 도구가 있는데, 이 중 많은 것을 이 책에서 다룹니다.

BCC는 2015년 4월에 브렌던 블랑코(Brenden Blanco)가 만들었습니다. 필자는 알렉세이 스타로보이토프의 격려에 힘입어 2015년에 이 프로젝트에 참여하였으며 성능 분석 도구, 문서화 및 테스팅 분야의 주요 기여자가 되었습니다. 지금은 수많은 기여자가 있습니다. BCC는 넷플릭스와 페이스북을 포함해 여러 회사의 서버에 기본으로 설치됩니다.

학습 목표

- BCC의 기능과 구성 요소(도구, 문서 등)에 대한 지식 얻기
- 단일 목적 도구 vs. 다목적 도구의 장점 이해하기
- 이벤트 집계용 다목적 도구인 funccount(8)의 사용 방법 배우기
- 코드 경로 조사용 다목적 도구인 stackcount(8)의 사용 방법 배우기
- 이벤트별 원하는 정보를 출력 가능한 다목적 도구인 trace(8)의 사용 방법 배우기
- 분포 요약정리용 다목적 도구인 argdist(8)의 사용 방법 배우기

- (선택) BCC 내부 구조 들여다보기
- BCC 디버깅 기법 알아보기

이번 장에서는 BCC에 대해 소개합니다. 먼저 BCC의 기능에 대해 살펴보고 설치 방법을 알아봅니다. 이어서 BCC 도구, 도구의 유형, 관련 문서의 개요를 설명한 다음 BCC 내부 구조와 디버깅에 대해 살펴보는 것으로 끝을 맺습니다. 자신의 도구를 새로 만들고자 한다면 이번 장과 5장 "bpftrace"를 학습하기 바랍니다. 그러면 여러분의 요구 사항에 가장 적합한 프론트엔드를 선택할 수 있을 것입니다. 부록 C는 사용 사례를 통해 BCC 도구 개발에 대해 설명합니다.

4.1 BCC 컴포넌트

그림 4.1은 BCC의 상위 레벨 디렉터리 구조를 보여줍니다.

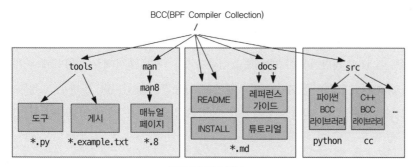

그림 4.1 BCC 구조

BCC에는 도구, 매뉴얼 페이지 그리고 예제 파일에 대한 문서뿐만 아니라 BCC 도구 사용에 대한 튜토리얼, BCC 도구 개발에 대한 튜토리얼과 레퍼런스 가이드도 포함되어 있습니다. BCC는 BCC 도구를 파이썬, C++ 그리고 루아(위 그림에는 없음) 언어로 개발하는 데 필요한 인터페이스를 제공하며, 향후에는 더 많은 인터페이스들이 추가될 것입니다.

저장소 주소 *https://github.com/iovisor/bcc*

BCC 저장소에 있는 파이썬 도구들은 .py 확장자를 가지고 있지만, 이 확장자는 보통 BCC가 소프트웨어 패키지를 통해 설치될 때 제거됩니다. 리눅스 배포판마다 패키징하는 방식이 다르기 때문에 사용하는 패키지에 따라 BCC 도구와 매뉴얼 페이지의 경로는 달라질 수 있습니다. 도구들은 /usr/share/bcc/tools나

/sbin, 혹은 /snap/bin에 설치될 것이며 BCC 콜렉션으로부터 왔다는 것을 보여주는 접두사나 접미사가 붙을 것입니다. 이 차이점에 대해서는 4.3 "BCC 설치"에서 설명합니다.

4.2 BCC의 기능

BCC는 여러 회사의 엔지니어들이 개발·관리하는 오픈 소스 프로젝트이며 상업용 제품이 아닙니다. 이것이 상업용이었다면, 수많은 기능을 자랑하는 광고를 만드는 마케팅 부서가 있었을 것입니다.

기능 목록은 (정확하기만 하다면) 새로운 기술이 무엇을 할 수 있는지를 이해하는 데 도움이 됩니다. 필자는 BPF와 BCC의 개발이 한창일 때 필자가 원하는 '희망' 기능의 목록을 만들었습니다.[57] 현재는 이러한 기능이 대부분 구현되었기 때문에 '개발된' 기능 목록이 되었고, 커널 레벨/사용자 레벨 기능별로 정렬되어 있습니다. 이 내용은 아래에서 설명합니다.

4.2.1 커널 레벨 기능

BCC는 BPF, kprobe, uprobe 등과 같은 수많은 커널 레벨의 기능을 사용할 수 있습니다. 목록에서 괄호 안의 내용은 구현 세부 사항입니다.

- 동적 계측, 커널 레벨(kprobe에 대한 BPF 지원)
- 동적 계측, 사용자 레벨(uprobe에 대한 BPF 지원)
- 정적 트레이싱, 커널 레벨(tracepoint에 대한 BPF 지원)
- 정주기 샘플링(timed sampling) 이벤트(BPF와 perf_event_open())
- PMC 이벤트(BPF와 perf_event_open())
- 필터링(BPF 프로그램을 통해)
- 디버그 출력 결과(bpf_trace_printk())
- 이벤트별 출력(bpf_perf_event_output())
- 기본 변수(BPF 맵을 통한 전역 변수와 스레드별 변수)
- 연관 배열(BPF 맵을 통해)
- 빈도 집계(BPF 맵을 통해)
- 히스토그램(2의 거듭제곱, 선형, 커스텀 히스토그램, BPF 맵을 통해)
- 타임스탬프와 시간 차이(delta)(bpf_ktime_get_ns()와 BPF 프로그램)
- 커널 스택 트레이스(BPF 스택 맵)

- 사용자 스택 트레이스(BPF 스택 맵)
- 링 버퍼 덮어쓰기(perf_event_attr.write_backward)
- 낮은 오버헤드 계측(BPF JIT, BPF 맵 요약)
- 프로덕션 환경에서의 안전(BPF 검증 도구)

커널 레벨 기능의 기술적 배경에 대해서는 2장을 참고하십시오.

4.2.2 사용자 레벨 기능

BCC 사용자 레벨 프론트엔드와 BCC 저장소는 다음의 사용자 레벨 기능을 제공합니다.

- 사용자 레벨 정적 트레이싱(uprobe를 통한 SystemTap 스타일의 USDT probe)
- 디버그 출력 결과(파이썬의 BPF.trace_pipe()와 BPF.trace_fields() 이용)
- 이벤트별 출력(BPF_PERF_OUTPUT 매크로와 BPF.open_perf_buffer())
- 인터벌 출력(BPF.get_table()과 table.clear())
- 히스토그램 출력(table.print_log2_hist())
- 커널 레벨 C 구조체 탐색(struct navigation)(BCC rewriter의 bpf_probe_read()로의 매핑)
- 커널 레벨 심벌 해석(ksym()과 ksymaddr())
- 사용자 레벨 심벌 해석(usymaddr())
- Debuginfo 심벌 해석 지원
- BPF tracepoint 지원(TRACEPOINT_PROBE를 통해)
- BPF 스택 트레이스 지원(BPF_STACK_TRACE)
- 여러 가지 다른 헬퍼 매크로와 함수
- 예시(/examples)
- 많은 도구들(/tools)
- 튜토리얼(/docs/tutorial*.md)
- 레퍼런스 가이드(/docs/reference_guide.md)

4.3 BCC 설치

우분투, 레드햇, 페도라 및 아마존 리눅스를 포함한 많은 리눅스 배포판에서
BCC 패키지를 사용할 수 있으며, 설치도 아주 쉽습니다. 원한다면 소스 코드
로 BCC를 빌드할 수도 있습니다. 최신의 설치와 빌드 지침은 BCC 저장소의
INSTALL.md를 확인하세요.[58]

4.3.1 커널 요구사항

BCC 도구에서 사용되는 주요 커널 BPF 컴포넌트는 리눅스 4.1에서 4.9 릴리
스 사이에 추가되었지만, 개선 사항은 이후 릴리스에서도 계속 추가되었습니다.
따라서 여러분이 사용하는 커널이 최신 버전일수록 좋습니다. 리눅스 4.9 커널
(2016년 12월 배포) 혹은 그 이후 버전을 사용하는 것을 추천합니다.

또한 일부 커널 설정 옵션도 다음과 같이 활성화되어야 합니다. CONFIG_BPF
=y, CONFIG_BPF_ SYSCALL=y, CONFIG_BPF_EVENTS=y, CONFIG_BPF_
JIT=y 그리고 CONFIG_HAVE_EBPF_JIT=y. 이 옵션들은 현재 많은 배포판에서
기본적으로 활성화되어 있어서 보통은 변경할 필요가 없습니다.

4.3.2 우분투

BCC는 우분투 multiverse 저장소에 bpfcc-tool이라는 이름의 패키지로 들어있
습니다. 다음 명령어를 사용해 설치합니다.

```
sudo apt-get install bpfcc-tools linux-headers-$(uname -r)
```

이렇게 하면 "-bpfcc" 접미사가 붙은 도구들은 /sbin에 들어갑니다.

```
# ls /sbin/*-bpfcc
/usr/sbin/argdist-bpfcc
/usr/sbin/bashreadline-bpfcc
/usr/sbin/biolatency-bpfcc
/usr/sbin/biosnoop-bpfcc
/usr/sbin/biotop-bpfcc
/usr/sbin/bitesize-bpfcc
[...]
# opensnoop-bpfcc
PID    COMM         FD ERR PATH
29588  device poll   4   0 /dev/bus/usb
[...]
```

iovisor 저장소에서 안정적이면서 서명된, 최신 패키지도 불러올 수 있습니다.

```
sudo apt-key adv --keyserver keyserver.ubuntu.com --recv-keys 4052245BD4284CDD
echo "deb https://repo.iovisor.org/apt/$(lsb_release -cs) $(lsb_release -cs) main"|\
    sudo tee /etc/apt/sources.list.d/iovisor.list
sudo apt-get update
sudo apt-get install bcc-tools libbcc-examples linux-headers-$(uname -r)
```

도구들은 /usr/share/bcc/tools에 설치됩니다.

마지막으로, BCC는 우분투 스냅(snap)으로도 설치할 수 있습니다.

```
sudo snap install bcc
```

도구들은 /snap/bin에 설치되며(여러분의 $PATH에 이미 존재할 수도 있습니다) "bcc." 접두어를 가진 형태로 사용할 수 있습니다(예: bcc.opensnoop).

4.3.3 레드햇

BCC는 Red Hat Enterprise Linux 7.6의 공식 yum 저장소에 들어있으며 다음의 명령어를 통해 설치할 수 있습니다.

```
sudo yum install bcc-tools
```

도구들은 /usr/share/bcc/tools에 설치됩니다.

4.3.4 다른 배포판

INSTALL.md에는 페도라, 아치, 젠투 및 오픈수세(openSUSE) 리눅스용 설치 지침과 소스 코드 빌드 지침도 포함하고 있습니다.

4.4 BCC 도구

그림 4.2는 주요 시스템 컴포넌트와 시스템 관측에 사용할 수 있는 BCC 도구를 보여줍니다.[1]

---

1 필자는 BCC 저장소용으로 이 그림을 제작하였는데, 최신 버전은 [60]에서 찾을 수 있습니다. 필자는 이 책을 출판하고 새롭게 개발된 주요 bpftrace 도구를 BCC로 포팅한 후에 이 그림을 다시 업데이트하려고 생각하고 있습니다.

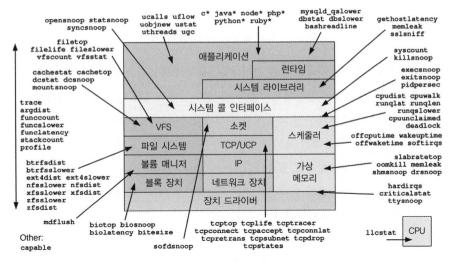

그림 4.2 BCC 성능 분석 도구

4.4.1 살펴볼 만한 도구들

표 4.1은 이후 장들에서 설명할 도구들을 선별해서 주제별로 정리한 것입니다.

주제	살펴볼 만한 도구들	장
디버깅 / 다목적	trace, argdist, funccount, stackcount, opensnoop	4
CPU	execsnoop, runqlat, runqlen, cpudist, profile, offcputime, syscount, softirq, hardirq	6
메모리	memleak	7
파일 시스템	opensnoop, filelife, vfsstatt, fileslower, cachestat, writeback, dcstat, xfsslower, xfsdist, ext4dist	8
디스크 I/O	biolatency, biosnoop, biotop, bitesize	9
네트워킹	tcpconnect, tcpaccept, tcplife, tcpretrans	10
보안	capable	11
언어	javastat, javacalls, javathreads, javaflow, javagc	12
애플리케이션	mysqld_qslower, signals, killsnoop	13
커널	wakeuptime, offwaketime	14

표 4.1 주제별로 선정한 BCC 도구들

이들 장에서는 표 4.1에 정리해 놓지 않은 BCC 도구들도 많이 다룹니다.

　이번 장과 5장 이후로는 필요에 따라 후반부 장으로 건너뛰어도 되며, 이 책을
레퍼런스 가이드로 활용할 수 있습니다.

4.4.2 도구의 특징

BCC 도구들은 모두 이러한 특성을 공유하고 있습니다.

- 도구들은 필요에 의해서 만든 것이며, 실제 관측가능성 이슈를 해결합니다.
- 도구들은 프로덕션 환경에서 루트 사용자가 실행하도록 디자인했습니다.
- 모든 도구에 대한 매뉴얼 페이지가 존재합니다(man/man8).
- 모든 도구에 대한 예시 파일이 존재하는데 여기에는 예시 출력과 출력 결과에 대한 설명을 포함하고 있습니다(tools/*_example.txt).
- 많은 도구에서 옵션과 인자를 사용할 수 있으며, 대부분 -h 옵션을 사용하면 사용법 메시지를 출력합니다.
- 도구의 소스 코드는 블록 주석 소개로 시작됩니다.
- 도구의 소스 코드는 일관된 스타일을 따릅니다(pep8 도구를 사용해 점검했습니다).

새롭게 추가되는 도구들은 일관성 유지를 위해 BCC 메인테이너들이 리뷰하며, 도구의 작성자들은 CONTRIBUTING_SCRIPTS.md 가이드를 따르도록 안내합니다.[59]

BCC 도구들은 vmstat(1), iostat(1)와 같은 시스템상의 다른 도구들처럼 보이고 느껴지도록 디자인했습니다. vmstat(1)이나 top(1)과 마찬가지로 BCC 도구의 동작 방식에 대해 이해하는 것은 유용합니다. 특히 도구의 오버헤드를 측정하는 데 도움이 됩니다. 이 책에서는 이러한 도구의 동작 방식과 예상되는 오버헤드에 대해 설명합니다. BCC의 내부 구조와 커널의 기술은 이번 장과 2장에서 다룹니다.

BCC가 다른 언어 프론트엔드도 지원하긴 하지만 사용자 레벨 컴포넌트에는 파이썬을, 커널 레벨 BPF에는 C를 주로 사용합니다. 파이썬과 C로 작성한 도구들이 BCC 개발자들에게 가장 큰 주목을 받으며 관리되고 있어서 이 책에서도 다루고 있습니다.

기여자들을 위한 가이드에는 다음과 같은 조언이 있습니다. "문제 해결을 위한 도구만 작성하라. 그 이상은 하지 말라." 이는 가능한 한 다목적 도구보다는 단일 목적 도구를 개발하도록 장려하는 것입니다.

4.4.3 단일 목적 도구

유닉스의 철학은 한 가지 일을 하되 그것을 잘 하자는 것입니다. "더 작고 고품질인 도구를 만들고, 이것들을 파이프로 연결해서 더 복잡한 작업들을 처리하자"라는 표현은 이 철학을 잘 드러내고 있습니다. 이로 인해 오늘날에도 여전히 사용되고 있는 grep(1), cut(1) 그리고 sed(1)과 같은, 작은 크기의 단일 목적 도구가 탄생하게 되었습니다.

BCC는 opensnoop(8), execsnoop(8), biolatency(8) 등 많은 유사한 단일 목적 도구들을 포함하고 있습니다. opensnoop(8)은 좋은 사례입니다. open(2) 계열 시스템 콜을 트레이싱하는 단일 목적을 위해 옵션과 출력을 어떻게 커스터마이즈하는지 확인해 봅시다.

```
# opensnoop -h
usage: opensnoop [-h] [-T] [-U] [-x] [-p PID] [-t TID] [-u UID]
                 [-d DURATION] [-n NAME] [-e] [-f FLAG_FILTER]

Trace open() syscalls

optional arguments:
  -h, --help            show this help message and exit
  -T, --timestamp       include timestamp on output
  -U, --print-uid       print UID column
  -x, --failed          only show failed opens
  -p PID, --pid PID     trace this PID only
  -t TID, --tid TID     trace this TID only
  -u UID, --uid UID     trace this UID only
  -d DURATION, --duration DURATION
                        total duration of trace in seconds
  -n NAME, --name NAME  only print process names containing this name
  -e, --extended_fields
                        show extended fields
  -f FLAG_FILTER, --flag_filter FLAG_FILTER
                        filter on flags argument (e.g., O_WRONLY)

examples:
    ./opensnoop           # trace all open() syscalls
    ./opensnoop -T        # include timestamps
    ./opensnoop -U        # include UID
    ./opensnoop -x        # only show failed opens
    ./opensnoop -p 181    # only trace PID 181
    ./opensnoop -t 123    # only trace TID 123
    ./opensnoop -u 1000   # only trace UID 1000
    ./opensnoop -d 10     # trace for 10 seconds only
    ./opensnoop -n main   # only print process names containing "main"
    ./opensnoop -e        # show extended fields
    ./opensnoop -f O_WRONLY -f O_RDWR # only print calls for writing

# opensnoop
```

```
PID    COMM             FD ERR PATH
29588  device poll       4   0 /dev/bus/usb
29588  device poll       6   0 /dev/bus/usb/004
[...]
```

BPF 도구에 있어서 이 방식의 장점은 다음과 같습니다.

- **초보자들이 배우기 쉽습니다**: 대체적으로 기본 출력 결과만으로도 충분합니다. 이것은 초보자들이 커맨드 라인 사용법을 결정하지 않고도, 또한 어떤 이벤트들을 계측해야 할지 몰라도 이러한 도구들을 바로 사용할 수 있다는 뜻입니다. 예를 들어 opensnoop(8)은 단지 **opensnoop**을 실행시키기만 하면 유용하면서 간결한 출력 결과를 제공합니다. open 함수들을 계측하기 위해 kprobe나 tracepoint에 대한 어떠한 지식도 필요하지 않습니다.
- **유지보수가 수월합니다**: 도구 개발자가 관리해야 하는 코드의 양과 테스트 필요성은 적을수록 좋습니다. 다목적 도구는 수많은 다른 방법으로 다양한 워크로드를 계측하는 데 이용됩니다. 따라서 도구에 작은 변화라도 생긴다면 망가진 곳이 없는지 확인하기 위해 장시간의 다양한 워크로드에서의 테스트가 필요할 수도 있습니다. 이는 사용자가 필요로 할 때 단일 목적 도구가 다목적 도구보다 훨씬 더 잘 작동할 것이라는 것을 의미합니다.
- **코드 예시를 제공합니다**: 각각의 작은 도구는 간결할뿐더러, 실용적인 코드 예시를 제공합니다. BCC 도구 개발에 대해 배우는 많은 사람은 이 단일 목적 도구들을 가지고 학습을 시작하게 될 것이며 필요에 따라 이것들을 커스터마이즈하고 확장할 것입니다.
- **출력 결과와 인자를 커스터마이즈할 수 있습니다**: 도구 인자, 위치 매개 변수 및 출력 결과는 여러 목적이 아닌 단 한 가지 목적을 갖도록 커스터마이즈할 수 있습니다. 이렇게 하면 사용성과 가독성을 향상시킬 수 있습니다.

BCC를 처음 접한다면 더 복잡한 다목적 도구로 넘어가기 전에 단일 목적 도구부터 시작하는 것이 좋습니다.

4.4.4 다목적 도구

BCC에는 다양한 작업에 사용할 수 있는 다목적 도구들이 있습니다. 단일 목적 도구들보다 배우기는 더 어렵지만, 더 강력하기도 합니다. 가끔씩만 사용한다면 다목적 도구를 깊이 있게 배우는 대신 필요할 때 실행해 볼 짧은 프로그램 몇 개를 선정하는 것이 나을 수 있습니다.

다목적 도구의 이점은 다음과 같습니다.

- **더 훌륭한 가시성**: 단일 태스크나 타깃을 분석하는 대신 여러 개의 컴포넌트를 한번에 볼 수 있습니다.
- **코드 중복을 줄임**: 코드가 유사한 여러 도구가 생겨나는 것을 방지할 수 있습니다.

BCC에서 가장 강력한 다목적 도구들은 funccount(8), stackcount(8), trace(8) 그리고 argdist(8)이며, 이어지는 절에서 설명합니다. 이러한 다목적 도구들은 여러분이 어떠한 이벤트를 트레이싱할지 선택하게 합니다. 그렇지만, 이러한 유연성을 활용하려면 kprobe, uprobe 및 사용할 기타 이벤트와 사용 방법을 미리 알고 있어야 합니다. 여기서는 다목적 도구에 대해 다루지만, 특정 주제에 대해 다루는 이후의 장들에서는 단일 목적 도구로 돌아갑니다.

표 4.2에 이번 장에서 설명하는 다목적 도구를 정리해 놓았습니다.

도구	소스	대상	설명
funccount	BCC	소프트웨어	함수 호출을 포함한 이벤트 집계
stackcount	BCC	소프트웨어	이벤트로 이어지게 되는 스택 트레이스 집계
trace	BCC	소프트웨어	이벤트별 원하는 세부 사항 출력
argdist	BCC	소프트웨어	이벤트 인자의 분포를 요약정리

표 4.2 이번 장에서 다루는 다목적 도구

사용할 수 있는 도구들과 각 기능에 대한 최신 버전의 전체 목록은 BCC 저장소를 확인하기 바랍니다.

4.5 funccount

funccount(8)[2]는 이벤트, 특히 함수 호출을 집계하며 다음과 같은 질문에 답할 수 있습니다.

- 지금 호출된 것은 커널 레벨 함수인가, 사용자 레벨 함수인가?
- 이 함수의 초당 호출 비율은 얼마인가?

---

2 연혁: 필자는 2014년 7월 12일에 커널 함수 호출을 집계하기 위해 Ftrace를 이용한 첫 번째 버전을 개발했으며 2015년 9월 9일에는 이것의 BCC 버전을 개발했습니다. 사샤 골드스타인은 2016년 10월 18일에 BCC 버전에 다른 이벤트 타입인 사용자 함수 호출(uprobe), tracepoint 그리고 USDT를 추가했습니다.

효율성을 위해 funccount(8)는 BPF 맵을 사용하여 커널 컨텍스트에서 지속적으로 이벤트를 집계하고 합계만 사용자 공간에 전달합니다. 이러한 방법은 funccount(8)의 오버헤드를 덤프하고 후처리하는 도구들에 비해 오버헤드를 크게 감소시키지만, 이벤트가 빈번하게 발생한다면 여전히 심각한 오버헤드를 유발할 수 있습니다. 예를 들어 메모리 할당(malloc(), free())은 초당 수백만 번 발생할 수 있으며, funccount(8)를 사용해 이런 이벤트를 트레이싱하면 CPU 오버헤드를 30% 이상 유발할 수 있습니다. 일반적인 이벤트 발생 빈도와 오버헤드에 관해서는 18장을 참고하세요.

이어지는 절에서는 funccount(8)을 시연하고 문법과 기능을 설명합니다.

4.5.1 funccount 예시

1. tcp_drop() 커널 함수가 호출된 적이 있습니까?

```
# funccount tcp_drop
Tracing 1 functions for "tcp_drop"... Hit Ctrl-C to end.
^C
FUNC                            COUNT
tcp_drop                            3
Detaching...
```

답: 네. Ctrl-C가 입력되기 전까지 tcp_drop() 커널 함수만을 트레이싱합니다. 트레이싱하는 동안 3번 호출되었습니다.

2. 가장 빈번하게 호출된 커널 VFS 함수는 무엇입니까?

```
# funccount 'vfs_*'
Tracing 55 functions for "vfs_*"... Hit Ctrl-C to end.
^C
FUNC                            COUNT
vfs_rename                          1
vfs_readlink                        2
vfs_lock_file                       2
vfs_statfs                          3
vfs_fsync_range                     3
vfs_unlink                          5
vfs_statx                         189
vfs_statx_fd                      229
vfs_open                          345
vfs_getattr_nosec                 353
vfs_getattr                       353
vfs_writev                       1776
vfs_read                         5533
vfs_write                        6938
Detaching...
```

답: 이 명령어는 "vfs_"로 시작되는 모든 커널 함수를 대응하기 위해 셸과 같은 와일드카드(*)를 사용합니다. 트레이싱하는 동안 가장 빈번하게 호출된 커널 함수는 6,938번 호출된 vfs_write()였습니다.

3. 사용자 레벨 pthread_mutex_lock() 함수의 초당 호출 비율은 얼마나 되나요?

```
# funccount -i 1 c:pthread_mutex_lock
Tracing 1 functions for "c:pthread_mutex_lock"... Hit Ctrl-C to end.

FUNC                              COUNT
pthread_mutex_lock                 1849

FUNC                              COUNT
pthread_mutex_lock                 1761

FUNC                              COUNT
pthread_mutex_lock                 2057

FUNC                              COUNT
pthread_mutex_lock                 2261
[...]
```

답: 이 비율은 가변적이지만 대략 초당 2,000 정도로 나타납니다. 이것은 libc 라이브러리의 함수를 계측하는 것이며, 시스템 전역에 걸쳐서 계측해서 모든 프로세스에서 얻은 호출 비율을 보여줍니다.

4. 시스템 전역에 걸쳐 libc에서 가장 빈번하게 호출되는 문자열 관련 함수는 무엇입니까?

```
# funccount 'c:str*'
Tracing 59 functions for "c:str*"... Hit Ctrl-C to end.
^C
FUNC                              COUNT
strndup                               3
strerror_r                            5
strerror                              5
strtof32x_l                         350
strtoul                             587
strtoll                             724
strtok_r                           2839
strdup                             5788
Detaching...
```

답: 트레이싱하는 동안 5,788번 호출된 strdup()입니다.

5. 가장 자주 호출된 시스템 콜은 무엇입니까?

```
# funccount 't:syscalls:sys_enter_*'
Tracing 316 functions for "t:syscalls:sys_enter_*"... Hit Ctrl-C to end.
```

```
^C
FUNC                               COUNT
syscalls:sys_enter_creat               1
[...]
syscalls:sys_enter_read             6582
syscalls:sys_enter_write            7442
syscalls:sys_enter_mprotect         7460
syscalls:sys_enter_gettid           7589
syscalls:sys_enter_ioctl           10984
syscalls:sys_enter_poll            14980
syscalls:sys_enter_recvmsg         27113
syscalls:sys_enter_futex           42929
Detaching...
```

답: 이것은 다른 이벤트 소스를 사용해서 답변할 수 있습니다. 위의 경우 시스템 콜에 대한 tracepoint를 사용했으며 간단히 모든 시스템 콜 진입 tracepoint("sys_enter_*")를 대응시켰습니다. 트레이싱하는 동안 가장 자주 발생한 시스템 콜은 42,929회 호출이 집계된 futex()였습니다.

4.5.2 funccount 문법

funccount(8)의 인자는 동작 방식을 변경하기 위한 옵션과 계측할 이벤트를 기술하는 문자열로 구성되어 있습니다.

```
funccount [options] eventname
```

eventname에 대한 문법은 다음과 같습니다.

- name 또는 p:name: name()이란 이름의 커널 함수를 계측
- lib:name 또는 p:lib:name: 라이브러리 lib에 있는 name()이란 이름의 사용자 레벨 함수를 계측
- path:name: path 경로의 파일에 존재하는 name()이란 이름의 사용자 레벨 함수를 계측
- t:system:name: system:name이란 이름의 tracepoint를 계측
- u:lib:name: 라이브러리 lib에 있는 name()이란 이름의 USDT probe를 계측
- *: 어떤 문자열이든 대응시킬 수 있는 와일드카드(글로브 패턴, globbing). -r 옵션은 정규 표현식을 사용할 수 있음

이 문법은 Ftrace에서 어느 정도 영감을 받았습니다. funccount(8)는 커널 레벨과 사용자 레벨 함수들을 계측할 때 kprobe와 uprobe를 사용합니다.

4.5.3 funccount 원 라이너

VFS 커널 함수 호출을 집계합니다.

```
funccount 'vfs_*'
```

TCP 커널 함수 호출을 집계합니다.

```
funccount 'tcp_*'
```

TCP 송신 호출을 1초 간격으로 집계합니다.

```
funccount -i 1 'tcp_send*'
```

블록 I/O 이벤트 발생 수를 1초 간격으로 보여줍니다.

```
funccount -i 1 't:block:*'
```

새롭게 생성되는 프로세스의 수를 1초 간격으로 보여줍니다.

```
funccount -i 1 t:sched:sched_process_fork
```

libc getaddrinfo() 호스트 이름 해석(name resolution)의 호출 횟수를 1초 간격으로 보여줍니다.

```
funccount -i 1 c:getaddrinfo
```

libgo에 있는 모든 os.* 함수 호출을 집계합니다.

```
funccount 'go:os.*'
```

4.5.4 funccount 사용법

사용법 메시지에 설명해 놓은 것처럼, funccount(8)에는 지금까지 살펴본 것보다 더 많은 기능이 있습니다.

```
# funccount -h
usage: funccount [-h] [-p PID] [-i INTERVAL] [-d DURATION] [-T] [-r] [-D]
                 pattern

Count functions, tracepoints, and USDT probes

positional arguments:
  pattern                 search expression for events

optional arguments:
  -h, --help              show this help message and exit
  -p PID, --pid PID       trace this PID only
  -i INTERVAL, --interval INTERVAL
```

```
                          summary interval, seconds
  -d DURATION, --duration DURATION
                          total duration of trace, seconds
  -T, --timestamp         include timestamp on output
  -r, --regexp            use regular expressions. Default is "*" wildcards
                          only.
  -D, --debug             print BPF program before  starting (for debugging
                          purposes)

examples:
    ./funccount 'vfs_*'         # count kernel fns starting with "vfs"
    ./funccount -r '^vfs.*'     # same as above, using regular expressions
    ./funccount -Ti 5 'vfs_*'   # output every 5 seconds, with timestamps
    ./funccount -d 10 'vfs_*'   # trace for 10 seconds only
    ./funccount -p 185 'vfs_*'  # count vfs calls for PID 181 only
[...]
```

funccount 원 라이너에 인터벌 옵션 −i를 사용하면 사용자 지정 이벤트의 발생
횟수를 매초 표시하는 작은 성능 분석 도구로 만들 수 있습니다. 이를 통해 사용
가능한 수천 개의 이벤트들로 커스텀 지표를 만들고, 원한다면 −p 옵션을 사용
해 대상 프로세스 ID로 필터링할 수 있습니다.

4.6 stackcount

stackcount(8)[3]는 이벤트가 발생한 스택 트레이스를 집계합니다. funccount(8)
와 마찬가지로, 이벤트는 커널 레벨 혹은 사용자 레벨 함수, tracepoint, 혹은
USDT probe일 것입니다. stackcount(8)는 다음 질문에 대답할 수 있습니다.

- 왜 이 이벤트가 호출되었는가? 이것의 코드 경로는 어떻게 되는가?
- 이 이벤트를 호출하는 다른 코드 경로에는 무엇이 있는가? 그리고 이것들의
  빈도는 어떻게 되는가?

stackcount(8)는 효율성을 위해 이 요약정리를 커널 컨텍스트 안에서 전부 수
행하는데, 스택 트레이스에는 특수 BPF 맵을 사용합니다. 사용자 공간은 스택
ID와 집계 횟수를 읽고 BPF 맵에서 스택 트레이스를 불러와 심벌로 변환한 다

---

3 연혁: 필자는 2016년 1월 12일에 kprobe용으로만 이것을 개발했습니다. 사샤 골드스타인은 2016년
   7월 9일에 uprobe와 tracepoint 등 다른 이벤트 타입을 추가했습니다. 이 도구 이전에는 이벤트별 스
   택을 출력하기 위해 필자가 만든 Ftrace perf-tools의 kprobe -s를 자주 사용했지만, 출력 결과가 너무
   장황한 경우가 많았습니다. 필자는 이 방식보다는 커널 내부에서 스택의 빈도를 집계하기 원했으며
   결국 stackcount(8)를 개발했습니다. 또한, 필자는 Ftrace 히스토그램 트리거(hist triggers)를 이용한
   스택 집계 방법을 톰 자누시(Tom Zanussi)에게 요청했고, 그가 추가해 주었습니다.

음 출력합니다. funccount(8)와 마찬가지로 이 도구의 오버헤드는 계측하는 이 벤트의 발생 비율에 의존합니다. 도구의 오버헤드는 stackcount(8)가 약간 더 높은데, 각 이벤트별 스택 트레이스 추적, 기록 등의 작업이 좀 더 많기 때문입니다.

4.6.1 stackcount 예시

필자는 유휴 상태의 시스템에서 funccount(8)를 사용하면서 초당 8,000회 이상의 높은 비율로 ktime_get() 커널 함수가 호출되는 것을 발견했습니다. 이 함수 호출은 시간을 확인하지만, 필자의 유휴 상태 시스템이 왜 그렇게 빈번하게 시간을 확인해야 하는 걸까요?

다음 예시는 stackcount(8)를 사용해서 ktime_get()이 호출된 코드 경로를 찾아냅니다.

```
# stackcount ktime_get
Tracing 1 functions for "ktime_get"... Hit Ctrl-C to end.
^C
[...]

  ktime_get
  nvme_queue_rq
  __blk_mq_try_issue_directly
  blk_mq_try_issue_directly
  blk_mq_make_request
  generic_make_request
  dmcrypt_write
  kthread
  ret_from_fork
    52

[...]

  ktime_get
  tick_nohz_idle_enter
  do_idle
  cpu_startup_entry
  start_secondary
  secondary_startup_64
    1077

Detaching...
```

출력 결과는 길이가 수백 쪽에 달하고 1,000개 이상의 스택 트레이스가 포함되어 있었습니다. 여기에는 단 2개만 제시했습니다. 각 스택 트레이스는 함수당 한 줄이 출력되고, 그다음에는 발생 횟수가 출력됩니다. 예를 들어, 첫 번째 스택 트레이스는 dmcrypt_write(), blk_mq_make_request() 그리고 nvme_ queue_rq()를 통한 코드 경로를 보여줍니다. 필자가 코드를 읽지 않고 먼저 추측해 보자면, 이 코드 경로는 추후에 사용할 I/O 시작 시간을 우선적으로 저장하는 것일 것입니다. 해당 경로는 트레이싱하는 동안 52번 발생했습니다. 가장 빈번하게 ktime_get()을 호출한 스택은 CPU 유휴 상태(idle) 경로였습니다.

-P 옵션은 스택 트레이스를 프로세스 이름, PID와 함께 보여줍니다.

```
# stackcount -P ktime_get
[...]

ktime_get
 tick_nohz_idle_enter
 do_idle
 cpu_startup_entry
 start_secondary
 secondary_startup_64
  swapper/2 [0]
  207
```

위의 예제를 보면 PID 0번의 "swapper/2"라는 이름의 프로세스가 do_idle()을 통해 ktime_get()을 호출하고 있는데 이것이 유휴 스레드라는 것을 추가로 확인할 수 있습니다. 이 -P 옵션은 더 많은 출력 결과를 생성하는데, 이전에 그룹화된 스택 트레이스들이 현재는 각 개별 PID에 따라 나뉘기 때문입니다.

4.6.2 stackcount 플레임 그래프

때때로 이벤트에 대해 하나 또는 몇 개의 스택 트레이스만 수집되는 경우도 있습니다. 이 경우에는 출력 결과가 짧아 각 스택 트레이스를 손쉽게 확인할 수 있습니다. 반면, ktime_get()의 경우 출력 결과가 수백 쪽 분량인데, 이러한 출력 결과는 플레임 그래프를 이용해 시각화할 수 있습니다(플레임 그래프는 2장 참고). 최초의 플레임 그래프 소프트웨어[37]는 접힌 포맷(folded format)의 스택을 입력받았습니다. 이 포맷에선 스택 트레이스당 한 줄로 표현되며, 각 스택 트레이스는 세미콜론으로 구분된 프레임(함수 이름)들, 공백 문자, 집계 수로 구성되어 있습니다.[4] stackcount(8)의 -f 옵션으로 이 포맷을 생성할 수 있습니다.

다음의 예시는 프로세스별 스택(-P) 출력 옵션을 사용하여 ktime_get()을 10초 동안(-D 10) 트레이싱하며, 플레임 그래프를 만들어냅니다.

```
# stackcount -f -P -D 10 ktime_get > out.stackcount01.txt
$ wc out.stackcount01.txt
 1586   3425 387661 out.stackcount01.txt
$ git clone http://github.com/brendangregg/FlameGraph
$ cd FlameGraph
$ ./flamegraph.pl --hash --bgcolors=grey < ../out.stackcount01.txt \
   > out.stackcount01.svg
```

wc(1) 도구를 사용하여 출력 결과의 라인 수를 확인했더니 총 1,586라인에 달하는 수많은 고유한 스택-프로세스 이름 조합이 있다는 것을 확인할 수 있었습니다. 그림 4.3은 결과로 얻은 SVG 파일의 플레임 그래프입니다.

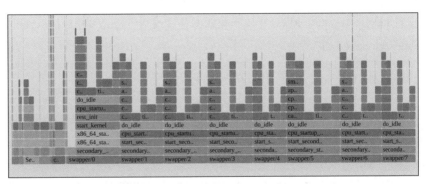

그림 4.3 stackcount(8) ktime_get() 플레임 그래프

---

4 (옮긴이) [Gregg 16]에서 발췌
   다음은 스택 트레이스의 한 예시입니다.

   func_c
   func_b
   func_a
   start_thread

   func_d
   func_a
   start_thread

   func_d
   func_a
   start_thread

   이 스택 트레이스를 접힌 포맷으로 표현하면 다음과 같이 표현됩니다.

   start_thread;func_a;func_b;func_c 1
   start_thread;func_a;func_d 2

이 플레임 그래프는 대부분의 ktime_get() 호출이 8개의 유휴 스레드에서 발생했음을 보여주고 있습니다. 8개의 스레드는 이 시스템의 각 CPU에 해당되며 모두 유사한 타워 형태를 보이고 있습니다. 이외의 다른 ktime_get() 호출들은 왼쪽 끝에 좁은 타워에서 확인할 수 있습니다.

4.6.3 stackcount 망가진 스택 트레이스

스택 트레이스와 이를 수집할 때 발생하는 많은 문제에 대해서는 2장, 12장, 18장에서 설명합니다. 망가진 스택 추적(Broken stack walking)과 누락된 심벌도 흔히 발생하는 문제입니다.

예를 들어, 앞에서 살펴본 스택 트레이스는 tick_nohz_idle_enter()가 ktime_get()을 호출하고 있음을 보여줍니다. 그러나 소스 코드에서 이러한 함수 호출 관계는 실제로 찾아볼 수 없습니다. 대신 코드에서 확인할 수 있는 것은 자식 함수인 tick_nohz_start_idle()이 ktime_get()을 호출한다는 것입니다. (kernel/time/tick-sched.c)

```
static void tick_nohz_start_idle(struct tick_sched *ts)
{
        ts->idle_entrytime = ktime_get();
        ts->idle_active = 1;
        sched_clock_idle_sleep_event();
}
```

이러한 유형의 작은 함수는 컴파일러가 인라인하는 것을 선호하며, 함수가 인라인됨에 따라 부모 함수가 ktime_get()를 직접 호출하는 스택이 출력됩니다. tick_nohz_start_idle 심벌은 이 시스템의 경우(/proc/kallsyms)에 있지 않으며, 인라인되었다는 것을 추가로 시사하고 있습니다.

4.6.4 stackcount 문법

stackcount(8)의 인자는 계측할 이벤트를 정의합니다.

```
stackcount [options] eventname
```

eventname에 대한 문법은 funccount(8)와 동일합니다.

- name 또는 p:name: name()이란 이름의 커널 함수를 계측
- lib:name 또는 p:lib:name: 라이브러리 lib에 있는 name()이란 이름의 사용자 레벨 함수를 계측

- path:name: path 경로의 파일에 존재하는 name()이란 이름의 사용자 레벨 함수를 계측
- t:system:name: system:name이란 이름의 tracepoint를 계측
- u:lib:name: 라이브러리 lib에 있는 name()이란 이름의 USDT probe를 계측
- *: 어떤 문자열이든 대응시킬 수 있는 와일드카드(글로브 패턴, globbing). -r 옵션은 정규 표현식을 사용할 수 있음

4.6.5 stackcount 원 라이너

블록 I/O를 발생시킨 스택 트레이스를 집계합니다.

```
stackcount t:block:block_rq_insert
```

IP 패킷을 송신하는 스택 트레이스를 집계합니다.

```
stackcount ip_output
```

IP 패킷을 송신하는 스택 트레이스를 해당 PID와 함께 집계합니다.

```
stackcount -P ip_output
```

스레드를 블록시키고 off-CPU(대기 상태)로 이동시키는 스택 트레이스를 집계합니다.

```
stackcount t:sched:sched_switch
```

read() 시스템 콜을 호출한 스택 트레이스를 집계합니다.

```
stackcount t:syscalls:sys_enter_read
```

4.6.6 stackcount 사용법

사용법 메시지에 설명해 놓은 것처럼 stackcount(8)에는 지금까지 살펴본 것보다 더 많은 기능이 있습니다.

```
# stackcount -h
usage: stackcount [-h] [-p PID] [-i INTERVAL] [-D DURATION] [-T] [-r] [-s]
                  [-P] [-K] [-U] [-v] [-d] [-f] [--debug]
                  pattern

Count events and their stack traces

positional arguments:
  pattern               search expression for events
```

```
optional arguments:
  -h, --help           show this help message and exit
  -p PID, --pid PID    trace this PID only
  -i INTERVAL, --interval INTERVAL
                       summary interval, seconds
  -D DURATION, --duration DURATION
                       total duration of trace, seconds
  -T, --timestamp      include timestamp on output
  -r, --regexp         use regular expressions. Default is "*" wildcards
                       only.
  -s, --offset         show address offsets
  -P, --perpid         display stacks separately for each process
  -K, --kernel-stacks-only
                       kernel stack only
  -U, --user-stacks-only
                       user stack only
  -v, --verbose        show raw addresses
  -d, --delimited      insert delimiter between kernel/user stacks
  -f, --folded         output folded format
  --debug              print BPF program before starting (for debugging
                       purposes)

examples:
    ./stackcount submit_bio        # count kernel stack traces for submit_bio
    ./stackcount -d ip_output      # include a user/kernel stack delimiter
    ./stackcount -s ip_output      # show symbol offsets
    ./stackcount -sv ip_output     # show offsets and raw addresses (verbose)
    ./stackcount 'tcp_send*'       # count stacks for funcs matching tcp_send*
    ./stackcount -r '^tcp_send.*'  # same as above, using regular expressions
    ./stackcount -Ti 5 ip_output   # output every 5 seconds, with timestamps
    ./stackcount -p 185 ip_output  # count ip_output stacks for PID 185 only
[...]
```

향후에 추가될 기능에는 기록되는 스택 깊이를 제한하는 옵션이 있습니다.

4.7 trace

trace(8)[5]는 여러 다른 소스(kprobe, uprobe, tracepoint, USDT probe)를 대상으로 이벤트별 트레이싱을 할 수 있는 BCC 다목적 도구입니다.

이 도구를 이용해 다음과 같은 질문에 답할 수 있습니다.

- 커널 레벨 혹은 사용자 레벨 함수가 호출될 때의 인자들은 무엇인가?
- 이 함수의 리턴 값은 무엇인가? 이 함수의 동작은 실패했는가?
- 이 함수는 어떻게 호출되었는가? 사용자 레벨 혹은 커널 레벨 스택 트레이스는 어떻게 되는가?

---

5 연혁: 이 도구는 사샤 골드스타인이 개발했으며 2016년 2월 22일에 BCC에 포함되었습니다.

이벤트별로 한 줄의 출력 결과를 출력하므로, trace(8)는 호출이 빈번하지 않은 이벤트에 적합합니다. 네트워크 패킷이나 컨텍스트 스위칭 및 메모리 할당과 같은 아주 빈번하게 발생되는 이벤트는 초당 수백만 번 발생할 수 있습니다. 이때 trace(8)를 사용하면 너무 많은 출력 결과를 만들어 내서 계측할 때 심각한 오버헤드를 발생시킬 것입니다. 오버헤드를 줄이는 방법은 필터 표현식을 사용하여 관심 있는 이벤트만 출력하는 것입니다. 빈번하게 발생하는 이벤트는 funccount(8), stackcount(8) 그리고 argdist(8)와 같이 커널 내에서 요약정리하는 다른 도구로 분석하는 것이 적합합니다. argdist(8)는 다음 절에서 다룹니다.

4.7.1 trace 예시

다음은 do_sys_open() 커널 함수를 트레이싱함으로써 파일 열기 동작을 보여주는 예시이며, 이것은 opensnoop(8)의 trace(8) 버전에 해당합니다.

```
# trace 'do_sys_open "%s", arg2'
PID     TID     COMM            FUNC            -
29588   29591   device poll     do_sys_open     /dev/bus/usb
29588   29591   device poll     do_sys_open     /dev/bus/usb/004
[...]
```

여기서 arg2는 do_sys_open()의 두 번째 인자인 열린 파일 이름 문자열을 의미합니다(char* 유형). 마지막에 있는 "-"로 라벨링된 칼럼은 사용자가 작성한 포맷 문자열을 기반으로 하는 커스텀 필드입니다.

4.7.2 trace 문법

trace(8)의 인자는 동작 방식을 변경하기 위한 옵션과 하나 이상의 probe로 구성됩니다.

```
trace [options] probe [probe ...]
```

probe의 문법은 다음과 같습니다.

```
eventname(signature) (boolean filter) "format string", arguments
```

이벤트 이름(eventname) 안의 시그니처(signature)는 선택 사항이며 몇몇 경우에만 필요합니다(4.7.4 "trace 구조체" 참고). 필터도 선택 사항이며 연산자 ==, 〈, 〉, !=와 같은 불(boolean) 연산자를 사용할 수 있습니다. 인자를 가진 포맷 문자열 역시 선택 사항입니다. trace(8)는 포맷 문자열 없이도 여전히 이벤트별 메타 데이터를 출력하지만, 커스텀 필드는 출력되지 않습니다.

이벤트 이름(eventname)에 대한 문법은 funccount(8)의 이벤트 이름 문법과 유사하며, 추가적으로 리턴 probe가 있습니다.

- name 또는 p:name: name()이란 이름의 커널 함수를 계측
- r::name: name()이란 이름의 커널 함수의 리턴을 계측
- lib:name 또는 p:lib:name: 라이브러리 lib에 있는 name()이란 이름의 사용자 레벨 함수를 계측
- r:lib:name: 라이브러리 lib에 있는 name()이란 이름의 사용자 레벨 함수의 리턴을 계측
- path:name: path 경로의 파일에 존재하는 name()이란 이름의 계측 사용자 레벨 함수를 계측
- r:path:name: path 경로의 파일에 존재하는 name()이란 이름의 계측 사용자 레벨 함수의 리턴을 계측
- t:system:name: system:name이란 이름의 tracepoint를 계측
- u:lib:name: 라이브러리 lib에 있는 name()이란 이름의 USDT probe를 계측
- *: 어떤 문자열이든 대응시킬 수 있는 와일드카드(글로브 패턴, globbing). -r 옵션으로 정규 표현식을 사용할 수 있음

포맷 문자열은 printf()에 기반하고 있으며, 다음을 지원합니다.

- %u: 부호 없는 정수형
- %d: 정수형
- %lu: 부호 없는 long 정수형
- %ld: long 정수형
- %llu: 부호 없는 long long 정수형
- %lld: long long 정수형
- %hu: 부호 없는 short 정수형
- %hd: short 정수형
- %x: 부호 없는 정수형, 16진수
- %lx: 부호 없는 long 정수형, 16진수
- %llx: 부호 없는 long long 정수형, 16진수
- %c: 글자(Character)

- %K: 커널 레벨 심벌 문자열
- %U: 사용자 레벨 심벌 문자열
- %s: 문자열

전반적인 문법은 다른 언어로 프로그래밍하는 것과 유사합니다. 다음은 trace(8) 원 라이너를 잘 살펴보시기 바랍니다.

```
trace 'c:open (arg2 == 42) "%s %d", arg1, arg2
```

이번에는 동일한 프로그램을 C 언어와 더욱 유사하게 작성해 본 것입니다(단순 예시용으로, trace(8)가 이렇게 실행되지는 않을 것입니다).

```
trace 'c:open { if (arg2 == 42) { printf("%s %d\n", arg1, arg2); } }'
```

이벤트에 대한 출력 인자를 커스터마이즈하는 기능은 애드혹(ad hoc) 트레이싱 분석에 자주 이용되며, 이러한 점에서 trace(8)는 유용한 도구입니다.

4.7.3 trace 원 라이너

사용법 메시지에서 많은 원 라이너를 찾아볼 수 있습니다. 몇 가지 원 라이너를 살펴봅시다.

커널 함수 do_sys_open()을 파일 이름과 함께 트레이싱합니다.

```
trace 'do_sys_open "%s", arg2'
```

커널 함수 do_sys_open()의 리턴을 트레이싱하고 리턴 값을 출력합니다.

```
trace 'r::do_sys_open "ret: %d", retval'
```

do_nanosleep()의 동작 모드와 사용자 레벨 스택을 트레이싱합니다.

```
trace -U 'do_nanosleep "mode: %d", arg2'
```

pam 라이브러리를 통한 인증(authentication) 요청을 트레이싱합니다.

```
trace 'pam:pam_start "%s: %s", arg1, arg2'
```

4.7.4 trace 구조체

BCC는 일부 구조체를 이해하기 위해 시스템 헤더뿐만 아니라 커널 헤더 패키지도 사용합니다. 예를 들어 do_nanosleep()을 태스크 주소와 함께 트레이싱하는 다음의 원 라이너를 살펴봅시다.

```
trace 'do_nanosleep(struct hrtimer_sleeper *t) "task: %x", t->task'
```

다행스럽게도 hrtimer_sleeper 구조체는 커널 헤더 패키지 안에 있으므로 (include/linux/hrtimer.h), BCC가 자동으로 읽어냅니다.

커널 헤더 패키지 안에 없는 구조체라면 헤더 파일을 수동으로 포함시킬 수 있습니다. 예를 들어, 다음은 대상 포트가 53인 경우에만 udpv6_sendmsg()를 트레이싱하는 원 라이너입니다(DNS 포트 53은 빅 엔디안 순서(big endian order)로 13568이라고 표시됩니다).

```
trace -I 'net/sock.h' 'udpv6_sendmsg(struct sock *sk) (sk->sk_dport == 13568)'
```

struct sock 구조체를 이해하려면 net/sock.h 파일이 필요하며, 여기서는 -I 옵션을 사용해 헤더 파일을 포함시켰습니다. 이 방법은 시스템상에서 전체 커널 소스 코드를 사용할 수 있을 때만 작동합니다.

새롭게 개발 중인 기술인 BPF Type Format(BTF)은 구조체 정보를 컴파일된 바이너리에 삽입할 것이기 때문에 커널 소스 코드를 따로 설치할 필요가 없을 것입니다(2장 참고).

4.7.5 trace 파일 디스크립터 누수 디버깅

훨씬 더 복잡한 예시를 봅시다. 이것은 필자가 넷플릭스의 프로덕션 인스턴스의 파일 누수 이슈를 디버깅하던 중에 발견한 사례입니다. 필자는 할당이 해제되지 않은 소켓 파일 디스크립터에 대한 더 많은 정보를 얻고자 했습니다. 할당(sock_alloc())에 대한 스택 트레이스를 통해 세부 정보를 얻을 수는 있었지만, 할당이 해제된 것(sock_release())과 해제되지 않은 것을 구별할 방법이 필요했습니다. 이 문제를 간단히 그림으로 그려보면 그림 4.4와 같습니다.

sock_alloc()을 트레이싱하고 스택 트레이스를 출력하는 것은 간단하지만, 이렇게 하면 버퍼 A, B, C 모두에 대한 스택 트레이스를 만들게 될 것입니다. 그러나 이 경우에는 (트레이싱하는 동안) 할당이 해제되지 않은 버퍼 B만 신경 쓰면 됩니다.

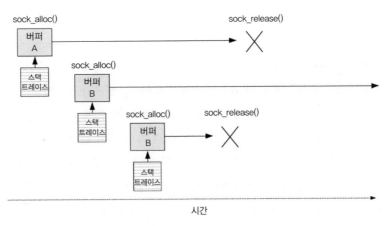

그림 4.4 소켓 파일 디스크립터 누수

후처리가 필요하기는 했지만, 필자는 원 라이너를 사용해 이 문제를 해결할 수 있었습니다. 해당 원 라이너와 일부 출력 결과는 다음과 같습니다.

```
# trace -tKU 'r::sock_alloc "open %llx", retval' '__sock_release "close %llx", arg1'
TIME      PID     TID     COMM            FUNC         -
1.093199 4182    7101    nf.dependency.M sock_alloc       open ffff9c76526dac00
        kretprobe_trampoline+0x0 [kernel]
        sys_socket+0x55 [kernel]
        do_syscall_64+0x73 [kernel]
        entry_SYSCALL_64_after_hwframe+0x3d [kernel]
        __socket+0x7 [libc-2.27.so]
        Ljava/net/PlainSocketImpl;::socketCreate+0xc7 [perf-4182.map]
        Ljava/net/Socket;::setSoTimeout+0x2dc [perf-4182.map]
        Lorg/apache/http/impl/conn/DefaultClientConnectionOperator;::openConnectio...
        Lorg/apache/http/impl/client/DefaultRequestDirector;::tryConnect+0x60c [pe...
        Lorg/apache/http/impl/client/DefaultRequestDirector;::execute+0x1674 [perf...
[...]

[...]

6.010530 4182    6797    nf.dependency.M __sock_release    close ffff9c76526dac00
        __sock_release+0x1 [kernel]
        __fput+0xea [kernel]
        ____fput+0xe [kernel]
        task_work_run+0x9d [kernel]
        exit_to_usermode_loop+0xc0 [kernel]
        do_syscall_64+0x121 [kernel]
        entry_SYSCALL_64_after_hwframe+0x3d [kernel]
        dup2+0x7 [libc-2.27.so]
        Ljava/net/PlainSocketImpl;::socketClose0+0xc7 [perf-4182.map]
        Ljava/net/Socket;::close+0x308 [perf-4182.map]
        Lorg/apache/http/impl/conn/DefaultClientConnection;::close+0x2d4 [perf-418...
[...]
```

이 방법은 sock_alloc() 커널 함수의 리턴을 계측하며 리턴 값, 소켓의 주소 및 스택 트레이스(-K와 -U 옵션 이용)를 출력합니다. 또한 __sock_release() 커널 함수의 진입점을 이 함수의 두 번째 인자와 함께 트레이싱하는데, 이것은 닫힌 소켓의 주소를 보여줍니다. -t 옵션은 이벤트의 타임스탬프를 출력합니다.

여기서는 소켓 주소 0xffff9c76526dac00(볼드체로 강조)에 대한 할당과 할당 해제만을 살펴보기 위해 출력 결과를 축약했습니다(원래의 출력 결과와 자바 스택들은 길이가 아주 깁니다). 필자는 열린 뒤에 닫히지 않은 파일 디스크립터 (예: 해당 주소에 대응하는 닫힌 이벤트 없음)를 찾기 위해 이 출력 결과를 후처리했고, 그 후에 할당 스택 트레이스에서 파일 디스크립터 누수에 해당하는 코드 경로(여기에서는 보이지 않지만)를 확인할 수 있었습니다.

이 문제는 7장에서 다룰 memleak(8)과 유사한 전용 BCC 도구를 사용해서도 해결할 수 있습니다. BPF 맵에 할당 스택 트레이스를 저장하고 해제 이벤트에서 해당 스택 트레이스들을 삭제하면, 추후에 맵을 통해 오랫동안 해제되지 않은 것에 대한 스택 트레이스를 출력할 수 있습니다.

4.7.6 trace 사용법

사용법 메시지에 설명해 놓은 것처럼, trace(8)에는 지금까지 살펴본 것보다 더 많은 기능이 있습니다.

```
# trace -h
usage: trace.py [-h] [-b BUFFER_PAGES] [-p PID] [-L TID] [-v] [-Z STRING_SIZE]
                [-S] [-M MAX_EVENTS] [-t] [-T] [-C] [-B] [-K] [-U] [-a]
                [-I header]
                probe [probe ...]

Attach to functions and print trace messages.

positional arguments:
  probe                 probe specifier (see examples)

optional arguments:
  -h, --help            show this help message and exit
  -b BUFFER_PAGES, --buffer-pages BUFFER_PAGES
                        number of pages to use for perf_events ring buffer
                        (default: 64)
  -p PID, --pid PID     id of the process to trace (optional)
  -L TID, --tid TID     id of the thread to trace (optional)
  -v, --verbose         print resulting BPF program code before executing
  -Z STRING_SIZE, --string-size STRING_SIZE
                        maximum size to read from strings
  -S, --include-self    do not filter trace's own pid from the trace
```

```
-M MAX_EVENTS, --max-events MAX_EVENTS
                        number of events to print before quitting
-t, --timestamp         print timestamp column (offset from trace start)
-T, --time              print time column
-C, --print_cpu         print CPU id
-B, --bin_cmp           allow to use STRCMP with binary values
-K, --kernel-stack      output kernel stack trace
-U, --user-stack        output user stack trace
-a, --address           print virtual address in stacks
-I header, --include header
                        additional header files to include in the BPF program

EXAMPLES:
trace do_sys_open
        Trace the open syscall and print a default trace message when entered
trace 'do_sys_open "%s", arg2'
        Trace the open syscall and print the filename being opened
trace 'sys_read (arg3 > 20000) "read %d bytes", arg3'
        Trace the read syscall and print a message for reads >20000 bytes
trace 'r::do_sys_open "%llx", retval'
        Trace the return from the open syscall and print return value
trace 'c:open (arg2 == 42) "%s %d", arg1, arg2'
        Trace the open() call from libc only if the flags (arg2) argument is 42
[...]
```

이런 작은 프로그래밍 언어는 가끔 사용하는 것이기 때문에, 사용법 메시지의 끝부분에 있는 예시가 꽤 유용합니다.

trace(8)는 대단히 유용하지만, 필요한 기능을 모두 갖춘 언어인 것은 아닙니다. 언어 전체에 대해서는 5장 "bpftrace"를 보시기 바랍니다.

4.8 argdist

argdist(8)[6]는 인자를 요약정리하는 다목적 도구입니다. 다음은 넷플릭스에서 발생한 또 다른 실제 사례입니다. 하둡(Hadoop) 서버가 TCP 성능 이슈로 어려움을 겪고 있었고, 필자의 팀은 원인이 크기가 0인 수신 가능 윈도(window advertisements) 때문임을 밝혀냈습니다. 필자는 프로덕션 환경의 TCP 윈도 크기를 확인해보기 위해 argdist(8) 원 라이너를 사용해 해당 값의 분포를 정리해 보았습니다. 다음은 이 이슈로부터 나온 출력 결과의 일부입니다.

```
# argdist -H 'r::__tcp_select_window():int:$retval'
[21:50:03]
    $retval             : count       distribution
        0 -> 1          : 6100        |****************************************|
```

6 연혁: 이 도구는 사샤 골드스타인이 개발했으며 2016년 2월 12일에 BCC에 포함되었습니다.

```
       2 -> 3         : 0       |                                    |
       4 -> 7         : 0       |                                    |
       8 -> 15        : 0       |                                    |
      16 -> 31        : 0       |                                    |
      32 -> 63        : 0       |                                    |
      64 -> 127       : 0       |                                    |
     128 -> 255       : 0       |                                    |
     256 -> 511       : 0       |                                    |
     512 -> 1023      : 0       |                                    |
    1024 -> 2047      : 0       |                                    |
    2048 -> 4095      : 0       |                                    |
    4096 -> 8191      : 0       |                                    |
    8192 -> 16383     : 24      |                                    |
   16384 -> 32767     : 3535    |*********************               |
   32768 -> 65535     : 1752    |***********                         |
   65536 -> 131071    : 2774    |****************                    |
  131072 -> 262143    : 1001    |******                              |
  262144 -> 524287    : 464     |***                                 |
  524288 -> 1048575   : 3       |                                    |
 1048576 -> 2097151   : 9       |                                    |
 2097152 -> 4194303   : 10      |                                    |
 4194304 -> 8388607   : 2       |                                    |
[21:50:04]
[...]
```

여기서는 __tcp_select_window() 커널 함수의 리턴을 계측하며 2의 거듭제곱 히스토그램(-H)으로 리턴 값을 요약합니다. argdist(8)는 초당 한 번씩 이 요약을 출력합니다. 이 히스토그램은 윈도 크기가 0인 문제를 "0 -> 1" 라인에서 보여주는데, 위의 인터벌에서는 6,100번 집계되었습니다. 문제 해결에는 시스템의 변경이 필요했는데, 이 도구를 통해 수정 중에 문제가 여전히 발생하는지 확인할 수 있었습니다.

4.8.1 argdist 문법

argdist(8)의 인자는 요약 유형, 계측할 이벤트와 요약할 데이터를 지정합니다.

```
argdist {-C|-H} [options] probe
```

argdist(8)에는 -C 혹은 -H 옵션이 요구됩니다.

- -C: 빈도수 집계
- -H: 2의 거듭제곱 히스토그램

probe의 문법은 다음과 같습니다.

```
eventname(signature)[:type[,type...]:expr[,expr...][:filter]][#label]
```

eventname과 signature는 trace(8) 명령어와 문법이 거의 동일한데, 커널 함수 이름 축약형을 사용할 수 없다는 차이점이 있습니다. 그 대신 커널 vfs_read() 함수는 더 이상 "vfs_read"가 아니라, "p::vfs_read"를 통해 트레이싱됩니다. 일반적으로 시그니처(signature)가 필요하고, 사용하지 않는 경우에는 빈 소괄호 ("()")가 필요합니다.

type은 요약되는 값의 유형을 보여줍니다. 부호 없는 32비트 정수형은 u32, 부호 없는 64비트 정수형은 u64, 문자열에 해당하는 "char *"을 포함해서 많은 유형을 지원합니다.

expr은 요약하고자 하는 값에 대한 표현식입니다. 이것은 함수의 인자이거나 tracepoint의 인자일 수도 있습니다. 리턴 probe에서만 사용할 수 있는 특수 변수들도 있습니다.

- $retval: 함수의 리턴 값
- $latency: 함수 진입부터 리턴까지의 나노초 단위의 시간
- $entry(param): 진입점 probe의 인자(param) 값

filter는 이벤트들을 필터링하기 위한 선택적인 불(Boolean) 식입니다. 지원되는 불 연산자는 ==, !=, 〈, 〉이 있습니다.

label은 출력 결과에 부연 설명을 위한 레이블 텍스트를 추가하는 선택적 설정입니다.

4.8.2 argdist 원 라이너

사용법 메시지에 많은 원 라이너가 수록되어 있습니다. 몇 가지 원 라이너를 살펴봅시다.

커널 함수 vfs_read()가 리턴한 결과(읽은 크기)의 히스토그램을 출력합니다.

```
argdist.py -H 'r::vfs_read()
```

PID 1005의 사용자 레벨 libc read()가 리턴한 결과(읽은 크기)의 히스토그램을 출력합니다.

```
argdist -p 1005 -H 'r:c:read()
```

raw_syscalls:sys_enter tracepoint를 사용해서 시스템 콜을 시스템 콜 ID별로 집계합니다.

```
argdist.py -C 't:raw_syscalls:sys_enter():int:args->id'
```

tcp_sendmsg() 크기를 집계합니다.

```
argdist -C 'p::tcp_sendmsg(struct sock *sk, struct msghdr *msg, size_t size):u32:size'
```

tcp_sendmsg() 크기를 2의 거듭제곱 히스토그램으로 요약합니다.

```
argdist -H 'p::tcp_sendmsg(struct sock *sk, struct msghdr *msg, size_t size):u32:size'
```

PID 181의 libc write() 호출을 파일 디스크립터별로 집계합니다.

```
argdist -p 181 -C 'p:c:write(int fd):int:fd'
```

지연이 0.1ms를 초과한 읽기의 빈도를 프로세스별로 출력합니다.

```
argdist -C 'r::__vfs_read():u32:$PID:$latency > 100000
```

4.8.3 argdist 사용법

사용법 메시지에 설명해 놓은 것처럼, argdist(8)에는 지금까지 살펴본 것보다
더 많은 기능이 있습니다.

```
# argdist.py -h
usage: argdist.py [-h] [-p PID] [-z STRING_SIZE] [-i INTERVAL] [-d DURATION]
                  [-n COUNT] [-v] [-c] [-T TOP] [-H specifier] [-C specifier]
                  [-I header]

Trace a function and display a summary of its parameter values.

optional arguments:
  -h, --help            show this help message and exit
  -p PID, --pid PID     id of the process to trace (optional)
  -z STRING_SIZE, --string-size STRING_SIZE
                        maximum string size to read from char* arguments
  -i INTERVAL, --interval INTERVAL
                        output interval, in seconds (default 1 second)
  -d DURATION, --duration DURATION
                        total duration of trace, in seconds
  -n COUNT, --number COUNT
                        number of outputs
  -v, --verbose         print resulting BPF program code before executing
  -c, --cumulative      do not clear histograms and freq counts at each
                        interval
  -T TOP, --top TOP     number of top results to show (not applicable to
                        histograms)
  -H specifier, --histogram specifier
                        probe specifier to capture histogram of (see examples
                        below)
  -C specifier, --count specifier
                        probe specifier to capture count of (see examples
                        below)
  -I header, --include header
                        additional header files to include in the BPF program
```

```
                        as either full path, or relative to relative to
                        current working directory, or relative to default
                        kernel header search path

probe specifier syntax:
        {p,r,t,u}:{[library],category}:function(signature)
[:type[,type...]:expr[,expr...]][:filter]][#label]
Where:
        p,r,t,u     -- probe at function entry, function exit, kernel
                       tracepoint, or USDT probe
                       in exit probes: can use $retval, $entry(param), $latency
        library     -- the library that contains the function
                       (leave empty for kernel functions)
        category    -- the category of the kernel tracepoint (e.g. net, sched)
        function    -- function name to trace (or tracepoint name)
        signature   -- the function's parameters, as in the C header
        type        -- the type of the expression to collect (supports multiple)
        expr        -- the expression to collect (supports multiple)
        filter      -- the filter that is applied to collected values
        label       -- the label for this probe in the resulting output

EXAMPLES:

argdist -H 'p::__kmalloc(u64 size):u64:size'
        Print a histogram of allocation sizes passed to kmalloc

argdist -p 1005 -C 'p:c:malloc(size_t size):size_t:size:size==16'
        Print a frequency count of how many times process 1005 called malloc
        with an allocation size of 16 bytes

argdist -C 'r:c:gets():char*:(char*)$retval#snooped strings '
        Snoop on all strings returned by gets()

argdist -H 'r::__kmalloc(size_t size):u64:$latency/$entry(size)#ns per byte'
        Print a histogram of nanoseconds per byte from kmalloc allocations

argdist -C 'p::__kmalloc(size_t sz, gfp_t flags):size_t:sz:flags&GFP_ATOMIC'
        Print frequency count of kmalloc allocation sizes that have GFP_ATOMIC
[...]
```

argdist(8)를 사용하면 강력한 원 라이너를 많이 만들 수 있습니다. 이것의 기능을 넘어서는 분포 요약정리에 대해서는 5장을 살펴보세요.

4.9 도구 문서

모든 BCC 도구에는 매뉴얼 페이지와 예시 파일이 있습니다. BCC/examples 디렉터리에는 도구처럼 작동하는 몇 가지 코드 예시가 있는데, 이것들은 자체 코드 외에는 문서화되어 있지 않습니다. /tools 디렉터리에 위치하거나 배포 패키지를 통해 여러분의 시스템에 설치되는 도구들은 문서화해야 합니다.

다음 절에서는 opensnoop(8)을 예시로 도구 문서화에 대해 설명합니다.

4.9.1 매뉴얼 페이지: opensnoop

패키지를 통해 도구를 설치했다면 `man opensnoop` 명령어를 사용할 수 있습니다. 여러분이 소스 코드 저장소의 매뉴얼(/man)을 확인하고 있다면, nroff(1) 명령어를 이용해 매뉴얼 페이지(ROFF 포맷)를 확인할 수 있습니다

매뉴얼 페이지의 구조는 다른 리눅스 유틸리티 구조에 기반을 두고 있습니다. 필자는 여러 해에 걸쳐 매뉴얼 페이지의 내용에 대한 접근 방식을 다듬었고, 특정한 세부 사항에 주의를 기울였습니다.[7] 다음 매뉴얼 페이지는 필자의 설명과 조언을 담고 있습니다.

```
bcc$ nroff -man man/man8/opensnoop.8

opensnoop(8)                    System Manager's Manual                    opensnoop(8)



NAME
        opensnoop - Trace open() syscalls. Uses Linux eBPF/bcc.

SYNOPSIS
        opensnoop.py [-h] [-T] [-U] [-x] [-p PID] [-t TID] [-u UID]
                     [-d DURATION] [-n NAME] [-e] [-f FLAG_FILTER]

DESCRIPTION
        opensnoop  traces  the  open()  syscall,  showing  which  processes are
        attempting to open which files. This can be useful for determining  the
        location  of  config and log files, or for troubleshooting applications
        that are failing, especially on startup.

        This works by tracing the kernel sys_open() function using  dynamic
        tracing, and will need updating to match any changes to this function.

        This  makes  use  of a Linux 4.5 feature (bpf_perf_event_output()); for
        kernels older than 4.5, see the version under tools/old, which uses  an
        older mechanism.

        Since this uses BPF, only root user can use this tool.
[...]
```

이 매뉴얼 페이지는 (DESCRIPTION 섹션의 마지막에 언급한 것처럼) 루트 권한을 요구하는 시스템 관리 명령어이기 때문에 섹션 8에 위치합니다. perf(1) 명령

7　필자는 개발한 성능 도구들에 대한 200개 이상의 매뉴얼 페이지를 작성하고 발표해 왔습니다.

어와 마찬가지로 향후에는 루트 사용자가 아니더라도 확장 BPF를 사용할 수 있게 될 것입니다. 그렇게 되면 이 매뉴얼 페이지는 섹션 1로 이동할 것입니다.

NAME은 도구에 대한 한 줄 설명을 포함하고 있습니다. 여기에는 이 도구가 리눅스용이며 eBPF/BCC를 사용한다고 명시하고 있습니다(여러 운영체제나 트레이싱 도구를 대상으로 하는 다양한 버전을 만들었기 때문입니다).

SYNOPSIS는 커맨드 라인 사용 방법을 요약정리하고 있습니다.

DESCRIPTION은 도구가 무엇을 하고 이것이 왜 유용한지를 요약하고 있습니다. 달리 말해 실무에서 이 도구를 통해 어떤 문제를 해결할 수 있는지 알려줍니다(모든 사람들에게 도구의 용도가 분명하지 않을 수 있기 때문에). 이런 정보를 제공함으로써 해당 도구가 충분히 유용함을 보여줄 수 있습니다. 어떤 도구는 활용 사례가 너무 한정적이라는 사실을 깨닫게 되면서 이 절의 내용을 쓰기가 때때로 좀 힘겨웠습니다.

DESCRIPTION 섹션은 주요 경고 사항에 대해서도 언급해야만 합니다. 사용자들이 고생하면서 이슈를 발견하게 하는 것보다는 미리 경고해 주는 편이 낫습니다. 이 예시에서는 동적 트레이싱 안정성과 요구되는 커널 버전에 대한 기본적인 경고를 포함하고 있습니다.

계속해서 살펴봅시다.

```
REQUIREMENTS
        CONFIG_BPF and bcc.

OPTIONS
        -h      Print usage message.

        -T      Include a timestamp column.
[...]
```

REQUIREMENTS 섹션은 특이사항을 나열하며 OPTIONS 섹션은 모든 커맨드 라인 옵션을 나열합니다.

```
EXAMPLES
        Trace all open() syscalls:
                # opensnoop

        Trace all open() syscalls, for 10 seconds only:
                # opensnoop -d 10

[...]
```

EXAMPLES는 도구의 다양한 실행 방법을 보여주면서 도구의 기능을 설명합니다. 매뉴얼 페이지에서 가장 유용한 부분일 것입니다.

```
FIELDS
     TIME(s)
           Time of the call, in seconds.

     UID    User ID

     PID    Process ID

     TID    Thread ID

     COMM   Process name

     FD     File descriptor (if success), or -1 (if failed)

     ERR    Error number (see the system's errno.h)
[...]
```

FIELDS는 도구가 출력할 수 있는 모든 필드를 설명합니다. 만약 필드에 단위가 있다면 매뉴얼 페이지에 포함되어야 합니다. 위의 예시는 "TIME(s)"라는 필드가 초 단위라는 것을 보여줍니다.

```
OVERHEAD
     This traces the kernel open function and prints output for each  event.
     As  the  rate  of  this is generally expected to be low (< 1000/s), the
     overhead is also expected to be negligible. If you have an application
     that  is calling a high rate of open()s, then test and understand over-
     head before use.
```

OVERHEAD 섹션은 기대치를 설정하는 곳입니다. 사용자가 도구의 오버헤드가 높다는 것을 알고 있다면 처리 계획을 세울 수 있고 도구를 더욱 성공적으로 사용할 수 있습니다. 위의 예시에서는 오버헤드가 낮을 것으로 예상합니다.

```
SOURCE
     This is from bcc.

           https://github.com/iovisor/bcc

     Also look in the bcc distribution for a companion  _examples.txt  file
     containing example usage, output, and commentary for this tool.

OS
     Linux

STABILITY
```

```
      Unstable - in development.
AUTHOR
      Brendan Gregg
SEE ALSO
      funccount(1)
```

마지막 섹션은 이 도구가 BCC로부터 왔다는 것을 알려주고 다른 메타데이터를 보여줍니다. 또 예시 파일이나 SEE ALSO에 있는 관련 도구에 대한 참고 자료도 알려줍니다.

도구가 다른 트레이싱 도구로부터 옮겨왔거나 다른 작업물에 기반하고 있다면, 매뉴얼 페이지에 문서화하는 것이 바람직합니다. BCC 도구들이 bpftrace 저장소로 포팅된 경우가 많이 있으며, bpftrace의 매뉴얼 페이지의 SOURCE 섹션에 이것에 대해 명시해 놓았습니다.

4.9.2 예시 파일: opensnoop

출력 결과 예시를 살펴보면 직관적으로 이해할 수 있어서, 도구를 설명하는 가장 좋은 방법이라고 할 수 있습니다. '직관적'이라는 건 도구를 제대로 디자인했다는 뜻이니까요. BCC에 있는 모든 도구는 예시 텍스트 파일을 포함하고 있습니다.

예시 파일의 첫 번째 문장은 도구의 이름과 버전을 표시합니다. 예시는 기본적인 것부터 좀 더 어려운 것까지 포함하고 있습니다.

```
bcc$ more tools/opensnoop_example.txt
Demonstrations of opensnoop, the Linux eBPF/bcc version.


opensnoop traces the open() syscall system-wide, and prints various details.
Example output:

# ./opensnoop
PID    COMM      FD ERR PATH
17326  <...>      7   0 /sys/kernel/debug/tracing/trace_pipe
1576   snmpd      9   0 /proc/net/dev
1576   snmpd     11   0 /proc/net/if_inet6
1576   snmpd     11   0 /proc/sys/net/ipv4/neigh/eth0/retrans_time_ms
[...]

While tracing, the snmpd process opened various /proc files (reading metrics),
and a "run" process read various libraries and config files (looks like it
was starting up: a new process).
```

opensnoop can be useful for discovering configuration and log files, if used
during application startup.

The -p option can be used to filter on a PID, which is filtered in-kernel. Here
I've used it with -T to print timestamps:

```
./opensnoop -Tp 1956
TIME(s)         PID    COMM          FD ERR PATH
0.000000000     1956   supervise      9   0 supervise/status.new
0.000289999     1956   supervise      9   0 supervise/status.new
1.023068000     1956   supervise      9   0 supervise/status.new
1.023381997     1956   supervise      9   0 supervise/status.new
2.046030000     1956   supervise      9   0 supervise/status.new
2.046363000     1956   supervise      9   0 supervise/status.new
3.068203997     1956   supervise      9   0 supervise/status.new
3.068544999     1956   supervise      9   0 supervise/status.new
```

This shows the supervise process is opening the status.new file twice every
second.
[...]

도구의 출력 결과는 첫 번째 예시에 설명이 있습니다.

예시 파일의 마지막 부분에는 도구의 사용법 메시지와 동일한 내용이 들어 있습니다. 중복으로 보일 수 있지만, 이렇게 하면 온라인 검색에 유용할 수 있습니다. 예시 파일이 일반적으로 사용되는 모든 옵션을 보여주는 것은 아니기 때문에, 맨 마지막에 사용법 메시지를 첨부함으로서 도구가 할 수 있는 또 다른 작업을 보여줍니다.

4.10 BCC 도구 개발하기

대부분의 독자들은 고급 bpftrace 언어로 프로그래밍하는 것을 선호할 것이기 때문에 이 책은 도구 개발용 bpftrace에 초점을 맞추며, 사전에 작성된 도구의 소스로 BCC를 사용합니다. BCC 도구 개발에 대해서는 부록 C에서 다루며 선택적으로 활용할 수 있는 자료입니다.

bpftrace의 활용 가능성을 고려할 때, BCC로 도구를 개발하는 이유는 무엇일까요? BCC는 여러 가지 커맨드 라인 인자와 커맨드 라인 옵션, 그리고 완전히 커스터마이즈된 출력과 동작이 가능해 복잡한 도구를 빌드하는 데 적합합니다. 예를 들어 BCC 도구는 이벤트 데이터를 메시지 서버나 데이터베이스로 보내는 네트워킹 라이브러리를 사용할 수 있습니다. 이와 비교해서 bpftrace는 원 라이너, 혹은 인자가 없거나 한 개의 인자만을 받고 텍스트 결과만 출력하는 짧은 도구들에 더 적합합니다.

BCC는 BPF 프로그램은 C 언어로, 사용자 레벨 컴포넌트는 파이썬이나 다른 언어로 작성할 수 있게 함으로써 하위 수준 제어도 가능하게 합니다. 이것은 복잡함의 대가로 얻은 것입니다. BCC 도구는 bpftrace 도구와 비교해 코드라인이 10배 정도 길기 때문에 개발하는 데 10배 정도 오래 걸릴 수 있습니다.

여러분이 코딩을 BCC로 하든 혹은 bpftrace로 하든 핵심 기능을 한곳에서 다른 곳으로 옮기는 것이 가능합니다. 그 기능이 무엇인지 결정하기만 하면, BCC로 도구를 개발하기 전에 bpftrace를 프로토타이핑과 개념 증명(proof-of-concept, POC) 언어 용도로 사용할 수도 있습니다.

부록 C에서 BCC 도구 개발 자료들, 몇 가지 팁들 그리고 소스 코드를 설명한 예시를 찾아볼 수 있습니다.

이어지는 절들에서는 BCC 내부 구조와 디버깅을 다룹니다. 여러분이 BCC 도구를 개발하는 게 아니라 실행하고 있다고 해도, 망가진 도구를 디버그해야 하거나 운용을 위해 BCC 내부 구조를 이해해야 할 필요가 있을 것입니다.

4.11 BCC 내부 구조

BCC는 다음과 같이 구성되어 있습니다.

- 커널 레벨 BPF 프로그램들을 구성하기 위한 C++ 프론트엔드 API
  - 메모리 역참조를 bpf_probe_read() 호출로 교체하기 위한 전처리기(및 향후 커널에서의 변형)
- C++ 백엔드 드라이버
  - Clang/LLVM을 통해 BPF 프로그램 컴파일
  - 커널에 BPF 프로그램 로드
  - BPF 프로그램을 이벤트에 연결
  - BPF 맵 읽고 쓰기
- BPF 도구 구성을 위한 프로그래밍 언어 프론트엔드 API: 파이썬, C++, 루아

이 구성을 그림으로 정리하면 그림 4.5와 같습니다.

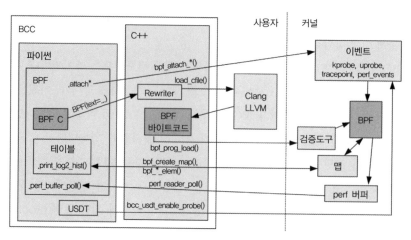

그림 4.5 BCC 내부 구조

그림 4.5에서 볼 수 있는 BPF, 테이블 그리고 USDT 파이썬 객체는 libbcc와 libbcc_bpf에 있는 각각의 구현체에 대한 래퍼(wrapper)입니다.

테이블 객체는 BPF 맵과 상호 작용합니다. 이러한 테이블은 BPF 객체의 아이템이 되며(__getitem__ 같은 파이썬 "매직 메서드"를 사용해서), 그런 이유로 다음 두 줄은 동일합니다.

```
counts = b.get_table("counts")
counts = b["counts"]
```

USDT는 파이썬에서 별도의 객체로 존재하는데, USDT의 동작 방식이 kprobe, uprobe 그리고 tracepoint와는 다르기 때문입니다. USDT는 초기화되는 동안 프로세스 ID나 경로에 연결되어야만 합니다. 다른 이벤트 유형들과는 달리 일부 USDT probe는 프로세스 이미지에 세마포어(semaphore)를 설정해야만 해당 probe를 사용할 수 있기 때문입니다. 이 세마포어는 USDT probe가 현재 사용 중인지, 그리고 USDT probe의 인자를 준비해야 하는지, 혹은 성능 최적화를 위해 생략할 수 있는지를 애플리케이션이 결정하는 데 사용됩니다.

C++ 컴포넌트는 libbcc_bpf와 libbcc로 컴파일되고, 다른 소프트웨어(예: bpftrace)가 이를 사용합니다. libbcc_bpf는 리눅스 커널 소스 코드의 tools/lib/bpf 아래에 있습니다(BCC를 기원으로 합니다).

BCC가 BPF 프로그램을 로딩하고 이벤트를 계측하는 순서는 다음과 같습니다.

1. 파이썬 BPF 객체가 만들어지고, BPF C 프로그램이 객체로 전달됩니다.
2. BCC rewriter가 BPF C 프로그램을 전처리하며, bpf_probe_read() 호출로

역참조를 교체합니다.

3. Clang이 BPF C 프로그램을 LLVM IR로 컴파일합니다.

4. BCC codegen이 BPF 동작에 필요한 LLVM IR을 추가합니다.

5. LLVM이 IR을 BPF 바이트코드로 컴파일합니다.

6. BPF 프로그램에 맵이 사용되었다면 맵이 만들어집니다.

7. 생성된 바이트코드를 커널로 보내서, BPF 검증 도구를 통해 안전한지 검사합니다.

8. 이벤트가 활성화되며, BPF 프로그램들이 이벤트에 연결됩니다.

9. BCC 프로그램이 맵 혹은 perf_event 버퍼를 통해 계측된 데이터를 읽습니다.

다음 절에서는 이러한 내부 구조에 대해 좀 더 설명합니다.

4.12 BCC 디버깅

printf()를 삽입하지 않고도 BCC 도구를 디버그하고 문제를 해결하는 여러 가지 방법이 있습니다. 이번 절에서는 print 문, BCC 디버그 모드, bpflist 그리고 이벤트 초기화하기에 대해 설명합니다. 여러분이 이 절을 읽는 목적이 문제 해결을 위함이라면 누락된 이벤트, 누락된 스택, 누락된 심벌과 같은 흔히 발생하는 문제들을 다루는 18장도 확인해 보십시오.

그림 4.6은 프로그램 컴파일 흐름도와 흐름에 따라 검토할 때 사용할 수 있는 여러 가지 디버깅 도구를 보여줍니다.

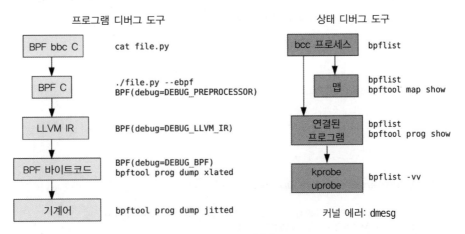

그림 4.6 BCC 디버깅

여기서 소개한 도구들은 이어지는 절에서 설명합니다.

4.12.1 printf() 디버깅

printf()로 디버깅하는 것은 디버깅 도구를 사용하는 것에 비하면 조잡한 방식이라고 생각할 수 있지만, 오히려 효과적이고 빠를 수 있습니다. printf()는 파이썬 코드뿐만 아니라 BPF 코드에도 추가할 수 있습니다. BPF에는 디버깅 목적을 위한 특별한 헬퍼 함수가 있는데, 바로 bpf_trace_printk()입니다. 이 함수는 특별한 Ftrace 버퍼로 출력을 내보내는데, 이것은 cat(1)을 통해 /sys/kernel/debug/tracing/trace_pipe 파일을 읽음으로써 확인할 수 있습니다.

예를 들어 여러분이 biolatency(8) 도구를 컴파일하고 실행하고 있는데 출력 결과가 잘못된 것 같다고 생각해 봅시다. 여러분은 printf()를 삽입해서 probe가 제대로 호출되고 있고 사용된 변수가 제대로 된 값을 가지고 있는지 확인할 수 있습니다. 다음은 biolatency.py에 이 헬퍼 함수를 추가한 예시이고, 볼드로 강조해 놓았습니다.

```
[...]
// 블록 I/O의 시간을 계측
int trace_req_start(struct pt_regs *ctx, struct request *req) {
    u64 ts = bpf_ktime_get_ns();
    start.update(&req, &ts);
    bpf_trace_printk("BDG req=%llx ts=%lld\\n", req, ts);
    return 0;
}
[...]
```

여기 있는 "BDG"는 단지 필자의 이니셜로, 출력 결과가 필자의 디버그 세션에서 나왔다는 것을 명확하게 확인하기 위해 추가했습니다.

이제 도구는 다음과 같이 실행될 수 있습니다.

```
# ./biolatency.py
Tracing block device I/O... Hit Ctrl-C to end.
```

그리고 다른 터미널 세션에서 cat(1)을 이용해 Ftrace trace_pipe 파일을 읽어 들일 수 있습니다.

```
# cat /sys/kernel/debug/tracing/trace_pipe
[...]
    kworker/4:1H-409   [004] .... 2542952.834645: 0x00000001: BDG
req=ffff8934c90a1a00 ts=2543018287130107
    dmcrypt_write-354  [004] .... 2542952.836083: 0x00000001: BDG
```

```
req=ffff8934c7df3600 ts=2543018288564980
    dmcrypt_write-354    [004] .... 2542952.836093: 0x00000001: BDG
req=ffff8934c7df3800 ts=2543018288578569
    kworker/4:1H-409     [004] .... 2542952.836260: 0x00000001: BDG
req=ffff8934c90a1a00 ts=2543018288744416
    kworker/4:1H-409     [004] .... 2542952.837447: 0x00000001: BDG
req=ffff8934c7df3800 ts=2543018289932052
    dmcrypt_write-354    [004] .... 2542953.611762: 0x00000001: BDG
req=ffff8934c7df3800 ts=2543019064251153
    kworker/u16:4-5415   [005] d... 2542954.163671: 0x00000001: BDG
req=ffff8931622fa000 ts=2543019616168785
```

출력 결과를 보면 Ftrace가 추가한 여러 가지 기본 필드를 확인할 수 있고, 마지막에 필자가 커스터마이즈한 bpf_trace_printk() 메시지가 나옵니다(자동 줄바꿈되어 있습니다).

여러분이 cat(1)을 이용해 trace_pipe 대신 trace 파일을 읽어 들인다면 헤더들이 출력될 것입니다.

```
# cat /sys/kernel/debug/tracing/trace
# tracer: nop
#
#                                _-----=> irqs-off
#                               / _----=> need-resched
#                              | / _---=> hardirq/softirq
#                              || / _--=> preempt-depth
#                              ||| /     delay
#           TASK-PID    CPU#   ||||    TIMESTAMP  FUNCTION
#             | |        |     ||||       |          |
   kworker/u16:1-31496 [000] d... 2543476.300415: 0x00000001: BDG
req=ffff89345af53c00 ts=2543541760130509
   kworker/u16:4-5415  [000] d... 2543478.316378: 0x00000001: BDG
req=ffff89345af54c00 ts=2543543776117611
[...]
```

이 두 파일 간의 차이점은 다음과 같습니다.

- trace: 헤더를 출력하지만 대기하지는 않습니다.
- trace_pipe: 더 많은 메시지를 출력하기 위해 대기하고 읽은 메시지는 버퍼에서 삭제됩니다.

trace와 trace_pipe는 Ftrace 버퍼를 읽어 들입니다. 이 버퍼는 다른 Ftrace 도구에서도 사용하기 때문에 여러분의 디버그 메시지는 다른 메시지와 섞일 수 있습니다. 이 Ftrace 버퍼를 이용한 printf()는 디버깅하기에 충분하며 필요에 따라 관심 있는 것만 필터링해서 메시지를 볼 수 있습니다(예: 이 사례의 경우 grep

BDG /sys/.../trace를 사용해서 BDG만 필터링할 수 있습니다).

2장에서 살펴본 bpftool(8)을 사용해서도 Ftrace 버퍼를 출력할 수 있습니다 (bpftool prog tracelog).

4.12.2 BCC 디버그 출력

funccount(8)의 -D 옵션과 같이 일부 도구들은 디버그 결과물을 출력하기 위한 옵션을 이미 제공하고 있습니다. 사용하는 도구에 이러한 옵션이 있는지 사용법 메시지(-h 혹은 --help)를 확인해 보시기 바랍니다. 문서에 설명하지는 않았지만 많은 도구가 --ebpf 옵션을 가지고 있는데, 이 옵션은 도구가 생성한 최종 BPF 프로그램을 출력합니다.[8] 예를 들면 다음과 같습니다.

```
# opensnoop --ebpf

#include <uapi/linux/ptrace.h>
#include <uapi/linux/limits.h>
#include <linux/sched.h>

struct val_t {
    u64 id;
    char comm[TASK_COMM_LEN];
    const char *fname;
};

struct data_t {
    u64 id;
    u64 ts;
    u32 uid;
    int ret;
    char comm[TASK_COMM_LEN];
    char fname[NAME_MAX];
};

BPF_HASH(infotmp, u64, struct val_t);
BPF_PERF_OUTPUT(events);


int trace_entry(struct pt_regs *ctx, int dfd, const char __user *filename, int flags)
{
    struct val_t val = {};
    u64 id = bpf_get_current_pid_tgid();
    u32 pid = id >> 32; // PID 는 상위 부분입니다
    u32 tid = id;       // 캐스팅하고 하위 부분을 가져옵니다
    u32 uid = bpf_get_current_uid_gid();
[...]
```

---

8   --ebpf 옵션은 BCC PCP PMDA에서 사용하기 위해 추가된 옵션입니다(17장 참고). 사용자를 위해 추가한 것은 아니기 때문에 혼란을 방지하기 위해 사용법 메시지에 문서화하지는 않았습니다.

BPF 프로그램을 커널에 의해 거절되었을 경우, 이것을 출력해서 이슈가 있는지 확인하는 데 유용합니다.

4.12.3 BCC 디버그 플래그

BCC의 디버깅 기능은 프로그램의 BPF 객체 생성자(initializer)에 디버그 플래그를 추가함으로서 사용할 수 있는데, 이는 모든 도구에서 사용할 수 있습니다. 예를 들어 opensnoop.py에는 다음과 같은 라인이 있습니다.

```
b = BPF(text=bpf_text)
```

해당 라인을 다음과 같이 변경하여 디버그 설정을 포함시킬 수 있습니다.

```
b = BPF(text=bpf_text, debug=0x2)
```

이 디버그 설정은 프로그램이 실행될 때 BPF 명령어를 출력합니다.

```
# opensnoop
0: (79) r7 = *(u64 *)(r1 +104)
1: (b7) r1 = 0
2: (7b) *(u64 *)(r10 -8) = r1
3: (7b) *(u64 *)(r10 -16) = r1
4: (7b) *(u64 *)(r10 -24) = r1
5: (7b) *(u64 *)(r10 -32) = r1
6: (85) call bpf_get_current_pid_tgid#14
7: (bf) r6 = r0
8: (7b) *(u64 *)(r10 -40) = r6
9: (85) call bpf_get_current_uid_gid#15
10: (bf) r1 = r10
11: (07) r1 += -24
12: (b7) r2 = 16
13: (85) call bpf_get_current_comm#16
14: (67) r0 <<= 32
[...]
```

BPF 디버깅 옵션은 단일 비트 플래그이고 조합해서 사용할 수 있습니다. 디버깅 옵션은 src/cc/bpf_module.h에 다음과 같이 정의되어 있습니다.

비트	이름	디버그 정보
0x1	DEBUG_LLVM_IR	컴파일된 LLVM IR(intermediate representation, 중간 표현)을 출력
0x2	DEBUG_BPF	BPF 바이트코드와 분기문(branch)에서의 레지스터 상태 출력

(다음쪽에 이어짐)

0x4	DEBUG_PREPROCESSOR	전처리기 결과를 출력(--ebpf와 유사하게)
0x8	DEBUG_SOURCE	소스코드가 내장된 어셈블리 명령어 출력
0x10	DEBUG_BPF_REGISTER_STATE	모든 명령어에 대한 레지스터 상태 출력
0x20	DEBUG_BTF	BTF 디버깅 출력(사용하지 않으면 BTF 에러는 무시됨)

debug=0x1f는 모든 BPF 디버그 정보를 출력하는데, 분량이 수십 페이지에 달할 수도 있습니다.

4.12.4 bpflist

BCC에 있는 bpflist(8) 도구는 BPF 프로그램을 실행 중인 도구 목록을 몇 가지 세부 사항과 함께 보여줍니다. 예를 들면 다음과 같습니다.

```
# bpflist
PID     COMM            TYPE     COUNT
30231   opensnoop       prog     2
30231   opensnoop       map      2
```

이것은 opensnoop(8) 도구가 PID 30231로 실행 중이며 두 개의 BPF 프로그램과 두 개의 맵을 사용하고 있음을 보여줍니다. opensnoop(8)은 두 개의 이벤트를 BPF 프로그램으로 각각 계측하며, probe 간에 정보 교환을 위한 맵과 사용자 공간으로 데이터를 보내는 맵을 가지고 있기 때문에 이 출력 결과는 정확합니다.

-v(verbose) 모드는 사용 중인 kprobe와 uprobe도 함께 집계하고, -vv(very verbose)는 이에 더해 사용 중인 kprobe와 uprobe의 목록까지 보여줍니다.

```
# bpflist -vv
open kprobes:
p:kprobes/p_do_sys_open_bcc_31364 do_sys_open
r:kprobes/r_do_sys_open_bcc_31364 do_sys_open

open uprobes:

PID     COMM            TYPE     COUNT
1       systemd         prog     6
1       systemd         map      6
31364   opensnoop       map      2
31364   opensnoop       kprobe   2
31364   opensnoop       prog     2
```

이것은 두 개의 BPF 프로그램, 즉 systemd(PID 1)와 opensnoop(PID 31364)이 실행 중임을 보여줍니다. -vv 모드도 사용했기 때문에 열린 kprobe과 uprobe 이벤트의 목록도 함께 출력되었습니다. PID 31364가 kprobe 이름에 인코딩되었다는 것에 주목하기 바랍니다.

4.12.5 bpftool

bpftool은 리눅스 소스 트리에 들어있는 도구로, 실행 중인 BPF 프로그램과 BPF 명령어를 출력할 수 있고, 맵과 상호 작용할 수 있는 등 다양한 기능을 갖추고 있습니다. 이 내용은 2장에서 다뤘습니다.

4.12.6 dmesg

간혹 BPF 혹은 이벤트 소스에서 커널 에러가 발생할 수 있고, 이 에러는 dmesg(1)를 사용해 시스템 로그에서 확인할 수 있습니다.

```
# dmesg
[...]
[8470906.869945] trace_kprobe: Could not insert probe at vfs_rread+0: -2
```

이것은 vfs_rread() 커널 함수에 대해 kprobe를 만들려는 시도와 관련한 에러입니다. 커널에 vfs_rread()라는 함수는 존재하지 않고, 오탈자 때문에 발생한 에러로 보입니다.

4.12.7 이벤트 초기화하기

소프트웨어 개발은 일반적으로 새로운 코드를 작성하고 버그를 수정하는 과정의 반복입니다. BCC 도구 혹은 라이브러리에 버그가 발생했다고 생각해 봅시다. BCC는 트레이싱이 활성화된 이후에 에러가 발생해 종료되었을 수 있습니다. 이렇게 된다면 이벤트를 사용하고 있는 프로세스가 없는데도 커널 이벤트 소스들이 활성화 상태로 유지되어 불필요한 오버헤드가 발생할 수 있습니다.

　이 문제는 이전에 BCC가 모든 이벤트 소스(perf_events(PMC) 제외)를 계측할 때 사용하던, /sys에 있는 Ftrace 기반 인터페이스에서 발생하던 이슈였습니다. perf_events의 경우에는 파일 디스크립터 기반의 perf_event_open()을 사용했습니다. perf_event_open() 인터페이스의 장점은 프로세스에 에러가 발생해 종료되면 커널이 해당 파일 디스크립터를 정리한다는 것인데, 이렇게 되

면 활성화된 이벤트 소스도 정리(비활성화)됩니다. 리눅스 4.17 이후 버전에서
BCC는 모든 이벤트 소스를 perf_event_open() 인터페이스로 전환하였으며, 그
로 인해 (사용하지 않아도) 활성화 상태인 커널 이벤트 소스 문제는 과거의 얘기
가 되었습니다.

여러분이 더 오래된 커널에서 작업하고 있다면, reset-trace.sh라는 BCC 도구
를 사용할 수 있습니다. 이 도구는 모든 활성화된 트레이싱 이벤트를 삭제하며
Ftrace 커널 상태를 정리합니다. 이 도구는 이벤트 소스를 매우 빠르게 종료시키
기 때문에, 시스템에서 실행 중인 트레이싱 도구(BCC뿐만 아니라 어떠한 트레
이싱 도구라도)가 없다고 확신할 때에만 사용하기 바랍니다.

다음은 필자의 BCC 개발 서버에서 실행한 출력 결과 일부입니다.

```
# reset-trace.sh -v
Resetting tracing state...

Checking /sys/kernel/debug/tracing/kprobe_events
Needed to reset /sys/kernel/debug/tracing/kprobe_events
kprobe_events, before (line enumerated):
    1 r:kprobes/r_d_lookup_1_bcc_22344 d_lookup
    2 p:kprobes/p_d_lookup_1_bcc_22344 d_lookup
    3 p:kprobes/p_lookup_fast_1_bcc_22344 lookup_fast
    4 p:kprobes/p_sys_execve_1_bcc_12659 sys_execve
[...]
kprobe_events, after (line enumerated):


Checking /sys/kernel/debug/tracing/uprobe_events
Needed to reset /sys/kernel/debug/tracing/uprobe_events
uprobe_events, before (line enumerated):
    1 p:uprobes/p__proc_self_exe_174476_1_bcc_22344 /proc/self/
exe:0x0000000000174476
    2 p:uprobes/p__bin_bash_ad610_1_bcc_12827 /bin/bash:0x00000000000ad610
    3 r:uprobes/r__bin_bash_ad610_1_bcc_12833 /bin/bash:0x00000000000ad610
    4 p:uprobes/p__bin_bash_8b860_1_bcc_23181 /bin/bash:0x000000000008b860
[...]
uprobe_events, after (line enumerated):

Checking /sys/kernel/debug/tracing/trace
Checking /sys/kernel/debug/tracing/current_tracer
Checking /sys/kernel/debug/tracing/set_ftrace_filter
Checking /sys/kernel/debug/tracing/set_graph_function
Checking /sys/kernel/debug/tracing/set_ftrace_pid
Checking /sys/kernel/debug/tracing/events/enable
Checking /sys/kernel/debug/tracing/tracing_thresh
Checking /sys/kernel/debug/tracing/tracing_on

Done.
```

이 상세 동작 모드(–v)에서는, reset-trace.sh가 수행하는 모든 과정이 출력됩니다. 출력 결과가 없는 라인은 kprobe_events와 uprobe_events를 리셋한 후 그 리셋이 성공적으로 이루어졌다는 것을 보여줍니다.

4.13 정리

BCC 프로젝트는 70개 이상의 BPF 성능 분석 도구를 제공하는데, 그중 대다수는 커맨드 라인 옵션을 통해 동작 방식을 변경할 수 있으며, 모든 도구는 매뉴얼 페이지와 예시 파일로 상세하게 문서화해 놓았습니다. 대부분은 단일 목적 도구로, 하나의 활동만 관찰하는 것에 초점을 맞추고 있습니다. 일부는 다목적 도구로, 이번 장에서는 이벤트를 집계하는 funccount(8), 이벤트로 이어지는 스택 트레이스를 집계하는 stackcount(8), 이벤트별 원하는 세부 정보를 커스터마이즈해서 출력할 수 있는 trace(8) 그리고 이벤트 인자를 집계 수 또는 히스토그램으로 요약하는 argdist(8)를 다뤘습니다. 또한 BCC 디버깅 도구도 다루었습니다. 부록 C에서는 새로운 BCC 도구들을 개발하는 방법에 대한 예시를 제공합니다.

5장

bpftrace

bpftrace는 BPF와 BCC를 기반으로 만들어진 오픈 소스 트레이싱 도구입니다. BCC처럼 많은 성능 분석 도구와 지원 문서를 탑재하고 있습니다. bpftrace는 또한 고급 프로그래밍 언어도 제공하는데 이를 사용하면 강력한 원 라이너 및 짤막한 도구들을 개발할 수 있습니다. 예를 들어, 다음의 짧은 bpftrace 원 라이너를 사용해서 vfs_read() 리턴 값(읽은 바이트 크기 혹은 에러 값)을 히스토그램으로 요약할 수 있습니다.

```
# bpftrace -e 'kretprobe:vfs_read { @bytes = hist(retval); }'
Attaching 1 probe...
^C

@bytes:
(..., 0)            223 |@@@@@@@@@@@@@                                        |
[0]                 110 |@@@@@@                                              |
[1]                 581 |@@@@@@@@@@@@@@@@@@@@@@@@@@@@@@@@@@@                   |
[2, 4)               23 |@                                                   |
[4, 8)                9 |                                                    |
[8, 16)             844 |@@@@@@@@@@@@@@@@@@@@@@@@@@@@@@@@@@@@@@@@@@@@@@@@@@@@@@|
[16, 32)             44 |@@                                                  |
[32, 64)             67 |@@@@                                                |
[64, 128)            50 |@@@                                                 |
[128, 256)           24 |@                                                   |
[256, 512)            1 |                                                    |
```

bpftrace는 2016년 12월에 앨라스테어 로버트슨(Alastair Robertson)이 자투리 프로젝트로 만들었습니다. bpftrace는 잘 설계되었고 기존의 BCC/LLVM/BPF 툴 체인과 잘 맞았기 때문에 필자도 그 프로젝트의 개발에 참여했으며 코드, 성능 분석 도구 및 관련 문서 작성의 주요 기여자가 되었습니다. 현재 이 프로젝트에는 많은 사람이 참여하고 있으며, 2018년 한 해 동안 일부 주요 기능의 개발을 마쳤습니다.

이번 장에서는 bpftrace의 특징, bpftrace 도구와 관련 문서의 개요를 살펴보고, bpftrace 프로그래밍 언어에 대해 설명한 다음 bpftrace 디버깅과 내부 구조를 둘러보는 것으로 마무리합니다.

학습 목표

- bpftrace의 기능 및 다른 도구와의 차별점 이해하기
- 도구를 실행하는 방법과 문서를 어디서 찾을 수 있는지 알아보기
- bpftrace 소스 코드를 읽는 방법 알아보기(소스 코드는 이후 장에 포함되어 있습니다)
- bpftrace 프로그래밍 언어로 원 라이너와 도구 개발하는 방법 이해하기
- (선택 사항) bpftrace 내부 구조 들여다보기

지금 즉시 bpftrace 프로그래밍의 학습을 시작하고 싶다면, 5.7 "bpftrace 프로그래밍"을 먼저 본 다음 여기로 돌아와서 bpftrace에 대한 학습을 마무리지어도 됩니다.

BCC는 복잡한 도구들과 데몬(daemon) 프로그램을 작성하는 데 이상적인 반면, bpftrace는 원 라이너와 짧은 스크립트를 통한 애드 혹(ad hoc) 계측에 적합합니다.

5.1 bpftrace 컴포넌트

그림 5.1은 bpftrace의 상위 레벨 디렉터리 구조를 보여줍니다.

bpftrace에는 bpftrace 프로그래밍 튜토리얼(원 라이너 튜토리얼)과 프로그래밍 언어에 대한 레퍼런스 가이드뿐만 아니라 도구, 매뉴얼 페이지 그리고 예시 파일에 대한 문서도 포함되어 있습니다. bpftrace 도구의 확장자는 .bt입니다.

프론트엔드는 프로그래밍 언어를 분석하기 위해 lex와 yacc를 사용하며, 구조 분석을 위해서는 Clang을 사용합니다. 백엔드는 bpftrace 프로그램을 LLVM IR로 컴파일한 다음 LLVM 라이브러리가 BPF로 컴파일합니다. 상세한 내용은 5.16 "bpftrace 내부 구조"를 참고하세요.

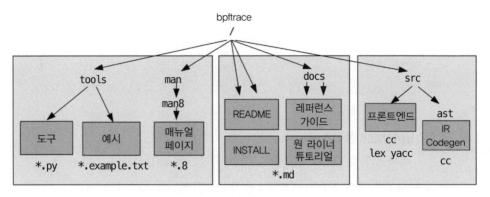

그림 5.1 bpftrace 구조

5.2 bpftrace의 기능

기능 목록은 새로운 기술이 무엇을 할 수 있는지 이해하는 데 도움이 됩니다. 필자는 개발을 가이드하기 위해 필자가 원하는 '희망' 기능의 목록을 만들었습니다. 이 기능들은 이미 개발되었으며 현재 bpftrace에서 제공하고 있습니다. 이번 절에 그 목록을 실어 놓았습니다. 4장에서는 기능 목록을 커널 레벨과 사용자 레벨 기능별로 나누어 놓았는데, 서로 API가 다르기 때문입니다. bpftrace에서는 오로지 하나의 API인 'bpftrace 프로그래밍'만 있습니다. 그 대신 bpftrace 기능은 이벤트 소스, 동작 및 일반적인 특징으로 그룹화해 놓았습니다.

5.2.1 bpftrace 이벤트 소스

이 이벤트 소스는 2장에서 소개한 커널 레벨 기술을 사용합니다. bpftrace 인터페이스(probe 유형)는 괄호 안에 표기해 놓았습니다

- 커널 레벨 동적 계측(kprobe)
- 사용자 레벨 동적 계측(uprobe)
- 커널 레벨 정적 트레이싱(tracepoint, software)
- 사용자 레벨 정적 트레이싱(usdt, libbcc를 통해)
- 정주기 샘플링 이벤트(profile)
- 인터벌 이벤트(interval)
- PMC 이벤트(hardware)
- 인위적인 이벤트(BEGIN, END)

이 probe 유형에 대해서는 5.9 "bpftrace Probe 유형"에서 상세하게 설명합니다. 향후 더 많은 이벤트 소스를 추가할 계획이고, 여러분이 이 책을 읽고 있을 시점에는 추가되었을 것입니다.[1] 여기에는 socket과 skb 이벤트, raw tracepoint, 메모리 중단점(memory breakpoints) 그리고 커스터마이즈된 PMC가 포함됩니다.

5.2.2 bpftrace 동작

다음은 이벤트가 발생할 때 수행할 수 있는 동작(action)들입니다. 다음은 주요 동작 중 일부로, 전체 목록은 bpftrace 레퍼런스 가이드에 있습니다.

- 필터링
- 이벤트별 출력(printf())
- 기본 변수(global, $local, per[tid])
- 내장 변수(pid, tid, comm, nsecs, …)
- 연관 배열(key[value])
- 빈도 집계(count() 혹은 ++)
- 통계(min(), max(), sum(), avg(), stats())
- 히스토그램(hist(), lhist())
- 타임스탬프와 시간 차이(nsecs와 hash 저장 객체)
- 커널 스택 트레이스(kstack)
- 사용자 스택 트레이스(ustack)
- 커널 레벨 심벌 해석(ksym(), kaddr())
- 사용자 레벨 심벌 해석(usym(), uaddr())
- C 구조체 탐색(struct navigation) (->)
- 배열 접근([])
- 셸 명령(system())
- 파일 출력(cat())
- 위치 매개 변수($1, $2, …)

동작에 대해서는 5.7 "bpftrace 프로그래밍"에서 상세하게 설명합니다. 강력한

---

1 (옮긴이) 2021년 7월 현재 3개의 이벤트가 추가되었습니다. 다음 링크에서 확인할 수 있습니다. *https://github.com/iovisor/bpftrace/blob/master/docs/reference_guide.md#probes*

활용 사례가 있다면 동작이 더 추가될 수도 있지만, 언어를 쉽게 익힐 수 있도록 최대한 단순하게 유지하려고 합니다.

5.2.3 bpftrace 특징

다음은 일반적인 bpftrace 특징과 저장소의 구성 요소입니다.

- 오버헤드가 낮은 계측(BPF JIT, 맵)
- 프로덕션 환경에서 사용하기에 안전(BPF 검증 도구)
- 많은 도구들(/tools)
- 튜토리얼(/docs/tutorial_one_liners.md)
- 레퍼런스 가이드(/docs/reference_guide.md)

5.2.4 다른 관측 도구와 bpftrace 비교

bpftrace와 마찬가지로 모든 이벤트 유형을 계측할 수 있는 다른 트레이싱 도구와 비교하면 다음과 같은 특징이 있습니다.

- **perf(1)**: bpftrace는 간결한 고급 언어를 제공하는 반면 perf(1) 스크립팅 언어는 장황합니다. perf(1)는 이벤트를 효율적으로 덤프할 수 있으며(바이너리 포맷, perf record), 이벤트를 메모리상에서 요약해 출력하는 모드(perf top)도 지원합니다. 두 도구 모두 커널 내부에서 이벤트를 요약할 수 있는데, bpftrace는 커스텀 히스토그램과 같은 다양한 요약 방식을 지원하는 반면 perf(1)는 이벤트에 대한 집계(perf stat)만 지원합니다. bpftrace와 마찬가지로 perf(1)도 BPF 프로그램을 실행할 수 있는데, 이를 통해 perf(1)의 기능을 확장할 수 있습니다. perf(1)의 BPF 사용 사례에 대해서는 부록 D를 참고하세요.
- **Ftrace**: bpftrace가 제공하는 고급 언어는 C 언어 및 awk의 문법과 유사하지만, Ftrace의 커스텀 계측(예: 히스토그램 트리거(hist-triggers))에는 자체적인 특수 문법이 사용됩니다. Ftrace는 의존성이 적어 소규모 리눅스 환경에 적합합니다. 또한 Ftrace는 함수 집계(function counts)와 같은 계측 모드가 있는데, bpftrace가 사용하는 이벤트 소스보다 더 성능 최적화되어 있습니다(필자가 작성한 Ftrace funccount(8) 도구는 현재 동등한 bpftrace 프로그램보다 트레이싱 시작/정지 시간이 더 빠르며 런타임 오버헤드도 더 낮습니다).

- **SystemTap**: bpftrace와 SystemTap은 둘 다 고급 언어를 지원합니다. bpftrace는 리눅스 커널에 내장된 BPF 기술에 기반해 동작하지만, SystemTap은 자체 커널 모듈을 추가해서 사용합니다. 하지만 이 모듈은 RHEL 이외의 시스템에서는 신뢰하기 어려운 것으로 입증되었습니다. bpftrace처럼 SystemTap도 BPF 백엔드를 사용할 수 있도록 해서 다른 시스템에서도 신뢰할 수 있도록 만드는 작업이 진행 중입니다. SystemTap의 라이브러리(tapsets)에는 다른 대상을 계측하기 위한 더 많은 헬퍼 함수가 있습니다.

- **LTTng**: LTTng는 최적화된 이벤트 덤프 기능을 가지고 있으며 이벤트 덤프를 분석하는 도구들을 지원합니다. 이것은 애드 혹(ad hoc) 실시간 분석을 위해 설계되었기 때문에 bpftrace와는 성능 분석 접근 방법이 다릅니다.

- **애플리케이션 전용 관측 도구**: 애플리케이션 전용, 런타임 전용 도구들의 가시성은 사용자 레벨로 제한됩니다. bpftrace는 커널과 하드웨어 이벤트를 계측해서 애플리케이션 전용 도구의 영역을 벗어나는 이슈의 원인을 확인할 수도 있습니다. 애플리케이션 전용 도구들의 이점은 대상 애플리케이션 혹은 런타임을 관측하는 데 최적화되어 있다는 것입니다. MySQL 데이터베이스 프로파일러는 쿼리 관측 방법을 이해하고 있으며, JVM 프로파일러는 가비지 컬렉션을 관측할 수 있습니다. bpftrace에서는 직접 코딩해야 합니다.

bpftrace만 따로 사용할 필요는 없습니다. 목표는 문제를 해결하는 것이지 bpftrace만을 사용하는 것이 아니며, 때때로 이러한 도구들을 혼합해서 사용하는 것이 문제를 해결하는 가장 빠른 방법입니다.

5.3 bpftrace 설치

bpftrace는 리눅스 배포판 패키지를 통해 설치해야 하지만, 이 책을 쓰고 있는 시점에는 배포판 패키지가 이제 막 생겨나기 시작했습니다.[2] bpftrace는 캐노니컬(Canonical)의 스냅(snap)[3]과 데비안(Debian)용으로 처음 패키징되었고[4] 우분투 19.04에서도 역시 사용 가능하게 될 것입니다. 또한 소스로 bpftrace를 빌

---

2 (옮긴이) 현재는 페도라, 아치, 오픈수세 등 여러 배포판 패키지에서 bpftrace를 사용할 수 있습니다. *https://pkgs.org/download/bpftrace*
3 콜린 이안 킹(Colin Ian King)에게 감사를 전합니다.[61]
4 빈센트 버넷(Vincent Bernat)에게 감사를 전합니다.[62]

드할 수도 있습니다. 최신 패키지와 빌드 지침은 bpftrace 저장소의 INSTALL.
md를 확인해 보시기 바랍니다.[63]

5.3.1 커널 요구 사항

리눅스 4.9 커널(2016년 12월 릴리스) 또는 더 최신 버전을 사용하는 것을 추
천합니다. bpftrace가 사용하는 주요 BPF 컴포넌트는 4.1부터 4.9 배포판 사이
에 추가되었습니다. 이후 배포판에서는 개선 사항들을 추가했기 때문에 새로운
버전의 커널일수록 더 좋습니다. BCC 문서에는 커널 버전에 따라 사용 가능한
BPF 기능 목록을 정리해 놓았는데, 이것을 보면 최신 버전의 커널을 사용하는
것이 더 나은 이유를 알 수 있습니다.[64]

　　bpftrace를 사용하기 위해서는 몇 가지 커널 설정 옵션도 활성화해야 합니다.
현재 이 옵션들은 기본적으로 활성화되어 있어서 변경할 필요는 없습니다. 구
체적으로 CONFIG_BPF=y, CONFIG_BPF_SYSCALL=y, CONFIG_BPF_JIT=y,
CONFIG_HAVE_EBPF_JIT=y, CONFIG_BPF_EVENTS=y입니다.

5.3.2 우분투

bpftrace 패키지는 다음의 명령을 통해 설치할 수 있습니다.

```
sudo apt-get update
sudo apt-get install bpftrace
```

소스 코드를 통해 bpftrace의 빌드 및 설치도 가능합니다.

```
sudo apt-get update
sudo apt-get install bison cmake flex g++ git libelf-dev zlib1g-dev libfl-dev \
  systemtap-sdt-dev llvm-7-dev llvm-7-runtime libclang-7-dev clang-7
git clone https://github.com/iovisor/bpftrace
mkdir bpftrace/build; cd bpftrace/build
cmake -DCMAKE_BUILD_TYPE=Release ..
make
make install
```

5.3.3 페도라

페도라 bpftrace 패키지는 다음의 명령을 통해 설치할 수 있습니다.

```
sudo dnf install -y bpftrace
```

소스 코드를 통해서도 빌드 및 설치가 가능합니다.

```
sudo dnf install -y bison flex cmake make git gcc-c++ elfutils-libelf-devel \
  zlib-devel llvm-devel clang-devel bcc-devel
git clone https://github.com/iovisor/bpftrace
cd bpftrace
mkdir build; cd build; cmake -DCMAKE_BUILD_TYPE=DEBUG ..
make
```

5.3.4 빌드 후 작업

성공적으로 빌드되었는지 확인하기 위해 다음의 테스트와 원 라이너를 실행해 볼 수 있습니다.

```
sudo ./tests/bpftrace_test
sudo ./src/bpftrace -e 'kprobe:do_nanosleep { printf("sleep by %s\n", comm); }'
```

`sudo make install`을 실행하면 bpftrace 바이너리는 /usr/local/bin/bpftrace에 설치되고, 도구는 /usr/local/share/bpftrace/tools에 설치됩니다. cmake(1) 옵션을 사용해 설치 위치를 바꿀 수 있는데, 기본값은 `-DCMAKE_ INSTALL_PREFIX=/usr/local`로 지정되어 있습니다.

5.3.5 다른 배포판

bpftrace INSTALL.md 지침뿐만 아니라 사용 가능한 bpftrace 패키지가 있는지 확인해 보시기 바랍니다.

5.4 bpftrace 도구

그림 5.2는 주요 시스템 컴포넌트와 관측에 사용할 수 있는 bpftrace 저장소의 도구 및 책에서 설명하는 도구를 보여줍니다.

현재 bpftrace 저장소에 있는 도구들은 검은색 글씨로, 이 책에서 설명하는 새로운 bpftrace 도구들은 회색 글씨로 표시해 놓았습니다. 몇 가지 변형은 여기에 표시하지 않았습니다(예: 10장의 qdisc 변형판).

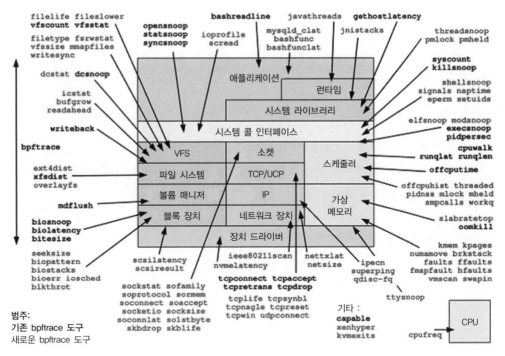

그림 5.2 bpftrace 성능 분석 도구

5.4.1 살펴볼 만한 도구들

표 5.1은 도구 중 일부를 주제에 따라 정리해 놓은 것입니다. 이 도구들은 이후의 장들에서 상세하게 다룹니다.

주제	살펴볼 만한 도구들	수록된 장
CPU	execsnoop.bt, runqlat.bt, runqlen.bt, cpuwalk.bt, offcputime.bt	6
메모리	oomkill.bt, failts.bt, vmscan.bt, swapin.bt	7
파일 시스템	vfsstat.bt, filelife.bt, xfsdist.bt	8
저장 장치 I/O	biosnoop.bt, biolatency.bt, bitesize.bt, biostacks.bt, scsilatency.bt, nvmelatency.bt	9
네트워킹	tcpaccept.bt, tcpconnect.bt, tcpdrop.bt, tcpretrans.bt, gethostlatency.bt	10
보안	ttysnoop.bt, elfsnoop.bt, setuids.bt	11
언어	jnistacks.bt, javacalls.bt	12
애플리케이션	threadsnoop.bt, pmheld.bt, naptime.bt, mysqld_qslower.bt	13
커널	mlock.bt, mheld.bt, kmem,bt, kpages.bt, workq.bt	14

(다음쪽에 이어짐)

컨테이너	pidnss.bt, blkthrot.bt	15
하이퍼바이저	xenhyper.bt, cpustolen.bt, kvmexits.bt	16
디버깅/다목적	execsnoop.bt, threadsnoop.bt, opensnoop.bt, killsnoop.bt, signals.bt	6, 8, 13

표 5.1 bpftrace 도구들

이 책의 내용에서는 표 5.1에 없는 bpftrace 도구들도 다루고 있습니다.

이 장을 읽고 난 후에는 뒤에 있는 장들로 건너뛸 수 있으며, 이 책을 레퍼런스 가이드로 활용할 수 있습니다.

5.4.2 도구의 특징

bpftrace 도구는 몇 가지 공통적인 특징이 있습니다.

- 실무에서의 관측가능성 이슈를 해결합니다.
- 프로덕션 환경에서 루트 사용자 권한으로 실행하도록 디자인되었습니다.
- 모든 도구에 대한 매뉴얼 페이지가 존재합니다(man/man8).
- 모든 도구에 대한 예시 파일이 존재하며, 출력 결과와 이에 대한 설명을 포함하고 있습니다(tools/*_examples.txt).
- 도구의 소스 코드는 블록 주석 소개로 시작됩니다.
- 도구들은 가능한 한 간단하게 만들었고 길이가 짧습니다(더 복잡한 도구들은 BCC 사용을 더 선호합니다).

5.4.3 도구 실행

번들로 제공되는 도구들은 실행 가능한 파일이며 루트 사용자 권한으로 즉시 실행될 수 있습니다.

```
bpftrace/tools$ ls -lh opensnoop.bt
-rwxr-xr-x 1 bgregg bgregg 1.1K Nov 13 10:56 opensnoop.bt*

bpftrace/tools$ ./opensnoop.bt
ERROR: bpftrace currently only supports running as the root user.

bpftrace/tools$ sudo ./opensnoop.bt
Attaching 5 probes...
Tracing open syscalls... Hit Ctrl-C to end.
PID    COMM          FD  ERR PATH
25612  bpftrace      23   0  /dev/null
1458   Xorg         118   0  /proc/18416/cmdline
[...]
```

이러한 도구들은 다른 시스템 관리 도구와 함께 sbin 디렉터리(예: /usr/local/
sbin)에 들어있습니다.

5.5 bpftrace 원 라이너

이번 절에서는 bpftrace의 다양한 기능을 사용하는 유용한 원 라이너 모음을 살
펴보겠습니다. 다음 절에서는 프로그래밍 언어에 대해 설명하며, 후반부 장들에
서는 특정 대상을 위한 원 라이너를 더 소개할 것입니다. 대다수의 원 라이너들
이 (커널) 메모리에서 데이터를 요약하며 Ctrl-C를 눌러 종료할 때까지 요약을
출력하지 않는다는 점을 주목하기 바랍니다.

어떤 프로세스가 무엇을 실행하고 있는지 보여줍니다.

```
bpftrace -e 'tracepoint:syscalls:sys_enter_execve { printf("%s -> %s\n", comm,
    str(args->filename)); }'
```

새로운 프로세스를 인자와 함께 보여줍니다.

```
bpftrace -e 'tracepoint:syscalls:sys_enter_execve { join(args->argv); }'
```

프로세스가 openat()을 사용해 연 파일을 보여줍니다.

```
bpftrace -e 'tracepoint:syscalls:sys_enter_openat { printf("%s %s\n", comm,
    str(args->filename)); }'
```

시스템 콜을 프로그램별로 집계합니다.

```
bpftrace -e 'tracepoint:raw_syscalls:sys_enter { @[comm] = count(); }'
```

시스템 콜을 시스템 콜 probe 이름별로 집계합니다.

```
bpftrace -e 'tracepoint:syscalls:sys_enter_* { @[probe] = count(); }'
```

시스템 콜을 프로세스별로 집계합니다.

```
bpftrace -e 'tracepoint:raw_syscalls:sys_enter { @[pid, comm] = count(); }'
```

read()를 통해 읽은 총 바이트 수를 프로세스별로 보여줍니다.

```
bpftrace -e 'tracepoint:syscalls:sys_exit_read /args->ret/ { @[comm] =
    sum(args->ret); }'
```

read() 시스템 콜 읽기 크기 분포를 프로세스별로 보여줍니다.

```
bpftrace -e 'tracepoint:syscalls:sys_exit_read { @[comm] = hist(args->ret); }'
```

트레이싱된 디스크 I/O 크기를 프로세스별로 보여줍니다.

```
bpftrace -e 'tracepoint:block:block_rq_issue { printf("%d %s %d\n", pid, comm,
    args->bytes); }'
```

페이지 옮겨오기된(paged in) 페이지를 프로세스별로 집계합니다.

```
bpftrace -e 'software:major-faults:1 { @[comm] = count(); }'
```

페이지 폴트를 프로세스별로 집계합니다.

```
bpftrace -e 'software:faults:1 { @[comm] = count(); }'
```

PID 189에 대한 사용자 레벨 스택을 49Hz 주기로 프로파일링합니다.

```
bpftrace -e 'profile:hz:49 /pid == 189/ { @[ustack] = count(); }'
```

5.6 bpftrace 문서

BCC 프로젝트의 도구와 마찬가지로 각각의 bpftrace 도구는 매뉴얼 페이지와
예시 파일이 딸려 있습니다. 4장에서 그 포맷과 이런 파일들의 의도에 대해 살
펴보았습니다.

새로운 원 라이너와 도구를 개발하는 분들의 학습을 돕기 위해, 필자는
"bpftrace 원 라이너 튜토리얼(bpftrace One-Liner Tutorial)"[65] 그리고 "bpftrace
레퍼런스 가이드"[66]를 만들었습니다. 이것들은 저장소의 /docs 디렉터리에서
찾을 수 있습니다.

5.7 bpftrace 프로그래밍

이번 절은 bpftrace의 사용법과 bpftrace 언어로 프로그래밍하는 방법에 대해 간
략하게 소개합니다. 이번 절의 포맷은 awk 언어 전체를 6페이지에 걸쳐 다룬,
awk에 관한 최초의 논문[Aho 78]에서 영감을 얻었습니다. bpftrace 언어 자체는
awk와 C, DTrace, SystemTap과 같은 트레이싱 도구에서 영감을 얻었습니다.

다음은 bpftrace 프로그래밍의 예시입니다. 이 프로그램은 커널 함수 vfs_
read()에서 시간(마이크로초 단위)을 측정하고, 시간을 히스토그램으로 출력합
니다. 여기서는 이 도구의 컴포넌트에 대해 설명합니다.

```
#!/usr/local/bin/bpftrace

// 이 프로그램은 vfs_read()의 시간을 계측합니다
```

```
kprobe:vfs_read
{
        @start[tid] = nsecs;
}
 kretprobe:vfs_read
/@start[tid]/
{
        $duration_us = (nsecs - @start[tid]) / 1000;
        @us = hist($duration_us);
        delete(@start[tid]);
}
```

이어서 나오는 나오는 5개의 절에서는 bpftrace 프로그래밍을 좀 더 자세하게 다룹니다. 구체적으로는 probe 유형, 테스트, 연산자, 변수, 함수 및 맵 유형에 대해 다룹니다.

5.7.1 사용법

```
bpftrace -e program
```

위의 명령어는 명령어가 정의한 어떠한 이벤트든 계측하면서 프로그램(program) 을 실행합니다. 이 프로그램은 Ctrl-C를 누를 때까지, 혹은 프로그램이 명시적으 로 exit()를 호출할 때까지 실행됩니다. -e 인자로 실행되는 bpftrace 프로그램은 원 라이너(one-liner)라고 명명합니다. 이와는 다르게 프로그램은 파일로 작성 될 수 있고, 다음과 같이 실행할 수 있습니다.

```
bpftrace file.bt
```

.bt 확장자가 필요하지는 않지만 나중에 파일을 확인하는 데 도움이 됩니다. 파 일 맨 위에 인터프리터 라인을 작성함으로서[5]

```
#!/usr/local/bin/bpftrace
```

파일을 실행 가능하게(chmod a+x file.bt) 만들 수 있으며, 다른 프로그램처럼 실행할 수 있습니다.

```
./file.bt
```

---

5 어떤 사람들은 $PATH에서 bpftrace를 찾도록 하기 위해 #!/usr/bin/env bpftrace의 사용을 선호할 수 있습니다. 그러나, env(1)는 여러 가지 문제점이 있어서 BCC 저장소에서의 사용 빈도는 예전 수준 으로 돌아갔습니다. bpftrace 저장소는 현재 env(1)를 사용하고 있지만 비슷한 이유로 사용 빈도가 예전 수준으로 되돌아갈 수 있습니다.

bpftrace는 루트 사용자(superuser) 권한으로 실행해야 합니다.[6] 일부 환경에서는 루트 셸을 이용해서 프로그램을 직접 실행할 수도 있지만 다른 환경에서는 sudo(1)를 통해 특권을 가진 명령어들을 실행하는 것을 선호할 수도 있습니다.

```
sudo ./file.bt
```

5.7.2 프로그램 구조

bpftrace 프로그램은 여러 probe와 이와 관련된 동작들로 구성되어 있습니다.

```
probes { actions }
probes { actions }
...
```

probe가 작동하면 연관된 동작이 실행됩니다. 선택 사항인 필터 표현식이 그 동작 앞에 포함될 수도 있습니다.

```
probes /filter/ { actions }
```

이러한 경우, 필터 표현식이 참인 경우에만 작동합니다. 이것은 awk(1) 프로그램 구조와 유사합니다.

```
/pattern/ { actions }
```

awk(1) 프로그래밍도 bpftrace 프로그래밍과 유사합니다. 다중 동작 블록을 정의할 수 있고, 실행 순서에 제약 없이 패턴이 참이거나 probe + 필터 표현식이 참일 때 실행됩니다.

5.7.3 주석

bpftrace 프로그램 파일에는 "//" 접두사를 써서 한 줄 주석을 추가할 수 있습니다.

```
// 이것은 한 줄 주석입니다.
```

이런 주석은 실행되지 않습니다. 여러 줄 주석은 C 언어와 같은 포맷을 사용합니다.

---

6 bpftrace는 UID 0를 확인합니다. 향후 업데이트에서는 특정 권한을 확인할 수도 있습니다.

```
/*
 * 이것은
 * 여러 줄 주석입니다.
 */
```

이 문법은 부분 줄 주석에도 사용될 수 있습니다(예: /* 주석 */).

5.7.4 probe 포맷

probe 포맷에는 제일 먼저 유형(type) 이름이 나오고, 콜론으로 구분된 식별자 (identifier)의 계층(hierarchy)이 그 뒤를 따릅니다.

```
type:identifier1[:identifier2[...]]
```

계층은 probe 유형에 의해 정의됩니다. 다음의 두 가지 예시를 생각해 봅시다.

```
kprobe:vfs_read
uprobe:/bin/bash:readline
```

kprobe 유형은 커널 함수 호출을 계측하며, 식별자로 커널 함수 이름만 필요로 합니다. uprobe 유형은 사용자 레벨 함수 호출을 계측하며, 바이너리 경로와 함수 이름, 두 가지를 필요로 합니다.

여러 probe에 대해 동일한 동작을 수행하도록 하기 위해, 다수의 probe를 콤마로 구분해 지정할 수 있습니다.

```
probe1,probe2,... { actions }
```

추가적인 식별자가 필요 없는 두 가지 특별한 probe 유형이 있습니다. bpftrace 프로그램의 시작과 종료에서 작동하는 BEGIN과 END입니다(awk(1)와 같습니다).

probe 유형과 사용 방법에 대해 더 배우려면 5.9 "bpftrace Probe 유형"을 참고하세요.

5.7.5 probe 와일드카드

몇몇 probe 유형은 와일드카드를 사용할 수 있습니다. 다음 probe를 봅시다.

```
kprobe:vfs_*
```

이렇게 설정하면 'vfs_'로 시작하는 모든 kprobe(커널 함수들)를 계측할 것입니다.

너무 많은 probe를 계측하면 불필요한 성능 오버헤드를 유발할 수 있습니다. 우연히 이런 일이 발생하지 않도록 bpftrace에는 BPFTRACE_MAX_PROBES 환경 변수를 통해 활성화할 수 있는 probe의 최대 개수를 지정하는 옵션이 있습니다(현재 기본값은 512입니다[7]).

와일드카드를 사용하기 전에 bpftrace -l을 실행해서 테스트해 볼 수 있습니다.

```
# bpftrace -l 'kprobe:vfs_*'
kprobe:vfs_fallocate
kprobe:vfs_truncate
kprobe:vfs_open
kprobe:vfs_setpos
kprobe:vfs_llseek
[...]
bpftrace -l 'kprobe:vfs_*' | wc -l
56
```

여기서는 56개의 probe에 대응됩니다. probe 이름은 따옴표 안에 들어 있어서 의도치 않은 셸 확장을 방지해 줍니다.

5.7.6 필터

필터는 불(boolean) 식으로 동작의 실행 여부를 제어합니다.

```
/pid == 123/
```

이 필터는 pid(프로세스 ID) 내장 변수가 123과 동일할 때에만 동작을 수행합니다. 검사 식이 지정되지 않는다면,

```
/pid/
```

필터는 해당 값이 0이 아닌지 체크합니다(/pid/는 /pid != 0/과 동일). 필터는 논리 AND(&&)와 같은 불 연산자와 결합될 수 있습니다. 예를 들어

```
/pid > 100 && pid < 1000/
```

이것은 두 가지 표현 모두 "참"으로 평가되어야 합니다.

---

7   현재는 probe가 512개가 넘으면 bpftrace의 작동과 종료가 느려지는데, 계측이 한 번에 하나씩 이뤄지기 때문입니다. Probe 계측을 묶음으로 하는 커널 작업이 계획 중입니다. 그때는 이 최댓값이 크게 높아지거나 없어질 수도 있습니다.

5.7.7 동작

동작(actions)은 단일 명령문 혹은 세미콜론(;)으로 구분된 다중 명령문일 수 있습니다.

```
{ action one; action two; action three }
```

마지막 문장에는 세미콜론을 추가할 수도 있습니다. 명령문은 C 언어와 유사한 bpftrace 언어로 작성하고, 변수를 조작하고 bpftrace 함수 호출을 수행할 수 있습니다. 예를 들어 다음 동작을 봅시다.

```
{ $x = 42; printf("$x is %d", $x); }
```

변수 $x를 42로 설정하며, printf()로 출력합니다. 5.7.9 "함수"와 5.7.11 "맵 함수"에서는 사용 가능한 다른 함수 호출을 살펴봅니다.

5.7.8 Hello, World!

이제 다음의 기초적인 프로그램이 이해될 것입니다. bpftrace가 실행되기 시작하면 "Hello, World!"를 출력합니다.

```
# bpftrace -e 'BEGIN {   printf("Hello, World!\n"); }'
Attaching 1 probe...
Hello, World!
^C
```

파일 형식은 다음과 같습니다.

```
#!/usr/local/bin/bpftrace

BEGIN
{
        printf("Hello, World!\n");
}
```

여러 줄의 들여쓰기된 동작 블록으로 정리해야 하는 것은 아니지만, 이렇게 하면 가독성이 높아집니다.

5.7.9 함수

포맷된 결과물을 출력하기 위한 printf() 외에도 다음과 같은 내장 함수가 있습니다.

- exit(): bpftrace를 종료합니다.
- str(char *): 포인터에서 문자열을 리턴합니다.
- system(format[, arguments ...]): 셸에서 명령어를 실행합니다.

다음의 동작문은

```
printf("got: %llx %s\n", $x, str($x)); exit();
```

$x 변수를 16진수 정수로 출력하고, $x 변수를 NULL로 끝나는 문자열 배열 포인터(char *)로 취급하고 그것을 문자열로 출력한 다음 종료됩니다.

5.7.10 변수

변수 유형은 내장 변수, 스크래치 변수, 그리고 맵 변수 이렇게 세 가지입니다.

bpftrace가 제공하는 내장 변수(Built-in variables)는 사전 정의되어 있고 일반적으로 읽기 전용의 정보 소스입니다. 프로세스 id를 위한 pid, 프로세스 이름을 위한 comm, 나노초 단위의 타임스탬프를 위한 nsecs, 그리고 현재 스레드의 task_struct 주소를 위한 curtask와 같은 내장 변수가 있습니다.

스크래치 변수(Scratch variables)는 임시 계산용으로 사용되며 접두사 "$"가 붙습니다. 변수의 이름과 유형은 첫 번째 할당문에서 결정됩니다. 다음을 살펴봅시다.

```
$x = 1;
$y = "hello";
$z = (struct task_struct *)curtask;
```

여기서는 $x를 정수로, $y를 문자열로, $z를 task_struct 구조체에 대한 포인터로 선언합니다. 이러한 스크래치 변수들은 할당한 동작 블록에서만 사용할 수 있습니다. 변수들이 할당 없이 참조된다면 bpftrace가 오류를 일으킵니다(오타를 잡는 데 도움이 됩니다).

맵 변수(Map variables)는 BPF 맵 저장 객체를 사용하며 접두사 "@"가 붙습니다. 이 변수 유형은 동작 간에 데이터를 교환하는 데 사용할 수 있는 전역 저장 객체로 사용될 수 있습니다. 다음을 살펴봅시다.

```
probe1 { @a = 1; }
probe2 { $x = @a; }
```

probe1이 동작할 때는 1을 @a에 할당하며, 그 다음 probe2가 동작할 때 @a를 $x에 할당합니다. probe1이 먼저 동작하고 나서 probe2가 동작한다면 $x은 1로 설정될 것이고 그렇지 않다면 0으로 설정될 것입니다(초기화되지 않음).

맵과 키를 함께 사용하면 해시 테이블(연관 배열)로 사용할 수 있고, 맵의 키는 하나 이상의 요소로 구성될 수 있습니다.

```
@start[tid] = nsecs;
```

위 문장은 자주 사용됩니다. 내장 변수 nsecs는 @start라는 이름의 맵에 할당되며 현재 스레드 ID인 tid를 키로 합니다. 이렇게 하면 서로 값을 덮어쓰지 않고 스레드별로 고유한 타임스탬프를 저장할 수 있습니다.

```
@path[pid, $fd] = str(arg0);
```

이것은 다중 키 맵의 사용 사례로, pid 내장 변수와 $fd 변수를 둘 다 키로 사용합니다.

5.7.11 맵 함수

맵에 할당할 수 있는 특수한 함수들도 있습니다. 이 함수들은 특정한 방법으로 데이터를 저장하고 출력합니다.

```
@x = count();
```

위의 할당문은 이벤트를 집계하고, 출력될 때 해당 집계를 출력할 것입니다. 이것은 CPU별 맵을 사용하며, @x는 집계(count) 유형의 특수한 객체가 됩니다. 다음 문장 역시 이벤트를 집계합니다.

```
@x++;
```

그러나 이것은 앞에서처럼 CPU별 맵(per-CPU map)을 사용하는 대신 CPU 전역 맵(global CPU map)을 사용하며 @x는 정수 유형이 됩니다. 이 전역 정수 유형은 집계 유형은 필요 없고 단지 정수 유형만을 필요로 하는 일부 프로그램에서 사용됩니다. 그렇지만 정수 유형은 동시에 발생할 수 있는 갱신으로 인해 작은 오차 범위가 있을 수 있음을 기억해 둡시다(2.3.7 "BPF 동시성 제어" 참조).

```
@y = sum($x);
```

위 할당문은 $x 변수의 값들을 더하고, 출력 시에 그 합계를 출력할 것입니다.

```
@z = hist($x);
```

위 할당문은 $x를 2의 거듭제곱 히스토그램으로 저장하며, 출력 시에 버킷 집계와 ASCII 히스토그램을 출력합니다.

일부 맵 함수는 맵에 대해 직접 호출할 수 있습니다. 예를 들어 봅시다.

```
print(@x);
```

위의 문장은 @x 맵을 출력할 것입니다. 하지만 편의상 모든 맵은 bpftrace가 종료될 때 자동으로 출력되기 때문에 이 문장이 자주 사용되지는 않습니다.

일부 맵 함수는 맵의 키에 대해 작동합니다.

```
delete(@start[tid]);
```

이 문장은 @start 맵에서 tid 키를 가진 키/값 쌍을 삭제합니다.

5.7.12 vfs_read() 시간 계측

지금까지 더 깊이 있고 실용적인 사례를 이해하는 데 필요한 문법을 학습했습니다. 여기서 살펴볼 vfsread.bt 프로그램은 vfs_read 커널 함수의 시간을 측정하고 마이크로초(us) 단위로 지속 시간 히스토그램을 출력합니다.

```
#!/usr/local/bin/bpftrace

// 이 프로그램은 vfs_read()의 시간을 계측합니다

kprobe:vfs_read
{
        @start[tid] = nsecs;
}

kretprobe:vfs_read
/@start[tid]/
{
        $duration_us = (nsecs - @start[tid]) / 1000;
        @us = hist($duration_us);
        delete(@start[tid]);
}
```

이 프로그램은 kprobe를 이용해 함수의 시작을 계측하고 스레드 ID를 키로 사용해 @start 해시 맵에 타임스탬프를 저장하며, kretprobe를 사용해서 함수의 끝을 계측하고 '현재 시각 - 시작(start) 시각'의 차이(delta)를 계산하는 방식으로

vfs_read() 커널 함수의 지속 시간을 측정합니다. 여기서는 kretprobe에 필터를 사용했는데 시작 시간이 기록되었다는 것을 확인하기 위함입니다. 그렇지 않으면 '현재 시각 – 0'으로 시간 차이가 잘못 계산됩니다.

다음은 샘플 출력 결과입니다.

```
# bpftrace vfsread.bt
Attaching 2 probes...
^C

@us:
[0]                  23 |@                                                   |
[1]                 138 |@@@@@@@@@                                           |
[2, 4)              538 |@@@@@@@@@@@@@@@@@@@@@@@@@@@@@@@@@@@@@@@              |
[4, 8)              744 |@@@@@@@@@@@@@@@@@@@@@@@@@@@@@@@@@@@@@@@@@@@@@@@@@@@@@@|
[8, 16)             641 |@@@@@@@@@@@@@@@@@@@@@@@@@@@@@@@@@@@@@@@@@@@@@@@       |
[16, 32)            122 |@@@@@@@@                                            |
[32, 64)             13 |                                                    |
[64, 128)            17 |@                                                   |
[128, 256)            2 |                                                    |
[256, 512)            0 |                                                    |
[512, 1K)             1 |                                                    |
```

프로그램은 Ctrl-C가 입력될 때까지 실행되며, 입력되면 결과를 출력하고 종료됩니다. 출력 결과에는 맵의 이름도 함께 표시되는데, 여기서는 단위를 보여주기 위해 히스토그램 맵의 이름을 "us"라고 하였습니다. 맵에 "bytes"나 "latency_ns" 같은 의미 있는 이름을 붙이면 출력 결과에 주석으로 부연 설명할 필요가 없습니다.

이 스크립트는 필요에 따라서 커스터마이즈할 수 있습니다. hist() 할당 라인을 다음과 같이 변경해 보세요.

```
@us[pid, comm] = hist($duration_us);
```

이러한 수정은 프로세스 ID와 프로세스 이름으로 된 한 쌍당 하나의 히스토그램을 저장합니다. 결과는 다음과 같습니다.

```
# bpftrace vfsread.bt
Attaching 2 probes...
^C

@us[1847, gdbus]:
[1]                   2 |@@@@@@@@@@                                          |
[2, 4)               10 |@@@@@@@@@@@@@@@@@@@@@@@@@@@@@@@@@@@@@@@@@@@@@@@@@@@@@@|
[4, 8)               10 |@@@@@@@@@@@@@@@@@@@@@@@@@@@@@@@@@@@@@@@@@@@@@@@@@@@@@@|
```

```
@us[1630, ibus-daemon]:
[2, 4)                 9 |@@@@@@@@@@@@@@@@@@@@@@@@@@@@                      |
[4, 8)                17 |@@@@@@@@@@@@@@@@@@@@@@@@@@@@@@@@@@@@@@@@@@@@@@@@@@@@|

@us[29588, device poll]:
[1]                   13 |@@@@@@@@@@@@@@@@@@@@@@@@@@@@@@@@@@@@@@@@@@@@@       |
[2, 4)                15 |@@@@@@@@@@@@@@@@@@@@@@@@@@@@@@@@@@@@@@@@@@@@@@@@@@@@|
[4, 8)                 4 |@@@@@@@@@@@@                                      |
[8, 16)                4 |@@@@@@@@@@@@                                      |
[...]
```

이를 통해 bpftrace의 가장 유용한 능력 중 하나인 커스터마이징에 대해 알아보았습니다. iostat(1)와 vmstat(1) 같은 기존의 시스템 도구는 출력 결과가 항상 정해져 있으며 쉽게 커스터마이징할 수 없습니다. 그러나 bpftrace를 사용하면 필요로 하는 해답을 얻을 때까지 지표를 더 세분화할 수 있으며, 다른 probe의 지표를 개선할 수 있습니다.

5.8 bpftrace 사용법

bpftrace를 인자 없이 단독으로 호출하면(혹은 -h 옵션) 사용법 메시지를 출력하는데, 여기에는 중요한 옵션, 환경 변수 요약, 원 라이너 예시 목록을 보여줍니다.

```
# bpftrace
USAGE:
    bpftrace [options] filename
    bpftrace [options] -e 'program'

OPTIONS:
    -B MODE       output buffering mode ('line', 'full', or 'none')
    -d            debug info dry run
    -o file       redirect program output to file
    -dd           verbose debug info dry run
    -e 'program'  execute this program
    -h, --help    show this help message
    -I DIR        add the directory to the include search path
    --include FILE add an #include file before preprocessing
    -l [search]   list probes
    -p PID        enable USDT probes on PID
    -c 'CMD'      run CMD and enable USDT probes on resulting process
    --unsafe      allow unsafe builtin functions
    -v            verbose messages
    -V, --version bpftrace version

ENVIRONMENT:
    BPFTRACE_STRLEN            [default: 64] bytes on BPF stack per str()
    BPFTRACE_NO_CPP_DEMANGLE   [default: 0] disable C++ symbol demangling
    BPFTRACE_MAP_KEYS_MAX      [default: 4096] max keys in a map
```

```
            BPFTRACE_CAT_BYTES_MAX    [default: 10k] maximum bytes read by cat builtin
            BPFTRACE_MAX_PROBES       [default: 512] max number of probes
EXAMPLES:
bpftrace -l '*sleep*'
    list probes containing "sleep"
bpftrace -e 'kprobe:do_nanosleep { printf("PID %d sleeping...\n", pid); }'
    trace processes calling sleep
bpftrace -e 'tracepoint:raw_syscalls:sys_enter { @[comm] = count(); }'
    count syscalls by process name
```

위의 출력 결과는 2019년 6월 15일자 bpftrace 버전 v0.9-232-g60e6의 사용법
메시지입니다. 더 많은 기능이 생겨남에 따라 사용법 메시지를 읽기 힘들 수 있
어서, 향후에는 짧은 버전과 긴 버전의 사용법 메시지가 따로 추가될 수 있습니
다. 여러분이 현재 사용하는 버전이 여기에 해당하는지 직접 출력해서 결과를
확인해 보세요.

5.9 bpftrace probe 유형

표 5.2에는 사용 가능한 probe 유형을 정리해 놓았습니다. 이 중 많은 수는 축약
형(alias)이 있어서 원 라이너를 더 짧게 작성할 수 있습니다

유형	축약형	설명
tracepoint	t	커널 정적 계측 포인트
usdt	U	정적으로 정의된 사용자 레벨 트레이싱
kprobe	k	커널 동적 함수 계측
kretprobe	kr	커널 동적 함수 리턴 계측
uprobe	u	사용자 레벨 동적 함수 계측
uretprobe	ur	사용자 레벨 동적 함수 리턴 계측
software	s	커널 소프트웨어 기반 이벤트들
hardware	h	하드웨어 카운터 기반 계측
profile	p	CPU 전체에 걸친 정주기 샘플링
interval	i	정주기 리포팅(단일 CPU에서)
BEGIN		bpftrace의 시작
END		bpftrace의 종료

표 5.2 bpftrace probe 유형

이 probe 유형들은 기존의 커널 기술에 대한 인터페이스입니다. 2장에서 kprobe, uprobe, tracepoint, USDT 그리고 PMC(하드웨어 probe 유형에서 사용)와 같은 이러한 기술들이 어떻게 작동하는지에 대해 설명했습니다.

스케줄러 이벤트, 메모리 할당 그리고 네트워크 패킷과 같은 일부 probe는 자주 발생할 수도 있습니다. 오버헤드를 줄이려면 가능한 한 자주 발생하지 않는 이벤트를 사용하는 것이 좋습니다. 오버헤드를 최소화하도록 하는 것은 BCC 개발과 bpftrace 개발, 두 가지 모두 공통적으로 신경 써야 할 부분입니다. 이에 대한 설명은 18장을 참고하세요.

다음 절에서는 bpftrace probe 사용법을 알아봅니다.

5.9.1 tracepoint

tracepoint probe 유형은 커널 정적 계측 포인트를 계측합니다. 포맷은 다음과 같습니다.

```
tracepoint:tracepoint_name
```

tracepoint_name 자리에는 tracepoint의 풀 네임(full name)이 들어가며, 이것은 클래스와 이벤트 이름으로 구성됩니다(콜론으로 구분). 예를 들어 net:netif_rx는 tracepoint_name에 해당하며, bpftrace에서 계측할 때는 tracepoint:net:netif_rx로 사용됩니다.

tracepoint는 일반적으로 계측 정보와 관련한 인자를 가지고 있으며, 이 인자는 bpftrace에서 args 내장 변수를 통해 접근할 수 있습니다. 전송되는 패킷의 길이를 나타내는 len이라는 필드가 있는데, 이 필드는 args->len을 사용해서 접근할 수 있습니다.

bpftrace와 트레이싱을 처음 접한다면 시스템 콜 tracepoint는 좋은 계측 대상입니다. 그것들은 커널 리소스 사용량을 광범위하게 다루며 잘 문서화된 API(시스템 콜 매뉴얼 페이지)가 있습니다. 예를 들어 다음 tracepoint는 read(2) 시스템 콜의 시작과 끝을 계측합니다.

```
syscalls:sys_enter_read
syscalls:sys_exit_read
```

매뉴얼 페이지에는 read(2) 시스템 콜의 시그니처가 포함되어 있는데 다음과 같습니다.

```
ssize_t read(int fd, void *buf, size_t count);
```

sys_enter_read tracepoint의 경우 인자는 args-〉fd, args-〉buf 그리고 args
-〉count로 인자에 접근 가능합니다. 이것은 bpftrace의 -l(list)과 -v(verbose)
모드를 사용해서 확인할 수 있습니다.

```
# bpftrace -lv tracepoint:syscalls:sys_enter_read
tracepoint:syscalls:sys_enter_read
    int __syscall_nr;
    unsigned int fd;
    char * buf;
    size_t count;
```

매뉴얼 페이지는 sys_exit_read tracepoint를 사용해서 계측할 수 있는 인자와
read(2) 시스템 콜의 리턴 값이 무엇인지도 기술합니다. 매뉴얼 페이지에 나와
있지 않지만, 이 tracepoint는 시스템 콜 번호를 의미하는 __syscall_nr 추가 인
자를 갖고 있습니다.

　tracepoint의 흥미로운 예시로, 새로운 프로세스를 만들어내는 clone(2) 시스
템 콜의 진입과 종료를 트레이싱해보겠습니다(fork(2)와 유사). 이 이벤트의 경
우 bpftrace 내장 변수를 사용해서 현재의 프로세스 이름과 PID를 출력하고 종
료 부분은 tracepoint 인자를 사용해서 리턴 값을 출력할 것입니다.

```
# bpftrace -e 'tracepoint:syscalls:sys_enter_clone {
    printf("-> clone() by %s PID %d\n", comm, pid); }
  tracepoint:syscalls:sys_exit_clone {
    printf("<- clone() return %d, %s PID %d\n", args->ret, comm, pid); }'
Attaching 2 probes...
-> clone() by bash PID 2582
<- clone() return 27804, bash PID 2582
<- clone() return 0, bash PID 27804
```

출력 결과를 보면 이 시스템 콜은 하나의 진입점과 두 개의 종료점을 가지고
있다는 점에서 이례적입니다. 필자는 트레이싱하는 동안 bash(1) 터미널에
서 ls(1)를 실행했습니다. clone(2)에 진입하고 있는 부모 프로세스(PID 2582)
를 확인할 수 있고, 그 다음 두 개의 리턴이 있습니다. 하나는 부모를 위해 자식
PID(27804)를 리턴하며, 다른 하나는 자식을 위해 0을 리턴합니다(성공). 자식
이 시작될 때 여전히 "bash"로 표현되는 이유는 "ls"가 되기 위한 exec(2) 계열
시스템 콜을 아직 실행하지 않았기 때문입니다. 이것 역시 트레이싱할 수 있습
니다.

```
# bpftrace -e 't:syscalls:sys_*_execve { printf("%s %s PID %d\n", probe, comm,
    pid); }'
Attaching 2 probes...
tracepoint:syscalls:sys_enter_execve bash PID 28181
tracepoint:syscalls:sys_exit_execve ls PID 28181
```

이 출력 결과는 PID 28181이 "bash"로 execve(2) 시스템 콜에 진입한 다음 "ls"
로 종료하는 것을 보여줍니다.

5.9.2 usdt

이 probe 유형은 사용자 레벨 정적 계측 지점을 계측합니다. 포맷은 다음과 같
습니다.

```
usdt:binary_path:probe_name
usdt:library_path:probe_name
usdt:binary_path:probe_namespace:probe_name
usdt:library_path:probe_namespace:probe_name
```

usdt에 전체 경로를 지정하여 실행 가능한 바이너리 혹은 공유 라이브러리를 계
측할 수 있습니다. probe_name은 바이너리에 있는 USDT probe 이름입니다.
예를 들어, MySQL 서버에 있는 query__start라는 이름을 가진 probe는 usdt:/
usr/local/sbin/mysqld:query__start로 접근할 수 있을 것입니다(설치 경로에
따라 다를 수 있습니다).

  probe_namespace가 지정되지 않은 경우에는 바이너리 혹은 라이브러리에
있는 probe_name과 동일한 이름의 probe를 기본으로 사용합니다. 그러나 실
제로 probe와 probe_name이 동일하지 않은 경우도 많은데, 이러한 경우 네임
스페이스가 꼭 포함되어야 합니다. 예를 들면 다음은 libjvm(JVM 라이브러리)에
있는 "hotspot" 네임스페이스의 probe입니다(전체 라이브러리 경로는 축약됨).

```
usdt:/.../libjvm.so:hotspot:method__entry
```

USDT probe가 가진 어떠한 인자든 bpftrace 내장 변수 args의 멤버로 사용할
수 있습니다.

  바이너리에 있는 사용 가능한 probe의 목록은 -l을 사용해서 확인할 수 있습
니다.

```
# bpftrace -l 'usdt:/usr/local/cpython/python'
usdt:/usr/local/cpython/python:line
usdt:/usr/local/cpython/python:function__entry
```

```
usdt:/usr/local/cpython/python:function__return
usdt:/usr/local/cpython/python:import__find__load__start
usdt:/usr/local/cpython/python:import__find__load__done
usdt:/usr/local/cpython/python:gc__start
usdt:/sur/local/cpython/python:gc__done
```

probe 설명을 보여주는 대신 -p PID를 사용하여 동작 중인 프로세스의 USDT
probe 목록을 열거할 수 있습니다.

5.9.3 kprobe와 kretprobe

이 probe 유형들은 커널 동적 계측용입니다. 포맷은 다음과 같습니다.

```
kprobe:function_name
kretprobe:function_name
```

kprobe는 함수의 시작(진입점)을 계측하며, kretprobe는 함수의 끝(리턴)을 계
측합니다. function_name은 커널 함수 이름입니다. 예를 들어 커널 함수 vfs_
read()는 kprobe:vfs_read와 kretprobe:vfs_read를 사용해서 계측할 수 있습
니다.

　kprobe용 인자 arg0, arg1, …, argN은 함수에 대한 진입 인자들로, 부호 없는
64비트 정수형(unit64)입니다. 만약 특정 인자가 C 구조체에 대한 포인터라면,
해당 포인터를 구조체로 캐스팅(casting)[8]할 수 있습니다. 앞으로 나올 BTF(BPF
type format) 기술은 이것을 자동화할 것입니다(2장 참고).

　kretprobe용 인자인 retval 내장 변수에는 함수의 리턴 값이 있습니다. retval
은 항상 uint64인데, 해당 함수의 리턴 유형과 일치시키기 위해 캐스팅되어야만
합니다.

5.9.4 uprobe와 uretprobe

이 probe 유형들은 사용자 레벨 동적 계측용입니다. 포맷은 다음과 같습니다.

```
uprobe:binary_path:function_name
uprobe:library_path:function_name
uretprobe:binary_path:function_name
uretprobe:library_path:function_name
```

8　이것은 프로그램에서 객체의 유형을 변경시키는 것을 의미하는 C 용어입니다. 사례로는 6장에 있는
　runqlen(8)에 대한 bpftrace 소스를 참고하세요.

uprobe는 함수의 시작(진입점)을 계측하며, uretprobe는 함수의 끝(리턴)을 계측합니다. function_name은 함수 이름입니다. 예를 들어 /bin/bash에 있는 readline() 함수는 uprobe:/bin/bash:readline과 uretprobe:/bin/bash:readline 을 사용해서 계측할 수 있습니다.

uprobe용 인자인 arg0, arg1, ···, argN은 함수에 대한 진입 인자들로, unit64 유형입니다. 구조체 유형으로 캐스팅할 수 있습니다.[9]

uretprobe용 인자인 retval 내장 변수에는 함수의 리턴 값이 있습니다. retval 은 언제나 uint64이며, 실제 리턴 유형과 일치하도록 캐스팅해야 합니다.

5.9.5 소프트웨어 및 하드웨어

이 probe 유형들은 사전에 정의된 소프트웨어와 하드웨어 이벤트입니다. 포맷 은 다음과 같습니다.

```
software:event_name:count
software:event_name:
hardware:event_name:count
hardware:event_name:
```

소프트웨어 이벤트는 tracepoint와 유사하지만 카운트(count) 기반 지표와 샘 플링 기반 계측에 적합합니다. 하드웨어 이벤트는 프로세서 레벨 분석을 위해 PMC에서 선정된 것입니다.

두 가지 이벤트 유형은 모두 자주 발생하므로 모든 이벤트를 계측하면 시스템 성능이 저하되며 심각한 오버헤드를 유발할 수 있습니다. 이러한 오버헤드는 매 [카운트(count)] 이벤트마다 한 번씩 probe가 작동하도록 하는 샘플링과 카운트 필드를 사용하면 피할 수 있습니다. 카운트가 지정되지 않는다면 기본 카운트가 사용됩니다. 예를 들어 software:page-faults:100은 100번의 페이지 폴트마다 한 번씩 작동할 것입니다.

(커널 버전에 따라 조금씩 다르지만) 사용 가능한 소프트웨어 이벤트는 표 5.3 과 같습니다.

---

9 향후에는 BTF가 사용자 레벨 소프트웨어 형태로도 제공되어서, 바이너리들이 커널 BPF와 유사하게 구조체 유형을 자체적으로 설명(self-describe)할 수 있게 될 것입니다.

소프트웨어 이벤트 이름	별칭	기본 샘플 카운트	설명
cpu-clock	cpu	1000000	CPU 벽시계 시간(wall-time) 클록
task-clock		1000000	CPU 작업 클록(태스크가 on-CPU 상태일 때만 증가)
page-faults	faults	100	페이지 폴트
context-switches	cs	1000	컨텍스트 스위치
cpu-migrations		1	CPU 스레드 마이그레이션
minor-faults		100	마이너 페이지 폴트: 메모리에 의해 발생
major-faults		1	메이저 페이지 폴트: 저장 장치 I/O에 의해 발생
alignment-faults		1	정렬 폴트(정렬되지 않은 데이터 접근)
emulation-faults		1	에뮬레이션 폴트
dummy		1	테스트용 더미 이벤트
bpf-output		1	BPF 출력 채널

표 5.3 소프트웨어 이벤트

사용 가능한 하드웨어 이벤트는 커널 버전과 프로세서 유형에 따라 달라집니다 (표 5.4).

하드웨어 이벤트 이름	별칭	기본 샘플 카운트	설명
cpu-cycles	cycles	1000000	CPU 클록 사이클
instructions		1000000	CPU 명령어
cache-references		1000000	CPU 마지막 레벨 캐시 참조
cache-misses		1000000	CPU 마지막 레벨 캐시 미스
branch-instructions	branches	100000	분기 명령어
bus-cycles		100000	버스 사이클
frontend-stalls		1000000	프로세서 프론트엔드 지연(예: 명령어 인출)
backend-stalls		1000000	프로세서 백엔드 지연(예: 데이터 로드/스토어)
ref-cycles		1000000	CPU 레퍼런스 사이클(turbo에 따라 스케일링)

표 5.4 하드웨어 이벤트

하드웨어 이벤트는 훨씬 빈번하게 발생하기 때문에 기본 샘플 카운트가 소프트 웨어 이벤트보다 더 높게 설정되어 있습니다.

5.9.6 profile과 interval

이 probe 유형들은 타이머 기반 이벤트들입니다. 포맷은 다음과 같습니다.

```
profile:hz:rate
profile:s:rate
profile:ms:rate
profile:us:rate
interval:s:rate
interval:ms:rate
```

profile 유형은 모든 CPU에 대해 동작하고 CPU 사용량 샘플링에 사용합니다. 인터벌 유형은 하나의 CPU에 대해서만 동작하고, 시간 간격당 결과물을 출력하는 데 사용합니다.

두 번째 필드는 마지막 필드인 rate에 대한 단위입니다. 이 필드는 다음과 같습니다.

- hz: 헤르츠(초당 이벤트)
- s: 초
- ms: 밀리초
- us: 마이크로초

예를 들어 profile:hz:99는 전 CPU에 걸쳐 초당 99번 작동합니다. 99라는 숫자는 록스텝 샘플링 문제를 피하기 위해 100 대신에 자주 사용됩니다. interval:s:1은 초당 한 번 작동하며 초당 결과물을 출력하는 데 사용합니다.

5.10 bpftrace 흐름 제어

bpftrace에는 필터, 삼항 연산자 그리고 if 문 이렇게 세 가지 유형의 검사식이 있습니다. 이 검사식은 다음의 불 표현에 따라 프로그램의 흐름을 조건적으로 바꿉니다.

- ==: 같은
- !=: 같지 않은
- >: ~보다 큰
- <: ~ 보다 작은
- >=: ~보다 크거나 같은
- <=: ~보다 작거나 같은

- &&: 그리고
- ||: 혹은

표현식은 소괄호를 사용해 그룹화할 수 있습니다.

　루프는 현재 제한적으로만 지원되며 BPF 검증 도구는 안전을 위해 무한 루프를 만들 수 있는 어떠한 코드도 거부합니다. bpftrace는 풀어진 루프(unrolled loop)를 지원하는데, 향후 버전은 한정된 루프(bounded loop)를 지원할 것입니다.[10]

5.10.1 필터

앞에서 소개한 것처럼 동작의 실행 여부를 제어합니다. 포맷은 다음과 같습니다.

```
probe /filter/ { action }
```

불 연산자를 사용할 수도 있습니다. /pid == 123/ 필터는 pid 내장 변수가 123일 경우에만 해당 동작을 실행합니다.

5.10.2 삼항 연산자

삼항 연산자는 한 개의 검사식과 두 개의 결과로 구성된, 세 가지 요소를 가진 연산자입니다. 포맷은 다음과 같습니다.

```
test ? true_statement : false_statement
```

예를 들어 $x의 절댓값을 구하기 위해 삼항 연산자를 사용할 수 있습니다.

```
$abs = $x >= 0 ? $x : - $x;
```

5.10.3 If 문

If 문의 문법은 다음과 같습니다:

```
if (test) { true_statements }
if (test) { true_statements } else { false_statements }
```

---

10 (옮긴이) 커널 v5.3에서 BPF bounded loop가 구현되었고(*https://lwn.net/Articles/794934/*), bpftace에서도 bounded loop를 사용할 수 있습니다(*https://github.com/iovisor/bpftrace/issues/872*).

이를 사용해서 IPv4와 IPv6가 다르게 동작하도록 할 수 있습니다.

```
if ($inet_family == $AF_INET) {
    // IPv4
    ...
} else {
    // IPv6
    ...
}
```

"else if" 문은 현재 지원하지 않습니다.[11]

5.10.4 풀어진 루프

BPF는 프로그램이 종료되는 것과 무한 루프에 빠지지 않는다는 것을 반드시 검증할 수 있는 제한된 환경에서 실행됩니다. bpftrace는 일부 루프 기능을 필요로 하는 프로그램들을 위해 unroll()을 통한 풀어진 루프(unrolled loops)를 지원합니다.

문법은 다음과 같습니다

```
unroll (count) { statements }
```

카운트는 최대치가 20인 정수 리터럴(literal, 상수)입니다. 카운트를 변수 형태로 사용하는 것은 지원되지 않습니다. 루프 반복 횟수를 BPF 컴파일 단계에서 알아야 하기 때문입니다.

리눅스 5.3 커널에는 BPF 한정된 루프 지원이 추가되었습니다. bpftrace 향후 버전은 unroll 외에도 for와 while 루프와 같은 기능을 지원할 것입니다.[12]

5.11 bpftrace 연산자

앞 절에서는 테스트에 사용되는 불(Boolean) 연산자를 정리했습니다. bpftrace는 다음과 같은 연산자도 지원합니다.

- =: 할당문
- +, -, *, /: 더하기, 빼기, 곱하기, 나누기
- ++, --: 자동 증가, 자동 감소

---

11 (옮긴이) else if 문은 bpftrace v0.10.0 버전부터 사용이 가능합니다.
12 (옮긴이) 현재 bpftrace에서는 while 문도 사용이 가능합니다. 이것은 리눅스 5.3의 루프 지원을 통해 구현되었습니다. 자세한 내용은 bpftrace PR #1066을 참고하세요.

- &, |, ^: 이진 AND 연산, 이진 OR 연산, 이진 XOR 연산
- !: 논리적 부정
- <<, >>: 왼쪽 시프트 연산자, 오른쪽 시프트 연산자
- +=, -=, *=, /=, %=, &=, ^=, <<=, >>=: 복합 연산자

이 연산자들은 C 프로그래밍 언어에 있는 유사한 연산자를 따라 만들었습니다.

5.12 bpftrace 변수

5.7.10 "변수"에서 소개한 대로 내장 변수, 스크래치 변수 및 맵 변수 세 가지의
변수 유형이 있습니다.

5.12.1 내장 변수

bpftrace가 제공하는 내장 변수는 일반적으로 정보의 읽기 전용 접근을 위한 것
입니다. 가장 중요한 내장 변수를 표 5.5에 정리해 놓았습니다.

내장 변수	유형	설명
pid	정수	프로세스 ID(커널 tgid)
tid	정수	스레드 ID(커널 pid)
uid	정수	사용자 ID
username	문자열	사용자 이름
nsecs	정수	나노초 단위의 타임스탬프
elapsed	정수	bpftrace 초기화 이후 나노초 단위의 타임스탬프
cpu	정수	프로세서 ID
comm	문자열	프로세스 이름
kstack	문자열	커널 스택 트레이스
ustack	문자열	사용자 스택 트레이스
arg0, …, argN	정수	일부 probe 유형들에 대한 인자(5.9절 참고)
args	구조체	일부 probe 유형들에 대한 인자(5.9절 참고)
retval	정수	일부 probe 유형들에 대한 리턴 값(5.9절 참고)
func	문자열	트레이싱되는 함수의 이름
probe	문자열	현재 probe의 풀 네임
curtask	정수	unit64 유형의 커널 task_struct(캐스팅될 수 있음)

(다음쪽에 이어짐)

cgroup	정수	Cgroup ID
$1, ..., $N	정수, char *	bpftrace 프로그램을 위한 위치 매개 변수

표 5.5 bpftrace 내장 변수

모든 정수형은 현재 uint64입니다. 이러한 변수들은 모두 probe가 작동할 때 현재 실행 중인 스레드, probe, 함수 그리고 CPU를 참조합니다. 전체 내장 변수의 최신 목록은 온라인 "bpftrace 레퍼런스 가이드"를 참고하세요.[66]

5.12.2 내장 변수: pid, comm 그리고 uid

많은 수의 내장 변수들은 사용하기 쉽습니다. 다음 예제는 pid, comm, uid를 사용해서 누가 setuid() 시스템 콜을 호출하는지 출력합니다.

```
# bpftrace -e 't:syscalls:sys_enter_setuid {
    printf("setuid by PID %d (%s), UID %d\n", pid, comm, uid); }'
Attaching 1 probe...
setuid by PID 3907 (sudo), UID 1000
setuid by PID 14593 (evil), UID 33
^C
```

시스템 콜을 호출했다고 그것이 성공적이라는 의미는 아닙니다. 다른 tracepoint를 사용해서 리턴 값을 추적할 수 있습니다.

```
# bpftrace -e 'tracepoint:syscalls:sys_exit_setuid {
    printf("setuid by %s returned %d\n", comm, args->ret); }'
Attaching 1 probe...
setuid by sudo returned 0
setuid by evil returned -1
^C
```

여기에서는 또 다른 내장 변수인 args를 사용합니다. tracepoint에서 args는 커스텀 필드에 접근할 수 있게 해주는 구조체 유형입니다.

5.12.3 내장 변수: kstack과 ustack

kstack과 ustack은 커널 레벨과 사용자 레벨 스택 트레이스를 다중 행 문자열로 리턴합니다. 최대 127프레임의 스택 트레이스를 리턴합니다. 나중에 다룰 kstack()과 ustack() 함수는 프레임 수를 선택할 수 있습니다.

다음은 kstack을 사용해서 블록 삽입(insert) I/O에서의 커널 스택 트레이스를 출력하는 예입니다.

```
# bpftrace -e 't:block:block_rq_insert { printf("Block I/O by %s\n", kstack); }'
Attaching 1 probe...

Block I/O by
        blk_mq_insert_requests+203
        blk_mq_sched_insert_requests+111
        blk_mq_flush_plug_list+446
        blk_flush_plug_list+234
        blk_finish_plug+44
        dmcrypt_write+593
        kthread+289
        ret_from_fork+53

Block I/O by
        blk_mq_insert_requests+203
        blk_mq_sched_insert_requests+111
        blk_mq_flush_plug_list+446
        blk_flush_plug_list+234
        blk_finish_plug+44
        __do_page_cache_readahead+474
        ondemand_readahead+282
        page_cache_sync_readahead+46
        generic_file_read_iter+2043
        ext4_file_read_iter+86
        new_sync_read+228
        __vfs_read+41
        vfs_read+142
        kernel_read+49
        prepare_binprm+239
        do_execveat_common.isra.34+1428
        sys_execve+49
        do_syscall_64+115
        entry_SYSCALL_64_after_hwframe+61
[...]
```

각 스택 트레이스의 프레임은 자식에서 부모 순서로 정렬되어 있고, 각 프레임
은 함수 이름+함수 오프셋 형식입니다.

스택 내장 변수를 맵의 키로 사용해서 빈도수를 집계할 수도 있습니다. 다음
은 블록 I/O를 호출한 커널 스택을 집계하는 예입니다.

```
# bpftrace -e 't:block:block_rq_insert { @[kstack] = count(); }'
Attaching 1 probe...
^C
[...]
@[
    blk_mq_insert_requests+203
    blk_mq_sched_insert_requests+111
    blk_mq_flush_plug_list+446
    blk_flush_plug_list+234
    blk_finish_plug+44
    dmcrypt_write+593
```

```
        kthread+289
        ret_from_fork+53
]: 39

@[
        blk_mq_insert_requests+203
        blk_mq_sched_insert_requests+111
        blk_mq_flush_plug_list+446
        blk_flush_plug_list+234
        blk_finish_plug+44
        __do_page_cache_readahead+474
        ondemand_readahead+282
        page_cache_sync_readahead+46
        generic_file_read_iter+2043
        ext4_file_read_iter+86
        new_sync_read+228
        __vfs_read+41
        vfs_read+142
        sys_read+85
        do_syscall_64+115
        entry_SYSCALL_64_after_hwframe+61
]: 52
```

여기에는 마지막 2개의 스택만 보여주고 있는데, 각각 집계 수가 39과 52입니다. 스택 트레이스는 효율성을 위해 커널 컨텍스트 안에서 집계하기 때문에 각 스택을 출력하는 것보다 집계해서 보여주는 것이 훨씬 효율적입니다.[13]

5.12.4 내장 변수: 위치 매개 변수

위치 매개 변수는 커맨드 라인에서 bpftrace 프로그램으로 전달되는데, 셸 스크립팅에서 사용되는 위치 매개 변수를 기반으로 합니다. $1은 첫 번째 인자를 의미하고, $2는 두 번째… 이런 식으로 계속 진행됩니다.

간단한 프로그램인 watchconn.bt를 예로 들어 봅시다.

```
BEGIN
{
        printf("Watching connect() calls by PID %d\n", $1);
}

tracepoint:syscalls:sys_enter_connect
/pid == $1/
{
        printf("PID %d called connect()\n", $1);
}
```

---

13 BPF는 각 스택을 고유한 스택 ID로 변환한 다음 ID의 빈도를 집계합니다. bpftrace는 이 빈도 집계를 읽고 각 ID에 대한 스택을 가져옵니다.

이 프로그램은 커맨드 라인에서 전달된 PID만을 확인합니다.

```
# ./watchconn.bt 181
Attaching 2 probes...
Watching connect() calls by PID 181
PID 181 called connect()
[...]
```

이 위치 매개 변수들은 다음의 호출 유형에서도 작동합니다.

```
bpftrace ./watchconn.bt 181
bpftrace -e 'program' 181
```

위치 매개 변수는 기본적으로 정수형입니다. 문자열이 인자로 사용된다면 str() 호출을 통해 접근해야 합니다. 예를 들면 다음과 같습니다.

```
# bpftrace -e 'BEGIN { printf("Hello, %s!\n", str($1)); }' Reader
Attaching 1 probe...
Hello, Reader!
^C
```

만약 커맨드 라인에서 매개 변수를 넘겨주지 않았다면 정수 컨텍스트에서는 0 으로, str()을 통해 접근되면 ""으로 처리됩니다.

5.12.5 스크래치 변수

포맷은 다음과 같습니다.

```
$name
```

이러한 변수는 동작 구문 내에서 임시 계산을 하는 데 사용할 수 있습니다. 변수의 유형은 첫 번째 할당문에서 결정되며 정수형, 문자열, 구조체 포인터, 혹은 구조체일 수 있습니다.

5.12.6 맵 변수

포맷은 다음과 같습니다.

```
@name
@name[key]
@name[key1, key2[, ...]]
```

이러한 변수는 이러한 변수는 BPF 맵 객체로 저장되는데, 다양한 저장 유형을 위해 해시 테이블(연관 배열)을 사용합니다. 값은 하나 이상의 키를 사용해서 저장할 수 있습니다. 맵에 사용되는 키/값 유형은 일관성이 있어야 합니다.

스크래치 변수와 마찬가지로 맵의 유형은 스크래치 변수와 마찬가지로 맵의 유형은 첫 번째 할당에서 결정됩니다. 할당문 중에는 맵에 할당할 수 있는 특수 함수도 있습니다. 맵의 유형은 값과 키(사용된다면)에 의해 결정됩니다. 예를 들어 다음의 할당문을 살펴봅시다.

```
@start = nsecs;
@last[tid] = nsecs;
@bytes = hist(retval);
@who[pid, comm] = count();
```

@start와 @last 맵은 나노초 타임스탬프 내장 변수(nsecs)가 할당되기 때문에 둘 다 정수 유형으로 결정됩니다. 또한 @last 맵은 정수 유형의 키도 필요한데 키로 사용한 스레드ID(tid)가 정수형이기 때문입니다. @bytes 맵의 유형은 히스토그램의 저장과 출력을 다루는, 2의 거듭제곱 히스토그램 특수 유형으로 결정됩니다. 마지막으로 @who 맵은 pid(정수형), comm(문자열) 두 개의 키로 구성되어 있으며, 값은 count() 맵 함수입니다.

이 함수들은 5.14 "bpftrace 함수"에서 다룹니다.

5.13 bpftrace 함수

bpftrace는 다양한 작업을 위한 내장 함수를 제공합니다. 이 중에서 중요한 함수들을 표 5.6에 정리해 놓았습니다.

함수	설명
printf(char *fmt [, ...])	서식이 지정된 문자열 출력
time(char *fmt)	시간을 형식에 맞추어 출력
join(char *arr[])	공백 문자로 연결된 문자열의 배열 출력
str(char *s [, int len])	선택 사항인 길이 제한을 적용하여, 포인터에서 문자열 리턴
kstack(int limit)	커널 스택을 limit 깊이의 프레임까지 리턴
ustack(int limit)	사용자 스택을 limit 깊이의 프레임까지 리턴
ksym(void *p)	커널 주소를 변환하고 문자열 심벌 리턴
usym(void *p)	사용자 공간 주소를 변환하고 문자열 심벌 리턴
kaddr(char *name)	커널 심벌 이름을 주소로 변환
uaddr(char *name)	사용자 공간 심벌 이름을 주소로 변환

reg(char *name)	해당 이름의 레지스터에 저장된 값 리턴
ntop([int af,] int addr)	IP 주소의 문자열 표현 리턴
system(char *fmt [, ...])	셸 명령 실행
cat(char *filename)	파일 내용 출력
exit()	bpftrace 종료

표 5.6 bpftrace 내장 함수

이 함수 중 일부는 비동기입니다. 커널은 이벤트를 대기 큐에 넣었다가 잠시 후 사용자 공간에서 처리합니다. 비동기 함수에는 printf(), time(), cat(), join() 그리고 system()이 있습니다. kstack(), ustack(), ksym() 그리고 usym()은 주소를 동기적으로 기록하지만, 심벌 변환은 비동기적으로 합니다.

전체 함수의 최신 목록은 온라인 "bpftrace 레퍼런스 가이드"를 참고하세요.[66] 이 함수 중 일부는 뒤에서 살펴봅니다.

5.13.1 printf()

printf() 호출은 print formatted를 간단히 줄인 것인데, C 및 다른 언어와 유사하게 작동합니다. 문법은 다음과 같습니다.

```
printf(format [, arguments ...])
```

포맷 문자열은 '\'로 시작되는 이스케이프 시퀀스, 그리고 '%'로 시작되는 필드 설명 뿐만 아니라 어떤 텍스트 메시지도 포함할 수 있습니다. 아무런 인자가 주어지지 않는다면 필드 설명도 필요치 않습니다.

흔히 사용되는 이스케이프 시퀀스는 다음과 같습니다.

- \n: 줄바꿈
- \": 쌍따옴표
- \\: 역슬래시

기타 이스케이프 시퀀스는 printf(1) 매뉴얼 페이지를 참고하세요.

필드 설명은 '%'로 시작되며, 포맷은 다음과 같습니다.

```
% [-] width type
```

'-'는 출력 결과를 왼쪽 정렬해 줍니다. 기본은 오른쪽 정렬입니다.

폭(width)은 필드의 폭을 이루는 문자열의 수입니다.

유형은 다음과 같습니다.

- %u, %d: 부호 없는 정수형, 정수형
- %lu, %ld: 부호 없는 long 정수형, long 정수형
- %llu, %lld: 부호 없는 long long 정수형, long long 정수형
- %hu, %hd: 부호 없는 short 정수형, short 정수형
- %x, %lx, %llx: 16진수: 부호 없는 정수형, 부호 없는 long 정수형, 부호 없는 long long 정수형
- %c: 글자(Character)
- %s: 문자열

이 printf() 호출은 다음과 같이 합니다.

```
printf("%16s %-6d\n", comm, pid)
```

이것은 comm 내장 변수를 16글자 폭의 문자열 필드(오른쪽 정렬)로 출력하며, pid 내장 변수를 6글자 폭의 정수 필드(왼쪽 정렬)로 새로운 라인에 이어서 출력합니다.

5.13.2 join()

join()은 문자열 배열을 공백 문자로 연결해서 출력하는 특별한 함수입니다. 문법은 다음과 같습니다.

```
join(char *arr[])
```

예를 들어 이 원 라이너는 시도한 명령어의 실행을 인자와 함께 보여줍니다.

```
# bpftrace -e 'tracepoint:syscalls:sys_enter_execve { join(args->argv); }'
Attaching 1 probe...
ls -l
df -h
date
ls -l bashreadline.bt biolatency.bt biosnoop.bt bitesize.bt
```

여기에서는 execve() 시스템 콜에 대한 argv 배열 인자를 출력합니다. 시도된 실행을 보여준다는 점에 주목하기 바랍니다. syscalls:sys_exit_execve tracepoint 와 해당 args-〉ret 값은 시스템 콜이 성공했는지 여부를 보여줍니다.

join()은 일부 상황에서 유용한 함수일 수 있지만, join할 수 있는 인자의 개수와 크기에 한계가 있습니다.[14] 만약 출력 결과가 축약된 것처럼 보인다면, 이 한계에 도달했고 다른 접근 방법이 필요하다는 뜻일 수도 있습니다.

join()이 문자열을 출력하는 대신 문자열을 리턴하도록 동작을 바꾸는 작업이 이루어졌습니다. 이렇게 하면 이전의 bpftrace 원 라이너를 다음과 같이 바꾸게 됩니다.

```
# bpftrace -e 'tracepoint:syscalls:sys_enter_execve {
    printf("%s\n", join(args->argv); }'
```

만약 이 변경이 발생한다면 join()은 더 이상 비동기 함수가 아니게 됩니다.[15]

5.13.3 str()

str()은 포인터 (char *)에서 문자열을 리턴합니다. 문법은 다음과 같습니다.

```
str(char *s [, int length])
```

예를 들어, bash(1) 셸의 readline() 함수의 리턴 값은 문자열이며 다음을 이용해 출력할 수 있습니다.[16]

```
# bpftrace -e 'ur:/bin/bash:readline { printf("%s\n", str(retval)); }'
Attaching 1 probe...
ls -lh
date
echo hello BPF
^C
```

이 원 라이너는 시스템 전역에 걸쳐 배시 대화형(interactive) 명령어 전체를 보여줍니다.

기본적으로 문자열은 64바이트의 크기 제한이 있는데, bpftrace 환경 변수 BPFTRACE_STRLEN을 사용해서 조정할 수 있습니다. 현재는 크기가 200바이

---

14 현재 인자의 개수는 16개로, 크기는 1KB로 각각 제한되고 있습니다. NULL인 인자를 만나거나 16개의 인자 제한에 걸릴 때까지 모든 인자를 출력합니다.

15 이 변경에 대해서는 bpftrace 이슈 26을 확인하세요.[67] join()은 활용 사례가 execve 시스템 콜 tracepoint에 대해 args-)argv를 합치는 것 딱 하나였기 때문에 그동안은 우선순위가 아니었습니다.

16 이것은 readline()이 bash(1) 바이너리에 있다고 가정합니다. bash(1)의 일부 빌드는 libreadline에서 대신 호출할 수 있으며, 원 라이너를 일치하도록 수정해야 합니다. 12.2.3 "C 함수 트레이싱"을 참고하세요.

트를 넘는 것은 허용되지 않습니다. 언젠가는 제한값을 크게 높일 수도 있습니다.[17]

5.13.4 kstack()과 ustack()

kstack()과 ustack()은 kstack, ustack 내장 변수와 유사하지만, 한계(limit) 인자와 선택적 모드(mode) 인자를 허용합니다. 문법은 다음과 같습니다.

```
kstack(limit)
kstack(mode[, limit])
ustack(limit)
ustack(mode[, limit])
```

다음은 block:block_rq_insert tracepoint를 트레이싱해서 블록 I/O를 발생시킨 상위 세 개의 커널 프레임을 보여주는 예시입니다.

```
# bpftrace -e 't:block:block_rq_insert { @[kstack(3), comm] = count(); }'
Attaching 1 probe...
^C

@[
    __elv_add_request+231
    blk_execute_rq_nowait+160
    blk_execute_rq+80
, kworker/u16:3]: 2
@[
    blk_mq_insert_requests+203
    blk_mq_sched_insert_requests+111
    blk_mq_flush_plug_list+446
, mysqld]: 2
@[
    blk_mq_insert_requests+203
    blk_mq_sched_insert_requests+111
    blk_mq_flush_plug_list+446
, dmcrypt_write]: 961
```

현재 허용되는 최대 스택 크기는 1,024프레임입니다.

모드 인자는 스택 출력 결과를 다른 포맷으로 만들 수 있도록 합니다. 현재는 두 가지 모드만 지원하는데, "bpftrace"가 기본값이며, 또 하나인 "perf"는 리눅스 perf(1) 유틸리티와 유사하게 스택 포맷을 만듭니다.

---

17 이것은 bpftrace 이슈 305를 확인하세요.[68] 문제의 원인은 문자열 스토리지가 현재 BPF 스택을 사용한다는 것입니다. BPF 스택은 512바이트로 제한되고 있으며 그로 인해 문자열의 제한값이 낮습니다(200바이트). 문자열 스토리지는 BPF 맵을 사용하도록 변경되어야 하는데, 이렇게 되면 아주 큰 문자열(MB)의 사용이 가능할 것입니다.

```
# bpftrace -e 'k:do_nanosleep { printf("%s", ustack(perf)); }'
Attaching 1 probe...
[...]
        7f220f1f2c60 nanosleep+64 (/lib/x86_64-linux-gnu/libpthread-2.27.so)
        7f220f653fdd g_timeout_add_full+77 (/usr/lib/x86_64-linux-gnu/libglib-
2.0.so.0.5600.3)
        7f220f64fbc0 0x7f220f64fbc0 ([unknown])
        841f0f 0x841f0f ([unknown])
```

다른 모드들은 향후 지원 예정입니다.

5.13.5 ksym()과 usym()

ksym()과 usym() 함수는 주소를 심벌 이름(문자열)으로 변환합니다. ksym()
은 커널 주소용이며, usym()은 사용자 공간 주소용입니다. 문법은 다음과 같습
니다.

```
ksym(addr)
usym(addr)
```

예를 들어, timer:hrtimer_start tracepoint는 함수 포인터 인자가 있습니다. 빈도
를 집계하는 것은 다음과 같습니다.

```
# bpftrace -e 'tracepoint:timer:hrtimer_start { @[args->function] = count(); }'
Attaching 1 probe...
^C

@[-1169374160]: 3
@[-1168782560]: 8
@[-1167295376]: 9
@[-1067171840]: 145
@[-1169062880]: 200
@[-1169114960]: 2517
@[-1169048384]: 8237
```

이것들은 원시 주소(raw addresses)입니다. ksym()을 사용해서 커널 함수 이름
으로 변환하는 예는 다음과 같습니다.

```
# bpftrace -e 'tracepoint:timer:hrtimer_start { @[ksym(args->function)] = count(); }'
Attaching 1 probe...
^C

@[sched_rt_period_timer]: 4
@[watchdog_timer_fn]: 8
@[timerfd_tmrproc]: 15
@[intel_uncore_fw_release_timer]: 1111
@[it_real_fn]: 2269
```

```
@[hrtimer_wakeup]: 7714
@[tick_sched_timer]: 27092
```

usym()은 심벌 참조(symbol lookup)를 위해 바이너리에 있는 심벌 테이블에 의존합니다.

5.13.6 kaddr()과 uaddr()

kaddr()과 uaddr()은 심벌 이름을 받아서 주소를 리턴합니다. kaddr()은 커널 심벌용이며, uaddr()은 사용자 공간 심벌용입니다. 문법은 다음과 같습니다.

```
kaddr(char *name)
uaddr(char *name)
```

다음의 코드는 bash(1) 셸 함수가 호출될 때 사용자 공간 "ps1_prompt" 심벌을 참조하고, 이것을 다시 역참조해서 문자열로 출력하는 사례입니다.

```
# bpftrace -e 'uprobe:/bin/bash:readline {
    printf("PS1: %s\n", str(*uaddr("ps1_prompt"))); }'
Attaching 1 probe...
PS1: \[\e[34;1m\]\u@\h:\w>\[\e[0m\]
PS1: \[\e[34;1m\]\u@\h:\w>\[\e[0m\]
^C
```

이것은 심벌의 내용을 출력하는 것인데, 이 경우에는 bash(1) PS1 프롬프트 (prompt)를 출력하고 있습니다.

5.13.7 system()

system()은 셸에서 명령어를 실행합니다. 문법은 다음과 같습니다.

```
system(char *fmt [, arguments ...])
```

system()을 사용하면 어떤 명령어든 셸에서 동작할 수 있기 때문에 안전하지 않은 함수로 여겨지며, 사용하려면 --unsafe 옵션이 필요합니다.

다음은 PID에서 nanosleep()을 호출하는 pid의 상세 정보를 출력하기 위해 ps(1)를 호출하는 예입니다.

```
# bpftrace --unsafe -e 't:syscalls:sys_enter_nanosleep { system("ps -p %d\n",
    pid); }'
Attaching 1 probe...
  PID TTY          TIME CMD
29893 tty2     05:34:22 mysqld
```

```
    PID TTY         TIME CMD
29893 tty2     05:34:22 mysqld
    PID TTY         TIME CMD
29893 tty2     05:34:22 mysqld
[...]
```

자주 발생하는 이벤트에 대해 system()을 사용하면 수없이 많은 새로운 프로세스가 생겨나 CPU 리소스를 크게 소모할 수 있습니다. 필요할 때에 한해서만 system()을 사용하십시오.

5.13.8 exit()

이것은 bpftrace 프로그램을 종료시킵니다. 문법은 다음과 같습니다.

```
exit()
```

이 함수는 bpftrace가 정해진 기간만 계측하도록 인터벌 probe 안에서 사용될 수 있습니다. 예를 들면 다음과 같습니다.

```
# bpftrace -e 't:syscalls:sys_enter_read { @reads = count(); }
    interval:s:5 { exit(); }'
Attaching 2 probes...
@reads: 735
```

5초 동안 735회의 read() 시스템 콜이 있었음을 보여줍니다. 이 사례에서 볼 수 있는 것처럼 모든 맵은 bpftrace의 종료에 맞춰 출력됩니다.

5.14 bpftrace 맵 함수

맵은 BPF의 특별한 해시 테이블 저장 객체로, 키/값 쌍을 저장하는 해시테이블이나 통계 요약 등 다양한 용도로 사용될 수 있습니다. bpftrace는 맵 할당과 맵 조작과 관련된 내장 함수를 제공하는데, 대부분은 맵의 통계 요약을 위함입니다. 맵 함수 중 중요한 것들을 표 5.7에 정리해 놓았습니다.

함수	설명
count()	발생 횟수 집계
sum(int n)	값을 전부 더함
avg(int n)	값의 평균 계산
min(int n)	최솟값 기록

(다음쪽에 이어짐)

max(int n)	최댓값 기록
stats(int n)	집계 수, 평균 및 합계 리턴
hist(int n)	값의 2의 거듭제곱을 히스토그램으로 출력
lhist(int n, int min, int max, int step)	값의 선형 히스토그램 출력
delete(@m[key])	맵의 키/값 쌍 삭제
print(@m [, top [, div]])	맵 출력(선택 인자인 limit와 divisor가 있음)
clear(@m)	맵의 모든 키 삭제
zero(@m)	맵의 모든 값을 0으로 설정

표 5.7 bpftrace 맵 함수

이 함수들 중 일부는 비동기입니다. 커널은 이벤트를 대기 큐에 넣었다가 잠시 후에 사용자 공간에서 처리합니다. print(), clear() 그리고 zero()는 비동기 동작들입니다. 프로그램을 작성할 때 이 지연을 염두에 두어야 합니다.

전체 함수의 최신 목록은 온라인 "bpftrace 레퍼런스 가이드"를 참고하세요.[66] 이 함수들 중 일부는 이후의 절에서 다룹니다.

5.14.1 count()

count()는 발생 횟수를 집계합니다. 문법은 다음과 같습니다.

```
@m = count();
```

이 함수는 probe 와일드카드와 이벤트를 집계하는 probe 내장 변수와 함께 사용할 수 있습니다.

```
# bpftrace -e 'tracepoint:block:* { @[probe] = count(); }'
Attaching 18 probes...
^C

@[tracepoint:block:block_rq_issue]: 1
@[tracepoint:block:block_rq_insert]: 1
@[tracepoint:block:block_dirty_buffer]: 24
@[tracepoint:block:block_touch_buffer]: 29
@[tracepoint:block:block_rq_complete]: 52
@[tracepoint:block:block_getrq]: 91
@[tracepoint:block:block_bio_complete]: 102
@[tracepoint:block:block_bio_remap]: 180
@[tracepoint:block:block_bio_queue]: 270
```

인터벌 probe로 인터벌당 발생 비율을 출력할 수 있는데, 예를 들면 다음과 같습니다.

```
# bpftrace -e 'tracepoint:block:block_rq_i* { @[probe] = count(); }
    interval:s:1 { print(@); clear(@); }'
Attaching 3 probes...
@[tracepoint:block:block_rq_issue]: 1
@[tracepoint:block:block_rq_insert]: 1

@[tracepoint:block:block_rq_insert]: 6
@[tracepoint:block:block_rq_issue]: 8

@[tracepoint:block:block_rq_issue]: 1
@[tracepoint:block:block_rq_insert]: 1
[...]
```

이 기본 기능은 Ftrace뿐만 아니라 perf(1)와 `perf stat`를 사용해서도 가능합니다. bpftrace를 이용하면 더 많은 커스터마이징이 가능합니다. 출력 결과를 설명하기 위해 BEGIN probe에서 printf()를 호출할 수 있으며 각 인터벌을 타임스탬프로 부연 설명하기 위해 interval probe에 time() 호출을 포함할 수 있습니다.

5.14.2 sum(), avg(), min(), max()

이 함수들은 기본적인 통계들(합계, 평균, 최솟값 그리고 최댓값)을 맵으로 저장합니다. 문법은 다음과 같습니다.

```
sum(int n)
avg(int n)
min(int n)
max(int n)
```

read(2) 시스템 콜을 통해 읽은 총 바이트 수를 구하기 위해 sum()을 사용할 수 있습니다.

```
# bpftrace -e 'tracepoint:syscalls:sys_exit_read /args->ret > 0/ {
    @bytes = sum(args->ret); }'
Attaching 1 probe...
^C

@bytes: 461603
```

출력 결과를 부연 설명하기 위해 맵의 이름을 'bytes'라고 정했습니다. 이 사례에서는 필터를 사용해 args-〉ret가 양인 경우에만 동작하도록 했음에 주목합시다. read(2) 시스템 콜의 양의 리턴 값은 읽은 바이트 수를 가리키는 반면 음의 리턴 값은 에러 코드를 나타냅니다. 이 내용은 read(2)에 대한 매뉴얼 페이지에 문서화되어 있습니다.

5.14.3 hist()

hist()는 값을 2의 거듭제곱 히스토그램에 저장합니다. 문법은 다음과 같습니다.

```
hist(int n)
```

예를 들어, 시스템 콜이 성공한 read(2)의 읽은 크기 히스토그램은 다음과 같습니다.

```
# bpftrace -e 'tracepoint:syscalls:sys_exit_read { @ret = hist(args->ret); }'
Attaching 1 probe...
^C

@ret:
(..., 0)             237 |@@@@@@@@@@@@@@                                      |
[0]                   13 |                                                    |
[1]                  859 |@@@@@@@@@@@@@@@@@@@@@@@@@@@@@@@@@@@@@@@@@@@@@@@@@@@@@@|
[2, 4)                57 |@@@                                                 |
[4, 8)                 5 |                                                    |
[8, 16)              749 |@@@@@@@@@@@@@@@@@@@@@@@@@@@@@@@@@@@@@@@@@@@@@@        |
[16, 32)              69 |@@@@                                                |
[32, 64)              64 |@@@                                                 |
[64, 128)             25 |@                                                   |
[128, 256)             7 |                                                    |
[256, 512)             5 |                                                    |
[512, 1K)              7 |                                                    |
[1K, 2K)              32 |@                                                   |
```

히스토그램은 다봉분포나 극단값과 같은 분포 특성을 확인하는 데 유용합니다. 이 사례의 히스토그램은 3개의 모드(최빈값)를 가지고 있는데, 크기가 0 혹은 그 이하인 구간(0 미만은 에러 코드), 크기가 1바이트인 곳, 또 다른 하나는 크기가 8에서 16바이트 사이인 구간입니다.

그 범위들 속의 기호는 구간 표기법(interval notation)에서 가져온 것입니다.

- "[": 같거나 큰
- "]": 같거나 작은
- "(": ~보다 큰
- ")": ~보다 작은
- "…": 무한대

"[4, 8)" 범위는 4와 8 미만 사이를 의미합니다(즉, 4와 7.9999 사이).

5.14.4 lhist()

lhist()는 값을 선형 히스토그램으로 저장합니다. 문법은 다음과 같습니다.

```
lhist(int n, int min, int max, int step)
```

다음은 read(2) 리턴 값에 대한 선형 히스토그램의 예입니다.

```
# bpftrace -e 'tracepoint:syscalls:sys_exit_read {
    @ret = lhist(args->ret, 0, 1000, 100); }'
Attaching 1 probe...
^C

@ret:
(..., 0)            101 |@@@                                              |
[0, 100)           1569 |@@@@@@@@@@@@@@@@@@@@@@@@@@@@@@@@@@@@@@@@@@@@@@@@@@@|
[100, 200)            5 |                                                 |
[200, 300)            0 |                                                 |
[300, 400)            3 |                                                 |
[400, 500)            0 |                                                 |
[500, 600)            0 |                                                 |
[600, 700)            3 |                                                 |
[700, 800)            0 |                                                 |
[800, 900)            0 |                                                 |
[900, 1000)           0 |                                                 |
[1000, ...)           5 |                                                 |
```

이 출력 결과는 대부분의 읽기가 0과 100바이트(보다 작은) 사이임을 보여줍니다. 이 범위는 hist()에서와 동일한 구간 표기법을 사용해 출력합니다. "(..., 0)" 라인을 통해 트레이싱하는 동안 101번의 read(2) 에러가 발생했음을 알 수 있습니다. 에러 코드의 빈도 집계를 사용하면 에러 집계 수를 이와 다른 방식으로 더 잘 확인할 수 있습니다.

```
# bpftrace -e 'tracepoint:syscalls:sys_exit_read /args->ret < 0/ {
    @[- args->ret] = count(); }'
Attaching 1 probe...
^C

@[11]: 57
```

에러 코드 11은 EAGAIN(try again)입니다. read(2)는 -11을 리턴합니다.

5.14.5 delete()

delete()는 맵에서 키/값 쌍을 삭제합니다. 문법은 다음과 같습니다.

```
delete(@map[key])
```

맵 유형에 따라 키가 한 개 이상일 수 있습니다.

5.14.6 clear()와 zero()

clear()는 맵의 모든 키/값 쌍을 삭제하며 zero()는 모든 값을 0으로 설정합니다. 문법은 다음과 같습니다.

```
clear(@map)
zero(@map)
```

bpftrace는 종료될 때 기본적으로 모든 맵을 출력합니다. 도구의 출력 결과에는 여러분의 의도와 다르게 임시로 사용된 맵(예: 타임스탬프 시간 변화량(delta) 계산에 사용된 맵)도 출력될 수 있습니다. 이렇게 맵이 자동 출력되는 것을 방지하기 위해 END probe에서 정리할 수 있습니다.

```
[...]
END
{
    clear(@start);
}
```

5.14.7 print()

print()는 맵을 출력합니다. 문법은 다음과 같습니다.

```
print(@m [, top [, div]])
```

두 개의 선택적 인자를 사용할 수 있습니다. 정수형 top은 엔트리 중 top 숫자 개수만큼 출력하며, 정수형 divisor는 그 값을 나눕니다. 다음의 예시는 top 인자를 사용하여 "vfs_"로 시작되는 최상위 5개의 함수 호출을 출력합니다.

```
# bpftrace -e 'kprobe:vfs_* { @[probe] = count(); } END { print(@, 5); clear(@); }'
Attaching 55 probes...
^C
@[kprobe:vfs_getattr_nosec]: 510
@[kprobe:vfs_getattr]: 511
@[kprobe:vfs_writev]: 1595
@[kprobe:vfs_write]: 2086
@[kprobe:vfs_read]: 2921
```

트레이싱하는 동안 vfs_read()가 가장 많이 호출되었습니다(2,921회).

　다음 예제는 프로세스별로 vfs_read()에서 소요된 시간을 기록하며, div 인자를 사용하여 밀리초 단위로 출력합니다.

```
# bpftrace -e 'kprobe:vfs_read { @start[tid] = nsecs; }
    kretprobe:vfs_read /@start[tid]/ {
      @ms[comm] = sum(nsecs - @start[tid]); delete(@start[tid]); }
    END { print(@ms, 0, 1000000); clear(@ms); clear(@start); }'
Attaching 3 probes...
[...]
@ms[Xorg]: 3
@ms[InputThread]: 3
@ms[chrome]: 4
@ms[Web Content]: 5
```

divisors는 왜 필요한 걸까요? divisors를 사용하는 대신 다음과 같이 작성할 수도 있습니다.

```
@ms[comm] = sum((nsecs - @start[tid]) / 1000000);
```

그러나 sum()은 정수형으로 동작하며 소수점 이하 자리수는 떨어져 나갑니다(버림). 그래서 1ms 미만의 시간은 0으로 합계됩니다. 이런 반올림 오차로 인해 출력 결과가 훼손됩니다. 해결책은 1ms 이하의 시간도 보존할 수 있도록 나노초를 sum()한 다음 print()에 대한 인자로 합계를 나누는 것입니다.

향후 bpftrace의 변경은 print()가 맵뿐 아니라 어떤 유형이든 형태 전환 없이 출력할 수 있도록 할 것입니다.

5.15 bpftrace 향후 작업

bpftrace에는 몇 가지 사항의 추가를 계획 중인데, 여러분이 이 책을 읽을 때까지는 사용이 가능할 것입니다. 추가된 내용에 대해서는 *https://github.com/iovisor/bpftrace*에 있는 bpftrace 릴리스 노트와 저장소에 있는 문서를 참고하세요.[18]

이 책에 수록된 bpftrace 소스 코드에는 변경 계획이 없습니다. 변경이 필요하다면 이 책의 웹사이트인 *http://www.brendangregg.com/bpf-performance-tools-book.html*에서 업데이트를 확인해 보세요.

5.15.1 명시적 주소 모드

bpftrace에 있을 가장 큰 추가 사항은 명시적 주소 공간 접근(explicit address space access)일 것입니다. 이는 향후에 bpf_probe_read()가 bpf_probe_read_

---

18 (옮긴이) 개발이 완료된 것도 있고 여전히 개발이 진행 중인 것도 있습니다. 따라서 명시된 페이지에서 각 도구의 업데이트 여부를 직접 확인하는 것이 좋습니다.

kernel()과 bpf_probe_read_user()로 분할되는 것을 지원하기 위함입니다.[69] 이 분할은 일부 프로세서 아키텍처를 지원하기 위해 필요합니다.[19] 이 분할은 이 책의 어떤 도구에도 영향을 주지 않습니다. 주소 모드를 지정하기 위해 kptr()과 uptr() bpftrace 함수를 추가하게 될 것입니다. 실제로 사용하는 경우는 드뭅니다. bpftrace는 가능한 한 probe 유형 혹은 사용된 함수를 통해 주소 공간 컨텍스트를 파악할 것입니다.

다음은 probe 컨텍스트가 어떻게 동작할 것인지 보여줍니다.

kprobe/kretprobe(커널 컨텍스트)는 다음과 같습니다.

- arg0...argN, retval: 역참조 시 커널 주소입니다.
- *addr: 커널 주소를 역참조합니다.
- str(addr): NULL로 끝난 커널 문자열을 불러옵니다.
- *uptr(addr): 사용자 주소를 역참조합니다.
- str(uptr(addr)): NULL로 끝난 사용자 문자열을 불러옵니다.

uprobe/uretprobe(사용자 컨텍스트)는 다음과 같습니다.

- arg0...argN, retval: 역참조 시 사용자 주소입니다.
- *addr: 사용자 주소를 역참조합니다.
- str(addr): NULL로 끝난 사용자 문자열을 불러옵니다.
- *kptr(addr): 커널 주소를 역참조합니다.
- str(kptr(addr)): NULL로 끝난 커널 문자열을 불러옵니다.

*addr과 str()은 그대로 동작할 것이지만, probe 컨텍스트의 주소 공간(kprobe에는 커널 메모리, uprobe에는 사용자 메모리)을 참조할 것입니다. 주소 공간의 교차 접근에는 kptr()과 uptr() 함수를 사용해야 합니다. curtask()와 같은 일부 함수는 예상대로 컨텍스트와 상관없이 커널 포인터를 항상 리턴할 것입니다.

기타 probe 유형들은 커널 컨텍스트를 기본으로 하지만 몇 가지 예외가 있고, 이는 "bpftrace 레퍼런스 가이드"에 문서화해 놓았습니다.[66] 예외 중 하나가 사용자 주소 공간 포인터를 참조하는 시스템 콜 tracepoint로, probe 동작은 사용자 공간 컨텍스트에서 이루어집니다.

---

[19] "그것들은 드물지만 존재하기는 합니다. 적어도 sparc32와 오래된 x86의 4G/4G 분할은 그렇습니다."—리누스 토발즈(Linus Torvalds)[70]

5.15.2 기타 추가 사항

기타 계획 중인 추가 사항에는 다음이 포함됩니다.

- 메모리 감시점(watchpoints),[20] socket과 skb 프로그램들 그리고 raw tracepoint에 대한 추가적인 probe 유형들
- uprobe와 kprobe 함수 오프셋 probe
- 리눅스 5.3에서 BPF의 한정된 루프를 사용하는 for와 while 루프
- 원시 PMC probe(umask와 event select를 지정해서)
- 전체 경로 없이 상대 식별명(relative name)도 지원하는 uprobe(예: uprobe:/lib/x86_64linux-gnu/libc.so.6:...과 uprobe:libc:... 둘 다 작동함)
- 프로세스에 시그널(SIGKILL 포함)을 보내는 signal()
- 이벤트들의 리턴을 수정하기 위한 return() 혹은 override()(bpf_override_return()을 사용해서)
- 지수형 히스토그램(exponential historgram)을 위한 ehist(). 2의 거듭제곱 hist()를 현재 사용하는 어떠한 도구나 원 라이너는 더 높은 해상도를 위해 ehist()로 전환할 수 있습니다.
- 프로세스 이름을 리턴하는 pcomm. comm은 스레드 이름을 리턴합니다. 스레드 이름과 프로세스 이름은 일반적으로 같지만, 자바와 같은 일부 애플리케이션은 스레드별 이름에 comm을 설정하는데, 그 경우 pcomm은 여전히 "java"를 리턴할 것입니다.
- struct file 구조체 포인터에서 전체 경로명을 가져오는 헬퍼 함수

이 추가 기능의 사용이 가능해진다면 이 책에 있는 일부 도구를 더 높은 해상도를 위해 hist()에서 ehist()으로 전환하고, uprobe 도구의 경우 사용상 편의를 위해 전체 경로 대신에 상대 라이브러리 식별명을 사용하도록 전환하는 것이 좋습니다.

5.15.3 ply

토비아스 발데크란스(Tobias Waldekranz)가 만든 ply BPF 프론트엔드는 bpftrace와 유사한 고급 언어를 제공하며 의존성을 최대한 낮췄습니다(LLVM 혹은 Clang 의존 없음). 이것은 리소스가 제한적인 환경에 적합하지만 구조체 탐

---

20 댄 쉬(Dan Xu)는 메모리 감시점(watchpoints)에 대한 개념 증명 구현을 개발했고, 이미 bpftrace에 포함되어 있습니다.[71]

색과 헤더 파일 포함(이 책의 많은 도구들이 필요로 하는 것과 같이)이 불가능하다는 단점이 있습니다.

다음은 ply를 이용해 open(2) tracepoint를 계측하는 예입니다.

```
# ply 'tracepoint:syscalls/sys_enter_open {
    printf("PID: %d (%s) opening: %s\n", pid, comm, str(data->filename)); }'
ply: active
PID: 22737 (Chrome_IOThread) opening: /dev/shm/.org.chromium.Chromium.dh4msB
PID: 22737 (Chrome_IOThread) opening: /dev/shm/.org.chromium.Chromium.dh4msB
PID: 22737 (Chrome_IOThread) opening: /dev/shm/.org.chromium.Chromium.2mIlx4
[...]
```

위의 원 라이너는 bpftrace로 작성된 이와 상응하는 원 라이너와 거의 동일합니다. ply의 향후 버전은 bpftrace 언어를 직접 지원하며 bpftrace 원 라이너를 실행하기 위한 가벼운 도구를 제공할 것입니다. 위의 예를 통해 알 수 있듯이 이러한 원 라이너는 ply가 이미 지원하는 tracepoint 인자 외에는 구조체 탐색을 사용하지 않습니다. 먼 미래에 BTF를 사용할 수 있게 된다면 ply는 구조체 정보를 위해 BTF를 사용할 수 있을 것이며, 더 많은 bpftrace 도구들을 실행할 수 있을 것입니다.

5.16 bpftrace 내부 구조

그림 5.3은 bpftrace의 내부 동작 구조를 보여줍니다.

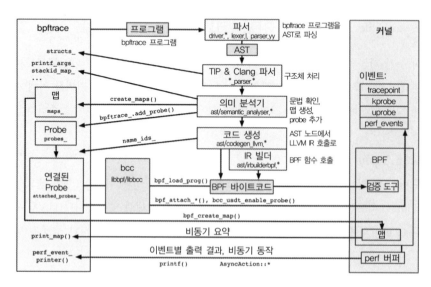

그림 5.3 bpftrace 내부 구조

bpftrace는 libbcc와 libbpf를 사용해 probe에 연결하고, 프로그램을 로드하고, USDT를 사용합니다. 또한 LLVM을 사용해 프로그램을 컴파일하고 BPF 바이트 코드로 만듭니다.

bpftrace 언어는 lex와 yacc 파일에 의해 정의되는데, 이것은 flex와 bison으로 만들어집니다. 결과물은 추상 구문 트리(AST) 형태의 프로그램입니다. 그러고 나서 tracepoint와 Clang 파서(parsers)가 구조체를 처리합니다. 의미 분석기 (semantic analyzer)는 언어 요소의 사용을 체크하며, 잘못 사용된 부분에 대해 에러를 발생시킵니다. 다음 단계는 코드 생성입니다. 코드 생성은 AST 노드를 LLVM IR로 변환하며 LLVM은 최종적으로 BPF 바이트코드로 컴파일합니다.

다음 절에서는 이러한 단계들이 어떻게 동작하는지 보여주는 bpftrace 디버깅 모드(-d는 AST와 LLVM IR을 출력, -v는 BPF 바이트코드를 출력)에 대해 소개할 것입니다.

5.17 bpftrace 디버깅

bpftrace 프로그램을 디버그하고 문제를 해결하는 방법은 여러 가지가 있습니다. 이번 절에서는 printf() 문과 bpftrace 디버그 모드에 대해 개괄합니다. 문제 해결을 위해 이번 절을 읽고 있다면 누락된 이벤트, 누락된 스택 및 누락된 심벌과 같은 일반적인 이슈들을 다루는 18장도 살펴보세요.

bpftrace는 강력한 언어로, 안전하게 동작하고 오용을 거부하도록 설계된 엄격한 기능의 묶음입니다. 비교해 보자면 BCC는 C와 파이썬 프로그램에서 사용할 수 있고, 트레이싱만 하도록 디자인되지 않았으며 반드시 다른 것과 함께 동작하지 않을 수도 있는, 훨씬 큰 기능의 모음(set)을 사용합니다. 그 결과 bpftrace 프로그램은 추가적인 디버깅이 필요 없고 사람이 읽을 수 있는 (human-readable) 메시지와 함께 오류가 발생하는 반면, BCC 프로그램들은 예상치 못한 방법으로 오류가 발생할 수 있으며 해결을 위해 디버깅이 필요합니다.

5.17.1 printf() 디버깅

printf() 문은 probe가 실제로 작동하는지, 그리고 변수가 예상한 것과 동일한지 확인하기 위해 추가할 수 있습니다. 다음 프로그램을 살펴봅시다. 여기서는 vfs_read() 작동 시간의 히스토그램을 출력합니다. 그러나 실제로 실행해 보면 믿을 수 없을 정도로 긴 작동 시간 극단값을 포함하고 있다는 것을 발견할 것입니다. 어디에 버그가 발생했는지 알아챘습니까?

```
kprobe:vfs_read
{
        @start[tid] = nsecs;
}

kretprobe:vfs_read
{
        $duration_ms = (nsecs - @start[tid]) / 1000000;
        @ms = hist($duration_ms);
        delete(@start[tid]);
}
```

bpftrace가 vfs_read() 호출 중간에 bpftrace 실행을 시작한다면 kretprobe만 작동할 것이고, @start[tid]가 초기화되지 않았기 때문에 지연 시간 계산은 "nsecs - 0"이 됩니다. 해결책은 계산에 사용하기 전에 kretprobe의 필터를 사용해서 @start[tid]이 0이 아닌지 확인하는 것입니다. 입력값을 확인하기 위해 printf() 문으로 디버그할 수 있습니다.

```
printf("$duration_ms = (%d - %d) / 1000000\n", nsecs, @start[tid]);
```

몇 가지 bpftrace 디버그 모드가 있지만(다음에 다룹니다), 이와 같은 버그들은 printf() 문을 적절히 잘 배치해서 신속하게 해결할 수 있을 것입니다.

5.17.2 디버그 모드

bpftrace의 -d 옵션은 프로그램을 실행하는 대신에 프로그램이 어떻게 분석되는지, 또 어떻게 LLVM IR로 변환되는지 보여주는 디버그 모드를 실행합니다. 이 모드는 bpftrace 자체를 개발하는 개발자들에게만 흥미 있는 내용일 것입니다. 여기에서는 이러한 것이 있다는 것만 알려드리기 위해 포함시켰습니다.

먼저 프로그램의 추상 구문 트리(abstract syntax tree, AST) 표현을 출력하는 것으로 시작합니다.

```
# bpftrace -d -e 'k:vfs_read { @[pid] = count(); }'
Program
 k:vfs_read
  =
   map: @
    builtin: pid
   call: count
```

LLVM IR 어셈블리로 변환된 프로그램이 이어집니다.

```
; ModuleID = 'bpftrace'
source_filename = "bpftrace"
target datalayout = "e-m:e-p:64:64-i64:64-n32:64-S128"
target triple = "bpf-pc-linux"

; Function Attrs: nounwind
declare i64 @llvm.bpf.pseudo(i64, i64) #0

; Function Attrs: argmemonly
nounwind declare void @llvm.lifetime.start.p0i8(i64, i8* nocapture) #1

define i64 @"kprobe:vfs_read"(i8* nocapture readnone) local_unnamed_addr section
"s_kprobe:vfs_read_1" {
entry:
  %"@_val" = alloca i64, align 8
  %"@_key" = alloca [8 x i8], align 8
  %1 = getelementptr inbounds [8 x i8], [8 x i8]* %"@_key", i64 0, i64 0
  call void @llvm.lifetime.start.p0i8(i64 -1, i8* nonnull %1)
  %get_pid_tgid = tail call i64 inttoptr (i64 14 to i64 ()*)()
  %2 = lshr i64 %get_pid_tgid, 32    store i64 %2, i8* %1, align 8
  %pseudo = tail call i64 @llvm.bpf.pseudo(i64 1, i64 1)
  %lookup_elem = call i8* inttoptr (i64 1 to i8* (i8*, i8*)*)(i64 %pseudo, [8 x
i8]* nonnull %"@_key")
  %map_lookup_cond = icmp eq i8* %lookup_elem, null
  br i1 %map_lookup_cond, label %lookup_merge, label %lookup_success

lookup_success:                              ; preds = %entry
  %3 = load i64, i8* %lookup_elem, align 8
  %phitmp = add i64 %3, 1
  br label %lookup_merge

lookup_merge:                                ; preds = %entry, %lookup_
success
  %lookup_elem_val.0 = phi i64 [ %phitmp, %lookup_success ], [ 1, %entry ]
  %4 = bitcast i64* %"@_val" to i8*
  call void @llvm.lifetime.start.p0i8(i64 -1, i8* nonnull %4)
  store i64 %lookup_elem_val.0, i64* %"@_val", align 8
  %pseudo1 = call i64 @llvm.bpf.pseudo(i64 1, i64 1)
  %update_elem = call i64 inttoptr (i64 2 to i64 (i8*, i8*, i8*, i64)*)(i64
%pseudo1,
[8 x i8]* nonnull %"@_key", i64* nonnull %"@_val", i64 0)

  call void @llvm.lifetime.end.p0i8(i64 -1, i8* nonnull %1)
  call void @llvm.lifetime.end.p0i8(i64 -1, i8* nonnull %4)
  ret i64 0
}

; Function Attrs: argmemonly nounwind
declare void @llvm.lifetime.end.p0i8(i64, i8* nocapture) #1

attributes #0 = { nounwind }
attributes #1 = { argmemonly nounwind }
```

상세 디버그(verbose debug)인 -dd 모드도 있는데, 추가 정보인 최적화 전과 후의 LLVM IR 어셈블리를 출력합니다.

5.17.3 상세 모드

bpftrace의 -v 옵션은 상세 모드(verbose mode)로, 프로그램을 실행하는 동안 추가 정보를 출력합니다. 예를 들면 다음과 같습니다.

```
# bpftrace -v -e 'k:vfs_read { @[pid] = count(); }'
Attaching 1 probe...

Program ID: 5994

Bytecode:
0: (85) call bpf_get_current_pid_tgid#14
1: (77) r0 >>= 32
2: (7b) *(u64 *)(r10 -16) = r0
3: (18) r1 = 0xffff892f8c92be00
5: (bf) r2 = r10
6: (07) r2 += -16
7: (85) call bpf_map_lookup_elem#1
8: (b7) r1 = 1
9: (15) if r0 == 0x0 goto pc+2
 R0=map_value(id=0,off=0,ks=8,vs=8,imm=0) R1=inv1 R10=fp0
10: (79) r1 = *(u64 *)(r0 +0)
 R0=map_value(id=0,off=0,ks=8,vs=8,imm=0) R1=inv1 R10=fp0
11: (07) r1 += 1
12: (7b) *(u64 *)(r10 -8) = r1
13: (18) r1 = 0xffff892f8c92be00
15: (bf) r2 = r10
16: (07) r2 += -16
17: (bf) r3 = r10
18: (07) r3 += -8
19: (b7) r4 = 0
20: (85) call bpf_map_update_elem#2
21: (b7) r0 = 0
22: (95) exit

from 9 to 12: safe
processed 22 insns, stack depth 16

Attaching kprobe:vfs_read Running...
^C

@[6169]: 1
@[28178]: 1
[...]
```

프로그램 ID는 2장에서 살펴본 것처럼 BPF 커널 상태에 대한 정보를 출력하기 위해 bpftool과 함께 사용할 수 있습니다. 그 다음으로는 BPF 바이트코드가 출력되고, 그것을 연결할 probe가 뒤따르게 됩니다.

-d의 경우와 마찬가지로 이 수준의 세부 사항은 bpftrace 내부 개발자에게만 유용할 수 있습니다. 사용자들은 bpftrace를 사용하는 동안 BPF 바이트코드를 읽을 필요가 없습니다.

5.18 정리

bpftrace는 간결한 고급 언어를 사용하는 강력한 트레이싱 도구입니다. 이번 장에서는 bpftrace의 특징, 도구 및 원 라이너 사례에 대해 살펴보았습니다. 또한 프로그래밍과 probe, 흐름 제어, 변수, 함수에 대해서도 설명하였습니다. 디버깅과 내부 구조에 관한 내용은 이번 장의 마지막에 다뤘습니다.

다음 장에서는 분석의 대상을 다루며, BCC와 bpftrace 도구들에 대한 내용을 포함하고 있습니다. bpftrace 도구의 이점은 소스 코드가 대부분 아주 간결해서 책에 코드 전체를 수록할 수 있다는 것입니다.

6장

CPU

CPU는 모든 소프트웨어를 작동시키며 성능 분석의 출발점입니다. 워크로드가 CPU에 의해 제약받는 것('CPU bound')을 발견했다면 CPU나 프로세서 중심 도구들을 사용해서 더 깊이 분석할 수 있습니다. CPU 사용률을 이해하는 데 도움이 되는 지표들과 샘플링 프로파일러는 이미 많이 존재합니다. 그럼에도 불구하고(아마도 놀랍게도), BPF 트레이싱이 CPU 분석에 도움을 줄 수 있는 분야가 여전히 많습니다.

학습 목표

- CPU 모드, CPU 스케줄러의 동작 및 CPU 캐시 이해하기
- BPF를 이용한 CPU 스케줄러, CPU 사용량, 하드웨어 분석 이해하기
- 성공적인 CPU 성능 분석을 위한 전략 학습하기
- 짧은 시간 동안만 동작하는 프로세스가 소모하는 CPU 리소스 관련 이슈 해결하기
- 실행 큐(run queue) 지연 시간 이슈를 발견하고 정량화하기
- 프로파일링된 스택 트레이스와 함수 집계를 통해 CPU 사용률 밝혀내기
- CPU 스레드가 블록되며 CPU를 떠나는 이유 밝혀내기
- 시스템 콜 트레이싱을 통해서 시스템 CPU 시간 이해하기
- 소프트웨어 인터럽트와 하드웨어 인터럽트에 의한 CPU 소모 조사하기
- bpftrace 원 라이너를 사용해서 맞춤형으로 CPU 사용 정보 살펴보기

이번 장은 여러분이 CPU 분석을 이해하는 데 필요한 배경지식으로 시작하여 CPU 스케줄러와 CPU 캐시의 동작을 개괄합니다. 또한 BPF로 답할 수 있는 질문들에 대해 탐구하며, 따라야 할 전반적인 전략을 제공할 것입니다. 쓸데없이 시간을 낭비하지 않고 바로 상세한 분석에 집중할 수 있도록 먼저 기존 CPU 도구를, 그 다음으로 BPF 도구를 BPF 원 라이너 목록과 함께 정리하였습니다. 마지막에는 연습 문제를 제공합니다.

6.1 배경지식

이번 절에서는 CPU 기초, BPF 활용 가능성, 그리고 CPU 분석을 위한 제안 전략을 다룹니다.

6.1.1 CPU 기초

CPU 모드

CPU와 기타 리소스들은 커널이 관리하며, 커널은 시스템 모드(system mode)라는 특권 상태에서 작동합니다. 사용자 레벨 애플리케이션은 사용자 모드(user mode)에서 작동하고, 커널 요청을 통해서만 리소스에 접근할 수 있습니다. 이들 요청은 시스템 콜처럼 직접적일 수도 있지만 메모리 로드나 저장에 의해 생기는 페이지 폴트와 같이 간접적일 수도 있습니다. 커널은 CPU가 유휴 상태가 아닐 때의 시간을 추적할 뿐만 아니라 사용자 모드와 시스템 모드에서 소모된 CPU 시간도 추적합니다. 여러 가지 성능 분석 도구들이 이 사용자/시스템 모드 시간(user/system time)을 분리해서 보여줍니다.

커널은 일반적으로 시스템 콜과 인터럽트에 의해 동작이 트리거되는 온 디맨드 방식으로만 동작합니다. 몇 가지 예외도 있는데, 백그라운드에서 동작하는 관리 스레드와 같은 것으로, 이것 역시 CPU 리소스를 소모합니다. 대표적인 예로 NUMA(non-uniform memory access, 불균일 기억장치 접근) 시스템에서 메모리 페이지의 균형을 조정하는 커널 루틴을 들 수 있습니다. 이는 사용자 레벨 애플리케이션에서의 직접적인 요청이 없음에도 불구하고 상당한 CPU 리소스를 소모할 수 있습니다(조정하거나 비활성화할 수 있습니다). 일부 파일 시스템은 데이터 무결성을 위한 주기적 체크섬 검사와 같은 백그라운드 루틴도 있습니다.

CPU 스케줄러

커널은 CPU 스케줄러를 통해 소비자(consumers) 간의 CPU 리소스 분배를 담당합니다. 주 소비자는 프로세스 또는 커널 루틴에 속해 있는 스레드(태스크로 부르기도 합니다)입니다. 다른 CPU 소비자들 중에는 인터럽트 루틴도 있는데, 이것은 실행 중인 소프트웨어에 의해 발생한 소프트 인터럽트(soft interrupt) 혹은 하드웨어에 의해 발생한 하드 인터럽트(hard interrupt)일 수 있습니다.

그림 6.1은 CPU 스케줄러를 보여줍니다. 이 그림에서는 실행 큐에서 순서를 기다리고 있는 스레드와 여러 스레드 상태 사이를 어떻게 이동하고 있는지 확인할 수 있습니다.

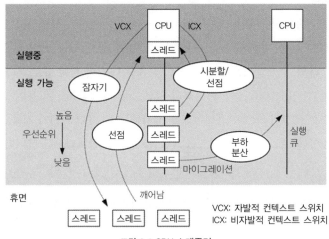

그림 6.1 CPU 스케줄러

이 그림에서 3개의 스레드 상태를 볼 수 있습니다. '실행중(ON-PROC)'은 CPU에서 동작 중인 스레드를 의미하며, '실행 가능(RUNNABLE)'은 실행될 수 있지만 자신의 순서를 기다리고 있는 스레드를, '휴면(SLEEP)'은 다른 이벤트에서 블록된 스레드를 의미하고 여기에는 인터럽트 불가능(uninterruptable) 대기가 포함됩니다. 실행 큐에서 대기 중인 스레드들은 우선순위 값별로 정렬되어 보다 중요한 작업의 성능을 향상시킵니다. 이 값은 커널 또는 사용자 프로세스에서 설정할 수 있습니다. (실행 큐는 스케줄링을 최초로 구현한 방법이며, 그 용어와 콘셉트는 대기 중인 태스크를 기술하는 데 여전히 사용됩니다. 그러나 리눅스 CFS(Completely Fair Scheduler)는 실제로 향후 태스크 실행을 위해 레드-블랙 트리를 사용합니다).

이 책은 이들 스레드 상태에 기반한 용어를 사용하는데, 'on CPU'는 실행중 상태를, 그리고 'off CPU'는 스레드가 CPU에서 실행되고 있지 않은 기타 모든 상태를 의미합니다.

스레드는 다음 둘 중 한 가지 방법으로 CPU를 떠납니다. (1) 스레드가 I/O, 록(lock), 혹은 휴면(sleep) 상태에서 블록되면 자발적으로 떠나거나, (2) 할당된 CPU 시간을 전부 소모해서 스케줄이 취소되어 다른 스레드의 실행이 가능해지거나 우선순위가 더 높은 스레드가 선점하면 비자발적으로 떠나게 됩니다. CPU가 한 프로세스 혹은 스레드를 실행하다가 다른 것으로 전환될 때 주소 공간과 기타 메타데이터도 같이 전환되는데, 이것을 컨텍스트 스위치(context switch)라 부릅니다.[1]

그림 6.1은 스레드 마이그레이션(migration)에 대해서도 설명하고 있습니다. 한 스레드가 실행 가능(runnable) 상태이고 실행 큐에 있는 반면 다른 CPU가 유휴 상태라면, 스케줄러는 해당 스레드를 유휴 CPU의 실행 큐로 옮겨서 더 빨리 실행할 수 있습니다. 성능 최적화의 일환으로, 스케줄러는 비용이 효용을 초과할 것으로 예상될 때 마이그레이션을 방지하는데, CPU 캐시가 자주 이용되고 있다면 동일한 CPU에서 사용 중인 스레드를 그대로 실행되도록 합니다.

CPU 캐시

그림 6.1이 CPU(스케줄러)에 대한 소프트웨어의 관점을 보여주는데 반해, 그림 6.2는 CPU 캐시에 대한 하드웨어의 관점을 보여줍니다.

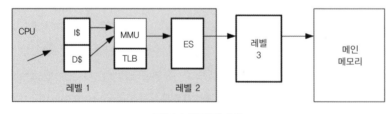

그림 6.2 하드웨어 캐시

프로세서 모델과 유형에 따라 다양한 레벨의 CPU 캐시가 있는데, 레벨이 증가할수록 크기와 지연 시간 둘 다 증가합니다. 가장 먼저 레벨 1 캐시는 명령어 캐시(I$)와 데이터 캐시(D$)로 분리되어 있고, 캐시의 크기가 작고(KB) 빠릅니다

---

[1] 모드 스위치(mode switches)라고 하기도 하는데, 실행이 블록되지 않는 리눅스 시스템 콜은 사용자 모드와 커널 모드 간의 모드 전환만을 필요로 합니다(프로세서에 따라 다름).

(나노초). 제일 높은 레벨의 캐시는 LLC(마지막 레벨 캐시)라고 부르는데, 캐시의 크기가 크고(MB) 훨씬 느립니다. 3개의 레벨 캐시로 구성된 프로세서에서 LLC는 레벨 캐시에 해당합니다. 보통 레벨 1과 레벨 2 캐시는 CPU 코어별로 있으며, 레벨 3 캐시는 CPU 소켓 내부에서 공용으로 사용됩니다. 가상 주소를 물리 주소로 변환하는 MMU(memory management unit, 메모리 관리 장치)도 자체 캐시인 TLB(translation lookaside buffer, 변환 색인 버퍼)가 있습니다.

CPU는 지난 수십 년간 클록 속도를 높이고, 코어를 추가하고, 하드웨어 스레드를 늘려 왔습니다. CPU 캐시의 개수와 크기를 늘림으로써 메모리 대역폭과 지연은 개선되었지만 메모리 성능은 CPU와 같은 수준으로 향상되지 못했습니다. 워크로드는 CPU 코어보다는 메모리 성능의 제약을 받기 때문입니다 ('memory bound'라고 부릅니다).

추가 자료

지금까지 도구 사용 전에 몇 가지 중요한 지식으로 여러분을 무장시키기 위해 간단하게 요약정리해 보았습니다. ≪Systems Performance≫의 6장에서 CPU 소프트웨어와 하드웨어를 훨씬 심도 있게 다룹니다.[Gregg 13b]

6.1.2 BPF 활용 가능성

기존의 성능 분석 도구들은 CPU 사용률에 대한 다양한 관점을 제공해 줍니다. 예를 들어 프로세스별 CPU 사용률, 컨텍스트 스위치 비율, 그리고 실행 큐 길이를 확인할 수 있습니다. 다음 절에서는 이들 기존 도구를 설명합니다.

BPF 트레이싱 도구들은 많은 세부 사항을 제공해 주고 다음 질문에 답할 수 있게 해줍니다.

- 새로 만들어진 프로세스는 어떤 것이 있고 수명은 얼마나 되는가?
- 시스템 시간이 높은 이유는 무엇인가? 시스템 콜이 그 이유인가? 그것들이 무엇을 하고 있는가?
- 각 wakeup당 스레드들이 얼마나 오랫동안 on-CPU 상태로 있었는가?
- 스레드가 실행 큐에서 얼마나 오랫동안 대기했는가?
- 실행 큐의 최대 길이는 얼마인가?
- 실행 큐가 CPU간에 균형을 이루고 있는가?
- 스레드가 자발적으로 CPU를 떠나는 이유가 무엇이고 떠나 있는 시간은 어느 정도인가?

- 어느 소프트웨어/하드웨어 인터럽트 요청(IRQ)이 CPU를 소모하고 있는가?
- 다른 실행 큐에서 작업이 가능할 때 CPU가 유휴 상태인 경우가 얼마나 자주 있는가?
- 애플리케이션 요청에 의한 LLC 히트율은 얼마나 되는가?

이러한 질문에는 BPF를 사용해서, 스케줄러 및 시스템 콜 이벤트에 대해서는 tracepoint를, 스케줄러 내부 함수에 대해서는 krpobes를, 애플리케이션 레벨 함수에 대해서는 uprobe를, 그리고 정주기 샘플링 및 로우 레벨 CPU 동작에 대해서는 PMC를 계측해서 답을 찾을 수 있습니다. 이들 이벤트 소스는 섞어서 사용할 수도 있습니다. BPF 프로그램은 uprobe를 이용해 애플리케이션 컨텍스트를 가져온 다음 계측한 PMC 이벤트와 연계할 수 있습니다. 이런 경우 BPF 프로그램은 애플리케이션 요청에 따른 LLC 히트율을 보여줄 수 있습니다.

BPF가 제공하는 지표들은 이벤트별로 검토할 수 있거나, 지표들의 분포를 히스토그램으로 표현한 요약 통계로 검토할 수 있습니다. 이벤트의 원인을 확인하기 위해 스택 트레이스도 수집할 수 있습니다. 이 모든 동작은 효율성을 위해 커널 내 BPF 맵과 출력 버퍼를 이용해서 최적화했습니다.

이벤트 소스

표 6.1에는 CPU 사용률을 계측하기 위한 이벤트 소스를 정리해 놓았습니다.

이벤트 유형	이벤트 소스
커널 함수	kprobe, kretprobe
사용자 레벨 함수	uprobe, uretprobe
시스템 콜	syscall tracepoint
소프트 인터럽트	irq:softirq* tracepoint
하드 인터럽트	irq:irq_handler* tracepoint
워크 큐(Workqueue) 이벤트	workqueue tracepoint(14장 참고)
정주기 샘플링	PMC 기반 혹은 타이머 기반 샘플링
CPU 파워 이벤트	power tracepoint
CPU 사이클	PMC

표 6.1 CPU 계측을 위한 이벤트 소스

오버헤드

스케줄러 이벤트를 트레이싱할 때는 효율성이 특히 중요합니다. 컨텍스트 스위치와 같은 스케줄러 이벤트가 초당 수백만 번 발생할 수 있기 때문입니다. BPF 프로그램은 짧고 빠르지만(수 마이크로초), 모든 컨텍스트 스위치마다 실행하면 이 작은 오버헤드가 쌓여서 측정할 수 있는 정도의, 혹은 꽤 심각한 수준이 될 수 있습니다. 최악의 경우 스케줄러 트레이싱은 시스템에 10%가 넘는 오버헤드를 줄 수도 있습니다. BPF가 최적화되지 않았더라면 이 오버헤드는 엄청나게 높았을 것입니다.

BPF를 사용한 스케줄러 트레이싱은 오버헤드가 발생할 수 있다는 사실을 염두에 두고, 단기 분석 또는 애드 혹(ad hoc) 분석에 사용할 수 있습니다. 이러한 오버헤드는 'CPU 사용률이 지속적으로 일정하다면, BPF 도구가 동작하고 있을 때와 동작하지 않을 때의 오버헤드는 어떻게 되는가?'라는 질문에 답하기 위한 테스팅 또는 실험을 통해 정량화할 수 있습니다.

CPU 도구는 자주 발생하는 스케줄러 이벤트를 계측하지 않음으로써 오버헤드 발생을 피할 수 있습니다. 프로세스 실행과 스레드 마이그레이션 등 빈번하지 않은 이벤트(많아야 초당 수천 회)는 무시할 수 있는 수준의 오버헤드를 발생시킵니다. 프로파일링(정주기 샘플링) 역시 고정된 주기로 샘플링을 수행하기 때문에 오버헤드를 무시할 수 있는 수준으로 줄입니다.

6.1.3 전략

CPU 성능 분석을 처음 접한다면 어떤 분석 대상에 어떠한 도구를 사용해야 할지, 어디서부터 시작해야 할지 막막할 수 있습니다. 다음과 같은 전반적인 전략을 따를 것을 추천합니다.

1. 분석 도구로 무언가를 하기 전에 CPU 워크로드를 실행합니다. CPU 사용률을 체크하고(예: mpstat(1) 사용) 반드시 모든 CPU가 온라인 상태를 유지하도록 합니다(일부는 몇 가지 이유로 오프라인 상태인 적이 없었습니다).

2. 워크로드가 CPU에 의해 제약을 받는지 확인합니다.

    a. 시스템 전역 혹은 단일 CPU에서 높은 CPU 사용률을 찾습니다(예: mpstat(1) 사용).

    b. 높은 실행 큐 지연을 찾습니다(예: BCC runqlat(1) 사용). 컨테이너에서 사용되는 것처럼 소프트웨어 제한은 프로세스에서 사용 가능한 CPU를

인위적으로 제한할 수 있어서, 주로 유휴 상태인 시스템에서도 애플리케이션이 CPU에 의해 제약을 받을 수 있습니다. 이 반직관적인 시나리오는 실행 큐 지연을 검토해 보면 확인할 수 있습니다.

3. CPU 사용량을 시스템 전역에 걸쳐서 백분율로 수치화한 다음 프로세스, CPU 모드, 그리고 CPU ID별로 세분화해서 수치화합니다. 이것은 기존 도구 (예: mpstat(1), top(1))를 사용해서 할 수 있습니다. 또 단일 프로세스별, 모드별, 또는 CPU별로 높은 사용률을 찾습니다.

    a. 높은 시스템 시간에 대해서는 프로세스별 시스템 콜과 호출 유형의 빈도를 집계하고 비효율을 찾아내기 위해 인자들을 조사합니다(예: perf(1), bpftrace 원 라이너, BCC sysstat(8) 사용).

4. 프로파일러를 사용해서 스택 트레이스를 샘플링하고, CPU 플레임 그래프를 사용해서 이것을 시각화합니다. 플레임 그래프를 살펴보면 많은 CPU 이슈를 발견할 수 있습니다.

5. 프로파일러로 확인할 수 있는 CPU 소비자의 경우, 더 많은 컨텍스트를 표시하기 위해 커스터마이즈된 도구를 작성하는 것이 좋습니다. 프로파일러는 실행 중인 함수는 보여주지만 인자나 객체는 보여주지 않는데, CPU 사용률을 이해하기 위해서는 그것들이 필요할 수 있습니다. 예를 들면 다음과 같습니다.

    a. 커널 모드: 파일 시스템이 파일에 대해 stat()를 호출하고 CPU 리소스를 소모하고 있다면, 그 파일들의 이름은 무엇입니까(예: BCC statsnoop(8)을 사용하거나, BPF 도구를 통해 tracepoint나 kprobe를 트레이싱해서 이것을 알아낼 수 있습니다)?

    b. 사용자 모드: 애플리케이션 처리 요청이 많다면 그 요청은 무엇입니까 (사용할 수 있는 애플리케이션-특화 도구가 없다면, USDT 혹은 uprobe 와 BPF 도구를 사용해서 이것을 확인하는 도구를 개발할 수 있습니다)?

6. 하드웨어 인터럽트 시간을 측정합니다. 이 시간은 타이머 기반 프로파일러에서는 드러나지 않을 수 있기 때문입니다(예: BCC hardirqs(1)).

7. 이 장의 BPF 도구를 다룬 절에 정리해 놓은 BPF 도구를 검색해서 실행합니다.

8. CPU가 얼마나 많이 지연되는지를 높은 수준으로 설명하기 위해 PMC를 사용해서 사이클당 CPU 명령어(instructions per cycle, IPC)를 측정합니다(예: perf(1) 사용). 이것은 낮은 캐시 히트율(예: BCC llcstat), 온도에 의한 지연 등 더 많은 PMC를 이용해서 더욱 상세한 분석이 가능합니다.

이어지는 절에서는 이 프로세스에 포함된 도구들을 좀 더 자세히 설명합니다.

6.2 기존 도구

기존 도구는 각 프로세스(스레드)와 각 CPU에 대한 CPU 사용률 지표를 보여줍니다(표 6.2). 자발적/비자발적 컨텍스트 스위치 비율, 평균 실행 큐 길이, 그리고 실행 큐에서 대기한 총 시간이 그것입니다. 프로파일러는 실행 중인 소프트웨어를 보여주고 정량화할 수 있으며, PMC 기반 도구들은 CPU가 사이클 레벨에서 얼마나 잘 작동하고 있는지 보여줄 수 있습니다.

　이슈를 해결하는 것과 별개로, 기존 도구는 BPF 도구를 더 심도 있게 사용하도록 안내하는 실마리를 제공해 줍니다. 표 6.2에 기존 도구를 출처와 측정 유형(커널 통계, 하드웨어 통계, 이벤트 트레이싱)에 따라 분류해 놓았습니다.

도구	유형	설명
uptime	커널 통계	부하 평균과 시스템 동작 시간을 보여줍니다.
top	커널 통계	시스템 전역에 걸친 프로세스별 CPU 시간, CPU 모드 시간을 보여줍니다.
mpstat	커널 통계	CPU별 CPU 모드 시간을 보여줍니다.
perf	커널 통계, 하드웨어 통계, 이벤트 트레이싱	스택 트레이스와 이벤트 통계를 프로파일링(정주기 샘플링)하고 PMC, tracepoint, USDT probe, kprobe, uprobe를 트레이싱합니다.
Ftrace	커널 통계, 이벤트 트레이싱	커널 함수 집계 통계 및 kprobe와 uprobe의 이벤트 트레이싱을 리포트합니다.

표 6.2 기존 도구

다음에 이어지는 절들에서는 이들 도구의 주요 기능을 개괄합니다. 매뉴얼 페이지, ≪Systems Performance≫[Gregg 13b]와 같은 자료를 참고하면 더 많은 사용법과 설명을 얻을 수 있습니다.

6.2.1 커널 통계

커널 통계 도구는 /proc 인터페이스를 통해서 확인할 수 있는 커널 내 통계 소스를 사용합니다. 이들 도구의 장점은 커널이 지표를 제공하기 때문에 사용 시 추가적인 오버헤드가 거의 없다는 점입니다. 이 커널 통계는 루트 이외의 사용자도 읽을 수 있습니다.

부하 평균

uptime(1)은 시스템 부하 평균(Load Average)을 출력하는 명령어 중 하나입니다.

```
# uptime
  00:34:10 up  6:29,  1 user,  load average: 20.29, 18.90, 18.70
```

마지막 3개의 숫자는 1분, 5분, 15분의 부하 평균입니다. 이 수치를 비교해 보면 지난 15분 정도의 시간 동안 부하가 늘어났는지, 줄어들었는지, 혹은 일정하게 유지되었는지 알아낼 수 있습니다. 이 출력 결과는 CPU가 48개인 프로덕션 클라우드 인스턴스에서 가져온 것으로, 1분 부하 평균(20.29)과 15분 부하 평균(18.70)을 비교했을 때 부하가 약간 증가하고 있음을 알 수 있습니다.

부하 평균은 단순 평균(산술 평균)이 아니라 지수 감쇠 이동 합(exponentially damped moving sums)이며, 1분, 5분, 15분을 넘어서는 시간을 반영합니다. 이들이 요약하는 지표는 시스템의 요청량을 보여주는데, CPU 실행 가능 상태에 있는 태스크뿐만 아니라 인터럽트 불가 대기 상태에 있는 태스크도 보여줍니다.[72] 부하 평균이 CPU 부하를 보여준다고 가정하면, 이것을 CPU 개수로 나누어서 시스템이 CPU 포화 상태에서 동작하고 있는지 여부를 확인할 수 있습니다(1.0을 초과하는 비율로 나타남). 그러나 부하 평균에는 인터럽트 불가 태스크(디스크 I/O와 록에서 블록되는 태스크)도 포함되어 있는 등, 일부 문제점이 있어서 이런 해석은 혼란을 불러일으킬 수 있습니다. 따라서 부하 평균은 실제로 시간 경과에 따른 추세를 살펴보는 데만 유용합니다. CPU에 부하가 발생한 것인지 아니면 인터럽트 불가한 시간에 기반한 것인지 확인하기 위해서는 BPF에 기반한 offcputime(8)과 같은 다른 도구를 사용해야만 합니다. offcputime(8)에 대한 정보는 6.3.9 "offcputime"을, 인터럽트가 불가한 I/O의 측정에 대한 추가적인 내용은 14장 "커널"을 참고하세요.

top

top(1) 도구는 헤더에서 시스템에 대한 요약을 보여주고, 이와 함께 CPU를 많이 소모하는 최상위의 프로세스를 프로세스 세부 정보 표로 보여줍니다.

```
# top
top - 00:35:49 up  6:31,  1 user,  load average: 21.35, 19.96, 19.12
Tasks: 514 total,   1 running, 288 sleeping,   0 stopped,   0 zombie
%Cpu(s): 33.2 us,  1.4 sy,  0.0 ni, 64.9 id,  0.0 wa,  0.0 hi,  0.4 si,  0.0 st
KiB Mem : 19382528+total,  1099228 free, 18422233+used,  8503712 buff/cache
```

```
KiB Swap:        0 total,        0 free,        0 used.  7984072 avail Mem

  PID USER     PR NI    VIRT    RES    SHR S %CPU %MEM     TIME+ COMMAND
 3606 www      20  0 0.197t 0.170t  38776 S 1681 94.2  7186:36 java
 5737 snmp     20  0  22712   6676   4256 S  0.7  0.0  0:57.96 snmp-pass
  403 root     20  0      0      0      0 I  0.3  0.0  0:00.17
kworker/41:1
  983 root     20  0   9916    128      0 S  0.3  0.0  1:29.95 rngd
29535 bgregg   20  0  41020   4224   3072 R  0.3  0.0  0:00.11 top
    1 root     20  0 225308   8988   6656 S  0.0  0.0  0:03.09 systemd
    2 root     20  0      0      0      0 S  0.0  0.0  0:00.01 kthreadd
[...]
```

이 출력 결과는 프로덕션 인스턴스에서 가져온 것입니다. 여기서 CPU 사용량이 많은 프로세스는 모든 CPU에 걸쳐 총 1,681%의 CPU를 소모하는 것으로 집계된 자바 프로세스 단 하나입니다. 출력 결과를 통해 CPU가 48개인 이 시스템에서 자바 프로세스가 전체 CPU 용량의 35%를 소모하고 있음을 알 수 있습니다. 이것은 시스템 전체 CPU 사용량 평균 34.6%와 일치합니다(헤더 요약에 33.2% us(사용자) 그리고 1.4% sy(시스템)으로 보여줌).

top(1)은 예상치 못한 프로세스로 인한 CPU 부하 이슈를 찾아내는 데 특히 유용합니다. 소프트웨어 버그의 일반적인 유형은 스레드가 무한 루프에 갇히게 되는 경우인데, 이는 CPU 100%로 동작 중인 프로세스로 top(1)을 사용하면 쉽게 찾을 수 있습니다. 프로파일러와 BPF 도구로 더 심도 있게 분석하면 해당 프로세스가 바쁜 프로세싱 작업이 아니라 루프에 갇혀있음을 더 분명하게 확인할 수 있습니다.

top(1)은 기본적으로 화면을 새로고침하기 때문에 스크린은 실시간 대시보드처럼 작동합니다. 이 때문에 이슈가 나타났다가 스크린샷을 찍기 전에 사라지게 될 수 있어 문제가 되기도 합니다. 성능 이슈를 추적하고 해당 정보를 다른 사람과 공유하려면 도구의 출력 결과 및 스크린샷을 이슈 타게팅 시스템에 업로드하는 것이 중요합니다. pidstat(1) 같은 도구를 사용하면 프로세스 CPU 사용률 출력 결과를 지우지 않고 지속적으로 업데이트할 수 있습니다. 여러분이 모니터링 시스템을 사용하고 있다면 이 시스템에 의해 프로세스별 CPU 사용률도 이미 기록되었을 것입니다.

htop(1)과 같은 top(1)의 기타 변형판은 더 많은 커스터마이징 옵션을 가지고 있습니다. 안타깝게도 많은 top(1) 변형판은 성능 지표보다는 시각적 개선에 집중해서 더 예쁘게 보여주긴 하지만, 오리지널 top(1)을 넘어서는 이슈를 밝혀주지는 않습니다. 예외적인 것들로 tiptop(1)은 PMC 소스를 이용하며, atop(1)은 짧은 시간 동안만 동작하는 프로세스를 표시하기 위해 프로세스 이벤트를 사용하고, (필자가 개발한) biotop(8)과 tcptop(8)은 BPF를 사용합니다.

mpstat(1)

mpstat(1)는 CPU별 지표를 검사하는 데 사용할 수 있습니다.

```
# mpstat -P ALL 1
Linux 4.15.0-1027-aws (api-...)      01/19/2019      _x86_64_      (48 CPU)

12:47:47 AM  CPU  %usr  %nice  %sys %iowait  %irq  %soft %steal %guest %gnice  %idle
12:47:48 AM  all 35.25   0.00  1.47    0.00  0.00   0.46   0.00   0.00   0.00  62.82
12:47:48 AM    0 44.55   0.00  1.98    0.00  0.00   0.99   0.00   0.00   0.00  52.48
12:47:48 AM    1 33.66   0.00  1.98    0.00  0.00   0.00   0.00   0.00   0.00  64.36
12:47:48 AM    2 30.21   0.00  2.08    0.00  0.00   0.00   0.00   0.00   0.00  67.71
12:47:48 AM    3 31.63   0.00  1.02    0.00  0.00   0.00   0.00   0.00   0.00  67.35
12:47:48 AM    4 26.21   0.00  0.00    0.00  0.00   0.97   0.00   0.00   0.00  72.82
12:47:48 AM    5 68.93   0.00  1.94    0.00  0.00   3.88   0.00   0.00   0.00  25.24
12:47:48 AM    6 26.26   0.00  3.03    0.00  0.00   0.00   0.00   0.00   0.00  70.71
12:47:48 AM    7 32.67   0.00  1.98    0.00  0.00   1.98   0.00   0.00   0.00  63.37
[...]
```

CPU가 48개인 시스템에서는 초당 48줄을 출력하기 때문에 여기에는 출력 결과를 축약해서 제시했습니다. 매 줄마다 각각의 CPU를 한 줄로 요약합니다. 이 출력 결과를 통해 어떤 CPU가 높은 사용률을 보이고 어떤 것들이 유휴 상태인지를 알 수 있어 CPU 균형에 문제가 있는지 확인할 수 있습니다. CPU 불균형은 몇 가지 이유로 인해 발생할 수 있습니다. 애플리케이션을 잘못 설정해서 모든 CPU를 이용하기에는 스레드 풀 크기가 너무 작을 수도 있고, 소프트웨어 제한이 걸려 있어 프로세스 혹은 컨테이너가 CPU의 일부만을 사용하고 있을 수도 있고, 또는 소프트웨어에 버그가 있어 불균형이 발생할 수도 있습니다.

시간은 각 CPU에 걸쳐 하드 인터럽트 시간(%irq)과 소프트 인터럽트 시간(%soft) 등 여러 모드로 세분화되어 있습니다. 이들은 hardirqs(8)와 softirqs(8) BPF 도구를 사용해서 더 심도 있게 조사할 수 있습니다.

6.2.2 하드웨어 통계

CPU에서 사용할 수 있는 PMC(performance monitoring counters, 성능 모니터링 카운터)와 같이 하드웨어 지표는 통계의 유용한 소스가 될 수 있습니다. PMC는 2장에서 소개했습니다.

perf(1)

리눅스 perf(1)는 여러 가지 계측 소스와 다양한 데이터의 출력 방식을 지원하는 다목적 도구입니다. 이것은 리눅스 2.6.31(2009)에 처음 포함되었는데, 리눅스의 표준 프로파일러로 알려져 있으며 소스 코드는 리눅스 소스 코드 tools/perf 아래에서 찾을 수 있습니다. 필자는 perf의 사용법에 대한 상세한 가이드를 발표했습니다.[73] 이 도구의 여러 가지 활용법 중에는 카운팅 모드에서 PMC를 사용하는 방법이 있습니다.

```
# perf stat -d gzip file1

Performance counter stats for 'gzip file1':

   3952.239208  task-clock (msec)      #   0.999 CPUs utilized
             6  context-switches       #   0.002 K/sec
             0  cpu-migrations         #   0.000 K/sec
           127  page-faults            #   0.032 K/sec
14,863,135,172  cycles                 #   3.761 GHz                        (62.35%)
18,320,918,801  instructions           #   1.23  insn per cycle             (74.90%)
 3,876,390,410  branches               # 980.809 M/sec                      (74.90%)
   135,062,519  branch-misses          #   3.48% of all branches            (74.97%)
 3,725,936,639  L1-dcache-loads        # 942.741 M/sec                      (75.09%)
   657,864,906  L1-dcache-load-misses  #  17.66% of all L1-dcache hits      (75.16%)
    50,906,146  LLC-loads              #  12.880 M/sec                       (50.01%)
     1,411,636  LLC-load-misses        #   2.77% of all LL-cache hits        (49.87%)
```

perf stat 명령어는 -e 인자와 함께 지정된 이벤트를 집계합니다. 인자를 사용하지 않았다면 PMC 기본 세트를 기본값으로 하며, -d를 사용했다면 위와 같이 확장 세트를 사용합니다. 출력 결과와 사용법은 사용 중인 리눅스 버전과 여러분의 프로세서 유형에서 사용 가능한 PMC에 따라 다릅니다. 이 사례는 리눅스 4.15에서의 perf(1)을 보여줍니다.

perf list를 사용하면 프로세서 유형과 perf 버전에 따라 사용할 수 있는 PMC의 상세한 목록을 확인할 수 있습니다.

```
# perf list
[...]
  mem_load_retired.l3_hit
       [Retired load instructions with L3 cache hits as data sources Supports
address when precise (Precise event)]
  mem_load_retired.l3_miss
       [Retired load instructions missed L3 cache as data sources Supports
address when precise (Precise event)]
[...]
```

이 출력 결과는 –e 와 함께 사용할 수 있는 이벤트 별칭(alias)을 보여줍니다. 예를 들어, 모든 CPU에 대해 이들 이벤트를 집계할 수 있으며(–a를 사용함. 최근에 기본값으로 지정됨), 1000ms 간격으로 (–I 1000) 결과를 출력할 수 있습니다.

```
# perf stat –e mem_load_retired.l3_hit –e mem_load_retired.l3_miss –a –I 1000
#          time          counts unit events
     1.001228842         675,693         mem_load_retired.l3_hit
     1.001228842         868,728         mem_load_retired.l3_miss
     2.002185329         746,869         mem_load_retired.l3_hit
     2.002185329         965,421         mem_load_retired.l3_miss
     3.002952548       1,723,796         mem_load_retired.l3_hit
[...]
```

이 출력 결과는 시스템 전역에 걸친 이들 이벤트의 초당 발생률을 보여줍니다.

사용할 수 있는 PMC는 수백 종에 이르며, 프로세서 제조사 가이드에 문서화되어 있습니다.[Intel 16][AMD 10] PMC를 MSR(model-specific register, 프로세서 모델별 특수 레지스터)와 함께 사용해서 CPU 내부 컴포넌트의 작동 방식, CPU의 현재 클록 속도, 그리고 CPU들의 온도와 에너지 소모, CPU 인터커넥트 및 메모리 버스의 처리량 등을 확인할 수 있습니다.

tlbstat

PMC 활용 사례의 하나로, 필자는 TLB(translation lookaside buffer, 변환 색인 버퍼) 관련 PMC를 집계하고 요약하는 tlbstat 도구를 개발했습니다. 필자의 목표는 멜트다운(Meltdown)의 해결책인 KPTI(kernel page table isolation, 리눅스 커널 페이지 테이블 격리) 패치의 성능 영향을 분석하는 것이었습니다.[74][75]

```
# tlbstat –C0 1
K_CYCLES  K_INSTR    IPC DTLB_WALKS ITLB_WALKS K_DTLBCYC  K_ITLBCYC  DTLB% ITLB%
2875793   276051    0.10 89709496   65862302   787913     650834     27.40 22.63
2860557   273767    0.10 88829158   65213248   780301     644292     27.28 22.52
2885138   276533    0.10 89683045   65813992   787391     650494     27.29 22.55
2532843   243104    0.10 79055465   58023221   693910     573168     27.40 22.63
[...]
```

tlbstat는 다음의 칼럼을 출력합니다.

- K_CYCLES: CPU 사이클(1000단위로)
- K_INSTR: CPU 명령어(1000단위로)

- IPC: 사이클당 명령어
- DTLB_WALKS: 데이터 TLB 탐색(집계)
- ITLB_WALKS: 명령어 TLB 탐색(집계)
- K_DTLBCYC: 최소한 한 개의 PMH(page-miss handler, 페이지 미스 핸들러)가 데이터 TLB 탐색과 함께 활성화되었을 때의 사이클(1000단위로)
- K_ITLBCYC: 최소한 한 개의 PMH가 명령어 TLB 탐색과 함께 활성화되었을 때의 사이클(1000단위로)
- DTLB%: 총 사이클의 비율로서 데이터 TLB 활성화 사이클
- ITLB%: 총 사이클의 비율로서 명령어 TLB 활성화 사이클

앞서 살펴본 출력 결과는 KPTI 오버헤드가 가장 심했던 스트레스 테스트에서 가져온 것인데, DTLB에서 27%, 그리고 ITLB에서 22%의 CPU 사이클을 보여줍니다. 이것은 시스템 전역에 걸친 CPU 리소스의 절반이 가상-물리 주소 변환을 하는 메모리 관리 장치에서 소모되었음을 의미합니다. tlbstat이 프로덕션 워크로드에서 이와 비슷한 숫자를 보여준다면, TLB를 튜닝하는 데 노력을 기울여야 할 것입니다.

6.2.3 하드웨어 샘플링

perf(1)는 PMC를 일반적이지 않은 모드에서도 사용할 수 있습니다. 이 모드에서는 카운트(count)가 정해지고, 카운트당 한번의 비율로 PMC 이벤트가 커널에 인터럽트를 발생시켜서, 커널이 이벤트의 상태를 잡아낼 수 있도록 합니다. 예를 들어 다음의 명령어는 L3 캐시 미스 이벤트(-e ...)에 대한 스택 트레이스(-g)를 모든 CPU에 대해(-a) 10초 동안 기록합니다(sleep 10, 시간을 설정하기 위해 더미 명령어 사용).

```
# perf record -e mem_load_retired.l3_miss -c 50000 -a -g -- sleep 10
[ perf record: Woken up 1 times to write data ]
[ perf record: Captured and wrote 3.355 MB perf.data (342 samples) ]
```

샘플은 perf report를 사용해서 요약하거나 perf script를 사용해서 덤프할 수 있습니다.

```
# perf script
kworker/u17:4 11563 [007] 2707575.286552: mem_load_retired.l3_miss:
        7fffba5d8c52 move_freepages_block ([kernel.kallsyms])
```

```
7fffba5d8e02 steal_suitable_fallback ([kernel.kallsyms])
7fffba5da4a8 get_page_from_freelist ([kernel.kallsyms])
7fffba5dc3fb __alloc_pages_nodemask ([kernel.kallsyms])
7fffba63a8ea alloc_pages_current ([kernel.kallsyms])
7fffc01faa5b crypt_page_alloc ([kernel.kallsyms])
7fffba5d3781 mempool_alloc ([kernel.kallsyms])
7fffc01fd870 kcryptd_crypt ([kernel.kallsyms])
7fffba4a983e process_one_work ([kernel.kallsyms])
7fffba4a9aa2 worker_thread ([kernel.kallsyms])
7fffba4b0661 kthread ([kernel.kallsyms])
7fffbae02205 ret_from_fork ([kernel.kallsyms])
[...]
```

이 출력 결과는 한 개의 스택 트레이스 샘플을 보여줍니다. 스택은 자식부터 부모까지 순서대로 나열되며, 이 경우에는 L3 캐시 미스 이벤트로 이어지는 커널 함수를 보여줍니다.

사용 가능하다면, 인터럽트 스키드(interrupt skid) 이슈를 최소화하기 위해 PEBS(정밀 이벤트 기반 샘플링)를 지원하는 PMC를 사용하는 것이 좋습니다.

PMC 하드웨어 샘플링은 BPF 프로그램도 동작하게 할 수 있습니다. 예를 들어 perf 버퍼를 통해 모든 샘플링된 스택 트레이스를 사용자 공간에 덤프하는 대신, 효율성 향상을 위해 BPF를 이용해서 커널 컨텍스트에서 빈도수를 집계할 수 있습니다.

6.2.4 정주기 샘플링

많은 프로파일러가 타이머 기반 샘플링(지정된 시간 간격으로 명령어 포인터 또는 스택 트레이스를 캡처)을 지원합니다. 프로파일러는 어느 소프트웨어가 CPU 리소스를 소모하고 있는지를 개략적으로, 큰 비용을 들이지 않고 보여줍니다. 다양한 유형의 프로파일러가 있는데, 일부는 사용자 모드에서만 작동하며 일부는 커널 모드에서 작동합니다. 일반적으로 커널 모드 프로파일러를 선호하는데, 커널 레벨과 사용자 레벨 스택 모두를 캡처해서 더 완전한 그림을 제공할 수 있기 때문입니다.

perf

perf(1)는 소프트웨어 이벤트 혹은 PMC를 통해 정주기 샘플링을 지원하는 커널 기반 프로파일러로, 사용할 수 있는 가장 정밀한 기술을 기본값으로 합니다. 다음 예에서는 99Hz 주기로(CPU별로 초당 99번 샘플) 모든 CPU에 걸쳐 스택을 30초간 캡처합니다.

```
# perf record -F 99 -a -g -- sleep 30
[ perf record: Woken up 1 times to write data ]
[ perf record: Captured and wrote 0.661 MB perf.data (2890 samples) ]
```

다른 소프트웨어 루틴들과의 록스텝 샘플링을 피하기 위해 100Hz 대신 99Hz를 선택했는데, 그렇지 않다면 샘플이 왜곡되었을 것입니다(18장에서 더 자세하게 설명합니다). 상세함과 오버헤드 사이의 균형을 위해 10이나 10,000 대신 대략 100을 수집 주기로 선택했습니다. 너무 낮으면 큰 코드 경로와 작은 코드 경로를 포함한, 실행의 전체 그림을 보기에 충분한 샘플을 얻을 수 없고, 너무 높으면 샘플들의 오버헤드가 성능과 결과를 왜곡하기 때문입니다.

이 perf(1) 명령어가 실행될 때 perf.data 파일에 샘플을 기록하는데, 이것은 커널 버퍼의 사용과 파일 시스템에 대한 최적의 쓰기 횟수를 사용하여 최적화한 것입니다. 위의 출력 결과는 이 데이터를 기록하는 동안 wakeup이 한 번밖에 발생하지 않았음을 보여주고 있습니다.

출력 결과는 `perf report`를 사용해서 요약하거나, `perf script`를 사용해서 각 샘플을 덤프할 수 있습니다. 예를 들면 다음과 같습니다.

```
# perf report -n --stdio
[...]
# Children      Self       Samples  Command  Shared Object       Symbol
# ........      ........    .........  ........  .................   ........
....................                  
........................
#    99.41%     0.08%          2  iperf    libpthread-2.27.so  [.] __libc_
write
             |
              --99.33%--__libc_write
                        |
                         --98.51%--entry_SYSCALL_64_after_hwframe
                                   |
                                    --98.38%--do_syscall_64
                                              |
                                               --98.29%--sys_write
                                                         |
                                                          --97.78%--vfs_write
                                                                    |
[...]
```

perf report 요약은 부모부터 자식까지의 함수 트리를 보여줍니다(이 순서는 뒤집혀 나올 수도 있는데, 초기 버전에서는 뒤집힌 순서가 기본값이었습니다). 전체 출력 결과가 6천 라인이나 되기 때문에 이 출력 결과 샘플을 보고 결론을 내리기는 쉽지 않습니다. 모든 이벤트를 덤프하는 perf script의 전체 출력 결과는

6만 라인이 넘습니다. 더 바쁜 시스템에서라면 이들 프로파일은 이 크기의 10배 이상이 될 수 있습니다. 이러한 경우의 해결책은 스택 샘플을 플레임 그래프로 시각화하는 것입니다.

CPU 플레임 그래프

2장에서 소개한 플레임 그래프는 스택 트레이스의 시각화를 가능하게 해 줍니다. CPU 프로파일링에 적합하며 CPU 분석에 흔히 사용됩니다.

그림 6.3의 플레임 그래프는 앞 절에서 캡처한 동일한 프로파일 데이터를 요약해서 보여주고 있습니다.

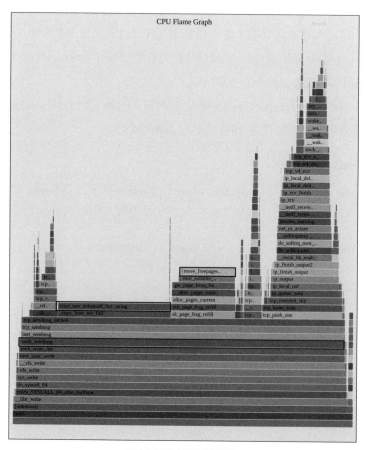

그림 6.3 CPU 플레임 그래프

이 데이터를 플레임 그래프로 시각화하면 iperf라는 이름의 프로세스가 CPU를 전부 소모하고 있으며 정확하게 어떻게 소모하고 있는지 쉽게 확인할 수 있습니다. sock_sendmsg()를 통해서 CPU에서 오랜 시간 동안 동작하는 두 개의 함수인 copy_user_enhanced_fast_string()과 move_freepages_block()로 이어지는데, 두 개의 고원 형태처럼 생겼습니다. 오른쪽은 TCP 수신 경로로 되돌아가는 타워인데, 현재 iperf를 이용해 루프백(loopback) 테스트를 진행하고 있기 때문입니다.

다음은 perf(1)을 사용해서 49Hz 주기로 스택을 30초간 샘플링하고, 필자의 최초의 플레임 그래프 구현체를 이용해 CPU 플레임 그래프를 만드는 과정입니다.

```
# git clone https://github.com/brendangregg/FlameGraph
# cd FlameGraph
# perf record -F 49 -ag -- sleep 30
# perf script --header | ./stackcollapse-perf.pl | ./flamegraph.pl > flame1.svg
```

stackcollapse-perf.pl 프로그램은 perf script 출력 결과를 flamegraph.pl 프로그램에서 읽을 수 있는 표준 포맷으로 변환합니다. FlameGraph 저장소에는 perf 외에도 다양한 프로파일러에 대한 컨버터가 있습니다. flamegraph.pl 프로그램은 자바스크립트를 내장하여 SVG 파일 형태로 플레임 그래프를 생성하는데, 브라우저에서 이 파일을 열면 인터랙티브한 기능을 사용할 수 있습니다. flamegraph.pl은 커스터마이즈를 위한 옵션을 많이 지원합니다. 상세한 내용을 보려면 flamegraph.pl -help를 실행해 보세요.

추후 분석을 위해 perf script -header의 출력 결과를 저장하는 것이 좋습니다. 넷플릭스는 perf script 출력 결과를 읽을 수 있는 부가적인 도구와 d3를 사용해서 더 새로운 플레임 그래프 구현체인 플레임스코프(FlameScope)를 만들었습니다. 이는 프로파일을 1초 미만의 오프셋 히트맵으로 시각화하고, 플레임 그래프를 보기 위해 시간 범위를 선택할 수 있습니다.[76] [77]

내부 구조

perf(1)는 정주기 샘플링 수행 시 PMC 기반의 CPU 사이클 오버플로 이벤트를 통해 NMI(non-maskable interrupt, 차단 불가 인터럽트)를 발생시켜 샘플링을 수행하는 방식을 선호합니다. 그러나 대부분의 클라우드 인스턴스 유형에서는 PMC를 사용할 수 없을 것입니다. PMC의 사용 가능 여부는 dmesg(1)를 통해 확인할 수 있습니다.

```
# dmesg | grep PMU
[    2.827349] Performance Events: unsupported p6 CPU model 85 no PMU driver,
software events only.
```

이러한 시스템에서 perf(1)는 hrtimer 기반 소프트웨어 인터럽트를 대신 사용합니다. perf를 -v와 함께 실행하면 이를 확인할 수 있습니다.

```
# perf record -F 99 -a -v
Warning:
The cycles event is not supported, trying to fall back to cpu-clock-ticks
[...]
```

이 소프트웨어 인터럽트만으로도 일반적으로 충분하지만, IRQ가 비활성화되어 인터럽트할 수 없는 일부 코드 경로가 있습니다(일부 스케줄링 코드 경로나, 하드웨어 이벤트 코드 경로 등). 이들 코드 경로에 해당하는 샘플은 프로파일 결과에서 누락될 것입니다.

PMC가 작동하는 방법에 대해서는 2.12 "PMC"를 살펴보세요.

6.2.5 이벤트 통계 및 트레이싱

이벤트 트레이싱 도구도 CPU 분석에 사용할 수 있습니다. 기존의 리눅스 도구 중 이벤트 트레이싱에 사용되는 도구는 perf(1)과 Ftrace입니다. 이들 도구는 이벤트를 트레이싱하고 이벤트별 세부 사항을 저장할 뿐만 아니라 커널 컨텍스트에서 이벤트를 집계할 수 있습니다.

perf

perf(1)는 tracepoint, kprobe, uprobe 그리고 (근래에 이르러) USDT probe를 계측할 수 있습니다. 이것들은 왜 CPU 리소스가 소모되었는지에 대한 몇 가지 논리적 컨텍스트를 제공해 줍니다.

예를 들어 시스템 전역 CPU 사용률이 높지만, top(1)에서 그 원인에 해당하는 프로세스가 보이지 않는 이슈를 생각해 봅시다. 이슈의 원인은 짧은 시간 동안만 동작하는 프로세스 때문일 수도 있습니다. 이 가설을 시험하기 위해, perf stat를 사용하여 시스템 전역에 걸쳐 sched_process_exec tracepoint를 집계하고, exec() 계열 시스템 콜의 호출 비율을 확인해 보면 다음과 같습니다.

```
# perf stat -e sched:sched_process_exec -I 1000
#           time             counts unit events
      1.000258841               169      sched:sched_process_exec
      2.000550707               168      sched:sched_process_exec
      3.000676643               167      sched:sched_process_exec
      4.000880905               167      sched:sched_process_exec
[...]
```

이 출력 결과는 초당 160회가 넘는 exec가 발생하였음을 보여줍니다. perf record를 사용해서 각 이벤트를 기록한 다음 perf script[2]를 사용해서 그 이벤트를 덤프해 볼 수도 있습니다.

```
# perf record -e sched:sched_process_exec -a
^C[ perf record: Woken up 1 times to write data ]
[ perf record: Captured and wrote 3.464 MB perf.data (95 samples) ]
# perf script
    make 28767 [007] 712132.535241: sched:sched_process_exec: filename=/usr/
bin/make pid=28767 old_pid=28767
      sh 28768 [004] 712132.537036: sched:sched_process_exec: filename=/bin/sh
pid=28768 old_pid=28768
   cmake 28769 [007] 712132.538138: sched:sched_process_exec: filename=/usr/bin/
cmake pid=28769 old_pid=28769
    make 28770 [001] 712132.548034: sched:sched_process_exec: filename=/usr/bin/
make pid=28770 old_pid=28770
      sh 28771 [004] 712132.550399: sched:sched_process_exec: filename=/bin/sh
pid=28771 old_pid=28771
[...]
```

이 출력 결과를 보면 실행된 프로세스에 make, sh, cmake와 같은 이름이 포함되어 있습니다. 이를 통해 소프트웨어 빌드가 범인이라고 의심해 볼 수 있습니다. 짧은 시간 동안만 동작하는 프로세스는 흔히 발생하는 성능 이슈입니다. 심지어 이것만 확인하는 전용 BPF 도구도 있습니다. 바로 execsnoop(8)입니다. 위 출력 결과의 필드는 프로세스 이름, PID, [CPU], 타임스탬프(초 단위), 이벤트 이름, 이벤트 인자로 구성되어 있습니다.

perf(1)는 perf sched라는 CPU 스케줄러 분석용 특별 하위 명령어가 있습니다. 스케줄러 동작 분석을 위해 덤프한 뒤에 후처리(dump-and-post-process)하는 접근법을 사용하며 wakeup당 CPU 런타임, 평균 및 최대 스케줄러 지연 시간을 보여줄 수 있는 여러 가지 리포트와 CPU별 스레드 실행, 마이그레이션을 보여주는 ASCII 시각화를 제공합니다. 다음은 몇 가지 출력 결과 사례입니다.

```
# perf sched record -- sleep 1
[ perf record: Woken up 1 times to write data ]
[ perf record: Captured and wrote 1.886 MB perf.data (13502 samples) ]
# perf sched timehist
```

---

2 왜 strace(1)를 사용하지 않는지 궁금한 사람도 있을 것입니다. 현재 strace(1)의 구현은 대상을 엄청나게 느리게(100배 이상) 할 수 있는 중단점을 사용하기 때문에 프로덕션 용도로 사용하기에는 위험합니다. 이를 대체하기 위한 프로그램을 개발 중인데, 하나는 perf trace 하위 명령어이고, 또 하나는 BPF 기반 프로그램입니다. 또한 이 사례는 exec() 시스템 콜을 시스템 전역에 걸쳐 트레이싱하는데, strace(1)는 현재 이것을 할 수 없습니다.

```
Samples do not have callchains.
            time    cpu  task name                 wait time  sch delay  run time
                         [tid/pid]                   (msec)     (msec)    (msec)
    ──────────────  ─────  ────────────────────    ─────────  ─────────  ─────────
    [...]
     991963.885740 [0001]  :17008[17008]              25.613      0.000      0.057
     991963.886009 [0001]  sleep[16999]             1000.104      0.006      0.269
     991963.886018 [0005]  cc1[17083]                 19.908      0.000      9.948
    [...]
```

출력 결과는 내용이 장황합니다. 모든 스케줄러 컨텍스트 스위치 이벤트를 휴면 시간(wait time), 스케줄러 지연(sch delay), CPU에서 소모된 시간(run time)으로 나누어 보여줍니다(ms 단위). 이 출력 결과는 1초 동안 휴면한 sleep(1) 명령어, 그리고 9.9ms 동안 동작하고 19.9ms 동안 휴면한 cc1 프로세스를 보여줍니다.

perf sched 하위 명령어는 커널 스케줄러 구현(커널 스케줄러는 많은 요구 사항의 균형을 맞추는 복잡한 코드입니다)과 관계된 문제들을 포함해서 여러 유형의 스케줄러 이슈를 해결하는 데 도움을 줍니다. 그러나 덤프한 뒤에 후처리하는 방식은 많은 비용이 수반되는데, 이 예제는 CPU가 8개인 시스템에서 스케줄러 이벤트를 1초간 기록해서 1.9MB 크기의 perf.data 파일을 만들었습니다. 더 크고 부하가 심한 시스템에서 수집 기간이 더 길다면 이 파일은 수백 MB가 될 수 있고 이를 디스크에 기록하는 데 필요한 파일 시스템 I/O에 소모되는 CPU 시간으로 인해 문제가 생길 수 있습니다.

수많은 스케줄러 이벤트를 이해하기 위해 perf(1) 출력 결과를 주로 시각화합니다. perf(1)도 자체 시각화를 위한 timechart 하위 명령어가 있습니다.

가능하다면 perf sched 대신 BPF를 사용할 것을 추천합니다. BPF도 유사한 질문에 답할 수 있을뿐더러, 커널 내부 요약정리를 통해 결과를 내놓을 수 있기 때문입니다(예: 6.3.3절, 6.3.4절에서 다루는 runqlat(8)와 runqlen(8) 도구).

Ftrace

Ftrace는 여러 가지 트레이싱 기능의 묶음으로, 스티븐 로스테드(Steven Rostedt)가 개발했으며 리눅스 2.6.27(2008)에 처음 포함되었습니다. perf(1)와 마찬가지로 tracepoint나 다른 이벤트를 통해 CPU 사용률의 컨텍스트를 분석하는 데 사용할 수 있습니다.

필자의 perf-tools 컬렉션[78]은 계측에 주로 Ftrace를 사용합니다. 이 컬렉션에는 함수 집계를 위한 도구인 funccount(8)가 포함되어 있습니다. 다음의 예는 'ext'로 시작하는 함수들을 일치시킴으로써 ext4 파일 시스템 콜을 집계합니다.

```
# perf-tools/bin/funccount 'ext*'
Tracing "ext*"... Ctrl-C to end.
^C
FUNC                            COUNT
[...]
ext4_do_update_inode             523
ext4_inode_csum.isra.56          523
ext4_inode_csum_set              523
ext4_mark_iloc_dirty             523
ext4_reserve_inode_write         523
ext4_inode_table                 551
ext4_get_group_desc              564
ext4_nonda_switch                586
ext4_bio_write_page              604
ext4_journal_check_start        1001
ext4_es_can_be_merged           1111
ext4_file_getattr               7159
ext4_getattr                    7285
```

위의 출력 결과는 가장 자주 사용되는 함수를 보여주기 위해 축약되었습니다. 가장 빈번한 것은 ext4_getattr()였으며, 트레이싱하는 동안 7,285회 호출되었습니다.

함수 호출은 CPU를 소모하며, 해당 이름은 수행된 워크로드에 대한 실마리를 종종 제공합니다. 함수 이름이 명확하지 않다면 온라인에서 그 함수에 대한 소스 코드를 찾아 읽어 보면서 기능을 이해할 수 있습니다. 특히 리눅스 커널 함수가 오픈 소스이기 때문에 더욱 그렇습니다.

Ftrace는 여러 가지 유용한 기능을 내장하고 있으며, 최근의 개선에서는 히스토그램과 더 많은 빈도 집계 방식(히스토그램 트리거)이 추가되었습니다. BPF와 달리 완전한 프로그래밍은 불가능하기 때문에 데이터를 가져와서 완전히 커스텀화된 방식으로 보여주는 데 사용할 수는 없습니다.

6.3 BPF 도구

이번 절에서는 CPU 성능 분석과 문제 해결에 사용할 수 있는 BPF 도구들을 다룹니다. 도구는 그림 6.4와 같습니다. 자세한 내용은 표 6.3에 정리해 놓았습니다.

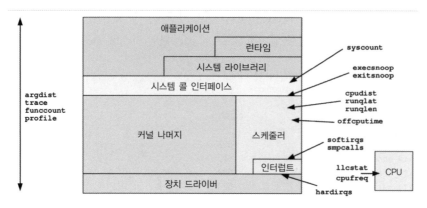

그림 6.4 CPU 분석용 BPF 도구

이 도구들은 4장과 5장에서 다룬 BCC와 bpftrace 저장소에서 가져왔거나 이 책을 위해 만든 것들입니다. 일부 도구는 BCC와 bpftrace 두 곳 모두에 나옵니다. 표 6.3에는 이번 절에서 살펴보는 도구의 출처를 정리해 놓았습니다(BT는 bpftrace의 축약입니다).

도구	출처	대상	설명
execsnoop	BCC/BT	스케줄러	새로운 프로세스 실행 표시
exitsnoop	BCC	스케줄러	프로세스 수명과 종료 이유 출력
runqlat	BCC/BT	스케줄러	CPU 실행 큐 지연 요약
runqlen	BCC/BT	스케줄러	CPU 실행 큐 길이 요약
runqslower	BCC	스케줄러	임계 값보다 더 느린 실행 큐 대기 출력
cpudist	BCC	스케줄러	on-CPU 시간 요약
cpufreq	책	CPU	프로세스별 CPU 클록 속도 샘플링
profile	BCC	CPU	CPU 스택 트레이스 샘플링
offcputime	BCC/책	스케줄러	off-CPU 스택 트레이스 및 횟수 요약
syscount	BCC/BT	시스템 콜	유형/프로세스별 시스템 콜 집계
argdist	BCC	시스템 콜	시스템 분석에 사용
trace	BCC	시스템 콜	시스템 분석에 사용
funccount	BCC	소프트웨어	함수 호출 집계
softirqs	BCC	인터럽트	소프트웨어 인터럽트 시간 요약
hardirqs	BCC	인터럽트	하드웨어 인터럽트 시간 요약
smpcalls	책	커널	SMP 원격 CPU 호출 시간 측정

llcstat	BCC	PMC	프로세스별 LLC 히트율 요약

표 6.3 CPU 관련 도구

BCC와 bpftrace 도구들과 각 기능에 대한 더 많은 정보는 해당 저장소에서 최신의 전체 목록을 확인하세요. 여기에는 중요한 기능들 중 일부만 선정해서 정리해 놓았습니다.

6.3.1 execsnoop

execsnoop(8)[3]은 새로운 프로세스 실행을 시스템 전역에 걸쳐 트레이싱하는 BCC와 bpftrace 도구입니다. 이 도구는 CPU 리소스를 소모하는 짧은 시간 동안만 동작하는 프로세스와 관련된 이슈를 찾아낼 수 있으며, 소프트웨어 실행(예: 애플리케이션 시작 스크립트)을 디버그하는 데에도 사용할 수 있습니다.

다음은 BCC 버전에서의 출력 사례입니다.

```
# execsnoop
PCOMM        PID    PPID   RET ARGS
sshd         33096  2366     0 /usr/sbin/sshd -D -R
bash         33118  33096    0 /bin/bash
groups       33121  33119    0 /usr/bin/groups
ls           33123  33122    0 /bin/ls /etc/bash_completion.d
lesspipe     33125  33124    0 /usr/bin/lesspipe
basename     33126  33125    0 /usr/bin/basename /usr/bin/lesspipe
dirname      33129  33128    0 /usr/bin/dirname /usr/bin/lesspipe
tput         33130  33118    0 /usr/bin/tput setaf 1
dircolors    33132  33131    0 /usr/bin/dircolors -b
ls           33134  33133    0 /bin/ls /etc/bash_completion.d
mesg         33135  33118    0 /usr/bin/mesg n
sleep        33136  2015     0 /bin/sleep 30
sh           33143  33139    0 /bin/sh -c command -v debian-sa1 > /dev/null &&...
debian-sa1   33144  33143    0 /usr/lib/sysstat/debian-sa1 1 1
sa1          33144  33143    0 /usr/lib/sysstat/sa1 1 1
sadc         33144  33143    0 /usr/lib/sysstat/sadc -F -L -S DISK 1 1 /var/lo...
sleep        33148  2015     0 /bin/sleep 30
[...]
```

---

3   연혁: 필자는 2004년 3월 24일에 DTrace를 이용해서 첫 번째 execsnoop을 만들었는데, 솔라리스 환경에서 필자가 겪고 있던 짧은 시간 동안만 동작하는 프로세스 성능 문제를 해결하기 위함이었습니다. 필자가 이전에 사용한 주된 분석 기법은 프로세스 기록(accounting) 혹은 BSM 감사(auditing)을 활성화시키고 그 로그에서 exec 이벤트를 찾아내는 것이었는데, 이들 모두 프로세스 기록이 프로세스 이름과 인자를 8글자로 축약한다는 문제점이 있었습니다. 그에 반해 execsnoop 도구는 특수한 감사 모드 없이도 시스템에서 즉시 실행할 수 있었으며, 훨씬 더 많은 명령어 문자열을 보여줄 수 있었습니다. execsnoop은 OS X와 일부 솔라리스, BSD 버전에서는 기본으로 설치됩니다. 필자는 2016년 2월 7일에 BCC 버전을, 그리고 2017년 11월 15일에는 bpftrace 버전을 개발했으며, 이것 때문에 bpftrace에 join() 내장 함수를 추가했습니다.

이 도구는 사용자가 SSH를 사용해서 시스템에 로그인하는 순간과 sshd(8), groups(1), mesg(1)와 같은 프로세스가 시작되는 순간을 포착했습니다. 또한 로그에 지표를 기록하고 있는 sa1(8)과 sadc(8)와 같은 sar(system activity recorder, 시스템 동작 레코더) 프로세스도 확인할 수 있습니다.

execsnoop(8)을 사용해서 리소스를 소모하는 짧은 시간 동안만 동작하는 프로세스의 발생 비율이 높은지 확인해 보세요. 아주 짧은 시간 동안만 동작하기 때문에 찾아내기 쉽지 않고 top(1) 같은 도구나 모니터링 에이전트가 발견하기 전에 사라질 수도 있습니다. 1.4 "BCC 살펴보기"에서 애플리케이션 시작 스크립트가 구동에 실패해서 시스템의 성능을 불안정하게 한 예를 보았습니다. 이 문제도 execsnoop(8)을 사용해서 쉽게 발견할 수 있었습니다. 이 외에도 여러 가지 프로덕션 이슈를 디버그하기 위해 execsnoop(8)을 사용합니다. 구체적으로 백그라운드 작업으로 인한 성능 변화, 애플리케이션 시작이 느리거나 실패하는 이슈, 컨테이너 시작이 느리거나 실패하는 이슈 등이 있습니다.

execsnoop(8)은 execve(2) 시스템 콜(일반적으로 사용하는 exec(2) 변형)을 트레이싱하고 execve(2) 인자와 리턴 값을 보여줍니다. 이 도구는 그 자체를 다시 exec(2)하는(re-exec) 프로세스뿐만 아니라 fork(2)/clone(2)->exec(2) 시퀀스를 따르는 새로운 프로세스도 잡아냅니다. 일부 애플리케이션은 exec(2)을 호출하지 않고 새 프로세스를 생성하는데, 예를 들면 워커 프로세스 풀을 만들 때 fork(2) 또는 clone(2)만을 사용합니다. 이러한 것들은 execve(2)를 호출하지 않기 때문에 execsnoop(8) 출력 결과에는 포함되지 않습니다. 애플리케이션은 프로세스가 아닌 워커 스레드의 풀을 만들 것이기 때문에 이러한 상황은 흔치 않습니다.

프로세스 실행 비율은 상대적으로 낮을 것으로 예상되기 때문에(초당 1,000번 미만), 이 도구의 오버헤드는 무시할 수 있는 수준입니다.

BCC

BCC 버전은 다음과 같은 다양한 옵션을 지원합니다.

- -x: 실패한 exec()도 포함합니다.
- -n pattern: 패턴에 해당되는 명령어만 출력합니다.
- -l pattern: 패턴에 해당하는 인자를 가진 명령어만 출력합니다.
- --max-args args: 출력할 최대 인자 개수를 지정합니다(기본값 20).

bpftrace

다음은 execsnoop(8)의 bpftrace 버전 코드로, 핵심 기능을 보여주고 있습니다. 이 버전은 기본적인 칼럼만 보여주고 옵션을 지원하지 않습니다.

```
#!/usr/local/bin/bpftrace

BEGIN
{
        printf("%-10s %-5s %s\n", "TIME(ms)", "PID", "ARGS");
}

tracepoint:syscalls:sys_enter_execve
{
        printf("%-10u %-5d ", elapsed / 1000000, pid);
        join(args->argv);
}
```

BEGIN은 헤더를 출력합니다. exec() 이벤트의 캡처를 위해 syscalls:sys_enter_execve tracepoint를 계측하고 프로그램이 동작하기 시작한 시간, 프로세스 ID, 그리고 명령어 이름과 인자를 출력합니다. tracepoint의 args->argv 필드에 join() 함수를 사용해서 명령어 이름과 인자를 한 줄로 출력합니다.

bpftrace의 향후 버전에서는 join()을 수정해서 문자열을 출력하는 대신 문자열을 리턴하도록 변경할 예정입니다.[4] 그렇게 되면 코드가 다음과 같이 변경되어야 할 것입니다.

```
tracepoint:syscalls:sys_enter_execve
{
        printf("%-10u %-5d %s\n", elapsed / 1000000, pid, join(args->argv));
}
```

이 도구의 BCC 버전은 execve() 시스템 콜의 진입과 리턴, 두 가지 모두를 계측하기 때문에 리턴 값을 출력할 수 있습니다. 이 bpftrace 버전 역시 이러한 동작을 수행하도록 쉽게 개선할 수 있습니다.[5]

유사한 도구로, 프로세스 실행 대신 스레드의 생성을 트레이싱하는 threadsnoop(8)에 대해서는 13장 "애플리케이션"을 보십시오.

---

4 bpftrace 이슈 #26을 참고하세요.[67]
5 이 bpftrace 프로그램과 뒤에서 다룰 bpftrace 프로그램 모두 더 많은 세부 정보를 보여주도록 쉽게 개선할 수 있습니다. 여기서는 일부러 그렇게 하지 않았는데, 도구를 쉽게 이해할 수 있도록 하는 동시에 짧고 간단 명료하게 유지하기 위해서였습니다.

6.3.2 exitsnoop

exitsnoop(8)[6]은 프로세스가 종료될 때를 트레이싱하는 BCC 도구로, 프로세스의 수명(age)과 종료 이유를 보여줍니다. 수명은 프로세스의 생성부터 종료까지의 시간으로, CPU에서 동작 중인 시간과 대기 상태 시간 모두를 포함합니다. execsnoop(8)과 마찬가지로, exitsnoop(8)은 이 유형의 워크로드를 이해할 수 있는 여러 가지 정보를 제공해서 짧은 시간 동안만 동작하는 프로세스의 이슈를 디버그하는 데 도움을 줍니다. 예를 들면 다음과 같습니다.

```
# exitsnoop
PCOMM           PID     PPID    TID     AGE(s)   EXIT_CODE
cmake           8994    8993    8994    0.01     0
sh              8993    8951    8993    0.01     0
sleep           8946    7866    8946    1.00     0
cmake           8997    8996    8997    0.01     0
sh              8996    8995    8996    0.01     0
make            8995    8951    8995    0.02     0
cmake           9000    8999    9000    0.02     0
sh              8999    8998    8999    0.02     0
git             9003    9002    9003    0.00     0
DOM Worker      5111    4183    8301    221.25   0
sleep           8967    26663   8967    7.31     signal 9 (KILL)
git             9004    9002    9004    0.00     0
[...]
```

이 출력 결과는 cmake(1), sh(1), make(1)와 같은 짧은 시간 동안만 동작하는 프로세스가 종료된 것을 보여주는데, 소프트웨어 빌드가 동작 중이었기 때문입니다. sleep(1) 프로세스가 1.00초 후에 성공적으로 종료되었으며(exit code 0), 또 다른 sleep(1) 프로세스가 KILL 시그널로 인해 7.31초 후에 종료되었습니다. 또 221.25초 후에 종료된 'DOM Worker' 스레드도 포착하였습니다.

이 도구는 sched:sched_process_exit tracepoint와 그 인자를 계측하면서 작동하고, 시작 시간을 가져오기 위해 bpf_get_current_task()를 사용해서 task 구조체를 읽어 들입니다(불안정한 인터페이스 세부 정보). 이 tracepoint는 자주 발생하지 않기 때문에 이 도구의 오버헤드는 무시할 수 있는 수준입니다.

커맨드 라인 사용법은 다음과 같습니다.

```
exitsnoop [options]
```

---

6 연혁: 이것은 아르투로 마틴-드-니콜라스(Arturo Martin-de-Nicolas)가 2019년 5월 4일에 만들었습니다.

옵션은 다음과 같습니다.

- -p PID: 이 프로세스만 측정합니다.
- -t: 타임스탬프를 포함합니다.
- -x: 실패(0이 아닌 종료)만 트레이싱합니다.

현재 exitsnoop(8)의 bpftrace 버전은 존재하지 않지만, bpftrace 프로그래밍 학습을 위해 한번 만들어 보십시오. 굉장히 유익한 경험이 될 것입니다.[7]

6.3.3 runqlat

runqlat(8)[8]는 CPU 스케줄러 지연을 측정하는 BCC와 bpftrace 도구로, CPU 스케줄러 지연은 흔히 실행 큐 지연이라고도 합니다(심지어 더 이상 실행 큐를 사용해서 구현되지 않지만). 이 도구는 서비스할 수 있는 것보다 더 많은 CPU 리소스를 요구하는 상황인, CPU 포화 이슈를 찾아내서 정량화하는 데 유용합니다. runqlat(8)이 측정하는 지표는 각 스레드(태스크)가 CPU에서 자신의 순서를 기다리면서 소모한 시간입니다.

다음은 시스템 전역에 걸쳐 CPU 사용률이 약 42%이고 CPU가 48개인 프로덕션 API 인스턴스에서 실행 중인 BCC runqlat(8)를 보여줍니다. runqlat(8)의 인자 '10 1'은 10초 인터벌을 설정하고 단 한 번만 결과를 출력하기 위함입니다.

```
# runqlat 10 1
Tracing run queue latency... Hit Ctrl-C to end.

     usecs               : count     distribution
         0 -> 1          : 3149      |                                        |
         2 -> 3          : 304613    |****************************************|
         4 -> 7          : 274541    |************************************    |
         8 -> 15         : 58576     |*******                                 |
        16 -> 31         : 15485     |**                                      |
        32 -> 63         : 24877     |***                                     |
        64 -> 127        : 6727      |                                        |
       128 -> 255        : 1214      |                                        |
       256 -> 511        : 606       |                                        |
       512 -> 1023       : 489       |                                        |
```

---

7 만일 여러분이 bpftrace 버전을 만들어 발표하게 된다면, 최초의 BCC 버전 작성자로 아르투로 마틴-드-니콜라스(Arturo Martin-de-Nicolas)를 언급하는 것을 잊지 마세요.

8 연혁: 필자는 2005년 1월 "동적 트레이싱 가이드(Dynamic Tracing Guide)"[Sun 05]에 있는 DTrace sched provider probe와 사례에서 영감을 얻었고 2012년 8월 13일에 DTrace를 사용해서 첫 번째 버전인 dispqlat.d를 만들었습니다. dispq는 실행 큐의 또 다른 용어인 디스패치 큐(dispatcher queue)를 축약한 것입니다. 필자는 runqlat의 BCC 버전을 2016년 2월 7일에, bpftrace 버전을 2018년 9월 17일에 개발했습니다.

```
1024 -> 2047       : 315       |                                    |
2048 -> 4095       : 122       |                                    |
4096 -> 8191       : 24        |                                    |
8192 -> 16383      : 2         |                                    |
```

이 출력 결과는 대부분의 시간 동안 스레드가 15μs 미만 동안 대기하고 있었
다는 것을 보여주고, 히스토그램에서는 2~15μs 사이에서 봉우리를 확인할 수
있습니다. 이는 상대적으로 빠른 것으로, 건강한 시스템의 사례이며 시스템의
CPU 사용률이 42% 정도인 것으로 보입니다. 가끔 실행 큐 지연이 8~ 16ms 버
킷 정도의 고점에 도달했지만, 이것은 극단값에 해당합니다.

runqlat(8)는 프로세스가 깨어나서 실행 상태가 되기까지의 시간을 알아내기
위해 스케줄러 wakeup과 컨텍스트 스위치 이벤트를 계측함으로써 작동합니다.
이들 이벤트는 바쁜 프로덕션 시스템에서는 초당 100만 이벤트를 초과할 정도
로 아주 빈번할 수 있습니다. BPF를 최적화하더라도, 이러한 발생률에서는 이벤
트당 1μs만 추가해도 눈에 띄는 오버헤드를 유발할 수 있으니 주의해서 사용하
세요.[9]

잘못 구성된 빌드

다음은 비교를 위한 여러 가지 사례입니다. 이번에는 CPU가 36개인 빌드 서버
가 소프트웨어 빌드를 수행하고 있는데, 거기에서 병렬 작업의 수가 실수로 72
로 설정되어 있어, CPU의 과부하를 유발하고 있습니다.

 # runqlat 10 1
```
Tracing run queue latency... Hit Ctrl-C to end.

    usecs              : count    distribution
        0 -> 1         : 1906    |***                                     |
        2 -> 3         : 22087   |****************************************|
        4 -> 7         : 21245   |**************************************** |
        8 -> 15        : 7333    |*************                           |
       16 -> 31        : 4902    |********                                |
       32 -> 63        : 6002    |**********                              |
       64 -> 127       : 7370    |*************                           |
      128 -> 255       : 13001   |***********************                 |
      256 -> 511       : 4823    |********                                |
      512 -> 1023      : 1519    |**                                      |
     1024 -> 2047      : 3682    |******                                  |
```

---

9 간단히 연습해 봅시다. 만약 여러분이 CPU가 10개인 시스템에 컨텍스트 스위치 비율이 초당 백만 번
(1M/초) 발생한다면, 컨텍스트 스위치당 1μs를 더할 경우 CPU 리소스의 10%를 소모하게 될 것입니
다(100% × (1 × 1000000 / 10 × 1000000)). 18장을 보면 BPF 오버헤드를 측정한 실제 사례를 몇 가
지 제시하고 있는데, 일반적으로 이벤트당 1μs보다 훨씬 작습니다.

```
 2048 -> 4095      : 3170    |*****                                |
 4096 -> 8191      : 5759    |*********                            |
 8192 -> 16383     : 14549   |************************             |
16384 -> 32767     : 5589    |*********                            |
32768 -> 65535     : 372     |                                     |
65536 -> 131071    : 10      |                                     |
```

분포는 현재 3봉형으로, 가장 느린 봉우리는 8~16ms 버킷에 집중되어 있습니다. 이것은 스레드의 대기가 상당함을 보여줍니다.

이 특정 이슈는 다른 도구나 지표를 사용해서도 찾아내기 쉽습니다. 예를 들어 sar(1)는 CPU 사용률(-u)과 실행 큐(-q) 지표를 보여줍니다.

```
# sar -uq 1
Linux 4.18.0-virtual (...)   01/21/2019   _x86_64_     (36 CPU)

11:06:25 PM     CPU     %user     %nice   %system   %iowait    %steal     %idle
11:06:26 PM     all     88.06      0.00     11.94      0.00      0.00      0.00

11:06:25 PM  runq-sz  plist-sz   ldavg-1   ldavg-5  ldavg-15   blocked
11:06:26 PM       72      1030     65.90     41.52     34.75         0
[...]
```

이 sar(1) 출력 결과는 CPU 유휴(idle)가 0%이고, 평균 실행 큐 크기가 72로 (실행 중인 상태와 실행 가능 상태 둘 다 포함해서) 사용 가능한 CPU인 36보다 크다는 것을 보여줍니다.

15장 "컨테이너"에는 컨테이너별 지연을 보여주는 runqlat(8) 사례가 있습니다.

BCC

BCC 버전용 커맨드 라인 사용법은 다음과 같습니다.

```
runqlat [options] [interval [count]]
```

옵션은 다음과 같습니다.

- -m: 결과를 밀리초 단위로 출력합니다.
- -P: 프로세스 ID별 히스토그램을 출력합니다.
- --pidnss: PID 네임스페이스별 히스토그램을 출력합니다.
- -p PID: 이 프로세스 ID만 트레이싱합니다.
- -T: 출력 결과에 타임스탬프를 포함합니다.

-T 옵션은 시간의 흐름에 따른 인터벌당 출력 결과를 부연 설명하는 데 유용합
니다. 예를 들어 runqlat -T 1은 매초 결과를 타임스탬프와 함께 출력합니다.

bpftrace

다음은 runqlat(8)의 bpftrace 버전용 코드로, 핵심 기능을 보여주고 있습니다.
이 버전은 옵션을 지원하지 않습니다.

```
#!/usr/local/bin/bpftrace

#include <linux/sched.h>

BEGIN
{
        printf("Tracing CPU scheduler... Hit Ctrl-C to end.\n");
}

tracepoint:sched:sched_wakeup,
tracepoint:sched:sched_wakeup_new
{
        @qtime[args->pid] = nsecs;
}

tracepoint:sched:sched_switch
{
        if (args->prev_state == TASK_RUNNING) {
                @qtime[args->prev_pid] = nsecs;
        }

        $ns = @qtime[args->next_pid];
        if ($ns) {
                @usecs = hist((nsecs - $ns) / 1000);
        }
        delete(@qtime[args->next_pid]);
}

END
{
        clear(@qtime);
}
```

이 프로그램은 sched_wakeup과 sched_wakeup_new tracepoint에서 타임스
탬프를 기록하며, 커널 스레드 ID인 args->pid를 키로 이용합니다.

   sched_switch 동작은 그 상태가 여전히 실행 가능(TASK_RUNNING)하다면
args->prev_pid에 타임스탬프를 저장합니다(이것은 비자발적 컨텍스트 스위치
를 다루고 있는 것입니다. 비자발적 컨텍스트 스위치에서는 스레드가 CPU를 떠
나는 순간 실행 큐로 되돌아갑니다). 그 이후에는 다음번 실행 가능한 프로세스

에 대해 타임스탬프가 저장되었는지 체크하며, 저장되었다면 시간 차이를 계산해서 @usecs 히스토그램에 저장합니다.

TASK_RUNNING이 사용되었기 때문에, 이 정의를 사용하기 위해 linux/sched.h 헤더 파일을 포함시켰습니다(#include).

BCC 버전은 PID별로 세분화해서 출력할 수 있는 기능이 있는데, 이 bpftrace 버전은 @usecs 맵에 pid 키를 추가해서 동일한 동작을 수행할 수 있습니다. BCC 버전의 또 다른 장점은 커널 유휴 스레드에 대한 스케줄링 지연 시간을 배제하기 위해 PID 0에 대한 실행 큐 지연 기록을 건너뛴다는 것입니다.[10] 다시 한 번 언급하지만, 이 bpftrace 프로그램은 이와 동일한 동작을 하도록 쉽게 수정할 수 있습니다.

6.3.4 runqlen

runqlen(8)[11]은 CPU 실행 큐의 길이를 샘플링하는 BCC와 bpftrace 도구로, 얼마나 많은 작업이 순서를 기다리고 있는지 집계하고 이것을 선형 히스토그램으로 보여줍니다. 이 도구는 실행 큐 지연 문제의 특징을 식별하거나 간단하게 계산해 보는 데 사용할 수 있습니다.

다음은 시스템 전역에 걸쳐 CPU 사용률이 약 42%이고 CPU가 48개인 프로덕션 API 인스턴스에서 실행 중인 BCC runqlen(8)를 보여줍니다(앞에서 살펴본 runqlat(8)과 동일한 인스턴스). runqlen(8)의 인자 '10 1'은 10초 인터벌을 설정하고 단 한 번만 결과를 출력하기 위함입니다.

```
# runqlen 10 1
Sampling run queue length... Hit Ctrl-C to end.

    runqlen     : count   distribution
       0        : 47284   |****************************************|
       1        : 211     |                                        |
       2        : 28      |                                        |
       3        : 6       |                                        |
       4        : 4       |                                        |
       5        : 1       |                                        |
       6        : 1       |                                        |
```

---

10 이반 바브러(Ivan Babrou)가 추가한 기능입니다. 고맙습니다.
11 연혁: 필자는 CPU별 실행 큐 길이의 특성을 밝히는 dispqlen.d라는 이름의 첫 번째 버전 도구를 2005 년 6월 27일에 만들었습니다. 2016년 12월 12일에 BCC 버전을, 2018년 10월 7일에 bpftrace 버전을 개발했습니다.

이것은 대부분의 시간에서 실행 큐 길이가 0이고, 스레드들이 순서를 기다릴 필요가 없었음을 의미합니다.

필자는 실행 큐 길이를 이차적인 성능 지표로, 그리고 실행 큐 지연을 주요 성능 지표로 칭합니다. 큐의 길이와는 달리 지연은 직접적으로, 그리고 비례적으로 성능에 영향을 줍니다. 식료품점에서 계산하려고 줄을 선 상황을 생각해 봅시다. 여러분에게는 줄의 길이가 중요한가요? 아니면 여러분이 기다리며 실제로 소모하는 시간이 중요한가요? runqlat(8)가 더 중요합니다. 그럼 왜runqlen(8)을 사용할까요?

첫 번째로 runqlen(8)은 runqlat(8)에서 발견한 이슈의 특성을 더 심도 있게 밝히고 지연이 어떻게 해서 늘어나는지 설명할 수 있습니다. 두 번째로 runqlen(8)은 99Hz 주기로 정주기 샘플링을 사용하는 반면, runqlat(8)는 스케줄러 이벤트를 트레이싱합니다. 이 정주기 샘플링은 runqlat(8)의 스케줄러 트레이싱에 비하면 무시할 수 있는 수준의 오버헤드가 발생합니다. 24x7 모니터링에서는 이슈를 확인하기 위해 runqlen(8)을 먼저 사용하고(실행 비용이 더 저렴하니까) 그 다음으로 지연을 수치화하기 위해 runqlat(8) 애드 혹 분석을 사용하는 것이 좋습니다.

4개의 스레드, 한 개의 CPU

다음 사례에서는 사용 중인 스레드가 4개인 CPU 워크로드가 전부 CPU 0에서만 동작하고 있습니다. CPU별 히스토그램을 출력하기 위해 runqlen(8)을 –C와 함께 실행했습니다.

```
# runqlen -C
Sampling run queue length... Hit Ctrl-C to end.
^C

cpu = 0
    runqlen       : count     distribution
       0          : 0         |                                        |
       1          : 0         |                                        |
       2          : 0         |                                        |
       3          : 511       |****************************************|

cpu = 1
    runqlen       : count     distribution
       0          : 41        |****************************************|

cpu = 2
    runqlen       : count     distribution
       0          : 126       |****************************************|
[...]
```

CPU 0에서의 실행 큐 길이는 3이었는데, 한 개의 스레드만이 CPU에서 동작 중이었으며 3개의 스레드는 대기하고 있었습니다. 이 CPU별 출력 결과는 스케줄러 균형을 체크하는 데 유용합니다.

BCC

BCC 버전용 커맨드 라인 사용법은 다음과 같습니다.

```
runqlen [options] [interval [count]]
```

옵션은 다음과 같습니다.

- −C: CPU별 히스토그램을 출력합니다.
- −O: 실행 큐 점유(run queue occupancy)를 출력합니다.
- −T: 출력 결과에 타임스탬프를 포함합니다.

실행 큐 점유는 별도의 지표로 스레드가 대기한 시간의 비율을 보여줍니다. 이 지표는 모니터링, 경고 및 그래프 그리기에 단독으로 활용될 수 있습니다.

bpftrace

다음은 runqlen(8)의 bpftrace 버전용 코드로, 핵심 기능을 보여주고 있습니다. 이 버전은 옵션을 지원하지 않습니다.

```
#!/usr/local/bin/bpftrace

#include <linux/sched.h>

struct cfs_rq_partial {
        struct load_weight load;
        unsigned long runnable_weight;
        unsigned int nr_running;
};

BEGIN
{
        printf("Sampling run queue length at 99 Hertz... Hit Ctrl-C to end.\n");
}

profile:hz:99
{
        $task = (struct task_struct *)curtask;
        $my_q = (struct cfs_rq_partial *)$task->se.cfs_rq;
        $len = $my_q->nr_running;
        $len = $len > 0 ? $len - 1 : 0;        // 현재 동작 중인 태스크는 제외
        @runqlen = lhist($len, 0, 100, 1);
}
```

이 프로그램은 cfs_rq 구조체의 nr_running 멤버 변수를 참조하지만, 이 구조체는 표준 커널 헤더에서는 사용할 수 없습니다. 그래서 이 프로그램은 먼저 필요로 하는 멤버 변수를 가져오기에 충분한 cfs_rq_partial 구조체를 정의하면서 시작합니다. 일단 BTF를 사용할 수 있게 되면 이 차선책은 더 이상 필요하지 않을 것입니다(2장 참고).

메인 이벤트는 profile:hz:99 probe인데, 이것은 모든 CPU에서 99Hz 주기로 실행 큐 길이를 샘플링합니다. 그 길이는 현재의 task 구조체에서 실행 큐까지 탐색하고, 그 실행 큐의 길이를 읽어서 가져옵니다. 커널 소스가 변경된다면 이들 구조체와 멤버 변수 이름도 수정해야 합니다.

이 bpftrace 버전의 @runqlen 맵에 cpu 키를 추가하면 CPU별로 세분화할 수 있습니다.

6.3.5 runqslower

runqslower(8)[12]는 임계 값을 초과하는 실행 큐 지연의 사례를 보여주는 BCC 도구로, 지연에 영향 받은 프로세스와 그 지속 시간을 보여줍니다. 다음은 시스템 전역에 걸쳐 약 45%의 CPU 사용률로 작동 중인, CPU가 48개인 프로덕션 API 인스턴스에서의 사례입니다.

```
# runqslower
Tracing run queue latency higher than 10000 us
TIME      COMM            PID         LAT(us)
17:42:49  python3         4590          16345
17:42:50  pool-25-thread- 4683          50001
17:42:53  ForkJoinPool.co 5898          11935
17:42:56  python3         4590          10191
17:42:56  ForkJoinPool.co 5912          13738
17:42:56  ForkJoinPool.co 5908          11434
17:42:57  ForkJoinPool.co 5890          11436
17:43:00  ForkJoinPool.co 5477          10502
17:43:01  grpc-default-wo 5794          11637
17:43:02  tomcat-exec-296 6373          12083
[...]
```

이 출력 결과는 13초 동안 기본 임계 값 $10000\mu s$(10ms)를 초과하는 실행 큐 지연이 10번 있었음을 보여줍니다. 55% 유휴 CPU 여유분이 있는 서버에서 이러한 결과는 놀라운 일로 보이지만, 이것은 바쁜 멀티 스레드 애플리케이션이고 스케줄러가 스레드들을 유휴 CPU로 마이그레이션하기 전까지 일부 실행 큐에

---

12 연혁: 이반 바브러(Ivan Babrou)가 2018년 5월 2일에 만들었습니다.

불균형이 존재할 수 있습니다. 이 도구는 실행 큐 지연에 영향 받은 애플리케이션을 확인할 수도 있습니다.

이 도구는 현재 커널 함수 ttwu_do_wakeup(), wake_up_new_task(), finish_task_switch()에 대해 kprobe를 사용해서 작동합니다. 향후 버전은 스케줄러 tracepoint로 전환해야 할 것이고, runqlat(8)의 초기 bpftrace 버전과 유사한 코드를 사용할 것입니다. 오버헤드는 runqlat(8)의 오버헤드와 유사합니다. 심지어 runqslower(8)가 아무런 결과를 출력하지 않더라도 사용량이 높은 시스템에서는 kprobe의 비용으로 인해 눈에 띄는 오버헤드를 유발할 수 있습니다.

커맨드 라인 사용법은 다음과 같습니다.

```
runqslower [options] [min_us]
```

옵션은 다음과 같습니다.

- -p PID: 이 프로세스만 측정합니다.

기본 임계 값은 10000μs입니다.

6.3.6 cpudist

cpudist(8)[13]는 각 스레드 wakeup에 대한 on-CPU 시간 분포를 보여주는 BCC 도구입니다. 이 도구는 CPU 워크로드의 특성을 기술하는 데 사용할 수 있습니다. 이것을 이용하여 튜닝 및 애플리케이션 설계에 대한 세부 사항을 결정할 수 있습니다. 예를 들어 CPU가 48개인 프로덕션 인스턴스에서는 다음과 같습니다.

```
# cpudist 10 1
Tracing on-CPU time... Hit Ctrl-C to end.

     usecs          : count     distribution
        0 -> 1      : 103865   |***********************                 |
        2 -> 3      : 91142    |*********************                   |
        4 -> 7      : 134188   |******************************          |
        8 -> 15     : 149862   |*********************************       |
       16 -> 31     : 122285   |***************************             |
       32 -> 63     : 71912    |******************                      |
       64 -> 127    : 27103    |*******                                 |
      128 -> 255    : 4835     |*                                       |
      256 -> 511    : 692      |                                        |
```

13 연혁: 필자는 2005년 4월 27일에 cpudist(8)를 만들었는데, 이것은 프로세스, 커널 스레드, 유휴 스레드에 대한 CPU 런타임 분포를 보여줍니다. 사샤 골드스타인은 2016년 6월 29일에 cpudist(8)의 BCC 버전을 개발했는데, 이 도구에는 프로세스별 분포에 대한 옵션이 있습니다.

```
    512 -> 1023      : 320     |                                        |
   1024 -> 2047      : 328     |                                        |
   2048 -> 4095      : 412     |                                        |
   4096 -> 8191      : 356     |                                        |
   8192 -> 16383     : 69      |                                        |
  16384 -> 32767     : 42      |                                        |
  32768 -> 65535     : 30      |                                        |
  65536 -> 131071    : 22      |                                        |
 131072 -> 262143    : 20      |                                        |
 262144 -> 524287    : 4       |                                        |
```

이 출력 결과는 프로덕션 애플리케이션이 CPU에서 보통 0~127μs 정도의 짧은 시간만 소모함을 보여줍니다.

다음은 CPU 부하가 큰 워크로드에서 이 도구를 실행한 것입니다. 이 환경은 사용 가능한 CPU 수보다 더 많은 바쁜 스레드를 가지고 있습니다. 이 예시는 밀리초 단위(-m)의 히스토그램을 보여줍니다.

```
# cpudist -m
Tracing on-CPU time... Hit Ctrl-C to end.
^C
    msecs               : count    distribution
        0 -> 1          : 521      |****************************************|
        2 -> 3          : 60       |****                                    |
        4 -> 7          : 272      |********************                    |
        8 -> 15         : 308      |***********************                 |
       16 -> 31         : 66       |*****                                   |
       32 -> 63         : 14       |*                                       |
```

4~15ms의 on-CPU 시간대에 봉우리가 있는데, 이는 스레드가 스케줄러 시간 할당을 전부 소진해서 비자발적인 컨텍스트 스위칭이 이루어진 것으로 보입니다.

이 도구는 머신 러닝 애플리케이션이 3배 더 빠르게 돌아가기 시작한 넷플릭스 프로덕션 환경의 변화를 이해하기 위해 사용되었습니다. 컨텍스트 스위치 비율이 감소한 것을 보여주기 위해 perf(1) 명령어를 사용했으며, 이것이 미치는 영향을 설명하기 위해 cpudist(8)를 사용하였습니다. 이전에는 컨텍스트 스위칭으로 인터럽트되기 전까지 0~3ms 동안만 작동할 수 있었던 반면 현재는 일반적으로 컨텍스트 스위칭 사이에서 2~4ms 동안 작동합니다.

cpudist(8)는 스케줄러 컨텍스트 스위치 이벤트를 트레이싱하면서 작동하는데, 바쁜 프로덕션 워크로드에서는 그 이벤트들이 아주 빈번(초당 백만 이벤트 이상)할 수 있습니다. runqlat(8)와 마찬가지로 이 도구의 오버헤드는 상당히 클 수 있어서 사용에 주의가 필요합니다.

커맨드 라인 사용법은 다음과 같습니다.

```
cpudist [options] [interval [count]]
```

옵션은 다음을 포함합니다.

- -m: 밀리초 단위로 결과를 출력합니다(기본값은 마이크로초입니다).
- -O: on-CPU 시간 대신 off-CPU 시간을 보여줍니다.
- -P: 프로세스별 히스토그램을 출력합니다.
- -p PID: 이 프로세스만 측정합니다.

cpudist(8)의 bpftrace 버전은 현재 존재하지 않습니다. 필자도 만들지 않고 있다가 이 장의 마지막에 선택 연습문제로 수록했습니다.

6.3.7 cpufreq

cpufreq(8)[14]는 CPU 클록 속도를 샘플링하며, 이것을 시스템 전역에 걸친 히스토그램과 프로세스 이름별 히스토그램으로 출력합니다. 이 도구는 powersave 같은 클록 속도가 변화하는 CPU 스케일링 정책에 대해서만 작동하며, 애플리케이션이 작동하는 클록 속도를 확인하는 데 사용할 수 있습니다. 예를 들면 다음과 같습니다.

```
# cpufreq.bt
Sampling CPU freq system-wide & by process. Ctrl-C to end.
^C
[...]

@process_mhz[snmpd]:
[1200, 1400)           1 |@@@@@@@@@@@@@@@@@@@@@@@@@@@@@@@@@@@@@@@@@@@@@@@@@@@@|

@process_mhz[python3]:
[1600, 1800)           1 |@                                                 |
[1800, 2000)           0 |                                                  |
[2000, 2200)           0 |                                                  |
[2200, 2400)           0 |                                                  |
[2400, 2600)           0 |                                                  |
[2600, 2800)           2 |@@@                                               |
[2800, 3000)           0 |                                                  |
[3000, 3200)          29 |@@@@@@@@@@@@@@@@@@@@@@@@@@@@@@@@@@@@@@@@@@@@@@@@@@@@|
```

14 연혁: 이 도구는 2019년 4월 24일에 이 책을 위해 만들었는데, 조엘 페르난데스(Joel Fernandes)의 초기 작업물과 코너 오브라이언(Connor O'Brien)이 만든 안드로이드의 time_in_state BPF 도구에서 영감을 얻었습니다. 더 정확하게 클록 속도를 추적하기 위해 sched tracepoint를 사용합니다.

```
@process_mhz[java]:
[1200, 1400)          216 |@@@@@@@@@@@@@@@@@@@@@@@@@@@@@@@@@@@@@@@@@@@@@@@@@@@@|
[1400, 1600)           23 |@@@@@                                              |
[1600, 1800)           18 |@@@@                                               |
[1800, 2000)           16 |@@@                                                |
[2000, 2200)           12 |@@                                                 |
[2200, 2400)            0 |                                                   |
[2400, 2600)            4 |                                                   |
[2600, 2800)            2 |                                                   |
[2800, 3000)            1 |                                                   |
[3000, 3200)           18 |@@@@                                               |


@system_mhz:
[1200, 1400)        22041 |@@@@@@@@@@@@@@@@@@@@@@@@@@@@@@@@@@@@@@@@@@@@@@@@@@@@@|
[1400, 1600)          903 |@@                                                 |
[1600, 1800)          474 |@                                                  |
[1800, 2000)          368 |                                                   |
[2000, 2200)           30 |                                                   |
[2200, 2400)            3 |                                                   |
[2400, 2600)           21 |                                                   |
[2600, 2800)           33 |                                                   |
[2800, 3000)           15 |                                                   |
[3000, 3200)          270 |                                                   |
[...]
```

위의 예를 보면 시스템 전역에 걸쳐 CPU 클록 속도가 1200MHz~1400MHz 범위에 있으므로, 대체로 유휴 상태에 있는 시스템임을 알 수 있습니다. 자바 프로세스에서도 일부 3.0GHz~3.2GHz 범위에 도달한 몇 개의 샘플(샘플링하는 동안 18개)을 제외하면 유사한 클록 속도를 확인할 수 있습니다. 이 애플리케이션은 대부분 디스크 I/O를 수행해서 CPU가 전원 절약 상태로 전환됩니다. python3 프로세스는 일반적으로 최대 속도로 동작하고 있습니다.

이 도구는 클록 속도 변경 tracepoint를 트레이싱하면서 각 CPU의 속도를 알아내고, 이 속도를 100Hz 주기로 샘플링합니다. 성능 오버헤드는 무시할 수 있는 수준으로 낮을 것입니다. 앞의 출력 결과는 /sys/devices/system/cpu/cpufreq/.../scaling_governor에서 설정한 대로 powersave 스케일링 정책을 사용하는 시스템에서 가져온 것입니다. 시스템이 performance 정책을 사용한다면 이 도구는 아무것도 보여주지 않는데, CPU가 최고 주파수에 고정되어서 계측할 주파수 변화가 없기 때문입니다.

다음은 필자가 방금 발견한 것으로, 프로덕션 워크로드에서 발췌한 것입니다.

```
@process_mhz[nginx]:
[1200, 1400)           35 |@@@@@@@@@@@@@@@@@@@@@@@@@@@@@@@@@@@@@@@              |
[1400, 1600)           17 |@@@@@@@@@@@@@@@@@                                   |
```

```
[1600, 1800)          16  |@@@@@@@@@@@@@@@@@                                                    |
[1800, 2000)          17  |@@@@@@@@@@@@@@@@@@                                                   |
[2000, 2200)           0  |                                                                    |
[2200, 2400)           0  |                                                                    |
[2400, 2600)           0  |                                                                    |
[2600, 2800)           0  |                                                                    |
[2800, 3000)           0  |                                                                    |
[3000, 3200)           0  |                                                                    |
[3200, 3400)           0  |                                                                    |
[3400, 3600)           0  |                                                                    |
[3600, 3800)          50  |@@@@@@@@@@@@@@@@@@@@@@@@@@@@@@@@@@@@@@@@@@@@@@@@@@@@@|
```

이 출력 결과는 프로덕션 애플리케이션인 nginx가 종종 낮은 CPU 클록 속도에서 동작하고 있었음을 보여줍니다. 여기서 CPU 스케일링 정책은 performance가 아니라 기본값인 powersave로 설정했습니다.

cpufreq(8)의 소스 코드는 다음과 같습니다.

```
#!/usr/local/bin/bpftrace

BEGIN
{
        printf("Sampling CPU freq system-wide & by process. Ctrl-C to end.\n");
}

tracepoint:power:cpu_frequency
{
        @curfreq[cpu] = args->state;
}

profile:hz:100
/@curfreq[cpu]/
{
        @system_mhz = lhist(@curfreq[cpu] / 1000, 0, 5000, 200);
        if (pid) {
                @process_mhz[comm] = lhist(@curfreq[cpu] / 1000, 0, 5000, 200);
        }
}

END
{
        clear(@curfreq);
}
```

클록 속도 변화는 power:cpu_frequency tracepoint를 사용해서 트레이싱되며 샘플링하는 동안 추후에 조회할 수 있도록 @curfreq BPF 맵에 CPU별로 저장합니다. 이 히스토그램은 0~5000MHz까지 200MHz 단위로 주파수를 추적하는데, 필요하다면 이들 파라미터를 수정해서 사용할 수 있습니다.

6.3.8 profile

profile(8)[15]은 정해진 간격으로 스택 트레이스를 샘플링하고 스택 트레이스의 빈도수 집계를 리포트하는 BCC 도구입니다. CPU 리소스를 소모하고 있는 거의 모든 코드 경로를 요약해주기 때문에 CPU 소모를 이해하는 데 가장 유용한 BCC 도구입니다(CPU 소비자에 대한 더 많은 내용은 6.3.14절의 hardirqs(8) 도구 참고). 이 도구는 사용할 때 상대적으로 무시할 수 있는 수준의 오버헤드를 발생시키는데, 이벤트 발생률이 샘플 레이트에 고정되어 있기 때문이며, 이 샘플 레이트는 조정이 가능합니다.

이 도구는 기본값으로 모든 CPU에서 49Hz 주기로 사용자 스택 트레이스와 커널 스택 트레이스 모두를 샘플링합니다. 이것은 옵션을 사용해서 커스터마이징할 수 있으며, 설정 사항은 출력물의 앞부분에 표시됩니다. 예를 들면 다음과 같습니다.

```
# profile
Sampling at 49 Hertz of all threads by user + kernel stack... Hit Ctrl-C to end.
^C

    sk_stream_alloc_skb
    sk_stream_alloc_skb
    tcp_sendmsg_locked
    tcp_sendmsg
    sock_sendmsg
    sock_write_iter
    __vfs_write
    vfs_write
    ksys_write
    do_syscall_64
    entry_SYSCALL_64_after_hwframe
    __GI___write
    [unknown]
    -                iperf (29136)
        1

[...]

    __free_pages_ok
```

---

15 연혁: 그동안 수많은 프로파일러가 존재해왔고, 그중 하나는 1982년에 개발된 gprof입니다[Graham 82](제이 펜라슨(Jay Fenlason)이 GNU 프로젝트를 위해 1988년에 다시 작성함). 필자는 사샤 골드스타인, 앤드류 버첼(Andrew Birchall), 에브게니 베레쉬샤긴(Evgeny Vereshchagin), 그리고 텅 친(Teng Qin)의 코드를 기반으로 2016년 7월 15일에 이 도구의 BCC 버전을 개발하였습니다. 필자의 초기 버전은 커널의 지원보다 시간적으로 앞섰기 때문에 차선책을 사용해서 동작했는데, 필자는 perf 샘플들에 tracepoint를 추가하였고, perf_event_open()과 함께 사용하도록 했습니다. 피터 지지스트라(Peter Zijlstra)는 리눅스에 이 tracepoint를 추가하는 필자의 패치를 거절했습니다. 대신 알렉세이 스타로보이토프가 추가한, BPF를 이용한 프로파일링 지원 개발 방법을 채택했습니다.

```
__free_pages_ok
skb_release_data
__kfree_skb
tcp_ack
tcp_rcv_established
tcp_v4_do_rcv
__release_sock
release_sock
tcp_sendmsg
sock_sendmsg
sock_write_iter
__vfs_write
vfs_write
ksys_write
do_syscall_64
entry_SYSCALL_64_after_hwframe
__GI___write
[unknown]
-                    iperf (29136)
    1889

get_page_from_freelist
get_page_from_freelist
__alloc_pages_nodemask
skb_page_frag_refill
sk_page_frag_refill
tcp_sendmsg_locked
tcp_sendmsg
sock_sendmsg
sock_write_iter
__vfs_write
vfs_write
ksys_write
do_syscall_64
entry_SYSCALL_64_after_hwframe
__GI___write
[unknown]
-                    iperf (29136)
    2673
```

출력 결과는 스택 트레이스를 함수의 리스트로 보여주고 대시('-') 와 프로세스 이름, 괄호로 묶은 PID, 그리고 그 스택 트레이스에 대한 집계가 뒤따라 나옵니다. 스택 트레이스는 빈도수가 가장 적은 것부터 가장 빈번한 순서로 출력됩니다.

이 사례의 전체 출력 결과는 17,254라인이었으며 여기에는 첫 번째와 맨 마지막 2개의 스택만 가져왔습니다. 가장 빈번한 스택 트레이스는 CPU상에서 vfs_write()를 통해 get_page_from_freelist()로 종료되는 경로를 보여주고 있으며 샘플링하는 동안 2,673회 발생하였습니다.

CPU 플레임 그래프

2장에서 살펴본 플레임 그래프는 스택 트레이스를 시각화한 것으로, profile(8) 출력 결과를 빨리 이해하도록 도와줍니다.

profile(8)은 플레임 그래프를 지원하기 위해 -f를 사용해서 접힌 포맷으로 출력할 수 있습니다. 이 포맷에서 스택 트레이스는 한 줄로 출력되고, 각 함수는 세미콜론으로 구분되어 있습니다. 다음은 30초간 프로파일링한 결과를 커널 주석(-a)과 함께 out.stacks01 파일에 기록하는 예시입니다.

```
# profile -af 30 > out.stacks01
# tail -3 out.stacks01
iperf;
[unknown];__GI___write;entry_SYSCALL_64_after_hwframe_[k];do_syscall_64_
[k];ksys_writ e_[k];vfs_write_[k];__vfs_write_[k];sock_write_iter_[k];sock_
sendmsg_[k];tcp_sendmsg_ [k];tcp_sendmsg_locked_[k];_copy_from_iter_full_
[k];copyin_[k];copy_user_enhanced_fas t_string_[k];copy_user_enhanced_fast_
string_[k] 5844
iperf;
[unknown];__GI___write;entry_SYSCALL_64_after_hwframe_[k];do_syscall_64_
[k];ksys_writ e_[k];vfs_write_[k];__vfs_write_[k];sock_write_iter_[k];sock_
sendmsg_[k];tcp_sendmsg_ [k];release_sock_[k];__release_sock_[k];tcp_v4_do_rcv_
[k];tcp_rcv_established_[k];tcp _ack_[k];__kfree_skb_[k];skb_release_data_[k];__
free_pages_ok_[k];__free_pages_ok_[k] 10713
iperf;
[unknown];__GI___write;entry_SYSCALL_64_after_hwframe_[k];do_syscall_64_
[k];ksys_writ e_[k];vfs_write_[k];__vfs_write_[k];sock_write_iter_[k];sock_
sendmsg_[k];tcp_sendmsg_ [k];tcp_sendmsg_locked_[k];sk_page_frag_refill_[k];skb_
page_frag_refill_[k];__alloc_p ages_nodemask_[k];get_page_from_freelist_[k];get_
page_from_freelist_[k] 15088
```

위의 출력 결과는 마지막 세 라인만 가져왔습니다. 필자의 최초의 플레임 그래프 소프트웨어에 이 출력 결과를 넣으면 CPU 플레임 그래프를 만들어 보여줍니다.

```
$ git clone https://github.com/brendangregg/FlameGraph
$ cd FlameGraph
$ ./flamegraph.pl --color=java < ../out.stacks01 > out.svg
```

flamegraph.pl은 여러 가지 색상 팔레트를 지원합니다. 여기 사용된 자바 팔레트는 커널 주석('_[k]')의 사용을 고려해 색상을 선택합니다. 그림 6.5는 생성된 SVG 파일을 보여줍니다.

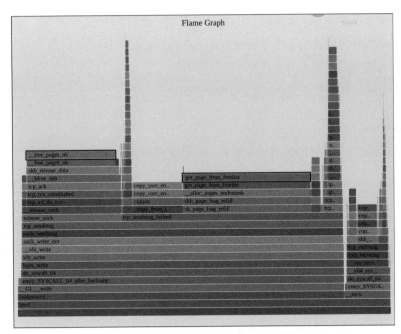

그림 6.5 BPF 샘플링한 스택으로 생성한 CPU 플레임 그래프

이 플레임 그래프는 가장 오랜 시간 동안 동작한 코드 경로가 get_page_from_freelist_()와 __free_pages_ok_()에서 종료되었음을 보여줍니다. 플레임 그래프에서는 프로파일 빈도수와 타워의 폭이 비례하기 때문에 위 그래프에서 두 함수에 해당되는 폭이 가장 넓습니다. 브라우저에서 이 SVG를 클릭하면 폭이 좁은 타워들도 펼쳐져서 함수를 읽을 수 있습니다.

profile(8)이 다른 CPU 프로파일러와 차별화되는 점은 이 빈도수 집계가 효율성을 위해 커널 공간에서 이뤄질 수 있다는 것입니다. perf(1)와 같은 다른 커널 기반 프로파일러는 샘플링한 스택 트레이스를 사용자 공간으로 보낸 다음 요약을 위해 후처리합니다. 이렇게 하면 CPU 비용이 많이 들 수 있고, 호출의 정도에 따라 샘플을 기록하기 위해 파일 시스템 및 디스크 I/O를 포함할 수도 있습니다. profile(8)은 그러한 비용이 들지 않습니다.

커맨드 라인 사용법은 다음과 같습니다.

```
profile [options] [-F frequency]
```

옵션은 다음과 같습니다.

- -U: 사용자 레벨 스택만을 포함합니다.
- -K: 커널 레벨 스택만을 포함합니다.

- -a: 프레임 주석을 포함합니다(예: 커널 프레임을 지칭하는 '_[k]')
- -d: 커널 스택과 사용자 스택 사이에 구분자를 포함합니다.
- -f: 출력 결과를 접힌 포맷으로 출력합니다.
- -p PID: 이 프로세스만 프로파일링합니다.

bpftrace

profile(8)의 핵심 기능은 bpftrace 원 라이너로 구현할 수 있습니다:

```
bpftrace -e 'profile:hz:49 /pid/ { @samples[ustack, kstack, comm] = count(); }'
```

이것은 사용자 스택, 커널 스택, 프로세스 이름을 키로 사용해서 빈도수를 집계합니다. pid에 대한 필터는 PID가 0이 아님을 확실하게 하기 위해 포함되었는데, 이를 통해 CPU 유휴 스레드 스택을 배제합니다. 이 원 라이너는 여러분이 원하는 방식으로 커스터마이즈해서 사용할 수 있습니다.

6.3.9 offcputime

offcputime(8)[16]은 블록되고 off-CPU가 된 스레드들에 의해 소모된 시간을 요약하는 BCC 및 bpftrace 도구로, 그 이유를 설명하기 위해 스택 트레이스를 출력합니다. 이 도구는 CPU 분석을 위해, 스레드가 CPU에서 동작 중이지 않은 이유를 설명해 줍니다. 이것은 profile(8) 도구와 상응 관계에 있는데, 그 둘을 통해 시스템에서 스레드가 소요한 전체 시간을 보여줄 수 있습니다. profile(8)을 통한 on-CPU 시간과 offcputime(8)를 통한 off-CPU 시간이 이에 해당합니다.

다음은 BCC에 있는 offcputime(8)을 이용해서 5초간 트레이싱한 결과입니다.

```
# offcputime 5
Tracing off-CPU time (us) of all threads by user + kernel stack for 5 secs.

[...]

    finish_task_switch
    schedule
```

---

16 연혁: 필자는 방법론으로서의 off-CPU 분석을 만들었으며, 이 방법론을 적용해 보기 위한 DTrace 원 라이너를 2005년에 만들었습니다. DTrace sched provider와 sched:::off-cpu probe 사용을 탐구한 직후였습니다. 필자가 이것을 애들레이드(Adelaide)에 있는 썬 마이크로시스템 엔지니어에게 설명했을 때, 그는 CPU가 꺼진 것이 아니기 때문에 "off-CPU"라고 불러서는 안 된다고 말했습니다! 필자가 처음 만든 off-CPU 도구는 2010년에 필자의 책 《DTrace》를 위해 만든 uoffcpu.d와 koffcpu.d였습니다.[Gregg 11] 필자는 2015년 2월 26일에 리눅스용으로 perf(1)을 사용한 off-CPU 분석을 발표했는데, 이것은 오버헤드가 극도로 높았습니다. 2016년 1월 13일에 BCC를 사용한 offcputime을, 그리고 2019년 2월 16일에 이 책을 위해 bpftrace 버전을 개발했습니다.

```
schedule_timeout
wait_woken
sk_stream_wait_memory
tcp_sendmsg_locked
tcp_sendmsg
inet_sendmsg
sock_sendmsg
sock_write_iter
new_sync_write
__vfs_write
vfs_write
SyS_write
do_syscall_64
entry_SYSCALL_64_after_hwframe
__write
[unknown]
-                iperf (14657)
    5625

[...]

finish_task_switch
schedule
schedule_timeout
wait_woken
sk_wait_data
tcp_recvmsg
inet_recvmsg
sock_recvmsg
SYSC_recvfrom
sys_recvfrom
do_syscall_64
entry_SYSCALL_64_after_hwframe
recv
-                iperf (14659)
    1021497

[...]

finish_task_switch
schedule
schedule_hrtimeout_range_clock
schedule_hrtimeout_range
poll_schedule_timeout
do_select
core_sys_select
sys_select
do_syscall_64
entry_SYSCALL_64_after_hwframe
__libc_select
[unknown]
-                offcputime (14667)
    5004039
```

위의 출력 결과는 출력된 수백 개 중 3개의 스택만 가져왔습니다. 각 스택은 커널 프레임(존재한다면)을 보여주고, 그 다음으로는 사용자 레벨 프레임, 프로세스 이름과 PID, 그리고 마지막에는 이 조합이 표시된 전체 시간을 마이크로초 단위로 보여줍니다. 첫 번째 스택은 iperf(1)가 sk_stream_wait_memory()에서 메모리를 기다리느라 총 5ms 동안 블록되었음을 보여줍니다. 두 번째 스택은 iperf(1)가 소켓에서 sk_wait_data()를 통해 총 1.02초 동안 데이터를 기다리고 있었음을 보여줍니다. 마지막 스택은 select(2) 시스템 콜에서 5.00초 동안 대기하고 있는 offcputime(8) 도구 자체를 보여주는데, 이것은 아마도 커맨드 라인에 지정되어 있는 5초 타임아웃 때문일 것입니다.

세 개 스택 모두 사용자 레벨 스택 트레이스가 불완전하다는 점에 주목하십시오. 그 이유는 스택 트레이스가 libc에서 끝났고, 이 버전의 libc는 프레임 포인터를 지원하지 않기 때문입니다. 이것은 profile(8)보다 offcputime(8)에서 더 명백하게 확인할 수 있는데, 블록된 스택이 종종 libc 혹은 libpthread와 같은 시스템 라이브러리를 통과하기 때문입니다. 2장, 12장, 13장 그리고 18장, 특히 13.2.9 "libc 프레임 포인터"에서 망가진 스택 트레이스와 이에 대한 해결책에 관한 논의를 찾아보십시오.

offcputime(8)은 록을 얻는 과정에서 예상치 못하게 블록된 시간과 그 원인을 제공한 스택 트레이스를 찾아내는 것 등 여러 가지 프로덕션 이슈를 찾아내는 데 사용됩니다.

offcputime(8)은 컨텍스트 스위치를 계측하고, 스레드가 CPU를 떠난 시점부터 돌아온 시점까지의 시간을 스택 트레이스와 함께 기록하면서 동작합니다. 시간과 스택 트레이스는 효율성을 위해 커널 컨텍스트에서 발생 빈도가 집계됩니다. 그럼에도 불구하고 컨텍스트 스위치 이벤트가 매우 빈번하게 발생하기 때문에, 바쁜 프로덕션 워크로드에서는 이 도구의 오버헤드가 아주 클 수 있습니다 (아마도 >10%). 이 도구는 프로덕션에 영향을 최소화하기 위해 짧은 시간 동안만 동작하는 것이 좋습니다.

Off-CPU 시간 플레임 그래프

profile(8)에서와 마찬가지로 offcputime(8)의 출력 결과가 너무 장황해서 플레임 그래프로 시각화하여 검토하는 것이 더 좋습니다(2장에서 소개한 플레임 그래프와는 다른 유형입니다). offcputime(8)은 CPU 플레임 그래프 대신 off-CPU

시간 플레임 그래프로 시각화할 수 있습니다.[17]

다음 예시는 커널 스택에 대한 off-CPU 시간을 5초 동안 측정하고, 이를 바탕으로 off-CPU 시간 플레임 그래프를 생성합니다.

```
# offcputime -fKu 5 > out.offcputime01.txt
$ flamegraph.pl --hash --bgcolors=blue --title="Off-CPU Time Flame Graph" \
    < out.offcputime01.txt > out.offcputime01.svg
```

여기서는 CPU 플레임 그래프와의 시각적인 차별화를 위해 --bgcolors를 사용해 배경을 파란색으로 바꾸었습니다. --colors를 사용해서 프레임 색상도 변경할 수 있는데, 필자는 이 프레임들에 파란색 팔레트를 사용한 여러 가지 off-CPU 플레임 그래프를 발표했습니다.[18]

이러한 명령을 이용하여 그림 6.6과 같은 플레임 그래프를 만들었습니다.

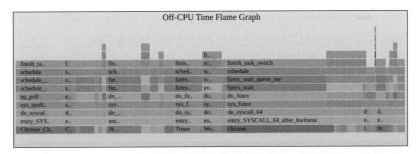

그림 6.6 Off-CPU 시간 플레임 그래프

이 플레임 그래프는 작업을 기다리고 있는 휴면 상태의 스레드로 가득 차 있습니다. 관심 있는 애플리케이션은 이름을 클릭해서 확대한 후 자세히 살펴볼 수 있습니다. 전체 사용자 스택 트레이스 사례를 포함해서 off-CPU 플레임 그래프에 대한 자세한 내용은 12, 13, 14장을 참고하세요.

BCC

커맨드 라인 사용법은 다음과 같습니다.

```
offcputime [options] [duration]
```

---

17 이것은 장이춘(Yichun Zhang)이 처음 발표했습니다.[80]
18 필자는 요즘 들어 배경색만 파란색으로 바꾸는 것을 선호하는 편입니다. 프레임 색상은 일관성을 위해 CPU 플레임 그래프와 동일한 색상 팔레트를 이용하도록 남겨 둡니다.

옵션은 다음과 같습니다.

- -f: 출력 결과물을 접힌 포맷으로 출력합니다.
- -p PID: 이 프로세스만 측정합니다.
- -u: 사용자 스레드만 트레이싱합니다.
- -k: 커널 스레드만 트레이싱합니다.
- -U: 스택 트레이스만 보여줍니다.
- -K: 커널 스택 트레이스만 보여줍니다

이들 옵션 중 몇 가지는 하나의 PID 혹은 하나의 스택 유형만 기록하도록 필터
링함으로써 오버헤드를 줄일 수 있습니다.

bpftrace

다음은 offcputime(8)의 bpftrace 버전용 코드로, 핵심 기능을 보여줍니다. 이
버전은 트레이싱할 대상에 대한 선택적 PID 인자를 지원합니다.

```
#!/usr/local/bin/bpftrace

#include <linux/sched.h>

BEGIN
{
        printf("Tracing nanosecond time in off-CPU stacks. Ctrl-C to end.\n");
}

kprobe:finish_task_switch
{
        // 이전 스레드의 휴면 시간을 기록
        $prev = (struct task_struct *)arg0;
        if ($1 == 0 || $prev->tgid == $1) {
                @start[$prev->pid] = nsecs;
        }

        // 현재 스레드의 시작 시간을 가져옴
        $last = @start[tid];
        if ($last != 0) {
                @[kstack, ustack, comm] = sum(nsecs - $last);
                delete(@start[tid]);
        }
}

END
{
        clear(@start);
}
```

이 프로그램은 finish_task_switch() kprobe에서 CPU를 떠나는 스레드에 대한 타임스탬프를 기록하고, 또한 시작 중에 있는 스레드에 대한 off-CPU 시간을 합산합니다.

6.3.10 syscount

syscount(8)[19]는 시스템 전역에 걸쳐 시스템 콜을 집계하는 BCC와 bpftrace 도구입니다. 이 도구는 시스템 CPU 시간이 높은 사례를 조사하는 시작점이 될 수 있기 때문에 이번 장에 포함했습니다.

다음 출력 결과는 BCC에 있는 syscount(8) 도구를 이용해 프로덕션 인스턴스에서 초당 시스템 콜 발생률(-i 1)을 출력하는 사례입니다.

```
# syscount -i 1
Tracing syscalls, printing top 10... Ctrl+C to quit.
[00:04:18]
SYSCALL              COUNT
futex                152923
read                 29973
epoll_wait           27865
write                21707
epoll_ctl            4696
poll                 2625
writev               2460
recvfrom             1594
close                1385
sendto               1343

[...]
```

이 출력 결과는 초당 상위 10개의 시스템 콜을 타임스탬프와 함께 보여줍니다. 가장 빈번한 시스템 콜은 futex(2)로, 초당 15만 회 이상 호출되고 있습니다. 개개의 시스템 콜을 더 심도 있게 살펴보려면, 문서화해놓은 매뉴얼 페이지를 살펴보고, 더 많은 BPF 도구를 사용해서 인자를 트레이싱하고 검사해 보세요(예: BCC trace(8) 또는 bpftrace 원 라이너). 어떤 상황에서는 strace(1)를 실행하는 것이 주어진 시스템 콜의 사용법을 이해하는 가장 빠른 방법일 수도 있습니다. 하지만 현재 ptrace 기반으로 구현된 strace(1)는 대상 애플리케이션을 100배 수준으로 느려지게 할 수 있어서 많은 프로덕션 환경에서 심각한 이슈를 유발할 수 있다는 점을 꼭 기억하기 바랍니다(예: 서비스 수준 목표(SLO) 지연 시간 초

---

19 연혁: 필자는 perf-tools 컬렉션의 일환으로 2014년 7월 7일에 Ftrace와 perf(1)를 사용해서 이것을 만들었으며, 사샤 골드스타인이 2017년 2월 15일에 BCC 버전을 개발했습니다.

과, 또는 시스템 장애 조치 유발). strace(1)는 여러분이 BPF 도구들을 시도해 본 이후에 최후의 수단으로 고려해야 합니다.

-P 옵션은 전체 대신 프로세스 ID별로 집계하는 데 사용할 수 있습니다.

```
# syscount -Pi 1
Tracing syscalls, printing top 10... Ctrl+C to quit.
[00:04:25]
PID    COMM              COUNT
3622   java             294783
990    snmpd               124
2392   redis-server         64
4790   snmp-pass            32
27035  python               31
26970  sshd                 24
2380   svscan               11
2441   atlas-system-ag       5
2453   apache2               2
4786   snmp-pass             1
```

[...]

자바 프로세스는 초당 약 30만 번의 시스템 콜을 발생시키고 있습니다. 이 CPU가 48개인 시스템에서 다른 도구들을 통해 확인해 보면 해당 프로세스가 단 1.6%의 시스템 시간만을 소모하고 있음을 보여줍니다.

이 도구는 일반적인 syscalls:sys_enter_* tracepoint 대신 raw_syscalls:sys_enter tracepoint를 계측하면서 동작합니다. raw_syscalls:sys_enter 하나만으로도 모든 시스템 콜을 확인할 수 있기 때문에 여러 tracepoint 대신 하나만 사용하여 계측을 더 빠르게 초기화할 수 있습니다. 단점이라면 시스템 콜 ID만을 지원하기 때문에 ID를 다시 이름으로 변환해야 한다는 것입니다. BCC는 이를 변환해주는 라이브러리 호출인 syscall_name()을 지원합니다.

아주 높은 시스템 콜 발생률에서는 이 도구의 오버헤드가 눈에 띄게 나타날 수 있습니다. 하나의 사례로, 필자는 CPU당 시스템 콜이 1초에 320만인 CPU 하나에 스트레스 테스트를 진행하였습니다. syscount(8)를 실행하는 동안 워크로드는 30%의 속도 저하를 겪었습니다. 이것을 통해 프로덕션 환경에서의 오버헤드를 추산해 볼 수 있습니다. 초당 시스템 콜이 30만 번이고 CPU가 48개인 인스턴스에서는 대략 CPU당 1초에 6000 시스템 콜을 수행하게 되고, 0.06%의 성능 저하(30% × 6250/3200000)가 일어날 것으로 예상할 수 있습니다. 필자는 프로덕션 환경에서 직접 측정해 보았지만, 가변 워크로드로 측정하기에는 오버헤드가 너무 작았습니다.

BCC

커맨드 라인 사용법은 다음과 같습니다.

```
offcputime [options] [duration]
```

옵션은 다음과 같습니다.

- -T TOP: 최상위 엔트리 중 지정된 개수만큼 출력합니다.
- -L: 시스템 콜에서의 총 시간(지연)을 보여줍니다.
- -P: 프로세스별로 집계합니다.
- -p PID: 이 프로세스만 측정합니다.

-L 옵션의 사례는 13장에서 확인할 수 있습니다.

bpftrace

핵심 기능을 갖춘 syscount(8)의 bpftrace 버전이 있지만, 다음과 같은 원 라이너도 사용할 수 있습니다.

```
# bpftrace -e 't:syscalls:sys_enter_* { @[probe] = count(); }'
Attaching 316 probes...
^C

[...]
@[tracepoint:syscalls:sys_enter_ioctl]: 9465
@[tracepoint:syscalls:sys_enter_epoll_wait]: 9807
@[tracepoint:syscalls:sys_enter_gettid]: 10311
@[tracepoint:syscalls:sys_enter_futex]: 14062
@[tracepoint:syscalls:sys_enter_recvmsg]: 22342
```

이 경우에는 316개의 시스템 콜 tracepoint 전부(이 커널 버전에서) 계측되었으며, probe 이름에 대해서 발생 빈도 집계를 수행했습니다. 현재는 프로그램을 구동해서 종료하기까지의 시간 사이에 지연이 있는데, 이는 316개 tracepoint 전체를 계측하기 때문입니다. BCC와 마찬가지로 단일 raw_syscalls:sys_enter tracepoint를 사용하는 것이 좋지만, 만약 그렇게 한다면 시스템 콜 ID를 시스템 콜 이름으로 변환하는 추가 과정이 필요합니다. 14장에 이것이 사례로 수록되어 있습니다.

6.3.11 argdist와 trace

argdist(8)와 trace(8)는 4장에서 소개한 것으로, 이벤트를 원하는 방법으로 검토할 수 있는 BCC 도구입니다. syscount(8)에 이은 후속 분석으로서, 만약 시스템 콜이 빈번하게 호출되는 것을 발견했다면 이 도구를 이용해서 상세하게 검토할 수 있습니다.

예를 들어 앞에서 다룬 syscount(8) 출력 결과에서는 read(2) 시스템 콜이 빈번하게 발생했습니다. 이것을 좀 더 자세히 살펴보기 위해 시스템 콜 tracepoint 또는 해당 커널 함수를 계측하는 argdist(8)를 사용해서 인자와 리턴 값을 요약할 수 있습니다. tracepoint에 대한 인자의 이름을 찾아야 하는데, BCC 도구인 tplist(8)를 –v 옵션과 함께 사용하면 출력할 수 있습니다.

```
# tplist -v syscalls:sys_enter_read
syscalls:sys_enter_read
    int __syscall_nr;
    unsigned int fd;
    char * buf;
    size_t count;
```

count 인자는 read(2)의 크기를 의미합니다. argdist(8)을 사용해서 이것을 히스토그램(-H)으로 요약하면 다음과 같습니다.

```
# argdist -H 't:syscalls:sys_enter_read():int:args->count'
[09:08:31]
     args->count        : count    distribution
        0 -> 1          : 169      |****************                        |
        2 -> 3          : 243      |***********************                 |
        4 -> 7          : 1        |                                        |
        8 -> 15         : 0        |                                        |
       16 -> 31         : 384      |****************************************|
       32 -> 63         : 0        |                                        |
       64 -> 127        : 0        |                                        |
      128 -> 255        : 0        |                                        |
      256 -> 511        : 0        |                                        |
      512 -> 1023       : 0        |                                        |
     1024 -> 2047       : 267      |***************************             |
     2048 -> 4095       : 2        |                                        |
     4096 -> 8191       : 23       |**                                      |
```

[...]

이 출력 결과는 1024~2047바이트 영역과 16~31바이트 영역에서 많은 읽기가 있었음을 보여줍니다. 히스토그램 대신 크기 값의 발생 빈도 집계를 확인하기 위해서는 -C 옵션을 사용할 수 있습니다.

위의 예시는 시스템 콜의 진입점을 계측했기 때문에 요청된 읽기 크기(size)를 확인할 수 있었습니다. 이것을 실제로 읽은 바이트 수를 의미하는 시스템 콜 종료의 리턴 값과 비교해 보십시오.

```
# argdist -H 't:syscalls:sys_exit_read():int:args->ret'
[09:12:58]
     args->ret          : count    distribution
         0 -> 1          : 481      |****************************************|
         2 -> 3          : 116      |*********                               |
         4 -> 7          : 1        |                                        |
         8 -> 15         : 29       |**                                      |
        16 -> 31         : 6        |                                        |
        32 -> 63         : 31       |**                                      |
        64 -> 127        : 8        |                                        |
       128 -> 255        : 2        |                                        |
       256 -> 511        : 1        |                                        |
       512 -> 1023       : 2        |                                        |
      1024 -> 2047       : 13       |*                                       |
      2048 -> 4095       : 2        |                                        |
```

[...]

이 출력 결과는 실제로 읽은 바이트의 크기가 대부분 0바이트 또는 1바이트였음을 보여주고 있습니다.

argdist(8)의 커널 내에서의 요약 기능 덕분에, 빈번하게 호출된 시스템 콜을 조사할 때 유용합니다. trace(8)는 이벤트별 결과를 출력하고 덜 빈번한 시스템 콜을 검토하는 데 적합하며 이벤트별 타임스탬프와 다른 세부 내용을 보여줍니다.

bpftrace

이 수준의 시스템 콜 분석은 bpftrace 원 라이너를 사용하면 가능합니다. 예를 들어 요청된 읽기 크기를 히스토그램으로 조사하면 다음과 같습니다.

```
# bpftrace -e 't:syscalls:sys_enter_read { @ = hist(args->count); }'
Attaching 1 probe...
^C

@:
[1]                1102 |@@@@@@@@@@@@@@@@@@@@@@@@@@@@@@@@@@@@@@@@@@@@@@@@@@@@|
[2, 4)              902 |@@@@@@@@@@@@@@@@@@@@@@@@@@@@@@@@@@@@@@@@@@@@@       |
[4, 8)               20 |                                                  |
[8, 16)              17 |                                                  |
[16, 32)            538 |@@@@@@@@@@@@@@@@@@@@@@@@@                          |
[32, 64)             56 |@@                                                |
[64, 128)             0 |                                                  |
```

```
[128, 256)          0 |                                                        |
[256, 512)          0 |                                                        |
[512, 1K)           0 |                                                        |
[1K, 2K)          119 |@@@@@                                                   |
[2K, 4K)           26 |@                                                       |
[4K, 8K)          334 |@@@@@@@@@@@@@                                           |
```

그리고 리턴 값은 다음과 같습니다.

```
# bpftrace -e 't:syscalls:sys_exit_read { @ = hist(args->ret); }'
Attaching 1 probe...
^C

@:
(..., 0)          105 |@@@@                                                    |
[0]                18 |                                                        |
[1]              1161 |@@@@@@@@@@@@@@@@@@@@@@@@@@@@@@@@@@@@@@@@@@@@@@@@@@@@@@@@@@|
[2, 4)            196 |@@@@@@@@                                                |
[4, 8)              8 |                                                        |
[8, 16)           384 |@@@@@@@@@@@@@@@@@                                       |
[16, 32)           87 |@@@                                                     |
[32, 64)          118 |@@@@@                                                   |
[64, 128)          37 |@                                                       |
[128, 256)          6 |                                                        |
[256, 512)         13 |                                                        |
[512, 1K)           3 |                                                        |
[1K, 2K)            3 |                                                        |
[2K, 4K)           15 |                                                        |
```

bpftrace는 오류를 나타내기 위해 read(2)에서 리턴되는 오류 코드인 음수값 ('(..., 0)')에 대한 별도의 버킷이 있습니다. 여러분은 bpftrace 원 라이너를 수정해 (5장에서 살펴본 것처럼) 빈도수 집계를 출력할 수도 있고, 이를 선형 히스토그램으로 출력하여 아래와 같이 개별 숫자를 확인할 수도 있습니다.

```
#  bpftrace -e 't:syscalls:sys_exit_read /args->ret < 0/ {
    @ = lhist(- args->ret, 0, 100, 1); }'
Attaching 1 probe...
^C

@:
[11, 12)          123 |@@@@@@@@@@@@@@@@@@@@@@@@@@@@@@@@@@@@@@@@@@@@@@@@@@@@@@@@@@|
```

이 출력 결과는 항상 오류 코드 11이 리턴되었음을 보여줍니다. 리눅스 헤더를 확인해 보십시오(asm-generic/errno-base.h).

```
#define EAGAIN       11      /* 다시 시도*/
```

오류 코드 11은 '다시 시도(try again)'에 해당하는 것으로 일반적인 동작에서 발생할 수 있는 오류 상태입니다.

6.3.12 funccount

4장에서 소개한 funccount(8)는 함수 혹은 기타 이벤트의 발생 빈도를 집계할 수 있는 BCC 도구입니다. 이 도구는 소프트웨어 CPU 사용률에 대한 더 많은 컨텍스트를 제공하고, 호출된 함수의 종류와 빈도를 보여줍니다. profile(8)은 CPU에서 오랜 시간 동작하고 있는 함수를 보여줄 수 있지만, 그 이유를 설명할 수는 없습니다.[20] 가령, 해당 함수가 느린 것인지 혹은 단지 함수가 초당 수백만 번 호출되었는지는 profile(8)을 통해서 알 수 없습니다.

예를 들어 바쁜 프로덕션 인스턴스에서 'tcp_'로 시작하는 커널 TCP 함수의 발생 빈도를 집계하면 다음과 같습니다.

```
# funccount 'tcp_*'
Tracing 316 functions for "tcp_*"... Hit Ctrl-C to end.
^C
FUNC                                   COUNT
[...]
tcp_stream_memory_free                 368048
tcp_established_options                381234
tcp_v4_md5_lookup                      402945
tcp_gro_receive                        484571
tcp_md5_do_lookup                      510322
Detaching...
```

이 출력 결과는 tcp_md5_do_lookup()이 트레이싱하는 동안 51만 회 호출되어 가장 빈번했음을 보여줍니다.

인터벌당 출력 결과는 -i를 사용해서 만들 수 있습니다. 예를 들어 앞에서 본 profile(8)의 출력 결과는 get_page_from_freelist() 함수가 CPU에서 오랜 시간 동안 동작했음을 보여줍니다. 이건 함수가 빈번하게 호출되었기 때문일까요, 아니면 함수의 속도가 느렸기 때문일까요? 해당 함수의 초당 발생률을 측정하면 다음과 같습니다.

```
# funccount -i 1 get_page_from_freelist
Tracing 1 functions for "get_page_from_freelist"... Hit Ctrl-C to end.
```

---

[20] profile(8)로는 이것을 쉽게 설명할 수 없습니다. profile(8)과 같은 프로파일링 도구는 CPU 명령어 포인터를 샘플링하기 때문에, 그 함수의 디스어셈블과 비교해 보면 그것이 루프에 갇혀있는지, 아니면 단지 함수가 여러 차례 호출되었는지 확인할 수 있습니다. 실제로는 생각보다 더 어려울 수 있으니 2.12.2 "PEBS"를 참고하세요.

```
FUNC                            COUNT
get_page_from_freelist          586452

FUNC                            COUNT
get_page_from_freelist          586241 [
...]
```

해당 함수는 초당 50만 번 이상 호출되었습니다.

이 도구는 함수를 동적 트레이싱하면서 작동하는데, 커널 함수에는 kprobe를 사용하고 사용자 레벨 함수에는 uprobe를 사용합니다(kprobe와 uprobe는 2장에서 설명했습니다). 이 도구의 오버헤드는 함수의 발생률과 관련이 있습니다. malloc()이나 get_page_from_freelist()와 같은 일부 함수는 빈번하게 발생하는 경향이 있어서, 이 함수들을 트레이싱하면 대상 애플리케이션을 10% 이상 현저히 느려지게 만들 수 있으니 주의해서 사용하십시오. 오버헤드에 대해 더 깊이 이해하려면 18.1 "일반적인 이벤트 발생 빈도와 오버헤드"를 참고하세요.

커맨드 라인 사용법은 다음과 같습니다.

```
funccount [options] [-i interval] [-d duration] pattern
```

옵션은 다음과 같습니다.

- -r: 패턴 매치를 위해 정규 표현식을 사용합니다.
- -p PID: 이 프로세스만 측정합니다.

패턴은 다음과 같습니다.

- name 또는 p:name: name()이란 이름의 커널 함수 계측
- lib:name: 라이브러리 lib에 있는 name()이란 이름의 사용자 레벨 함수 계측
- path:name: path 경로의 파일에 존재하는 name()이란 이름의 사용자 레벨 함수 계측
- t:system:name: system:name이란 이름의 tracepoint 계측
- *: 어떤 문자열이든 대응시킬 수 있는 와일드카드(글로브 패턴, globbing)

4.5 "funccount"를 보면 더 많은 사례가 있습니다.

bpftrace

funccount(8)의 핵심 기능은 bpftrace 원 라이너로 구현할 수 있습니다.

```
# bpftrace -e 'k:tcp_* { @[probe] = count(); }'
Attaching 320 probes...
[...]
@[kprobe:tcp_release_cb]: 153001
@[kprobe:tcp_v4_md5_lookup]: 154896
@[kprobe:tcp_gro_receive]: 177187
```

다음과 같이 추가하여 인터벌당 출력을 수행하도록 할 수 있습니다.

```
interval:s:1 { print(@); clear(@); }
```

BCC에서와 마찬가지로 빈번하게 발생하는 함수를 트레이싱할 때는 상당한 오버헤드를 유발할 수 있기 때문에 주의해야 합니다.

6.3.13 softirqs

softirqs(8)는 소프트 IRQ(소프트웨어 인터럽트)를 처리하는 데 소모된 시간을 보여주는 BCC 도구입니다. 시스템 전역에 걸친 소프트 인터럽트 시간은 이미 여러 도구에서 쉽게 얻을 수 있습니다. 예를 들어 mpstat(1)는 이것을 %soft로 보여줍니다. 소프트 IRQ 이벤트의 집계를 보여주는 /proc/softirqs도 있습니다. BCC softirqs(8) 도구는 이벤트 집계 대신 소프트 IRQ별 시간을 보여줄 수 있다는 점에서 다릅니다.

다음은 CPU가 48개인 프로덕션 인스턴스에서 10초간 트레이싱한 결과입니다.

```
# softirqs 10 1
Tracing soft irq event time... Hit Ctrl-C to end.

SOFTIRQ          TOTAL_usecs
net_tx                   633
tasklet                30939
rcu                   143859
sched                 185873
timer                 389144
net_rx               1358268
```

이 출력 결과는 대부분의 시간이 net_rx를 처리하는 데 소모되었음을 보여주는데, 총 합계는 1,358ms였습니다. 이것은 특별한 의미가 있는데, CPU가 48개인 시스템에서 CPU 시간의 3%로 산출되기 때문입니다.

softirqs(8)는 irq:softirq_enter와 irq:softirq_exit tracepoint를 사용해서 동작합니다. 이 도구의 오버헤드는 이벤트 발생률과 관련이 있는데, 바쁜 프로덕션 시스템, 네트워크 패킷 발생 비율이 높은 환경에서는 오버헤드가 높을 수 있습니다. 주의해서 사용하고 오버헤드를 체크하십시오.

커맨드 라인 사용법은 다음과 같습니다.

```
softirqs [options] [interval [count]]
```

옵션은 다음과 같습니다.

- -d: IRQ 시간을 히스토그램으로 보여줍니다.
- -T: 출력 결과상에 타임스탬프를 포함합니다.

-d 옵션은 분포를 조사하고 인터럽트를 처리하는 동안 지연 극단값이 있었는지 확인하는 데 사용할 수 있습니다.

bpftrace

softirqs(8)의 bpftrace 버전은 존재하지 않지만, 만들 수도 있습니다. 벡터 ID별로 IRQ를 집계하는 다음 원 라이너는 이에 대한 시작점이 될 수 있습니다.

```
# bpftrace -e 'tracepoint:irq:softirq_entry { @[args->vec] = count(); }'
Attaching 1 probe...
^C

@[3]: 11
@[6]: 45
@[0]: 395
@[9]: 405
@[1]: 524
@[7]: 561
```

이들 벡터 ID는 참조 테이블을 사용해서 softirq 이름으로 변환될 수 있습니다. BCC 도구 역시 이 방법을 사용합니다. 소프트 IRQ에서 소모된 시간을 알아내기 위해서는 irq:softirq_exit tracepoint를 트레이싱해야 합니다.

6.3.14 hardirqs

hardirqs(8)[21]는 하드 IRQ(하드웨어 인터럽트)를 처리하는 데 소모된 시간을 보

---

21 연혁: 필자는 2005년 6월 28일에 시간 합계 출력용으로 inttimes.d를, 2005년 5월 9일에 히스토그램 출력용으로 intoncpu.d를 처음 만들었는데, 2005년 1월에 발표한 "동적 트레이싱 가이드(Dynamic Tracing Guide)"에서 가져온 intr.d를 기반으로 했습니다.[Sun 05] 필자는 CPU별 인터럽트를 보여주는 DTrace 도구도 발표했지만 그것을 BPF로 포팅하지는 않았는데, 리눅스에는 동일한 동작을 하는 /proc/interrupts가 있었기 때문입니다. 필자는 2015년 10월 20일에 시간 합계와 히스토그램 기능 두 가지 모두를 지원하는 BCC 버전을 개발했습니다.

여주는 BCC 도구입니다. 시스템 전역에 걸친 하드웨어 인터럽트 시간은 여러 도구에서 이미 쉽게 얻을 수 있습니다. 예를 들어 mpstat(1)는 이것을 %irq로 보여줍니다. 하드 IRQ 이벤트의 집계를 보여주는 /proc/interrupts도 있습니다. BCC hardirqs(8) 도구는 이벤트 집계 대신 하드 IRQ별 시간을 보여줄 수 있다는 점에서 다릅니다.

다음은 CPU가 48개인 프로덕션 인스턴스에서 10초간 트레이싱한 결과입니다.

```
# hardirqs 10 1
Tracing hard irq event time... Hit Ctrl-C to end.

HARDIRQ                      TOTAL_usecs
ena-mgmnt@pci:0000:00:05.0            43
nvme0q0                              46
eth0-Tx-Rx-7                      47424
eth0-Tx-Rx-6                      48199
eth0-Tx-Rx-5                      48524
eth0-Tx-Rx-2                      49482
eth0-Tx-Rx-3                      49750
eth0-Tx-Rx-0                      51084
eth0-Tx-Rx-4                      51106
eth0-Tx-Rx-1                      52649
```

이 출력 결과는 eth0-Tx-Rx*라는 이름의 여러 하드 IRQ가 10초 트레이싱을 하는 동안 총 50ms 정도 소모되었음을 보여줍니다.

hardirqs(8)는 CPU 프로파일러에서는 확인할 수 없는 CPU 사용률을 파악할 수 있게 해 줍니다. 하드웨어 PMU가 없는 클라우드 인스턴스에서의 프로파일링에 대해서는 6.2.4 "정주기 샘플링"의 '내부 구조' 절을 보십시오.

이 도구는 현재 handle_irq_event_percpu() 커널 함수를 동적 트레이싱하며 동작하지만, 향후 버전은 irq:irq_handler_entry와 irq: irq_handler_exit tracepoint로 전환될 것입니다.

커맨드 라인 사용법은 다음과 같습니다.

```
hardirqs [options] [interval [count]]
```

옵션은 다음과 같습니다.

- -d: IRQ 시간을 히스토그램으로 보여줍니다.
- -T: 출력 결과상에 타임스탬프를 포함합니다.

-d 옵션은 분포를 조사하고 이들 인터럽트를 처리하는 동안 지연 극단값이 있었는지 확인하는 데 사용할 수 있습니다.

6.3.15 smpcalls

smpcalls(8)[22]는 SMP 호출 함수(크로스 콜(cross calls)이라고도 부름)에서의 시간을 트레이싱하고 요약하는 bpftrace 도구입니다. SMP 호출은 하나의 CPU가 다른 CPU에서 함수를 실행하는 방법으로, 다른 모든 CPU가 여기에 해당합니다. 이것은 규모가 큰 멀티 프로세서 시스템에서는 많은 비용을 유발하는 동작이 될 수 있습니다.

```
# smpcalls.bt
Attaching 8 probes...
Tracing SMP calls. Hit Ctrl-C to stop.
^C

@time_ns[do_flush_tlb_all]:
[32K, 64K)             1 |@@@@@@@@@@@@@@@@@@@@@@@@@@@@@@@@@@@@@@@@@@@@@@@@@@@@|
[64K, 128K)            1 |@@@@@@@@@@@@@@@@@@@@@@@@@@@@@@@@@@@@@@@@@@@@@@@@@@@@|

@time_ns[remote_function]:
[4K, 8K)               1 |@@@@@@@@@@@@@@@@@@@@@@@@@@@                        |
[8K, 16K)              1 |@@@@@@@@@@@@@@@@@@@@@@@@@@@                        |
[16K, 32K)             0 |                                                 |
[32K, 64K)             2 |@@@@@@@@@@@@@@@@@@@@@@@@@@@@@@@@@@@@@@@@@@@@@@@@@@@@|

@time_ns[do_sync_core]:
[32K, 64K)            15 |@@@@@@@@@@@@@@@@@@@@@@@@@@@@@@@@@@@@@@@@@@@@@@@@@@@@|
[64K, 128K)            9 |@@@@@@@@@@@@@@@@@@@@@@@@@@@@@@@                    |

@time_ns[native_smp_send_reschedule]:
[2K, 4K)               7 |@@@@@@@@@@@@@@@@@@                               |
[4K, 8K)               3 |@@@@@@@@                                         |
[8K, 16K)             19 |@@@@@@@@@@@@@@@@@@@@@@@@@@@@@@@@@@@@@@@@@@@@@@@@@@@@|
[16K, 32K)             3 |@@@@@@@@                                         |

@time_ns[aperfmperf_snapshot_khz]:
[1K, 2K)               5 |@                                                |
[2K, 4K)              12 |@@@                                              |
[4K, 8K)             12 |@@@                                              |
[8K, 16K)             6 |@                                                |
[16K, 32K)            1 |                                                 |
[32K, 64K)          196 |@@@@@@@@@@@@@@@@@@@@@@@@@@@@@@@@@@@@@@@@@@@@@@@@@@@@|
[64K, 128K)          20 |@@@@@                                            |
```

---

22 연혁: 필자는 2019년 1월 23일에 이 책을 위해 smpcalls.bt를 만들었습니다. 그 이름은 2005년 9월 17일에 필자가 만든 도구인 xcallsbypid.d(CPU cross calls을 따서 명명)에서 왔습니다.

이 도구를 실행한 것은 이번이 처음인데, 바로 다음과 같은 이슈를 발견할 수 있었습니다. aperfmperf_snapshot_khz 크로스 콜은 상대적으로 빈번하게 발생하고 느려서, 최대 $128\mu s$가 걸렸습니다.

　다음은 smpcalls(8)에 대한 소스 코드입니다.

```
#!/usr/local/bin/bpftrace

BEGIN
{
        printf("Tracing SMP calls. Hit Ctrl-C to stop.\n");
}

kprobe:smp_call_function_single,
kprobe:smp_call_function_many
{
        @ts[tid] = nsecs;
        @func[tid] = arg1;
}

kretprobe:smp_call_function_single,
kretprobe:smp_call_function_many
/@ts[tid]/
{
        @time_ns[ksym(@func[tid])] = hist(nsecs - @ts[tid]);
        delete(@ts[tid]);
        delete(@func[tid]);
}

kprobe:native_smp_send_reschedule
{
        @ts[tid] = nsecs;
        @func[tid] = reg("ip");
}

kretprobe:native_smp_send_reschedule
/@ts[tid]/
{
        @time_ns[ksym(@func[tid])] = hist(nsecs - @ts[tid]);
        delete(@ts[tid]);
        delete(@func[tid]);
}

END
{
        clear(@ts);
        clear(@func);
}
```

대부분의 SMP 호출은 smp_call_function_single()과 smp_call_function_many() 커널 함수에 대한 kprobe를 통해 트레이싱됩니다. 이들 함수에 대한 진

입점은 두 번째 인자로 원격 CPU에서 실행할 함수를 가지고 있는데, bpftrace는 이것을 arg1으로 접근하며 나중에 kretprobe에서 참조하기 위해 @func 맵에 스레드 ID를 키로 저장합니다. 그 후에 bpftrace 내장 함수 ksym()에 의해 사람이 읽을 수 있는 심벌로 전환됩니다.

이러한 함수에 의해 처리되지 않는 특별한 SMP 호출인 smp_send_reschedule()가 있는데, 이것은 native_smp_send_reschedule()에 의해 트레이싱됩니다. 향후 커널 버전에서는 이들 호출을 간단하게 트레이싱할 수 있도록 SMP 호출 tracepoint를 지원하기를 바랍니다.[23]

@time_ns 히스토그램 키는 커널 스택 트레이스와 프로세스 이름을 포함하도록 수정할 수 있습니다.

```
@time_ns[comm, kstack, ksym(@func[tid])] = hist(nsecs - @ts[tid]);
```

다음은 이와 같이 수정하고 나서 다시 실행한 결과입니다. 이 출력 결과는 느린 호출에 대한 더 많은 세부 사항을 포함하고 있습니다.

```
@time_ns[snmp-pass,
    smp_call_function_single+1
    aperfmperf_snapshot_cpu+90
    arch_freq_prepare_all+61
    cpuinfo_open+14
    proc_reg_open+111
    do_dentry_open+484
    path_openat+692
    do_filp_open+153
    do_sys_open+294
    do_syscall_64+85
    entry_SYSCALL_64_after_hwframe+68
, aperfmperf_snapshot_khz]:
[2K, 4K)            2 |@@                                                  |
[4K, 8K)            0 |                                                    |
[8K, 16K)           1 |@                                                   |
[16K, 32K)          1 |@                                                   |
[32K, 64K)         51 |@@@@@@@@@@@@@@@@@@@@@@@@@@@@@@@@@@@@@@@@@@@@@@@@@@@@@@|
[64K, 128K)        17 |@@@@@@@@@@@@@@@@@                                   |
```

이 출력 결과는 프로세스가 모니터링 에이전트인 snmp-pass였으며, 이것은 open() 시스템 콜로 시작해 cpuinfo_open()과 비용이 큰 크로스 콜을 수행하고

---

23 (옮긴이) SMP tracepoint 관련 패치가 있으나 반영되지는 않았습니다. 다음 주소를 참고하세요.
https://www.mail-archive.com/linux-kernel@vger.kernel.org/msg2168196.html
https://lore.kernel.org/lkml/02b57f31-fc0c-df35-57bf-e0a297a7e6c4@gmail.com/T/

있었음을 보여줍니다.

또 다른 BPF 도구인 opensnoop(8)을 사용하면 이러한 동작을 빠르게 확인할
수 있습니다.

```
# opensnoop.py -Tn snmp-pass
TIME(s)        PID    COMM            FD ERR PATH
0.000000000    2440   snmp-pass        4   0 /proc/cpuinfo
0.000841000    2440   snmp-pass        4   0 /proc/stat
1.022128000    2440   snmp-pass        4   0 /proc/cpuinfo
1.024696000    2440   snmp-pass        4   0 /proc/stat
2.046133000    2440   snmp-pass        4   0 /proc/cpuinfo
2.049020000    2440   snmp-pass        4   0 /proc/stat
3.070135000    2440   snmp-pass        4   0 /proc/cpuinfo
3.072869000    2440   snmp-pass        4   0 /proc/stat
[...]
```

이 출력 결과는 snmp-pass가 /proc/cpuinfo 파일을 매초 읽고 있음을 보여줍니
다! 이 파일에 있는 대부분의 세부 내용은 'cpu MHz' 필드를 제외하고는 거의 변
하지 않을 것입니다.

snmp-pass를 조사해 본 결과 단지 프로세서 수를 집계하기 위해 /proc/
cpuinfo를 읽는 데 불과했으며, 'cpu MHz' 필드는 사용되지도 않았습니다. 이는
불필요한 작업의 예이며, 이러한 작업을 제거하는 것은 작지만 쉬운 성능 향상
을 제공합니다.

인텔 프로세서에서 이러한 SMP 호출은 궁극적으로 x2apic_send_IPI()를 포
함하여 x2APIC IP(inter-processor interrupt, 프로세서 간 인터럽트) 호출로 구
현됩니다. 6.4.2 "bpftrace"에서 살펴본 것처럼 이들 역시 계측할 수 있습니다.

6.3.16 llcstat

llcstat(8)[24]는 프로세스별로 LLC 캐시 미스율과 히트율을 보여주는 BCC 도구입
니다. 이 도구는 2장에서 소개한 PMC를 사용합니다.

예를 들어, CPU가 48개인 프로덕션 인스턴스의 사례는 다음과 같습니다.

```
# llcstat
Running for 10 seconds or hit Ctrl-C to end.
PID     NAME         CPU    REFERENCE      MISS    HIT%
0       swapper/15   15     1007300        1000    99.90%
4435    java         18     22000          200     99.09%
```

---

24 연혁: 이것은 2016년 10월 19일에 텅 친(Teng Qin)이 만들었으며, PMC를 사용한 첫 번째 BCC 도구
   입니다.

4116	java	7	11000	100	99.09%
4441	java	38	32200	300	99.07%
17387	java	17	10800	100	99.07%
4113	java	17	10500	100	99.05%
[...]					

이 출력 결과는 자바 프로세스(스레드)가 99%가 넘는 아주 높은 히트율로 동작하고 있었음을 보여줍니다.

이 도구는 PMC의 오버플로 샘플링을 사용해서 동작합니다. 이 방식은 여러 번의 캐시 레퍼런스 또는 미스 발생당 BPF 프로그램을 한 번 구동시켜 현재 실행 중인 프로세스를 읽고 통계를 기록하게 합니다. 기본 임계 값은 100이며, –c 를 사용해서 조정할 수 있습니다. 이 100번당 한 번만 샘플링하는 방법은 오버헤드를 낮게 유지하는 데 도움이 됩니다(필요하다면 높은 숫자로 조정할 수도 있습니다). 그러나 이렇게 샘플링하는 방법과 관련된 몇 가지 이슈가 있습니다. 예를 들어 프로세스에서 우연히 미스가 레퍼런스를 초과할 수 있는데, 그것은 말이 되지 않습니다(미스는 레퍼런스의 부분 집합이기 때문입니다).

커맨드 라인 사용법은 다음과 같습니다.

```
llcstat [options] [duration]
```

옵션은 다음과 같습니다.

- –c SAMPLE_PERIOD: 해당 수만큼의 이벤트당 한 개의 이벤트를 샘플링합니다.

llcstat(8)는 정주기 샘플링을 한다는 점을 떠나서, PMC를 사용하는 첫 BCC 도구라는 점에서 흥미롭습니다.

6.3.17 기타 도구

언급할 만한 기타 BPF 도구들은 다음과 같습니다.

- cpuwalk(8): bpftrace 도구로, CPU가 실행하던 프로세스를 샘플링하고 그 결과를 선형 히스토그램으로 출력합니다. 이것은 CPU 균형을 히스토그램으로 보여줍니다.
- cpuunclaimed(8): BCC 도구로, CPU 실행 큐 길이를 샘플링하고, 스레드들이 다른 실행 큐상에서 실행 가능 상태에 있음에도 유휴인 CPU가 얼마나 자주 존재하는지를 확인하는 실험 도구입니다. 이러한 경우는 CPU 선호도 (affinity)로 인해 간혹 발생하지만, 만약 자주 발생한다면 스케줄러 설정 오류

혹은 버그의 징후일 수 있습니다.

- loads(8): bpftrace 도구로, BPF 도구를 이용해서 부하 평균을 수집하는 하나의 사례입니다. 앞서 논의한 것처럼 이들 숫자는 오해의 소지가 있습니다.
- vltrace: 인텔이 개발 중인 도구로, CPU 시간을 소모하는 시스템 콜의 심도 있는 특성화에 사용할 수 있습니다. strace(1)의 BPF 구동 버전이 될 것입니다.[79]

6.4 BPF 원 라이너

이번 절에서는 BCC와 bpftrace 원 라이너를 살펴봅니다. 가능한 경우, BCC와 bpftrace 두 가지 모두를 사용해서 동일한 원 라이너를 구현했습니다.

6.4.1 BCC

새로운 프로세스 생성을 인자와 함께 트레이싱합니다.

```
execsnoop
```

어떤 프로세스가 무엇을 실행하고 있는지 보여줍니다.

```
trace 't:syscalls:sys_enter_execve "-> %s", args->filename'
```

시스템 콜 집계를 프로세스별로 보여줍니다.

```
syscount -P
```

시스템 콜 집계를 시스템 콜 이름별로 보여줍니다.

```
syscount
```

PID 189에 대한 사용자 레벨 스택을 49Hz 주기로 샘플링합니다.

```
profile -F 49 -U -p 189
```

모든 스택 트레이스와 프로세스 이름을 샘플링합니다.

```
profile
```

'vfs_'로 시작되는 커널 함수를 집계합니다.

```
funccount 'vfs_*'
```

pthread_create()을 통한 새로운 스레드 생성을 트레이싱합니다.

```
trace /lib/x86_64-linux-gnu/libpthread-2.27.so:pthread_create
```

6.4.2 bpftrace

새로운 프로세스 생성을 인자와 함께 트레이싱합니다.

```
bpftrace -e 'tracepoint:syscalls:sys_enter_execve { join(args->argv); }'
```

어떤 프로세스가 무엇을 실행하고 있는지 보여줍니다.

```
bpftrace -e 'tracepoint:syscalls:sys_enter_execve { printf("%s -> %s\n", comm,
    str(args->filename)); }'
```

시스템 콜 집계를 프로그램별로 보여줍니다.

```
bpftrace -e 'tracepoint:raw_syscalls:sys_enter { @[comm] = count(); }'
```

시스템 콜 집계를 프로그램별로 보여줍니다.

```
bpftrace -e 'tracepoint:raw_syscalls:sys_enter { @[pid, comm] = count(); }'
```

시스템 콜 집계를 시스템 콜 probe 이름별로 보여줍니다.

```
bpftrace -e 'tracepoint:syscalls:sys_enter_* { @[probe] = count(); }'
```

시스템 콜 집계를 시스템 콜 함수별로 보여줍니다.

```
bpftrace -e 'tracepoint:raw_syscalls:sys_enter {
    @[sym(*(kaddr("sys_call_table") + args->id * 8))] = count(); }'
```

동작 중인 프로세스 이름을 99Hz 주기로 샘플링합니다.

```
bpftrace -e 'profile:hz:99 { @[comm] = count(); }'
```

PID 189에 대한 사용자 레벨 스택을 49Hz 주기로 샘플링합니다.

```
bpftrace -e 'profile:hz:49 /pid == 189/ { @[ustack] = count(); }'
```

모든 스택 트레이스와 프로세스 이름을 샘플링합니다.

```
bpftrace -e 'profile:hz:49 { @[ustack, stack, comm] = count(); }'
```

동작 중인 CPU를 99Hz 주기로 샘플링해서 선형 히스토그램으로 보여줍니다.

```
bpftrace -e 'profile:hz:99 { @cpu = lhist(cpu, 0, 256, 1); }'
```

vfs_로 시작하는 커널 함수를 집계합니다.

```
bpftrace -e 'kprobe:vfs_* { @[func] = count(); }'
```

SMP 호출을 probe 이름과 커널 스택별로 집계합니다.

```
bpftrace -e 'kprobe:smp_call* { @[probe, kstack(5)] = count(); }'
```

인텔 x2APIC 호출을 probe 이름과 커널 스택별로 집계합니다.

```
bpftrace -e 'kprobe:x2apic_send_IPI* { @[probe, kstack(5)] = count(); }'
```

pthread_create()을 통한 새로운 스레드 생성을 트레이싱합니다.

```
bpftrace -e 'u:/lib/x86_64-linux-gnu/libpthread-2.27.so:pthread_create {
    printf("%s by %s (%d)\n", probe, comm, pid); }'
```

6.5 선택 연습 문제

특별히 언급하지 않는 한, 다음 문제는 bpftrace 또는 BCC를 사용해서 작성할 수 있습니다.

1. man ls 명령에 대한 새로운 프로세스 생성을 보여주기 위해서 execsnoop(8)을 사용하세요.

2. 프로덕션 혹은 로컬 시스템상에서 execsnoop(8)을 -t와 함께 실행하고 결과를 로그 파일로 10분간 출력하세요. 어떤 새로운 프로세스를 발견했습니까?

3. 테스트 시스템에서 과부하가 발생한 CPU를 만드세요. 다음의 명령어는 CPU 0에서만 동작하는(CPU-bound) 두 개의 스레드를 생성합니다.

```
taskset -c 0 sh -c 'while :; do :; done' &
taskset -c 0 sh -c 'while :; do :; done' &
```

이제 uptime(1)(부하 평균), mpstat(1)(-P ALL), runqlen(8), runqlat(8)를 사용해서 CPU 0에 대한 워크로드를 특성화하세요(완료 후에 워크로드를 종료하는 것을 잊지 마세요).

4. CPU 0에서만 커널 스택을 샘플링하는 도구/원 라이너를 개발하세요.

5. 다음 워크로드가 CPU 시간을 어디에 소모했는지 확인하기 위해 profile(8)을 사용해서 커널 CPU 스택을 캡처하세요.

```
dd if=/dev/nvme0n1p3 bs=8k iflag=direct | dd of=/dev/null bs=1
```

infile(if=) 장치가 여러분의 로컬 디스크를 가리키도록 수정하세요(사용 가능한 로컬 디스크를 확인하기 위해 df -h를 살펴보세요). 여러분은 시스템 전역에 걸쳐 프로파일링하거나 dd(1) 프로세스 각각에 대해 필터링할 수 있습니다.

6. 연습 문제 5 출력 결과에 대한 CPU 플레임 그래프를 만드세요.

7. 연습 문제 5의 워크로드에서 블록된 시간이 어디에 소요되었는지를 확인하기 위해 offcputime(8)을 사용해서 커널 CPU 스택을 캡처하세요.

8. 연습 문제 7에 대한 off-CPU 시간 플레임 그래프를 만드세요.

9. execsnoop(8)은 새로운 프로세스 중 exec(2)(execve(2))를 호출한 프로세스만 확인할 수 있지만, 일부 프로세스 생성은 fork(2) 혹은 clone(2)만을 사용하고 exec(2)를 사용하지 않기도 합니다(예: 워커 프로세스의 생성). 모든 새로운 프로세스들의 생성을 가능한 한 많은 세부 사항과 함께 보여주기 위해 procsnoop(8)이라는 새 도구를 작성하세요. 여러분은 fork()와 clone()을 트레이싱하거나 sched tracepoint를 사용할 수 있고, 그 외의 다른 것을 이용할 수도 있습니다.

10. softirq 이름을 출력하는 softirqs(8)의 bpftrace 버전을 개발하세요.

11. bpftrace를 이용해서 cpudist(8)를 구현하세요.

12. cpudist(8)(BCC, bpftrace 두 가지 버전 모두)로, 자발적/비자발적 컨텍스트 스위치에 대한 각각의 히스토그램을 출력하세요.

13. (고급, 미해결) CPU 선호도로 인한 대기(CPU affinity wait) 때문에 태스크가 소요한 시간을 히스토그램으로 보여주는 도구를 개발하세요. 이러한 태스크는 다른 CPU들이 유휴 상태임에도 불구하고 현재 CPU에서 캐시를 사용 중이기 때문에 마이그레이션되지 않는 실행 가능한 프로세스를 의미합니다(kernel.sched_migration_cost_ns, task_hot()은 인라인되어 트레이싱이 불가할 수 있습니다. can_migrate_task()를 확인해 보세요).

6.6 정리

이번 장에서는 시스템이 CPU를 사용하는 방법, 그리고 통계 도구, 프로파일러, 트레이싱 도구와 같은 기존 도구들을 사용해서 분석하는 방법에 대해 개괄했습니다. 또한 짧은 시간 동안만 동작하는 프로세스의 이슈를 드러나게 하고, 실행 큐 지연을 상세하게 검토하고, CPU 사용 효율성을 프로파일링하고, 함수 호출을 집계하기 위해 BPF 도구들을 사용하는 방법과 소프트/하드 인터럽트에 의한 CPU 사용률을 확인하는 방법에 대해 설명하였습니다.

7장

메모리

리눅스는 가상 메모리 기반 시스템으로, 개개의 프로세스에 자신만의 가상 주소 공간이 있고, 물리 메모리로의 매핑은 실제 접근 요청 시 이루어집니다. 리눅스는 페이지 아웃 데몬과 물리 스왑 장치 그리고 (마지막 수단으로) OOM(out-of-memory, 메모리 부족) 킬러를 사용해서 물리 메모리의 크기보다 더 많은 양을 사용할 수 있도록(over-subscription) 관리합니다. 리눅스는 여분의 메모리를 파일 시스템 캐시로 사용하는데, 이 내용은 8장에서 다룹니다.

이번 장에서는 BPF를 이용한 새로운 방법으로 애플리케이션의 메모리 사용량을 어떻게 드러내는지와 커널이 메모리 부하에 어떻게 대처하는지 살펴봅니다. CPU 확장성이 메모리 속도보다 더 빠르게 성장함에 따라, 메모리 I/O는 새로운 병목 지점이 되었습니다. 메모리 사용 정보를 이해하면 여러 가지 성능 향상점을 찾아낼 수 있습니다.

학습 목표

- 메모리 할당과 페이징 동작 이해하기
- 트레이싱 도구를 사용해서 메모리 동작을 성공적으로 분석하기 위한 전략 학습하기
- 기존 도구를 사용해서 메모리 사용 정보 파악하기
- BPF 도구를 사용해서 힙(heap)과 물리 메모리(RSS) 크기 증가를 유발하는 코드 경로 찾아내기
- 파일 이름과 스택 트레이스에 따른 페이지 폴트 심도 있게 밝혀내기
- VM 스캐너의 동작 분석하기

- 메모리 회수(reclaim)가 성능에 미치는 영향 파악하기
- 스왑 인(swap in) 대기 중인 프로세스 찾아내기
- bpftrace 원 라이너를 사용해서 맞춤형으로 메모리 사용 정보 살펴보기

이번 장은 애플리케이션의 메모리 사용 방법, 가상/물리 메모리 할당 요약, 그리고 페이징 등 메모리 분석에 필요한 몇 가지 배경지식으로 시작합니다. BPF로 답할 수 있는 질문들에 대해 살펴보고, 따라야 할 전반적인 전략을 제시합니다. 기존의 메모리 분석 도구를 먼저 소개하고, 그 다음에 BPF 원 라이너의 목록과 함께 BPF 도구를 살펴봅니다. 마지막에는 선택 사항인 연습 문제를 정리해 놓았습니다. 14장에서는 커널 메모리 분석을 위한 추가적인 도구를 소개합니다.

7.1 배경지식

먼저 메모리 기초 지식, BPF 활용 가능성, 그리고 메모리 분석을 위한 추천 전략을 다룹니다.

7.1.1 메모리 기초

메모리 할당자

그림 7.1은 사용자 레벨 소프트웨어나 커널 레벨 소프트웨어에서 흔히 사용되는 메모리 할당 시스템을 보여줍니다. libc를 이용해 메모리를 할당하는 프로세스의 경우, 메모리는 프로세스 가상 주소 공간의 동적 세그먼트 영역인 힙(heap)에 저장됩니다. libc는 메모리 할당 기능을 제공하는데, malloc()과 free()가 여기에 해당합니다. 메모리가 해제될 때, libc는 이 메모리의 위치를 추적하고 차후에 호출되는 malloc() 할당에 이 위치를 사용합니다. 만약 사용 가능한 메모리가 없는 경우에는 libc가 힙 크기를 확장합니다. 반대로 libc가 힙 크기를 줄일 이유는 없는데, 여기서 말하는 메모리는 실제 물리 메모리가 아닌 가상 메모리이기 때문입니다.

커널과 프로세서는 가상 메모리를 물리 메모리에 매핑하는 역할을 합니다. 효율성을 위해서 메모리 매핑은 페이지(page)라는 메모리 그룹으로 만들어집니다. 여기서 각 페이지의 크기는 프로세서별로 다르지만, 일반적으로 4KB 정도입니다. 물론 대부분의 프로세서가 더 큰 크기를 지원하고 리눅스에서는 이를 huge pages라고 부릅니다. 커널은 자체적인 가용 메모리 리스트를 통해 물

리 메모리 페이지 요청을 처리할 수 있으며 이 리스트는 효율성을 위해서 각
DRAM 그룹과 CPU별로 유지됩니다. 커널의 자체 소프트웨어(예: 모듈)도 슬랩
할당자와 같은 커널 할당자를 통해 가용 메모리 리스트의 메모리를 소모합니다.

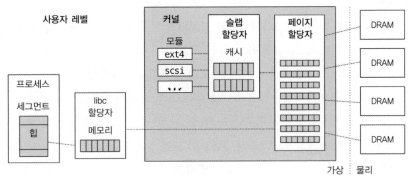

그림 7.1 메모리 할당자

다른 사용자 메모리 할당 라이브러리에는 tcmalloc과 jemalloc 등이 있으며
JVM과 같은 런타임은 가비지 컬렉션과 함께 자체 메모리 할당자를 제공하는 경
우가 많습니다. 다른 메모리 할당자는 힙 외부 영역에서 메모리를 할당하기 위
해 전용 세그먼트를 매핑할 수도 있습니다.

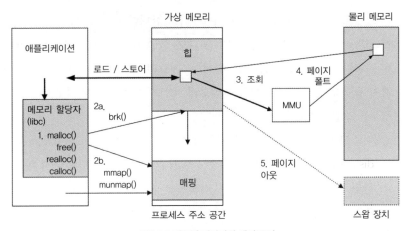

그림 7.2 메모리 페이지의 생명 주기

메모리 페이지와 스왑

그림 7.2에서 일반적인 사용자 공간의 메모리 페이지 생명 주기를 볼 수 있습니
다. 세부 절차는 다음과 같습니다.

1. 애플리케이션에서 메모리 할당을 요청합니다(예: libc malloc()).

2. 메모리 할당 라이브러리는 자신이 가진 가용 메모리 리스트 내에서 해당 요청을 처리하거나, 충분한 공간을 제공하기 위해 가상 메모리를 확장해야 할 수도 있습니다. 메모리 할당 라이브러리에 따라 다음 방법 중 하나를 수행합니다.

   a. brk() 시스템 콜을 호출하여 힙 영역의 크기를 확장하고, 메모리 할당 요청에 이 힙 메모리를 사용합니다.

   b. mmap() 시스템 콜을 통해 새 메모리 세그먼트를 생성합니다.

3. 잠시 후 애플리케이션은 로드와 스토어(load and store) 명령을 이용해 할당된 메모리 영역을 사용하려고 하는데, 이 과정에는 가상 주소를 물리 주소로 변환하기 위해 프로세서의 MMU(메모리 관리 장치)를 호출하는 작업이 포함됩니다. 이때 가상 메모리의 진실이 밝혀지게 됩니다. 즉, 이 가상 주소에 매핑된 물리 주소가 존재하지 않습니다. 이로 인해 페이지 폴트라는 MMU 에러가 발생합니다.

4. 이 페이지 폴트는 커널이 처리합니다. 커널은 가용 물리 메모리 리스트에서 가상 메모리로 매핑을 설정한 다음, 나중에 MMU가 참조할 수 있도록 이 변환 정보를 알립니다. 이를 통해 프로세스는 추가적인 물리 메모리 페이지를 사용할 수 있게 됩니다. 프로세스에서 사용 중인 물리 메모리의 크기를 레지던트 세트 크기(Resident set size, RSS) 라고 합니다.

5. 시스템에서 메모리 요구량이 너무 높다면 커널 페이지-아웃 데몬(kswapd)이 해제할 메모리 페이지를 탐색합니다. 메모리가 해제되는 경우는 다음 세 가지 유형 중 하나입니다(사용자 메모리 페이지 생명 주기에 해당하는 (c)의 경우는 그림 7.2에 표시).

   a. 디스크에서 읽었지만 수정되지 않은 파일 시스템 페이지('backed by disk'라고 부름): 이 페이지는 즉시 해제될 수 있고 필요 시 다시 읽기만 하면 됩니다. 실행 가능한 애플리케이션의 text 영역, data 영역 그리고 파일 시스템 메타데이터가 여기에 해당합니다.

   b. 수정된 파일 시스템 페이지: 이 페이지는 '더티(dirty)' 페이지라고 하며 해제되기 전에 반드시 디스크에 반영되어야 합니다.

   c. 애플리케이션 메모리의 페이지: 이 페이지는 파일 원본(file origin)이 없기 때문에 익명 메모리라고 부릅니다. 스왑 장치를 사용 중인 경우 이 페이지는 스왑 장치에 먼저 저장한 후 해제할 수 있습니다. 스왑 장치에 페이지를 쓰는 작업을 (리눅스에서는) 스와핑(swapping)이라고 합니다.

일반적으로 메모리 할당 요청은 빈번하게 일어납니다. 바쁜 애플리케이션의 경우 사용자 공간의 메모리 할당은 초당 수백만 번 발생할 수 있습니다. 로드와 스토어 명령과 MMU 참조는 훨씬 더 자주 이루어집니다. 이 명령들은 초당 수십억 번 발생할 수 있습니다. 그림 7.2에서 굵게 표시한 화살표는 이렇게 빈번하게 이루어지는 작업을 의미합니다. 다른 작업들은 상대적으로 드물게 일어납니다. brk()나 mmap() 호출, 페이지 폴트와 페이지-아웃은 이러한 작업(가는 선 화살표)에 해당합니다.

페이지 아웃 데몬

페이지 아웃 데몬(kswapd)은 주기적으로 활성화되어 비활성/활성 페이지의 LRU 리스트 검색을 통해 해제할 메모리를 찾습니다. 이 데몬은 가용 메모리가 낮은 임계 값보다 적으면 깨어나고 가용 메모리가 높은 임계 값보다 많으면 휴면 상태로 전환됩니다(그림 7.3).

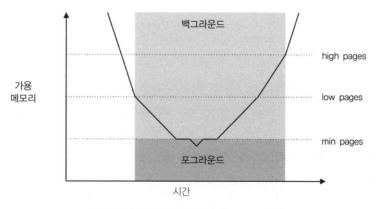

그림 7.3 모드별 페이지 아웃 데몬의 wakeup 동작

페이지 아웃 데몬은 백그라운드에서 페이지-아웃을 조정합니다. CPU와 디스크 I/O 간의 경합과는 별개로, 이 조정은 애플리케이션 성능에 직접적인 영향을 미치지 않아야 합니다. 페이지 아웃 데몬은 메모리를 충분히 빠르게 해제하지 못하면 가용 메모리가 조정 가능한 최소 페이지 임계 값을 넘어서게 되고, 이 경우 메모리 직접 회수(direct reclaim)가 일어납니다. 이것은 포그라운드 모드에서 동작하며 메모리 할당 요청을 충족하기 위해 메모리를 해제합니다. 이 모드에서는 할당 요청이 블록(지연)됨과 동시에 페이지가 해제될 때까지 대기하게 됩니다.[Gorman 04][81]

직접 회수는 커널 모듈 shrinker 함수를 호출할 수 있는데, 이들은 커널 슬랩

캐시를 포함해서 캐시 안에 보관 중일 수 있는 메모리를 해제합니다.

스왑 장치

스왑 장치는 메모리가 부족한 시스템에서 성능이 저하된 동작 모드를 제공합니다. 프로세스는 계속해서 메모리를 할당할 수 있지만 사용 빈도가 낮은 페이지는 스왑 장치로 이동하거나 스왑 장치에서 다른 곳으로 옮겨지므로, 일반적으로 애플리케이션이 훨씬 느리게 실행됩니다. 일부 프로덕션 시스템은 스왑 장치 없이 운영됩니다. 성능 저하된 동작 모드는 성능에 민감한 시스템에는 결코 허용되지 않기 때문입니다. 수많은 복제(그리고 정상!) 서버가 있는 시스템에서는 스와핑을 시작한 서버보다 정상 서버를 사용하는 것이 훨씬 좋습니다(넷플릭스 클라우드 인스턴스가 이러한 사례에 해당합니다). 스왑이 없는 시스템에서 메모리가 부족해지면 커널의 OOM 킬러가 프로세스를 종료해 버립니다. 애플리케이션은 이러한 상황을 피하기 위해서 메모리 제한을 넘지 않도록 설정됩니다.

OOM 킬러

리눅스 OOM(out-of-memory, 메모리 부족) 킬러는 메모리를 해제하기 위한 최후의 수단입니다. OOM 킬러는 휴리스틱(heuristic) 방법으로 희생양이 될 프로세스를 선정하고, 해당 프로세스를 종료함으로써 희생시킵니다. 휴리스틱은 많은 페이지를 해제할 수 있는 가장 큰 프로세스를 탐색하지만 커널 스레드 또는 init 프로세스(PID 1) 같이 중요한 태스크를 해제하지는 않습니다. 리눅스는 시스템 전역 혹은 프로세스별 OOM 킬러의 행동을 지정할 수 있는 방법을 제공합니다.

페이지 컴팩션

시간이 지남에 따라 해제된 페이지들은 파편화되어, 커널이 필요에 따라 크기가 큰 연속 메모리 영역을 할당하기 어렵게 만듭니다. 커널은 컴팩션(Compaction, 조각 모으기) 루틴을 이용하여 페이지를 이동하고, 연속된 영역의 메모리를 해제합니다.[81]

파일 시스템 캐싱과 버퍼링

리눅스는 파일 시스템 캐싱을 위해 가용 메모리를 빌려서 사용하고, 메모리가 필요할 때 해당 메모리를 해제해서 되돌려줍니다. 이렇게 메모리를 빌려옴으로 인해 시스템 가용 메모리가 부팅 후 0으로 급격히 줄어들면 사용자는 시스템의 메모리가 부족하다고 생각할 수 있습니다. 하지만 이건 단지 파일 시스템 캐시를 준비하는 것일 뿐입니다. 이뿐 아니라 파일 시스템은 지연 기록(write-back) 버퍼링을 위해 메모리를 사용합니다.

리눅스는 파일 시스템 캐시에서 메모리를 해제하거나 스와핑(vm.swappiness) 을 통해 메모리를 해제하는 것 중 선택할 수 있게 합니다.

캐싱과 버퍼링에 관해서는 8장에서 더 상세히 다룹니다.

추가 자료

여기까지 도구를 사용하기 전에 갖춰야 할 필수적인 지식에 관해 간단하게 정리 했습니다. 커널 페이지 할당이나 NUMA와 같은 추가적인 주제에 대해서는 14장 에서 다룹니다. 메모리 할당이나 페이징에 관해서는 ≪Systems Performance≫ [Gregg 13b] 7장에서 더 심도 있게 다룹니다.

7.1.2 BPF 활용 가능성

기존 성능 분석 도구는 메모리 내부 구조를 어느 정도 파악할 수 있게 해줍니다. 예를 들어, 가상/물리 메모리에 대한 사용량과 페이지 명령 동작 비율을 보여줍 니다. 이들 기존 도구는 다음 절에서 설명합니다.

BPF 트레이싱 도구는 메모리 동작에 대해 좀 더 알 수 있게 해주며, 다음 질문 에 해답을 줍니다.

- 왜 프로세스의 물리 메모리(RSS) 크기가 계속해서 증가하는가?
- 어느 코드 경로가 페이지 폴트를 발생시키고 있는가? 어느 파일에 접근하고 있는가?
- 어떤 프로세스가 스왑 인 상황에서 블록되고 대기하고 있는가?
- 시스템 전역에서 어떤 메모리 매핑이 만들어지고 있는가?
- OOM 킬 상황에서 시스템의 상태는 어떠한가?
- 어느 애플리케이션 코드 경로가 메모리를 할당하고 있는가?
- 어떤 유형의 객체가 애플리케이션에 의해 할당되었는가?
- 할당된 메모리가 사용된 이후에도 해제되지 않고 있는가(잠재적인 메모리 누수)?

이러한 질문에 대해서는 BPF를 이용해서 - 폴트나 시스템 콜에 대해서는 소프트 웨어 이벤트나 tracepoint를, 커널 메모리 할당 함수에 대해서는 kprobe를, 라 이브러리, 런타임 그리고 애플리케이션 할당자에는 uprobe를, libc 할당자 이벤트에는 USDT probe를, 메모리 액세스 오버플로 샘플링에는 PMC를 계측함으로써 답할 수 있습니다. 이러한 이벤트 소스를 하나의 BPF 프로그램에 혼합하여 서로 다른 시스템 간의 컨텍스트를 공유하게 할 수도 있습니다.

메모리 할당, 메모리 매핑, 폴트, 스와핑과 같은 메모리 이벤트는 BPF를 이용해 계측할 수 있습니다. 이러한 이벤트가 발생한 원인을 파악하기 위해 스택 트레이스를 확인할 수도 있습니다.

이벤트 소스

표 7.1에 메모리 계측을 위한 이벤트 소스를 정리해 놓았습니다.

이벤트 유형	이벤트 소스
사용자 메모리 할당	메모리 할당 함수에 대한 uprobe와 libc USDT probe
커널 메모리 할당	메모리 할당 함수에 대한 kprobe와 kmem tracepoint
힙 영역 확장	brk syscall tracepoint
공유 메모리	syscall tracepoint
페이지 폴트	kprobe, 소프트웨어 이벤트와 exception tracepoint
페이지 마이그레이션	migration tracepoint
페이지 컴팩션	compaction tracepoint
가상 메모리 스캐너(VM scanner)	vmscan tracepoint
메모리 접근 사이클	PMC

표 7.1 메모리 계측을 위한 이벤트 소스

다음은 libc에서 사용 가능한 USDT probe의 목록입니다.

```
# bpftrace -l usdt:/lib/x86_64-linux-gnu/libc-2.27.so
[...]
usdt:/lib/x86_64-linux-gnu/libc-2.27.so:libc:memory_mallopt_arena_max
usdt:/lib/x86_64-linux-gnu/libc-2.27.so:libc:memory_mallopt_arena_test
usdt:/lib/x86_64-linux-gnu/libc-2.27.so:libc:memory_tunable_tcache_max_bytes
usdt:/lib/x86_64-linux-gnu/libc-2.27.so:libc:memory_tunable_tcache_count
usdt:/lib/x86_64-linux-gnu/libc-2.27.so:libc:memory_tunable_tcache_unsorted_
limit
usdt:/lib/x86_64-linux-gnu/libc-2.27.so:libc:memory_mallopt_trim_threshold
usdt:/lib/x86_64-linux-gnu/libc-2.27.so:libc:memory_mallopt_top_pad
usdt:/lib/x86_64-linux-gnu/libc-2.27.so:libc:memory_mallopt_mmap_threshold
usdt:/lib/x86_64-linux-gnu/libc-2.27.so:libc:memory_mallopt_mmap_max
usdt:/lib/x86_64-linux-gnu/libc-2.27.so:libc:memory_mallopt_perturb
usdt:/lib/x86_64-linux-gnu/libc-2.27.so:libc:memory_heap_new
usdt:/lib/x86_64-linux-gnu/libc-2.27.so:libc:memory_sbrk_less
usdt:/lib/x86_64-linux-gnu/libc-2.27.so:libc:memory_arena_reuse
```

```
usdt:/lib/x86_64-linux-gnu/libc-2.27.so:libc:memory_arena_reuse_wait
usdt:/lib/x86_64-linux-gnu/libc-2.27.so:libc:memory_arena_new
usdt:/lib/x86_64-linux-gnu/libc-2.27.so:libc:memory_arena_reuse_free_list
usdt:/lib/x86_64-linux-gnu/libc-2.27.so:libc:memory_arena_retry
usdt:/lib/x86_64-linux-gnu/libc-2.27.so:libc:memory_heap_free
usdt:/lib/x86_64-linux-gnu/libc-2.27.so:libc:memory_heap_less
usdt:/lib/x86_64-linux-gnu/libc-2.27.so:libc:memory_heap_more
usdt:/lib/x86_64-linux-gnu/libc-2.27.so:libc:memory_sbrk_more
usdt:/lib/x86_64-linux-gnu/libc-2.27.so:libc:memory_mallopt_free_dyn_thresholds
usdt:/lib/x86_64-linux-gnu/libc-2.27.so:libc:memory_malloc_retry
usdt:/lib/x86_64-linux-gnu/libc-2.27.so:libc:memory_memalign_retry
usdt:/lib/x86_64-linux-gnu/libc-2.27.so:libc:memory_realloc_retry
usdt:/lib/x86_64-linux-gnu/libc-2.27.so:libc:memory_calloc_retry
usdt:/lib/x86_64-linux-gnu/libc-2.27.so:libc:memory_mallopt
usdt:/lib/x86_64-linux-gnu/libc-2.27.so:libc:memory_mallopt_mxfast
```

이러한 probe는 libc 메모리 할당자의 내부 동작을 들여다볼 수 있게 해 줍니다.

오버헤드

앞서 언급했듯이, 메모리 할당 이벤트는 초당 수백만 번 발생할 수 있습니다. 물론 BPF 프로그램은 빠르게 동작하도록 최적화되었으나 BPF 프로그램을 초당 수백만 번 호출하면 상당한 오버헤드가 생기기 때문에 대상 소프트웨어가 10% 이상 느려질 수 있으며, 트레이싱된 이벤트 비율과 사용된 BPF 프로그램에 따라 10배까지 느려질 수도 있습니다.

이 오버헤드 문제를 회피할 수 있도록, 그림 7.2에서는 자주 사용하는 경로는 굵은 화살표로, 자주 사용하지 않는 경로는 얇은 화살표로 표현하였습니다. 메모리 사용량에 관한 많은 질문은 드물게 발생하는 여러 이벤트를 트레이싱함으로서 답변 혹은 추정할 수 있는데, 이러한 이벤트에는 페이지 폴트, 페이지 아웃, brk() 혹은 mmap() 호출이 있습니다. 이런 이벤트를 트레이싱할 때 발생하는 오버헤드는 미미합니다.

malloc() 호출을 트레이싱하는 이유 중 하나는 malloc() 호출으로 이어지는 코드 경로를 보여주기 위해서입니다. 이러한 코드 경로는 6장에서 설명한 CPU 스택에 대한 정주기 샘플링(timed sampling)이라는 다른 기법을 사용해 확인할 수 있습니다. 이 함수를 빈번하게 호출하는 코드 경로를 찾기 위해 CPU 플레임 그래프에서 'malloc'을 찾아보는 것은 조잡하지만 함수를 직접 트레이싱할 필요가 없어 저렴한 방법입니다.

기존 방식인 커널 트랩(trap)대신 사용자 공간 사이의 점프를 지원하는 동적 라이브러리를 이용한다면 uprobe의 성능은 앞으로 크게(10~100배) 향상될 것입니다(2.8.4 "uprobe 오버헤드와 향후 개발" 참고).

7.1.3 전략

여러분이 메모리 성능 분석을 처음 접한다면 다음과 같은 전반적인 전략을 따를
것을 추천합니다.

1. OOM 킬러가 최근에 프로세스를 종료했는지 보기 위해 시스템 메시지를 확
   인합니다(예: dmesg(1) 이용).
2. 시스템에 스왑 장치가 있는지 여부와 사용 중인 스왑 크기를 확인합니다.
   또 이 장치들의 I/O가 활발한지 확인합니다(예: swap(1), iostat(1) 그리고
   vmstat(1) 이용).
3. 시스템의 가용 메모리 크기와 시스템 전역 캐시 사용량을 확인합니다(예:
   free(1) 이용).
4. 각 프로세스별 메모리 사용량을 확인합니다(예: top(1)과 ps(1) 이용).
5. 페이지 폴트 발생 비율과 페이지 폴트 시 물리 메모리(RSS) 크기 증가를 확
   인할 수 있는 스택 트레이스를 확인합니다.
6. 페이지 폴트가 발생하는 파일을 확인합니다.
7. brk()와 mmap() 호출을 트레이싱해서 메모리 사용량을 다른 관점에서 살펴
   봅니다.
8. 이번 장의 BPF 도구 섹션에 있는 BPF 도구들을 확인하고 실행해 봅니다.
9. 메모리 I/O를 발생시키는 함수와 명령을 확인하기 위해, PMC를 가지고 하
   드웨어 캐시 미스와 메모리 접근을 측정합니다(PEBS 기능 사용).

다음 절에서는 이 도구들에 대해 더 상세하게 설명합니다.

7.2 기존 도구

기존의 성능 분석 도구들은 용량 기반의 여러 가지 메모리 사용량 통계를 제공
하는데, 이들 중 하나는 각 프로세서별로 시스템 전역에 걸쳐 얼마나 많은 가
상 메모리/물리 메모리가 사용 중인지를 프로세스 세그먼트별 혹은 슬랩별로
세분화해서 보여주는 것입니다. 페이지 폴트 비율과 같은 기초적인 수준을 넘
어서는 메모리 사용 정보 분석을 위해서는 메모리 할당 라이브러리, 런타임, 혹
은 애플리케이션에 의한 각 메모리 할당에 대한 내장 계측이 필요합니다. 또는
Valgrind 같은 가상 머신 기반 분석기를 사용할 수도 있습니다. 이 후자의 접근
법은 계측하는 동안 대상 애플리케이션을 10배 이상 느리게 만들 수 있습니다.

BPF 도구들은 더 효율적이며, 더 적은 오버헤드를 유발합니다.

기존 도구 자체로는 이슈 해결에 충분치 않더라도, 여러분이 BPF 도구를 사용하도록 이끄는 실마리를 제공할 수 있습니다. 표 7.2에는 기존 도구를 출처와 측정 유형에 따라 분류해 놓았습니다.

도구	유형	설명
dmesg	커널 로그	OOM 킬러 이벤트 세부 정보
swapon	커널 통계	스왑 장치 사용 정보
free	커널 통계	시스템 전역에 걸친 메모리 사용량
ps	커널 통계	메모리 사용량을 포함한 프로세스 통계
pmap	커널 통계	세그먼트별 프로세스 메모리 사용량
vmstat	커널 통계	메모리 정보를 포함한 다양한 통계 정보
sar	커널 통계	페이지 폴트와 페이지 스캐너 비율을 보여줌
perf	소프트웨어 이벤트, 하드웨어 통계, 하드웨어 샘플링	메모리 관련 PMC 통계와 이벤트 샘플링

표 7.2 기존 도구

다음 절에서는 이들 도구의 핵심 기능에 대해 정리합니다. 더 많은 사용법과 설명은 각 도구의 매뉴얼 페이지와 ≪Systems Performance≫와 같은 기타 자료를 참조하세요.[Gregg 13b] 14장에는 커널 슬랩 할당을 위한 slabtop(1)이 포함되어 있습니다.

7.2.1 커널 로그

커널 OOM 킬러는 프로세스를 죽일 필요가 있을 때마다 세부 정보를 시스템 로그에 기록하는데, dmesg(1)를 사용해서 확인할 수 있습니다. 예를 들면 다음과 같습니다.

```
# dmesg
[2156747.865271] run invoked oom-killer: gfp_mask=0x24201ca, order=0, oom_score_
adj=0
[...]
[2156747.865330] Mem-Info:
[2156747.865333] active_anon:3773117 inactive_anon:20590 isolated_anon:0
[2156747.865333]  active_file:3 inactive_file:0 isolated_file:0
[2156747.865333]  unevictable:0 dirty:0 writeback:0 unstable:0
[2156747.865333]  slab_reclaimable:3980 slab_unreclaimable:5811
[2156747.865333]  mapped:36 shmem:20596 pagetables:10620 bounce:0
```

```
[2156747.865333]  free:18748 free_pcp:455 free_cma:0
[...]
[2156747.865385] [ pid ]    uid  tgid total_vm      rss nr_ptes nr_pmds swapents
oom_score_adj name
[2156747.865390] [  510]      0   510     4870       67      15       3       0
0 upstart-udev-br
[2156747.865392] [  524]      0   524    12944      237      28       3       0
-1000 systemd-udevd
[...]
[2156747.865574] Out of memory: Kill process 23409 (perl) score 329 or sacrifice
child
[2156747.865583] Killed process 23409 (perl) total-vm:5370580kB, anon-
rss:5224980kB, file-rss:4kB
```

출력 결과에는 시스템 전역에 걸친 메모리 사용량, 프로세스 테이블, 그리고 희생된 대상 프로세스에 대한 요약이 포함됩니다.

더 심도 있는 메모리 분석을 시작하기 전에 언제나 dmesg(1)를 확인해야 합니다.

7.2.2 커널 통계

커널 통계 도구는 /proc 인터페이스를 통해서 확인할 수 있는 커널의 통계 소스를 사용합니다(예: /proc/meminfo, /proc/swaps). 이들 도구의 장점은 이 지표들은 커널이 언제든 사용할 수 있는 상태이기 때문에 사용하는 데 따른 추가적인 오버헤드가 없다는 것입니다. 일반적으로 루트가 아닌 사용자도 읽을 수 있습니다.

swapon

swapon(1)은 스왑 장치들이 구성되었는지, 그리고 얼마나 많이 사용되고 있는지를 보여줍니다. 예를 들면 다음과 같습니다.

```
$ swapon
NAME        TYPE       SIZE USED PRIO
/dev/dm-2 partition 980M   0B   -2
```

이 출력 결과는 980MB의 스왑 파티션이 하나 있는 시스템을 보여주는데, 전혀 사용되고 있지 않음을 알 수 있습니다. 최근에는 많은 시스템이 스왑을 구성하지 않으며, 이런 경우 swapon(1)은 어떤 결과도 출력하지 않습니다.

스왑 장치의 I/O가 진행 중이라면, vmstat(1)에서는 'si'와 'so' 칼럼으로 보이고, iostat(1)에서는 장치 I/O로 확인할 수 있습니다.

free

free(1) 도구는 메모리 사용량을 요약하고 시스템 전역에 걸쳐 사용 가능한 가용 메모리를 보여줍니다. 다음의 예는 −m을 사용해 MB 단위로 값을 표현합니다.

```
$ free -m
              total        used        free      shared  buff/cache   available
Mem:         189282      183022        1103           4        5156        4716
Swap:             0           0           0
```

free(1)의 출력 결과는 최근 몇 년간 개선되어서 혼란스러움이 줄었습니다. 현재는 'available' 칼럼을 추가해서 파일 시스템 캐시를 포함해 가용 메모리가 얼마나 되는지 보여줍니다. 이것은 전혀 사용된 적이 없는 메모리만 보여주는 'free' 칼럼보다는 덜 혼란스럽습니다. 'free'가 낮기 때문에 시스템이 메모리가 부족한 상태라고 생각했다면, 그 대신 'available'을 고려할 필요가 있습니다.

파일 시스템 캐시된 페이지가 'buff/cache' 칼럼에 보이는데, 이것은 I/O 버퍼와 파일 시스템 캐시된 페이지, 이 두 가지 유형의 합입니다. -w 옵션(wide)을 사용하면 각각의 칼럼을 분리해서 살펴볼 수 있습니다.

이 특수한 사례는 메모리가 총 184GB인 프로덕션 시스템에서 가져온 것으로, 현재 그중 4GB를 사용할 수 있습니다. 시스템 전역 메모리를 좀 더 세분화해서 확인하기 위해서는 cat/proc/meminfo를 사용하십시오.

ps

ps(1) 프로세스 상태 확인 명령어는 프로세스별 메모리 사용량을 보여줍니다.

```
$ ps aux
USER     PID %CPU %MEM     VSZ    RSS TTY      STAT START    TIME COMMAND
[...]
root    2499  0.0  0.0   30028   2720 ?        Ss   Jan25    0:00 /usr/sbin/cron -f
root    2703  0.0  0.0       0      0 ?        I    04:13    0:00 [kworker/41:0]
pcp     2951  0.0  0.0  116716   3572 ?        S    Jan25    0:00 /usr/lib/pcp/bin/
pmwe...
root    2992  0.0  0.0       0      0 ?        I    Jan25    0:00 [kworker/17:2]
root    3741  0.0  0.0       0      0 ?        I    Jan25    0:05 [kworker/0:3]
www     3785 1970 95.7 213734052 185542800 ? Sl   Jan25 15123:15 /apps/java/bin/java...
[...]
```

이 출력 결과에는 다음과 같은 칼럼이 있습니다.

- %MEM: 이 프로세스가 사용 중인 시스템의 물리 메모리 사용률

- VSZ: 가상 메모리 크기

- RSS: Resident set size, 이 프로세스가 사용 중인 전체 물리 메모리

이 출력 결과는 자바 프로세스가 시스템상에 있는 95.7%의 물리 메모리를 소모하고 있음을 보여줍니다. ps(1) 명령어는 메모리 통계에만 초점을 맞추는 맞춤형 칼럼들을 출력할 수 있습니다(예: ps -eo pid, pmem, vsz, rss). 이러한 통계와 더 많은 정보는 /proc 파일인 /proc/PID/status에서 찾을 수 있습니다.

pmap

pmap(1) 명령어는 주소 공간 세그먼트별 프로세스 메모리 사용 정보를 보여줍니다. 예를 들면 다음과 같습니다.

```
$ pmap -x 3785
3785:   /apps/java/bin/java -Dnop -XX:+UseG1GC -...
XX:+ParallelRefProcEnabled -XX:+ExplicitGCIn
Address           Kbytes      RSS   Dirty Mode  Mapping
0000000000400000       4        0       0 r-x-- java
0000000000400000       0        0       0 r-x-- java
0000000000600000       4        4       4 rw--- java
0000000000600000       0        0       0 rw--- java
00000000006c2000    5700     5572    5572 rw---  [ anon ]
00000000006c2000       0        0       0 rw---  [ anon ]
[...]

00007f2ce5e61000       0        0       0 ----- libjvm.so
00007f2ce6061000     832      832     832 rw--- libjvm.so
00007f2ce6061000       0        0       0 rw--- libjvm.so
[...]
ffffffffff600000       4        0       0 r-x--  [ anon ]
ffffffffff600000       0        0       0 r-x--  [ anon ]
---------------- ------- ------- -------
total kB         213928940 185743916 185732800
```

위의 예를 보면 라이브러리 혹은 매핑된 파일별로 메모리를 크게 소모하는 것을 찾아낼 수 있습니다. 이 확장된(-x) 출력 결과는 메모리에서 변경되고 디스크에는 아직 저장되지 않은 '더티' 페이지에 대한 칼럼을 포함하고 있습니다.

vmstat

vmstat(1) 명령어는 시스템 전역의 메모리, CPU, 저장 장치 I/O에 대한 통계를 시간에 따라 보여줍니다. 다음은 매초 통계 요약을 출력하는 사례입니다.

```
$ vmstat 1
procs -----------memory---------- ---swap-- -----io---- -system-- ------cpu-----
 r  b
   swpd   free   buff   cache   si   so    bi    bo   in   cs us sy id wa st
12  0      0 1075868  13232 5288396    0    0    14    26   16   19 38  2 59  0  0
14  0      0 1075000  13232 5288932    0    0     0     0 28751 77964 22  1 77  0  0
 9  0      0 1074452  13232 5289440    0    0     0     0 28511 76371 18  1 81  0  0
15  0      0 1073824  13232 5289828    0    0     0     0 32411 86088 26  1 73  0  0
```

free, buff, cache 칼럼은 KB 단위로 가용 메모리, 저장 장치 I/O 버퍼에 의해 사용된 메모리, 파일 시스템 캐시가 사용한 메모리를 보여줍니다. si와 so 칼럼은 (활성화되었다면), 디스크로부터 스왑 인/스왑 아웃된 메모리를 보여줍니다.

출력 결과의 첫 번째 라인은 '부팅 이후부터의 요약'으로, 대부분의 칼럼이 시스템이 부팅된 이래의 평균값을 의미합니다. 하지만 메모리 칼럼은 현재 상태를 보여줍니다. 두 번째 라인 이후 이어지는 라인은 매초의 요약 결과입니다.

sar

sar(1) 명령어는 여러 대상에 대한 지표를 출력하는 다목적 도구입니다. -B 옵션은 다음과 같이 페이지 통계를 보여줍니다.

```
# sar -B 1
Linux 4.15.0-1031-aws (...)       01/26/2019          _x86_64_   (48 CPU)

06:10:38 PM  pgpgin/s pgpgout/s     fault/s  majflt/s  pgfree/s pgscank/s pgscand/
s pgsteal/s     %vmeff
06:10:39 PM      0.00      0.00      286.00      0.00  16911.00      0.00      0.00
0.00     0.00
06:10:40 PM      0.00      0.00       90.00      0.00  19178.00      0.00      0.00
0.00     0.00
06:10:41 PM      0.00      0.00      187.00      0.00  18949.00      0.00      0.00
0.00     0.00
06:10:42 PM      0.00      0.00      110.00      0.00  24266.00      0.00      0.00
0.00     0.00
[...]
```

이 출력 결과는 바쁜 프로덕션 서버에서 가져온 것입니다. 출력 결과물은 폭이 아주 넓어서 칼럼들이 줄바꿈된 상태라서 읽기가 조금 어렵습니다. 페이지 폴트율('fault/s')은 초당 300 미만으로 낮은 수준입니다. 페이지 스캐닝(pgscan 칼럼)도 전혀 발생하지 않아서, 그 시스템이 메모리 포화 상태로 동작하는 건 아님을 가리킵니다.

다음은 소프트웨어 빌드 중인 서버에서 가져온 출력 결과입니다.

```
# sar -B 1
Linux 4.18.0-rc6-virtual (...)  01/26/2019         _x86_64_   (36 CPU)

06:16:08 PM  pgpgin/s pgpgout/s    fault/s  majflt/s  pgfree/s pgscank/s pgscand/
s pgsteal/s     %vmeff
06:16:09 PM   1968.00    302.00 1454167.00      0.00 1372222.00      0.00
0.00     0.00     0.00
06:16:10 PM   1680.00    171.00 1374786.00      0.00 1203463.00      0.00
0.00     0.00     0.00
06:16:11 PM   1100.00    581.00 1453754.00      0.00 1457286.00      0.00
```

```
     0.00      0.00      0.00
06:16:12 PM   1376.00    227.00 1527580.00      0.00 1364191.00      0.00
     0.00      0.00      0.00
06:16:13 PM    880.00     68.00 1456732.00      0.00 1315536.00      0.00
     0.00      0.00      0.00
[...]
```

현재 페이지 폴트율은 초당 100만 폴트가 넘으며 이는 높은 수준입니다. 이것은 소프트웨어 빌드에는 짧은 시간 동안만 동작하는 프로세스가 많기 때문으로, 각 각의 새 프로세스가 첫 번째 실행에서 그것들의 주소 공간 내에 폴트를 일으키고 있습니다.

7.2.3 하드웨어 통계 및 샘플링

메모리 I/O 이벤트에 대한 PMC는 여러 가지가 있습니다. 정확히 말하면, 이것은 CPU 캐시를 통해 프로세서의 CPU 유닛에서 메인 메모리 뱅크로 진행되는 I/O 입니다. 2장에서 소개된 PMC는 카운팅과 샘플링의 두 가지 모드로 사용할 수 있습니다. 카운팅은 통계 요약을 제공하며, 사용할 때 오버헤드를 유발하지 않습니다. 샘플링은 추후의 분석을 위해 일부 이벤트를 파일에 기록합니다.

다음 예는 perf(1)를 카운팅 모드로 사용해서 마지막 레벨 캐시(LLC) 로드와 미스를, 시스템 전역에 걸쳐(-a), 1초 간격 출력 결과로 측정합니다(-I 1000).

```
# perf stat -e LLC-loads,LLC-load-misses -a -I 1000
#           time             counts unit events
     1.000705801          8,402,738      LLC-loads
     1.000705801          3,610,704      LLC-load-misses  #   42.97% of all LL-cache hits
     2.001219292          8,265,334      LLC-loads
     2.001219292          3,526,956      LLC-load-misses  #   42.32% of all LL-cache hits
     3.001763602          9,586,619      LLC-loads
     3.001763602          3,842,810      LLC-load-misses  #   43.91% of all LL-cache hits
[...]
```

perf(1)는 이들 PMC가 어떻게 관련되어 있는지 인식하고, 편의상 미스율을 백분율로 출력하였습니다. LLC 미스는 메인 메모리 I/O에 대한 측정치 중 하나인데, 일단 메모리 로드 혹은 스토어 명령이 LLC를 미스하면 메인 메모리 접근이 발생하기 때문입니다.

현재 perf(1)는 샘플링 모드에서 10만 개의 L1 데이터 캐시 미스당 한 번 세부 사항을 기록하는 데 사용됩니다.

```
# perf record -e L1-dcache-load-misses -c 100000 -a
^C[ perf record: Woken up 1 times to write data ]
```

```
[ perf record: Captured and wrote 3.075 MB perf.data (612 samples) ]
# perf report -n --stdio
# Overhead  Samples  Command  Shared Object        Symbol
# ........  .......  .......  ...................  ...........................
.....
#   30.56%      187  cksum    [kernel.kallsyms]    [k] copy_user_enhanced_
fast_string
     8.33%       51  cksum    cksum                [.] 0x0000000000001cc9
     2.78%       17  cksum    cksum                [.] 0x0000000000001cb4
     2.45%       15  cksum    [kernel.kallsyms]    [k] generic_file_read_iter
     2.12%       13  cksum    cksum                [.] 0x0000000000001cbe
[...]
```

이렇게 큰 샘플링 임계 값(-c 100000)을 사용한 이유는 L1 접근은 아주 빈번하게 발생하고, 더 낮은 임계 값을 사용한다면 너무 많은 샘플을 수집하게 되어 실행 중인 소프트웨어의 성능을 교란할 수 있기 때문입니다. PMC의 발생 비율이 확실하지 않다면 그것을 찾아내기 위해 카운팅 모드(perf stat)를 먼저 사용하고, 그것으로부터 적절한 임계 값을 계산할 수 있을 것입니다.

perf 리포트의 출력 결과는 L1 dcache 미스에 대한 심벌을 보여줍니다. 샘플링된 명령어 포인터가 정확하도록 메모리 PMC를 PEBS와 함께 사용하는 것을 추천합니다. perf를 사용해서 PEBS를 활성화하려면 이벤트 이름의 끝에 :p, 혹은 :pp(더 정밀), 혹은 :ppp(가장 정밀)를 추가하세요. p가 더 많을수록 더 정확합니다(perf-list(1) 매뉴얼 페이지의 p 지정자 섹션을 살펴보세요).

7.3 BPF 도구

이번 절에서는 메모리 성능 분석과 문제 해결에 사용할 수 있는 BPF 도구를 다룹니다(그림7.4).

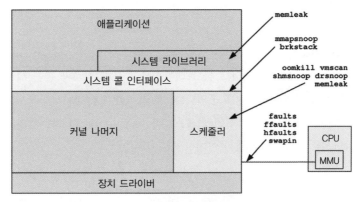

그림 7.4 메모리 분석용 BPF 도구

이들 도구는 4장과 5장에서 다룬 BCC와 bpftrace 저장소에서 가져온 것이거나 이 책을 위해 만들었습니다. 일부 도구는 BCC와 bpftrace, 두 곳 모두에 나옵니다. 표 7.3에는 이번 절에서 다루는 도구의 출처를 정리해 놓았습니다(BT는 bpftrace를 축약한 것입니다).

도구	출처	대상	설명
oomkill	BCC/BT	OOM	OOM 킬 이벤트에 대한 세부 정보 출력
memleak	BCC	스케줄러	메모리 누수 가능성이 있는 코드 경로 출력
mmapsnoop	책	시스템 콜	시스템 전역에 걸쳐 mmap(2) 호출 트레이싱
brkstack	책	시스템 콜	brk() 호출을 사용자 스택 트레이스와 함께 출력
shmsnoop	BCC	시스템 콜	공유 메모리 호출을 세부 정보와 함께 트레이싱
faults	책	폴트	페이지 폴트를 사용자 스택 트레이스별로 출력
ffaults	책	폴트	페이지 폴트를 파일 이름별로 출력
vmscan	책	가상 메모리	VM 스캐너 축소(shrink)와 회수(reclaim) 횟수 측정
drsnoop	BCC	가상 메모리	직접 회수 이벤트를 지연 시간과 함께 트레이싱
swapin	책	가상 메모리	프로세스별 스왑 인 동작 출력
hfaults	책	폴트	huge page 폴트를 프로세스별로 출력

표 7.3 메모리 관련 도구

BCC와 bpftrace 도구들과 각 기능에 대한 더 많은 정보는 해당 저장소에서 최신의 전체 목록을 확인하세요. 여기에는 가장 중요한 기능 중 일부를 선정해서 정리했습니다.

14장에서는 kmem(8), kpages(8), slabratetop(8), 그리고 numamove(8)와 같은 커널 메모리 분석용 BPF 도구를 좀 더 다룹니다.

7.3.1 oomkill

oomkill(8)[1]은 OOM 킬러 이벤트를 트레이싱하고 부하 평균과 같은 세부 정보를 출력하는 BCC와 bpftrace 도구입니다. 부하 평균은 OOM 시점에서의 시스템 상태에 대한 몇 가지 추가적인 컨텍스트를 제공하는데, 그 시스템의 부하가 점점 늘어나는지, 아니면 부하가 일정한지를 보여줍니다.

---

1   연혁: 필자는 때때로 겪게 되는 프로덕션 OOM 이벤트의 추가 디버그 정보를 출력하기 위해 이 도구를 2016년 2월 9일에 BCC 버전으로 만들었습니다. bpftrace 버전은 2018년 9월 7일에 작성했습니다.

다음 사례는 CPU가 48개인 프로덕션 인스턴스에서 BCC의 oomkill(8)을 실행한 모습입니다.

```
# oomkill
Tracing OOM kills... Ctrl-C to stop.
08:51:34 Triggered by PID 18601 ("perl"), OOM kill of PID 1165 ("java"),
18006224 pages, loadavg: 10.66 7.17 5.06 2/755 18643
[...]
```

이 출력 결과는 PID 18601(perl)에 메모리가 필요했고, 그것이 PID 1165(java)의 OOM 킬을 유발했다는 것을 보여줍니다. PID 1165는 크기가 18,006,224페이지에 달했는데, 이들은 평균 페이지당 4KB이며, 이는 프로세서와 프로세스 메모리 세팅에 따라 달라집니다. 부하 평균은 해당 시스템이 OOM 킬 시점에 점점 부하가 늘어나고 있었음을 보여줍니다.

이 도구는 kprobe를 사용해서 oom_kill_process() 함수를 트레이싱하고 다양한 세부 정보를 출력하면서 작동합니다. 이 경우 /proc/loadavg를 읽어서 간단하게 부하 평균을 불러옵니다. 이 도구는 OOM 이벤트를 디버깅할 때 원하는 만큼 기타 상세 내용을 출력하도록 개선할 수 있습니다. 이 도구에서는 oom tracepoint를 아직 사용하지 않았는데, 이것을 사용하면 종료할 태스크를 어떻게 선정했는지에 대한 더 많은 세부 정보를 보여줄 수 있습니다.

BCC 버전은 현재 커맨드 라인 인자를 사용하지 않습니다.

bpftrace

다음은 oomkill(8)의 bpftrace 버전 코드입니다.

```
#!/usr/local/bin/bpftrace

#include <linux/oom.h>

BEGIN
{
        printf("Tracing oom_kill_process()... Hit Ctrl-C to end.\n");
}

kprobe:oom_kill_process
{
        $oc = (struct oom_control *)arg1;
        time("%H:%M:%S ");
        printf("Triggered by PID %d (\"%s\"), ", pid, comm);
        printf("OOM kill of PID %d (\"%s\"), %d pages, loadavg: ",
            $oc->chosen->pid, $oc->chosen->comm, $oc->totalpages);
        cat("/proc/loadavg");
}
```

이 프로그램은 oom_kill_process()를 트레이싱하고 두 번째 인자를 struct oom_control 구조체로 캐스팅합니다. 이 구조체는 희생되는 프로세스의 세부 정보를 담고 있습니다. 이후에는 OOM 이벤트를 발생시킨 현재 프로세스(pid, comm)의 세부 정보를 출력하며, 그 다음에는 대상의 세부 정보를, 마지막에는 system() 호출을 사용하여 부하 평균을 출력합니다.

7.3.2 memleak

memleak(8)[2]은 메모리 할당과 해제 이벤트를 그 할당 스택 트레이스와 함께 트레이싱하는 BCC 도구입니다. 이 도구는 시간이 지나도 오랜 시간 동안 살아남아 해제되지 않은 메모리 할당을 보여줍니다. 다음의 예는 배시 셸 프로세스에서 memleak(8)을 실행 중인 모습입니다.[3]

```
# memleak -p 3126
Attaching to pid 3228, Ctrl+C to quit.

[09:14:15] Top 10 stacks with outstanding allocations:
[...]
        960 bytes in 1 allocations from stack
                xrealloc+0x2a [bash]
                strvec_resize+0x2b [bash]
                maybe_make_export_env+0xa8 [bash]
                execute_simple_command+0x269 [bash]
                execute_command_internal+0x862 [bash]
                execute_connection+0x109 [bash]
                execute_command_internal+0xc18 [bash]
                execute_command+0x6b [bash]
                reader_loop+0x286 [bash]
                main+0x969 [bash]
                __libc_start_main+0xe7 [libc-2.27.so]
                [unknown]
        1473 bytes in 51 allocations from stack
                xmalloc+0x18 [bash]
                make_env_array_from_var_list+0xc8 [bash]
                make_var_export_array+0x3d [bash]
                maybe_make_export_env+0x12b [bash]
                execute_simple_command+0x269 [bash]
                execute_command_internal+0x862 [bash]
                execute_connection+0x109 [bash]
                execute_command_internal+0xc18 [bash]
                execute_command+0x6b [bash]
                reader_loop+0x286 [bash]
                main+0x969 [bash]
```

2 연혁: 이 도구는 사샤 골드스타인이 만들어서 2016년 2월 7일에 발표했습니다.
3 프레임 포인터 기반 스택 트레이스가 작동하고 정규 malloc 루틴이 사용되는 것을 보장하기 위해, 이 배시는 CFLAGS=-fno-omit-frame-pointer ./configure --without-gnu-malloc으로 컴파일했습니다.

```
        __libc_start_main+0xe7 [libc-2.27.so]
        [unknown]
```

[...]

기본값으로 이 도구는 5초마다 출력하고, 할당 스택 트레이스와 아직 해제되지 않은 전체 바이트 수를 보여줍니다. 마지막 스택은 execute_command()와 make_env_array_from_var_list()을 통해서 1,473바이트가 할당되었음을 보여줍니다.

　memleak(8)만으로는 이들 할당이 진짜 메모리 누수인지(즉, 할당된 메모리에 대한 레퍼런스가 없음에도 불구하고 해제되지 않은 경우), 아니면 메모리 사용량 증가인지, 아니면 단지 오랜 시간 동안 해제되지 않은 장기 할당인지 말해줄 수 없습니다. 문제를 제대로 분별하기 위해서, 그 코드 경로를 검토하고 이해해야 합니다.

　-p PID 옵션을 사용하지 않는다면 memleak(8)는 커널 할당을 트레이싱합니다.

```
# memleak
Attaching to kernel allocators, Ctrl+C to quit.
[...]
[09:19:30] Top 10 stacks with outstanding allocations:
[...]
        15384576 bytes in 3756 allocations from stack
                __alloc_pages_nodemask+0x209 [kernel]
                alloc_pages_vma+0x88 [kernel]
                handle_pte_fault+0x3bf [kernel]
                __handle_mm_fault+0x478 [kernel]
                handle_mm_fault+0xb1 [kernel]
                __do_page_fault+0x250 [kernel]
                do_page_fault+0x2e [kernel]
                page_fault+0x45 [kernel]
[...]
```

대상 프로세스가 지정된 경우 memleak(8)은 malloc(), calloc(), free() 등의 사용자 레벨 할당 함수를 트레이싱하면서 작동합니다. 커널의 경우 kmem:kmalloc, kmem:kfree 등의 kmem tracepoint를 사용합니다.

　커맨드 라인 사용법은 다음과 같습니다.

```
memleak [options] [-p PID] [-c COMMAND] [interval [count]]
```

옵션은 다음과 같습니다.

- **-s** RATE: 오버헤드를 낮추기 위해 매 RATE 할당별로 한 번 샘플링합니다.
- **-o** OLDER: 밀리초 단위로, OLDER보다 오래되지 않은 메모리 할당을 잘라냅니다.

메모리 할당, 특히 사용자 레벨 할당은 초당 수백만 번 수준으로 빈번하게 발생할 수 있습니다. 이는 대상 애플리케이션이 얼마나 바쁘게 동작하냐에 따라 10배 혹은 그 이상까지 느리게 만들 수 있습니다. 현재로서는 memleak(8)이 평범한 프로덕션 분석 도구라기보다 문제 해결 혹은 디버깅 도구에 해당한다는 뜻입니다. 앞에서 언급한 것처럼, uprobe의 성능이 크게 향상되기 전까지는 계속해서 그럴 것입니다.

7.3.3 mmapsnoop

mmapsnoop(8)[4]은 mmap(2) 시스템 콜을 시스템 전역에 걸쳐 트레이싱하고 요청된 매핑의 세부 사항을 출력합니다. 이것은 메모리 매핑 사용 정보에 대한 전반적인 디버깅에 유용합니다.

```
# mmapsnoop.py
PID    COMM           PROT MAP    OFFS(KB) SIZE(KB) FILE
6015   mmapsnoop.py   RW-  S---   0        260      [perf_event]
6015   mmapsnoop.py   RW-  S---   0        260      [perf_event]
[...]
6315   java           R-E  -P--   0        2222     libjava.so
6315   java           RW-  -PF-   168      8        libjava.so
6315   java           R--  -P--   0        43       ld.so.cache
6315   java           R-E  -P--   0        2081     libnss_compat-2.23.so
6315   java           RW-  -PF-   28       8        libnss_compat-2.23.so
6315   java           R-E  -P--   0        2146     libnsl-2.23.so
6315   java           RW-  -PF-   84       8        libnsl-2.23.so
6315   java           R--  -P--   0        43       ld.so.cache
6315   java           R-E  -P--   0        2093     libnss_nis-2.23.so
6315   java           RW-  -PF-   40       8        libnss_nis-2.23.so
6315   java           R-E  -P--   0        2117     libnss_files-2.23.so
6315   java           RW-  -PF-   40       8        libnss_files-2.23.so
6315   java           R--  S---   0        2        passwd
[...]
```

출력 결과의 앞부분에서는 이 BCC 도구가 이벤트 출력 결과를 불러오는 데 사용하는 perf_event 링 버퍼에 대한 매핑이 보입니다. 그 다음으로는 새로운 프

---

4 연혁: 필자는 ≪DTrace: Dynamic Tracing in Oracle Solaris, Mac OS X and FreeBSD≫를 위해 mmap.d로 만들었으며[Gregg 11], 2019년 2월 3일에 이 책을 위해 이 도구의 BCC 버전을 만들었습니다.

로세스 구동을 위한 자바 매핑을 확인할 수 있는데 프로텍션(protection) 및 메모리 매핑 플래그와 함께 출력됩니다.

프로텍션 플래그(PROT)

- R: PROT_READ
- W: PROT_WRITE
- E: PROT_EXEC

메모리 매핑 플래그(MAP)

- S: MAP_SHARED
- P: MAP_PRIVATE
- F: MAP_FIXED
- A: MAP_ANON

mmapsnoop(8)은 시간 칼럼을 출력하는 –T 옵션을 지원합니다.

이 도구는 syscalls:sys_enter_mmap tracepoint를 계측하면서 작동합니다. 이 도구의 오버헤드는 새 매핑들의 비율이 상대적으로 낮을 것이기 때문에 무시할 수 있는 수준입니다.

8장에서는 메모리 매핑된 파일들의 분석이 이어지며 mmapfiles(8)와 fmapfaults(8) 도구를 다룹니다.

7.3.4 brkstack

통상적으로 애플리케이션 데이터의 메모리 저장 공간은 힙(heap)이고 힙 확장은 brk(2) 시스템 콜 호출을 통해 이루어집니다. brk(2)를 트레이싱하여 이 확장으로 이어지는 사용자 레벨 스택 트레이스를 보여주는 것은 유용할 수 있습니다. sbrk(2) 변형도 있지만, 리눅스에서 sbrk(2)는 brk(2)를 호출하는 라이브러리 호출로 구현됩니다.

brk(2)는 syscalls:syscall_enter_brk tracepoint로 트레이싱할 수 있습니다. 이 tracepoint에 대한 스택 트레이스는 BCC 도구 trace(8)의 이벤트별 출력을 이용해서 보여줄 수 있고, 발생 빈도 집계를 위해서는 stackcount(8), bpftrace 원 라이너 및 perf(1)을 사용해서 볼 수도 있습니다. BCC 도구를 사용하는 사례는 다음과 같습니다.

```
# trace -U t:syscalls:sys_enter_brk
# stackcount -PU t:syscalls:sys_enter_brk
```

이를 적용해 보면 다음과 같습니다.

```
# stackcount -PU t:syscalls:sys_enter_brk
Tracing 1 functions for "t:syscalls:sys_enter_brk"... Hit Ctrl-C to end.
^C
[...]

  brk
  __sbrk
  __default_morecore
  sysmalloc
  _int_malloc
  tcache_init
  __libc_malloc
  malloc_hook_ini
  __libc_malloc
  JLI_MemAlloc
  JLI_List_new
  main
  __libc_start_main
  _start
    java [8395]
    1

  [unknown]
    cron [8385]
    2
```

이 축약된 출력 결과는 'java' 프로세스 JLI_List_new(), JLI_MemAlloc()로부터 sbrk(3)을 통한 brk(2) 호출 스택을 보여주는데, 마치 리스트 객체가 힙 확장을 유발한 것처럼 보입니다. 크론(cron) 프로세스에 의한 두 번째 스택 트레이스는 망가졌습니다. 필자는 여기서 자바 스택 트레이싱을 제대로 하기 위해 프레임 포인터가 있는 libc 버전을 사용했습니다. 이것은 13.2.9 "libc 프레임 포인터"에서 좀 더 설명합니다.

brk(2) 메모리 크기 증가는 자주 발생하지 않습니다. 이 도구를 통해 발견할 수 있는 스택 트레이스에는 사용할 수 있는 것보다 더 많은 공간을 필요로 하는 통상적이지 않은 할당이거나 사용 가능한 것보다 1바이트만 더 필요로 하는 일반적인 코드 경로일 수 있습니다. 어느 경우에 해당되는지 알아내기 위해 코드 경로를 좀 더 조사해야 합니다. 메모리 확장 이벤트는 빈번하게 발생하지 않기 때문에 트레이싱 오버헤드는 무시할 수 있는 수준입니다. 따라서 brk 트레이싱을 통해 높은 비용을 들이지 않고도 메모리 크기 증가와 관련한 단서를 찾아낼 수 있습니다. 반면 훨씬 빈번한 메모리 할당 함수(예: malloc())를 직접 트레이싱하는 것은 비용이 많이 들며 오버헤드는 엄청나게 높습니다. 뒤의 7.3.6 "faluts"에서는 메모리 크기 증가를 분석하는 오버헤드가 낮은 또 하나의 도구 faults(8)에 대해서 다룹니다. 이 도구는 페이지 폴트를 트레이싱하는 도구입니다.

원 라이너를 기억하는 것보단 파일 이름으로 도구를 기억하고 찾는 것이 더욱 쉬울 것입니다. 다음은 brkstack(8)의 bpftrace 버전 코드입니다.[5]

```
#!/usr/local/bin/bpftrace

tracepoint:syscalls:sys_enter_brk
{
        @[ustack, comm] = count();

}
```

7.3.5 shmsnoop

shmsnoop(8)[6]은 시스템 V 공유 메모리 시스템 콜인 shmget(2), shmat(2), shmdt(2), 그리고 shmctl(2)을 트레이싱하는 BCC 도구입니다. 이 도구는 공유 메모리 사용량을 디버깅하는 데 사용할 수 있습니다. 예를 들어 다음은 자바 애플리케이션을 시작하는 동안 이 도구를 실행한 출력 결과입니다.

```
# shmsnoop
PID     COMM        SYS         RET ARGs
12520   java        SHMGET      58c000a key: 0x0, size: 65536, shmflg: 0x380 (IPC_CREAT|0600)
12520   java        SHMAT 7fde9c033000 shmid: 0x58c000a, shmaddr: 0x0, shmflg: 0x0
12520   java        SHMCTL      0 shmid: 0x58c000a, cmd: 0, buf: 0x0
12520   java        SHMDT       0 shmaddr: 0x7fde9c033000
1863    Xorg        SHMAT 7f98cd3b9000 shmid: 0x58c000a, shmaddr: 0x0, shmflg: 0x1000
(SHM_RDONLY)
1863    Xorg        SHMCTL      0 shmid: 0x58c000a, cmd: 2, buf: 0x7ffdddd9e240
1863    Xorg        SHMDT       0 shmaddr: 0x7f98cd3b9000
[...]
```

이 출력 결과는 자바가 공유 메모리 할당을 위해 shmget(2)을 사용하는 것을 보여주고, 여러 가지 공유 메모리 동작과 그 인자가 뒤이어 나옵니다. shmget(2)의 리턴은 0x58c000a이며, 그 식별자는 자바와 Xorg 두 가지 모두에 의한 후속

5 　연혁: brkstack(8)은 2019년 1월 26일에 이 책을 위해 만들었습니다. 필자는 수년간 brk() 스택을 트레이싱해왔으며, 과거에 brk(2) 플레임 그래프를 발표하기도 했습니다.[82]
6 　연혁: 이 도구는 2018년 10월 8일에 지리 올사(Jiri Olsa)가 만들었습니다.

호출에 사용됩니다. 달리 말하면 이들은 메모리를 공유하고 있습니다.

이 도구는 공유 메모리 시스템 콜을 트레이싱하며 작동하고, 이 시스템 콜은 도구의 오버헤드를 무시할 수 있을 만큼 자주 발생하지 않습니다.

커맨드 라인 사용법은 다음과 같습니다.

```
shmsnoop [options]
```

옵션은 다음을 포함합니다.

- -T: 출력 결과에 타임스탬프를 포함합니다.
- -p PID: 이 프로세스만 측정합니다.

7.3.6 faults

페이지 폴트와 해당 스택 트레이스를 트레이싱하면, 메모리를 할당한 코드 경로가 아닌 할당된 메모리를 처음으로 사용하고 페이지 폴트를 유발한 코드 경로를 수집할 수 있습니다. 이러한 정보는 메모리 사용에 대한 특별한 시각을 제공합니다. 이들 페이지 폴트는 RSS 크기 증가를 유발하는데, 스택 트레이스를 통해서 왜 프로세스의 크기가 증가하고 있는지 이유를 설명할 수 있습니다. brk()와 마찬가지로 원 라이너 혹은 기타 도구(예: BCC, stackcount(8))를 사용해서 페이지 폴트 이벤트를 트레이싱함으로써 사용자/커널 페이지 폴트 발생 빈도를 스택 트레이스와 함께 집계할 수 있습니다.

```
# stackcount -U t:exceptions:page_fault_user
# stackcount t:exceptions:page_fault_kernel
```

프로세스 세부 정보를 얻기 위해 -P 옵션을 사용한 출력 결과는 다음과 같습니다.

```
# stackcount -PU t:exceptions:page_fault_user
Tracing 1 functions for "t:exceptions:page_fault_user"... Hit Ctrl-C to end.
^C
[...]

  PhaseIdealLoop::Dominators()
  PhaseIdealLoop::build_and_optimize(LoopOptsMode)
  Compile::optimize_loops(PhaseIterGVN&, LoopOptsMode) [clone .part.344]
  Compile::Optimize()
  Compile::Compile(ciEnv*, C2Compiler*, ciMethod*, int, bool, bool, bool,
Directiv...
  C2Compiler::compile_method(ciEnv*, ciMethod*, int, DirectiveSet*)
```

```
CompileBroker::invoke_compiler_on_method(CompileTask*)
CompileBroker::compiler_thread_loop()
JavaThread::thread_main_inner()
Thread::call_run()
thread_native_entry(Thread*)
start_thread
__clone
  C2 CompilerThre [9124]
  1824


__memset_avx2_erms
PhaseCFG::global_code_motion()
PhaseCFG::do_global_code_motion()
Compile::Code_Gen()
Compile::Compile(ciEnv*, C2Compiler*, ciMethod*, int, bool, bool, bool,
Directiv...
  C2Compiler::compile_method(ciEnv*, ciMethod*, int, DirectiveSet*)
CompileBroker::invoke_compiler_on_method(CompileTask*)
CompileBroker::compiler_thread_loop()
JavaThread::thread_main_inner()
Thread::call_run()
thread_native_entry(Thread*)
start_thread
__clone
  C2 CompilerThre [9124]
  2934
```

출력 결과는 자바 프로세스의 시작과 자바의 C2 컴파일러 스레드가 메모리 폴트를 발생시키는 것을 보여줍니다. 이것은 해당 스레드가 코드를 명령어 텍스트로 컴파일함에 따라 발생한 것입니다.

페이지 폴트 플레임 그래프

페이지 폴트 스택 트레이스는 탐색을 쉽게 하기 위해서 플레임 그래프로 시각화할 수 있습니다(플레임 그래프는 2장에서 소개했습니다). 다음의 명령어는 필자가 최초로 만든 플레임 그래프 소프트웨어[37]를 사용하여 페이지 폴트 플레임 그래프를 생성합니다. 그림 7.5는 생성된 그래프의 모습입니다.

```
# stackcount -f -PU t:exceptions:page_fault_user > out.pagefaults01.txt
$ flamegraph.pl --hash --width=800 --title="Page Fault Flame Graph" \
    --colors=java --bgcolor=green < out.pagefaults01.txt > out.pagefaults01.svg
```

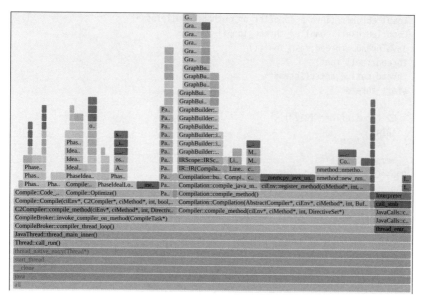

그림 7.5 페이지 폴트 플레임 그래프

그림 7.5는 메인 메모리의 크기를 증가시키고 페이지 폴트를 유발한 자바 컴파일러 스레드의 코드 경로를 보여줍니다.

넷플릭스는 인스턴스 분석 도구인 벡터에서 자동으로 페이지 폴트 플레임 그래프를 생성할 수 있도록 만들어서, 개발자들이 버튼만 클릭하면 이러한 그래프를 만들어 낼 수 있습니다(17장 참고).

bpftrace

다음은 페이지 폴트를 스택 트레이스와 함께 트레이싱하는 bpftrace 도구인 faults(8)[7]입니다.

```
#!/usr/local/bin/bpftrace

software:page-faults:1
{
        @[ustack, comm] = count();
}
```

이 도구는 페이지 폴트 소프트웨어 이벤트를 오버플로 카운트 1로 계측합니다. 모든 페이지 폴트 이벤트마다 BPF 프로그램을 실행하며 사용자 레벨 스택 트레이스와 프로세스 이름의 빈도를 집계합니다.

---

7 연혁: 필자는 2019년 1월 27일에 이 책을 위해 faults(8)를 만들었으며, 과거에는 다른 트레이싱 도구로 페이지 폴트 스택을 트레이싱했습니다.[82]

7.3.7 ffaults

ffaults(8)[8]는 페이지 폴트를 파일 이름별로 트레이싱합니다. 예를 들어 다음은
소프트웨어 빌드 환경에서 가져온 사례입니다.

```
# ffaults.bt
Attaching 1 probe...

[...]
@[cat]: 4576
@[make]: 7054
@[libbfd-2.26.1-system.so]: 8325
@[libtinfo.so.5.9]: 8484
@[libdl-2.23.so]: 9137
@[locale-archive]: 21137
@[cc1]: 23083
@[ld-2.23.so]: 27558
@[bash]: 45236
@[libopcodes-2.26.1-system.so]: 46369
@[libc-2.23.so]: 84814
@[]: 537925
```

이 출력 결과를 보면 대부분의 페이지 폴트는 파일 이름이 없는 영역에서 발
생했으며, 트레이싱하는 동안 537,925번의 폴트가 발생했습니다. 이것은 아
마 프로세스의 힙 영역이었을 것입니다. libc 라이브러리는 트레이싱하는 동안
84,814번의 폴트가 발생하였습니다. 이것은 소프트웨어 빌드가 짧은 시간 동안
만 동작하는 수많은 프로세스를 만들었고, 이 프로세스들이 자신의 새 주소 공
간에서 폴트를 발생시켰기 때문입니다.

ffaults(8)의 소스 코드는 다음과 같습니다.

```
#!/usr/local/bin/bpftrace

#include <linux/mm.h>

kprobe:handle_mm_fault
{
        $vma = (struct vm_area_struct *)arg0;
        $file = $vma->vm_file->f_path.dentry->d_name.name;
        @[str($file)] = count();
}
```

이 도구는 kprobe를 사용해 handle_mm_fault() 커널 함수를 트레이싱하며, 해
당 인자에서 폴트에 대한 파일 이름을 찾아냅니다. 파일 폴트의 비율은 워크로

---

8   연혁: ffaults(8)는 2019년 1월 26일에 이 책을 위해 만들었습니다.

드에 따라 다른데, perf(1) 또는 sar(1) 같은 도구를 사용해서 확인할 수 있습니다. 발생 비율이 높다면 이 도구의 오버헤드가 눈에 띄게 두드러질 수 있습니다.

7.3.8 vmscan

vmscan(8)[9]은 vmscan tracepoint를 사용해서 페이지 아웃 데몬(kswapd)을 계측합니다. 이 데몬은 시스템의 메모리 부하가 심할 때 재사용을 위해 메모리를 해제합니다. 이 커널 함수를 가리킬 때 스캐너(scanner)라는 용어를 여전히 사용하지만, 요즘 리눅스는 편의를 위해 연결 리스트(linked list)를 통해 활성/비활성 메모리를 관리합니다.

다음은 메모리가 바닥난, CPU가 36개인 시스템에서 vmscan을 실행하는 예입니다.

```
# vmscan.bt
Attaching 10 probes...
TIME        S-SLABms   D-RECLAIMms  M-RECLAIMms  KSWAPD  WRITEPAGE
21:30:25        0          0            0          0        0
21:30:26        0          0            0          0        0
21:30:27      276        555            0          2        1
21:30:28     5459       7333            0         15       72
21:30:29       41          0            0         49       35
21:30:30        1        454            0          2        2
21:30:31        0          0            0          0        0
^C

@direct_reclaim_ns:
[256K, 512K)         5 |@                                                   |
[512K, 1M)          83 |@@@@@@@@@@@@@@@@@@@@@@@                              |
[1M, 2M)           174 |@@@@@@@@@@@@@@@@@@@@@@@@@@@@@@@@@@@@@@@@@@@@@@@@@@@@@@|
[2M, 4M)           136 |@@@@@@@@@@@@@@@@@@@@@@@@@@@@@@@@@@@@@@@@@            |
[4M, 8M)            66 |@@@@@@@@@@@@@@@@@@@                                 |
[8M, 16M)           68 |@@@@@@@@@@@@@@@@@@@@                                |
[16M, 32M)           8 |@@                                                 |
[32M, 64M)           3 |                                                   |
[64M, 128M)          0 |                                                   |
[128M, 256M)         0 |                                                   |
[256M, 512M)        18 |@@@@@                                              |

@shrink_slab_ns:
[128, 256)       12228 |@@@@@@@@@@@@@@@@@@@@@@@@@@@@@@@@                    |
[256, 512)       19859 |@@@@@@@@@@@@@@@@@@@@@@@@@@@@@@@@@@@@@@@@@@@@@@@@@@@@@@|
[512, 1K)         1899 |@@@@                                               |
[1K, 2K)          1052 |@@                                                 |
```

9 연혁: 필자는 2019년 1월 26일에 이 책을 위해 vmscan(8)을 만들었습니다. 이들 tracepoint를 사용하는 이전 도구에 대해서는 2009년부터 리눅스 소스에 포함된 멜 고맨(Mel Gorman)의 trace-vmscan-postprocess.pl을 참고하세요.

```
[2K, 4K)          546 |@                                            |
[4K, 8K)          241 |                                             |
[8K, 16K)         122 |                                             |
[16K, 32K)        518 |@                                            |
[32K, 64K)        600 |@                                            |
[64K, 128K)        49 |                                             |
[128K, 256K)       19 |                                             |
[256K, 512K)        7 |                                             |
[512K, 1M)          6 |                                             |
[1M, 2M)            8 |                                             |
[2M, 4M)            4 |                                             |
[4M, 8M)            7 |                                             |
[8M, 16M)          29 |                                             |
[16M, 32M)         11 |                                             |
[32M, 64M)          3 |                                             |
[64M, 128M)         0 |                                             |
[128M, 256M)        0 |                                             |
[256M, 512M)       19 |                                             |
```

매초 출력되는 결과는 다음과 같은 내용으로 구성되어 있습니다.

- **S-SLABms**: 슬랩 축소(shrink) 동작에 소모된 총 시간을 밀리초 단위로 표현. 이것은 여러 커널 캐시에서 메모리를 회수합니다.
- **D-RECLAIMms**: 직접 회수(direct reclaim)하는 총 시간을 밀리초 단위로 표현. 이것은 포그라운드에서 회수하는 것으로, 메모리가 디스크에 기록되는 동안 메모리 할당을 차단합니다.
- **M-RECLAIMms**: 메모리 cgroup 회수에 걸리는 총 시간을 밀리초 단위로 표현. 만약 메모리 cgroup을 사용 중이라면, 하나의 cgroup이 그것의 한계를 넘어섰을 때 그 cgroup 자체의 메모리가 회수되는 것을 보여줍니다.
- **KSWAPD**: 페이지 아웃 데몬 wakeups 횟수
- **WRITEPAGE**: 페이지 아웃 데몬 페이지 쓰기 횟수

여기서 확인되는 시간은 모든 CPU에 걸친 시간의 총계로, vmstat(1)과 같은 기타 도구들을 통해 확인할 수 있는 수준을 뛰어넘는 비용 측정 값을 제공합니다. 이 도구를 사용할 때는 직접 회수(D-RECLAIMms)에서의 시간을 살펴보십시오. 직접 회수는 반드시 필요하지만 성능 이슈를 유발하기 때문에 '좋지 않은' 회수 유형입니다. vm sysctl 옵션들을 튜닝해서 직접 회수가 필요하기 전에 빨리 백그라운드 회수가 작동하도록 하면 이런 성능 하락을 줄일 수 있습니다.

출력 히스토그램은 직접 회수와 슬랩 축소에서의 이벤트별 시간을 나노초 단위로 보여줍니다.

다음은 vmscan(8)의 소스 코드입니다.

```
#!/usr/local/bin/bpftrace

tracepoint:vmscan:mm_shrink_slab_start { @start_ss[tid] = nsecs; }
tracepoint:vmscan:mm_shrink_slab_end
/@start_ss[tid]/
{
        $dur_ss = nsecs - @start_ss[tid];
        @sum_ss = @sum_ss + $dur_ss;
        @shrink_slab_ns = hist($dur_ss);
        delete(@start_ss[tid]);
}

tracepoint:vmscan:mm_vmscan_direct_reclaim_begin { @start_dr[tid] = nsecs; }
tracepoint:vmscan:mm_vmscan_direct_reclaim_end
/@start_dr[tid]/
{
        $dur_dr = nsecs - @start_dr[tid];
        @sum_dr = @sum_dr + $dur_dr;
        @direct_reclaim_ns = hist($dur_dr);
        delete(@start_dr[tid]);
}

tracepoint:vmscan:mm_vmscan_memcg_reclaim_begin { @start_mr[tid] = nsecs; }
tracepoint:vmscan:mm_vmscan_memcg_reclaim_end
/@start_mr[tid]/
{
        $dur_mr = nsecs - @start_mr[tid];
        @sum_mr = @sum_mr + $dur_mr;
        @memcg_reclaim_ns = hist($dur_mr);
        delete(@start_mr[tid]);
}

tracepoint:vmscan:mm_vmscan_wakeup_kswapd { @count_wk++; }

tracepoint:vmscan:mm_vmscan_writepage { @count_wp++; }

BEGIN
{
        printf("%-10s %10s %12s %12s %6s %9s\n", "TIME",
            "S-SLABms", "D-RECLAIMms", "M-RECLAIMms", "KSWAPD", "WRITEPAGE");

}

interval:s:1
{
        time("%H:%M:%S");
        printf("   %10d %12d %12d %6d %9d\n",
            @sum_ss / 1000000, @sum_dr / 1000000, @sum_mr / 1000000,
            @count_wk, @count_wp);
        clear(@sum_ss);
        clear(@sum_dr);
        clear(@sum_mr);
```

```
        clear(@count_wk);
        clear(@count_wp);
}
```

이 도구는 실행 시간 히스토그램과 실행 시간 총계를 수집하기 위해서, 여러 가지 vmscan tracepoint로부터 이벤트가 시작된 시간을 기록합니다.

7.3.9 drsnoop

drsnoop(8)[10]은 직접 회수 방법을 이용한 메모리 해제를 트레이싱하는 BCC 도구로, 영향을 받은 프로세스와 그 회수에 소요된 시간인 지연 시간을 보여줍니다. 이 도구는 메모리가 한정적인 시스템의 애플리케이션 성능 영향을 정량화하는 데 사용할 수 있습니다. 예를 들면 다음과 같습니다.

```
# drsnoop -T
TIME(s)         COMM            PID     LAT(ms) PAGES
0.000000000     java            11266   1.72    57
0.004007000     java            11266   3.21    57
0.011856000     java            11266   2.02    43
0.018315000     java            11266   3.09    55
0.024647000     acpid           1209    6.46    73
[...]
```

이 출력 결과는 자바 프로세스에 대한 직접 회수를 보여주고 있는데, 대략 1~7ms가 소요되었습니다. 이런 직접 회수의 발생 비율 및 지속 시간은 애플리케이션 영향을 정량화하는 데 참고할 수 있습니다.

이 도구는 vmscan mm_vmscan_direct_reclaim_begin과 mm_vmscan_direct_reclaim_end tracepoint를 트레이싱하면서 작동합니다. 이들은 빈도수가 낮은 이벤트로 추정되고(통상 갑작스럽게 집중적으로 발생), 오버헤드는 무시해도 좋습니다.

커맨드 라인 사용법은 다음과 같습니다.

```
drsnoop [options]
```

옵션은 다음과 같습니다.

- -T: 출력 결과상에 타임스탬프를 포함합니다.
- -p PID: 이 프로세스만 측정합니다.

---

10 연혁: 이것은 2019년 2월 10일에 Ethercflow가 작성했습니다.

7.3.10 swapin

swapin(8)[11]은 스왑이 존재하고 사용 중이라는 전제하에 어느 프로세스가 스왑 장치로부터 스왑 인되는지 보여줍니다. 예를 들면 다음의 시스템은 필자가 vmstat(1)를 이용해서 조사하는 동안 일부 메모리를 스왑 아웃하고 36KB를 스왑 인했습니다(si 칼럼).

```
# vmstat 1
procs -----------memory---------- ---swap-- -----io---- -system-- ------cpu-----
 r  b   swpd   free   buff  cache   si   so    bi    bo   in   cs us sy id wa st
[...]
46 11  29696 1585680   4384 1828440    0    0 88047  2034 21809 37316 81 18  0
 1  0
776 57 29696 2842156   7976 1865276   36    0 52832  2283 18678 37025 85 15  0
 1  0
294 135 29696 448580   4620 1860144    0    0 36503  5393 16745 35235 81 19  0
 0  0
[...]
```

swapin(8)은 스왑 인된 프로세스를 찾아냅니다.

```
# swapin.bt
Attaching 2 probes...

[...]
06:57:43

06:57:44
@[systemd-logind, 1354]: 9

06:57:45
[...]
```

이 출력 결과는 systemd-logind(PID 1354)에 9번의 스왑 인이 있음을 보여줍니다. 한 페이지 크기당 4KB로, 이것은 vmstat(1)에서 본 것처럼 합계 36KB가 됩니다. 필자는 ssh(1)를 사용해서 시스템에 로그인했는데, 로그인 소프트웨어에 있는 이 systemd-logind 컴포넌트는 스왑 아웃되어서 로그인에 평소보다 더 많은 시간이 걸렸습니다.

스왑 인은 애플리케이션이 스왑 장치로 이동한 메모리를 사용하려고 할 때 발생합니다. 이것은 스와핑으로 인해 애플리케이션이 겪는 성능 저하에 대한 중요

---

11 연혁: 필자는 제임스 디킨스(James Dickens)의 도움을 받아서 2005년 7월 25일에 anonpgpid.d라는 이름의 유사한 도구를 처음 만들었습니다. 이것은 필자가 이전부터 씨름하던 오래된 성능 이슈 중 하나였습니다. 필자는 시스템이 스와핑하는 것은 볼 수 있었지만 어느 프로세스가 영향을 받았는지도 보여주고 싶었습니다. 필자는 2019년 1월 26일에 이 책을 위해 이 도구의 bpftrace 버전을 만들었습니다.

한 척도입니다. 스캐닝과 스왑 아웃과 같은 기타 스왑 지표는 애플리케이션 성능에 직접적으로 영향을 미치지는 않습니다.

다음은 swapin(8)에 대한 소스 코드입니다.

```
#!/usr/local/bin/bpftrace

kprobe:swap_readpage
{
        @[comm, pid] = count();
}

interval:s:1
{
        time();
        print(@);
        clear(@);
}
```

이 도구는 swap_readpage() 커널 함수를 트레이싱하기 위해 kprobe를 사용하는데, 이 함수는 스와핑 스레드의 컨텍스트 안에서 작동하기 때문에 bpftrace 내장 변수 comm과 pid는 스와핑 프로세스를 가리킵니다.

7.3.11 hfaults

hfaults(8)[12]는 huge page 프로세스별로 트레이싱합니다. 이 도구를 통해 huge page가 현재 사용되고 있는지 확인할 수 있습니다. 예를 들면 다음과 같습니다.

```
# hfaults.bt
Attaching 2 probes... Tracing Huge Page faults per process... Hit Ctrl-C to end.
^C
@[884, hugemmap]: 9
```

이 출력 결과는 PID 884의 hugemmap이 9번의 huge page 폴트를 발생시켰음을 보여주고 있습니다.

다음은 hfaults(8)에 대한 소스 코드입니다.

```
#!/usr/local/bin/bpftrace

BEGIN
{
        printf("Tracing Huge Page faults per process... Hit Ctrl-C to end.\n");
}
```

---

12 연혁: hfaults(8)는 에이머 애더(Amer Ather)가 2019년 5월 6일에 이 책을 위해 만들었습니다.

```
kprobe:hugetlb_fault
{
        @[pid, comm] = count();
}
```

필요하다면 이 함수의 인자인 mm_struct 구조체와 vm_area_struct 구조체로부터 더 많은 세부 사항을 수집할 수 있습니다. ffaults(8) 도구는 vm_area_struct에서 파일 이름을 가져옵니다(7.3.7 "ffaults" 참고).

7.3.12 기타 도구

다음은 알아두면 좋은 BPF 도구입니다.

- llcstat(8): BCC 도구로, 프로세스별 마지막 레벨 캐시 히트율을 보여줍니다(5장 참고).
- profile(8): BCC 도구로, 스택 트레이스를 샘플링하고 malloc() 코드 경로를 손쉽게 개략적으로 찾아내는 데 사용할 수 있습니다(5장 참고).

7.4 BPF 원 라이너

이번 절에서는 BCC와 bpftrace 원 라이너를 살펴봅니다. 가능한 경우, BCC와 bpftrace 두 가지 모두를 사용해서 동일한 원 라이너를 구현했습니다.

7.4.1 BCC

프로세스 힙 확장(brk())을 사용자 레벨 스택 트레이스별로 집계합니다.

```
stackcount -U t:syscalls:sys_enter_brk
```

사용자 페이지 폴트를 사용자 레벨 스택 트레이스별로 집계합니다.

```
stackcount -U t:exceptions:page_fault_user
```

vmscan 동작을 tracepoint별로 집계합니다.

```
funccount 't:vmscan:*'
```

hugepage_madvise() 호출을 프로세스별로 보여줍니다.

```
trace hugepage_madvise
```

페이지 마이그레이션을 집계합니다.

```
funccount t:migrate:mm_migrate_pages
```

컴팩션(compaction) 이벤트를 트레이싱합니다.

```
trace t:compaction:mm_compaction_begin
```

7.4.2 bpftrace

프로세스 힙 확장(brk())을 코드 경로별로 집계합니다.

```
bpftrace -e tracepoint:syscalls:sys_enter_brk { @[ustack, comm] = count(); }
```

페이지 폴트를 프로세스별로 집계합니다.

```
bpftrace -e 'software:page-fault:1 { @[comm, pid] = count(); }'
```

사용자 페이지 폴트를 사용자 레벨 스택 트레이스별로 집계합니다.

```
bpftrace -e 'tracepoint:exceptions:page_fault_user { @[ustack, comm] = count(); }'
```

vmscan 동작을 tracepoint별로 집계합니다.

```
bpftrace -e 'tracepoint:vmscan:* { @[probe] = count(); }'
```

hugepage_madvise() 호출을 프로세스별로 보여줍니다.

```
bpftrace -e 'kprobe:hugepage_madvise { printf("%s by PID %d\n", probe, pid); }'
```

페이지 마이그레이션을 집계합니다.

```
bpftrace -e 'tracepoint:migrate:mm_migrate_pages { @ = count(); }'
```

컴팩션 이벤트를 트레이싱합니다.

```
bpftrace -e 't:compaction:mm_compaction_begin { time(); }'
```

7.5 선택 연습 문제

특별히 언급하지 않는 한, 다음 문제는 bpftrace 또는 BCC를 사용해서 완성할 수 있습니다.

1. 프로덕션 서버나 로컬 서버에서 vmscan(8)을 10분간 실행하세요. 직접 회수에 소요된 시간(D-RECLAIMms)이 있다면, drsnoop(8)를 실행해서 이것을 이벤트별로 측정하세요.
2. 헤더를 20라인마다 한 번씩 출력해서 헤더가 화면에 남아 있을 수 있도록 vmscan(8)을 수정하세요.

3. 애플리케이션이 시작되는 동안(프로덕션 애플리케이션 또는 데스크톱 애플리케이션) fault(8)를 사용해서 페이지 폴트 스택 트레이스를 집계하세요. 애플리케이션이 스택 트레이스와 심벌을 지원하지 않을 수도 있기 때문에, 여러분은 애플리케이션을 수정하거나 이것을 지원하는 애플리케이션을 찾아야 할 수도 있습니다(13장, 18장 참고).

4. 문제 3의 결과로 페이지 폴트 플레임 그래프를 만드세요.

5. brk(2)와 mmap(2) 두 가지 모두를 사용해 프로세스 가상 메모리 크기 증가를 트레이싱하는 도구를 개발하세요.

6. brk(2)를 사용해 확장된 메모리의 크기를 출력하는 도구를 개발하세요. 필요에 따라 시스템 콜 tracepoint, kprobe, 혹은 libc USDT probe를 사용할 수 있습니다.

7. 페이지 컴팩션에서 소요된 시간을 보여주는 도구를 개발하세요. compaction:mm_compaction_begin과 compaction:mm_compaction_end tracepoint를 사용할 수 있습니다. 이벤트당 시간을 출력하고 그것을 히스토그램으로 정리하세요.

8. 슬랩 축소에서 소모된 시간을 슬랩 이름(또는 shrinker 함수 이름)별로 나눠서 보여주는 도구를 개발하세요.

9. 테스트 환경에서 memleak(8)을 사용하여 오랜 시간 동안 해제되지 않은 일부 소프트웨어의 장기 할당을 찾아내세요. 또한 memleak(8)이 실행되는 상태와 실행되지 않는 상태에서의 성능 오버헤드를 측정하세요.

10. (고급, 미해결) 스왑 스레싱(thrashing)을 조사하는 도구를 개발하세요. 스왑장치의 페이지를 가져오는 데 소요된 시간을 히스토그램으로 출력하세요. 이것은 스왑 아웃에서 스왑 인까지의 시간 측정을 포함해야 할 것입니다.

7.6 정리

이번 장에서는 가상/물리 메모리가 프로세스별로 어떻게 사용되는지 정리하고, 사용 유형별 메모리 크기를 보여주는 데 초점을 맞춘 기존 도구를 사용한 메모리 분석을 다뤘습니다. 또한 OOM 킬러, 사용자 레벨 할당, 메모리 맵, 페이지 폴트, vmscan, 직접 회수, 그리고 스왑 인에 의한 메모리 동작 비율 및 시간을 측정하기 위해 BPF 도구를 사용하는 방법을 살펴보았습니다.

8장

파일 시스템

역사적으로 보면 파일 시스템 분석은 디스크 I/O와 그 성능에만 초점을 맞춰 왔습니다. 그러나 대부분의 경우 분석을 시작하기에는 파일 시스템이 더 적합합니다. 애플리케이션이 일반적으로 직접 상호 작용을 하는 부분은 파일 시스템이기 때문입니다. 파일 시스템은 애플리케이션이 디스크 I/O 지연을 유발하는 것을 방지하기 위해 캐싱, 미리 읽기(read-ahead), 버퍼링 그리고 비동기 I/O를 사용할 수 있습니다.

파일 시스템 분석을 위한 기존 도구가 거의 없기 때문에 이 분야는 BPF 트레이싱이 정말 도움이 됩니다. 파일 시스템 트레이싱은 디스크 I/O, 록, 기타 CPU 작업을 포함해서 애플리케이션이 I/O에서 대기한 전체 시간을 계측할 수 있습니다. 또한, 파일 시스템 트레이싱은 연관 프로세스와 동작이 진행된 파일 같은 유용한 정보를 보여줄 수 있습니다. 반면 디스크 레벨 트레이싱을 통해서는 이러한 정보를 얻기 어려울 수 있습니다.

학습 목표

- 파일 시스템 구성 요소인 VFS, 캐시 그리고 지연 기록(write-back) 이해하기
- BPF로 분석할 파일 시스템 대상 이해하기
- 파일 시스템 성능을 성공적으로 분석하기 위한 전략 학습하기
- 파일 시스템 워크로드를 파일, 동작 유형, 프로세스별로 특성화하기
- 파일 시스템 동작에 대한 지연 분포 계측과 쌍봉분포, 지연 극단값 이슈 식별하기
- 파일 시스템 지연 기록 이벤트의 지연 시간 계측하기

- 페이지 캐시와 미리 읽기 성능 분석하기
- 디렉터리 캐시와 아이노드(inode) 캐시 동작 관찰하기
- bpftrace 원 라이너를 사용해서 맞춤형으로 파일 시스템 사용 정보 살펴보기

이번 장은 파일 시스템 분석에 필요한 배경 지식으로 시작해서 범용 I/O 스택과 캐싱에 대해 개괄합니다. BPF로 답할 수 있는 질문들에 대해 탐구하고, 여러분이 따를 전반적인 전략을 제시할 것입니다. 기존의 파일 시스템 도구를 먼저 소개하고, 그 다음에 BPF 원 라이너의 목록과 함께 BPF 도구들을 다룹니다. 마지막에는 선택 사항인 연습문제로 마무리합니다.

8.1 배경지식

이번 절에서는 파일 시스템의 기초, BPF 활용 가능성을 알아보고 파일 시스템 분석을 위한 전략을 제안합니다.

8.1.1 파일 시스템 기초

I/O 스택

그림 8.1은 범용 I/O 스택으로, 애플리케이션에서 디스크 장치로의 경로를 보여줍니다.

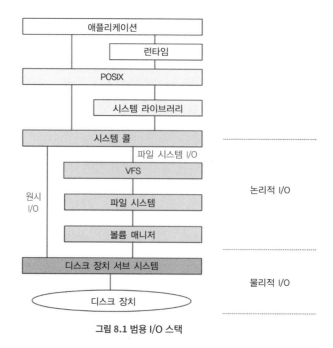

그림 8.1 범용 I/O 스택

이 다이어그램에는 몇 가지 전문 용어가 포함되어 있습니다. 논리적 I/O는 파일 시스템으로의 요청을 말합니다. 이러한 요청 중 저장 장치에서 처리되는 부분은 물리적 I/O에 해당합니다. 모든 I/O가 그렇지는 않지만 많은 논리적 읽기 요청은 파일 시스템 캐시에서 리턴될 것이며, 물리적 I/O가 발생하지 않을 것입니다. 다이어그램에는 요즘은 거의 사용되지 않는 원시 I/O도 포함해 놓았습니다. 이 것은 애플리케이션이 파일 시스템이 없는 디스크 장치를 사용하는 방법입니다.

파일 시스템은 가상 파일 시스템(VFS)을 통해 접근하는데, 이 범용 커널 인터페이스는 여러 다른 파일 시스템에 대해 동일한 함수 호출을 사용할 수 있도록 지원하고, 새로운 파일 시스템을 쉽게 추가할 수 있도록 해줍니다. VFS는 읽기, 쓰기, 열기, 닫기 등의 동작을 지원하고, 이 동작들은 개별 파일 시스템의 내부 함수에 매핑됩니다.

파일 시스템보다 아래에서는 저장 장치를 관리하기 위한 볼륨 매니저도 사용할 수 있습니다. 이 외에도 장치에 대한 I/O(예: 큐잉, 병합 기능 등)를 관리하는 블록 I/O 서브 시스템도 있습니다. 이 내용은 9장에서 다룹니다.

파일 시스템 캐시

리눅스는 그림 8.2와 같이 파일 시스템을 통한 저장 장치 I/O 성능을 향상시키기 위해 여러 캐시를 사용합니다.

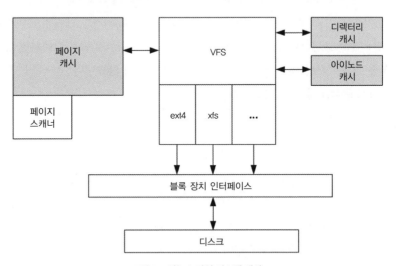

그림 8.2 리눅스 파일 시스템 캐시

이들 캐시는 다음과 같습니다.

- 페이지 캐시: 이 캐시는 파일의 내용과 I/O 버퍼의 내용이 담겨있는 가상 메모리 페이지로 구성되어 있습니다(I/O 버퍼는 과거에 별도의 '버퍼 캐시'로 존재했음). 이 캐시는 파일과 디렉터리 I/O 성능을 향상시킵니다.
- 아이노드 캐시: 아이노드(inode, 인덱스 노드)는 파일 시스템에 저장된 객체를 설명하기 위해 사용하는 데이터 구조입니다. VFS는 그 자체 버전의 범용 아이노드를 가지고 있으며, 리눅스는 권한 체크와 여타 메타데이터를 확인하기 위해 해당 아이노드를 빈번하게 읽어들이기 때문에 이 캐시를 유지합니다.
- 디렉터리 캐시: 이 캐시는 dcache라고도 부르는데, 디렉터리 엔트리(directory entry) 이름에서 VFS 아이노드로의 매핑을 캐싱하여 경로명 탐색 성능을 향상시킵니다.

이들 중에서 페이지 캐시가 가장 큰 폭으로 늘어납니다. 이는 파일의 내용을 캐싱할 뿐만 아니라, 페이지에 수정이 발생했지만 아직 디스크에 쓰이지 않은 '더티' 페이지도 캐싱하기 때문입니다. 이들 더티 페이지의 쓰기를 발생시키는 상황으로는 인터벌 설정(예: 30 초), 명시적 sync() 호출 그리고 7장에서 설명한 페이지 아웃 데몬(kswapd) 등이 있습니다.

미리 읽기

미리 읽기(read-ahead) 혹은 프리패치(prefetch)라고 불리는 파일 시스템 기능은 순차적 읽기 워크로드를 탐지하고, 다음에 접근할 페이지를 예측하여 페이지 캐시에 미리 로드합니다. 이 미리 읽기는 순차 접근 워크로드에 대해서만 읽기 성능을 향상시키며, 임의 접근 워크로드에는 해당되지 않습니다. 리눅스는 명시적 readahead() 시스템 콜도 지원합니다.

지연 기록

리눅스는 파일 시스템 쓰기를 지연 기록(write-back)할 수 있는 모드를 지원합니다. 지연 기록 모드에서는 메모리의 버퍼에 변경이 발생하면 변경된 내용이 디스크에 즉시 반영되지 않고 잠시 후 커널 워커 스레드에 의해 디스크로 플러시(flush)됩니다. 이 모드를 사용하면 애플리케이션이 느린 디스크 I/O에서 바로 블록되지 않도록 할 수 있습니다.

추가 자료

지금까지 도구를 사용하기 전에 갖춰야 할 필수적인 지식에 관해 간단히 요약했습니다. 파일 시스템에 대해서는 필자의 책 ≪Systems Performance≫ 8장에서

훨씬 심도 있게 다루었습니다.[Gregg 13b]

8.1.2 BPF 활용 가능성

기존 성능 분석 도구들은 파일 시스템 성능이 아니라 디스크 I/O 성능에 초점을
맞추어 왔습니다. BPF 도구들은 각 파일 시스템의 동작, 지연 및 내부 함수를 보
여줌으로써 이 잃어버린 관측가능성을 제공할 수 있습니다.

BPF는 다음과 같은 질문의 해답을 찾는 데 도움을 줄 수 있습니다.

- 어떤 파일 시스템 요청이 발생하고 있으며, 유형별 집계는 어떻게 되는가?
- 파일 시스템에 대한 읽기 크기는 얼마나 되는가?
- 얼마나 많은 쓰기 I/O가 동기로 진행되었는가?
- 워크로드의 접근 패턴은 임의 접근인가, 순차 접근인가?
- 어떤 파일에 접근했는가? 어떤 프로세스 혹은 코드 경로로 접근했는가? 바이
  트 크기, I/O 횟수는 얼마나 되는가?
- 어떤 파일 시스템 오류가 발생했는가? 어떤 유형이며 무엇 때문에 발생했
  는가?
- 파일 시스템 지연의 원인은 무엇인가? 디스크인가, 코드 경로인가, 록인가?
- 파일 시스템 지연의 분포는 어떻게 되는가?
- 디렉터리 캐시(Dcache)와 아이노드 캐시(Icache)의 히트율 vs. 미스율 비율
  은 어떠한가?
- 읽기에 대한 페이지 캐시 히트율은 어떠한가?
- 프리패치/미리 읽기는 얼마나 효율적인가? 이것을 튜닝해야 하는가?

이전 그림에서 본 것처럼, 이러한 다수의 질문에 대한 해답을 찾기 위해 연관된
I/O를 트레이싱할 수 있습니다.

이벤트 소스

표 8.1에 I/O 유형과 그것들을 계측할 수 있는 이벤트 소스 목록을 정리해 놓았
습니다.

I/O 유형	이벤트 소스
애플리케이션, 라이브러리 I/O	uprobe
시스템 콜 I/O	syscall tracepoint

(다음쪽에 이어짐)

파일 시스템 I/O	ext4 (...) tracepoint, kprobe
캐시 히트(읽기), 지연 기록(쓰기)	kprobe
캐시 미스(읽기), 연속 기록(write-through)(쓰기)	kprobe
페이지 캐시 지연 기록	writeback tracepoint
물리 디스크 I/O	block tracepoint, kprobe
원시 I/O	kprobe

표 8.1 I/O 유형 및 이벤트 소스

이러한 이벤트 소스들은 애플리케이션에서 장치까지의 가시성을 제공합니다. 파일 시스템 I/O는 개별 파일 시스템(예: ext4)의 tracepoint를 통해 확인할 수 있습니다. 가령 ext4는 100개 이상의 tracepoint를 제공합니다.

오버헤드

논리적 I/O, 특히 파일 시스템 캐시에 대한 읽기와 쓰기는 초당 10만 이벤트 수준으로 아주 빈번하게 발생할 수 있습니다. 이 호출 비율에서의 성능 오버헤드는 눈에 띄는 수준까지 증가할 수 있기 때문에 트레이싱할 때 주의하십시오. 또한 VFS 트레이싱에도 주의를 기울여야 합니다. VFS는 많은 네트워크 I/O 경로에서도 사용되므로 이것을 트레이싱하면 네트워크 패킷에 높은 수준의 오버헤드가 부과될 것입니다.[1]

대부분의 서버에서 물리 디스크 I/O는 일반적으로 아주 낮아서(1000 IOPS 미만), 트레이싱에 따른 오버헤드는 무시할 수 있는 수준입니다. 일부 스토리지나 데이터베이스 서버는 예외일 수 있으니 iostat(1)를 통해 사전에 I/O 사용률을 체크하세요.

8.1.3 전략

파일 시스템 분석을 처음 접한다면 다음과 같은 전반적인 전략을 따를 것을 추천합니다. 다음 절들에서는 이 도구들을 좀 더 자세히 설명합니다.

1. 마운트된 파일 시스템을 df(1)와 mount(8)를 이용해 확인합니다.

---

[1] 리눅스는 네트워크 계층에서의 패킷 수를 줄이기 위해 소프트웨어 혹은 하드웨어 세그먼트 오프로드(segment offload)를 사용하기 때문에, 네트워크 계층에서의 이벤트 발생 비율은 유선 패킷 발생 비율보다 훨씬 낮을 수 있습니다. 10장에 나오는 netsize(8) 도구를 참고하세요.

2. 마운트된 파일 시스템의 용량을 확인합니다. 과거에 일부 파일 시스템(예: FFS, ZFS[2])은 사용량이 거의 100%에 도달하면 다른 가용 블록 찾기 알고리즘을 사용함에 따라 성능 저하가 일어나기도 했습니다.

3. 익숙하지 않은 BPF 도구를 사용하여 알려지지 않은 프로덕션 워크로드를 파악하는 대신 먼저 알려진 워크로드에 BPF 도구를 사용해 보십시오. 예를 들어 유휴 시스템에서 fio(1) 도구를 사용해서, 알려진 파일 시스템 워크로드를 생성합니다.

4. 어느 파일이 열리고 있는지 확인하기 위해 opensnoop(8)을 실행합니다.

5. 짧은 시간 동안만 사용되는 파일들과 관련된 이슈를 체크하기 위해 filelife(8)를 실행합니다.

6. 비정상적으로 느린 파일 시스템 I/O를 찾아서 프로세스와 파일의 세부 사항을 검토합니다(예: ext4slower(8), btrfsslower(8), zfsslower(8) 등. 혹은 더 높은 오버헤드를 발생시킬 수 있지만 모든 사례를 검토하기 위해 fileslower(8)를 사용). 꼭 필요치 않아 제거할 수 있는 워크로드를 보여주거나 파일 시스템 튜닝에 도움을 주기 위해 문제를 정량화할 수 있을 것입니다.

7. 파일 시스템에 대한 지연 분포를 검토합니다(예: ext4dist(8), btrfsdist(8), zfsdist(8) 등을 사용). 이를 통해 성능 문제를 일으키는 쌍봉분포나 지연 극단값을 발견할 수 있으며, 이러한 문제를 따로 떼어내서 다른 도구로 더 조사할 수 있습니다.

8. 시간에 따른 페이지 캐시 히트율을 조사합니다(예: cachestat(8)를 사용). 다른 어떤 워크로드가 그 히트율을 요동치게 했습니까? 아니면 어떤 튜닝이 히트율을 향상시켰습니까?

9. vfsstat(8)를 통해 확인할 수 있는 논리적 I/O와 iostat(1)를 통해 확인할 수 있는 물리적 I/O의 비율을 비교해 보십시오. 이상적으로는 물리적 I/O 비율보다 논리적 I/O 비율이 훨씬 높은데, 이는 캐싱이 효과적이라는 뜻입니다.

10. 이 책의 BPF 도구를 다룬 절에 소개한 BPF 도구들을 살펴보고 실행해 봅니다.

---

2   실제로 스토리지 제품을 구축할 때 용량의 99%까지 사용할 수 있긴 하지만 특정 수준(zpool 80%)을 넘어서면 성능 저하가 발생할 것입니다. 또한 ZFS 저장 장치 풀 권장 사례(Recommended Storage Pool Practices) 가이드에 있는 "풀의 사용량이 가득 찼을 때 성능 저하가 발생할 수 있음(Pool performance can degrade when a pool is very full)"에 관한 내용도 확인하세요.[83]

8.2 기존 도구

역사적으로 분석은 디스크에만 초점을 맞춰왔기 때문에 파일 시스템을 관측하는 기존 도구는 거의 없습니다. 이번 절에서는 df(1), mount(1), strace(1), perf(1), fatrace(1)를 사용하는 파일 시스템 분석에 대해 개괄합니다.

파일 시스템 성능 분석은 흔히 마이크로-벤치마크 도구의 영역이었지 관측가능성 도구의 영역은 아니었습니다. 파일 시스템 마이크로-벤치마크로 추천할 만한 도구는 fio(1)입니다.

8.2.1 df

df(1)는 파일 시스템 디스크 사용 정보를 보여줍니다.

```
$ df -h
Filesystem      Size  Used Avail Use% Mounted on
udev             93G     0   93G   0% /dev
tmpfs            19G  4.0M   19G   1% /run
/dev/nvme0n1    9.7G  5.1G  4.6G  53% /
tmpfs            93G     0   93G   0% /dev/shm
tmpfs           5.0M     0  5.0M   0% /run/lock
tmpfs            93G     0   93G   0% /sys/fs/cgroup
/dev/nvme1n1    120G   18G  103G  15% /mnt
tmpfs            19G     0   19G   0% /run/user/60000
```

출력 결과에서는 tmpfs 유형으로 마운트된 일부 장치를 확인할 수 있는데, 이것은 시스템의 상태를 관리하는 데 사용되는 가상 물리 장치입니다.

디스크 기반 파일 시스템들의 이용 백분율('Use%' 칼럼)을 확인해 봅시다. 예를 들어, 위의 출력 결과에서는 '/'와 '/mnt'가 디스크 기반 파일 시스템에 해당하고 각각 53%와 15%가 사용 중입니다. 파일 시스템의 사용량이 약 90% 이상을 넘어서면 사용 가능한 가용 블록이 적어지고 더욱 흩어짐에 따라 순차 쓰기(sequential write) 워크로드가 임의 쓰기(random write) 워크로드로 바뀌는 성능 이슈가 생기기 시작합니다. 물론 그렇지 않을 수도 있습니다. 파일 시스템 구현에 매우 의존적이기 때문입니다. 이 사용량 정보는 간단히 살펴볼 가치가 있습니다.

8.2.2 mount

mount(1) 명령어는 파일 시스템에 접근할 수 있도록 해주며, 시스템에 마운트된 파일 시스템의 유형 및 마운트 플래그를 함께 보여줄 수도 있습니다.

```
$ mount
sysfs on /sys type sysfs (rw,nosuid,nodev,noexec,relatime)
proc on /proc type proc (rw,nosuid,nodev,noexec,relatime,gid=60243,hidepid=2)
udev on /dev type devtmpfs
(rw,nosuid,relatime,size=96902412k,nr_inodes=24225603,mode=755)
devpts on /dev/pts type devpts
(rw,nosuid,noexec,relatime,gid=5,mode=620,ptmxmode=000)
tmpfs on /run type tmpfs (rw,nosuid,noexec,relatime,size=19382532k,mode=755)
/dev/nvme0n1 on / type ext4 (rw,noatime,nobarrier,data=ordered)
[...]
```

이 출력 결과는 '/'(루트) 파일 시스템이 ext4이고, 접근 타임스탬프 기록을 건너 뛰는 성능 튜닝인 'noatime' 옵션과 함께 마운트되었음을 보여줍니다.

8.2.3 strace

strace(1)를 사용하면 파일 시스템 동작과 관련된 시스템 콜을 트레이싱할 수 있습니다. 다음의 예에서 -ttt 옵션은 첫 번째 필드에 마이크로초 해상도를 가진 wall 타임스탬프를 출력하고, -T는 마지막 필드에 시스템 콜에서 소요된 시간을 출력합니다. 모든 시간은 초 단위로 출력됩니다.

```
$ strace cksum -tttT /usr/bin/cksum
[...]
1548892204.789115 openat(AT_FDCWD, "/usr/bin/cksum", O_RDONLY) = 3 <0.000030>
1548892204.789202 fadvise64(3, 0, 0, POSIX_FADV_SEQUENTIAL) = 0 <0.000049>
1548892204.789308 fstat(3, {st_mode=S_IFREG|0755, st_size=35000, ...}) = 0 <0.000025>
1548892204.789397 read(3, "\177ELF\2\1\1\0\0\0\0\0\0\0\0\0\3\0>
\0\1\0\0\0\0\33\0\0\0\0\0\0"..., 65536) = 35000 <0.000072>
1548892204.789526 read(3, "", 28672)      = 0 <0.000024>
1548892204.790011 lseek(3, 0, SEEK_CUR) = 35000 <0.000024>
1548892204.790087 close(3)                = 0 <0.000025>
[...]
```

strace(1)는 시스템 콜에 대한 인자를 사람이 읽을 수 있도록 변환합니다.

이 모든 정보는 성능 분석에 대단히 가치가 있겠지만, 여기에는 문제점이 있습니다. strace(1)는 역사적으로 ptrace(2)를 사용하도록 구현되었는데, 이것은 시스템 콜의 시작과 끝에 중단점을 삽입함으로써 작동합니다. 이렇게 하면 대상 소프트웨어가 100배 이상 느려지기 때문에 strace(1)를 프로덕션 환경에서 사용하는 것은 위험합니다. 이 도구는 이러한 속도 저하가 용인되는 환경에서 문제해결 도구로 사용하는 편이 더 유용합니다.

버퍼를 사용한 트레이싱을 통해 strace(1)를 대체하는 도구를 개발하는 여러 프로젝트가 있었습니다. 그중 하나가 바로 뒤에서 다루는 perf(1)입니다.

8.2.4 perf

리눅스 perf(1) 다목적 도구는 파일 시스템 tracepoint를 트레이싱할 수 있고 VFS와 파일 시스템 내부 구조를 조사하기 위해 kprobe를 사용합니다. 이 도구에는 trace 하위 명령이 있는데, strace(1)의 더 효율적인 버전에 해당합니다.

```
# perf trace cksum /usr/bin/cksum
[...]
 0.683 ( 0.013 ms): cksum/20905 openat(dfd: CWD, filename: 0x4517a6cc)              = 3
 0.698 ( 0.002 ms): cksum/20905 fadvise64(fd: 3, advice: 2)                         = 0
 0.702 ( 0.002 ms): cksum/20905 fstat(fd: 3, statbuf: 0x7fff45169610)               = 0
 0.713 ( 0.059 ms): cksum/20905 read(fd: 3, buf: 0x7fff45169790, count: 65536)      = 35000
 0.774 ( 0.002 ms): cksum/20905 read(fd: 3, buf: 0x7fff45172048, count: 28672)      = 0
 0.875 ( 0.002 ms): cksum/20905 lseek(fd: 3, whence: CUR)                           = 35000
 0.879 ( 0.002 ms): cksum/20905 close(fd: 3)                                        = 0
[...]
```

perf trace의 출력 결과는 매 리눅스 버전마다 개선 중입니다(위의 예는 리눅스 5.0 버전입니다). 아르날도 카르발료 쥐 멜로(Arnaldo Carvalho de Melo)는 커널 헤더 파싱과 BPF를 사용해서[84] 이것을 더 심도 있게 개선했습니다. 향후 버전에서는 아마도 openat() 호출에 대해 파일 이름 포인터 주소를 보여주는 대신 파일 이름 문자열을 보여줄 것입니다.

더 흔히 사용되는 perf(1) 하위 명령어인 stat와 record가 있는데, 분석하려는 파일 시스템에 tracepoint가 있는 경우 해당 tracepoint와 함께 사용할 수 있습니다. 예를 들어 ext4 tracepoint를 통해 시스템 전역에 걸쳐 ext4 호출을 집계하면 다음과 같습니다.

```
# perf stat -e 'ext4:*' -a
^C
 Performance counter stats for 'system wide':
               0      ext4:ext4_other_inode_update_time
               1      ext4:ext4_free_inode
               1      ext4:ext4_request_inode
               1      ext4:ext4_allocate_inode
               1      ext4:ext4_evict_inode
               1      ext4:ext4_drop_inode
             163      ext4:ext4_mark_inode_dirty
               1      ext4:ext4_begin_ordered_truncate
               0      ext4:ext4_write_begin
             260      ext4:ext4_da_write_begin
               0      ext4:ext4_write_end
               0      ext4:ext4_journalled_write_end
             260      ext4:ext4_da_write_end
               0      ext4:ext4_writepages
               0      ext4:ext4_da_write_pages
[...]
```

ext4 파일 시스템은 ext4 요청과 내부 구조의 가시성을 위해 약 100개의 tracepoint를 제공합니다. 각각의 tracepoint는 관련 정보에 대한 포맷 문자열을 가지고 있습니다. 예를 들면 다음과 같습니다(이 명령어를 실행하지는 마세요).

```
# perf record -e ext4:ext4_da_write_begin -a
^C[ perf record: Woken up 1 times to write data ]
[ perf record: Captured and wrote 1376.293 MB perf.data (14394798 samples) ]
```

이것은 좀 당혹스럽습니다만, 파일 시스템 트레이싱에 있어 중요한 교훈입니다. perf record는 이벤트를 파일 시스템에 기록할 것이기 때문에, 여러분이 파일 시스템(혹은 디스크)을 트레이싱한다면 위와 같은 피드백 루프를 만들게 될 것이고, 그 결과로 1,400만 개의 샘플과 1.3GB의 perf.data 파일이 생성됩니다!

이 ext4:ext4_da_write_begin tracepoint의 포맷 문자열은 다음과 같습니다.

```
# perf script
[...]
  perf 26768 [005] 275068.339717: ext4:ext4_da_write_begin: dev 253,1 ino
1967479 pos 5260704 len 192 flags 0
  perf 26768 [005] 275068.339723: ext4:ext4_da_write_begin: dev 253,1 ino
1967479 pos 5260896 len 8 flags 0
  perf 26768 [005] 275068.339729: ext4:ext4_da_write_begin: dev 253,1 ino
1967479 pos 5260904 len 192 flags 0
  perf 26768 [005] 275068.339735: ext4:ext4_da_write_begin: dev 253,1 ino
1967479 pos 5261096 len 8 flags 0
[...]
```

포맷 문자열(하나는 굵게 강조했습니다)은 장치, 아이노드, 위치, 길이 및 쓰기 플래그를 포함합니다.

파일 시스템은 수많은 tracepoint를 지원하거나 혹은 일부, 아니면 아무것도 지원하지 않을 수 있습니다. 예를 들어 XFS에는 약 500개의 tracepoint가 있습니다. 파일 시스템에 tracepoint가 없다면 kprobe를 사용해서 내부 구조를 계측할 수 있습니다.

다음은 bpftrace를 통해 동일한 tracepoint를 계측해서 길이(len) 인자를 히스토그램으로 요약하는 예시입니다. 뒤에 나오는 BPF 도구와 비교를 위해 이 사례를 잘 기억해 두세요.

```
# bpftrace -e 'tracepoint:ext4:ext4_da_write_begin { @ = hist(args->len); }'
Attaching 1 probe...
^C

@:
```

```
[16, 32)          26 |@@@@@@@                                                    |
[32, 64)           4 |@                                                          |
[64, 128)         27 |@@@@@@@                                                    |
[128, 256)        15 |@@@@                                                       |
[256, 512)        10 |@@@                                                        |
[512, 1K)          0 |                                                           |
[1K, 2K)           0 |                                                           |
[2K, 4K)          20 |@@@@@                                                      |
[4K, 8K)         164 |@@@@@@@@@@@@@@@@@@@@@@@@@@@@@@@@@@@@@@@@@@@@@@@@@@@@@@@@@@@@@@|
```

위의 예는 대부분의 길이가 4~8KB 사이에 있음을 보여줍니다. 이 요약은 커널 컨텍스트에서 수행되며, 파일 시스템에 perf.data 파일을 쓸 필요가 없습니다. 이렇게 하면 파일 쓰기와 후처리로 인한 오버헤드를 발생시키지 않을뿐더러, 피드백 루프를 만들 위험 역시 없습니다.

8.2.5 fatrace

fatrace(1)는 리눅스 fanotify(file access notify, 파일 접근 알림) API에 특화된 트레이싱 도구입니다. 출력 사례는 다음과 같습니다.

```
# fatrace
cron(4794): CW /tmp/#9346 (deleted)
cron(4794): RO /etc/login.defs
cron(4794): RC /etc/login.defs
rsyslogd(872): W /var/log/auth.log
sshd(7553): O /etc/motd
sshd(7553): R /etc/motd
sshd(7553): C /etc/motd
[...]
```

각 라인은 프로세스 이름, PID, 이벤트 유형, 전체 경로 그리고 추가적인 상태를 보여줍니다. 이벤트의 유형에는 열기(O), 읽기(R), 쓰기(W) 그리고 닫기(C)가 있습니다. fatrace(1)는 접근한 파일에 대해 이해하고, 제거해야 하는 불필요한 작업을 찾아내는 워크로드 특성화에 사용할 수 있습니다.

그러나 바쁜 파일 시스템 워크로드에서는 fatrace(1)가 초당 수만 라인의 출력 결과를 만들 수 있으며, 상당한 CPU 리소스를 소모할 수 있습니다. 이것은 한 가지 유형의 이벤트만 필터링해서 어느 정도 완화할 수 있습니다. 예를 들어 open만 필터링하면 다음과 같습니다.

```
# fatrace -f O
run(6383): O /bin/sleep
run(6383): RO /lib/x86_64-linux-gnu/ld-2.27.so
sleep(6383): O /etc/ld.so.cache
```

```
sleep(6383): RO /lib/x86_64-linux-gnu/libc-2.27.so
[...]
```

다음 절에서는 이것을 위한 전용 BPF 도구 opensnoop(8)을 소개합니다. 이 도구는 더 많은 커맨드 라인 옵션을 제공하며 훨씬 더 효율적이기도 합니다. 동일하게 부하가 큰 파일 시스템 워크로드에서 fatrace -f 0의 오버헤드와 BCC opensnoop(8)의 CPU 오버헤드를 비교해 보면 다음과 같습니다.

```
# pidstat 10
[...]
09:38:54 PM   UID   PID   %usr %system  %guest   %wait    %CPU   CPU  Command
09:39:04 PM     0  6075  11.19   56.44    0.00    0.20   67.63     1  fatrace
[...]
09:50:32 PM     0  7079   0.90    0.20    0.00    0.00    1.10     2  opensnoop
[...]
```

opensnoop(8)은 1.1%의 CPU를 소모하는 반면 fatrace(1)는 67%를 소모하고 있습니다.[3]

8.3 BPF 도구

이번 절에서는 파일 시스템 성능 분석과 문제 해결에 사용할 수 있는 BPF 도구를 다룹니다(그림8.3).

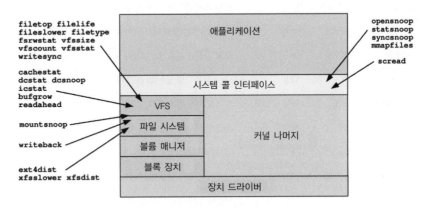

그림 8.3 파일 시스템 분석용 BPF 도구

---

3 이것은 BCC opensnoop(8)을 있는 그대로 실행한 결과입니다. 이 도구의 폴링 루프(polling loop, 지속적으로 폴링하는 루프)를 튜닝함으로써(버퍼링을 증가시키기 위해 대기 시간을 의도적으로 삽입) 오버헤드를 0.6%까지 떨어뜨릴 수 있었습니다.

이들 도구는 BCC나 bpftrace 저장소(4장과 5장에서 살펴봄)에서 왔거나, 이 책을 위해 만들었습니다. 일부 도구는 BCC와 bpftrace 양쪽 모두에 나옵니다. 표 8.2에는 이 절에서 다루는 도구들의 출처를 정리해 놓았습니다(BT는 bpftrace의 축약입니다).

도구	출처	대상	설명
opensnoop	BCC/BT	시스템 콜	열린 파일들을 트레이싱
statsnoop	BCC/BT	시스템 콜	stat(2)와 그 변형에 대한 호출 트레이싱
syncsnoop	BCC/BT	시스템 콜	sync(2)와 그 변형에 대한 호출을 타임스탬프와 함께 트레이싱
mmapfiles	책	시스템 콜	mmap(2) 파일 집계
scread	책	시스템 콜	read(2) 파일 집계
fmapfault	책	페이지 캐시	파일 맵 폴트(filemap_fault) 집계
filelife	BCC/책	VFS	짧은 시간 동안만 사용되는 파일의 지속 시간을 초 단위로 트레이싱
vfsstat	BCC/BT	VFS	일반적인 VFS 동작 통계 출력
vfscount	BCC/BT	VFS	모든 VFS 동작 집계
vfssize	책	VFS	읽기/쓰기 동작의 크기 출력
fsrwstat	책	VFS	파일 시스템 유형별 VFS 읽기/쓰기 동작 출력
fileslower	BCC/책	VFS	느린 파일 읽기/쓰기 동작 출력
filetop	BCC	VFS	사용 IOPS별 및 바이트 크기별 최상위 파일들 출력
filetype	책	VFS	파일 유형과 프로세스별 VFS 읽기/쓰기 동작 출력
writesync	책	VFS	sync 플래그별 일반 파일 쓰기 동작 출력
cachestat	BCC	페이지 캐시	페이지 캐시 통계 출력
writeback	BT	페이지 캐시	지연 기록 이벤트와 지연 시간 출력
dcstat	BCC/책	Dcache	디렉터리 캐시 히트 통계 출력
dcsnoop	BCC/BT	Dcache	디렉터리 캐시 참조 트레이싱
mountsnoop	BCC	VFS	시스템 전역에 걸쳐 mount와 umounts 트레이싱
xfsslower	BCC	XFS	느린 XFS 동작 출력
xfsdist	BCC	XFS	일반적인 XFS 동작 지연을 히스토그램으로 출력
ext4dist	BCC/책	ext4	일반적인 ext4 동작 지연을 히스토그램으로 출력
icstat	책	Icache	아이노드 캐시 히트 통계 출력

bufgrow	책	버퍼 캐시	버퍼 캐시 크기 증가를 프로세스 및 바이트 크기별로 출력
readahead	책	VFS	미리 읽기 히트와 효율성 출력

표 8.2 파일 시스템 관련 도구

BCC와 bpftrace 도구들과 각 기능에 대한 더 많은 정보는 해당 저장소에서 최신의 전체 목록을 확인하세요. 여기에는 가장 중요한 기능 중 일부만 정리했습니다.

다음의 도구 요약정리에는 파일 디스크립터를 파일 이름으로 변환하는 방법에 대해서도 설명하고 있습니다(scread(8) 참고).

8.3.1 opensnoop

1장과 4장에서 이미 살펴본 opensnoop(8)[4]은 BCC와 bpftrace 도구입니다. 이 도구는 파일 열기를 트레이싱하며 데이터 파일, 로그 파일 그리고 설정 파일의 위치를 찾는 데 유용합니다. 또한 빈번한 열기로 인해 발생한 성능 문제를 찾아낼 수도 있으며, 파일 누락으로 인해 발생하는 이슈 해결에도 도움이 됩니다. 다음은 프로덕션 시스템에서의 출력 사례로, 타임스탬프를 포함시키기 위해 -T를 사용하였습니다.

```
# opensnoop -T
TIME(s)         PID   COMM    FD ERR PATH
0.000000000     3862  java    5248  0 /proc/loadavg
0.000036000     3862  java    5248  0 /sys/fs/cgroup/cpu,cpuacct/.../cpu.cfs_quota_us
0.000051000     3862  java    5248  0 /sys/fs/cgroup/cpu,cpuacct/.../cpu.cfs_period_us
0.000059000     3862  java    5248  0 /sys/fs/cgroup/cpu,cpuacct/.../cpu.shares
0.012956000     3862  java    5248  0 /proc/loadavg
0.012995000     3862  java    5248  0 /sys/fs/cgroup/cpu,cpuacct/.../cpu.cfs_quota_us
0.013012000     3862  java    5248  0 /sys/fs/cgroup/cpu,cpuacct/.../cpu.cfs_period_us
0.013020000     3862  java    5248  0 /sys/fs/cgroup/cpu,cpuacct/.../cpu.shares
0.021259000     3862  java    5248  0 /proc/loadavg
0.021301000     3862  java    5248  0 /sys/fs/cgroup/cpu,cpuacct/.../cpu.cfs_quota_us
0.021317000     3862  java    5248  0 /sys/fs/cgroup/cpu,cpuacct/.../cpu.cfs
0.021325000     3862  java    5248  0 /sys/fs/cgroup/cpu,cpuacct/.../cpu.shares
0.022079000     3862  java    5248  0 /proc/loadavg
[...]
```

4 연혁: 필자는 2004년 5월 9일에 이 도구의 첫 번째 버전을 opensnoop.d로 만들었습니다. 간단하고 유용하며 시스템 전역에 걸쳐 열기 동작을 볼 수 있다는 점이 놀라웠습니다. 이전에는 단일 프로세스에서 truss(1M)를 사용하거나 시스템 상태를 변경해야 하는 BSM 감사(auditing)를 사용했습니다. "snoop"이라는 이름은 솔라리스 네트워크 스니핑 도구(sniffer)인 snoop(1M)과 "이벤트 스누핑(snooping events)"이라는 용어에서 왔습니다. opensnoop은 그 이후 필자 그리고 몇몇 사람들이 다른 여러 트레이싱 도구에 포팅했습니다. 필자는 2015년 9월 17일에 BCC 버전을, 2018년 9월 8일에 bpftrace 버전을 작성했습니다.

결과는 매우 빠르게 출력되었으며, 4개의 파일이 자바 프로세스에서 초당 100회의 비율로 읽혔음을 보여주고 있습니다(이 사실을 방금 발견했습니다[5]). 파일의 전체 경로는 이 책에 맞추기 위해 축약했습니다. 이 4개의 파일은 시스템 지표를 가지고 있는 메모리상의 파일이라 읽기 속도가 빠르지만, 자바가 이것들을 초당 100회나 읽을 필요가 있을까요? 다음 분석 단계는 이에 원인이 되는 스택을 수집하는 것입니다. 다행이도 이 파일 열기 동작은 자바 프로세스가 수행하는 유일한 동작이었기 때문에, 필자는 다음의 명령을 사용해서 open tracepoint에 대한 스택 중 해당 PID에 대한 것만 집계할 수 있었습니다.

```
stackcount -p 3862 't:syscalls:sys_enter_openat'
```

이것을 통해 전체 스택 트레이스를 수집하였고, 여기서 원인이 되는 자바 메서드[6]를 확인할 수 있었습니다. 범인은 새 로드 밸런싱 소프트웨어였습니다.

opensnoop(8)은 open(2) 시스템 콜 변형인 open(2)과 openat(2)을 트레이싱하여 작동합니다. open(2) 발생률이 일반적으로 불규칙하기 때문에 오버헤드는 무시할 수 있는 수준입니다.

BCC
커맨드 라인 사용법은 다음과 같습니다.

```
opensnoop [options]
```

옵션은 다음과 같습니다.

- -x: 실패한 열기 동작만 보여줍니다.
- -p PID: 이 프로세스만 측정합니다.
- -n NAME: NAME을 포함하고 있는 프로세스 이름에 대한 열기 동작만 보여줍니다.

bpftrace
다음은 bpftrace 버전의 코드로, 핵심 기능을 보여주고 있습니다. 이 버전은 옵션을 지원하지 않습니다.

---

5 필자는 이 책에 포함시킬 몇 가지 흥미로운 출력 결과를 찾기 위해 여러 프로덕션 서버에서 opensnoop을 실행하려고 했었습니다. 필자가 첫 번째로 시도한 환경에서 이것을 확인할 수 있었습니다.
6 자바 스택과 심벌을 올바르게 수집하는 방법에 대해서는 18장을 살펴보세요.

```
#!/usr/local/bin/bpftrace

BEGIN
{
        printf("Tracing open syscalls... Hit Ctrl-C to end.\n");
        printf("%-6s %-16s %4s %3s %s\n", "PID", "COMM", "FD", "ERR", "PATH");
}

tracepoint:syscalls:sys_enter_open,
tracepoint:syscalls:sys_enter_openat
{
        @filename[tid] = args->filename;
}

tracepoint:syscalls:sys_exit_open,
tracepoint:syscalls:sys_exit_openat
/@filename[tid]/
{
        $ret = args->ret;
        $fd = $ret > 0 ? $ret: -1;
        $errno = $ret > 0 ? 0: - $ret;
        printf("%-6d %-16s %4d %3d %s\n", pid, comm, $fd, $errno,
            str(@filename[tid]));
        delete(@filename[tid]);
}

END
{
        clear(@filename);
}
```

이 프로그램은 open(2)과 openat(2) 시스템 콜을 트레이싱하며, 리턴 값에서 파일 디스크립터나 오류 번호를 가져옵니다. 파일 이름은 진입점 probe에서 수집되었기 때문에, exit 시스템 콜에서 읽어서 리턴 값과 함께 출력할 수 있습니다.

8.3.2 statsnoop

statsnoop(8)[7]은 BCC와 bpftrace 도구로, opensnoop(8)과 유사하지만 stat(2) 계열 시스템 콜만 트레이싱하는 도구입니다. stat(2)는 파일 통계를 리턴합니다. 이 도구는 opensnoop(8)처럼 파일 위치를 알아내고 부하 성능 이슈를 찾아내며 누락된 파일 문제를 해결하는 데 사용할 수 있습니다. 다음은 프로덕션 환경의 출력 사례로, 타임스탬프 출력을 위해 -t를 사용했습니다.

---

7 연혁: 필자는 2007년 9월 9일에 DTrace를 사용해서 이것을 opensnoop의 동반 도구로 만들었습니다. 2016년 2월 8일에 BCC 버전을 만들었고 2018년 9월 8일에 bpftrace 버전을 만들었습니다.

```
# statsnoop -t
TIME(s)         PID    COMM              FD ERR PATH
0.000366347     9118   statsnoop         -1  2 /usr/lib/python2.7/encodings/ascii
0.238452415     744    systemd-resolve    0  0 /etc/resolv.conf
0.238462451     744    systemd-resolve    0  0 /run/systemd/resolve/resolv.conf
0.238470518     744    systemd-resolve    0  0 /run/systemd/resolve/stub-resolv.conf
0.238497017     744    systemd-resolve    0  0 /etc/resolv.conf
0.238506760     744    systemd-resolve    0  0 /run/systemd/resolve/resolv.conf
0.238514099     744    systemd-resolve    0  0 /run/systemd/resolve/stub-resolv.conf
0.238645046     744    systemd-resolve    0  0 /etc/resolv.conf
0.238659277     744    systemd-resolve    0  0 /run/systemd/resolve/resolv.conf
0.238667182     744    systemd-resolve    0  0 /run/systemd/resolve/stub-resolv.conf
[...]
```

이 출력 결과는 systemd-resolve(원래 'systemd-resolved'이고, 축약한 것입니다)
가 동일한 3개 파일에 대해 stat(2)를 반복적으로 호출하고 있음을 보여줍니다.

필자는 stat(2) 계열 호출이 타당한 이유 없이 프로덕션 서버에서 초당 수만 번
호출되는 경우를 많이 보았는데, 다행히도 속도가 빠른 시스템 콜이어서 중대한
성능 이슈를 유발하지는 않았습니다. 다만 필자가 넷플릭스 마이크로서비스 환
경에서 발견한 예외 사례가 있습니다. 메타데이터가 완전히 캐시되지 않은 대형
파일 시스템에서 디스크 사용률 모니터링 에이전트가 stat(2)를 지속적으로 호출
하며 I/O를 발생시켜, 디스크 사용률을 100%에 도달하게 했습니다.

이 도구는 tracepoint를 통해 stat(2) 변형인 statfs(2), statx(2), newstat(2) 그
리고 newlstat(2)를 트레이싱하여 작동합니다. 이 도구의 오버헤드는 stat(2) 호
출 비율이 아주 높지 않다면 무시할 수 있는 수준입니다.

BCC

커맨드 라인 사용법은 다음과 같습니다.

```
statsnoop [options]
```

옵션은 다음과 같습니다.

- -x: 실패한 stat 동작만 보여줍니다.
- -t: 타임스탬프 칼럼(초)을 포함합니다.
- -p PID: 이 프로세스만 측정합니다.

bpftrace

다음은 bpftrace 버전의 코드로, 핵심 기능을 보여주고 있습니다. 이 버전은 옵
션을 지원하지 않습니다.

```
#!/usr/local/bin/bpftrace

BEGIN
{
        printf("Tracing stat syscalls... Hit Ctrl-C to end.\n");
        printf("%-6s %-16s %3s %s\n", "PID", "COMM", "ERR", "PATH");
}

tracepoint:syscalls:sys_enter_statfs
{
        @filename[tid] = args->pathname;
}

tracepoint:syscalls:sys_enter_statx,
tracepoint:syscalls:sys_enter_newstat,
tracepoint:syscalls:sys_enter_newlstat
{
        @filename[tid] = args->filename;
}

tracepoint:syscalls:sys_exit_statfs,
tracepoint:syscalls:sys_exit_statx,
tracepoint:syscalls:sys_exit_newstat,
tracepoint:syscalls:sys_exit_newlstat
/@filename[tid]/
{
        $ret = args->ret;
        $errno = $ret >= 0 ? 0: - $ret;
        printf("%-6d %-16s %3d %s\n", pid, comm, $errno,
            str(@filename[tid]));
        delete(@filename[tid]);
}

END
{
        clear(@filename);
}
```

이 프로그램은 시스템 콜 진입점에서 파일 이름을 보관하며, 리턴 시 가져와서 리턴 세부 사항과 함께 출력합니다.

8.3.3 syncsnoop

syncsnoop(8)[8]은 sync(2) 호출을 타임스탬프와 함께 보여주는 BCC와 bpftrace

---

8   연혁: 필자는 과거에 sync 동작이 애플리케이션 지연 시간을 치솟게 하는 이슈를 디버그했습니다. 여기서는 디스크 읽기 동작이 sync 동작으로 인한 많은 쓰기 작업 뒤에 큐잉되었습니다. 이들 sync 동작은 빈번하지 않아서 성능 모니터링 대시보드와 연관시키기 위해 sync 동작이 발생할 때 두 번째 오프셋을 수집하는 정도로 충분했습니다. 필자는 2015년 8월 13일에 이 도구의 BCC 버전을, 2018년 9월 6일에는 bpftrace 버전을 만들었습니다.

도구입니다. sync(2)는 변경이 발생한 데이터를 디스크로 플러시합니다. 다음은 bpftrace 버전의 출력 결과의 일부입니다.

```
# syncsnoop.bt
Attaching 7 probes...
Tracing sync syscalls... Hit Ctrl-C to end.
TIME      PID    COMM             EVENT
08:48:31  14172  TaskSchedulerFo  tracepoint:syscalls:sys_enter_fdatasync
08:48:31  14172  TaskSchedulerFo  tracepoint:syscalls:sys_enter_fdatasync
08:48:31  14172  TaskSchedulerFo  tracepoint:syscalls:sys_enter_fdatasync
08:48:31  14172  TaskSchedulerFo  tracepoint:syscalls:sys_enter_fdatasync
08:48:31  14172  TaskSchedulerFo  tracepoint:syscalls:sys_enter_fdatasync
08:48:40  17822  sync             tracepoint:syscalls:sys_enter_sync
[...]
```

이 출력 결과는 fdatasync(2)를 한번에 5번 호출하는 'TaskSchedulerFo'(축약된 이름)를 보여줍니다. sync(2) 호출은 디스크 I/O를 갑작스럽게 발생시켜서 시스템의 성능을 요동치게 할 수 있습니다. 만일 타임스탬프가 다른 모니터링 도구에서 볼 수 있는 성능 문제와 연관이 있다면, 이것은 sync(2)와 그것이 발생시키는 디스크 I/O가 성능 이슈의 원인일 수 있다는 단서입니다.

이 도구는 tracepoint를 통해 sync(2) 변형인 sync(2), syncfs(2), fsync(2), fdatasync(2), sync_file_range(2) 그리고 msync(2)를 트레이싱하여 작동합니다. sync(2)의 발생율이 일반적으로 아주 드물기 때문에 이 도구의 오버헤드는 무시할 수 있는 수준입니다.

BCC

BCC 버전은 현재 옵션을 지원하지 않으며, bpftrace 버전과 유사하게 작동합니다.

bpftrace

다음은 bpftrace 버전의 코드입니다.

```
#!/usr/local/bin/bpftrace

BEGIN
{
        printf("Tracing sync syscalls... Hit Ctrl-C to end.\n");
        printf("%-9s %-6s %-16s %s\n", "TIME", "PID", "COMM", "EVENT");
}
tracepoint:syscalls:sys_enter_sync,
tracepoint:syscalls:sys_enter_syncfs,
tracepoint:syscalls:sys_enter_fsync,
tracepoint:syscalls:sys_enter_fdatasync,
```

```
tracepoint:syscalls:sys_enter_sync_file_range,
tracepoint:syscalls:sys_enter_msync
{
        time("%H:%M:%S  ");
        printf("%-6d %-16s %s\n", pid, comm, probe);
}
```

sync(2) 관련 호출이 문제임이 밝혀진다면, bpftrace 원 라이너를 사용해서 인자와 리턴 값 그리고 발생한 디스크 I/O를 출력함으로써 더 심도 있게 조사할 수 있습니다.

8.3.4 mmapfiles

mmapfiles(8)[9]는 mmap(2)을 트레이싱하며 메모리 주소 영역에 매핑되는 파일의 빈도를 집계합니다. 예를 들면 다음과 같습니다.

```
# mmapfiles.bt
Attaching 1 probe...
^C

@[usr, bin, x86_64-linux-gnu-ar]: 2
@[lib, x86_64-linux-gnu, libreadline.so.6.3]: 2
@[usr, bin, x86_64-linux-gnu-objcopy]: 2
[...]
@[usr, bin, make]: 226
@[lib, x86_64-linux-gnu, libz.so.1.2.8]: 296
@[x86_64-linux-gnu, gconv, gconv-modules.cache]: 365
@[/, bin, bash]: 670
@[lib, x86_64-linux-gnu, libtinfo.so.5.9]: 672
@[/, bin, cat]: 1152
@[lib, x86_64-linux-gnu, libdl-2.23.so]: 1240
@[lib, locale, locale-archive]: 1424
@[/, etc, ld.so.cache]: 1449
@[lib, x86_64-linux-gnu, ld-2.23.so]: 2879
@[lib, x86_64-linux-gnu, libc-2.23.so]: 2879
@[, , ]: 8384
```

위의 예는 소프트웨어 빌드를 트레이싱했습니다. 각 파일은 파일 이름과 두 개의 부모 디렉터리와 함께 출력됩니다. 출력 결과의 마지막 항목에는 이름이 없는데, 프로그램 전용 데이터에 대한 익명 매핑이기 때문입니다.

mmapfiles(8)의 소스 코드는 다음과 같습니다.

```
#!/usr/local/bin/bpftrace
```

---

9 연혁: 필자는 2005년 10월 18일에 DTrace를 사용해 이 도구를 만들었으며, bpftrace 버전은 이 책을 위해 2019년 1월 26일에 만들었습니다.

```
#include <linux/mm.h>

kprobe:do_mmap
{
        $file = (struct file *)arg0;
        $name = $file->f_path.dentry;
        $dir1 = $name->d_parent;
        $dir2 = $dir1->d_parent;
        @[str($dir2->d_name.name), str($dir1->d_name.name),
            str($name->d_name.name)] = count();
}
```

여기서는 do_mmap() 커널 함수를 트레이싱하기 위해 kprobe를 사용하며, 이 함수의 인자인 struct file 구조체 포인터 인자에서 struct dentry 구조체(directory entry)를 탐색해 파일 이름을 얻어냅니다. 한 개의 dentry는 경로명에 한 개의 컴포넌트만 가지고 있기 때문에, 여기서는 부모 디렉터리와 조부모 디렉터리의 dentry를 함께 읽어서 이 파일이 위치한 경로를 조금 더 상세히 보여주고 있습니다.[10] mmap() 호출은 상대적으로 빈번하지 않을 것으로 예상되기 때문에, 이 도구의 오버헤드는 무시할 수 있는 수준일 것입니다.

여러분은 맵에 사용되는 키 조합을 수정해서 추가적인 정보를 쉽게 얻어낼 수 있습니다. 가령 어떤 명령어가 이러한 매핑을 발생시키는지 보여주기 위해 프로세스 이름(@[comm, ...])을 추가할 수도 있고, 이에 대한 코드 경로를 보여주기 위해 사용자 레벨 스택(@[comm, ustack, ...])을 포함시킬 수도 있습니다.

7장에서는 mmap() 이벤트별 분석 도구인mmapsnoop(8)을 다루었습니다.

8.3.5 scread

scread(8)[11]는 read(2) 시스템 콜을 트레이싱하며 현재 읽고 있는 파일 이름을 보여줍니다. 예를 들면 다음과 같습니다.

```
# scread.bt
Attaching 1 probe...
^C
@filename[org.chromium.BkPmzg]: 1
@filename[locale.alias]: 2
@filename[chrome_200_percent.pak]: 4
@filename[passwd]: 7
@filename[17]: 44
@filename[scriptCache-current.bin]: 48
[...]
```

---

10 필자는 BPF 커뮤니티에 struct file 구조체나 struct dentry 구조체를 전달 받아 전체 경로를 리턴하는 커널 함수 d_path()와 유사한 BPF 커널 헬퍼를 추가하자고 제안하였습니다.

11 연혁: scread(8)는 이 책을 위해 2019년 1월 26일에 만들었습니다.

위의 예는 'scriptCache-current.bin' 파일이 트레이싱하는 동안 48회 read(2)되었음을 보여줍니다. 이것은 파일 I/O에 대한 시스템 콜 기반의 관점이며, VFS 레벨의 관점에 대해서는 뒤에 나오는 filetop(8)을 참고하세요. 이러한 도구들은 파일이 얼마나 사용되고 있는지 파악하는 데 도움을 도움을 주어 비효율적인 부분을 찾을 수 있습니다.

scread(8)의 소스 코드는 다음과 같습니다.

```
#!/usr/local/bin/bpftrace

#include <linux/sched.h>
#include <linux/fs.h>
#include <linux/fdtable.h>

tracepoint:syscalls:sys_enter_read
{
        $task = (struct task_struct *)curtask;
        $file = (struct file *)*($task->files->fdt->fd + args->fd);
        @filename[str($file->f_path.dentry->d_name.name)] = count();
}
```

이것은 파일 디스크립터 테이블에서 파일 이름을 얻어냅니다.

파일 디스크립터를 통해 파일 이름 얻기

이 도구는 파일 디스크립터(FD) 정수 값에서 파일 이름을 얻어내는 사례로 포함되었습니다. 이를 수행하는 방법은 두 가지입니다.

1. task_struct에서 파일 디스크립터 테이블을 참조하고, FD를 file 구조체를 찾는 인덱스로 사용합니다. 파일 이름은 이 구조체에서 찾을 수 있습니다. 이 것은 scread(2)에서 사용하는 방법입니다. 이 방법은 안정적이지 않은 기술인데, 파일 디스크립터를 찾는 방법(task-)files-)fdt-)fd)이 커널 내부에 의존적이고 커널 버전에 따라 바뀔 수 있기 때문에 이 스크립트는 망가질 수 있습니다.[12]

2. open(2) 시스템 콜을 트레이싱하고, PID와 FD를 키로 하고 파일/경로명을 값으로 하는 참조용 해시 테이블을 만듭니다. 이 해시 테이블은 향후 read(2)나 다른 시스템 콜 도중에 조회될 수 있습니다. 이 방법은 부가적인 probe(와 오버헤드)를 발생시키지만, 안정적인 기술에 해당합니다.

---

[12] 몇 가지 변경 사항이 논의 중입니다. 데이브 왓슨(Dave Watson)은 성능 향상을 위해 접근 경로를 재배열하는 것을 검토하고 있습니다. 매튜 윌록스(Matthew Wilox) 역시 접근 경로를 task_struct -)files_struct-)maple_node-)fd[i]로 변경하는 작업을 하고 있습니다.[85] [86]

이 책에는 여러 가지 동작에 대해 파일 이름을 참조하는 많은 도구(fmapfault(8), filelife(8), vfssize(8) 등)가 있습니다. 하지만 이 도구들은 file 구조체를 직접 제공하는 VFS 계층을 트레이싱하며 동작합니다. 이것 역시 안정적이지 않은 인터페이스이지만, 더 짧은 단계 내에서 파일 이름 문자열을 찾을 수 있습니다. VFS 트레이싱의 또 다른 장점은 VFS 계층은 일반적으로 트레이싱할 함수가 동작 유형별로 딱 하나만 존재하는 반면, 시스템 콜은 함수의 변형(예: read(2), readv(2), preadv(2), pread64() 등)이 있기 때문에 이들을 모두 트레이싱해야 할 수도 있습니다.

8.3.6 fmapfault

fmapfault(8)[13]는 메모리 매핑된 파일에 대한 페이지 폴트를 트레이싱하며, 프로세스 이름과 파일 이름을 집계합니다. 예를 들면 다음과 같습니다.

```
# fmapfault.bt
Attaching 1 probe...
^C

@[dirname, libc-2.23.so]: 1
@[date, libc-2.23.so]: 1
[...]
@[cat, libc-2.23.so]: 901
@[sh, libtinfo.so.5.9]: 962
@[sed, ld-2.23.so]: 984
@[sh, libc-2.23.so]: 997
@[cat, ld-2.23.so]: 1252
@[sh, ld-2.23.so]: 1427
@[as, libbfd-2.26.1-system.so]: 3984
@[as, libopcodes-2.26.1-system.so]: 68455
```

이 도구는 현재 소프트웨어 빌드가 진행 중인 환경을 트레이싱하고 있는데, 폴트가 발생한 빌드 프로세스와 라이브러리를 보여주고 있습니다.

이 책의 뒷부분에 나오는 filetop(8), fileslower(8), xfsslower(8) 그리고 ext4dist(8)와 같은 도구들은 read(2)과 write(2) 시스템 콜(그리고 그것의 변형)을 통한 파일 I/O를 보여줍니다. 그러나 이것들이 파일을 읽거나 쓰는 유일한 방법은 아닙니다. 파일 매핑을 사용하면 이러한 명시적 시스템 콜 없이도 파일을 읽거나 쓸 수 있습니다. fmapfault(8)는 파일 페이지 폴트와 새 페이지 맵 생성을 트레이싱하여 이러한 파일 매핑의 사용률을 보여줍니다. 파일에 대한 실제 읽기와 쓰기는 폴트율보다 훨씬 높을 수 있음에 유의하시기 바랍니다.

---

13 연혁: fmapfault(8)는 이 책을 위해 2019년 1월 26일에 만들었습니다.

fmapfault(8)의 소스 코드는 다음과 같습니다.

```
#!/usr/local/bin/bpftrace

#include <linux/mm.h>

kprobe:filemap_fault
{
        $vf = (struct vm_fault *)arg0;
        $file = $vf->vma->vm_file->f_path.dentry->d_name.name;
        @[comm, str($file)] = count();
}
```

이것은 kprobe를 사용해서 filemap_fault() 커널 함수를 트레이싱하고, 이 함수의 인자인 struct vm_fault 구조체 포인터에서 매핑에 대한 파일 이름을 알아냅니다. 이러한 세부 사항은 커널이 변경되면 업데이트해야 합니다. 폴트율이 높은 시스템에서 이 도구의 오버헤드는 눈에 띄는 수준일 수 있습니다.

8.3.7 filelife

filelife(8)[14]는 짧은 시간 동안만 사용되는 파일의 수명을 보여주는 BCC와 bpftrace 도구로, 트레이싱하는 동안 만들어졌다가 제거된 파일들을 보여줍니다.

다음은 소프트웨어 빌드가 진행 중인 환경에서 BCC filelife(8)를 실행한 결과입니다.

```
# filelife
TIME      PID   COMM          AGE(s)  FILE
17:04:51  3576  gcc           0.02    cc9JENsb.s
17:04:51  3632  rm            0.00    kernel.release.tmp
17:04:51  3656  rm            0.00    version.h.tmp
17:04:51  3678  rm            0.00    utsrelease.h.tmp
17:04:51  3698  gcc           0.01    ccTtEADr.s
17:04:51  3701  rm            0.00    .3697.tmp
17:04:51  736   systemd-udevd 0.00    queue
17:04:51  3703  gcc           0.16    cc05cPSr.s
17:04:51  3708  rm            0.01    .purgatory.o.d
17:04:51  3711  gcc           0.01    ccgk4xfE.s
17:04:51  3715  rm            0.01    .stack.o.d
17:04:51  3718  gcc           0.01    ccPiKOgD.s
17:04:51  3722  rm            0.01    .setup-x86_64.o.d
[...]
```

---

14 연혁: 필자는 2015년 2월 8일에 짧은 시간 동안만 사용되는 파일 사용을 디버깅하기 위해서 BCC 버전으로 이 도구를 처음 만들었으며 2019년 1월 31일에 이 책을 위해 bpftrace 버전을 만들었습니다. 이것은 2011년 ≪Dtrace≫[Gregg 11]에 나오는 필자의 vfslife.d 도구에서 영감을 얻었습니다.

이 출력 결과는 빌드 프로세스 진행 중에 생성된 짧은 시간 동안만 사용된 많은 파일을 보여주는데, 1초 미만의 시간(AGE(s) 칼럼)만에 제거되었습니다.

이 도구는 애플리케이션이 사용하지 않아도 되는 임시 파일을 사용하는 사례를 찾아내는 등의 작은 성능 향상에 사용되어 왔습니다.

이 도구는 VFS 호출 vfs_create()와 vfs_unlink()에 대해 kprobe를 사용해서 파일의 생성과 삭제를 트레이싱합니다. 발생률이 상대적으로 낮을 것이기 때문에 이 도구의 오버헤드는 무시할 수 있는 수준입니다.

BCC

커맨드 라인 사용법은 다음과 같습니다.

```
filelife [options]
```

옵션은 다음과 같습니다.

- -p PID: 이 프로세스만 측정합니다.

bpftrace

다음은 bpftrace 버전의 코드입니다.

```
#!/usr/local/bin/bpftrace

#include <linux/fs.h>

BEGIN
{
        printf("%-6s %-16s %8s %s\n", "PID", "COMM", "AGE(ms)", "FILE");
}

kprobe:vfs_create,
kprobe:security_inode_create
{
        @birth[arg1] = nsecs;
}

kprobe:vfs_unlink
/@birth[arg1]/
{
        $dur = nsecs - @birth[arg1];
        delete(@birth[arg1]);
        $dentry = (struct dentry *)arg1;
        printf("%-6d %-16s %8d %s\n", pid, comm, $dur / 1000000,
            str($dentry->d_name.name));
}
```

최신 커널은 vfs_create()를 사용하지 않아도 되기 때문에, 파일 생성은 아이노드 생성을 위한 접근 관리 훅(LSM)인 security_inode_create()를 통해서도 가져올 수 있습니다(두 이벤트가 동일한 파일에 대해 발생하면, 파일 생성 타임스탬프를 덮어쓰지만, 이것이 파일 수명 측정에 눈에 띄는 영향을 미치지는 않습니다). 파일 생성 타임스탬프는 struct dentry 구조체 포인터인 이 함수의 arg1에 저장되어 고유 ID로 사용됩니다. 파일 이름도 struct dentry 구조체에서 가져올 수 있습니다.

8.3.8 vfsstat

vfsstat(8)[15]는 read와 write(I/O), create, open과 fsyncs 등 일반적인 VFS 동작에 대한 통계를 요약하는 BCC와 bpftrace 도구입니다. 이것은 가상 파일 시스템 동작에 대해 최상위 레벨 관점에서 워크로드를 특성화합니다. 다음은 CPU가 36개인 프로덕션 하둡 서버에서 BCC vfsstat(8)를 실행한 모습을 보여줍니다.

```
# vfsstat
TIME          READ/s   WRITE/s  CREATE/s   OPEN/s  FSYNC/s
02:41:23:    1715013     38717         0     5379        0
02:41:24:     947879     30903         0    10547        0
02:41:25:    1064800     34387         0    57883        0
02:41:26:    1150847     36104         0     5105        0
02:41:27:    1281686     33610         0     2703        0
02:41:28:    1075975     31496         0     6204        0
02:41:29:     868243     34139         0     5090        0
02:41:30:     889394     31388         0     2730        0
02:41:31:    1124013     35483         0     8121        0
17:21:47:      11443      7876         0      507        0
[...]
```

이 출력 결과는 워크로드가 초당 백만 읽기를 넘어서고 있음을 보여줍니다. 세부 사항 중 놀라운 점은 초당 파일 열기 동작 수가 오천 번을 넘는다는 것입니다. 열기 동작은 더 느린 동작으로, 커널에 의한 경로명 참조를 필요로 하며 파일 디스크립터를 만들어야 하고, 캐싱된 적이 없다면 파일 메타데이터 구조체를 추가적으로 생성합니다. 이 워크로드는 열기 동작의 횟수를 줄일 방법을 찾기 위해 opensnoop(8)을 사용해서 심도 있게 조사할 수 있습니다.

vfsstat(8)는 vfs_read(), vfs_write(), vfs_fsync(), vfs_open() 그리고 vfs_create() 함수에 대해 kprobe를 사용하고, 이를 초단위로 요약해 표로 출력합니

15 연혁: 필자는 2015년 8월 14일에 BCC 버전으로 이 도구를 처음 만들었으며 2018년 9월 6일에 bpftrace 버전을 만들었습니다.

다. 위의 예처럼 VFS 함수는 아주 빈번하게 발생할 수 있는데, 초당 백만 이벤트를 넘는 발생률에서 이 도구의 오버헤드는 측정 가능한 수준일 것입니다(예: 이 발생률에서 1~3%). 이 도구는 0.1% 미만의 오버헤드를 선호하는 상시 모니터링 보다는 애드 혹(ad hoc) 분석에 적합합니다.

이 도구는 조사의 시작 단계에서만 유용합니다. VFS 동작은 파일 시스템 뿐만 아니라 네트워크 I/O 경로에서도 사용되기 때문에, 이들을 구분하기 위해 다른 도구(예: 다음에 나오는 vfssize(8))를 사용해서 드릴다운 분석을 해야 합니다.

BCC

커맨드 라인 사용법은 다음과 같습니다.

```
vfsstat [interval [count]]
```

이 도구는 다른 기존 도구(vmstat(1))를 기반으로 설계되었습니다.

bpftrace

동일한 데이터를 출력하는 vfsstat(8)의 bpftrace 버전이 있는데, 다음과 같습니다.

```
#!/usr/local/bin/bpftrace

BEGIN
{
        printf("Tracing key VFS calls... Hit Ctrl-C to end.\n");
}

kprobe:vfs_read*,
kprobe:vfs_write*,
kprobe:vfs_fsync,
kprobe:vfs_open,
kprobe:vfs_create

{
        @[func] = count();
}

interval:s:1
{
        time();
        print(@);
        clear(@);
}

END
{
```

```
        clear(@);
}
```

이 도구는 매초 일반적인 VFS 동작의 집계 수를 출력합니다. VFS 동작은 파일 시스템 뿐만 아니라 네트워크 I/O 경로에서도 사용되기 때문에, 와일드카드를 사용했습니다. 원한다면 위치 매개변수를 사용해서 커스텀 인터벌을 지정하도록 개선할 수 있습니다.

8.3.9 vfscount

vfsstat(8)가 집계하는 이들 5가지 VFS 함수 대신 BCC와 bpftrace에 있는 vfscount(8)[16] 도구를 사용해서 모든 VFS 함수(50개)를 집계하고 함수의 호출 빈도수를 출력할 수 있습니다. 예를 들어 BCC 도구의 사례는 다음과 같습니다.

```
# vfscount
Tracing... Ctrl-C to end.
^C
ADDR             FUNC                    COUNT
ffffffffb8473d01 vfs_fallocate               1
ffffffffb849d301 vfs_kern_mount              1
ffffffffb84b0851 vfs_fsync_range             2
ffffffffb8487271 vfs_mknod                   3
ffffffffb8487101 vfs_symlink                68
ffffffffb8488231 vfs_unlink                376
ffffffffb8478161 vfs_writev                525
ffffffffb8486d51 vfs_rmdir                 638
ffffffffb8487971 vfs_rename                762
ffffffffb84874c1 vfs_mkdir                 768
ffffffffb84a2d61 vfs_getxattr              894
ffffffffb84da761 vfs_lock_file            1601
ffffffffb848c861 vfs_readlink             3309
ffffffffb84b2451 vfs_statfs              18346
ffffffffb8475ea1 vfs_open               108173
ffffffffb847dbf1 vfs_statx_fd           193851
ffffffffb847dc71 vfs_statx              274022
ffffffffb847dbb1 vfs_getattr            330689
ffffffffb847db21 vfs_getattr_nosec      331766
ffffffffb84790a1 vfs_write              355960
ffffffffb8478df1 vfs_read               712610
```

트레이싱하는 동안 vfs_read()가 가장 빈번하게 호출되었으며(712,610회), vfs_fallocate()는 한 번만 호출되었습니다. vfsstat(8)와 마찬가지로 VFS 호출 비율이 높다면 이 도구의 오버헤드는 눈에 띄게 나타날 수 있습니다.

---

16 연혁: 필자는 2015년 8월 14일에 BCC 버전으로 이 도구를 처음 만들었으며, 2018년 9월 6일에는 bpftrace 버전을 만들었습니다.

이 도구의 핵심 기능은 BCC 도구 funccount(8)를 사용해서도 구현할 수 있고 bpftrace(8)를 이용해서 바로 구현할 수도 있습니다.

```
# funccount 'vfs_*'
# bpftrace -e 'kprobe:vfs_* { @[func] = count(); }'
```

이처럼 VFS 호출을 집계하는 것은 좀 더 깊이 파고들기 전에, 상위 레벨 관점에서 유용합니다. 이러한 호출은 VFS를 통해 동작하는 어떠한 서브시스템에서도 발생할 수 있는데, 여기에는 sockets(네트워킹), /dev 파일, /proc 등이 있습니다. 뒤에서 다룰 fsrwstat(8) 도구는 이러한 서브시스템 유형을 분리하는 방법을 보여줍니다.

8.3.10 vfssize

vfssize(8)[17]는 VFS 읽기/쓰기 크기를 히스토그램으로 보여주는 bpftrace 도구로, 프로세스 이름과 VFS 파일 이름 혹은 서브시스템 유형에 따라 세분화해서 보여줍니다. CPU가 48개인 프로덕션 API 서버에서의 출력 결과 사례는 다음과 같습니다.

```
# vfssize
Attaching 5 probes...

@[tomcat-exec-393, tomcat_access.log]:
[8K, 16K)             31 |@@@@@@@@@@@@@@@@@@@@@@@@@@@@@@@@@@@@@@@@@@@@@@@@@@@@@@|

[...]

@[kafka-producer-, TCP]:
[4, 8)              2061 |@@@@@@@@@@@@@@@@@@@@@@@@@@@@@@@@@@@@@@@@@@@@@@@@@@@@@@|
[8, 16)                0 |                                                    |
[16, 32)               0 |                                                    |
[32, 64)            2032 |@@@@@@@@@@@@@@@@@@@@@@@@@@@@@@@@@@@@@@@@@@@@@@@@@@@@@ |

@[EVCACHE_..., FIFO]:
[1]                 6376 |@@@@@@@@@@@@@@@@@@@@@@@@@@@@@@@@@@@@@@@@@@@@@@@@@@@@@@|

[...]

@[grpc-default-wo, TCP]:
[4, 8)               101 |                                                    |
[8, 16)            12062 |@@@@@@@@@@@@@@@@@@@@@@@@@@@@@@@@@@@@@@@@@@@@@@@@@@@@@@|
[16, 32)            8217 |@@@@@@@@@@@@@@@@@@@@@@@@@@@@@@@@@@@@@@@          |
[32, 64)            7459 |@@@@@@@@@@@@@@@@@@@@@@@@@@@@@@@@@          |
```

17 연혁: vfssize(8)는 2019년 4월 17일에 이 책을 위해 만들었습니다.

```
[64, 128)         5488 |@@@@@@@@@@@@@@@@@@@@@@@@                           |
[128, 256)        2567 |@@@@@@@@@@@                                       |
[256, 512)       11030 |@@@@@@@@@@@@@@@@@@@@@@@@@@@@@@@@@@@@@@@@@@@@@@@@@@@|
[512, 1K)         9022 |@@@@@@@@@@@@@@@@@@@@@@@@@@@@@@@@@@@@@@@@@@         |
[1K, 2K)          6131 |@@@@@@@@@@@@@@@@@@@@@@@@@@@                       |
[2K, 4K)          6276 |@@@@@@@@@@@@@@@@@@@@@@@@@@@@                      |
[4K, 8K)          2581 |@@@@@@@@@@@                                      |
[8K, 16K)          950 |@@@@                                             |

@[grpc-default-wo, FIFO]:
[1]             266897 |@@@@@@@@@@@@@@@@@@@@@@@@@@@@@@@@@@@@@@@@@@@@@@@@@@@|
```

위의 예는 VFS가 파일 뿐만 아니라 네트워킹과 FIFO를 어떻게 처리하고 있는지도 보여줍니다. 'grpc-default-wo'(축약됨)라는 이름의 프로세스는 트레이싱하는 동안 1바이트 크기의 읽기/쓰기를 266,897회 수행했습니다. 이것은 I/O 크기를 증가시킴으로써 성능 최적화가 가능할 것으로 보입니다. 또한 동일한 이름의 프로세스는 TCP 읽기/쓰기도 많이 수행했는데, 크기는 쌍봉분포의 형태를 가집니다. 위의 출력 결과 중 파일 시스템(파일)의 예시는 단 하나인데, tomcat-exec-393 프로세스가 총 31회 읽기/쓰기를 수행했음을 보여줍니다.

vfssize(8)의 소스 코드는 다음과 같습니다.

```
#!/usr/local/bin/bpftrace

#include <linux/fs.h>

kprobe:vfs_read,
kprobe:vfs_readv,
kprobe:vfs_write,
kprobe:vfs_writev
{
        @file[tid] = arg0;
}

kretprobe:vfs_read,
kretprobe:vfs_readv,
kretprobe:vfs_write,
kretprobe:vfs_writev
/@file[tid]/
{
        if (retval >= 0) {
                $file = (struct file *)@file[tid];
                $name = $file->f_path.dentry->d_name.name;

                if ((($file->f_inode->i_mode >> 12) & 15) == DT_FIFO) {
                        @[comm, "FIFO"] = hist(retval);
                } else {
                        @[comm, str($name)] = hist(retval);
                }
```

```
        }
        delete(@file[tid]);
}

END
{
        clear(@file);
}
```

위의 코드에서는 vfs_read(), vfs_readv(), vfs_write() 그리고 vfs_writev()에 대한 첫 번째 인자에서 struct file 구조체를 얻어 오고 kretprobe에서 결과 크기를 얻습니다. 네트워크 프로토콜의 경우에는 파일 이름에 프로토콜 이름이 저장되어 있습니다(이것은 struct proto 구조체에서 유래하는데, 이에 대한 추가 설명은 10장을 참고하세요). FIFO의 경우 현재의 커널 버전에서는 파일 이름에 아무 것도 저장되지 않으므로, 'FIFO'라는 텍스트는 이 도구에서 하드 코딩됩니다.

맵에 사용되는 키 조합에 호출 유형(읽기 혹은 쓰기)을 위한 'probe', 프로세스 ID를 위한 pid 등 원하는 세부 사항을 추가함으로써 vfssize(8) 도구를 개선할 수 있습니다.

8.3.11 fsrwstat

fsrwstat(8)[18]는 vfsstat(8) 도구가 파일 시스템 유형을 함께 출력하도록 커스터마이징하는 방법을 보여줍니다. 출력 결과 사례는 다음과 같습니다.

```
# fsrwstat
Attaching 7 probes...
Tracing VFS reads and writes... Hit Ctrl-C to end.

18:29:27
@[sockfs, vfs_write]: 1
@[sysfs, vfs_read]: 4
@[sockfs, vfs_read]: 5
@[devtmpfs, vfs_read]: 57
@[pipefs, vfs_write]: 156
@[pipefs, vfs_read]: 160
@[anon_inodefs, vfs_read]: 164
@[sockfs, vfs_writev]: 223
@[anon_inodefs, vfs_write]: 292
@[devpts, vfs_write]: 2634
@[ext4, vfs_write]: 104268 @[ext4, vfs_read]: 10495
[...]
```

---

18 연혁: fsrwstat(8)는 《DTrace》에 나온 fsrwcount.d 도구에서 영감을 얻어서 2019년 2월 1일에 이 책을 위해 만들었습니다.[Gregg 11]

첫 번째 칼럼에서는 여러 다른 파일 시스템 유형을 확인할 수 있는데 소켓 I/O와 ext4 파일 시스템 I/O를 분리해서 보여줍니다. 이 출력 결과에서는 대량(100,000 IOPS 이상)의 ext4 읽기 및 쓰기 워크로드가 발생했음을 볼 수 있습니다.

fsrwstat(8)의 소스 코드는 다음과 같습니다.

```
#!/usr/local/bin/bpftrace

#include <linux/fs.h>

BEGIN
{
        printf("Tracing VFS reads and writes... Hit Ctrl-C to end.\n");
}

kprobe:vfs_read,
kprobe:vfs_readv,
kprobe:vfs_write,
kprobe:vfs_writev
{
        @[str(((struct file *)arg0)->f_inode->i_sb->s_type->name), func] =
            count();
}

interval:s:1
{
        time(); print(@); clear(@);
}

END
{
        clear(@);
}
```

이 프로그램은 4개의 VFS 함수를 트레이싱하며 파일 시스템 유형과 함수 이름의 빈도를 집계합니다. 이들 함수의 첫 번째 인자는 struct file 구조체이기 때문에 arg0을 통해 캐스팅될 수 있으며, 그 다음에는 멤버 변수가 파일 시스템 유형 이름이 읽힐 때까지 탐색됩니다. 탐색 경로는 file-〉inode-〉superblock-〉file_system_type-〉name입니다. kprobe를 사용하기 때문에 이 경로는 안정적이지 않은 인터페이스이며, 커널 변경과 일치하도록 업데이트되어야 합니다.

fsrwstat(8)는 계측하고자 하는 함수 인자(arg0, arg1, arg2 등)에서 파일 시스템 유형을 가져올 수 있는 방법이 존재하는 한 다른 VFS 호출을 포함하도록 개선할 수 있습니다.

8.3.12 fileslower

fileslower(8)[19]는 주어진 임계 값보다 느린 동기 파일 읽기/쓰기를 보여주는 BCC와 bpftrace 도구입니다. 다음은 BCC 도구 fileslower(8)로 CPU가 36개인 프로덕션 하둡 서버에서 10ms(기본 임계 값)보다 느린 읽기/쓰기를 트레이싱하는 예입니다.

```
# fileslower
Tracing sync read/writes slower than 10 ms
TIME(s)  COMM        TID   D BYTES    LAT(ms) FILENAME
0.142    java        111264 R 4096      25.53 part-00762-37d00f8d...
0.417    java        7122   R 65536     22.80 file.out.index
1.809    java        70560  R 8192      21.71 temp_local_3c9f655b...
2.592    java        47861  W 64512     10.43 blk_2191482458
2.605    java        47785  W 64512     34.45 blk_2191481297
4.454    java        47799  W 64512     24.84 blk_2191482039
4.987    java        111264 R 4096      10.36 part-00762-37d00f8d...
5.091    java        47895  W 64512     15.72 blk_2191483348
5.130    java        47906  W 64512     10.34 blk_2191484018
5.134    java        47799  W 504       13.73 blk_2191482039_1117768266.meta
5.303    java        47984  R 30        12.50 spark-core_2.11-2.3.2...
5.383    java        47899  W 64512     11.27 blk_2191483378
5.773    java        47998  W 64512     10.83 blk_2191487052
[...]
```

이 출력 결과는 자바 프로세스에 34ms 정도로 느린 쓰기 동작이 발생했음을 보여주고 있고, 읽고 쓴 파일 이름이 함께 출력됩니다. 'D' 칼럼은 동작 유형을 보여주는데 읽기의 경우에는 'R'이고, 쓰기의 경우에는 'W'입니다. 'TIME(s)' 칼럼은 이러한 느린 읽기/쓰기 동작이 일 초에 겨우 몇 번 정도로 아주 빈번하지는 않았음을 보여줍니다.

동기식의 읽기/쓰기는 매우 중요합니다. 프로세스가 이러한 동작에 의해 블록되고 이들의 지연에 직접적으로 영향을 받기 때문입니다. 이번 장의 도입부에서는 파일 시스템 분석이 디스크 I/O 분석보다 얼마나 더 중요할 수 있는지 설명했는데, 이것이 대표 사례입니다. 다음 장에서는 디스크 I/O 지연을 측정할 것이지만, 이 수준에서는 애플리케이션이 지연 이슈에 직접 영향을 받지는 않을 것입니다. 디스크 I/O에서는 지연 문제처럼 보이는 현상을 발견하기 쉽지만 전혀 문제가 되지 않습니다. 그러나 fileslower(8)가 지연 문제를 보인다면 그건 실제로 문제가 될 수 있습니다.

---

[19] 연혁: 필자는 2016년 2월 6일에 BCC 버전으로 이 도구를 처음 만들었으며, 2019년 1월 31일에 이 책을 위해 bpftrace 버전을 만들었습니다.

동기식의 읽기/쓰기는 프로세스를 블록시킬 것입니다. 확실하지는 않지만 애플리케이션 레벨의 문제도 야기할 것입니다. 애플리케이션은 쓰기 플러싱과 캐시 워밍(cache warming)을 위해 백그라운드 I/O 스레드를 사용할 수 있는데, 이러한 경우 해당 스레드는 동기 I/O를 수행하고 있지만 그것으로 인해 애플리케이션 요청이 블록되지는 않습니다.

이 도구는 프로덕션 환경의 지연이 파일 시스템으로 인한 것임을 입증하거나 예상만큼 느린 I/O가 없었음을 보여주어 파일 시스템이 프로덕션 환경의 지연에 대한 책임이 없음을 밝히는 데 사용됩니다.

fileslower(8)는 VFS의 동기식 읽기/쓰기 코드 경로를 트레이싱하며 동작합니다. 현재의 구현은 모든 VFS 읽기/쓰기를 트레이싱한 다음 동기식인 것들을 필터링하기 때문에 오버헤드가 예상보다 클 수 있습니다.

BCC
커맨드 라인 사용법은 다음과 같습니다.

```
fileslower [options] [min_ms]
```

옵션은 다음과 같습니다.

- -p PID: 이 프로세스만 측정합니다.

min_ms 인자는 밀리초 단위의 최소 시간입니다. 만일 0이 주어진다면, 모든 동기식 읽기/쓰기 동작이 출력됩니다. 이 출력 결과는 동작 발생율에 따라 초당 수천 라인의 길이일 것이며, 전부 검토해야 할 이유가 없다면 시도할 필요가 없는 방법입니다. 아무 인자도 제공되지 않는다면 기본값인 10ms가 사용됩니다.

bpftrace
다음은 bpftrace 버전의 소스 코드입니다.

```
#!/usr/local/bin/bpftrace

#include <linux/fs.h>

BEGIN
{
        printf("%-8s %-16s %-6s T %-7s %7s %s\n", "TIMEms", "COMM", "PID",
            "BYTES", "LATms", "FILE");
}
```

```
kprobe:new_sync_read,
kprobe:new_sync_write
{
        $file = (struct file *)arg0;
        if ($file->f_path.dentry->d_name.len != 0) {
                @name[tid] = $file->f_path.dentry->d_name.name;
                @size[tid] = arg2;
                @start[tid] = nsecs;
        }
}

kretprobe:new_sync_read
/@start[tid]/
{
        $read_ms = (nsecs - @start[tid]) / 1000000;
        if ($read_ms >= 1) {
                printf("%-8d %-16s %-6d R %-7d %7d %s\n", nsecs / 1000000,
                    comm, pid, @size[tid], $read_ms, str(@name[tid]));
        }
        delete(@start[tid]); delete(@size[tid]); delete(@name[tid]);
}

kretprobe:new_sync_write
/@start[tid]/
{
        $write_ms = (nsecs - @start[tid]) / 1000000;
        if ($write_ms >= 1) {
                printf("%-8d %-16s %-6d W %-7d %7d %s\n", nsecs / 1000000,
                    comm, pid, @size[tid], $write_ms, str(@name[tid]));
        }
        delete(@start[tid]); delete(@size[tid]); delete(@name[tid]);
}

END
{
        clear(@start); clear(@size); clear(@name);
}
```

이것은 new_sync_read()와 new_sync_write() 커널 함수를 트레이싱하기 위해
kprobe를 사용합니다. kprobe는 불안정한 인터페이스이기 때문에 이들이 서로
다른 커널 버전에 걸쳐 작동한다는 보장이 없으며, 필자는 이미 트레이싱이 불
가능한 커널 버전을 경험한 바 있습니다(인라인됨). BCC 버전은 더 상위 수준의
내부 함수인 __vfs_read()와 __vfs_write()를 트레이싱한 다음 동기식인 함수를
필터링하는 대안책을 사용합니다.

8.3.13 filetop

filetop(8)[20]은 파일에 대한 top(1)과 유사한 BCC 도구로, 가장 빈번하게 읽기/쓰기가 발생하는 파일 이름을 보여줍니다. 다음은 CPU가 36개인 프로덕션 하둡 서버에서의 출력 결과입니다.

```
# filetop
Tracing... Output every 1 secs. Hit Ctrl-C to end
02:31:38 loadavg: 39.53 36.71 32.66 26/3427 30188
TID     COMM         READS  WRITES  R_Kb   W_Kb    T FILE
113962  java         15171  0       60684  0       R part-00903-37d00f8d-
ecf9-4...
23110   java         7      0       7168   0       R temp_local_6ba99afa-
351d-4...
25836   java         48     0       3072   0       R map_4141.out
26890   java         46     0       2944   0       R map_5827.out
26788   java         42     0       2688   0       R map_4363.out
26788   java         18     0       1152   0       R map_4756.out.merged
70560   java         130    0       1085   0       R temp_local_1bd4386b-b33c-4...
70560   java         130    0       1079   0       R temp_local_a3938a84-9f23-4...
70560   java         127    0       1053   0       R temp_local_3c9f655b-06e4-4...
26890   java         16     0       1024   0       R map_11374.out.merged
26890   java         15     0       960    0       R map_5262.out.merged
26788   java         15     0       960    0       R map_20423.out.merged
26788   java         14     0       896    0       R map_4371.out.merged
26890   java         14     0       896    0       R map_10138.out.merged
26890   java         13     0       832    0       R map_4991.out.merged
25836   java         13     0       832    0       R map_3994.out.merged
25836   java         13     0       832    0       R map_4651.out.merged
25836   java         13     0       832    0       R map_16267.out.merged
25836   java         13     0       832    0       R map_15255.out.merged
26788   java         12     0       768    0       R map_6917.out.merged
[...]
```

기본적으로 읽기 바이트 칼럼을 기준으로 정렬된 상위 20개 파일을 보여주고 스크린은 매초 업데이트됩니다. 이 출력 결과는 'part-00903-37d00f8d' 파일(축약된 파일 이름)에서 1초의 인터벌 동안 약 15,000회의 읽기를 통해 60MB에 달하는 가장 큰 읽기가 발생했음을 보여줍니다. 평균 읽기 크기는 보여주지 않았지만, 제시된 숫자를 통해 계산해 보면 4.0KB입니다.

이 도구는 워크로드 특성화와 범용 파일 시스템 관측에 사용됩니다. top(1)을 사용해서 예상치 못한 CPU 소모 프로세스를 찾아낼 수 있는 것과 마찬가지로, 이것은 예상치 못한 I/O가 빈번한 파일을 찾아내는 데 도움이 될 수 있습니다.

---

20 연혁: 필자는 2016년 2월 6일에 BCC 버전으로 이 도구를 만들었으며, 윌리엄 르페브르(William LeFe bvre)가 만든 top(1)에서 영감을 얻었습니다.

filetop은 기본적으로 일반 파일(regular file)만을 보여줍니다.[21] -a 옵션은 TCP 소켓을 포함한 모든 파일을 보여줍니다.

```
# filetop -a
[...]
TID     COMM        READS  WRITES  R_Kb   W_Kb   T FILE
32857   java        718    0       15756  0      S TCP
120597  java        12     0       12288  0      R temp_local_3807d4ca-b41e-3...
32770   java        502    0       10118  0      S TCP
32507   java        199    0       4212   0      S TCP
88371   java        186    0       1775   0      R temp_local_215ae692-35a4-2...
[...]
```

칼럼은 다음과 같습니다.

- **TID**: 스레드 ID
- **COMM**: 프로세스/스레드 이름
- **READS**: 인터벌 동안의 읽기 횟수
- **WRITES**: 인터벌 동안의 쓰기 횟수
- **R_Kb**: 인터벌 동안의 총 읽기 크기(KB)
- **W_Kb**: 인터벌 동안의 총 쓰기 크기(KB)
- **T**: 유형: R == 일반(regular) 파일, S == 소켓, O == 기타
- **FILE**: 파일 이름

이 도구는 vfs_read()와 vfs_write() 커널 함수를 kprobe를 사용해서 트레이싱합니다. 파일의 유형은 S_ISREG() 및 S_ISSOCK() 매크로를 통해 아이노드 모드(i_mode)로부터 확인될 수 있습니다.

앞에서 다룬 도구들과 마찬가지로 VFS 읽기/쓰기가 빈번할 수 있기 때문에 이 도구의 오버헤드는 눈에 띄는 수준일 수 있습니다. 또한 파일 이름 등의 여러 가지 통계도 트레이싱하는데, 이 때문에 오버헤드가 다른 도구보다 약간 높습니다.

커맨드 라인 사용법은 다음과 같습니다.

```
filetop [options] [interval [count]]
```

옵션은 다음과 같습니다.

---

[21] "regular"는 파일 유형을 의미하는데, 커널 소스에 있는 DT_REG입니다. 다른 파일 유형으로는 디렉터리용 DT_DIR, 블록 특수 장치용 DT_BLK 등이 있습니다.

- –C: 스크린을 지우지 않고 지속적으로 업데이트되는 결과를 출력합니다.
- –r ROWS: 해당 수만큼의 열을 출력합니다(기본값 20).
- –p PID: 이 프로세스만 측정합니다.

–C 옵션은 터미널의 스크롤백 버퍼를 보존하는 데 유용해서, 시간에 따른 패턴을 조사할 수 있습니다.

8.3.14 writesync

writesync(8)[22]는 일반 파일에 대한 VFS 쓰기를 트레이싱하며 누가 동기식 쓰기 플래그(O_SYNC 혹은 O_DSYNC)를 사용하고 있는지 보여주는 bpftrace 도구입니다. 예를 들면 다음과 같습니다.

```
# writesync.bt
Attaching 2 probes...
Tracing VFS write sync flags... Hit Ctrl-C to end.
^C
@regular[cronolog, output_20190520_06.log]: 1
@regular[VM Thread, gc.log]: 2
@regular[cronolog, catalina_20190520_06.out]: 9
@regular[tomcat-exec-142, tomcat_access.log]: 15
[...]
@sync[dd, outfile]: 100
```

이 출력 결과는 다수의 파일에 대한 일반적인(regular) 쓰기와 'dd' 프로세스에서 'outfile1'이라는 이름의 파일에 대한 100회의 쓰기가 발생했음을 보여줍니다. dd(1)는 다음과 같이 인위적인 테스트에 사용되었습니다.

```
dd if=/dev/zero of=outfile oflag=sync count=100
```

정상 I/O 동작이 캐시에서 완료할 수 있는 것(지연 기록)과는 다르게, 동기식 쓰기 동작은 저장 장치 I/O가 완료되기를 기다려야만 합니다(연속 기록). 이것이 동기식 I/O가 느린 이유이며, 동기식으로 동작할 필요가 없다면 동기 플래그를 제거함으로써 성능을 크게 향상시킬 수 있습니다.

writesync(8)의 소스 코드는 다음과 같습니다.

```
#!/usr/local/bin/bpftrace
```

```
#include <linux/fs.h>
```

---

22 연혁: writesync(8)는 2019년 5월 19일에 이 책을 위해 만들었습니다.

```
#include <asm-generic/fcntl.h>

BEGIN
{
        printf("Tracing VFS write sync flags... Hit Ctrl-C to end.\n");
}

kprobe:vfs_write,
kprobe:vfs_writev
{
        $file = (struct file *)arg0;
        $name = $file->f_path.dentry->d_name.name;
        if ((($file->f_inode->i_mode >> 12) & 15) == DT_REG) {
                if ($file->f_flags & O_DSYNC) {
                        @sync[comm, str($name)] = count();
                } else {
                        @regular[comm, str($name)] = count();
                }
        }
}
```

위의 코드는 해당 파일이 일반 파일(DT_REG)임을 확인하고, 이어서 O_DSYNC 플래그(이것도 O_SYNC가 설정합니다)의 존재 유무를 확인합니다.

8.3.15 filetype

filetype(8)[23]은 VFS 읽기/쓰기를 파일의 유형, 프로세스 이름과 함께 트레이싱 하는 bpftrace 도구입니다. 예를 들어 다음은 CPU가 36개인 시스템에서 소프트 웨어를 빌드하는 예입니다.

```
# filetype.bt
Attaching 4 probes...
^C

@[regular, vfs_read, expr]: 1
@[character, vfs_read, bash]: 10
[...]
@[socket, vfs_write, sshd]: 435
@[fifo, vfs_write, cat]: 464

@[regular, vfs_write, sh]: 697
@[regular, vfs_write, as]: 785
@[regular, vfs_read, objtool]: 932
@[fifo, vfs_read, make]: 1033
@[regular, vfs_read, as]: 1437
@[regular, vfs_read, gcc]: 1563
@[regular, vfs_read, cat]: 2196
```

---

23 연혁: filetype(8)은 2019년 2월 2일에 이 책을 위해 만들었습니다.

```
@[regular, vfs_read, sh]: 8391
@[regular, vfs_read, fixdep]: 11299
@[fifo, vfs_read, sh]: 15422
@[regular, vfs_read, cc1]: 16851
@[regular, vfs_read, make]: 39600
```

이 출력 결과는 빌드 소프트웨어(make(1), cc1(1), gcc(1) 등)에서 읽고 쓴 파일 유형의 대부분이 일반 파일인 'regular'임을 보여줍니다. 출력 결과에는 패킷을 보내는 SSH 서버인 sshd에 대한 socket 쓰기 동작과 /dev/pts/1 문자 장치(character device)에서 입력을 읽는, 배시 셸에서의 character 읽기를 포함하고 있습니다.

출력 결과에는 FIFO[24] 읽기/쓰기도 포함되어 있습니다. 다음은 이러한 동작의 역할을 보여주는 짧은 데모입니다.

```
window1$ tar cf - dir1 | gzip > dir1.tar.gz
window2# filetype.bt
Attaching 4 probes...
^C
[...]
@[regular, vfs_write, gzip]: 36
@[fifo, vfs_write, tar]: 191
@[fifo, vfs_read, gzip]: 191
@[regular, vfs_read, tar]: 425
```

FIFO 유형은 셸 파이프(shell pipe)에 대한 것입니다. 여기서 tar(1) 명령어는 일반 파일을 읽은 다음 FIFO에 씁니다. gzip(1)은 FIFO를 읽어들이고 일반 파일에 씁니다. 이것은 출력 결과에서 모두 확인할 수 있습니다.

filetype(8)의 소스 코드는 다음과 같습니다.

```
#!/usr/local/bin/bpftrace

#include <linux/fs.h>

BEGIN
{
        // from uapi/linux/stat.h:
        @type[0xc000] = "socket";
        @type[0xa000] = "link";
        @type[0x8000] = "regular";
        @type[0x6000] = "block";
        @type[0x4000] = "directory";
          @type[0x2000] = "character";
```

---

24 FIFO: 선입 선출(first-in, first-out) 특수 파일입니다(named pipe). FIFO(7) 매뉴얼 페이지를 참고하세요.

```
        @type[0x1000] = "fifo";
        @type[0] = "other";
}

kprobe:vfs_read,
kprobe:vfs_readv,
kprobe:vfs_write,
kprobe:vfs_writev
{
        $file = (struct file *)arg0;
        $mode = $file->f_inode->i_mode;
        @[@type[$mode & 0xf000], func, comm] = count();
}

END
{
        clear(@type);
}
```

BEGIN 프로그램은 아이노드 파일 모드를 문자열로 변환하기 위한 해시 테이블
(@type)을 설정하는데, 이 해시 테이블은 VFS 함수에 대한 kprobe에서 조회됩
니다.

이 도구를 작성하고 2개월 후 필자는 소켓 I/O 도구를 개발하고 있었는데,
include/linux/fs.h의 파일 모드(DT_FIFO, DT_CHR 등) 유형을 보여주는 VFS
도구를 작성하지 않았다는 것을 알게 되었고 이를 위한 도구를 개발했습니다
('DT_' 접두사 제외).

```
#!/usr/local/bin/bpftrace

#include <linux/fs.h>

BEGIN
{
        printf("Tracing VFS reads and writes... Hit Ctrl-C to end.\n");
        // from include/linux/fs.h:
        @type2str[0] = "UNKNOWN";
        @type2str[1] = "FIFO";
        @type2str[2] = "CHR";
        @type2str[4] = "DIR";
        @type2str[6] = "BLK";
        @type2str[8] = "REG";
        @type2str[10] = "LNK";
        @type2str[12] = "SOCK";
        @type2str[14] = "WHT";
}

kprobe:vfs_read,
kprobe:vfs_readv,
kprobe:vfs_write,
```

```
kprobe:vfs_writev
{
        $file = (struct file *)arg0;
        $type = ($file->f_inode->i_mode >> 12) & 15;
        @[@type2str[$type], func, comm] = count();
}

END
{
        clear(@type2str);
}
```

이 도구를 이 장에 추가하려고 했을 때 필자가 우연히 filetype(8)의 두 번째 버전을 제작했다는 것을 깨달았는데, 이번에는 파일 유형 조회를 위해 다른 헤더 파일을 사용했습니다. 필자는 이런 도구를 작성하는 방법이 한 가지만은 아니라는 교훈으로 소스 코드를 여기 수록했습니다.

8.3.16 cachestat

cachestat(8)[25]는 페이지 캐시 히트와 미스 통계를 보여주는 BCC 도구입니다. 이것은 히트율과 페이지 캐시의 효율을 체크하는 데 사용할 수 있으며, 시스템 조사와 애플리케이션 튜닝 중에 캐시 성능을 확인하는 데 사용할 수 있습니다. 예를 들어 CPU가 36개인 프로덕션 하둡 인스턴스의 사례는 다음과 같습니다.

```
# cachestat

    HITS   MISSES   DIRTIES HITRATIO   BUFFERS_MB   CACHED_MB
   53401     2755     20953   95.09%           14       90223
   49599     4098     21460   92.37%           14       90230
   16601     2689     61329   86.06%           14       90381
   15197     2477     58028   85.99%           14       90522
   18169     4402     51421   80.50%           14       90656
   57604     3064     22117   94.95%           14       90693
   76559     3777      3128   95.30%           14       90692
   49044     3621     26570   93.12%           14       90743
[...]
```

이 출력 결과는 히트율이 자주 90%를 초과하고 있음을 보여줍니다. 이 90%를 100%에 근접하도록 시스템과 애플리케이션을 튜닝하면 애플리케이션은 디스크

---

25 연혁: 필자는 오스트레일리아 아웃백에 있는 울루루 인근의 율라라에서 휴가를 보내는 동안 2014년 12월 28일에 perf-tools 콜렉션의 일환으로 Ftrace를 사용해서 실험 도구용으로 만들었습니다.[87] 이 도구 헤더의 블록 주석에 이 도구를 모래성으로 묘사했는데, 도구가 커널 내부 구조와 깊이 연결되어 있어서 새 커널 버전은 도구를 간단하게 망가뜨리고 사라지게 할 수 있기 때문이었습니다. 앨런 맥클리비(Allan McAleavy)는 2015년 11월 6일에 이것을 BCC에 포팅했습니다.

I/O에서 기다리는 일 없이 메모리에서 더 자주 실행되기 때문에 성능이 아주 크게 향상될 수 있습니다(히트율 10% 차이보다 훨씬 큼).

카산드라(Cassandra), 엘라스틱서치(Elasticsearch) 그리고 PostgreSQL과 같은 대규모 클라우드 데이터베이스는 자주 사용되는 데이터세트가 메모리에 항상 남아있도록 보장하기 위해 페이지 캐시를 많이 사용합니다. 이러한 점에 있어 데이터 저장소 프로비저닝에서 가장 중요한 질문 중 하나는 이 워킹세트(working set)의 크기가 프로비저닝된 메모리 용량과 맞느냐는 것입니다. 스테이트풀(stateful) 서비스를 관리하는 넷플릭스의 팀들은 이 질문에 답하고 어느 데이터 압축 알고리즘을 사용할 것인지, 과연 메모리를 추가하는 것이 성능에 실질적인 도움이 될 것인지 같은 판단을 내릴 때 이 cachestat(8) 도구를 사용합니다.

cachestat(8) 출력 결과를 더 자세히 설명하기 위해 몇 가지 간단한 사례를 들어 봅시다. 이 사례는 1GB 파일이 생성되고 있는 유휴 시스템을 cachestat(8)를 이용해 트레이싱하는 것입니다. 타임스탬프 칼럼을 출력하기 위해 -T 옵션을 사용했습니다.

```
# cachestat -T
TIME       HITS    MISSES  DIRTIES HITRATIO  BUFFERS_MB  CACHED_MB
21:06:47      0       0        0    0.00%           9        191
21:06:48      0       0   120889    0.00%           9        663
21:06:49      0       0   141167    0.00%           9       1215
21:06:50    795       0        1  100.00%           9       1215
21:06:51      0       0        0    0.00%           9       1215
```

DIRTIES 칼럼은 페이지 캐시에 기록된 페이지('더티' 페이지)를 보여주고 있으며, CACHED_MB 칼럼은 1024MB만큼 증가했음을 보여주는데, 이는 새로 만들어진 파일의 크기와 동일합니다.

다음의 명령어는 이 파일을 디스크에 플러시하며 페이지 캐시에서 삭제합니다(옵션 3은 페이지 캐시에서 모든 페이지를 해제합니다).

```
# sync
# echo 3 > /proc/sys/vm/drop_caches
```

이번에는 동일한 파일을 두 번 읽어 들입니다. 여기서는 cachestat(8)를 10초의 인터벌과 함께 사용했습니다.

```
# cachestat -T 10
TIME       HITS    MISSES  DIRTIES HITRATIO  BUFFERS_MB  CACHED_MB
21:08:58    771       0        1  100.00%           8        190
21:09:08  33036   53975       16   37.97%           9        400
```

21:09:18	15	68544	2	0.02%	9	668
21:09:28	798	65632	1	1.20%	9	924
21:09:38	5	67424	0	0.01%	9	1187
21:09:48	3757	11329	0	24.90%	9	1232
21:09:58	2082	0	1	100.00%	9	1232
21:10:08	268421	11	12	100.00%	9	1232
21:10:18	6	0	0	100.00%	9	1232
21:10:19	784	0	1	100.00%	9	1232

21:09:08~21:09:48 사이에 MISSES 비율은 높고, HITRATIO는 낮으며 CACHED_MB에서 1024MB만큼 페이지 캐시가 증가했음을 통해 파일이 처음 읽혔음을 알 수 있습니다. 21:10:08에 두 번째로 파일을 읽었고, 이제 페이지 캐시에서 완전히 히트했습니다(100%).

cachestat(8)는 kprobe를 사용해서 다음의 커널 함수들을 계측하면서 작동합니다.

- mark_page_accessed(): 캐시 접근 측정용
- mark_buffer_dirty(): 캐시 쓰기 측정용
- add_to_page_cache_lru(): 페이지 추가 측정용
- account_page_dirtied(): 페이지 더티 측정용

이 도구를 통해 페이지 캐시 히트율에 대해 상세하게 파악할 수 있지만 kprobe 때문에 커널 구현 세부 사항에 의존적이게 되며 여러 다른 커널 버전에서 작동되도록 하려면 보수 관리가 필요합니다. 이러한 도구가 가능하다는 것을 보여주는 정도가 최선의 사용법일 것입니다.[26]

이들 페이지 캐시 함수는 일 초에 수만 번 호출되는 수준으로 아주 빈번할 수도 있습니다. 이 도구의 오버헤드는 극한인 상황에서는 30%를 초과할 수 있지만 일반 워크로드의 경우 오버헤드가 훨씬 적습니다. 실험 환경에서 테스트하고 프로덕션 환경에서 사용하기 전에 오버헤드를 정량화해야 합니다.

커맨드 라인 사용법은 다음과 같습니다.

---

26 필자가 LSFMM 키노트에서 cachestat(8)를 발표했을 때, 커널의 mm(memory management) 엔지니어들은 그 도구가 망가질 것이라고 역설했고, 향후 커널에서 이 도구가 제대로 동작하기 어려운 몇 가지 이유를 설명했습니다(멜 고먼(Mel Gorman)에게 감사를 전합니다). 일부 사람들은 (넷플릭스에서처럼) 자신들의 커널과 워크로드에서 해당 도구가 충분히 잘 작동되도록 할 수 있었습니다. 그렇지만 모두를 위한 탄탄한 도구가 되도록 하기 위해서는 (A) 누군가가 몇 주 동안 커널 소스를 공부하고, 여러 다른 워크로드를 시도해보고, mm 엔지니어들과 함께 작업해 이 문제를 확실하게 해결하거나(혹은 개선하거나), (B) /proc에 페이지 캐시 관련 통계 지표를 추가하고 이 도구를 카운터 기반 도구로 전환시켜야 할 것입니다.

```
cachestat [options] [interval [count]]
```

-T 옵션을 사용하면 출력 결과에 타임스탬프를 포함할 수 있습니다.

cachetop(8)[27]이라는 다른 BCC 도구가 있는데, 이것은 프로세스별 cachestat(8) 통계를 curses 라이브러리를 사용해서 top(1) 스타일로 출력합니다.

8.3.17 writeback

writeback(8)[28]은 페이지 캐시 지연 기록 동작을 보여주는 bpftrace 도구인데, 페이지들이 언제 스캔되는지, 더티 페이지들이 언제 디스크로 플러시되는지, 지연 기록 이벤트의 유형 그리고 지속 시간을 보여줍니다. 다음은 CPU가 36개인 시스템에서의 사례입니다.

```
# writeback.bt
Attaching 4 probes...
Tracing writeback... Hit Ctrl-C to end.
TIME      DEVICE   PAGES    REASON       ms
03:42:50  253:1    0        periodic     0.013
03:42:55  253:1    40       periodic     0.167
03:43:00  253:1    0        periodic     0.005
03:43:01  253:1    11268    background   6.112
03:43:01  253:1    11266    background   7.977
03:43:01  253:1    11314    background   22.209
03:43:02  253:1    11266    background   20.698
03:43:02  253:1    11266    background   7.421
03:43:02  253:1    11266    background   11.382
03:43:02  253:1    11266    background   6.954
03:43:02  253:1    11266    background   8.749
03:43:02  253:1    11266    background   14.518
03:43:04  253:1    38836    sync         64.655
03:43:04  253:1    0        sync         0.004
03:43:04  253:1    0        sync         0.002
03:43:09  253:1    0        periodic     0.012
03:43:14  253:1    0        periodic     0.016
[...]
```

이 출력 결과는 5초마다 주기적인 지연 기록이 발생하고 있음을 보여주고 있습니다. 이것은 많은 페이지를 쓰지는 않았습니다(0, 40, 0). 그 다음에 수만 페이지에 달하는 백그라운드 지연 기록이 갑작스럽게 집중적으로 발생했는데, 매 지연 기록에 6~22ms 사이의 시간이 소요되었습니다. 이것은 시스템의 가용 메모

---

27 연혁: cachetop(8)은 2016년 7월 13일에 에마뉘엘 브리텔(Emmanuel Bretelle)이 만들었습니다.
28 연혁: 필자는 이 도구를 2018년 9월 14일에 bpftrace를 사용해서 만들었습니다.

리가 고갈되어 가고 있을 때 발생하는 비동기 페이지 플러싱입니다. 만일 이 도구의 타임스탬프가 다른 모니터링 도구(예: 클라우드 전역에 걸친 성능 모니터링)에서 볼 수 있는 애플리케이션 성능 문제와 연관이 있다면, 이것은 해당 문제가 파일 시스템 지연 기록 때문에 발생했다는 단서가 될 것입니다. 지연 기록 플러싱 동작은 sysctl(8)을 통해 튜닝할 수 있습니다(예: vm.dirty_writeback_centisecs). 3:43:04에는 sync 지연 기록이 발생했는데, 64ms 동안 38,836페이지를 썼습니다.

writeback(8)의 소스 코드는 다음과 같습니다.

```
#!/usr/local/bin/bpftrace

BEGIN
{
        printf("Tracing writeback... Hit Ctrl-C to end.\n");
        printf("%-9s %-8s %-8s %-16s %s\n", "TIME", "DEVICE", "PAGES",
            "REASON", "ms");
        // /sys/kernel/debug/tracing/events/writeback/writeback_start/format 참고
        @reason[0] = "background";
        @reason[1] = "vmscan";
        @reason[2] = "sync";
        @reason[3] = "periodic";
        @reason[4] = "laptop_timer";
        @reason[5] = "free_more_memory";
        @reason[6] = "fs_free_space";
        @reason[7] = "forker_thread";
}


tracepoint:writeback:writeback_start
{
        @start[args->sb_dev] = nsecs;
        @pages[args->sb_dev] = args->nr_pages;
}

tracepoint:writeback:writeback_written
/@start[args->sb_dev]/
{
        $sb_dev = args->sb_dev;
        $s = @start[$sb_dev];
        $lat = $s ? (nsecs - $s) / 1000: 0;
        $pages = @pages[args->sb_dev] - args->nr_pages;
        time("%H:%M:%S  ");
        printf("%-8s %-8d %-16s %d.%03d\n", args->name, $pages,
            @reason[args->reason], $lat / 1000, $lat % 1000);
        delete(@start[$sb_dev]);
        delete(@pages[$sb_dev]);
}
```

```
END
{
        clear(@reason);
        clear(@start);
}
```

위의 예를 보면 지연 기록이 발생한 이유를 사람이 읽을 수 있는 문자열로 변환하기 위해 @reason을 채워 넣습니다. writeback_start에서는 장치의 이름을 키로 해서 지연 기록하는 동안의 시간을 측정하고, 모든 세부 사항은 writeback_written tracepoint 안에서 출력됩니다. 페이지 수는 커널의 처리 방법에 따라 args->nr_pages 인자 값의 감소량을 통해 알아낼 수 있습니다(fs/fs-writeback.c에 있는wb_writeback() 소스를 살펴보세요).

8.3.18 dcstat

dcstat(8)[29]는 디렉터리 엔트리 캐시(dcache, 덴트리 캐시) 통계를 보여주는 BCC와 bpftrace 도구입니다. 다음은 CPU가 36개인 프로덕션 하둡 인스턴스에서 BCC 도구 dcstat(8)를 사용한 예입니다.

```
# dcstat
TIME          REFS/s    SLOW/s    MISS/s     HIT%
22:48:20:     661815     27942     20814    96.86
22:48:21:     540677     87375     80708    85.07
22:48:22:     271719      4042       914    99.66
22:48:23:     434353      4765        37    99.99
22:48:24:     766316      5860       607    99.92
22:48:25:     567078      7866      2279    99.60
22:48:26:     556771     26845     20431    96.33
22:48:27:     558992      4095       747    99.87
22:48:28:     299356      3785       105    99.96
[...]
```

이 출력 결과는 히트율이 99%를 넘고, 초당 레퍼런스가 50만을 넘는 워크로드를 보여줍니다. 칼럼은 다음과 같습니다.

- REFS/s: dcache 레퍼런스
- SLOW/s: 리눅스 2.5.11부터 dcache는 일반적인 경로('/', '/usr')를 조회하는 동안 캐시 라인 바운싱(cacheline bouncing)을 피하도록 최적화되었습니

---

29 연혁: 필자는 2004년 3월 10일에 솔라리스 디렉터리 이름 탐색 캐시를 계측하기 위해 dnlcstat라는 이름의 비슷한 도구를 커널 Kstat 통계를 사용해서 처음 만들었습니다. 2016년 2월 9일에 BCC dcstat(8)를 만들었으며, 2019년 3월 26일에 이 책을 위해 bpftrace 버전을 만들었습니다.

다.[88] 이 최적화가 사용되지 않았고, dcache 조회가 'slow' 경로를 취한 경우에는 이 칼럼에 표시됩니다.

- MISS/s: dcache 조회에 실패했습니다. 디렉터리 엔트리는 페이지 캐시의 일부로서 여전히 메모리에 남아 있지만, 특수 목적의 dcache는 그렇지 않습니다.
- HIT%: 레퍼런스에 대한 히트율

이것은 kprobe를 사용해서 lookup_fast() 커널 함수를, kretprobe를 사용해서 d_lookup()을 계측하면서 작동합니다. 이 도구의 오버헤드는 워크로드에 따라 눈에 띄게 나타날 수 있습니다. 예시 출력에서 볼 수 있는 것처럼 이들 함수가 자주 호출될 수 있기 때문입니다. 실험 환경에서 테스트하고 정량화하십시오.

BCC

커맨드 라인 사용법은 다음과 같습니다.

```
dcstat [interval [count]]
```

이 도구는 다른 기존 도구(vmstat(1))를 기반으로 설계되었습니다.

bpftrace

bpftrace 버전에서의 출력 결과 사례는 다음과 같습니다.

```
# dcstat.bt
Attaching 4 probes...
Tracing dcache lookups... Hit Ctrl-C to end.

     REFS     MISSES  HIT%
   234096      16111   93%
   495104      36714   92%
   461846      36543   92%
   460245      36154   92%
[...]
```

소스 코드는 다음과 같습니다.

```
#!/usr/local/bin/bpftrace

BEGIN
{
        printf("Tracing dcache lookups... Hit Ctrl-C to end.\n");
        printf("%10s %10s %5s%\n", "REFS", "MISSES", "HIT%");
}

kprobe:lookup_fast { @hits++; }
```

```
kretprobe:d_lookup /retval == 0/ { @misses++; }

interval:s:1
{
        $refs = @hits + @misses;
        $percent = $refs > 0 ? 100 * @hits / $refs: 0;
        printf("%10d %10d %4d%%\n", $refs, @misses, $percent);
        clear(@hits);
        clear(@misses);
}

END
{
        clear(@hits);
        clear(@misses);
}
```

이 코드에서는 3항 연산자를 사용해 0으로 나누는 상황을 방지하였습니다. 참이 아닌 경우는 히트와 미스 발생이 0으로 측정된 경우입니다.[30]

8.3.19 dcsnoop

dcsnoop(8)[31]은 디렉터리 엔트리 캐시(dcache, 덴트리 캐시) 조회를 트레이싱 하는 BCC와 bpftrace 도구로, 모든 조회에 대한 세부 사항을 보여줍니다. 출력 결과는 조회 비율에 따라 초당 수천 라인으로 장황할 수 있습니다. 다음은 dcsnoop(8)의 BCC 버전으로, -a를 사용해서 모든 조회를 보여주고 있습니다.

```
# dcsnoop -a
TIME(s)     PID    COMM         T FILE
0.005463    2663   snmpd        R proc/sys/net/ipv6/conf/eth0/forwarding
0.005471    2663   snmpd        R sys/net/ipv6/conf/eth0/forwarding
0.005479    2663   snmpd        R net/ipv6/conf/eth0/forwarding
0.005487    2663   snmpd        R ipv6/conf/eth0/forwarding
0.005495    2663   snmpd        R conf/eth0/forwarding
0.005503    2663   snmpd        R eth0/forwarding
0.005511    2663   snmpd        R forwarding
[...]
```

이 출력 결과는 snmpd가 /proc/sys/net/ipv6/conf/eth0/forwarding 경로를 탐색하고 있음을 보여주며, 각 컴포넌트별로 조회하면서 경로를 탐색하는 방법을

---

30 BPF는 0으로 나누기를 방지하는 기능이 있습니다.[89] BPF로 프로그램을 보내기 전에 BPF 검증 도구에 의해 프로그램이 거부되지 않도록 확인하는 것이 좋습니다.
31 연혁: 필자는 2004년 3월 17일에 DTrace를 사용해서 이 도구를 dnlcsnoop으로 만들었고, 2016년 2월 9일에 BCC 버전을, 그리고 2018년 9월 8일에 bpftrace 버전을 만들었습니다.

보여줍니다. 조회 유형을 보여주는 T 칼럼에서 R은 레퍼런스를, M은 미스를 의미합니다.

이 도구는 kprobe를 사용하는 dcstat(8)와 동일한 방법으로 동작합니다. 이 도구는 이벤트당 한 줄의 결과를 출력하기 때문에 어떠한 보통 수준의 워크로드에서든 오버헤드는 높을 것입니다. 이 도구는 dcstat(8)를 통해 확인할 수 있는 미스에 대해 조사하기 위해 짧은 시간 동안만 사용하려고 만든 것입니다.

BCC

BCC 버전은 단 하나만의 커맨드 라인 옵션 -a만을 지원하는데, 이것은 레퍼런스와 미스를 둘 다 출력합니다. 기본적으로는 미스만 출력합니다.

bpftrace

다음은 bpftrace 버전의 코드입니다.

```
#!/usr/local/bin/bpftrace

#include <linux/fs.h>
#include <linux/sched.h>

// from fs/namei.c:
struct nameidata
{
        struct path     path;
        struct qstr     last;
        // [...]
};

BEGIN
{
        printf("Tracing dcache lookups... Hit Ctrl-C to end.\n");
        printf("%-8s %-6s %-16s %1s %s\n", "TIME", "PID", "COMM", "T", "FILE");
}

// 히트를 표시하지 않기 위해서는 아래를 주석 처리하세요
kprobe:lookup_fast

{
        $nd = (struct nameidata *)arg0;
        printf("%-8d %-6d %-16s R %s\n", elapsed / 1000000, pid, comm,
            str($nd->last.name));
}

kprobe:d_lookup
{
        $name = (struct qstr *)arg1;
        @fname[tid] = $name->name;
}
```

```
kretprobe:d_lookup
/@fname[tid]/
{
        if (retval == 0) {
                printf("%-8d %-6d %-16s M %s\n", elapsed / 1000000, pid, comm,
                    str(@fname[tid]));
        }
        delete(@fname[tid]);
}
```

이 프로그램은 nameidata 구조체의 멤버 'last'를 참조해야 하지만 커널 헤더에서는 사용할 수 없어서, 멤버 변수를 가져오기에 충분한 만큼의 구조체 일부를 도구의 앞부분에 함께 정의했습니다.

8.3.20 mountsnoop

mountsnoop(8)[32]은 언제 파일 시스템이 마운트되는지 보여주는 BCC 도구입니다. 특히 컨테이너 시작 시에 파일 시스템을 마운트하는 컨테이너 환경의 문제 해결에 사용할 수 있습니다. 다음은 출력 결과 사례입니다.

```
# mountsnoop
COMM            PID     TID     MNT_NS          CALL
systemd-logind  1392    1392    4026531840      mount("tmpfs", "/run/user/116",
"tmpfs", MS_NOSUID|MS_NODEV, "mode=0700,uid=116,gid=65534,size=25778348032") = 0
systemd-logind  1392    1392    4026531840      umount("/run/user/116", MNT_DETACH)
= 0
[...]
```

이 출력 결과는 systemd-logind가 tmpfs 유형의 /run/user/116에 대해 mount(2)와 umount(2)를 수행하고 있음을 보여줍니다.

이것은 kprobe를 사용해서 mount(2)와 umonut(2) 시스템 콜을 트레이싱하여 작동합니다. 마운트는 빈번하지 않은 동작이기 때문에 이 도구의 오버헤드는 무시할 수 있는 수준입니다.

8.3.21 xfsslower

xfsslower(8)[33]는 일반적인 XFS 파일 시스템 동작을 트레이싱하는 BCC 도구로, 주어진 임계 값보다 더 느린 동작에 대한 이벤트별 세부 사항을 출력합니다. 트

---

32 연혁: 이 도구는 2016년 10월 14일에 오마르 샌도벌(Omar Sandoval)이 만들었습니다.
33 연혁: 필자는 《DTrace》에 실린 zfsslower.d 도구에서 영감을 얻어 2016년 2월 11일에 이 도구를 만들었습니다.[Gregg 11]

레이싱된 동작은 reads, writes, opens 그리고 fsync입니다.

다음은 BCC 도구 xfsslower(8)가 CPU가 36개인 프로덕션 인스턴스에서 10 ms(기본값)보다 느린 동작을 트레이싱하는 것을 보여줍니다.

```
# xfsslower
Tracing XFS operations slower than 10 ms
TIME      COMM      PID     T BYTES   OFF_KB   LAT(ms) FILENAME
02:04:07 java       5565    R 63559   360237    17.16 shuffle_2_63762_0.data
02:04:07 java       5565    R 44203   151427    12.59 shuffle_0_12138_0.data
02:04:07 java       5565    R 39911   106647    34.96 shuffle_0_12138_0.data
02:04:07 java       5565    R 65536   340788    14.80 shuffle_2_101288_0.data
02:04:07 java       5565    R 65536   340744    14.73 shuffle_2_103383_0.data
02:04:07 java       5565    R 64182   361925    59.44 shuffle_2_64928_0.data
02:04:07 java       5565    R 44215   108517    12.14 shuffle_0_12138_0.data
02:04:07 java       5565    R 63370   338650    23.23 shuffle_2_104532_0.data
02:04:07 java       5565    R 63708   360777    22.61 shuffle_2_65806_0.data
[...]
```

이 출력 결과는 자바에 10ms를 초과하는 읽기가 빈번하게 발생했음을 보여줍니다.

fileslower(8)와 유사하게 이것은 애플리케이션과 아주 가까운 지점을 계측하고 있으며, 여기서 보이는 지연은 애플리케이션의 영향을 받고 있을 가능성이 있습니다.

이것은 VFS에 대한 인터페이스인 파일 시스템의 struct file_operations 구조체에 정의된 커널 함수를 kprobe를 사용해서 트레이싱함으로써 작동합니다. 리눅스 fs/xfs/xfs_file.c에는 다음과 같이 정의되어 있습니다.

```
const struct file_operations xfs_file_operations = {
        .llseek        = xfs_file_llseek,
        .read_iter     = xfs_file_read_iter,
        .write_iter    = xfs_file_write_iter,
        .splice_read   = generic_file_splice_read,
        .splice_write  = iter_file_splice_write,
        .unlocked_ioctl = xfs_file_ioctl,
#ifdef CONFIG_COMPAT
        .compat_ioctl  = xfs_file_compat_ioctl,
#endif
        .mmap          = xfs_file_mmap,
        .mmap_supported_flags = MAP_SYNC,
        .open          = xfs_file_open,
        .release       = xfs_file_release,
        .fsync         = xfs_file_fsync,
        .get_unmapped_area = thp_get_unmapped_area,
        .fallocate     = xfs_file_fallocate,
        .remap_file_range = xfs_file_remap_range,
};
```

읽기 동작은 xfs_file_read_iter() 함수를, 쓰기 동작은 xfs_file_write_iter() 함수를 트레이싱하는 등 각 동작에 대응되는 함수를 트레이싱합니다. 이들 함수는 커널 버전에 따라 바뀔 수 있어서 도구의 유지 보수가 필요합니다. 이 도구의 오버헤드는 XFS 파일 시스템의 동작 비율에 비례하며, 여기에 더해 임계 값을 초과해서 출력된 이벤트의 비율에도 비례합니다. 바쁜 워크로드에서는 동작 비율이 높아 오버헤드가 눈에 띌 수 있으며, 임계 값보다 느린 이벤트가 없어서 아무런 결과를 출력하지 않더라도 그렇습니다.

커맨드 라인 사용법은 다음과 같습니다.

```
xfsslower [options] [min_ms]
```

옵션은 다음과 같습니다.

- -p PID: 이 프로세스만 측정합니다.

min_ms 인자는 밀리초 단위의 최소 시간입니다. 만약 인자 값으로 0을 사용하면 트레이싱된 모든 동작을 출력합니다. 동작들의 발생 비율에 따라 이 출력 결과는 초당 수천 라인이 될 수 있는데, 전부 검토해야 할 이유가 없다면 시도할 필요가 없는 방법입니다. 인자가 제공되지 않으면 기본적으로 10ms가 사용됩니다.

다음 도구는 이벤트별 출력 결과 대신 지연 히스토그램을 위한 동일한 함수를 계측하는 bpftrace 프로그램을 보여줍니다.

8.3.22 xfsdist

xfsdist(8)[34]는 XFS 파일 시스템을 계측하고 reads, writes, opens 그리고 fsync 같은 일반적인 동작에 대한 지연 분포를 히스토그램으로 보여주는 BCC와 bpftrace 도구입니다. 다음은 CPU가 36개인 프로덕션 하둡 인스턴스에서 BCC 도구 xfsdist(8)를 10초간 실행한 결과입니다.

```
# xfsdist 10 1
Tracing XFS operation latency... Hit Ctrl-C to end.

23:55:23:
```

---

[34] 연혁: xfsdist(8)는 필자가 2012년에 만든 zfsdist.d DTrace 도구에서 영감을 받아 2016년 2월 12일에 BCC 버전을, 2018년 9월 8일에는 bpftrace 버전을 만들었습니다.

```
operation = 'read'
    usecs               : count    distribution
        0 -> 1          : 5492     |****************************         |
        2 -> 3          : 4384     |**********************               |
        4 -> 7          : 3387     |*****************                    |
        8 -> 15         : 1675     |********                             |
       16 -> 31         : 7429     |*************************************|
       32 -> 63         : 574      |***                                  |
       64 -> 127        : 407      |**                                   |
      128 -> 255        : 163      |                                     |
      256 -> 511        : 253      |*                                    |
      512 -> 1023       : 98       |                                     |
     1024 -> 2047       : 89       |                                     |
     2048 -> 4095       : 39       |                                     |
     4096 -> 8191       : 37       |                                     |
     8192 -> 16383      : 27       |                                     |
    16384 -> 32767      : 11       |                                     |
    32768 -> 65535      : 21       |                                     |
    65536 -> 131071     : 10       |                                     |

operation = 'write'
    usecs               : count    distribution
        0 -> 1          : 414      |                                     |
        2 -> 3          : 1327     |                                     |
        4 -> 7          : 3367     |**                                   |
        8 -> 15         : 22415    |************                         |
       16 -> 31         : 65348    |*************************************|
       32 -> 63         : 5955     |***                                  |
       64 -> 127        : 1409     |                                     |
      128 -> 255        : 28       |                                     |

operation = 'open'
    usecs               : count    distribution
        0 -> 1          : 7557     |*************************************|
        2 -> 3          : 263      |*                                    |
        4 -> 7          : 4        |                                     |
        8 -> 15         : 6        |                                     |
       16 -> 31         : 2        |                                     |
```

이 출력 결과는 읽기, 쓰기, 열기 동작에 대한 각각의 히스토그램을 보여주는데, 워크로드에 현재 쓰기 동작이 매우 많음을 알 수 있습니다. 읽기 동작 히스토 그램은 쌍봉분포를 보여주는데, 대부분 7μs 미만에 분포해 있고 다른 봉우리는 16~31μs입니다. 이들 두 개 봉우리의 속도는 읽기 동작이 페이지 캐시에서 처리 되었음을 암시합니다. 두 봉우리의 속도가 차이 나는 이유는 데이터 읽기의 크 기가 다르거나 읽기 유형이 달라 서로 다른 코드 경로를 취하기 때문일 수 있습 니다. 가장 느린 읽기 동작은 65~131ms 범위 버킷에 도달했는데, 이들은 저장 장치에서 발생한 것으로 보이고 큐잉(queueing) 시간도 포함되었을 것입니다.

쓰기 동작 히스토그램은 대부분의 쓰기가 16~31μs 범위에 있음을 보여주는데, 역시 빠르며 지연 기록 버퍼링이 사용되었을 가능성이 있습니다.

BCC

커맨드 라인 사용법은 다음과 같습니다.

```
xfsdist [options] [interval [count]]
```

옵션은 다음과 같습니다.

- −m: 결과를 밀리초 단위로 출력합니다(기본값은 마이크로초입니다).
- −p PID: 이 프로세스만 측정합니다.

interval과 count 인자로 이들 히스토그램을 시간에 따라 조사할 수 있습니다.

bpftrace

다음은 bpftrace 버전의 코드로, 핵심 기능을 보여줍니다. 이 버전은 옵션을 지원하지 않습니다.

```
#!/usr/local/bin/bpftrace

BEGIN
{
        printf("Tracing XFS operation latency... Hit Ctrl-C to end.\n");
}

kprobe:xfs_file_read_iter,
kprobe:xfs_file_write_iter,
kprobe:xfs_file_open,
kprobe:xfs_file_fsync
{
        @start[tid] = nsecs;
        @name[tid] = func;
}

kretprobe:xfs_file_read_iter,
kretprobe:xfs_file_write_iter,
kretprobe:xfs_file_open,
kretprobe:xfs_file_fsync
/@start[tid]/
{
        @us[@name[tid]] = hist((nsecs - @start[tid]) / 1000);
        delete(@start[tid]);
        delete(@name[tid]);
}

END
```

```
{
        clear(@start);
        clear(@name);
}
```

여기서는 XFS struct file_operations 구조체의 함수를 사용합니다. 다음 절에서 ext4를 논의할 때 설명하겠지만, 모든 파일 시스템이 이와 같이 간단한 매핑을 가지고 있는 건 아닙니다.

8.3.23 ext4dist

xfsdist(8)처럼 작동하는 ext4dist(8)[35] 도구가 BCC에 있는데, 하지만 대신 ext4 파일 시스템 전용입니다. 출력 결과와 사용법에 대해서는 xfsdist(8)을 다룬 앞 절을 참고하세요.

여기에는 한 가지 차이점이 있는데, 이것은 kprobe 사용의 어려움을 보여주는 사례입니다. 리눅스 4.8의 ext4_file_operations 구조체는 다음과 같습니다.

```
const struct file_operations ext4_file_operations = {
        .llseek       = ext4_llseek,
        .read_iter    = generic_file_read_iter,
        .write_iter   = ext4_file_write_iter,
        .unlocked_ioctl = ext4_ioctl,
[...]
```

볼드로 강조한 읽기 함수는 generic_file_read_iter()이며, ext4에 국한된 것이 아닙니다. 이 점이 문제인데, 이 범용 함수를 트레이싱하면 다른 파일 시스템 유형의 동작도 트레이싱하는 것이며, 출력 결과는 오염됩니다.

그 대신 generic_file_read_iter()를 트레이싱하고 인자를 검사해서 해당 동작이 ext4에서 발생한 것인지 여부를 확인했습니다. BPF 코드는 struct kiocb *icb 인자를 이 방식으로 검사하여 파일 시스템 동작이 ext4용이 아니라면 트레이싱 함수에서 리턴합니다.

```
// file->f_op == ext4_file_operations를 검사해 ext4만 필터링
struct file *fp = iocb->ki_filp;
if ((u64)fp->f_op != EXT4_FILE_OPERATIONS)
    return 0;
```

---

35 연혁: xfsdist(8)는 필자가 2012년에 만든 zfsdist.d DTrace 도구에서 영감을 얻어서 2016년 2월 12일에 만들었고, 2019년 2월 2일에 이 책을 위해 bpftrace 버전을 만들었습니다.

이것은 BCC ext4dist(8)의 소스 코드 일부인데, 이 프로그램은 시작할 때 /proc/kallsyms에서 ext4_file_operations 구조체의 실제 주소를 찾고 나중에 이 EXT4_FILE_OPERATIONS를 실제 주소로 교체합니다. 약간 조잡한 방식이긴 하지만, 작동하기는 합니다. 이 도구는 모든 generic_file_read_iter() 호출을 트레이싱함으로 인한 성능 비용(이 함수를 사용하는 다른 파일 시스템에도 영향을 미침)과 BPF 프로그램에서의 부가적인 검사 식으로 인한 비용이 발생합니다.

리눅스 4.10 이후 버전에서는 그동안 사용하던 함수들을 변경했습니다. 기존의 '가능성이 있다'는 가설에 근거한 경고 대신 실제 커널 변경과 kprobe에 미치는 영향을 조사할 수 있습니다. file_operations 구조체는 다음과 같이 변경되었습니다.

```
const struct file_operations ext4_file_operations = {
        .llseek         = ext4_llseek,
        .read_iter      = ext4_file_read_iter,
        .write_iter     = ext4_file_write_iter,
        .unlocked_ioctl = ext4_ioctl,
[...]
```

이것을 이전 버전과 비교해 보십시오. 이제는 직접 트레이싱할 수 있는 ext4_file_read_iter() 함수가 있으니 더 이상 범용 함수에서 ext4 호출만 분리해야 할 필요가 없습니다.

bpftrace

이 변화를 기념하기 위해, 필자는 리눅스 4.10 이후 버전(해당 함수가 다시 변경되기 전까지)용의 ext4dist(8)를 개발했습니다. 출력 결과 사례는 다음과 같습니다.

```
# ext4dist.bt
Attaching 9 probes...
Tracing ext4 operation latency... Hit Ctrl-C to end.
^C

@us[ext4_sync_file]:
[1K, 2K)               2 |@@@@@@@@@@@@@@@@@@@@@@@@@@@@@@@@@@@@@@@@@@@@@@@@@@@@|
[2K, 4K)               1 |@@@@@@@@@@@@@@@@@@@@@@@@@@@                        |
[4K, 8K)               0 |                                                  |
[8K, 16K)              1 |@@@@@@@@@@@@@@@@@@@@@@@@@@@                        |

@us[ext4_file_write_iter]:
[1]                   14 |@@@@@@                                            |
[2, 4)                28 |@@@@@@@@@@@                                       |
[4, 8)                72 |@@@@@@@@@@@@@@@@@@@@@@@@@@@@@@                     |
```

```
[8, 16)                 114 |@@@@@@@@@@@@@@@@@@@@@@@@@@@@@@@@@@@@@@@@@@@@@@@@@|
[16, 32)                 26 |@@@@@@@@@@                                     |
[32, 64)                 61 |@@@@@@@@@@@@@@@@@@@@@@@@@@@                     |
[64, 128)                 5 |@@                                            |
[128, 256)                0 |                                              |
[256, 512)                0 |                                              |
[512, 1K)                 1 |                                              |

@us[ext4_file_read_iter]:
[0]                       1 |                                              |
[1]                       1 |                                              |
[2, 4)                  768 |@@@@@@@@@@@@@@@@@@@@@@@@@@@@@@@@@@@@@@@@@@@@@@@@@|
[4, 8)                  385 |@@@@@@@@@@@@@@@@@@@@@@@@@                      |
[8, 16)                 112 |@@@@@@@                                       |
[16, 32)                 18 |@                                             |
[32, 64)                  5 |                                              |
[64, 128)                 0 |                                              |
[128, 256)              124 |@@@@@@@@                                      |
[256, 512)               70 |@@@@                                          |
[512, 1K)                 3 |                                              |

@us[ext4_file_open]:
[0]                    1105 |@@@@@@@@@@                                    |
[1]                     221 |@@                                            |

[2, 4)                 5377 |@@@@@@@@@@@@@@@@@@@@@@@@@@@@@@@@@@@@@@@@@@@@@@@@@|
[4, 8)                  359 |@@@                                           |
[8, 16)                  42 |                                              |
[16, 32)                  5 |                                              |
[32, 64)                  1 |                                              |
```

히스토그램은 마이크로초 단위이며, 이 출력 결과는 밀리초 이하의 지연을 모두 보여줍니다.

소스 코드는 다음과 같습니다.

```
#!/usr/local/bin/bpftrace

BEGIN
{
        printf("Tracing ext4 operation latency... Hit Ctrl-C to end.\n");
}

kprobe:ext4_file_read_iter,
kprobe:ext4_file_write_iter,
kprobe:ext4_file_open,
kprobe:ext4_sync_file
{
        @start[tid] = nsecs;
        @name[tid] = func;
}

kretprobe:ext4_file_read_iter,
```

```
kretprobe:ext4_file_write_iter,
kretprobe:ext4_file_open,
kretprobe:ext4_sync_file
/@start[tid]/
{
        @us[@name[tid]] = hist((nsecs - @start[tid]) / 1000);
        delete(@start[tid]);
        delete(@name[tid]);
}

END
{
        clear(@start);
        clear(@name);
}
```

맵은 출력 결과의 단위(마이크로초)를 설명하기 위해 '@us'라고 명명했습니다.

8.3.24 icstat

icstat(8)[36]는 아이노드 캐시 레퍼런스와 미스를 트레이싱하며 매초 통계를 출력합니다. 예를 들면 다음과 같습니다.

```
# icstat.bt
Attaching 3 probes...
Tracing icache lookups... Hit Ctrl-C to end.
     REFS    MISSES  HIT%
        0         0    0%
    21647         0  100%
    38925     35250    8%
    33781     33780    0%
      815       806    1%
        0         0    0%
        0         0    0%
[...]
```

이 출력 결과를 보면 첫 1초에 히트가 발생하고, 그 이후 수 초 동안 대부분 미스가 발생했습니다. 워크로드는 아이노드를 탐색하고 그 세부 사항을 출력하는 find /var -ls였습니다.

icstat(8)의 소스 코드는 다음과 같습니다.

```
#!/usr/local/bin/bpftrace

BEGIN
```

---

36 연혁: icstat(8)는 2019년 2월 2일에 이 책을 위해 만들었습니다. 필자의 첫 아이노드 캐시 stat 도구는 2004년 3월 11일의 inodestat7이었으며, 그 이전에도 아이노드 stat 도구들이 있었다고 확신합니다(기억에 따르면, SE Toolkit이 있었습니다).

```
{
        printf("Tracing icache lookups... Hit Ctrl-C to end.\n");
        printf("%10s %10s %5s\n", "REFS", "MISSES", "HIT%");
}

kretprobe:find_inode_fast
{
        @refs++;
        if (retval == 0) {
                @misses++;
        }
}

interval:s:1
{
        $hits = @refs - @misses;
        $percent = @refs > 0 ? 100 * $hits / @refs: 0;
        printf("%10d %10d %4d%%\n", @refs, @misses, $percent);

        clear(@refs);
        clear(@misses);
}

END
{
        clear(@refs);
        clear(@misses);
}
```

dcstat(8)에서처럼 백분율 계산을 위해 @refs가 0인지 체크해서, 0으로 나누기를 방지합니다.

8.3.25 bufgrow

bufgrow(8)[37]는 버퍼 캐시의 동작에 대해 어느 정도 파악할 수 있게 해 주는 bpftrace 도구입니다. 이 도구는 페이지 캐시 크기 증가 중 블록 페이지(블록 I/O 버퍼에 사용된 버퍼 캐시)에 대한 것만을 보여주며 어느 프로세스가 캐시의 크기를 몇 KB나 증가시켰는지 보여줍니다. 예를 들면 다음과 같습니다.

```
# bufgrow.bt
Attaching 1 probe...
^C
@kb[dd]: 101856
```

---

37 연혁: 이 도구는 2019년 2월 3일에 이 책을 위해 만들었습니다.

트레이싱하는 동안 'dd' 프로세스가 버퍼 캐시를 약 100MB 증가시켰습니다. 이 환경에서는 블록 장치에 dd(1)를 실행하고 있었으며, 그동안 버퍼 캐시가 100MB 증가했습니다.

```
# free -wm
            total      used      free    shared   buffers     cache  available
Mem:        70336       471     69328        26         2       534      68928
Swap:           0         0         0
[...]
# free -wm
            total      used      free    shared   buffers     cache  available
Mem:        70336       473     69153        26       102       607      68839
Swap:           0         0         0
```

bufgrow(8)의 소스 코드는 다음과 같습니다.

```
#!/usr/local/bin/bpftrace

#include <linux/fs.h>
kprobe:add_to_page_cache_lru
{
        $as = (struct address_space *)arg1;
        $mode = $as->host->i_mode;
        // uapi/linux/stat.h에 따라 블록 모드 비교
        if ($mode & 0x6000) {
                @kb[comm] = sum(4);         // 페이지 크기
        }
}
```

이것은 kprobe를 사용해서 add_to_page_cache_lru() 함수를 계측하면서 작동하며, 블록 유형을 필터링합니다. 블록 유형은 구조체 캐스팅과 역참조를 필요로 하기 때문에 probe 필터 대신 if 문에서 비교했습니다. 이것은 빈번하게 발생할 수 있는 함수이기 때문에, 이 도구를 실행하면 바쁜 워크로드에서는 눈에 띄는 오버헤드를 발생시킬 수 있습니다.

8.3.26 readahead

readahead(8)[38]는 파일 시스템 자동 미리 읽기(readahead(2) 시스템 콜이 아닌)를 트레이싱합니다. 트레이싱하는 동안 미리 읽기된 페이지가 사용되었는지 여부, 그리고 페이지 읽기와 사용 사이의 시간을 보여줍니다. 예를 들면 다음과 같습니다.

---

38 연혁: readahead(8)는 2019년 2월 3일에 이 책을 위해 만들었습니다. 이 도구를 만든다고 몇 년 동안 말만 했는데, 이제서야 만들었네요.

```
# readahead.bt
Attaching 5 probes...
^C
Readahead unused pages: 128

Readahead used page age (ms):
@age_ms:
[1]                2455 |@@@@@@@@@@@@@@@@                                       |
[2, 4)             8424 |@@@@@@@@@@@@@@@@@@@@@@@@@@@@@@@@@@@@@@@@@@@@@@@@@@@@@@@@@|
[4, 8)             4417 |@@@@@@@@@@@@@@@@@@@@@@@@@@@@                            |
[8, 16)            7680 |@@@@@@@@@@@@@@@@@@@@@@@@@@@@@@@@@@@@@@@@@@@@@@@@@@      |
[16, 32)           4352 |@@@@@@@@@@@@@@@@@@@@@@@@@@@@                            |
[32, 64)              0 |                                                      |
[64, 128)             0 |                                                      |
[128, 256)          384 |@@                                                    |
```

위의 예는 트레이싱하는 동안 128페이지의 미리 읽기가 있었지만 사용되지 않
았음을 보여줍니다(많은 수준은 아닙니다). 히스토그램은 수천 페이지가 대부
분 32ms 이내에 읽히고 사용되었음을 보여줍니다. 시간이 수 초 걸렸다면, 그건
미리 읽기가 너무 공격적으로 로딩하고 있어서 조정될 필요가 있음을 보여주는
신호일 수 있습니다.

　이 도구는 SSD를 사용하는 넷플릭스 프로덕션 인스턴스에서 미리 읽기 동작
분석에 도움을 주기 위해 만들어졌습니다. 이러한 환경에서는 미리 읽기가 회전
식 디스크보다 유용하지 않고, 성능에 부정적인 영향을 줄 수 있습니다. 이 프로
덕션 이슈는 9장에서 biosnoop(8)을 다룰 때도 설명했습니다.
readahead(8)의 소스 코드는 다음과 같습니다.

```
#!/usr/local/bin/bpftrace

kprobe:__do_page_cache_readahead    { @in_readahead[tid] = 1; }
kretprobe:__do_page_cache_readahead { @in_readahead[tid] = 0; }

kretprobe:__page_cache_alloc
/@in_readahead[tid]/
{
        @birth[retval] = nsecs;
        @rapages++;
}

kprobe:mark_page_accessed
/@birth[arg0]/
{
        @age_ms = hist((nsecs - @birth[arg0]) / 1000000);
        delete(@birth[arg0]);
        @rapages--;
}
```

```
END
{
        printf("\nReadahead unused pages: %d\n", @rapages);
        printf("\nReadahead used page age (ms):\n");
        print(@age_ms); clear(@age_ms);
        clear(@birth); clear(@in_readahead); clear(@rapages);
}
```

이것은 kprobe를 사용해서 여러 가지 커널 함수를 계측하면서 작동합니다. __do_page_cache_readahead() 도중 스레드별 플래그를 설정하고, 그 페이지 할당이 진행되는 동안 해당 페이지가 미리 읽기용인지 여부를 확인합니다. 미리 읽기용이라면 페이지에 대한 타임스탬프를 page 구조체 주소를 키로 해서 @birth 맵에 저장합니다. 타임스탬프를 설정해 놓았다면 향후 페이지 접근이 발생할 때 시간 히스토그램을 위해 타임스탬프를 읽습니다. 사용되지 않은 페이지 수는 프로그램 수행 시간 동안 할당한 미리 읽기 페이지 수에서 사용된 페이지 수를 뺀 차이량입니다.

커널 구현이 변경된다면 이에 대응하기 위해 도구를 업데이트해야 합니다. 또한 페이지 함수를 트레이싱하고 페이지별 여분의 메타데이터를 저장하는 것은 오버헤드가 상당할 것인데, 이러한 페이지 함수가 매우 빈번하게 발생하기 때문입니다. 아주 바쁜 시스템이라면 이 도구의 오버헤드는 30%에 달하거나 그 이상일 것입니다. 따라서 짧은 시간 동안의 분석 용도로만 사용하는 것이 좋습니다.

9장의 마지막 부분에 읽기 대비 미리 읽기 블록 I/O 비율을 집계할 수 있는 bpftrace 원 라이너가 수록되어 있습니다.

8.3.27 기타 도구

언급할 필요가 있는 기타 BPF 도구는 다음과 같습니다.

- ext4slower(8), ext4dist(8): BCC 도구, ext4 버전의 xfsslower(8)와 xfsdist(8)

- btrfsslower(8), btrfsdist(8): BCC 도구, btrfs 버전의 xfsslower(8)와 xfsdist(8)

- zfsslower(8), zfsdist(8): BCC 도구, zfs 버전의 xfsslower(8)와 xfsdist(8)

- nfsslower(8), nfsdist(8): BCC 도구, NFSv3와 NFSv4용인, NFS 버전의 xfsslower(8)와 xfsdist(8)

8.4 BPF 원 라이너

이번 절에서는 BCC와 bpftrace 원 라이너를 살펴봅니다. 가능하다면 BCC와 bpftrace 두 가지 모두를 사용해서 동일한 원 라이너를 구현했습니다.

8.4.1 BCC

open(2)을 통해 열린 파일을 프로세스 이름과 함께 트레이싱합니다.

```
opensnoop
```

creat(2)를 통해 생성된 파일을 프로세스 이름과 함께 트레이싱합니다.

```
trace 't:syscalls:sys_enter_creat "%s", args->pathname'
```

newstat(2) 호출을 파일 이름별로 집계합니다.

```
argdist -C 't:syscalls:sys_enter_newstat():char*:args->filename'
```

읽기 시스템 콜을 시스템 콜 유형별로 집계합니다.

```
funccount 't:syscalls:sys_enter_*read*'
```

쓰기 시스템 콜을 시스템 콜 유형별로 집계합니다.

```
funccount 't:syscalls:sys_enter_*write*'
```

read() 시스템 콜 요청 크기의 분포를 보여줍니다.

```
argdist -H 't:syscalls:sys_enter_read():int:args->count'
```

read() 시스템 콜 읽기 크기(와 오류)의 분포를 보여줍니다.

```
argdist -H 't:syscalls:sys_exit_read():int:args->ret'
```

read() 시스템 콜 에러를 에러 코드별로 집계합니다.

```
argdist -C 't:syscalls:sys_exit_read():int:args->ret:args->ret<0'
```

VFS 호출을 집계합니다.

```
funccount 'vfs_*'
```

ext4 tracepoint를 집계합니다.

```
funccount 't:ext4:*'
```

xfs tracepoint를 집계합니다.

```
funccount 't:xfs:*'
```

ext4 파일 읽기 동작을 프로세스 이름과 스택 트레이스별로 집계합니다.

```
stackcount ext4_file_read_iter
```

ext4 파일 읽기 동작을 프로세스 이름과 사용자 레벨 스택별로 집계합니다.

```
stackcount -U ext4_file_read_iter
```

ZFS spa_sync() 시간을 트레이싱합니다.

```
trace -T 'spa_sync "ZFS spa_sync()"'
```

read_pages를 통해 저장 장치에 대한 파일 시스템 읽기 동작을 스택과 프로세스 이름별로 집계합니다.

```
stackcount -P read_pages
```

저장 장치에 대한 ext4 읽기 동작을 스택과 프로세스 이름별로 집계합니다.

```
stackcount -P ext4_readpages
```

8.4.2 bpftrace

open(2)을 통해 열린 파일을 프로세스 이름과 함께 트레이싱합니다.

```
bpftrace -e 't:syscalls:sys_enter_open { printf("%s %s\n", comm,
    str(args->filename)); }'
```

creat(2)를 통해 생성된 파일을 프로세스 이름과 함께 트레이싱합니다.

```
bpftrace -e 't:syscalls:sys_enter_creat { printf("%s %s\n", comm,
    str(args->pathname)); }'
```

newstat(2) 호출을 파일 이름별로 집계합니다.

```
bpftrace -e 't:syscalls:sys_enter_newstat { @[str(args->filename)] = count(); }'
```

읽기 시스템 콜을 시스템 콜 유형별로 집계합니다.

```
bpftrace -e 'tracepoint:syscalls:sys_enter_*read* { @[probe] = count(); }'
```

쓰기 시스템 콜을 시스템 콜 유형별로 집계합니다.

```
bpftrace -e 'tracepoint:syscalls:sys_enter_*write* { @[probe] = count(); }'
```

read() 시스템 콜 요청 크기의 분포를 보여줍니다.

```
bpftrace -e 'tracepoint:syscalls:sys_enter_read { @ = hist(args->count); }'
```

read() 시스템 콜 읽기 크기(와 오류)의 분포를 보여줍니다.

```
bpftrace -e 'tracepoint:syscalls:sys_exit_read { @ = hist(args->ret); }'
```

read() 시스템 콜 에러를 에러 코드별로 집계합니다.

```
bpftrace -e 't:syscalls:sys_exit_read /args->ret < 0/ { @[- args->ret] =
count(); }'
```

VFS 호출을 집계합니다.

```
bpftrace -e 'kprobe:vfs_* { @[probe] = count(); }'
```

ext4 tracepoint를 집계합니다.

```
bpftrace -e 'tracepoint:ext4:* { @[probe] = count(); }'
```

xfs tracepoint를 집계합니다.

```
bpftrace -e 'tracepoint:xfs:* { @[probe] = count(); }'
```

ext4 파일 읽기 동작을 프로세스 이름별로 집계합니다.

```
bpftrace -e 'kprobe:ext4_file_read_iter { @[comm] = count(); }'
```

ext4 파일 읽기 동작을 프로세스 이름과 사용자 레벨 스택별로 집계합니다.

```
bpftrace -e 'kprobe:ext4_file_read_iter { @[ustack, comm] = count(); }'
```

ZFS spa_sync() 시간을 트레이싱합니다.

```
bpftrace -e 'kprobe:spa_sync { time("%H:%M:%S ZFS spa_sinc()\n"); }'
```

dcache 참조를 프로세스 이름과 PID별로 집계합니다.

```
bpftrace -e 'kprobe:lookup_fast { @[comm, pid] = count(); }'
```

read_pages 함수를 통해 저장 장치에 대한 파일 시스템 읽기 동작을 커널 스택
별로 집계합니다.

```
bpftrace -e 'kprobe:read_pages { @[kstack] = count(); }'
```

커널 스택을 사용해서 read_pages를 통해 저장 장치에 대한 ext4 읽기 동작을
집계합니다.

```
bpftrace -e 'kprobe:ext4_readpages { @[kstack] = count(); }'
```

8.4.3 BPF 원 라이너 사례

앞서 각각의 도구를 살펴보면서 한 것처럼, 몇 가지 샘플 출력 결과를 통해 살펴 보면 원 라이너를 분명히 이해하는 데 유용합니다. 원 라이너로 출력한 결과 사 례를 몇 가지 살펴보겠습니다.

시스템 콜 유형별 read 시스템 콜 집계

```
# funccount -d 10 't:syscalls:sys_enter_*read*'
Tracing 9 functions for "t:syscalls:sys_enter_*read*"... Hit Ctrl-C to end.

FUNC                              COUNT
syscalls:sys_enter_pread64            3
syscalls:sys_enter_readlinkat        34
syscalls:sys_enter_readlink         294
syscalls:sys_enter_read         9863782
Detaching...
```

이 사례에서는 10초 동안 동작시키기 위해 -d 10을 사용했습니다. 이 원 라이너 와 '*write*' 및 '*open*'을 사용하는 유사한 원 라이너는 어느 시스템 콜 변형이 사용되는지 파악하여 조사할 때 유용합니다. 이 출력 결과는 CPU가 36개인 프 로덕션 서버에서 가져온 것인데, 거의 항상 read(2)를 사용하고 있고 트레이싱 하는 10초간 호출이 거의 천만 회에 달했습니다.

read() 시스템 콜 읽기 바이트 수(와 오류)의 분포 보여주기

```
# bpftrace -e 'tracepoint:syscalls:sys_exit_read { @ = hist(args->ret); }'
Attaching 1 probe...
^C

@:
(..., 0)              279 |                                                    |
[0]                  2899 |@@@@@@                                              |
[1]                 15609 |@@@@@@@@@@@@@@@@@@@@@@@@@@@@@@@@@@@                  |
[2, 4)                 73 |                                                    |
[4, 8)                179 |                                                    |
[8, 16)               374 |                                                    |
[16, 32)             2184 |@@@@                                                |
[32, 64)             1421 |@@@                                                 |
[64, 128)            2758 |@@@@@                                               |
[128, 256)           3899 |@@@@@@@@                                            |
[256, 512)           8913 |@@@@@@@@@@@@@@@@@@@                                 |
[512, 1K)           16498 |@@@@@@@@@@@@@@@@@@@@@@@@@@@@@@@@@@@@@                 |
[1K, 2K)            16170 |@@@@@@@@@@@@@@@@@@@@@@@@@@@@@@@@@@@@                  |
[2K, 4K)            19885 |@@@@@@@@@@@@@@@@@@@@@@@@@@@@@@@@@@@@@@@@@@@           |
[4K, 8K)            23926 |@@@@@@@@@@@@@@@@@@@@@@@@@@@@@@@@@@@@@@@@@@@@@@@@@@@@@@|
[8K, 16K)            9974 |@@@@@@@@@@@@@@@@@@@@@                                |
[16K, 32K)           7569 |@@@@@@@@@@@@@@@@                                    |
[32K, 64K)           1909 |@@@@                                                |
```

```
[64K, 128K)            551 |@                                                |
[128K, 256K)           149 |                                                 |
[256K, 512K)             1 |                                                 |
```

이 출력 결과는 512~8KB 사이의 넓은 읽기 분포를 보여주고 있습니다. 뿐만 아
니라 15,609번의 읽기가 1바이트만 리턴하였음을 보여주는데, 이는 성능 최적
화의 대상이 될 수 있습니다. 다음과 같이 1바이트 읽기에 대한 스택 트레이스
를 수집해 보면 이러한 정보를 자세히 조사할 수 있습니다.

```
bpftrace –e 'tracepoint:syscalls:sys_exit_read /args–>ret == 1/ { @[ustack] =
    count(); }'
```

또한 0바이트 크기의 읽기가 2,899번 발생하였는데, 이것은 읽기의 대상에 따라
정상이거나, 아니면 더 이상 읽을 바이트 수가 없는 경우일 수도 있습니다. 리턴
값이 음수인 279번의 이벤트는 오류 코드들로, 별도로 조사할 수 있습니다.

XFS tracepoint 집계

```
# funccount –d 10 't:xfs:*'
Tracing 496 functions for "t:xfs:*"... Hit Ctrl–C to end.
FUNC                                     COUNT
xfs:xfs_buf_delwri_queued                    1
xfs:xfs_irele                                1
xfs:xfs_inactive_symlink                     2
xfs:xfs_dir2_block_addname                   4
xfs:xfs_buf_trylock_fail                     5
[...]
xfs:xfs_trans_read_buf                    9548
xfs:xfs_trans_log_buf                    11800
xfs:xfs_buf_read                         13320
xfs:xfs_buf_find                         13322
xfs:xfs_buf_get                          13322
xfs:xfs_buf_trylock                      15740
xfs:xfs_buf_unlock                       15836
xfs:xfs_buf_rele                         20959
xfs:xfs_perag_get                        21048
xfs:xfs_perag_put                        26230
xfs:xfs_file_buffered_read               43283
xfs:xfs_getattr                          80541
xfs:xfs_write_extent                    121930
xfs:xfs_update_time                     137315
xfs:xfs_log_reserve                     140053
xfs:xfs_log_reserve_exit                140066
xfs:xfs_log_ungrant_sub                 140094
xfs:xfs_log_ungrant_exit                140107
xfs:xfs_log_ungrant_enter               140195
xfs:xfs_log_done_nonperm                140264
xfs:xfs_iomap_found                     188507
```

```
xfs:xfs_file_buffered_write          188759
xfs:xfs_writepage                    476196
xfs:xfs_releasepage                  479235
xfs:xfs_ilock                        581785
xfs:xfs_iunlock                      589775
Detaching...
```

XFS에는 아주 많은 tracepoint가 있어서 여기에는 일부 출력 결과만 가져왔습니다. 이것들은 필요에 따라 XFS의 내부 구조를 조사하고 문제의 진상을 규명할 수 있는 여러 가지 방법을 제공합니다.

스택, 프로세스 이름과 함께 저장 장치에 대한 ext4 읽기 동작 집계

```
# stackcount -P ext4_readpages
Tracing 1 functions for "ext4_readpages"... Hit Ctrl-C to end.
^C
  ext4_readpages
  read_pages
  __do_page_cache_readahead
  filemap_fault
  ext4_filemap_fault
  __do_fault
  __handle_mm_fault
  handle_mm_fault
  __do_page_fault
  async_page_fault
  __clear_user
  load_elf_binary
  search_binary_handler
  __do_execve_file.isra.36
  __x64_sys_execve
  do_syscall_64
  entry_SYSCALL_64_after_hwframe
  [unknown]
    head [28475]
    1

  ext4_readpages
  read_pages
  __do_page_cache_readahead
  ondemand_readahead
  generic_file_read_iter
  __vfs_read
  vfs_read
  kernel_read
  prepare_binprm
  __do_execve_file.isra.36
  __x64_sys_execve
  do_syscall_64
  entry_SYSCALL_64_after_hwframe
  [unknown]
```

```
bash [28475]
1
```

Detaching...

여기에는 단 두 개의 이벤트만 출력되어 있지만 이것이 필자가 사례로 제시하려던 이벤트입니다. 첫 번째는 페이지 폴트와 그것이 어떻게 ext4_readpages()를 호출하고 디스크를 읽게 되는지를 보여줍니다(이 스택 트레이스는 사실 바이너리 프로그램을 로딩하는 execve(2) 호출로부터 온 것입니다). 두 번째는 미리 읽기(readahead) 함수를 통해 ext4_readpages()에 도달하는 일반 read(2)를 보여줍니다. 이 스택 트레이스들은 주소 공간 읽기 동작과 파일 읽기 동작의 사례들입니다. 출력 결과는 또한 커널 스택 트레이스가 어떻게 이벤트에 관한 더 많은 정보를 제공할 수 있는지 보여줍니다. 이 스택은 리눅스 4.18에서 가져온 것으로, 리눅스 커널 버전에 따라 달라질 수 있습니다.

8.5 선택 연습 문제

특별히 언급하지 않는 한, 다음 문제는 bpftrace 또는 BCC를 사용해서 완성할 수 있습니다.

1. creat(2)와 unlink(2)에 대한 시스템 콜 tracepoint를 사용하도록 filelife(8)를 다시 작성하세요.

2. filelife(8)를 이들 tracepoint를 사용하도록 전환하는 것의 장점과 단점은 무엇입니까?

3. 로컬 파일 시스템과 TCP에 대해 별도의 행으로 출력하는 vfsstat(8)의 새로운 버전을 개발하세요(vfssize(8)와 fsrwstat(8)참고). 예시 출력 결과는 다음과 같습니다.

```
# vfsstatx
TIME        FS   READ/s  WRITE/s CREATE/s  OPEN/s FSYNC/s
02:41:23:  ext4 1715013    38717        0    5379       0
02:41:23:   TCP    1431     1311        0       5       0
02:41:24:  ext4  947879    30903        0   10547       0
02:41:24:   TCP    1231      982        0       4       0
[...]
```

4. 논리적 파일 시스템 I/O(VFS 혹은 파일 시스템 인터페이스를 통해 확인)와 물리적 I/O(block tracepoint를 통해 확인) 간의 비율을 보여주는 도구를 개

발하세요.

5. 트레이싱하는 동안 할당되었지만 해제되지 않은 파일 디스크립터 누수를 분석하는 도구를 개발하세요. 가능한 해결책 중 하나는 커널 함수 __alloc_fd() 와 __close_fd()를 트레이싱하는 것입니다.

6. (고급) 파일 시스템 I/O를 마운트 지점별로 나눠 보여주는 도구를 개발하세요.

7. (고급, 미해결) 페이지 캐시 액세스 사이의 시간 분포를 보여주는 도구를 개발하세요. 이 도구를 만드는 데 있어 어떤 어려움이 있습니까?

8.6 정리

이번 장에서는 파일 시스템 분석을 위한 BPF 도구들을 개괄했습니다. 시스템 콜, VFS 호출, 파일 시스템 호출, 파일 시스템 tracepoint를 계측했고, 또한 지연 기록과 미리 읽기의 동작을, 그리고 페이지 캐시, 덴트리 캐시, 아이노드 캐시, 버퍼 캐시 등을 계측하였습니다. 필자는 애플리케이션 성능 이슈 해결에 도움이 되는 파일 시스템 동작 지연 히스토그램을 보여주는 도구를 포함시켰는데 이를 통해 다봉분포 및 극단값을 확인할 수 있습니다.

9장

디스크 I/O

디스크 I/O는 성능 문제의 흔한 원인입니다. 과부하 상태 디스크의 I/O 지연은 수십 밀리초 혹은 그 이상에 달할 수 있고, 이는 CPU와 메모리의 속도인 나노초 혹은 마이크로초에 비하면 훨씬 느린 수준입니다. BPF 도구로 분석하면 이러한 디스크 I/O 지연을 튜닝하거나 없애는 방법을 찾는 데 도움이 될 수 있으며, 이를 통해 광범위한 애플리케이션 성능 향상을 얻을 수 있습니다.

디스크 I/O라는 용어는 회전 자기 매체(rotational magnetic media), 플래시 기반 저장 장치, 네트워크 스토리지 등 어떠한 저장 장치 I/O 유형에도 적용됩니다. 리눅스에서는 이 모든 장치를 같은 방식으로 보고 동일한 도구를 사용해서 분석합니다.

일반적으로 애플리케이션과 저장 장치 사이에는 파일 시스템이 있습니다. 파일 시스템은 캐싱, 미리 읽기(read ahead), 버퍼링 그리고 느린 디스크 I/O에서 애플리케이션이 블록되는 것을 회피하기 위한 비동기 I/O를 이용합니다. 따라서 8장에서 살펴본 파일 시스템에서 분석을 시작하는 것을 추천합니다.

트레이싱 도구는 이미 디스크 I/O 분석의 필수 요소가 되었습니다. 필자는 2004년에 최초의 인기 있는 디스크 I/O 트레이싱 도구인 iosnoop(8)을 작성했으며, 2005년에는 현재 다른 일부 OS에도 탑재된 iotop(8)을 작성했습니다. 필자는 이 도구들의 이름에 오랜 시간 동안 빠져 있던, 블록 장치 I/O를 가리키는 'b'를 마침내 추가한 biosnoop(8)과 biotop(8)이라는 BPF 버전도 개발했습니다. 이번 장에서는 이 도구들과 함께 여타 디스크 I/O 분석 도구를 다룹니다.

학습 목표

- I/O 스택과 리눅스 I/O 스케줄러의 역할 이해하기
- 디스크 I/O 성능을 성공적으로 분석하기 위한 전략 학습하기
- 디스크 I/O 지연 시간 극단값 이슈 확인하기
- 다봉(multi-modal) 형태의 디스크 I/O 분포 분석하기
- 디스크 I/O를 발생시키는 코드 경로와 그것들의 지연 확인하기
- I/O 스케줄러 지연 분석하기
- bpftrace 원 라이너를 사용해서 맞춤형으로 디스크 I/O 정보 살펴보기

이번 장은 디스크 I/O 분석에 필요한 배경 지식으로 시작하여 I/O 스택에 대해 개괄합니다. 또한 BPF로 답할 수 있는 질문을 탐구하고 여러분이 따라 할 만한 전반적인 전략을 제공합니다. 그리고 나서 기존 디스크 도구부터 BPF 원 라이너 목록과 함께 BPF 도구까지 정리했습니다. 마지막에는 선택 사항인 연습 문제로 마무리합니다.

9.1 배경지식

이번 절에서는 디스크 기초, BPF 활용 가능성을 알아보고 디스크 분석을 위한 전략을 제안합니다.

9.1.1 디스크 기초

블록 I/O 스택

그림 9.1은 리눅스 블록 I/O 스택의 주요 구성 요소를 보여줍니다.

블록 I/O라는 용어는 블록 단위로 장치에 접근하는 것을 의미하며, 이 크기는 전통적으로 512바이트 섹터입니다. 블록 장치 인터페이스는 유닉스에서 유래했 습니다. 리눅스는 I/O 성능을 향상시키기 위한 스케줄러, 여러 장치를 그룹으로 관리하기 위한 볼륨 관리자, 그리고 가상 장치를 만들기 위한 장치 매퍼(device mapper)를 추가하면서 블록 I/O를 개선해 왔습니다.

내부 구조

뒤에서 설명하는 BPF 도구들은 커널 I/O 스택에서 사용하는 일부 구조체 유형 을 참조합니다. 간략히 소개하자면 I/O는 struct request 구조체 유형(include/ linux/blkdev.h)으로 스택을 통과하고, 더 낮은 레벨에서는 struct bio 구조체 유

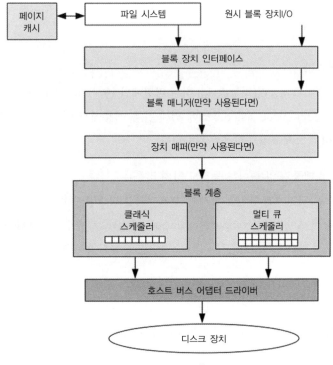

그림 9.1 리눅스 블록 I/O 스택

형(include/linux/blk_types.h)으로 스택을 통과합니다.

rwbs

커널은 트레이싱 관측가능성을 위해 rwbs라는 이름의 문자열을 이용해서 각 I/O 유형을 표현합니다. 이것은 커널 blk_fill_rwbs() 함수에 정의해 놓았으며 다음과 같은 문자를 사용합니다.

- R: 읽기
- W: 쓰기
- M: 메타데이터
- S: 동기(Synchronous)
- A: 미리 읽기(Read Ahead)
- F: 플러시(Flush) 또는 FUA(force unit access)
- D: 버리기(Discard)
- E: 지우기(Erase)
- N: 없음

각 문자들은 함께 사용할 수 있습니다. 예를 들어 'WM'은 메타데이터를 쓰고 있음을 의미합니다.

I/O 스케줄러

I/O는 클래식 스케줄러(리눅스 5.0 이전 버전에만 존재) 혹은 더 최신의 멀티 큐 스케줄러(multi-queue scheduler)에 의해 블록 계층에서 대기되고 스케줄링됩니다. 클래식 스케줄러는 다음과 같습니다.

- Noop: 스케줄링 없음(아무 동작도 하지 않음)
- Deadline: 지연 데드라인을 강제합니다(실시간 시스템에 유용).
- CFQ: 완전 공정 큐잉(completely fair queueing) 스케줄러로 I/O 타임 슬라이스를 프로세스에 할당하는데 CPU 스케줄링과 유사합니다.

클래식 스케줄러의 문제는 단일 록으로 보호되는 단일 요청 큐(single request queue)를 사용한다는 점인데, 이것은 I/O 비율이 높을 때 성능 병목 지점이 되었습니다. 멀티 큐 드라이버(리눅스 3.13에 추가된 blk-mq)는 각 CPU에 대해 별도의 서브미션 큐(submission queue, 전송 큐)를 사용하고, 장치에 대해서는 멀티 디스패치 큐(dispatch queue, 처리 큐)를 사용해서 이것을 해결합니다. 멀티 큐 구조는 I/O가 시작된 CPU에서 요청을 병렬로 처리할 수 있기 때문에 클래식 스케줄러 대비 더 나은 I/O 성능과 더 낮은 I/O 지연을 제공합니다. 이것은 플래시 메모리 기반의 장치와 수백만의 IOPS를 처리할 수 있는 다른 장치 유형을 지원하기 위해 필요했습니다.[90]

사용 가능한 멀티 큐 스케줄러는 다음과 같습니다.

- None: 큐잉을 하지 않습니다.
- BFQ: 버짓 공정 큐잉(budget fair queueing) 스케줄러로 CFQ와 유사하지만, I/O 시간뿐만 아니라 대역폭도 할당합니다.
- mq-deadline: deadline 스케줄러의 blk-mq 버전
- Kyber: 이 스케줄러는 성능에 따라 읽기와 쓰기 디스패치 큐 길이를 조정하기 때문에 대상 읽기와 쓰기 지연이 동일할 수 있습니다

클래식 스케줄러와 레거시 I/O 스택은 리눅스 5.0에서는 삭제되었습니다. 현재는 모든 스케줄러가 멀티 큐입니다.

디스크 I/O 성능

그림 9.2는 디스크 I/O를 운영체제 용어와 함께 설명합니다.

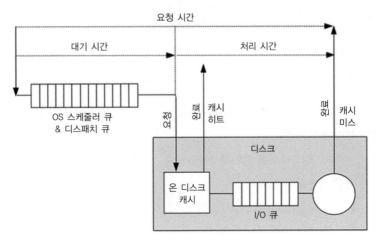

그림 9.2 디스크 I/O

운영체제에서 대기 시간(wait time)은 블록 계층 스케줄러 큐와 장치 디스패치 큐에서 소요된 시간입니다. 처리 시간(service time)은 장치에 요청이 발생한 시점부터 완료되기까지의 시간입니다. 여기에는 디스크 장치상의 큐에서 대기하는 데 소요된 시간이 포함될 수 있습니다. 요청 시간(request time)은 I/O가 OS 큐에 삽입되었을 때부터 완료될 때까지의 전체 시간입니다. 요청 시간이 가장 중요한데, 만약 I/O가 동기식이라면 애플리케이션은 이 시간을 전부 기다려야만 하기 때문입니다.

그림 9.2에 포함되지 않은 지표는 디스크 사용률입니다. 이는 사용량을 계획하기에 가장 적절한 지표일 수 있는데, 가령 디스크의 사용량이 100%에 근접하면 성능 문제가 있다고 추정할 수 있습니다. 하지만 디스크 사용률은 디스크가 '무엇인가 하고 있던 시간'을 OS가 계산한 것으로, 여러 장치로 구성된 가상 디스크에 대해서 혹은 디스크상의 큐에 대해서는 설명해 주지 않습니다. 이로 인해 일부 상황에서는 디스크 사용률 수치에 오해가 생길 수 있습니다. 사용률이 90%인 디스크가 여분의 10%를 훨씬 넘어서는 워크로드를 받아들일 수 있게 되는 경우가 여기에 포함됩니다. 사용률은 단서로서 여전히 유용하며, 언제든 사용할 수 있는 지표입니다. 그러나 대기하는 데 소요된 시간과 같은 포화 상태 지표가 디스크 성능 문제 판단 시 더 나은 척도입니다.

9.1.2 BPF 활용 가능성

기존 성능 분석 도구는 저장 장치 I/O를 이해하는 데 도움을 줍니다. 구체적으로 IOPS 비율, 평균 지연 및 큐 길이 그리고 프로세스별 I/O 등을 확인할 수 있습니다. 기존 도구에 대해서는 다음 절에서 개괄합니다.

BPF 트레이싱 도구는 디스크 동작에 대해 좀 더 알 수 있게 해주며, 다음 질문에 답해 줍니다.

- 어떠한 디스크 I/O 요청이 발생하고 있는가? 어떠한 유형이고 횟수와 I/O 크기는 얼마나 되는가?
- 요청 시간과 대기 시간은 얼마나 되는가?
- 지연 시간 극단값이 있었는가?
- 지연 분포가 다봉(multi-modal) 형태를 띠고 있는가?
- 디스크 오류가 한 번이라도 있었는가?
- 어떤 SCSI 명령어를 전달했는가?
- 타임아웃이 한 번이라도 발생했는가?

이들 질문에 답하기 위해서는 블록 I/O 스택을 전부 트레이싱해야 합니다.

이벤트 소스

표 9.1에는 디스크 I/O 계측을 위한 이벤트 소스의 목록을 정리해 놓았습니다.

이벤트 유형	이벤트 소스
블록 인터페이스와 블록 계층 I/O	block tracepoint, kprobe
I/O 스케줄러 이벤트	kprobe
SCSI I/O	scsi tracepoint, kprobe
장치 드라이버 I/O	kprobe

표 9.1 디스크 I/O 계측을 위한 이벤트 소스

이들은 블록 I/O 인터페이스에서 장치 드라이버에 이르는 가시성을 제공해 줍니다.

다음은 블록 I/O 요청을 장치로 보내는 block:block_rq_issue에 대한 인자의 예입니다.

```
# bpftrace -lv tracepoint:block:block_rq_issue
tracepoint:block:block_rq_issue
```

```
    dev_t dev;
    sector_t sector;
    unsigned int nr_sector;
    unsigned int bytes;
    char rwbs[8];
    char comm[16];
    __data_loc char[] cmd;
```

이 tracepoint를 사용한 원 라이너를 통해 "요청의 I/O 크기는 얼마나 되는가?"
와 같은 질문에 답할 수 있습니다.

```
bpftrace -e 'tracepoint:block:block_rq_issue { @bytes = hist(args->bytes); }'
```

tracepoint를 조합하면 이벤트 사이의 시간을 측정할 수 있습니다.

9.1.3 전략

디스크 I/O 분석을 처음 접한다면 다음과 같은 전반적인 전략을 따를 것을 추천
합니다. 이어지는 절에서는 이들 도구에 대해 좀 더 자세하게 설명합니다.

1. 애플리케이션 성능 문제에 대해서는 8장에서 다룬 파일 시스템 분석으로 시
   작합니다.
2. 요청 시간, IOPS 그리고 사용률(예: iostat(1))과 같은 기본적인 디스크 지표
   를 확인합니다. 높은 디스크 사용률(이것이 단서입니다), 정상보다 높은 요
   청 시간(지연) 및 IOS를 조사해 봅니다.
   a. 정상 IOPS 비율 혹은 정상 지연 시간에 익숙하지 않다면, 유휴 시스템에
      서 fio(1)와 같은 마이크로벤치마크 도구를 사용해서 일부 알려진 워크로
      드를 생성하고, iostat(1)를 실행해서 조사합니다.
3. 블록 I/O 지연 분포를 트레이싱하고 다봉분포와 지연 극단값을 체크합니다
   (예: BCC biolatency(8) 사용).
4. 개개의 블록 I/O를 트레이싱하고 쓰기 뒤에 대기하고 있는 읽기와 같은 패턴
   을 찾습니다(BCC biosnoop(8)을 사용할 수 있습니다).
5. 다른 도구와 이번 장에 있는 원 라이너를 사용해 봅니다.

첫 번째 단계에 대해 좀 더 자세히 설명하겠습니다. 디스크 I/O 도구로 분석을
시작한다면 높은 지연 사례들을 빠르게 확인할 수 있지만, 그다음 질문은 "이것
이 과연 얼마나 중요한가?"가 될 것입니다. 해당 I/O는 애플리케이션에 대해 비
동기로 동작 중일 수도 있습니다. 만약 그렇다면 이건 분석하기에 흥미로운 주

제이긴 하지만 다른 동기 I/O와의 경쟁 이해, 장치 수용량 계획과 같은 다른 이유 때문일 것입니다.

9.2 기존 도구

이번 절에서는 디스크 동작 요약을 위한 iostat(1), 블록 I/O 트레이싱을 위한 perf(1), blktrace(8) 그리고 SCSI 로깅에 대해서 다룹니다.

9.2.1 iostat

iostat(1)는 디스크별 I/O 통계를 요약하고 IOPS, 처리량, I/O 요청 시간 그리고 디스크 사용률 지표를 제공합니다. 이 도구는 모든 사용자가 실행할 수 있고, 일반적으로 커맨드 라인에서 디스크 I/O 문제를 조사할 때 사용하는 첫 명령어입니다. 기본적으로 커널이 이 도구가 수집하는 통계를 제공하기 때문에 이 도구의 오버헤드는 무시할 수 있는 수준입니다.

  iostat(1)는 출력 결과를 커스터마이즈하기 위한 많은 옵션을 제공합니다. 유용한 조합은 –dxz 1인데, 디스크 사용률만 보여주는 –d, 추가적인 칼럼을 보여주는 –x, 장치의 지표값이 0일 경우 건너뛰는 –z 그리고 초당 출력을 보여주는 1이 그것입니다. 다음은 필자가 디버그하는 것을 도운 프로덕션 환경 이슈에서 나온 출력 사례인데, 이 출력 결과는 아주 넓어서 왼쪽 부분을 본 다음 오른쪽 부분을 보도록 하겠습니다.

```
# iostat -dxz 1
Linux 4.4.0-1072-aws (...)       12/18/2018      _x86_64_        (16 CPU)
 Device:         rrqm/s   wrqm/s     r/s     w/s    rkB/s     wkB/s \ ...
 xvda             0.00     0.29    0.21    0.17     6.29      3.09 / ...
 xvdb             0.00     0.08   44.39    9.98  5507.39   1110.55 \ ...
                                                                  / ...
Device:          rrqm/s   wrqm/s     r/s     w/s    rkB/s     wkB/s \ ...
xvdb             0.00     0.00  745.00    0.00 91656.00      0.00 / ...
                                                                  \ ...
Device:          rrqm/s   wrqm/s     r/s     w/s    rkB/s     wkB/s / ...
xvdb             0.00     0.00  739.00    0.00 92152.00      0.00 \ ...
```

이들 칼럼은 적용된 워크로드를 요약해 주어 워크로드 특성화에 유용합니다. 첫 두 개의 칼럼을 통해 디스크 병합에 대해 파악할 수 있습니다. 디스크 병합은 새로운 I/O가 대기 중인 다른 I/O와 인접한 디스크 위치를 읽거나 쓰는 경우에 효율성을 위해 병합되는 현상을 의미합니다.

칼럼은 다음과 같습니다.

- rrqm/s: 초당 대기하고 병합된 읽기 요청
- wrqm/s: 초당 대기하고 병합된 쓰기 요청
- r/s: 초당 완료한 읽기 요청(병합 이후)
- w/s: 초당 완료한 쓰기 요청(병합 이후)
- rkB/s: 초당 디스크 장치에서 읽은 KB 크기
- wkB/s: 초당 디스크 장치에 쓴 KB 크기

출력 결과의 첫 번째 그룹(xvda와 xvdb 장치)은 부팅 이후의 요약이며, 뒤이어 나오는 1초 요약과의 비교에 사용할 수 있습니다. 이 출력 결과는 xvdb의 읽기 처리량이 일반적으로 5,507KB/초였지만, 현재의 1초 요약은 읽기 처리량이 90,000KB/초가 넘는 것을 보여줍니다. 이 시스템은 읽기 워크로드의 부하가 정상 상태보다 조금 더 큽니다.

평균 읽기/쓰기 크기를 알아내기 위해 이 칼럼들에 약간의 계산을 적용할 수 있습니다. rkB/s 칼럼을 r/s 칼럼으로 나누면 평균 읽기 크기가 약 124KB임을 알 수 있습니다. iostat(1)의 최신 버전은 이러한 평균 크기 칼럼도 있는데 rareq-sz(읽기 평균 요청 크기)와 wareq-sz 칼럼이 그것입니다.

다음으로 오른쪽 칼럼을 살펴봅시다.

```
... \ avgrq-sz avgqu-sz  await r_await w_await  svctm  %util
... /    49.32     0.00  12.74    6.96   19.87   3.96   0.15
... \   243.43     2.28  41.96   41.75   42.88   1.52   8.25
... /
... \ avgrq-sz avgqu-sz  await r_await w_await  svctm  %util
... /   246.06    25.32  33.84   33.84    0.00   1.35 100.40
... \
... / avgrq-sz avgqu-sz  await r_await w_await  svctm  %util
... \   249.40    24.75  33.49   33.49    0.00   1.35 100.00
```

이들은 장치별 성능 결과를 보여줍니다. 칼럼은 다음과 같습니다.

- avgrq-sz: 평균 요청 크기(512바이트 섹터 단위).
- avgqu-sz: 드라이버 요청 큐에서 대기 중인 요청과 장치상에서 동작 중인 요청의 평균 개수
- await: 드라이버 요청 큐에서 대기한 시간과 장치의 I/O 응답 시간(ms)을 포함한, 평균 I/O 요청 시간(응답 시간이라고도 부름).

- r_await: await와 동일하지만, 읽기 전용(ms).
- w_await: await와 동일하지만, 쓰기 전용(ms).
- svctm: 디스크 장치에 대한 평균(추정된) I/O 응답 시간(ms).
- %util: 장치가 I/O 요청을 처리하느라 사용한 시간의 비율(사용률)

산출된 성능의 가장 중요한 지표는 await입니다. 애플리케이션과 파일 시스템이 쓰기 지연을 완화시키는 기술(예: 연속 기록)을 사용한다면 w_await는 그다지 중요하지 않을 수도 있으며, 그 대신 r_await에 집중할 수 있습니다.

리소스 사용량과 수용량 계획을 위해서는 %util이 중요하지만, 그것은 단지 얼마나 부하가 많이 가해졌는지(유휴가 아닌 시간)에 대한 척도이며, 다중 디스크로 구성된 가상 장치에는 거의 의미가 없다는 점을 기억하십시오. 이러한 장치는 적용된 부하인 IOPS(r/s + w/s)와 처리량(rkB/s + wkB/s)을 통해 더 잘 이해할 수 있습니다.

이 출력 결과 사례는 디스크 사용률이 100%에 달하고, 평균 읽기 I/O 시간이 33ms임을 보여줍니다. 적용된 워크로드와 디스크 장치의 경우 기대한 수준의 성능을 보여주었습니다. 실제 문제는 읽고 있는 파일이 너무 커져서 더 이상 페이지 캐시에 캐시될 수 없고, 대신 디스크에서 읽었다는 것이었습니다.

9.2.2 perf

perf(1)는 6장에서 PMC 분석과 정주기 스택 샘플링을 살펴볼 때 나왔습니다. 디스크 분석에 perf(1)의 트레이싱 기능을 사용할 수 있는데, 특히 block tracepoint를 사용해서 트레이싱할 수 있습니다.

예를 들어 요청을 큐에 넣는 것(block_rq_insert), 저장 장치로 이 요청을 전달하는 것(block_rq_issue) 그리고 완료(block_rq_complete)를 트레이싱하는 것은 다음과 같습니다.

```
# perf record -e block:block_rq_insert,block:block_rq_issue,block:block_rq_complete -a
^C[ perf record: Woken up 7 times to write data ]
[ perf record: Captured and wrote 6.415 MB perf.data (20434 samples) ]
# perf script
    kworker/u16:3 25003 [004] 543348.164811:   block:block_rq_insert: 259,0 RM
4096 () 2564656 + 8 [kworker/u16:3]
    kworker/4:1H    533 [004] 543348.164815:   block:block_rq_issue: 259,0 RM
4096 () 2564656 + 8 [kworker/4:1H]
        swapper       0 [004] 543348.164887:   block:block_rq_complete: 259,0 RM
() 2564656 + 8 [0]
    kworker/u17:0 23867 [005] 543348.164960:   block:block_rq_complete: 259,0 R
```

```
() 3190760 + 256 [0]
            dd 25337  [001] 543348.165046:   block:block_rq_insert: 259,0 R
131072 ()
3191272 + 256 [dd]
            dd 25337  [001] 543348.165050:   block:block_rq_issue: 259,0 R
131072 ()
3191272 + 256 [dd]
            dd 25337  [001] 543348.165111:   block:block_rq_complete: 259,0 R
() 3191272 + 256 [0]
[...]
```

출력 결과에는 많은 세부 사항이 포함되어 있습니다. 먼저, 이벤트가 발생했을 때 CPU상에 있던 프로세스를 보여주는데, 해당 프로세스는 그 이벤트에 해당될 수도 있고 그렇지 않을 수도 있습니다. 다른 세부 사항에는 타임스탬프, 디스크 주(major) 번호 및 부(minor) 번호, I/O 유형을 인코딩하는 문자열(rwbs, 앞에서 설명함) 그리고 I/O에 대한 또 다른 세부 사항이 포함됩니다.

필자는 과거에 지연 히스토그램을 계산하고 접근 패턴을 시각화하기 위해 이들 이벤트를 후처리하는 도구를 만들었습니다.[1] 그러나 이 도구는 바쁜 시스템에서도 후처리를 위해 모든 블록 이벤트를 사용자 공간에 덤프해야 했습니다. BPF는 커널에서 이 처리를 더욱 효율적으로 수행한 다음 원하는 결과만을 내보냅니다. 이에 대한 예로는 뒤에 나오는 biosnoop(8) 도구를 참고하세요.

9.2.3 blktrace

blktrace(8)는 블록 I/O 이벤트를 트레이싱하는 데 특화된 유틸리티입니다. 다음은 모든 이벤트를 트레이싱하기 위해 btrace(8) 프론트엔드를 사용하는 사례입니다.

```
# btrace /dev/nvme2n1
259,0    2         1     0.000000000     430  Q  WS 2163864 + 8 [jbd2/nvme2n1-8]
259,0    2         2     0.000009556     430  G  WS 2163864 + 8 [jbd2/nvme2n1-8]
259,0    2         3     0.000011109     430  P  N [jbd2/nvme2n1-8]
259,0    2         4     0.000013256     430  Q  WS 2163872 + 8 [jbd2/nvme2n1-8]
259,0    2         5     0.000015740     430  M  WS 2163872 + 8 [jbd2/nvme2n1-8]
[...]
259,0    2        15     0.000026963     430  I  WS 2163864 + 48 [jbd2/nvme2n1-8]
259,0    2        16     0.000046155     430  D  WS 2163864 + 48 [jbd2/nvme2n1-8]
259,0    2        17     0.000699822     430  Q  WS 2163912 + 8 [jbd2/nvme2n1-8]
259,0    2        18     0.000701539     430  G  WS 2163912 + 8 [jbd2/nvme2n1-8]
```

1   perf-tools에 있는 iolatency(8)를 살펴보세요.[78] 이 도구는 Ftrace를 사용해서 트레이스 버퍼에 있는 동일한 이벤트별 tracepoint 데이터에 접근하는데, 이렇게 하면 perf.data 파일을 만들고 쓸 때 오버헤드를 발생시키지 않습니다.

```
259,0    2       19   0.000702820    430  I  WS 2163912 + 8 [jbd2/nvme2n1-8]
259,0    2       20   0.000704649    430  D  WS 2163912 + 8 [jbd2/nvme2n1-8]
259,0   11        1   0.000664811      0  C  WS 2163864 + 48 [0]
259,0   11        2   0.001098435      0  C  WS 2163912 + 8 [0]
[...]
```

각 I/O마다 여러 줄의 이벤트 라인이 출력됩니다. 칼럼은 다음과 같습니다(왼쪽
부터).

1. 장치 주 번호, 부 번호

2. CPU ID

3. 시퀀스(sequence) 번호

4. 동작 시간(초 단위)

5. 프로세스 ID

6. 동작 식별자(blkparse(1) 참고): Q == queued, G == get request, P ==
   plug, M == merge, D == issued, C == completed 등

7. RWBS(이 장의 앞에서 다룬 'rwbs' 절 참고): W == 쓰기, S == 동기 등.

8. 주소+크기[장치]

출력 결과는 크리스 메이슨(Chris Mason)의 seekwatcher 도구를 사용해서 후
처리하고 시각화할 수 있습니다.[91]

perf(1)의 이벤트별 덤프와 마찬가지로, blktrace(8)의 오버헤드는 바쁜 디스
크 I/O 워크로드에서는 문제가 될 수 있습니다. BPF를 통한 커널 내부 요약은
이 오버헤드를 크게 줄일 수 있습니다.

9.2.4 SCSI 로깅

리눅스는 SCSI 이벤트 로깅을 위한 기능을 내장하고 있습니다. 이것은 sysctl(8)
또는 /proc을 통해서 활성화할 수 있습니다. 예를 들어, 다음 명령어는 둘 다 모
든 이벤트 유형에 대해 로깅을 최대로 설정합니다(주의: 디스크 워크로드에 따
라 시스템 로그를 넘치게 할 수 있습니다).

```
# sysctl -w dev.scsi.logging_level=0x1b6db6db
# echo 0x1b6db6db > /proc/sys/dev/scsi/logging_level
```

이 숫자의 포맷은 10개의 서로 다른 이벤트 유형에 대한 비트 필드로, 로깅 레벨
을 1에서 7까지 설정할 수 있습니다. 이것은 drivers/scsi/scsi_logging에 정의되

어 있습니다. sg3-utils 패키지는 이를 설정할 수 있는 scsi_logging_level(8) 도구를 제공합니다. 예를 들면 다음과 같습니다.

```
scsi_logging_level -s --all 3
```

다음은 이러한 SCSI 이벤트 로깅에 대한 예시입니다.

```
# dmesg
[...]
[542136.259412] sd 0:0:0:0: tag#0 Send: scmd 0x0000000001fb89dc
[542136.259422] sd 0:0:0:0: tag#0 CDB: Test Unit Ready 00 00 00 00 00 00
[542136.261103] sd 0:0:0:0: tag#0 Done: SUCCESS Result: hostbyte=DID_OK
driverbyte=DRIVER_OK
[542136.261110] sd 0:0:0:0: tag#0 CDB: Test Unit Ready 00 00 00 00 00 00
[542136.261115] sd 0:0:0:0: tag#0 Sense Key: Not Ready [current]
[542136.261121] sd 0:0:0:0: tag#0 Add. Sense: Medium not present
[542136.261127] sd 0:0:0:0: tag#0 0 sectors total, 0 bytes done.
[...]
```

이 로그들은 오류와 타임아웃을 디버그하는 데 사용할 수 있습니다. 타임스탬프가 제공되었지만(첫 번째 칼럼), 고유한 세부 식별 정보 없이 I/O 지연 계산을 위해 이것을 사용하기는 어렵습니다.

BPF 트레이싱을 사용하면 커스텀 SCSI 계층 로그 및 다른 I/O 스택 계층 로그를 커널에서 계산된 지연을 포함해 더 많은 I/O 세부 사항과 함께 출력할 수 있습니다.

9.3 BPF 도구

이번 절에서는 디스크 성능 분석과 문제 해결에 사용할 수 있는 BPF 도구를 다룹니다. 정리하면 그림 9.3과 같습니다.

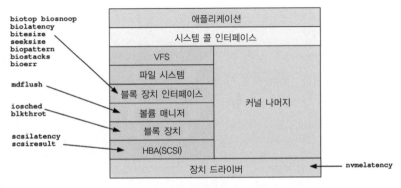

그림 9.3 디스크 분석용 BPF 도구

이 도구들은 4장과 5장에서 다룬 BCC와 bpftrace 저장소에서 가져왔거나 이 책을 위해 만들었습니다. 일부 도구는 BCC와 bpftrace 두 곳 모두에 나옵니다. 표 9.2에 이번 절에서 살펴보는 도구의 출처를 정리해 놓았습니다(BT는 bpftrace의 축약입니다).

도구	출처	대상	설명
biolatency	BCC/BT	블록 I/O	블록 I/O 지연을 히스토그램으로 요약
biosnoop	BCC/BT	블록 I/O	블록 I/O를 PID, 지연과 함께 트레이싱
biotop	BCC	블록 I/O	디스크에 대한 top: 프로세스별 블록 I/O 요약
bitesize	BCC/BT	블록 I/O	프로세스별 디스크 I/O 크기를 히스토그램으로 요약
seeksize	책	블록 I/O	요청된 I/O 탐색 거리 출력
biopattern	책	블록 I/O	랜덤/순차 디스크 접근 패턴 식별
biostacks	책	블록 I/O	디스크 I/O를 I/O 초기화 스택과 함께 출력
bioerr	책	블록 I/O	디스크 오류 트레이싱
mdflush	BCC/BT	MD	md 플러시 요청 트레이싱
iosched	책	I/O 스케줄러	I/O 스케줄러 지연 요약
scsilatency	책	SCSI	SCSI 명령어 지연 분포 출력
scsiresult	책	SCSI	SCSI 명령어 결과 코드 출력
nvmelatency	책	NVME	NVME 드라이버 명령어 지연 요약

표 9.2 디스크 관련 도구

BCC와 bpftrace 도구들과 각 기능에 대한 더 많은 정보는 해당 저장소에서 최신의 전체 목록을 확인하세요. 여기에는 가장 중요한 기능 중 일부만 정리했습니다. 파일 시스템 도구에 대해서는 8장을 참고하세요.

9.3.1 biolatency

biolatency(8)[2]는 블록 I/O 장치 지연 시간을 히스토그램으로 보여주는 BCC와 bpftrace 도구입니다. 장치 지연 시간(device latency)이란 장치로 요청을 발생

---

2 연혁: 필자는 ≪DTrace≫를 위해 이것을 iolatency.d로 만들었는데[Gregg 11], 필자의 다른 iosnoop 과 iotop 도구와 동일한 이름을 따랐습니다. 그러나 이러한 이름은 "io"가 무엇을 의미하는지 모호해서 혼란을 유발했고, BPF 도구에서는 블록 I/O를 의미하기 위해 이들 도구에 "b"를 추가했습니다. 필자는 2015년 9월 20일에 biolatency BCC 버전을, 그리고 2018년 9월 13일에 bpftrace 버전을 만들었습니다.

시킬 때부터 완료될 때까지의 시간을 의미하며, 운영체제에서 대기하는 시간을
포함합니다.

다음은 프로덕션 하둡 인스턴스에서 블록 I/O를 10초 동안 트레이싱하는
BCC 도구 biolatency(8)를 보여줍니다.

```
# biolatency 10 1
Tracing block device I/O... Hit Ctrl-C to end.
     usecs               : count     distribution
         0 -> 1          : 0         |                                        |
         2 -> 3          : 0         |                                        |
         4 -> 7          : 0         |                                        |
         8 -> 15         : 0         |                                        |
        16 -> 31         : 0         |                                        |
        32 -> 63         : 0         |                                        |
        64 -> 127        : 15        |                                        |
       128 -> 255        : 4475      |***********                             |
       256 -> 511        : 14222     |****************************************|
       512 -> 1023       : 12303     |**********************************       |
      1024 -> 2047       : 5649      |***************                         |
      2048 -> 4095       : 995       |**                                      |
      4096 -> 8191       : 1980      |*****                                   |
      8192 -> 16383      : 3681      |*********                               |
     16384 -> 32767      : 1895      |*****                                   |
     32768 -> 65535      : 721       |**                                      |
     65536 -> 131071     : 394       |*                                       |
    131072 -> 262143     : 65        |                                        |
    262144 -> 524287     : 17        |                                        |
```

이 출력 결과는 쌍봉분포를 보여주는데, 한 봉우리는 128~2047μs 사이에 있고
다른 하나는 대략 4~32ms 사이에 있습니다. 이제 장치 지연 시간이 쌍봉분포라
는 것을 알게 되었으니, 이것이 왜 그런지 이해하면 I/O 지연시간을 더욱 줄이는
방향으로 튜닝할 수 있을 것입니다. 예를 들어, 더 느린 I/O는 랜덤 I/O이거나
크기가 더 큰 I/O일 수 있습니다(다른 BPF 도구를 사용해서 이것을 확인할 수
있습니다). 이 출력 결과에서 가장 느린 I/O는 262~524ms 범위에 도달했는데,
이것은 장치에서 상당히 오랜 시간 동안 대기하고 있는 것으로 보입니다.

biolatency(8)와 더 뒤에 나온 biosnoop(8) 도구는 수많은 프로덕션 환경
의 문제를 해결하는 데 사용되었습니다. 특히 사용량이 높고 서비스 수준 목표
(SLO) 지연 시간을 초과할 수 있는 클라우드 환경의 멀티 테넌트 드라이브 분석
에 유용할 수 있습니다. 넷플릭스의 데이터베이스는 기존에는 크기가 작은 클라
우드 인스턴스를 사용하고 있었는데, 클라우드 데이터베이스팀은 biolatency(8)
와 biosnoop(8)을 사용해서 인스턴스에 허용할 수 없는 수준의 쌍봉분포 지연

시간이 있는지 또는 이러한 드라이브가 있는지 확인할 수 있었습니다. 이와 같이 멀티 테넌트 드라이브 분석을 함으로써, 분산 캐싱 티어(tier)와 분산 데이터베이스 티어 모두에서 이러한 인스턴스를 사용하지 않도록 제거할 수 있었습니다. 추가적인 연구가 끝나자, 해당 팀은 연구 결과에 근거해서 배포 전략을 바꾸기로 결정했습니다. 현재는 클러스터를 더 적은 수의 노드에 배포하고, 전용 드라이브가 있을 정도로 충분히 큰 노드를 선택합니다. 이 작은 변경을 통해 추가적인 인프라 비용 없이도 효과적으로 지연 극단값을 제거했습니다.

biolatency(8) 도구는 현재 kprobe를 사용해 다양한 블록 I/O 커널 함수를 트레이싱하며 작동합니다. 이 도구는 BCC에서 tracepoint가 지원되기 전에 작성한 것이어서, kprobe를 대신 사용했습니다. 이 도구의 오버헤드는 디스크 IOPS 율이 낮은(1,000IOPS 미만) 대부분의 시스템에서는 무시할 수 있는 수준입니다.

대기 시간

BCC biolatency(8)는 OS에서 대기한 시간을 포함하기 위한 -Q 옵션이 있습니다.

```
# biolatency -Q 10 1
Tracing block device I/O... Hit Ctrl-C to end.
     usecs               : count     distribution
         0 -> 1          : 0         |                                        |
         2 -> 3          : 0         |                                        |
         4 -> 7          : 0         |                                        |
         8 -> 15         : 0         |                                        |
        16 -> 31         : 0         |                                        |
        32 -> 63         : 0         |                                        |
        64 -> 127        : 1         |                                        |
       128 -> 255        : 2780      |*********                               |
       256 -> 511        : 10386     |****************************************|
       512 -> 1023       : 8399      |********************************        |
      1024 -> 2047       : 4154      |***************                         |
      2048 -> 4095       : 1074      |****                                    |
      4096 -> 8191       : 2078      |********                                |
      8192 -> 16383      : 7688      |*****************************           |
     16384 -> 32767      : 4111      |***************                         |
     32768 -> 65535      : 818       |***                                     |
     65536 -> 131071     : 220       |                                        |
    131072 -> 262143     : 103       |                                        |
    262144 -> 524287     : 48        |                                        |
    524288 -> 1048575    : 6         |                                        |
```

출력 결과는 크게 다르지 않은데, 이번에는 더 느린 봉우리에 약간의 I/O가 더 있습니다. 이 환경에서 iostat(1)을 실행해 보았더니 큐의 길이가 짧다는 것을 확인할 수 있었습니다(avgqu-sz ⟨ 1).

디스크

시스템에는 OS용 디스크, 스토리지 풀용 디스크, 이동식 미디어 드라이브와 같은 저장 장치가 섞여 있을 수 있습니다. biolatency(8)의 -D 옵션은 디스크 각각에 대한 히스토그램을 보여주어 각 유형이 어떻게 동작하는지 볼 때 유용합니다. 예를 들면 다음과 같습니다.

```
# biolatency -D
Tracing block device I/O... Hit Ctrl-C to end.
^C
[...]
disk = 'sdb'
    usecs               : count     distribution
        0 -> 1          : 0         |                                        |
        2 -> 3          : 0         |                                        |
        4 -> 7          : 0         |                                        |
        8 -> 15         : 0         |                                        |
       16 -> 31         : 0         |                                        |
       32 -> 63         : 0         |                                        |
       64 -> 127        : 0         |                                        |
      128 -> 255        : 1         |                                        |
      256 -> 511        : 25        |**                                      |
      512 -> 1023       : 43        |****                                    |
     1024 -> 2047       : 206       |********************                    |
     2048 -> 4095       : 8         |                                        |
     4096 -> 8191       : 8         |                                        |
     8192 -> 16383      : 392       |****************************************|

disk = 'nvme0n1'
    usecs               : count     distribution
        0 -> 1          : 0         |                                        |
        2 -> 3          : 0         |                                        |
        4 -> 7          : 0         |                                        |
        8 -> 15         : 12        |                                        |
       16 -> 31         : 72        |                                        |
       32 -> 63         : 5980      |****************************************|
       64 -> 127        : 1240      |********                                |
      128 -> 255        : 74        |                                        |
      256 -> 511        : 13        |                                        |
      512 -> 1023       : 4         |                                        |
     1024 -> 2047       : 23        |                                        |
     2048 -> 4095       : 10        |                                        |
     4096 -> 8191       : 63        |                                        |
```

이 출력 결과는 두 개의 아주 다른 디스크 장치를 보여줍니다. 플래시 메모리 기반 디스크 nvme0n1은 I/O 지연 시간이 32~127μs 사이이고 외장 USB 저장 장치 sdb는 밀리초 단위의 쌍봉형 I/O 지연 분포를 보입니다.

플래그

BCC biolatency(8)에는 각 I/O 플래그 세트를 별개로 출력하는 -F 옵션도 있습니다. 다음 사례는 히스토그램을 밀리초 단위로 출력하기 위해 -m 옵션을 사용하였습니다.

```
# biolatency -Fm
Tracing block device I/O... Hit Ctrl-C to end.
^C

[...]

flags = Read
     msecs               : count     distribution
         0 -> 1          : 180       |*************                           |
         2 -> 3          : 519       |****************************************|
         4 -> 7          : 60        |****                                    |
         8 -> 15         : 123       |*********                               |
        16 -> 31         : 68        |*****                                   |
        32 -> 63         : 0         |                                        |
        64 -> 127        : 2         |                                        |
       128 -> 255        : 12        |                                        |
       256 -> 511        : 0         |                                        |
       512 -> 1023       : 1         |                                        |

flags = Sync-Write
     msecs               : count     distribution
         0 -> 1          : 8         |***                                     |
         2 -> 3          : 26        |***********                             |
         4 -> 7          : 37        |***************                         |
         8 -> 15         : 65        |***************************             |
        16 -> 31         : 93        |****************************************|
        32 -> 63         : 20        |********                                |
        64 -> 127        : 6         |**                                      |
       128 -> 255        : 0         |                                        |
       256 -> 511        : 4         |*                                       |
       512 -> 1023       : 17        |*******                                 |

flags = Flush
     msecs               : count     distribution
         0 -> 1          : 2         |****************************************|

flags = Metadata-Read
     msecs               : count     distribution
         0 -> 1          : 3         |****************************************|
         2 -> 3          : 2         |**************************               |
```

```
        4 -> 7        : 0        |                                    |
        8 -> 15       : 1        |************                        |
       16 -> 31       : 1        |************                        |
```

이들 플래그는 저장 장치별로 다르게 처리될 수 있는데, 이렇게 플래그를 분리하면 각각을 별개로 살펴볼 수 있습니다. 위의 출력 결과는 동기 쓰기 동작이 쌍봉형 분포이고, 512~1023ms 범위에서 느린 지연 시간 봉우리를 가지고 있음을 보여줍니다.

I/O 플래그는 block tracepoint에서도 rwbs 필드와 한 글자 문자열을 통해 확인할 수 있습니다. 이 필드에 대한 설명은 이 장의 앞부분에 있는 'rwbs' 절을 참고하세요.

BCC

커맨드 라인 사용법은 다음과 같습니다.

```
biolatency [options] [interval [count]]
```

옵션에는 다음이 포함됩니다.

- -m: 결과를 밀리초로 출력합니다(기본값은 마이크로초).
- -Q: OS에서 대기한 시간을 포함시킵니다.
- -D: 각각의 디스크를 별개로 보여줍니다.
- -F: I/O 플래그 세트 각각을 별개로 보여줍니다.
- -T: 출력 결과에 타임스탬프를 포함시킵니다.

인터벌의 값을 1로 설정하면 이 도구는 초당 히스토그램을 출력할 것입니다. 이 정보는 지연 히트맵으로 시각화될 수 있는데, 전체 시간 흐름을 x축으로, 지연 시간 범위를 y축으로 표현하고 해당 시간 영역에서의 I/O 수를 색의 채도로 보여줍니다.[Gregg 10] 벡터(Vector)를 사용하는 사례는 17장을 참고하세요.

bpftrace

다음은 bpftrace 버전의 코드로, 핵심 기능을 보여줍니다. 이 버전은 옵션을 지원하지 않습니다.

```
#!/usr/local/bin/bpftrace

BEGIN
{
```

```
        printf("Tracing block device I/O... Hit Ctrl-C to end.\n");
}

kprobe:blk_account_io_start

{
        @start[arg0] = nsecs;
}

kprobe:blk_account_io_done
/@start[arg0]/
{
        @usecs = hist((nsecs - @start[arg0]) / 1000);
        delete(@start[arg0]);
}

END
{
        clear(@start);
}
```

이 도구는 각 I/O가 시작할 때 I/O 지속(지연) 시간을 기록하기 위한 타임스탬프를 저장합니다. 그러나 여러 개의 I/O가 동시에 발생할 수도 있습니다. 그렇기 때문에 전역 타임스탬프 변수 하나만으로는 불가능할 것이고, 타임스탬프를 개개의 I/O와 연계해야 합니다. 다른 많은 BPF 도구에서는 스레드 ID를 키로 사용해서 해시 맵에 타임스탬프를 저장하는 방식으로 문제를 해결합니다. 이 방법은 디스크 I/O에서는 사용할 수 없는데, 디스크 I/O는 한 스레드에서 시작해서 다른 스레드에서 종료될 수 있고, 이러한 경우 스레드 ID가 바뀌기 때문입니다. 여기서 사용한 해결 방안은 I/O에 대한 struct request 구조체의 주소(이 함수들의 arg0)를 수집하고 이 메모리 주소를 해시 맵의 키로 사용하는 것입니다. 커널이 요청 발생과 완료 사이에서 메모리 주소를 변경하지 않는 한 고유 ID로 사용하기에 적합합니다.

Tracepoint

BCC와 bpftrace 버전의 biolatency(8)는 가능하다면 block tracepoint를 사용해야 하지만, 이렇게 하는 데에는 어려움이 있습니다. 현재 tracepoint 인자에서 struct request 구조체 포인터를 사용할 수 없기 때문에 I/O를 고유한 방식으로 식별하기 위해서는 다른 키를 사용해야만 합니다. 장치 ID와 섹터 번호를 사용하는 것이 하나의 접근 방법입니다. 프로그램의 코어는 다음과 같이 변경할 수 있습니다(biolatency-tp.bt).

```
[...]
tracepoint:block:block_rq_issue
{
        @start[args->dev, args->sector] = nsecs;
}

tracepoint:block:block_rq_complete
/@start[args->dev, args->sector]/
{
        @usecs = hist((nsecs - @start[args->dev, args->sector]) / 1000);
        delete(@start[args->dev, args->sector]);
}
[...]
```

이때 동일한 장치와 섹터에 대해서는 여러 개의 I/O가 동시에 발생하지 않는다고 가정합니다. 이것은 장치의 시간만을 계측하며, OS에서 대기한 시간은 포함하지 않습니다.

9.3.2 biosnoop

biosnoop(8)[3]은 각 디스크 I/O에 대한 한 줄 요약을 출력하는 BCC와 bpftrace 도구입니다. 다음은 프로덕션 하둡 인스턴스에서 실행 중인 BCC 도구 biosnoop(8)을 보여줍니다.

```
# biosnoop
TIME(s)      COMM          PID    DISK    T SECTOR      BYTES    LAT(ms)
0.000000     java          5136   xvdq    R 980043184   45056    0.35
0.000060     java          5136   xvdq    R 980043272   45056    0.40
0.000083     java          5136   xvdq    R 980043360   4096     0.42
[...]
0.143724     java          5136   xvdy    R 5153784     45056    1.08
0.143755     java          5136   xvdy    R 5153872     40960    1.10
0.185374     java          5136   xvdm    R 2007186664  45056    0.34
```

3 연혁: 2000년에 필자가 호주 뉴캐슬 대학의 시스템 관리자였을 때, 공유 서버 하나가 디스크 성능 저하를 겪고 있었고 연구자들이 배치 잡(batch job)을 실행해서 발생한 것으로 의심되었습니다. 연구자들은 자신들이 대량의 디스크 I/O를 유발한다는 것을 필자가 입증하기 전에는 워크로드를 옮길 수 없다고 거절했으며, 이것을 밝혀낼 수 있는 도구도 없었습니다. 필자 혹은 선임 관리자인 더그 스콧(Doug Scott)이 만든 차선책은, iostat(1)를 보면서 해당 프로세스를 SIGSTOP하고 몇 초 후에 이것을 SIGCONT하는 것이었는데, SIGCONT 이후 디스크 I/O가 극적으로 떨어져서 이 프로세스에 책임이 있다는 것이 입증되었습니다. 손을 덜 대는 방법을 찾던 도중 애드리안 코크로프트(Adrian Cockcroft)가 쓴 《Sun Performance and Tuning》[Cockcroft 98]에 나오는 Sun TNF/prex 트레이싱 유틸리티를 보았습니다. 2003년 12월 3일에 필자는 프로세스별 디스크 I/O를 출력하는 유틸리티인 psio(1M)를 만들었는데, 이벤트별 디스크 I/O를 트레이싱하는 모드도 가지고 있었습니다. 같은 달에 DTrace의 베타 버전이 나왔고, 필자는 결국 2004년 3월 12일에 필자의 디스크 I/O 트레이싱 도구를 iosnoop(1M)으로 다시 작성했는데, 처음 시작할 때는 io provider가 나오기 전이었습니다. 이 작업물에 대한 The Register의 DTrace 발표에서 필자를 인용했습니다.[Vance 04] 필자는 2015년 9월 16일에 biosnoop(8)의 BCC 버전을, 그리고 2017년 11월 15일에는 bpftrace 버전을 만들었습니다.

```
0.189267      java           5136    xvdy    R 979232832    45056      14.00
0.190330      java           5136    xvdy    R 979232920    45056      15.05
0.190376      java           5136    xvdy    R 979233008    45056      15.09
0.190403      java           5136    xvdy    R 979233096    45056      15.12
0.190409      java           5136    xvdy    R 979233184    45056      15.12
0.190441      java           5136    xvdy    R 979233272    36864      15.15
0.190176      java           5136    xvdm    R 2007186752   45056       5.13
0.190231      java           5136    xvdm    R 2007186840   45056       5.18
[...]
```

이 출력 결과는 PID 5136의 자바가 다른 디스크를 읽는 것을 보여줍니다. 지
연 시간이 약 15ms인 6번의 읽기 동작이 있었습니다. I/O 완료 시간을 보여주
는 TIME(s) 칼럼을 면밀하게 살펴보면, 이들은 모두 몇 분의 일 밀리초 내에서
완료되며 동일한 디스크(xvdy)에 대해 발생했습니다. 이들은 함께 큐에 있었다
고 결론 지을 수 있는데, 지연이 14.00~15.15ms에 걸쳐 분포해 있다는 것은 큐
에 있던 I/O가 차례차례 완료되었다는 증거입니다. 섹터 오프셋도 연속적인데,
45,056바이트 읽기는 88개의 512바이트 섹터 크기에 해당합니다.

프로덕션 환경에서의 사용 사례로, 넷플릭스의 스테이트풀(stateful) 서비스
운영팀들은 I/O 집약적인 워크로드의 성능을 저하시키는 미리 읽기 관련 문제
들을 떼어놓기 위해 biosnoop(8)을 주기적으로 사용합니다. 리눅스는 똑똑하게
도 OS 페이지 캐시에 데이터를 미리 읽어 들이려고 하지만, 이로 인해 특히 기
본 미리 읽기 설정을 사용할 경우 빠른 SSD에서 동작하는 데이터 저장에 심각
한 성능문제를 유발할 수 있습니다. 공격적인 미리 읽기가 있음을 확인한 후 이
들 팀은 I/O 크기의 히스토그램과 스레드별 지연에 대한 분석을 통해 대상을 지
정해 리팩터링을 수행하고, 적당한 madvise 옵션과 직접 I/O(direct I/O)를 사
용하거나 기본 미리 읽기 크기를 작은 값(예: 16KB)으로 바꿈으로써 성능을 향
상시켰습니다. I/O 크기 히스토그램에 대해서는 8장의 vfssize(8)와 이번 장의
bitesize(8)를 살펴보세요. 또한 이 문제의 분석을 위해서는 좀 더 최근에 만들어
진 8장의 readahead(8) 도구를 참고하세요.

biostoop(8) 칼럼은 다음과 같습니다.

- TIME(s): 초 단위의 I/O 완료 시간
- COMM: 프로세스 이름(수집되지 않았다면)
- PID: 프로세스 ID(수집되지 않았다면)
- DISK: 저장 장치 이름
- T: 유형(R==읽기, W==쓰기)

- SECTOR: 디스크상 주소(512바이트 섹터 단위)
- BYTES: I/O 크기
- LAT(ms): 장치에 요청 발생부터 완료까지의 I/O 지속 시간

이 도구는 커널 블록 I/O 함수를 트레이싱하는 biolatency(8)와 동일한 방식으로 작동합니다. 향후 버전은 block tracepoint를 사용하도록 전환될 것입니다. 이 도구의 오버헤드는 이벤트별 결과를 출력하기 때문에 biolatency(8)보다는 약간 높습니다.

OS에서 대기한 시간

BCC biosnoop(8)의 -Q 옵션은 I/O 생성부터 장치 요청 사이에 소요된 시간을 보여줍니다. 이 시간의 대부분은 OS 큐에서 사용되지만, 메모리 할당과 록 획득도 이 시간에 포함될 수 있습니다. 예를 들면 다음과 같습니다.

```
# biosnoop -Q
TIME(s)      COMM          PID   DISK   T SECTOR      BYTES  QUE(ms) LAT(ms)
19.925329    cksum         20405 sdb    R 249631      16384   17.17   1.63
19.933890    cksum         20405 sdb    R 249663      122880  17.81   8.51
19.942442    cksum         20405 sdb    R 249903      122880  26.35   8.51
19.944161    cksum         20405 sdb    R 250143      16384   34.91   1.66
19.952853    cksum         20405 sdb    R 250175      122880  15.53   8.59
[...]
```

QUE(ms) 칼럼은 큐에서 대기한 시간을 보여줍니다. 읽기 동작에 높은 대기 시간이 소요된 이 사례는 CFQ I/O 스케줄러를 사용하는 USB 플래시 드라이브에서 온 것입니다. 쓰기 I/O는 심지어 더 오랫동안 대기하는데, 다음과 같습니다.

```
# biosnoop -Q
TIME(s)      COMM          PID   DISK     T SECTOR     BYTES  QUE(ms)  LAT(ms)
[...]
2.338149     ?             0              W 0          8192    0.00     2.72
2.354710     ?             0              W 0          122880  0.00    16.17
2.371236     kworker/u16:1 18754 sdb      W 486703     122880 2070.06  16.51
2.387687     cp            20631 nvme0n1  R 73365192   262144  0.01     3.23
2.389213     kworker/u16:1 18754 sdb      W 486943     122880 2086.60  17.92
2.404042     kworker/u16:1 18754 sdb      W 487183     122880 2104.53  14.81
2.421539     kworker/u16:1 18754 sdb      W 487423     122880 2119.40  17.43
[...]
```

쓰기에 대한 대기 시간은 2초를 초과합니다. 앞부분의 I/O는 칼럼 내용이 대부분 빠져있는데, 이는 트레이싱이 시작되기 전에 큐에 추가되어 biosnoop(8)이 그 내용을 수집할 수 없었기 때문에 장치 지연 시간만을 보여줍니다.

BCC

커맨드 라인 사용법은 다음과 같습니다.

biosnoop [options]

옵션에는 OS 큐에서 대기한 시간을 포함하기 위한 -Q가 있습니다.

bpftrace

다음은 bpftrace 버전의 코드로, 큐에서 대기한 시간을 포함해서 I/O 전체 시간
을 트레이싱합니다.

```
#!/usr/local/bin/bpftrace

BEGIN
{
        printf("%-12s %-16s %-6s %7s\n", "TIME(ms)", "COMM", "PID", "LAT(ms)");
}

kprobe:blk_account_io_start
{
        @start[arg0] = nsecs;
        @iopid[arg0] = pid;
        @iocomm[arg0] = comm;
}



kprobe:blk_account_io_done
/@start[arg0] != 0 && @iopid[arg0] != 0 && @iocomm[arg0] != ""/
{
        $now = nsecs;
        printf("%-12u %-16s %-6d %7d\n",
            elapsed / 1000000, @iocomm[arg0], @iopid[arg0],
            ($now - @start[arg0]) / 1000000);

        delete(@start[arg0]);
        delete(@iopid[arg0]);
        delete(@iocomm[arg0]);
}

END
{
        clear(@start);
        clear(@iopid);
        clear(@iocomm);
}
```

blk_account_io_start() 함수는 흔히 프로세스 컨텍스트에서 호출되며 I/O가 대
기 중일 때 발생합니다. 장치에 대한 I/O 요청 발생과 I/O 완료와 같은 후속 이

벤트들은 프로세스 컨텍스트에서 발생할 수도, 발생하지 않을 수 있기 때문에 나중에 후속 이벤트에서 그것의 pid와 comm 내장 변수 값을 신뢰할 수 없습니다. 이에 대한 해결책은 blk_account_io_start()에서 BPF 맵에 request ID를 키로 해서 이 값들을 저장하고 나중에 조회할 수 있도록 하는 것입니다.

biolatency(8)와 함께, 이 도구는 block tracepoint를 사용하도록 다시 작성할 수 있습니다(9.5 "선택 연습 문제" 참고).

9.3.3 biotop

biotop(8)[4]은 디스크에 대한 top(1)과 같은 BCC 도구입니다. 다음은 이 도구가 프로덕션 하둡 인스턴스에서 실행되는 것을 보여주는데, -C 옵션을 사용하면 업데이트 사이에 스크린이 지워지지 않게 합니다.

```
# biotop -C
Tracing... Output every 1 secs. Hit Ctrl-C to end
06:09:47 loadavg: 28.40 29.00 28.96 44/3812 124008

PID     COMM           D MAJ MIN  DISK      I/O   Kbytes   AVGms
123693  kworker/u258:0 W 202 4096 xvdq     1979    86148    0.93
55024   kworker/u257:8 W 202 4608 xvds     1480    64068    0.73
123693  kworker/u258:0 W 202 5376 xvdv      143     5700    0.52
5381    java           R 202 176  xvdl       81     3456    3.01
43297   kworker/u257:0 W 202 80   xvdf       48     1996    0.56
5383    java           R 202 112  xvdh       27     1152   16.05
5383    java           R 202 5632 xvdw       27     1152    3.45
5383    java           R 202 224  xvdo       27     1152    6.79
5383    java           R 202 96   xvdg       24     1024    0.52
5383    java           R 202 192  xvdm       24     1024   39.45
5383    java           R 202 5888 xvdx       24     1024    0.64
5383    java           R 202 5376 xvdv       24     1024    4.74
5383    java           R 202 4096 xvdq       24     1024    3.07
5383    java           R 202 48   xvdd       24     1024    0.62
5383    java           R 202 5120 xvdu       24     1024    4.20
5383    java           R 202 208  xvdn       24     1024    2.54
5383    java           R 202 80   xvdf       24     1024    0.66
5383    java           R 202 64   xvde       24     1024    8.08
5383    java           R 202 32   xvdc       24     1024    0.63
5383    java           R 202 160  xvdk       24     1024    1.42
[...]
```

이것은 자바 프로세스가 여러 다른 디스크에서 읽고 있음을 보여줍니다. 목록의 가장 상위에는 쓰기 동작을 시작하는 kworker 스레드가 있습니다. 이것은 백그

---

4 연혁: 필자는 2005년 7월 15일에 DTrace를 사용해서 첫 번째 iotop을 만들었으며, 2016년 2월 6일에 BCC 버전을 작성했습니다. 이 도구들은 윌리엄 르페브르(William LeFebvre)가 만든 top(1)에서 영감을 얻었습니다.

라운드 쓰기 플러싱이며, 페이지를 더럽힌 진짜 프로세스는 현시점에서는 알 수 없습니다(8장에 나온 파일 시스템 도구를 사용해 확인할 수 있습니다).

이것은 biolatency(8)와 동일한 이벤트를 사용해서 작동하는데, 유사한 수준의 오버헤드가 발생할 것으로 예상합니다.

커맨드 라인 사용법은 다음과 같습니다.

```
biotop [options] [interval [count]]
```

옵션은 다음과 같습니다.

- -C: 스크린을 지우지 않습니다.
- -r ROWS: 출력할 줄의 수

출력 결과는 기본적으로 20줄까지만 축약해 보여주는데, 이것은 -r을 사용해서 조정할 수 있습니다.

9.3.4 bitesize

bitesize(8)[5]는 디스크 I/O 크기를 보여주는 BCC와 bpftrace 도구입니다. 다음은 프로덕션 하둡 인스턴스에서 실행되는 BCC 버전을 보여줍니다.

```
# bitesize
Tracing... Hit Ctrl-C to end.
^C
[...]

Process Name = kworker/u257:10
    Kbytes          : count    distribution
        0 -> 1      : 0        |                                        |
        2 -> 3      : 0        |                                        |
        4 -> 7      : 17       |                                        |
        8 -> 15     : 12       |                                        |
       16 -> 31     : 79       |*                                       |
       32 -> 63     : 3140     |****************************************|

Process Name = java
    Kbytes          : count    distribution
        0 -> 1      : 0        |                                        |
        2 -> 3      : 3        |                                        |
        4 -> 7      : 60       |                                        |
```

---

5 연혁: 필자는 이것을 2004년 3월 31일에 DTrace를 사용해서 bitesize.d로 만들었는데, 이때는 io provider를 사용할 수 없었습니다. 앨런 매컬리비(Allan McAleavy)가 2016년 2월 5일에 BCC 버전을 만들었으며, 필자는 2018년 9월 7일에 bpftrace 버전을 만들었습니다.

```
     8 -> 15      : 68       |                                           |
    16 -> 31      : 220      |**                                         |
    32 -> 63      : 3996     |*******************************************|
```

이 출력 결과는 kworker 스레드와 자바가 둘 다 주로 32~63KB 크기 범위에서 I/O를 호출하고 있음을 보여줍니다. I/O 크기를 체크하면 최적화할 수 있는 부분을 찾을 수 있습니다.

- 순차 워크로드에서는 최고의 성능을 위해 가능한 한 가장 큰 I/O를 시도해 보아야 합니다. 크기가 클수록 성능이 저하될 수도 있는데, 메모리 할당자와 장치 로직에 기반한 최적 크기(예: 128KB)가 있을 것입니다.
- 랜덤 워크로드에서는 I/O 크기를 애플리케이션의 레코드 크기와 일치시켜야 합니다. I/O 크기가 더 크면 불필요한 데이터로 페이지 캐시를 오염시킬 것이고, I/O 크기가 더 작으면 필요 이상으로 많은 오버헤드를 유발할 것입니다.

    이 도구는 block:block_rq_issue tracepoint를 계측함으로써 작동합니다.

BCC

bitesize(8)는 현재 옵션을 지원하지 않습니다.

bpftrace

다음은 bpftrace 버전용 코드입니다.

```
#!/usr/local/bin/bpftrace

BEGIN
{
        printf("Tracing block device I/O... Hit Ctrl-C to end.\n");
}

tracepoint:block:block_rq_issue
{
        @[args->comm] = hist(args->bytes);
}

END
{
        printf("\nI/O size (bytes) histograms by process name:");
}
```

해당 tracepoint에서 프로세스 이름은 args->comm로, 크기는 args->bytes로 가져올 수 있습니다. 이 tracepoint는 요청이 OS 큐에 삽입될 때 호출됩니다. 나중에 completion과 같은 tracepoint에서는 args->comm도 사용할 수 없고 comm

내장 변수도 사용할 수 없는데, 이러한 tracepoint는 프로세스에 대해 비동기로 호출되기 때문입니다(예: 장치 I/O 완료 인터럽트).

9.3.5 seeksize

seeksize(8)[6]는 프로세스가 디스크에 탐색을 요청한 섹터 수를 보여주는 bpftrace 도구입니다. 요청된 섹터 수는 회전 자기 매체(rotational magnetic media)에서 만 중요합니다.[7] 회전 자기 매체에서는 드라이브 헤드가 물리적으로 하나의 섹터에서 다른 섹터로 오프셋만큼 이동해야만 하며, 이는 지연을 유발합니다. 출력 결과 사례는 다음과 같습니다.

```
# seeksize.bt
Attaching 3 probes...
Tracing block I/O requested seeks... Hit Ctrl-C to end.
^C
[...]

@sectors[tar]:
[0]                 8220 |@@@@@@@@@@@@@@@@@@@@@@@@@@@@@@@@@@@@@@@@@@@@@@@@@@@@|
[1]                    0 |                                                  |
[2, 4)                 0 |                                                  |
[4, 8)                 0 |                                                  |
[8, 16)              882 |@@@@@                                             |
[16, 32)            1897 |@@@@@@@@@@@                                       |
[32, 64)            1588 |@@@@@@@@@@                                        |
[64, 128)           1502 |@@@@@@@@@                                         |
[128, 256)          1105 |@@@@@@                                            |
[256, 512)           734 |@@@@                                              |
[512, 1K)            501 |@@@                                               |
[1K, 2K)             302 |@                                                 |
[2K, 4K)             194 |@                                                 |
[4K, 8K)              82 |                                                  |
[8K, 16K)              0 |                                                  |
[16K, 32K)             0 |                                                  |
[32K, 64K)             6 |                                                  |
[64K, 128K)          191 |@                                                 |
[128K, 256K)           0 |                                                  |
[256K, 512K)           0 |                                                  |
[512K, 1M)             0 |                                                  |
[1M, 2M)               1 |                                                  |
```

---

6 연혁: 필자는 2004년 9월 11일에 DTrace를 사용해서 이 도구를 seeksize.d로 처음 만들었는데, 당시에는 회전 디스크에서의 탐색 문제가 일반적이었기 때문입니다. 필자는 2018년 10월 18일자 블로그 포스트를 위해 bpftrace 버전을 만들었으며, 2019년 3월 20일에 이 책을 위해 해당 도구를 개정했습니다.

7 거의 대부분 그렇습니다. 플래시 드라이브(저장 장치)는 자체의 FTL(flash-translation-layer) 변환 로직을 가지고 있으며, 큰 범위 탐색과 작은 범위 탐색을 비교했을 때 약간의 속도 저하(1% 미만)가 있음을 발견했습니다. 아마도 그 플래시 드라이브가 TLB에 상응하는 플래시 메모리를 버스팅(busting)하고 있었을 것으로 보입니다.

```
[2M, 4M)               840 |@@@@@                                               |
[4M, 8M)               887 |@@@@@                                               |
[8M, 16M)              441 |@@                                                  |
[16M, 32M)             124 |                                                    |
[32M, 64M)             220 |@                                                   |
[64M, 128M)            207 |@                                                   |
[128M, 256M)           205 |@                                                   |
[256M, 512M)             3 |                                                    |
[512M, 1G)             286 |@                                                   |

@sectors[dd]:
[0]                  29908 |@@@@@@@@@@@@@@@@@@@@@@@@@@@@@@@@@@@@@@@@@@@@@@@@@@@@@@|
[1]                      0 |                                                    |
[...]
[32M, 64M)               0 |                                                    |
[64M, 128M)              1 |                                                    |
```

이 출력 결과는 'dd'라는 이름의 프로세스가 일반적으로 어떤 탐색도 요청하지 않았음을 보여줍니다. 트레이싱하는 동안 0의 오프셋은 29,908회 요청되었습니다. 이것은 예상된 결과로, 필자가 dd(1) 순차 워크로드를 실행하고 있었기 때문입니다. 또한 tar(1) 파일 시스템 백업을 실행했는데, 일부는 순차이고 일부는 랜덤인 복합 워크로드가 발생하였습니다.

seeksize(8)의 소스 코드는 다음과 같습니다.

```
#!/usr/local/bin/bpftrace

BEGIN
{
        printf("Tracing block I/O requested seeks... Hit Ctrl-C to end.\n");
}

tracepoint:block:block_rq_issue
{
        if (@last[args->dev]) {
                // 요청된 탐색 거리 계산
                $last = @last[args->dev];
                $dist = (args->sector - $last) > 0 ?
                    args->sector - $last: $last - args->sector;

                // 세부 정보 저장
                @sectors[args->comm] = hist($dist);
        }
        // 디스크 헤드에 마지막으로 요청된 위치를 저장
        @last[args->dev] = args->sector + args->nr_sector;
}

END
{
        clear(@last);
}
```

이 도구는 각 장치 I/O에 요청된 섹터 오프셋을 검토하고 이것을 기록된 이전 위치와 비교하면서 작동합니다. 만약 이 도구가 block_rq_completion tracepoint를 사용하였다면 디스크가 실제로 탐색한 거리를 보여주었을 것입니다. 그러나 그 대신 이 도구는 '애플리케이션이 요청하는 워크로드가 얼마나 랜덤한가?'라는 다른 질문에 대답하기 위해 block_rq_issue tracepoint를 사용합니다. 이 랜덤한 정도는 온 디스크 스케줄러나 리눅스 I/O 스케줄러가 I/O를 처리한 뒤에 바뀔 수 있습니다. 필자는 처음에 어느 애플리케이션이 랜덤 워크로드를 유발하고 있는지 입증하기 위해 이 도구를 작성했으므로, 요청에 따른 워크로드를 계측하는 것을 선택했습니다.

이어서 살펴볼 biopattern(8)은 요청 대신 I/O 완료에서 랜덤한 정도를 계측합니다.

9.3.6 biopattern

biopattern(8)[8]은 I/O 패턴이 랜덤인지 순차적인지 식별하는 bpftrace 도구입니다. 예를 들면 다음과 같습니다.

```
# biopattern.bt
Attaching 4 probes...
TIME       %RND  %SEQ   COUNT    KBYTES
00:05:54    83    16     2960     13312
00:05:55    82    17     3881     15524
00:05:56    78    21     3059     12232
00:05:57    73    26     2770     14204
00:05:58     0   100        1         0
00:05:59     0     0        0         0
00:06:00     0    99     1536    196360
00:06:01     0   100    13444   1720704
00:06:02     0    99    13864   1771876
00:06:03     0   100    13129   1680640
00:06:04     0    99    13532   1731484
[...]
```

이 사례는 파일 시스템 백업 워크로드로 시작하는데, 대부분 랜덤 I/O를 발생시켰습니다. 6:00에서 순차적 디스크 읽기로 전환했는데 99% 혹은 100% 순차 읽기이며, 처리량(KBYTES)이 훨씬 높습니다.

biopattern(8)의 소스 코드는 다음과 같습니다.

---

8 연혁: 필자는 2005년 7월 25일에 DTrace를 사용해서 iopattern을 첫 번째 버전으로 만들었고, 라이언 맷슨(Ryan Matteson)이 필자에게 보내준 프로토타입 도구를 기반으로 했습니다(이것은 칼럼이 더 많습니다). 2019년 3월 19일에 이 책을 위해 이 bpftrace 버전을 만들었습니다.

```
#!/usr/local/bin/bpftrace

BEGIN
{
        printf("%-8s %5s %5s %8s %10s\n", "TIME", "%RND", "%SEQ", "COUNT",
            "KBYTES");
}

tracepoint:block:block_rq_complete
{
        if (@lastsector[args->dev] == args->sector) {
                @sequential++;
        } else {
                @random++;
        }
        @bytes = @bytes + args->nr_sector * 512;
        @lastsector[args->dev] = args->sector + args->nr_sector;
}

interval:s:1
{
        $count = @random + @sequential;
        $div = $count;
        if ($div == 0) {
                $div = 1;
        }
        time("%H:%M:%S ");
        printf("%5d %5d %8d %10d\n", @random * 100 / $div,
            @sequential * 100 / $div, $count, @bytes / 1024);
        clear(@random); clear(@sequential); clear(@bytes);
}

END
{
        clear(@lastsector);
        clear(@random); clear(@sequential); clear(@bytes);
}
```

이것은 블록 I/O 완료를 계측하고 각 장치에서 마지막으로 사용된 섹터(디스크 주소)를 기억하면서 작동하기 때문에, 이전 주소(순차적)에서 계속되는지 아니면 그렇지 않은지(랜덤)를 확인하기 위해 다음 I/O와 비교할 수 있습니다.[9]

이 도구를 tracepoint:block:block_rq_insert를 계측하도록 변경하면, 적용된 워크로드의 임의성(randomness)을 보여줄 것입니다.

---

9 트레이싱이 보편화되기 이전에는 iostat(1)의 출력 결과를 해석하고 I/O 크기가 작은데 처리 시간이 긴 경우(랜덤) 혹은 I/O 크기가 큰데 처리 시간이 짧은 경우(순차적)를 찾음으로써 랜덤/순차 워크로드를 식별했습니다.

9.3.7 biostacks

biostacks(8)[10]는 전체 I/O 지연(OS 큐 삽입부터 장치 완료까지)을 I/O 초기화 스택 트레이스와 함께 트레이싱하는 bpftrace 도구입니다. 예를 들면 다음과 같습니다.

```
# biostacks.bt
Attaching 5 probes...
Tracing block I/O with init stacks. Hit Ctrl-C to end.
^C
[...]

@usecs[
    blk_account_io_start+1
    blk_mq_make_request+1069
    generic_make_request+292
    submit_bio+115
    swap_readpage+310
    read_swap_cache_async+64
    swapin_readahead+614
    do_swap_page+1086
    handle_pte_fault+725
    __handle_mm_fault+1144
    handle_mm_fault+177
    __do_page_fault+592
    do_page_fault+46
    page_fault+69
]:
[16K, 32K)            1 |                                                       |
[32K, 64K)           32 |                                                       |
[64K, 128K)        3362 |@@@@@@@@@@@@@@@@@@@@@@@@@@@@@@@@@@@@@@@@@@@@@@@@@@@@@@@@@@|
[128K, 256K)         38 |                                                       |
[256K, 512K)          0 |                                                       |
[512K, 1M)            0 |                                                       |
[1M, 2M)              1 |                                                       |
[2M, 4M)              1 |                                                       |
[4M, 8M)              1 |                                                       |

@usecs[
    blk_account_io_start+1
    blk_mq_make_request+1069
    generic_make_request+292
    submit_bio+115
    submit_bh_wbc+384
    ll_rw_block+173
    __breadahead+68
    __ext4_get_inode_loc+914
    ext4_iget+146
```

---

10 연혁: biostacks(8)는 2019년 3월 19일에 이 책을 위해 만들었습니다. 필자는 2018년 페이스북 내부 강연 도중 즉석에서 이와 유사한 도구를 만들었는데, 이때 처음으로 I/O 완료 시간과 연관된 초기화 스택을 확인할 수 있었습니다.

```
            ext4_iget_normal+48
            ext4_lookup+240
            lookup_slow+171
            walk_component+451
            path_lookupat+132
            filename_lookup+182
            user_path_at_empty+54
            vfs_statx+118
            SYSC_newfstatat+53
            sys_newfstatat+14
            do_syscall_64+115
            entry_SYSCALL_64_after_hwframe+61
]:
[8K, 16K)            18 |@@@@@@@@@@@                                          |
[16K, 32K)           20 |@@@@@@@@@@@@@                                        |
[32K, 64K)           10 |@@@@@@                                               |
[64K, 128K)          56 |@@@@@@@@@@@@@@@@@@@@@@@@@@@@@@@@@@@@                  |
[128K, 256K)         81 |@@@@@@@@@@@@@@@@@@@@@@@@@@@@@@@@@@@@@@@@@@@@@@@@@@@@@@@|
[256K, 512K)          7 |@@@@                                                 |
```

필자는 어떤 애플리케이션도 원인을 제공하지 않은 미스테리한 디스크 I/O가 있는 경우를 보았습니다. 이유는 파일 시스템의 백그라운드 작업으로 밝혀졌습니다(어떤 경우에는 주기적으로 체크섬을 검증하는 ZFS의 백그라운드 스크러빙(background scrubber)이었습니다). biostacks(8)는 커널 스택 트레이스를 보여줌으로써 디스크 I/O의 진짜 이유를 확인할 수 있습니다.

위의 출력 결과에는 두 가지 흥미로운 스택이 있습니다. 첫 번째 것은 스왑 인된 페이지 폴트에 의해 발생하였는데, 이것은 스와핑(swapping)입니다.[11] 두 번째 것은 미리 읽기가 발생하는 newfstatat() 시스템 콜이었습니다.

biostacks(8)의 소스 코드는 다음과 같습니다.

```
#!/usr/local/bin/bpftrace

BEGIN
{
        printf("Tracing block I/O with init stacks. Hit Ctrl-C to end.\n");
}

kprobe:blk_account_io_start
{
        @reqstack[arg0] = kstack;
        @reqts[arg0] = nsecs;
}

kprobe:blk_start_request, kprobe:blk_mq_start_request
```

---

11 스와핑은 스왑 장치로 페이지를 전환하는 것을 의미하는 리눅스 용어입니다. 리눅스 이외의 다른 커널에서 스와핑(swapping)은 전체 프로세스를 이전하는 것을 의미할 수 있습니다.

```
/@reqts[arg0]/
{
        @usecs[@reqstack[arg0]] = hist(nsecs - @reqts[arg0]);
        delete(@reqstack[arg0]);
        delete(@reqts[arg0]);
}

END
{
        clear(@reqstack); clear(@reqts);
}
```

위 코드는 I/O가 시작될 때 커널 스택과 타임스탬프를 저장하고, I/O가 완료될 때 저장된 스택과 타임스탬프를 조회하는 방식으로 작동합니다. 이 정보들은 트레이싱된 커널 함수들의 arg0인 struct request 구조체 포인터를 키로 해서 맵에 저장됩니다. 커널 스택 트레이스는 kstack 내장 변수를 사용해서 기록됩니다. 이것을 ustack으로 변경해서 사용자 레벨 스택 트레이스를 기록하거나, 두 가지 모두를 수집하도록 수정할 수 있습니다.

리눅스 5.0에서는 멀티 큐만 사용하도록 변경됨에 따라 blk_start_request() 함수는 커널에서 제거되었습니다. 리눅스 5.0과 이후 커널에서 이 도구는 다음과 같은 경고를 출력할 것입니다.

```
Warning: could not attach probe kprobe:blk_start_request, skipping.
```

이 경고를 무시할 수도 있고, 혹은 도구에서 kprobe를 제거할 수도 있습니다. 또한 tracepoint를 사용하도록 다시 작성할 수도 있습니다. 9.3.1 "biolatency"의 하위 절인 'tracepoint'를 참고하세요.

9.3.8 bioerr

bioerr(8)[12]는 블록 I/O 오류를 트레이싱하고 세부 사항을 출력합니다. 예를 들어 필자의 노트북에서 bioerr(8)를 실행하면 다음과 같습니다.

```
# bioerr.bt
Attaching 2 probes...
Tracing block I/O errors. Hit Ctrl-C to end.
00:31:52 device: 0,0, sector: -1, bytes: 0, flags: N, error: -5
00:31:54 device: 0,0, sector: -1, bytes: 0, flags: N, error: -5
00:31:56 device: 0,0, sector: -1, bytes: 0, flags: N, error: -5
00:31:58 device: 0,0, sector: -1, bytes: 0, flags: N, error: -5
```

---

12 연혁: bioerr(8)는 2019년 3월 19일에 이 책을 위해 만들었습니다.

```
00:32:00 device: 0,0, sector: -1, bytes: 0, flags: N, error: -5
[...]
```

출력 결과는 필자가 기대한 것보다 훨씬 더 흥미롭습니다(필자는 어떠한 오류도 예상하지 않았지만, 혹시나 해서 실행해 보았습니다). 2초마다 주/부 번호가 0,0 인 장치로 0바이트 요청이 발생하고 있는데, 이는 가짜 요청으로 보이며 에러 코드 -5(EIO)를 리턴합니다.

바로 앞에서 살펴본 도구인 biostacks(8)는 이러한 종류의 문제를 조사하기 위해 만들었습니다 이 경우 지연 시간에는 관심이 없고 오로지 장치 0,0에 대한 I/O 스택들만 보기 원합니다. 이 작업을 위해 biostacks(8)를 수정할 수도 있지 만 bpftrace 원 라이너로도 다음과 같이 스택 트레이스를 출력할 수도 있습니다(이 경우, 이 tracepoint가 호출될 때의 스택 트레이스가 여전히 의미가 있는 지 체크할 것입니다. 그렇지 않다면 실제 이 I/O의 시작을 잡아내기 위해 blk_account_io_start()에 대한 kprobe로 되돌려야 합니다).

```
# bpftrace -e 't:block:block_rq_issue /args->dev == 0/ { @[kstack]++ }'
Attaching 1 probe...
^C

@[
    blk_peek_request+590
    scsi_request_fn+51
    __blk_run_queue+67
    blk_execute_rq_nowait+168
    blk_execute_rq+80
    scsi_execute+227
    scsi_test_unit_ready+96
    sd_check_events+248
    disk_check_events+101
    disk_events_workfn+22
    process_one_work+478
    worker_thread+50
    kthread+289
    ret_from_fork+53
]: 3
```

이것은 0번 장치의 I/O가 scsi_test_unit_ready()에서 만들어졌음을 보여줍니다. 부모 함수를 조금 더 파고들어가면 그것이 USB 이동식 미디어 장치를 체크하고 있었음을 보여줍니다. 시험 삼아 USB 플래시 드라이브를 삽입하는 동안 scsi_test_unit_ready()를 트레이싱해 보았는데, 리턴 값이 변경됨을 확인할 수 있었 습니다. 이 사례는 필자의 노트북에서 USB 드라이브를 탐지하여 나온 결과입 니다.

bioerr(8)의 소스 코드는 다음과 같습니다.

```
#!/usr/local/bin/bpftrace

BEGIN
{
        printf("Tracing block I/O errors. Hit Ctrl-C to end.\n");
}

tracepoint:block:block_rq_complete
/args->error != 0/
{
        time("%H:%M:%S ");
        printf("device: %d,%d, sector: %d, bytes: %d, flags: %s, error: %d\n",
            args->dev >> 20, args->dev & ((1 << 20) - 1), args->sector,
            args->nr_sector * 512, args->rwbs, args->error);
}
```

장치 식별자(args-)dev)를 주 번호와 부 번호로 매핑하는 로직은 이 tracepoint 에 대한 포맷 파일과 동일합니다.

```
# cat /sys/kernel/debug/tracing/events/block/block_rq_complete/format
name: block_rq_complete
[...]

print fmt: "%d,%d %s (%s) %llu + %u [%d]", ((unsigned int) ((REC->dev) >> 20)),
((unsigned int) ((REC->dev) & ((1U << 20) - 1))), REC->rwbs, __get_str(cmd),
(unsigned long long)REC->sector, REC->nr_sector, REC->error
```

bioerr(8)은 편리한 도구이지만, perf(1)를 사용해 에러를 필터링함으로써 유사 한 기능을 구현할 수 있습니다. 수집된 perf(1) 출력 결과에는 /sys 포맷 파일에 정의해 놓은 포맷 문자열이 포함됩니다.

```
# perf record -e block:block_rq_complete --filter 'error != 0'
# perf script
    ksoftirqd/2    22 [002] 2289450.691041: block:block_rq_complete: 0,0 N ()
18446744073709551615 + 0 [-5]
[...]
```

BPF 도구는 perf(1)의 기본 기능을 넘어서 더 많은 정보를 포함하도록 커스터마 이징할 수 있습니다.

예를 들어 여기에 출력된 리턴된 에러는 실제 블록 에러 코드가 아니라 매핑 된 값인데, 여기에서는 -5인 EIO로 매핑되었습니다. 에러 코드를 매핑하는 함수 를 트레이싱하면 원래의 블록 에러 코드를 확인할 수 있습니다. 예를 들면 다음 과 같습니다.

```
# bpftrace -e 'kprobe:blk_status_to_errno /arg0/ { @[arg0]++ }'
Attaching 1 probe...
^C

@[10]: 2
```

실제로 블록 I/O 상태 10인 BLK_STS_IOERR입니다. 이것들은 linux/blk_types.
h에 정의되어 있습니다.

```
#define BLK_STS_OK 0
#define BLK_STS_NOTSUPP        ((__force blk_status_t)1)
#define BLK_STS_TIMEOUT        ((__force blk_status_t)2)
#define BLK_STS_NOSPC          ((__force blk_status_t)3)
#define BLK_STS_TRANSPORT      ((__force blk_status_t)4)
#define BLK_STS_TARGET         ((__force blk_status_t)5)
#define BLK_STS_NEXUS          ((__force blk_status_t)6)
#define BLK_STS_MEDIUM         ((__force blk_status_t)7)
#define BLK_STS_PROTECTION     ((__force blk_status_t)8)
#define BLK_STS_RESOURCE       ((__force blk_status_t)9)
#define BLK_STS_IOERR          ((__force blk_status_t)10)
```

bioerr(8)는 에러 번호 대신 BLK_STS 코드 이름을 출력하도록 개선할 수 있습니
다. 이 코드들은 사실 SCSI 결과 코드에서 매핑된 것으로, scsi 이벤트에서 트레
이싱할 수 있습니다. 9.3.11 "scsilatency"와 9.3.12 "scsiresult"에서 SCSI 트레이
싱을 시연할 것입니다.

9.3.9 mdflush

mdflush(8)[13]는 다중 장치(multiple device, 소프트웨어 RAID를 구현하기 위
해 일부 시스템에서 사용됨) 드라이버인 md에서 플러시 이벤트를 트레이싱하
는 BCC와 bpftrace 도구입니다. 예를 들어 md를 사용하는 프로덕션 서버에서
BCC 버전을 실행하면 다음과 같습니다.

```
# mdflush
Tracing md flush requests... Hit Ctrl-C to end.
TIME     PID   COMM          DEVICE
23:43:37 333   kworker/0:1H  md0
23:43:37 4038  xfsaild/md0   md0
23:43:38 8751  filebeat      md0
23:43:43 5575  filebeat      md0
23:43:48 5824  filebeat      md0
23:43:53 5575  filebeat      md0
```

---

13 연혁: 필자는 이 도구를 2015년 2월 13일에 BCC 버전으로 만들었으며, 2018년 9월 8일에 bpftrace 버
전을 만들었습니다.

```
23:43:58 5824    filebeat          md0
[...]
```

md 플러시 이벤트는 보통 빈번하게 발생하지는 않지만, 디스크 쓰기를 갑작스럽게 집중적으로 발생시켜서 시스템 성능을 요동치게 할 수 있습니다. 이러한 쓰기 동작들이 언제 발생하였는지 정확히 안다면, 모니터링 대시보드와 연계해서 이것이 지연 시간 급증 문제 혹은 다른 문제와 연관이 있는지 살펴보는 데 유용할 것입니다.

이 출력 결과는 5초마다 파일비트(filebeat)라는 이름의 프로세스를 보여줍니다(방금 발견했습니다). 파일비트는 로그 파일들을 로그스태시(Logstash)로 보내거나 엘라스틱서치로 바로 보내는 서비스입니다.

이것은 kprobe를 사용해서 md_flush_request() 함수를 트레이싱하여 작동합니다. 이벤트 발생 빈도가 낮기 때문에 오버헤드는 무시할 수 있는 수준입니다.

BCC

mdflush(8)는 현재 아무 옵션도 지원하지 않습니다.

bpftrace

다음은 bpftrace 버전용 코드입니다.

```
#!/usr/local/bin/bpftrace

#include <linux/genhd.h>
#include <linux/bio.h>

BEGIN
{
        printf("Tracing md flush events... Hit Ctrl-C to end.\n");
        printf("%-8s %-6s %-16s %s", "TIME", "PID", "COMM", "DEVICE");
}

kprobe:md_flush_request
{
        time("%H:%M:%S ");
        printf("%-6d %-16s %s\n", pid, comm,
            ((struct bio *)arg1)->bi_disk->disk_name);
}
```

이 프로그램은 struct bio 구조체 인자를 통해 디스크 이름을 찾아냅니다.

9.3.10 iosched

ioshed(8)[14]는 요청이 I/O 스케줄러에서 대기한 시간을 트레이싱하며 스케줄러 이름별로 그룹화합니다. 예를 들면 다음과 같습니다.

```
# iosched.bt
Attaching 5 probes...
Tracing block I/O schedulers. Hit Ctrl-C to end.
^C

@usecs[cfq]:
[2, 4)                 1 |                                                      |
[4, 8)                 3 |@                                                     |
[8, 16)               18 |@@@@@@@                                               |
[16, 32)               6 |@@                                                    |
[32, 64)               0 |                                                      |
[64, 128)              0 |                                                      |
[128, 256)             0 |                                                      |
[256, 512)             0 |                                                      |
[512, 1K)              6 |@@                                                    |
[1K, 2K)               8 |@@@                                                   |
[2K, 4K)               0 |                                                      |
[4K, 8K)               0 |                                                      |
[8K, 16K)             28 |@@@@@@@@@@@                                           |
[16K, 32K)           131 |@@@@@@@@@@@@@@@@@@@@@@@@@@@@@@@@@@@@@@@@@@@@@@@@@@@@@@@@|
[32K, 64K)            68 |@@@@@@@@@@@@@@@@@@@@@@@@@@@@                           |
```

이것은 CFQ 스케줄러가 사용 중이고 대기시간은 8~64ms 사이임을 보여줍니다.

ioshed(8)의 소스 코드는 다음과 같습니다.

```
#!/usr/local/bin/bpftrace

#include <linux/blkdev.h>

BEGIN
{
        printf("Tracing block I/O schedulers. Hit Ctrl-C to end.\n");
}

kprobe:__elv_add_request
{
        @start[arg1] = nsecs;
}

kprobe:blk_start_request,
kprobe:blk_mq_start_request
/@start[arg0]/
```

---

14 연혁: 이 도구는 2019년 3월 20일에 이 책을 위해 만들었습니다.

```
{
        $r = (struct request *)arg0;
        @usecs[$r->q->elevator->type->elevator_name] =
            hist((nsecs - @start[arg0]) / 1000);
        delete(@start[arg0]);
}

END
{
        clear(@start);
}
```

이 도구는 요청들이 엘리베이터 함수인 __elv_add_request()를 통해 I/O 스케줄러에 추가되었을 때 타임스탬프를 기록한 다음, I/O가 발생했을 때 대기한 시간을 계산하는 방식으로 작동합니다. 이것은 I/O 스케줄러를 통해 전달되는 I/O와 대기 시간을 트레이싱하는 것에만 초점을 맞춥니다. 스케줄러(엘리베이터) 이름은 struct request 구조체에서 불러옵니다.

리눅스 5.0에서는 멀티 큐만 사용하도록 변경되면서, blk_start_request() 함수는 커널에서 삭제되었습니다. 리눅스 5.0과 그 이후 커널에서 이 도구는 blk_start_request() kprobe를 건너뛰는 것에 관한 경고를 출력하는데, 무시해도 되고 해당 kprobe를 이 프로그램에서 삭제할 수도 있습니다.

9.3.11 scsilatency

scsilatency(8)[15]는 지연 분포와 함께 SCSI 명령어를 트레이싱하는 도구입니다. 예를 들면 다음과 같습니다.

```
# scsilatency.bt
Attaching 4 probes...
Tracing scsi latency. Hit Ctrl-C to end.
^C
@usecs[0, TEST_UNIT_READY]:
[128K, 256K)           2 |@@@@@@@@@@@@@@@@@@@@@@@@@@@@@@@@@@@@      |
[256K, 512K)           2 |@@@@@@@@@@@@@@@@@@@@@@@@@@@@@@@@@@@@      |
[512K, 1M)             0 |                                        |
[1M, 2M)               1 |@@@@@@@@@@@@@@@@@                       |
[2M, 4M)               2 |@@@@@@@@@@@@@@@@@@@@@@@@@@@@@@@@@@@@      |
[4M, 8M)               3 |@@@@@@@@@@@@@@@@@@@@@@@@@@@@@@@@@@@@@@@@@@@|
[8M, 16M)              1 |@@@@@@@@@@@@@@@@@                       |

@usecs[42, WRITE_10]:
[2K, 4K)               2 |@                                       |
```

---

15 연혁: scsilatency(8)는 2019년 3월 21일에 이 책을 위해 만들었는데, 필자가 2011년에 ≪DTrace≫를 위해 만든 유사한 도구에서 영감을 얻었습니다.[Gregg 11]

```
[4K, 8K)            0 |                                                          |
[8K, 16K)           2 |@                                                         |
[16K, 32K)         50 |@@@@@@@@@@@@@@@@@@@@@@@@@@@@@@@@@@@@@@@@@@@@@@@@            |
[32K, 64K)         57 |@@@@@@@@@@@@@@@@@@@@@@@@@@@@@@@@@@@@@@@@@@@@@@@@@@@@@@@@@@@@@|

@usecs[40, READ_10]:
[4K, 8K)           15 |@                                                         |
[8K, 16K)         676 |@@@@@@@@@@@@@@@@@@@@@@@@@@@@@@@@@@@@@@@@@@@@@@@@@@@@@@@@@@@@@|
[16K, 32K)        447 |@@@@@@@@@@@@@@@@@@@@@@@@@@@@@@@@@@@@@@@@@@@                 |
[32K, 64K)          2 |                                                          |
[...]
```

여기에는 각 SCSI 명령어 유형에 대한 지연 히스토그램이 있고 (사용 가능한 경우) opcode와 명령어 이름을 보여줍니다.

scsilatency(8)의 소스 코드는 다음과 같습니다.

```
#!/usr/local/bin/bpftrace

#include <scsi/scsi_cmnd.h>

BEGIN

{
        printf("Tracing scsi latency. Hit Ctrl-C to end.\n");
        // scsi/scsi_proto.h에 있는 SCSI opcodes; 필요하면 더 많은 매핑을 추가하세요:
        @opcode[0x00] = "TEST_UNIT_READY";
        @opcode[0x03] = "REQUEST_SENSE";
        @opcode[0x08] = "READ_6";
        @opcode[0x0a] = "WRITE_6";
        @opcode[0x0b] = "SEEK_6";
        @opcode[0x12] = "INQUIRY";
        @opcode[0x18] = "ERASE";
        @opcode[0x28] = "READ_10";
        @opcode[0x2a] = "WRITE_10";
        @opcode[0x2b] = "SEEK_10";
        @opcode[0x35] = "SYNCHRONIZE_CACHE";
}

kprobe:scsi_init_io
{
        @start[arg0] = nsecs;
}

kprobe:scsi_done,
kprobe:scsi_mq_done
/@start[arg0]/
{
        $cmnd = (struct scsi_cmnd *)arg0;
        $opcode = *$cmnd->req.cmd & 0xff;
        @usecs[$opcode, @opcode[$opcode]] = hist((nsecs - @start[arg0]) / 1000);
}
```

```
END
{
        clear(@start); clear(@opcode);
}
```

사용 가능한 SCSI 명령어는 많이 있는데, 이 도구는 몇 개만 opcode 이름으로 변환합니다. 출력 결과에 opcode 번호도 같이 출력되기 때문에 만약 변환되지 않은 것이 있다면 scsi/scsi_proto.h를 통해 확인하거나 도구에 포함시켜 개선할 수 있습니다.

scsi tracepoint도 존재하며 이 중 하나는 scsiresult(8)에서 사용되지만, 이것들은 타임스탬프를 저장하기 위해 BPF 맵의 키로 사용할 고유 식별자가 없습니다.

리눅스 5.0에서는 멀티 큐만 사용하도록 변경되면서 scsi_done() 함수는 커널에서 삭제되었습니다. 리눅스 5.0과 그 이후의 커널에서 이 도구는 scsi_done() kprobe를 건너뛰는 것에 대한 경고를 출력하는데, 무시해도 되고 해당 kprobe를 프로그램에서 삭제할 수도 있습니다.

9.3.12 scsiresult

scsiresult(8)[16]는 SCSI 명령어 결과인 호스트 코드와 상태 코드를 요약합니다. 예를 들면 다음과 같습니다.

```
# scsiresult.bt
Attaching 3 probes...
Tracing scsi command results. Hit Ctrl-C to end.
^C

@[DID_BAD_TARGET, SAM_STAT_GOOD]: 1
@[DID_OK, SAM_STAT_CHECK_CONDITION]: 10
@[DID_OK, SAM_STAT_GOOD]: 2202
```

이것은 DID_OK와 SAM_STAT_GOOD 코드가 2,202번 발생했고 DID_BAD_TARGET과 SAM_STAT_GOOD 코드가 한 번 발생했음을 보여줍니다. 이들 코드는 커널 소스에서 정의합니다. 예를 들면 다음은 include/scsi/scsi.h 코드의 일부입니다.

---

16 연혁: scsiresult(8)는 2019년 3월 21일에 이 책을 위해 만들었는데, 2011년 ≪DTrace≫를 위해 만든 유사한 도구들에서 영감을 얻었습니다.[Gregg 11]

```
#define DID_OK          0x00    /* NO error                            */
#define DID_NO_CONNECT  0x01    /* Couldn't connect before timeout period */
#define DID_BUS_BUSY    0x02    /* BUS stayed busy through time out period */
#define DID_TIME_OUT    0x03    /* TIMED OUT for other reason          */
#define DID_BAD_TARGET  0x04    /* BAD target.                         */
[...]
```

이 도구는 SCSI 장치에서 이례적인 결과를 식별하는 데 사용할 수 있습니다.

scsiresult(8)의 소스 코드는 다음과 같습니다.

```
#!/usr/local/bin/bpftrace

BEGIN
{
        printf("Tracing scsi command results. Hit Ctrl-C to end.\n");

        // include/scsi/scsi.h에 있는 호스트 코드
        @host[0x00] = "DID_OK";
        @host[0x01] = "DID_NO_CONNECT";
        @host[0x02] = "DID_BUS_BUSY";
        @host[0x03] = "DID_TIME_OUT";
        @host[0x04] = "DID_BAD_TARGET";
        @host[0x05] = "DID_ABORT";
        @host[0x06] = "DID_PARITY";
        @host[0x07] = "DID_ERROR";
        @host[0x08] = "DID_RESET";
        @host[0x09] = "DID_BAD_INTR";
        @host[0x0a] = "DID_PASSTHROUGH";
        @host[0x0b] = "DID_SOFT_ERROR";
        @host[0x0c] = "DID_IMM_RETRY";
        @host[0x0d] = "DID_REQUEUE";
        @host[0x0e] = "DID_TRANSPORT_DISRUPTED";
        @host[0x0f] = "DID_TRANSPORT_FAILFAST";
        @host[0x10] = "DID_TARGET_FAILURE";
        @host[0x11] = "DID_NEXUS_FAILURE";
        @host[0x12] = "DID_ALLOC_FAILURE";
        @host[0x13] = "DID_MEDIUM_ERROR";

        // include/scsi/scsi_proto.h에 있는 상태 코드
        @status[0x00] = "SAM_STAT_GOOD";
        @status[0x02] = "SAM_STAT_CHECK_CONDITION";
        @status[0x04] = "SAM_STAT_CONDITION_MET";
        @status[0x08] = "SAM_STAT_BUSY";
        @status[0x10] = "SAM_STAT_INTERMEDIATE";
        @status[0x14] = "SAM_STAT_INTERMEDIATE_CONDITION_MET";
        @status[0x18] = "SAM_STAT_RESERVATION_CONFLICT";
        @status[0x22] = "SAM_STAT_COMMAND_TERMINATED";
        @status[0x28] = "SAM_STAT_TASK_SET_FULL";
        @status[0x30] = "SAM_STAT_ACA_ACTIVE";
        @status[0x40] = "SAM_STAT_TASK_ABORTED";
}
```

```
tracepoint:scsi:scsi_dispatch_cmd_done
{
        @[@host[(args->result >> 16) & 0xff], @status[args->result & 0xff]] =
            count();
}

END
{
        clear(@status);
        clear(@host);
}
```

이것은 scsi:scsi_dispatch_cmd_done tracepoint를 트레이싱하고 result에서 호스트와 상태를 불러온 다음 그것들을 커널 이름에 매핑하는 방식으로 작동합니다. 커널에는 tracepoint 포맷 문자열을 위한 이와 유사한 참조 테이블이 include/trace/events/scsi.h에 있습니다.

결과에는 드라이버와 메시지 정보도 있는데, 이 도구에서는 보이지 않습니다. 포맷은 다음과 같습니다.

```
driver_byte << 24 | host_byte << 16 | msg_byte << 8 | status_byte
```

이 도구는 정보와 다른 세부 사항을 맵에 대한 추가적인 키로 사용하도록 개선할 수 있습니다. 다른 세부 사항들은 tracepoint에서 즉시 얻을 수 있습니다.

```
# bpftrace -lv t:scsi:scsi_dispatch_cmd_done
tracepoint:scsi:scsi_dispatch_cmd_done
    unsigned int host_no;
    unsigned int channel;
    unsigned int id;
    unsigned int lun;
    int result;
    unsigned int opcode;
    unsigned int cmd_len;
    unsigned int data_sglen;
    unsigned int prot_sglen;
    unsigned char prot_op;
    __data_loc unsigned char[] cmnd;
```

scsi 함수에 대해 kprobe를 사용하면 더 많은 세부 사항을 얻을 수 있지만 인터페이스 안정성은 떨어집니다.

9.3.13 nvmelatency

nvmelatency(8)[17]는 nvme 스토리지 드라이버를 트레이싱하며 디스크와 nvme 명령어 opcode별로 명령어 지연을 보여줍니다. 이것은 더 높게 계측된 블록 I/O 계층의 지연 시간에서 장치 지연 시간을 분리하는 데 유용합니다. 예를 들면 다음과 같습니다.

```
# nvmelatency.bt
Attaching 4 probes...
Tracing nvme command latency. Hit Ctrl-C to end.
^C

@usecs[nvme0n1, nvme_cmd_flush]:
[8, 16)             2 |@@@@@@@@@                                           |
[16, 32)            7 |@@@@@@@@@@@@@@@@@@@@@@@@@@@@@@@@@@                    |
[32, 64)            6 |@@@@@@@@@@@@@@@@@@@@@@@@@@@@                          |
[64, 128)          11 |@@@@@@@@@@@@@@@@@@@@@@@@@@@@@@@@@@@@@@@@@@@@@@@@@@@@@@|
[128, 256)          0 |                                                    |
[256, 512)          0 |                                                    |
[512, 1K)           3 |@@@@@@@@@@@@@@                                      |
[1K, 2K)            8 |@@@@@@@@@@@@@@@@@@@@@@@@@@@@@@@@@@@@@@                |
[2K, 4K)            1 |@@@@                                                |
[4K, 8K)            4 |@@@@@@@@@@@@@@@@@@                                  |

@usecs[nvme0n1, nvme_cmd_write]:
[8, 16)             3 |@@@@                                                |
[16, 32)           37 |@@@@@@@@@@@@@@@@@@@@@@@@@@@@@@@@@@@@@@@@@@@@@@@@@@@@@@|
[32, 64)           20 |@@@@@@@@@@@@@@@@@@@@@@@@@@@@                          |
[64, 128)           6 |@@@@@@@@                                            |
[128, 256)          0 |                                                    |
[256, 512)          0 |                                                    |
[512, 1K)           0 |                                                    |
[1K, 2K)            0 |                                                    |
[2K, 4K)            0 |                                                    |
[4K, 8K)            7 |@@@@@@@@@                                           |

@usecs[nvme0n1, nvme_cmd_read]:
[32, 64)         7653 |@@@@@@@@@@@@@@@@@@@@@@@@@@@@@@@@@@@@@@@@@@@@@@@@@@@@@@|
[64, 128)         568 |@@@                                                 |
[128, 256)         45 |                                                    |
[256, 512)          4 |                                                    |
[512, 1K)           0 |                                                    |
[1K, 2K)            0 |                                                    |
[2K, 4K)            0 |                                                    |
[4K, 8K)            1 |                                                    |
```

---

17 연혁: nvmelatency(8)는 2019년 3월 21일에 이 책을 위해 만들었는데, 2011년 《DTrace》를 위해 필자가 만든, 유사한 스토리지 드라이버 도구에서 영감을 얻었습니다.[Gregg 11]

이 출력 결과는 하나의 디스크(nvme0n1)만 사용 중임과 3개의 nvme 명령어 유형에 대한 지연 분포를 보여줍니다.

nvme용 tracepoint는 최근에 리눅스에 추가되었지만, 필자는 이것이 없는 시스템에서 kprobe와 스토리지 드라이버로 할 수 있는 것을 보여주기 위해 이 도구를 작성하였습니다. 필자는 서로 다른 I/O 워크로드에서 사용 중인 nvme 함수의 발생 빈도를 집계하는 것으로 시작했습니다.

```
# bpftrace -e 'kprobe:nvme* { @[func] = count(); }'
Attaching 184 probes...
^C

@[nvme_pci_complete_rq]: 5998
@[nvme_free_iod]: 6047
@[nvme_setup_cmd]: 6048
@[nvme_queue_rq]: 6071
@[nvme_complete_rq]: 6171
@[nvme_irq]: 6304
@[nvme_process_cq]: 12327
```

이들 함수의 소스를 훑어보면 nvme_setup_cmd()부터 nvme_complete_rq()까지의 시간을 통해 지연을 트레이싱할 수 있음을 알 수 있습니다.

tracepoint의 존재는 시스템에 그것이 없더라도 도구 개발에 도움이 됩니다. 필자는 nvme tracepoint가 작동하는 방법을 면밀하게 살펴봄으로써[187] 이 도구를 더 신속하게 개발할 수 있었습니다. tracepoint 소스가 nvme opcode를 정확하게 해석하는 방법을 보여 주었기 때문입니다.

nvmelatency(8)의 소스 코드는 다음과 같습니다.

```
#!/usr/local/bin/bpftrace

#include <linux/blkdev.h>
#include <linux/nvme.h>

BEGIN
{
        printf("Tracing nvme command latency. Hit Ctrl-C to end.\n");
        // from linux/nvme.h:
        @ioopcode[0x00] = "nvme_cmd_flush";
        @ioopcode[0x01] = "nvme_cmd_write";
        @ioopcode[0x02] = "nvme_cmd_read";
        @ioopcode[0x04] = "nvme_cmd_write_uncor";
        @ioopcode[0x05] = "nvme_cmd_compare";
        @ioopcode[0x08] = "nvme_cmd_write_zeroes";
        @ioopcode[0x09] = "nvme_cmd_dsm";
        @ioopcode[0x0d] = "nvme_cmd_resv_register";
        @ioopcode[0x0e] = "nvme_cmd_resv_report";
```

```
            @ioopcode[0x11] = "nvme_cmd_resv_acquire";
            @ioopcode[0x15] = "nvme_cmd_resv_release";
}

kprobe:nvme_setup_cmd
{
        $req = (struct request *)arg1;
        if ($req->rq_disk) {
                @start[arg1] = nsecs;
                @cmd[arg1] = arg2;
        } else {
                @admin_commands = count();

        }
}

kprobe:nvme_complete_rq
/@start[arg0]/
{
        $req = (struct request *)arg0;
        $cmd = (struct nvme_command *)@cmd[arg0];
        $disk = $req->rq_disk;
        $opcode = $cmd->common.opcode & 0xff;
        @usecs[$disk->disk_name, @ioopcode[$opcode]] =
            hist((nsecs - @start[arg0]) / 1000);
        delete(@start[tid]); delete(@cmd[tid]);
}

END
{
        clear(@ioopcode); clear(@start); clear(@cmd);
}
```

만약 디스크 없이 요청이 발생했다면 그것은 관리 명령어입니다. 이 스크립트
는 그 관리 명령을 디코딩하고 시간을 계측하도록 개선할 수 있습니다(include/
linux/nvme.h에 있는 nvme_admin_opcode 참고). 이 도구를 짧게 만들기 위
해 필자는 관리 명령어를 단순히 집계만 했기 때문에 만약 이것이 발생한다면
출력 결과에서 언급될 것입니다.

9.4 BPF 원 라이너

이번 절에서는 BCC와 bpftrace 원 라이너를 살펴봅니다. 가능한 경우, 동일한
원 라이너를 BCC와 bpftrace 두 가지 모두를 사용해서 구현했습니다.

9.4.1 BCC

블록 I/O tracepoint를 집계합니다.

```
funccount t:block:*
```

블록 I/O 크기를 히스토그램으로 요약합니다.

```
argdist -H 't:block:block_rq_issue():u32:args->bytes'
```

블록 I/O 요청 사용자 스택 트레이스를 집계합니다.

```
stackcount -U t:block:block_rq_issue`
```

블록 I/O 유형 플래그를 집계합니다.

```
argdist -C 't:block:block_rq_issue():char*:args->rwbs'
```

블록 I/O 오류를 장치 및 I/O 유형과 함께 트레이스합니다.

```
trace 't:block:block_rq_complete (args->error) "dev %d type %s error %d", args-
>dev, args->rwbs, args->error'
```

SCSI opcode를 집계합니다.

```
argdist -C 't:scsi:scsi_dispatch_cmd_start():u32:args->opcode'
```

SCSI 결과 코드를 집계합니다.

```
argdist -C 't:scsi:scsi_dispatch_cmd_done():u32:args->result
```

nvme 드라이버 함수를 집계합니다.

```
funccount 'nvme*'
```

9.4.2 bpftrace

블록 I/O tracepoint를 집계합니다.

```
bpftrace -e 'tracepoint:block:* { @[probe] = count(); }'
```

블록 I/O 크기를 히스토그램으로 요약합니다.

```
bpftrace -e 't:block:block_rq_issue { @bytes = hist(args->bytes); }'
```

블록 I/O 요청 사용자 스택 트레이스를 집계합니다.

```
bpftrace -e 't:block:block_rq_issue { @[ustack] = count(); }
```

블록 I/O 유형 플래그를 집계합니다.

```
bpftrace -e 't:block:block_rq_issue { @[args->rwbs] = count(); }'
```

요청된 총 바이트 크기를 I/O 유형별로 보여줍니다.

```
bpftrace -e 't:block:block_rq_issue { @[args->rwbs] = sum(args->bytes); }
```

블록 I/O 오류를 장치 및 I/O 유형과 함께 트레이스합니다.

```
bpftrace -e 't:block:block_rq_complete /args->error/ {
    printf("dev %d type %s error %d\n", args->dev, args->rwbs, args->error); }'
```

블록 I/O 플러그(plug) 시간을 히스토그램으로 요약합니다.

```
bpftrace -e 'k:blk_start_plug { @ts[arg0] = nsecs; }
    k:blk_flush_plug_list /@ts[arg0]/ { @plug_ns = hist(nsecs - @ts[arg0]);
    delete(@ts[arg0]); }'
```

SCSI opcode를 집계합니다.

```
bpftrace -e 't:scsi:scsi_dispatch_cmd_start { @opcode[args->opcode] = count(); }'
```

SCSI 결과 코드를 집계합니다(모두 4바이트).

```
bpftrace -e 't:scsi:scsi_dispatch_cmd_done { @result[args->result] = count(); }'
```

blk_mq 요청의 CPU 분포를 보여줍니다.

```
bpftrace -e 'k:blk_mq_start_request { @swqueues = lhist(cpu, 0, 100, 1); }'
```

scsi 드라이버 함수를 집계합니다.

```
bpftrace -e 'kprobe:scsi* { @[func] = count(); }'
```

nvme 드라이버 함수를 집계합니다.

```
bpftrace -e 'kprobe:nvme* { @[func] = count(); }'
```

9.4.3 BPF 원 라이너 사례
앞에서 각각의 도구를 살펴보면서 한 것처럼, 몇 가지 샘플 출력 결과를 통해 살펴보면 원 라이너를 분명히 이해하는 데 유용합니다.

블록 I/O 유형 플래그 집계

```
# bpftrace -e 't:block:block_rq_issue { @[args->rwbs] = count(); }'
Attaching 1 probe...
^C

@[N]: 2
@[WFS]: 9
@[FF]: 12
```

```
@[N]: 13
@[WSM]: 23
@[WM]: 64
@[WS]: 86
@[R]: 201
@[R]: 285
@[W]: 459
@[RM]: 1112
@[RA]: 2128
@[R]: 3635
@[W]: 4578
```

이것은 I/O 유형을 나타내는 rwbs 필드의 빈도를 집계합니다. 트레이싱하는 동안 3,635회의 읽기(R)와 2,128회의 미리 읽기 I/O(RA)가 있었습니다. 이번 장의 첫 부분에 있는 'rwbs' 절에서 이 rwbs 필드에 대해 기술했습니다.

이 원 라이너는 다음과 같은 워크로드 특성화 질문에 대해 대답할 수 있습니다.

- 읽기 대 미리 읽기 블록 I/O 비율은 얼마나 되는가?
- 쓰기 대 동기 쓰기 블록 I/O 비율은 얼마나 되는가?

count()를 sum(args-)bytes)으로 변경하면 이 원 라이너는 I/O 유형별로 바이트 크기를 집계할 것입니다.

9.5 선택 연습 문제

특별히 언급하지 않는 한, 다음 문제는 bpftrace 또는 BCC를 사용해서 완성할 수 있습니다.

1. 선형 히스토그램을 출력하도록 biolatency(8)를 수정하세요. 범위는 0~100ms로 하고, 히스토그램의 간격은 1ms로 합니다.
2. 매초 선형 히스토그램 요약을 출력하도록 biolatency(8)를 수정하세요.
3. CPU별 디스크 I/O 완료를 보여주고 이들 인터럽트가 얼마나 균형이 맞는지 검사하기 위한 도구를 개발하세요. 이것은 선형 히스토그램으로 출력될 수 있습니다.
4. 블록 I/O 이벤트별 결과를 출력하는 biosnoop(8)과 유사한 도구를 개발해서, CSV 포맷으로 completion_time,direction,latency_ms 필드만 출력하세요. 읽기 혹은 쓰기에 대해서만 동작하도록 하십시오.

5. 4번을 2분간 저장하고 그래프 소프트웨어를 사용하여 산포도(scatter plot)로 시각화하세요. 읽기를 빨간색으로, 쓰기를 파란색으로 설정합니다.

6. 2번의 출력 결과를 2분간 저장하고 그것을 그래프 소프트웨어를 사용하여 지연 히트맵으로 시각화하세요(그래프 소프트웨어를 직접 개발할 수도 있습니다. 예를 들어 awk(1)를 사용해서 집계 수 칼럼을 HTML 테이블의 열이 되게 하고, 배경색을 그 값에 따라 조정할 수 있습니다).

7. block tracepoint를 사용하도록 biosnoop(8)을 다시 작성하세요.

8. 저장 장치들이 실제로 탐색한 거리를 보여주기 위해 seeksize(8)를 수정하세요. 탐색 거리는 완료 시점에 측정할 수 있습니다.

9. 디스크 I/O 타임아웃(timeout)을 보여주기 위한 도구를 작성하세요. 한 가지 해결 방안으로 block tracepoint와 BLK_STS_TIMEOUT을 사용해 볼 수 있습니다.

10. (고급, 미해결) 블록 I/O 병합의 길이를 히스토그램으로 보여주는 도구를 개발하세요.

9.6 정리

이번 장에서는 BPF를 이용해서 저장 장치 I/O 스택의 모든 계층을 어떻게 트레이싱할 수 있는지 살펴보았습니다. 또한, 여러 도구들을 이용하여 블록 I/O 계층, I/O 스케줄러, SCSI, 그리고 드라이버 사례로서 nvme를 트레이싱했습니다.

10장

네트워킹

데이터 센터 혹은 클라우드 환경 내에서 네트워크 트래픽을 증가시키는 분산 클라우드 컴퓨팅 모델과 외부 네트워크 트래픽을 증가시키는 온라인 애플리케이션의 부상으로, 시스템 성능 분석에서 네트워킹이 차지하는 비중은 점점 커지고 있습니다. 서버가 초당 수백만 패킷을 처리하게 됨에 따라, 효율적인 네트워크 분석 도구의 필요성도 높아지고 있습니다. 확장 BPF는 패킷 처리용 기술로 시작했으므로 이러한 높은 패킷 처리율에서도 잘 작동하도록 설계, 제작되었습니다. 컨테이너 네트워킹 및 보안 정책을 위한 실리움(Cilium) 프로젝트와 페이스북의 확장성이 높은 네트워크 로드 밸런서인 카트란(Katran) 프로젝트는 DDoS(분산 서비스 거부 공격) 완화를 포함하여 프로덕션 환경에서 높은 패킷 속도를 처리할 수 있는 BPF의 또 다른 사례입니다.[1]

네트워크 I/O는 애플리케이션, 프로토콜 라이브러리, 시스템 콜, TCP 또는 UDP, IP, 네트워크 인터페이스용 장치 드라이버를 포함한 다양한 계층과 프로토콜에 의해 처리됩니다. 이들 모두는 이번 장에서 살펴볼 BPF 도구로 트레이싱할 수 있으며, 요청된 워크로드 및 발생한 지연에 대해 파악할 수 있게 해줍니다.

학습 목표
- 송신/수신 스케일링(scaling), TCP 버퍼, 그리고 큐잉 정책(queueing discipline)을 포함한 네트워킹 스택 및 스케일링 접근 방법에 대한 거시적 관점 얻기

---

1 이 두 가지 모두 오픈 소스입니다.[93] [94]

- 네트워크 성능 분석을 성공적으로 수행하기 위한 전략 학습하기
- 이슈를 찾아내기 위해 소켓, TCP, UDP 워크로드 특성화하기
- 연결 지연, 첫 바이트 지연 등 여러 가지 지연 지표 학습하기
- TCP 재전송(TCP retransmit)을 트레이싱하고 분석하는 효율적인 방법 학습하기
- 네트워크 스택 내부에서의 지연 조사하기
- 소프트웨어/하드웨어 네트워킹 큐에서 소요된 시간 수치화하기
- bpftrace 원 라이너를 사용해서 맞춤형으로 네트워킹 살펴보기

이번 장은 네트워킹 분석에 필요한 배경 지식으로 시작해서 네트워크 스택과 확장성 접근 방법에 대해 개괄합니다. 또한 BPF로 답할 수 있는 질문들에 대해 탐구하며, 여러분이 따라 할 만한 전반적인 전략을 제공합니다. 그 다음에는 도구에 중점을 두고 살펴봅니다. 먼저 기존 분석 도구를 소개한 다음 BPF 원 라이너 목록과 함께 BPF 도구를 정리합니다. 마지막에는 선택 연습 문제로 마무리합니다.

10.1 배경지식

이번 절에서는 네트워킹 기초, BPF 활용 가능성, 네트워킹 분석을 위한 전략 제안, 그리고 흔히 저지르는 트레이싱 실수에 대해서 다룹니다.

10.1.1 네트워킹 기초

TCP 3방향 핸드셰이크(3-way handshake), 확인 응답 패킷(acknowledgment packet), 그리고 액티브/패시브 연결 관련 용어를 포함해서 IP와 TCP에 대한 기초 지식을 살펴봅시다.

네트워크 스택

그림 10.1은 리눅스 네트워크 스택을 그림으로 표현한 것입니다. 데이터가 애플리케이션에서 NIC(네트워크 인터페이스 카드)로 어떻게 이동하는지 보여줍니다. 주요 컴포넌트에는 다음이 포함됩니다.

- 소켓: 데이터 송신/수신용 엔드포인트. 여기에는 TCP가 사용하는 송신/수신 버퍼가 포함됩니다.
- TCP(전송 제어 프로토콜): 에러 체크를 사용해 안정적이고 순서대로 데이터를 전송하기 위해 널리 사용되는 전송 규약

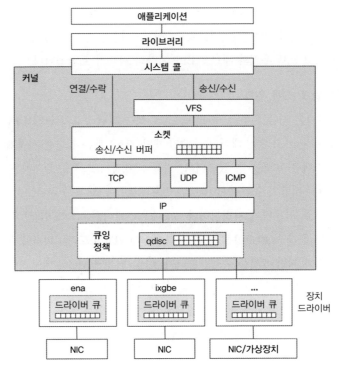

그림 10.1 리눅스 네트워크 스택

- **UDP(사용자 데이터그램 프로토콜):** TCP의 오버헤드 또는 TCP의 보장 없이 메시지를 전송하는 간단한 전송 규약

- **IP(인터넷 프로토콜):** 네트워크의 호스트 간에 패킷을 전송하는 네트워크 프로토콜. 주요 버전에는 IPv4와 IPv6가 있습니다.

- **ICMP(인터넷 컨트롤 메시지 프로토콜):** IP를 지원하기 위한 IP 레벨 규약으로, 라우트와 오류에 대한 메시지를 릴레이합니다.

- **큐잉 정책(Queueing discipline):** 트래픽 분류(traffic classification, tc), 스케줄링, 조작, 필터링, 그리고 셰이핑(shaping)을 위한 선택적 계층[95][2]

- **장치 드라이버:** 그 자체의 드라이버 큐(NIC RX-ring과 TX-ring)를 포함할 수도 있는 드라이버

- **NIC(네트워크 인터페이스 카드):** 물리 네트워크 포트를 포함하는 장치. 이들은 터널(tunnel), 가상 이더넷 장치(veth), 루프백과 같은 가상 장치일 수도 있습니다.

---

2 이 설명은 댄 시먼(Dan Siemon)이 2013년 〈Linux Journal〉에 발표한 "리눅스 네트워크 스택에서의 큐잉(Queueing in the Linux Network Stack)"이라는 글을 참고한 것으로, 이들 큐에 대한 탁월한 설명을 담고 있습니다. 우연의 일치이겠습니다만, 이 절을 작성하고 약 90분 후에 필자는 댄 시먼이 함께한 iovisor 컨퍼런스 콜에 참여했으며 그에게 직접 감사 인사를 전할 수 있었습니다.

그림 10.1은 가장 흔하게 취하는 네트워크 경로를 보여주지만 특정 워크로드의 성능을 향상시키기 위해 다른 네트워크 경로를 사용할 수도 있습니다. 여기에는 커널 네트워크 스택 우회와 새로운 BPF 기반의 XDP가 포함됩니다.

커널 네트워크 스택 우회

애플리케이션은 더 높은 패킷 처리 속도 및 성능을 달성하기 위해 DPDK(Data Plane Development Kit, 데이터 플레인 개발 키트) 같은 기술을 사용해서 커널 네트워크 스택을 우회할 수 있습니다. 커널 네트워크 스택을 우회하는 대신 애플리케이션은 사용자 공간에서 네트워크 프로토콜 스택을 구현하고, 패킷은 사용자 공간으로 전달되어 처리됩니다. 이 애플리케이션은 DPDK 라이브러리나 커널 사용자 공간 I/O(UIO) 또는 가상 함수 I/O(VFIO) 드라이버를 통해 네트워크 드라이버와 직접 패킷을 주고받습니다. 이렇게 하면 NIC의 메모리에 직접 액세스하여 패킷 데이터를 복사하는 비용을 방지할 수 있습니다.

커널 네트워크 스택을 우회하기 때문에 기존 도구와 지표를 사용한 계측이 불가능하며, 이는 성능 분석을 더욱 어렵게 만듭니다.

XDP

XDP(eXpress Data Path) 기술은 네트워크 패킷을 위한 또 다른 경로를 제공합니다. 이 경로는 확장 BPF를 사용하여 프로그래밍이 가능하고 기존의 커널 네트워크 스택을 우회하는 것이 아니라 그 내부에 통합하기 때문에 빠릅니다.[Høiland-Jørgensen 18] XDP는 NIC 드라이버 안에 있는 BPF 훅(hook)을 통해 가능한 한 일찍 원시 네트워크 이더넷 프레임에 접근하기 때문에, TCP/IP 스택 처리의 오버헤드 없이 포워딩 혹은 드롭(drop)에 대한 결정을 빠르게 내릴 수 있습니다. 필요한 경우, 패킷을 기존의 커널 네트워크 스택을 통해 처리되게 할 수도 있습니다. XDP의 사용 사례에는 더 빠른 DDoS 완화, 소프트웨어 정의 라우팅 등이 있습니다.

내부 구조

커널의 내부 구조를 이해하면 뒤에 나오는 BPF 도구를 이해하는 데 도움이 됩니다. 핵심은 패킷이 struct sk_buff(socket buffer) 구조체를 통해 커널 네트워크 스택을 통과한다는 것입니다. 소켓의 경우 struct sock 구조체에 의해 정의되는데, 이 구조체는 tcp_sock과 같은 소켓 프로토콜의 앞부분에 내장되어 있습니다. 네트워크 프로토콜은 tcp_prot, udp_prot 등의 struct proto 구조체를 사용해서 소켓에 연결됩니다. 이 프로토콜 구조체에는 프로토콜을 작동시키는 데 필요한 connect, sendmsg, recvmsg 등의 콜백 함수가 정의되어 있습니다.

송신/수신 스케일링

네트워크 패킷에 대한 CPU 부하 분산 전략을 사용하지 않는다면 NIC는 하나의 CPU만을 인터럽트할 것이고, 이로 인해 인터럽트 및 네트워크 스택 처리가 해당 CPU를 100%로 사용해서 병목 현상이 발생하게 됩니다. 이를 방지하기 위해 다양한 정책을 사용하여 인터럽트를 완화하고 NIC 인터럽트와 패킷 처리를 여러 CPU에 분산하여 확장성과 성능을 향상시킬 수 있습니다. NAPI(new API) 인터페이스, RSS(Receive Side Scaling, 수신 측 스케일링)[3], RPS(Receive Packet Steering, 수신 패킷 스티어링), RFS(Receive Flow Steering, 수신 플로 스티어링), 가속 RFS, 그리고 XPS(Transmit Packet Steering, 송신 패킷 스티어링)가 그 예입니다. 이것들은 리눅스 소스에 문서화되어 있습니다.[96]

소켓 연결 수립 스케일링

일반적으로 패시브 TCP 연결 비율이 높은 환경에서는 스레드를 사용해서 accept(2) 호출을 처리한 다음, 해당 연결을 워커 스레드 풀로 넘겨서 처리하는 모델을 사용합니다.[4] 이것을 더욱 확장하기 위해 SO_REUSEPORT setsockopt(3) 옵션이 리눅스 3.9에 추가되었는데, 이 옵션은 프로세스 혹은 스레드의 풀이 동일한 소켓 주소(포트)에 바인드(bind(2))될 수 있도록 하며, 이것들은 모두 accept(2)를 호출할 수 있습니다. 커널은 이렇게 바인드된 스레드 풀에 걸쳐 새로운 연결을 분산해서 균형을 맞춥니다. BPF 프로그램은 SO_ATTACH_REUSEPORT_EBPF 옵션을 통해 이 균형을 조절할 수 있습니다. 해당 옵션은 리눅스 4.5에서 UDP용으로, 그리고 리눅스 4.6에서 TCP용으로 추가되었습니다.

TCP 백로그

패시브 TCP 연결은 커널이 TCP SYN 패킷을 수신함으로써 시작됩니다. 커널은 핸드셰이크가 완료되기 전까지 이 잠재적인 연결을 추적해야 하는데, 이 특징은 과거에 공격자가 커널 메모리를 전부 소모하게 하는 SYN 플러딩(SYN flood)

---

3 RSS는 오로지 NIC 하드웨어에 의해서만 처리됩니다. 일부 NIC는 BPF 네트워킹 프로그램의 오프로딩을 지원하고(예: 네트로놈(Netronome)), BPF를 활용해 RSS를 프로그래밍할 수 있도록 합니다.[97]
4 (옮긴이) 기본적인 TCP 패시브 오픈(일반적으로 서버)에서는 연결(accept)부터 처리(send/recv)까지 하나의 스레드에서 처리합니다.

공격에서 악용되었습니다. 리눅스는 이것을 방지하기 위해 두 개의 큐를 사용합니다. SYN 플러딩 공격에서 더 잘 살아남도록 하기 위해 최소한의 메타데이터만 가지고 있는 SYN 백로그와, 애플리케이션이 수립된 연결을 소모하기 위한 listen 백로그가 있습니다(그림 10.2).

패킷은 플러딩이 발생하는 경우 SYN 백로그에서 드롭될 수 있고, 애플리케이션이 연결을 충분히 빠르게 받아들이지 못하는 경우에는 listen 백로그에서 드롭될 수 있습니다. 정상적인 원격 호스트라면 패킷의 응답이 오지 않는 경우 타이머에 기반해 패킷을 재전송할 것입니다.

TCP listen 경로는 SYN 플러딩 공격에 대한 확장성을 향상시키기 위해 이중 큐 모델을 사용했을 뿐만 아니라, 록을 사용하지 않도록 구현되었습니다.[5][98]

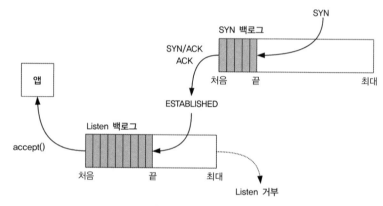

그림 10.2 TCP SYN 백로그

TCP 재전송

TCP는 다음 두 가지 기법을 사용해서 패킷이 유실됐음을 감지하고 재전송합니다.

- 타이머 기반 재전송: 패킷을 전송한 후 시간이 흘렀는데도 패킷 확인 응답이 여전히 수신되지 않았을 때 발생합니다. 이 시간을 TCP 재전송 타임 아웃이라고 하며, 연결 왕복 시간(RTT)을 근거로 동적으로 계산됩니다. 리눅스에서는 첫 번째 재전송하는 시간이 최소 200ms(TCP_RTO_MIN)가 될 것이며, 후속 재전송의 경우에는 타임 아웃을 두 배로 늘리는 지수 백오프(exponential backoff) 알고리즘을 따르기 때문에 훨씬 느려집니다.

---

5 이 기능의 개발자인 에릭 듀마제(Eric Dumazet)는 마지막 거짓 공유(false-sharing) 이슈를 고친 후에 그의 시스템에서 초당 6백만 SYN 패킷에 도달할 수 있었습니다.[99]

- **빠른 재전송**: 중복 ACK가 도착할 경우, TCP는 패킷이 드롭된 것으로 가정하고 해당 패킷을 즉시 재전송합니다.

특히 타이머 기반 재전송은 네트워크 연결에 200ms 이상의 지연을 부가해서 성능 이슈를 유발합니다. 혼잡 제어(congestion control) 알고리즘에 의한 재전송으로 인해 스루풋 저하가 발생할 수도 있습니다.

재전송은 유실 패킷부터 시작해서, 이후의 패킷들이 올바르게 수신되었다고 할지라도 일련의 패킷을 재전송해야 할 수도 있습니다. 선택적 수신 확인(Selective acknowledgments, SACK)은 이와 같이 패킷을 전부 재전송하는 상황을 회피하기 위해 흔히 사용하는 TCP 옵션으로, 후속 패킷을 수신 확인해서 다시 보낼 필요가 없으므로 성능이 향상됩니다.

TCP 송신/수신 버퍼

TCP 데이터 스루풋은 소켓 송신과 수신 버퍼 크기 조절을 통해서 향상될 수 있습니다. 리눅스는 연결 동작에 기반해서 동적으로 버퍼의 크기를 바꾸며, 버퍼의 최소 크기, 기본 크기, 그리고 최대 크기에 대한 튜닝이 가능합니다. 버퍼 크기가 커지면 성능이 향상되지만, 연결당 더 많은 메모리가 필요합니다(그림 10.3).

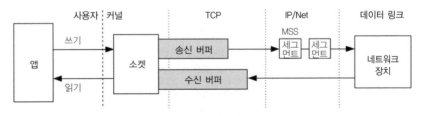

그림 10.3 TCP 송신/수신 버퍼

네트워크 장비와 네트워크는 MSS(maximum segment size, 최대 세그먼트 크기)까지 패킷 크기를 허용하는데, 이것은 1500바이트 정도로 작을 수 있습니다. 여러 개의 작은 패킷을 보내서 발생하는 네트워크 스택 오버헤드를 방지하기 위해, TCP는 GSO(generic segmentation offload)를 사용해 패킷을 최대 64KB 크기로 보냅니다(super packets). 이 패킷은 네트워크 장치로 배달되기 직전에 MSS 크기의 세그먼트로 쪼개집니다. 만약 NIC와 드라이버가 TSO(TCP segmentation offload)를 지원한다면, GSO는 쪼개는 작업을 장치에 위임함으로서 네트워크 스택 스루풋을 더 향상시킬 수 있습니다. 또한 GSO에 반대되는

GRO(generic receive offload)라는 것도 있습니다.[100] GRO와 GSO는 커널 소프트웨어에 구현되어 있으며 TSO는 NIC 하드웨어에 구현되어 있습니다.

TCP 혼잡 제어

리눅스는 Cubic(기본값), Reno, Tahoe, DCTCP, BBR 등 여러 가지 TCP 혼잡 제어 알고리즘을 지원합니다. 이들 알고리즘은 탐지된 혼잡에 근거해서 네트워크 연결이 지속적으로 최적 상태로 작동하도록 송신/수신 윈도를 수정합니다.

큐잉 정책

이 선택적 계층은 네트워크 패킷의 트래픽 분류(tc), 스케줄링, 조작, 필터링, 그리고 셰이핑(shaping)을 관리합니다. 리눅스는 수많은 큐잉 정책(Queueing Discipline, qdisc) 알고리즘을 제공하고, tc(8) 명령어를 사용해서 설정할 수 있습니다. 이들 각각은 매뉴얼 페이지가 있기 때문에, man(1) 명령어를 사용하면 목록을 확인할 수 있습니다.

```
# man -k tc
tc-actions (8)        - independently defined actions in tc
tc-basic (8)          - basic traffic control filter
tc-bfifo (8)          - Packet limited First In, First Out queue
tc-bpf (8)            - BPF programmable classifier and actions for ingress/
egress queueing
disciplines
tc-cbq (8)            - Class Based Queueing
tc-cbq-details (8)    - Class Based Queueing
tc-cbs (8)            - Credit Based Shaper (CBS) Qdisc
tc-cgroup (8)         - control group based traffic control filter
tc-choke (8)          - choose and keep scheduler
tc-codel (8)          - Controlled-Delay Active Queue Management algorithm
tc-connmark (8)       - netfilter connmark retriever action
tc-csum (8)           - checksum update action
tc-drr (8)            - deficit round robin scheduler
tc-ematch (8)         - extended matches for use with "basic" or "flow" filters
tc-flow (8)           - flow based traffic control filter
tc-flower (8)         - flow based traffic control filter
tc-fq (8)             - Fair Queue traffic policing
tc-fq_codel (8)       - Fair Queuing (FQ) with Controlled Delay (CoDel)
[...]
```

BPF는 BPF_PROG_TYPE_SCHED_CLS와 BPF_PROG_TYPE_SCHED_ACT 유형의 프로그램으로 이 계층의 기능을 향상시킬 수 있습니다.

기타 성능 최적화

성능 향상을 위해 네트워크 스택 전반에 걸쳐 사용되는 다음과 같은 알고리즘도 있습니다.

- **Nagle**: 네트워크 패킷의 전송을 지연시킴으로써 작은 네트워크 패킷의 수를 줄여서, 더 많이 도달해 한 덩이로 합쳐지게 합니다.
- **Byte Queue Limits(BQL)**: 드라이버 큐의 크기를 기아 상태(starvation)를 피할 수 있을 정도로 충분히 크게도, 또한 대기한 패킷의 최대 지연을 줄일 수 있을 만큼 충분히 작게도 조정할 수 있습니다. 필요한 경우 드라이버 큐에 패킷 추가를 일시 중단하는 방식으로 작동하며, 리눅스 3.3에 추가되었습니다.[95]
- **Pacing**: 패킷을 언제 보낼지 조정하고, 패킷 전송이 갑작스럽게 집중적으로 발생해 성능이 저하되는 상황을 방지하기 위해 전송을 분산(pacing)합니다.
- **TCP Small Queues(TSQ)**: 과도한 큐잉으로 인한 문제(예: bufferbloat[101])가 생기는 것을 방지하기 위해 네트워크 스택에서 큐잉되는 양을 관리합니다(감소시킵니다).
- **Early Departure Time(EDT)**: NIC로 보내지는 패킷을 정렬하기 위해 큐 대신 타이밍 휠(timing wheel)을 사용합니다. qdisc 정책 및 전송 비율 설정에 따라 매 패킷에 대해 타임스탬프를 설정합니다. 리눅스 4.20에 추가되었으며, BQL, TSQ와 비슷한 기능이 있습니다.[Jacobson 18]

이들 알고리즘은 성능을 향상시키기 위해 종종 함께 사용됩니다. TCP 송신 패킷은 NIC에 도달하기 전에 혼잡 제어 알고리즘, TSO, TSQ, Pacing, 그리고 큐잉 정책 등 어느 것에 의해서도 처리될 수 있습니다.[Cheng 16]

지연 측정

성능 파악을 위해 네트워킹 지연에 대한 다양한 측정을 진행하면 병목 지점이 송신 애플리케이션에 있는지, 수신 애플리케이션에 있는지, 아니면 네트워크 그 자체에 있는지를 알아낼 수 있습니다. 여기에는 다음이 포함됩니다.[Gregg 13b]

- **이름 변환(name resolution) 지연**: 호스트가 IP 주소로 변환되는 데 걸리는 시간으로, 주로 DNS 변환(DNS resolution)이 많습니다. 이는 성능 이슈의 흔한 원인입니다.
- **Ping 지연**: ICMP echo 요청에서 응답까지의 시간을 의미합니다. 이것은 각 호스트에서 패킷의 네트워크와 커널 스택 처리 시간을 측정합니다.
- **TCP 연결 지연**: SYN이 전송될 때부터 SYN, ACK가 수신될 때까지의 시간을 의미합니다. 애플리케이션이 이 과정에 포함되지 않기 때문에, 이것은 ping 지연과 유사하게 각 호스트에서의 네트워크 및 커널 스택 지연을 측정합니

다. 여기에는 TCP 세션을 위한 커널 처리 시간도 추가로 포함되어 있습니다. TCP Fast Open(TFO)은 클라이언트가 진짜임을 즉각적으로 증명하기 위해 SYN과 함께 암호 쿠키(cookie)를 제공해서 후속 연결에 대한 지연을 제거하는 기술로, 서버가 3방향 핸드셰이크가 완료되기를 기다리지 않고 데이터에 응답할 수 있도록 합니다.

- **TCP 첫 번째 바이트 지연**: TTFB(time-to-first-byte latency)로도 알려져 있는데, 이것은 연결이 수립될 때부터 클라이언트가 첫 번째 데이터 바이트를 수신할 때까지의 시간을 측정합니다. 여기에는 CPU 스케줄링과 그 호스트에 대한 애플리케이션 처리 시간이 포함되므로, TCP 지연보다는 애플리케이션 성능 및 현재의 부하를 측정할 수 있습니다.

- **왕복 시간(Round trip time, RTT)**: 네트워크 패킷이 엔드포인트 사이에서 왕복하는 시간을 의미합니다. 커널은 혼잡 제어 알고리즘에 이 시간을 사용합니다.

- **연결 수명(Connection lifespan)**: 네트워크 연결의 시작부터 종료까지의 지속 시간을 의미합니다. HTTP 같은 일부 프로토콜은 keep-alive 기능을 사용할 수 있는데, 향후의 요청에 대비해 연결을 열어두거나 유휴 상태로 두어 반복되는 연결 수립으로 인한 오버헤드 및 지연을 방지합니다.

이러한 네트워크 지연 지표들을 하나씩 측정하며 지워나가면 지연의 원인을 찾아내는 데 도움이 됩니다. 또한 이 지표들은 다른 지표들과 조합해서 이벤트 발생률, 스루풋과 같은 네트워크 상태를 파악하는 데 사용하기도 합니다.

추가 자료

지금까지 네트워크 분석 도구를 이해하기 위한 배경 지식을 개괄했습니다. 리눅스 네트워크 스택의 구현은 커널 소스의 Documentation/networking 아래에 기술되어 있으며[102], 네트워크 성능은 ≪Systems Performance≫의 10장에서 더 심도 있게 다룹니다.[Gregg 13a]

10.1.2 BPF 활용 가능성

기존 네트워크 성능 분석 도구들은 커널 통계 및 네트워크 패킷 캡처를 통해 동작합니다. BPF 트레이싱 도구는 이것에 대해 좀 더 알 수 있게 해주며, 다음 질문에 해답을 줍니다.

- 어떤 소켓 I/O가 발생하고 있으며, 이 이유는 무엇인가? 사용자 레벨 스택은 어떠한 것들인가?
- 어떤 새로운 TCP 세션이 만들어졌는가? 그리고 어느 프로세스에 의해 만들어졌는가?
- 소켓, TCP 혹은 IP 레벨의 오류가 발생하고 있는가?
- TCP 윈도 크기는 얼마나 되는가? 0 크기의 전송이 있는가?
- 여러 가지 스택 계층에서의 I/O 크기는 얼마나 되는가? 장치에 대해서는 어떠한가?
- 네트워크 스택에 의해 어느 패킷이 드롭되었는가? 그 이유는 무엇인가?
- TCP 연결 지연, 첫 번째 바이트 지연, 그리고 연결 수명은 어떻게 되는가?
- 커널 네트워크 스택 내부에서의 지연은 어떻게 되는가?
- 패킷은 qdisk 큐에서 얼마나 오래 대기하는가? 네트워크 드라이버 큐에서는 어떠한가?
- 어느 상위 계층 프로토콜이 사용 중인가?

tracepoint가 사용 가능하다면 BPF로 이것을 계측함으로서 이들 문제에 답할 수 있으며, tracepoint가 다룰 수 있는 것을 넘어서는 세부 사항이 필요할 때는 kprobe와 uprobe를 사용합니다.

이벤트 소스

표 10.1에 네트워크 이벤트와 그것들을 계측할 수 있는 소스를 정리해 놓았습니다.

네트워크 이벤트	이벤트 소스
애플리케이션 프로토콜	uprobe
소켓	syscalls tracepoint
TCP	tcp tracepoint, kprobe
UDP	kprobe
IP와 ICMP	kprobe
패킷	skb tracepoint, kprobe
QDiscs와 드라이버 큐	qdisc와 net tracepoint, kprobe
XDP	xdp tracepoint
네트워크 장치 드라이버	kprobe

표 10.1 네트워크 이벤트와 소스

많은 경우 tracepoint의 부족으로 인해 kprobe를 반드시 사용해야 합니다. tracepoint의 개수가 부족한 이유는 역사적으로(BPF 이전) 수요가 부족했기 때문이며, 리눅스 4.15와 4.16에서 처음으로 TCP tracepoint가 추가되었습니다. 리눅스 5.2까지의 TCP tracepoint는 다음과 같습니다.

```
# bpftrace -l 'tracepoint:tcp:*'
tracepoint:tcp:tcp_retransmit_skb
tracepoint:tcp:tcp_send_reset
tracepoint:tcp:tcp_receive_reset
tracepoint:tcp:tcp_destroy_sock
tracepoint:tcp:tcp_rcv_space_adjust
tracepoint:tcp:tcp_retransmit_synack
tracepoint:tcp:tcp_probe
```

향후의 커널에는 더 많은 네트워크 프로토콜 tracepoint가 추가될 수 있습니다. 여러 가지 프로토콜에 대해 송신/수신 tracepoint가 추가되는 게 확실해 보이지만 여기에는 지연에 민감한 주요 코드 경로 수정이 포함되며, tracepoint가 활성화되지 않더라도 이 추가로 인해 발생할 오버헤드에 주의를 기울여야 합니다.

오버헤드

일부 서버 및 워크로드에서는 네트워크 이벤트가 초당 수백만 패킷을 초과할 정도로 빈번할 수 있습니다. 다행스럽게도 BPF는 효율적인 필터링 기술로 시작되었으며, 각 이벤트에 아주 작은 양의 오버헤드만을 부가합니다. 하지만 초당 수백만 혹은 수천만 회의 이벤트를 곱하면 그것들이 쌓여서 눈에 띄는 오버헤드 또는 훨씬 심각한 오버헤드가 될 수 있습니다.

다행히도 많은 관측가능성 요구 사항들은 패킷별 트레이싱 대신 훨씬 빈도수가 낮고 오버헤드도 더 낮은 이벤트들을 트레이싱함으로서 충족할 수 있습니다. 예를 들어, TCP 재전송은 각각의 패킷을 트레이싱할 필요 없이 tcp_retransmit_skb() 커널 함수 하나만으로 트레이싱할 수 있습니다. 필자는 최근의 프로덕션 이슈로 인해 이 함수를 트레이싱했는데, 이때 서버의 패킷 발생 비율은 초당 10만이 넘었으며 재전송 비율은 초당 1000이었습니다. 패킷 트레이싱에 대한 오버헤드가 얼마나 되든, 필자가 선택한 이벤트의 트레이싱은 오버헤드를 1/100로 감소시켰습니다.

모든 패킷에 대한 트레이싱이 필요할 때는 tracepoint와 kprobe보다 raw tracepoint(2장에서 소개함)가 더 효율적인 옵션입니다.

일반적인 네트워크 성능 분석 기법에는 패킷별 캡처(tcpdump(8), libpcap, 등) 수집이 포함됩니다. 이 방법은 각 패킷에 오버헤드를 더할 뿐만 아니라 이들 패킷을 캡처 파일에 기록할 때 추가적인 CPU, 메모리, 그리고 스토리지 오버헤드를 추가하고, 그 다음에는 후처리를 위해 다시 읽을 때 추가적인 오버헤드를 부가합니다. 이에 비하면 BPF의 패킷별 트레이싱은 이미 효율성을 크게 개선했습니다. 기존처럼 캡처 파일을 사용할 필요 없이 커널 메모리에서 계산해 요약만을 출력하기 때문입니다.

10.1.3 전략

네트워크 성능 분석을 처음 접한다면, 다음과 같은 전반적인 전략을 따를 것을 추천합니다. 다음 절에서는 이 도구들을 더 상세하게 설명합니다.

이 전략은 비효율성을 찾아내기 위해 워크로드를 특성화하는 것으로 시작하며(1, 2단계), 그 다음에는 인터페이스 한계(3단계)와 여러 가지 지연 소스(4, 5, 6단계)를 확인합니다. 여기서 실험적 분석(7단계)을 시도해 볼 가치가 있고(이것은 프로덕션 워크로드와 간섭을 일으킬 수 있음에 주의하십시오), 더 고급의 맞춤형 분석(8, 9, 10단계)이 이어집니다.

1. 패킷 발생 비율과 스루풋, 그리고 TCP를 사용 중이라면 TCP 연결 비율, TCP 재전송 비율과 같은 기본 네트워크 통계를 이해하기 위해 카운터 기반의 도구를 사용합니다(예: ss(8), nstat(8), netstat(1), sar(1)를 사용).

2. 새로 생성된 TCP 연결과 그 지속 시간을 트레이싱해서 워크로드를 특성화하고 비효율성을 찾아냅니다(예: BCC tcplife(8) 사용). 예를 들어 로컬에 캐시할 수 있음에도 불구하고, 리소스를 읽기 위해 원격 서비스에 빈번하게 연결되는 것들을 찾아낼 수 있을 것입니다.

3. 네트워크 인터페이스 스루풋 한계에 도달했는지 확인합니다(예: sar(1) 또는 nicstat(1)의 인터페이스의 사용률 확인).

4. TCP 재전송 그리고 기타 특이한 TCP 이벤트를 트레이싱합니다(예: BCC tcpretrans(8), tcpdrop(8), 그리고 skb:kfree_skb tracepoint).

5. 호스트 이름 변환(DNS, host name resolution) 지연을 측정합니다. 이것은 성능 이슈의 흔한 원인입니다(예: BCC gethostlatency(8)).

6. 연결 지연, 첫 번째 바이트 지연, 네트워크 스택 내부에서의 지연 등 여러 다른 지점에서 네트워킹 지연을 측정합니다.

   a. 네트워크 지연 측정은 네트워크의 bufferbloat(과도한 큐잉 지연 이슈)로 인해 부하에 따라 크게 달라질 수 있습니다. 비교를 위해 네트워크 부하 상태에서의 지연과 유휴 상태 네트워크에서의 지연을 측정하면 유용합니다.

7. 부하 발생 도구를 사용하여 호스트 간의 네트워크 스루풋 제한을 살펴보고, 알려진 워크로드에 대한 네트워크 이벤트를 검토합니다(예: iperf(1)와 netperf(1) 사용).

8. 이 책의 BPF 도구를 다루는 절에 정리해 놓은 BPF 도구들을 찾아서 실행해 봅니다.

9. 프로토콜과 드라이버 처리에 소요되는 CPU 시간을 수치화하기 위해 커널 스택 트레이스에 대한 높은 빈도의 CPU 프로파일링을 사용합니다.

10. tracepoint와 kprobe를 사용해 네트워크 스택 내부 구조를 탐색해 봅니다.

10.1.4 흔히 저지르는 트레이싱 실수

네트워크 분석용 BPF 도구를 개발할 때 흔히 저지르는 실수는 다음과 같습니다.

- 이벤트가 애플리케이션 컨텍스트에서 발생하지 않았을 수도 있습니다. 패킷은 유휴 스레드가 on-CPU일 때 수신되었을 수 있으며, TCP 세션은 이때 초기화되고 상태가 변경되었을 수 있습니다. 이들 이벤트에 대한 on-CPU PID와 프로세스 이름을 검사해도 연결에 대한 애플리케이션 엔드포인트를 확인할 수 없을 것입니다. 애플리케이션 컨텍스트에 있는 다른 이벤트들을 선택하든가, 나중에 불러올 수 있도록 애플리케이션 컨텍스트를 식별자(예: struct sock)를 기준으로 캐시할 필요가 있습니다.

- 패킷의 경로에는 빠른 경로와 느린 경로가 있을 수 있습니다. 제대로 동작하는 것처럼 보이지만, 이들 경로 중 단 하나만을 트레이싱하는 프로그램을 작성했을 수 있습니다. 알려진 워크로드를 사용해서 패킷의 수와 바이트 수가 일치하는지 확인해 보십시오.

- TCP에는 완전한 소켓과 완전하지 않은 소켓이 있는데, 완전하지 않은 소켓은 3방향 핸드셰이크가 종료되기 전, 혹은 소켓이 TCP TIME_WAIT 상태에 있을 때의 요청 소켓입니다. 일부 소켓 구조체 필드는 완전하지 않은 소켓에 대해서는 유효하지 않을 수 있습니다.

10.2 기존 도구

기존의 성능 분석 도구들은 패킷 발생 비율, 다양한 이벤트, 그리고 스루풋에 대한 커널 통계를 표시할 수 있으며 열린 소켓의 상태를 보여줍니다. 대다수의 이러한 통계들은 모니터링 도구를 사용해서 집계되고 그래프로 만들어집니다. 일부 유형의 도구는 분석을 위해 패킷을 캡처하고 각각의 패킷 헤더와 내용을 검토할 수 있도록 합니다.

기존 도구들은 문제 해결 이외에도 BPF 도구를 더 심도 있게 사용할 수 있도록 실마리를 제공해 주기도 합니다. 표 10.2에 도구를 출처, 측정 유형, 커널 통계 혹은 패킷 캡처별로 분류해서 정리해 놓았습니다.

도구	유형	설명
ss	커널 통계	소켓 통계
ip	커널 통계	IP 통계
nstat	커널 통계	네트워크 스택 통계
netstat	커널 통계	네트워크 스택 통계와 상태를 보여주는 다목적 도구
sar	커널 통계	네트워크와 기타 통계를 보여주는 다목적 도구
nicstat	커널 통계	네트워크 인터페이스 통계
ethtool	드라이버 통계	네트워크 인터페이스 드라이버 통계
tcpdump	패킷 캡처	분석을 위한 패킷 캡처

표 10.2 기존 도구

다음 절에서는 이들 관측가능성 도구들의 핵심 기능을 정리합니다. 매뉴얼 페이지와 ≪Systems Performance≫[Gregg 13b] 등의 자료를 참고하면 더 많은 사용법과 설명을 볼 수 있습니다.

네트워크 분석을 위한 실험을 수행하는 도구도 있습니다. 여기에는 iperf(1), netperf(1)와 같은 마이크로 벤치마크 도구, ping(1)을 포함한 ICMP 도구들, 그리고 traceroute(1)와 pathchar를 포함한 네트워크 라우트 검색 도구들이 포함됩니다. 네트워크 테스트를 자동화하는 Flent GUI 도구도 있습니다.[103] 그리고 아예 워크로드가 없어도 시스템과 하드웨어의 설정을 체크하는 정적 분석 도구도 있습니다.[Elling 00] 이와 같은 실험적이며 정적인 도구들은 이 책이 아닌 다른 곳에서 다룹니다(예: [Gregg 13a]).

ss(8), ip(8), nstat(8) 도구를 가장 먼저 다룹니다. 이들은 네트워크 커널 엔지 니어가 관리하는 iproute2 패키지에서 가져온 것입니다. 이 패키지에서 가져온 도구들은 최신의 리눅스 커널 기능들을 더 잘 지원할 것입니다.

10.2.1 ss

ss(8)는 열린 소켓을 요약해서 보여주는 소켓 통계 도구입니다. 기본 출력 결과 는 소켓에 대한 정보를 제공하는데, 예를 들면 다음과 같습니다.

```
# ss
Netid State     Recv-Q  Send-Q   Local Address:Port      Peer Address:Port
[...]
tcp    ESTAB    0       0        100.85.142.69:65264     100.82.166.11:6001
tcp    ESTAB    0       0        100.85.142.69:6028      100.82.16.200:6101
[...]
```

이 출력 결과는 현재 상태를 한눈에 보여줍니다. 첫 번째 칼럼은 소켓이 사용하 는 프로토콜을 보여주는데, 여기에서는 TCP입니다. 이 출력 결과는 수립된 연 결을 IP 주소 정보와 함께 보여줌으로써 현재의 워크로드를 특성화합니다. 또 얼마나 많은 클라이언트 연결이 오픈되어 있는지, 의존 서비스에 대해 얼마나 많은 동시 연결들이 존재하는지 등을 포함한 질문에 답을 줄 수 있습니다.

옵션을 사용하면 훨씬 더 많은 정보를 얻을 수 있습니다. 예를 들어 TCP 소켓 만을 보여주는 -t, TCP 내부 정보를 함께 보여주는 -i, 소켓에 대한 추가적인 정 보를 보여주는 -e, 프로세스 정보를 보여주는 -p, 그리고 메모리 사용량을 보여 주는 -m이 있습니다.

```
# ss -tiepm
State      Recv-Q  Send-Q    Local Address:Port      Peer Address:Port

ESTAB      0       0         100.85.142.69:65264     100.82.166.11:6001
   users:(("java",pid=4195,fd=10865)) uid:33 ino:2009918 sk:78 <->
        skmem:(r0,rb12582912,t0,tb12582912,f266240,w0,o0,bl0,d0) ts sack bbr ws
cale:9,9 rto:204 rtt:0.159/0.009 ato:40 mss:1448 pmtu:1500 rcvmss:1448 advmss:14
48 cwnd:152 bytes_acked:347681 bytes_received:1798733 segs_out:582 segs_in:1397
data_segs_out:294 data_segs_in:1318 bbr:(bw:328.6Mbps,mrtt:0.149,pacing_gain:2.8
8672,cwnd_gain:2.88672) send 11074.0Mbps lastsnd:1696 lastrcv:1660 lastack:1660
pacing_rate 2422.4Mbps delivery_rate 328.6Mbps app_limited busy:16ms rcv_rtt:39.
822 rcv_space:84867 rcv_ssthresh:3609062 minrtt:0.139
[...]
```

이 출력 결과는 많은 세부 사항을 포함하고 있습니다. 볼드로 강조한 것들은 엔 드포인트 주소이며 세부 사항은 다음과 같습니다.

- "java",pid=4195: 프로세스 이름 'java', PID 4195

- fd=10865: 파일 디스크립터 10865(PID 4195에 대한 FD)

- rto:204: TCP 재전송 타임아웃은 204ms입니다.

- rtt:0.159/0.009: 평균 왕복 시간은 0.159ms, 평균 편차는 0.009ms입니다.

- mss:1448: 최대 세그먼트 크기 1,448바이트

- cwnd:152: 혼잡 윈도 크기 152×MSS

- bytes_acked:347681: 340KB가 성공적으로 전송됨

- bytes_received:1798733: 1.72MB가 송신됨

- bbr:...: BBR 혼잡 제어 통계

- pacing_rate 2422.4Mbps: 2422.4Mbps의 pacing 비율

이 도구는 넷링크(netlink) 인터페이스를 사용하는데, 이것은 커널에서 정보를 불러오기 위해 AF_NETLINK 계열의 소켓을 사용합니다.

10.2.2 ip

ip(8)는 라우팅, 네트워크 장치, 인터페이스 그리고 터널링을 관리하는 도구입니다. 관측가능성 측면에서 링크, 주소, 라우트 등 다양한 객체에 대한 통계를 출력하는 데 사용할 수 있습니다. 예를 들어 인터페이스(link)에 대한 추가적인 통계 (-s)는 다음과 같이 출력할 수 있습니다.

```
# ip -s link
1: lo: <LOOPBACK,UP,LOWER_UP> mtu 65536 qdisc noqueue state UNKNOWN mode DEFAULT
group default qlen 1000
    link/loopback 00:00:00:00:00:00 brd 00:00:00:00:00:00
    RX: bytes  packets  errors  dropped overrun mcast
    26550075   273178   0        0       0      0
    TX: bytes  packets  errors  dropped carrier collsns
    26550075   273178   0        0       0      0
2: eth0: <BROADCAST,MULTICAST,UP,LOWER_UP> mtu 1500 qdisc mq state UP mode
DEFAULT group default qlen 1000
    link/ether 12:c0:0a:b0:21:b8 brd ff:ff:ff:ff:ff:ff
    RX: bytes  packets  errors  dropped overrun mcast
    512473039143 568704184 0      0       0      0
    TX: bytes  packets  errors  dropped carrier collsns
    573510263433 668110321 0      0       0      0
```

이 출력 결과를 통해 여러 가지 오류 유형을 확인할 수 있습니다. 수신(RX) 관련으로는 수신 오류, 드롭, 오버런(overrun)을, 송신(TX) 관련으로는 송신 오류, 드롭, 캐리어(carrier) 오류 그리고 충돌을 확인할 수 있습니다. 이러한 오류는

성능 이슈의 원인이 될 수 있으며, 오류에 따라서는 결함이 있는 네트워크 하드웨어에 의해 유발될 수도 있습니다.

라우트 객체를 출력하면 라우팅 테이블을 보여줍니다.

```
# ip route
default via 100.85.128.1 dev eth0
default via 100.85.128.1 dev eth0 proto dhcp src 100.85.142.69 metric 100
100.85.128.0/18 dev eth0 proto kernel scope link src 100.85.142.69
100.85.128.1 dev eth0 proto dhcp scope link src 100.85.142.69 metric 100
```

잘못 설정된 라우트 역시 성능 문제의 원인이 될 수 있습니다.

10.2.3 nstat

nstat(8)는 커널이 제공하는 다양한 네트워크 지표를 SNMP 이름과 함께 출력합니다.

```
# nstat -s
#kernel
IpInReceives                    462657733               0.0
IpInDelivers                    462657733               0.0
IpOutRequests                   497050986               0.0
[...]
TcpActiveOpens                  362997                  0.0
TcpPassiveOpens                 9663983                 0.0
TcpAttemptFails                 12718                   0.0
TcpEstabResets                  14591                   0.0
TcpInSegs                       462181482               0.0
TcpOutSegs                      938958577               0.0
TcpRetransSegs                  129212                  0.0
TcpOutRsts                      52362                   0.0
[...]
```

nstat(8)은 기본적으로 실행될 때마다 카운터를 재설정하는데 이를 방지하기 위해 -s 옵션을 사용했습니다. nstat(8)를 두 번 실행하면 부팅 이후의 전체 카운트가 아니라 명령어 실행 사이에 변화된 카운터만 확인할 수 있어 이 재설정은 유용합니다. 만약 네트워크 문제가 특정 명령어에 의해 발생한다면, 해당 명령어 호출 전과 후에 nstat(8)를 실행해서 어느 카운터가 바뀌었는지 비교할 수 있습니다.

nstat(8)는 인터벌 통계를 수집하는 데몬 모드(-d)도 가지고 있는데, 이 옵션을 사용하면 해당 정보가 마지막 칼럼에 나타납니다.

10.2.4 netstat

netstat(8)는 사용된 옵션에 따라 다양한 유형의 네트워크 통계를 출력하는 도구입니다. 옵션은 다음과 같습니다.

- (default): 열린 소켓 출력
- -a: 모든 소켓에 대한 정보 출력
- -s: 네트워크 스택 통계
- -i: 네트워크 인터페이스 통계
- -r: 라우팅 테이블 출력

예를 들어 다음은 –a를 사용해 모든 소켓을 보여주고, –n을 사용해 IP 주소를 변환하지 않고 출력하고(-n 옵션을 사용하지 않으면 상당한 이름 변환 워크로드를 유발할 수 있습니다), 또한 –p를 사용해 프로세스 정보를 출력하였습니다.

```
# netstat -anp
Active Internet connections (servers and established)
Proto Recv-Q Send-Q Local Address      Foreign Address      State        PID/
Program name
tcp       0      0 192.168.122.1:53   0.0.0.0:*            LISTEN       8086/
dnsmasq
tcp       0      0 127.0.0.53:53      0.0.0.0:*            LISTEN       1112/
systemd-resolv
tcp       0      0 0.0.0.0:22         0.0.0.0:*            LISTEN       1440/sshd
[...]
tcp       0      0 10.1.64.90:36426   10.2.25.52:22        ESTABLISHED 24152/ssh
[...]
```

-i 옵션은 인터페이스 통계를 출력합니다. 다음은 프로덕션 클라우드 인스턴스에서 해당 명령을 실행한 사례입니다.

```
# netstat -i
Kernel Interface table
Iface   MTU      RX-OK RX-ERR RX-DRP RX-OVR    TX-OK TX-ERR TX-DRP TX-OVR Flg
eth0    1500 743442015      0      0 0     882573158      0      0      0 BMRU
lo      65536    427560      0      0 0        427560      0      0      0 LRU
```

인터페이스 eth0가 주 인터페이스입니다. 이 필드들은 수신(RX-)과 송신(TX-)을 보여줍니다.

- OK: 성공적으로 전송된 패킷
- ERR: 패킷 오류

- DRP: 패킷 드롭

- OVR: 패킷 오버런(overrun)

추가 옵션인 -c(continuous, 연속) 옵션은 이 요약정리를 매초 출력합니다.

-s 옵션은 네트워크 스택 통계를 출력합니다. 예를 들어 바쁜 프로덕션 시스템에서는 다음과 같습니다(축약된 출력 결과).

```
# netstat -s
Ip:
    Forwarding: 2
    454143446 total packets received
    0 forwarded
    0 incoming packets discarded
    454143446 incoming packets delivered
    487760885 requests sent out
    42 outgoing packets dropped
    2260 fragments received ok
    13560 fragments created
Icmp:
[...]
Tcp:
    359286 active connection openings
    9463980 passive connection openings
    12527 failed connection attempts
    14323 connection resets received
    13545 connections established
    453673963 segments received
    922299281 segments sent out
    127247 segments retransmitted
    0 bad segments received
    51660 resets sent
Udp:
[...]
TcpExt:
    21 resets received for embryonic SYN_RECV sockets
    12252 packets pruned from receive queue because of socket buffer overrun
    201219 TCP sockets finished time wait in fast timer
    11727438 delayed acks sent
    1445 delayed acks further delayed because of locked socket
    Quick ack mode was activated 17624 times
    169257582 packet headers predicted
    76058392 acknowledgments not containing data payload received
    111925821 predicted acknowledgments
    TCPSackRecovery: 1703
    Detected reordering 876 times using SACK
    Detected reordering 19 times using time stamp
    2 congestion windows fully recovered without slow start
[...]
```

이것은 부팅된 이후의 총계를 보여줍니다. 이 출력 결과를 검토하면 많은 것을 알 수 있습니다. 여러 프로토콜에 대한 패킷 비율, 연결 비율(TCP 액티브/패시브), 오류 비율, 스루풋, 기타 이벤트를 계산할 수 있습니다. 필자가 가장 처음으로 찾아보는 일부 지표는 볼드체로 강조했습니다.

이 출력 결과에는 사람이 읽을 수 있는 지표에 대한 설명이 있는데, 이것은 모니터링 에이전트 같은 다른 소프트웨어가 파싱할 수 있도록 만들어진 것은 아닙니다. 다른 소프트웨어는 대신 /proc/net/snmp와 /proc/net/netstat(또는 nstat(8))에서 지표를 직접 읽어 들여야 합니다.

10.2.5 sar

시스템 동작 레코더(system activity recorder)인 sar(1)는 여러 가지 통계 정보를 출력할 수 있습니다. sar(1)는 실시간으로 사용하거나, 모니터링 도구로서 주기적으로 데이터를 기록하도록 설정할 수 있습니다. 다음은 sar(1)에 대한 네트워크 관련 옵션입니다.

- -n DEV: 네트워크 인터페이스 통계
- -n EDEV: 네트워크 인터페이스 오류
- -n IP,IP6: IPv4, IPv6 데이터그램 통계
- -n EIP,EIP6: IPv4, IPv6 오류 통계
- -n ICMP,ICMP6: ICMP IPv4, IPv6 통계
- -n EICMP,EICMP6: ICMP IPv4, IPv6 오류 통계
- -n TCP: TCP 통계
- -n ETCP: TCP 오류 통계
- -n SOCK,SOCK6: IPv4, IPv6 소켓 사용 정보

다음은 프로덕션 하둡 인스턴스에서 위의 옵션 중 4개를 사용한 예로, 일 초 간격으로 출력되었습니다.

```
# sar -n SOCK,TCP,ETCP,DEV 1
Linux 4.15.0-34-generic (...)        03/06/2019     _x86_64_      (36 CPU)

08:06:48 PM     IFACE    rxpck/s    txpck/s     rxkB/s     txkB/s    rxcmp/s    txcmp/s
rxmcst/s    %ifutil
08:06:49 PM      eth0 121615.00 108725.00 168906.73 149731.09       0.00       0.00
0.00     13.84
08:06:49 PM        lo    600.00     600.00   11879.12   11879.12       0.00       0.00
0.00      0.00

08:06:48 PM    totsck    tcpsck     udpsck     rawsck    ip-frag     tcp-tw
08:06:49 PM      2133       108          5          0          0       7134
```

```
08:06:48 PM  active/s passive/s    iseg/s    oseg/s
08:06:49 PM     16.00    134.00  15230.00 109267.00

08:06:48 PM  atmptf/s  estres/s retrans/s isegerr/s   orsts/s
08:06:49 PM      0.00      8.00      1.00      0.00     14.00
[...]
```

이와 같은 여러 줄의 출력은 각 인터벌마다 반복됩니다. 이를 통해 다음의 내용을 알 수 있습니다.

- 열린 TCP소켓(tcpsck)의 개수
- 현재의 TCP 연결 비율(active/s + passive/s)
- TCP 재전송 비율(retrans/s /oseg/s)
- 인터페이스 패킷 발생 비율 및 스루풋(rxpck/s + txpck/s, rxkB/s + txkB/s)

이것은 네트워크 인터페이스 오류가 발생하지 않을 것이라고 예상되는 클라우드 인스턴스인데, 물리 서버에서 이러한 오류를 확인하기 위해서는 EDEV 옵션을 포함해야 합니다.

10.2.6 nicstat

이 도구는 네트워크 인터페이스 통계를 출력하며 iostat(1)를 기반으로 설계되었습니다.[6] 예를 들면 다음과 같습니다.

```
# nicstat 1
    Time     Int   rKB/s   wKB/s   rPk/s   wPk/s     rAvs     wAvs %Util    Sat
20:07:43    eth0  122190 81009.7 89435.8 61576.8   1399.0   1347.2  10.0   0.00
20:07:43      lo 13000.0 13000.0   646.7   646.7 20583.5 20583.5  0.00   0.00
    Time     Int   rKB/s   wKB/s   rPk/s   wPk/s     rAvs     wAvs %Util    Sat
20:07:44    eth0  268115 42283.6  185199 40329.2   1482.5   1073.6  22.0   0.00
20:07:44      lo  1869.3  1869.3   400.3   400.3   4782.1   4782.1  0.00   0.00
    Time     Int   rKB/s   wKB/s   rPk/s   wPk/s     rAvs     wAvs %Util    Sat
20:07:45    eth0  146194 40685.3  102412 33270.4   1461.8   1252.2  12.0   0.00
20:07:45      lo  1721.1  1721.1   109.1   109.1 16149.1 16149.1  0.00   0.00
[...]
```

위의 예는 인터페이스 포화 정도를 가리키는 여러 가지 오류 정보가 결합된 포화 관련 통계 정보를 포함하고 있습니다. -U 옵션은 읽기/쓰기 사용률을 각각 출력해서 둘 중 어느 것이 한계에 도달했는지 알게 해 줍니다.

---

6 연혁: 필자는 2004년 7월 18일에 솔라리스를 위해 이 도구를 개발했으며, 팀 쿡(Tim Cook)이 리눅스 버전을 개발했습니다.

10.2.7 ethtool

ethtool(8)은 -i와 -k 옵션을 사용하여 네트워크 인터페이스의 정적 설정을 확인할 수 있으며, -S 옵션을 사용하면 드라이버 통계를 출력할 수도 있습니다. 예를 들면 다음과 같습니다.

```
# ethtool -S eth0
NIC statistics:
     tx_timeout: 0
     suspend: 0
     resume: 0
     wd_expired: 0
     interface_up: 1
     interface_down: 0
     admin_q_pause: 0
     queue_0_tx_cnt: 100219217
     queue_0_tx_bytes: 84830086234
     queue_0_tx_queue_stop: 0
     queue_0_tx_queue_wakeup: 0
     queue_0_tx_dma_mapping_err: 0
     queue_0_tx_linearize: 0
     queue_0_tx_linearize_failed: 0
     queue_0_tx_napi_comp: 112514572
     queue_0_tx_tx_poll: 112514649
     queue_0_tx_doorbells: 52759561
[...]
```

위의 예는 많은 네트워크 장치 드라이버가 지원하는 커널 ethtool 프레임워크에서 통계 지표를 가져옵니다. 장치 드라이버는 자체 ethtool 지표를 정의할 수 있습니다.

-i 옵션은 드라이버 세부 사항을, -k는 튜닝 가능한 인터페이스 설정을 보여줍니다. 예를 들면 다음과 같습니다.

```
# ethtool -i eth0
driver: ena version: 2.0.3K
[...]
# ethtool -k eth0
Features for eth0: rx-checksumming: on
[...]
tcp-segmentation-offload: off
        tx-tcp-segmentation: off [fixed]
        tx-tcp-ecn-segmentation: off [fixed]
        tx-tcp-mangleid-segmentation: off [fixed]
        tx-tcp6-segmentation: off [fixed]
udp-fragmentation-offload: off
generic-segmentation-offload: on
generic-receive-offload: on
large-receive-offload: off [fixed]
rx-vlan-offload: off [fixed]
```

```
tx-vlan-offload: off [fixed]
ntuple-filters: off [fixed]
receive-hashing: on
highdma: on
[...]
```

이 예는 ena 드라이버가 있는 클라우드 인스턴스로, TSO(TCP segmentation offload)는 현재 비활성화되어 있습니다. -K 옵션은 이 설정을 변경하는 데 사용할 수 있습니다.

10.2.8 tcpdump

tcpdump(8)는 추가적인 분석을 위해 패킷을 캡처할 수 있습니다. 이를 '패킷 스니핑(packet sniffing)'이라 부릅니다. 다음은 en0 인터페이스를 스니핑하고(-i) 이것을 덤프 파일에 쓴(-w) 다음 덤프한 파일을 이름 변환 없이(-n)[7] 읽는(-r) 사례를 보여주고 있습니다.

```
# tcpdump -i en0 -w /tmp/out.tcpdump01
tcpdump: listening on en0, link-type EN10MB (Ethernet), capture size 262144
bytes
^C451 packets captured
477 packets received by filter
0 packets dropped by kernel
# tcpdump -nr /tmp/out.tcpdump01
reading from file /tmp/out.tcpdump01, link-type EN10MB (Ethernet)
13:39:48.917870 IP 10.0.0.65.54154 > 69.53.1.1.4433: UDP, length 1357
13:39:48.921398 IP 108.177.1.2.443 > 10.0.0.65.59496: Flags [P.], seq
3108664869:3108664929, ack 2844371493, win 537, options [nop,nop,TS val 2521261
368 ecr 4065740083], length 60
13:39:48.921442 IP 10.0.0.65.59496 > 108.177.1.2.443: Flags [.], ack 60, win 505,
options [nop,nop,TS val 4065741487 ecr 2521261368], length 0
13:39:48.921463 IP 108.177.1.2.443 > 10.0.0.65.59496: Flags [P.], seq 0:60, ack 1,
win 537, options [nop,nop,TS val 2521261793 ecr 4065740083], length 60
[...]
```

tcpdump(8) 출력 결과 파일은 Wireshark GUI와 같은 기타 도구에서 읽을 수 있습니다.[104] Wireshark를 사용하면 패킷 헤더를 쉽게 검사할 수 있고, 전송과 수신을 다시 모아 개별 TCP 세션들의 짝을 맞추어 출력해서 클라이언트/호스트 상호작용이 검토될 수 있게 합니다.

패킷 캡처가 커널과 libpcap 라이브러리에서 최적화되었음에도 불구하고, 패킷 발생률이 높을 때 여전히 캡처 비용이 많이 듭니다. 수집에 추가적인 CPU 오

---

7 이름 변환을 사용하면 해당 파일 읽기에 수반되는 원치 않는 부작용으로 인해 추가적인 네트워크 트래픽이 발생할 수 있습니다.

버헤드가 소모되고, 저장에 CPU, 메모리, 디스크 리소스가 소요되고, 그리고 다시 그것을 후처리하는 데 비용이 소모됩니다. 이러한 오버헤드는 특정 헤더 세부 정보가 있는 패킷만 기록하도록 필터를 사용하면 어느 정도 줄일 수 있습니다. 그러나 수집하지 않는 패킷에도 CPU 오버헤드가 발생할 수 있습니다.[8] 필터 식이 모든 패킷에 적용되어야 하기 때문에 필터링 처리는 효율적이어야 합니다. 이것이 Berkeley Packet Filter(BPF)의 기원으로, 처음에 패킷 캡처 필터로 만들어졌으며 나중에 필자가 이 책에서 사용하고 있는 기술로 확장되었습니다. tcpdump(8) 필터 프로그램의 사례는 2.2 "BPF"를 참고하세요.

패킷 캡처 도구가 네트워킹의 포괄적인 정보를 표시한다고 생각할 수 있지만, 실제로는 회선상에 보내진 세부 사항만 보여줍니다. 이런 도구를 통해서는 소켓과 TCP의 상태, 그리고 패킷 및 스택 트레이스와 연관된 프로세스가 무엇인지와 같은 커널의 상태에 대해서는 알아낼 수 없습니다. 이러한 세부 사항들은 BPF 트레이싱 도구를 사용해서 확인할 수 있습니다.

10.2.9 /proc

앞에서 다룬 여러 통계 도구는 /proc에 있는 파일, 특히 /proc/net에 있는 파일에서 지표를 수집합니다. 이 디렉터리는 커맨드 라인에서 다음과 같이 확인할 수 있습니다.

```
$ ls /proc/net/
anycast6       if_inet6            ip_tables_names     ptype      sockstat6
arp            igmp                ip_tables_targets   raw        softnet_stat
bnep           igmp6               ipv6_route          raw6       stat/
connector      ip6_flowlabel       l2cap               rfcomm     tcp
dev            ip6_mr_cache        mcfilter            route      tcp6
dev_mcast      ip6_mr_vif          mcfilter6           rt6_stats  udp
dev_snmp6/     ip6_tables_matches  netfilter/          rt_acct    udp6
fib_trie       ip6_tables_names    netlink             rt_cache   udplite
fib_triestat   ip6_tables_targets  netstat             sco        udplite6
hci            ip_mr_cache         packet              snmp       unix
icmp           ip_mr_vif           protocols           snmp6      wireless
icmp6          ip_tables_matches   psched              sockstat   xfrm_stat
$ cat /proc/net/snmp
Ip: Forwarding DefaultTTL InReceives InHdrErrors InAddrErrors ForwDatagrams
InUnknownProtos InDiscards InDelivers OutRequests OutDiscards OutNoRoutes
ReasmTimeout ReasmReqds ReasmOKs ReasmFails FragOKs FragFails FragCreates
Ip: 2 64 45794729 0 28 0 0 0 45777774 40659467 4 6429 0 0 0 0 0 0 0
[...]
```

---

8 모든 skb(skb_buffer)는 패킷 핸들러들 중 하나로 전달되기 전에 복제되어야 하며, 그 다음에는 단순히 필터링 처리됩니다(dev_queue_xmit_nit() 참고). BPF 기반 접근 방법은 skb 복사를 회피할 수 있습니다.

netstat(1) 도구와 sar(1) 도구는 여러 지표를 보여줍니다. 앞서 살펴본 것처럼 여기에는 패킷 발생 비율, 새 TCP 액티브/패시브 연결, TCP 재전송, ICMP 오류 등 시스템 전역에 걸친 통계를 포함하고 있습니다.

지표 중에는 /proc/interrupts와 /proc/softirqs도 있는데, 이는 CPU 전체에 걸친 네트워크 장치 인터럽트의 분포를 보여줄 수 있습니다. 예를 들어 다음은 CPU가 2개인 시스템에서의 사례입니다.

```
$ cat /proc/interrupts
          CPU0        CPU1
[...]
 28:    1775400          80    PCI-MSI 81920-edge      ena-mgmnt@pci:0000:00:05.0
 29:        533     5501189    PCI-MSI 81921-edge      eth0-Tx-Rx-0
 30:    4526113         278    PCI-MSI 81922-edge      eth0-Tx-Rx-1
$ cat /proc/softirqs
                    CPU0        CPU1
[...]
      NET_TX:     332966          34
      NET_RX:   10915058    11500522
[...]
```

이 시스템에는 ena 드라이버를 사용하는 eth0 인터페이스가 있습니다. eth0가 각 CPU에 대해 큐를 사용하고 있으며, 수신 softirqs는 두 개의 CPU 모두에 걸쳐 발생하고 있음을 보여줍니다(송신은 불균형한 것 같지만, 네트워크 스택은 흔히 이 softirq를 건너뛰고 장치로 직접 전송됩니다). mpstat(8) 역시 이 인터럽트 통계를 출력하기 위한 -I 옵션이 있습니다.

뒤이어 나오는 BPF 도구들은 이들 /proc이나 기존 도구의 지표를 동일하게 따라하는 수준을 넘어서 네트워크 관측가능성을 확장하기 위해 만들어졌습니다. 이에 대한 예시로 시스템 전역의 소켓에 대한 지표를 보여주기 위한 BPF sockstat(8) 도구가 있는데, 이러한 특별한 지표들은 /proc에서 얻을 수 없습니다. 그러나 시스템 전역에 걸친 TCP, UDP, IP 지표들에 대한 tcpstat(8), udpstat(8), 또는 ipstat(8)와 유사한 도구는 존재하지 않습니다. BPF를 이용해서 이러한 도구를 만들 수는 있지만, 그러한 도구들은 /proc에서 이미 제공하는 지표만 있으면 됩니다. 사실 netstat(1)와 sar(1)가 이미 그 관측가능성을 제공하기 때문에 이런 도구는 만들 필요가 없습니다.

다음 BPF 도구는 프로세스 ID, 프로세스 이름, IP 주소, 그리고 포트별로 통계를 세분화하고, 이벤트로 이어지는 스택 트레이스를 표시하고, 커널 상태를 보여주고, 또한 지연을 사용자가 원하는대로 계측함으로써 관측가능성을 확장합니다. 이들 도구가 다른 도구를 포함하는 것으로 보일 수도 있지만, 그렇지는 않습니다. 관측가능성을 확장하기 위해 /proc/net과 기존 도구들과 함께 사용하도록 설계되었습니다.

10.3 BPF 도구

이번 절에서는 네트워크 성능 분석과 문제 해결에 사용할 수 있는 BPF 도구들을 다룹니다.

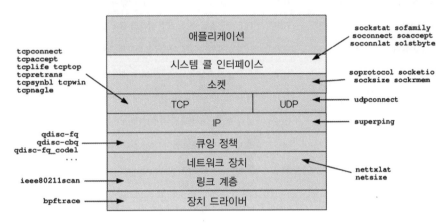

그림 10.4 네트워크 분석용 BPF 도구

이 그림에서 bpftrace는 장치 드라이버 관측을 목적으로 소개되었습니다. 이에 대한 예시는 10.4.3 "BPF 원 라이너 사례"를 참고하세요. 이 그림의 기타 도구들은 BCC와 bpftrace 저장소(4장, 5장) 양쪽 모두에서 왔거나, 아니면 이 책을 위해 만들었습니다. 일부 도구는 BCC와 bpftrace 양쪽 모두에 나옵니다. 표 10.3에는 도구의 출처를 정리해 놓았습니다(BT은 bpftrace의 축약입니다).

도구	출처	대상	설명
sockstat	책	소켓	상위 레벨 소켓 통계 출력
sofamily	책	소켓	프로세스별로 새 소켓에 대한 주소 체계(address family) 집계
soprotocol	책	소켓	프로세스별로 새 소켓에 대한 전송 프로토콜 집계
soconnect	책	소켓	소켓 IP-프로토콜 연결을 세부 사항과 함께 트레이싱
soaccept	책	소켓	소켓 IP-프로토콜 연결 수락을 세부 사항과 함께 트레이싱
socketio	책	소켓	소켓 세부 사항을 I/O 카운트와 함께 출력
socksize	책	소켓	소켓I/O 크기를 프로세스별 히스토그램 출력

(다음쪽에 이어짐)

sormem	책	소켓	소켓 수신 버퍼 사용량과 오버플로 출력
soconnlat	책	소켓	IP 소켓의 연결 지연을 스택과 함께 출력
so1stbyte	책	소켓	IP 소켓의 첫 번째 바이트 지연 출력
tcpconnect	BCC/BT/책	TCP	TCP 액티브 연결(connect()) 트레이싱
tcpaccept	BCC/BT/책	TCP	TCP 패시브 연결(accept()) 트레이싱
tcplife	BCC/책	TCP	TCP 세션 수명을 연결 세부 사항과 함께 트레이싱
tcptop	BCC	TCP	호스트별 TCP 송신/수신 스루풋 출력
tcpretrans	BCC/BT	TCP	TCP 재전송을 주소, TCP 상태와 함께 트레이싱
tcpsynbl	책	TCP	TCP SYN 백로그를 히스토그램으로 출력
tcpwin	책	TCP	TCP 송신 혼잡 윈도 파라미터 트레이싱
tcpnagle	책	TCP	TCP nagle 사용량 및 전송 지연 트레이싱
udpconnect	책	UDP	로컬 호스트에서의 새 UDP 연결 트레이싱
gethostlatency	책/BT	DNS	라이브러리 호출을 통한 DNS 조회 지연 트레이싱
ipecn	책	IP	IP 인바운드 ECN(explicit congestion notification, 명시적 혼잡 통지) 트레이싱
superping	책	ICMP	네트워크 스택에서의 ICMP echo 시간 측정
qdisc-fq (...)	책	qdisc	FQ qdisc 큐 지연 출력
netsize	책	net	네트워크 장치 I/O 크기 출력
nettxlat	책	net	네트워크 장치 전송 지연 출력
skbdrop	책	skb	sk_buff 드롭을 커널 스택 트레이스와 함께 트레이싱
skblife	책	skb	각 네트워크 스택 간 지연으로서의 sk_buff 수명 출력
ieee80211scan	책	WiFi	IEEE 802.11 WiFi 스캐닝 트레이싱

표 10.3 네트워크 관련 도구

BCC와 bpftrace 도구들과 각 기능에 대한 더 많은 정보는 해당 저장소에서 최신의 전체 목록을 확인하세요. 여기에는 가장 중요한 기능 중 일부를 정리했습니다.

10.3.1 sockstat

sockstat(8)[9]는 매초 소켓 관련 시스템 호출 집계와 함께 소켓 통계를 출력합니다. 다음은 프로덕션 엣지(edge) 서버에서의 실행 결과입니다.

---

9 이 도구는 2019년 4월 14일에 이 책을 위해 만들었습니다.

```
# sockstat.bt
Attaching 10 probes...
Tracing sock statistics. Output every 1 second.
01:11:41
@[tracepoint:syscalls:sys_enter_bind]: 1
@[tracepoint:syscalls:sys_enter_socket]: 67
@[tracepoint:syscalls:sys_enter_connect]: 67
@[tracepoint:syscalls:sys_enter_accept4]: 89
@[kprobe:sock_sendmsg]: 5280
@[kprobe:sock_recvmsg]: 10547

01:11:42
[...]
```

매초 시간이 출력되며(예: 21:22:56), 여러 소켓 이벤트에 대한 집계가 뒤따릅니다. 이 사례는 초당 10,547회의 sock_recvmsg()와 5,280회의 sock_sendmsg() 이벤트가, 그리고 100회 미만의 accept4(2)와 connect(2)가 발생했음을 보여줍니다.

이 도구의 역할은 워크로드 특성화를 위한 상위 레벨 소켓 통계와 더 심도 있는 분석을 위한 시작점을 제공하는 것입니다. 출력 결과는 probe 이름을 포함하고 있어서 더욱 심도 있게 살펴볼 수 있습니다. 예를 들어 kprobe:sock_sendmsg 이벤트의 발생율이 예상보다 높은 걸 발견하게 된다면, 다음의 bpftrace 원 라이너를 사용해서 프로세스의 이름을 확인할 수 있습니다.[10]

```
# bpftrace -e 'kprobe:sock_sendmsg { @[comm] = count(); }'
Attaching 1 probe...
^C

@[sshd]: 1
@[redis-server]: 3
@[snmpd]: 6
@[systemd-resolve]: 28
@[java]: 17377
```

사용자 레벨 스택 트레이스는 그 맵의 키에 ustack을 추가함으로써 트레이싱할 수 있습니다.

sockstat(8) 도구는 tracepoint를 사용해서 소켓 관련 시스템 콜을 트레이싱하고, kprobe를 사용해서 sock_recvmsg()와 sock_sendmsg() 커널 함수를 트레이싱하여 동작합니다. kprobe의 오버헤드가 가장 눈에 띌 것이며, 네트워크 스루풋이 높은 시스템에서는 측정할 수 있는 수준일 것입니다.

---

10 해당 도구와 후속 도구들에 대한 설명: 애플리케이션은 /proc/self/comm에 쓰기 동작을 통해 comm 문자열을 재정의할 수 있습니다.

sockstat(8)의 소스 코드는 다음과 같습니다.

```
#!/usr/local/bin/bpftrace

BEGIN
{
        printf("Tracing sock statistics. Output every 1 second.\n");
}

tracepoint:syscalls:sys_enter_accept*,
tracepoint:syscalls:sys_enter_connect,
tracepoint:syscalls:sys_enter_bind,
tracepoint:syscalls:sys_enter_socket*,
kprobe:sock_recvmsg,
kprobe:sock_sendmsg
{
        @[probe] = count();
}

interval:s:1
{
        time();
        print(@);
        clear(@);
}
```

kprobe를 사용하는 것은 지름길로 가는 것이나 마찬가지입니다. 대신 시스템 콜 tracepoint를 사용해서 트레이싱할 수 있습니다. 위 도구의 코드에 더 많은 tracepoint를 추가해서 recvfrom(2), recvmsg(2), sendto(2), sendmsg(2) 시스템 콜, 그리고 기타 변형을 트레이싱할 수 있습니다. read(2)와 write(2) 계열 시스템 콜을 사용하면 더욱 복잡해지는데, 이 경우 파일 디스크립터가 소켓 읽기/쓰기에 일치하는 파일 유형인지 확인해야 합니다.

10.3.2 sofamily

sofamily(8)[11]는 accept(2)와 connect(2) 시스템 콜을 통한 새로운 소켓 연결을 트레이싱하고 프로세스 이름과 주소 체계(address family)를 정리해서 보여줍니다. 이것은 워크로드 특성화에 유리한데, 적용된 부하를 수치화하며 더 심도 있게 조사해봐야 할 소켓 사용을 찾아냅니다. 예를 들어 다음은 프로덕션 엣지 서버에서 이 도구를 실행한 사례입니다.

---

11 이 도구는 2019년 4월 10일에 이 책을 위해 만들었습니다.

```
# sofamily.bt
Attaching 7 probes...
Tracing socket connect/accepts. Ctrl-C to end.
^C

@accept[sshd, 2, AF_INET]: 2
@accept[java, 2, AF_INET]: 420

@connect[sshd, 2, AF_INET]: 2
@connect[sshd, 10, AF_INET6]: 2
@connect[(systemd), 1, AF_UNIX]: 12
@connect[sshd, 1, AF_UNIX]: 34
@connect[java, 2, AF_INET]: 215
```

이 출력 결과는 트레이싱하는 동안 자바에 의해 420회의 AF_INET(IPv4) 연결
수락과 215회의 접속 시도가 있었음을 보여주는데, 이 정도는 이 서버에서 예
상되는 수준입니다. 이 출력 결과는 소켓 연결 수락(@accept)과 소켓 연결(@
connect)에 대한 맵을 보여주고, 프로세스 이름, 주소 체계 번호, 그리고 그 번호
에 대한 주소 체계 이름(알려진 경우)을 키로 사용하고 있습니다.

이 주소 체계 번호 매핑(예: AF_INET == 2)은 리눅스에 특화된 것이며 include/
linux/socket.h 헤더에 정의되어 있습니다(해당 매핑은 뒤 페이지에 포함되어 있
습니다). 리눅스가 아닌 다른 커널은 자체적인 번호 매핑을 사용합니다.

트레이싱된 호출은 상대적으로 발생률이 낮기 때문에(패킷 이벤트와 비교해
서), 이 도구의 오버헤드는 무시할 수 있는 수준입니다.

다음은 sofamily(8)의 소스 코드입니다.

```
#!/usr/local/bin/bpftrace

#include <linux/socket.h>

BEGIN
{
        printf("Tracing socket connect/accepts. Ctrl-C to end.\n");
        // from linux/socket.h:
        @fam2str[AF_UNSPEC] = "AF_UNSPEC";
        @fam2str[AF_UNIX] = "AF_UNIX";
        @fam2str[AF_INET] = "AF_INET";
        @fam2str[AF_INET6] = "AF_INET6";
}

tracepoint:syscalls:sys_enter_connect
{
        @connect[comm, args->uservaddr->sa_family,
            @fam2str[args->uservaddr->sa_family]] = count();
}
```

```
tracepoint:syscalls:sys_enter_accept,
tracepoint:syscalls:sys_enter_accept4
{
        @sockaddr[tid] = args->upeer_sockaddr;
}

tracepoint:syscalls:sys_exit_accept,
tracepoint:syscalls:sys_exit_accept4
/@sockaddr[tid]/
{
        if (args->ret > 0) {
                $sa = (struct sockaddr *)@sockaddr[tid];
                @accept[comm, $sa->sa_family, @fam2str[$sa->sa_family]] =
                        count();
        }
        delete(@sockaddr[tid]);
}

END
{
        clear(@sockaddr); clear(@fam2str);
}
```

주소 체계는 struct sockaddr 구조체의 sa_family 멤버 변수에서 읽어옵니다. 이
것은 부호 없는 short정수형으로 변환된 sa_family_t 유형의 번호입니다. 이 도
구는 출력에 번호를 포함하고 있으며 가독성을 좋게 하기 위해 일부 흔한 주소
체계를 문자열 이름으로 매핑하는데, linux/socket.h에서 가져온 다음의 표를
기반으로 합니다.

```
/* Supported address families. */
#define AF_UNSPEC        0
#define AF_UNIX          1       /* Unix domain sockets          */
#define AF_LOCAL         1       /* POSIX name for AF_UNIX       */
#define AF_INET          2       /* Internet IP Protocol         */
#define AF_AX25          3       /* Amateur Radio AX.25          */
#define AF_IPX           4       /* Novell IPX                   */
#define AF_APPLETALK     5       /* AppleTalk DDP                */
#define AF_NETROM        6       /* Amateur Radio NET/ROM        */
#define AF_BRIDGE        7       /* Multiprotocol bridge         */
#define AF_ATMPVC        8       /* ATM PVCs                     */
#define AF_X25           9       /* Reserved for X.25 project    */
#define AF_INET6         10      /* IP version 6                 */
[..]
```

해당 bpftrace 프로그램을 실행할 때 위의 헤더가 포함되기 때문에, 다음 라인은

```
@fam2str[AF_INET] = "AF_INET";
```

다음과 같이 변경되며,

```
@fam2str[2] = "AF_INET"; `
```

문자열 **"AF_INET"**에 숫자 2가 대응됩니다.

connect(2) 시스템 콜의 경우 모든 세부 내용을 시스템 콜 진입점에서 읽습니다. accept(2) 시스템 콜은 이와 다르게 트레이싱되는데, sockaddr 포인터는 해시 맵에 저장된 후 주소 체계를 확인하기 위해 시스템 콜 종료 지점에서 읽습니다. 이 이유는 sockaddr이 시스템 콜이 실행되는 동안 채워지기 때문에, 반드시 종료 지점에서 읽어야 합니다. accept(2)의 리턴 값도 체크되는데(성공했는지 여부), 성공하지 못했다면 sockaddr struct의 내용은 유효하지 않을 것입니다. 이 도구를 connect(2)에 대해서도 비슷한 체크를 하도록 개선하면 성공적인 새 연결에 대한 집계만 출력할 수 있습니다. soconnect(8) 도구는 이들 connect(2) 시스템 콜에 대해 다른 리턴 결과를 보여줄 것입니다.

10.3.3 soprotocol

soprotocol(8)[12]은 새 소켓 연결을 트레이싱하며 프로세스 이름과 전송 프로토콜을 요약해서 보여줍니다. 이것은 전송 프로토콜을 위한 또 다른 워크로드 특성화 도구입니다. 다음의 예는 프로덕션 엣지 서버에서의 결과입니다.

```
# soprotocol.bt
Attaching 4 probes...
Tracing socket connect/accepts. Ctrl-C to end.
^C

@accept[java, 6, IPPROTO_TCP, TCP]: 1171

@connect[setuidgid, 0, IPPROTO, UNIX]: 2
@connect[ldconfig, 0, IPPROTO, UNIX]: 2
@connect[systemd-resolve, 17, IPPROTO_UDP, UDP]: 79
@connect[java, 17, IPPROTO_UDP, UDP]: 80
@connect[java, 6, IPPROTO_TCP, TCP]: 559
```

이 출력 결과는 트레이싱하는 동안 자바에 의해 559회의 TCP 연결 수락과 1,171회의 TCP 연결이 발생했음을 보여줍니다. 이 출력 결과는 소켓 연결 수락(@accept)과 소켓 연결(@connect)에 대한 맵을 보여주고, 프로세스 이름, 프로토콜 번호, 그 번호에 대한 프로토콜 이름(알려진 경우), 그리고 프로토콜 모듈 이름을 키로 사용하고 있습니다.

---

12 연혁: 이 도구는 2019년 4월 13일에 이 책을 위해 만들었습니다.

이들 호출은(패킷 이벤트와 비교해) 상대적으로 낮은 비율로 발생하기 때문에, 이 도구의 오버헤드는 무시할 수 있는 수준입니다.

soprotocol(8)의 소스 코드는 다음과 같습니다.

```
#!/usr/local/bin/bpftrace

#include <net/sock.h>

BEGIN
{
        printf("Tracing socket connect/accepts. Ctrl-C to end.\n");
        // from include/uapi/linux/in.h:
        @prot2str[IPPROTO_IP] = "IPPROTO_IP";
        @prot2str[IPPROTO_ICMP] = "IPPROTO_ICMP";
        @prot2str[IPPROTO_TCP] = "IPPROTO_TCP";
        @prot2str[IPPROTO_UDP] = "IPPROTO_UDP";
}

kprobe:security_socket_accept,
kprobe:security_socket_connect
{
        $sock = (struct socket *)arg0;
        $protocol = $sock->sk->sk_protocol & 0xff;
        @connect[comm, $protocol, @prot2str[$protocol],
            $sock->sk->__sk_common.skc_prot->name] = count();
}

END
{
        clear(@prot2str);
}
```

이 도구에는 프로토콜 번호를 문자열로 변환하기 위한 짧은 참조 테이블이 포함되어 있고, 4개의 널리 쓰이는 프로토콜을 제공합니다. 이 프로토콜은 in.h 헤더에서 가져온 것입니다.

```
#if __UAPI_DEF_IN_IPPROTO
/* Standard well-defined IP protocols. */
enum {
  IPPROTO_IP = 0,              /* Dummy protocol for TCP         */
#define IPPROTO_IP            IPPROTO_IP
  IPPROTO_ICMP = 1,            /* Internet Control Message Protocol   */
#define IPPROTO_ICMP          IPPROTO_ICMP
  IPPROTO_IGMP = 2,            /* Internet Group Management Protocol   */
#define IPPROTO_IGMP          IPPROTO_IGMP
  IPPROTO_IPIP = 4,            /* IPIP tunnels (older KA9Q tunnels use 94) */
#define IPPROTO_IPIP          IPPROTO_IPIP
  IPPROTO_TCP = 6,             /* Transmission Control Protocol       */
#define IPPROTO_TCP           IPPROTO_TCP
[...]
```

필요한 경우 bpftrace의 @prot2str 테이블은 확장할 수 있습니다.

앞에서 본 출력 결과에서 'TCP,' 'UDP' 등으로 표시된 프로토콜 모듈 이름
은 struct sock 구조체에서 문자열 형태로 사용될 수 있습니다(__sk_common.
skc_prot->name). 아주 편리한 방법으로, 필자는 다른 도구들에서도 송신 프로
토콜을 출력하기 위해 이 방법을 사용했습니다. 다음은 net/ipv4/tcp_ipv4.c에
서 가져온 예시입니다.

```
struct proto tcp_prot = {
        .name                   = "TCP",
        .owner                  = THIS_MODULE,
        .close                  = tcp_close,
        .pre_connect            = tcp_v4_pre_connect,
[...]
```

이 이름 필드(.name = 'TCP')는 리눅스 커널만의 구현 세부 사항입니다. 편리하
기는 하지만, 이 .name 멤버는 향후 커널에서 변경되거나 사라질 가능성이 있
습니다. 반면, 송신 프로토콜 번호는 언제나 존재할 것이기 때문에 이 도구에 포
함시켰습니다.

accept(2)와 connect(2)에 대한 시스템 콜 tracepoint는 해당 프로토콜을 가져
오기 위한 손쉬운 방법을 제공하지 않으며, 현재는 이들 이벤트를 위한 어떠한
다른 tracepoint도 존재하지 않습니다. 이것들이 없기 때문에 필자는 kprobe를
사용하는 쪽으로 전환하고 LSM security_socket_* 함수를 선택했습니다. 이 함
수는 첫 번째 인자로 struct sock 구조체를 제공하며, 상대적으로 안정적인 인터
페이스이기 때문입니다.

10.3.4 soconnect

soconnect(8)[13]는 IP 프로토콜 소켓 연결 요청을 보여줍니다. 예를 들면 다음과
같습니다.

```
# soconnect.bt
Attaching 4 probes...
PID     PROCESS    FAM ADDRESS           PORT        LAT(us) RESULT
11448   ssh        2   127.0.0.1         22               43 Success
11449   ssh        2   10.168.188.1      22            45134 Success
11451   curl       2   100.66.96.2       53                6 Success
11451   curl       10  2406:da00:ff00::36d0:a866 80          3 Network unreachable
11451   curl       2   52.43.200.64      80                7 Success
```

---

13 연혁: 필자는 2011년 《DTrace》에 싣기 위해 이 도구를 만들었으며[Gregg 11] 2019년 4월 9일에
 bpftrace 버전을 만들었습니다.

```
11451  curl        2    52.39.122.191    80              3 Success
11451  curl        2    52.24.119.28     80             19 In progress
[...]
```

이것은 두 번의 ssh(1) 연결이 포트 22로 발생하였음을 보여주고, 뒤이어 curl(1) 프로세스가 포트 53 연결(DNS)로 시작해 포트 80에 대한 IPv6 연결을 시도하였는데, 그 결과는 'network unreachable'이었으며 그 후에 성공적인 IPv4 연결이 뒤따랐음을 보여주고 있습니다. 해당 칼럼은 다음과 같습니다.

- PID: connect(2)를 호출하는 프로세스 ID
- PROCESS: connect(2)를 호출하는 프로세스 이름
- FAM: 주소 체계 번호(앞서 살펴본 sofamily(8) 참고)
- ADDRESS: IP 주소
- PORT: 원격 포트
- LAT(us): connect(2) 시스템 콜에 대한 지연(아래 설명 참고)
- RESULT: 시스템 콜 오류 상태

IPv6 주소는 아주 길어서 칼럼을 벗어날 수 있다는 점에 주목하십시오[14](이 사례처럼).

이것은 connect(2) 시스템 콜 tracepoint를 계측하면서 작동합니다. 한 가지 장점은 이들이 프로세스 컨텍스트에서 발생하기 때문에, 어느 프로세스가 해당 시스템 콜을 발생시켰는지 확실하게 알 수 있습니다. 이것을 뒤에 나오는 tcpconnect(8) 도구와 비교해 보십시오. tcpconnect(8) 도구는 TCP를 더욱 깊이 트레이싱할 수 있지만, 이와 연관된 프로세스를 찾아낼 수도 있고, 찾아내지 못할 수도 있습니다. 이들 connect(8) 시스템 콜은 패킷이나 기타 이벤트와 비교해서 상대적으로 발생 빈도가 낮기 때문에, 오버헤드는 무시할 수 있는 수준입니다.

여기에 보고된 지연은 connect() 시스템 콜에 대한 것뿐입니다. 예시 앞부분에서 나온 ssh(1) 프로세스를 포함한 일부 애플리케이션에서는 이 지연 시간에 원격 호스트로의 연결을 수립하기 위한 네트워크 지연이 포함될 수 있습니다.

---

14 그렇다면 왜 그 칼럼을 더 넓게 만들지 않았는지 의아할 수 있습니다. 그렇게 했다면, 이 사례에서 한 줄만이 아니라 출력 결과의 모든 줄에 줄바꿈이 발생했을 것입니다. 필자는 모든 도구의 기본 출력을 80 글자 미만으로 유지하려 했습니다. 그 결과로 이 출력 결과는 책, 슬라이드, 이메일, 이슈 티케팅 시스템, 그리고 채팅 화면에 문제없이 들어맞습니다. 일부 BCC 도구는 넓은 모드를 사용할 수 있는데, 단지 IPv6에 깔끔하게 맞도록 하기 위함입니다.

다른 애플리케이션들은 논블로킹 소켓(SOCK_NONBLOCK)을 생성했을 수 있고, 이 경우 connect() 시스템 콜은 연결이 완료되기 전에 일찍 리턴할 수 있습니다. 예시 출력 결과에서 'In progress' 결과가 나온 마지막 curl(1) 연결을 보면 확인할 수 있습니다. 이들 논블로킹 호출에 대한 전체 연결 지연을 측정하기 위해서는 더 많은 이벤트를 계측해야 하는데, 그 사례가 다음에 나오는 soconnlat(8) 도구입니다.

다음은 soconnect(8)의 소스 코드입니다.

```
#!/usr/local/bin/bpftrace

#include <linux/in.h>
#include <linux/in6.h>

BEGIN
{
        printf("%-6s %-16s FAM %-16s %-5s %8s %s\n", "PID", "PROCESS",
            "ADDRESS", "PORT", "LAT(us)", "RESULT");
        // 세부 정보는 connect(2)를 참고하세요
        @err2str[0] = "Success";
        @err2str[EPERM] = "Permission denied";
        @err2str[EINTR] = "Interrupted";
        @err2str[EBADF] = "Invalid sockfd";
        @err2str[EAGAIN] = "Routing cache insuff.";
        @err2str[EACCES] = "Perm. denied (EACCES)";
        @err2str[EFAULT] = "Sock struct addr invalid";
        @err2str[ENOTSOCK] = "FD not a socket";
        @err2str[EPROTOTYPE] = "Socket protocol error";
        @err2str[EAFNOSUPPORT] = "Address family invalid";
        @err2str[EADDRINUSE] = "Local addr in use";
        @err2str[EADDRNOTAVAIL] = "No port available";
        @err2str[ENETUNREACH] = "Network unreachable";
        @err2str[EISCONN] = "Already connected";
        @err2str[ETIMEDOUT] = "Timeout";
        @err2str[ECONNREFUSED] = "Connect refused";
        @err2str[EALREADY] = "Not yet completed";
        @err2str[EINPROGRESS] = "In progress";
}

tracepoint:syscalls:sys_enter_connect
/args->uservaddr->sa_family == AF_INET ||
    args->uservaddr->sa_family == AF_INET6/
{
        @sockaddr[tid] = args->uservaddr;
        @start[tid] = nsecs;
}

tracepoint:syscalls:sys_exit_connect
/@start[tid]/
{
```

```
        $dur_us = (nsecs - @start[tid]) / 1000;
        printf("%-6d %-16s %-3d ", pid, comm, @sockaddr[tid]->sa_family);

        if (@sockaddr[tid]->sa_family == AF_INET) {
                $s = (struct sockaddr_in *)@sockaddr[tid];
                $port = ($s->sin_port >> 8) | (($s->sin_port << 8) & 0xff00);
                printf("%-16s %-5d %8d %s\n",
                    ntop(AF_INET, $s->sin_addr.s_addr),
                    $port, $dur_us, @err2str[- args->ret]);
        } else {
                $s6 = (struct sockaddr_in6 *)@sockaddr[tid];
                $port = ($s6->sin6_port >> 8) | (($s6->sin6_port << 8) &
0xff00);
                printf("%-16s %-5d %8d %s\n",
                    ntop(AF_INET6, $s6->sin6_addr.in6_u.u6_addr8),
                    $port, $dur_us, @err2str[- args->ret]);
        }

        delete(@sockaddr[tid]);
        delete(@start[tid]);
}

END
{
        clear(@start); clear(@err2str); clear(@sockaddr);
}
```

이 도구는 시스템 콜이 시작할 때 struct sockaddr 구조체 포인터(args
->)uservaddr) 타임스탬프와 함께 기록하고, 이 정보는 시스템 콜 종료에서 불러
올 수 있습니다. sockaddr 구조체는 연결 세부 사항을 담고 있지만, 먼저 (sin_
family 멤버 변수를 가지고 있는) IPv4 sockaddr_in 또는 IPv6 sockaddr_in6으
로 다시 캐스팅해야 합니다. 또한 이 도구에는 connect(2) 매뉴얼 페이지에 있
는 설명에 따라 connect(2)에 대한 오류 코드를 그에 대한 설명으로 매핑하는 테
이블이 사용되었습니다.

포트 번호는 비트 연산을 사용해서 네트워크 바이트 순서(network order)에
서 호스트 바이트 순서(host order)로 뒤집어집니다.

10.3.5 soaccept

soaccept(8)[15]는 IP 프로토콜 소켓의 연결 수락을 보여줍니다. 예를 들면 다음과
같습니다.

---

15 연혁: 필자는 《DTrace》에 싣기 위해 이 도구를 만들었으며[Gregg 11], 2019년 4월 13일에 bpftrace
버전을 만들었습니다.

```
# soaccept.bt
Attaching 6 probes...
PID     PROCESS         FAM ADDRESS         PORT  RESULT
4225    java            2   100.85.215.60   65062 Success
4225    java            2   100.85.54.16    11742 Success
4225    java            2   100.82.213.228  18500 Success
4225    java            2   100.85.209.40   20150 Success
4225    java            2   100.82.21.89    27278 Success
4225    java            2   100.85.192.93   32490 Success
[...]
```

이것은 자바가 다른 주소에서의 많은 연결을 수락했음을 보여줍니다. 여기에 보이는 포트는 원격 임시 포트입니다. 양쪽 엔드포인트의 포트 전부를 보여주는 도구는 뒤에 나오는 tcpaccept(8)를 확인하세요. 칼럼은 다음과 같습니다.

- PID: connect(2)를 호출하는 프로세스 ID
- COMM: connect(2)를 호출하는 프로세스 이름
- FAM: 주소 체계 번호(10.3.2 "sofamily" 참고)
- ADDRESS: IP 주소
- PORT: 원격 포트
- RESULT: 시스템 콜 오류 상태

이 도구는 accept(2) 시스템 콜 tracepoint를 계측하면서 작동합니다. soconnect(8)과 마찬가지로 프로세스 컨텍스트에서 발생하기 때문에, 어느 프로세스가 accept(8) 호출을 발생시켰는지 확실하게 알 수 있습니다. 이들은 패킷이나 기타 이벤트에 비해 빈도수가 상대적으로 낮아서 오버헤드는 무시할 수 있는 수준입니다.

soaccept(8)의 소스 코드는 다음과 같습니다.

```
#!/usr/local/bin/bpftrace

#include <linux/in.h>
#include <linux/in6.h>

BEGIN
{
        printf("%-6s %-16s FAM %-16s %-5s %s\n", "PID", "PROCESS",
            "ADDRESS", "PORT", "RESULT");
        // 세부 정보는 accept(2)를 확인하세요

        @err2str[0] = "Success";
        @err2str[EPERM] = "Permission denied";
        @err2str[EINTR] = "Interrupted";
```

```
        @err2str[EBADF] = "Invalid sockfd";
        @err2str[EAGAIN] = "None to accept";
        @err2str[ENOMEM] = "Out of memory";
        @err2str[EFAULT] = "Sock struct addr invalid";
        @err2str[EINVAL] = "Args invalid";
        @err2str[ENFILE] = "System FD limit";
        @err2str[EMFILE] = "Process FD limit";
        @err2str[EPROTO] = "Protocol error";
        @err2str[ENOTSOCK] = "FD not a socket";
        @err2str[EOPNOTSUPP] = "Not SOCK_STREAM";
        @err2str[ECONNABORTED] = "Aborted";
        @err2str[ENOBUFS] = "Memory (ENOBUFS)";
}

tracepoint:syscalls:sys_enter_accept,
tracepoint:syscalls:sys_enter_accept4
{
        @sockaddr[tid] = args->upeer_sockaddr;
}

tracepoint:syscalls:sys_exit_accept,
tracepoint:syscalls:sys_exit_accept4
/@sockaddr[tid]/
{
        $sa = (struct sockaddr *)@sockaddr[tid];
        if ($sa->sa_family == AF_INET || $sa->sa_family == AF_INET6) {
                printf("%-6d %-16s %-3d ", pid, comm, $sa->sa_family);
                $error = args->ret > 0 ? 0 : - args->ret;

                if ($sa->sa_family == AF_INET) {
                        $s = (struct sockaddr_in *)@sockaddr[tid];
                        $port = ($s->sin_port >> 8) |
                            (($s->sin_port << 8) & 0xff00);
                        printf("%-16s %-5d %s\n",
                            ntop(AF_INET, $s->sin_addr.s_addr),
                            $port, @err2str[$error]);
                } else {
                        $s6 = (struct sockaddr_in6 *)@sockaddr[tid];
                        $port = ($s6->sin6_port >> 8) |
                            (($s6->sin6_port << 8) & 0xff00);
                        printf("%-16s %-5d %s\n",
                            ntop(AF_INET6, $s6->sin6_addr.in6_u.u6_addr8),
                            $port, @err2str[$error]);
                }
        }

        delete(@sockaddr[tid]);
}

END
{
        clear(@err2str); clear(@sockaddr);
}
```

이 도구는 soconnect(8)와 유사해서, 시스템 콜의 리턴에서 sockaddr을 처리하고 이것을 다시 캐스팅합니다. 오류 코드에 대한 설명은 accept(2) 매뉴얼 페이지에 있는 설명을 기반으로 하고 있습니다.

10.3.6 socketio

socketio(8)[16]는 프로세스, 방향, 프로토콜, 그리고 포트별로 소켓 I/O를 집계합니다. 다음은 출력 사례입니다.

```
# socketio.bt
Attaching 4 probes...
^C
@io[sshd, 13348, write, TCP, 49076]: 1
@io[redis-server, 2583, write, TCP, 41154]: 5
@io[redis-server, 2583, read, TCP, 41154]: 5
@io[snmpd, 1242, read, NETLINK, 0]: 6
@io[snmpd, 1242, write, NETLINK, 0]: 6
@io[systemd-resolve, 1016, read, UDP, 53]: 52
@io[systemd-resolve, 1016, read, UDP, 0]: 52
@io[java, 3929, read, TCP, 6001]: 1367
@io[java, 3929, write, TCP, 8980]: 24979
@io[java, 3929, read, TCP, 8980]: 44462
```

출력 결과의 마지막 줄은 PID 3929의 자바가 트레이싱하는 동안 TCP 포트 8980에서 44,462회의 소켓 읽기를 수행했음을 보여줍니다. 각 맵의 키에 사용되는 5개 필드는 프로세스 이름, 프로세스 ID, 방향, 프로토콜, 그리고 포트입니다.

이것은 sock_recvmsg()와 sock_sendmsg() 커널 함수를 트레이싱하면서 작동합니다. 이들 함수를 선택한 이유에 대해서는 net/socket.c에 있는 socket_file_ops struct를 확인해 보세요.

```
/*
 * 소켓 파일들은 일반 동작뿐만 아니라 '특수' 동작도 가지고 있습니다. 이 동작들은 operations
구조체에 나와 있지는 않지만 socketcall() 멀티플렉서 함수를 통해 호출됩니다.
 */

static const struct file_operations socket_file_ops = {
        .owner =        THIS_MODULE,
        .llseek =       no_llseek,
        .read_iter =    sock_read_iter,
        .write_iter =   sock_write_iter,
[...]
```

---

16 연혁: 필자는 ≪DTrace≫에 싣기 위해 이 도구를 socketio.d로 만들었으며[Gregg 11], 2019년 4월 11일에 이 책을 위해 bpftrace 버전을 만들었습니다.

이 코드는 소켓 읽기/쓰기 함수를 sock_read_iter()와 sock_write_iter()로 정의합니다. 이들 함수 트레이싱을 다양한 워크로드에서 테스트해 보았는데, 일부 이벤트를 놓치는 것으로 나타났습니다. 발췌한 코드의 블록 주석은 그 이유를 설명합니다. operation 구조체에는 드러나지 않는 추가적인 특별 동작이 있으며, 이들 역시 소켓에서 I/O를 수행할 수 있다는 것입니다. 이 동작들 중에는 sock_recvmsg()와 sock_sendmsg()가 있는데, 이것은 시스템 콜을 통해 직접 호출되거나 혹은 sock_read_iter()나 sock_write_iter()와 같은 기타 코드 경로를 통해 호출됩니다. 이러한 이유로 이 동작들이 소켓 I/O 트레이싱을 위한 공통 지점이 됩니다.

부하가 큰 네트워크 I/O를 가진 시스템에서 이들 소켓 함수는 아주 빈번하게 호출될 것이고, 오버헤드는 측정할 수 있는 수준이 될 것입니다.

socketio(8)의 소스 코드는 다음과 같습니다.

```
#!/usr/local/bin/bpftrace

#include <net/sock.h>

kprobe:sock_recvmsg
{
        $sock = (struct socket *)arg0;
        $dport = $sock->sk->__sk_common.skc_dport;
        $dport = ($dport >> 8) | (($dport << 8) & 0xff00);
        @io[comm, pid, "read", $sock->sk->__sk_common.skc_prot->name, $dport] =
            count();
}

kprobe:sock_sendmsg
{

        $sock = (struct socket *)arg0;
        $dport = $sock->sk->__sk_common.skc_dport;
        $dport = ($dport >> 8) | (($dport << 8) & 0xff00);
        @io[comm, pid, "write", $sock->sk->__sk_common.skc_prot->name, $dport] =
            count();
}
```

목적지 포트는 빅 엔디언 형식이며, @io 맵에 포함되기 전에 리틀 엔디언(이 x86 프로세서를 위해)으로 변환됩니다.[17] 이 스크립트는 I/O 집계 대신 전송된 바이트 크기를 보여주도록 수정할 수 있습니다. 뒤이어 나오는 도구인 socksize(8)에 있는 코드를 보십시오.

---

17 도구에서는 프로세서가 사용하는 엔디언 형식을 먼저 체크하고, 필요한 경우에만 변환을 사용해야 합니다. 예를 들어 #ifdef LITTLE_ENDIAN을 통해 확인할 수 있습니다.

socketio(8)는 kprobe에 기반하고 있고 커널 구현 세부 사항을 계측하는데, 이러한 세부 사항이 변경되면 도구가 망가질 수도 있습니다. 더 많은 노력을 기울이면, 시스템 콜 tracepoint를 대신 사용해서 이 도구를 다시 작성할 수 있습니다. 이렇게 된다면 sendto(2), sendmsg(2), sendmmsg(2), recvfrom(2), recvmsg(2), recvmmsg(2)를 트레이싱해야 할 것입니다. UNIX 도메인 소켓과 같은 일부 소켓 유형에 대해서는 read(2)와 write(2) 계열의 시스템 콜도 트레이싱해야 합니다. 이 방법 대신 소켓 I/O에 대한 tracepoint를 계측하는 것이 더 쉽겠지만, 아직 존재하지 않습니다.

10.3.7 socksize

socksize(8)[18]는 프로세스와 읽기/쓰기 유형에 따른 소켓 I/O 집계와 총 바이트 수를 보여줍니다. 다음은 CPU가 48개인 프로덕션 엣지 서버에서 가져온 출력 사례입니다.

```
# socksize.bt
Attaching 2 probes...
^C

@read_bytes[sshd]:
[32, 64)               1 |@@@@@@@@@@@@@@@@@@@@@@@@@@@@@@@@@@@@@@@@@@@@@@@@@@@@|

@read_bytes[java]:
[0]                  431 |@@@@@                                              |
[1]                    4 |                                                   |
[2, 4)                10 |                                                   |
[4, 8)               542 |@@@@@@                                             |
[8, 16)             3445 |@@@@@@@@@@@@@@@@@@@@@@@@@@@@@@@@@@@@@@@@@@           |
[16, 32)            2635 |@@@@@@@@@@@@@@@@@@@@@@@@@@@@@@@               |
[32, 64)            3497 |@@@@@@@@@@@@@@@@@@@@@@@@@@@@@@@@@@@@@@@@@@           |
[64, 128)            776 |@@@@@@@@@                                          |
[128, 256)           916 |@@@@@@@@@@@                                        |
[256, 512)          3123 |@@@@@@@@@@@@@@@@@@@@@@@@@@@@@@@@@@@@@@@              |
[512, 1K)           4199 |@@@@@@@@@@@@@@@@@@@@@@@@@@@@@@@@@@@@@@@@@@@@@@@@@@@@@|
[1K, 2K)            2972 |@@@@@@@@@@@@@@@@@@@@@@@@@@@@@@@@@@@@@                |
[2K, 4K)            1863 |@@@@@@@@@@@@@@@@@@@@@@                              |
[4K, 8K)            2501 |@@@@@@@@@@@@@@@@@@@@@@@@@@@@@@@                      |
[8K, 16K)           1422 |@@@@@@@@@@@@@@@@@@                                 |
[16K, 32K)           148 |@                                                  |
[32K, 64K)            29 |                                                   |
[64K, 128K)            6 |                                                   |
```

---

18 연혁: socksize(8)는 2019년 4월 12일에 이 책을 위해 만들었는데, 필자의 아주 작은 디스크 I/O 도구에서 영감을 얻었습니다.

```
@write_bytes[sshd]:
[32, 64)                 1 |@@@@@@@@@@@@@@@@@@@@@@@@@@@@@@@@@@@@@@@@@@@@@@@@@@@@|

@write_bytes[java]:
[8, 16)                 36 |                                                  |
[16, 32)                 6 |                                                  |
[32, 64)              6131 |@@@@@@@@@@@@@@@@@@@@@@@@@@@@@@@@@@@@@@@@@@@@@@@@@@@@|
[64, 128)             1382 |@@@@@@@@@@@                                        |
[128, 256)              30 |                                                  |
[256, 512)              87 |                                                  |
[512, 1K)              169 |@                                                 |
[1K, 2K)               522 |@@@@                                              |
[2K, 4K)              3607 |@@@@@@@@@@@@@@@@@@@@@@@@@@@@@                      |
[4K, 8K)              2673 |@@@@@@@@@@@@@@@@@@@@@@                             |
[8K, 16K)              394 |@@@                                               |
[16K, 32K)             815 |@@@@@@                                            |
[32K, 64K)             175 |@                                                 |
[64K, 128K)              1 |                                                  |
[128K, 256K)             1 |                                                  |
```

여기서 주된 애플리케이션은 자바이고, 소켓 I/O 읽기와 쓰기 크기 둘 다 쌍봉분 포를 보여줍니다. 이러한 봉우리 분포는 여러 코드 경로 혹은 메시지 내용 등 다양한 원인에 기인할 수 있습니다. 이 도구는 이 질문에 답하기 위해 스택 트레이스와 애플리케이션 컨텍스트를 포함하도록 수정할 수 있습니다.

socksize(8)는 socketio(8)와 마찬가지로, sock_recvmsg()와 sock_sendmsg() 커널 함수를 트레이싱하면서 작동합니다. socksize(8)의 소스 코드는 다음과 같습니다.

```
#!/usr/local/bin/bpftrace

#include <linux/fs.h>
#include <net/sock.h>

kprobe:sock_recvmsg,
kprobe:sock_sendmsg
{
        @socket[tid] = arg0;
}

kretprobe:sock_recvmsg
{
        if (retval < 0x7fffffff) {
                @read_bytes[comm] = hist(retval);
        }
        delete(@socket[tid]);
}
```

```
kretprobe:sock_sendmsg
{
        if (retval < 0x7fffffff) {
                @write_bytes[comm] = hist(retval);
        }
        delete(@socket[tid]);
}

END
{
        clear(@socket);
}
```

이 함수들은 리턴 값으로 전송된 바이트 수 혹은 음수 오류 코드를 반환합니다. 오류 코드를 걸러내기 위해 if (retval >= 0) 검사식이 적합해 보일 수 있으나, retval은 자료 유형을 인식하지 않습니다. retval은 부호 없는 64비트의 정수형이지만, sock_recvmsg()나 sock_sendmsg() 함수는 부호 있는 32비트 정수형을 리턴합니다. 이에 대한 해결책은 (int)retval을 사용해서 retval을 올바른 유형으로 캐스팅하는 것이지만, int 캐스팅은 bpftrace에서 아직 사용할 수 없기 때문에 0x7fffffff 비교 검사식을 차선책으로 사용했습니다.[19]

원한다면 PID, 포트 번호, 그리고 사용자 스택 트레이스 같은 더 많은 키를 추가할 수 있습니다. 맵들도 다른 유형의 요약을 제공하기 위해 hist()에서 stats()로 변경할 수 있습니다.

```
# socksize.bt
Attaching 2 probes...
^C

@read_bytes[sshd]: count 1, average 36, total 36
@read_bytes[java]: count 19874, average 1584, total 31486578

@write_bytes[sshd]: count 1, average 36, total 36
@write_bytes[java]: count 11061, average 3741, total 41379939
```

위의 예는 I/O 개수(count), 바이트 단위로 된 평균 크기(average), 바이트 단위로 된 총 스루풋(total)을 보여줍니다. 트레이싱하는 동안 자바는 41MB를 기록했습니다.

---

19 bpftrace int 캐스팅은 바스 스미트(Bas Smit)가 프로토타입화했으며 곧 머지될 것입니다. bpftrace PR #772를 살펴보세요. (옮긴이) 현재는 int 캐스팅을 사용할 수 있습니다.

10.3.8 sormem

sormem(8)[20]은 소켓 수신 큐의 크기를 트레이싱하고 큐의 크기가 한계 대비 얼마나 가득 찼는지를 히스토그램으로 보여줍니다(수신 큐 한계는 sysctl(1)로 조정이 가능합니다). 수신 큐가 한계를 넘어서면 패킷은 드롭되며 성능 이슈를 유발합니다. 다음은 이 도구를 프로덕션 엣지 서버에서 실행시킨 사례입니다.

```
# sormem.bt
Attaching 4 probes...
Tracing socket receive buffer size. Hit Ctrl-C to end.
^C

@rmem_alloc:
[0]                 72870 |@@@@@@@@@@@@@@@@@@@@@@@@@@@@@@@@          |
[1]                     0 |                                        |
[2, 4)                  0 |                                        |
[4, 8)                  0 |                                        |
[8, 16)                 0 |                                        |
[16, 32)                0 |                                        |
[32, 64)                0 |                                        |
[64, 128)               0 |                                        |
[128, 256)              0 |                                        |
[256, 512)              0 |                                        |
[512, 1K)          113831 |@@@@@@@@@@@@@@@@@@@@@@@@@@@@@@@@@@@@@@@@@@|
[1K, 2K)              113 |                                        |
[2K, 4K)              105 |                                        |
[4K, 8K)            99221 |@@@@@@@@@@@@@@@@@@@@@@@@@@@@@@@@@@@@@     |
[8K, 16K)           26726 |@@@@@@@@@@                              |
[16K, 32K)          58028 |@@@@@@@@@@@@@@@@@@@@@                    |
[32K, 64K)          31336 |@@@@@@@@@@@@                            |
[64K, 128K)         15039 |@@@@@                                   |
[128K, 256K)         6692 |@@@                                     |
[256K, 512K)          697 |                                        |
[512K, 1M)             91 |                                        |
[1M, 2M)               45 |                                        |
[2M, 4M)               80 |                                        |

@rmem_limit:
[64K, 128K)         14447 |@                                       |
[128K, 256K)          262 |                                        |
[256K, 512K)            0 |                                        |
[512K, 1M)              0 |                                        |
[1M, 2M)                0 |                                        |
[2M, 4M)                0 |                                        |
[4M, 8M)                0 |                                        |
[8M, 16M)          410158 |@@@@@@@@@@@@@@@@@@@@@@@@@@@@@@@@@@@@@@@@@@|
[16M, 32M)              7 |                                        |
```

---

20 연혁: 이 도구는 2019년 4월 14일에 이 책을 위해 만들었습니다.

@rmem_alloc은 수신 버퍼에 할당된 메모리의 양을 보여줍니다. @rmem_limit 는 수신 버퍼의 한계 크기이며, sysctl(8)을 사용하면 조정할 수 있습니다. 이 사례는 한계 크기가 보통 8~16MB 범위에 있는 반면 실제로 할당된 메모리는 512~256KB 사이로 훨씬 적다는 것을 보여줍니다.

다음은 이것을 설명하는 데 도움이 되는 복합 사례로, iperf(1) 스루풋 테스트 가 이 sysctl(1) tcp_rmem 세팅과 함께 수행되었습니다(크기가 클수록 skb 병 합, 통합으로 인한 지연이 발생할 수 있으므로 주의해야 합니다[105]).

```
# sysctl -w net.ipv4.tcp_rmem='4096 32768 10485760'
# sormem.bt
Attaching 4 probes...
Tracing socket receive buffer size. Hit Ctrl-C to end.
[...]

@rmem_limit:
[64K, 128K)            17 |                                                    |
[128K, 256K)       26319 |@@@@                                                 |
[256K, 512K)          31 |                                                     |
[512K, 1M)             0 |                                                     |
[1M, 2M)              26 |                                                     |
[2M, 4M)               0 |                                                     |
[4M, 8M)               8 |                                                     |
[8M, 16M)         320047 |@@@@@@@@@@@@@@@@@@@@@@@@@@@@@@@@@@@@@@@@@@@@@@@@@@@@@@@|
```

다음은 최대 rmem 크기를 줄여서 다시 테스트한 사례입니다.

```
# sysctl -w net.ipv4.tcp_rmem='4096 32768 100000'
# sormem.bt
Attaching 4 probes...
Tracing socket receive buffer size. Hit Ctrl-C to end.
[...]

@rmem_limit:
[64K, 128K)       656221 |@@@@@@@@@@@@@@@@@@@@@@@@@@@@@@@@@@@@@@@@@@@@@@@@@@@@@@@|
[128K, 256K)       34058 |@@                                                   |
[256K, 512K)          92 |                                                     |
```

rmem_limit는 이제 64~128KB 범위로 떨어져서 설정된 한계 100KB와 일치합 니다. net.ipv4.tcp_moderate_rcvbuf가 활성화되어 있으면 수신 버퍼의 크기가 이 한계에 더욱 빨리 도달할 수 있습니다.

이 도구는 kprobe를 사용해서 kernel sock_rcvmsg() 함수를 트레이싱하면서 작동하는데, 이 방식은 바쁜 워크로드에서는 측정 가능한 오버헤드를 유발할 수 있습니다.

sormem(8)의 소스 코드는 다음과 같습니다.

```
#!/usr/local/bin/bpftrace

#include <net/sock.h>

BEGIN
{
        printf("Tracing socket receive buffer size. Hit Ctrl-C to end.\n");
}

kprobe:sock_recvmsg
{
        $sock = ((struct socket *)arg0)->sk;
        @rmem_alloc = hist($sock->sk_backlog.rmem_alloc.counter);
        @rmem_limit = hist($sock->sk_rcvbuf & 0xffffffff);
}

tracepoint:sock:sock_rcvqueue_full
{
        printf("%s rmem_alloc %d > rcvbuf %d, skb size %d\n", probe,
            args->rmem_alloc, args->sk_rcvbuf, args->truesize);
}

tracepoint:sock:sock_exceed_buf_limit
{
        printf("%s rmem_alloc %d, allocated %d\n", probe,
            args->rmem_alloc, args->allocated);
}
```

버퍼 한계를 넘어섰을 때 호출되는 두 개의 sock tracepoint도 이 도구로 트레이싱할 수 있습니다.[21] 호출되면 이벤트별 라인이 세부 정보와 함께 출력됩니다(앞에서 본 출력 결과에서는 이 이벤트가 발생하지 않았습니다).

10.3.9 soconnlat

soconnlat(8)[22]는 소켓 연결 지연을 사용자 레벨 스택 트레이스와 함께 히스토그램으로 보여줍니다. 이 도구는 소켓 사용량에 대한 여러 가지 관점을 제공해 주는데, soconnect(8)처럼 소켓들의 IP 주소와 포트별 연결을 보여주는 것이 아니라, 코드 경로별 연결 파악에 도움을 줍니다. 다음은 출력 사례입니다.

---

[21] 최신 버전의 커널(5.0부터)에서는 tracepoint:sock:sock_exceed_buf_limit tracepoint가 추가 인자를 가지도록 확장되었기 때문에, 현재 /args->kind == SK_MEM_RECV/ 필터를 추가하면 수신 이벤트만 필터링할 수 있습니다.

[22] 연혁: 이 도구는 2019년 4월 12일에 이 책을 위해 만들었는데, 필자의 아주 작은 디스크 I/O 도구에서 영감을 얻었습니다.

```
# soconnlat.bt
Attaching 12 probes... Tracing IP connect() latency with ustacks. Ctrl-C to end.
^C

@us[
    __GI___connect+108
    Java_java_net_PlainSocketImpl_socketConnect+368
    Ljava/net/PlainSocketImpl;::socketConnect+197
    Ljava/net/AbstractPlainSocketImpl;::doConnect+1156
    Ljava/net/AbstractPlainSocketImpl;::connect+476
    Interpreter+5955
    Ljava/net/Socket;::connect+1212
    Lnet/sf/freecol/common/networking/Connection;::<init>+324
    Interpreter+5955
    Lnet/sf/freecol/common/networking/ServerAPI;::connect+236
    Lnet/sf/freecol/client/control/ConnectController;::login+660
    Interpreter+3856
    Lnet/sf/freecol/client/control/ConnectController$$Lambda$258/1471835655;::r
un+92
    Lnet/sf/freecol/client/Worker;::run+628
    call_stub+138
    JavaCalls::call_helper(JavaValue*, methodHandle const&, JavaCallArguments*,
Th...
    JavaCalls::call_virtual(JavaValue*, Handle, Klass*, Symbol*, Symbol*,
Thread*)...
    thread_entry(JavaThread*, Thread*)+108
    JavaThread::thread_main_inner()+446
    Thread::call_run()+376
    thread_native_entry(Thread*)+238
    start_thread+208
    __clone+63
, FreeColClient:W]:
[32, 64)               1 |@@@@@@@@@@@@@@@@@@@@@@@@@@@@@@@@@@@@@@@@@@@@@@@@@@@@@@|

@us[
    __connect+71
, java]:
[128, 256)            69 |@@@@@@@@@@@@@@@@@@@@@@@@@@@@@@@@           |
[256, 512)            28 |@@@@@@@@@@@@                               |
[512, 1K)            121 |@@@@@@@@@@@@@@@@@@@@@@@@@@@@@@@@@@@@@@@@@@@@@@@@@@@@@@|
[1K, 2K)             53 |@@@@@@@@@@@@@@@@@@@@@@@@                    |
```

이 출력 결과는 두 개의 스택 트레이스를 보여줍니다. 첫 번째는 오픈 소스 자바 게임에서 온 것으로, 코드 경로는 connect를 호출한 이유를 보여줍니다. 이 코드 경로는 단 한 번 발생하였고 연결 지연 시간은 32~64μs입니다. 두 번째 스택은 자바에서 온 것으로, 128μs~2ms 사이에 200회 이상의 연결이 일어났음을 보여줍니다. 두 번째 스택 트레이스는 망가졌는데 단 한 개의 프레임 '__connect+71'만 표시하고 있습니다. 이 이유는 자바 애플리케이션이 프레임 포인터 없이 컴파일된 기본 libc 라이브러리를 사용하기 때문입니다. 이 문제의

해결 방법에 대해서는 13.2.9 "libc 프레임 포인터"를 확인하세요.

이 연결 지연은 네트워크 연결 수립에 걸린 시간을 보여주는데, TCP의 경우 이 지연 시간에 TCP 3방향 핸드셰이크가 포함됩니다. 이 지연에는 인바운드 SYN 및 응답을 처리하는 원격 호스트의 커널 지연도 포함됩니다. 이것은 보통 인터럽트 컨텍스트에서 아주 빠르게 발생하기 때문에, 연결 지연은 네트워크 왕복 시간에 좌우됩니다.

이 도구는 tracepoint를 통해 connect(2), select(2), poll(2) 계열의 시스템 콜을 트레이싱하면서 작동합니다. select(2)와 poll(2) 시스템 콜을 빈번하게 호출하는 바쁜 시스템에서는 측정할 수 있는 수준의 오버헤드가 발생합니다.

soconnlat(8)의 소스 코드는 다음과 같습니다.

```
#!/usr/local/bin/bpftrace

#include <asm-generic/errno.h>
#include <linux/in.h>

BEGIN
{
        printf("Tracing IP connect() latency with ustacks. Ctrl-C to end.\n");
}

tracepoint:syscalls:sys_enter_connect
/args->uservaddr->sa_family == AF_INET ||
    args->uservaddr->sa_family == AF_INET6/
{
        @conn_start[tid] = nsecs;
        @conn_stack[tid] = ustack();
}

tracepoint:syscalls:sys_exit_connect
/@conn_start[tid] && args->ret != - EINPROGRESS/
{
        $dur_us = (nsecs - @conn_start[tid]) / 1000;
        @us[@conn_stack[tid], comm] = hist($dur_us);
        delete(@conn_start[tid]);
        delete(@conn_stack[tid]);
}

tracepoint:syscalls:sys_exit_poll*,
tracepoint:syscalls:sys_exit_epoll*,
tracepoint:syscalls:sys_exit_select*,
tracepoint:syscalls:sys_exit_pselect*
/@conn_start[tid] && args->ret > 0/
{
        $dur_us = (nsecs - @conn_start[tid]) / 1000;
        @us[@conn_stack[tid], comm] = hist($dur_us);
        delete(@conn_start[tid]);
```

```
        delete(@conn_stack[tid]);
}

END
{
        clear(@conn_start); clear(@conn_stack);
}
```

이 도구는 soconnect(8) 도구를 설명할 때 언급된 논블로킹 호출에 대한 연결 지연 측정 문제를 해결합니다. 연결 지연은 연결이 EINPROGRESS 상태로 종료되지 않는 이상 connect(2) 시스템 콜이 완료되기까지의 시간으로 측정됩니다. EINPROGRESS 상태로 종료된다면 진짜 연결 종료는 얼마 후에 일어나는데, poll(2) 혹은 select(2) 시스템 콜이 해당 파일 디스크립터에 대한 이벤트를 성공적으로 찾을 때 연결 종료가 이루어집니다. 원래 이 도구는 poll(2) 혹은 select(2) 시스템 콜 각각의 진입 인자를 기록하고, 종료 시점에 연결 소켓 파일 디스크립터가 해당 이벤트에서 발생한 것이 맞는지 확인하기 위해서 다시 한번 검토해야 합니다. 그 대신, 이 도구는 동일한 스레드에서 EINPROGRESS 상태인 connect(2) 이후의 첫 번째 성공적인 poll(2) 혹은 select(2)가 연관이 있다고 가정하는, 엄청나게 손쉬운 방법을 선택하였습니다. 가정이 맞을 수도 있지만, 해당 애플리케이션이 connect(2)를 호출한 다음 (동일한 스레드에서) 기다리고 있던 다른 파일 디스크립터가 이벤트를 수신하는 경우 해당 도구는 오차가 생길 수 있음을 염두에 두십시오. 여러분은 이 시나리오가 얼마나 타당한지 확인하기 위해 도구를 개선하거나 애플리케이션이 이러한 시스템 콜을 어떻게 사용하고 있는지 검토해 볼 수도 있습니다.

예를 들어 다음은 프로덕션 엣지 서버에서 애플리케이션이 poll(2)을 통해 대기 중인 파일 디스크립터의 수를 집계하는 사례입니다.

```
# bpftrace -e 't:syscalls:sys_enter_poll { @[comm, args->nfds] = count(); }'
Attaching 1 probe...
^C

@[python3, 96]: 181
@[java, 1]: 10300
```

트레이싱하는 동안 자바는 단 하나의 파일 디스크립터에 대해서만 poll(2)을 호출하였으며, 이 자바가 매 poll(2)마다 서로 다른 파일 디스크립터를 대기한 것이 아닌 이상 방금 설명한 시나리오는 가능성이 더 낮아 보입니다. poll(2)과 select(2) 계열의 다른 시스템 콜에 대해서도 유사한 테스트를 해볼 수 있습니다.

이 출력 결과는 poll(2)을 호출하는 python3도 포착했는데… python3 프로세스가 파일 디스크립터를 96개나(!) 대기하였다고 나옵니다. 필자는 어느 python3 프로세스인지 알아내기 위해 맵의 키에 pid를 추가하고, lsof(8)를 이용해서 이 프로세스의 파일 디스크립터를 살펴보았습니다. 이를 통해 해당 프로세스가 실수로 96개의 파일 디스크립터를 열어놓았으며, 프로덕션 서버에서 이를 빈번하게 폴링(polling)하고 있었음을 알게 되었습니다. 필자는 이것을 고쳐서 일부 CPU 사이클의 성능 향상을 얻을 수 있었습니다.[23]

10.3.10 so1stbyte

so1stbyte(8)[24]는 IP 소켓 connect(2)를 호출한 때부터 해당 소켓의 첫 번째 바이트를 읽기까지의 시간을 트레이싱합니다. soconnlat(8)가 연결을 수립하기까지의 네트워크와 커널의 지연을 측정하는 반면, so1stbyte(8)는 원격 호스트 애플리케이션이 스케줄링되고 데이터를 만들어내기까지의 시간을 포함합니다. 이를 통해 원격 호스트가 얼마나 바쁜지 알 수 있고, 시간 경과를 측정한다면 언제 원격 호스트에 더 큰 부하가 가해지고 언제 더 지연이 일어나는지 보여줄 것입니다. 예를 들면 다음과 같습니다.

```
# so1stbyte.bt
Attaching 21 probes...
Tracing IP socket first-read-byte latency. Ctrl-C to end.
^C

@us[java]:
[256, 512)          4 |                                                    |
[512, 1K)           5 |@                                                   |
[1K, 2K)           34 |@@@@@@                                              |
[2K, 4K)          212 |@@@@@@@@@@@@@@@@@@@@@@@@@@@@@@@@@@@@@@@@@@@           |
[4K, 8K)          260 |@@@@@@@@@@@@@@@@@@@@@@@@@@@@@@@@@@@@@@@@@@@@@@@@@@@@@@|
[8K, 16K)          35 |@@@@@@@                                             |
[16K, 32K)          6 |@                                                   |
[32K, 64K)          1 |                                                    |
[64K, 128K)         0 |                                                    |
[128K, 256K)        4 |                                                    |
[256K, 512K)        3 |                                                    |
[512K, 1M)          1 |                                                    |
```

---

23 너무 흥분하기 전에, 필자는 해당 프로세스 때문에 얼마나 많은 CPU 리소스가 소모되었는지 계산하기 위해 ps(1)를 이용해 서버 uptime, CPU 개수, 프로세스 CPU 사용량을 체크하였는데(프로세스는 유휴 상태일 것입니다), 0.02%에 불과했습니다.

24 연혁: 필자는 《DTrace》에 싣기 위해 so1stbyte.d를 처음 만들었습니다.[Gregg 11] 그리고 2019년 4월 16일에 이 버전을 만들었습니다.

위의 출력 결과는 이 자바 프로세스의 연결이 첫 번째 바이트를 수신하는 데 보통 1~16ms가 소요되었음을 보여줍니다.

이 도구는 syscall tracepoint를 사용해서 connect(2), read(2), recv(2) 계열의 시스템 콜을 계측하는 방식으로 작동합니다. I/O가 높은 시스템에서는 이들 시스템 콜이 빈번할 수 있기 때문에 이 도구가 실행되는 동안 오버헤드는 측정할 수 있는 수준일 것입니다.

so1stbyte(8)의 소스 코드는 다음과 같습니다.

```
#!/usr/local/bin/bpftrace

#include <asm-generic/errno.h>
#include <linux/in.h>

BEGIN
{
        printf("Tracing IP socket first-read-byte latency. Ctrl-C to end.\n");
}

tracepoint:syscalls:sys_enter_connect
/args->uservaddr->sa_family == AF_INET ||
    args->uservaddr->sa_family == AF_INET6/
{
        @connfd[tid] = args->fd;
        @connstart[pid, args->fd] = nsecs;
}

tracepoint:syscalls:sys_exit_connect
{
        if (args->ret != 0 && args->ret != - EINPROGRESS) {
                // connect() 실패, 만약 플래그가 기록되었다면 제거
                delete(@connstart[pid, @connfd[tid]]);
        }
        delete(@connfd[tid]);
}

tracepoint:syscalls:sys_enter_close
/@connstart[pid, args->fd]/
{
        // read가 호출되지 않음
        delete(@connstart[pid, @connfd[tid]]);
}

tracepoint:syscalls:sys_enter_read,
tracepoint:syscalls:sys_enter_readv,
tracepoint:syscalls:sys_enter_pread*,
tracepoint:syscalls:sys_enter_recvfrom,
tracepoint:syscalls:sys_enter_recvmsg,
tracepoint:syscalls:sys_enter_recvmmsg
/@connstart[pid, args->fd]/
```

```
{
        @readfd[tid] = args->fd;
}

tracepoint:syscalls:sys_exit_read,
tracepoint:syscalls:sys_exit_readv,
tracepoint:syscalls:sys_exit_pread*,
tracepoint:syscalls:sys_exit_recvfrom,
tracepoint:syscalls:sys_exit_recvmsg,
tracepoint:syscalls:sys_exit_recvmmsg
/@readfd[tid]/
{
        $fd = @readfd[tid];
        @us[comm, pid] = hist((nsecs - @connstart[pid, $fd]) / 1000);
        delete(@connstart[pid, $fd]);
        delete(@readfd[tid]);
}

END
{
        clear(@connstart); clear(@connfd); clear(@readfd);
}
```

이 도구는 connect(2)의 진입점에서 @connstart 맵에 시작 타임스탬프를 기록하는데, 프로세스 ID와 파일 디스크립터를 키로 사용합니다. connect(2)가 실패(논블로킹이고 EINPROGRESS와 함께 리턴하지 않는 이상)했거나 close(2)를 호출했다면, 해당 연결의 추적을 멈추기 위해 타임스탬프를 삭제합니다. 첫 번째 read 혹은 recv 시스템 콜이 앞서 본 소켓 파일 디스크립터에 진입할 때, 이 도구는 해당 파일 디스크립터를 @readfd에 기록해서 시스템 콜 종료 시 가져올 수 있도록 하고, 이것을 이용해서 마침내 @connstart 맵에서 시작 타임스탬프를 읽을 수 있습니다.

이 시간 범위는 앞서 설명한 TCP 첫 번째 바이트 지연 시간(TTFB)과 유사하지만, connect(2) 시간이 포함된다는 약간의 차이점이 있습니다.

소켓에 대한 첫 번째 읽기를 포착하기 위해 많은 시스템 콜 tracepoint를 계측할 필요가 있는데, 계측하는 모든 읽기 경로 모두에 오버헤드를 부가합니다. 이 오버헤드와 트레이싱되는 이벤트의 개수는 tracepoint 대신 sock_recvmsg() 같은 소켓 함수 kprobe로 전환하고, PID와 FD 쌍 대신 고유 ID로 sock 포인터를 추적함으로써 줄일 수 있습니다. 단점은 kprobe가 안정적이지 않다는 점입니다.

10.3.11 tcpconnect

tcpconnect(8)[25]는 새로운 TCP 액티브 연결을 트레이싱하는 BCC와 bpftrace 도구입니다. 앞서 살펴본 소켓 도구들과 달리 tcpconnect(8)와 이 뒤에 나올 TCP 도구들은 소켓 시스템 콜을 트레이싱하는 대신 TCP 코드의 네트워크 스택을 더 깊이 트레이싱합니다. tcpconnect(8)는 소켓 시스템 콜 connect(2)의 이름을 따서 명명했으며, 이 connect(2)는 로컬호스트(localhost)에 대한 연결일 수도 있지만 흔히 아웃바운드(outbound) 연결이라 부릅니다.

tcpconnect(8)는 워크로드 특성화에 유용합니다. 누가 누구와 연결되고, 연결 비율은 어떻게 되는지 알아냅니다. 다음은 BCC 도구 tcpconnect(8)입니다.

```
# tcpconnect.py -t
TIME(s)  PID   COMM       IP SADDR         DADDR           DPORT
0.000    4218  java       4  100.1.101.18  100.2.51.232    6001
0.011    4218  java       4  100.1.101.18  100.2.135.216   6001
0.072    4218  java       4  100.1.101.18  100.2.135.94    6001
0.073    4218  java       4  100.1.101.18  100.2.160.87    8980
0.124    4218  java       4  100.1.101.18  100.2.177.63    6001
0.212    4218  java       4  100.1.101.18  100.2.58.22     6001
0.214    4218  java       4  100.1.101.18  100.2.43.148    6001
[...]
```

이 도구는 여러 원격 호스트에 대한 연결을 캡처했으며, 이러한 연결은 동일한 목적지 포트 6001을 사용하고 있습니다.

- TIME(s): 연결 수립 시간(초 단위)으로, 첫 번째 이벤트 발생 시점부터 집계합니다.
- PID: 해당 연결을 수립한 프로세스 ID를 가리킵니다. 이것은 현재 프로세스에 최대한 일치하는 것일 뿐, TCP 레벨에서는 이들 이벤트가 프로세스 컨텍스트에서 발생하지 않을 수 있습니다. 좀 더 신뢰할 수 있는 PID 값을 위해서는 소켓 트레이싱을 사용하십시오.
- COMM: 해당 연결을 수립한 프로세스 이름을 가리킵니다. PID와 마찬가지로, 이것은 현재 프로세스에 최대한 일치하는 것일 뿐 좀 더 신뢰할 수 있는 값을 위해서는 소켓 트레이싱을 사용해야 합니다.
- IP: IP 주소 프로토콜

---

25 연혁: 필자는 ≪DTrace≫를 위해 유사한 tcpconnect.d 도구를 만들었으며[Gregg 11], 2015년 9월 25일에 BCC 버전을, 그리고 2019년 4월 7일에는 tracepoint를 사용하는 bpftrace버전 tcpconnect-tp(8)를 만들었습니다.

- SADDR: 소스 주소
- DADDR: 목적지 주소
- DPORT: 목적지 포트

IPv4와 IPv6 두 가지 모두 지원하는데, IPv6 주소는 길이가 길어서 칼럼 출력이 깔끔하지 않을 수 있습니다.

이 도구는 패킷별로 트레이싱하는 것이 아니라 새 TCP 세션 생성과 관련한 이 벤트를 트레이싱하면서 작동합니다. 이 프로덕션 서버에서 패킷 발생 비율은 약 50,000/s인 반면, 새 TCP 세션 생성 비율은 약 350/s입니다. 패킷 대신 세션 레 벨 이벤트를 트레이싱하면 오버헤드가 약 100배까지 감소해 무시할 수 있는 수 준이 됩니다.

BCC 버전은 현재 tcp_v4_connect()와 tcp_v6_connect() 커널 함수를 트레이 싱하면서 작동합니다. 향후 버전에서는 가능하다면 sock:inet_sock_set_state tracepoint를 사용하도록 전환할 것입니다.

BCC

커맨드 라인 사용법은 다음과 같습니다.

```
tcpconnect [options]
```

옵션은 다음과 같습니다.

- -t: 타임스탬프 칼럼을 포함합니다.
- -p PID: 해당 프로세스만 트레이싱합니다.
- -P PORT[,PORT,...]: 이들 목적지 포트만 트레이싱합니다

bpftrace

다음은 tcpconnect-tp(8)에 대한 코드입니다. 이것은 sock:inet_sock_set_state tracepoint를 사용하는 tcpconnect(8)의 bpftrace 버전이고 이 책을 위해 개발했 습니다.

```
#!/usr/local/bin/bpftrace

#include <net/tcp_states.h>
#include <linux/socket.h>

BEGIN
{
```

```
        printf("%-8s %-6s %-16s %-3s ", "TIME", "PID", "COMM", "IP");
        printf("%-15s %-15s %-5s\n", "SADDR", "DADDR", "DPORT");
}

tracepoint:sock:inet_sock_set_state
/args->oldstate == TCP_CLOSE && args->newstate == TCP_SYN_SENT/
{
        time("%H:%M:%S ");
        printf("%-6d %-16s %-3d ", pid, comm, args->family == AF_INET ? 4 : 6);
        printf("%-15s %-15s %-5d\n", ntop(args->family, args->saddr),
            ntop(args->family, args->daddr), args->dport)
}
```

위의 코드를 보면 TCP_CLOSE에서 TCP_SYN_SENT로의 전이를 통해 액티브 오픈(active open)을 찾아냅니다.

bpftrace 저장소에는 sock:inet_sock_set_state tracepoint가 없는 구 버전의 리눅스 커널을 위한 tcpconnect(8)[26]이 있으며, 대신 tcp_connect() 커널 함수를 트레이싱합니다.

10.3.12 tcpaccept

tcpaccept(8)[27]는 새 TCP 패시브 연결을 트레이싱하는 BCC와 bpftrace 도구로, tcpconnect(8)와 쌍을 이루는 도구입니다. 이 도구는 소켓 시스템 호출인 accept(2)에서 이름을 따왔습니다. 이 accept(2) 연결은 로컬 호스트에서 올 수도 있지만 보통 인바운드(inbound) 연결이라고 부릅니다. tcpconnect(8)와 마찬가지로 이 도구는 워크로드 특성화에 유용합니다. 로컬 시스템에 누가 어떤 비율로 연결하고 있는지 확인할 수 있습니다.

CPU가 48개인 프로덕션 인스턴스에서 BCC 도구 tcpaccept(8)를 -t 옵션과 함께 실행해서 타임스탬프 칼럼을 출력하면 다음과 같습니다.

```
# tcpaccept -t
TIME(s)  PID    COMM        IP RADDR         RPORT LADDR        LPORT
0.000    4218   java        4  100.2.231.20  53422 100.1.101.18 6001
0.004    4218   java        4  100.2.236.45  36400 100.1.101.18 6001
```

---

26 연혁: 이것은 데일 해멀(Dale Hamel)이 2018년 11월 23일에 만들었으며, 이 도구를 위해 bpftrace에 ntop() 내장 함수도 추가했습니다.

27 연혁: 필자는 2006년에 DTrace TCP 프로바이더[106]를 개발하는 동안 연결을 집계하는 이 도구의 초기 버전을 만들었고(tcpaccept1.d와 tcpaccept2.d), 2011년에 《DTrace》에 싣기 위해 이와 유사한 tcpaccept.d 도구를 만들었습니다.[Gregg 11] 2006년 당시 샌프란시스코에서 개최된 CEC2006에서의 생애 첫 컨퍼런스 토크[107]에서 이 도구를 시연하기 위해 밤늦게까지 준비하느라 늦잠을 자는 바람에 발표 현장에 겨우 시간에 맞춰 도착하였습니다. 2015년 10월 13일에 BCC 버전을, 2019년 4월 7일에는 tcpconnect-tp(8) 버전을 만들었습니다.

```
0.013    4218    java      4  100.2.221.222   29836 100.1.101.18    6001
0.014    4218    java      4  100.2.194.78    40416 100.1.101.18    6001
0.016    4218    java      4  100.2.239.62    53422 100.1.101.18    6001
0.016    4218    java      4  100.2.199.236   28790 100.1.101.18    6001
0.021    4218    java      4  100.2.192.209   35840 100.1.101.18    6001
0.022    4218    java      4  100.2.215.219   21450 100.1.101.18    6001
0.026    4218    java      4  100.2.231.176   47024 100.1.101.18    6001
[...]
```

이 출력 결과는 여러 원격 주소에서 로컬 포트 6001로의 새로운 연결이 많이 발생했음을 보여주는데, PID 4218을 사용하는 자바 프로세스가 연결을 수립하였습니다. 위의 칼럼들은 tcpconnect(8)의 칼럼과 유사하지만 다음과 같은 차이점이 있습니다.

- RADDR: 원격 주소
- RPORT: 원격 포트
- LADDR: 로컬 주소
- LPORT: 로컬 포트

이 도구는 inet_csk_accept() 커널 함수를 트레이싱하면서 작동합니다. 이것은 다른 상위 계층 TCP 함수와 비교하면 이름이 특이해 보일 수 있고, 필자가 이 함수를 선택한 이유가 궁금할 수도 있습니다. 필자는 tcp_prot struct(net/ipv4/tcp_ipv4.c)의 accept 함수이기 때문에 선택했습니다.

```
struct proto tcp_prot = {
        .name              = "TCP",
        .owner             = THIS_MODULE,
        .close             = tcp_close,
        .pre_connect       = tcp_v4_pre_connect,
        .connect           = tcp_v4_connect,
        .disconnect        = tcp_disconnect,
        .accept            = inet_csk_accept,
        .ioctl             = tcp_ioctl,
[...]
```

이것은 IPv6 주소도 지원하는데, IPv6 주소의 폭으로 인해 출력 칼럼이 깔끔하지 않을 수도 있습니다. 다음은 다른 프로덕션 서버에서 가져온 사례입니다.

```
# tcpaccept -t
TIME(s)  PID    COMM       IP RADDR              LADDR              LPORT
0.000    7013   java       6  ::ffff:100.1.54.4  ::ffff:100.1.58.46 13562
0.103    7013   java       6  ::ffff:100.1.7.19  ::ffff:100.1.58.46 13562
0.202    7013   java       6  ::ffff:100.1.58.59 ::ffff:100.1.58.46 13562
[...]
```

이들 주소는 IPv6에 매핑된 IPv4 주소입니다.

BCC

커맨드 라인 사용법은 다음과 같습니다.

```
tcpaccept [options]
```

tcpaccept(8)는 다음과 같이 tcpconnect(8)와 비슷한 옵션이 있습니다.

- -t: 타임스탬프 칼럼을 포함합니다.
- -p PID: 해당 프로세스만 트레이싱합니다.
- -P PORT[,PORT,...]: 해당 로컬 포트만 트레이싱합니다.

bpftrace

다음은 tcpaccept-tp(8)에 대한 코드입니다. 이 책을 위해 개발된 tcpaccept(8)의 bpftrace 버전으로 sock:inet_sock_set_state tracepoint를 사용합니다.

```
#!/usr/local/bin/bpftrace

#include <net/tcp_states.h>
#include <linux/socket.h>

BEGIN
{
        printf("%-8s %-3s %-14s %-5s %-14s %-5s\n", "TIME", "IP",
            "RADDR", "RPORT", "LADDR", "LPORT");
}

tracepoint:sock:inet_sock_set_state
/args->oldstate == TCP_SYN_RECV && args->newstate == TCP_ESTABLISHED/
{
        time("%H:%M:%S ");
        printf("%-3d %-14s %-5d %-14s %-5d\n", args->family == AF_INET ? 4 : 6,
            ntop(args->family, args->daddr), args->dport,
            ntop(args->family, args->saddr), args->sport);
}
```

이 TCP 상태 전이 시점에 프로세스 ID가 CPU상에 있을 것으로 예상하지 않기 때문에, pid와 comm 내장 변수들은 이 버전에서 생략되었습니다. 다음은 출력 결과 사례입니다.

```
# tcpaccept-tp.bt
Attaching 2 probes...
TIME     IP  RADDR         RPORT LADDR         LPORT
07:06:46 4   127.0.0.1     63998 127.0.0.1     28527
```

```
07:06:47 4    127.0.0.1      64002 127.0.0.1      28527
07:06:48 4    127.0.0.1      64004 127.0.0.1      28527
[...]
```

BCC 버전에서 사용된 것과 마찬가지로 bpftrace 저장소에도 inet_csk_accept() 함수에 대해 커널 동적 트레이싱을 사용하는 tcpaccept(8) 버전[28]이 있습니다. 이 함수는 애플리케이션/프로세스 동기식으로 동작할 것으로 예상되기 때문에, PID와 프로세스 이름은 pid와 comm 내장 변수를 사용해서 출력할 수 있습니다. 다음은 일부를 발췌한 것입니다.

```
[...]
kretprobe:inet_csk_accept
{
        $sk = (struct sock *)retval;
        $inet_family = $sk->__sk_common.skc_family;

        if ($inet_family == AF_INET || $inet_family == AF_INET6) {
                $daddr = ntop(0);
                $saddr = ntop(0);
                if ($inet_family == AF_INET) {
                        $daddr = ntop($sk->__sk_common.skc_daddr);
                        $saddr = ntop($sk->__sk_common.skc_rcv_saddr);
                } else {
                        $daddr = ntop(
                            $sk->__sk_common.skc_v6_daddr.in6_u.u6_addr8);
                        $saddr = ntop(
                            $sk->__sk_common.skc_v6_rcv_saddr.in6_u.u6_addr8);
                }
                $lport = $sk->__sk_common.skc_num;
                $dport = $sk->__sk_common.skc_dport;
                $qlen  = $sk->sk_ack_backlog;
                $qmax  = $sk->sk_max_ack_backlog;
[...]
```

이 프로그램은 struct sock 구조체에서 프로토콜 세부 내용을 가져옵니다. 또 tcp listen 백로그 세부 내용도 가져오는데, 이것은 부가적인 정보를 파악할 수 있도록 이 도구들을 확장하는 사례입니다. 이 listen 백로그는 쇼피파이(Shopify)의 프로덕션 이슈 중 레디스(Redis)가 최고 부하 아래에서 성능이 저하되는 문제를 진단하기 위해 추가되었고, 이 원인은 TCP listen 드롭 때문인 것으로 밝혀졌습니다.[29] tcpaccept.bt에 이러한 칼럼을 하나 추가하면 listen 백로그의 현재 길이를 볼 수 있어서, 특성화 및 수용량 계획(capacity planning)에 유용합니다.

---

28 역혁: 이것은 2018년 11월 23일에 데일 해멀이 만들었습니다.
29 데일 해멀이 제공한 프로덕션 사례입니다.

향후 이뤄질 bpftrace 변수 스코프에 대한 변경은 if 문 절에서 초기화된 변수가 그 절에만 속하도록 제한될 수 있습니다. 이러한 변경은(여기서는 보이지 않지만) $daddr과 $saddr이 해당 절의 바깥에서도 사용되기 때문에 이 코드에서는 문제를 일으킬 수 있습니다. 향후에 발생할 이 제약을 피하기 위해서 이 프로그램은 해당 변수들을 사전에 ntop(0)으로 초기화시켰습니다(ntop(0)은 문자열로 출력되는 type inet 유형을 리턴합니다). bpftrace 현재 버전(0.9.1)에서는 이 초기화가 불필요하지만, 이 프로그램을 미래에도 사용할 수 있게 만들기 위해서 포함했습니다.

10.3.13 tcplife

tcplife(8)[30]는 TCP 세션의 수명을 트레이싱하는 BCC와 bpftrace 도구로 기간, 주소 세부 정보, 스루풋, 그리고 만약 사용 가능하다면 해당되는 프로세스 ID와 이름을 보여줍니다.

다음은 CPU가 48개인 프로덕션 인스턴스에서 BCC 도구 tcplife(8)를 실행한 결과입니다.

```
# tcplife
PID   COMM   LADDR         LPORT RADDR          RPORT TX_KB RX_KB  MS
4169  java   100.1.111.231 32648 100.2.0.48     6001  0     0      3.99
4169  java   100.1.111.231 32650 100.2.0.48     6001  0     0      4.10
4169  java   100.1.111.231 32644 100.2.0.48     6001  0     0      8.41
4169  java   100.1.111.231 40158 100.2.116.192  6001  7     33
3590.91
4169  java   100.1.111.231 56940 100.5.177.31   6101  0     0      2.48
4169  java   100.1.111.231 6001  100.2.176.45   49482 0     0      17.94
4169  java   100.1.111.231 18926 100.5.102.250  6101  0     0      0.90
4169  java   100.1.111.231 44530 100.2.31.140   6001  0     0      2.64
4169  java   100.1.111.231 44406 100.2.8.109    6001  11    28     3982.11
34781 sshd   100.1.111.231 22    100.2.17.121   41566 5     7      2317.30
4169  java   100.1.111.231 49726 100.2.9.217    6001  11    28     3938.47
4169  java   100.1.111.231 58858 100.2.173.248  6001  9     30     2820.51
[...]
```

---

30 연혁: 이것은 줄리아 에반스(Julia Evans)가 보낸 다음의 트윗에서 시작되었습니다. "특정 포트에 대한 TCP 연결의 지속 시간 통계를 제공하는 명령어가 있었으면 좋겠어".[108] 그에 대한 응답으로 필자는 2016년 10월 18일에 tcplife(8)를 BCC 버전으로 만들었으며 2019년 4월 17일 아침에 마테우스 마르치니(Matheus Marchini)가 만든 bpftrace 기능을 머지한 후에 bpftrace 버전을 만들었습니다. 이것은 필자가 그동안 개발한 가장 인기 있는 도구 중 하나입니다. 방향을 가진 그래프로 시각화할 수 있는 효율적인 네트워크 흐름 통계를 제공하기 때문에 몇 가지 상위 레벨 GUI의 기초가 됩니다.

결과 중에서 밀리초 단위로 된 기간 MS 칼럼을 보면, 짧은 시간 동안만 동작하거나(20ms 미만) 긴 시간 동안 동작한(3초 이상) 일련의 연결들을 확인할 수 있습니다. 이것은 포트 6001에서 수신을 대기하는 애플리케이션 서버 풀입니다. 이 스크린샷을 통해 대부분의 세션은 원격 애플리케이션 서버들의 포트 6001로의 연결이고, 로컬 포트 6001로의 단 한 번의 연결이 있었음을 확인할 수 있습니다. ssh 세션도 확인할 수 있는데, 이것은 인바운드 세션으로 sshd와 로컬 포트 22에 해당합니다.

이것은 TCP 소켓 상태 변경 이벤트를 트레이싱하고, 이 상태가 TCP_CLOSE로 변경될 때 세부 정보를 요약해서 출력합니다. 이들 상태 변경 이벤트는 패킷보다는 훨씬 덜 빈번하게 발생하기 때문에 패킷별 스니핑 도구(sniffer)보다는 오버헤드가 훨씬 덜 발생하는 접근 방법입니다. 이 덕분에 넷플릭스 프로덕션 서버에서 tcplife(8)를 TCP 플로 로깅 도구(flow logger)로 계속 사용 중입니다.

최초의 tcplife(8)는 kprobe를 사용해서 tcp_set_state() 커널 함수를 트레이싱했습니다. 리눅스 4.16 이후, 이 목적을 위해 sock:inet_sock_set_state tracepoint가 추가되었습니다. tcplife(8) 도구는 사용 가능하다면 이 tracepoint를 사용할 것이지만, 그렇지 않다면 kprobe를 기본으로 사용할 것입니다. 이들 이벤트 사이에는 미묘한 차이가 있는데, 다음의 원 라이너에서 그것을 확인할 수 있습니다. 이것은 각 이벤트에 대한 TCP 상태 번호를 집계합니다.

```
# bpftrace -e 'k:tcp_set_state { @kprobe[arg1] = count(); }
    t:sock:inet_sock_set_state { @tracepoint[args->newstate] = count(); }'
Attaching 2 probes...
^C

@kprobe[4]: 12
@kprobe[5]: 12
@kprobe[9]: 13
@kprobe[2]: 13
@kprobe[8]: 13
@kprobe[1]: 25
@kprobe[7]: 25

@tracepoint[3]: 12
@tracepoint[4]: 12
@tracepoint[5]: 12
@tracepoint[2]: 13
@tracepoint[9]: 13
@tracepoint[8]: 13
@tracepoint[7]: 25
@tracepoint[1]: 25
```

어떻습니까? tcp_set_state() kprobe에서는 TCP_SYN_RECV인 3번 상태를 확인할 수 없습니다. 이것은 kprobe가 커널 구현을 드러내고 있는 부분인데, 커널은 tcp_set_state()를 절대 TCP_SYN_RECV와 함께 호출하지 않으며 그렇게 할 필요도 없습니다. 이것은 사용자에게는 보통 가려져 있는 구현 세부 내용입니다. 그렇지만 이들 상태 변화를 드러내는 tracepoint를 추가하면서 이 상태 변화만 빼놓으면 혼란을 줄 수 있어서, 모든 상태 변화를 보여주기 위해 이 tracepoint를 호출했습니다.

BCC

커맨드 라인 사용법은 다음과 같습니다.

```
tcplife [options]
```

옵션은 다음과 같습니다.

- -t: 시간 칼럼을 포함합니다(HH:MM:SS).
- -w: 더 넓은 칼럼(IPv6 주소 길이에 더 잘 맞도록)
- -p PID: 해당 프로세스만 트레이싱합니다.
- -L PORT[,PORT[,...]]: 해당 로컬 포트를 가진 세션만 트레이싱합니다.
- -D PORT[,PORT[,...]]: 해당 원격 포트를 가진 세션만 트레이싱합니다.

bpftrace

다음은 이 책을 위해 개발된 bpftrace 버전의 소스 코드로, 핵심 기능을 보여주고 있습니다. 이 버전은 tcp_set_state()에 kprobe를 사용하므로 더 이전 버전의 커널에서도 작동하며, 옵션은 지원하지 않습니다.

```
#!/usr/local/bin/bpftrace

#include <net/tcp_states.h>
#include <net/sock.h>
#include <linux/socket.h>
#include <linux/tcp.h>

BEGIN
{
        printf("%-5s %-10s %-15s %-5s %-15s %-5s ", "PID", "COMM",
            "LADDR", "LPORT", "RADDR", "RPORT");
        printf("%5s %5s %s\n", "TX_KB", "RX_KB", "MS");
}

kprobe:tcp_set_state
```

```
{
        $sk = (struct sock *)arg0;
        $newstate = arg1;

        /*
         * 이 도구는 PID와 comm 컨텍스트를 수집합니다. TCP에서는 이 방식이 최선이며
         * 일부 상황에서는 올바르지 않을 수 있습니다. 이 도구는 다음 동작을 수행합니다
         * - TCP_FIN_WAIT1 이전의 모든 상태의 타임스탬프를 기록
         *       일부 상태 전환은 이 kprobe를 통해 확인되지 않을 수도 있습니다
         * - 다음의 상황에서 태스크 컨텍스트를 캐싱
         *       TCP_SYN_SENT: 클라이언트 연결을 트레이싱
         *       TCP_LAST_ACK: 서버로부터 연결이 종료된 클라이언트
         * - TCP_CLOSE에서 결과를 출력합니다
         *       만약 태스크 컨텍스트가 캐싱되어 있으면 가져오고, 없다면 현재 태스크 사용
         */

        // 소켓에 대한 첫 번째 타임스탬프 기록
        if ($newstate < TCP_FIN_WAIT1 && @birth[$sk] == 0) {
                @birth[$sk] = nsecs;
        }

        // SYN_SENT에 대해 PID와 comm 기록
        if ($newstate == TCP_SYN_SENT || $newstate == TCP_LAST_ACK) {
                @skpid[$sk] = pid;
                @skcomm[$sk] = comm;
        }

        // 세션 종료: 세션의 수명을 계산하고 출력
        if ($newstate == TCP_CLOSE && @birth[$sk]) {
                $delta_ms = (nsecs - @birth[$sk]) / 1000000;
                $lport = $sk->__sk_common.skc_num;
                $dport = $sk->__sk_common.skc_dport;
                $dport = ($dport >> 8) | (($dport << 8) & 0xff00);
                $tp = (struct tcp_sock *)$sk;
                $pid = @skpid[$sk];
                $comm = @skcomm[$sk];
                if ($comm == "") {
                        // 캐시되지 않음, 현재 태스크의 pid와 comm 사용
                        $pid = pid;
                        $comm = comm;
                }

                $family = $sk->__sk_common.skc_family;
                $saddr = ntop(0);
                $daddr = ntop(0);
                if ($family == AF_INET) {
                        $saddr = ntop(AF_INET, $sk->__sk_common.skc_rcv_saddr);
                        $daddr = ntop(AF_INET, $sk->__sk_common.skc_daddr);
                } else {
                        // AF_INET6
                        $saddr = ntop(AF_INET6,
                            $sk->__sk_common.skc_v6_rcv_saddr.in6_u.u6_addr8);
                        $daddr = ntop(AF_INET6,
                            $sk->__sk_common.skc_v6_daddr.in6_u.u6_addr8);
```

```
        }
        printf("%-5d %-10.10s %-15s %-5d %-15s %-6d ", $pid,
            $comm, $saddr, $lport, $daddr, $dport);
        printf("%5d %5d %d\n", $tp->bytes_acked / 1024,
            $tp->bytes_received / 1024, $delta_ms);

        delete(@birth[$sk]);
        delete(@skpid[$sk]);
        delete(@skcomm[$sk]);
    }
}

END
{
        clear(@birth); clear(@skpid); clear(@skcomm);
}
```

이 도구의 로직은 약간 복잡합니다. 필자는 BCC와 bpftrace 버전 두 가지 모두에서 이를 설명하기 위해 블록 주석을 추가했습니다. 다음은 해당 로직에 대한 설명입니다.

- 소켓에 대해 보인 첫 상태 변환에서부터 TCP_CLOSE까지의 시간을 측정합니다. 이것은 지속 시간으로 출력됩니다.
- 커널에 있는 struct tcp_sock 구조체에서 스루풋 통계를 수집합니다. 이렇게 하면 각각의 패킷을 트레이싱하고 해당 크기에서 스루풋을 합산할 필요가 없습니다. 이들 스루풋 카운터는 비교적 최근인 2015년에 추가되었습니다.[109]
- TCP_SYN_SENT, TCP_LAST_ACK, 또는 (이들 상태에서 캐시하지 않는다면) TCP_CLOSE에서 프로세스 컨텍스트를 캐싱합니다. 이것은 상당히 잘 작동하지만 해당 이벤트가 프로세스 컨텍스트에서 발생한다는 커널 구현 세부 사항에 의존적입니다. 향후의 커널은 로직이 변경되어 이 접근 방법의 신뢰성이 많이 떨어질 수 있는데, 이렇게 된다면 해당 도구는 소켓 이벤트에서 태스크 컨텍스트를 캐싱하도록 업데이트해야 합니다(이전 도구 참고).

이 도구의 BCC 버전은 넷플릭스 엔지니어링 팀이 struct sock과 tcp_sock 구조체의 기타 유용한 필드를 기록하도록 확장했습니다.

이 bpftrace 도구는 sock:inet_sock_set_state tracepoint를 사용하도록 업데이트할 수 있습니다. 이 tracepoint는 TCP뿐만 아니라 다른 프로토콜에 대해서도 호출되기 때문에 args->protocol == IPPROTO_TCP에 대한 추가적인 체크가 필요합니다. 이 tracepoint를 사용하면 안정성이 향상되지만, 여전히 불안정한 부분이 존재합니다. 예를 들어 전송된 바이트는 struct tcp_sock 구조체에서 불러와야 합니다.

10.3.14 tcptop

tcptop(8)[31]은 TCP를 가장 많이 사용하는 최상위 프로세스를 보여주는 BCC 도구입니다. 다음은 CPU가 36개인 프로덕션 하둡 인스턴스에서 가져온 사례입니다.

```
# tcptop
09:01:13 loadavg: 33.32 36.11 38.63 26/4021 123015

PID    COMM   LADDR             RADDR              RX_KB  TX_KB
118119 java   100.1.58.46:36246 100.2.52.79:50010  16840  0
122833 java   100.1.58.46:52426 100.2.6.98:50010   0      3112
122833 java   100.1.58.46:50010 100.2.50.176:55396 3112   0
120711 java   100.1.58.46:50010 100.2.7.75:23358   2922   0
121635 java   100.1.58.46:50010 100.2.5.101:56426  2922   0
121219 java   100.1.58.46:50010 100.2.62.83:40570  2858   0
121219 java   100.1.58.46:42324 100.2.4.58:50010   0      2858
122927 java   100.1.58.46:50010 100.2.2.191:29338  2351   0
[...]
```

이 출력 결과는 가장 위에 있는 하나의 연결이 이 인터벌 동안 16MB 이상을 수신하고 있었음을 보여줍니다. 기본적으로 스크린은 매초 업데이트됩니다.

이 도구는 TCP 송신/수신 코드 경로를 트레이싱하고, 해당 데이터를 BPF 맵에 효율적으로 정리하면서 작동합니다. 그럼에도 이들 이벤트는 빈번할 수 있으며, 네트워크 스루풋이 큰 시스템에서는 오버헤드가 측정할 수 있는 수준일 수 있습니다.

트레이싱된 실제 함수는 tcp_sendmsg()와 tcp_cleanup_rbuf()입니다. 필자는 tcp_recvmsg() 대신 tcp_cleanup_rbuf() 함수를 선택했는데, struct sock 구조체와 size 두 가지 모두를 함수 진입 인자로 제공하기 때문입니다. 만약 tcp_recvmsg()에서 동일한 세부 사항을 얻으려면 kprobe을 사용해 sock struct 구조체를 얻어내야 하고, kretprobe을 사용해 수신된 크기를 얻어내야 합니다. 여기에는 두 개의 kprobe가 필요하며 따라서 오버헤드도 더 많이 발생합니다.

현재 tcptop(8)은 sendfile(2) 시스템 콜을 통해 보낸 TCP 트래픽을 트레이싱하지 않습니다. 이 시스템 콜은 tcp_sendmsg()를 호출하지 않을 것이기 때문입니다. 워크로드가 sendfile(2)을 사용한다면, 업데이트된 tcptop(8) 버전을 확인

---

31 연혁: 필자는 윌리엄 르페브르(William LeFebvre)의 top(1) 도구에서 영감을 얻어 2005년 7월 5일에 DTrace를 사용해서 tcptop을 만들었습니다. 2016년 9월 2일에 BCC 버전을 만들었습니다.

해 보거나 해당 도구를 개선하십시오.

커맨드 라인 사용법은 다음과 같습니다.

```
tcptop [options] [interval [count]]
```

옵션은 다음과 같습니다.

- -C: 스크린을 지우지 않습니다.
- -p PID: 해당 프로세스만 측정합니다.

보이는 열의 수를 제한하는 옵션을 향후에 추가할 예정입니다.

10.3.15 tcpsnoop

tcpsnoop(8)은 필자가 만든, 널리 알려진 솔라리스 DTrace 도구입니다. 이 도구가 리눅스 BPF용으로 존재했다면 여기서 소개했겠지만, 필자는 그것을 포팅하지 않기로 했으며 아래에서 볼 수 있는 것은 솔라리스 버전입니다. 이 도구를 여기서 소개하는 이유는 이 도구 때문에 고생하면서 몇 가지 중요한 교훈을 얻었기 때문입니다.

tcpsnoop(8)은 각 패킷에 대해 주소, 패킷 크기, 프로세스 ID, 그리고 사용자 ID를 한 줄에 출력합니다. 예를 들면 다음과 같습니다.

```
solaris# tcpsnoop.d
  UID    PID LADDR           LPORT DR RADDR         RPORT  SIZE CMD
    0    242 192.168.1.5        23 <- 192.168.1.1   54224    54 inetd
    0    242 192.168.1.5        23 -> 192.168.1.1   54224    54 inetd
    0    242 192.168.1.5        23 <- 192.168.1.1   54224    54 inetd
    0    242 192.168.1.5        23 <- 192.168.1.1   54224    78 inetd
    0    242 192.168.1.5        23 -> 192.168.1.1   54224    54 inetd
    0  20893 192.168.1.5        23 -> 192.168.1.1   54224    57 in.telnetd
    0  20893 192.168.1.5        23 <- 192.168.1.1   54224    54 in.telnetd
[...]
```

필자가 2004년에 이것을 작성했을 때 네트워크 이벤트 분석은 패킷 스니핑 도구의 영역이었고, 솔라리스용 snoop(1M)과 리눅스용 tcpdump(8)가 있었습니다. 이들 도구의 한 가지 약점은 프로세스 ID를 보여주지 않는다는 점이었습니다. 필자는 어느 프로세스가 네트워크 트래픽을 만들어내는지 보여주는 도구를 원했으며, PID 칼럼을 가진 snoop(1M)의 버전을 하나 만드는 것이 분명한 솔루션으로 보였습니다. 솔루션을 테스트하기 위해 snoop(1M)과 나란히 실행해서 그 두 가지가 모두 동일한 패킷 이벤트를 보여주는지 확인했습니다.

이것은 결과적으로 아주 어려운 일이었습니다. 소켓 레벨 이벤트 처리 도중에 PID를 캐싱하고, MTU 단편화(fragmentation) 이후에 해당 스택의 반대쪽 끝에서 패킷 크기를 수집해야만 했습니다. 데이터 전송 코드, TCP 핸드셰이크 코드, 그리고 닫힌 포트와 기타 이벤트에 대한 패킷을 처리하기 위한 기타 코드를 트레이싱할 필요가 있었습니다. 결국 성공하기는 했지만, 이 도구는 커널에서 11개의 다른 지점을 트레이싱했으며 여러 가지 커널 구조체를 참조했는데, 이것은 많은 불안정한 커널 세부 사항에 의존하고 있기 때문에 도구를 아주 불안정하게 만들었습니다. 도구 자체도 코드가 500라인이 넘었습니다.

6년이 넘는 시간에 걸쳐 솔라리스 커널은 십여 번 이상 업데이트되었으며, tcpsnoop(8)은 이러한 업데이트 중 7개에서 작동을 멈췄습니다. 그것을 고치는 일은 악몽이었습니다. 한 가지 커널 버전에 대해서 이 도구를 고칠 수 있었지만, 해당 수정이 에러를 발생시키는지 확인하기 위해 이전 버전을 모두 테스트해야만 했습니다. 그것은 점점 비현실적인 일이 되었으며, 필자는 특정 커널용으로 개별 tcpsnoop(8) 버전을 배포하기 시작했습니다.

여기에는 두 가지 교훈이 있습니다. 첫째, 커널 코드는 변경될 수 있으며 더 많은 kprobe와 구조체 참조를 사용할수록 도구가 망가질 가능성은 높아집니다. 이 책에 있는 도구들은 망가졌을 때 유지 보수를 더 쉽게 하기 위해서, 의도적으로 가능한 한 적은 kprobe를 사용합니다. 가능하다면 tracepoint를 대신 사용하십시오.

둘째, 이 도구의 전제는 모두 잘못된 것이었습니다. 만일 필자의 의도가 어느 프로세스가 네트워크 트래픽을 유발하는지 알아내는 것이었다면, 이 도구를 패킷별 트레이싱으로 만들 필요가 없었습니다. TCP 핸드셰이크를 포함한 기타 패킷을 놓칠 수 있음을 염두에 두고 데이터 전송만 정리하는 도구를 만들었다면 대부분의 문제를 해결할 수 있었을 겁니다. 예를 들어 앞서 살펴본 socketio(8)와 tcptop(8)은 두 개의 kprobe만을 사용하며, tcplife(8)는 한 개의 tracepoint와 몇 개의 구조체 참조를 사용합니다.

10.3.16 tcpretrans

tcpretrans(8)[32]는 TCP 재전송을 트레이싱하는 BCC와 bpftrace 도구로, IP 주소

---

32 연혁: 필자는 2011년에 DTrace를 사용해서 유사한 TCP 재전송 트레이싱 도구를 만들었습니다.[110] 또한 2014년 7월 28일에 Ftrace를 기반으로 하는 tcpretrans(8)[111]를, 2016년 2월 14일에 BCC tcpretrans(8)를 만들었습니다. 마티아스 타펠마이어(Matthias Tafelmeier)는 이 도구에 집계 모드를 추가했습니다. 데일 해멀은 2018년 11월 23일에 이 도구의 bpftrace 버전을 만들었습니다.

와 포트 세부 정보, 그리고 TCP 상태를 보여줍니다. 다음은 프로덕션 인스턴스에서 BCC 도구 tcpretrans(8)를 동작한 결과입니다.

```
# tcpretrans
Tracing retransmits ... Hit Ctrl-C to end
TIME     PID    IP LADDR:LPORT          T> RADDR:RPORT          STATE
00:20:11 72475  4  100.1.58.46:35908    R> 100.2.0.167:50010    ESTABLISHED
00:20:11 72475  4  100.1.58.46:35908    R> 100.2.0.167:50010    ESTABLISHED
00:20:11 72475  4  100.1.58.46:35908    R> 100.2.0.167:50010    ESTABLISHED
00:20:12 60695  4  100.1.58.46:52346    R> 100.2.6.189:50010    ESTABLISHED
00:20:12 60695  4  100.1.58.46:52346    R> 100.2.6.189:50010    ESTABLISHED
00:20:12 60695  4  100.1.58.46:52346    R> 100.2.6.189:50010    ESTABLISHED
00:20:12 60695  4  100.1.58.46:52346    R> 100.2.6.189:50010    ESTABLISHED
00:20:13 60695  6  ::ffff:100.1.58.46:13562 R> ::ffff:100.2.51.209:47356 FIN_WAIT1
00:20:13 60695  6  ::ffff:100.1.58.46:13562 R> ::ffff:100.2.51.209:47356 FIN_WAIT1
[...]
```

이 출력 결과에선 매 초당 단 몇 개 수준의(TIME 칼럼) 낮은 재전송 비율을 확인할 수 있는데, 대부분 ESTABLISHED 상태의 세션에서 발생하였습니다. ESTABLISHED 상태에서의 높은 재전송 비율은 외부 네트워크 문제가 있음을 시사하는 것일 수 있습니다. SYN_SENT 상태의 높은 재전송 비율은 서버 애플리케이션에 과부하가 걸려 SYN 백로그를 충분히 빠르게 소모하지 못함을 가리키는 것일 수 있습니다.

이 도구는 커널에서 TCP 재전송 이벤트를 트레이싱하면서 작동합니다. 이 이벤트는 자주 발생하지는 않을 것이기 때문에 오버헤드는 무시할 수 있는 수준입니다. 과거에 재전송을 분석하기 위해 패킷 스니핑 도구를 이용해서 모든 패킷을 포착하고, 후처리를 통해 재전송만 걸러내던 방법과 비교해 보십시오. 이 두 단계는 모두 심각한 CPU 오버헤드를 발생시켰을 것입니다. 뿐만 아니라 패킷 캡처는 회선상에 있는 세부 사항만 확인할 수 있는 반면, tcpretrans(8)는 TCP 상태를 커널에서 직접 출력하며 필요하다면 더 많은 커널 상태를 출력하도록 개선할 수 있습니다.

넷플릭스에서는 이 도구를 네트워크 트래픽이 외부 네트워크 한계를 초과하여 패킷 드롭과 패킷 재전송을 유발하는 프로덕션 이슈를 진단하는 데 사용했습니다. 이 도구를 사용해 여러 프로덕션 인스턴스에 걸쳐 재전송을 살펴볼 수 있었으며, 패킷별 덤프 처리로 인한 오버헤드 없이 소스, 목적지, 그리고 TCP 상태 세부 정보를 즉시 확인할 수 있었습니다.

쇼피파이(Shopify)도 이 도구를 사용해서 프로덕션 네트워크 이슈를 디버그했습니다. 여기서는 이슈 분석을 위해 tcpdump(8)를 먼저 사용하였는데, 이 이슈에서의 워크로드는 tcpdump(8)가 아주 많은 패킷을 드롭시키게 해서 출력 결과는 신뢰할 수 없었고, 오버헤드는 아주 고통스러운 수준이었습니다. 이때 tcpretrans(8)와 tcpdrop(8)(뒤에서 언급됩니다)을 대신 사용하여 외부에서 이 슈가 발생하였음을 가리킬 충분한 정보를 모았습니다. 이 경우에는 부하로 인해 패킷이 넘쳐나게 되면 패킷을 드롭시키는 방화벽 설정 때문이었습니다.

BCC

커맨드 라인 사용법은 다음과 같습니다.

```
tcpretrans [options]
```

옵션은 다음과 같습니다.

- -l: TLP(tail loss probe) 시도를 포함합니다(tcp_send_loss_probe()에 대해 kprobe를 추가합니다).
- -c: 플로당 재전송을 집계합니다.

-c 옵션은 tcpretrans(8)의 동작을 변경하여 이벤트별 세부 정보가 아닌 집계 요약을 출력합니다.

bpftrace

다음은 bpftrace 버전용 코드로, 핵심 기능을 보여줍니다. 이 버전은 옵션을 지원하지 않습니다.

```
#!/usr/local/bin/bpftrace

#include <linux/socket.h>
#include <net/sock.h>

BEGIN
{
        printf("Tracing TCP retransmits. Hit Ctrl-C to end.\n");
        printf("%-8s %-8s %20s %21s %6s\n", "TIME", "PID", "LADDR:LPORT",
            "RADDR:RPORT", "STATE");

        // include/net/tcp_states.h 참고
        @tcp_states[1] = "ESTABLISHED";
        @tcp_states[2] = "SYN_SENT";
        @tcp_states[3] = "SYN_RECV";
        @tcp_states[4] = "FIN_WAIT1";
        @tcp_states[5] = "FIN_WAIT2";
        @tcp_states[6] = "TIME_WAIT";
        @tcp_states[7] = "CLOSE";
```

```
            @tcp_states[8] = "CLOSE_WAIT";
            @tcp_states[9] = "LAST_ACK";
            @tcp_states[10] = "LISTEN";
            @tcp_states[11] = "CLOSING";
            @tcp_states[12] = "NEW_SYN_RECV";
}

kprobe:tcp_retransmit_skb
{
        $sk = (struct sock *)arg0;
        $inet_family = $sk->__sk_common.skc_family;

        if ($inet_family == AF_INET || $inet_family == AF_INET6) {
                $daddr = ntop(0);
                $saddr = ntop(0);
                if ($inet_family == AF_INET) {
                        $daddr = ntop($sk->__sk_common.skc_daddr);
                        $saddr = ntop($sk->__sk_common.skc_rcv_saddr);
                } else {
                        $daddr = ntop(
                            $sk->__sk_common.skc_v6_daddr.in6_u.u6_addr8);
                        $saddr = ntop(
                            $sk->__sk_common.skc_v6_rcv_saddr.in6_u.u6_addr8);
                }
                $lport = $sk->__sk_common.skc_num;
                $dport = $sk->__sk_common.skc_dport;

                // Destination port is big endian, it must be flipped
                $dport = ($dport >> 8) | (($dport << 8) & 0x00FF00);

                $state = $sk->__sk_common.skc_state;
                $statestr = @tcp_states[$state];

                time("%H:%M:%S ");
                printf("%-8d %14s:%-6d %14s:%-6d %6s\n", pid, $saddr, $lport,
                    $daddr, $dport, $statestr);
        }
}

END
{
        clear(@tcp_states);
}
```

이 버전은 tcp_retransmit_skb() 커널 함수를 트레이싱합니다. 리눅스 4.15에는 tcp:tcp_retransmit_skb와 tcp:tcp_retransmit_synack tracepoint가 추가되었고 여러분은 이 도구를 업데이트하여 해당 tracepoint를 사용할 수 있습니다.

10.3.17 tcpsynbl

tcpsynbl(8)[33]은 TCP SYN 백로그 한계와 크기를 트레이싱하고, 백로그를 확인할 때마다 측정된 크기의 히스토그램을 표시합니다. 예를 들어 CPU가 48개인 프로덕션 엣지 서버에서 실행한 결과는 다음과 같습니다.

```
# tcpsynbl.bt
Attaching 4 probes...
Tracing SYN backlog size. Ctrl-C to end.
^C
@backlog[backlog limit]: histogram of backlog size

@backlog[128]:
[0]                     2 |@@@@@@@@@@@@@@@@@@@@@@@@@@@@@@@@@@@@@@@@@@@@@@@@@@@@|

@backlog[500]:
[0]                  2783 |@@@@@@@@@@@@@@@@@@@@@@@@@@@@@@@@@@@@@@@@@@@@@@@@@@@@|
[1]                     9 |                                                  |
[2, 4)                  4 |                                                  |
[4, 8)                  1 |                                                  |
```

첫 번째 히스토그램은 한계가 128인 백로그에 두 개의 연결이 도달하였으며, 여기서 백로그의 길이는 0입니다. 두 번째 히스토그램은 한계가 500인 백로그는 2천 개 이상의 연결이 도달하였으며, 백로그의 길이는 보통 0이었지만, 때때로 4~8 범위에 도달했음을 보여줍니다. 백로그가 그 한계를 초과하면 이 도구는 SYN이 드롭되었다고 알려주는 라인을 출력하는데, 이 경우 클라이언트 호스트가 반드시 SYN을 재전송해야 하기 때문에 지연을 유발할 것입니다.

이 백로그 크기는 조정 가능하며, listen(2) 시스템 콜의 인자 값으로 사용됩니다.

```
int listen(int sockfd, int backlog)
```

이 백로그 크기는 /proc/sys/net/core/somaxconn에 설정된 시스템 한계에 따라 크기가 작아질 수도 있습니다.

이 도구는 새 연결 이벤트를 트레이싱하고, 백로그의 한계와 크기를 확인하면서 작동합니다. 기타 이벤트와 비교해서 일반적으로 빈번하지 않기 때문에 오버헤드는 무시할 수 있는 수준입니다.

---

33 연혁: 필자는 2012년에 DTrace를 사용하는 유사한 TCP SYN 백로그 도구를 몇 개 만들었습니다.[110] 2019년 4월 19일에는 bpftrace 버전을 만들었습니다.

다음은 tcpsynbl(8)의 소스 코드입니다.[34]

```
#!/usr/local/bin/bpftrace

#include <net/sock.h>

BEGIN
{
        printf("Tracing SYN backlog size. Ctrl-C to end.\n");
}

kprobe:tcp_v4_syn_recv_sock,
kprobe:tcp_v6_syn_recv_sock
{
        $sock = (struct sock *)arg0;
        @backlog[$sock->sk_max_ack_backlog & 0xffffffff] =
            hist($sock->sk_ack_backlog);
        if ($sock->sk_ack_backlog > $sock->sk_max_ack_backlog) {
                time("%H:%M:%S dropping a SYN.\n");
        }
}

END
{
        printf("\n@backlog[backlog limit]: histogram of backlog size\n");
}
```

만약 백로그가 한계를 초과한다면, time() 내장 함수가 시간과 SYN이 드롭되었다는 메시지를 한 줄 출력합니다. 한계를 초과하지 않았기 때문에 앞의 프로덕션 출력 결과에서는 보이지 않았습니다.

10.3.18 tcpwin

tcpwin(8)[35]은 혼잡 제어 성능을 연구하기 위해 TCP 송신 혼잡 윈도 크기 및 기타 파라미터를 트레이싱합니다. 이 도구는 그래프 작성 소프트웨에서 읽어들일 수 있게 CSV 포맷의 출력 결과를 만들어 냅니다. 다음은 tcpwin.bt를 실행하고 그 출력 결과를 텍스트 파일로 저장하는 예시입니다.

```
# tcpwin.bt > out.tcpwin01.txt

^C
# more out.tcpwin01.txt
```

---

34 이 도구는 int 캐스팅 문제의 해결책으로 & 0xffffffff를 사용합니다. 최신 버전의 bpftrace는 int 캐스팅을 지원합니다.

35 연혁: tcpwin(8)은 tcp_probe 모듈에서 영감을 얻어 2019년 4월 20일에 만들었습니다. 이 도구를 시간에 따른 혼잡 윈도 크기를 그래프화하는 데 사용한 것을 여러 번 보았습니다.

```
Attaching 2 probes...
event,sock,time_us,snd_cwnd,snd_ssthresh,sk_sndbuf,sk_wmem_queued
rcv,0xffff9212377a9800,409985,2,2,87040,2304
rcv,0xffff9216fe306e80,534689,10,2147483647,87040,0
rcv,0xffff92180f84c000,632704,7,7,87040,2304
rcv,0xffff92180b04f800,674795,10,2147483647,87040,2304
[...]
```

출력 결과의 두 번째 줄은 헤더 라인이고, 그 다음은 이벤트 세부 사항입니다. 두 번째 필드는 sock struct 주소로, 연결을 고유하게 식별하는 데 사용할 수 있습니다. awk(1) 유틸리티는 이들 sock 주소의 빈도수 집계에 사용할 수 있습니다.

```
# awk –F, '$1 == "rcv" { a[$2]++ } END { for (s in a) { print s, a[s] } }'
out.tcpwin01.txt
[...]
0xffff92166fede000 1
0xffff92150a03c800 4564
0xffff9213db2d6600 2
[...]
```

위의 출력 결과는 트레이싱하는 동안 가장 많은 TCP 수신 이벤트가 발생한 소켓의 주소가 0xffff92150a03c800임을 보여줍니다. 이 주소에 해당되는 이벤트와 헤더 라인은 awk를 사용해서 새 파일인 out.csv로 추출할 수 있습니다.

```
# awk –F, '$2 == "0xffff92150a03c800" || NR == 2' out.tcpwin01.txt > out.csv
```

이 CSV 파일을 R 통계 소프트웨어에서 읽어 들인 다음 그래프로 그렸습니다(그림10.5).

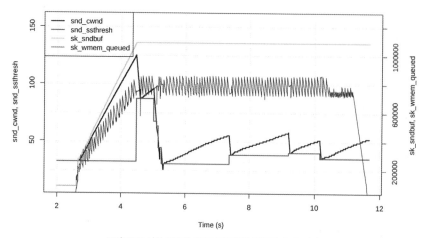

그림 10.5 시간 흐름에 따른 TCP 혼잡 윈도와 송신 버퍼

이 시스템은 cubic TCP 혼잡 제어 알고리즘을 사용하고 있으며, 송신 혼잡 윈도 크기가 증가하다가 혼잡이 발생하면(패킷 손실) 급격하게 감소합니다. 최적의 윈도 크기가 발견될 때까지 여러 차례 발생하여 톱니 모양 패턴을 만듭니다.

다음은 tcpwin(8)의 소스 코드입니다.

```
#!/usr/local/bin/bpftrace

#include <net/sock.h>
#include <linux/tcp.h>

BEGIN
{
        printf("event,sock,time_us,snd_cwnd,snd_ssthresh,sk_sndbuf,");
        printf("sk_wmem_queued\n");
}

kprobe:tcp_rcv_established
{
        $sock = (struct sock *)arg0;
        $tcps = (struct tcp_sock *)arg0; // tcp_sk() 참고
        printf("rcv,0x%llx,%lld,%d,%d,%d,%d\n", arg0, elapsed / 1000,
            $tcps->snd_cwnd, $tcps->snd_ssthresh, $sock->sk_sndbuf,
            $sock->sk_wmem_queued);
}
```

이 도구는 더 많은 정보를 수집하기 위해 확장될 수 있습니다. 첫 번째 필드는 이벤트 유형을 가리키지만 이 도구에서는 'rcv'만 사용합니다. 더 많은 kprobe 혹은 tracepoint를 추가할 수 있으며, 각각을 식별하기 위한 자체의 이벤트 문자 열이 수반되어야 합니다. 예를 들어 소켓이 수립되었을 때를 식별하기 위해 이 벤트 유형 'new'를 추가할 수 있고, IP 주소와 TCP 포트를 확인하기 위한 필드를 함께 추가할 수 있습니다.

이 유형의 혼잡 제어 분석에는 tcp_probe 커널 모듈을 사용했는데, 이 모듈은 최근 리눅스 4.16에서 tcp:tcp_probe tracepoint가 되었습니다. tcpwin(8) 도구 는 이 tracepoint를 기반으로 다시 작성할 수 있지만, 해당 tracepoint 인자에서 모든 소켓 세부 사항을 볼 수 있는 것은 아닙니다.

10.3.19 tcpnagle

tcpnagle(8)[36]은 TCP 송신 코드 경로에서 TCP nagle의 사용량을 트레이싱하며, nagle이나 기타 이벤트로 인해 유발된 송신 지연의 지속 시간을 히스토그램으

---

36 연혁: tcpnagle(8)은 2019년 4월 23일에 이 책을 위해 만들었습니다.

로 측정합니다. 예를 들어 프로덕션 엣지 서버에서는 다음과 같습니다.

```
# tcpnagle.bt
Attaching 4 probes...
Tracing TCP nagle and xmit delays. Hit Ctrl-C to end.
^C

@blocked_us:
[2, 4)                 3 |@@@@@@@@@@@@@@@@@@@@@@@@@@@@@@@@@@@@@@@@@@@@@@@@@@@@|
[4, 8)                 2 |@@@@@@@@@@@@@@@@@@@@@@@@@@@@@@@@@@@            |

@nagle[CORK]: 2
@nagle[OFF|PUSH]: 5
@nagle[ON]: 32
@nagle[PUSH]: 11418
@nagle[OFF]: 226697
```

이 출력 결과는 트레이싱하는 동안 nagle이 종종 꺼져 있었거나(아마도 애플리케이션이 setsockopt(2)를 TCP_NODELAY와 함께 호출했기 때문일 것입니다) push로 설정되었음을 보여줍니다(아마도 애플리케이션이 TCP_CORK 옵션을 사용하고 있기 때문일 것입니다). 송신 패킷은 5번만 지연되었는데, 기껏해야 4~8마이크로초 버킷 정도입니다.

이것은 TCP 전송 함수의 진입과 종료를 트레이싱하면서 작동합니다. 이것은 빈번한 함수일 수 있어서, 네트워크 스루풋이 높은 시스템에서는 오버헤드가 눈에 띄게 나타날 수 있습니다.

다음은 tcpnagle(8)의 소스 코드입니다.

```
#!/usr/local/bin/bpftrace

BEGIN
{
        printf("Tracing TCP nagle and xmit delays. Hit Ctrl-C to end.\n");
        // include/net/tcp.h 참고. 만약 필요하다면 더 많은 플래그를 추가하세요.
        @flags[0x0] = "ON";
        @flags[0x1] = "OFF";
        @flags[0x2] = "CORK";
        @flags[0x3] = "OFF|CORK";
        @flags[0x4] = "PUSH";
        @flags[0x5] = "OFF|PUSH";
}

kprobe:tcp_write_xmit
{
        @nagle[@flags[arg2]] = count();
        @sk[tid] = arg0;
}
```

```
kretprobe:tcp_write_xmit
/@sk[tid]/
{
        $inflight = retval & 0xff;
        $sk = @sk[tid];
        if ($inflight && !@start[$sk]) {
                @start[$sk] = nsecs;
        }
        if (!$inflight && @start[$sk]) {
                @blocked_us = hist((nsecs - @start[$sk]) / 1000);
                delete(@start[$sk]);
        }
        delete(@sk[tid]);
}

END
{
        clear(@flags); clear(@start); clear(@sk);
}
```

tcp_write_xmit()로의 진입점에서, nonagle 플래그(arg2)는 @flags 참조 맵을 통해 읽을 수 있는 문자열로 변환됩니다. 송신 지연 지속 시간을 측정하기 위해 kretprobe에서 연결에 대한 타임스탬프를 저장하는데, 이때 sock struct 포인터를 맵의 키로 사용합니다. 이 지속 시간은 tcp_write_xmit()이 0이 아닌 결과를 처음 리턴할 때부터(이것은 어떤 이유로 인해 패킷을 보내지 않았음을 의미하는데, 여기에는 nagle이 포함될 수 있음), tcp_write_xmit()이 그 소켓에 대한 패킷을 성공적으로 보낼 때까지를 측정한 것입니다.

10.3.20 udpconnect

udpconnect(8)[37]는 로컬 호스트에서 connect(2)를 사용해 시작된 새 UDP 연결을 트레이싱합니다(연결되지 않은 UDP는 트레이싱하지 않습니다). 예를 들면 다음과 같습니다.

```
# udpconnect.bt
Attaching 3 probes...
TIME      PID    COMM               IP RADDR              RPORT
20:58:38  6039   DNS Res~er #540    4  10.45.128.25       53
20:58:38  2621   TaskSchedulerFo    4  127.0.0.53         53
20:58:39  3876   Chrome_IOThread    6  2001:4860:4860::8888 53
[...]
```

---

37 연혁: 이 도구는 2019년 4월 20일에 이 책을 위해 만들었습니다.

이것은 원격 포트 53에 대한 두 개의 연결을 보여줍니다. 하나는 DNS resolver 에서, 그리고 또 하나는 Chrome_IOThread에서 연결됩니다.

이것은 커널에 있는 UDP 연결 함수를 트레이싱하며 작동합니다. 빈도수는 낮을 것이며, 오버헤드는 무시할 수 있는 수준입니다.

다음은 udpconnect(8)의 소스 코드입니다.

```
#!/usr/local/bin/bpftrace

#include <net/sock.h>

BEGIN
{
        printf("%-8s %-6s %-16s %-2s %-16s %-5s\n", "TIME", "PID", "COMM",
            "IP", "RADDR", "RPORT");
}

kprobe:ip4_datagram_connect,
kprobe:ip6_datagram_connect
{
        $sa = (struct sockaddr *)arg1;
        if ($sa->sa_family == AF_INET || $sa->sa_family == AF_INET6) {
                time("%H:%M:%S ");
                if ($sa->sa_family == AF_INET) {
                        $s = (struct sockaddr_in *)arg1;
                        $port = ($s->sin_port >> 8) |
                            (($s->sin_port << 8) & 0xff00);
                        printf("%-6d %-16s 4  %-16s %-5d\n", pid, comm,
                            ntop(AF_INET, $s->sin_addr.s_addr), $port);
                } else {
                        $s6 = (struct sockaddr_in6 *)arg1;
                        $port = ($s6->sin6_port >> 8) |
                            (($s6->sin6_port << 8) & 0xff00);
                        printf("%-6d %-16s 6  %-16s %-5d\n", pid, comm,
                            ntop(AF_INET6, $s6->sin6_addr.in6_u.u6_addr8),
                            $port);
                }
        }
}
```

ip4_datagram_connect()와 ip6_datagram_connect() 함수는 udp_prot과 udpv6_prot 구조체의 멤버 connect로, UDP 프로토콜을 다루는 함수를 정의합니다. 세부 정보는 앞서 살펴본 도구들과 유사하게 출력됩니다.

프로세스별 UDP 송신과 수신을 보여주는 도구인 socketio(8)도 참고하세요. UDP 한정 송신/수신은 udp_sendmsg()와 udp_recvmsg()를 트레이싱하도록 코딩하여 확인할 수 있습니다. 이렇게 하면 모든 소켓 함수에 대한 오버헤드가 아니라 단지 UDP 함수에 대한 오버헤드만 발생한다는 장점이 있습니다.

10.3.21 gethostlatency

gethostlatency(8)[38]는 resolver 라이브러리 호출, getaddrinfo(3), gethostbyname(3) 등을 통해 호스트 이름 변환 호출(DNS)을 트레이싱하는 BCC와 bpftrace 도구입니다. 예를 들면 다음과 같습니다.

```
# gethostlatency
TIME      PID    COMM             LATms HOST
13:52:39  25511  ping              9.65 www.netflix.com
13:52:42  25519  ping              2.64 www.netflix.com
13:52:49  24989  DNS Res~er #712  43.09 docs.google.com
13:52:52  25527  ping             99.26 www.cilium.io
13:52:53  19025  DNS Res~er #709   2.58 drive.google.com
13:53:05  21903  ping            279.09 www.kubernetes.io
13:53:06  25459  TaskSchedulerFo  23.87 www.informit.com
[...]
```

이 출력 결과는 시스템 전역에 걸쳐 다양한 호스트 이름 변환의 지연을 보여줍니다. 첫 번째는 www.netflix.com을 변환하는 ping(1) 명령어로, 9.65ms가 소요되었습니다. 그다음의 도메인 조회는 2.64ms가 소요되었습니다(캐싱 덕분이었을 것입니다). 다른 스레드와 도메인 조회 역시 출력 결과에서 확인할 수 있는데, www.kubernetes.io의 도메인 변환이 279ms로 가장 느렸습니다.[39]

이것은 라이브러리 함수에 대해 사용자 레벨 동적 계측을 사용해서 작동합니다. uprobe에서는 호스트 이름과 타임스탬프를 기록하고, uretprobe에서는 지속 시간을 계산하며 저장된 이름과 함께 출력합니다. 이들은 일반적으로 발생 빈도가 낮은 이벤트이기 때문에 이 도구의 오버헤드는 무시할 수 있는 수준입니다.

DNS는 프로덕션 지연의 흔한 원인입니다. 쇼피파이에서는 쿠버네티스(Kubernetes) 클러스터에서 프로덕션에서의 DNS 지연 이슈를 특성화하기 위해 이 도구의 bpftrace 버전을 실행했습니다. 트레이싱 결과는 특정 서버의 이슈나 특정 조회 대상이 문제가 아니라 많은 lookup이 진행 중일 때 지연이 발생함을 가리켰습니다. 그 이슈를 더 심도 있게 디버그한 결과 각 호스트에서 오픈할 수 있는 UDP 세션 개수에 대한 클라우드 한계 설정 때문이었음이 밝혀졌습니다.

---

38 연혁: 필자는 2011년 ≪DTrace≫에 싣기 위해 getaddrinfo.d라는 이름의 유사한 도구를 만들었습니다.[Gregg 11] 2016년 1월 28일에 BCC 버전을 만들었으며, 2018년 9월 8일에 bpftrace 버전을 만들었습니다.

39 미국에서 .io 도메인에 대한 느린 DNS 시간은 알려진 문제로, .io 네임 서버의 호스팅 위치 때문인 것으로 보입니다.[112]

이 한계를 늘리는 것으로 해당 이슈를 해결했습니다.

BCC

커맨드 라인 사용법은 다음과 같습니다.

```
gethostlatency [options]
```

현재 지원되는 유일한 옵션은 -p PID로, 하나의 프로세스 ID만 트레이싱합니다.

bpftrace

다음은 bpftrace 버전의 코드로, 옵션을 지원하지 않습니다.

```
#!/usr/local/bin/bpftrace

BEGIN
{
        printf("Tracing getaddr/gethost calls... Hit Ctrl-C to end.\n");
        printf("%-9s %-6s %-16s %6s %s\n", "TIME", "PID", "COMM", "LATms",
            "HOST");
}

uprobe:/lib/x86_64-linux-gnu/libc.so.6:getaddrinfo,
uprobe:/lib/x86_64-linux-gnu/libc.so.6:gethostbyname,
uprobe:/lib/x86_64-linux-gnu/libc.so.6:gethostbyname2
{
        @start[tid] = nsecs;
         @name[tid] = arg0;
}

uretprobe:/lib/x86_64-linux-gnu/libc.so.6:getaddrinfo,
uretprobe:/lib/x86_64-linux-gnu/libc.so.6:gethostbyname,
uretprobe:/lib/x86_64-linux-gnu/libc.so.6:gethostbyname2
/@start[tid]/
{
        $latms = (nsecs - @start[tid]) / 1000000;
        time("%H:%M:%S  ");
        printf("%-6d %-16s %6d %s\n", pid, comm, $latms, str(@name[tid]));
        delete(@start[tid]);
        delete(@name[tid]);
}
```

libc에 있는 여러 resolver 함수 호출이 /lib/x86_64-linux-gnu/libc.so.6 위치를 통해 트레이싱됩니다. 만일 다른 resolver 라이브러리를 사용하거나, 그 함수들이 애플리케이션에 의해 구현되거나 아니면 정적으로 포함된다면(정적 빌드), 다른 위치를 트레이싱하기 위해 이 도구의 코드를 수정해야 합니다.

10.3.22 ipecn

ipecn(8)[40]은 IPv4 인바운드 ECN(Explicit Congestion Notification, 명시적 혼잡 통지) 이벤트를 트레이싱하며, 개념 증명 도구입니다. 예를 들면 다음과 같습니다.

```
# ipecn.bt
Attaching 3 probes...
Tracing inbound IPv4 ECN Congestion Encountered. Hit Ctrl-C to end.
10:11:02 ECN CE from: 100.65.76.247
10:11:02 ECN CE from: 100.65.76.247
10:11:03 ECN CE from: 100.65.76.247
10:11:21 ECN CE from: 100.65.76.247
[...]
```

이것은 100.65.76.247의 CE(congestion encountered, 혼잡 발생) 이벤트를 보여줍니다. CD 이벤트는 혼잡의 엔드포인트를 공지하기 위해 네트워크에 있는 스위치와 라우터에서 설정할 수 있습니다. 보통 테스트나 시뮬레이션용(netem qdisc를 통해)이기는 하지만 qdisc 정책에 기반해 커널에 의해서도 설정할 수 있습니다. 데이터센터TCP(DCTCP) 혼잡 제어 알고리즘도 ECN을 사용합니다.[Alizadeh 10] [113]

ipecn(8)은 커널 ip_rcv() 함수를 트레이싱하고 IP 헤더에서 혼잡 발생 상태를 읽으면서 작동합니다. 이것은 모든 수신된 패킷에 오버헤드를 부가하기 때문에 이상적이지 않으며, 필자는 그것을 개념 증명 수준이라고 부르고 싶습니다. CE 이벤트만 처리하는 커널 함수를 트레이싱할 수 있다면 훨씬 더 좋습니다. 이쪽이 훨씬 덜 빈번하게 호출될 것이기 때문입니다. 하지만 그 함수들은 인라인되어 있으며 직접 트레이싱하는 것이 불가능합니다(필자의 커널에서). 최고의 방법은 ECN 혼잡 발생 이벤트용 tracepoint를 추가하는 것입니다.

다음은 ipecn(8)의 소스 코드입니다.

```
#!/usr/local/bin/bpftrace

#include <linux/skbuff.h>
#include <linux/ip.h>

BEGIN
{
        printf("Tracing inbound IPv4 ECN Congestion Encountered. ");
```

---

40 연혁: 이 도구는 2019년 5월 28일에 이 책을 위해 만들었는데, 사르군 딜론(Sargun Dhillon)의 제안을 기초로 했습니다.

```
                printf("Hit Ctrl-C to end.\n");
}

kprobe:ip_rcv
{
        $skb = (struct sk_buff *)arg0;
        // IPv4 헤더에 접근; skb_network_header() 참고
        $iph = (struct iphdr *)($skb->head + $skb->network_header);
        // INET_ECN_MASK 확인
        if (($iph->tos & 3) == 3) {
                time("%H:%M:%S ");
                printf("ECN CE from: %s\n", ntop($iph->saddr));
        }
}
```

이것 역시 struct sk_buff 구조체에서 IPv4 헤더를 분석하는 사례입니다. 커널의 skb_network_header() 함수와 유사한 로직을 사용하며, 함수에 어떠한 변경이 발생하면 그 변경에 대응하기 위한 업데이트가 필요합니다(안정적인 tracepoint가 선호되는 또 다른 이유입니다). 이 도구는 아웃바운드 경로, 그리고 IPv6를 트레이싱하도록 확장할 수도 있습니다(10.5 "선택 연습 문제" 참고).

10.3.23 superping

superping(8)[41]은 ping(8)에 의해 보고된 왕복 시간(Round Trip Time, RTT)을 검증하기 위한 방법의 일환으로, 커널 네트워크 스택에서 ICMP echo 요청에서 응답까지의 지연을 측정합니다. ping(8)의 이전 버전들은 사용자 공간에서 왕복 시간을 측정하는데, 이 방식은 바쁜 시스템에서는 CPU 스케줄링 지연이 포함되어 측정 시간이 늘어날 수 있습니다. 이전 버전의 측정 방법은 소켓 타임스탬프 지원(SIOCGSTAMP 혹은 SO_TIMESTAMP)이 없는 커널의 ping(8)에서도 사용되는 방법입니다.

필자는 새 버전의 ping(8)과 최신의 커널을 사용하고 있는데, 여기서는 예전의 동작을 시연하기 위해 -U 옵션과 함께 실행했습니다. 이 옵션은 원래의 방법인 사용자 공간에서 사용자 공간까지의 지연을 측정합니다. 예를 들어 하나의 터미널 세션에서 실행한 결과는 다음과 같습니다.

```
terminal1# ping -U 10.0.0.1
PING 10.0.0.1 (10.0.0.1) 56(84) bytes of data.
64 bytes from 10.0.0.1: icmp_seq=1 ttl=64 time=6.44 ms
```

---

41 연혁: 필자는 2011년 ≪DTrace≫에 싣기 위해 이 도구를 만들었으며[Gregg 11] 2019년 4월 20일에 이 책을 위해 이 버전을 작성했습니다.

```
64 bytes from 10.0.0.1: icmp_seq=2 ttl=64 time=6.60 ms
64 bytes from 10.0.0.1: icmp_seq=3 ttl=64 time=5.93 ms
64 bytes from 10.0.0.1: icmp_seq=4 ttl=64 time=7.40 ms
64 bytes from 10.0.0.1: icmp_seq=5 ttl=64 time=5.87 ms
[...]
```

필자가 이미 superping(8)을 실행해둔 또 다른 터미널 세션에서의 결과는 다음과 같습니다.

```
terminal2# superping.bt
Attaching 6 probes...
Tracing ICMP echo request latency. Hit Ctrl-C to end.
IPv4 ping, ID 28121 seq 1: 6392 us
IPv4 ping, ID 28121 seq 2: 6474 us
IPv4 ping, ID 28121 seq 3: 5811 us
IPv4 ping, ID 28121 seq 4: 7270 us
IPv4 ping, ID 28121 seq 5: 5741 us
[...]
```

이 출력 결과를 비교해 봅시다. 현재의 시스템과 워크로드에서 ping(8)이 보고한 시간이 0.10ms 이상 늘어날 수 있음을 보여줍니다. -U 옵션을 사용하지 않는다면 ping(8)은 소켓 타임스탬프를 사용할 것이며, 시간 차이는 보통 0.01ms 이내일 것입니다.

이 도구는 송신/수신 ICMP 패킷을 계측하고, 각 ICMP echo 요청에 대해 BPF 맵에 타임스탬프를 저장하고, echo 패킷을 일치시키기 위해 ICMP 헤더 세부 정보를 비교합니다. 원시 IP 패킷만을 계측하고 TCP 패킷은 계측하지 않기 때문에 오버헤드는 무시할 수 있는 수준입니다.

다음은 superping(8)의 소스 코드입니다.

```
#!/usr/local/bin/bpftrace

#include <linux/skbuff.h>
#include <linux/icmp.h>
#include <linux/ip.h>
#include <linux/ipv6.h>
#include <linux/in.h>

BEGIN
{
        printf("Tracing ICMP ping latency. Hit Ctrl-C to end.\n");
}

/*
 * IPv4
 */
kprobe:ip_send_skb
```

```
{
        $skb = (struct sk_buff *)arg1;
        // IPv4 헤더에 접근; skb_network_header() 참고
        $iph = (struct iphdr *)($skb->head + $skb->network_header);
        if ($iph->protocol == IPPROTO_ICMP) {
                // ICMP 헤더에 접근; skb_transport_header() 참고
                $icmph = (struct icmphdr *)($skb->head +
                    $skb->transport_header);
                if ($icmph->type == ICMP_ECHO) {
                        $id = $icmph->un.echo.id;
                        $seq = $icmph->un.echo.sequence;
                        @start[$id, $seq] = nsecs;
                }
        }
}

kprobe:icmp_rcv
{
        $skb = (struct sk_buff *)arg0;
        // ICMP 헤더에 접근; skb_transport_header() 참고
        $icmph = (struct icmphdr *)($skb->head + $skb->transport_header);
        if ($icmph->type == ICMP_ECHOREPLY) {
                $id = $icmph->un.echo.id;
                $seq = $icmph->un.echo.sequence;
                $start = @start[$id, $seq];
                if ($start > 0) {
                        $idhost = ($id >> 8) | (($id << 8) & 0xff00);
                        $seqhost = ($seq >> 8) | (($seq << 8) & 0xff00);
                        printf("IPv4 ping, ID %d seq %d: %d us\n",
                            $idhost, $seqhost, (nsecs - $start) / 1000);
                        delete(@start[$id, $seq]);
                }
        }
}

/*
 * IPv6
 */
kprobe:ip6_send_skb
{
        $skb = (struct sk_buff *)arg0;
        // IPv6 헤더에 접근; skb_network_header() 참고
        $ip6h = (struct ipv6hdr *)($skb->head + $skb->network_header);
        if ($ip6h->nexthdr == IPPROTO_ICMPV6) {
                // ICMP 헤더에 접근; skb_transport_header() 참고
                $icmp6h = (struct icmp6hdr *)($skb->head +
                    $skb->transport_header);
                if ($icmp6h->icmp6_type == ICMPV6_ECHO_REQUEST) {
                        $id = $icmp6h->icmp6_dataun.u_echo.identifier;
                        $seq = $icmp6h->icmp6_dataun.u_echo.sequence;
                        @start[$id, $seq] = nsecs;
                }
        }
}
```

```
kprobe:icmpv6_rcv
{
        $skb = (struct sk_buff *)arg0;

        // IPv6 헤더에 접근; skb_network_header() 참고
        $icmp6h = (struct icmp6hdr *)($skb->head + $skb->transport_header);
        if ($icmp6h->icmp6_type == ICMPV6_ECHO_REPLY) {
                $id = $icmp6h->icmp6_dataun.u_echo.identifier;
                $seq = $icmp6h->icmp6_dataun.u_echo.sequence;
                $start = @start[$id, $seq];
                if ($start > 0) {
                        $idhost = ($id >> 8) | (($id << 8) & 0xff00);
                        $seqhost = ($seq >> 8) | (($seq << 8) & 0xff00);
                        printf("IPv6 ping, ID %d seq %d: %d us\n",
                            $idhost, $seqhost, (nsecs - $start) / 1000);
                        delete(@start[$id, $seq]);
                }
        }
}

END { clear(@start); }
```

IPv4와 IPv6는 서로 다른 커널 함수가 처리하기 때문에 각각의 함수를 별개로 트레이싱해야 합니다. 이 코드는 패킷 헤더 분석의 또 다른 사례로, BPF가 IPv4, IPv6, ICMP, ICMPv6 패킷 헤더를 읽는 방법을 보여주고 있습니다. struct sk_buff 구조체에서 이들 헤더 구조체를 찾는 방법은 커널 소스와 함수 skb_network_header()와 skb_transport_header()에 의해 결정됩니다. kprobe와 마찬가지로 구조체 탐색은 불안정한 인터페이스이며, 네트워크 스택에서 헤더를 탐색하고 처리하는 방법을 변경한다면 이 도구도 해당 변경에 대응하기 위해 업데이트해야 합니다.

이 소스 코드에 대한 설명을 덧붙이자면 ICMP 식별자와 시퀀스 번호는 네트워크 순서에서 호스트 순서로 변환된 후에 출력됩니다($idhost = 와 $seqhost = 를 확인하십시오). 타임스탬프를 저장하는 @start 맵의 경우 네트워크 순서를 대신 사용했는데, 이 덕분에 송신 kprobe에서 일부 명령어를 줄일 수 있었습니다.

10.3.24 qdisc-fq

qdisc-fq(8)[42]는 Fair Queue(FQ) qdisc에서 소모된 시간을 보여줍니다. 예를 들어 바쁜 프로덕션 엣지 서버에서 실행한 결과는 다음과 같습니다.

---

42 연혁: 이 도구는 2019년 4월 21일에 이 책을 위해 만들었습니다.

```
# qdisc-fq.bt
Attaching 4 probes...
Tracing qdisc fq latency. Hit Ctrl-C to end.
^C

@us:
[0]                  6803 |@@@@@@@@@@@@                                        |
[1]                 20084 |@@@@@@@@@@@@@@@@@@@@@@@@@@@@@@@@@@@@               |
[2, 4)              29230 |@@@@@@@@@@@@@@@@@@@@@@@@@@@@@@@@@@@@@@@@@@@@@@@@@@@@@|
[4, 8)                755 |@                                                 |
[8, 16)               210 |                                                  |
[16, 32)               86 |                                                  |
[32, 64)               39 |                                                  |
[64, 128)              90 |                                                  |
[128, 256)             65 |                                                  |
[256, 512)             61 |                                                  |
[512, 1K)              26 |                                                  |
[1K, 2K)                9 |                                                  |
[2K, 4K)                2 |                                                  |
```

위의 예는 패킷이 이 큐에서 보통 $4\mu s$ 미만을 소모하며, 2~4ms 버킷에는 아주 적은 비율만 도달하고 있음을 보여줍니다. 큐 지연에 문제가 있다면 히스토그램에서 더 높은 지연 분포를 보일 것입니다.

이 도구는 FQ qdisc에 대한 enqueue와 dequeue 함수를 트레이싱하면서 작동합니다. 네트워크 I/O가 높은 시스템에서 빈번하게 발생하는 이벤트들이기 때문에 오버헤드는 측정할 수 있는 수준일 것입니다.

다음은 qdisc-fq(8)의 소스 코드입니다.

```
#!/usr/local/bin/bpftrace

BEGIN
{
        printf("Tracing qdisc fq latency. Hit Ctrl-C to end.\n");
}

kprobe:fq_enqueue
{
        @start[arg0] = nsecs;
}

kretprobe:fq_dequeue
/@start[retval]/
{
        @us = hist((nsecs - @start[retval]) / 1000);
        delete(@start[retval]);
}

END
{
        clear(@start);
}
```

fq_enqueue()의 인자, 그리고 fq_dequeue()의 리턴 값은 struct sk_buff 구조체 주소로, 타임스탬프 저장을 위한 고유 키로 사용되었습니다.

이 도구는 FQ qdisc 스케줄러가 로드되었을 때에만 실행 가능하다는 점에 주의하십시오. 그렇지 않다면 이 도구에서 오류가 발생할 것입니다.

```
# qdisc-fq.bt
Attaching 4 probes... cannot attach
kprobe, Invalid argument
Error Attaching probe: 'kretprobe:fq_dequeue'
```

이것은 강제로 FQ 스케줄러 커널 모듈을 로딩함으로써 해결할 수 있습니다.

```
# modprobe sch_fq
# qdisc-fq.bt
Attaching 4 probes...
Tracing qdisc fq latency. Hit Ctrl-C to end.
^C
#
```

하지만 이 qdisc를 사용하지 않는다면, 측정할 큐잉 이벤트가 없을 것입니다. qdisc 스케줄러를 추가하고 관리하려면 tc(1)를 사용하십시오.

10.3.25 qdisc-cbq, qdisc-cbs, qdisc-codel, qdisc-fq_codel, qdisc-red, qdisc-tbf

다른 qdisc 스케줄러도 많이 있는데, 보통 앞에서 다룬 qdisc-fq(8) 도구를 조금씩 변형하여 이들 각각을 트레이싱할 수 있습니다. 예를 들어 다음은 CBQ(Class Based Queueing) 버전입니다.

```
# qdisc-cbq.bt
Attaching 4 probes...
Tracing qdisc cbq latency. Hit Ctrl-C to end.
^C

@us:
[0]               152 |@@                                                  |
[1]               766 |@@@@@@@@@@@@@@                                      |
[2, 4)           2033 |@@@@@@@@@@@@@@@@@@@@@@@@@@@@@@@@@@@@@@@@             |
[4, 8)           2279 |@@@@@@@@@@@@@@@@@@@@@@@@@@@@@@@@@@@@@@@@@@@@         |
[8, 16)          2663 |@@@@@@@@@@@@@@@@@@@@@@@@@@@@@@@@@@@@@@@@@@@@@@@@@@@@@|
[16, 32)          427 |@@@@@@@@                                            |
[32, 64)           15 |                                                    |
[64, 128)           1 |                                                    |
```

트레이싱된 enqueue와 dequeue 함수는 struct Qdisc_ops구조체에 인자와 리턴 값과 함께 정의되어 있습니다(include/net/sch_generic.h).

```
struct Qdisc_ops {
        struct Qdisc_ops        *next;
        const struct Qdisc_class_ops    *cl_ops;
        char                    id[IFNAMSIZ];
        int                     priv_size;
        unsigned int            static_flags;

        int                     (*enqueue)(struct sk_buff *skb,
                                        struct Qdisc *sch,
                                        struct sk_buff **to_free);
        struct sk_buff *        (*dequeue)(struct Qdisc *);
[...]
```

이것이 skb_buff 주소가 enqueue 함수에 대한 첫 번째 인자이고 dequeue 함수의 리턴 값인 이유입니다.

이 Qdisc_ops는 기타 스케줄러를 정의하는 데도 이용합니다. 예를 들어 CBQ qdisc의 경우는 다음과 같습니다(net/sched/sch_cbq.c).

```
static struct Qdisc_ops cbq_qdisc_ops __read_mostly = {
        .next           =       NULL,
        .cl_ops         =       &cbq_class_ops,
        .id             =       "cbq",
        .priv_size      =       sizeof(struct cbq_sched_data),
        .enqueue        =       cbq_enqueue,
        .dequeue        =       cbq_dequeue,
[...]
```

따라서 qdisc-cbq.bt 도구는 qdisc-fq(8)의 fq_enqueue를 cbq_enqueue로, fq_dequeue를 cbq_dequeue로 바꿔서 작성할 수 있습니다. 다음은 일부 qdisc의 대체 함수를 정리한 표입니다.

BPF 도구	Qdisc	enqueue 함수	dequeue 함수
qdisc-cbq.bt	Class Based Queueing	cbq_enqueue()	cbq_dequeue()
qdisc-cbs.bt	Credit Based Shaper	cbs_enqueue()	cbs_dequeue()
qdisc-codel.bt	Controlled-Delay Active Queue Management	codel_qdisc_enqueue()	codel_qdisc_dequeue()
qdisc-fq_codel.bt	Fair Queueing with Controlled Delay	fq_codel_enqueue()	fq_codel_dequeue()
qdisc-red	Random Early Detection	red_enqueue()	red_dequeue()
qdisc-tbf	Token Bucket Filter	tbf_enqueue()	tbf_dequeue()

qdisc의 지연을 보여주기 위해 인자로 qdisc 이름을 받아 bpftrace 프로그램을

빌드하고 실행하는, qdisclat이라는 이름의 bpftrace에 대한 셸 스크립트 래퍼를
연습 삼아 만들어 보세요.

10.3.26 netsize

netsize(8)[43]는 네트워크 장치 계층에서 송신/수신된 패킷의 소프트웨어 세그먼
트 오프로드(GSO 및 GRO) 전과 후, 두 가지 모두의 크기를 보여줍니다. 이 출
력 결과는 패킷들이 송신 전에 어떻게 분할되는지 살펴볼 때 사용할 수 있습니
다. 다음은 바쁜 프로덕션 서버에서의 사례입니다.

```
# netsize.bt
Attaching 5 probes...
Tracing net device send/receive. Hit Ctrl-C to end.
^C

@nic_recv_bytes:
[32, 64)           16291 |@@@@@@@@@@@@@@@@@@@@@@@@@@@@@@@@@@@@@@@@@@@@@@@@@@@@|
[64, 128)            668 |@@                                                |
[128, 256)            19 |                                                  |
[256, 512)            18 |                                                  |
[512, 1K)             24 |                                                  |
[1K, 2K)             157 |                                                  |


@nic_send_bytes:
[32, 64)             107 |                                                  |
[64, 128)            356 |                                                  |
[128, 256)           139 |                                                  |
[256, 512)            31 |                                                  |
[512, 1K)             15 |                                                  |
[1K, 2K)           45850 |@@@@@@@@@@@@@@@@@@@@@@@@@@@@@@@@@@@@@@@@@@@@@@@@@@@@|


@recv_bytes:
[32, 64)           16417 |@@@@@@@@@@@@@@@@@@@@@@@@@@@@@@@@@@@@@@@@@@@@@@@@@@@@|
[64, 128)            688 |@@                                                |
[128, 256)            20 |                                                  |
[256, 512)            33 |                                                  |
[512, 1K)             35 |                                                  |
[1K, 2K)             145 |                                                  |
[2K, 4K)               1 |                                                  |
[4K, 8K)               5 |                                                  |
[8K, 16K)              3 |                                                  |
[16K, 32K)             2 |                                                  |


@send_bytes:
```

---

43 연혁: 이 도구는 2019년 4월 21일에 이 책을 위해 만들었습니다.

```
[32, 64)            107 |@@@                                                    |
[64, 128)           356 |@@@@@@@@@@@                                            |
[128, 256)          139 |@@@@                                                   |
[256, 512)           29 |                                                       |
[512, 1K)            14 |                                                       |
[1K, 2K)            131 |@@@@                                                   |
[2K, 4K)            151 |@@@@@                                                  |
[4K, 8K)            269 |@@@@@@@@                                               |
[8K, 16K)           391 |@@@@@@@@@@@@                                           |
[16K, 32K)         1563 |@@@@@@@@@@@@@@@@@@@@@@@@@@@@@@@@@@@@@@@@@@@@@@@@@@@@@@@@@|
[32K, 64K)          494 |@@@@@@@@@@@@@@@@                                       |
```

이 출력 결과는 NIC에서의 패킷 크기(@nic_recv_bytes, @nic_send_bytes)와
커널 네트워크 스택에 대한 패킷 크기(@recv_bytes, @send_bytes)를 보여줍니
다. 해당 서버가 보통 64바이트 미만의 작은 패킷들을 수신하고 있으며, 대부분
8~64KB 범위 크기의 패킷을 보내고 있음을 보여줍니다(이것은 NIC의 패킷 분
할 이후에 1~2KB 크기가 됩니다). 송신 크기는 아마도 1500MTU일 것입니다.

이 인터페이스는 TSO(TCP segmentation offload)를 지원하지 않기 때문에,
NIC로 보내기 전에 패킷 분할에 GSO를 사용했습니다. TSO가 지원되고 활성화
되었다면 패킷 분할이 나중에 NIC 하드웨어에서 일어나기 때문에, @nic_send_
bytes 히스토그램은 더 큰 크기를 보여주었을 것입니다.

점보 프레임으로 전환하면 패킷 크기와 시스템 스루풋이 증가하겠지만, 데이
터 센터에서 점보 프레임을 활성화함으로 인해 스위치의 메모리를 더 많이 사용
하고 TCP incast 이슈를 악화시키는 등의 문제가 발생할 수도 있습니다.

이 출력 결과는 앞서 살펴본 socksize(8)의 출력 결과와 비교해볼 수 있습니다.

이것은 네트워크 장치 net tracepoint를 트레이싱하고 BPF 맵에 있는 길이 인
자를 요약 정리하면서 작동합니다. 네트워크 I/O가 높은 시스템에서는 오버헤
드가 측정할 수 있는 수준일 수 있습니다.

iptraf-ng(8)라는 리눅스 도구가 있는데, 이 도구 역시 네트워크 패킷 크기에
대한 히스토그램을 보여줍니다. 그렇지만 iptraf-ng(8)는 사용자 공간에서 패킷
스니핑과 패킷을 처리하며 작동합니다. 이 도구는 커널 공간에서 요약 정리하
는 netsize(8)보다 더 많은 CPU 오버헤드를 발생시킵니다. 다음은 로컬 호스트
iperf(1) 벤치마크를 수행하는 동안 각 도구의 CPU 사용량을 검토하는 사례입
니다.

```
# pidstat -p $(pgrep iptraf-ng) 1
Linux 4.15.0-47-generic (lgud-bgregg)    04/22/2019    _x86_64_    (8 CPU)
```

```
11:32:15 AM  UID    PID   %usr %system  %guest   %wait    %CPU CPU Command
11:32:16 AM    0  30825  18.00   74.00    0.00    0.00   92.00   2 iptraf-ng
11:32:17 AM    0  30825  21.00   70.00    0.00    0.00   91.00   1 iptraf-ng
1:32:18  AM    0  30825  21.00   71.00    0.00    1.00   92.00   6 iptraf-ng
[...]
```

```
# pidstat -p $(pgrep netsize) 1
Linux 4.15.0-47-generic (lgud-bgregg)     04/22/2019    _x86_64_      (8 CPU)

11:33:39 AM  UID    PID   %usr %system  %guest   %wait    %CPU CPU Command
11:33:40 AM    0  30776   0.00    0.00    0.00    0.00    0.00   5 netsize.bt
11:33:41 AM    0  30776   0.00    0.00    0.00    0.00    0.00   7 netsize.bt
11:33:42 AM    0  30776   0.00    0.00    0.00    0.00    0.00   1 netsize.bt
[...]
```

iptraf-ng(8)는 패킷 크기를 히스토그램으로 정리하기 위해 CPU의 90% 이상을 소모하는 반면, netsize(8)는 0%를 사용합니다. 여기서는 보이지 않는, 커널에서 처리하는 데 소요된 추가적인 오버헤드가 있긴 하지만, 이 예는 각 접근 방법 간의 중요한 차이점을 강조해서 보여줍니다.

다음은 netsize(8)의 소스 코드입니다.

```
#!/usr/local/bin/bpftrace

BEGIN
{
        printf("Tracing net device send/receive. Hit Ctrl-C to end.\n");
}

tracepoint:net:netif_receive_skb
{
        @recv_bytes = hist(args->len);
}

tracepoint:net:net_dev_queue
{
        @send_bytes = hist(args->len);
}

tracepoint:net:napi_gro_receive_entry
{
        @nic_recv_bytes = hist(args->len);
}

tracepoint:net:net_dev_xmit
{
        @nic_send_bytes = hist(args->len);
}
```

여기서는 송신 경로와 수신 경로를 보기 위해 net tracepoint를 사용합니다.

10.3.27 nettxlat

nettxlat(8)[44]는 네트워크 장치 전송 지연을 보여줍니다. 이 시간은 패킷을 드라이버 계층으로 밀어 넣어 하드웨어의 송신을 위한 TX 링에 대기시키는 시간부터 하드웨어가 패킷 전송이 완료되었다고 커널에 시그널을 보내고(통상 NAPI를 통해), 패킷이 해제될 때까지의 시간을 의미합니다. 다음은 부하가 큰 프로덕션 엣지 서버에서 가져온 사례입니다.

```
# nettxlat.bt
Attaching 4 probes...
Tracing net device xmit queue latency. Hit Ctrl-C to end.
^C

@us:
[4, 8)              2230 |                                                    |
[8, 16)           150679 |@@@@@@@@@@@@@@@@@@@@@@@@@@@@                         |
[16, 32)          275351 |@@@@@@@@@@@@@@@@@@@@@@@@@@@@@@@@@@@@@@@@@@@@@@@@@@@@@@|
[32, 64)           59898 |@@@@@@@@@@@                                         |
[64, 128)          27597 |@@@@@                                               |
[128, 256)           276 |                                                    |
[256, 512)             9 |                                                    |
[512, 1K)              3 |                                                    |
```

이것은 장치 대기 시간이 128마이크로초보다 통상 빨랐음을 보여줍니다.

다음은 nettxlat(8)의 소스 코드입니다.

```
#!/usr/local/bin/bpftrace

BEGIN
{
        printf("Tracing net device xmit queue latency. Hit Ctrl-C to end.\n");
}

tracepoint:net:net_dev_start_xmit
{
        @start[args->skbaddr] = nsecs;
}

tracepoint:skb:consume_skb
/@start[args->skbaddr]/
{
        @us = hist((nsecs - @start[args->skbaddr]) / 1000);
        delete(@start[args->skbaddr]);

}

tracepoint:net:net_dev_queue
```

---

44 연혁: 이 도구는 2019년 4월 21일에 이 책을 위해 만들었습니다.

```
{
        // 타임스탬프 재사용 방지
        delete(@start[args->skbaddr]);
}

END
{
        clear(@start);
}
```

이것은 net:net_dev_start_xmit tracepoint를 통해 패킷이 장치 큐로 전달된 시간부터 skb:consume_skb tracepoint를 통해 패킷이 해제되는 시간을 측정하며 작동하는데, 해제는 장치가 패킷의 송신을 완료했을 때 일어납니다.

패킷이 통상적인 skb:consume_skb 경로를 통과하지 않는 일부 극단적인 경우가 있습니다. 이 경우 저장된 타임스탬프가 이후의 sk_buff에 의해 재사용되어 히스토그램에서 지연 극단값이 나타나는 문제가 발생할 수 있습니다. 이러한 문제는 net:net_dev_queue에서 타임스탬프를 삭제하여 재사용되지 못하도록 하여 해결했습니다.

이 도구를 장치 이름별로 세분화하는 사례를 살펴보기 위해 다음 라인을 수정했으며, nettxlat(8)의 이름을 nettxlat-dev(8)로 변경하였습니다.

```
[...]
#include <linux/skbuff.h>
#include <linux/netdevice.h>
[...]
tracepoint:skb:consume_skb
/@start[args->skbaddr]/
{
        $skb = (struct sk_buff *)args->skbaddr;
        @us[$skb->dev->name] = hist((nsecs - @start[args->skbaddr]) / 1000);
[...]
```

그 출력 결과는 다음과 같습니다.

```
# nettxlat-dev.bt
Attaching 4 probes...
Tracing net device xmit queue latency. Hit Ctrl-C to end.
^C

@us[eth0]:
[4, 8)               65 |                                                    |
[8, 16)            6438 |@@@@@@@@@@@@@@@@@@@@@@@@@@@@@@@                      |
[16, 32)          10899 |@@@@@@@@@@@@@@@@@@@@@@@@@@@@@@@@@@@@@@@@@@@@@@@@@@@@@@|
[32, 64)           2265 |@@@@@@@@@@                                          |
[64, 128)           977 |@@@@                                                |
[...]
```

이 서버는 eth0만 있지만, 다른 인터페이스가 사용되었다면 각각에 대한 별도의
히스토그램이 출력됩니다.

이러한 변경은 단순히 tracepoint와 tracepoint의 인자만을 사용하는 대신 현
재 구조체의 내부를 참조하기 때문에 도구의 안정성을 떨어뜨린다는 점에 주의
하십시오.

10.3.28 skbdrop

skbdrop(8)[45]은 통상적이지 않은 skb 드롭 이벤트를 트레이싱하며, 트레이싱하
는 동안의 네트워크 카운터와 함께 이벤트들의 커널 스택을 보여줍니다. 다음은
프로덕션 서버에서 이 도구를 실행한 사례입니다.

```
# bpftrace --unsafe skbdrop.bt
Attaching 3 probes...
Tracing unusual skb drop stacks. Hit Ctrl-C to end.
^C
#kernel
IpInReceives                28717              0.0
IpInDelivers                28717              0.0
IpOutRequests               32033              0.0
TcpActiveOpens              173                0.0
TcpPassiveOpens             278                0.0
[...]
TcpExtTCPSackMerged         1                  0.0
TcpExtTCPSackShiftFallback  5                  0.0
TcpExtTCPDeferAcceptDrop    278                0.0
TcpExtTCPRcvCoalesce        3276               0.0
TcpExtTCPAutoCorking        774                0.0
[...]

[...]
@[
    kfree_skb+118
    skb_release_data+171
    skb_release_all+36
    __kfree_skb+18
    tcp_recvmsg+1946
    inet_recvmsg+81
    sock_recvmsg+67
    SYSC_recvfrom+228
]: 50
@[
    kfree_skb+118
    sk_stream_kill_queues+77
    inet_csk_destroy_sock+89
    tcp_done+150
```

---

45 연혁: 이 도구는 2019년 4월 21일에 이 책을 위해 만들었습니다.

```
        tcp_time_wait+446
        tcp_fin+216
        tcp_data_queue+1401
        tcp_rcv_state_process+1501
]: 142
@[
        kfree_skb+118
        tcp_v4_rcv+361
        ip_local_deliver_finish+98
        ip_local_deliver+111
        ip_rcv_finish+297
        ip_rcv+655
        __netif_receive_skb_core+1074
        __netif_receive_skb+24
]: 276
```

먼저 트레이싱하는 동안의 네트워크 카운터 증가를 보여주고, 그 다음에는 비교를 위해 skb 드롭에 대한 스택 트레이스와 집계 횟수를 보여줍니다. 가장 빈번한 드롭 경로는 tcp_v4_rcv()를 통한 것으로, 276회의 드롭이 발생했음을 알 수 있습니다. 네트워크 카운터도 유사한 집계를 보여주는데, TcpPassiveOpens와 TcpExtTCPDeferAcceptDrop이 278회 발생하였습니다(약간 더 높은 숫자가 나온 것은 이들 카운터를 불러오는 데 추가 시간이 필요했기 때문인 것으로 볼 수 있습니다). 이 두 숫자가 유사한 점을 통해 해당 이벤트들이 모두 관련이 있음을 알 수 있습니다.

이것은 skb:kfree_skb tracepoint를 계측하며 작동하며, 트레이싱하는 동안 네트워크 통계를 집계하기 위해 nstat(8) 도구를 자동으로 실행합니다. 이 도구가 제대로 동작하기 위해서는 iproute2 패키지 안에 있는 nstat(8)를 설치해야 합니다.

skb:kfree_skb tracepoint는 skb:consume_skb와 쌍을 이룹니다. consume_skb tracepoint는 정상적인 skb 소모 코드 경로에 대해서 호출되며, kfree_skb는 조사할 가치가 있는 기타 특이한 이벤트에 대해서 호출됩니다.

다음은 skbdrop(8)의 소스 코드입니다.

```
#!/usr/local/bin/bpftrace

BEGIN
{
        printf("Tracing unusual skb drop stacks. Hit Ctrl-C to end.\n");
        system("nstat > /dev/null");
}

tracepoint:skb:kfree_skb
{
```

```
        @[kstack(8)] = count();
}

END
{
        system("nstat; nstat -rs > /dev/null");
}
```

이 도구는 BEGIN 동작에서 nstat(8) 카운터를 0으로 설정한 다음 END 동작에서 nstat(8)를 다시 사용해 해당 인터벌 동안의 집계를 출력하고, nstat(8)를 원래상태로(-rs) 되돌립니다. 이것은 트레이싱하는 동안 nstat(8)의 다른 사용자에게 지장을 줄 것입니다. system()을 사용하기 때문에 이것을 실행하기 위해서는 bpftrace --unsafe 옵션이 필요합니다.

10.3.29 skblife

skblife(8)[46]는 커널 네트워크 스택 사이에서 패킷을 전달하는 데 사용되는 객체인 sk_buff(skb)의 수명을 측정합니다. 이 객체의 수명을 측정하면 록을 기다리는 패킷이 있는지 등 네트워크 스택 내의 지연 여부를 확인할 수 있습니다. 다음은 바쁜 프로덕션 서버에서 가져온 사례입니다.

```
# skblife.bt
Attaching 6 probes...
^C

@skb_residency_nsecs:
[1K, 2K)            163 |                                                    |
[2K, 4K)            792 |@@@                                                 |
[4K, 8K)           2591 |@@@@@@@@@@                                          |
[8K, 16K)          3022 |@@@@@@@@@@@@                                        |
[16K, 32K)        12695 |@@@@@@@@@@@@@@@@@@@@@@@@@@@@@@@@@@@@@@@@@@@@@@@@@@@@@@|
[32K, 64K)        11025 |@@@@@@@@@@@@@@@@@@@@@@@@@@@@@@@@@@@@@@@@@@@@@@@       |
[64K, 128K)        3277 |@@@@@@@@@@@@@                                       |
[128K, 256K)       2954 |@@@@@@@@@@@@                                        |
[256K, 512K)       1608 |@@@@@@                                              |
[512K, 1M)         1594 |@@@@@@                                              |
[1M, 2M)            583 |@@                                                  |
[2M, 4M)            435 |@                                                   |
[4M, 8M)            317 |@                                                   |
[8M, 16M)           104 |                                                    |
[16M, 32M)           10 |                                                    |
[32M, 64M)           12 |                                                    |
[64M, 128M)           1 |                                                    |
[128M, 256M)          1 |                                                    |
```

---

46 연혁: 이 도구는 2019년 4월 4일에 이 책을 위해 만들었습니다.

이 출력 결과는 sk_buffs의 수명이 대부분 16~64마이크로초 사이였음을 보여주지만, 128~256마이크로초 버킷에 이르는 극단값들도 있습니다. 지연이 큐 지연 때문인지 확인하기 위해 앞서 살펴본 큐 지연 도구 등의 다른 도구를 사용해서 더 심도 있게 조사할 수 있습니다.

이 도구는 언제 sk_buffs가 할당되고 해제되는지 알아내기 위해 커널 슬래브 캐시 할당을 트레이싱하며 작동합니다. 할당은 아주 빈번할 수 있어 아주 바쁜 시스템에서는 눈에 띄거나 상당한 수준의 오버헤드를 유발할 수 있습니다. 장기 모니터링보다는 단기 분석에 사용하는 것이 적합합니다.

다음은 skblife(8)의 소스 코드입니다.

```
#!/usr/local/bin/bpftrace

kprobe:kmem_cache_alloc,
kprobe:kmem_cache_alloc_node
{
        $cache = arg0;
        if ($cache == *kaddr("skbuff_fclone_cache") ||
            $cache == *kaddr("skbuff_head_cache")) {
                @is_skb_alloc[tid] = 1;
        }
}

kretprobe:kmem_cache_alloc,
kretprobe:kmem_cache_alloc_node
/@is_skb_alloc[tid]/
{
        delete(@is_skb_alloc[tid]);
        @skb_birth[retval] = nsecs;
}

kprobe:kmem_cache_free
/@skb_birth[arg1]/
{
        @skb_residency_nsecs = hist(nsecs - @skb_birth[arg1]);
        delete(@skb_birth[arg1]);
}

END
{
        clear(@is_skb_alloc);
        clear(@skb_birth);
}
```

여기서는 kmem_cache_alloc() 함수를 계측하고, 이것이 sk_buff 캐시인지 확인하기 위해 cache 인자를 검사합니다. 맞다면 kretprobe에서 타임스탬프가 sk_buff 주소와 연계해서 저장되고, 나중에 kmem_cache_free()에서 이 시간이 조회됩니다.

이 접근 방법에는 몇 가지 주의 사항이 있는데, sk_buffs는 GSO에서 다른 sk_buffs로 분할되거나, GRO에서 다른 sk_buffs로 합쳐질 수 있습니다. TCP 역시 sk_buffs를 합칠 수 있습니다(tcp_try_coalesce()). 이것이 의미하는 바는 sk_buffs의 수명을 측정할 수는 있지만, (분할되거나 합쳐지지 않은) 완전한 패킷의 수명은 실제보다 낮게 집계될 수 있음을 의미합니다.이 도구는 이들 코드 경로를 모두 계산에 고려하도록 개선할 수 있습니다. 분할이나 병합으로 인해 새로운 sk_buffs가 만들어질 때마다 기존의 sk_buffs 생성 타임스탬프를 복사해 넣어 최초의 생성 타임스탬프를 유지하도록 하면 됩니다.

이 도구는(sk_buffs뿐만 아니라) 모든 kmem 캐시 할당과 해제 호출에 kprobe 오버헤드를 부가하기 때문에, 오버헤드는 상당할 것입니다. 향후에는 이러한 오버헤드를 감소시킬 방법이 있을 것입니다. 커널에는 이미 skb:consume_skb와 skb:free_skb tracepoint가 있습니다. skb 할당 tracepoint가 추가된다면 트레이싱에 tracepoint를 대신 사용할 수 있고, sk_buff에 대한 할당만으로 오버헤드를 줄일 수 있습니다.

10.3.30 ieee80211scan

ieee80211scan(8)[47]은 IEEE 802.11 WiFi 스캐닝을 트레이싱합니다. 예를 들면 다음과 같습니다.

```
# ieee80211scan.bt
Attaching 5 probes...
Tracing ieee80211 SSID scans. Hit Ctrl-C to end.
13:55:07 scan started (on-CPU PID 1146, wpa_supplicant)
13:42:11 scanning channel 2GHZ freq 2412: beacon_found 0
13:42:11 scanning channel 2GHZ freq 2412: beacon_found 0
13:42:11 scanning channel 2GHZ freq 2412: beacon_found 0
[...]
13:42:13 scanning channel 5GHZ freq 5660: beacon_found 0
13:42:14 scanning channel 5GHZ freq 5785: beacon_found 1
13:42:14 scanning channel 5GHZ freq 5785: beacon_found 1
13:42:14 scanning channel 5GHZ freq 5785: beacon_found 1
13:42:14 scanning channel 5GHZ freq 5785: beacon_found 1
13:42:14 scanning channel 5GHZ freq 5785: beacon_found 1
13:42:14 scan completed: 3205 ms
```

---

47 연혁: 이 도구는 2019년 4월 23일에 이 책을 위해 만들었습니다. 필자가 WiFi 스캐닝 트레이싱 도구를 처음 만든 것은 필요에 의해서였습니다. 2004년에 한 호텔에 묵었을 때 랩톱에 WiFi가 연결되지 않았고 왜 그런지 에러 메시지도 없었습니다. 필자는 DTrace를 사용하는 유사한 스캐닝 도구를 만들었지만 공개하지는 않았습니다.

위의 예는 다양한 채널과 주파수 사이를 스캔하는 wpa_supplicant 프로세스에
의해 스캔이 시작되었음을 보여줍니다. 해당 스캔에는 3205ms가 소요되었습니
다. 이것은 WiFi 문제를 디버깅하는 데 유용한 정보를 제공합니다.

이것은 ieee80211 스캔 루틴을 계측하면서 작동합니다. 이들 루틴은 빈번하
지 않을 것이기 때문에 오버헤드는 무시할 수 있는 수준입니다.

다음은 ieee80211scan(8)의 소스 코드입니다.

```
#!/usr/local/bin/bpftrace

#include <net/mac80211.h>

BEGIN
{
        printf("Tracing ieee80211 SSID scans. Hit Ctrl-C to end.\n");
        // from include/uapi/linux/nl80211.h:
        @band[0] = "2GHZ";
        @band[1] = "5GHZ";
        @band[2] = "60GHZ";
}

kprobe:ieee80211_request_scan
{
        time("%H:%M:%S ");
        printf("scan started (on-CPU PID %d, %s)\n", pid, comm);
        @start = nsecs;
}

kretprobe:ieee80211_get_channel
/retval/
{
        $ch = (struct ieee80211_channel *)retval;
        $band = 0xff & *retval; // $ch->band; workaround for #776
        time("%H:%M:%S ");
        printf("scanning channel %s freq %d: beacon_found %d\n",
            @band[$band], $ch->center_freq, $ch->beacon_found);
}

kprobe:ieee80211_scan_completed
/@start/
{
        time("%H:%M:%S ");
        printf("scan compeleted: %d ms\n", (nsecs - @start) / 1000000);
        delete(@start);
}

END
{
        clear(@start); clear(@band);
}
```

스캐닝하는 동안에 사용된 여러 가지 플래그와 세팅을 보여주기 위해 더 많은 정보를 추가할 수 있습니다. WiFi 스캔은 한번에 단 하나만의 스캔이 진행될 것이라고 생각하여, 이 도구에서는 전역 @start 타임스탬프를 사용하였습니다. 여러 스캔이 동시에 진행 중일 수 있다면, 각 스캔에 대해 타임스탬프를 연관 짓기 위한 키를 필요로 할 것입니다.

10.3.31 기타 도구

다음은 언급할 필요가 있는 기타 BPF 도구들입니다.

- solisten(8): 소켓 listen 호출을 세부 정보와 함께 출력하는 BCC 도구[48]
- tcpstates(8): 각 TCP 세션 상태 변화에 대한 결과를 한 줄로 출력하는 BCC 도구로, IP 주소와 포트 세부 정보, 그리고 각 상태에서의 지속 시간도 함께 출력합니다.
- tcpdrop(8): 커널 tcp_drop() 함수가 드롭한 패킷에 대한 IP 주소 및 TCP 상태 세부 정보, 그리고 커널 스택 트레이스를 출력하는 BCC와 bpftrace 도구
- sofdsnoop(8): 유닉스 소켓을 통과한 파일 디스크립터를 트레이싱하는 BCC 도구
- profile(8): 커널 스택 트레이스를 샘플링하면 네트워크 코드 경로에서 소요된 시간을 수치화할 수 있습니다(6장 참고).
- hardirqs(8)와 softirqs(8): 하드 인터럽트/소프트 인터럽트에서 소모된 시간을 측정하는 데 사용할 수 있습니다(6장 참고).
- filetype(8): vfs_read()와 vfs_write()를 트레이싱하며 아이노드를 통해 어느 것이 소켓 읽기, 쓰기인지 알아낼 수 있습니다(8장 참고).

다음은 tcpstates(8)의 출력 사례입니다.

```
# tcpstates
SKADDR          C-PID C-COMM LADDR    LPORT RADDR      RPORT OLDSTATE ->
NEWSTATE    MS
ffff88864fd55a00 3294  record 127.0.0.1 0     127.0.0.1  28527 CLOSE    -> SYN_SENT
0.00
ffff88864fd55a00 3294  record 127.0.0.1 0     127.0.0.1  28527 SYN_SENT ->
ESTABLISHED 0.08
ffff88864fd56300 3294  record 127.0.0.1 0     0.0.0.0    0     LISTEN   -> SYN_
RECV    0.00
[...]
```

---

48 solisten(8)은 2016년 5월 4일에 장-티아흐 르 비고(Jean-Tiare Le Bigot)가 추가했습니다.

이 도구는 sock:inet_sock_set_state tracepoint를 사용합니다.

10.4 BPF 원 라이너

이번 절에서는 BCC와 bpftrace 원 라이너를 살펴봅니다. 가능한 경우, BCC와 bpftrace 두 가지를 모두 사용해서 동일한 원 라이너를 구현했습니다.

10.4.1 BCC

실패한 소켓 connect(2)를 오류 코드별로 집계합니다.

```
argdist -C 't:syscalls:sys_exit_connect():int:args->ret:args->ret<0'
```

소켓 connect(2)를 사용자 스택 트레이스별로 집계합니다.

```
stackcount -U t:syscalls:sys_enter_connect
```

TCP 송신 바이트 크기를 히스토그램으로 보여줍니다.

```
argdist -H 'p::tcp_sendmsg(void *sk, void *msg, int size):int:size'
```

TCP 수신 바이트 크기를 히스토그램으로 보여줍니다.

```
argdist -H 'r::tcp_recvmsg():int:$retval:$retval>0'
```

모든 TCP 함수를 집계합니다(TCP에 높은 오버헤드 부가).

```
funccount 'tcp_*'
```

UDP 송신 바이트 크기를 히스토그램으로 보여줍니다.

```
argdist -H 'p::udp_sendmsg(void *sk, void *msg, int size):int:size'
```

UDP 수신 바이트 크기를 히스토그램으로 보여줍니다.

```
argdist -H 'r::udp_recvmsg():int:$retval:$retval>0'
```

모든 UDP 함수를 집계합니다(UDP에 높은 오버헤드 부가).

```
funccount 'udp_*'
```

송신 스택 트레이스를 집계합니다.

```
stackcount t:net:net_dev_xmit
```

ieee80211 계층 함수를 집계합니다(패킷에 높은 오버헤드 부가).

```
funccount 'ieee80211_*'
```

모든 ixgbevf 장치 드라이버 함수를 집계합니다(ixgbevf에 높은 오버헤드 부가).

```
funccount 'ixgbevf_*'
```

10.4.2 bpftrace

소켓 accept(2)를 PID와 프로세스 이름별로 집계합니다.

```
bpftrace -e 't:syscalls:sys_enter_accept* { @[pid, comm] = count(); }'
```

소켓 connect(2)를 PID와 프로세스 이름별로 집계합니다.

```
bpftrace -e 't:syscalls:sys_enter_connect { @[pid, comm] = count(); }'
```

실패한 소켓connect(2)를 프로세스 이름, 오류 코드별로 집계합니다.

```
bpftrace -e 't:syscalls:sys_exit_connect /args->ret < 0/ { @[comm, - args->ret] =
    count(); }'
```

소켓connect(2)를 사용자 스택 트레이스별로 집계합니다.

```
bpftrace -e 't:syscalls:sys_enter_connect { @[ustack] = count(); }'
```

소켓 송신/수신을 on-CPU PID, 그리고 프로세스 이름별로 집계합니다.[49]

```
bpftrace -e 'k:sock_sendmsg,k:sock_recvmsg { @[func, pid, comm] = count(); }'
```

소켓 송신/수신 바이트 크기를 on-CPU PID와 프로세스 이름별로 집계합니다.

```
bpftrace -e 'kr:sock_sendmsg,kr:sock_recvmsg /(int32)retval > 0/ { @[pid, comm] =
    sum((int32)retval); }'
```

TCP 연결을 on-CPU PID와 프로세스 이름별로 집계합니다.

```
bpftrace -e 'k:tcp_v*_connect { @[pid, comm] = count(); }'
```

TCP 연결 수락을 on-CPU PID와 프로세스 이름별로 집계합니다.

```
`bpftrace -e 'k:inet_csk_accept { @[pid, comm] = count(); }'
```

TCP 송신/수신을 집계합니다.

```
bpftrace -e 'k:tcp_sendmsg,k:tcp*recvmsg { @[func] = count(); }'
```

---

[49] 앞에서 다룬 소켓 시스템 콜은 프로세스 컨텍스트 안에서 발생했기 때문에 PID와 comm을 신뢰할 수 있습니다. 여기서 계측되는 kprobe는 커널 속 더 깊이 있으며, 이들 연결에 대한 프로세스 엔드포인트는 현재 CPU상에 없을 수 있습니다. 이것은 bpftrace가 보여주는 pid와 comm은 관련이 없을 수도 있음을 의미합니다. 이것들은 일반적으로 제대로 동작하지만, 언제나 그런 것은 아닙니다.

TCP 송신/수신을 on-CPU PID와 프로세스 이름별로 집계합니다.

```
bpftrace -e 'k:tcp_sendmsg,k:tcp_recvmsg { @[func, pid, comm] = count(); }'
```

TCP 송신 바이트 크기를 히스토그램으로 보여줍니다.

```
bpftrace -e 'k:tcp_sendmsg { @send_bytes = hist(arg2); }'
```

TCP 수신 바이트 크기를 히스토그램으로 보여줍니다.

```
bpftrace -e 'kr:tcp_recvmsg /retval >= 0/ { @recv_bytes = hist(retval); }'
```

TCP 재전송을 유형, 원격 호스트별로 집계합니다(IPv4라 가정).

```
bpftrace -e 't:tcp:tcp_retransmit_* { @[probe, ntop(2, args->saddr)] = count(); }'
```

모든 TCP 함수를 집계합니다(TCP에 높은 오버헤드 부가).

```
bpftrace -e 'k:tcp_* { @[func] = count(); }'
```

UDP 송신/수신을 on-CPU PID와 프로세스 이름별로 집계합니다.

```
bpftrace -e 'k:udp*_sendmsg,k:udp*_recvmsg { @[func, pid, comm] = count(); }'
```

UDP 송신 바이트 크기를 히스토그램으로 보여줍니다.

```
bpftrace -e 'k:udp_sendmsg { @send_bytes = hist(arg2); }'
```

UDP 수신 바이트 크기를 히스토그램으로 보여줍니다.

```
bpftrace -e 'kr:udp_recvmsg /retval >= 0/ { @recv_bytes = hist(retval); }'
```

모든UDP 함수를 집계합니다(UDP에 높은 오버헤드 부가).

```
bpftrace -e 'k:udp_* { @[func] = count(); }'
```

송신 커널 스택 트레이스를 집계합니다.

```
bpftrace -e 't:net:net_dev_xmit { @[kstack] = count(); }'
```

각 장치 수신에 대한 CPU 히스토그램을 보여줍니다.

```
bpftrace -e 't:net:netif_receive_skb { @[str(args->name)] = lhist(cpu, 0, 128, 1); }'
```

ieee80211 계층 함수를 집계합니다(패킷에 높은 오버헤드 부가).

```
bpftrace -e 'k:ieee80211_* { @[func] = count()'
```

모든 ixgbevf 장치 드라이버 함수를 집계합니다(ixgbevf에 높은 오버헤드 부가).

```
bpftrace -e 'k:ixgbevf_* { @[func] = count(); }'
```

모든 iwl 장치 드라이버 tracepoint를 집계합니다(iwl에 높은 오버헤드 부가).

```
bpftrace -e 't:iwlwifi:*,t:iwlwifi_io:* { @[probe] = count(); }'
```

10.4.3 BPF 원 라이너 사례

앞서 각각의 도구를 살펴보면서 한 것처럼, 몇 가지 샘플 출력 결과를 통해 살펴 보면 원 라이너를 분명히 이해하는 데 유용합니다.

송신 커널 스택 트레이스 집계

```
# bpftrace -e 't:net:net_dev_xmit { @[kstack] = count(); }'
Attaching 1 probe...
^C
[...]

@[
    dev_hard_start_xmit+945
    sch_direct_xmit+882
    __qdisc_run+1271
    __dev_queue_xmit+3351
    dev_queue_xmit+16
    ip_finish_output2+3035
    ip_finish_output+1724
    ip_output+444
    ip_local_out+117
    __ip_queue_xmit+2004
    ip_queue_xmit+69
    __tcp_transmit_skb+6570
    tcp_write_xmit+2123
    __tcp_push_pending_frames+145
    tcp_rcv_established+2573
    tcp_v4_do_rcv+671
    tcp_v4_rcv+10624
    ip_protocol_deliver_rcu+185
    ip_local_deliver_finish+386
    ip_local_deliver+435
    ip_rcv_finish+342
    ip_rcv+212
    __netif_receive_skb_one_core+308
    __netif_receive_skb+36
    netif_receive_skb_internal+168
    napi_gro_receive+953
    ena_io_poll+8375
    net_rx_action+1750
    __do_softirq+558
```

```
        irq_exit+348
        do_IRQ+232
        ret_from_intr+0
        native_safe_halt+6
        default_idle+146
        arch_cpu_idle+21
        default_idle_call+59
        do_idle+809
        cpu_startup_entry+29
        start_secondary+1228
        secondary_startup_64+164
]: 902
@[
        dev_hard_start_xmit+945
        sch_direct_xmit+882
        __qdisc_run+1271
        __dev_queue_xmit+3351
        dev_queue_xmit+16
        ip_finish_output2+3035
        ip_finish_output+1724
        ip_output+444
        ip_local_out+117
        __ip_queue_xmit+2004
        ip_queue_xmit+69
        __tcp_transmit_skb+6570
        tcp_write_xmit+2123
        __tcp_push_pending_frames+145
        tcp_push+1209
        tcp_sendmsg_locked+9315
        tcp_sendmsg+44
        inet_sendmsg+278
        sock_sendmsg+188
        sock_write_iter+740
        __vfs_write+1694
        vfs_write+341
        ksys_write+247
        __x64_sys_write+115
        do_syscall_64+339
        entry_SYSCALL_64_after_hwframe+68
]: 10933
```

이 원 라이너는 여러 페이지의 출력을 만들어냈는데, 여기에는 마지막 두 개의 스택 트레이스만 가져왔습니다. 마지막 스택 트레이스는 write(2) 시스템 콜이 VFS, 소켓, TCP, IP, 네트워크 장치를 통과하고 다음에는 그 드라이버로 송신을 시작하고 있음을 보여줍니다. 이것은 애플리케이션에서 장치 드라이버까지의 스택을 보여주고 있습니다.

첫 번째 스택 트레이스는 훨씬 더 흥미롭습니다. 이것은 인터럽트를 수신하고 있는 유휴 스레드로 시작해서 net_rx_action() softirq를 실행하고, 이어서 ena

드라이버의 ena_io_poll()과 NAPI(new API) 네트워크 인터페이스 경로를, 다음으로 IP와 tcp_rcv_established()를, 그리고 뒤이어 __tcp_push_pending_ frames()를 실행하고 있습니다. 실제 코드 경로는 tcp_rcv_established()-〉 tcp_data_snd_check()-〉tcp_push_pending_ frames()-〉tcp_push_pending_ frames()입니다. 그렇지만 중간에 있는 두 개의 함수는 크기가 작고 컴파일러에 의해 인라인되어서 스택 트레이스에는 확인되지 않습니다. 실제로 이 스택 트레이스에서 일어나고 있는 일은 TCP가 수신 코드 경로 중에서 대기 중인 송신을 확인하고 있다는 것입니다.

모든 ixgbevf 장치 드라이버 함수를 집계하기(ixgbevf에 높은 오버헤드 부가)

```
# bpftrace -e 'k:ixgbevf_* { @[func] = count(); }'
Attaching 116 probes...
^C

@[ixgbevf_get_link_ksettings]: 2
@[ixgbevf_get_stats]: 2
@[ixgbevf_obtain_mbx_lock_vf]: 2
@[ixgbevf_read_mbx_vf]: 2
@[ixgbevf_service_event_schedule]: 3
@[ixgbevf_service_task]: 3
@[ixgbevf_service_timer]: 3
@[ixgbevf_check_for_bit_vf]: 5
@[ixgbevf_check_for_rst_vf]: 5
@[ixgbevf_check_mac_link_vf]: 5
@[ixgbevf_update_stats]: 5
@[ixgbevf_read_reg]: 21
@[ixgbevf_alloc_rx_buffers]: 36843
@[ixgbevf_features_check]: 37842
@[ixgbevf_xmit_frame]: 37842
@[ixgbevf_msix_clean_rings]: 66417
@[ixgbevf_poll]: 67013
@[ixgbevf_maybe_stop_tx]: 75684
@[ixgbevf_update_itr.isra.39]: 132834
```

이들 kprobe를 사용해서 네트워크 장치 드라이버가 작동하는 내부 구조를 상세하게 조사할 수 있습니다. 다음의 사례에서 볼 수 있는 것처럼, 해당 드라이버가 tracepoint를 지원하는지 꼭 확인합시다.

모든 iwl 장치 드라이버 tracepoint 집계하기(iwl에 높은 오버헤드 부가)

```
# bpftrace -e 't:iwlwifi:*,t:iwlwifi_io:* { @[probe] = count(); }'
Attaching 15 probes...
^C
```

```
@[tracepoint:iwlwifi:iwlwifi_dev_hcmd]: 39
@[tracepoint:iwlwifi_io:iwlwifi_dev_irq]: 3474
@[tracepoint:iwlwifi:iwlwifi_dev_tx]: 5125
@[tracepoint:iwlwifi_io:iwlwifi_dev_iowrite8]: 6654
@[tracepoint:iwlwifi_io:iwlwifi_dev_ict_read]: 7095
@[tracepoint:iwlwifi:iwlwifi_dev_rx]: 7493
@[tracepoint:iwlwifi_io:iwlwifi_dev_iowrite32]: 19525
```

이 원 라이너는 iwl tracepoint의 여러 그룹 중 두 가지만 보여주고 있습니다.

10.5 선택 연습 문제

특별히 언급하지 않는 한, 다음 문제는 bpftrace 또는 BCC를 사용해서 완성할 수 있습니다.

1. connect(2)와 accept(2)(그리고 변형들)에서부터 해당 소켓 파일 디스크립터에 대한 close(2)까지의 세션별 지속 시간을 출력하는 solife(8) 도구를 작성하세요. tcplife(8)와 유사할 수 있지만, 완전히 동일한 필드를 필요로 하지는 않습니다(일부 필드는 다른 것보다 가져오기가 더 어렵습니다).

2. TCP 바인드 이벤트의 이벤트별 트레이싱을 위한 도구인 tcpbind(8)를 작성하세요.

3. tcpwin.bt가 'retrans' 이벤트 유형을 식별하도록 확장하고, 소켓 주소와 시간을 확인하기 위한 필드를 추가하세요.

4. tcpwin.bt가 'new' 이벤트 유형을 식별하도록 확장하고, 소켓 주소, 시간, IP 주소, 그리고 TCP 포트를 필드로 가지도록 하세요. 이것은 TCP 세션이 수립 상태에 도달할 때 출력되어야 합니다.

5. 연결 세부 정보를 DOT 포맷으로 출력하도록 tcplife(8)를 수정하고, 그 다음에는 그래프 작성 소프트웨어를 사용해서 그래프로 그려보세요(예: GraphViz).

6. tcplife(8)과 유사하게 UDP 연결의 수명을 보여주는 udplife(8)를 개발하세요.

7. 아웃바운드 CE 이벤트를 계측하도록 ipecn.bt를 확장하세요(IPv6 포함). CE 이벤트는 qdisc 계층에서 netem qdisc를 사용함으로써 발생시킬 수 있습니다. 다음의 예시 명령어는 현재 eth0상의 qdisc가 1% 비율로 ECN CE 이벤트를 발생시키도록 변경합니다.

```
tc qdisc replace dev eth0 root netem loss 1% ecn
```

개발 도중에 이 qdisc를 사용한다면, IP보다 더 낮은 레벨에서 CE 이벤트를 삽입한다는 점에 유의해야 합니다. 여러분이 만약 ip_output()을 트레이싱 했다고 가정하면, CE 이벤트는 나중에 추가되기 때문에 확인이 불가할 수 있습니다.

8. (고급) TCP 왕복 시간을 호스트별로 보여주는 도구를 개발하세요. 이 도구는 호스트별 평균 RTT, 혹은 호스트별 RTT 히스토그램을 보여줄 수 있어야 합니다. 해당 도구는 시퀀스 번호별 송신 패킷의 시간을 측정하고 이것을 ACK의 타임스탬프에 연관시키거나, struct tcp_sock->rtt_min을 사용하거나, 아니면 또 다른 접근 방법을 사용해야 합니다. 만일 첫 번째 접근 방법을 사용한다면 TCP 헤더는 struct sk_buff 구조체 포인터를 $skb로 해서 다음과 같이 읽을 수 있습니다(bpftrace를 사용해서).

```
$tcph = (struct tcphdr *)($skb->head + $skb->transport_header);
```

9. (고급, 미해결) ARP 또는 IPv6의 이웃 탐색(neighbor discovery) 지연을 이벤트별 혹은 히스토그램으로 보여주는 도구를 개발하세요.

10. (고급, 미해결) (사용 가능하든가 필요한 경우) GRO, GSO, tcp_try_coalesce(), skb_split(), skb_append(), skb_insert() 등과, 그것의 수명 동안 sk_buff을 수정하는 기타 이벤트를 다루면서 전체 sk_buff 수명을 보여주는 도구를 개발하세요. 이 도구는 skblife(8)보다 훨씬 더 복잡할 것입니다.

11. (고급, 미해결) sk_buff 수명((9)부터)을 컴포넌트나 대기 상태로 세분화하는 도구를 개발하세요.

12. (고급, 미해결) TCP pacing으로 인해 야기되는 지연을 보여주는 도구를 개발하세요.

13. (고급, 미해결) BQL(byte queue limit) 지연을 보여주는 도구를 개발하세요.

10.6 정리

이번 장에서는 리눅스 네트워크 스택의 특징과 기존 도구인 netstat(8), sar(1), ss(8), tcpdump(8)를 사용해서 네트워크 스택을 분석하는 방법을 정리하였습니다. 또 소켓 계층, TCP, UDP, ICMP, qdiscs, 네트워크 드라이버 큐, 그리고 네트워크 장치 드라이버의 관측가능성을 확장하기 위해 BPF 도구를 사용했습니다. 이러한 관측가능성에는 새 연결의 효율적인 관측, 새 연결의 수명, 연결과 첫 번째 바이트 지연, SYN 백로그 큐 크기, TCP 재전송, 그리고 여러 가지 기타 이벤트 표시가 포함됩니다.

11장

보안

이번 장에서는 BPF의 보안과 보안 분석을 위한 BPF에 대해 개괄합니다. 또한 보안과 성능 관측가능성, 두 가지 모두에 유용한 다양한 도구를 제공합니다. 이 도구들을 사용해서 침입을 탐지하고, 일반 실행 파일과 특별 권한 사용에 대한 화이트리스트를 작성하며, 보안 정책을 적용할 수 있습니다.

학습 목표

- BPF 보안 분석에 대한 활용 사례 이해하기
- 악성 소프트웨어를 탐지하기 위해 새로운 프로세스 실행 알아보기
- 의심스러운 동작 가능성을 탐지하기 위해 TCP 연결과 리셋 알아보기
- 화이트리스트 작성을 돕기 위해 리눅스 자격(capability) 사용법 학습하기
- 셸이나 콘솔 로깅(console logging)과 같은 기타 포렌식 소스 이해하기

이번 장은 보안에 대한 배경 지식으로 시작해서 BPF 활용 가능성, BPF 보안 구성, 전략 그리고 BPF 도구에 대해 개괄합니다.

11.1 배경지식

보안(security)이라는 용어는 광범위한 작업을 다루며, 다음이 포함됩니다.

- 보안 분석
  - 실시간 포렌식을 위한 스니핑(sniffing)
  - 권한 디버깅(Privilege debugging)

- 실행 파일 사용에 대한 화이트리스트
- 악성 소프트웨어(malware) 리버스 엔지니어링
- 모니터링
  - 사용자 지정 감사
  - 호스트 기반 침입 탐지 시스템(HIDS)
  - 컨테이너 기반 침입 탐지 시스템(CIDS)
- 정책 집행
  - 네트워크 방화벽
  - 악성 소프트웨어 탐지, 동적으로 패킷 차단하기 그리고 다른 예방 활동 취하기

보안 엔지니어링은 광범위한 소프트웨어 분석을 포함한다는 점에서 성능 엔지니어링과 유사하다고 볼 수 있습니다.

11.1.1 BPF 활용 가능성

BPF는 분석, 모니터링, 정책 집행과 같은 보안 작업에 도움이 됩니다. BPF는 다음과 같은 보안 분석 관련 질문에 대답할 수 있습니다.

- 어느 프로세스가 실행되고 있는가?
- 어떤 네트워크 연결이 만들어지고 있는가? 어느 프로세스에 의해 만들어졌는가?
- 어느 프로세스가 어떤 시스템 권한을 요청하고 있는가?
- 시스템에서 어떤 권한 거부 오류가 발생하고 있는가?
- 커널/사용자 함수가 특정 인자들과 함께 실행되고 있는가(현재 익스플로잇 (exploit)이 사용되고 있는지 확인하기 위해)?

BPF 트레이싱의 분석과 모니터링 활용 가능성에 대해 개괄하는 또 다른 방법은 트레이싱할 수 있는 대상을 보여주는 것입니다(그림 11.1).[1]

그림 11.1에는 수많은 특정 대상을 보여주고 있지만 uprobe와 kprobe를 사용하면 어떤 사용자/커널 레벨 함수든 계측이 가능합니다. 이는 제로 데이 취약점 탐지에 유용합니다.

---

[1] 알렉스 마에스트레티(Alex Maestretti)와 필자는 2017년 BSidesSF 컨퍼런스의 "Linux Monitoring at Scale with eBPF" 강연에서 이 다이어그램을 제시했습니다.[114]

리눅스 보안 모니터링 Probe

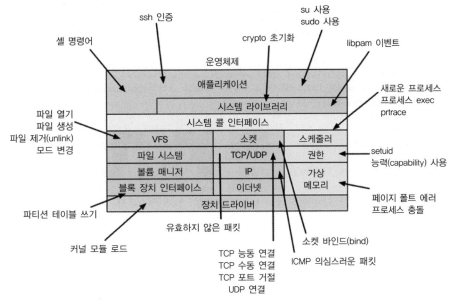

그림 11.1 BPF 보안 모니터링 대상

제로 데이 취약점 탐지

새로운 소프트웨어 취약점이 사용되고 있는지를 탐지해야 하는 긴급한 상황이 간혹 있는데, 취약점이 발견된 첫날(day zero)에 이것을 발견하는 것이 이상적입니다. bpftrace는 특히 이 역할에 적합합니다. bpftrace 언어는 프로그래밍하기 쉬워서 커스텀 도구를 몇 분만에 만들 수 있고, tracepoint나 USDT 이벤트뿐만 아니라 kprobe, uprobe와 그것들의 인자에도 접근할 수 있습니다.

실제 사례로 이 책을 쓰고 있는 시점에 심볼릭 링크 레이스 컨디션 공격 (symlink-race attack)을 사용하는 도커 취약점이 발견됐습니다.[115] 이 취약점은 docker cp 명령을 사용하는 도중에 무한 루프에서 renameat2(2) 시스템 콜을 RENAME_EXCHANGE 플래그와 함께 반복적으로 호출해 레이스 컨디션을 발생시킵니다.

이것을 탐지할 수 있는 방법은 몇 가지가 있습니다. RENAME_EXCHANGE 플래그가 사용된 renameat2(2) 시스템 콜은 필자의 프로덕션 시스템에서는 흔치 않은 동작이기 때문에(필자는 이것을 명시적으로 호출하지 않는 이상 자연스럽게 호출되는 사례를 보지 못했습니다), 취약점이 사용되고 있는지 탐지하는 방법 중 하나는 이 시스템 콜과 플래그의 조합을 트레이싱하는 것입니다. 예를 들어 모든 컨테이너를 트레이싱하기 위해 호스트에서 다음과 같이 실행할 수 있습니다.

```
# bpftrace -e 't:syscalls:sys_enter_renameat2 /args->flags == 2/ { time();
    printf("%s RENAME_EXCHANGE %s <-> %s\n", comm, str(args->oldname),
    str(args->newname)); }'
Attaching 1 probe...
22:03:47
symlink_swap RENAME_EXCHANGE totally_safe_path <-> totally_safe_path-stashed
22:03:47
symlink_swap RENAME_EXCHANGE totally_safe_path <-> totally_safe_path-stashed
22:03:47
symlink_swap RENAME_EXCHANGE totally_safe_path <-> totally_safe_path-stashed
[...]
```

이 원 라이너는 통상 아무런 결과도 내놓지 않지만, 이 경우에는 취약점 개념 증명(POC) 코드가 테스트로 실행되고 있었기 때문에 출력 결과가 넘쳐날 정도로 만들어졌습니다. 이 출력 결과에는 타임스탬프, 프로세스 이름 그리고 renameat2(2)에 대한 파일 이름 인자가 포함되어 있습니다. 취약점이 사용되고 있는지 탐지하기 위한 또 다른 접근 방법은 docker cp 프로세스를 트레이싱하는 것인데, 그것이 시스템 콜 또는 커널 함수 호출을 통해 심볼릭 링크 동작을 발생시키기 때문입니다.

향후에는 취약점이 발표될 때, 취약점이 사용되고 있는지 탐지할 수 있는 bpftrace 원 라이너 혹은 bpftrace 도구가 함께 소개될 것이라고 생각합니다. 기업에서는 인프라 전반에 걸쳐 이들 도구를 실행하도록 하는 침입 탐지 시스템을 구축할 수 있을 것입니다. 이것은 새로운 악성코드(worms)의 탐지를 위한 규칙을 공유하는 Snort[116]와 같은 네트워크 침입 탐지 시스템의 작동 방식과 크게 다르지 않습니다.

보안 모니터링

BPF 트레이싱 프로그램은 보안 모니터링과 침입 탐지에 사용할 수 있습니다. 현재 사용 중인 모니터링 솔루션은 커널과 패킷 이벤트의 가시성을 제공하기 위해 흔히 적재 가능 커널 모듈(loadable kernel module)을 사용합니다. 그러나 이런 모듈은 그 자체가 가진 커널 버그에 대한 리스크 및 취약점을 수반합니다. 반면, BPF 프로그램은 검증 도구(verifier)를 통과하고 기존의 커널 기술을 사용하기 때문에 더욱 안전합니다.

BPF 트레이싱은 효율성을 위해 최적화도 진행되었습니다. 2016년 사내 스터디에서 필자는 auditd 로깅의 오버헤드를 유사한 BPF 프로그램의 오버헤드와 비교했는데, BPF가 6배 적은 오버헤드를 발생시켰습니다.[117]

BPF 모니터링에서의 중요한 동작은 극한의 부하가 가해지는 상황에서 발생합니다. BPF 출력 버퍼와 맵은 초과할 수 있는 한계치가 있는데, 이러한 경우 이벤트가 기록되지 않습니다. 이것은 공격자(attacker)가 시스템에 감당 못할 정도의 이벤트를 보내서 적절한 로깅이나 정책 집행을 회피하려는 식으로 악용할 수 있습니다. BPF는 언제 한계치를 초과했는지 알고 있으며 이것을 사용자 공간에 보고하여 적절한 조치를 취하도록 할 수 있습니다. BPF 트레이싱을 사용해서 구축된 모든 보안 솔루션은 부인 방지(non-repudiation) 요건을 충족시키기 위해 이러한 오버플로나 누락된 이벤트를 기록해야 합니다.

또 다른 접근 방법은 CPU별로 맵을 추가해 중요한 이벤트를 집계하는 것입니다. perf 출력 버퍼나 키를 가진 맵과 달리, BPF가 일단 CPU별로 고정된 카운터 맵을 만들면 이벤트를 놓칠 위험이 없습니다. 이것은 더 많은 세부 사항을 제공하기 위해 perf 이벤트 출력 결과와 함께 사용할 수 있습니다. 더 많은 세부 사항이 누락될 수 있겠지만, 이벤트의 수는 누락되지 않을 것입니다.

정책 집행

다수의 정책 집행 기술이 이미 BPF를 사용하고 있습니다. 이 주제는 이 책의 범위를 벗어나기는 하지만, BPF에서 중요한 발전이며 개괄할 가치가 있습니다. 그것들은 다음과 같습니다.

- seccomp: seccomp(secure computing, 보안 컴퓨팅) 기능은 시스템 콜의 허용에 관한 정책 결정을 하기 위해 BPF 프로그램(현재는 클래식 BPF)을 실행할 수 있습니다.[118] secomp의 프로그램 가능한 동작에는 호출 프로세스를 종료하는 것(SECCOMP_RET_KILL_PROCESS)과 오류를 반환하는 것(SECCOMP_RET_ERRNO)이 포함됩니다. 복잡한 결정은 BPF 프로그램이 사용자 공간 프로그램(SECCOMP_RET_USER_NOTIF)으로 오프로드(offload)할 수도 있습니다. 이것은 프로세스를 블록시키는 반면 사용자 공간 헬퍼 프로그램은 파일 디스크립터를 통해 통지를 받게 됩니다. 사용자 공간 헬퍼 프로그램은 해당 이벤트를 읽고 처리할 수 있으며 이에 대한 응답 결과로 동일한 파일 디스크립터에 struct seccomp_notif_resp 구조체를 작성해서 돌려줍니다.[119]

- **실리움**: 실리움(Cilium)은 애플리케이션 컨테이너 혹은 프로세스와 같은 워크로드를 위한 로드 밸런싱과 네트워크 연결을 제공하고 철저하게 보장합니다. 이것은 XDP, cgroup 그리고 tc(traffic control) 기반 혹과 같은 다양한 계층에서 BPF 프로그램을 조합해 사용합니다. 예를 들어, tc 계층에서의 메인 네트워킹 데이터 경로는 패킷을 변환(mangle), 포워딩, 드롭할 수 있는데, 실리움은 tc 계층의 sch_clsact qdisc에 cls_bpf를 사용해서 BPF 프로그램을 연결하고, 이 프로그램을 통해 패킷을 조작합니다.[24] [120] [121]

- **bpfilter**: bpfilter는 BPF만 가지고 iptables 방화벽을 대체하기 위한 개념 증명(proof of concept)입니다. iptables에서 BPF로의 전환을 돕기 위해, 커널로 전송된 iptables 규칙은 이것들을 BPF로 변환해 주는 사용자 모드 헬퍼로 전달될 수 있습니다.[122] [123]

- **Landlock**: Landlock은 BPF 기반 보안 모듈로 BPF를 사용해서 커널 리소스에 대한 세분화된 액세스 관리를 제공합니다.[124] 활용 사례 중 하나는 BPF 아이노드(inode) 맵에 기반해서 파일 시스템의 서브셋(subsets)으로의 접근을 제한하는 것인데, 이 맵은 사용자 공간에서 갱신할 수 있습니다.

- **KRSI**: KRSI(Kernel Runtime Security Instrumentation, 커널 런타임 보안 계측)는 구글에서 만든 확장 가능하고 감사와 정책 집행을 위한 새로운 LSM(Linux Security Module, 리눅스 보안 모듈)입니다. 새로운 BPF 프로그램 유형인 BPF_PROG_TYPE_KRSI를 사용합니다.[186]

새로운 BPF 헬퍼인 bpf_send_signal()은 새로 나올 리눅스 5.3 릴리스에 포함될 것입니다.[2][125] 이것은 secocmp 없이도 SIGKILL과 기타 시그널을 BPF 프로그램에서 다른 프로세스로 보낼 수 있는, 새로운 유형의 정책 집행 프로그램을 가능하게 할 것입니다. 가령 앞에서 다룬 취약점 탐지 사례에서, 취약점을 탐지할 뿐만 아니라 즉각적으로 프로세스를 종료시킬 수도 있는 bpftrace 프로그램이 있다고 생각해봅시다. 예를 들면 다음과 같습니다.

```
bpftrace --unsafe -e 't:syscalls:sys_enter_renameat2 /args->flags == 2/ {
    time(); printf("killing PID %d %s\n", pid, comm); signal(9); }'
```

해당 소프트웨어가 적절하게 패치되기 전까지는[3] 이러한 도구를 임시 차선책으

---

2 (옮긴이) 2019년 9월 15일에 커널 5.3이 bpf_send_signal()과 함께 릴리스되었습니다.
3 (옮긴이) 현재 bpftrace에 signal() 기능이 구현되었습니다. 자세한 내용은 bpftrace PR #967을 확인하세요.

로 사용할 수 있을 것입니다.[4] signal()을 사용할 때는 주의가 필요합니다. 이 특수한 사례에서는 RENAME_EXCHANGE를 사용하고 있는 renameat2(2)의 모든 사용자를 종료하지만 해당 프로세스가 좋은 건지 나쁜 건지 구분할 수 없습니다.

SIGABRT와 같은 다른 시그널은 악성 소프트웨어의 포렌식 분석을 위한 프로세스의 코어 덤프(core dump) 생성에 사용할 수 있습니다.

bpf_send_signal()이 사용 가능하기 전까지는, perf 버퍼에서 이벤트를 읽는 것에 기반하여 사용자 공간 트레이싱 도구로 프로세스를 종료할 수 있습니다. 예를 들어 다음은 bpftrace의 system()을 사용하는 사례입니다.

```
bpftrace --unsafe -e 't:syscalls:sys_enter_renameat2 /args->flags == 2/ {
    time(); printf("killing PID %d %s\n", pid, comm);
    system("kill -9 %d", pid); }'
```

system()은 perf 출력 버퍼를 통해 bpftrace로 전달된 비동기 동작이며(5장 참고), 이벤트가 발생하고 얼마 후 bpftrace에 의해 실행됩니다. 이것으로 인해 탐지와 실행 사이에 지연이 생기는데, 일부 환경에서는 허용되지 않을 수 있습니다. bpf_send_signal()은 BPF 프로그램이 실행되는 동안 커널에서 즉각적으로 시그널을 보냄으로써 이것을 해결합니다.

11.1.2 권한 없는 BPF 사용자

현재 리눅스 5.2에서 권한이 권한 없는 사용자, 특히 CAP_SYS_ADMIN 자격(capability)이 없는 사용자의 경우, BPF에 있는 기능 중 소켓 필터만 사용할 수 있습니다. kernel/bpf/syscall.c의 bpf(2) 시스템 콜 소스 코드에 있는 검사 식은 다음과 같습니다.

```
if (type != BPF_PROG_TYPE_SOCKET_FILTER &&
    type != BPF_PROG_TYPE_CGROUP_SKB &&
    !capable(CAP_SYS_ADMIN))
        return -EPERM;
```

이 코드는 또한 cgroups 패킷의 검사와 드롭을 위한 cgroup skb 프로그램을 허용합니다. 그러나 이들 프로그램은 BPF_CGROUP_INET_ INGRESS와 BPF_CGROUP_INET_EGRESS에 프로그램을 연결해서 동작하는데, 이 연결에 CAP_NET_ADMIN 자격이 필요합니다.

---

[4] 과거에 레드햇은 취약점 완화를 위해 이와 유사한 SystemTap 트레이싱 도구를 Bugzilla에서 발표했습니다.[126]

CAP_SYS_ADMIN이 없는 사용자의 경우 bpf(2) 시스템 콜은 EPERM과 함께 실패하고, BCC 도구는 "Need super-user privileges to run" 메시지를 출력할 것입니다. bpftrace 프로그램은 현재 UID가 0인지 체크하고, 사용자가 0이 아니라면 "bpftrace currently only supports running as the root user" 메시지를 출력할 것입니다.[5] 이것이 이 책에 수록된 BPF 도구가 모두 매뉴얼 섹션 8에 있는 이유입니다. 즉, 이 도구들은 슈퍼 유저 도구입니다.

언젠가는 BPF도 권한 없는 사용자에게 소켓 필터보다 더 많은 기능을 지원해야 할 것입니다. 특별한 활용 사례 중 하나는 호스트로의 접근이 제한되는 컨테이너 환경으로, 컨테이너 자체에서 BPF를 실행하는 것이 바람직합니다(이 활용 사례는 15장에서 다룹니다).

11.1.3 BPF 보안 구성하기

보안 구성을 위한 시스템 설정(튜닝 옵션)이 몇 가지 있습니다. 이것들은 sysctl(8) 명령어 혹은 /proc/sys에 있는 파일을 사용하여 설정할 수 있는데, 다음과 같습니다.

```
# sysctl -a | grep bpf
kernel.unprivileged_bpf_disabled = 1
net.core.bpf_jit_enable = 1
net.core.bpf_jit_harden = 0
net.core.bpf_jit_kallsyms = 0
net.core.bpf_jit_limit = 264241152
```

kernel.unprivileged_bpf_disabled는 다음의 명령어 중 한 가지를 이용해서 비권한 접근을 비활성화할 수 있습니다.

```
# sysctl -w kernel.unprivileged_bpf_disabled=1
# echo 1 > /proc/sys/kernel/unprivileged_bpf_disabled
```

이것은 단 한 번만 설정할 수 있으며, 이 튜닝 설정을 0으로 되돌리는 것은 거부됩니다. 다른 sysctl 옵션들도 유사한 명령어를 사용해서 설정할 수 있습니다.

net.core.bpf_jit_enable은 JIT(just-in-time) BPF 컴파일러를 활성화합니다. 이렇게 하면 성능과 보안이 모두 향상됩니다. Spectre v2 취약점에 대한 방지책

---

5 푸에르토리코에서 개최된 LSFMM 2019에서는 3가지 제안 사항이 논의되었습니다.[128] 이 중 한 가지는 접근을 허용하기 위해 오픈할 때 task_struct 플래그를 설정하는 /dev/bpf 장치를 사용하는 것이었으며, 이는 또한 close-on-exec이기도 했습니다.

으로서 CONFIG_BPF_JIT_ALWAYS_ON 옵션을 커널에 추가하면 영구적으로 JIT 컴파일러를 사용하고, 커널 컴파일 시 BPF 인터프리터를 빼버릴 수 있게 되었습니다. 사용할 수 있는 세팅은 다음과 같습니다(리눅스5.2에서).[127]

- 0: JIT 비활성화(기본값)
- 1: JIT 활성화
- 2: JIT 활성화 및 커널 로그에 컴파일러 디버그 트레이스 기록(이 세팅은 디버깅에만 사용되어야 하며, 프로덕션 환경에서 사용해선 안 됩니다)

넷플릭스와 페이스북을 포함한 일부 회사에서는 이 옵션을 기본적으로 활성화해 놓습니다. JIT는 프로세서 아키텍처에 따라 다르다는 점에 유의하십시오. 리눅스 커널은 지원하는 아키텍처 대다수에 대한 BPF JIT 컴파일러를 가지고 있는데, 여기에는 x86_64, arm64, ppc64, s390x, sparc64, mips64, riscv가 포함됩니다. x86_64와 arm64 컴파일러는 기능이 완벽하게 개발되었으며 프로덕션 환경에서 검증되었지만, 다른 것들은 아직 그렇지 못합니다.

net.core.bpf_jit_harden은 성능에 부담을 주지만, JIT 스프레이 공격(JIT Spraying attack)에 대한 회피를 포함해 추가적인 보호를 가능하게 합니다.[129] 사용 가능한 세팅은 다음과 같습니다(리눅스5.2에서).[127]

- 0: JIT 강화(hardening) 비활성화(기본값)
- 1: 권한이 없는 사용자에 대해 JIT 강화 활성화
- 2: 모든 사용자에 대해 JIT 강화 활성화

net.core.bpf_jit_kallsyms는 특별 권한이 있는 사용자를 위해 /proc/kallsyms 를 통해 컴파일된 BPF JIT 이미지를 드러내어 디버깅을 돕는 심벌을 제공합니다.[130] 만약 bpf_jit_harden이 활성화되면 이것은 비활성화됩니다.

net.core.bpf_jit_limit은 소모될 수 있는 모듈 메모리에 대한 한계를 바이트 단위로 설정합니다. 일단 한계에 도달하면 권한이 없는 사용자의 요청은 차단되며 (만약 컴파일되어 있다면) 인터프리터로 리다이렉트됩니다 .

BPF 강화에 대한 보다 많은 내용은 BPF 메인테이너 다니엘 보크먼(Daniel Borkmann)이 쓴 "Cilium BPF reference guide"의 hardening 절을 참고하십시오.[131]

11.1.4 전략

다음은 시스템 동작의 보안 분석을 위해 제안된 전략으로, 다른 BPF 도구들에서 아직 다루어지지 않은 것입니다.

1. 계측하고자 하는 동작에 대한 tracepoint나 USDT probe가 사용 가능한지 확인합니다.
2. LSM 커널 훅이 트레이싱될 수 있는지 확인합니다. 이 훅들은 'security_'로 시작합니다.
3. raw 코드를 적절하게 계측하기 위해 kprobe/uprobe를 사용합니다.

11.2 BPF 도구

이번 절에서는 보안 분석을 위해 사용할 수 있는 주요 BPF 도구들에 대해서 다룹니다(그림 11.2).

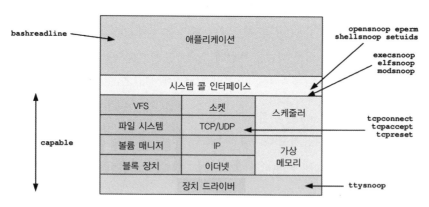

그림 11.2 보안 분석용 BPF 도구들

이 도구들은 4장과 5장에서 다룬 BCC와 bpftrace 저장소 두 곳 모두에서 나왔거나 이 책을 위해 만들었습니다. 표 11.1에는 이번 절에서 살펴볼 도구들의 출처를 정리해 놓았습니다(BT는 bpftrace의 축약입니다).

도구	출처	대상	설명
execsnoop	BCC/BT	시스템 콜	새롭게 실행한 프로세스의 목록 출력
elfsnoop	책	커널	ELF 파일 로드 트레이싱
modsnoop	책	커널	커널 모듈 로드 트레이싱
bashreadline	BCC/BT	배시	입력된 배시 셸 명령어의 목록 출력

shellsnoop	책	셸	셸 출력 미러링
ttysnoop	BCC/책	TTY	tty 출력 미러링
opensnoop	BCC/BT	시스템 콜	열려 있는 파일들의 목록 출력
eperm	책	시스템 콜	실패한 EPERM과 EACCES 시스템 콜 집계
tcpconnect	BCC/BT	TCP	아웃바운드 TCP 연결(액티브) 트레이싱
tcpaccept	BCC/BT	TCP	인바운드 TCP 연결(패시브) 트레이싱
tcpreset	책	TCP	TCP 리셋 송신 트레이싱: 포트 스캐닝 탐지
capable	BCC/BT	보안	커널 보안 자격(capability) 체크 트레이싱
setuids	책	시스템 콜	setuid 시스템 콜 트레이싱: 권한 상승 탐지

표 11.1 보안 관련 도구

BCC와 bpftrace 도구들과 각 기능에 대한 더 많은 정보는 해당 저장소에서 최신의 전체 목록을 확인하세요. 다음에 나오는 도구 중 일부는 이전 장에서 소개했으며 여기서 다시 개요를 정리합니다.

특정 하위 시스템 내부에 대한 관측가능성, 특히 네트워크 연결에 대해서는 10장을, 파일 사용에 대해서는 8장을, 그리고 소프트웨어 실행에 대해서는 6장을 참고하세요.

11.2.1 execsnoop

execsnoop(8)은 6장에서 소개했습니다. 이 도구는 BCC와 bpftrace 도구로 새로운 프로세스를 트레이싱하며, 의심스러운 프로세스 실행을 확인하는 데 사용할 수 있습니다. 다음은 출력 사례입니다.

```
# execsnoop
PCOMM          PID    PPID   RET ARGS
ls             7777   21086    0 /bin/ls -F
a.out          7778   21086    0 /tmp/a.out
[...]
```

위의 예는 /tmp에 위치한 a.out라는 이름의 파일로부터 프로세스가 실행되고 있음을 보여줍니다.

execsnoop(8)은 execve(2) 시스템 콜을 트레이싱하여 작동합니다. 이것은 새로운 프로세스를 생성하는 일반적인 단계로, 새 프로세스를 생성하기 위해 fork(2) 혹은 clone(2)을 호출하면서 시작되며 다른 프로그램을 실행하기 위해 execve(2)를 호출합니다. 이것이 새 소프트웨어가 실행할 수 있는 유일한 방법은 아닙니다. 버퍼 오버플로 공격(buffer overflow attack)은 기존 프로세스에 새로운 명령어를 추가할 수 있고, execve(2)를 호출할 필요 없이 악성 소프트웨어를 실행할 수 있습니다.

execsnoop(8)에 대한 더 많은 내용은 6장을 확인하세요.

11.2.2 elfsnoop

elfsnoop(8)[6]은 리눅스에서 일반적으로 사용하는 ELF(executable and linking format) 바이너리 파일의 실행을 트레이싱하는 bpftrace 도구입니다. 이것은 커널 깊숙이 있는, 모든 ELF 실행이 통과해야만 하는 함수로부터의 실행을 트레이싱합니다. 예를 들면 다음과 같습니다.

```
# elfsnoop.bt
Attaching 3 probes...
Tracing ELF loads. Ctrl-C to end
TIME     PID   INTERPRETER      FILE            MOUNT   INODE     RET
11:18:43 9022  /bin/ls          /bin/ls         /       29098068  0
11:18:45 9023  /tmp/ls          /tmp/ls         /       23462045  0
11:18:49 9029  /usr/bin/python  ./opensnoop.py  /       20190728  0
[...]
```

위의 예는 실행된 파일을 다양한 세부 사항과 함께 보여줍니다. 칼럼은 다음과 같습니다.

- TIME: HH:MM:SS 형식으로 된 타임스탬프
- PID: 프로세스 ID
- INTERPRETER: 스크립트에 대해 실행된 인터프리터
- FILE: 실행된 파일
- MOUNT: 실행된 파일에 대한 마운트 지점
- INODE: 실행된 파일에 대한 아이노드 번호. 이 번호는 마운트 지점과 함께 고유한 식별자를 만들어 냅니다.
- RET: 시도한 실행의 리턴 값. 0은 성공을 의미합니다.

이 도구는 실행된 바이너리에 대한 추가 검증을 위해 마운트 지점과 아이노드 번호를 출력합니다. 공격자는 사용자를 속이기 위해 동일한 이름을 가진 자체 버전의 시스템 바이너리를 만들 수 있지만(그리고 아마도 제어 문자를 사용해서

---

6 연혁: 이 도구는 2019년 2월 25일에 이 책을 위해 만들었습니다.

출력될 때 동일한 경로를 가지고 있는 것처럼 나타나게 할 수 있지만), 그러나 이러한 공격이 마운트 지점과 아이노드의 조합까지 따라할 수는 없을 것입니다.

이 도구는 load_elf_binary() 커널 함수를 트레이싱함으로써 작동하는데, 이 함수는 실행하려고 하는 새 ELF 프로그램의 로딩을 책임집니다. 이 함수는 발생률이 낮을 것이기 때문에 오버헤드는 무시할 수 있는 수준입니다.

elfsnoop(8)의 소스 코드는 다음과 같습니다.

```
#!/usr/local/bin/bpftrace

#include <linux/binfmts.h>
#include <linux/fs.h>
#include <linux/mount.h>

BEGIN
{
        printf("Tracing ELF loads. Ctrl-C to end\n");
        printf("%-8s %-6s %-18s %-18s %-10s %-10s RET\n",
            "TIME", "PID", "INTERPRETER", "FILE", "MOUNT", "INODE");
}

kprobe:load_elf_binary
{
        @arg0[tid] = arg0;
}

kretprobe:load_elf_binary /@arg0[tid]/
{
        $bin = (struct linux_binprm *)@arg0[tid];
        time("%H:%M:%S ");
        printf("%-6d %-18s %-18s %-10s %-10d %3d\n", pid,
            str($bin->interp), str($bin->filename),
            str($bin->file->f_path.mnt->mnt_root->d_name.name),
            $bin->file->f_inode->i_ino, retval);
        delete(@arg0[tid]);
}
```

이 도구는 파일의 전체 경로와 같은 실행 파일에 관한 추가 세부 사항을 출력하도록 개선할 수 있습니다. bpftrace는 현재 printf()에 대해 7개의 인자만 허용하고 있어서, 여분의 필드를 출력하기 위해서는 여러 개의 printf()가 필요합니다.

11.2.3 modsnoop

modsnoop(8)[7]은 커널 모듈 로드를 보여주는 bpftrace 도구입니다. 예를 들면 다음과 같습니다.

---

7   연혁: 이 도구는 2019년 3월 14일에 이 책을 위해 만들었습니다.

```
# modsnoop.bt
Attaching 2 probes...
Tracing kernel module loads. Hit Ctrl-C to end.
12:51:38 module init: msr, by modprobe (PID 32574, user root, UID 0)
[...]
```

이것은 10:50:26에 'msr' 모듈이 UID 0에 의해 modprobe(8) 도구를 사용해서
로드되었음을 보여줍니다. 모듈을 로딩하는 것은 시스템이 코드를 실행하는 또
다른 방법이며, 다양한 루트킷(rootkit)이 작동하는 하나의 방법이기도 해서 보
안 트레이싱의 대상이 됩니다.

modsnoop(8)의 소스 코드는 다음과 같습니다.

```
#!/usr/local/bin/bpftrace

#include <linux/module.h>

BEGIN
{
        printf("Tracing kernel module loads. Hit Ctrl-C to end.\n");
}


kprobe:do_init_module
{
        $mod = (struct module *)arg0;
        time("%H:%M:%S ");
        printf("module init: %s, by %s (PID %d, user %s, UID %d)\n",
            $mod->name, comm, pid, username, uid);
}
```

이것은 struct module 구조체의 세부 사항에 접근할 수 있는 do_init_module()
커널 함수를 트레이싱함으로써 작동합니다.

tracepoint 중에는 module:module_load도 있는데, 뒤에 나오는 원 라이너에
서 사용됩니다.

11.2.4 bashreadline

bashreadline(8)[8]은 시스템 전역에 걸쳐 배시 셸에서 인터랙티브하게 입력된 명
령어를 트레이싱하는 BCC와 bpftrace 도구입니다. 예를 들어 다음은 BCC 버전

---

8 연혁: 필자는 이 도구의 첫 번째 버전을 2016년 1월 28일에 BCC 도구로 만들었고, 2018년 9월 6일에
   bpftrace 버전으로 만들었습니다. 이들은 BPF와 uprobe를 사용해 시연하기 쉬운 예시 프로그램으로
   만들었습니다. 이후에 이 도구는 보안 전문가들의 주목을 받게 되었는데, 특히 하나의 셸(배시)만 사
   용될 수 있는 제한된 환경에서의 로깅 동작에 적합했기 때문이었습니다.

을 실행하는 사례입니다.

```
# bashreadline
bashreadline
TIME      PID    COMMAND
11:43:51  21086  ls
11:44:07  21086  echo hello book readers
11:44:22  21086  eccho hi
11:44:33  21086  /tmp/ls
[...]
```

이 출력 결과는 트레이싱 중에 입력된 명령어를 보여주고 있는데, 셸 내장 명령어(echo)와 실패한 명령어(eccho)를 포함해 트레이싱 중에 입력된 명령어를 확인할 수 있습니다. 이 도구는 배시 셸의 readline() 함수를 트레이싱해서 작동하기 때문에 입력된 모든 명령어를 표시합니다. 이 도구는 시스템에서 동작 중인 모든 배시 셸에 걸쳐 명령어를 트레이싱할 수 있지만 다른 셸 프로그램에 의한 명령어는 트레이싱할 수 없으며, 공격자는 트레이싱되지 않는 그 자체의 셸(예: 나노셸)을 설치할 수도 있습니다.

bpftrace

다음은 bpftrace 버전용 코드입니다.

```
#!/usr/local/bin/bpftrace

BEGIN
{
        printf("Tracing bash commands... Hit Ctrl-C to end.\n");
        printf("%-9s %-6s %s\n", "TIME", "PID", "COMMAND");
}

uretprobe:/bin/bash:readline
{
        time("%H:%M:%S  ");
        printf("%-6d %s\n", pid, str(retval));
}
```

이것은 uretprobe를 사용해서 /bin/bash에 있는 readline() 함수를 트레이싱합니다. 일부 리눅스 배포판은 배시를 다르게 빌드할 수 있는데, 이러한 경우 libreadline 라이브러리에 있는 readline()을 사용합니다. 이것과 readline() 트레이싱에 대해서는 12.2.3 "C 함수 트레이싱"을 참고하세요.

11.2.5 shellsnoop

shellsnoop(8)[9]은 BCC와 bpftrace 도구로 다른 셸 세션의 결과물을 미러링합니다. 예를 들면 다음과 같습니다.

```
# shellsnoop 7866
bgregg:~/Build/bpftrace/tools> date
Fri May 31 18:11:02 PDT 2019
bgregg:~/Build/bpftrace/tools> echo Hello BPF
Hello BPF
bgregg:~/Build/bpftrace/tools> typo

Command 'typo' not found, did you mean:

  command 'typop' from deb terminology

Try: apt install <deb name>
```

위의 예는 PID 7866 셸 세션의 명령어와 출력 결과를 보여줍니다. 이 도구는 해당 프로세스의 STDOUT 혹은 STDERR에 쓰인 것을 트레이싱함으로써 작동하는데, 여기에는 자식 프로세스도 포함됩니다. 이 결과물에서 보이는 date(1)의 출력과 같이 자식 프로세스의 명령어 결과를 잡아내기 위해서는 자식 프로세스도 같이 트레이싱해야만 합니다.

shellsnoop(8)은 리플레이(replay) 셸 스크립트를 출력하기 위한 옵션도 있습니다. 예를 들면 다음과 같습니다.

```
# shellsnoop -r 7866
echo -e 'd\c'
sleep 0.10
echo -e 'a\c'
sleep 0.06
echo -e 't\c'
sleep 0.07
echo -e 'e\c'
sleep 0.25
echo -e '
\c'
sleep 0.00
echo -e 'Fri May 31 18:50:35 PDT 2019
\c'
```

---

9 연혁: 필자는 2016년 10월 15일에 BCC 버전을, 2019년 5월 31에 bpftrace 버전을 작성했습니다. 이것들은 필자가 2004년 3월 24일에 이전 shellsnoop 도구에 기반하고 있으며, ttywatcher에서 영감을 얻었습니다. 필자의 이전 shellsnoop은 2005년 Phrack ezine에서 보리스 로자(Boris Loza)가 보안 포렌식 도구로 언급했습니다. [132]

이것은 파일로 저장될 수 있으며 bash(1) 셸을 이용해서 실행할 수 있습니다. 이것을 실행하면 원래의 시간 간격으로 셸 세션을 리플레이하는데, 약간 섬뜩한 수준입니다.

BCC

커맨드 라인 사용법은 다음과 같습니다.

```
shellsnoop [options] PID
```

옵션은 다음과 같습니다.

- s: 셸로만 출력(하위 명령어 없음)
- -r: 리플레이 셸 스크립트

bpftrace

다음은 shellsnoop(8)의 bpftrace 버전용 코드로, 핵심 기능을 정리해 놓았습니다.[10]

```
#!/usr/local/bin/bpftrace

BEGIN
/$1 == 0/
{
        printf("USAGE: shellsnoop.bt PID\n");
        exit();
}

tracepoint:sched:sched_process_fork
/args->parent_pid == $1 || @descendent[args->parent_pid]/
{
        @descendent[args->child_pid] = 1;
}

tracepoint:syscalls:sys_enter_write
/(pid == $1 || @descendent[pid]) && (args->fd == 1 || args->fd == 2)/
{
        printf("%s", str(args->buf, args->count));
}
```

---

10 이것은 현재 각 결과를 BPFTRACE_STRLEN (64) 바이트까지만 출력하고 있습니다. bpftrace에서는 이 제한을 크게 늘리기 위해 문자열 저장에 BPF 스택 저장 객체를 사용하는 대신 문자열용 맵 저장 객체를 사용하도록 전환하려 하고 있습니다.

11.2.6 ttysnoop

ttysnoop(8)[11]은 tty 또는 pts 장치로부터의 출력 결과를 미러링하기 위한 BCC
와 bpftrace 도구입니다. 의심스러운 로그인 세션을 실시간으로 지켜볼 때 사용
할 수 있습니다. 예를 들어 다음은 /dev/pts/16을 지켜보는 사례입니다.

```
# ttysnoop 16
$ uname -a
Linux lgud-bgregg 4.15.0-43-generic #46-Ubuntu SMP Thu Dec 6 14:45:28 UTC 2018
x86_64
x86_64 x86_64 GNU/Linux
$ gcc -o a.out crack.c
$ ./a.out
Segmentation fault
[...]
```

이 출력 결과는 /dev/pts/16에 있는 사용자가 보고 있는 것을 동일하게 복사한
것입니다. 이것은 tty_write() 커널 함수를 트레이싱하고 장치에 쓰이고 있는 것
을 출력함으로써 작동합니다.

BCC

커맨드 라인 사용법은 다음과 같습니다.

```
ttysnoop [options] device
```

옵션은 다음과 같습니다.

• -C: 스크린을 지우지 않습니다.

device는 가상 터미널(pseudo terminal)에 대한 전체 경로(예: /dev/pts/2)이거
나, 단지 숫자 2이거나, 혹은 또 다른 tty 장치 경로(예: /dev/tty0)가 될 수 있습니
다. /dev/console에 대해 ttysnoop(8)을 실행하면 시스템 콘솔에 출력되는 것
을 보여줍니다.

---

11 역헉: 필자는 2016년 10월 15일에 BCC 버전을 작성했는데, ttywatcher라는 이름의 오래된 유닉스
도구와 필자가 2011년에 만든 cuckoo.d 도구에서 영감을 얻었습니다. 시스템 관리자로서, 필자는
ttywatcher를 사용해서 프로덕션 시스템에서 실시간으로 루트 권한이 없는 침입자들을 지켜보았습니
다. 이들은 다양한 권한 상승 익스플로잇(exploit)을 다운로드하고 그것들을 컴파일하고 실행하였지
만, 아무런 성과도 없었습니다. 가장 짜증났던 것은 그들이 필자가 제일 좋아하는 vi 대신 pico 텍스트
편집기를 사용하는 것을 지켜보고만 있어야 한다는 점이었습니다. TTY 스누핑(snooping)에 대한 더
흥미 있는 스토리는 [Stoll 89]를 확인해 보세요. 이것은 cuckoo.d에 영감을 주었습니다. 필자는 2019
년 2월 26일에 이 책을 위해 bpftrace 버전을 작성했습니다.

bpftrace

다음은 bpftrace 버전용 코드입니다.

```
#!/usr/local/bin/bpftrace

#include <linux/fs.h>

BEGIN
{
        if ($1 == 0) {
                printf("USAGE: ttysnoop.bt pts_device    # eg, pts14\n");
                exit();
        }
        printf("Tracing tty writes. Ctrl-C to end.\n");
}

kprobe:tty_write
{
        $file = (struct file *)arg0;
        // +3 skips "pts":
        if (str($file->f_path.dentry->d_name.name) == str($1 + 3)) {
                printf("%s", str(arg1, arg2));
        }
}
```

이것은 필수 인자를 받는 bpftrace 프로그램의 사례입니다. 장치 이름이 지정되지 않았다면 USAGE 메시지가 출력되고 bpftrace가 종료됩니다. 만약 device를 지정하지 않아 모든 장치를 트레이싱하면 출력 결과가 섞일 것이고, 그 도구 자체와 함께 피드백 루프를 생성할 것이기 때문에 이와 같은 종료 방법이 꼭 필요합니다.

11.2.7 opensnoop

opensnoop(8)은 8장에서 다루었으며 이전 장에서도 나왔습니다. 파일 열기 동작을 트레이싱하는 BCC와 bpftrace 도구로, 악성 소프트웨어 동작 파악과 파일 사용 모니터링 등 수많은 보안 작업에 사용할 수 있습니다. 다음은 BCC 버전에서 나온 출력 결과 사례입니다.

```
# opensnoop
PID    COMM          FD ERR PATH
12748  opensnoop     -1   2 /usr/lib/python2.7/encodings/ascii.x86_64-linux-
gnu.so
12748  opensnoop     -1   2 /usr/lib/python2.7/encodings/ascii.so
12748  opensnoop     -1   2 /usr/lib/python2.7/encodings/asciimodule.so
12748  opensnoop     18   0 /usr/lib/python2.7/encodings/ascii.py
12748  opensnoop     19   0 /usr/lib/python2.7/encodings/ascii.pyc
```

```
1222    polkitd        11    0 /etc/passwd
1222    polkitd        11    0 /proc/11881/status
1222    polkitd        11    0 /proc/11881/stat
1222    polkitd        11    0 /etc/passwd
1222    polkitd        11    0 /proc/11881/status
1222    polkitd        11    0 /proc/11881/stat
1222    polkitd        11    0 /proc/11881/cgroup
1222    polkitd        11    0 /proc/1/cgroup
1222    polkitd        11    0 /run/systemd/sessions/2
[...]
```

이 출력 결과는 opensnoop(8)이 먼저 ascii 파이썬 모듈을 찾고 모듈을 로딩하고 있음을 보여주고 있는데, 처음 세 개의 열기 동작은 실패했습니다. 그 다음으로는 polkitd(8)(PolicyKit daemon)가 passwd 파일을 열고, 프로세스 상태를 체크하는 것을 포착했습니다. opensnoop(8)은 open(2)의 다양한 시스템 콜을 트레이싱함으로써 작동합니다.

opensnoop(8)에 대한 더 많은 내용은 8장을 참고하세요.

11.2.8 eperm

eperm(8)[12]은 EPERM '동작이 허용되지 않음' 또는 EACCES '권한이 거부됨' 에러로 실패한 시스템 콜을 집계하는 bpftrace 도구로, 이 두 가지 모두 보안 분석에 있어 흥미로운 것들입니다. 예를 들면 다음과 같습니다.

```
# eperm.bt
Attaching 3 probes...
Tracing EACCESS and EPERM syscall errors. Ctrl-C to end.
^C

@EACCESS[systemd-logind, sys_setsockopt]: 1

@EPERM[cat, sys_openat]: 1
@EPERM[gmain, sys_inotify_add_watch]: 6
```

이것은 프로세스 이름과 실패한 시스템 콜을 실패별로 그룹화해서 보여줍니다. 예를 들어, 이 출력 결과는 cat(1)에 의한 openat(2) 시스템 콜에서 한 번의 EPERM 실패가 있었음을 보여줍니다. 이러한 실패는 다른 도구를 사용해서 좀 더 조사할 수 있습니다. 예를 들어 열기 동작의 실패를 확인하기 위해 opensnoop(8)을 사용할 수 있습니다.

이것은 모든 시스템 콜에 호출되는 raw_syscalls:sys_exit tracepoint을 트레이

---

12 연혁: 이 도구는 2019년 2월 25일에 이 책을 위해 작성했습니다.

싱함으로써 작동합니다. I/O 비율이 높은 시스템에서는 눈에 띄는 오버헤드를 유발할 수 있으니 실험 환경에서 직접 테스트해야 합니다.

eperm(8)의 소스 코드는 다음과 같습니다.

```
#!/usr/local/bin/bpftrace

BEGIN
{
        printf("Tracing EACCESS and EPERM syscall errors. Ctrl-C to end.\n");
}

tracepoint:raw_syscalls:sys_exit
/args->ret == -1/
{
        @EACCESS[comm, ksym(*(kaddr("sys_call_table") + args->id * 8))] =
            count();
}

tracepoint:raw_syscalls:sys_exit /args->ret == -13/
{
        @EPERM[comm, ksym(*(kaddr("sys_call_table") + args->id * 8))] =
            count();
}
```

raw_syscalls:sys_exit tracepoint는 시스템 콜에 대한 식별 번호만 제공합니다. 이것을 이름으로 변환하기 위해 시스템 콜에 대한 참조 테이블을 사용할 수 있는데, BCC syscount(8) 도구도 이 방법을 이용합니다. eperm(8)은 다른 기법을 사용하는데, 커널 시스템 호출 테이블(sys_call_table)을 읽고 시스템 콜을 다루는 함수(args->id)를 찾은 다음 그 함수 주소를 커널 심벌 이름으로 변환합니다.

11.2.9 tcpconnect와 tcpaccept

tcpconnect(8)와 tcpaccept(8)는 10장에서 소개했습니다. 새로운 TCP 연결을 트레이싱하기 위한 BCC와 bpftrace 도구로, 의심스러운 네트워크 동작을 찾아내는 데 사용할 수 있습니다. 여러 유형의 공격들은 적어도 한 번은 시스템에 연결합니다. 다음은 BCC tcpconnect(8)에서 나온 출력 결과 사례입니다.

```
# tcpconnect
PID    COMM        IP SADDR          DADDR          DPORT
22411  a.out        4  10.43.1.178      10.0.0.1        8080
[...]
```

tcpconnect(8) 출력 결과는 10.0.0.1 포트 8080에 연결하는 a.out 프로세스를 보여주는데, 약간 의심스러워 보입니다(a.out은 일부 컴파일러의 파일 이름 기본값이며 일반적으로 설치된 소프트웨어에서도 사용되지 않는 이름입니다).

다음은 BCC tcpaccept(8)에서 나온 출력 결과 샘플로, 타임스탬프를 출력하기 위해 -t 옵션도 사용했습니다.

```
# tcpaccept -t
TIME(s)  PID   COMM        IP RADDR        LADDR          LPORT
0.000    1440  sshd        4  10.10.1.201  10.43.1.178    22
0.201    1440  sshd        4  10.10.1.201  10.43.1.178    22
0.408    1440  sshd        4  10.10.1.201  10.43.1.178    22
0.612    1440  sshd        4  10.10.1.201  10.43.1.178    22
[...]
```

이 출력 결과는 원격 IP 10.10.1.201에서 로컬 22로 여러 번의 ssh 연결이 발생하고 있음을 보여줍니다(포트 22는 sshd(8)가 사용합니다). 약 200ms(TIME(s) 칼럼 참고)마다 발생하는데, 이는 아마 브루트 포스(bruteforce) 공격일 수 있습니다.

이들 도구의 중요한 특징은 효율성을 위해 TCP 세션 이벤트만 계측한다는 것입니다. 다른 도구는 모든 네트워크 패킷을 트레이싱하는데, 그렇게 하면 바쁜 시스템에서는 높은 오버헤드가 발생합니다.

tcpconnect(8)와 tcpaccept(8)에 대한 더 많은 내용은 10장을 참고하세요.

11.2.10 tcpreset

tcpreset(8)[13]은 TCP가 리셋(RST) 패킷을 보낼 때 트레이싱하는 bpftrace 도구입니다. TCP 포트 스캐닝을 탐지하는 데 사용할 수 있습니다. 포트 스캐닝은 대상의 어떤 포트가 열려있는지 확인하기 위해 패킷을 특정 범위의 포트로 보내는데, 닫힌 포트의 경우 이에 대한 응답으로 RST를 발생시킵니다. 예를 들면 다음과 같습니다.

```
# tcpreset.bt
Attaching 2 probes...
Tracing TCP resets. Hit Ctrl-C to end.
TIME      LADDR           LPORT  RADDR         RPORT
20:50:24  100.66.115.238  80     100.65.2.196  45195
20:50:24  100.66.115.238  443    100.65.2.196  45195
20:50:24  100.66.115.238  995    100.65.2.196  45451
20:50:24  100.66.115.238  5900   100.65.2.196  45451
20:50:24  100.66.115.238  443    100.65.2.196  45451
20:50:24  100.66.115.238  110    100.65.2.196  45451
```

---

13 연혁: 이 도구는 2019년 2월 26일에 이 책을 위해 작성했습니다.

```
20:50:24 100.66.115.238 135     100.65.2.196    45451
20:50:24 100.66.115.238 256     100.65.2.196    45451
20:50:24 100.66.115.238 21      100.65.2.196    45451
20:50:24 100.66.115.238 993     100.65.2.196    45451
20:50:24 100.66.115.238 3306    100.65.2.196    45451
20:50:24 100.66.115.238 25      100.65.2.196    45451
20:50:24 100.66.115.238 113     100.65.2.196    45451
20:50:24 100.66.115.238 1025    100.65.2.196    45451
20:50:24 100.66.115.238 18581   100.65.2.196    45451
20:50:24 100.66.115.238 199     100.65.2.196    45451
20:50:24 100.66.115.238 56666   100.65.2.196    45451
20:50:24 100.66.115.238 8080    100.65.2.196    45451
20:50:24 100.66.115.238 53      100.65.2.196    45451
20:50:24 100.66.115.238 587     100.65.2.196    45451
[...]
```

이것은 동일한 시간(초) 동안 다른 많은 로컬 포트로의 요청에 TCP RST가 보내졌음을 보여주는데, 마치 포트 스캔처럼 보입니다. 이 도구를 리셋을 보내는 커널 함수를 트레이싱하며 작동합니다. 이 커널 함수는 자주 호출되지 않으므로 오버헤드는 무시할 수 있는 수준입니다.

　　TCP 포트 스캔에는 여러 유형이 존재하며, TCP/IP 스택은 각 스캔 유형에 따라 다르게 대응할 수 있습니다. 필자는 리눅스 커널 4.15에 대해 nmap(1) 포트 스캐너를 사용해서 테스트했는데, SYN, FIN, NULL, Xmas 스캔에 대해 RST으로 대응했으며, 이것은 모두 tcpreset(8)을 통해 확인할 수 있었습니다.

　　칼럼은 다음과 같습니다.

- TIME: HH:MM:SS 포맷으로 된 시간
- LADDR: 로컬 IP 주소
- LPORT: 로컬 TCP 포트
- RADDR: 원격 IP 주소
- RPORT: 원격 TCP 주소

다음은 tcpreset(8)에 대한 소스 코드입니다.

```
#!/usr/local/bin/bpftrace

#include <net/sock.h>
#include <uapi/linux/tcp.h>
#include <uapi/linux/ip.h>

BEGIN
{
        printf("Tracing TCP resets. Hit Ctrl-C to end.\n");
```

```
        printf("%-8s %-14s %-6s %-14s %-6s\n", "TIME",
            "LADDR", "LPORT", "RADDR", "RPORT");
}

kprobe:tcp_v4_send_reset
{
        $skb = (struct sk_buff *)arg1;
        $tcp = (struct tcphdr *)($skb->head + $skb->transport_header);
        $ip = (struct iphdr *)($skb->head + $skb->network_header);
        $dport = ($tcp->dest >> 8) | (($tcp->dest << 8) & 0xff00);
        $sport = ($tcp->source >> 8) | (($tcp->source << 8) & 0xff00);

        time("%H:%M:%S ");
        printf("%-14s %-6d %-14s %-6d\n", ntop(AF_INET, $ip->daddr), $dport,
            ntop(AF_INET, $ip->saddr), $sport);
}
```

이 도구는 IPv4 트래픽만 트레이싱하는 tcp_v4_send_reset() 커널 함수를 트레이싱합니다. 필요하다면 IPv6도 트레이싱하도록 개선할 수 있습니다.

이 도구는 또한 소켓 버퍼에서 IP와 TCP 헤더를 읽어내는 하나의 사례인데, $tcp와 $ip 변수를 설정하는 라인을 확인해 보십시오. 이 로직은 커널의 ip_hdr()와 tcp_hdr() 함수에 기반하고 있으며, 만약 커널이 이 로직을 변경한다면 업데이트가 필요합니다.

11.2.11 capable

capable(8)[14]은 보안 자격(capability) 사용을 보여주는 BCC와 bpftrace 도구입니다. 이 도구는 보안 향상을 목적으로, APP이 필요한 필수 자격 이외에 다른 모든 자격을 차단하기 위한 화이트리스트를 구축하는 데 유용할 수 있습니다.

```
# capable
TIME      UID    PID    COMM         CAP  NAME            AUDIT
22:52:11  0      20007  capable      21   CAP_SYS_ADMIN   1
22:52:11  0      20007  capable      21   CAP_SYS_ADMIN   1
22:52:11  0      20007  capable      21   CAP_SYS_ADMIN   1
22:52:11  0      20007  capable      21   CAP_SYS_ADMIN   1
22:52:11  0      20007  capable      21   CAP_SYS_ADMIN   1
22:52:11  0      20007  capable      21   CAP_SYS_ADMIN   1
22:52:12  1000   20108  ssh          7    CAP_SETUID      1
22:52:12  0      20109  sshd         6    CAP_SETGID      1
22:52:12  0      20109  sshd         6    CAP_SETGID      1
22:52:12  0      20110  sshd         18   CAP_SYS_CHROOT  1
```

---

14 연혁: 필자는 2016년 9월 13일에 BCC를 사용하는 첫 번째 버전을 작성했으며 2018년 9월 8일에 그것을 bpftrace로 포팅하였습니다. 필자는 이런 종류의 가시성을 원했던 넷플릭스 플랫폼 보안팀의 마이클 워드롭(Michael Wardrop)과 토론한 뒤에 이 도구를 작성했습니다.

```
22:52:12  0      20110  sshd            6  CAP_SETGID           1
22:52:12  0      20110  sshd            6  CAP_SETGID           1
22:52:12  0      20110  sshd            7  CAP_SETUID           1
22:52:12  122    20110  sshd            6  CAP_SETGID           1
22:52:12  122    20110  sshd            6  CAP_SETGID           1
22:52:12  122    20110  sshd            7  CAP_SETUID           1
[...]
```

이 출력 결과에서는 CAP_SYS_ADMIN 자격(슈퍼 유저)을 체크하는 capable(8) 도구와, CAP_SETUID를 체크하는 ssh(1), 다양한 자격을 체크하는 sshd(8)를 확인할 수 있습니다. 이들 자격에 대한 문서는 capabilities(7) 매뉴얼 페이지에서 찾을 수 있습니다.

칼럼에는 다음이 포함됩니다.

- CAP: 자격 번호
- NAME: 그 자격에 대한 코드 이름(capabilities(7) 참고)
- AUDIT: 이 자격 체크가 감사 로그(audit log)에 기록되는지 여부

이 도구는 현재의 작업이 자격을 부여받았는지 여부를 확인하는 커널 cap_capable() 함수를 트레이싱함으로써 작동합니다. 이 함수의 발생 빈도는 일반적으로 아주 낮아서 오버헤드는 무시할 수 있는 수준입니다.

사용자 스택 트레이스와 커널 스택 트레이스를 보여주는 옵션도 있습니다. 다음은 두 가지를 모두 포함하는 사례입니다.

```
# capable -KU
[...]
TIME      UID    PID    COMM            CAP  NAME                 AUDIT
12:00:37  0      26069  bash            2    CAP_DAC_READ_SEARCH  1
        cap_capable+0x1 [kernel]
        ns_capable_common+0x68 [kernel]
        capable_wrt_inode_uidgid+0x33 [kernel]
        generic_permission+0xfe [kernel]
        __inode_permission+0x36 [kernel]
        inode_permission+0x14 [kernel]
        may_open+0x5a [kernel]
        path_openat+0x4b5 [kernel]
        do_filp_open+0x9b [kernel]
        do_sys_open+0x1bb [kernel]
        sys_openat+0x14 [kernel]
        do_syscall_64+0x73 [kernel]
        entry_SYSCALL_64_after_hwframe+0x3d [kernel]
        open+0x4e [libc-2.27.so]
        read_history+0x22 [bash]
        load_history+0x8c [bash]
        main+0x955 [bash]
```

```
        __libc_start_main+0xe7 [libc-2.27.so]
        [unknown]
[...]
```

여기에는 openat(2) 시스템 콜을 보여주는 커널 스택과 배시 프로세스가 read_history()을 호출하고 있음을 보여주는 사용자 스택이 포함되어 있습니다.

BCC

커맨드 라인 사용법은 다음과 같습니다.

```
capable [options]
```

옵션은 다음과 같습니다.

- -v: 감사 대상이 아닌 검사도 포함합니다(verbose).
- -p PID: 해당 프로세스만 측정합니다.
- -K: 커널 스택 트레이스를 포함합니다.
- -U: 사용자 레벨 스택 트레이스를 포함합니다.

일부 검사는 '감사 대상이 아닌(non-audit)' 것으로 간주되며 감사 로그에 메시지를 남기지 않습니다. 이들은 -v를 사용하지 않으면 기본적으로 제외됩니다.

bpftrace

다음은 capable(8)의 bpftrace 버전용 코드로, 핵심 기능을 보여주고 있습니다. 이 버전은 옵션을 지원하지 않고 감사 대상이 아닌 것을 포함해 모든 자격 검사를 트레이싱합니다.

```
#!/usr/local/bin/bpftrace

BEGIN
{
        printf("Tracing cap_capable syscalls... Hit Ctrl-C to end.\n");
        printf("%-9s %-6s %-6s %-16s %-4s %-20s AUDIT\n", "TIME", "UID", "PID",
            "COMM", "CAP", "NAME");
        @cap[0] = "CAP_CHOWN";
        @cap[1] = "CAP_DAC_OVERRIDE";
        @cap[2] = "CAP_DAC_READ_SEARCH";
        @cap[3] = "CAP_FOWNER";
        @cap[4] = "CAP_FSETID";
        @cap[5] = "CAP_KILL";
        @cap[6] = "CAP_SETGID";
        @cap[7] = "CAP_SETUID";
        @cap[8] = "CAP_SETPCAP";
```

```
            @cap[9] = "CAP_LINUX_IMMUTABLE";
            @cap[10] = "CAP_NET_BIND_SERVICE";
            @cap[11] = "CAP_NET_BROADCAST";
            @cap[12] = "CAP_NET_ADMIN";
            @cap[13] = "CAP_NET_RAW";
            @cap[14] = "CAP_IPC_LOCK";
            @cap[15] = "CAP_IPC_OWNER";
            @cap[16] = "CAP_SYS_MODULE";
            @cap[17] = "CAP_SYS_RAWIO";
            @cap[18] = "CAP_SYS_CHROOT";
            @cap[19] = "CAP_SYS_PTRACE";
            @cap[20] = "CAP_SYS_PACCT";
            @cap[21] = "CAP_SYS_ADMIN";
            @cap[22] = "CAP_SYS_BOOT";
            @cap[23] = "CAP_SYS_NICE";
            @cap[24] = "CAP_SYS_RESOURCE";
            @cap[25] = "CAP_SYS_TIME";
            @cap[26] = "CAP_SYS_TTY_CONFIG";
            @cap[27] = "CAP_MKNOD";
            @cap[28] = "CAP_LEASE";
            @cap[29] = "CAP_AUDIT_WRITE";
            @cap[30] = "CAP_AUDIT_CONTROL";
            @cap[31] = "CAP_SETFCAP";
            @cap[32] = "CAP_MAC_OVERRIDE";
            @cap[33] = "CAP_MAC_ADMIN";
            @cap[34] = "CAP_SYSLOG";
            @cap[35] = "CAP_WAKE_ALARM";
            @cap[36] = "CAP_BLOCK_SUSPEND";
            @cap[37] = "CAP_AUDIT_READ";
}

kprobe:cap_capable
{
        $cap = arg2;
        $audit = arg3;
        time("%H:%M:%S  ");
        printf("%-6d %-6d %-16s %-4d %-20s %d\n", uid, pid, comm, $cap,
            @cap[$cap], $audit);
}

END
{
        clear(@cap);
}
```

이 프로그램은 자격 번호를 이름으로 변환하기 위한 해시 맵을 선언합니다. 커널에 추가된 내용에 대응하기 위해서는 업데이트가 필요합니다.

11.2.12 setuids

setuids(8)[15]는 권한 상승(privilege escalation) 시스템 콜인 setuid(2), setresuid(2), setfsuid(2)를 트레이싱하는 bpftrace 도구입니다. 예를 들면 다음과 같습니다.

```
# setuids.bt
Attaching 7 probes...
Tracing setuid(2) family syscalls. Hit Ctrl-C to end.
TIME      PID   COMM           UID   SYSCALL   ARGS (RET)
23:39:18 23436 sudo           1000  setresuid ruid=-1 euid=1000 suid=-1 (0)
23:39:18 23436 sudo           1000  setresuid ruid=-1 euid=0 suid=-1 (0)
23:39:18 23436 sudo           1000  setresuid ruid=-1 euid=0 suid=-1 (0)
23:39:18 23436 sudo           1000  setresuid ruid=0 euid=-1 suid=-1 (0)
23:39:18 23436 sudo           0     setresuid ruid=1000 euid=-1 suid=-1 (0)
23:39:18 23436 sudo           1000  setresuid ruid=-1 euid=-1 suid=-1 (0)
23:39:18 23436 sudo           1000  setuid    uid=0 (0)
23:39:18 23437 sudo           0     setresuid ruid=0 euid=0 suid=0 (0)
[...]
```

이 출력 결과는 UID를 1000에서 0으로 바꾸는 sudo(8) 명령어와 이를 수행하기 위해 사용한 다양한 시스템 콜을 보여줍니다. sshd(8)를 통한 로그인도 UID를 변경하기 때문에 setuids(8)을 통해 확인할 수 있습니다.

칼럼에는 다음이 포함됩니다.

- UID: setuid(2) 호출 이전의 사용자 ID
- SYSCALL: 시스템 콜 이름
- ARGS: 시스템 콜의 인자
- (RET): 리턴 값. setuid(2)와 setresuid(2)에 대해서는 호출이 성공적이었는지 여부를 보여줍니다. setfsuid(2)에 대해서는 이전의 UID를 보여줍니다.

이것은 이들 시스템 콜에 대한 tracepoint를 계측함으로써 작동합니다. 이들 시스템 콜의 호출 비율은 낮을 것이기 때문에 오버헤드는 무시할 수 있는 수준입니다.

setuids(8)의 소스 코드는 다음과 같습니다.

```
#!/usr/local/bin/bpftrace
```

---

15 연혁: 필자는 2004년 5월 9일에 첫 버전을 setuids.d로 작성했습니다. 이 도구는 로그인을 트레이싱하는데 유용한데, 이를 통해 login, su, sshd가 uid를 세팅하는 것을 포착할 수 있기 때문입니다. 필자는 이 책을 위해 2019년 2월 26일에 이 bpftrace 버전을 개발했습니다.

```
BEGIN
{
        printf("Tracing setuid(2) family syscalls. Hit Ctrl-C to end.\n");
        printf("%-8s %-6s %-16s %-6s %-9s %s\n", "TIME",
            "PID", "COMM", "UID", "SYSCALL", "ARGS (RET)");
}

tracepoint:syscalls:sys_enter_setuid,
tracepoint:syscalls:sys_enter_setfsuid
{
        @uid[tid] = uid;
        @setuid[tid] = args->uid;
        @seen[tid] = 1;
}

tracepoint:syscalls:sys_enter_setresuid
{
        @uid[tid] = uid;
        @ruid[tid] = args->ruid;
        @euid[tid] = args->euid;
        @suid[tid] = args->suid;
        @seen[tid] = 1;
}

tracepoint:syscalls:sys_exit_setuid
/@seen[tid]/
{
        time("%H:%M:%S ");
        printf("%-6d %-16s %-6d setuid    uid=%d (%d)\n", pid, comm,
            @uid[tid], @setuid[tid], args->ret);
        delete(@seen[tid]); delete(@uid[tid]); delete(@setuid[tid]);
}

tracepoint:syscalls:sys_exit_setfsuid
/@seen[tid]/
{
        time("%H:%M:%S ");
        printf("%-6d %-16s %-6d setfsuid  uid=%d (prevuid=%d)\n", pid, comm,
            @uid[tid], @setuid[tid], args->ret);
        delete(@seen[tid]); delete(@uid[tid]); delete(@setuid[tid]);
}

tracepoint:syscalls:sys_exit_setresuid
/@seen[tid]/
{
        time("%H:%M:%S ");
        printf("%-6d %-16s %-6d setresuid ", pid, comm, @uid[tid]);
        printf("ruid=%d euid=%d suid=%d (%d)\n", @ruid[tid], @euid[tid],
            @suid[tid], args->ret);
        delete(@seen[tid]); delete(@uid[tid]); delete(@ruid[tid]);
        delete(@euid[tid]); delete(@suid[tid]);
}
```

위 코드는 세 개의 시스템 콜 진입과 종료 tracepoint를 트레이싱하여 진입 세부 사항을 맵에 넣어두고, 종료 시에 이것을 불러오고 출력할 수 있습니다.

11.3 BPF 원 라이너

이번 절에서는 BCC와 bpftrace 원 라이너를 살펴봅니다. 가능한 경우, BCC와 bpftrace 두 가지 모두를 사용해서 동일한 원 라이너를 구현했습니다.

11.3.1 BCC

PID 1234에 대한 보안 감사 이벤트를 집계합니다.

```
funccount -p 1234 'security_*'
```

PAM(pluggable authentication module) 세션 시작을 트레이싱합니다.

```
trace 'pam:pam_start "%s: %s", arg1, arg2'
```

커널 모듈 로드를 트레이싱합니다.

```
trace 't:module:module_load "load: %s", args->name'
```

11.3.2 bpftrace

PID 1234에 대한 보안 감사 이벤트를 집계합니다.

```
bpftrace -e 'k:security_* /pid == 1234 { @[func] = count(); }'
```

PAM(pluggable authentication module) 세션 시작을 트레이싱합니다.

```
bpftrace -e 'u:/lib/x86_64-linux-gnu/libpam.so.0:pam_start { printf("%s: %s\n",
    str(arg0), str(arg1)); }'
```

커널 모듈 로드를 트레이싱합니다.

```
bpftrace -e 't:module:module_load { printf("load: %s\n", str(args->name)); }'
```

11.3.3 BPF 원 라이너 사례

앞서 각각의 도구를 살펴보면서 한 것처럼, 몇 가지 샘플 출력 결과를 보면 원 라이너를 분명히 이해하는 데도 유용합니다. 원 라이너로 출력한 결과 사례를 몇 가지 살펴보겠습니다.

보안 감사 이벤트 집계하기

```
# funccount -p 21086 'security_*'
Tracing 263 functions for "security_*"... Hit Ctrl-C to end.
^C
FUNC                             COUNT
security_task_setpgid                1
security_task_alloc                  1
security_inode_alloc                 1
security_d_instantiate               1
security_prepare_creds               1
security_file_alloc                  2
security_file_permission            13
security_vm_enough_memory_mm        27
security_file_ioctl                 34
Detaching...
```

이것은 보안 이벤트를 다루고 감사하기 위해 LSM(Linux Security Module) 훅의 호출을 집계합니다. 각 함수는 더 많은 정보를 위해 트레이싱할 수 있습니다.

PAM 세션 시작 트레이싱하기

```
# trace 'pam:pam_start "%s: %s", arg1, arg2'
PID     TID     COMM         FUNC           -
25568   25568   sshd         pam_start      sshd: bgregg
25641   25641   sudo         pam_start      sudo: bgregg
25646   25646   sudo         pam_start      sudo: bgregg
[...]
```

이것은 bgregg 사용자에 대한 PAM(Pluggable Authentication Module) 세션을 시작하는 sshd(8)과 sudo(8)를 보여줍니다. 다른 PAM 함수들 역시 최종 인증 요청을 확인하기 위해 트레이싱할 수 있습니다.

11.4 정리

BPF는 실시간 포렌식을 위한 스니핑, 권한 디버깅, 실행 파일 사용에 대한 화이트리스트 등을 포함해서 다양한 보안 용도에 사용할 수 있습니다. 이번 장에서는 이들 기능을 소개하고 몇 가지 BPF 도구로 시연해 보았습니다.

12장

언어

세상에는 여러 가지 프로그래밍 언어가 존재하며, 이를 실행하기 위한 컴파일러와 런타임도 많이 있습니다. 각각의 언어가 실행되는 방식은 트레이싱 방법에도 영향을 미칩니다. 이번 장에서는 그러한 차이점에 대해 설명하며, 이는 특정한 언어를 트레이싱하는 방법을 찾는 데 도움이 될 것입니다.

학습 목표

- 컴파일 언어의 계측에 대해 이해하기(예: C)
- JIT 컴파일 언어의 계측에 대해 이해하기(예: 자바, Node.js)
- 인터프리터 언어의 계측에 대해 이해하기(예: 배시 셸)
- 가능한 경우 함수 호출, 인자, 리턴 값 그리고 지연 트레이싱하기
- 특정 언어에서 사용자 레벨 스택 트레이스 트레이싱하기

이번 장은 프로그래밍 언어의 구현 방법을 개괄하며 시작하고, 그 다음에는 몇 가지 언어를 사례로 살펴봅니다. 컴파일 언어로는 C를, JIT 컴파일 언어로는 자바를 그리고 완전 인터프리터 언어로는 배시 셸(bash shell) 스크립팅을 사용합니다. 각 언어마다 함수 이름(심벌)과 함수 인자를 찾는 방법, 그리고 스택 트레이스를 조사하고 트레이싱하는 방법을 다룹니다. 이 장의 끝부분에는 자바스크립트(Node.js), C++ 그리고 Go 언어(Golang) 등 기타 언어에서의 트레이싱에 대한 설명을 수록했습니다.

어떤 언어에 관심을 가지고 있든, 이번 장을 통해 해당 언어를 계측하는 방법을 이해하고, 기타 언어들에서 작업하면서 직면하는 어려움과 해결책을 이해하여 여러분이 유리한 출발을 할 수 있도록 도울 것입니다.

12.1 배경지식

특정 언어를 계측하는 방법을 이해하려면 그 언어가 실행을 위해 기계어로 전환되는 방법을 알아볼 필요가 있습니다. 이것은 일반적으로 언어의 속성이라기보다는 언어가 구현된 방법의 속성입니다. 예를 들어 자바는 JIT 컴파일 언어가 아니라 그냥 언어일 뿐입니다. 일반적으로 사용되는 OracleJDK 또는 OpenJDK 같은 JVM 런타임은 인터프리터에서 JIT 컴파일로 이동하는 파이프라인을 사용해서 자바 메서드를 실행하지만 이것은 JVM의 속성입니다. JVM 자체도 컴파일된 C++ 코드로, 클래스 로딩과 가비지 컬렉션과 같은 함수를 실행합니다. 자바 애플리케이션을 완전하게 계측해 보면 컴파일되거나(C++ JVM 함수), 인터프리트되거나(자바 메서드) 아니면 JIT 컴파일된(자바 메서드) 코드를 확인할 수 있는데, 계측 방법에는 각각 차이가 있습니다. 자바뿐만 아니라 다른 언어에도 별개의 컴파일러와 인터프리터 구현체가 있으며, 해당 언어를 트레이싱하는 방법을 이해하기 위해서는 어떤 것이 사용되는지 알아야 합니다.

간단히 말해서 여러분이 할 일이 언어 X를 트레이싱하는 것이라면, 여러분의 첫 번째 질문은 'X를 실행하기 위해 지금 무엇을 사용하고 있습니까?'와 '그것은 어떻게 작동합니까?'가 될 것입니다. 그것은 컴파일러입니까? JIT 컴파일러입니까? 인터프리터입니까? 동물입니까? 식물입니까? 아니면 광물입니까?

이번 절에서는 어떠한 언어든 BPF를 사용해서 트레이싱하는 것에 대한 전반적인 조언을 제공합니다. 언어를 기계어로 전환하는 방법인 컴파일, JIT 컴파일, 혹은 인터프리터에 따라 언어 구현을 분류해서 설명합니다. 일부 구현(예: JVM)에 대해서는 여러 트레이싱 방법을 소개합니다.

12.1.1 컴파일형 언어

컴파일형 언어의 예로는 C, C++, Go 언어, 러스트, 파스칼, 포트란 그리고 코볼 등이 있습니다.

컴파일형 언어에서, 함수는 기계어로 컴파일되며 실행 바이너리(일반적으로 ELF 포맷)에 저장되는데, 다음과 같은 속성이 있습니다.

- 사용자 레벨 소프트웨어에서는, 주소를 함수와 오브젝트 이름에 매핑시키기 위한 심벌 테이블이 ELF 바이너리 파일 안에 포함됩니다. 이 주소는 실행 중에는 변경되지 않기 때문에, 정확한 매핑을 얻어내기 위해 언제든지 심벌 테이블을 읽을 수 있습니다. 이와 달리 커널 레벨 소프트웨어는 /proc/kallsyms

에 자체의 동적 심벌 테이블이 있으며, 모듈이 로딩되면 해당 심벌 테이블의 크기가 커질 수 있습니다.

- 함수 인자와 리턴 값은 레지스터와 스택 오프셋에 저장됩니다. 저장 위치는 일반적으로 각 프로세서 유형에서 사용하는 표준 호출 규약(calling convention)을 따릅니다. 그렇지만 일부 컴파일 언어(예: Go 언어)는 다른 규약을 사용하며, 일부(예: V8 빌트인)는 규약을 전혀 사용하지 않습니다.

- 컴파일러가 함수 프롤로그(function prologue)에서 프레임 포인터 레지스터 (x86_64에서의 RBP)를 초기화한다면 이것을 추적해 스택 트레이스를 출력할 수 있습니다. 그러나 컴파일러는 종종 이 레지스터를 프레임 포인터 대신 범용 레지스터로 재사용합니다(레지스터가 한정적인 프로세서에서 성능 최적화를 위해). 이로 인한 부작용은 프레임 포인터 기반 스택 추적이 불가능하게 된다는 것입니다.

컴파일 언어들은 일반적으로 트레이싱하기가 용이합니다. 사용자 레벨 소프트웨어에 대해서는 uprobe를, 커널 레벨 소프트웨어에 대해서는 kprobe를 사용할 수 있습니다. 이 책 전반에 걸쳐 수많은 사용 사례가 수록되어 있습니다.

컴파일된 소프트웨어를 다루기 시작할 때는, 먼저 심벌 테이블이 존재하는지 확인해 보세요(nm(1), objdump(1), 또는 readelf(1) 사용). 존재하지 않는다면 해당 소프트웨어의 debuginfo 패키지를 사용할 수 있는지 확인합니다. 이 패키지는 누락된 심벌들을 제공할 수 있습니다. 이 방법도 쓸 수 없다면 해당 심벌들이 애초에 왜 사라졌는지 살펴보기 위해 컴파일러와 빌드 소프트웨어를 확인해 보세요. 이 심벌들은 strip(1)을 통해 제거되었을 수 있습니다. 한 가지 해결책은 strip(1)을 호출하지 않고 소프트웨어를 재컴파일하는 것입니다.

프레임 포인터 기반 스택 추적이 동작하는지도 체크해 보십시오. BPF를 통한 사용자 공간 스택 추적은 현재 이 방식을 기본으로 하고 있는데, 만약 이것이 동작하지 않는다면 프레임 포인터를 사용하도록 컴파일러 플래그와 함께 소프트웨어를 재컴파일해야 합니다(예: gcc -fno-omit-frame-pointer). 이렇게 할 수 없다면 다른 스택 추적 기법인 LBR(최종 브랜치 레코드)[1], DWARF, 사용자 레벨ORC 그리고 BTF와 같은 방법을 시도할 수 있습니다. 2장에서 설명한 것처럼, 이것들을 사용하기 위해서는 BPF 도구의 개선이 필요합니다.

---

[1] 현재 커널 BPF 혹은 BPF의 프론트엔드 도구에서 LBR에 대한 지원은 없지만, 이에 대한 추가를 계획 중입니다. perf(1)는 현재 이것을 --call-graph lbr을 통해 지원합니다.

12.1.2 JIT 컴파일형 언어

JIT 컴파일 언어의 예로는 자바, 자바스크립트, 줄리아, 닷넷 그리고 스몰토크 등이 있습니다.

JIT 컴파일 언어는 바이트코드로 컴파일된 다음 런타임에서 기계어로 컴파일되는데, 런타임 작업에서 컴파일러 최적화를 지시하기 위한 피드백이 종종 이루어집니다. 이러한 언어들은 다음과 같은 속성이 있습니다(사용자 레벨 특징).

- 함수들은 즉석에서 컴파일되기 때문에 내장 심벌 테이블이 없습니다. 심벌에 대한 매핑은 보통 JIT 런타임의 메모리에 저장되며, 예외 스택(exception stacks) 출력과 같은 용도로 쓰입니다. 런타임이 상시로 재컴파일함에 따라 함수가 이동할 수 있기 때문에 매핑도 변할 수 있습니다.

- 함수 인자와 리턴 값은 표준 호출 규약을 따르기도 하고 따르지 않기도 합니다.

- JIT 런타임은 프레임 포인터 레지스터를 사용할 수도 있고 그렇지 않을 수도 있기 때문에, 프레임 포인터 기반 스택 추적은 동작할 수도, 그렇지 않을 수도 있습니다(제대로 동작하지 않는 경우에는 스택 트레이스가 가짜 주소(bogus address)와 함께 갑자기 종료되는 것을 볼 수 있습니다). 런타임은 일반적으로 오류가 발생했을 때 해당 스택 트레이스를 출력하기 위해 예외 핸들러(exception handler)에서 자체 스택을 추적하는 방법이 있습니다.

JIT 컴파일 언어를 트레이싱하는 것은 어렵습니다. 심벌 테이블은 동적으로 생성되며 메모리에 위치하기 때문에 바이너리에 들어 있지 않습니다. 일부 애플리케이션은 JIT 매핑에 대한 보조 심벌 파일(/tmp/perf-PID.map)을 제공합니다. 그러나 다음 두 가지 이유로 인해 uprobe와 함께 사용할 수 없습니다.

1. JIT 컴파일러는 uprobe로 계측되는 함수를 커널에 알리지 않고 메모리에서 옮겨버릴 수 있습니다. 커널은 계측이 더 이상 필요하지 않은 경우 계측하던 함수의 명령어를 정상으로 되돌리는데, 함수가 다른 곳으로 옮겨진 경우에 명령어를 되돌리면 이제 잘못된 주소에 쓰기를 하고 있는 셈이며 사용자 공간 메모리에 오류를 일으킬 것입니다.[2]

---

2 필자는 uprobe 트레이싱 중에 함수가 이동하지 않도록 c2 컴파일러를 중지시킬 방법을 만들어 달라고 JVM 팀에 요청했습니다.

2. uprobe는 아이노드(inode) 기반이며 동작을 위해 파일 내에서 함수가 위치한 주소(offset)를 필요로 하는 반면, JIT 함수는 파일 내에 위치하지 않고 익명의 전용 매핑에 저장될 수도 있습니다.[3]

런타임이 각각의 함수에 대해 USDT probe를 제공한다면 JIT 컴파일된 함수를 트레이싱하는 것이 가능할 수도 있습니다. 하지만 이 기법은 활성화 여부를 떠나 보통 높은 오버헤드를 유발합니다. 더 효율적인 접근 방법은 동적 USDT로 선택한 지점을 계측하는 것입니다(USDT와 동적 USDT는 2장에서 소개했습니다). USDT probe는 함수 인자와 리턴 값을 이들 probe의 인자로 계측할 수 있도록 합니다.

BPF를 통한 스택 트레이싱이 이미 가능하다면, 보조 심벌 파일을 사용하여 스택 트레이스를 함수 이름으로 변환할 수 있습니다. USDT를 지원하지 않는 런타임의 경우, 스택 트레이싱을 통해 JIT 함수 실행에 대해 살펴볼 수 있습니다. 스택 트레이스는 시스템 콜, 커널 이벤트에서 정주기 프로파일링을 통해 수집할 수 있는데, 이것을 통해 실행 중인 JIT 함수를 확인할 수 있습니다. 스택 트레이싱은 JIT 함수의 가시성을 얻을 수 있는 가장 쉬운 방법이며, 많은 유형의 문제를 해결하는 데 도움이 됩니다.

만약 스택 트레이싱이 제대로 동작하지 않는다면 런타임이 프레임 포인터 지원 옵션을 가지고 있는지, 아니면 LBR을 사용할 수 있는지 확인해 보십시오. 지원하지 않는다면 스택 트레이싱을 고칠 수 있는 다른 방법이 몇 가지 있기는 한데 이것들은 상당한 엔지니어링 작업을 필요로 합니다. 한 가지 방법은 프레임 포인터를 보존하도록 런타임 컴파일러를 수정하는 것입니다. 또 다른 방법은 언어 자체의 방법을 사용해서 콜 스택을 얻고, USDT probe를 추가해 probe의 인자로 콜 스택을 (문자열로) 전달하는 것입니다. 그 외에도 BPF에서 프로세스에 시그널을 보내고 BPF가 읽을 수 있는 메모리에 스택 트레이스를 기록하는 사용자 공간 헬퍼를 만드는 방법이 있는데, 이는 페이스북이 hhvm에 대해 구현한 방식과 동일합니다.[133]

자바는 이런 기법들이 실무에서 어떻게 사용되는지에 대한 대표적인 사례로, 이 장의 후반부에서 논의됩니다.

---

3 필자는 다른 사람들과 함께 커널에서 이 제한을 없애는 방법을 살펴보고 있습니다.

12.1.3 인터프리터형 언어

인터프리터형 언어로는 배시 셸, 펄, 파이썬 그리고 루비 등이 있습니다. JIT 컴파일 전 단계에서 인터프리터를 이용하는 언어들도 있는데, 예를 들면 자바와 자바스크립트가 있습니다. 이러한 단계를 가진 언어들의 인터프리터 단계에서의 분석은 인터프리터만을 사용하는 언어의 분석과 유사합니다.

인터프리터형 언어 런타임은 프로그램 함수를 기계어로 컴파일하지 않고, 대신 인터프리터 자체의 내장 루틴을 사용해 프로그램을 분석하고 실행합니다. 이 언어들의 속성은 다음과 같습니다.

- 바이너리 심벌 테이블은 인터프리터 내부 구조를 보여주지만, 사용자가 작성한 프로그램의 함수는 보여주지 않습니다. 사용자 함수는 인터프리터 구현에 특화된 메모리 테이블에 저장되고, 인터프리터 객체에 매핑됩니다.
- 함수 인자와 리턴 값은 인터프리터가 처리합니다. 그것들은 인터프리터 함수 호출에 의해 전달되고, 단순 int와 문자열보다는 인터프리터 객체로 묶여 전달될 것입니다.
- 인터프리터 자체가 프레임 포인터를 사용하도록 컴파일되었다면 프레임 포인터 스택 추적이 제대로 동작할 것이지만, 현재 실행 중인 사용자 프로그램에 대한 함수 이름 컨텍스트 없이 인터프리터 내부만을 보여줄 것입니다. 인터프리터는 사용자 프로그램 스택을 알고 있고 예외 발생 시 이 스택이 출력될 수는 있지만, 이것은 커스텀 데이터 구조에 저장됩니다.

함수 호출의 시작과 종료를 보여주기 위한 USDT probe가 있을 수도 있는데, 이 probe는 인자로 함수의 이름과 인자를 가지고 있을 것입니다. 예를 들어, 루비 런타임은 인터프리터에 USDT probe를 내장하고 있습니다. 이 probe는 함수 호출을 트레이싱할 수 있게 해주지만 이를 사용하면 오버헤드가 높아질 수 있습니다. 보통 함수 호출 트레이싱이 모든 함수 호출을 계측한 다음 관심 있는 함수를 이름으로 필터링하기 때문입니다. 만일 언어 런타임용 동적 USDT 라이브러리가 있다면, 모든 함수를 트레이싱한 다음 관심 있는 함수만을 필터링하는 대신 커스텀 USDT probe를 관심 있는 함수에만 삽입하여 사용할 수 있습니다(동적 USDT의 개요에 대해서는 2장을 참고하세요). 예를 들어 ruby-static-tracing 패키지는 루비를 위해 이러한 방식의 트레이싱을 지원합니다.

런타임에 내장USDT probe가 없고 런타임 USDT 지원을 제공하는 (libstapsdt/libusdt 같은) 패키지가 없다면, 런타임의 인터프리터 함수는 uprobe를 사용해 트레이싱할 수 있으며 함수 이름과 인자 같은 세부 사항을 가져올 수 있습니다. 이러한 세부 정보는 인터프리터 객체로 저장되어 있을 수도 있으며 분석을 위해 일부 구조체 탐색이 필요할 수 있습니다.

스택 트레이스를 인터프리터의 메모리에서 얻어 오는 것은 매우 어려울 수 있습니다. 한 가지 접근 방법은, 오버헤드가 높긴 하지만 BPF에서 모든 함수 호출과 리턴을 트레이싱하고, 필요할 때 읽을 수 있는 BPF 메모리에 각 스레드에 대한 합성 스택을 만드는 것입니다. 다른 방법으로는 JIT 컴파일 언어와 마찬가지로, 커스텀 USDT probe와 런타임 자체의 스택 트레이스 수집 함수(예: 루비의 'caller' 내장 모듈, 혹은 예외 처리 함수)를 통하거나, 아니면 BPF에서 사용자 공간 헬퍼로 시그널을 보내서 처리하는 방법 등이 있습니다.

12.1.4 BPF 활용 가능성

BPF를 이용한 언어 트레이싱의 목표는 다음 질문에 답하는 것입니다.

- 어떤 함수를 호출하는가?
- 함수의 인자는 무엇인가?
- 함수의 리턴 값은 무엇인가? 오류가 발생하였는가?
- 어떤 이벤트를 발생시킨 코드 경로(스택 트레이스)는 무엇인가?
- 함수의 지속 시간은 얼마나 되는가? 히스토그램 분포는 어떠한가?

BPF로 이 질문 중 몇 개나 답변할 수 있을지는 언어 구현에 따라 다릅니다. 많은 언어 구현에는 앞에서부터 네 개의 질문에 쉽게 답할 수 있는 커스텀 디버거가 함께 제공되어서, BPF가 꼭 필요한지 의문을 가질 수 있습니다. 하지만 BPF를 활용하는 가장 중요한 이유는 하나의 도구로 소프트웨어 스택의 여러 계층을 트레이싱할 수 있기 때문입니다. 가령 디스크 I/O 혹은 페이지 폴트를 조사하기 위해 커널 컨텍스트만을 이용하는 것이 아니라, 애플리케이션 컨텍스트(어떤 사용자 요청이 얼마나 많은 디스크 I/O 혹은 페이지 폴트를 발생시켰는지 등) 및 이와 관련 있는 사용자 레벨 코드 경로를 함께 트레이싱할 수 있습니다. 많은 경우 커널 이벤트는 이슈를 식별하고 정량화할 수 있지만, 그것을 어떻게 해결해야 할지 보여주는 것은 사용자 레벨 코드입니다.

몇 가지 언어에서는(예: 자바), 어느 스택 트레이스가 이벤트를 발생시켰는지 보여주는 것이 함수/메서드 호출을 트레이싱하는 것보다 더 쉽습니다. BPF가 계측할 수 있는 수많은 다른 커널 이벤트와 결합하면 스택 트레이스는 훨씬 더 많은 것을 해낼 수 있습니다. 어느 애플리케이션 코드 경로가 디스크 I/O, 페이지 폴트 그리고 다른 리소스의 사용을 발생시켰는지 확인할 수 있고, 어느 코드 경로가 스레드를 블록시키고 CPU를 떠나게 하는지 볼 수 있으며, CPU 사용을 프로파일링하기 위해 정주기 샘플링을 사용할 수 있고 CPU 플레임 그래프를 만들 수 있습니다.

12.1.5 전략

이번 절에서는 언어의 분석을 위한 추천 전략을 다룹니다.

1. 언어가 실행되는 방법을 확인합니다. 해당 언어를 실행하는 소프트웨어가 바이너리로 컴파일을 사용하고 있습니까? JIT 컴파일을 사용하고 있습니까? 아니면 인터프리터 혹은 이것들을 혼합해서 사용하고 있습니까? 이것은 이번 장에서 논의된 것처럼 여러분의 접근 방법을 안내합니다.

2. 각 언어 유형에 따라 사용할 수 있는 도구와 원 라이너의 유형을 파악하기 위해 이 장을 훑어봅니다.

3. BPF로 해당 언어를 분석하는 도구와 노하우가 이미 존재하는지 알아보기 위해 인터넷에서 '[e]BPF language', 'BCC language' 그리고 'bpftrace language' 라는 키워드로 검색해 봅니다.

4. 언어 소프트웨어에 USDT probe가 있는지, 그리고 그것들이 배포된 바이너리에서 사용 가능한지(혹은 사용하기 위해 재컴파일할 필요가 있는지) 체크합니다. 이것들은 안정적인 인터페이스이며 사용을 권장합니다. 만일 언어 소프트웨어에 USDT probe가 없다면 추가할 수 있는지 검토합니다. 대부분의 언어 소프트웨어는 오픈 소스입니다.

5. 계측을 위한 샘플 프로그램을 작성합니다. 이름과 호출되는 횟수, 지연(명시적 휴면)에 대해 알고 있는 함수를 호출해 봅니다. 여러분의 분석 도구들이 알려진 것을 정확하게 식별하는지 확인하여 도구가 제대로 동작하는지 여부를 체크합니다.

6. 사용자 레벨 소프트웨어에 대해서는 uprobe를 사용해 네이티브 레벨에서의 언어 실행을 검사합니다. 커널 레벨 소프트웨어에 대해서는 kprobe를 사용합니다.

이어지는 절에서는 세 가지 언어의 사례에 대해 더 길게 논의합니다. 컴파일 언어에서는 C, JIT 컴파일 언어에서는 자바 그리고 인터프리터 언어에서는 배시 셸을 다룹니다.

12.1.6 BPF 도구들

이번 장에서 다루는 BPF 도구들은 그림 12.1과 같습니다.

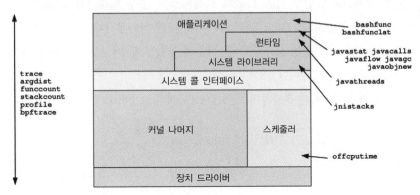

그림 12.1 언어 분석용 BPF 도구들

이 도구들은 C, 자바 그리고 배시 셸을 다룹니다.

12.2 C

C는 트레이싱하기 가장 쉬운 언어입니다.

커널 레벨 C의 경우, 커널은 자체 심벌 테이블이 있으며 대부분의 배포판 커널은 프레임 포인터를 사용합니다(CONFIG_FRAME_POINTER=y). 이러한 특징 덕분에 커널은 함수를 외부에 노출(심벌 테이블)시키고 트레이싱이 가능하도록 하며, 인자가 프로세서 ABI를 따르도록 하고 스택 트레이스의 수집이 가능하도록 합니다. 이런 점들 덕에 kprobe를 통한 커널 함수 트레이싱은 매우 수월합니다. 대부분의 함수가 외부에 노출되고 트레이싱될 수 있지만 예외도 있습니다. 대표적으로 인라인된 함수와 계측하기에 안전하지 않은 것으로 표시된 트레이싱 블랙리스트 함수가 포함됩니다.

사용자 레벨 C의 경우, 컴파일된 바이너리의 심벌 테이블을 제거하지 않았고 프레임 포인터가 누락되지 않았다면 uprobe를 통한 트레이싱은 간단합니다. 커널과 마찬가지로 이러한 특징은 함수를 외부에 노출시키고 트레이싱이 가능하도록 하며, 인자가 프로세서 ABI를 따르도록 하고 스택 트레이스의 수집이 가능하도록 합니다. 하지만 불행히도 바이너리에는 심벌 테이블이 제거되어 있으며 컴파일러는 프레임 포인터를 누락시킵니다. 이것은 해당 바이너리를 재컴파일하거나 심벌과 스택을 읽을 다른 방법을 찾아야 한다는 의미입니다.

USDT probe는 C 프로그램에서 정적 계측에 사용할 수 있습니다. libc를 포함한 일부 C 라이브러리는 기본으로 USDT probe를 제공합니다.

이번 절에서는 C 함수 심벌, C 스택 트레이스, C 함수 트레이싱, C 함수 오프셋 트레이싱, C USDT 그리고 C 원 라이너에 대해 알아봅니다. 표 12.1에는 커스텀 C 코드를 계측하는 도구 목록을 정리해 놓았는데, 이것들은 이미 다른 장에서 살펴본 적이 있습니다.

C++ 트레이싱은 C와 유사하며 12.5.3 "C++"에서 설명하고 있습니다.

도구	소스	대상	설명	장
funccount	BCC	함수	함수 호출 집계	4
stackcount	BCC	스택	이벤트에 대한 네이티브 스택 집계	4
trace	BCC	함수	함수 호출을 원하는 세부 사항과 함께 출력	4
argdist	BCC	함수	함수 인자 혹은 리턴 값 요약	4
bpftrace	BT	전부	맞춤화된 방법으로 함수와 스택 계측	5

표 12.1 C 관련 도구들

12.2.1 C 함수 심벌

함수 심벌은 ELF 심벌 테이블에서 읽어올 수 있습니다. readelf(1)는 이러한 심벌 테이블이 존재하는지 체크할 때 사용할 수 있습니다. 예를 들어 다음은 마이크로벤치마크 프로그램의 심벌을 보여주는 사례입니다.

```
$ readelf -s bench1

Symbol table '.dynsym' contains 10 entries:
   Num:    Value          Size Type    Bind   Vis      Ndx Name
     0: 0000000000000000     0 NOTYPE  LOCAL  DEFAULT  UND
     1: 0000000000000000     0 NOTYPE  WEAK   DEFAULT  UND _ITM_deregisterTMCloneTab
     2: 0000000000000000     0 FUNC    GLOBAL DEFAULT  UND puts@GLIBC_2.2.5 (2)
     3: 0000000000000000     0 FUNC    GLOBAL DEFAULT  UND __libc_start_main@GLIBC...
     4: 0000000000000000     0 NOTYPE  WEAK   DEFAULT  UND __gmon_start__
     5: 0000000000000000     0 FUNC    GLOBAL DEFAULT  UND malloc@GLIBC_2.2.5 (2)
     6: 0000000000000000     0 FUNC    GLOBAL DEFAULT  UND atoi@GLIBC_2.2.5 (2)
     7: 0000000000000000     0 FUNC    GLOBAL DEFAULT  UND exit@GLIBC_2.2.5 (2)
     8: 0000000000000000     0 NOTYPE  WEAK   DEFAULT  UND _ITM_registerTMCloneTable
     9: 0000000000000000     0 FUNC    WEAK   DEFAULT  UND __cxa_finalize@GLIBC_2.2.5 (2)

Symbol table '.symtab' contains 66 entries:
   Num:    Value          Size Type    Bind   Vis      Ndx Name
     0: 0000000000000000     0 NOTYPE  LOCAL  DEFAULT  UND
     1: 0000000000000238     0 SECTION LOCAL  DEFAULT    1
     2: 0000000000000254     0 SECTION LOCAL  DEFAULT    2
```

```
    3: 0000000000000274      0 SECTION LOCAL  DEFAULT      3
    4: 0000000000000298      0 SECTION LOCAL  DEFAULT      4
    [...]
   61: 0000000000000000      0 FUNC    GLOBAL DEFAULT    UND exit@@GLIBC_2.2.5
   62: 0000000000201010      0 OBJECT  GLOBAL HIDDEN      23 __TMC_END__
   63: 0000000000000000      0 NOTYPE  WEAK   DEFAULT    UND _ITM_registerTMCloneTable
   64: 0000000000000000      0 FUNC    WEAK   DEFAULT    UND __cxa_finalize@@GLIBC_2.2
   65: 0000000000000590      0 FUNC    GLOBAL DEFAULT     11 _init
```

심벌 테이블인 '.symtab'에는 수십 개의 항목이 있습니다(여기에는 축약되어 있습니다). 여기서는 동적 링킹에 사용되는 심벌 테이블인 '.dynsym'도 확인할 수 있는데, 여기에는 6개의 함수 심벌이 있습니다.

이제 이러한 바이너리의 심벌 테이블에 strip(1)을 사용했다고 생각해 봅시다. 많은 바이너리 패키지에서 흔히 일어나는 일입니다.

```
$ readelf -s bench1

Symbol table '.dynsym' contains 10 entries:
   Num:    Value          Size Type    Bind   Vis      Ndx Name
     0: 0000000000000000      0 NOTYPE  LOCAL  DEFAULT  UND
     1: 0000000000000000      0 NOTYPE  WEAK   DEFAULT  UND _ITM_deregisterTMCloneTab
     2: 0000000000000000      0 FUNC    GLOBAL DEFAULT  UND puts@GLIBC_2.2.5 (2)
     3: 0000000000000000      0 FUNC    GLOBAL DEFAULT  UND __libc_start_main@GLIBC...
     4: 0000000000000000      0 NOTYPE  WEAK   DEFAULT  UND __gmon_start__
     5: 0000000000000000      0 FUNC    GLOBAL DEFAULT  UND malloc@GLIBC_2.2.5 (2)
     6: 0000000000000000      0 FUNC    GLOBAL DEFAULT  UND atoi@GLIBC_2.2.5 (2)
     7: 0000000000000000      0 FUNC    GLOBAL DEFAULT  UND exit@GLIBC_2.2.5 (2)
     8: 0000000000000000      0 NOTYPE  WEAK   DEFAULT  UND _ITM_registerTMCloneTable
     9: 0000000000000000      0 FUNC    WEAK   DEFAULT  UND __cxa_finalize@GLIBC_2....
```

strip(1)은 .symtab 심벌 테이블을 제거하였지만 .dynsym 테이블은 남겨 두었습니다. .dynsym은 호출된 외부 전역 심벌만을 포함하고 있고, .symtab에는 이와 동일한 전역 심벌과 애플리케이션의 로컬 심벌도 포함하고 있습니다. .symtab이 없더라도 바이너리에는 라이브러리 호출을 위한 심벌이 일부 남아있지만, 여기에는 가장 흥미로운 심벌은 없습니다.

정적 컴파일된 애플리케이션은 심벌을 모두 .symtab에 위치시키는데, 이 애플리케이션이 스트립(stripped)된 경우 모든 심벌을 잃을 수도 있습니다.

이것을 해결하기 위한 방법이 최소한 두 가지 있습니다.

• 소프트웨어 빌드 과정에서 strip(1)을 제거하고 해당 소프트웨어를 재컴파일합니다.
• DWARF debuginfo 혹은 BTF와 같은 다른 심벌 소스를 사용합니다.

소프트웨어 패키지의 Debuginfo는 소프트웨어 패키지 이름에 -dbg, -dbgsym, 혹은 -debuginfo 가 붙은 형태로 사용이 가능한 경우도 있습니다. 이 Debuginfo 는 perf(1) 명령어, BCC 그리고 bpftrace가 지원합니다.

Debuginfo

Debuginfo 파일은 바이너리와 동일한 이름의 '.debuginfo' 확장자를 가진 파일이거나, 혹은 build ID 고유 체크섬을 파일 이름으로 하는 /usr/lib/debug/.build-id 아래에 위치한 파일이거나, 아니면 사용자가 만든 Debuginfo 파일일 수 있습니다. 두 번째의 경우 build ID는 바이너리 ELF note 섹션에 저장되며, readelf -n을 사용해서 확인할 수 있습니다.

예를 들어 이 시스템은 openjdk-11-jre와 openjdk-11-dbg 패키지가 설치되어 있으며, 이들은 각각 libjvm.so와 libjvm.debuginfo 파일을 제공합니다. 다음은 각각에 대한 심벌 집계 수입니다.

```
$ readelf -s /usr/lib/jvm/.../libjvm.so | wc -l
456
$ readelf -s /usr/lib/jvm/.../libjvm.debuginfo | wc -l
52299
```

스트립된 버전은 456개의 심벌을 가지고 있으며, debuginfo 버전은 52,299개의 심벌을 가지고 있습니다.

경량 Debuginfo

debuginfo 파일을 항상 설치하는 것이 유용해 보이지만, 해당 파일들은 대체적으로 크기가 상당히 큽니다. libjvm.so는 17MB지만 debuginfo 파일은 222MB 입니다. 이 크기의 대부분은 심벌 정보가 아니라 다른 debuginfo 섹션들이 차지합니다. 심벌 정보의 크기는 readelf(1)를 사용해서 체크할 수 있습니다.

```
$ readelf -S libjvm.debuginfo
There are 39 section headers, starting at offset 0xdd40468:

Section Headers:
  [Nr] Name              Type            Address          Offset
       Size              EntSize         Flags Link Info Align
[...]
  [36] .symtab           SYMTAB          0000000000000000 0da07530
       00000000001326c0  0000000000000018       37   51845     8
[...]
```

위를 보면 .symtab의 크기가 겨우 1.2MB 정도임을 알 수 있습니다. 참고로 비교해 보면, libjvm.so를 제공하는 openjdk 패키지는 175MB입니다.

만약 debuginfo 전체 크기가 너무 크다면, 원하지 않는 섹션을 제거할 수도 있습니다. 다음 명령은 경량 debuginfo 파일을 만들기 위해 objcopy(1)를 사용해서 다른 debuginfo 섹션(이름이 '.debug_'로 시작)을 제거합니다. 이렇게 경량화된 파일은 심벌을 포함하고 있는 대체 debuginfo로 사용하거나 eu-unstrip(1)을 사용해서 바이너리에 다시 붙일 수 있습니다. 다음은 명령어 예시입니다.

```
$ objcopy -R.debug_\* libjvm.debuginfo libjvm.symtab
$ eu-unstrip -o libjvm.new.so libjvm.so libjvm.symtab
$ ls -lh libjvm.orig.so libjvm.debuginfo libjvm.symtab libjvm.new.so
-rwxr-xr-x 1 root root 222M Nov 13 04:53 libjvm.debuginfo*
-rwxr-xr-x 1 root root  20M Feb 16 19:02 libjvm.new.so*
-rw-r--r-- 1 root root  17M Nov 13 04:53 libjvm.so
-rwxr-xr-x 1 root root 3.3M Feb 16 19:00 libjvm.symtab*
$ readelf -s libjvm.new.so | wc -l
52748
```

새로운 libjvm.new.so는 겨우 20MB이며 모든 심벌을 포함하고 있습니다. 이 방법은 필자가 이 책을 위해 개념 증명을 목적으로 개발한 것일 뿐, 아직 프로덕션 테스트를 거치지 않았다는 점을 유념하기 바랍니다.

BTF

향후에는 BPF에서 사용하도록 설계된 BTF(BPF Type Format)를 또 다른 경량 debuginfo 소스로 사용할 수 있을 것입니다. 아직까지 BTF는 커널용으로만 사용할 수 있으며 사용자 레벨 버전을 위한 작업은 아직 시작되지 않았습니다. BTF에 대해서는 2장을 참고하세요.

bpftrace 사용하기

readelf(1)를 사용하는 것과는 별개로, bpftrace도 계측에 어느 uprobe를 사용할 수 있는지 바이너리에서 심벌을 매칭함으로써 보여줄 수 있습니다.[4]

```
# bpftrace -l 'uprobe:/bin/bash'
uprobe:/bin/bash:rl_old_menu_complete
uprobe:/bin/bash:maybe_make_export_env
uprobe:/bin/bash:initialize_shell_builtins
uprobe:/bin/bash:extglob_pattern_p
uprobe:/bin/bash:dispose_cond_node
[...]
```

---

4 마테우스 마르치니가 이 챕터를 리뷰한 후 필요성을 인식하고 이 기능을 개발했습니다.

와일드카드도 사용할 수 있습니다.

```
# bpftrace -l 'uprobe:/bin/bash:read*'
uprobe:/bin/bash:reader_loop
uprobe:/bin/bash:read_octal
uprobe:/bin/bash:readline_internal_char
uprobe:/bin/bash:readonly_builtin
uprobe:/bin/bash:read_tty_modified
[...]
```

12.2.3 "C 함수 트레이싱"에서는 이 중 하나를 예시로 계측합니다.

12.2.2 C 스택 트레이스

BPF는 현재 프레임 포인터 기반 스택 추적을 지원합니다. 이것이 제대로 작동하기 위해서는 소프트웨어가 프레임 포인터 레지스터를 사용하도록 컴파일되어 있어야 합니다. gcc 컴파일러의 경우, 이 옵션은 -fno-omit-frame-pointer입니다. 앞으로 BPF는 다른 유형의 스택 추적도 지원할 것입니다.

BPF는 프로그래밍이 가능하기 때문에, 필자는 스택 추적 기능이 제대로 지원되기 전에 BPF만으로 프레임 포인터 스택 추적기를 만들 수 있었습니다.[134] BPF의 스택 추적 기능은 알렉세이 스타로보이토프가 새로운 맵 유형인 BPF_MAP_TYPE_STACK_TRACE와 헬퍼 함수인 bpf_get_stackid()를 개발함으로써 가능해졌습니다. 이 헬퍼 함수는 스택 트레이스 맵에 스택의 내용을 저장하고, 스택에 대한 고유의 ID만 리턴합니다. 이렇게 하면 중복되는 스택은 동일한 ID와 저장 공간을 사용하기 때문에 스택 트레이스가 저장되는 크기를 최소화합니다.

bpftrace에서 스택은 사용자 레벨 스택과 커널 레벨 스택은 ustack과 kstack 내장 변수를 통해 사용할 수 있습니다. 다음은 커다란 C 프로그램인 배시 셸을 트레이싱하는 사례입니다. 다음의 원 라이너는 파일 디스크립터 0(STDIN)에 대해 읽기 동작을 한 스택 트레이스를 출력합니다.

```
# bpftrace -e 't:syscalls:sys_enter_read /comm == "bash" &&
    args->fd == 0/ { @[ustack] = count(); }'
Attaching 1 probe...
^C

@[
    read+16
    0x6c63004344006d
]: 7
```

이 스택은 사실상 망가졌는데, read() 함수 뒤에는 주소처럼 보이지 않는 16진수 숫자가 나오고 있습니다(pmap(1)을 사용해서 이 숫자가 PID의 주소 공간 매핑의 범위 안에 있는지 여부를 확인할 수 있으며 여기서는 범위 밖에 있습니다).

이제 −fno−omit−frame−pointer로 재컴파일된 배시 셸을 살펴보겠습니다.

```
# bpftrace −e 't:syscalls:sys_enter_read /comm == "bash" &&
    args->fd == 0/ { @[ustack] = count(); }'
Attaching 1 probe...
^C

@[
    read+16
    rl_read_key+307
    readline_internal_char+155
    readline_internal_charloop+22
    readline_internal+23
    readline+91
    yy_readline_get+142
    yy_readline_get+412
    yy_getc+13
    shell_getc+464
    read_token+250
    yylex+184
    yyparse+776
    parse_command+122
    read_command+203
    reader_loop+377
    main+2355
    __libc_start_main+240
    0xa9de258d4c544155
]: 30
```

이제 드디어 스택 트레이스가 제대로 보입니다. 스택 트레이스는 리프에서 루트까지 탑-다운 방식으로 출력됩니다. 달리 말해서, 탑-다운은 또한 자식에서 부모 함수로, 또한 조부모 함수로 계속해서 보여줍니다.

이 사례는 read_command() 코드 경로에서 readline() 함수를 통해 STDIN을 읽어들이고 있는 셸을 보여줍니다. 그것은 입력된 내용을 읽고 있는 배시 셸입니다.

스택의 맨 아래 __libc_start_main 뒤에는 또 다른 가짜 주소가 위치하고 있습니다. 가짜 주소가 출력되는 이유는 이 스택이 현재 프레임 포인터 없이 컴파일된 시스템 라이브러리 libc 속을 추적하고 있기 때문입니다.

BPF가 스택을 추적하는 방법과 향후 작업에 대해서는 2.4 "스택 트레이스 추적"을 참고하세요.

12.2.3 C 함수 트레이싱

함수는 커널 함수용 kprobe와 kretprobe 그리고 사용자 레벨 함수용 uprobe와 uretprobe를 사용해서 트레이싱할 수 있습니다. 이 기술들은 2장에서 소개했으며, bpftrace에서 사용하는 방법은 5장에서 다루었습니다. 이 책에서는 이 기술의 사용 사례를 다수 다룹니다.

이번 절에서는 예시로 readline() 함수를 트레이싱하는데, 일반적으로 배시 셸에 포함되어 있습니다. 이것은 사용자 레벨 소프트웨어이기 때문에, 이 함수는 uprobe로 트레이싱할 수 있습니다. 함수 시그니처는 다음과 같습니다.

```
char * readline(char *prompt)
```

이 함수는 인자로 문자열 프롬프트를 받으며, 문자열을 리턴합니다. 다음은 프롬프트 인자를 트레이싱하기 위해 uprobe를 사용하는 사례로, 이 인자는 arg0 내장 변수로 가져올 수 있습니다.

```
# bpftrace -e 'uprobe:/bin/bash:readline { printf("readline: %s\n", str(arg0)); }'
Attaching 1 probe...
readline: bgregg:~/Build/bpftrace/tools>
readline: bgregg:~/Build/bpftrace/tools>
```

이것은 다른 창에서 셸에 의해 출력되는 프롬프트($PS1)를 보여줍니다.

다음은 uretprobe를 사용해서 리턴 값을 트레이싱하고 문자열로 출력하는 사례입니다.

```
# bpftrace -e 'uretprobe:/bin/bash:readline { printf("readline: %s\n",
    str(retval)); }'
Attaching 1 probe...
readline: date readline:
echo hello reader
```

이것은 필자가 다른 창에서 타이핑하고 있던 입력을 보여줍니다.

메인 바이너리뿐만 아니라 공유 라이브러리의 함수도 트레이싱할 수 있는데, probe의 바이너리 경로('/bin/bash')를 라이브러리 경로로 바꿈으로써 트레이싱할 수 있습니다. 일부 리눅스 배포판[5]의 배시는 readline이 /bin/bash에서 호출되지 않고 libreadline에서 호출되도록 빌드되어 있는데, 이 경우 위의 원 라이너는 readline() 심벌이 /bin/bash에 있지 않기 때문에 실패할 것입니다. 이 호출

---

5 예를 들면 아치 리눅스가 있습니다.

은 libreadline으로의 경로를 사용하면 트레이싱할 수 있습니다. 예를 들면 다음과 같습니다.

```
# bpftrace -e 'uretprobe:/usr/lib/libreadline.so.8:readline {
    printf("readline: %s\n", str(retval)); }'
```

12.2.4 C 함수 오프셋 트레이싱

함수의 시작과 리턴 지점보다는 함수 내의 임의의 오프셋을 트레이싱하고 싶은 경우가 있을 수 있습니다. 오프셋 트레이싱은 함수의 코드 흐름을 더 잘 파악할 수 있도록 돕고 레지스터를 검사함으로써 지역 변수의 내용도 확인할 수 있습니다.

uprobe와 kprobe는 임의의 오프셋에 대한 트레이싱이 가능한데, 이것은 BCC의 파이썬 API 중 attach_uprobe()와 attach_kprobe()가 하는 것과 동일합니다. 그렇지만 이 기능은 trace(8)와 funccount(8) 같은 BCC 도구들을 통해서는 아직 접할 수 없으며, bpftrace에서도 아직 사용할 수 없습니다. 이러한 도구들에 해당 기능을 추가하기는 쉽지만, 이 기능이 안전하게 동작하도록 추가하는 것은 어려운 문제입니다. uprobe는 명령어 정렬(instruction alignment)을 체크하지 않기 때문에, 잘못된 주소(예: 멀티 바이트 크기 명령어의 중간)를 트레이싱하면 대상 프로그램의 명령어를 손상시킬 것이고, 예상치 못한 오류를 발생시킬 수 있습니다. perf(1)와 같은 다른 트레이싱 도구들은 명령어 정렬을 체크하기 위해 debuginfo를 사용합니다.

12.2.5 C USDT

C 프로그램에 정적 계측을 위해 위해 USDT probe를 추가할 수 있는데, 이것은 트레이싱 도구가 사용하기에 안정적인 API입니다. 일부 프로그램과 라이브러리는 이미 USDT probe를 제공하고 있습니다. 예를 들어 bpftrace를 사용해서 libc USDT probe의 목록을 정리하면 다음과 같습니다.

```
# bpftrace -l 'usdt:/lib/x86_64-linux-gnu/libc-2.27.so'
usdt:/lib/x86_64-linux-gnu/libc-2.27.so:libc:setjmp
usdt:/lib/x86_64-linux-gnu/libc-2.27.so:libc:longjmp
usdt:/lib/x86_64-linux-gnu/libc-2.27.so:libc:longjmp_target
usdt:/lib/x86_64-linux-gnu/libc-2.27.so:libc:memory_mallopt_arena_max
usdt:/lib/x86_64-linux-gnu/libc-2.27.so:libc:memory_mallopt_arena_test
usdt:/lib/x86_64-linux-gnu/libc-2.27.so:libc:memory_tunable_tcache_max_bytes
[...]
```

systemtap-sdt-dev와 페이스북의 Folly와 같이 USDT 계측을 지원하는 다른 라이브러리가 있습니다. C 프로그램에 USDT probe를 추가하는 사례에 대해서는 2장을 참고하세요.

12.2.6 C 원 라이너

이번 절에서는 BCC와 bpftrace 원 라이너에 대해 살펴봅니다. 가능한 경우, BCC와 bpftrace 두 가지 모두를 사용해서 동일한 원 라이너를 구현했습니다.

BCC

'attach'로 시작하는 커널 함수 호출을 집계합니다.

```
funccount 'attach*'
```

바이너리에서 'a'로 시작하는 함수 호출을 집계합니다(예: /bin/bash).

```
funccount '/bin/bash:a*'
```

라이브러리에서 'a'로 시작하는 함수 호출을 집계합니다(예: libc.so.6).

```
funccount '/lib/x86_64-linux-gnu/libc.so.6:a*'
```

함수와 그 인자를 트레이싱합니다(예: 배시 readline()).

```
trace '/bin/bash:readline "%s", arg1'
```

함수와 그 리턴 값을 트레이싱합니다(예: 배시 readline()).

```
trace 'r:/bin/bash:readline "%s", retval'
```

라이브러리 함수와 그 인자를 트레이싱합니다(예: libc fopen()).

```
trace '/lib/x86_64-linux-gnu/libc.so.6:fopen "%s", arg1'
```

라이브러리 함수의 리턴 값을 집계합니다(예: libc fopen()).

```
argdist -C 'r:/lib/x86_64-linux-gnu/libc.so.6:fopen():int:$retval'
```

함수에 대한 사용자 레벨 스택 트레이스를 집계합니다(예: 배시 readline()).

```
stackcount -U '/bin/bash:readline'
```

사용자 스택을 49Hz 주기로 샘플링합니다.

```
profile -U -F 49
```

bpftrace

'attach'로 시작하는 커널 함수 호출을 집계합니다.

```
bpftrace -e 'kprobe:attach* { @[probe] = count(); }'
```

바이너리에서 'a'로 시작하는 함수 호출을 집계합니다(예: /bin/bash).

```
bpftrace -e 'uprobe:/bin/bash:a* { @[probe] = count(); }'
```

라이브러리에서 'a'로 시작하는 함수 호출을 집계합니다(예: libc.so.6).

```
bpftrace -e 'u:/lib/x86_64-linux-gnu/libc.so.6:a* { @[probe] = count(); }'
```

함수와 그 인자를 트레이싱합니다(예: 배시 readline()).

```
bpftrace -e 'u:/bin/bash:readline { printf("prompt: %s\n", str(arg0)); }'
```

함수와 그 리턴 값을 트레이싱합니다(예: 배시 readline()).

```
bpftrace -e 'ur:/bin/bash:readline { printf("read: %s\n", str(retval)); }'
```

라이브러리 함수와 그 인자를 트레이싱합니다(예: libc fopen()).

```
bpftrace -e 'u:/lib/x86_64-linux-gnu/libc.so.6:fopen { printf("opening: %s\n",
    str(arg0)); }'
```

라이브러리 함수의 리턴 값을 집계합니다(예: libc fopen()).

```
bpftrace -e 'ur:/lib/x86_64-linux-gnu/libc.so.6:fopen { @[retval] = count(); }'
```

함수에 대한 사용자 레벨 스택 트레이스를 집계합니다(예: 배시 readline()).

```
bpftrace -e 'u:/bin/bash:readline { @[ustack] = count(); }'
```

사용자 스택을 49 Hz 주기로 샘플링합니다.

```
bpftrace -e 'profile:hz:49 { @[ustack] = count(); }'
```

12.3 자바

자바는 트레이싱하기 복잡한 대상입니다. JVM(자바 가상 머신)은 자바 메서드를 바이트코드로 컴파일한 다음 인터프리터에서 실행시킴으로써 동작합니다. 나중에 이 메서드가 실행 임계 값(-XX:CompileThreshold)을 초과하면 네이티브 명령어(native instructions)로 JIT 컴파일됩니다. JVM은 또한 성능을 더욱 향상시키기 위해 메서드 실행(method execution)을 프로파일링하고 메서드를 재컴파일하는데, 이 과정은 메모리 위치를 즉시 변경합니다. JVM은 컴파일, 스레드 관리 그리고 가비지 컬렉션을 위해 C++로 작성된 라이브러리를 포함하고 있습니다. 가장 일반적으로 사용되는 JVM은 선 마이크로시스템즈가 최초로 개발한 HotSpot입니다.

JVM의 C++ 컴포넌트(libjvm)는 컴파일된 언어의 경우와 마찬가지로 계측할 수 있습니다(이에 대해서는 이전 절에서 다루었습니다). JVM은 JVM 내부 트레이싱을 더 쉽게 하기 위해 많은 USDT probe를 함께 제공합니다. 이러한 USDT probe도 자바 메서드를 계측할 수 있지만 여기에는 어려움이 따르며, 이번 절에서 논의할 것입니다.

이번 절에서는 libjvm C++ 트레이싱을 간단히 살펴본 다음 자바 스레드 이름, 자바 메서드 심벌, 자바 스택 트레이스, 자바 USDT probe 그리고 자바 원 라이너에 대해 논의합니다. 표 12.2에 정리해 놓은 자바 관련 도구에 대해서도 다룹니다.

도구	출처	대상	설명
jnistacks	책	libjvm	객체의 스택 트레이스를 통해 누가 JNI를 사용하는지 출력
profile	BCC	CPU	자바 메서드를 포함한 스택 트레이스의 정주기 샘플링
offcputime	BCC	스케줄러	Off-CPU 시간을 자바 메서드를 포함한 스택 트레이스와 함께 출력
stackcount	BCC	이벤트	주어진 이벤트에 대한 스택 트레이스 출력
javastat	BCC	USDT	고급 언어 동작 통계
javathreads	책	USDT	스레드 시작과 정지 이벤트 트레이싱
javacalls	BCC/책	USDT	자바 메서드 호출 집계
javaflow	BCC	USDT	자바 메서드 코드 흐름 출력
javagc	BCC	USDT	자바 가비지 컬렉션 트레이싱
javaobjnew	BCC	USDT	자바 새 객체 할당 집계

표 12.2 자바 관련 도구들

이 도구 중 일부는 자바 메서드를 보여줍니다. 넷플릭스 프로덕션 서버에서 이 도구를 실행한 출력 결과를 보여주기 위해서는 내부 코드를 삭제해야만 하며, 이렇게 되면 사례를 이해하기가 어려워집니다. 대신에 필자는 이 도구를 오픈 소스 자바 게임인 freecol을 대상으로 시연할 것입니다. 이 게임 소프트웨어는 복잡하고 성능에 민감해서, 넷플릭스 프로덕션 코드와 유사한 대상이 됩니다.[6]

---

[6] SCaLE 2019 컨퍼런스에서, 필자는 또 다른 복잡한 자바 게임인 마인크래프트(Minecraft)의 BPF 분석을 라이브로 진행했습니다. 이것은 freecol이나 넷플릭스 프로덕션 애플리케이션을 분석하는 것과 비교해 복잡한 정도는 비슷하지만, 오픈 소스가 아니기 때문에 여기에서 분석하기에는 적절하지 않습니다.

freecol의 웹사이트는 다음과 같습니다. *http://www.freecol.org*

12.3.1 libjvm 트레이싱

JVM의 메인 라이브러리인 libjvm은 자바 스레드 실행, 클래스 로딩, 메서드 컴파일, 메모리 할당, 가비지 컬렉션 등을 위한 수많은 함수를 포함하고 있습니다. 대부분 C++로 작성되었으며, 자바 프로그램의 실행에 대한 서로 다른 시각을 제공하기 위해 트레이싱할 수 있습니다.

여기서는 모든 자바 네이티브 인터페이스(JNI) 함수를 BCC의 funccount(8)를 사용해 트레이싱할 것입니다(bpftrace도 사용할 수 있습니다).

```
# funccount '/usr/lib/jvm/java-11-openjdk-amd64/lib/server/libjvm.so:jni_*'
Tracing 235 functions
for "/usr/lib/jvm/java-11-openjdk-amd64/lib/server/libjvm.
so:jni_*"... Hit Ctrl-C to end.
^C
FUNC                                    COUNT
jni_GetObjectClass                          1
jni_SetLongArrayRegion                      2
jni_GetEnv                                 15
jni_SetLongField                           42
jni_NewWeakGlobalRef                       84
jni_FindClass                             168
jni_GetMethodID                           168
jni_NewObject                             168
jni_GetObjectField                        168
jni_ExceptionOccurred                     719
jni_CallStaticVoidMethod                 1144
jni_ExceptionCheck                       1186
jni_ReleasePrimitiveArrayCritical        3787
jni_GetPrimitiveArrayCritical            3787
Detaching...
```

이 사례는 'jni_*'로 시작하는 libjvm.so의 모든 함수들을 트레이싱했습니다. 가장 빈번한 것은 jni_GetPrimitiveArrayCritical()로 밝혀졌으며, 트레이싱하는 동안 3,552회 호출되었습니다. libjvm.so의 경로는 줄바꿈을 방지하기 위해 축약해서 출력했습니다.

libjvm 심벌

보통 JDK 패키지와 함께 설치되는 libjvm.so는 스트립(stripped)되었는데, 그것은 로컬 심벌 테이블을 사용할 수 없으며 이 JNI 함수들은 추가적인 단계를 거치지 않으면 트레이싱할 수 없다는 의미입니다. 스트립 여부는 file(1)을 사용해서 체크할 수 있습니다.

```
$ file /usr/lib/jvm/java-11-openjdk-amd64/lib/server/libjvm.orig.so
/usr/lib/jvm/java-11-openjdk-amd64/lib/server/libjvm.orig.so: ELF 64-bit LSB shared
object, x86-64, version 1 (GNU/Linux), dynamically linked,
BuildID[sha1]=f304ff36e44ce8a68a377cb07ed045f97aee4c2f, stripped
```

가능한 해결책은 다음과 같습니다.

- 소스 코드로 자체 libjvm을 빌드하고 strip(1)을 사용하지 않습니다.
- 사용할 수 있다면 JDK debuginfo 패키지를 설치합니다. BCC와 bpftrace는 이것을 지원합니다.
- JDK debuginfo 패키지를 설치하고 elfutils unstrip(1)을 사용해서 심벌 테이블을 libjvm.so에 다시 추가합니다(12.2.1절에 있는 'Debuginfo' 부분 참고).
- 가능한 경우, BTF를 사용합니다(2장에서 다루었습니다).

필자는 이 사례에 두 번째 옵션을 사용했습니다.

12.3.2 jnistacks

libjvm 도구의 사용 사례로, jnistacks(8)[7]는 앞의 출력 결과에서 본 jni_NewObject()(및 'jni_NewObject'로 시작되는 메서드) 호출로 이어지는 스택을 집계합니다. 이것은 자바 메서드를 포함해서 어느 자바 코드 경로가 새로운 JNI 객체로 이어지는지를 밝혀줄 것입니다. 몇 가지 출력 결과 사례는 다음과 같습니다.

```
# bpftrace --unsafe jnistacks.bt
Tracing jni_NewObject* calls... Ctrl-C to end.
^C
Running /usr/local/bin/jmaps to create Java symbol files in /tmp...
Fetching maps for all java processes...
Mapping PID 25522 (user bgregg):
wc(1):   8350  26012 518729 /tmp/perf-25522.map

[...]
@[
    jni_NewObject+0
    Lsun/awt/X11GraphicsConfig;:::pGetBounds+171
    Ljava/awt/MouseInfo;:::getPointerInfo+2048
    Lnet/sf/freecol/client/gui/plaf/FreeColButtonUI;:::paint+1648
    Ljavax/swing/plaf/metal/MetalButtonUI;:::update+232
    Ljavax/swing/JComponent;:::paintComponent+672
    Ljavax/swing/JComponent;:::paint+2208
    Ljavax/swing/JComponent;:::paintChildren+1196
```

7　연혁 : 이 도구는 2019년 2월 8일에 이 책을 위해 만들었습니다.

```
    Ljavax/swing/JComponent;::paint+2256
    Ljavax/swing/JComponent;::paintChildren+1196
    Ljavax/swing/JComponent;::paint+2256
    Ljavax/swing/JLayeredPane;::paint+2356
    Ljavax/swing/JComponent;::paintChildren+1196
    Ljavax/swing/JComponent;::paint+2256
    Ljavax/swing/JComponent;::paintToOffscreen+836
    Ljavax/swing/BufferStrategyPaintManager;::paint+3244
    Ljavax/swing/RepaintManager;::paint+1260
    Interpreter+5955
    Ljavax/swing/JComponent;::paintImmediately+3564
    Ljavax/swing/RepaintManager$4;::run+1684
    Ljavax/swing/RepaintManager$4;::run+132
    call_stub+138
    JavaCalls::call_helper(JavaValue*, methodHandle const&, JavaCallArguments*, Th...
    JVM_DoPrivileged+1600
    Ljava/security/AccessController;::doPrivileged+216
    Ljavax/swing/RepaintManager;::paintDirtyRegions+4572
    Ljavax/swing/RepaintManager;::paintDirtyRegions+660
    Ljavax/swing/RepaintManager;::prePaintDirtyRegions+1556
    Ljavax/swing/RepaintManager$ProcessingRunnable;::run+572
    Ljava/awt/EventQueue$4;::run+1100
    call_stub+138
    JavaCalls::call_helper(JavaValue*, methodHandle const&, JavaCallArguments*, Th...
]: 232
```

간략하게 살펴보기 위해 가장 마지막 스택만 가져왔습니다. 이 스택은 특정 호출에 대한 경로를 보여주기 위해 밑에서부터 위로, 혹은 계보를 검사하기 위해 탑-다운 방식으로 검사할 수 있습니다. 이것은 큐에서의 이벤트(EventQueue)를 통해 시작하는 것처럼 보이며, 그 다음은 paint 메서드를 통과해서 이동하고, 마지막으로 JNI 호출을 발생시키는 sun.awt.X11GraphicsConfig::pGetBounds()를 호출하고 있습니다. 이것은 아마 X11 그래픽 라이브러리를 호출하고 있었을 것입니다.

일부 Interpreter() 프레임이 보이는데, 이것은 자바가 인터프리터를 사용해서 메서드를 실행하고 있는 것으로, 각 메서드가 CompileThreshold를 넘어서서 네이티브 컴파일된 메서드가 되기 전 상황입니다.

자바 심벌이 클래스 시그니처(class signature)로 되어 있기 때문에, 이 스택을 읽는 것은 조금 어렵습니다. bpftrace는 아직 심벌들의 디맹글링(demangling)을 지원하지 않습니다.[8] 현재 c++filt(1) 도구도 이 버전의 자바 클래스 시그니처

---

8 (옮긴이) 맹글링(mangling)은 컴파일러가 소스 코드에 있는 심벌의 이름을 특정한 규칙에 따라 변경하는 것이고 디맹글링(demangling)은 맹글링된 심벌의 이름을 특정한 규칙에 따라 역으로 수행해서 원래의 심벌 이름을 알아내는 것입니다. bpftrace의 C++ 심벌 디맹글링은 2020년 2월에 구현되었습니다. bpftrace 이슈 #1116을 참고하세요. *https://github.com/iovisor/bpftrace/pull/1116*

를 지원하지 않습니다.[9] 이것들이 어떻게 디맹글링되는지는 다음의 예를 통해 살펴보겠습니다.

```
Ljavax/swing/RepaintManager;::prePaintDirtyRegions+1556
```

위 코드는 다음과 같이 변경되어야 합니다:

```
javax.swing.RepaintManager::prePaintDirtyRegions()+1556
```

jnistacks(8)의 소스 코드는 다음과 같습니다.

```
#!/usr/local/bin/bpftrace

BEGIN {
        printf("Tracing jni_NewObject* calls... Ctrl-C to end.\n");
}

uprobe:/usr/lib/jvm/java-11-openjdk-amd64/lib/server/libjvm.so:jni_NewObject*
{
        @[ustack] = count();
}

END
{
        $jmaps = "/usr/local/bin/jmaps";
        printf("\nRunning %s to create Java symbol files in /tmp...\n", $jmaps);
        system("%s", $jmaps);
}
```

uprobe는 'jni_NewObject*'로 시작하는 libjvm.so의 모든 호출을 트레이싱하며, 사용자 스택 트레이스의 발생 빈도를 집계합니다.

END 절은 /tmp에 추가적인 자바 메서드 심벌 파일을 생성하는 외부 프로그램인 jmaps를 실행합니다. 이 도구는 system() 함수를 사용하며, system()이 실행하는 명령어들은 BPF 안전 검증 도구로 검증할 수 없기 때문에 --unsafe 커맨드 라인 인자를 필요로 합니다.

jmaps의 출력물은 앞서 본 bpftrace 출력 결과의 앞부분에(^c 이후) 포함되어 있습니다. 이것에 대해서는 12.3.4 "자바 메서드 심벌"에서 설명합니다. jmaps는 별도로 실행할 수 있으며 이 bpftrace 프로그램 안에 있을 필요가 없습니다 (END 절을 삭제해도 됩니다). 그러나 이 도구의 실행과 jmaps가 사용되는 시점

---

9 만약 여러분이 여기에 관심이 있다면 주저하지 말고 bpftrace와 c++flit(1)의 시그니처 디맹글링 기능에 기여하시기 바랍니다.

사이의 시간이 길어질수록, 심벌이 더는 유효하지 않아서 잘못 변환될 가능성이 커집니다. 여기서는 bpftrace END 절에 jmaps를 포함시켰고 스택이 출력되기 바로 전에 이 프로그램이 실행됨으로써 심벌 덤프의 수집과 사용 사이의 시간을 최소화합니다.

12.3.3 자바 스레드 이름

JVM은 각각의 스레드에 커스터마이즈된 이름을 사용할 수 있습니다. 만약 여러분이 프로세스 이름에 'java'를 사용하여 이벤트를 필터링하려 한다면 스레드에 다른 이름이 붙여지기 때문에 아무 이벤트도 찾지 못할 것입니다. 예를 들어 다음은 bpftrace를 사용한 사례입니다.

```
# bpftrace -e 'profile:hz:99 /comm == "java"/ { @ = count(); }'
Attaching 1 probe...
^C
#
```

이번에는 자바 프로세스 ID에 대해 필터링하고 스레드 ID와 comm 내장 변수를 보여주는 사례입니다.

```
# bpftrace -e 'profile:hz:99 /pid == 16914/ { @[tid, comm] = count(); }'
Attaching 1 probe...
^C

@[16936, VM Periodic Tas]: 1
[...]
@[16931, Sweeper thread]: 4
@[16989, FreeColClient:b]: 4
@[21751, FreeColServer:A]: 7
@[21779, FreeColClient:b]: 18
@[21780, C2 CompilerThre]: 20
@[16944, AWT-XAWT]: 22
@[16930, C1 CompilerThre]: 24
@[16946, AWT-EventQueue-]: 51
@[16929, C2 CompilerThre]: 241
```

comm 내장 변수는 부모 프로세스 이름을 출력하는 것이 아니라 스레드(태스크) 이름을 리턴합니다. 이 방식은 스레드에 대한 더 많은 컨텍스트를 제공하는 이점이 있는데, 위의 프로파일링 결과는 C2 ComplierThread(이름은 축약됨)가 샘플링하는 동안 대부분의 CPU를 소모했음을 보여줍니다. 그러나 이것 역시 혼란스러울 수 있는데, top(1)과 같은 다른 도구에서는 스레드 이름이 아니라 부모

프로세스 이름인 'java'를 보여주기 때문입니다.**10**

　이 스레드 이름들은 /proc/PID/task/TID/comm에서 확인할 수 있습니다. 예를 들어, 다음은 grep(1)을 사용해서 스레드 이름을 파일 이름과 함께 출력하는 사례입니다.

```
# grep . /proc/16914/task/*/comm
/proc/16914/task/16914/comm:java
[...]
/proc/16914/task/16959/comm:GC Thread#7
/proc/16914/task/16963/comm:G1 Conc#1
/proc/16914/task/16964/comm:FreeColClient:W
/proc/16914/task/16981/comm:FreeColClient:S
/proc/16914/task/16982/comm:TimerQueue
/proc/16914/task/16983/comm:Java Sound Even
/proc/16914/task/16985/comm:FreeColServer:S
/proc/16914/task/16989/comm:FreeColClient:b
/proc/16914/task/16990/comm:FreeColServer:-
```

이것을 통해 왜 'java'라는 프로세스 이름이 아니라 자바 PID에 대응시키는 방식을 사용하는지 알 수 있을 것입니다. 다음 절의 예에서도 이 방식을 사용할 것입니다. 여기에는 또 다른 이유가 있습니다. 세마포어(semaphore)를 사용하는 USDT probe는 PID가 필요한데, 이처럼 자바 PID에 대응시키는 방식을 사용해야 bpftrace가 해당 PID에 대해 세마포어를 설정할 수 있습니다. 세마포어 probe에 대한 더 자세한 내용은 2.10.1 "USDT 계측 추가하기"를 참고하세요.

12.3.4 자바 메서드 심벌

오픈 소스 perf-map-agent는 컴파일된 자바 메서드의 주소를 포함하고 있는 보조 심벌 파일을 만드는 데 사용할 수 있습니다.[135] 이러한 보조 심벌 파일은 자바 메서드를 포함한 스택 트레이스 또는 주소를 출력할 때 반드시 필요한데, 그렇지 않으면 해당 주소가 어떤 심벌을 가리키는지 알 수 없기 때문입니다. perf-map-agent는 리눅스 perf(1)에서 만든 작성 규칙에 따라 /tmp/perf-PID.map에 텍스트 파일을 작성하는데, 포맷은 다음과 같습니다.[136]

```
START SIZE symbolname
```

---

10 가까운 시일 안에 프로세스 이름을 리턴하기 위한 bpf_get_current_pcomm() 함수가 커널에 추가될 것인데, 스레드 이름과 함께 사용할 수 있을 것입니다. bpftrace에서 이것은 "pcomm"으로 나타날 것입니다. (옮긴이) 이를 구현하려는 시도는 있었으나 반영되지 않았습니다. *https://www.spinics.net/lists/netdev/msg678952.html*

다음은 프로덕션 자바 애플리케이션의 몇 가지 심벌 사례로, 여기서는 심벌에 'sun'을 포함하고 있습니다(단순 예시입니다).

```
$ grep sun /tmp/perf-3752.map
[...]
7f9ce1a04f60 80 Lsun/misc/FormattedFloatingDecimal;::getMantissa
7f9ce1a06d60 7e0 Lsun/reflect/GeneratedMethodAccessor579;::invoke
7f9ce1a08de0 80 Lsun/misc/FloatingDecimal$BinaryToASCIIBuffer;::isExceptional
7f9ce1a23fc0 140 Lsun/security/util/Cache;::newSoftMemoryCache
7f9ce1a243c0 120 Lsun/security/util/Cache;::<init>
7f9ce1a2a040 1e80 Lsun/security/util/DerInputBuffer;::getBigInteger
7f9ce1a2ccc0 980 Lsun/security/util/DisabledAlgorithmConstraints;::permits
7f9ce1a36c20 200 Lcom/sun/jersey/core/reflection/ReflectionHelper;::findMethodOnCl...
7f9ce1a3a360 6e0 Lsun/security/util/MemoryCache;::<init> 7f9ce1a523c0
760 Lcom/sun/jersey/core/reflection/AnnotatedMethod;::hasMethodAnnota...
7f9ce1a60b60 860 Lsun/reflect/GeneratedMethodAccessor682;::invoke
7f9ce1a68f20 320 Lsun/nio/ch/EPollSelectorImpl;::wakeup
[...]
```

perf-map-agent는 요청에 의해 실행될 수 있고, 동작하고 있는 자바 프로세스에 연결되며 심벌 테이블을 덤프합니다. 이러한 절차는 심벌을 덤프하는 동안 약간의 성능 오버헤드가 발생할 수 있고, 큰 자바 애플리케이션에서는 1초 이상의 CPU 시간이 소요될 수 있습니다.

덤프된 심벌 테이블은 단순히 스냅샷(snapshot)에 불과하기 때문에 자바 컴파일러가 메서드를 재컴파일하면 곧 쓸모없어집니다. 자바는 워크로드가 안정 상태에 도달한 것으로 보이는 이후에도 재컴파일을 계속할 것입니다. 심벌 스냅샷과 BPF 도구가 메서드 심벌을 변환하는 사이의 시간이 길어질수록 심벌이 더 이상 유효하지 않아서 잘못 변환될 가능성이 높아집니다. 높은 컴파일 비율을 가진 바쁜 프로덕션 워크로드의 경우, 60초 이상이 지난 자바 심벌 덤프는 신뢰하지 않는 것이 좋습니다.

다음 절에서는 perf-map-agent 심벌 테이블을 사용하지 않은 스택 트레이스를 먼저 보여주고, 그 다음 (jmaps가 작동된 이후에) 심벌 테이블을 사용한 스택 트레이스의 사례를 살펴봅니다.

자동화

심벌 덤프를 만들어서 BPF 도구에서 사용하기까지의 시간을 최소화하기 위해 이러한 심벌 덤프 과정을 자동화할 수 있습니다. perf-map-agent 프로젝트에는 심벌 덤프를 자동화하는 소프트웨어가 포함되어 있고, 필자는 jmaps라는 이름으로 이와 유사한 프로그램을 발표했습니다.[11][137] jmaps는 (프로세스 이름에 기반해) 모든 자바 프로세스를 찾고 심벌 테이블을 덤프합니다. 다음은 CPU가 48개인 프로덕션 서버에서 jmaps를 실행하는 사례입니다.

```
# time ./jmaps
Fetching maps for all java processes...
Mapping PID 3495 (user www):
wc(1):  116736  351865 9829226 /tmp/perf-3495.map


real    0m10.495s
user    0m0.397s
sys     0m0.134s
```

이 출력 결과는 다양한 통계를 포함하고 있습니다. Jmaps는 심벌을 모두 덤프하고 나서 wc(1)를 실행했고, 덤프 크기가 116,000라인(심벌)에 9.4MB(9,829,226바이트)임을 보여주고 있습니다. 또 덤프에 시간이 얼마나 소요되었는지 살펴보기 위해 time(1)을 실행하였는데, 메인 메모리가 174GB이고 바쁘게 실행 중인 자바 애플리케이션이어서 실행하는 데 10.5초가 소요되었습니다(포함된 CPU 시간 중 많은 부분이 user와 sys 통계에는 보이지 않는데, 동작 중인 JVM에 있었기 때문입니다).

BCC와 함께 사용하는 경우, jmaps는 해당 도구 바로 전에 실행될 수 있습니다. 예를 들면 다음과 같습니다.

```
./jmaps; trace -U '...'
```

이렇게 하면 jmaps가 종료된 직후에 trace(8) 명령어가 실행되도록 해서 심벌들이 더 이상 유효하지 않게 되는 시간을 최소화합니다. 스택 트레이스의 요약을 수집하는 도구(예: stackcount(8))의 경우에는, 해당 도구가 요약을 출력하기 바로 전에 jmaps를 호출하도록 수정할 수 있습니다.

bpftrace를 사용할 때 printf()를 사용하는 도구의 경우 BEGIN 절에서 jmaps를 실행할 수 있고, 맵 요약을 출력하는 도구의 경우에는 END 절에서 jmaps를 실행할 수 있습니다. 앞에서 다룬 jnistacks(8) 도구는 후자의 사례입니다.

---

11 (옮긴이) jmaps는 내부적으로 perf-map-agent를 사용합니다.

다른 기술과 향후 작업

심벌이 더 이상 유효하지 않게 되는 문제를 최소화하는 이러한 기술을 통해, perf-map-agent 접근 방법은 많은 환경에서 역할을 해왔습니다. 그러나 다른 접근 방법이 이 문제를 더 잘 해결할 수도 있으며, 향후에는 BCC의 지원을 받을 수도 있습니다. 요약하면 다음과 같습니다.

- 시간이 찍힌(Timestamped) 심벌 로깅: perf(1)는 이 기능을 지원하며, 이 소프트웨어는 리눅스 소스에 있습니다.[12] 현재 상시 로깅만 지원하고 있어서 약간의 성능 오버헤드를 유발합니다. 이상적으로는 상시 로깅이 필요한 게 아니라 트레이싱 시작 시점에서 요청에 의해 심벌 로깅이 활성화될 수 있어야 하고, 로깅이 비활성화될 때 전체 심벌 테이블의 스냅샷을 찍을 수 있어야 합니다. 이렇게 되면 상시 로깅으로 인한 성능 오버헤드 없이 시간에 따른 심벌 상태가 지정된 시간 트레이싱(time-trace) + 스냅샷 데이터로 다시 구축되도록 할 것입니다.[13]
- 더 이상 유효하지 않은 심벌도 표시하기: 전/후의 심벌 테이블을 덤프하고, 변경된 주소를 찾은 다음 이 위치가 신뢰할 수 없는 것으로 표시된 새 심벌 테이블을 구축할 수 있어야 합니다.
- async-profile: 이것은 perf_events 스택 트레이스와 자바의 AsyncGetCall Trace 인터페이스를 사용해서 수집한 스택 트레이스를 결합시킵니다. 이 접근 방법은 프레임 포인터를 활성화할 필요가 없습니다.
- 커널 지원: BPF 커뮤니티에서 논의된 항목으로, 언젠가는 스택 트레이싱 수집을 향상시키기 위해 커널 내부에서 심벌을 변환하는 커널 지원이 추가될 것입니다(2장에서 언급했습니다).
- 심벌 덤프를 위한 JVM 빌트인 지원: perf-map-agent는 JVMTI 인터페이스를 사용하는 싱글 스레드 모듈입니다. 만일 향후에 JVM이 /tmp/perf-PID.map 보조 심벌 파일을 직접 쓰는 방법을 지원하게 된다면(예: 시그널이나 또 다른 JVMTI 호출을 받았을 때) 그러한 기능이 내장된 JVM 버전을 사용하는 편이 훨씬 더 효율적일 것입니다.

이 분야는 계속해서 발전 중입니다.

---

12 리눅스 소스에서 tools/perf/jvmti를 살펴보세요.
13 필자는 이에 대해 리눅스 perf(1)에 jvmti 지원을 추가한 스테판 이라니앤(Stephane Eranian)에게 얘기했는데, 우리 둘 다 코딩할 시간이 없었습니다.

12.3.5 자바 스택 트레이스

기본적으로 자바는 프레임 포인터 레지스터를 사용하지 않으며, 따라서 프레임 포인터 방식의 스택 추적은 제대로 동작하지 않을 것입니다. 예를 들어, 다음은 bpftrace를 사용해서 자바 프로세스에 정주기 스택 샘플링을 수행한 결과입니다.

```
# bpftrace -e 'profile:hz:99 /pid == 3671/ { @[ustack] = count(); }'
Attaching 1 probe...
^C

@[
    0x7efcff88a7bd
    0x12f023020020fd4
]: 1

@[
    0x7efcff88a736
    0x12f023020020fd4
]: 1
@[
    IndexSet::alloc_block_containing(unsigned int)+75
    PhaseChaitin::interfere_with_live(unsigned int, IndexSet*)+628
    PhaseChaitin::build_ifg_physical(ResourceArea*)+1812
    PhaseChaitin::Register_Allocate()+1834
    Compile::Code_Gen()+628
    Compile::Compile(ciEnv*, C2Compiler*, ciMethod*, int, bool, bool, bool, Direct...
    C2Compiler::compile_method(ciEnv*, ciMethod*, int, DirectiveSet*)+177
    CompileBroker::invoke_compiler_on_method(CompileTask*)+931
    CompileBroker::compiler_thread_loop()+1224
    JavaThread::thread_main_inner()+259
    thread_native_entry(Thread*)+240
    start_thread+219
]: 1
@[
    0x7efcff72fc9e
    0x620000cc4
]: 1
@[
    0x7efcff969ba8
]: 1
[...]
```

이 출력 결과는 16진수 주소로 표시되는 한두 개의 망가진 스택을 포함하고 있습니다. 자바 컴파일러는 컴파일러 최적화로서 프레임 포인터 레지스터를 지역 변수 용도로 사용하고 있습니다. 이는 디버거와 트레이싱 도구가 사용하는 프레임 포인터 방식의 스택 추적을 사용할 수 없게 하지만 자바를 약간 빠르게 만듭니다(레지스터가 한정적인 프로세서에서). 스택 트레이스 추적 시도는 보통 첫 번째 주소 다음에서 실패하게 됩니다. 위의 출력 결과에는 이러한 실패와 전체가 C++인 스택이 포함되어 있는데, C++ 스택의 경우 코드 경로가 어떠한 자바 메서드로도 진입하지 않으며, 프레임 포인터는 손상되지 않았습니다.

PreserveFramePointer

자바 8의 업데이트 60 이후로, JVM은 프레임 포인터를 활성화시키는 -XX: +PreserveFramePointer 옵션을 제공합니다.[14] 이 옵션은 프레임 포인터 기반 스택 트레이스가 동작하도록 수정합니다. 이번에는 동일한 bpftrace 원 라이너지만, 이 옵션을 사용하여 자바를 실행한 경우입니다(-XX:+PreserveFramePointer 옵션을 시작 스크립트 /usr/games/freecol의 run_java 라인에 추가해야 합니다).

```
# bpftrace -e 'profile:hz:99 /pid == 3671/ { @[ustack] = count(); }'
Attaching 1 probe...
^C
[...]
@[
    0x7fdbdf74ba04
    0x7fdbd8be8814
    0x7fdbd8bed0a4
    0x7fdbd8beb874
    0x7fdbd8ca336c
    0x7fdbdf96306c
    0x7fdbdf962504
    0x7fdbdf62fef8
    0x7fdbd8cd85b4
    0x7fdbd8c8e7c4
    0x7fdbdf9e9688
    0x7fdbd8c83114
    0x7fdbd8817184
    0x7fdbdf9e96b8
    0x7fdbd8ce57a4
    0x7fdbd8cbecac
    0x7fdbd8cb232c
    0x7fdbd8cc715c
    0x7fdbd8c846ec
    0x7fdbd8cbb154
    0x7fdbd8c7fdc4
    0x7fdbd7b25849
    JavaCalls::call_helper(JavaValue*, methodHandle const&, JavaCallArguments*, Th...
    JVM_DoPrivileged+1600
    0x7fdbdf77fe18
```

---

14 필자는 이 기능을 개발해서 hotspot-compiler-devs 메일링 리스트에 이 기능의 가치를 설명하는 CPU 플레임 그래프와 함께 패치를 보냈습니다. 오라클의 졸탄 마요(Zoltán Majó)는 이 기능이 파라미터로 사용될 수 있도록 다시 작성하였으며(PreserveFramePointer) 공식 JDK에 그것을 통합시켰습니다.

```
        0x7fdbd8ccd37c
        0x7fdbd8cd1674
        0x7fdbd8cd0c74
        0x7fdbd8c8783c
        0x7fdbd8bd8fac
        0x7fdbd8b8a7b4
        0x7fdbd8b8c514
]: 1
[...]
```

이 스택 트레이스는 심벌 변환을 제외하고는 완전한 형태로 출력되었습니다.

스택과 심벌

앞 절에서 살펴본 것처럼 perf-map-agent 소프트웨어를 통해 보조 심벌 파일을
생성할 수 있고, jmaps를 통해 자동화할 수 있습니다. END 절에서 이 단계를 취
한 후의 결과는 다음과 같습니다.

```
# bpftrace --unsafe -e 'profile:hz:99 /pid == 4663/ { @[ustack] = count(); }
    END { system("jmaps"); }'
Attaching 2 probes...
^CFetching maps for all java processes...
Mapping PID 4663 (user bgregg):
wc(1):    6555   20559 388964 /tmp/perf-4663.map
@[
    Lsun/awt/X11/XlibWrapper;:::RootWindow+31
    Lsun/awt/X11/XDecoratedPeer;:::getLocationOnScreen+3764
    Ljava/awt/Component;:::getLocationOnScreen_NoTreeLock+2260
    Ljavax/swing/SwingUtilities;:::convertPointFromScreen+1820
    Lnet/sf/freecol/client/gui/plaf/FreeColButtonUI;:::paint+1068
    Ljavax/swing/plaf/ComponentUI;:::update+1804
    Ljavax/swing/plaf/metal/MetalButtonUI;:::update+4276
    Ljavax/swing/JComponent;:::paintComponent+612
    Ljavax/swing/JComponent;:::paint+2120
    Ljavax/swing/JComponent;:::paintChildren+13924
    Ljavax/swing/JComponent;:::paint+2168
    Ljavax/swing/JLayeredPane;:::paint+2356
    Ljavax/swing/JComponent;:::paintChildren+13924
    Ljavax/swing/JComponent;:::paint+2168
    Ljavax/swing/JComponent;:::paintToOffscreen+836
    Ljavax/swing/BufferStrategyPaintManager;:::paint+3244
    Ljavax/swing/RepaintManager;:::paint+1260
    Ljavax/swing/JComponent;:::_paintImmediately+12636
    Ljavax/swing/JComponent;:::paintImmediately+3564
    Ljavax/swing/RepaintManager$4;:::run+1684
    Ljavax/swing/RepaintManager$4;:::run+132
    call_stub+138
    JavaCalls::call_helper(JavaValue*, methodHandle const&, JavaCallArguments*, Th...
    JVM_DoPrivileged+1600
    Ljava/security/AccessController;:::doPrivileged+216
    Ljavax/swing/RepaintManager;:::paintDirtyRegions+4572
```

```
        Ljavax/swing/RepaintManager;::paintDirtyRegions+660
        Ljavax/swing/RepaintManager;::prePaintDirtyRegions+1556
        Ljavax/swing/RepaintManager$ProcessingRunnable;::run+572
        Ljava/awt/event/InvocationEvent;::dispatch+524
        Ljava/awt/EventQueue;::dispatchEventImpl+6260
        Ljava/awt/EventQueue$4;::run+372
]: 1
```

이 스택은 이제 전부 제대로 출력되었고 완전히 변환되었습니다. 이 스택은 UI
에서 버튼을 그리고 있었던 것으로 보입니다(FreeColButtonUI::paint()).

라이브러리 스택

마지막으로 사례를 하나 더 살펴봅시다. 이번에는 read(2) 시스템 콜의 스택 트
레이스를 트레이싱하는 것입니다.

```
# bpftrace -e 't:syscalls:sys_enter_read /pid == 4663/ { @[ustack] = count(); }'
Attaching 1 probe...
^C

@[
    read+68
    0xc528280f383da96d
]: 11
@[
    read+68
]: 25
```

이 스택은 자바가 -XX:+PreserveFramePointer로 실행 중인데도 여전히 망가져
있습니다. 문제는 이 시스템 콜이 libc 라이브러리의 read() 함수 속으로 진입했
는데, 이 라이브러리는 프레임 포인터와 함께 컴파일되지 않았기 때문입니다.
해결 방법은 라이브러리를 다시 컴파일하거나, BPF 도구들이 다른 스택 추적 방
식(예: DWARF 또는 LBR)을 지원하면 그것을 사용하는 것입니다.

스택 트레이스를 수정하는 것은 엄청난 작업일 수 있지만 충분히 할 만한 가
치가 있습니다. 이것을 수정하면 CPU 플레임 그래프와 모든 이벤트에서의 스택
트레이스 프로파일링이 가능해집니다.

12.3.6 자바 USDT probe

2장에서 소개한 USDT probe는 이벤트를 계측하기 위한 안정적인 인터페이스
를 제공한다는 장점이 있습니다. JVM에는 다음과 같은 여러 가지 이벤트를 위
한 USDT probe가 있습니다.

- 가상 머신 생명 주기
- 스레드 생명 주기
- 클래스 로딩
- 가비지 컬렉션
- 메서드 컴파일
- 모니터(Monitor)
- 애플리케이션 추적(tracking)
- 메서드 호출
- 객체 할당
- 이벤트 모니터링

이것들은 JDK가 --enable-dtrace 옵션으로 컴파일되었을 때에만 사용이 가능한 데, 불행하게도 JDK의 리눅스 배포판에서는 아직 일반적으로 활성화되어 있지 않습니다. 이 USDT probe를 사용하기 위해서는 --enable-dtrace와 함께 소스를 컴파일하거나, 패키지 관리자에게 이 옵션을 활성화해달라고 요청해야 합니다.

사용할 수 있는 probe는 '자바 가상 머신 가이드(Java Virtual Machine Guide)'의 'DTrace probes in HotSpot VM' 섹션에 문서화되어 있는데[138], 각각의 probe와 그 인자의 목적에 대해 설명하고 있습니다. 표 12.3에는 몇 가지 probe를 정리해 놓았습니다.

USDT 그룹	USDT probe	인자
hotspot	thread__start, thread__stop	char *thread_name, u64 thread_name_len, u64 thread_id, u64 os_thread_id, bool is_daemon
hotspot	class__loaded	char *class_name, u64 class_name_len, u64 loader_id, bool is_shared
hotspot	gc__begin	bool is_full_gc
hotspot	gc__end	—
hotspot	object__alloc	int thread_id, char *class_name, u64 class_name_len, u64 size
hotspot	method__entry, method__return	int thread_id, char *class_name, int class_name_len, char *method_name, int method_name_len, char *signature, int signature_len
hotspot_jni	AllocObject__entry	void *env, void *clazz

표 12.3 USDT probe

전체 목록은 '자바 가상 머신 가이드'를 참고하세요.

자바 USDT 구현

다음은 JDK 내부에 USDT probe를 삽입하는 방법의 사례로, hotspot:gc__begin probe 뒤에 있는 코드를 보여줍니다. 대부분의 사람들은 이런 세부 사항을 배울 필요가 없지만, probe가 어떻게 동작하는지 알아보는 용도로 실었습니다.

probe는 src/hotspot/os/posix/dtrace/hotspot.d에 정의되어 있으며, USDT probe에 대한 정의 파일은 다음과 같습니다.

```
provider hotspot {
[...]
probe gc__begin(uintptr_t);
```

이 정의에 의해 해당 probe는 hotspot:gc__begin이라고 부르게 됩니다. 빌드 시점에 이 파일은 hotspot.h 헤더 파일로 컴파일되며, HOTSPOT_GC_BEGIN 매크로를 포함하게 됩니다.

```
#define HOTSPOT_GC_BEGIN(arg1) \
DTRACE_PROBE1 (hotspot, gc__begin, arg1)
```

그런 다음 이 매크로는 JVM 코드의 필요한 곳에 삽입됩니다. 여기서는 notify_gc_begin() 함수 안에 삽입되었는데, 이 probe를 실행하기 위해서 해당 함수를 호출할 수 있습니다. src/hotspot/share/gc/shared/gcVMOperations.cpp에서는 다음과 같습니다.

```
void VM_GC_Operation::notify_gc_begin(bool full) {
  HOTSPOT_GC_BEGIN(
                   full);
  HS_DTRACE_WORKAROUND_TAIL_CALL_BUG();
}
```

이 함수에는 DTrace 버그에 대한 대안책(workaround) 매크로도 포함되어 있는데, 이 매크로는 dtrace.hpp 헤더 파일에 다음 주석과 함께 선언되어 있습니다.

"// Work around dtrace tail call bug 6672627 until it is fixed in solaris 10"

만일 JDK가 --enable-dtrace 없이 빌드되었다면, 이 매크로에 대해 아무것도 리턴하지 않는 dtrace_disabled.hpp 헤더 파일이 대신 사용됩니다.

이 probe를 위해 사용되는 HOTSPOT_GC_BEGIN_ENABLED 매크로도 있는데, 이것은 probe가 트레이싱 도구에 의해 계측 중일 때 참을 리턴합니다. 이 매크로는 비용이 큰 probe 인자의 집계 여부를 확인하기 위해 코드에서 사용되는데, probe가 활성화되었을 경우에만 인자가 집계되며, 현재 누구도 probe를 사용하고 있지 않다면 이 과정이 생략됩니다.

자바 USDT probe 나열하기

BCC 도구 tplist(8)는 파일 혹은 실행 중인 프로세스의 USDT probe를 나열하는 데 사용할 수 있습니다. 이 도구는 JVM에 대해 500개 이상의 probe를 나열하고 있습니다. 다음의 출력 결과는 몇 가지 흥미로운 probe를 살펴보기 위해 줄인 것이며, libjvm.so로의 전체 경로 역시 생략되었습니다('...').

```
# tplist -p 6820
/.../libjvm.so hotspot:class__loaded
/.../libjvm.so hotspot:class__unloaded
/.../libjvm.so hs_private:cms__initmark__begin
/.../libjvm.so hs_private:cms__initmark__end
/.../libjvm.so hs_private:cms__remark__begin.
/.../libjvm.so hs_private:cms__remark__end
/.../libjvm.so hotspot:method__compile__begin
/.../libjvm.so hotspot:method__compile__end
/.../libjvm.so hotspot:gc__begin
/.../libjvm.so hotspot:gc__end
[...]
/.../libjvm.so hotspot_jni:NewObjectArray__entry
/.../libjvm.so hotspot_jni:NewObjectArray__return
/.../libjvm.so hotspot_jni:NewDirectByteBuffer__entry
/.../libjvm.so hotspot_jni:NewDirectByteBuffer__return
[...]
/.../libjvm.so hs_private:safepoint__begin
/.../libjvm.so hs_private:safepoint__end
/.../libjvm.so hotspot:object__alloc
/.../libjvm.so hotspot:method__entry
/.../libjvm.so hotspot:method__return
/.../libjvm.so hotspot:monitor__waited
/.../libjvm.so hotspot:monitor__wait
/.../libjvm.so hotspot:thread__stop
/.../libjvm.so hotspot:thread__start
/.../libjvm.so hotspot:vm__init__begin
/.../libjvm.so hotspot:vm__init__end
[...]
```

probe는 hotspot과 hotspot_jni 라이브러리로 그룹화됩니다. 이 출력 결과는 클래스 로딩, 가비지 컬렉션, 세이프포인트(safepoints), 객체 할당, 메서드, 스레드 등에 대한 probe를 포함하고 있습니다. DTrace가 코드에서 마이너스 기호를 붙일 필요 없이, 단일 대시(-)를 사용해서 참조할 수 있는 probe 이름을 만들기

위해서 이중 밑줄(__)을 사용했습니다.[15]

이 사례에서는 프로세스에 대해 tplist(8)를 실행하였는데, 이 도구는 libjvm. so에 대해서도 실행될 수 있습니다. readelf(1)를 사용해서도 ELF 바이너리 note 섹션(-n)에서 USDT probe를 확인할 수 있습니다.

```
# readelf -n /.../jdk/lib/server/libjvm.so

Displaying notes found in: .note.gnu.build-id
  Owner                 Data size   Description
  GNU                   0x00000014  NT_GNU_BUILD_ID (unique build ID bitstring)
    Build ID: 264bc78da04c17524718c76066c6b535dcc380f2

Displaying notes found in: .note.stapsdt
  Owner                 Data size   Description
  stapsdt               0x00000050  NT_STAPSDT (SystemTap probe descriptors)
    Provider: hotspot
    Name: class__loaded
    Location: 0x00000000005d18a1, Base: 0x00000000010bdf68, Semaphore:
0x0000000000000000
    Arguments: 8@%rdx -4@%eax 8@152(%rdi) 1@%sil
  stapsdt               0x00000050  NT_STAPSDT (SystemTap probe descriptors)
    Provider: hotspot
    Name: class__unloaded
    Location: 0x00000000005d1cba, Base: 0x00000000010bdf68, Semaphore:
0x0000000000000000
    Arguments: 8@%rdx -4@%eax 8@152(%r12) 1@$0
[...]
```

자바 USDT probe 사용하기

이 probe는 BCC와 bpftrace에서 모두 사용할 수 있습니다. 각각의 역할과 인자는 '자바 가상 머신 가이드'에 문서화되어 있습니다.[138] 다음은 BCC trace(8)를 사용해서 gc-begin probe를 계측하는 사례입니다. 이것이 완전한 가비지 컬렉션(1)이었는지 아니면 부분적인 가비지 컬렉션(0)이었는지를 보여주기 위해 불형(Boolean)인 첫 번째 인자를 같이 계측했습니다.

```
# trace -T -p $(pidof java) 'u:/.../libjvm.so:gc__begin "%d", arg1'
TIME      PID     TID     COMM        FUNC        -
09:30:34  11889   11900   VM Thread   gc__begin   0
09:30:34  11889   11900   VM Thread   gc__begin   0
09:30:34  11889   11900   VM Thread   gc__begin   0
09:30:38  11889   11900   VM Thread   gc__begin   1
```

15 Dtrace는 probe 이름에 이중 밑줄(__)이 있을 경우 이를 단일 대시(-)로 변환합니다. 예를 들어 DTRACE_PROBE 매크로에 probe의 이름이 transaction__start로 명시되면 이 probe는 transaction-start로 변환됩니다. 자세한 내용은 《Oracle Linux - Dtrace Guide》의 "11.5.1.1 Declaring Probes" 절을 참고하세요. *https://docs.oracle.com/en/operating-systems/oracle-linux/dtrace-guide/E38608.pdf*

9:30:34에서 부분적으로 GC가 발생했고 9:30:38에서 완전한 GC가 발생했음을 확인할 수 있습니다. JVM 가이드에는 이 인자가 args[0]으로 문서화되어 있지만, trace(8)는 인자 번호를 1부터 매기기 때문에 arg1로 되어 있습니다.

다음은 문자열 인자를 사용하는 사례입니다. method__compile__begin probe는 컴파일러 이름, 클래스 이름 그리고 메서드 이름을 각각 첫 번째, 세 번째 그리고 다섯 번째 인자로 가지고 있습니다. 다음은 trace(8)을 사용해서 메서드 이름을 보여줍니다.

```
# trace -p $(pidof java) 'u:/.../libjvm.so:method__compile__begin "%s", arg5'
PID     TID     COMM            FUNC            -
12600   12617   C1 CompilerThre method__compile__begin getLocationOnScreen
12600   12617   C1 CompilerThre method__compile__begin getAbsoluteX
12600   12617   C1 CompilerThre method__compile__begin getAbsoluteY
12600   12617   C1 CompilerThre method__compile__begin currentSegmentD
12600   12617   C1 CompilerThre method__compile__begin next
12600   12617   C1 CompilerThre method__compile__begin drawJoin
12600   12616   C2 CompilerThre method__compile__begin needsSyncData
12600   12617   C1 CompilerThre method__compile__begin getMouseInfoPeer
12600   12617   C1 CompilerThre method__compile__begin fillPointWithCoords
12600   12616   C2 CompilerThre method__compile__begin isHeldExclusively
12600   12617   C1 CompilerThre method__compile__begin updateChildGraphicsData
Traceback (most recent call last):
  File "_ctypes/callbacks.c", line 315, in 'calling callback function'
  File "/usr/local/lib/python2.7/dist-packages/bcc/table", line 572, in raw_cb_
    callback(cpu, data, size)
  File "/home/bgregg/Build/bcc/tools/trace", line 567, in print_event
    self._display_function(), msg))
UnicodeDecodeError: 'ascii' codec can't decode byte 0xff in position 10: ordinal
not in range(128)
12600   12616   C2 CompilerThre method__compile__begin getShowingSubPanel%
[...]
```

처음 11개 라인은 마지막 칼럼에 메서드 이름을 보여주고, 뒤이어 ASCII로 바이트를 디코딩하는 것에 관한 파이썬 에러가 나옵니다. '자바 가상 머신 가이드(Java Virtual machine Guide)'의 설명에 따르면, 이 probe는 문자열들이 NULL로 끝나지 않으며, 부가적으로 문자열 길이 인자를 제공합니다. 이와 같은 오류를 피하기 위해서는 BPF 프로그램이 probe에서 제공하는 문자열 길이 인자를 사용해야 할 것입니다.

bpftrace로 전환하면 str() 내장 함수를 통해 문자열의 길이를 지정할 수 있는데, 이는 다음과 같습니다.

```
# bpftrace -p $(pgrep -n java) -e 'U:/.../libjvm.so:method__compile__begin
{ printf("compiling: %s\n", str(arg4, arg5)); }'
```

```
Attaching 1 probe...
compiling: getDisplayedMnemonicIndex
compiling: getMinimumSize
compiling: getBaseline
compiling: fillParallelogram
compiling: preConcatenate
compiling: last
compiling: nextTile
compiling: next
[...]
```

출력 결과에는 더 이상 오류가 없으며 제대로 된 길이의 문자열을 출력하고 있습니다. 이 probe를 사용하는 모든 BCC 또는 bpftrace 프로그램은 이 방식처럼 길이 인자를 사용할 필요가 있습니다.

다음 절로 이어지는 또 하나의 사례로서, 다음은 'method'로 시작되는 모든 USDT probe의 호출 빈도를 집계합니다.

```
# funccount -p $(pidof java) 'u:/.../libjvm.so:method*'
Tracing 4 functions for "u:/.../libjvm.so:method*"... Hit Ctrl-C to end.
^C
FUNC                                COUNT
method__compile__begin              2056
method__compile__end                2056
Detaching...
```

트레이싱하는 동안 method__compile__begin과 method__compile__end probe는 2,056번 호출되었습니다. 그러나, method__entry와 method__return probe는 트레이싱되지 않았습니다. 그 이유는 그것들이 확장 USDT probe 세트의 일부이기 때문인데, 이것에 대해서는 다음 절에서 다룹니다.

확장 자바 USDT probe

메서드 진입과 리턴 probe, 객체 할당(object-alloc) probe 그리고 자바 모니터 probe 같은 일부 JVM USDT probe는 기본적으로 사용되지 않습니다. 그 이유는 이들이 굉장히 빈번하게 발생하는 이벤트이며, 활성화되지 않은 이러한 이벤트의 오버헤드가 상당한 성능 페널티(10%를 초과하는)를 유발하기 때문입니다. USDT probe를 사용하지 않고 단지 사용 가능하도록 설정하기만 해도 발생하는 오버헤드입니다! 이러한 이벤트들이 활성화되고 사용될 때 오버헤드는 자바의 실행을 10배 혹은 그 이상 느리게 만들 수 있습니다.

따라서 자바 사용자들이 절대로 사용하지 않을 것에 대한 대가를 지불하지 않도록, 자바가 -XX:+ExtendedDTraceprobes 옵션과 함께 실행하지 않는 한 이러한

probe는 사용할 수 없습니다.

다음은 ExtendedDTraceprobe 옵션이 활성화된 채로 자바 게임 freecol을 실행했고, 전과 같이 'method'로 시작되는 USDT probe의 호출 빈도를 집계하는 사례입니다.

```
# funccount -p $(pidof java) 'u:/.../libjvm.so:method*'
Tracing 4 functions for "u:/.../libjvm.so:method*"... Hit Ctrl-C to end.
^C
FUNC                              COUNT
method__compile__begin              357
method__compile__end                357
method__return                 26762077
method__entry                  26762245
Detaching...
```

트레이싱하는 동안 method__entry와 method__return에 대해 2천6백만 번의 호출이 있었습니다. 이 게임은 처리해야 하는 입력에 대해 대략 3초가 소요되는 극도의 지연을 겪었습니다. 전과 후의 시간 측정을 비교해 보면, freecol 시작부터 splash screen까지의 시간은 기본으로 2초가 소요되었고, 이러한 메서드 probe를 계측할 때는 22초가 소요되었는데, 이것은 10배 이상 느려진 것입니다.

이 probe들은 발생 빈도가 높기 때문에 프로덕션 워크로드 분석보다는 테스트 환경에서 소프트웨어 문제를 해결하는 데 더 유용할 것입니다.

지금까지 libjvm, 자바 심벌, 자바 스택 트레이스 그리고 자바 USDT probe 등 필요한 배경지식을 다뤘으며, 이어지는 절에서는 자바 관측가능성을 위한 다른 BPF 도구를 살펴볼 것입니다.

12.3.7 profile

BCC profile(8) 도구는 6장에서 다뤘습니다. 자바용 프로파일러는 여러 가지가 있습니다. BCC profile(8)의 장점은 스택의 발생 빈도를 커널 컨텍스트에서 효율적으로 집계한다는 것이며, 사용자 모드와 커널 모드의 CPU 소비자를 완전하게 보여준다는 것입니다. 또한, profile(8)을 통해 네이티브 라이브러리(예: libc), libjvm, 자바 메서드 그리고 커널에서 소비된 시간을 전부 확인할 수 있습니다.

자바 선행 조건

profile(8)이 전체 스택을 출력하기 위해서는 자바가 -XX:+PreserveFrame Pointer 옵션과 함께 실행중이어야 하며, profile(8)이 사용할 보조 심벌 파일은 perf-map-agent를 사용해서 만들어야 합니다(12.3.4 "자바 메서드 심벌" 참고).

libjvm.so의 프레임을 변환하기 위해서는 심벌 테이블이 필요합니다. 이러한 선행 조건들에 대해서는 이전 절에서 다뤘습니다.

CPU 플레임 그래프

이번에는 혼합 모드 CPU 플레임 그래프를 만들기 위해 자바와 함께 profile(8)을 사용하는 사례를 살펴보겠습니다.

이 freecol 자바 프로그램은 -XX:+PreserveFramePointer 옵션과 함께 실행 중이고, libjvm 함수에 대한 ELF 심벌 테이블을 가지고 있습니다. 앞에서 소개된 jmaps는 심벌이 더 이상 유효하지 않게 되는 것을 최소화하기 위해 profile(8) 도구 바로 전에 실행됩니다. 다음은 기본 샘플링 레이트(99Hz)로, 심벌 이름에 커널 주석(kernel annotation)을 추가하고(-a), 플레임 그래프에 사용하기 위해 접힌 포맷으로(-f), PID 16914(-p)에 대해 10초간 프로파일링합니다.

```
# jmaps; profile -afp 16914 10 > out.profile01.txt
Fetching maps for all java processes... `Mapping PID 16914 (user bgregg):
wc(1):   9078  28222 572219 /tmp/perf-16914.map
# wc out.profile01.txt
   215   3347 153742 out.profile01.txt
# cat out.profile01.txt
AWT-EventQueue-;start_thread;thread_native_entry(Thread*);Thread::call... 1
[...]
```

jmaps는 먼저 심벌 테이블을 덤프하고, 수집된 심벌 파일의 크기를 보여주기 위해 wc(1)를 호출합니다. 여기서의 길이는 9,078라인이며 따라서 9,078개의 심벌을 포함하고 있습니다. 필자도 프로파일 파일의 크기를 보여주기 위해 wc(1)를 사용했습니다. 접힌 포맷 모드의 profile(8) 출력 결과는 스택당 한 줄로 표시되고, 프레임들은 세미콜론으로 구분되며, 마지막에는 스택이 표시된 횟수 집계를 출력합니다. wc(1)는 프로파일 파일이 총 215라인임을 보여주고 있고, 이것을 통해 수집된 고유 스택 트레이스가 총 215개임을 알 수 있습니다.

이 프로파일 출력 결과는 필자의 오픈 소스 FlameGraph 소프트웨어[37]를 통해 플레임 그래프로 변환할 수 있습니다. 이에 대한 명령어는 다음과 같습니다.

```
flamegraph.pl --color=java --hash < out.profile01.txt > out.profile02.svg
```

--color=java 옵션으로 코드 유형별로 다른 색상을 채색하는 팔레트를 사용할 수 있는데, 자바는 녹색, C++은 노란색, 사용자 레벨 네이티브 스택은 빨간색 그리고 커널 레벨 네이티브 스택은 오렌지색으로 표현합니다. --hash 옵션은

채도를 임의로 선정하는 것이 아니라 함수 이름에 기반해서 일관성 있는 색상을 사용하도록 합니다.

결과물인 플레임 그래프 SVG 파일은 웹 브라우저에서 열어볼 수 있습니다. (그림 12.2)

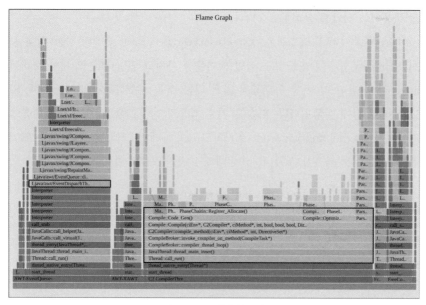

그림 12.2 CPU 플레임 그래프

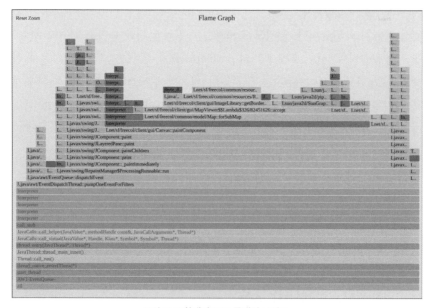

그림 12.3 확대된 CPU 플레임 그래프

각 프레임에 마우스를 올려 놓으면 프로파일 내에서 해당 프레임이 점유하는 비율 같은 추가적인 세부 사항을 볼 수 있습니다. 여기에서는 정가운데에 위치한 크고 넓은 타워(직사각형 표시, C++ 프레임) C2 컴파일러에서 CPU 시간을 55% 소모했음을 볼 수 있습니다. 자바 프레임을 포함하고 있는 자바 freecol 게임에서는 29%의 시간만 소비되었습니다.

왼쪽의 자바 타워를 클릭하면 그림 12.3과 같이 자바 프레임들이 확대됩니다.

이제 자바 freecol 게임의 세부 사항과 메서드를 읽을 수 있습니다. 시간의 대부분은 paint 메서드에 위치하고 있고, 정확히 어디에서 CPU 사이클이 소모되었는지는 이 플레임 그래프의 맨 위 가장자리에서 확인할 수 있습니다.

여러분이 freecol의 성능 향상에 흥미가 있다면, 처음 볼 때부터 이 CPU 플레임 그래프가 성능을 향상시킬 두 개의 대상을 이미 제공하고 있음을 알아챘을 겁니다. 먼저 C2 컴파일러가 CPU 시간을 덜 소모하도록 하기 위한 JVM 튜닝 옵션에 어떠한 것들이 있는지 검토할 수 있습니다.[16] 또한 paint 메서드와 관련해 보다 효율적인 기법을 찾기 위해, 해당 메서드를 freecol 소스 코드와 함께 상세하게 검사할 수도 있습니다.

프로파일링이 길어지면(예: 2분 이상) 심벌 테이블 덤프와 스택 트레이스 수집 사이의 시간이 너무 길어질 수 있고, 그 사이 C2 컴파일러가 일부 메서드를 움직이게 되면 심벌 테이블이 더 이상 정확하지 않을 수 있습니다. 이러한 경우 일부 프레임이 잘못 변환되어 전혀 타당하지 않은 코드 경로가 출력될 수 있습니다. 예상치 못한 코드 경로와 관련해 훨씬 더 흔한 문제는 인라이닝(inlining)입니다.

인라이닝

현재 이 플레임 그래프는 CPU상에서 실행 중인 스택 트레이스를 시각화하고 있기 때문에, 인라이닝된 이후의 자바 메서드를 보여줍니다. JVM 인라이닝은 공격적일 수 있는데, 매 세 프레임 중 두 개의 프레임이 인라인됩니다. 이런 인라이닝 때문에 메서드가 소스 코드에 없는 다른 메서드를 직접 호출하고 있는 것처럼 보일 수 있어서 플레임 그래프를 볼 때 조금 혼란스러울 수 있습니다.

인라이닝 문제에 대한 해결책이 있습니다. perf-map-agent 소프트웨어는 인

---

16 컴파일러 튜닝 옵션 중에는 -XX:CompileThreshold, -XX:MaxInlineSize, -XX:InlineSmallCode 그리고 -XX:FreqInlineSize가 있습니다. -Xcomp를 사용해 메서드를 사전 컴파일하는 실험을 해보면 이러한 검토를 설명하는 데도 도움이 될 것입니다.

라인된 심벌을 모두 포함한 심벌 테이블의 덤프를 지원합니다. jmaps에서는 이 기능을 –u 옵션으로 사용할 수 있는데, 다음과 같습니다.

```
# jmaps -u; profile -afp 16914 10 > out.profile03.txt
Fetching maps for all java processes...
Mapping PID 16914 (user bgregg):
wc(1):    75467    227393 11443144 /tmp/perf-16914.map
```

심벌의 개수는 앞서 본 9,078에서 75,000 이상으로 크게 증가했습니다(필자는 jmaps을 –u 없이 다시 실행해 보았는데, 여전히 대략 9,000개 근처였습니다).

그림 12.4는 인라인되지 않은 프레임 정보를 가지고 만든 플레임 그래프를 보여줍니다.

freecol 스택에 있는 타워는 인라인되지 않은 프레임을 포함하고 있어서 훨씬 높습니다(박스로 표시).

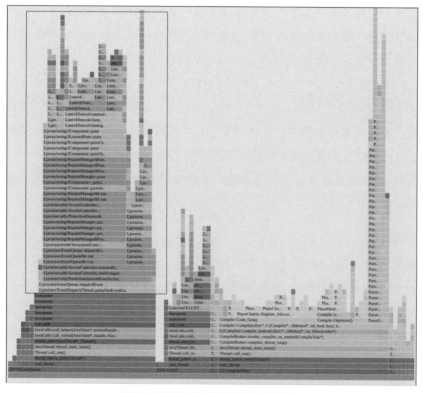

그림 12.4 인라인되지 않은 CPU 플레임 그래프

인라인된 프레임을 포함하면 더 많은 심벌을 덤프해야 하기 때문에 jmaps 단계를 느려지게 합니다. 또한 플레임 그래프 생성도 해당 심벌을 분석하고 포함시켜야 하기 때문에 느려집니다. 그러나 실무에서는 때때로 인라인된 프레임을 포함하는 것이 필요하기도 합니다. 보통 인라인된 프레임이 없는 플레임 그래프로도 전체 코드 흐름을 볼 수 있기 때문에 문제 해결에 충분하지만, 여기에는 일부 메서드가 보이지 않는다는 것을 염두에 두어야 합니다.

bpftrace

bpftrace로도 profile(8) 기능을 구현할 수 있는데, 이렇게 하면 END 절에서 system() 함수를 통해 jmaps 도구를 실행할 수 있는 장점이 있습니다. 다음 원 라이너는 앞서 살펴본 것과 동일한 예시입니다.

```
bpftrace --unsafe -e 'profile:hz:99 /pid == 4663/ { @[ustack] = count(); } END {
system("jmaps"); }'
```

이것은 PID 4663에 대해 해당 프로세스가 동작 중인 모든 CPU에 걸쳐 99Hz 주기로 사용자 레벨 스택 트레이스를 샘플링합니다. 이 원 라이너의 맵을 @[kstack, ustack, comm]으로 변경해서 커널 스택과 프로세스 이름을 포함하도록 수정할 수 있습니다.

12.3.8 offcputime

BCC offcputime(8) 도구에 대해서는 6장에서 다뤘습니다. 이 도구는 CPU 블로킹 이벤트(스케줄러 컨텍스트 스위치)에서 스택을 수집하며, 스택 트레이스별로 소모된 시간을 합산해 총 블록된 시간을 계산합니다. offcputime(8)을 자바와 함께 사용하려면 12.3.7 "profile"을 참고하세요.

다음은 자바 freecol 게임에 offcputime(8)을 사용하는 사례입니다.

```
# jmaps; offcputime -p 16914 10
Fetching maps for all java processes...
Mapping PID 16914 (user bgregg):
wc(1):   9863  30589 623898 /tmp/perf-16914.map

Tracing off-CPU time (us) of PID 16914 by user + kernel stack for 10 secs.
^C

[...]

    finish_task_switch
    schedule
    futex_wait_queue_me
    futex_wait
    do_futex
    SyS_futex
```

```
do_syscall_64
entry_SYSCALL_64_after_hwframe
__lll_lock_wait
SafepointSynchronize::block(JavaThread*, bool)
SafepointMechanism::block_if_requested_slow(JavaThread*)
JavaThread::check_safepoint_and_suspend_for_native_trans(JavaThread*)
JavaThread::check_special_condition_for_native_trans(JavaThread*)
Lsun/awt/X11/XlibWrapper;::XEventsQueued
Lsun/awt/X11/XToolkit;::run
Interpreter
Interpreter
call_stub
JavaCalls::call_helper(JavaValue*, methodHandle const&, JavaCallArguments*, Th...
JavaCalls::call_virtual(JavaValue*, Handle, Klass*, Symbol*, Symbol*, Thread*)
thread_entry(JavaThread*, Thread*)
JavaThread::thread_main_inner()
Thread::call_run()
thread_native_entry(Thread*)
start_thread
-                    AWT-XAWT (16944)
    5171
```

[...]

```
finish_task_switch
schedule
io_schedule
bit_wait_io
__wait_on_bit
out_of_line_wait_on_bit
__wait_on_buffer
ext4_find_entry
ext4_unlink
vfs_unlink
do_unlinkat
sys_unlink
do_syscall_64
entry_SYSCALL_64_after_hwframe
__GI_unlink
Ljava/io/UnixFileSystem;::delete0
Ljava/io/File;::delete
Interpreter
Interpreter
Interpreter
Lnet/sf/freecol/client/control/InGameInputHandler;::handle
Interpreter
Lnet/sf/freecol/client/control/InGameInputHandler;::handle
Lnet/sf/freecol/common/networking/Connection;::handle
Interpreter
call_stub
JavaCalls::call_helper(JavaValue*, methodHandle const&, JavaCallArguments*, Th...
JavaCalls::call_virtual(JavaValue*, Handle, Klass*, Symbol*, Symbol*, Thread*)
thread_entry(JavaThread*, Thread*)     JavaThread::thread_main_inner()
Thread::call_run()
```

```
thread_native_entry(Thread*)
start_thread
-                    FreeColClient:b (8168)
   7679
```

[...]

```
finish_task_switch
schedule
futex_wait_queue_me
futex_wait
do_futex
SyS_futex
do_syscall_64
entry_SYSCALL_64_after_hwframe
pthread_cond_timedwait@@GLIBC_2.3.2
__pthread_cond_timedwait
os::PlatformEvent::park(long) [clone .part.12]
Monitor::IWait(Thread*, long)
Monitor::wait(bool, long, bool)
WatcherThread::sleep() const
WatcherThread::run()
thread_native_entry(Thread*)
start_thread
__clone
-                    VM Periodic Tas (22029)
   9970501
```

출력 결과는 페이지 수가 너무 많아서 흥미로운 스택 몇 개만 가져왔습니다.

첫 번째 스택은 자바가 세이프포인트(safepoint)에서 총 5.1ms(5717us) 동안 블록된 것을 보여주는데, 이것은 커널에서 futex 록을 사용해 처리했습니다. 이 시간은 총 합계 시간으로 이 5.1ms는 여러 블로킹 이벤트를 포함할 수 있습니다.

마지막 스택은 자바가 트레이싱한 기간인 10초와 거의 동일한 시간 동안 pthread_cond_timedwait()에서 블록되고 있었음을 보여주고 있습니다. 이는 작업 대기 중인 WatcherThread로, 'VM Periodic Tas'(축약되어 'k'가 없음)라는 스레드 이름을 가지고 있습니다. 작업 대기 스레드를 많이 사용하는 일부 애플리케이션 유형의 경우 offcputime(8)의 출력 결과는 이 대기 중인 스택으로 넘쳐날 수 있습니다. 따라서 중요한 스택(애플리케이션 요청 중의 대기 이벤트)을 찾기 위해 그 너머를 읽을 필요가 있습니다.

두 번째 스택은 좀 놀라웠습니다. 자바가 파일을 지우기 위해 unlink(2) 시스템 콜에서 블록된 것을 보여주는데, 이것은 디스크 I/O(io_schedule() 등)에서 대기하게 됩니다. 게임을 하고 있는 동안 freecol이 삭제한 파일은 뭘까요? 다음은 삭제된 경로명과 함께 unlink(2)를 보여주는 bpftrace 원 라이너입니다.

```
# bpftrace -e 't:syscalls:sys_enter_unlink /pid == 16914/ { printf("%s\n",
    str(args->pathname)); }'
Attaching 1 probe...
/home/bgregg/.local/share/freecol/save/autosave/Autosave-before
/home/bgregg/.local/share/freecol/save/autosave/Autosave-before
[...]
```

freecol은 자동 저장된 게임을 삭제하고 있습니다.

libpthread 스택

이것은 흔히 발견되는 문제로, 기본 설치된 libpthread의 최종 스택이 어떻게 출
력되는지 보여주고 있습니다.

```
finish_task_switch
schedule
futex_wait_queue_me
futex_wait
do_futex
SyS_futex
do_syscall_64
entry_SYSCALL_64_after_hwframe
pthread_cond_timedwait
-                   VM Periodic Tas (16936)
    9934452
```

이 스택은 pthread_cond_timedwait()에서 종료됩니다. 현재 많은 리눅스 배포
판에 탑재되는 기본 libpthread는 프레임 포인터 기반 스택 추적을 불가능하게
하는 컴파일러 최적화인 -fomit-frame-pointer와 함께 컴파일됩니다. 앞선 예
시는 필자가 -fno-omit-frame-pointer와 함께 컴파일한 버전의 libpthread를 사
용했습니다. 더 상세한 내용은 2.4 "스택 트레이스 추적"을 참고하세요.

Off-CPU 타임 플레임 그래프

offcputime(8)의 출력 결과는 수백 페이지 길이였습니다. 보다 신속하게 탐색하
기 위해서 이 출력 결과를 off-CPU 시간 플레임 그래프를 만드는 데 사용할 수
있습니다. 다음은 FlameGraph 소프트웨어를 사용한 예입니다.[37]

```
# jmaps; offcputime -fp 16914 10 > out.offcpu01.txt
Fetching maps for all java processes...
Mapping PID 16914 (user bgregg):
wc(1):  12015  37080 768710 /tmp/perf-16914.map
# flamegraph.pl --color=java --bgcolor=blue --hash --countname=us --width=800 \
    --title="Off-CPU Time Flame Graph" < out.offcpu01.txt > out.offcpu01.svg
```

이를 통해 그림 12.5의 그래프를 만들어냅니다.

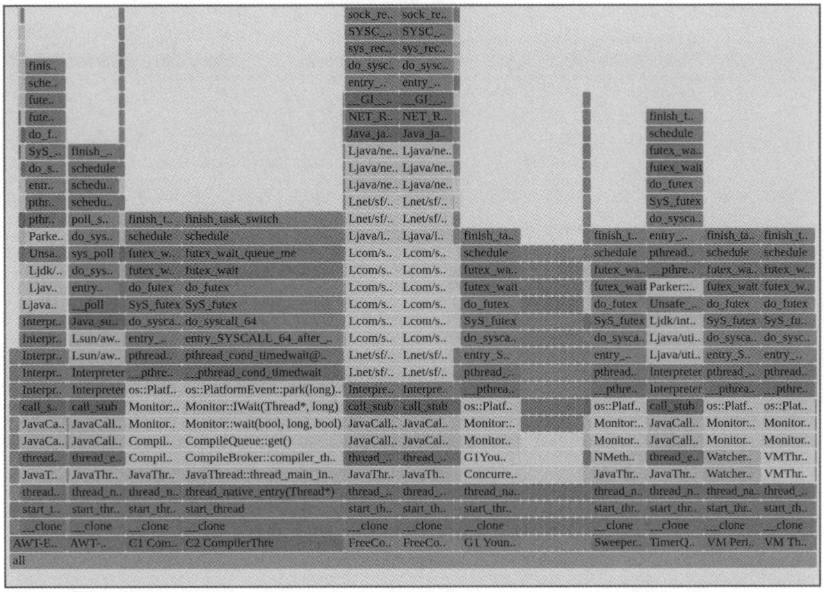

그림 12.5 Off-CPU 시간 플레임 그래프

이 플레임 그래프의 맨 꼭대기는 잘렸습니다. 각 프레임의 폭은 블록된 off-CPU 시간에 비례합니다. offcputime(8)이 스택 트레이스를 마이크로초 단위의 총 블록된 시간과 함께 보여주기 때문에 이에 대응하기 위해 flamegraph.pl에 --countname=us 옵션을 사용해서 마우스를 올렸을 때 표시되는 정보를 변경했습니다. 블록된 스택이라는 것을 시각적으로 알려주기 위해 배경색도 파란색으로 바꾸었습니다(CPU 플레임 그래프는 배경색으로 노란색을 사용합니다).

이 플레임 그래프는 이벤트를 기다리는 스레드로 가득 차 있습니다. 스레드 이름은 스택에 첫 번째 프레임으로 포함되어 있기 때문에, 같은 이름을 가진 스레드들끼리 하나의 타워로 그룹화됩니다. 이 플레임 그래프에서 각각의 타워는 대기 중인 스레드들을 보여줍니다.

그러나 필자는 이벤트를 기다리는 스레드에는 관심이 없으며, 애플리케이션 요청 중에 대기 상태인 스레드에 관심이 있습니다. 이 애플리케이션은 freecol이었으며, 플레임 그래프 검색 기능을 사용해 'freecol'을 검색하면 해당 프레임들을 마젠타 색상으로 강조합니다.(그림12.6)

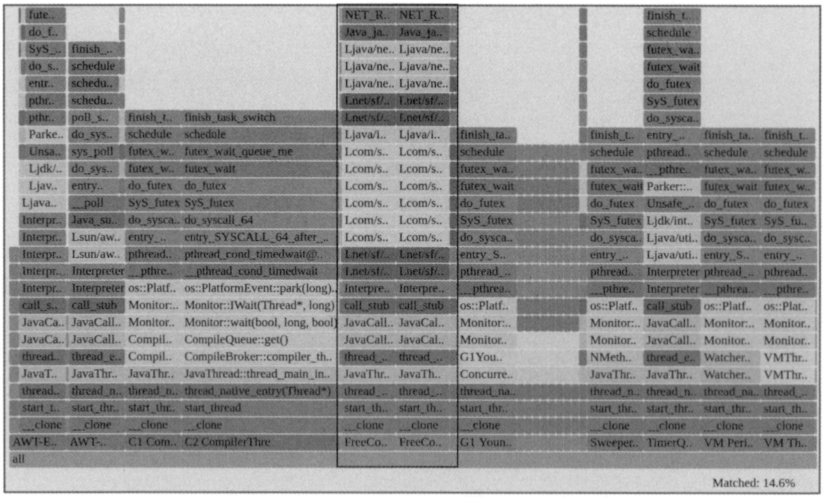

그림 12.6 애플리케이션 코드를 검색하는 Off-CPU 시간 플레임 그래프

좁은 세 번째 타워를 클릭하여 확대하면 게임 중의 코드를 보여줍니다.(그림12.7)

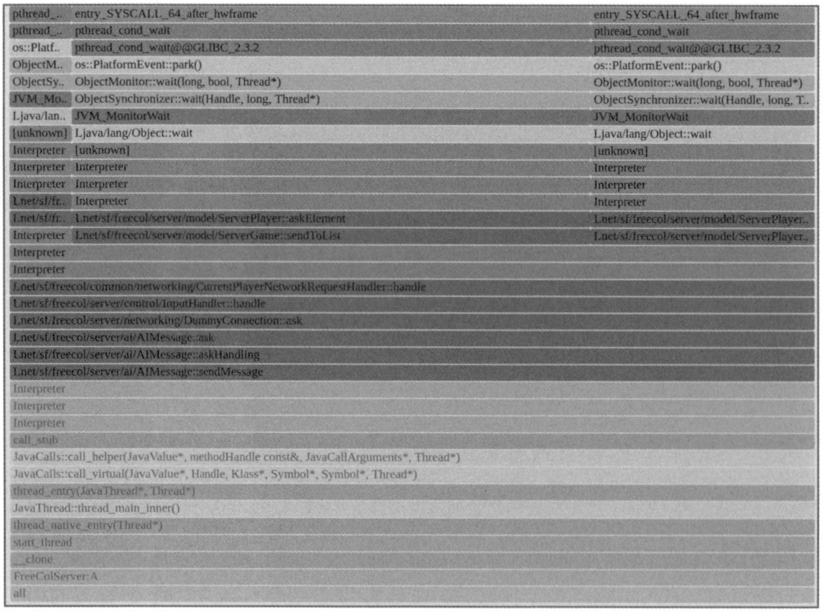

그림 12.7 확대된 Off-CPU 시간 플레임 그래프

이 그래프는 freecol에서 블록된 경로를 보여주고 최적화를 시작하기 위한 대상을 제공합니다. 이 프레임들 중 다수는 여전히 'Interpreter'로 표현되고 있는데, JVM이 해당 메서드를 CompileThreshold에 도달할 정도로 충분한 횟수만큼 실행하지 않았기 때문입니다.

간혹 애플리케이션 코드 경로는 다른 대기 중인 스레드 때문에 아주 좁게 표현돼서 플레임 그래프에서 보이지 않을 수도 있습니다. 이것을 해결하기 위한 한 가지 접근 방법은 커맨드 라인에서 grep(1)을 사용해서 흥미 있는 스택만 포함시키는 것입니다. 예를 들어, 애플리케이션 이름에 'freecol'을 포함하고 있는 것을 매칭하면 다음과 같습니다.

```
# grep freecol out.offcpu01.txt | flamegraph.pl ... > out.offcpu01.svg
```

이것은 스택 트레이스가 접힌 파일 포맷일 때의 장점 중 하나로, 플레임 그래프로 만들기 전에 필요에 따라 쉽게 변경할 수 있습니다.

12.3.9 stackcount

4장에서 살펴본 BCC stackcount(8) 도구는 어떠한 이벤트에서도 스택을 수집할 수 있고, 이벤트가 발생한 libjvm과 자바 메서드 코드 경로를 보여줄 수 있습니다. stackcount(8)를 자바와 함께 사용하려면 12.3.7 "profile"을 참고하세요.

다음은 사용자 레벨 페이지 폴트를 보여주기 위해 stackcount(8)를 사용하는 사례로, 이를 통해 메인 메모리 크기 증가를 측정할 수 있습니다.

```
# stackcount -p 16914 t:exceptions:page_fault_user
Tracing 1 functions for "t:exceptions:page_fault_user"... Hit Ctrl-C to end.
^C

[...]

  do_page_fault
  page_fault
  Interpreter
  Lnet/sf/freecol/server/control/ChangeSet$MoveChange;::consequences
  [unknown]
  [unknown]
  Lnet/sf/freecol/server/control/InGameController;::move
  Lnet/sf/freecol/common/networking/MoveMessage;::handle
  Lnet/sf/freecol/server/control/InGameInputHandler$37;::handle
  Lnet/sf/freecol/common/networking/CurrentPlayerNetworkRequestHandler;::handle
  [unknown]
  Lnet/sf/freecol/server/ai/AIMessage;::ask
  Lnet/sf/freecol/server/ai/AIMessage;::askHandling
  Lnet/sf/freecol/server/ai/AIUnit;::move
  Lnet/sf/freecol/server/ai/mission/Mission;::moveRandomly
  Lnet/sf/freecol/server/ai/mission/UnitWanderHostileMission;::doMission
  Ljava/awt/Container;::isParentOf
  [unknown]
  Lcom/sun/org/apache/xerces/internal/impl/XMLEntityScanner;::reset
  call_stub
```

```
JavaCalls::call_helper(JavaValue*, methodHandle const&, JavaCallArguments*, Thre...
JavaCalls::call_virtual(JavaValue*, Handle, Klass*, Symbol*, Symbol*, Thread*)
thread_entry(JavaThread*, Thread*)
JavaThread::thread_main_inner()
Thread::call_run()
thread_native_entry(Thread*)
start_thread
    4

[...]

do_page_fault
page_fault
__memset_avx2_erms
PhaseChaitin::Register_Allocate()
Compile::Code_Gen()
Compile::Compile(ciEnv*, C2Compiler*, ciMethod*, int, bool, bool, bool, Directiv...
C2Compiler::compile_method(ciEnv*, ciMethod*, int, DirectiveSet*)
CompileBroker::invoke_compiler_on_method(CompileTask*)
CompileBroker::compiler_thread_loop()
JavaThread::thread_main_inner()
Thread::call_run()
thread_native_entry(Thread*)
start_thread
    414
```

많은 스택을 보여주지만, 여기에는 두 개만 가져왔습니다. 첫 번째 것은 freecol
ai 코드를 통한 페이지 폴트를, 두 번째 것은 코드를 생성하는 JVM C2 컴파일러
의 페이지 폴트를 보여주고 있습니다.

페이지 폴트 플레임 그래프

검색을 돕기 위해 stackcount 결과물로 플레임 그래프를 생성할 수 있습니다.
다음은 FlameGraph 소프트웨어를 사용해 페이지 폴트 플레임 그래프를 생성하
는 사례입니다.[37]

```
# jmaps; stackcount -p 16914 t:exceptions:page_fault_user > out.faults01.txt
Fetching maps for all java processes...
Mapping PID 16914 (user bgregg):
wc(1):  12015  37080 768710 /tmp/perf-16914.map
# stackcollapse.pl < out.faults01.txt | flamegraph.pl --width=800 \
    --color=java --bgcolor=green --title="Page Fault Flame Graph" \
    --countname=pages > out.faults01.svg
```

이것은 그림 12.8과 같은 축약된 그래프를 생성합니다.

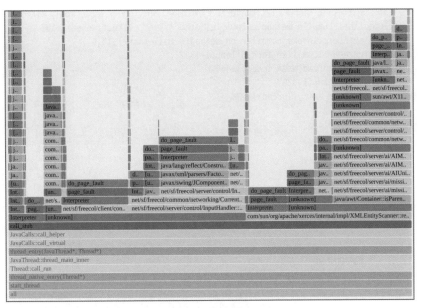

그림 12.8 페이지 폴트 플레임 그래프

배경색은 녹색을 사용했는데, 이것이 메모리 관련 플레임 그래프라는 것을 시각적으로 알려주기 위함입니다. 이 스크린샷은 필자가 freecol 코드 경로를 검사하기 위해 확대한 것입니다. 이것은 애플리케이션에 의한 메모리 크기 증가를 확인하는 한 가지 시각을 제공하며, 타워의 폭을 통해 각 경로의 비율을 알 수 있고 플레임 그래프로 더 자세히 분석할 수 있습니다.

bpftrace

stackcount(8)의 기능은 다음과 같이 bpftrace 원 라이너로도 구현할 수 있습니다.

```
# bpftrace --unsafe -e 't:exceptions:page_fault_user /pid == 16914/ {
    @[kstack, ustack, comm] = count(); } END { system("jmaps"); }'
Attaching 1 probe...
^C
[...]

@[
    do_page_fault+204
    page_fault+69
,

    0x7fa369bbef2d
    PhaseChaitin::Register_Allocate()+930
    Compile::Code_Gen()+650
```

```
    Compile::Compile(ciEnv*, C2Compiler*, ciMethod*, int, bool, bool, bool, Direct...
    C2Compiler::compile_method(ciEnv*, ciMethod*, int, DirectiveSet*)+188
    CompileBroker::invoke_compiler_on_method(CompileTask*)+1016
    CompileBroker::compiler_thread_loop()+1352
    JavaThread::thread_main_inner()+446
    Thread::call_run()+376
    thread_native_entry(Thread*)+238
    start_thread+219
, C2 CompilerThre]: 3

[...]
```

자바 메서드 심벌을 위한 jmaps의 실행은 END 절로 이동했으며, 따라서 스택
출력 전에 즉시 실행됩니다.

12.3.10 javastat

javastat(8)[17]는 상위 레벨의 자바와 JVM 통계를 제공하는 BCC 도구입니다. –C
옵션을 사용하지 않으면 top(1)과 유사하게 화면을 갱신합니다. 예를 들어, 자바
freecol 게임에 대해 javastat(8)를 실행하는 것은 다음과 같습니다.

```
# javastat -C
Tracing... Output every 1 secs. Hit Ctrl-C to end

14:16:56 loadavg: 0.57 3.66 3.93 2/3152 32738

PID    CMDLINE              METHOD/s   GC/s   OBJNEW/s   CLOAD/s   EXC/s   THR/s
32447  /home/bgregg/Build/o 0          0      0          0         169     0

14:16:58 loadavg: 0.57 3.66 3.93 8/3157 32744

PID    CMDLINE              METHOD/s   GC/s   OBJNEW/s   CLOAD/s   EXC/s   THR/s
32447  /home/bgregg/Build/o 0          1      0          730       522     6

14:16:59 loadavg: 0.69 3.64 3.92 2/3155 32747

PID    CMDLINE              METHOD/s   GC/s   OBJNEW/s   CLOAD/s   EXC/s   THR/s
32447  /home/bgregg/Build/o 0          2      0          8         484     1
[...]
```

칼럼들은 다음과 같습니다.

- PID: 프로세스 ID

---

17 연혁: 이 도구는 사샤 골드스타인이 2016년 10월 26일에 그의 ustat(8) 도구의 래퍼(wrapper)로 만들
었습니다. 필자는 2007년 9월 9일에 이와 유사한 j_stat.d라는 이름의 DTrace용 도구를 만들었는데,
이는 DTraceToolkit에 생긴 이러한 새로운 probe를 시연하기 위함이었습니다.

- CMDLINE: 프로세스 커맨드 라인. 필자는 이 사례에서 커스텀 JDK를 사용했는데, 이에 대한 경로는 축약되어 있습니다.
- METHOD/s: 초당 메서드 호출
- GC/s: 초당 가비지 컬렉션 이벤트
- OBJNEW/s: 초당 새로운 객체 수
- CLOAD/s: 초당 클래스 로드 수
- EXC/s: 초당 예외 발생 수
- THR/s: 초당 생성된 스레드 수

이 도구는 자바 USDT probe를 사용해서 작동합니다. -XX:+ExtendedD Traceprobes 옵션을 사용하지 않았다면 METHOD/s와 OBJNEW/s 칼럼은 0으로 출력됩니다. 이 옵션을 사용하면 해당 probe를 활성화시키지만 높은 오버헤드 비용을 수반합니다. 앞서 설명한 것처럼, 이를 활성화시키고 계측하면 애플리케이션이 10배 느리게 작동할 수 있습니다.

커맨드 라인 사용법은 다음과 같습니다.

```
javastat [options] [interval [count]]
```

옵션은 다음과 같습니다.

- -C: 화면을 지우지 않습니다.

javastat(8)는 사실상 BCC의 tools/lib 디렉터리에 있는 ustat(8) 도구에 대한 래퍼로, 이 ustat(8)는 여러 언어를 다룰 수 있습니다.

12.3.11 javathreads

javathreads(8)[18]는 스레드 시작과 종료 이벤트를 보여주는 bpftrace 도구입니다. freecol이 시작되었을 때의 출력 사례는 다음과 같습니다.

```
# javathreads.bt
Attaching 3 probes...
TIME                PID/TID  -- THREAD
14:15:00   3892/3904  => Reference Handler
14:15:00   3892/3905  => Finalizer
14:15:00   3892/3906  => Signal Dispatcher
14:15:00   3892/3907  => C2 CompilerThread0
```

---

18 연혁: 이 도구는 2019년 2월 19일에 이 책을 위해 만들었습니다.

```
14:15:00    3892/3908   => C1 CompilerThread0
14:15:00    3892/3909   => Sweeper thread
14:15:00    3892/3910   => Common-Cleaner
14:15:01    3892/3911   => C2 CompilerThread1
14:15:01    3892/3912   => Service Thread
14:15:01    3892/3911   <= C2 CompilerThread1
14:15:01    3892/3917   => Java2D Disposer
14:15:01    3892/3918   => AWT-XAWT
14:15:02    3892/3925   => AWT-Shutdown
14:15:02    3892/3926   => AWT-EventQueue-0
14:15:02    3892/3934   => C2 CompilerThread1
14:15:02    3892/3935   => FreeColClient:-Resource loader
14:15:02    3892/3937   => FreeColClient:Worker
14:15:02    3892/3935   <= FreeColClient:-Resource loader
14:15:02    3892/3938   => FreeColClient:-Resource loader
14:15:02    3892/3939   => Image Fetcher 0
14:15:03    3892/3952   => FreeColClient:-Resource loader
[...]
```

이것은 스레드들의 생성과 실행을 보여주고, 트레이싱 중 짧은 시간 동안만 동
작하고 종료된 일부 스레드('<=')도 보여줍니다.

이 도구는 자바 USDT probe를 사용합니다. 스레드 생성률이 낮기 때문에 이
도구의 오버헤드는 무시할 수 있는 수준입니다. 소스 코드는 다음과 같습니다.

```
#!/usr/local/bin/bpftrace

BEGIN {
        printf("%-20s  %6s/%-5s -- %s\n", "TIME", "PID", "TID", "THREAD");
}

usdt:/.../libjvm.so:hotspot:thread__start
{
        time("%H:%M:%S ");
        printf("%6d/%-5d => %s\n", pid, tid, str(arg0, arg1));
}

usdt:/.../libjvm.so:hotspot:thread__stop
{
        time("%H:%M:%S ");
        printf("%6d/%-5d <= %s\n", pid, tid, str(arg0, arg1));
}
```

이 소스에서 라이브러리 전체 경로는 축약되었지만('...') 여러분이 사용하기 위
해서는 libjvm.so가 위치한 경로로 교체해야 합니다. 앞으로 bpftrace는 라이브
러리 이름을 경로 없이 지정하는 것도 지원할 예정인데, 그렇게 되면 간단하게
'libjvm.so'라고만 써도 될 것입니다.

12.3.12 javacalls

javacalls(8)[19]는 자바 메서드 호출을 집계하는 BCC와 bpftrace 도구입니다. 예를 들면 다음과 같습니다.

```
# javacalls 16914
Tracing calls in process 16914 (language: java)... Ctrl-C to quit.
If you do not see any results, make sure you ran java with option -XX:
+ExtendedDTraceprobes
^C
METHOD                                                    # CALLS net/sf/freecol/
client/control/InGameInputHandler$$Lambda$443.get$Lambda          1
sun/awt/X11/XWindowPeer.getLocalHostname                  1
net/sf/freecol/common/model/UnitType.getSpace            1
[...]
java/awt/image/Raster.getHeight                     129668
java/lang/Math.min                                  177085
jdk/internal/misc/Unsafe.getByte                    201047
java/lang/AbstractStringBuilder.putStringAt         252367
java/lang/AbstractStringBuilder.getCoder            252367
java/lang/String.getBytes                           253184
java/lang/AbstractStringBuilder.append              258491
java/lang/Object.<init>                             258601
java/lang/AbstractStringBuilder.ensureCapacityInternal  258611
java/lang/String.isLatin1                           265540
java/lang/StringBuilder.append                      286637
jdk/internal/misc/Unsafe.putInt                     361628
java/lang/System.arraycopy                          399118
java/lang/String.length                             427242
jdk/internal/misc/Unsafe.getInt                     700137
java/lang/String.coder                             1268791
```

트레이싱하는 동안 가장 빈번한 메서드는 java/lang/String.code()로, 1,268,791번 호출되었습니다.

이것은 -XX:+ExtendedDTraceprobes와 함께 자바 USDT probe를 사용해서 작동하는데, 이 옵션의 사용은 높은 성능 비용을 수반합니다. 앞에서 설명한 것처럼, 이것을 활성화시키고 계측하면 애플리케이션이 10배 느리게 작동할 수 있습니다.

BCC

커맨드 라인 사용법은 다음과 같습니다.

```
javacalls [options] pid [interval]
```

---

19 역헉: 이것은 사샤 골드스타인이 2016년 10월 19일에 ucalls(8) 도구의 래퍼로 만들었습니다. 필자는 2019년 3월 11일에 이 책을 위한 bpftrace 버전을 제작했습니다. 2007년 9월 9일에는 이와 유사한 j_calls.d라는 이름의 DTrace용 도구를 만들었습니다.

옵션은 다음과 같습니다.

- -L: 호출 집계 수 대신 메서드 지연을 보여줍니다.
- -m: 메서드 지연을 밀리초 단위로 보여줍니다.

javacalls(8)는 사실상 BCC의 tools/lib 디렉터리에 있는 ucalls(8)에 대한 래퍼로, 이 ucalls(8)는 여러 언어를 다룰 수 있습니다.

bpftrace

bpftrace 버전의 소스 코드는 다음과 같습니다.

```
#!/usr/local/bin/bpftrace

BEGIN
{
        printf("Tracing Java method calls. Ctrl-C to end.\n");
}

usdt:/.../libjvm.so:hotspot:method__entry
{
        @[str(arg1, arg2), str(arg3, arg4)] = count();
}
```

맵에 대한 키는 두 개의 문자열인 클래스와 메서드 이름입니다. BCC 버전을 사용할 때와 같이 자바가 -XX:+ExtendedDTraceprobes 옵션과 함께 실행되어야만 이 도구가 제대로 동작할 것이며, 높은 성능 비용을 수반할 것입니다. libjvm.so 의 전체 경로는 축약되었으며, 여러분의 libjvm.so 라이브러리 경로로 교체해야 합니다.

12.3.13 javaflow

javaflow(8)[20]는 자바 메서드 호출의 흐름을 보여주는 BCC 도구입니다. 예를 들면 다음과 같습니다.

```
# javaflow 16914
Tracing method calls in java process 16914... Ctrl-C to quit.
CPU PID  TID  TIME(us) METHOD
5   622  652  0.135     -> sun/awt/SunToolkit-.awtUnlock
5   622  652  0.135       -> java/util/concurrent/locks/ReentrantLock.unlock
5   622  652  0.135         -> java/util/concurrent/locks/AbstractQueuedSynchronize...
```

---

20 연혁: 이것은 사샤 골드스타인이 그의 uflow(8) 도구에 대한 래퍼로 2016년 10월 27일에 만들었습니다. 필자는 2007년 9월 9일에 이와 유사한 j_flowtime.d라는 이름의 DTrace용 도구를 만들었습니다.

```
5  622  652  0.135              -> java/util/concurrent/locks/ReentrantLock$Sync.tryR...
5  622  652  0.135               -> java/util/concurrent/locks/AbstractQueuedSynchro...
5  622  652  0.135               <- java/util/concurrent/locks/AbstractQueuedSynchro...
5  622  652  0.135               -> java/lang/Thread.currentThread
5  622  652  0.135               <- java/lang/Thread.currentThread
5  622  652  0.135               -> java/util/concurrent/locks/AbstractOwnableSynchr...
5  622  652  0.135               <- java/util/concurrent/locks/AbstractOwnableSynchr...
5  622  652  0.135               -> java/util/concurrent/locks/AbstractQueuedSynchro...
5  622  652  0.135               <- java/util/concurrent/locks/AbstractQueuedSynchro...
5  622  652  0.135             <- java/util/concurrent/locks/ReentrantLock$Sync.tryR...
5  622  652  0.135           <- java/util/concurrent/locks/AbstractQueuedSynchronize...
5  622  652  0.135         <- java/util/concurrent/locks/ReentrantLock.unlock
5  622  652  0.135       <- sun/awt/SunToolkit-.awtUnlock
5  622  652  0.135     <- sun/awt/X11/XToolkit.getNextTaskTime
5  622  652  0.135     -> sun/awt/X11/XToolkit.waitForEvents
5  622  652  0.135       -> sun/awt/SunToolkit-.awtUnlock
[...]
1  622  654  4.159                            <- sun/java2d/SunGraphics2D.drawI...
Possibly lost 9 samples
1  622  654  4.159                            <- net/sf/freecol/common/model/Ti...
Possibly lost 9 samples
1  622  654  4.159                              <- java/util/
AbstractList.<init>
[...]
```

이 도구는 어떤 메서드가 다른 어떤 메서드를 호출하는지와 같은 코드 흐름을 보여줍니다. 각각의 자식 메서드 호출은 METHOD 칼럼에서의 들여쓰기를 증가시킵니다.

이것은 -XX:+ExtendedDTraceprobes와 함께 자바 USDT probe를 사용해서 작동하는데, 이 옵션의 사용은 높은 성능 비용을 수반합니다. 앞에서 설명한 것처럼 이 옵션을 활성화시키고 계측하면 애플리케이션이 10배 느리게 작동할 수 있습니다. 이 사례는 또한 'Possibly lost 9 samples' 메시지를 보여줍니다. 여기서 일어나고 있는 일은 이벤트가 너무나도 많이 발생해 BPF 도구가 해당 이벤트를 전부 수집할 수 없는 상황에서 이벤트를 전부 수집하기 위해 애플리케이션을 블록시키는 대신 이벤트를 놓치게 하고 메시지로 이벤트 누락이 발생했음을 안내하고 있습니다.

커맨드 라인 사용법은 다음과 같습니다.

```
javaflow [options] pid
```

옵션에는 다음이 포함됩니다.

- -M METHOD: 이 접두사를 가진 메서드에 대한 호출만 트레이싱합니다.

javaflow(8)는 사실상 BCC의 tools/lib 디렉터리에 있는 uflow(8) 도구에 대한 래퍼로, 이 uflow(8)는 여러 언어를 다룰 수 있습니다.

12.3.14 javagc

javagc(8)[21]는 JVM 가비지 컬렉션 이벤트를 보여주는 BCC 도구입니다. 예를 들면 다음과 같습니다.

```
# javagc 16914
Tracing garbage collections in java process 16914... Ctrl-C to quit.
START    TIME(us) DESCRIPTION
5.586    1330.00  None
5.586    1339.00  None
5.586    1340.00  None
5.586    1342.00  None
5.586    1344.00  None
[...]
```

이것은 GC 이벤트가 언제 발생했는지를 javagc(8)가 작동하기 시작했을 때부터의 오프셋으로 표현하고(START 칼럼, 초 단위) 그 다음으로는 GC 이벤트의 지속 시간(TIME 칼럼, 마이크로초 단위)을 보여줍니다.

이것은 표준 자바 USDT probe를 사용해서 작동합니다.

커맨드 라인 사용법은 다음과 같습니다.

```
javagc [options] pid
```

옵션에는 다음이 포함됩니다.

- -m: 시간을 밀리초 단위로 보여줍니다.

javagc(8)는 사실상 BCC의 tools/lib 디렉터리에 있는 ugc(8) 도구에 대한 래퍼로, 이 ugc(8)는 여러 언어를 다룰 수 있습니다.

12.3.15 javaobjnew

javaobjnew(8)[22]는 자바 객체 할당을 집계하는 BCC 도구입니다. 예를 들어, 집계 수별 상위 10개 할당을 보여주기 위해 -C 10을 적용하여 실행하면 다음과 같습니다.

---

21 연혁: 이것은 사샤 골드스타인이 2016년 10월 19일에 ugc(8) 도구에 대한 래퍼로 만들었습니다.
22 연혁: 이것은 사샤 골드스타인이 2016년 10월 25일에 uobjnew(8) 도구에 대한 래퍼로 만들었습니다. 필자는 2007년 9월 9일에 DTrace 용으로 이와 유사한 j_objnew.d라는 이름의 도구를 만들었습니다.

```
# javaobjnew -c 10 25102
Tracing allocations in process 25102 (language: java)... Ctrl-C to quit.
^C
NAME/TYPE                              # ALLOCS     # BYTES
java/util/ArrayList                     429837            0
[Ljava/lang/Object;                     434980            0
java/util/ArrayList$Itr                 458430            0
java/util/HashMap$KeySet                545194            0
[B                                      550624            0
java/util/HashMap$Node                  572089            0
net/sf/freecol/common/model/Map$Position   663721              0
java/util/HashSet                       696829            0
java/util/HashMap                       714633            0
java/util/HashMap$KeyIterator           904244            0
```

트레이싱하는 동안 가장 빈번한 새로운 객체는 java/util/HashMap$KeyIterator 로, 904,244회 만들어졌습니다. BYTES 칼럼은 0인데 이 언어 유형에 대해서는 지원하지 않기 때문입니다.

이것은 -XX:+ExtendedDTraceprobes와 함께 자바 USDT probe를 사용해서 작동하는데, 이 옵션의 사용은 높은 성능 비용을 수반합니다. 앞에서 설명한 것처럼, 이것을 활성화시키고 계측하면 애플리케이션은 10배 느리게 작동할 수 있습니다.

커맨드 라인 사용법은 다음과 같습니다.

```
javaobjnew [options] pid [interval]
```

옵션에는 다음이 포함됩니다.

- -C TOP_COUNT: 카운트 수별로 상위 해당 숫자만큼의 객체를 보여줍니다.
- -S TOP_SIZE: 크기별로 상위 해당 숫자만큼의 객체를 보여줍니다.

javaobjnew(8)는 사실상 BCC의 tools/lib 디렉터리에 있는 uobjnew(8) 도구에 대한 래퍼로, 여러 언어를 다룰 수 있습니다(그중 일부는 BYTES 칼럼을 지원합니다).

12.3.16 자바 원 라이너

이번 절에서는 BCC와 bpftrace 원 라이너를 살펴봅니다. 가능한 경우, BCC와 bpftrace 두 가지 모두를 사용해서 동일한 원 라이너를 구현했습니다.

BCC

'jni_Call'로 시작하는 JNI 이벤트를 집계합니다.

```
funccount '/.../libjvm.so:jni_Call*'
```

자바 메서드 이벤트를 집계합니다.

```
funccount -p $(pidof java) 'u:/.../libjvm.so:method*'
```

자바 스택 트레이스와 스레드 이름을 49Hz 주기로 프로파일링합니다.

```
profile -p $(pidof java) -UF 49
```

bpftrace

'jni_Call'로 시작하는 JNI 이벤트를 집계합니다.

```
bpftrace -e 'u:/.../libjvm.so:jni_Call* { @[probe] = count(); }'
```

자바 메서드 이벤트를 집계합니다.

```
bpftrace -e 'usdt:/.../libjvm.so:method* { @[probe] = count(); }'
```

자바 스택 트레이스와 스레드 이름을 49Hz 주기로 프로파일링합니다.

```
bpftrace -e 'profile:hz:49 /execname == "java"/ { @[ustack, comm] = count(); }'
```

메서드 컴파일을 트레이싱합니다.

```
bpftrace -p $(pgrep -n java) -e 'U:/.../libjvm.so:method__compile__begin {
    printf("compiling: %s\n", str(arg4, arg5)); }'
```

클래스 로드를 트레이싱합니다.

```
bpftrace -p $(pgrep -n java) -e 'U:/.../libjvm.so:class__loaded {
    printf("loaded: %s\n", str(arg0, arg1)); }'
```

객체 할당을 집계합니다(ExtendedDTraceprobes가 필요합니다).

```
bpftrace -p $(pgrep -n java) -e 'U:/.../libjvm.so:object__alloc {
    @[str(arg1, arg2)] = count(); }'
```

12.4 배시 셸

마지막 언어 사례는 인터프리터 언어인 배시 셸(Bash Shell)입니다. 인터프리터 언어는 일반적으로 컴파일 언어보다 훨씬 느린데, 대상 프로그램의 각 단계를 실행하기 위해서 인터프리터 자체 함수를 실행하는 동작 방식 때문입니다.

성능에 예민한 워크로드에 대해서는 보통 다른 언어를 선정하기 때문에 성능 분석 대상으로 인터프리터 언어를 선택하는 경우는 흔치 않습니다. BPF 트레이싱을 수행할 수는 있지만, 그 용도는 성능 향상을 위한 것이라기보다는 프로그램의 오류 해결이 목적일 수 있습니다.

인터프리터 언어를 트레이싱하는 방법은 언어를 실행하는 소프트웨어의 내부 구조에 의존적이기 때문에 각 언어마다 다릅니다. 이번 절에서는 알려지지 않은 인터프리터 언어에 어떻게 접근하는지, 그리고 그것을 트레이싱하는 방법을 처음엔 어떻게 알아내는지를 알아봅니다. 이것은 다른 언어에서도 따라 해볼 수 있는 접근 방법입니다.

배시 readline() 함수는 이번 장의 앞부분에서 트레이싱했지만, 그것을 넘어서는 수준으로 더 심도 있게 배시를 트레이싱하지는 않았습니다. 이번 장에서는 배시 함수와 배시의 내장 함수 호출을 트레이싱하는 방법을 알아내고, 이것을 자동화하는 몇 가지 도구를 개발할 것입니다. 표 12.4를 살펴봅시다.

도구	출처	대상	설명
bashfunc	책	배시	배시 함수 호출 트레이싱
bashfunclat	책	배시	배시 함수 호출 지연 트레이싱

표 12.4 배시 셸 관련 도구들

앞서 언급한 것처럼, 배시가 어떻게 빌드되었는지가 심벌의 위치에 영향을 미칩니다. 다음은 우분투에 있는 배시로, ldd(1) 도구를 통해 배시의 동적 라이브러리 사용을 보여주고 있습니다.

```
$ ldd /bin/bash
        linux-vdso.so.1 (0x00007ffe7197b000)
        libtinfo.so.5 => /lib/x86_64-linux-gnu/libtinfo.so.5 (0x00007f08aeb86000)
        libdl.so.2 => /lib/x86_64-linux-gnu/libdl.so.2 (0x00007f08ae982000)
        libc.so.6 => /lib/x86_64-linux-gnu/libc.so.6 (0x00007f08ae591000)
        /lib64/ld-linux-x86-64.so.2 (0x00007f08af0ca000)
```

트레이싱할 대상은 /bin/bash와 위에 나열된 공유 라이브러리입니다. 라이브러리의 사용에 따라 일부 차이가 있는데, 많은 배포판에서 배시는 readline() 함수를 /bin/bash에서 호출하지만 일부 배포판에선 libreadline에 링크되어 함수를 호출합니다.

준비 단계

사전 준비 단계로, 배시 소프트웨어를 다음과 같은 단계로 빌드하였습니다.

```
CFLAGS=-fno-omit-frame-pointer ./configure
make
```

이것은 프레임 포인터 레지스터를 사용하도록 하기 때문에, 분석하는 동안 프레임 포인터 기반 스택 추적을 사용할 수 있습니다. 이것은 또한 스트립된 /bin/bash와는 다르게 로컬 심벌 테이블이 있는 배시 바이너리를 생성합니다.

샘플 프로그램

다음은 필자가 분석을 위해 작성한 샘플 배시 프로그램인 welcome.sh입니다.

```
#!/home/bgregg/Build/bash-4.4.18/bash

function welcome {
        echo "Hello, World!"
        echo "Hello, World!"
        echo "Hello, World!"
}

welcome
welcome
welcome
welcome
welcome
welcome
welcome
sleep 60
```

이 파일은 필자가 빌드한 배시 경로로 시작합니다. 이 프로그램은 'welcome' 함수를 7번 호출하는데, 거기서 각 함수 호출은 echo(1)(이것은 배시 내장 함수일 것입니다)를 3번 호출하여 총 21번의 echo(1)를 호출합니다. 필자는 이 숫자들이 트레이싱 중에 다른 동작에 비해 더욱 부각되기를 희망하면서 이와 같이 코드를 작성했습니다.[23]

12.4.1 함수 집계

필자는 (필자가 작성한) welcome 함수의 호출이 배시 내부 함수 중 'func'라는 문자열이 포함된 함수에 의해 실행될 것이라고 추측합니다. 이것이 맞는지 BCC

---

[23] 이 샘플 프로그램을 너무 길어지게 할 수 있어 여기서는 사용하지 않았지만, 필자는 종종 소수 23을 사용합니다.

도구 funccount(8)를 사용해서 확인해 보겠습니다.

```
# funccount 'p:/home/bgregg/Build/bash-4.4.18/bash:*func*'
Tracing 55 functions for "p:/home/bgregg/Build/bash-4.4.18/bash:*func*"... Hit
Ctrl-C to end.
^C
FUNC                                 COUNT
copy_function_def                        1
sv_funcnest                              1
dispose_function_def                     1
bind_function                            1
make_function_def                        1
execute_intern_function                  1
init_funcname_var                        1
bind_function_def                        2
dispose_function_def_contents            2
map_over_funcs                           2
copy_function_def_contents               2
make_func_export_array                   2
restore_funcarray_state                  7
execute_function                         7
find_function_def                        9
make_funcname_visible                   14
execute_builtin_or_function             28
get_funcname                            29
find_function                           31
Detaching...
```

트레이싱하는 동안 welcome.sh 프로그램을 실행시켰고, 이것은 welcome 함수를 7번 호출합니다. 결과를 보니 추측이 옳았던 것 같습니다. restore_funcarray_state()와 execute_function() 호출이 7번 있었으며, 함수 이름만 놓고 보았을 때 두 번째 함수가 추측에 가장 가까운 느낌이 듭니다.

execute_function()이라는 이름을 보니 떠오르는 게 있네요. 'execute_'로 시작하는 다른 호출은 무엇이 있을까요? 다음은 funccount(8)를 사용해서 이것에 대해 체크하는 예입니다.

```
# funccount 'p:/home/bgregg/Build/bash-4.4.18/bash:execute_*'
Tracing 29 functions for "p:/home/bgregg/Build/bash-4.4.18/bash:execute_*"...
Hit Ctrl-C to end.
^C FUNC                                COUNT
execute_env_file                         1
execute_intern_function                  1
execute_disk_command                     1
execute_function                         7
execute_connection                      14
execute_builtin                         21
execute_command                         23
execute_builtin_or_function             28
```

```
execute_simple_command                    29
execute_command_internal                  51
Detaching...
```

눈에 띄는 숫자가 일부 더 있습니다. 이 출력 결과에는 21회 호출된 execute_builtin()이 있는데, 이것은 echo(1) 호출 횟수와 동일합니다. echo(1)와 다른 내장 함수를 트레이싱하고 싶다면 execute_builtin()을 트레이싱하는 것으로 시작할 수 있습니다. 23회 호출된 execute_command()도 있었는데, 이 횟수는 echo(1) 호출+함수 선언+sleep(1) 호출 횟수일 수 있습니다. 이 함수 역시 배시를 이해하기 위해 트레이싱해볼 만한 함수로 보입니다.

12.4.2 함수 인자 트레이싱(bashfunc.bt)

이제 execute_function() 호출을 트레이싱할 것입니다. 어느 함수가 'welcome' 함수를 실행하고 있는지 알아내고 싶은데, execute_function() 함수가 이것을 보여줄 것으로 기대하고 있습니다. 'welcome'은 이 함수의 인자 중에서 발견할 수 있을 것으로 기대합니다. 배시 소스에는 다음과 같은 코드가 있습니다 (execute_cmd.c).

```c
static int
execute_function (var, words, flags, fds_to_close, async, subshell)
     SHELL_VAR *var;
     WORD_LIST *words;
     int flags;
     struct fd_bitmap *fds_to_close;
     int async, subshell;
{
  int return_val, result;
[...]
  if (subshell == 0)
    {
      begin_unwind_frame ("function_calling");
      push_context (var->name, subshell, temporary_env);
[...]
```

이 소스 코드를 살펴보면, 첫 번째 인자인 var가 실행된 함수임을 알 수 있습니다. 이것은 SHELL_VAR 유형의 구조체 변수로, variables.h에 다음과 같이 정의되어 있습니다.

```c
typedef struct variable {
  char *name;                /* Symbol that the user types. */
  char *value;               /* Value that is returned. */
  char *exportstr;           /* String for the environment. */
```

```
      sh_var_value_func_t *dynamic_value;    /* Function called to return a 'dynamic'
                                                value for a variable, like $SECONDS
                                                or $RANDOM. */
      sh_var_assign_func_t *assign_func; /* Function called when this 'special
                                                variable' is assigned a value in
                                                bind_variable. */
      int attributes;                       /* export, readonly, array, invisible... */
      int context;                          /* Which context this variable belongs to. */
} SHELL_VAR;
```

char * 포인터는 간단히 트레이싱할 수 있습니다. bpftrace를 사용해서 name 멤버 변수를 살펴보겠습니다. 이 헤더를 포함하거나(#include) bpftrace에 해당 구조체를 직접 선언할 수 있습니다. 이 두 가지 방법 중 헤더를 포함시키는 방법을 먼저 살펴보겠습니다. 다음은 bashfunc.bt입니다.[24]

```
#!/usr/local/bin/bpftrace

#include "/home/bgregg/Build/bash-4.4.18/variables.h"

uprobe:/home/bgregg/Build/bash-4.4.18/bash:execute_function
{
        $var = (struct variable *)arg0;
        printf("function: %s\n", str($var->name));
}
```

이것을 실행하면 다음과 같습니다.

```
# ./bashfunc.bt
/home/bgregg/Build/bash-4.4.18/variables.h:24:10: fatal error: 'stdc.h' file not
found Attaching 1 probe...
function: welcome
function: welcome
function: welcome
function: welcome
function: welcome
function: welcome
function: welcome
^C
```

제대로 작동했습니다! 이제 배시 함수 호출을 트레이싱할 수 있습니다.

이 출력 결과는 다른 누락된 헤더 파일에 대한 경고도 출력했습니다. 이제 두 번째 접근 방법을 보겠습니다. 여기서는 struct 구조체가 직접 선언됩니다. 첫 번째 멤버 변수만 필요하기 때문에 여기서는 해당 멤버 변수만 선언할 것이며, 그것을 '부분(partial)' 구조체라고 명명하겠습니다.

---

24 연혁: 필자는 이 책을 위해 2019년 2월 9일에 이 도구를 만들었습니다.

```
#!/usr/local/bin/bpftrace

struct variable_partial {
        char *name;
};

uprobe:/home/bgregg/Build/bash-4.4.18/bash:execute_function
{
        $var = (struct variable *)arg0;
        printf("function: %s\n", str($var->name));
}
```

이것을 실행하면 다음과 같습니다.

```
# ./bashfunc.bt
Attaching 1 probe...
function: welcome
function: welcome
function: welcome
function: welcome
function: welcome
function: welcome
function: welcome
^C
```

이것은 앞서 본 사례처럼 배시 소스 누락에 대한 경고나 오류 없이 제대로 작동합니다.

uprobe는 안정적이지 않은 인터페이스라 배시가 해당 함수 이름과 인자를 변경한다면 이 도구는 더 이상 제대로 작동하지 않을 수 있습니다.

12.4.3 함수 지연(bashfunclat.bt)

함수 호출을 트레이싱할 수 있게 되었으니 이제는 함수 지연, 즉 함수의 지속 시간에 대해 살펴보겠습니다. 우선 welcome.sh를 수정해서 해당 함수를 다음과 같이 변경했습니다.

```
function welcome {
        echo "Hello, World!"
        sleep 0.3
}
```

이것은 해당 함수 호출에 대해 알려진 지연(0.3초)을 발생시킵니다.

이제 BCC 도구 funclatency(8)를 사용해서 함수의 지연을 측정함으로써 execute_function()이 셸 함수가 완료될 때까지 대기하는지 확인할 것입니다.

```
# funclatency -m /home/bgregg/Build/bash-4.4.18/bash:execute_function
Tracing 1 functions for "/home/bgregg/Build/bash-4.4.18/bash:execute_
function"... Hit Ctrl-C to end.
^C

Function = execute_function [7083]
    msecs               : count    distribution
        0 -> 1          : 0        |                                        |
        2 -> 3          : 0        |                                        |
        4 -> 7          : 0        |                                        |
        8 -> 15         : 0        |                                        |
       16 -> 31         : 0        |                                        |
       32 -> 63         : 0        |                                        |
       64 -> 127        : 0        |                                        |
      128 -> 255        : 0        |                                        |
      256 -> 511        : 7        |****************************************|
Detaching...
```

이 함수의 지연은 256~511ms 버킷에 있었는데, 우리가 알고 있는 지연과 일치합니다. 셀 함수의 지연을 확인하기 위해서는 이 execute_function 함수의 시간을 측정하면 될 것 같습니다.

이것을 도구로 전환해서 셀 함수 지연을 셀 함수 이름별 히스토그램으로 출력할 수 있습니다. 다음은 bashfunclat.bt[25]의 경우입니다.

```
#!/usr/local/bin/bpftrace

struct variable_partial {
        char *name;
};

BEGIN
{
        printf("Tracing bash function latency, Ctrl-C to end.\n");
}

uprobe:/home/bgregg/Build/bash-4.4.18/bash:execute_function {
        $var = (struct variable_partial *)arg0;
        @name[tid] = $var->name;
        @start[tid] = nsecs;
}

uretprobe:/home/bgregg/Build/bash-4.4.18/bash:execute_function
/@start[tid]/
{
        @ms[str(@name[tid])] = hist((nsecs - @start[tid]) / 1000000);
        delete(@name[tid]);          delete(@start[tid]);
}
```

---

25 연혁: 이 도구는 이 책을 위해 2019년 2월 9일에 만들었습니다.

이 도구는 uprobe에서 함수 이름에 대한 포인터와 타임스탬프를 저장합니다. uretprobe에서는 히스토그램을 만들기 위해 이름과 시작 타임스탬프를 불러옵니다.

출력 결과는 다음과 같습니다.

```
# ./bashfunclat.bt
Attaching 3 probes...
Tracing bash function latency, Ctrl-C to end.
^C

@ms[welcome]:
[256, 512)              7 |@@@@@@@@@@@@@@@@@@@@@@@@@@@@@@@@@@@@@@@@@@@@@@@@@@@@|
```

이 도구는 제대로 작동합니다. 원한다면 이 지연은 이벤트별로, 혹은 선형 히스토그램 등 다른 방법으로 출력할 수 있습니다.

12.4.4 /bin/bash

지금까지 살펴본 배시 트레이싱이 너무 간단해서, 필자가 설명한 사례들이 인터프리터 언어를 트레이싱할 때 일반적으로 마주치게 되는, 험난한 디버깅 경험을 대표하지 못한다는 걱정이 들기 시작했습니다. 그러나 이러한 경험 공유를 위해 기본 /bin/bash 이외의 것은 살펴볼 필요가 없었습니다. 앞서 나온 도구들은 기본 '/bin/bash'가 아닌, 로컬 심벌 테이블과 프레임 포인터를 포함하는, 필자가 빌드한 배시를 계측했습니다. 필자는 /bin/bash를 대신 사용하기 위해 이러한 도구와 welcome.sh 프로그램을 수정했고, 필자가 만든 BPF 도구가 더 이상 제대로 작동하지 않는다는 것을 발견했습니다.

다시 원점으로 돌아가도록 하겠습니다. 다음은 /bin/bash에서 'func'를 포함한 함수 호출을 집계하는 예입니다.

```
# funccount 'p:/bin/bash:*func*'
Tracing 36 functions for "p:/bin/bash:*func*"... Hit Ctrl-C to end.
^C
FUNC                             COUNT
copy_function_def                1
sv_funcnest                      1
dispose_function_def             1
bind_function                    1
make_function_def                1
bind_function_def                2
dispose_function_def_contents    2
map_over_funcs                   2
copy_function_def_contents       2
```

```
restore_funcarray_state                        7
find_function_def                              9
make_funcname_visible                         14
find_function                                 32
Detaching...
```

execute_function() 심벌은 더 이상 찾아볼 수 없습니다. 그 이유에 대해서는 readelf(1)와 file(1)을 통해 확인할 수 있습니다.

```
$ readelf --syms --dyn-syms /home/bgregg/Build/bash-4.4.18/bash
[...]
  2324: 000000000004cc49   195 FUNC    GLOBAL DEFAULT   14 restore_funcarray_state
[...]
   298: 000000000004cd0c  2326 FUNC    LOCAL  DEFAULT   14 execute_function
[...]
$ file /bin/bash /home/bgregg/Build/bash-4.4.18/bash
/bin/bash:                         ELF 64-bit LSB ..., stripped
/home/bgregg/Build/bash-4.4.18/bash: ELF 64-bit LSB ..., not stripped
```

execute_function()은 로컬 심벌이며, 로컬 심벌들은 파일 크기를 줄이기 위해 /bin/bash에서 스트립되었습니다.

다행히도 단서가 조금 있습니다. funccount(8) 출력 결과는 우리가 알고 있는 워크로드와 동일하게 restore_funcarray_state()가 7번 호출되었음을 보여주고 있습니다. 이것이 함수 호출과 연관이 있다는 것을 확인하기 위해, BCC 도구 stackcount(8)를 사용해서 스택 트레이스를 보도록 하겠습니다.

```
# stackcount -P /bin/bash:restore_funcarray_state
Tracing 1 functions for "/bin/bash:restore_funcarray_state"... Hit Ctrl-C to end.
^C
  [unknown]
  [unknown]
    welcome0.sh [8514]
    7

Detaching...
```

이 스택은 망가졌습니다. 여기서는 /bin/bash 스택이 기본적으로 어떻게 출력되는지 보여주기 위해 포함시켰습니다. 이것이 필자가 프레임 포인터를 사용하도록 배시를 컴파일한 이유 중 하나입니다. 다음 사례에서는 이 함수를 조사하기 위해 프레임 포인터와 함께 컴파일된 배시로 전환하였습니다.

```
# stackcount -P /home/bgregg/Build/bash-4.4.18/bash:restore_funcarray_state
Tracing 1 functions for
"/home/bgregg/Build/bash-4.4.18/bash:restore_funcarray_state"... Hit Ctrl-C to end.
^C
```

```
    restore_funcarray_state
    without_interrupts
    run_unwind_frame
    execute_function
    execute_builtin_or_function
    execute_simple_command
    execute_command_internal
    execute_command
    reader_loop
    main
    __libc_start_main
    [unknown]
      welcome.sh [8542]
      7
```

Detaching...

이 출력 결과는 restore_funcarray_state()가 execute_function()의 자식으로 호출되는 것을 보여줍니다. 따라서 이 함수는 당연히 셸 함수 호출과 관련이 있습니다.

이 함수는 execute_cmd.c에 있는데 다음과 같습니다.

```
void
restore_funcarray_state (fa)
     struct func_array_state *fa;
{
```

execute_cmd.h에 있는 struct func_array_state 구조체는 다음과 같습니다.

```
struct func_array_state
  {
    ARRAY *funcname_a;
    SHELL_VAR *funcname_v;
    ARRAY *source_a;
    SHELL_VAR *source_v;
    ARRAY *lineno_a;
    SHELL_VAR *lineno_v;
  };
```

이것은 함수를 실행하면서 로컬 컨텍스트를 만드는 용도로 사용하는 것 같습니다. 필자는 호출된 함수의 이름을 찾고자 하는데, funcname_a 혹은 funcname_v에 함수의 이름이 들어있을 것으로 추측합니다. 이를 찾기 위해 필자의 이전 bashfunc.bt와 유사한 방식으로 구조체를 정의하고 문자열을 출력하도록 하였습니다. 그렇지만 여기에서는 함수 이름을 찾을 수 없었습니다.

함수를 찾는 방법은 여러 가지인데, 필자가 불안정한 인터페이스(uprobe)를 사용 중인 것을 고려하면 반드시 올바른 방법이 있는 것도 아닙니다(제대로 된 방법은 USDT입니다). 다음은 시도해 볼 만한 다른 방법들의 사례입니다.

- funccount(8)는 몇 가지 흥미로운 함수인 find_function(), make_funcname_visible() 그리고 find_function_def()를 보여 주었는데, 모두 우리가 알고 있는 함수보다 더 많이 호출되었습니다. 아마도 이 함수의 인자 혹은 리턴 값에 함수 이름이 있을 수 있으며, 추후에 restore_funcarray_state()를 찾기 위해 이 값들을 캐시할 수 있습니다.
- stackcount(8)는 상위 레벨 함수를 보여줍니다. 이 심벌 중 어떤 것들이 여전히 /bin/bash에 존재합니까? 그리고 이러한 함수가 해당 함수를 트레이싱하기 위한 또 다른 방법이 될 수 있습니까?

여기서는 먼저 두 번째 접근 방법에 대해 살펴보겠습니다. 어떤 'execute' 함수가 /bin/bash에서 보이는지 확인해 보았습니다.

```
# funccount '/bin/bash:execute_*'
Tracing 4 functions for "/bin/bash:execute_*"... Hit Ctrl-C to end.
^C
FUNC                           COUNT
execute_command                   24
execute_command_internal          52
Detaching...
```

(여기에 포함되지는 않았지만) 배시의 소스 코드는 execute_command()가 함수를 포함해 많은 것들을 실행시키며, 이 함수가 무엇을 실행시키는지는 첫 번째 인자에 있는 유형 번호로 식별할 수 있음을 보여줍니다. 이것은 함수를 트레이싱하기 위한 한 가지 방법이 될 수 있는데, execute_command()의 함수 호출만을 필터링하고 함수 이름을 찾기 위해 다른 인자값들을 탐색해 보는 것입니다.

다음으로는 첫 번째 접근 방법인데, 필자는 이 방법을 이용하여 함수의 이름을 즉각적으로 찾을 수 있었습니다. find_function_def() 함수는 인자로 함수의 이름을 가지고 있으며, 필자는 나중에 restore_funcarray_state가 호출됐을 때 어떤 함수가 호출되었는지 찾아볼 수 있도록 이것을 캐시했습니다. 업데이트된 bashfunc.bt는 다음과 같습니다.

```
#!/usr/local/bin/bpftrace

uprobe:/bin/bash:find_function_def
```

```
{
        @currfunc[tid] = arg0;
}

uprobe:/bin/bash:restore_funcarray_state
{
        printf("function: %s\n", str(@currfunc[tid]));
        delete(@currfunc[tid]);
}
```

출력 결과는 다음과 같습니다.

```
# bashfunc.bt
Attaching 2 probes...
function: welcome
function: welcome
function: welcome
function: welcome
function: welcome
function: welcome
function: welcome
```

이 방법이 효과가 있기는 하지만, 이것은 이 버전의 배시와 해당 구현체에만 해당됩니다.

12.4.5 /bin/bash USDT

배시 내부 구조가 바뀜에 따라 배시 트레이싱에 문제가 발생하지 않도록, USDT probe를 해당 코드에 추가할 수 있습니다. 예를 들어 다음과 같은 포맷의 USDT probe를 생각해 봅시다.

```
bash:execute__function__entry(char *name, char **args, char *file, int linenum)
bash:execute__function__return(char *name, int retval, char *file, int linenum)
```

이렇게 추가하면 함수 이름을 출력하는 것뿐 아니라 인자, 리턴 값, 지연, 소스 파일 그리고 라인 번호 표시 등이 간단해집니다.

셸을 계측하는 사례로서 USDT probe를 솔라리스 시스템용 Bourne 셸에 추가했는데[139], probe 정의는 다음과 같습니다.

```
provider sh {
    probe function-entry(file, function, lineno);
    probe function-return(file, function, rval);
    probe builtin-entry(file, function, lineno);
    probe builtin-return(file, function, rval);
    probe command-entry(file, function, lineno);
    probe command-return(file, function, rval);
```

```
    probe script-start(file);
    probe script-done(file, rval);
    probe subshell-entry(file, childpid);
    probe subshell-return(file, rval);
    probe line(file, lineno);
    probe variable-set(file, variable, value);
    probe variable-unset(file, variable);
};
```

향후 배시 셸에 USDT probe를 추가할 일이 있다면 이 사례를 참고해 볼 수 있습니다.

12.4.6 배시 원 라이너

이번 절에서는 배시 셸을 분석하기 위한 BCC와 bpftrace 원 라이너를 살펴봅니다.

BCC

실행 유형을 집계합니다(심벌이 필요합니다).

```
funccount '/bin/bash:execute_*'
```

대화형 명령어 입력을 트레이싱합니다.

```
trace 'r:/bin/bash:readline "%s", retval'
```

bpftrace

실행 유형을 집계합니다(심벌이 필요합니다).

```
bpftrace -e 'uprobe:/bin/bash:execute_* { @[probe] = count(); }'
```

대화형 명령어 입력을 트레이싱합니다.

```
bpftrace -e 'ur:/bin/bash:readline { printf("read: %s\n", str(retval)); }'
```

12.5 다른 언어들

세상에는 무수히 많은 프로그래밍 언어와 런타임이 존재하며, 앞으로 더 많은 것들이 만들어질 것입니다. 이 언어들을 계측하기 위해서는 먼저 어떻게 구현되었는지 확인해야 합니다. 해당 언어가 바이너리로 컴파일되었는지, JIT 컴파일되었는지, 인터프리트되었는지, 아니면 이것들을 혼합해서 사용하고 있는지를 확인합니다. C(컴파일 언어), 자바(JIT 컴파일 언어) 그리고 배시 셸(인터프리터 언어)에 대해 다룬 이전 절을 학습하면 접근 방법이나 이와 관련된 어려움을 해결하는 데 유리한 출발을 할 수 있을 것입니다.

필자는 다른 언어를 계측하기 위해 BPF를 사용하는 것에 대한 글을 작성할 때마다 이에 대한 링크를 이 책의 웹 사이트[140]에 추가할 것입니다. 다음은 필자가 과거에 BPF를 사용해서 트레이싱한 다른 언어들인 자바스크립트(Node.js), C++ 그리고 Go 언어에 대한 팁들입니다.

12.5.1 자바스크립트(Node.js)

Node.js의 BPF 트레이싱은 자바와 유사합니다. 현재 Node.js가 사용하는 런타임은 v8으로, 구글이 크롬 웹 브라우저용으로 개발했습니다. v8은 인터프리트된 자바스크립트 함수를 실행할 수 있고, 네이티브 실행을 위해 JIT 컴파일할 수도 있습니다. 이 런타임 역시 메모리를 관리하며 가비지 컬렉션 루틴(garbage collection routine)을 가지고 있습니다.

이제부터는 Node.js USDT probe, 스택 추적, 심벌 그리고 함수 트레이싱에 대해 개괄합니다.

USDT probe

현재 USDT와 관련해서는 Node.js 내장 USDT probe와 자바스크립트 코드에 동적 USDT probe를 추가하기 위한 node-usdt 라이브러리[141]가 있습니다. Node.js 리눅스 배포판은 현재 USDT probe가 비활성화된 상태로 배포되며 사용하기 위해서는 소스 코드를 --with-dtrace 옵션과 함께 재컴파일해야 합니다. 다음은 해당 옵션과 함께 컴파일하는 예시입니다.

```
$ wget https://nodejs.org/dist/v12.4.0/node-v12.4.0.tar.gz
$ tar xf node-v12.4.0.tar.gz
$ cd node-v12.4.0
$ ./configure --with-dtrace
$ make
```

bpftrace를 사용해서 USDT probe의 목록을 나열하면 다음과 같습니다.

```
# bpftrace -l 'usdt:/usr/local/bin/node'
usdt:/usr/local/bin/node:node:gc__start
usdt:/usr/local/bin/node:node:gc__done
usdt:/usr/local/bin/node:node:http__server__response
usdt:/usr/local/bin/node:node:net__stream__end
usdt:/usr/local/bin/node:node:net__server__connection
usdt:/usr/local/bin/node:node:http__client__response
```

```
usdt:/usr/local/bin/node:node:http__client__request
usdt:/usr/local/bin/node:node:http__server__request
[...]
```

위의 예는 가비지 컬렉션, HTTP 요청 그리고 네트워크 이벤트에 대한 USDT probe를 보여주고 있습니다. Node.js USDT에 대한 상세한 내용은 필자의 블로그 포스트 "Linux bcc/BPF Node.js USDT Tracing"을 살펴보세요.[142]

스택 추적

JIT 컴파일된 자바스크립트 함수를 심벌로 변환하는 추가적인 단계가 필요하지만(뒤에서 설명합니다), 스택 추적은 제대로 작동할 것입니다(프레임 포인터 기반).

심벌

자바에서와 마찬가지로 JIT 컴파일된 함수 주소를 함수 이름으로 변환하기 위해서는 /tmp에 있는 보조 심벌 파일이 필요합니다. Node.js v10.x 혹은 그 상위 버전을 사용하고 있다면 이 심벌 파일을 만드는 방법이 두 가지 있습니다.

1. v8 --perf_basic_prof 또는 --perf_basic_prof_only_functions 플래그를 사용합니다. 이것들은 심벌 상태의 스냅샷을 덤프하는 자바와는 달리 지속적으로 업데이트되는 심벌 로그를 생성합니다. 이렇게 지속적으로 업데이트되는 로그는 프로세스가 실행 중인 동안에 비활성화될 수 없기 때문에, 시간이 흐름에 따라 대부분 더 이상 유효하지 않은 심벌들을 포함하게 되고, 크기가 굉장히 큰(GB) 맵 파일(/tmp/perf-PID.map)을 생성할 수 있습니다.
2. linux-perf 모듈[143]은 이러한 플래그가 작동하는 방법과 자바의 perf-map-agent가 작동하는 방법의 조합입니다. 이것은 먼저 힙에 있는 모든 함수를 캡처해서 맵 파일에 기록하고, 새로운 함수가 컴파일될 때마다 이 파일에 지속적으로 기록합니다. 이 방법은 언제든 새로운 함수의 캡처를 시작할 수 있어 추천하는 방법입니다.

두 가지 접근 방법을 모두 사용하면서, 필자는 더 이상 유효하지 않은 심벌을 제거하기 위해 보조 심벌 파일을 후처리할 필요가 있었습니다.[26]

---

[26] perf(1) 같은 도구들이 심벌 파일을 역방향으로 읽으면서 주어진 주소에 대한 가장 최근의 매핑을 사용할 것이라고 추정할 수 있습니다. 하지만 필자는 이것이 실제로 그렇게 동작하지 않으며, 로그에 최신의 매핑이 있어도 이전의 매핑을 사용한다는 것을 발견했습니다. 이러한 이유 때문에 주소에 대한 최신 매핑만을 남겨놓도록 로그를 후처리할 필요가 있었습니다.

추천하는 또 다른 플래그는 --interpreted-frames-native-stack(Node.js v10.x와 그 상위 버전에서도 사용할 수 있습니다)입니다. 이 플래그를 사용하면 리눅스 perf와 BPF 도구는 인터프리트된 자바스크립트 함수를 실제 이름으로 변환할 수 있습니다(스택에서 'Interpreter' 프레임을 보여주는 대신).

외부 Node.js 심벌을 필요로 하는 일반적인 활용 사례는 CPU 프로파일링과 CPU 플레임 그래프입니다.[144] 이것들은 perf(1) 또는 BPF 도구들을 사용해서 생성할 수 있습니다.

함수 트레이싱

자바스크립트 함수를 트레이싱하기 위한 USDT probe는 현재 없는데, V8의 아키텍처 때문에 추가하는 것이 쉽지 않습니다. 누군가가 그것을 추가한다 하더라도, 자바에서 논의한 것처럼 오버헤드가 극심해서 애플리케이션이 10배까지 느려질 수 있습니다.

자바스크립트 함수는 사용자 레벨 스택 트레이스에서 볼 수 있고, 이러한 스택 트레이스는 정주기 샘플링, 디스크 I/O, TCP 이벤트 그리고 컨텍스트 스위치 같은 커널 이벤트에서 수집할 수 있습니다. 이를 통해 함수를 직접 트레이싱할 때 따르는 페널티 없이 함수 컨텍스트와 같은 Node.js 성능에 대해 좀 더 잘 알 수 있습니다.

12.5.2 C++

C와 아주 유사하게 C++는 함수 진입용 uprobe, 함수 리턴용 uretprobe 그리고 컴파일러가 프레임 포인터를 사용하도록 컴파일한 경우에는 프레임 포인터 기반 스택을 통해 트레이싱할 수 있습니다. 다만 다음과 같은 두 가지 차이점이 있습니다.

- 심벌 이름은 C++ 시그니처입니다. ClassLoader::initialize()라는 심벌은 _ZN11ClassLoader10initializeEv로 트레이싱될 수 있습니다. BCC와 bpftrace 도구는 심벌을 출력할 때 디맹글링(demangling)을 사용합니다.
- 함수 인자는 객체(object)와 self 객체를 지원하는 프로세서 ABI를 따르지 않을 수 있습니다.

C++ 함수 호출의 집계와 함수 지연 측정 및 스택 트레이싱은 모두 수월할 것입니다. 사용할 수 있다면 와일드카드를 사용해서 시그니처에 함수 이름을 대응시

키는 것이 좋습니다(예: uprobe:/path:*ClassLoader*initialize*).

인자를 검사하려면 더 많은 작업이 필요합니다. 때때로 첫 번째 인자로 self 객체를 사용하기 위해 인자들의 위치가 한 칸씩 밀려났을 수도 있습니다. 문자열은 보통 원시 C 문자열이 아닌 C++ 객체이기 때문에 쉽게 역참조할 수 없습니다. BPF가 객체의 멤버를 역참조하기 위해서는 BPF 프로그램에 구조체를 선언해야 합니다.

2장에서 소개한 BTF를 사용하면 인자와 객체 멤버 변수의 위치를 제공하기 때문에 훨씬 수월해집니다.

12.5.3 Go 언어

Go 언어(golang)는 바이너리로 컴파일되며, 이를 트레이싱하는 것은 C 바이너리를 트레이싱하는 것과 유사하지만 함수 호출 규약, 고루틴(goroutine) 그리고 동적 스택 관리에 있어서 몇 가지 중요한 차이점이 있습니다. 이러한 이유로 인해 uretprobe는 현재 Go 언어에서 사용하기에 안전하지 않습니다. 대상 프로그램의 실행을 종료시키기 때문입니다. 사용되는 컴파일러에 따라서도 차이점이 있습니다. 기본적으로 Go gc 컴파일러는 정적 링킹된 바이너리를 생성하는 반면 gccgo 컴파일러는 동적 링킹된 바이너리를 생성합니다. 이 주제에 대해서는 뒤에 이어지는 절들에서 다룹니다.

gdb의 Go 런타임 지원, go 실행 트레이싱 도구[145] 그리고 GODEBUG를 통한 gctrace 및 schedtrace 등을 포함하여 여러분이 알아둘 필요가 있는, Go 프로그램을 디버그하고 트레이싱하는 다른 방법이 이미 존재합니다.

스택 추적과 심벌

Go gc와 gccgo 컴파일러는 둘 다 기본적으로 프레임 포인터를 사용하도록 바이너리를 컴파일하며(Go 버전 1.7 이후) 컴파일된 바이너리에 심벌을 포함하고 있습니다. 그렇기 때문에 사용자 레벨 혹은 커널 레벨 이벤트 양쪽에서 Go 함수를 포함한 스택 트레이스를 항상 수집할 수 있으며, 정주기 샘플링을 통한 프로파일링도 제대로 작동할 것입니다.

함수 진입 트레이싱

함수 진입은 uprobe로 트레이싱할 수 있습니다. 다음으로 살펴볼 사례는, bpftrace를 사용해 'hello'라는 이름의 Go 언어 'Hello World!' 프로그램에서

'fmt'로 시작하는 함수 호출을 집계하는 사례입니다. 여기서 이 'hello' 바이너리
는 gc 컴파일러를 사용해서 컴파일되었습니다.

```
# bpftrace -e 'uprobe:/home/bgregg/hello:fmt* { @[probe] = count(); }'
Attaching 42 probes...
^C

@[uprobe:/home/bgregg/hello:fmt.(*fmt).fmt_s]: 1
@[uprobe:/home/bgregg/hello:fmt.newPrinter]: 1
@[uprobe:/home/bgregg/hello:fmt.Fprintln]: 1
@[uprobe:/home/bgregg/hello:fmt.(*pp).fmtString]: 1
@[uprobe:/home/bgregg/hello:fmt.glob..func1]: 1
@[uprobe:/home/bgregg/hello:fmt.(*pp).printArg]: 1
@[uprobe:/home/bgregg/hello:fmt.(*pp).free]: 1
@[uprobe:/home/bgregg/hello:fmt.Println]: 1
@[uprobe:/home/bgregg/hello:fmt.init]: 1
@[uprobe:/home/bgregg/hello:fmt.(*pp).doPrintln]: 1
@[uprobe:/home/bgregg/hello:fmt.(*fmt).padString]: 1
@[uprobe:/home/bgregg/hello:fmt.(*fmt).truncate]: 1
```

트레이싱하는 동안 이 hello 프로그램을 한 번 실행했습니다. 출력 결과는 여러
가지 fmt 함수가 한 번 실행된 것을 보여주는데, 여기에는 fmt.Println()이 포함
되며, 필자는 이것이 'Hello, World!'를 출력했다고 추측합니다.

이번에는 gccgo 컴파일러로 컴파일된 'hello' 바이너리에서 동일한 함수를 집
계합니다. 이 경우 그 함수는 libgo 라이브러리에 있기 때문에, 해당 위치를 트
레이싱해야 합니다.

```
# bpftrace -e 'uprobe:/usr/lib/x86_64-linux-gnu/libgo.so.13:fmt* { @[probe] =
count(); }'
Attaching 143 probes...
^C

@[uprobe:/usr/lib/x86_64-linux-gnu/libgo.so.13:fmt.fmt.clearflags]: 1
@[uprobe:/usr/lib/x86_64-linux-gnu/libgo.so.13:fmt.fmt.truncate]: 1
@[uprobe:/usr/lib/x86_64-linux-gnu/libgo.so.13:fmt.Println]: 1
@[uprobe:/usr/lib/x86_64-linux-gnu/libgo.so.13:fmt.newPrinter]: 1
@[uprobe:/usr/lib/x86_64-linux-gnu/libgo.so.13:fmt.buffer.WriteByte]: 1
@[uprobe:/usr/lib/x86_64-linux-gnu/libgo.so.13:fmt.pp.printArg]: 1
@[uprobe:/usr/lib/x86_64-linux-gnu/libgo.so.13:fmt.pp.fmtString]: 1
@[uprobe:/usr/lib/x86_64-linux-gnu/libgo.so.13:fmt.fmt.fmt_s]: 1
@[uprobe:/usr/lib/x86_64-linux-gnu/libgo.so.13:fmt.pp.free]: 1
@[uprobe:/usr/lib/x86_64-linux-gnu/libgo.so.13:fmt.fmt.init]: 1
@[uprobe:/usr/lib/x86_64-linux-gnu/libgo.so.13:fmt.buffer.WriteString]: 1
@[uprobe:/usr/lib/x86_64-linux-gnu/libgo.so.13:fmt.pp.doPrintln]: 1
@[uprobe:/usr/lib/x86_64-linux-gnu/libgo.so.13:fmt.fmt.padString]: 1
@[uprobe:/usr/lib/x86_64-linux-gnu/libgo.so.13:fmt.Fprintln]: 1
@[uprobe:/usr/lib/x86_64-linux-gnu/libgo.so.13:fmt..import]: 1
@[uprobe:/usr/lib/x86_64-linux-gnu/libgo.so.13:fmt..go..func1]: 1
```

함수의 네이밍 규칙(naming convention)이 약간 다릅니다. 이 출력 결과에는 앞서 살펴본 바와 같이 fmt.Println()이 포함됩니다.

BCC의 funccount(8)를 사용해서도 동일한 함수를 집계할 수 있습니다. Go gc 버전용과 gccgo 버전에 따른 명령어는 다음과 같습니다.

```
funccount '/home/bgregg/hello:fmt.*'
funccount 'go:fmt.*'
```

함수 진입 인자

Go의 gc 컴파일러와 gccgo는 서로 다른 함수 호출 규약을 사용합니다. gccgo 는 표준 AMD64 ABI를 사용하는 반면, Go의 gc 컴파일러는 Plan 9의 스택을 이 용한 전달(stack-passing) 접근 방법을 사용합니다. 이것은 함수 인자를 불러오 는 방법이 다르다는 뜻입니다. gccgo로 컴파일된 바이너리에서는 일반적인 접 근법(예: bpftrace arg0... argN을 통해)이 제대로 작동하겠지만, Go gc에서는 그렇지 않을 것입니다. Go gc로 컴파일된 바이너리에서는 스택에서 함수 인자 를 얻기 위한 커스텀 코드를 사용해야 합니다.[146][147]

예를 들어 Go언어 튜토리얼에서 나온 add(x int, y int) 함수를 생각해 봅시 다.[148] 여기서 이 함수는 인자 42와 13과 함께 호출됩니다. gccgo로 컴파일된 바이너리에서 인자를 계측하면 다음과 같습니다.

```
# bpftrace —e 'uprobe:/home/bgregg/func:main*add { printf("%d %d\n", arg0, arg1); }'
Attaching 1 probe...
42 13
```

arg0와 arg1 내장 변수는 정상적으로 동작합니다. add() 함수가 컴파일러에 의 해 인라인되지 않도록 하기 위해 gccgo —O0를 사용해서 컴파일해야 했습니다.

이제 인자를 Go gc로 컴파일된 바이너리에서 계측하면 다음과 같습니다.

```
# bpftrace —e 'uprobe:/home/bgregg/Lang/go/func:main*add { printf("%d %d\n",
    *(reg("sp") + 8), *(reg("sp") + 16)); }'
Attaching 1 probe...
42 13
```

해당 인자들은 스택으로부터(reg('sp')를 통해 접근) 인자들의 오프셋을 통해 직 접 읽어야만 했습니다. 향후 버전의 bpftrace에서는 이러한 접근 방법을 'stack argument'를 짧게 줄인 sarg0, sarg1[149]과 같은 별명으로도 지원할 수 있습니다.[27] add() 함수가 컴파일러에 의해 인라인되지 않도록 하기 위해서 go build -gcflags '-N -l'을 사용해서 이것을 컴파일해야 했습니다.

함수 리턴

불행히도 uretprobe 트레이싱은 현재의 uretprobe 구현 방법에서는 안전하지 않습니다. Go 컴파일러는 커널이 스택에 uretprobe 트램펄린 핸들러를 연결했다는 것을 알지 못한 채 언제든지 스택을 수정할 수 있습니다.[28] 이로 인해 메모리 손상이 일어날 수 있습니다. uretprobe가 비활성화되면 커널은 해당 바이트들을 정상으로 되돌릴 테지만 이 바이트들은 다른 Go 언어 프로그램 데이터를 포함하고 있을 수 있으며, 커널에 의해 손상될 것입니다. 이것은 (운이 좋다면) Go 언어의 실행을 중단시키거나 (운이 나쁘면) 손상된 데이터와 함께 계속 실행될 것입니다.

지안루카 보렐로(Gianluca Borello)는 함수들의 리턴 위치에서 uretprobe 대신 uprobe를 사용하는 솔루션을 계속 실험했습니다. 여기에는 리턴 지점을 찾기 위해 함수를 디스어셈블링한 다음 거기에 uretprobe를 위치시키는 과정이 포함됩니다.[150]

또 다른 문제는 고루틴인데, 이것들은 실행 중인 다른 OS 스레드 간에 스케줄링될 수 있기 때문에 스레드 ID를 키로 사용해서 저장된 타임스탬프를 사용하는 일반적인 함수 지연 시간 측정 방법(예: bpftrace에서: @start[tid] = nsecs)은 더 이상 신뢰할 수 없습니다.

USDT

Salp 라이브러리는 libstapsdt를 통해 동적 USDT probe를 제공합니다.[151] 이것을 통해 정적 probe 지점은 Go 코드 안에 위치할 수 있게 됩니다.

12.6 정리

여러분이 흥미를 가지고 있는 특정 프로그래밍 언어가 컴파일형이든 JIT 컴파일형이든 인터프리터형이든 간에 그것을 BPF로 분석할 수 있는 방법이 있을 것입니다. 이번 장에서는 이 세 가지 유형에 대해 설명하고 C, 자바 그리고 배시 셸

---

27 (옮긴이) 현재 bpftrace에서는 sarg0, sarg1과 같은 별칭을 사용할 수 있습니다. 자세한 내용은 bpftrace PR # 828을 참고하세요.
28 이 문제를 설명하는 데 도움을 준 수레시 쿠마르(Suresh Kumar)에게 감사를 전합니다. [146]에 있는 그의 설명을 참고하세요.

각각의 사례를 트레이싱하는 방법을 알아보았습니다. 트레이싱을 사용해서 이러한 언어의 함수 혹은 메서드 호출을 그 인자 값, 리턴 값과 함께 조사하고, 함수 혹은 메서드 지연을 검토하고, 다른 이벤트의 스택 트레이스도 확인할 수 있습니다. 자바스크립트, C++ 그리고 Go 언어와 같은 다른 언어를 위한 팁도 다루었습니다.

13장

애플리케이션

시스템에서 실행 중인 애플리케이션은 정적/동적 계측을 사용해서 직접 조사할 수 있는데, 이를 통해 다른 이벤트들을 이해하기 위한 중요한 애플리케이션 컨텍스트를 얻을 수 있습니다. 이전 장에서는 CPU, 메모리, 디스크 그리고 네트워킹 등의 리소스를 통해 애플리케이션을 학습했습니다. 이 리소스 기반 접근 방법은 많은 이슈를 해결할 수 있지만, 애플리케이션에서 처리 중인 요청에 대한 세부 사항과 같은 단서를 누락할 수 있습니다. 애플리케이션에 대한 관측을 완성하기 위해서는 리소스 분석과 애플리케이션 레벨 분석 두 가지가 모두 필요합니다. BPF 트레이싱을 사용하면 라이브러리 및 시스템 콜, 커널 서비스 그리고 장치 드라이버를 통해 애플리케이션과 해당 코드, 컨텍스트 흐름을 연구할 수 있습니다.

이번 장에서는 사례 연구로 MySQL 데이터베이스를 사용할 것입니다. MySQL 데이터베이스 쿼리는 애플리케이션 컨텍스트의 사례입니다. 9장에서 디스크 I/O를 계측한 여러 가지 방법을 채택하고 세분화를 위한 또 다른 요소(dimension)로 쿼리 문자열을 추가한다고 생각해 봅시다. 이제 여러분은 어느 쿼리가 대부분의 디스크 I/O를 유발했고, 지연 시간과 패턴 등을 유발하였는지 확인할 수 있을 것입니다.

학습 목표

- 과도한 프로세스와 스레드 생성 이슈 발견하기
- 프로파일링을 사용해서 CPU 사용량 이슈 해결하기
- 스케줄러 트레이싱을 사용해 off-CPU 블로킹 이슈 해결하기

- I/O 스택 트레이스를 표시하여 과도한 I/O 이슈 해결하기
- USDT probe와 uprobe를 사용해 애플리케이션 컨텍스트 트레이싱하기
- 록 경쟁(contention)의 원인이 되는 코드 경로 조사하기
- 명시적 애플리케이션 휴면(sleep) 확인하기

이번 장은 앞선 리소스 관련 장들을 보충하는 내용입니다. 소프트웨어 스택에 대한 전체적인 가시성에 대해서는 다음 내용을 참고하세요.

- 6장 "CPU"
- 7장 "메모리"
- 8장 "파일 시스템"
- 9장 "디스크 I/O"
- 10장 "네트워킹"

이번 장에서는 위의 다른 장들에서 다루지 않은 애플리케이션 동작을 다룹니다. 구체적으로는 애플리케이션 컨텍스트, 스레드 관리, 시그널, 록 그리고 휴면이 있습니다.

13.1 배경지식

애플리케이션은 네트워크 요청에 응답하는 서비스, 사용자의 직접 입력에 대응하는 프로그램, 혹은 데이터베이스나 파일 시스템의 데이터상에서 작동하는 프로그램, 혹은 기타 다른 것에 대응하는 서비스라고 할 수 있습니다. 애플리케이션은 일반적으로 프로세스로 보이는 사용자 모드 소프트웨어로 구현되고, 시스템 콜 인터페이스(혹은 메모리 매핑)를 통해 리소스에 접근합니다.

13.1.1 애플리케이션 기초

스레드 관리

멀티 CPU 시스템에서 스레드라는 운영체제 컴포넌트를 생성하면, 애플리케이션이 동일한 프로세스 주소 공간을 공유하면서 복수의 CPU에 걸쳐 병렬로 작업을 수행합니다. 애플리케이션은 스레드를 다음과 같은 다양한 방법으로 사용할 수 있습니다.

- 서비스 스레드 풀(Service thread pool): 스레드의 풀은 네트워크 요청을 처리하고, 각각의 스레드는 한 번에 하나의 클라이언트 접속과 요청을 처리합니다. 만약 그 요청이 스레드 풀의 리소스(예: 다른 스레드와의 동기화 록)에 대해 블로킹이 필요하다면, 해당 스레드는 휴면 상태에 들어갑니다. 애플리케이션에 따라 이 풀의 스레드 개수는 고정되어 있거나, 클라이언트 요청량에 따라 스레드를 늘리거나 줄일 수 있습니다. 대표적인 예가 MySQL 데이터베이스 서버입니다.
- CPU 스레드 풀(CPU thread pool): 애플리케이션은 작업을 위해 CPU마다 스레드를 하나씩 만듭니다. 이 스레드 모델은 몇 분, 몇 시간, 혹은 며칠이 걸리든 추가적인 입력 없이 하나 이상의 대기 중인 요청을 지속적으로 처리하는 애플리케이션에서 일반적으로 사용합니다. 비디오 인코딩을 예로 들 수 있습니다.
- 이벤트 워커 스레드(Event worker thread): 이벤트 워커는 대기열이 비어 있고 스레드가 동작을 멈출 때까지 대기 중인 클라이언트 작업을 처리하는 한 개 혹은 복수의 스레드입니다. 각각의 스레드는 클라이언트 요청의 일부를 다음 이벤트에서 블로킹되기 전까지 동시에 조금씩 처리하고, 처리 대기열에 있는 다음 클라이언트 이벤트로 전환합니다. 싱글 이벤트 워커 스레드를 사용하는 애플리케이션은 동기화 록이 필요 없지만, 부하가 심한 상황에서 싱글 스레드에만 한정되는 위험 부담이 있습니다. Node.js는 싱글 이벤트 워커 스레드를 사용하며 이 방식의 이점을 활용합니다.
- SEDA(Staged Event-Driven Architecture, 단계별 이벤트 중심 아키텍처): SEDA는 애플리케이션 요청을 몇 가지 단계로 분해하여 하나 이상의 스레드 풀에서 처리합니다.[Welsh 01]

록

록(Lock)은 멀티 스레드 애플리케이션을 위한 동기화 기본 단위로, 신호등이 교차로에서 접근을 통제하는 방식과 비슷하게 병렬로 실행 중인 스레드에서 메모리에 접근하는 것을 제어합니다. 또한 신호등처럼 트래픽의 흐름을 차단하여 대기 시간(지연)을 유발합니다. 리눅스에서 애플리케이션은 일반적으로 libpthread 라이브러리를 통해서 록을 사용합니다. 이 라이브러리는 뮤텍스(mutex, 혹은 상호 배제) 록, 읽기/쓰기(reader-writer) 록 그리고 스핀 록 등 여러 가지 록 유형을 제공합니다.

록은 메모리를 보호하는 반면, 성능 이슈의 원인이 될 수 있습니다. 록 경쟁 (lock contention)은 복수의 스레드가 하나의 록을 사용하기 위해 경쟁하고 순서를 기다리면서 블로킹하고 있을 때 발생합니다.

휴면

애플리케이션은 의도적으로 한동안 휴면(sleep)할 수 있습니다. 이러한 대기는 (이유에 따라서) 타당할 수도, 그렇지 않을 수도 있지만 한편으로 최적화를 위한 기회일 수도 있습니다. 애플리케이션을 개발해 본 적이 있다면, "이벤트 완료를 위해 지금 여기에 1초 동안의 휴면을 추가하고, 나중에 이 휴면을 삭제하고 이벤트 기반으로 변경해야겠다"라고 생각한 적이 있을 겁니다. 그러나 그 '나중'은 결코 오지 않을 것이며, 사용자는 왜 일부 요청이 1초나 걸리는지 의아하게 생각할 것입니다.

13.1.2 애플리케이션 사례: MySQL Server

이번 장에서는 MySQL 데이터베이스 서버를 들여다 볼 것입니다. 이 서비스는 서비스 스레드 풀을 사용해서 네트워크 요청에 응답합니다. MySQL은 자주 접근하는 데이터의 크기에 따라 큰 워킹셋(working set)에 대해서는 디스크에 의해 제약을 받고(disk bound), 작은 워킹셋(쿼리가 MySQL의 메모리 캐시에서 반환)에 대해서는 CPU에 의해 제약을 받을 것(CPU bound)으로 예상합니다.

MySQL 서버는 C++로 작성되었으며 쿼리, 명령어, 파일 정렬(filesort), 삽입, 갱신, 네트워크 I/O 그리고 기타 이벤트에 대한 USDT probe가 내장되어 있습니다(표 13.1).

USDT Probe	인자
connection__start	unsigned long connection_id, char *user, char *host
connection__done	int status, unsigned long connection_id
command__start	unsigned long connection_id, int command, char *user, char *host
command__done	int status
query__start	char *query, unsigned long connection_id, char *db_name, char *user, char *host
query__done	int status
filesort__start	char *db_name, char *table

filesort__done	int status, unsigned long rows
net__write__start	unsigned long bytes
net__write__done	int status

표 13.1 MySQL Probe 사례

probe의 전체 목록은 MySQL 레퍼런스 매뉴얼에 있는 "mysqld DTrace Probe 레퍼런스(mysqld DTrace Probe Reference)"를 참고하세요.[152] MySQL USDT probe는 빌드 과정 중에 cmake(1)에 대한 파라미터로 –DENABLE_DTRACE=1과 함께 컴파일되었을 때만 사용할 수 있습니다. 현재의 리눅스용 mysql-server 패키지는 이렇게 빌드되지 않아서, 자신만의 MySQL 서버 소프트웨어를 빌드하거나 패키지 관리자에게 이 세팅을 포함시켜 달라고 요청해야 할 것입니다.

애플리케이션에서 USDT probe를 사용할 수 없는 여러 가지 시나리오가 있기 때문에, uprobe를 사용해서 서버를 계측하는 MySQL 도구들을 살펴봅니다.

13.1.3 BPF 활용 가능성

BPF 트레이싱 도구는 커스텀 워크로드, 지연 시간에 대한 지표, 지연 히스토그램 그리고 커널 내부 리소스 사용에 대한 가시성 등을 통해 애플리케이션이 제공하는 지표를 넘어서는 추가적인 통찰을 얻을 수 있습니다. 이러한 기능은 다음 질문들에 답할 수 있게 해줍니다.

- 어떤 애플리케이션 요청이 발생하고 있고, 지연 시간은 얼마나 걸리는가?
- 애플리케이션 요청이 진행되는 동안 어디에 시간이 소요되었는가?
- 왜 애플리케이션이 CPU에서 동작 중인가?
- 왜 애플리케이션이 블로킹되고 대기 상태로 전환되었는가?
- 애플리케이션은 어떤 I/O를 수행하고 있고 그 이유는 무엇인가(코드 경로)?
- 애플리케이션을 블로킹한 록은 어떤 것이고 얼마나 오랫동안 중단되었는가?
- 애플리케이션이 사용하고 있는 커널 리소스는 어떤 것들이고, 이유는 무엇인가?

이러한 질문에 대해서는 USDT와 uprobe를 사용한 애플리케이션 요청 컨텍스트 계측, tracepoint(시스템 콜 포함)와 kprobe를 통한 커널 리소스와 블로킹 이벤트 계측, CPU에서 동작 중인 스택 트레이스의 정주기 샘플링을 통해 답할 수 있습니다.

오버헤드

애플리케이션 트레이싱의 오버헤드는 트레이싱되는 이벤트의 발생 비율에 좌우
됩니다. 일반적으로 애플리케이션 요청 자체를 트레이싱하는 데는 무시할 수 있
는 수준의 오버헤드가 발생하지만 록 경쟁, 대기 상태 이벤트 그리고 시스템 콜
트레이싱은 바쁜 워크로드에서는 눈에 띄는 수준의 오버헤드를 유발합니다.

13.1.4 전략

애플리케이션 분석을 위해 다음과 같은 전반적인 전략을 따를 것을 추천합니다.
다음 절에서는 이 도구들을 좀 더 자세히 설명합니다.

1. 애플리케이션이 무엇을 하는지 학습합니다. 애플리케이션의 작업 단위는 무
   엇입니까? 작업 단위를 애플리케이션 지표와 로그에서 이미 보여주고 있을
   수도 있습니다. 또한 성능 개선의 의미를 결정합니다. 더 높은 처리량, 더 낮
   은 지연, 혹은 더 낮은 리소스 사용(혹은 몇 가지 조합)을 달성하려 하고 있
   습니까?
2. 애플리케이션 내부 구조를 설명한 문서가 존재하는지 찾아봅니다: 라이브러
   리와 캐시 등 주요한 컴포넌트들, 해당 API, 요청 처리 방법(스레드 풀, 이벤
   트 워커 스레드 등)에 대해 설명한 문서가 있습니까?
3. 애플리케이션의 기본 작업 단위와 별개로, 애플리케이션 성능에 영향을 줄
   수 있는 주기적인 백그라운드 태스크가 사용되고 있는지 확인합니다(예: 30
   초마다 발생하는 디스크 플러시 이벤트).
4. 애플리케이션 또는 해당 프로그래밍 언어에 USDT probe를 사용할 수 있는
   지 체크합니다.
5. CPU 사용량을 이해하고 비효율적인 부분을 찾기 위해 on-CPU 분석을 수행
   합니다(예: BCC profile(8) 사용).
6. 애플리케이션이 블로킹된 이유와 최적화할 영역을 찾기 위해 off-CPU 분석
   을 수행합니다(예: BCC offcputime(8), wakeuptime(8), offwaketime(8)).
   애플리케이션 요청이 진행되는 동안의 블로킹 시간에 초점을 맞춥니다.
7. 애플리케이션의 리소스 사용량을 이해하기 위해 시스템 콜을 프로파일링합
   니다(예: BCC syscount(8)).
8. 6장~10장에서 살펴본 BPF 도구들을 찾아서 실행해 봅니다.

9. 애플리케이션 내부 구조를 탐색하기 위해 uprobe를 사용합니다. 이 앞에서 수행한 on-CPU와 off-CPU 분석 스택 트레이스는 트레이싱을 시작하기에 적절한 많은 함수들을 식별해 냈을 것입니다.

10. 분산된 환경의 경우에는 서버 측과 클라이언트 측 양쪽 다 트레이싱하는 것이 좋습니다. MySQL의 경우 MySQL 서버와 클라이언트 라이브러리를 트레이싱함으로써 요청을 발생시키는 클라이언트와 서버를 둘 다 트레이싱할 수 있습니다.

특정 애플리케이션이 CPU에 의해 제약을 받는지, 디스크에 의해 제약을 받는지, 혹은 네트워크에 의해 제약을 받는지 이미 알려져 있을 수 있습니다. 애플리케이션의 대기 시간이 어느 리소스에서 가장 많이 소비되는지 살펴봄으로써 이 가정이 맞는지 확인해 보십시오. 그리고 나서, 이 책에 수록된 관련 챕터의 내용을 바탕으로 해당 리소스를 검사해 보세요.

애플리케이션 요청을 트레이싱하기 위한 BPF 프로그램의 작성은 애플리케이션 요청 처리 방법에 따라 달라집니다. 서비스 스레드 풀 방식은 동일한 스레드가 하나의 요청에 대해 전적으로 처리하기 때문에 비동기적으로 다른 소스에서 이벤트가 들어온다 하더라도, 스레드 ID(태스크 ID)만을 가지고 이벤트를 식별할 수 있습니다. 예를 들어 데이터베이스가 쿼리 처리를 시작할 때, 쿼리 문자열은 스레드 ID를 키로 BPF 맵에 저장될 수 있습니다. 향후에 디스크 I/O가 처음 시작될 때 이 쿼리 문자열을 읽어서 디스크 I/O를 유발한 쿼리를 알아낼 수 있습니다. 이벤트 워커 스레드와 같은 다른 애플리케이션 아키텍처는 다른 접근 방법이 필요합니다. 이 스레드 모델에서는 하나의 스레드에서 여러 요청을 처리합니다. 따라서 스레드 ID가 하나의 요청에 대해 고유하지 않기 때문에 기존의 접근 방법은 사용할 수 없습니다.

13.2 BPF 도구

이번 절에서는 애플리케이션 성능 분석과 문제 해결을 위해 사용할 수 있는 BPF 도구를 다룹니다.(그림 13.1)

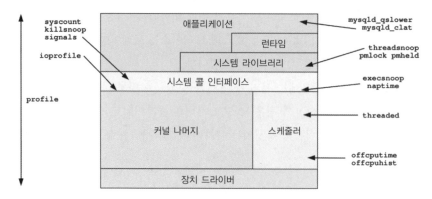

그림 13.1 애플리케이션 분석용 BPF 도구

이들 도구는 4장과 5장에서 다룬 BCC와 bpftrace 저장소에도 있으며 필자가 이 책을 위해 작성한 것들입니다. 몇 가지 도구는 BCC와 bpftrace, 두 곳 모두에 나옵니다. 표 13.2에 도구의 출처를 정리해 놓았습니다(BT는 bpftrace의 약어입니다).

도구	출처	대상	설명
execsnoop	BCC/BT	스케줄러	새 프로세스 실행 표시
threadsnoop	책	pthread	새 스레드 생성 표시
profile	BCC	CPU	CPU에서 동작 중인 스택 트레이스 샘플링
threaded	책	CPU	CPU에서 동작 중인 스레드 샘플링
offcputime	BCC	스케줄러	스택 트레이스와 함께 off-CPU 시간 출력
offcpuhist	책	스케줄러	시간 히스토그램과 함께 off-CPU 스택 출력
syscount	BCC	시스템 콜	유형별로 시스템 콜 집계
ioprofile	책	I/O	I/O에 대한 스택 집계
mysqld_qslower	BCC/책	MySQL 서버	임계 값보다 느린 MySQL 쿼리 출력
mysqld_clat	책	MySQL 서버	MySQL 명령어 지연을 히스토그램 출력
signals	책	시그널	대상 프로세스가 보낸 시그널 요약정리
killsnoop	BCC/BT	시스템 콜	kill(2) 시스템 콜을 sender 세부 사항과 함께 출력
pmlock	책	록	pthread 뮤텍스 록 시간과 사용자 스택 출력
pmheld	책	록	pthread 뮤텍스 보유 시간과 사용자 스택 출력
naptime	책	시스템 콜	자발적인 휴면 호출 출력

표 13.2 애플리케이션 관련 도구

BCC와 bpftrace용 bpftrace 도구들과 각 기능에 대한 더 많은 정보는 해당 저장소에서 최신의 전체 목록을 참고하세요. 여기에는 가장 중요한 기능 중 일부를 정리했습니다.

이들 도구는 다음의 주제에 따라 묶을 수 있습니다.

- CPU 분석: profile(8), threaded(8), syscount(8)
- Off-CPU 분석: offcputime(8), offcpuhist(8), ioprofile(8)
- 애플리케이션 컨텍스트: mysqld_slower(8), mysqld_clat(8)
- 스레드 실행: execsnoop(8), threadsnoop(8), threaded(8)
- 록 분석: rmlock(8), pmheld(8)
- 시그널: signals(8), killsnoop(8)
- 휴면 분석: naptime(8)

이 장의 끝부분에는 원 라이너도 있습니다. 이 절에서는 도구들에 대한 설명 이외에도 ioprofile(8)의 후속 작업인 libc 프레임 포인터에 대한 내용도 소개되어 있습니다.

13.2.1 execsnoop

6장에서 소개한 execsnoop(8)은 새로운 프로세스를 트레이싱하는 BCC와 bpftrace 도구로, 애플리케이션이 짧은 시간 동안만 동작하는 프로세스를 사용하고 있는지 확인할 수 있습니다. 다음은 유휴 상태인 서버에서 이 도구를 실행한 예시입니다.

```
# execsnoop
PCOMM          PID    PPID   RET ARGS
sh             17788  17787    0 /bin/sh -c /usr/lib/sysstat/sa1 1 1 -S ALL
sa1            17789  17788    0 /usr/lib/sysstat/sa1 1 1 -S ALL
sadc           17789  17788    0 /usr/lib/sysstat/sadc -F -L -S DISK 1 1 -S ALL
/var/ log/sysstat
[...]
```

위의 출력 결과는 서버가 완전한 유휴 상태가 아니고 시스템 활동 레코더(system activity recorder)가 동작하고 있음을 보여줍니다. execsnoop(8)은 예상치 못한 애플리케이션에 의한 프로세스 사용을 포착하는 데 유용합니다. 때때로 애플리케이션은 특정한 기능을 위해 셸 스크립트를 호출합니다. 아마도 이것은 해당 기능이 애플리케이션 내에 적절하게 코딩되기 전까지 임시 방편으로서 사용하는 것일 텐데, 이로 인해 비효율을 초래합니다.

execsnoop(8)에 대한 추가적인 내용은 6장을 참고하세요.

13.2.2 threadsnoop

threadsnoop(8)[1]은 pthread_create() 라이브러리 호출을 통해 스레드 생성을 트레이싱합니다. 다음은 MySQL 서버가 시작되는 동안의 예시입니다.

```
# threadsnoop.bt
Attaching 3 probes...
TIME(ms)   PID     COMM        FUNC
2049       14456   mysqld      timer_notify_thread_func
2234       14460   mysqld      pfs_spawn_thread
2243       14460   mysqld      io_handler_thread
2243       14460   mysqld      io_handler_thread
2243       14460   mysqld      io_handler_thread
2243       14460   mysqld      io_handler_thread
2243       14460   mysqld      io_handler_thread
2243       14460   mysqld      io_handler_thread
2243       14460   mysqld      io_handler_thread
2243       14460   mysqld      io_handler_thread
2243       14460   mysqld      io_handler_thread
2243       14460   mysqld      io_handler_thread
2243       14460   mysqld      buf_flush_page_cleaner_coordinator
2274       14460   mysqld      trx_rollback_or_clean_all_recovered
2296       14460   mysqld      lock_wait_timeout_thread
2296       14460   mysqld      srv_error_monitor_thread
2296       14460   mysqld      srv_monitor_thread
2296       14460   mysqld      srv_master_thread
2296       14460   mysqld      srv_purge_coordinator_thread
2296       14460   mysqld      srv_worker_thread
2297       14460   mysqld      srv_worker_thread
2296       14460   mysqld      srv_worker_thread
2296       14460   mysqld      buf_dump_thread
2298       14460   mysqld      dict_stats_thread
2298       14460   mysqld      _Z19fts_optimize_threadPv
2298       14460   mysqld      buf_resize_thread
2381       14460   mysqld      pfs_spawn_thread
```

위의 예는 누가 스레드를 만들었는지(PID, COMM), 해당 스레드의 시작 함수(FUNC)는 무엇인지와 더불어 TIME(ms) 칼럼을 조사(examine)해서 스레드 생성률을 보여줍니다. 이 출력 결과는 MySQL이 서버 워커 스레드 풀(srv_worker_thread()), I/O 핸들러 스레드(io_handler_thread()) 그리고 데이터베이스를 실행하는 데 필요한 여러 스레드를 생성하였음을 보여줍니다.

이 도구는 pthread_create() 라이브러리 호출을 트레이싱함으로써 작동하는

---

1 연혁: 이 도구는 execsnoop에서 영감을 얻어서 이 책을 위해 2019년 2월 15일에 만들었습니다.

데, 상대적으로 자주 일어나지 않아서 도구의 오버헤드는 무시할 수 있는 수준일 것입니다.

threadsnoop(8)의 소스 코드는 다음과 같습니다.

```
#!/usr/local/bin/bpftrace

BEGIN
{
        printf("%-10s %-6s %-16s %s\n", "TIME(ms)", "PID", "COMM", "FUNC");
}

uprobe:/lib/x86_64-linux-gnu/libpthread.so.0:pthread_create
{
        printf("%-10u %-6d %-16s %s\n", elapsed / 1000000, pid, comm,
            usym(arg2));
}
```

환경에 따라 이 소스 코드에서 libpthread 라이브러리 경로를 수정해야 할 수도 있습니다.

출력 라인도 수정할 수 있습니다. 다음은 사용자 레벨 스택 트레이스를 포함하기 위해 수정한 것입니다.

```
        printf("%-10u %-6d %-16s %s%s\n", elapsed / 1000000, pid, comm,
            usym(arg2), ustack);
```

이는 다음과 같은 출력 결과를 만들어 냅니다.

```
# ./threadsnoop-ustack.bt
Attaching 3 probes...
TIME(ms)   PID    COMM            FUNC
1555       14976  mysqld          timer_notify_thread_func
        0x7fb5ced4b9b0
        0x55f6255756b7
        0x55f625577145
        0x7fb5ce035b97
        0x2246258d4c544155

1729       14981  mysqld          pfs_spawn_thread
        __pthread_create_2_1+0
        my_timer_initialize+156
        init_server_components()+87
        mysqld_main(int, char**)+1941
        __libc_start_main+231
        0x2246258d4c544155

1739       14981  mysqld          io_handler_thread
        __pthread_create_2_1+0
        innobase_start_or_create_for_mysql()+6648
```

```
            innobase_init(void*)+3044
            ha_initialize_handlerton(st_plugin_int*)+79
            plugin_initialize(st_plugin_int*)+101
            plugin_register_builtin_and_init_core_se(int*, char**)+485
            init_server_components()+960
            mysqld_main(int, char**)+1941
            __libc_start_main+231
            0x2246258d4c544155
[...]
```

위의 예는 스레드 생성으로 이어지는 코드 경로를 보여줍니다. 이 사례인 MySQL 의 경우 시작 함수만을 통해 스레드의 역할을 명백하게 확인할 수 있었지만, 애플리케이션이 그러한 것은 아닙니다. 그렇기 때문에 새로운 스레드가 무엇을 위한 것인지 확인하기 위해서는 스택 트레이스를 확인할 필요가 있습니다.

13.2.3 profile

6장에서 소개한 profile(8)은 CPU에서 동작 중인 스택 트레이스에 대한 정주기 샘플링을 하는 BCC 도구이며, 어느 코드 경로가 CPU 리소스를 사용하고 있는지 보여주는 개략적이고 손쉬운 방법입니다. 다음은 MySQL 서버를 프로파일링 하기 위해 profile(8)을 사용하는 예입니다.

```
# profile -d -p $(pgrep mysqld)
Sampling at 49 Hertz of PID 9908 by user + kernel stack... Hit Ctrl-C to end.

[...]

    my_hash_sort_simple
    hp_rec_hashnr
    hp_write_key
    heap_write
    ha_heap::write_row(unsigned char*)
    handler::ha_write_row(unsigned char*)
    end_write(JOIN*, QEP_TAB*, bool)
    evaluate_join_record(JOIN*, QEP_TAB*)
    sub_select(JOIN*, QEP_TAB*, bool)
    JOIN::exec()
    handle_query(THD*, LEX*, Query_result*, unsigned long long, unsigned long long)
    execute_sqlcom_select(THD*, TABLE_LIST*)
    mysql_execute_command(THD*, bool)
    Prepared_statement::execute(String*, bool)
    Prepared_statement::execute_loop(String*, bool, unsigned char*, unsigned char*)
    mysqld_stmt_execute(THD*, unsigned long, unsigned long, unsigned char*, unsign...
    dispatch_command(THD*, COM_DATA const*, enum_server_command)
    do_command(THD*)
    handle_connection
    pfs_spawn_thread
    start_thread
```

```
-                    mysqld (9908)
    14

[...]

ut_delay(unsigned long)
srv_worker_thread
start_thread
-                    mysqld (9908)
    16
_raw_spin_unlock_irqrestore
_raw_spin_unlock_irqrestore
__wake_up_common_lock
__wake_up_sync_key
sock_def_readable
unix_stream_sendmsg
sock_sendmsg
SYSC_sendto
SyS_sendto
do_syscall_64
entry_SYSCALL_64_after_hwframe
--
__send
vio_write
net_write_packet
net_flush
net_send_ok(THD*, unsigned int, unsigned int, unsigned long long, unsigned lon...
Protocol_classic::send_ok(unsigned int, unsigned int, unsigned long long, unsi...
THD::send_statement_status()
dispatch_command(THD*, COM_DATA const*, enum_server_command)
do_command(THD*)
handle_connection
pfs_spawn_thread
start_thread
__clone
-                    mysqld (9908)
    17
```

출력 결과에는 수백 개의 스택 트레이스와 발생 빈도수가 포함되어 있었습니다. 여기에는 3개만 제시했습니다. 첫 번째 스택은 조인(join)되고 결국 my_hash_sort_simple()을 호출하는 CPU에서 동작 중인 MySQL을 보여줍니다. 마지막 스택은 커널에서의 소켓 전송을 보여줍니다. 이 스택은 profile(8) -d 옵션을 사용했기 때문에 커널과 사용자 스택 사이에 구분자("-")가 있습니다.

출력 결과로 얻은 수백 개의 스택 트레이스를 플레임 그래프로 시각화하면 도움이 됩니다. profile(8)은 플레임 그래프 소프트웨어에서 사용하기 위한 접힌 포맷(-f)의 스택 트레이스를 출력할 수 있습니다. 다음은 30초 동안 프로파일링을 하는 예시입니다.

```
# profile -p $(pgrep mysqld) -f 30 > out.profile01.txt
# flamegraph.pl --width=800 --title="CPU Flame Graph" < out.profile01.txt \
    > out.profile01.svg
```

그림 13.2는 동일한 워크로드를 플레임 그래프로 보여줍니다.

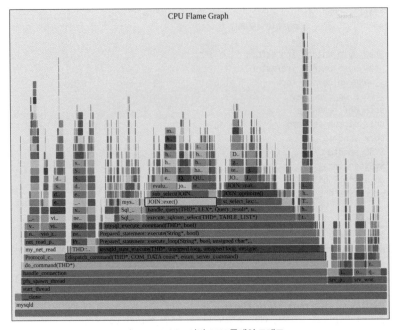

그림 13.2 MySQL 서버 CPU 플레임 그래프

이 플레임 그래프는 CPU 시간을 어디에서 가장 많이 소비했는지를 프레임의 폭으로 보여주는데, 가운데 있는 dispatch_command()가 샘플의 69%를 차지했고, JOIN::exec()은 19% 수준을 보였습니다. 각 프레임에 마우스를 올리면 이 수치를 확인할 수 있으며, 프레임을 클릭하면 펼쳐서 확대할 수 있습니다.

CPU 소비에 대해 설명하는 것과 별개로 CPU 플레임 그래프는 어느 함수들이 실행되고 있는지, 어느 것이 BPF 트레이싱을 위한 타깃이 될 수 있을지도 보여줍니다. 이 플레임 그래프는 do_command(), mysqld_stmt_execute(), JOIN::exec() 그리고 JOIN::optimize()와 같은 함수를 보여주는데, 모두 uprobe를 이용해서 직접 계측할 수 있고, 인자와 지연 시간을 확인할 수 있습니다.

이것이 가능한 이유는 필자는 현재 프레임 포인터와 함께 컴파일한 MySQL 서버와 프레임 포인터가 있는 libc와 libpthread 버전으로 프로파일링하고 있기 때문입니다. 프레임 포인터가 없으면 BPF가 스택을 제대로 추적할 수 없을 것입니다. 이 내용은 13.2.9 "libc 프레임 포인터"에서 다룹니다.

profile(8)과 CPU 플레임 그래프에 대한 상세한 내용은 6장을 참고하세요.

13.2.4 threaded

threaded(8)[2]는 주어진 프로세스에 대한 on-CPU 스레드를 샘플링하고 멀티 스레드로 얼마나 잘 동작하는지 검증하기 위해 CPU에서 얼마나 자주 동작하고 있는지 보여줍니다. 예를 들어, MySQL 서버에 대해서는 다음과 같습니다.

```
# threaded.bt $(pgrep mysqld)
Attaching 3 probes...
Sampling PID 2274 threads at 99 Hertz. Ctrl-C to end.
23:47:13
@[mysqld, 2317]: 1
@[mysqld, 2319]: 2
@[mysqld, 2318]: 3
@[mysqld, 2316]: 4
@[mysqld, 2534]: 55

23:47:14
@[mysqld, 2319]: 2
@[mysqld, 2316]: 4
@[mysqld, 2317]: 5
@[mysqld, 2534]: 51

[...]
```

이 도구는 초 단위 결과물을 출력하며, 이 MySQL 서버 워크로드에서 하나의 스레드(스레드 ID 2534)만 CPU상에서 두드러지게 동작하였음을 보여줍니다.

이 도구는 멀티 스레드 애플리케이션이 전체 스레드에 작업을 얼마나 잘 분배하고 있는지 보여주기 위해 제작되었습니다. 정주기 샘플링을 사용하기 때문에 샘플 사이에서 발생하는 스레드에 의한 짧은 wakeup 이벤트를 놓칠 수도 있습니다.

일부 애플리케이션은 스레드 이름을 바꾸기도 합니다. 다음은 이전 장에 나온 freecol 자바 애플리케이션에서 threaded(8)을 사용하는 예시입니다.

```
# threaded.bt $(pgrep java)
Attaching 3 probes...
Sampling PID 32584 threads at 99 Hertz. Ctrl-C to end.
23:52:12
```

---

2 연혁: 필자는 2005년 7월 25일에 threaded.d로 첫 버전을 만들었습니다. 이 도구는 필자가 성능 분석 수업을 할 때도 사용했는데, 워커 스레드 풀 환경에서 하나의 스레드가 록 경쟁 이슈를 겪고 있는 경우 다른 스레드가 제대로 동작할 수 없음을 보여주기 위해 이 도구를 사용했습니다. 필자는 이 책을 위해 이 버전도 개발했습니다.

```
@[GC Thread#0, 32591]: 1
@[VM Thread, 32611]: 1
@[FreeColClient:b, 32657]: 6
@[AWT-EventQueue-, 32629]: 6
@[FreeColServer:-, 974]: 8
@[FreeColServer:A, 977]: 11
@[FreeColServer:A, 975]: 26
@[C1 CompilerThre, 32618]: 29
@[C2 CompilerThre, 32617]: 44
@[C2 CompilerThre, 32616]: 44
@[C2 CompilerThre, 32615]: 48
```

[...]

이 출력 결과를 보면 애플리케이션으로 인해 소모된 CPU 시간은 대부분 컴파일러 스레드에서 소비되었다는 것을 명확하게 알 수 있습니다.

threaded(8)는 정주기 샘플링을 사용해서 작동합니다. 이 정도로 낮은 빈도수의 오버헤드는 무시해도 되는 수준입니다.

threaded(8)의 소스 코드는 다음과 같습니다.

```
#!/usr/local/bin/bpftrace

BEGIN
{
        if ($1 == 0) {
                printf("USAGE: threaded.bt PID\n");
                exit();
        }
        printf("Sampling PID %d threads at 99 Hertz. Ctrl-C to end.\n", $1);
}

profile:hz:99
/pid == $1/
{
        @[comm, tid] = count();
}

interval:s:1
{
        time();
        print(@);
        clear(@);
}
```

이 도구는 인자로 PID가 필요하고, 아무것도 제공되지 않으면 종료됩니다($1의 기본값은 0).

13.2.5 offcputime

6장에서 소개한 offcputime(8)은 스레드가 블록되어 CPU를 떠나는 시점을 트레이싱하며, off-CPU된 시간을 스택 트레이스와 함께 기록하는 BCC 도구입니다. MySQL 서버에 대한 실행 결과는 다음과 같습니다.

```
# offcputime -d -p $(pgrep mysqld)
Tracing off-CPU time (us) of PID 9908 by user + kernel stack... Hit Ctrl-C to end.

[...]

    finish_task_switch
    schedule
    jbd2_log_wait_commit
    jbd2_complete_transaction
    ext4_sync_file
    vfs_fsync_range
    do_fsync
    sys_fsync
    do_syscall_64
    entry_SYSCALL_64_after_hwframe
    --
    fsync
    fil_flush(unsigned long)
    log_write_up_to(unsigned long, bool) [clone .part.56]
    trx_commit_complete_for_mysql(trx_t*)
    innobase_commit(handlerton*, THD*, bool)
    ha_commit_low(THD*, bool, bool)
    TC_LOG_DUMMY::commit(THD*, bool)
    ha_commit_trans(THD*, bool, bool)
    trans_commit(THD*)
    mysql_execute_command(THD*, bool)
    Prepared_statement::execute(String*, bool)
    Prepared_statement::execute_loop(String*, bool, unsigned char*, unsigned char*)
    mysqld_stmt_execute(THD*, unsigned long, unsigned long, unsigned char*, unsign...
    dispatch_command(THD*, COM_DATA const*, enum_server_command)
    do_command(THD*)
    handle_connection
    pfs_spawn_thread
    start_thread
    -               mysqld (9962)
        2458362

[...]

    finish_task_switch
    schedule
    futex_wait_queue_me
    futex_wait
    do_futex
    SyS_futex
    do_syscall_64
```

```
entry_SYSCALL_64_after_hwframe
--
pthread_cond_timedwait@@GLIBC_2.3.2
__pthread_cond_timedwait
os_event::timed_wait(timespec const*)
os_event_wait_time_low(os_event*, unsigned long, long)
lock_wait_timeout_thread
start_thread
__clone
-                    mysqld (2311)
    10000904

finish_task_switch
schedule
do_nanosleep
hrtimer_nanosleep
sys_nanosleep
do_syscall_64
entry_SYSCALL_64_after_hwframe
--
__nanosleep
os_thread_sleep(unsigned long)
srv_master_thread
start_thread
__clone
-                    mysqld (2315)
    10001003
```

실제 출력 결과에는 수백 개의 스택이 나오지만 그중 몇 가지만 살펴보겠습니다. 첫 번째는 커밋(commit), 로그 기록(log write), 그 다음에는 fsync()된 MySQL을 보여줍니다. 이 이후로 코드 경로는 커널("--")로 넘어가 fsync를 처리하며(ext4) 스레드는 마침내 jbd2_log_wait_commit() 함수에서 블록됩니다. 트레이싱하는 동안 mysqld가 이 스택에서 블록된 시간은 2,458,362마이크로초 (2.45초)로, 이 시간은 모든 스레드에 걸친 합계입니다.

마지막 두 개의 스택은 pthread_cond_timewait()를 이용해서 lock_wait_timeout_thread()가 이벤트를 기다리고, srv_master_thread()는 휴면하고 있는 것을 보여줍니다. offcputime(8)의 출력 결과는 대기와 휴면 중인 스레드로 넘쳐날 수 있는데, 이는 일반적인 모습으로 성능 이슈는 아닙니다. 여러분이 관심 가져야 할 부분은 애플리케이션 요청 중에 블로킹된 스택으로, 이것이 바로 성능 이슈입니다.

Off-CPU 시간 플레임 그래프

off-CPU 시간 플레임 그래프를 만들면 여러분이 관심을 가지고자 하는 블로킹된 스택에 빠르게 집중할 수 있습니다. 다음 명령어는 10초간의 off-CPU 스택을 캡처한 다음 필자의 플레임 그래프 소프트웨어를 사용해서 플레임 그래프를 생성합니다.

```
# offcputime -f -p $(pgrep mysqld) 10 > out.offcputime01.txt
# flamegraph.pl --width=800 --color=io --title="Off-CPU Time Flame Graph" \
    --countname=us < out.offcputime01.txt > out.offcputime01.svg
```

이것을 실행하면 그림 13.3에 있는 플레임 그래프를 생성하는데, 여기서는 검색 기능을 사용해서 "do_command"를 포함하는 프레임을 (마젠타 색상으로) 강조했습니다. 이것은 MySQL 요청에 대한 코드 경로이며 클라이언트가 대기하고 있던 것입니다.

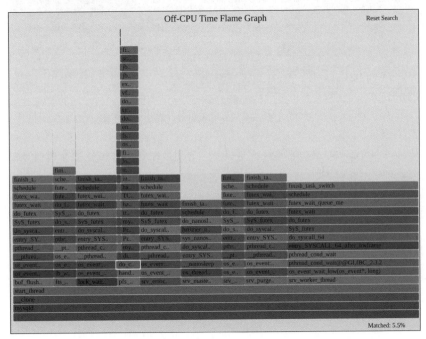

그림 13.3 MySQL 서버에 대한 Off-CPU 시간 플레임 그래프(do_command 강조)

그림 13.3에 있는 대부분의 플레임 그래프는 작업 대기 중인 스레드 풀로 넘쳐 납니다. 서버 명령어 안에서 블록된 시간은 do_command() 프레임을 포함하는 좁은 타워형 막대로 표시되며, 마젠타 색상으로 강조되었습니다. 다행히도 플레임 그래프는 인터랙티브하기 때문에 이 타워형 막대를 클릭하면 확대할 수 있습니다.(그림 13.4)

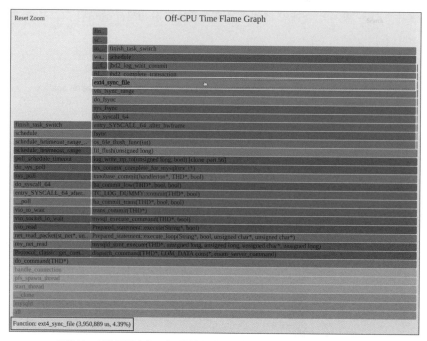

그림 13.4 서버 명령어가 보이도록 하기 위해 확대한 Off-CPU 시간 플레임 그래프

위 그림에서는 ext4_sync_file() 위에 마우스 포인터를 올려 놓아서 왼쪽 아래에 이 경로에서 소요된 시간(3.95초)이 표시되었습니다. 이것은 대부분 do_command() 에서 블로킹된 시간이며, 서버 성능을 향상시키기 위해 최적화할 대상을 보여줍니다.

bpftrace

필자는 offcputime(8)의 bpftrace 버전을 작성했는데, 소스 코드는 다음 절 offcpuhist(8)를 참고하세요.

최종 정리

off-CPU 분석은 profile(8)에 의한 CPU 분석과 한 짝이며, 이 도구는 다양한 성능 이슈를 밝혀낼 수 있습니다.

offcputime(8)의 성능 오버헤드는 상당할 수 있습니다. 컨텍스트 스위치 비율에 따라 5%가 넘을 수도 있습니다. 이는 감당 가능한 수준으로, 필요에 따라서는 프로덕션 환경에서 짧은 시간 동안 작동할 수 있습니다.

BPF 이전에 off-CPU 분석을 수행하는 데는 후처리를 위해 모든 스택을 사용자 공간으로 덤프(dumping)하는 과정이 포함됐으며 오버헤드는 통상 프로덕션 용도의 사용이 힘들 정도로 심했습니다.

profile(8)에서처럼 여기서는 프레임 포인터와 함께 컴파일된 MySQL 서버와 시스템 라이브러리를 사용했기 때문에 모든 코드에 대한 완전한 스택을 출력하고 있습니다. 좀 더 자세한 내용은 13.2.9 "libc 프레임 포인터"를 참고하세요.

offcputime(8)에 대한 좀 더 상세한 내용은 6장을 살펴보세요. 14장에서는 off-CPU 분석용 추가 도구인 wakeuptime(8)과 offwaketime(8)을 다룹니다.

13.2.6 offcpuhist

offcpuhist(8)[3]는 offcputime(8)과 유사합니다. 이것은 off-CPU 시간과 스택 트레이스를 기록하기 위해 스케줄러 이벤트를 트레이싱하지만, 시간을 합계 대신 히스토그램으로 보여줍니다. 다음은 MySQL 서버에 대한 예시 출력 결과입니다.

```
# offcpuhist.bt $(pgrep mysqld)
Attaching 3 probes... Tracing nanosecond time in off-CPU stacks. Ctrl-C to end.

[...]

@[
    finish_task_switch+1
    schedule+44
    futex_wait_queue_me+196
    futex_wait+266
    do_futex+805
    SyS_futex+315
    do_syscall_64+115
    entry_SYSCALL_64_after_hwframe+61 ,
    __pthread_cond_wait+432
    pthread_cond_wait@@GLIBC_2.3.2+36
    os_event_wait_low(os_event*, long)+64
    srv_worker_thread+503
    start_thread+208
    __clone+63
, mysqld]:
[2K, 4K)           134 |@@@@@@@                                              |
[4K, 8K)           293 |@@@@@@@@@@@@@@@@@                                    |
[8K, 16K)          886 |@@@@@@@@@@@@@@@@@@@@@@@@@@@@@@@@@@@@@@@@@@@@@@@@@@@@@@|
[16K, 32K)         493 |@@@@@@@@@@@@@@@@@@@@@@@@@@@@@                         |
[32K, 64K)         447 |@@@@@@@@@@@@@@@@@@@@@@@@@@@                           |
[64K, 128K)        263 |@@@@@@@@@@@@@@@                                      |
[128K, 256K)        85 |@@@@                                                 |
[256K, 512K)         7 |                                                     |
[512K, 1M)           0 |                                                     |
[1M, 2M)             0 |                                                     |
```

---

3 연혁: 필자는 이 책을 위해 2019년 2월 16일에 offcpuhist(8)를 만들었으며, 이는 off-CPU 스택 트레이스를 히스토그램으로 나타내주는 2011년에 집필한 《DTrace》[Gregg 11]에 실린 필자의 uoffcpu.d 도구에서 영감을 얻었습니다. 이 도구는 bpftrace로 작성된 최초의 off-CPU 분석 도구입니다.

```
[2M, 4M)            0 |                                                        |
[4M, 8M)          306 |@@@@@@@@@@@@@@@@@                                        |
[8M, 16M)         747 |@@@@@@@@@@@@@@@@@@@@@@@@@@@@@@@@@@@@@@@@@@@@@@            |

@[
    finish_task_switch+1
    schedule+44
    schedule_hrtimeout_range_clock+185
    schedule_hrtimeout_range+19
    poll_schedule_timeout+69
    do_sys_poll+960
    sys_poll+155
    do_syscall_64+115
    entry_SYSCALL_64_after_hwframe+61 ,
    __GI___poll+110
    vio_io_wait+141
    vio_socket_io_wait+24
    vio_read+226
    net_read_packet(st_net*, unsigned long*)+141
    my_net_read+412
    Protocol_classic::get_command(COM_DATA*, enum_server_command*)+60
    do_command(THD*)+192
    handle_connection+680
    pfs_spawn_thread+337
    start_thread+208
    __clone+63
, mysqld]:
[2K, 4K)          753 |@@@@@@                                                  |
[4K, 8K)         2081 |@@@@@@@@@@@@@@@@@@                                       |
[8K, 16K)        5759 |@@@@@@@@@@@@@@@@@@@@@@@@@@@@@@@@@@@@@@@@@@@@@@@@@@@@@@@@@@|
[16K, 32K)       3595 |@@@@@@@@@@@@@@@@@@@@@@@@@@@@@@@@@@@                       |
[32K, 64K)       4045 |@@@@@@@@@@@@@@@@@@@@@@@@@@@@@@@@@@@@@@@                   |
[64K, 128K)      3830 |@@@@@@@@@@@@@@@@@@@@@@@@@@@@@@@@@@@@@                     |
[128K, 256K)      751 |@@@@@@                                                  |
[256K, 512K)       48 |                                                        |
[512K, 1M)         16 |                                                        |
[1M, 2M)            0 |                                                        |
[2M, 4M)            7 |                                                        |
```

출력 결과에서 마지막 두 개의 스택 트레이스만 가져왔습니다. 첫 번째 것은 작업 대기 중인 srv_worker_thread() 스레드에 대한 Off-CPU 시간을 보여주는데 쌍봉 분포 형태를 띠고 있습니다. 출력 범위는 나노초 단위로, 하나는 대략 $16\mu s$ 정도이고 또 하나의 분포는 8~16ms 사이("[8M, 16M)")임을 보여줍니다. 두 번째 스택은 net_read_packet() 코드 경로에 평균 $128\mu s$ 미만의 더 짧은 대기들이 많음을 보여줍니다.

이 도구는 스케줄러 이벤트를 kprobe로 트레이싱해서 작동합니다. offcputime(8)에서와 같이 그 오버헤드는 상당할 수 있고, 짧은 시간 동안만 사용하는 것이 좋습니다.

offcpuhist(8)의 소스 코드는 다음과 같습니다.

```
#!/usr/local/bin/bpftrace

#include <linux/sched.h>

BEGIN
{
        printf("Tracing nanosecond time in off-CPU stacks. Ctrl-C to end.\n");
}

kprobe:finish_task_switch
{
        // 이전 스레드의 휴면 시간을 기록
        $prev = (struct task_struct *)arg0;
        if ($1 == 0 || $prev->tgid == $1) {
                @start[$prev->pid] = nsecs;
        }

        // 현재 스레드의 시작 시간을 가져옴
        $last = @start[tid];
        if ($last != 0) {
                @[kstack, ustack, comm, tid] = hist(nsecs - $last);
                delete(@start[tid]);
        }
}

END
{
        clear(@start);
}
```

이 소스 코드는 finish_task_switch() kprobe 하나만을 가지고 CPU를 떠나는 스레드에 대한 타임스탬프와 CPU상에서 동작을 시작하는 스레드에 대한 히스토그램을 둘 다 기록합니다.

13.2.7 syscount

syscount(8)[4]는 시스템 콜을 집계하는 BCC 도구로, 애플리케이션의 리소스 사용을 볼 수 있게 해줍니다. 이 도구는 시스템 전역 또는 개별 프로세스에 걸쳐 작동합니다. 예를 들어 MySQL 서버에서 초 단위로 출력한 결과 (-i 1)는 다음과 같습니다.

---

4 연혁: 이것은 사샤 골드스타인이 2017년 2월 15일에 만들었습니다. 필자는 perf(1)를 사용하는 첫 syscount를 2014년 7월 7일에 개발했는데, 이것은 strace -c의 가벼운 버전으로 프로세스별로 집계하는 모드가 있었습니다. 이는 필자가 2005년 9월 22일에 개발한 procsystime 도구에서 영감을 얻었습니다.

```
# syscount -i 1 -p $(pgrep mysqld)
Tracing syscalls, printing top 10... Ctrl+C to quit.
[11:49:25]
SYSCALL                    COUNT
sched_yield                10848
recvfrom                    6576
futex                       3977
sendto                      2193
poll                        2187
pwrite                       128
fsync                        115
nanosleep                      1

[11:49:26]
SYSCALL                    COUNT
sched_yield                10918
recvfrom                    6957
futex                       4165
sendto                      2314
poll                        2309
pwrite                       131
fsync                        118
setsockopt                     2
close                          2
accept                         1

[...]
```

위의 예를 보면 sched_yield() 시스템 콜이 초당 10,000번 이상으로 가장 많이 호출되었음을 알 수 있습니다. 가장 빈번한 시스템 콜은 시스템 콜에 대한 tracepoint를 사용하는 다른 도구들로 탐색할 수 있습니다. 예를 들어 BCC stackcount(8)는 해당 시스템 콜로 이어지는 스택 트레이스를 보여주고, BCC argdist(8)는 인자를 요약 정리할 수 있습니다. 각 시스템 콜의 목적, 인자 그리고 리턴 값을 설명하는 매뉴얼 페이지도 참고할 수 있습니다.

syscount(8)는 -L 옵션을 통해 시스템 콜에서의 총 시간을 보여줄 수 있습니다. 예를 들어, 10초(-d 10) 동안 트레이싱하고 밀리초(-m) 단위로 정리하면 다음과 같습니다.

```
# syscount -mL -d 10 -p $(pgrep mysqld)
Tracing syscalls, printing top 10... Ctrl+C to quit.
[11:51:40]
SYSCALL                    COUNT        TIME (ms)
futex                      42158    108139.607626
nanosleep                      9      9000.992135
fsync                       1176      4393.483111
poll                       22700      1237.244061
sendto                     22795       276.383209
```

recvfrom	68311	275.933806
sched_yield	79759	141.347616
pwrite	1352	53.346773
shutdown	1	0.015088
openat	1	0.013794

Detaching...

트레이싱하는 동안 futex(2)의 시간은 이 10초 트레이싱에 대해 총 108초가 넘었습니다. 이렇게 시간이 크게 집계된 이유는 여러 스레드가 병렬로 futex(2)를 호출하였기 때문입니다. futex(2)의 기능을 파악하기 위해 인자와 코드 경로를 면밀하게 살펴볼 필요가 있습니다. 앞서 다룬offcputime(8) 도구에서 본 것과 마찬가지로, 이러한 함수는 작업 대기 메커니즘으로 매우 자주 호출될 가능성이 있습니다.

이 출력 결과에서 가장 흥미 있는 시스템 콜은 총 4,392ms인 fsync(2)입니다. fsync 함수는 파일 시스템과 디스크에 의존적인 함수입니다. 4초(4000ms)가 소요되었다는 의미는 이 두 대상을 최적화해볼수 있음을 의미합니다.

syscount(8)에 대한 더 자세한 내용은 6장을 살펴보세요.

13.2.8 ioprofile

ioprofile(8)[5]은 I/O 관련 시스템 콜(읽기, 쓰기, 송신과 수신)을 트레이싱하고 호출된 횟수를 사용자 레벨 스택 트레이스와 함께 보여줍니다. 예를 들어 MySQL 서버에서 이 도구를 실행한 사례는 다음과 같습니다.

```
# ioprofile.bt $(pgrep mysqld)
Attaching 24 probes...
Tracing I/O syscall user stacks. Ctrl-C to end.
^C
[...]

@[tracepoint:syscalls:sys_enter_pwrite64,
    pwrite64+114
    os_file_io(IORequest const&, int, void*, unsigned long, unsigned long, dberr_t...
    os_file_write_page(IORequest&, char const*, int, unsigned char const*, unsigne...
    fil_io(IORequest const&, bool, page_id_t const&, page_size_t const&, unsigned ...
    log_write_up_to(unsigned long, bool) [clone .part.56]+2426
    trx_commit_complete_for_mysql(trx_t*)+108
```

5 연혁: ioprofile(8)은 이 책을 위해서 2019년 2월 15일에 만들었습니다. 처음에는 회사의 벡터 소프트웨어의 새로운 플레임 그래프 유형으로 사용하려고 만들었습니다. 이 도구는 다른 어떤 도구보다도 더 libc와 libpthread에 프레임 포인터가 없으면 얼마나 고통스러운지 깨닫게 해주었고, 넷플릭스 BaseAMI 라이브러리 개정에 영감을 주었습니다.

```
          innobase_commit(handlerton*, THD*, bool)+727
          ha_commit_low(THD*, bool, bool)+372
          TC_LOG_DUMMY::commit(THD*, bool)+20
          ha_commit_trans(THD*, bool, bool)+703
          trans_commit(THD*)+57
          mysql_execute_command(THD*, bool)+6651
          Prepared_statement::execute(String*, bool)+1410
          Prepared_statement::execute_loop(String*, bool, unsigned char*, unsigned char*...
          mysqld_stmt_execute(THD*, unsigned long, unsigned long, unsigned char*, unsign...
          dispatch_command(THD*, COM_DATA const*, enum_server_command)+5582
          do_command(THD*)+544
          handle_connection+680
          pfs_spawn_thread+337
          start_thread+208
          __clone+63
, mysqld]: 636

[...]

@[tracepoint:syscalls:sys_enter_recvfrom,
          __GI___recv+152
          vio_read+167
          net_read_packet(st_net*, unsigned long*)+141
          my_net_read+412
          Protocol_classic::get_command(COM_DATA*, enum_server_command*)+60
          do_command(THD*)+192
          handle_connection+680
          pfs_spawn_thread+337
          start_thread+208
          __clone+63
, mysqld]: 24255
```

실제 출력 결과에는 수백 개의 스택이 출력되지만 여기에는 두 개만 가져왔습니다. 첫 번째 스택은 mysqld가 트랜잭션 쓰기와 파일 쓰기 코드 경로에서 pwrite64(2)를 호출한 것을 보여줍니다. 두 번째 스택은 mysqld가 recvfrom(2)을 통해서 패킷을 읽고 있는 것을 보여줍니다.

애플리케이션의 일반적인 성능 문제는 I/O를 너무 많이 수행하거나 불필요한 I/O를 수행하는 것입니다. 이 원인은 로그 쓰기와 작은 I/O 크기 때문일 수 있는데, 문제 해결을 위해 로그를 비활성화하거나 I/O 크기를 증가시킬 수 있습니다. 이 도구는 이러한 유형의 이슈를 확인하는 데 도움이 됩니다.

이 도구는 시스템 콜에 대한 tracepoint를 트레이싱함으로써 작동합니다. 이 시스템 콜은 자주 발생해서 오버헤드가 두드러질 수 있습니다.

ioprofile(8)의 소스 코드는 다음과 같습니다.

```
#!/usr/local/bin/bpftrace
```

```
BEGIN
{
        printf("Tracing I/O syscall user stacks. Ctrl-C to end.\n");
}

tracepoint:syscalls:sys_enter_*read*,
tracepoint:syscalls:sys_enter_*write*,
tracepoint:syscalls:sys_enter_*send*,
tracepoint:syscalls:sys_enter_*recv*
/$1 == 0 || pid == $1/
{
        @[probe, ustack, comm] = count();
}
```

선택적인 PID 인자가 제공될 수 있습니다. 만약 없다면 전체 시스템을 트레이싱합니다.

13.2.9 libc 프레임 포인터

ioprofile(8) 도구의 출력 결과에는 완전한 스택만 포함되어 있는데 이 MySQL 서버는 프레임 포인터와 함께 컴파일된 libc로 동작하고 있기 때문입니다. 애플리케이션은 때로 libc 호출을 통해 I/O를 발생시키며, libc는 종종 프레임 포인터 없이 컴파일됩니다. 이것이 의미하는 바는 커널에서 애플리케이션까지의 스택 추적이 종종 libc에서 멈춘다는 뜻입니다. 다른 도구들에도 이 문제가 존재하지만, ioprofile(8)과 7장에서 다룬 brkstack(8)에서 가장 두드러집니다.

이 문제가 어떻게 보이는지 다음 예를 통해 살펴보겠습니다. 이 MySQL 서버는 프레임 포인터와 함께 컴파일되었지만, libc의 경우 프레임 포인터가 없는 표준 패키징된 libc를 사용하고 있습니다.

```
# ioprofile.bt $(pgrep mysqld)
[...]
@[tracepoint:syscalls:sys_enter_pwrite64,
    __pwrite+79
    0x2fffffffdc020000
, mysqld]: 5
[...]
@[tracepoint:syscalls:sys_enter_recvfrom,
    __libc_recv+94
, mysqld]: 22526
```

이 출력 결과에서 스택 트레이스는 한두 프레임 뒤에 정지하는 등 불완전합니다. 이 문제를 해결하는 방법은 다음과 같습니다.

- libc를 -fno-omit-frame-pointer 옵션과 함께 다시 컴파일하기
- 프레임 포인터 레지스터가 다른 범용 레지스터로 재사용되기 전에 libc 인터페이스 함수 트레이싱하기
- os_file_io()와 같은 MySQL 서버 함수 트레이싱하기. 이것은 애플리케이션에만 해당되는 접근 방식입니다.
- 다른 스택 추적 방식 사용하기. 다른 접근 방법에 대한 설명은 2.4 "스택 트레이스 추적"을 참고하세요.

libc는 libpthread와 다른 라이브러리들도 함께 제공하는 glibc 패키지[153]에 포함되어 있습니다. 데비안에는 예전에 프레임 포인터를 가진 다른 libc 패키지를 제공해달라는 제안이 들어온 적이 있습니다.[154]

 망가진 스택에 대한 더 많은 논의는 2.4 "스택 트레이스 추적"과 18.8 "스택 트레이스 누락"을 살펴보세요.

13.2.10 mysqld_qslower

mysqld_qslower(8)[6]는 임계 값(threshold)보다 느린 MySQL 서버 쿼리를 트레이싱하기 위한 BCC와 bpftrace 도구입니다. 이것은 애플리케이션 컨텍스트인 쿼리 문자열을 보여주는 도구의 사례이기도 합니다. BCC 버전의 출력 결과 사례는 다음과 같습니다.

```
# mysqld_qslower $(pgrep mysqld)
Tracing MySQL server queries for PID 9908 slower than 1 ms...
TIME(s)     PID        MS QUERY
0.000000    9962   169.032 SELECT * FROM words WHERE word REGEXP '^bre.*n$'
1.962227    9962   205.787 SELECT * FROM words WHERE word REGEXP '^bpf.tools$'
9.043242    9962    95.276 SELECT COUNT(*) FROM words
23.723025   9962   186.680 SELECT count(*) AS count FROM words WHERE word REGEXP
'^bre.*n$'
30.343233   9962   181.494 SELECT * FROM words WHERE word REGEXP '^bre.*n$' ORDER
BY word [...]
```

이 출력 결과는 쿼리의 시간 오프셋, MySQL 서버 PID, 쿼리 지속 시간(ms), 그리고 쿼리 문자열을 보여줍니다. MySQL은 이와 유사한 기능을 기본적으로 제공하는데, 슬로우 쿼리 로그(slow query log)를 통해 느린 MySQL 서버 쿼리를 확인할 수 있습니다.

---

6 연혁: 필자는 2011년에 출간된 책 ≪DTrace≫에 실린 이전 버전의 mysqld_qslower.d 도구를 기반으로 이 책을 위해 2019년 2월 15일에 만들었습니다.[Gregg 11]

BPF를 이용하면 슬로우 쿼리 로그에는 존재하지 않는 정보를 확인할 수 있는데, 이 도구를 커스터마이즈하여 디스크 I/O와 쿼리에 의한 다른 리소스 사용 등의 세부 사항을 포함시킬 수 있습니다.

이것은 MySQL USDT probe인 mysql:query__start와 mysql:query__done을 트레이싱하며 작동합니다. 상대적으로 낮은 서버 쿼리 비율로 인해 이 도구의 오버헤드는 무시할 수 있는 수준으로 작을 것입니다.

BCC

커맨드 라인 사용법은 다음과 같습니다.

```
mysqld_qslower PID [min_ms]
```

최소 밀리초 임계 값을 제공할 수 있고, 그렇지 않으면 기본으로 1ms를 사용합니다. 0을 제공하면 모든 쿼리가 출력됩니다.

bpftrace

다음은 이 책을 위해 개발한 bpftrace 버전의 코드입니다.

```
#!/usr/local/bin/bpftrace

BEGIN
{
        printf("Tracing mysqld queries slower than %d ms. Ctrl-C to end.\n",
            $1);
        printf("%-10s %-6s %6s %s\n", "TIME(ms)", "PID", "MS", "QUERY");
}

usdt:/usr/sbin/mysqld:mysql:query__start {
        @query[tid] = str(arg0);
        @start[tid] = nsecs;
}
 usdt:/usr/sbin/mysqld:mysql:query__done /@start[tid]/
{
        $dur = (nsecs - @start[tid]) / 1000000;
        if ($dur > $1) {
                printf("%-10u %-6d %6d %s\n", elapsed / 1000000,
                    pid, $dur, @query[tid]);
        }
        delete(@query[tid]);
        delete(@start[tid]);
}
```

이 프로그램은 위치 매개변수 $1을 밀리초 지연 임계 값으로 사용합니다. 값을 따로 제공하지 않으면 0이 기본값이기 때문에 모든 쿼리를 출력합니다.

MySQL 서버는 서비스 스레드 풀을 사용하고, 이 스레드 모델에서는 동일한 스레드가 하나의 요청에 대해 전적으로 처리하기 때문에 스레드 ID를 요청에 대한 고유 ID로 사용할 수 있습니다. 이 도구에서는 @query, @start 맵에 스레드 ID를 함께 사용해서 각 요청에 대한 쿼리 문자열 포인터와 시작 타임스탬프를 저장하며, 요청이 종료될 때 이것을 불러옵니다.

몇 가지 출력 사례는 다음과 같습니다.

```
# mysqld_qslower.bt -p $(pgrep mysqld)
Attaching 4 probes...
Tracing mysqld queries slower than 0 ms. Ctrl-C to end.
TIME(ms)    PID         MS QUERY
984         9908        87 select * from words where word like 'perf%'
[...]
```

BCC 버전에서 PID가 필요한 것처럼 이 bpftrace 프로그램도 실행 중에 USDT probe를 활성화하려면 -p를 사용해야 합니다. 이 도구의 커맨드 라인 사용법은 다음과 같습니다.

```
mysqld_qslower.bt -p PID [min_ms]
```

bpftrace: uprobe

mysqld에 USDT probe가 컴파일되어 있지 않다면, 내부 함수에 대한 uprobe를 사용해서 유사한 도구를 구현할 수 있습니다. 앞에서 살펴본 도구들의 스택 트레이스는 계측이 가능한 몇 가지 함수를 보여주었습니다. 다음은 앞에서 다룬 profile(8)의 출력 결과 예시입니다.

```
handle_query(THD*, LEX*, Query_result*, unsigned long long, unsigned long long)
    execute_sqlcom_select(THD*, TABLE_LIST*)
    mysql_execute_command(THD*, bool)
    Prepared_statement::execute(String*, bool)
    Prepared_statement::execute_loop(String*, bool, unsigned char*, unsigned char*)
    mysqld_stmt_execute(THD*, unsigned long, unsigned long, unsigned char*, unsign...
    dispatch_command(THD*, COM_DATA const*, enum_server_command)
    do_command(THD*)
```

다음 도구 mysqld_qslower-uprobes.bt는 dispatch_command()를 트레이싱합니다.

```
#!/usr/local/bin/bpftrace

BEGIN
{
```

```
        printf("Tracing mysqld queries slower than %d ms. Ctrl-C to end.\n",
            $1);
        printf("%-10s %-6s %6s %s\n", "TIME(ms)", "PID", "MS", "QUERY");
}

uprobe:/usr/sbin/mysqld:*dispatch_command*
{
        $COM_QUERY = 3;                      // include/my_command.h 참고
        if (arg2 == $COM_QUERY) {
                @query[tid] = str(*arg1);
                @start[tid] = nsecs;
        }
}
 uretprobe:/usr/sbin/mysqld:*dispatch_command*
/@start[tid]/
{
        $dur = (nsecs - @start[tid]) / 1000000;
        if ($dur > $1) {
                printf("%-10u %-6d %6d %s\n", elapsed / 1000000,
                    pid, $dur, @query[tid]);
        }
        delete(@query[tid]);
        delete(@start[tid]);
}
```

dispatch_command()를 트레이싱하면 쿼리가 아닌 다른 명령 유형도 같이 트레이싱되기 때문에, 여기서는 명령어 유형이 반드시 COM_QUERY와 일치하는지 확인합니다. 쿼리 문자열은 COM_DATA 인자(arg 1)에서 가져옵니다(앞선 profile(8) 출력 결과의 dispatch_command() 심벌 시그니처에서 확인할 수 있듯이, 이 함수의 두 번째 인자 유형은 COM_DATA입니다).

uprobe의 경우와 마찬가지로 트레이싱된 함수 이름, 인자와 로직은 모두 MySQL 버전(여기서는 5.7을 트레이싱하고 있습니다)에 의존적이며, 세부 사항 중 어느 것이라도 변경된다면 다른 버전에서는 작동하지 않을 수 있습니다. 이것이 USDT probe가 선호되는 이유입니다.

13.2.11 mysqld_clat

mysqld_clat(8)[7]는 이 책을 위해 필자가 개발한 bpftrace 도구입니다. 이 도구는 MySQL 명령어 지연을 트레이싱하며 각 명령어 유형에 대한 히스토그램을 보여 줍니다. 예를 들면 다음과 같습니다.

---

7   연혁: 이 도구는 2019년 2월 15일에 이 책을 위해 만들었습니다. 이는 필자가 2013년 6월 25일에 만든 mysqld_command.d와 유사하지만 시스템 전체에 걸친 요약과 명령어 이름을 사용하는 등 어느 정도 개선을 적용했습니다.

```
# mysqld_clat.bt
Attaching 4 probes...
Tracing mysqld command latencies. Ctrl-C to end.
^C
@us[COM_QUIT]:
[4, 8)                 1 |@@@@@@@@@@@@@@@@@@@@@@@@@@@@@@@@@@@@@@@@@@@@@@@@@@@@|

@us[COM_STMT_CLOSE]:
[4, 8)                 1 |@@@@@@                                            |
[8, 16)                8 |@@@@@@@@@@@@@@@@@@@@@@@@@@@@@@@@@@@@@@@@@@@@@@@@@@@@|
[16, 32)               1 |@@@@@@                                            |
 @us[COM_STMT_PREPARE]:
[32, 64)               6 |@@@@@@@@@@@@@@@@@@@@@@@@                           |
[64, 128)             13 |@@@@@@@@@@@@@@@@@@@@@@@@@@@@@@@@@@@@@@@@@@@@@@@@@@@@|
[128, 256)             3 |@@@@@@@@@@@                                       |

@us[COM_QUERY]:
[8, 16)               33 |@                                                 |
[16, 32)             185 |@@@@@@@@                                          |
[32, 64)            1128 |@@@@@@@@@@@@@@@@@@@@@@@@@@@@@@@@@@@@@@@@@@@@@@@@@@@@|
[64, 128)            300 |@@@@@@@@@@@@@                                     |
[128, 256)             2 |                                                  |

@us[COM_STMT_EXECUTE]:
[16, 32)            1410 |@@@@@@                                            |
[32, 64)            1654 |@@@@@@@                                           |
[64, 128)          11212 |@@@@@@@@@@@@@@@@@@@@@@@@@@@@@@@@@@@@@@@@@@@@@@@@@@@@|
[128, 256)          8899 |@@@@@@@@@@@@@@@@@@@@@@@@@@@@@@@@@@@@@@@@@           |
[256, 512)          5000 |@@@@@@@@@@@@@@@@@@@@@@                             |
[512, 1K)           1478 |@@@@@@                                            |
[1K, 2K)               5 |                                                  |
[2K, 4K)            1504 |@@@@@@                                            |
[4K, 8K)             141 |                                                  |
[8K, 16K)              7 |                                                  |
[16K, 32K)             1 |                                                  |
```

이 출력 결과를 통해 쿼리에 8~256마이크로초 사이의 시간이 소요되었으며, 명령어 실행(COM_STMT_EXECUTE)은 서로 다른 지연 시간에 분포해 있는 쌍봉 분포 형태임을 확인할 수 있습니다.

이 도구는 USDT probe mysql:command__start와 mysql:command__done 사이의 시간(지연)을 계측하고 start probe에서 명령어 유형을 읽어서 작동합니다. 명령어의 발생률이 일반적으로 낮기 때문에(초당 1천 번 미만) 오버헤드는 무시할 수 있는 수준입니다.

mysqld_clat(8)의 소스 코드는 다음과 같습니다.

```
#!/usr/local/bin/bpftrace


BEGIN
```

```
{
        printf("Tracing mysqld command latencies. Ctrl-C to end.\n");

        // include/my_command.h 참고
        @com[0] = "COM_SLEEP";
        @com[1] = "COM_QUIT";
        @com[2] = "COM_INIT_DB";
        @com[3] = "COM_QUERY";
        @com[4] = "COM_FIELD_LIST";
        @com[5] = "COM_CREATE_DB";
        @com[6] = "COM_DROP_DB";
        @com[7] = "COM_REFRESH";
        @com[8] = "COM_SHUTDOWN";
        @com[9] = "COM_STATISTICS";
        @com[10] = "COM_PROCESS_INFO";
        @com[11] = "COM_CONNECT";
        @com[12] = "COM_PROCESS_KILL";
        @com[13] = "COM_DEBUG";
        @com[14] = "COM_PING";
        @com[15] = "COM_TIME";
        @com[16] = "COM_DELAYED_INSERT";
        @com[17] = "COM_CHANGE_USER";
        @com[18] = "COM_BINLOG_DUMP";
        @com[19] = "COM_TABLE_DUMP";
        @com[20] = "COM_CONNECT_OUT";
        @com[21] = "COM_REGISTER_SLAVE";
        @com[22] = "COM_STMT_PREPARE";
        @com[23] = "COM_STMT_EXECUTE";
        @com[24] = "COM_STMT_SEND_LONG_DATA";
        @com[25] = "COM_STMT_CLOSE";
        @com[26] = "COM_STMT_RESET";
        @com[27] = "COM_SET_OPTION";
        @com[28] = "COM_STMT_FETCH";
        @com[29] = "COM_DAEMON";
        @com[30] = "COM_BINLOG_DUMP_GTID";
        @com[31] = "COM_RESET_CONNECTION";
}
usdt:/usr/sbin/mysqld:mysql:command__start
{
        @command[tid] = arg1;
        @start[tid] = nsecs;
}

usdt:/usr/sbin/mysqld:mysql:command__done
/@start[tid]/
{
        $dur = (nsecs - @start[tid]) / 1000;
        @us[@com[@command[tid]]] = hist($dur);
        delete(@command[tid]);
        delete(@start[tid]); }

END
{
        clear(@com);
}
```

앞의 소스 코드에는 정수형 명령어 ID를 사람이 읽을 수 있는 명령어 이름 문자열로 변환하기 위한 참조 테이블이 포함되어 있습니다. 이 이름은 include/my_command.h에 있는 MySQL 서버 소스에서 온 것으로, "USDT Probe 레퍼런스(USDT Probe Reference)"에도 문서화되어 있습니다.[155]

USDT probe를 사용할 수 없다면 이 도구를 다시 작성해서 dispatch_command() 함수에 대한 uprobe를 사용할 수 있습니다. 전체 도구를 다시 만들 필요 없이 일부 코드만 수정하면 됩니다. 다음은 필요한 변화 사항만을 강조한 diff 결과입니다.

```
$ diff mysqld_clat.bt mysqld_clat_uprobes.bt
42c42
< usdt:/usr/sbin/mysqld:mysql:command__start
---
> uprobe:/usr/sbin/mysqld:*dispatch_command*
44c44
<       @command[tid] = arg1;
---
>       @command[tid] = arg2;
48c48
< usdt:/usr/sbin/mysqld:mysql:command__done
---
> uretprobe:/usr/sbin/mysqld:*dispatch_command*
```

명령어는 다른 인자(arg 2)에서 가져오고 uprobe를 대신 사용했지만 도구의 나머지 부분은 동일합니다.

13.2.12 signals

signals(8)[8]는 프로세스 시그널을 트레이싱하며 시그널과 대상 프로세스의 요약 분포를 보여줍니다. 이 도구는 애플리케이션이 왜 예상치 않게 종료되었는지(아마 시그널을 보냈기 때문일 것입니다)를 조사하는 데 유용합니다. 출력 사례는 다음과 같습니다.

```
# signals.bt
Attaching 3 probes...
Counting signals. Hit Ctrl-C to end.
^C
@[SIGNAL, PID, COMM] = COUNT
```

---

8 연혁: 필자는 2019년 2월 16일에 이 도구를 개발하였으며, 다른 트레이싱 도구를 위한 이전 버전들도 만들었습니다. 이것들은 2005년 1월에 출간된 《Dynamic Tracing Guide》[Sun 05]의 sig.d에서 영감을 얻었습니다.

```
@[SIGKILL, 3022, sleep]: 1
@[SIGINT, 2997, signals.bt]: 1
@[SIGCHLD, 21086, bash]: 1
@[SIGSYS, 3014, ServiceWorker t]: 4
@[SIGALRM, 2903, mpstat]: 6
@[SIGALRM, 1882, Xorg]: 87
```

위의 출력 결과를 통해 PID 3022의 sleep 프로세스에 SIGKILL이 한 번(SIGKILL 은 한 번만 보내면 됩니다) 보내졌고 SIGALRM은 PID 1882의 Xorg 프로세스에 트레이싱하는 동안 총 87회 전송되었음을 확인할 수 있습니다.

이 도구는 signal:signal_generate tracepoint를 트레이싱함으로써 작동합니다. 시그널이 빈번하지 않기 때문에 오버헤드는 무시할 수 있는 수준일 것입니다.

signals(8)의 소스 코드는 다음과 같습니다.

```
#!/usr/local/bin/bpftrace

BEGIN
{
        printf("Counting signals. Hit Ctrl-C to end.\n");

        // /usr/include/asm-generic/signal.h 참고
        @sig[0] = "0";
        @sig[1] = "SIGHUP";
        @sig[2] = "SIGINT";
        @sig[3] = "SIGQUIT";
        @sig[4] = "SIGILL";
        @sig[5] = "SIGTRAP";
        @sig[6] = "SIGABRT";
        @sig[7] = "SIGBUS";
        @sig[8] = "SIGFPE";
        @sig[9] = "SIGKILL";
        @sig[10] = "SIGUSR1";
        @sig[11] = "SIGSEGV";
        @sig[12] = "SIGUSR2";
        @sig[13] = "SIGPIPE";
        @sig[14] = "SIGALRM";
        @sig[15] = "SIGTERM";
        @sig[16] = "SIGSTKFLT";
        @sig[17] = "SIGCHLD";
        @sig[18] = "SIGCONT";
        @sig[19] = "SIGSTOP";
        @sig[20] = "SIGTSTP";
        @sig[21] = "SIGTTIN";
        @sig[22] = "SIGTTOU";
        @sig[23] = "SIGURG";
        @sig[24] = "SIGXCPU";
        @sig[25] = "SIGXFSZ";
        @sig[26] = "SIGVTALRM";
```

```
        @sig[27] = "SIGPROF";
        @sig[28] = "SIGWINCH";
        @sig[29] = "SIGIO";
        @sig[30] = "SIGPWR";
        @sig[31] = "SIGSYS";
}

tracepoint:signal:signal_generate
{
        @[@sig[args->sig], args->pid, args->comm] = count();
}

END
{
        printf("\n@[SIGNAL, PID, COMM] = COUNT");
        clear(@sig);
}
```

이 소스 코드는 시그널 번호를 읽을 수 있는 코드로 변환하는 참조 테이블을 사용합니다. 커널 소스에는 시그널 번호 0에 대한 이름이 없지만, 대상 PID가 여전히 작동 중인지 확인하기 위한 가동 상태 체크(health check)에 사용됩니다.

13.2.13 killsnoop

killsnoop(8)[9]은 kill(2) 시스템 콜을 통해 보낸 시그널을 트레이싱하기 위한 BCC와 bpftrace 도구입니다. 이 도구는 누가 시그널을 보내고 있는지 보여줄 수 있지만, signals(8)와는 달리 시스템에 보낸 모든 시그널이 아닌 kill(2)을 통해 보낸 시그널만 트레이싱합니다. 출력 사례는 다음과 같습니다.

```
# killsnoop
TIME      PID     COMM           SIG  TPID   RESULT
00:28:00  21086   bash           9    3593   0
[...]
```

이 출력 결과는 배시 셸이 9번 시그널(KILL)을 PID 3593으로 보냈음을 보여줍니다.

이 도구는 syscalls:sys_enter_kill과 syscalls:sys_exit_kill tracepoint를 트레이싱함으로써 작동합니다. 오버헤드는 무시할 수 있는 수준입니다.

---

9 연혁: 필자는 설명하기 힘든 애플리케이션 종료 사례를 디버그하기 위해 2004년 5월 9일에 kill.d로 첫 버전을 만들었습니다. 또한 2015년 9월 20일에는 BCC 버전을, 2018년 9월 7일에는 bpftrace 버전을 만들었습니다.

BCC

커맨드 라인 사용법은 다음과 같습니다.

```
killsnoop [options]
```

옵션은 다음과 같습니다.

- -x: 실패한 kill(2) 시스템 콜만 보여줍니다
- -p PID: 이 프로세스만 측정합니다

bpftrace

다음은 bpftrace 버전용 코드로, 핵심 기능만 정리해서 보여줍니다. 이 버전은 옵션을 지원하지 않습니다.

```
#!/usr/local/bin/bpftrace

BEGIN
{
        printf("Tracing kill() signals... Hit Ctrl-C to end.\n");
        printf("%-9s %-6s %-16s %-4s %-6s %s\n", "TIME", "PID", "COMM", "SIG",
            "TPID", "RESULT");
}

tracepoint:syscalls:sys_enter_kill
{
        @tpid[tid] = args->pid;
        @tsig[tid] = args->sig;
}

tracepoint:syscalls:sys_exit_kill
/@tpid[tid]/
{
        time("%H:%M:%S  ");
        printf("%-6d %-16s %-4d %-6d %d\n", pid, comm, @tsig[tid], @tpid[tid],
            args->ret);
        delete(@tpid[tid]);
        delete(@tsig[tid]);
}
```

이 프로그램은 시스템 콜의 진입점(enter)에서 대상 PID와 시그널을 저장해서, 종료점(exit)에서 참조하고 출력할 수 있도록 합니다. 이 도구는 signals(8)처럼 시그널 이름의 참조 테이블을 포함하도록 개선할 수 있습니다.

13.2.14 pmlock과 pmheld

pmlock(8)[10]과 pmheld(8) bpftrace 도구는 libpthread 뮤텍스 록 지연 시간과 록을 걸고 있는 시간을 기록하여 사용자 레벨 스택과 함께 히스토그램으로 저장합니다. pmlock(8)은 록 경쟁 이슈를 확인하는 데 사용할 수 있으며, pmheld(8)는 그 원인, 즉 록을 걸고 있는 코드 경로가 무엇인지 보여줍니다. 다음은 MySQL 서버에 pmlock(8)을 실행한 것입니다.

```
# pmlock.bt $(pgrep mysqld)
Attaching 4 probes...
Tracing libpthread mutex lock latency, Ctrl-C to end.
^C
[...]

@lock_latency_ns[0x7f3728001a50,
    pthread_mutex_lock+36
    THD::Query_plan::set_query_plan(enum_sql_command, LEX*, bool)+121
    mysql_execute_command(THD*, bool)+15991
    Prepared_statement::execute(String*, bool)+1410
    Prepared_statement::execute_loop(String*, bool, unsigned char*, unsigned char*...
, mysqld]:
[1K, 2K)             123 |                                                        |
[2K, 4K)            1203 |@@@@@@@@@@                                               |
[4K, 8K)            6576 |@@@@@@@@@@@@@@@@@@@@@@@@@@@@@@@@@@@@@@@@@@@@@@@@@@@@@@@@@@@|
[8K, 16K)           2077 |@@@@@@@@@@@@@@@@@                                        |
@lock_latency_ns[0x7f37280019f0,
    pthread_mutex_lock+36
    THD::set_query(st_mysql_const_lex_string const&)+94
    Prepared_statement::execute(String*, bool)+336
    Prepared_statement::execute_loop(String*, bool, unsigned char*, unsigned char*...
    mysqld_stmt_execute(THD*, unsigned long, unsigned long, unsigned char*, unsign...
, mysqld]:
[1K, 2K)              47 |                                                        |
[2K, 4K)             945 |@@@@@@@@@                                               |
[4K, 8K)            3290 |@@@@@@@@@@@@@@@@@@@@@@@@@@@@@@@@                         |
[8K, 16K)           5702 |@@@@@@@@@@@@@@@@@@@@@@@@@@@@@@@@@@@@@@@@@@@@@@@@@@@@@@@@@@@|

@lock_latency_ns[0x7f37280019f0,
    pthread_mutex_lock+36
    THD::set_query(st_mysql_const_lex_string const&)+94
    dispatch_command(THD*, COM_DATA const*, enum_server_command)+1045
    do_command(THD*)+544
    handle_connection+680
, mysqld]:
[1K, 2K)              65 |                                                        |
[2K, 4K)            1198 |@@@@@@@@@@@                                             |
```

---

10 연혁: 필자는 솔라리스 lockstat(1M) 도구에서 영감을 얻어 2019년 2월 17일에 이 책을 위해 이들 도구를 만들었습니다. 이 lockstat(1M) 도구는 다양한 록 관련 시간을 지연 히스토그램과 스택 트레이스 일부와 함께 보여주었습니다

```
[4K, 8K)         5283 |@@@@@@@@@@@@@@@@@@@@@@@@@@@@@@@@@@@@@@@@@@@@@@@@@@@@@@|
[8K, 16K)        3966 |@@@@@@@@@@@@@@@@@@@@@@@@@@@@@@@@@@@@@@@@@@@@          |
```

마지막 두 개의 스택은 THD::set_query()를 포함하는 코드 경로에서 록 주소 0x7f37280019f0의 지연 시간을 보여주는데, 평균 4~16마이크로초 사이입니다.

이제 pmheld(8)를 실행해 보면 다음과 같습니다.

```
# pmheld.bt $(pgrep mysqld)
Attaching 5 probes...
Tracing libpthread mutex held times, Ctrl-C to end.
^C
[...]

@held_time_ns[0x7f37280019c0,
    __pthread_mutex_unlock+0
    close_thread_table(THD*, TABLE**)+169
    close_thread_tables(THD*)+923
    mysql_execute_command(THD*, bool)+887
    Prepared_statement::execute(String*, bool)+1410
, mysqld]:
[2K, 4K)         3311 |@@@@@@@@@@@@@@@@@@@@@@@@@@@@@@@@@@@@@@          |
[4K, 8K)         4523 |@@@@@@@@@@@@@@@@@@@@@@@@@@@@@@@@@@@@@@@@@@@@@@@@@@@@@|
@held_time_ns[0x7f37280019f0,
    __pthread_mutex_unlock+0
    THD::set_query(st_mysql_const_lex_string const&)+147
    dispatch_command(THD*, COM_DATA const*, enum_server_command)+1045
    do_command(THD*)+544
    handle_connection+680
, mysqld]:
[2K, 4K)         3848 |@@@@@@@@@@@@@@@@@@@@@@@@@@@@@@@@@@@@@@@@@       |
[4K, 8K)         5038 |@@@@@@@@@@@@@@@@@@@@@@@@@@@@@@@@@@@@@@@@@@@@@@@@@@@@@|
[8K, 16K)           0 |                                                    |
[16K, 32K)          0 |                                                    |
[32K, 64K)          1 |                                                    |

@held_time_ns[0x7f37280019c0,
    __pthread_mutex_unlock+0
    Prepared_statement::execute(String*, bool)+321
    Prepared_statement::execute_loop(String*, bool, unsigned char*, unsigned char*...
    mysqld_stmt_execute(THD*, unsigned long, unsigned long, unsigned char*, unsign...
    dispatch_command(THD*, COM_DATA const*, enum_server_command)+5582
, mysqld]:
[1K, 2K)         2204 |@@@@@@@@@@@@@@@@@@@@@@@               |
[2K, 4K)         4803 |@@@@@@@@@@@@@@@@@@@@@@@@@@@@@@@@@@@@@@@@@@@@@@@@@@@@@|
[4K, 8K)         2845 |@@@@@@@@@@@@@@@@@@@@@@@@@@@@@@@       |
[8K, 16K)           0 |                                                    |
[16K, 32K)         11 |                                                    |
```

이것은 동일한 록을 걸고 있던 경로와 록이 유지된 시간을 히스토그램으로 보여줍니다.

이 모든 데이터를 통해 취할 수 있는 다양한 조치들이 있습니다. 스레드 풀의 크기를 조정하여 록 경쟁을 줄일 수 있으며, 개발자는 록을 걸고 있는 코드 경로를 볼 수 있어서 록을 더 짧은 시간 동안만 유지하도록 최적화할 수 있습니다.

이 도구들의 결과는 추후에 분석할 수 있도록 파일로 출력하는 것이 좋습니다. 예를 들면 다음과 같습니다.

```
# pmlock.bt PID > out.pmlock01.txt
# pmheld.bt PID > out.pmheld01.txt
```

이들 도구에는 특정 프로세스 ID만 트레이싱하기 위해 PID를 옵션으로 제공할 수 있는데 이렇게 하면 트레이싱으로 인한 오버헤드를 줄일 수 있습니다. 이 옵션이 없으면 시스템 전체의 모든 pthread 록 이벤트가 기록됩니다.

이 도구들은 uprobe와 uretprobe를 사용해서 libpthread 함수인 pthread_mutex_lock()과 pthread_mutex_unlock()을 계측하여 작동합니다. 이 록 이벤트들은 자주 발생해서 오버헤드가 클 수 있습니다. 예를 들어 BCC funccount를 사용해서 1초간 록 이벤트를 계측하면 다음과 같습니다.

```
# funccount -d 1 '/lib/x86_64-linux-gnu/libpthread.so.0:pthread_mutex_*lock'
Tracing 4 functions for
"/lib/x86_64-linux-gnu/libpthread.so.0:pthread_mutex_*lock"... Hit Ctrl-C to
end.

FUNC                           COUNT
pthread_mutex_trylock           4525
pthread_mutex_lock             44726
pthread_mutex_unlock           49132
```

이러한 발생률에서는, 각각의 호출에 아주 작은 양의 오버헤드가 더해지면서 점차 쌓이게 될 것입니다.

pmlock

pmlock(8)의 소스 코드는 다음과 같습니다.

```
#!/usr/local/bin/bpftrace

BEGIN
{
        printf("Tracing libpthread mutex lock latency, Ctrl-C to end.\n");
}

uprobe:/lib/x86_64-linux-gnu/libpthread.so.0:pthread_mutex_lock
/$1 == 0 || pid == $1/
```

```
{
        @lock_start[tid] = nsecs;
        @lock_addr[tid] = arg0;
}

uretprobe:/lib/x86_64-linux-gnu/libpthread.so.0:pthread_mutex_lock
/($1 == 0 || pid == $1) && @lock_start[tid]/
{
        @lock_latency_ns[usym(@lock_addr[tid]), ustack(5), comm] =
            hist(nsecs - @lock_start[tid]);
        delete(@lock_start[tid]);
        delete(@lock_addr[tid]);
}

END
{
        clear(@lock_start);
        clear(@lock_addr);
}
```

위 코드는 pthread_mutex_lock()이 시작될 때 타임스탬프와 록 주소를 기록한
다음 pthread_mutex_lock()이 끝날 때 이를 불러와서 지연 시간을 계산하고 록
주소, 스택 트레이스와 함께 저장합니다. ustack(5)은 5개의 프레임만을 기록하
지만, 원하는 만큼의 프레임을 기록하기 위해 인자를 수정할 수 있습니다.

/lib/x86_64-linux-gnu/libpthread.so.0 경로는 여러분의 시스템에 맞춰 수정
할 필요가 있습니다. 호출되는 소프트웨어에 프레임 포인터가 없다면 스택 트레
이스가 작동하지 않을 수 있으며, 이는 libpthread도 마찬가지입니다(libpthread
에 프레임 포인터가 없더라도 스택 트레이싱이 제대로 동작할 수 있는데, 이것
은 단지 라이브러리의 진입점만 트레이싱되었고, 프레임 포인터 레지스터가 아
직 다른 범용 레지스터로 재사용되지 않았기 때문입니다).

try-lock 호출 목적과 마찬가지로 빠르게 진행될 것으로 예상하여 pthread_
mutex_trylock()에 대한 지연 시간은 트레이싱하지 않습니다(BCC funclatency(8)
로 확인할 수 있습니다).

pmheld

pmheld(8)의 소스 코드는 다음과 같습니다.

```
#!/usr/local/bin/bpftrace

BEGIN
{
        printf("Tracing libpthread mutex held times, Ctrl-C to end.\n");
}
```

```
uprobe:/lib/x86_64-linux-gnu/libpthread.so.0:pthread_mutex_lock,
uprobe:/lib/x86_64-linux-gnu/libpthread.so.0:pthread_mutex_trylock
/$1 == 0 || pid == $1/
{
        @lock_addr[tid] = arg0;
}

uretprobe:/lib/x86_64-linux-gnu/libpthread.so.0:pthread_mutex_lock
/($1 == 0 || pid == $1) && @lock_addr[tid]/
{
        @held_start[pid, @lock_addr[tid]] = nsecs;
        delete(@lock_addr[tid]);
}

uretprobe:/lib/x86_64-linux-gnu/libpthread.so.0:pthread_mutex_trylock
/retval == 0 && ($1 == 0 || pid == $1) && @lock_addr[tid]/
{
        @held_start[pid, @lock_addr[tid]] = nsecs;
        delete(@lock_addr[tid]);
}
uprobe:/lib/x86_64-linux-gnu/libpthread.so.0:pthread_mutex_unlock
/($1 == 0 || pid == $1) && @held_start[pid, arg0]/
{
        @held_time_ns[usym(arg0), ustack(5), comm] =
            hist(nsecs - @held_start[pid, arg0]);
        delete(@held_start[pid, arg0]); }

END
{
        clear(@lock_addr);
        clear(@held_start);
}
```

시간 측정은 pthread_mutex_lock() 혹은 pthread_mutex_trylock() 함수가 리턴하는 때부터(즉, 그 caller가 록을 걸 때) unlock()을 호출할 때까지 진행됩니다.

이들 도구는 uprobe를 사용했지만, libpthread에는 USDT probe도 있어서 USDT를 사용하도록 재작성할 수도 있습니다.

13.2.15 naptime

naptime(8)[11]은 nanosleep(2) 시스템 콜을 트레이싱하며, 누가 호출했고 휴면 기간은 얼마나 되는지 보여줍니다. 넷플릭스에서는 수 분 동안 아무것도 하지

---

11 연혁: naptime(8)은 이 책을 위해 2019년 2월 16일에 작성했습니다. 사샤 골드스타인의 trace(8)에서 나온 SyS_nanosleep() 사례에서 영감을 얻었으며, 여기 기술한 느린 빌드를 디버그하기 위함이었습니다. 그 빌드는 필자가 개발 중인 내부 nflx-bpftrace 패키지였습니다.

않는 것처럼 보이고, 자발적인 휴면을 포함한 것으로 의심되는 느린 내부 빌드 프로세스가 있었는데, 이 프로세스를 디버그하기 위해 naptime(8)을 작성했습니다. 출력 결과는 다음과 같습니다.

```
# naptime.bt
Attaching 2 probes...
Tracing sleeps. Hit Ctrl-C to end.
TIME     PPID  PCOMM            PID   COMM             SECONDS
19:09:19 1     systemd          1975  iscsid           1.000
19:09:20 1     systemd          2274  mysqld           1.000
19:09:20 1     systemd          1975  iscsid           1.000
19:09:21 2998  build-init       25137 sleep            30.000
19:09:21 1     systemd          2274  mysqld           1.000
19:09:21 1     systemd          1975  iscsid           1.000
19:09:22 1     systemd          2421  irqbalance       9.999
[...]
```

위의 출력 결과는 build-init이 30초 동안 휴면하는 것을 포착했습니다. 필자는 해당 프로그램을 찾아내서 휴면을 '조정'했고 빌드는 10배 더 빨라졌습니다. 이 출력은 매초 휴면하는 mysqld와 iscsid 스레드도 보여줍니다(앞서 본 offcputime(8) 출력 결과에서 mysqld 휴면을 확인할 수 있었습니다). 때로 애플리케이션은 여러 문제에 대한 해결 방안으로 휴면을 호출할 수 있으며, 이 휴면이 코드 안에 오랜 시간동안 남아서 성능 문제를 일으킬 수 있습니다. 이 도구는 이러한 이슈를 감지하는 데 도움이 됩니다.

이 도구는 syscalls:sys_enter_nanosleep tracepoint를 트레이싱함으로써 작동하며, 오버헤드는 무시할 수 있는 수준입니다.

naptime(8)의 소스 코드는 다음과 같습니다.

```
#!/usr/local/bin/bpftrace

#include <linux/time.h>
#include <linux/sched.h>

BEGIN
{
        printf("Tracing sleeps. Hit Ctrl-C to end.\n");
        printf("%-8s %-6s %-16s %-6s %-16s %s\n", "TIME", "PPID", "PCOMM",
            "PID", "COMM", "SECONDS");
}

tracepoint:syscalls:sys_enter_nanosleep
/args->rqtp->tv_sec + args->rqtp->tv_nsec/
{
        $task = (struct task_struct *)curtask;
        time("%H:%M:%S ");
```

```
    printf("%-6d %-16s %-6d %-16s %d.%03d\n", $task->real_parent->pid,
        $task->real_parent->comm, pid, comm,
        args->rqtp->tv_sec, args->rqtp->tv_nsec / 1000000);
}
```

부모 프로세스 세부 사항은 struct task_struct에서 가져오지만 이 방법은 불안정하며, task_struct가 바뀌면 업데이트가 필요할 수도 있습니다.

휴면으로 이어지는 코드 경로를 보여주기 위해 사용자 레벨 스택 트레이스를 출력하는 방식으로 개선할 수도 있습니다(트레이싱하는 코드 경로가 프레임 포인터와 함께 컴파일돼서 BPF가 스택을 추적할 수 있어야 합니다).

13.2.16 다른 도구

또 다른 BPF 도구는 BCC에 있는 deadlock(8)[12]인데, 록 순서 반전(lock order inversions) 형식으로 뮤텍스를 사용하는 잠재적인 교착 상태(deadlock)을 탐지합니다. 이 도구는 교착 상태 탐지를 위해 뮤텍스 사용을 보여주는 방향 그래프를 빌드합니다. 해당 도구의 오버헤드는 높은 편이지만 어려운 이슈를 디버그하는 데 도움이 됩니다.

13.3 BPF 원 라이너

이번 절에서는 BCC와 bpftrace 원 라이너를 살펴봅니다. 가능한 경우, BCC와 bpftrace를 둘 다 사용해서 동일한 원 라이너를 구현했습니다.

13.3.1 BCC

새 프로세스를 인자와 함께 트레이싱합니다.

```
execsnoop
```

시스템 콜 호출 횟수를 프로세스별로 집계합니다.

```
syscount -P
```

시스템 콜 호출 횟수를 시스템 콜 이름별로 집계합니다.

```
syscount
```

---

12 deadlock(8)은 케니 유(Kenny Yu)가 2017년 2월 1일에 개발했습니다.

PID 189에 대한 사용자 레벨 스택을 49Hz 주기로 샘플링합니다.

```
profile -U -F 49 -p 189
```

off-CPU 사용자 스택 트레이스를 집계합니다.

```
stackcount -U t:sched:sched_switch
```

모든 스택 트레이스와 프로세스 이름을 샘플링합니다.

```
profile
```

1초 동안 libpthread 뮤텍스 록 함수를 집계합니다.

```
funccount -d 1 '/lib/x86_64-linux-gnu/libpthread.so.0:pthread_mutex_*lock'
```

1초 동안 libpthread 조건 변수 함수를 집계합니다.

```
funccount -d 1 '/lib/x86_64-linux-gnu/libpthread.so.0:pthread_cond_*'
```

13.3.2 bpftrace

새 프로세스를 인자와 함께 트레이싱합니다.

```
bpftrace -e 'tracepoint:syscalls:sys_enter_execve { join(args->argv); }'
```

시스템 콜 호출 횟수를 프로세스별로 집계합니다.

```
bpftrace -e 'tracepoint:raw_syscalls:sys_enter { @[pid, comm] = count(); }'
```

시스템 콜 호출 횟수를 시스템 콜 이름별로 집계합니다.

```
bpftrace -e 'tracepoint:syscalls:sys_enter_* { @[probe] = count(); }'
```

PID 189에 대한 사용자 레벨 스택을 49Hz 주기로 샘플링합니다.

```
bpftrace -e 'profile:hz:49 /pid == 189/ { @[ustack] = count(); }'
```

"mysqld"라는 이름을 가진 프로세스의 사용자 레벨 스택을 49Hz 주기로 샘플링합니다.

```
bpftrace -e 'profile:hz:49 /comm == "mysqld"/ { @[ustack] = count(); }'
```

off-CPU 사용자 스택 트레이스를 집계합니다.

```
bpftrace -e 'tracepoint:sched:sched_switch { @[ustack] = count(); }'
```

모든 스택 트레이스와 프로세스 이름을 샘플링합니다.

```
bpftrace -e 'profile:hz:49 { @[ustack, stack, comm] = count(); }'
```

malloc() 요청된 바이트 크기를 사용자 스택 트레이스별로 집계합니다(오버헤드 높음).

```
bpftrace -e 'u:/lib/x86_64-linux-gnu/libc-2.27.so:malloc { @[ustack(5)] =
    sum(arg0); }'
```

kill() 시그널을 sender 프로세스 이름, 대상 PID 그리고 시그널 번호와 함께 트레이싱합니다.

```
bpftrace -e 't:syscalls:sys_enter_kill { printf("%s -> PID %d SIG %d\n", comm,
    args->pid, args->sig); }'
```

1초 동안 libpthread 뮤텍스 록 함수를 집계합니다.

```
bpftrace -e 'u:/lib/x86_64-linux-gnu/libpthread.so.0:pthread_mutex_*lock {
    @[probe] = count(); } interval:s:1 { exit(); }'
```

1초 동안 libpthread 조건 변수 함수를 집계합니다.

```
bpftrace -e 'u:/lib/x86_64-linux-gnu/libpthread.so.0:pthread_cond_* {
    @[probe] = count(); } interval:s:1 { exit(); }'
```

LLC 미스를 프로세스 이름별로 집계합니다.

```
bpftrace -e 'hardware:cache-misses: { @[comm] = count(); }'
```

13.4 BPF 원 라이너 사례

각 도구에서 한 것처럼 몇 가지 샘플 출력 결과를 살펴보면 원 라이너를 분명히 이해할 수 있습니다. 다음은 몇 가지 원 라이너를 출력 결과 사례와 함께 보여줍니다.

13.4.1 libpthread 조건 변수 함수를 1초간 집계하기

```
# bpftrace -e 'u:/lib/x86_64-linux-gnu/libpthread.so.0:pthread_cond_* {
    @[probe] = count(); } interval:s:1 { exit(); }'
Attaching 19 probes...
@[uprobe:/lib/x86_64-linux-gnu/libpthread.so.0:pthread_cond_wait@@GLIBC_2.3.2]: 70
@[uprobe:/lib/x86_64-linux-gnu/libpthread.so.0:pthread_cond_wait]: 70
@[uprobe:/lib/x86_64-linux-gnu/libpthread.so.0:pthread_cond_init@@GLIBC_2.3.2]: 573
@[uprobe:/lib/x86_64-linux-gnu/libpthread.so.0:pthread_cond_timedwait@@GLIBC_2.3.2]: 673
@[uprobe:/lib/x86_64-linux-gnu/libpthread.so.0:pthread_cond_destroy@@GLIBC_2.3.2]: 939
@[uprobe:/lib/x86_64-linux-gnu/libpthread.so.0:pthread_cond_broadcast@@GLIBC_2.3.2]: 1796
@[uprobe:/lib/x86_64-linux-gnu/libpthread.so.0:pthread_cond_broadcast]: 1796
@[uprobe:/lib/x86_64-linux-gnu/libpthread.so.0:pthread_cond_signal]: 4600
@[uprobe:/lib/x86_64-linux-gnu/libpthread.so.0:pthread_cond_signal@@GLIBC_2.3.2]: 4602
```

이들 pthread 함수는 자주 호출될 수 있으므로 성능 오버헤드를 최소화하기 위해 1초 동안만 트레이싱합니다. 출력된 집계 수는 조건 변수가 어떻게 사용되고 있는지 보여줍니다. 스레드 중에는 지정된 시간만큼 조건 변수를 대기하고 있는 스레드가 있고, 대기 중인 스레드를 깨우기 위해 시그널이나 브로드캐스트 (broadcasts)를 보내는 기타 스레드가 있습니다.

이것들을 더 분석하기 위해 프로세스 이름, 스택 트레이스, 지정 시간 대기 그리고 다른 세부 사항을 포함하는 방식으로 원 라이너를 수정할 수 있습니다.

13.5 정리

이전 장에서는 애플리케이션 분석을 위한 리소스 기반의 툴을 다뤘다면, 이번 장에서는 앞에서는 다루지 않은 추가적인 BPF 도구(애플리케이션 컨텍스트, 스레드 사용, 시그널, 록 그리고 휴면)를 살펴보았습니다. MySQL 서버를 대상 애플리케이션 사례로 사용했으며, BPF에서 USDT probe와 uprobe 두 가지를 모두 사용해서 쿼리 컨텍스트를 읽어 들였습니다. BPF 도구를 사용하는 on-CPU/off-CPU 분석은 중요하기 때문에 애플리케이션 예제에서 다시 다루었습니다.

14장

커널

커널은 시스템의 핵심이자 소프트웨어의 복잡한 본체에 해당합니다. 리눅스 커널은 CPU 스케줄링, 메모리 배치, 디스크 I/O 성능, TCP 성능을 위해 다양한 전략을 사용합니다. 커널도 다른 소프트웨어와 마찬가지로 때때로 문제가 발생합니다. 이전 장에서는 애플리케이션의 동작 이해를 돕기 위해 커널을 계측했습니다. 이번 장에서는 커널 소프트웨어를 이해하고, 커널의 문제를 해결하고, 커널 개발을 보조하기 위해 커널 계측을 사용할 것입니다.

학습 목표

- 이전 장에 이어 wakeup을 트레이싱해서 off-CPU 분석하기
- 커널 메모리를 누가 사용하고 있는지 확인하기
- 커널 뮤텍스 록 경쟁(contention) 분석하기
- 워크 큐(work queue) 이벤트 동작 살펴보기

만약 어떤 특정 서브 시스템을 확인하려 한다면 이전 장에 나온 관련 도구들을 먼저 확인해 보세요. 각 리눅스 서브 시스템별 해당 장은 다음과 같습니다.

- 스케줄링(sched): 6장
- 메모리(mm): 7장
- 파일 시스템(fs): 8장
- 블록 장치(block): 9장
- 네트워크(net): 10장

2장에서는 BPF, tracepoint, kprobe과 같은 트레이싱 기법을 다뤘습니다. 이번 장은 리소스보다는 커널을 알아보는 데에 초점을 맞추고 있고, 이전 장에서 다루지 않은 커널 주제를 추가로 다룹니다. 배경지식 설명에서 시작해 BPF 활용 가능성, 커널 분석 전략, Ftrace를 포함한 기존 도구 그리고 추가 분석을 위한 BPF 도구를 알아보는 순서로 진행합니다. 추가 분석을 위한 도구로는 wakeups, 커널 메모리 할당, 커널 록, 태스크릿 그리고 워크 큐를 살펴봅니다.

14.1 배경지식

커널은 리소스 접근을 관리하고 CPU의 프로세스를 스케줄링합니다. 많은 커널 주제에 대해 이전 장에서 이미 다뤘습니다. 특히 다음의 내용을 확인하세요.

- CPU 모드와 CPU 스케줄러: 6.1.1 "CPU 기초"
- 메모리 할당자, 메모리 페이지, 스와핑, 페이지-아웃 데몬, 파일 시스템 캐싱과 버퍼링: 7.1.1 "메모리 기초"
- 파일 시스템 I/O 스택과 파일 시스템 캐시: 8.1.1 "파일 시스템 기초"
- 블록 I/O 스택과 I/O 스케줄러: 9.1.1 "디스크 기초"
- 네트워크 스택과 스케일링 그리고 TCP 세션: 10.1.1 "네트워킹 기초"

이번 장에서는 커널 분석에 관한 추가적인 주제를 살펴봅니다.

14.1.1 커널 기초

wakeup

스레드가 이벤트를 기다리기 위해 블록되고 off-CPU 상태가 되면, 이 스레드는 일반적으로 wakeup 이벤트가 발생해야 비로소 CPU로 돌아갑니다. 디스크 I/O를 예로 들 수 있습니다. 스레드는 I/O를 발생시키는 파일 시스템 읽기 작업에서 블록될 수 있으며, 해당 스레드는 나중에 완료 인터럽트를 처리하는 워커 스레드에 의해 깨어납니다.

경우에 따라 일련의 연쇄적인 wakeup이 발생하기도 합니다. 한 스레드가 다른 스레드를 깨우고, 그 스레드도 다른 스레드를 깨우고, 그 스레드가 블록된 애플리케이션을 깨울 때까지 이러한 과정을 반복합니다.

그림 14.1은 애플리케이션 스레드가 시스템 콜을 호출함으로 인해 블록되고 off-CPU 상태로 들어가는 것을 보여주고, 해당 스레드가 리소스 스레드에 의해

연쇄적인 종속 스레드와 함께 나중에 깨어나는 과정을 보여줍니다.

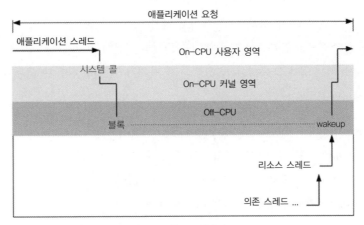

그림 14.1 Off-CPU와 wakeup

wakeup 이벤트를 트레이싱하면 off-CPU 이벤트의 경과에 대한 자세한 정보를 확인할 수 있습니다.

커널 메모리 할당

커널의 주요 메모리 할당자는 두 가지가 있습니다.

- 슬랩 할당자: 고정된 크기의 객체를 위한 범용 메모리 할당자입니다. 효율성을 높이기 위해 메모리 할당을 캐싱해 두고 이를 재활용하는 것이 가능합니다. 현재 리눅스에서는 슬럽(slub) 할당자라고 합니다. 이는 슬랩 할당자 논문 [Bonwick 94]에 기반하지만, 복잡성은 덜합니다.
- 페이지 할당자: 메모리 페이지를 할당하기 위해 사용합니다. 이는 가용 메모리에서 인접한 페이지를 찾아 함께 할당하는 버디(buddy) 알고리즘을 사용합니다. 페이지 할당자는 NUMA를 지원합니다.

이러한 할당자는 7장에서 애플리케이션 메모리 사용량 분석의 배경지식으로 소개했습니다. 이번 장에서는 커널 메모리 사용량 분석에 중점을 둡니다.

커널 메모리 할당 API 호출에는 작은 크기의 메모리일 경우에 사용하는 kmalloc(), kzalloc()과 kmem_cache_alloc()(슬랩 할당), 큰 메모리 영역일 경우에 사용하는 vmalloc()과 vzalloc(), 페이지에 사용하는 alloc_page()가 있습니다.[156]

커널 록

사용자 레벨 록은 13장에서 다루었습니다. 커널은 다양한 종류의 록을 지원하는데 이 중에는 스핀 록, 뮤텍스 록 그리고 읽기/쓰기(reader-writer) 록이 있습니다. 록은 스레드를 블록하기 때문에 성능 문제의 원인이 됩니다.

리눅스 커널 뮤텍스 록의 취득 경로는 세 가지가 있으며, 다음과 같은 순서로 시도됩니다.[157]

1. fastpath: 비교 스왑(compare-and-swap) 명령어 이용(cmpxchg)
2. midpath: 록을 걸고 있는 소유자가 동작 중이고 록이 곧 해제될 것 같다면, 먼저 낙관적 예측 대기(optimistically spinning) 상태로 전환
3. slowpath: 록을 사용할 수 있을 때까지 블록

갱신(update)과 동시에 발생하는 다중 읽기를 허락하는 RCU(read-copy-update, 읽기-복사-갱신) 동기화 방법도 있는데, 이를 이용하면 읽는 데이터의 성능과 확장성을 향상시킬 수 있습니다.

태스크릿과 워크 큐

리눅스에서 장치 드라이버는 두 부분으로 구성되어 있는데, 전반부 처리에서 인터럽트를 빠르게 처리하고 후반부 처리에 작업을 스케줄링해서 나중에 처리합니다.[Corbet 05] 인터럽트는 빠르게 처리하는 것이 중요합니다. 전반부 처리는 새 인터럽트 전달을 지연시키기 위해 인터럽트가 비활성화된 모드에서 동작하기 때문에, 동작이 오래 걸리면 지연 문제가 생길 수 있습니다. 후반부 처리는 태스크릿(tasklet)이나 워크 큐로 처리될 수 있는데, 이 워크 큐란 커널에 의해 스케줄되는 스레드이고 필요할 때 휴면 상태에 들어갈 수 있습니다. 이 내용을 그림으로 정리하면 그림 14.2와 같습니다.

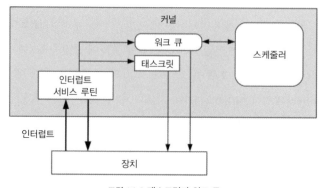

그림 14.2 태스크릿과 워크 큐

14.1.2 BPF 활용 가능성

BPF 트레이싱 도구를 이용하면 커널 지표로는 파악하기 어려운 부분을 알 수 있고, 다음과 같은 질문에 대한 해답을 얻을 수 있습니다.

- 스레드가 CPU를 떠나는 이유는 무엇이고, 얼마나 오랫동안 CPU에서 떠나 있는가?
- off-CPU 스레드가 기다린 이벤트에는 어떤 것들이 있는가?
- 현재 누가 커널 슬랩 할당자를 사용하고 있는가?
- NUMA 균형을 위해서 커널이 페이지를 이동하고 있는가?
- 어떤 워크 큐 이벤트가 발생했고 지연 시간은 얼마나 되는가?
- 커널 개발자 대상: 어떤 함수가 호출되었는가? 어떠한 인자와 리턴 값을 가졌고 지연 시간은 얼마나 되는가?

이러한 질문에 대한 해답은 지연 시간, 인자 및 스택 트레이스를 측정해서 tracepoint나 커널 함수를 계측하면 얻을 수 있습니다. on-CPU 코드 경로를 확인하기 위해 스택 트레이스에 대한 정주기 샘플링을 사용할 수도 있는데, 일반적으로 커널은 스택 지원(프레임 포인터 또는 ORC) 옵션과 함께 컴파일되기 때문에 이것이 가능합니다.

이벤트 소스

표 14.1에 커널 이벤트 종류와 계측 소스를 정리해 놓았습니다.

이벤트 종류	이벤트 소스
커널 함수 실행	kprobe
스케줄러 이벤트	sched tracepoint
시스템 콜	syscalls 및 raw_syscalls tracepoint
커널 메모리 할당	kmem tracepoint
페이지 아웃(page out) 데몬 스캔	vmscan tracepoint
인터럽트	irq와 irq_vectors tracepoint
워크 큐 실행	workqueue tracepoint
타이머	timer tracepoint
IRQ 와 선점(preemption) 비활성화	preemptirq tracepont[1]

표 14.1 커널 이벤트 종류와 계측 소스

---

1 CONFIG_PREEMPTIRQ_EVENTS가 필요합니다.

어떤 다른 tracepoint가 존재하는지 확인하기 위해 사용 중인 커널 버전을 확인하세요. bpftrace를 이용하려면 다음과 같이 합니다.

```
bpftrace -l 'tracepoint:*'
```

perf(1)를 이용하려면 다음과 같이 합니다.

```
perf list tracepoint
```

이전 장에서는 블록 I/O나 네트워크 I/O와 같은 리소스 이벤트에 대해 다루었습니다.

14.2 전략

커널 성능 분석을 처음 시작한다면, 다음과 같은 전반적인 전략을 따를 것을 추천합니다. 다음 절에서는 이와 관련된 도구들에 대해 상세하게 설명합니다.

1. 가능하다면, 확인하려는 이벤트를 발생시키는 워크로드를 몇 개 정도만 생성합니다. C 언어로 짧은 프로그램을 작성해야 할 수도 있습니다.
2. 이벤트를 계측하는 tracepoint나 관련 도구가 존재하는지 확인합니다(이번 장 포함).
3. 이벤트가 너무 자주 호출되어 CPU 리소스를 상당히 소모한다면(5% 초과), CPU 프로파일링을 이용해서 연관된 커널 함수를 빠르게 확인할 수 있습니다. 확인할 수 없다면 충분한 샘플을 수집하기 위해 좀 더 긴 프로파일링을 사용해야 할 수도 있습니다(예: perf(1)나 BCC profile(8) 이용, CPU 플레임 그래프 참고). CPU 프로파일링을 통해 낙관적 예측 대기(optimistic spin) 중에 스핀 록이나 뮤텍스 록의 사용을 확인할 수 있습니다.
4. 연관 있는 커널 함수를 찾기 위한 다른 방법으로 이벤트와 일치할 가능성이 있는 함수의 호출 횟수를 확인합니다. 예를 들어 ext4 파일 시스템 이벤트를 분석한다면, "ext4_*" 패턴에 해당하는 모든 함수의 호출을 세어 볼 수 있습니다(예: BCC funccount(8) 이용).
5. 코드 경로를 확인하기 위해 커널 함수의 스택 트레이스를 세어 봅니다(예: BCC stackcount(8) 이용). 만약 프로파일링 기법을 사용했다면 코드 경로를 이미 확인할 수 있을 것입니다.

6. 자식 이벤트를 통해 함수 실행 흐름을 트레이싱합니다(예: perf-tools에 있는 Ftrace 기반 funcgraph(8) 이용).

7. 함수의 인자를 확인합니다(예: BCC trace(8)와 BCC argdist(8), 혹은 bpftrace 이용).

8. 함수 대기 시간을 측정합니다(예: BCC funclatency(8) 혹은 bpftrace 이용).

9. 이벤트를 계측하는 커스터마이즈된 도구를 제작하고 그 정보를 출력하거나 요약합니다.

다음 절에서는 BPF 도구로 전환하기 전에 시도해 볼 수 있는 기존 도구를 사용해서 이러한 단계 중 일부를 살펴봅니다.

14.3 기존 도구

이전 장에서 많은 기존 도구를 다루었습니다. 커널 분석에 사용할 수 있는 몇 가지 추가 도구를 표 14.2에 정리해 놓았습니다.

도구	유형	설명
Ftrace	트레이싱	리눅스 내장 트레이싱 도구
perf sched	트레이싱	리눅스 공식 프로파일러. 스케줄러 분석 하위 명령
slabtop	커널 통계	커널 슬랩(slab) 캐시 사용량

표 14.2 기존 도구

14.3.1 Ftrace

Ftrace[2]는 스티븐 로스테드(Steven Rostedt) 만들었고, 2008년에 리눅스 2.6.27 버전에 추가되었습니다. Ftrace는 perf(1)와 유사하게 여러 기능을 가진 다목적 도구입니다. Ftrace를 사용하는 방법에는 최소한 네 가지가 있습니다.

A. /sys/kernel/debug/tracing에 있는 파일들에 대해 cat(1)과 echo(1)를 사용해서 제어하거나 혹은 고급 언어를 사용하여 제어합니다. 이 사용법은 커널 소스 트리의 Documentation/trace/ftrace.rst에 문서화되어 있습니다.[158]

---

2 주로 "ftrace"라고 표기하지만, 스티븐 로스테드는 "Ftrace"로 통일하고 싶어합니다(이 책을 위해 직접 물어봤습니다).

B. 스티븐 로스테드가 개발한 trace-cmd 프론트엔드를 통해서 사용합니다.[159][160]

C. 스티븐 로스테드와 동료들이 개발한 KernelShark GUI를 통해서 사용합니다.[161]

D. 필자가 개발한 perf-tools 콜렉션에 있는 도구들을 통해서 사용합니다.[78] 이 도구들은 /sys/kernel/debug/tracing에 있는 파일들에 대한 셸 래퍼입니다.

필자는 perf-tools를 사용해서 Ftrace의 기능을 시연하지만, 위에 제시한 방법 중 어느 것을 사용해도 무방합니다.

함수 집계

커널의 파일 시스템 미리 읽기를 분석하고 싶다고 가정해 봅시다. 필자는 먼저 "미리 읽기(readahead)" 동작을 유발할 것으로 예상되는 워크로드를 발생시키면서, funccount(8)(perf-tools 도구)를 사용하여 "readahead"를 포함하는 모든 함수를 집계하는 것으로 시작할 수 있습니다.

```
# funccount '*readahead*'
Tracing "*readahead*"... Ctrl-C to end.
^C
FUNC                            COUNT
page_cache_async_readahead         12
__breadahead                       33
page_cache_sync_readahead          69
ondemand_readahead                 81
__do_page_cache_readahead          83

Ending tracing...
```

위의 예에서 호출된 다섯 개의 함수와 함수의 호출 빈도를 볼 수 있습니다.

스택 트레이스

다음 단계로 이 함수를 자세히 살펴봅니다. Ftrace는 이벤트에 대한 스택 트레이스를 수집할 수 있으며, 이를 통해 해당 함수가 호출된 이유(상위 함수)를 알 수 있습니다. 다음은 kprobe(8)를 이용하여 앞의 출력 결과 중 첫 번째를 분석한 것입니다.

```
# kprobe -Hs 'p:page_cache_async_readahead'
Tracing kprobe page_cache_async_readahead. Ctrl-C to end.
# tracer: nop
```

```
#
#                             _-----=> irqs-off
#                            / _----=> need-resched
#                           | / _---=> hardirq/softirq
#                           || / _--=> preempt-depth
#                           ||| /     delay
#          TASK-PID    CPU#  ||||    TIMESTAMP  FUNCTION
#            | |        |    ||||       |          |
           cksum-32372 [006] .... 1952191.125801: page_cache_async_readahead:
 (page_cache_async_readahead+0x0/0x80)
           cksum-32372 [006] .... 1952191.125822: <stack trace>
 => page_cache_async_readahead
 => ext4_file_read_iter
 => new_sync_read
 => __vfs_read
 => vfs_read
 => SyS_read
 => do_syscall_64
 => entry_SYSCALL_64_after_hwframe
           cksum-32372 [006] .... 1952191.126704: page_cache_async_readahead: ·
 (page_cache_async_readahead+0x0/0x80)
           cksum-32372 [006] .... 1952191.126722: <stack trace>
 => page_cache_async_readahead
 => ext4_file_read_iter
[...]
```

이 도구는 이벤트별 스택 트레이스를 출력하는데, 여기서는 read() 시스템 콜 도중에 해당 이벤트가 발생하였음을 보여줍니다. 또한 kprobe(8)는 함수 인자와 리턴 값을 검사할 수 있습니다.

이들 스택 트레이스는 하나씩 개별로 출력되는 대신 효율성을 위해 커널 컨텍스트 안에서 빈도수만 집계될 수 있습니다. 이를 위해서는 새로운 Ftrace 기능인 hist triggers(히스토그램 트리거의 줄임말)가 필요합니다. 예를 들면 다음과 같습니다.

```
# cd /sys/kernel/debug/tracing/
# echo 'p:kprobes/myprobe page_cache_async_readahead' > kprobe_events
# echo 'hist:key=stacktrace' > events/kprobes/myprobe/trigger
# cat events/kprobes/myprobe/hist
# event histogram
#
# trigger info: hist:keys=stacktrace:vals=hitcount:sort=hitcount:size=2048
[active]
#

{ stacktrace:
        ftrace_ops_assist_func+0x61/0xf0
        0xffffffffc0e1b0d5
        page_cache_async_readahead+0x5/0x80
        generic_file_read_iter+0x784/0xbf0
```

```
                    ext4_file_read_iter+0x56/0x100
                    new_sync_read+0xe4/0x130
                    __vfs_read+0x29/0x40
                    vfs_read+0x8e/0x130
                    SyS_read+0x55/0xc0
                    do_syscall_64+0x73/0x130
                    entry_SYSCALL_64_after_hwframe+0x3d/0xa2
} hitcount:          235

Totals:
    Hits: 235
    Entries: 1
    Dropped: 0
[...steps to undo the tracing state...]
```

이 출력 결과는 해당 스택 트레이스 경로가 트레이싱 도중 235번 집계되었음을
보여줍니다.

함수 그래프화

최종적으로 funcgraph(8)는 호출된 자식 함수들을 보여줍니다.

```
# funcgraph page_cache_async_readahead
Tracing "page_cache_async_readahead"... Ctrl-C to end.
 3)               |  page_cache_async_readahead() {
 3)               |    inode_congested() {
 3)               |      dm_any_congested() {
 3)   0.582 us    |        dm_request_based();
 3)               |        dm_table_any_congested() {
 3)               |          dm_any_congested() {
 3)   0.267 us    |            dm_request_based();
 3)   1.824 us    |            dm_table_any_congested();
 3)   4.604 us    |          }
 3)   7.589 us    |        }
 3) + 11.634 us   |      }
 3) + 13.127 us   |    }
 3)               |    ondemand_readahead() {
 3)               |      __do_page_cache_readahead() {
 3)               |        __page_cache_alloc() {
 3)               |          alloc_pages_current() {
 3)   0.234 us    |            get_task_policy.part.30();
 3)   0.124 us    |            policy_nodemask();
[...]
```

이렇게 하면 호출된 코드 경로뿐만 아니라 스택 트레이스를 함께 출력할 수 있
습니다. 이러한 함수들은 인자와 리턴 값과 같은 더 많은 정보를 얻기 위해 트레
이싱될 수 있습니다.

14.3.2 perf sched

perf(1) 명령은 또 다른 다목적 도구로, 6장에서 PMC, 프로파일링, 트레이싱과 함께 이 도구의 사용 방법을 살펴보았습니다. perf는 스케줄러 분석을 위한 sched 하위 명령이 있습니다. 예를 들면 다음과 같습니다.

```
# perf sched record
# perf sched timehist

Samples do not have callchains.
           time  cpu  task name        wait time  sch delay  run time
                       [tid/pid]          (msec)     (msec)    (msec)
    ------------  -----  ---------------  ---------  ---------  --------
    991962.879971 [0005]  perf[16984]        0.000      0.000     0.000
    991962.880070 [0007]  :17008[17008]      0.000      0.000     0.000
    991962.880070 [0002]  cc1[16880]         0.000      0.000     0.000
    991962.880078 [0000]  cc1[16881]         0.000      0.000     0.000
    991962.880081 [0003]  cc1[16945]         0.000      0.000     0.000
    991962.880093 [0003]  ksoftirqd/3[28]    0.000      0.007     0.012
    991962.880108 [0000]  ksoftirqd/0[6]     0.000      0.007     0.030
[...]
```

이 출력 결과는 스케줄링 이벤트별로 블로킹되고 wakeup을 기다리는 데 소비된 시간(wait time 칼럼), 스케줄러 지연(실행 큐 지연 시간, sch delay 칼럼) 그리고 CPU에서 동작 중인 시간(run time 칼럼)에 대한 지표를 보여줍니다.

14.3.3 slabtop

slabtop(1) 도구는 현재 커널 slab 할당 캐시의 크기를 보여줍니다. 다음은 대형 프로덕션 시스템에서 캐시 크기를 기준으로 정렬하는 예시입니다(-s c).

```
# slabtop -s c
 Active / Total Objects (% used)    : 1232426 / 1290213 (95.5%)
 Active / Total Slabs (% used)      : 29225 / 29225 (100.0%)
 Active / Total Caches (% used)     : 85 / 135 (63.0%)
 Active / Total Size (% used)       : 288336.64K / 306847.48K (94.0%)
 Minimum / Average / Maximum Object: 0.01K / 0.24K / 16.00K

  OBJS  ACTIVE  USE OBJ SIZE  SLABS OBJ/SLAB CACHE SIZE NAME
 76412   69196   0%   0.57K   2729      28      43664K radix_tree_node
313599  313599 100%   0.10K   8041      39      32164K buffer_head
  3732    3717   0%   7.44K    933       4      29856K task_struct
 11776    8795   0%   2.00K    736      16      23552K TCP
 33168   32277   0%   0.66K    691      48      22112K proc_inode_cache
 86100   79990   0%   0.19K   2050      42      16400K dentry
 25864   24679   0%   0.59K    488      53      15616K inode_cache
[...]
```

이 출력 결과로 radix_tree_node 캐시에 43MB, TCP 캐시에 23MB 정도 사용 중임을 알 수 있습니다. 메인 메모리가 총 180GB인 시스템의 경우 이러한 커널 캐시는 상대적으로 작습니다.

이 도구는 메모리 부하 문제를 해결하는 데 유용합니다. 일부 커널 컴포넌트가 예기치 않게 상당한 메모리를 사용하고 있는지 확인할 수 있습니다.

14.3.4 기타 도구

/proc/lock_stat는 커널 록에 대한 다양한 통계를 표시하지만, CONFIG_LOCK_STAT를 설정한 경우에만 사용할 수 있습니다.

/proc/sched_debug는 스케줄러 개발에 도움이 되는 많은 지표를 제공합니다.

14.4 BPF 도구

이번 절에서는 커널 분석과 문제 해결에 사용할 수 있는 추가 BPF 도구를 설명합니다.(그림 14.3)

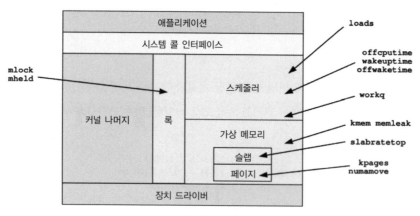

그림 14.3 커널 분석을 위한 추가 BPF 도구

이 도구들은 4장과 5장에서 다룬 BCC와 bpftrace 저장소에서 가져왔거나, 이 책을 위해서 만들었습니다. 표 14.3에는 이 도구들의 출처를 정리해 놓았습니다 (BT는 bpftrace의 약어입니다).

도구	출처	대상	설명
loads	BT	CPU	부하 평균 출력

offcputime	BCC/책	스케줄러	off-CPU 스택 트레이스와 시간 요약
wakeuptime	BCC	스케줄러	waker 스택 트레이스와 블로킹된 시간 요약
offwaketime	BCC	스케줄러	waker를 off-CPU 스택 트레이스와 함께 요약
mlock	책	뮤텍스	뮤텍스 록 시간과 커널 스택 출력
mheld	책	뮤텍스	뮤텍스 록 보유 시간과 커널 스택 출력
kmem	책	메모리	커널 메모리 할당 요약
kpages	책	페이지	커널 페이지 할당 요약
memleak	BCC	메모리	메모리 누수 가능성이 있는 코드 경로 출력
slabratetop	BCC/책	슬랩	캐시별 커널의 슬랩 할당 비율 출력
numamove	책	NUMA	NUMA 페이지 마이그레이션(migration) 통계 출력
workq	책	워크 큐	워크 큐 함수 실행 시간 출력

표 14.3 커널 관련 도구

BCC와 bpftrace 도구들과 각 기능에 대한 더 많은 정보는 해당 저장소에서 최신의 전체 목록을 확인하세요.

시스템 콜, 네트워킹 및 블록 I/O를 비롯한 커널 분석을 위한 더 많은 도구는 이전 장을 참조하시기 바랍니다.

다음의 도구 설명에는 스핀 록과 태스크릿 계측에 대한 설명이 포함되어 있습니다.

14.4.1 loads

loads(8)[3]는 시스템의 부하 평균을 매초 출력하는 bpftrace 도구입니다.

```
# loads.bt
Attaching 2 probes...
Reading load averages... Hit Ctrl-C to end.
18:49:16 load averages: 1.983 1.151 0.931
18:49:17 load averages: 1.824 1.132 0.926
18:49:18 load averages: 1.824 1.132 0.926
[...]
```

6장에서 설명한 것처럼 부하 평균 지표는 그다지 유용하지 않으므로, 보다 심층적인 지표로 빠르게 이동해야 합니다. 이 loads(8) 도구를 통해서는 bpftrace에

---

3 연혁: 필자는 2005년 6월 10일에 loads.d로 DTrace용을, 2018년 9월 10일에 bpftrace 버전을 제작하였습니다.

서 커널 변수(이 경우에는 avenrun)를 어떻게 가져오고 출력하는지를 살펴볼 수 있습니다.

```
#!/usr/local/bin/bpftrace

BEGIN
{
        printf("Reading load averages... Hit Ctrl-C to end.\n");
}

interval:s:1
{
        /*
         * 다음 계산식에 대해서는 fs/proc/loadavg.c와  include/linux/sched/loadavg.h를
         * 참고하세요.
         */
        $avenrun = kaddr("avenrun");
        $load1 = *$avenrun;
        $load5 = *($avenrun + 8);
        $load15 = *($avenrun + 16);
        time("%H:%M:%S ");
        printf("load averages: %d.%03d %d.%03d %d.%03d\n",
            ($load1 >> 11), (($load1 & ((1 << 11) - 1)) * 1000) >> 11,
            ($load5 >> 11), (($load5 & ((1 << 11) - 1)) * 1000) >> 11,
            ($load15 >> 11), (($load15 & ((1 << 11) - 1)) * 1000) >> 11
        );
}
```

내장 함수 kaddr()은 avenrun 커널 심볼 주소를 가져오는 데 이용되었고, 이 주소는 역참조되었습니다. 다른 커널 변수 역시 동일한 방법으로 가져올 수 있습니다.

14.4.2 offcputime

offcputime(8)은 6장에서 소개했습니다. 여기서는 이 도구를 가지고 태스크의 상태를 확인해 보고, 이 장에 포함된 추가 도구를 만들게 만든 문제점을 살펴보겠습니다.

인터럽트 불가 I/O(Non-interruptible I/O)

스레드 상태가 TASK_UNINTERRUPTIBLE인 스레드를 살펴보면 애플리케이션이 리소스를 기다리는 동안 대기한 시간을 설명할 수 있습니다. 이것은 애플리케이션이 작업 사이에 휴면 상태에서 소모한 시간을 제외하는 데 도움이 됩니다. 그렇지 않을 경우 offcputime(8) 프로파일에서 실제 성능 이슈가 보이지 않

을 수 있습니다. 이 TASK_UNINTERRUPTIBLE 시간은 리눅스의 시스템 부하 평균에도 포함되어 여기에 CPU 시간만 반영된다고 예상한 사람들에게 혼란을 불러일으킵니다.

다음은 TASK_UNINTERRUPTIBLE(2) 상태에 대해서만 사용자 레벨 프로세스 스택과 커널 스택을 측정한 것입니다.

```
# offcputime -uK --state 2
Tracing off-CPU time (us) of user threads by kernel stack... Hit Ctrl-C to end.
[...]

    finish_task_switch
    __schedule
    schedule
    io_schedule       generic_file_read_iter
    xfs_file_buffered_aio_read
    xfs_file_read_iter
    __vfs_read
    vfs_read
    ksys_read
    do_syscall_64
    entry_SYSCALL_64_after_hwframe
    -                 tar (7034)
        1088682
```

여기에는 XFS 파일 시스템을 통해 저장 장치 I/O를 기다리고 있는 tar(1) 프로세스를 보여주는 마지막 스택만 가져왔습니다. 이 명령은 다음의 다른 스레드 상태는 수집하지 않았습니다.

- TASK_RUNNING (0): CPU가 포화 상태로 동작하고 있을 때, 스레드는 비자발적인 컨텍스트 스위치로 인해 이 상태에서 대기할 수 있습니다. 이 경우, 인터럽트된 스택 트레이스는 왜 스레드가 off-CPU로 이탈하였는지 보여주지 않기 때문에 그다지 눈여겨볼 필요는 없습니다.
- TASK_INTERRUPTIBLE (1): 이것은 일반적으로 휴면에 진입한 상태거나 작업 코드 경로에서 대기하고 있는 많은 off-CPU 스택으로 출력 결과를 오염시킵니다.

이러한 항목을 걸러내면 성능에 더 많은 영향을 주는, 애플리케이션 요청 중에 블로킹된 스택을 보여주는 데 초점을 맞출 수 있습니다.

원인을 알 수 없는 스택

offcputime(8)이 출력하는 많은 스택 트레이스는 블로킹된 경로를 보여주지만 블로킹된 원인에 대해서는 보여주지 않습니다. 다음은 gzip(1) 프로세스에 대해 5초 동안 off-CPU 커널 스택을 트레이싱한 예시입니다.

```
# offcputime -Kp $(pgrep -n gzip) 5
Tracing off-CPU time (us) of PID 5028 by kernel stack for 5 secs.

    finish_task_switch
    __schedule
    schedule
    exit_to_usermode_loop
    prepare_exit_to_usermode
    swapgs_restore_regs_and_return_to_usermode
    -               gzip (5028)
        21

    finish_task_switch
    __schedule
    schedule
    pipe_wait
    pipe_read
    __vfs_read
    vfs_read
    ksys_read
    do_syscall_64
    entry_SYSCALL_64_after_hwframe
    -               gzip (5028)
        4404219
```

출력 결과는 5초 중 4.4초 동안 pipe_read()에 있었음을 보여주지만, gzip이 기다리던 파이프 반대쪽 끝에는 무엇이 있는지, 혹은 왜 이렇게 오래 걸렸는지에 대해서는 알 수 없습니다. 이 스택은 단지 gzip이 다른 무언가를 기다리고 있다는 것만 말해줍니다.

이러한 원인을 알 수 없는 off-CPU 스택 트레이스는 파이프뿐만 아니라 I/O와 록 경쟁에서도 흔히 볼 수 있습니다. 록을 기다리기 위해 블로킹되는 스레드를 확인할 수 있지만, 왜 록이 사용 불가능한지에 대한 이유는 확인할 수 없습니다 (예: 누가 록을 쥐고 있었고, 무엇을 하고 있었는지).

wakeuptime(8)을 사용하여 wakeup 스택을 검토하면 대기의 반대편에 무엇이 있는지 알 수 있습니다.

offcputime(8)에 대한 자세한 내용은 6장을 참조하십시오.

14.4.3 wakeuptime

wakeuptime(8)[4]은 스케줄러의 wakeup을 수행하는 스레드의 스택 트레이스와 대상이 블로킹된 시간을 보여주는 BCC 도구입니다. 이 도구는 off-CPU 시간에 대해 더 깊이 탐구하는 데 활용할 수 있습니다. 이전의 예시를 이어 나가면 다음과 같습니다.

```
# wakeuptime -p $(pgrep -n gzip) 5
Tracing blocked time (us) by kernel stack for 5 secs.

    target:          gzip
    ffffffff94000088 entry_SYSCALL_64_after_hwframe
    ffffffff93604175 do_syscall_64
    ffffffff93874d72 ksys_write
    ffffffff93874af3 vfs_write
    ffffffff938748c2 __vfs_write
    ffffffff9387d50e pipe_write
    ffffffff936cb11c __wake_up_common_lock
    ffffffff936caffc __wake_up_common
    ffffffff936cb65e autoremove_wake_function
    waker:           tar
        4551336

Detaching...
```

이 출력 결과는 gzip(1) 프로세스가 vfs_write()를 수행하는 tar(1) 프로세스를 대기하고 있었음을 보여주고 있습니다. 이제 이 워크로드를 유발시킨 명령을 확인해 봅시다.

```
tar cf - /mnt/data | gzip - > /mnt/backup.tar.gz
```

이 명령어를 통해 gzip(1)이 tar(1)의 데이터를 기다리는 데 대부분의 시간을 소비하였음을 분명하게 알 수 있습니다. tar(1) 역시 디스크로부터 데이터를 기다리는 데 대부분의 시간을 소비하며, 이것은 offcputime(8)으로 확인할 수 있습니다.

```
# offcputime -Kp $(pgrep -n tar) 5
Tracing off-CPU time (us) of PID 5570 by kernel stack for 5 secs.
```

---

4 연혁: 필자는 DTrace을 이용해 wakeuptime 트레이싱 도구를 제작하였고, 2013년 11월 7일에 이것을 플레임 그래프로 시각화하였습니다. 이것은 필자가 개발해야 했던 플레임 그래프에 대한 45분짜리 발표의 일부로 시작되었는데, USENIX LISA 컨퍼런스[Gregg 13a]의 마지막 순간에 갑자기 원래 계획된 대담을 진행하는 것이 불가능해졌습니다. 그때 필자는 탈이 난 다른 연사의 시간도 채워달라는 요청을 받았고, 플레임 그래프에 대한 90분짜리 발표의 2부를 이것으로 마무리를 했습니다. 필자는 이 BCC 도구를 2016년 1월 14일에 개발했습니다.

```
[...]
    finish_task_switch
    __schedule
    schedule
    io_schedule
    generic_file_read_iter
    xfs_file_buffered_aio_read
    xfs_file_read_iter
    __vfs_read
    vfs_read
    ksys_read
    do_syscall_64
    entry_SYSCALL_64_after_hwframe
    -                tar (5570)
        4204994
```

이 스택은 tar(1)가 블록 장치 I/O인 io_schedule()에서 블로킹되었음을 보여줍니다. offcputime(8)과 wakeuptime(8) 출력 결과를 모두 고려해 보면 애플리케이션이 블로킹된 이유(offcputime(8) 출력)와 애플리케이션이 깨어난 이유(wakeuptime(8) 출력)를 확인할 수 있습니다. 때로는 깨어난 이유가 블로킹된 이유보다 문제의 원인을 더 잘 보여줄 수 있습니다.

이 예시를 짧게 유지하기 위해서 -p 옵션을 이용해 PID에 일치하는 결과만 출력했습니다. -p 옵션을 명시하지 않으면 시스템 전역을 트레이싱합니다.

이 도구는 schedule()과 try_to_wake_up() 스케줄러 함수를 트레이싱하면서 동작합니다. 이 함수들은 바쁜 시스템에서 자주 호출되어서 오버헤드가 상당할 수 있습니다.

커맨드 라인 사용법은 다음과 같습니다.

```
wakeuptime [options] [duration]
```

옵션은 다음과 같습니다.

- -f: 접힌 포맷으로 결과 출력, wakeup 시간 플레임 그래프 생성에 사용
- -p PID: 이 프로세스만 측정

offcputime(8)과 마찬가지로 -p 옵션 없이 실행하면 시스템 전체를 트레이싱하여 아마도 수백 페이지에 해당하는 출력 결과를 생성할 것입니다. 플레임 그래프를 이용하면 이러한 출력 결과를 빠르게 탐색하는 데 도움이 됩니다.

14.4.4 offwaketime

offwaketime(8)[5]은 offcputime(8)과 wakeuptime(8)을 결합한 BCC 도구입니다. 이전의 예시를 이어나가면 다음과 같습니다.

```
# offwaketime -Kp $(pgrep -n gzip) 5
Tracing blocked time (us) by kernel off-CPU and waker stack for 5 secs.
[...]
    waker:            tar 5852
    entry_SYSCALL_64_after_hwframe
    do_syscall_64
    ksys_write
    vfs_write
    __vfs_write
    pipe_write
    __wake_up_common_lock
    __wake_up_common
    autoremove_wake_function
    --                --
    finish_task_switch
    __schedule
    schedule
    pipe_wait
    pipe_read
    __vfs_read
    vfs_read
    ksys_read
    do_syscall_64
    entry_SYSCALL_64_after_hwframe
    target:           gzip 5851
        4490207
```

이 출력을 통해 tar(1)가 해당 코드 경로에서 4.49초 동안 블로킹되고 있던 gzip(1)을 깨운 것을 확인할 수 있습니다. "--"로 두 스택 트레이스를 구분해 표시했고, 상단의 waker 스택이 뒤집혀 있음을 확인할 수 있습니다. 이렇게 표시하면 waker 스택(위)이 블로킹된 off-CPU 스택(아래)을 깨우는 중간 지점에서 스택 트레이스가 만나게 됩니다.

---

5 연혁: 처음에는 2013년 11월 7일에 열린 USENIX LISA 2013 컨퍼런스[Gregg 13a]를 위해 체인 그래프로 개발했고, 거기서 여러 wakeups을 추적했으며 플레임 그래프로 출력 결과를 보여주었습니다. 그 당시 버전에서는 DTrace를 사용했는데, DTrace는 필요한 스택만을 저장하고 불러올 수 없기 때문에 모든 이벤트를 덤프하고 후처리해야 했고 실제 프로덕션에서 사용하기에는 비용이 너무 많이 들었습니다. BPF를 사용하면 스택 트레이스(2016년 1월 13일에 이 BCC 도구를 만들 때 필자가 사용한)를 저장하고 불러오는 것이 가능하며, 스택 트레이스를 wakeup 레벨 하나로만 제한할 수 있습니다. 알렉세이 스타로보이토프는 커널 소스에 다른 버전을 추가했는데, samples/bpf/offwaketime_*.c에 있습니다.

이 도구는 schedule()과 try_to_wake_up() 스케줄러 함수를 트레이싱하면서 동작하며, 나중에 블로킹된 스레드에서 조회할 수 있도록 waker 스택 트레이스를 BPF 스택 맵에 저장하여 커널 컨텍스트에서 함께 요약하도록 합니다. 이 함수들은 바쁜 시스템에서 자주 호출되어서 오버헤드가 상당할 수 있습니다.

커맨드 라인 사용법은 다음과 같습니다.

```
offwaketime [options] [duration]
```

옵션은 다음과 같습니다.

- -f: 접힌 포맷으로 결과 출력. off-wake time 플레임 그래프 생성에 사용
- -p PID: 이 프로세스만 측정
- -K: 커널 스택 트레이스만 출력
- -U: 사용자 스택 트레이스만 출력

-p 옵션 없이 실행하면 시스템 전체를 트레이싱하여 아마도 수백 페이지에 해당하는 출력 결과를 생성할 것입니다. -p, -K 혹은 -U와 같은 옵션을 사용하면 오버헤드를 줄이는 데 도움이 될 것입니다.

Off-Wake Time 플레임 그래프

접힌 포맷의 출력 결과(-f 옵션 이용)는 앞에서 본 스택 트레이스와 동일한 배치 방향을 이용해서 플레임 그래프 형태로 시각화할 수 있습니다. waker 스택이 뒤집힌 형태로 위쪽에 위치하고, 블록된 off-CPU 스택이 바닥에 위치합니다. 그림 14.4는 이에 대한 예시를 보여줍니다.

14.4.5 mlock과 mheld

mlock(8)과 mheld(8)[6] 도구는 커널 뮤텍스 록 지연 시간과 록을 걸고 있던 시간을 히스토그램으로 커널 레벨 스택과 함께 트레이싱합니다. mlock(8)을 사용하여 록 경쟁 문제가 있는지 확인하고, mheld(8)를 사용하여 록을 독차지하고 있는 코드 경로를 표시할 수 있습니다. mlock(8)부터 확인해 보면 다음과 같습니다.

---

6 연혁: 필자는 2019년 3월 14일에 이 책을 위해서 이 도구들을 제작하였습니다. 이 접근 방법은 제프 본윅(Jeff Bonwick)이 제작한 솔라리스의 lockstat(1M)에서 영감을 얻었습니다. 그 도구도 록과 록을 쥐고 있던 시간을 지연 히스토그램 및 부분적인 스택 트레이스와 함께 보여주었습니다.

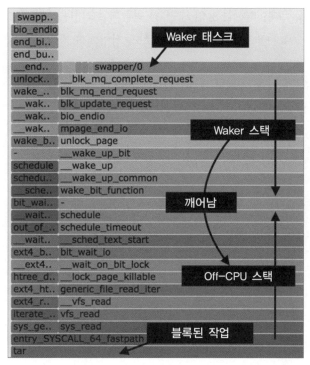

그림 14.4 Off-wake time 플레임 그래프

```
# mlock.bt
Attaching 6 probes...
Tracing mutex_lock() latency, Ctrl-C to end.
^C
[...]

@lock_latency_ns[0xffff9d015738c6e0,
    kretprobe_trampoline+0
    unix_stream_recvmsg+81
    sock_recvmsg+67
    ___sys_recvmsg+245
    __sys_recvmsg+81
, chrome]:
[512, 1K)          5859 |@@@@@@@@@@@@@@@@@@@@@@@@@@@@@@@@@@@@@@@      |
[1K, 2K)           8303 |@@@@@@@@@@@@@@@@@@@@@@@@@@@@@@@@@@@@@@@@@@@@@@@@@@@@@@@|
[2K, 4K)           1689 |@@@@@@@@@@@                                  |
[4K, 8K)            476 |@@                                          |
[8K, 16K)           101 |                                            |
```

출력 결과에는 많은 스택 트레이스와 록이 포함되어 있으며, 이 중 하나만 여기에 제시했습니다. 이 출력 결과는 록의 주소(0xffff9d015738c6e0), mutex_lock()에 대한 스택 트레이스, 프로세스 이름("chrome") 그리고 mutex_lock()의 지연 시간을 보여주고 있습니다. 이 록에 대한 지연은 일반적으로 짧았음에

도 불구하고, 트레이싱하는 동안 수천 번 획득되었습니다. 예를 들어 히스토그
램은 1024~2048나노초(대략 1~2마이크로초) 사이에 8,303번 발생했음을 보여
줍니다.

다음은 mheld(8)를 실행한 모습입니다.

```
# mheld.bt
Attaching 9 probes...
Tracing mutex_lock() held times, Ctrl-C to end.
^C
[...]

@held_time_ns[0xffff9d015738c6e0,
    mutex_unlock+1
    unix_stream_recvmsg+81
    sock_recvmsg+67
    ___sys_recvmsg+245
    __sys_recvmsg+81 , chrome]:
[512, 1K)         16459 |@@@@@@@@@@@@@@@@@@@@@@@@@@@@@@@@@@@@@@@@@@@@@@@@@@@@|
[1K, 2K)           7427 |@@@@@@@@@@@@@@@@@@@@@@@                            |
```

이 결과는 동일한 프로세스와 스택 트레이스가 이 록을 쥐고 있었음을 보여줍
니다.

커널에는 아직 뮤텍스 tracepoint가 존재하지 않기 때문에, 이 도구는 mutex_
lock(), mutex_lock_interruptible()과 mutex_trylock() 커널 함수를 트레이싱하
면서 동작합니다. 이 함수들은 자주 호출되어서 바쁜 워크로드의 경우 트레이싱
으로 인한 오버헤드가 상당할 수 있습니다.

mlock

mlock(8)의 소스 코드는 다음과 같습니다.

```
#!/usr/local/bin/bpftrace

BEGIN
{
        printf("Tracing mutex_lock() latency, Ctrl-C to end.\n");
}

kprobe:mutex_lock,
kprobe:mutex_lock_interruptible
/$1 == 0 || pid == $1/
{
        @lock_start[tid] = nsecs;
        @lock_addr[tid] = arg0;
}
```

```
kretprobe:mutex_lock
/($1 == 0 || pid == $1) && @lock_start[tid]/
{
        @lock_latency_ns[ksym(@lock_addr[tid]), kstack(5), comm] =
            hist(nsecs - @lock_start[tid]);
        delete(@lock_start[tid]);
        delete(@lock_addr[tid]);
}

kretprobe:mutex_lock_interruptible
/retval == 0 && ($1 == 0 || pid == $1) && @lock_start[tid]/
{
        @lock_latency_ns[ksym(@lock_addr[tid]), kstack(5), comm] =
            hist(nsecs - @lock_start[tid]);
        delete(@lock_start[tid]);
        delete(@lock_addr[tid]); }

END
{
        clear(@lock_start);
        clear(@lock_addr);
}
```

이 도구는 mutex_lock()의 지속 시간을 측정하고, mutex_lock_intteruptible()
이 성공적으로 리턴하였다면 이 역시 측정합니다. mutex_trylock()은 지연 시간
이 없다고 가정하여 트레이싱하지 않습니다. 트레이싱할 프로세스 ID를 지정하
기 위해 mlock(8)에 대한 선택적 인자를 지정할 수 있습니다. 인자가 지정되지
않는다면 전체 시스템을 트레이싱합니다.

mheld

mheld(8)의 소스 코드는 다음과 같습니다.

```
#!/usr/local/bin/bpftrace

BEGIN
{
        printf("Tracing mutex_lock() held times, Ctrl-C to end.\n");
}

kprobe:mutex_lock,
kprobe:mutex_trylock,
kprobe:mutex_lock_interruptible
/$1 == 0 || pid == $1/
{
        @lock_addr[tid] = arg0;
}

kretprobe:mutex_lock
/($1 == 0 || pid == $1) && @lock_addr[tid]/
```

```
{
        @held_start[@lock_addr[tid]] = nsecs;
        delete(@lock_addr[tid]);
}

kretprobe:mutex_trylock,
kretprobe:mutex_lock_interruptible
/retval == 0 && ($1 == 0 || pid == $1) && @lock_addr[tid]/
{
        @held_start[@lock_addr[tid]] = nsecs;
        delete(@lock_addr[tid]);
}

kprobe:mutex_unlock
/($1 == 0 || pid == $1) && @held_start[arg0]/
{
        @held_time_ns[ksym(arg0), kstack(5), comm] =
            hist(nsecs - @held_start[arg0]);
        delete(@held_start[arg0]);
}
END
{
        clear(@lock_addr);
        clear(@held_start);
}
```

이 도구는 서로 다른 뮤텍스 함수에서 록을 걸고 있던 기간을 트레이싱합니다.
mlock(8)과 마찬가지로 선택적 인자인 프로세스 ID를 제공할 수 있습니다.

14.4.6 스핀 록

이전에 트레이싱한 뮤텍스 록과 마찬가지로, 스핀 록을 트레이싱하기 위한
tracepoint는 아직 없습니다. 스핀 록에는 spin_lock_bh(), spin_lock(), spin_
lock_irq() 그리고 spin_lock_irqsave() 등 여러 유형이 있습니다.[162]

스핀 록들은 include/linux/spinlock.h에 다음과 같이 정의되어 있습니다.

```
#define spin_lock_irqsave(lock, flags)                       \
do {                                                          \
        raw_spin_lock_irqsave(spinlock_check(lock), flags);  \
} while (0)
[...]
#define raw_spin_lock_irqsave(lock, flags)                   \
        do {                                                  \
                typecheck(unsigned long, flags);       \
                flags = _raw_spin_lock_irqsave(lock);   \
        } while (0)
```

funccount(8)를 이용해서 확인할 수 있습니다.

```
# funccount '*spin_lock*'
Tracing 16 functions for "*spin_lock*"... Hit Ctrl-C to end.
^C
FUNC                                    COUNT
_raw_spin_lock_bh                        7092
native_queued_spin_lock_slowpath         7227
_raw_spin_lock_irq                     261538
_raw_spin_lock                        1215218
_raw_spin_lock_irqsave                1582755
Detaching...
```

funccount(8)는 kprobe를 이용해서 이러한 함수의 진입점을 계측합니다. 이들 함수의 리턴은 kretprobe를 이용해서 트레이싱할 수 없기 때문에[7] 이 함수로 직접 지속 시간을 재는 것은 불가능합니다. 예를 들어 호출 스택을 확인하기 위해 kprobe의 stackcount(8)를 이용하는 등 스택에서 트레이싱할 수 있는 상위 함수를 찾아보십시오.

보통 CPU를 소모하는 함수로 나타나기 때문에 CPU 프로파일링과 플레임 그래프를 이용해서 스핀 록의 성능 이슈를 디버깅합니다.

14.4.7 kmem

kmem(8)[8]은 커널 메모리 할당을 스택 트레이스와 함께 트레이싱하는 bpftrace 도구이며, 할당 수, 평균 할당 크기와 할당된 총 바이트에 대한 통계를 출력합니다. 예를 들어 다음과 같습니다.

```
# kmem.bt
Attaching 3 probes...
Tracing kmem allocation stacks (kmalloc, kmem_cache_alloc). Hit Ctrl-C to end.
^C
[...]
@bytes[
    kmem_cache_alloc+288
    getname_flags+79
    getname+18
    do_sys_open+285
    SyS_openat+20
, Xorg]: count 44, average 4096, total 180224
@bytes[
```

---

7 kretprobe를 이용해서 이러한 함수를 계측하면 시스템이 교착 상태(deadlock)에 빠질 수 있음이 밝혀져서[163], BCC는 금지된 kretprobe에 대한 섹션을 추가했습니다. 커널에는 NOKPROBE_SYMBOL을 통해 kprobe 사용이 금지된 다른 함수들도 있습니다. 이러한 함수들은 kprobe를 고장내기도 하는데, kprobe는 kretprobe 없이도 많이 사용되기 때문에 필자는 이 함수들이 포함되지 않았으면 합니다.

8 연혁: kmem(8)은 2019년 3월 15일에 이 책을 위해서 제작하였습니다.

```
        __kmalloc_track_caller+368
        kmemdup+27
        intel_crtc_duplicate_state+37
        drm_atomic_get_crtc_state+119
        page_flip_common+51
, Xorg]: count 120, average 2048, total 245760
```

위 출력 결과는 마지막 두 개의 스택만 제시했습니다. 첫 번째 스택은 Xorg 프로세스에 의한 getname_flags() 도중에 슬랩 할당(kmem_cache_alloc())으로 이어진 open(2) 시스템 콜을 보여줍니다. 이 할당은 트레이싱을 하는 동안 44번 발생했고, 평균 4,096바이트, 총 180,224바이트를 할당하였습니다.

이 도구는 kmem tracepoint를 트레이싱하여 동작합니다. 이 할당은 자주 발생할 수 있기 때문에, 사용량이 많은 시스템에서는 측정할 수 있는 수준의 오버헤드가 발생할 것입니다.

kmem(8)의 소스 코드는 다음과 같습니다.

```
#!/usr/local/bin/bpftrace

BEGIN
{
        printf("Tracing kmem allocation stacks (kmalloc, kmem_cache_alloc). ");
        printf("Hit Ctrl-C to end.\n");
}

tracepoint:kmem:kmalloc,
tracepoint:kmem:kmem_cache_alloc
{
        @bytes[kstack(5), comm] = stats(args->bytes_alloc);
}
```

이것은 stats() 내장 함수를 이용하여 할당 수, 평균 바이트, 총 바이트 등 3개를 함께 출력합니다. 필요하다면 히스토그램을 출력하기 위해 hist()로 전환할 수 있습니다.

14.4.8 kpages

kpages(8)[9]는 kmem:mm_page_alloc tracepoint를 이용해서 다른 유형의 커널 메모리 할당인 alloc_pages()를 트레이싱하는 bpftrace 도구입니다. 예시 출력 결과는 다음과 같습니다.

---

9 kpages(8)는 2019년 3월 15일에 이 책을 위해서 제작하였습니다.

```
# kpages.bt
Attaching 2 probes...
Tracing page allocation stacks. Hit Ctrl-C to end.
^C
[...]
@pages[
    __alloc_pages_nodemask+521
    alloc_pages_vma+136
    handle_pte_fault+959
    __handle_mm_fault+1144
    handle_mm_fault+177
, chrome]: 11733
```

출력 결과는 하나의 스택만 표시했습니다. 이 스택은 페이지 폴트를 트레이싱하는 동안 크롬(Chrome) 프로세스가 11,733페이지를 할당하는 것을 보여줍니다. 이 도구는 kmem tracepoint를 트레이싱하여 작동합니다.

할당이 빈번하게 발생할 수 있기 때문에, 사용량이 많은 시스템에서는 측정할 수 있는 수준의 오버헤드가 발생할 것입니다.

kpages(8)의 소스 코드는 다음과 같습니다.

```
#!/usr/local/bin/bpftrace

BEGIN
{
        printf("Tracing page allocation stacks. Hit Ctrl-C to end.\n");
}

tracepoint:kmem:mm_page_alloc
{
        @pages[kstack(5), comm] = count();
}
```

이 도구는 원 라이너로 구현할 수 있으나, 필자는 이 소스 코드가 간과되지 않도록 kpages(8) 도구로 만들었습니다.

14.4.9 memleak

memleak(8)은 7장에서 소개했습니다. 이 도구는 트레이싱하는 동안 해제되지 않은 할당을 보여주는 BCC 도구로, 메모리 증가 혹은 누수를 식별할 수 있습니다. 기본적으로 이 도구는 커널 할당을 트레이싱합니다. 예시 출력 결과는 다음과 같습니다.

```
# memleak
Attaching to kernel allocators, Ctrl+C to quit.
```

```
[13:46:02] Top 10 stacks with outstanding allocations:
[...]
        6922240 bytes in 1690 allocations from stack
                __alloc_pages_nodemask+0x209 [kernel]
                alloc_pages_current+0x6a [kernel]
                __page_cache_alloc+0x81 [kernel]
                pagecache_get_page+0x9b [kernel]
                grab_cache_page_write_begin+0x26 [kernel]
                ext4_da_write_begin+0xcb [kernel]
                generic_perform_write+0xb3 [kernel]
                __generic_file_write_iter+0x1aa [kernel]
                ext4_file_write_iter+0x203 [kernel]
                new_sync_write+0xe7 [kernel]
                __vfs_write+0x29 [kernel]
                vfs_write+0xb1 [kernel]
                sys_pwrite64+0x95 [kernel]
                do_syscall_64+0x73 [kernel]
                entry_SYSCALL_64_after_hwframe+0x3d [kernel]
```

여기에는 ext4 쓰기를 통한 할당을 보여주는 스택 하나만 제시했습니다. memleak(8)에 대한 자세한 내용은 7장을 참고하시기 바랍니다.

14.4.10 slabratetop

slabratetop(8)[10]은 kmem_cache_alloc()을 직접 트레이싱해서 슬랩 캐시 이름별 커널 슬랩 할당 비율을 보여주는 BCC와 bpftrace 도구입니다. 이 도구는 슬랩 캐시의 크기를 (/proc/slabinfo를 통해) 보여주는 slabtop(1)과 동반 도구입니다. 다음은 CPU가 48개인 프로덕션 인스턴스에서 실행한 예입니다.

```
# slabratetop

09:48:29 loadavg: 6.30 5.45 5.46 4/3377 29884

CACHE                    ALLOCS      BYTES
kmalloc-4096                654    2678784
kmalloc-256                2637     674816
filp                        392     100352
sock_inode_cache             94      66176
TCP                          31      63488
kmalloc-1024                 58      59392
proc_inode_cache             69      46920
eventpoll_epi               354      45312
sigqueue                    227      36320
dentry                      165      31680
[...]
```

---

10 연혁: 필자는 2016년 10월 15일에 BCC용 slabratetop(8)을, 그리고 2019년 1월 26일에 이 책을 위해서 bpftrace 버전을 제작하였습니다.

이 출력 결과는 해당 출력 인터벌에서 kmalloc-4096 캐시가 가장 많은 바이트를 할당했음을 보여줍니다. slabtop(1)과 마찬가지로 이 도구는 예상치 못한 메모리 부하 문제를 해결할 때 사용할 수 있습니다.

이 도구는 kprobe를 이용하여 kmem_cache_alloc() 커널 함수를 트레이싱하며 동작합니다. 이 함수는 다소 자주 호출될 수 있으므로, 사용량이 아주 많은 시스템에서는 눈에 띄는 수준의 오버헤드가 생길 수도 있습니다.

BCC

커맨드 라인 사용법은 다음과 같습니다.

```
slabratetop [options] [interval [count]]
```

옵션은 다음과 같습니다.

- -C: 스크린을 지우지 않습니다.

bpftrace

이 버전은 캐시 이름별 할당만 집계하고, 타임스탬프와 함께 초단위 출력물을 출력합니다.

```
#!/usr/local/bin/bpftrace

#include <linux/mm.h>
#include <linux/slab.h>
#ifdef CONFIG_SLUB
#include <linux/slub_def.h>
#else
#include <linux/slab_def.h>
#endif

kprobe:kmem_cache_alloc
{
        $cachep = (struct kmem_cache *)arg0;
        @[str($cachep->name)] = count();
}

interval:s:1
{
        time();
        print(@);
        clear(@);
}
```

올바른 버전의 슬랩 할당자 헤더 파일이 포함되도록 커널 컴파일 옵션 CONFIG_SLUB을 확인해야 합니다.

14.4.11 numamove

numamove(8)[11]는 "NUMA misplaced" 유형의 페이지 마이그레이션을 트레이싱합니다. 이러한 페이지는 메모리 지역성과 전체적인 시스템 성능을 향상시키기 위해 다른 NUMA 노드로 이동합니다. 필자는 NUMA 페이지 마이그레이션에 CPU 시간의 최대 40%가 소요되는 프로덕션 문제를 겪은 적이 있었고, 이 성능 손실은 NUMA 페이지 밸런싱의 이점을 초과했습니다. 이 도구는 문제가 다시 발생할 경우를 대비해서 NUMA 페이지 마이그레이션을 지켜보는 데 도움을 줍니다. 예시 출력 결과는 다음과 같습니다.

```
# numamove.bt
Attaching 4 probes...
TIME          NUMA_migrations NUMA_migrations_ms
22:48:45                    0                  0
22:48:46                    0                  0
22:48:47                  308                 29
22:48:48                    2                  0
22:48:49                    0                  0
22:48:50                    1                  0
22:48:51                    1                  0
[...]
```

이 출력 결과는 22:48:47에서 308회의 마이그레이션과 총 29ms가 소요된 NUMA 페이지 마이그레이션이 갑작스럽게 발생했음을 포착했습니다. 이 칼럼은 초당 마이그레이션 비율과 마이그레이션에 소요된 시간을 밀리초 단위로 보여줍니다. 이 동작이 발생하기 위해서는 NUMA 밸런싱이 활성화되어 있어야만 한다는 점(sysctl kernel. numa_balancing=1)에 유의하시기 바랍니다.

numamove(8)의 소스 코드는 다음과 같습니다.

```
#!/usr/local/bin/bpftrace

kprobe:migrate_misplaced_page { @start[tid] = nsecs; }

kretprobe:migrate_misplaced_page /@start[tid]/
{
        $dur = nsecs - @start[tid];
```

---

11 연혁: 필자는 2019년 1월26일에 이 책을 위해서, 그리고 이슈의 재발을 확인하는 데 사용하기 위해서 numamove(8)를 제작했습니다.

```
        @ns += $dur;
        @num++;
        delete(@start[tid]);
}

BEGIN
{
        printf("%-10s %18s %18s\n", "TIME",
            "NUMA_migrations", "NUMA_migrations_ms");
}

interval:s:1
{
        time("%H:%M:%S");
        printf("   %18d %18d\n", @num, @ns / 1000000);
        delete(@num);
        delete(@ns);
}
```

이 소스 코드는 kprobe와 kretprobe를 사용하여 커널 함수 migrate_misplaced_page()의 시작과 끝을 트레이싱하고, 인터벌 probe를 이용하여 통계를 출력합니다.

14.4.12 workq

workq(8)[12]는 워크 큐 요청을 트레이싱하고 지연 시간을 집계합니다.

 # workq.bt

```
Attaching 4 probes...
Tracing workqueue request latencies. Ctrl-C to end.
^C
[...]

@us[intel_atomic_commit_work]:
[1K, 2K)            7 |                                                    |
[2K, 4K)            9 |                                                    |
[4K, 8K)          132 |@@@@                                                |
[8K, 16K)        1524 |@@@@@@@@@@@@@@@@@@@@@@@@@@@@@@@@@@@@@@@@@@@@@@@@@@@@@@|
[16K, 32K)       1019 |@@@@@@@@@@@@@@@@@@@@@@@@@@@@@@@@@@@                  |
[32K, 64K)          2 |                                                    |

@us[kcryptd_crypt]:
[2, 4)              2 |                                                    |
[4, 8)           4864 |@@@@@@@@@@@@@@@@@@@@@@@@                            |
[8, 16)         10746 |@@@@@@@@@@@@@@@@@@@@@@@@@@@@@@@@@@@@@@@@@@@@@@@@@@@@@@|
[16, 32)         2887 |@@@@@@@@@@@@@                                       |
[32, 64)          456 |@@                                                  |
```

---

12 연혁: workq(8)는 이 책을 위해서 2019년 3월 14일에 제작했습니다.

```
[64, 128)           250 |@                                                    |
[128, 256)          190 |                                                     |
[256, 512)           29 |                                                     |
[512, 1K)            14 |                                                     |
[1K, 2K)              2 |                                                     |
```

이 출력 결과는 kcryptd_crypt() 워크 큐 함수가 빈번하게 호출되었고, 보통 4~32마이크로초가 걸렸음을 보여줍니다.

이 도구는 workqueue:workqueue_execute_start와 workqueue:workqueue_execute_end tracepoint를 트레이싱하며 작동합니다.

workq(8)의 소스 코드는 다음과 같습니다.

```
#!/usr/local/bin/bpftrace

BEGIN
{
        printf("Tracing workqueue request latencies. Ctrl-C to end.\n");
}
tracepoint:workqueue:workqueue_execute_start
{
        @start[tid] = nsecs;
        @wqfunc[tid] = args->function;
}
 tracepoint:workqueue:workqueue_execute_end
/@start[tid]/
{
        $dur = (nsecs - @start[tid]) / 1000;
        @us[ksym(@wqfunc[tid])] = hist($dur);
        delete(@start[tid]);
        delete(@wqfunc[tid]);
}

END
{
        clear(@start);
        clear(@wqfunc);
}
```

이 소스 코드는 명령 실행 시작부터 종료까지의 시간을 측정하고, 함수 이름을 키로 해서 히스토그램에 저장합니다.

14.4.13 태스크릿

2009년에 앤톤 블랜차드(Anton Blanchard)가 태스크릿(Tasklets) tracepoint를 추가하는 패치를 제안했지만, 현재의 커널에는 존재하지 않습니다.[164] tasklet_init()에서 초기화된 태스크릿 함수는 kprobe를 사용해서 트레이싱할 수 있습니다. 예를 들어 net/ipv4/tcp_output.c에는 다음과 같은 코드가 있습니다.

```
[...]
                tasklet_init(&tsq->tasklet,
                             tcp_tasklet_func,
                             (unsigned long)tsq);
[...]
```

이렇게 하면 tcp_tasklet_func() 함수를 호출하는 태스크릿이 생성됩니다. 다음은 BCC funclatency(8)를 이용해서 지연 시간을 트레이싱하는 예입니다.

```
# funclatency -u tcp_tasklet_func
Tracing 1 functions for "tcp_tasklet_func"... Hit Ctrl-C to end.
^C
     usecs             : count    distribution
         0 -> 1        : 0        |                                        |
         2 -> 3        : 0        |                                        |
         4 -> 7        : 3        |*                                       |
         8 -> 15       : 10       |****                                    |
        16 -> 31       : 22       |********                                |
        32 -> 63       : 100      |****************************************|
        64 -> 127      : 61       |************************                |
Detaching...
```

필요하다면 bpftrace와 kpobes를 사용하여 태스크릿 함수를 트레이싱하는 커스텀 도구를 만들 수 있습니다.

14.4.14 기타 도구

커널 분석을 위해 언급할 만한 기타 도구들은 다음과 같습니다.

- runqlat(8): CPU 실행 큐 지연 시간을 요약합니다(6장).
- syscount(8): 시스템 콜을 유형, 프로세스별로 요약합니다(6장).
- hardirq(8): 하드 인터럽트(hard interrupt) 시간을 요약합니다(6장).
- softirq(8): 소프트 인터럽트(soft interrupt) 시간을 요약합니다(6장).
- xcalls(8): CPU 교차 호출 시간을 측정합니다(6장).
- vmscan(8): VM 스캐너의 축소와 회수 시간을 측정합니다(7장).
- vfsstat(8): 일반적인 VFS 동작 통계를 집계합니다(8장).
- cachestat(8): 페이지 캐시 통계를 보여줍니다(8장).
- biostacks(8): 블록 I/O 초기화 스택을 지연 시간과 함께 보여줍니다(9장).
- skblife(8): sk_buff의 생명 주기를 측정합니다(10장).
- inject(8): 에러 경로를 테스트하기 위해 bpf_override_return()을 사용해서 에

러를 리턴하도록 커널 함수를 수정합니다. BCC 도구입니다.

- **criticalstat(8)[13]**: 커널의 원자적 임계 구역(atomic critical section)을 측정하여 지속 시간과 스택 트레이스를 보여줍니다. 기본값으로 100마이크로초를 초과해서 지속된 IRQ 비활성화(IRQ-disabled) 경로를 보여줍니다. 이것은 커널에서 지연의 원인을 파악할 때 도움이 되는 BCC 도구입니다. CONFIG_DEBUG_PREEMPT와 CONFIG_PREEMPTIRQ_EVENTS 옵션이 필요합니다.

커널 분석에는 기존에 만들어진 도구를 사용하는 것을 넘어서는 커스텀 계측이 수반되는 경우가 많으며, 원 라이너는 커스텀 프로그램 개발을 시작하기 위한 방법입니다.

14.5 BPF 원 라이너

이번 절에서는 BCC와 bpftrace 원 라이너를 살펴봅니다. 가능한 경우, BCC와 bpftrace 모두를 사용해서 동일한 원 라이너를 구현했습니다.

14.5.1 BCC

시스템 콜을 프로세스별로 집계합니다.

```
syscount -P
```

시스템 콜을 시스템 콜 이름별로 집계합니다.

```
syscount
```

"attach"로 시작하는 커널 함수 호출을 집계합니다.

```
funccount 'attach*'
```

커널 함수 vfs_read()의 시간을 측정하고, 히스토그램으로 요약합니다.

```
funclatency vfs_read
```

커널 함수 "func1"에 대한 첫 번째 정수형 인자의 빈도를 집계합니다.

```
argdist -C 'p::func1(int a):int:a'
```

커널 함수 "func1"에 대한 리턴 값의 빈도를 집계합니다.

---

13 연혁: 이 도구는 조엘 페르난데스(Joel Fernandes)가 2018년 6월 18일에 개발했습니다.

```
argdist –C 'r::func1():int:$retval'
```

첫 번째 인자를 sk_buff로 캐스팅하며 멤버 len의 빈도수를 집계합니다.

```
argdist –C 'p::func1(struct sk_buff *skb):unsigned int:skb->len'
```

커널 레벨 스택을 99Hz 주기로 샘플링합니다.

```
profile –K –F99
```

컨텍스트 스위치 스택 트레이스를 집계합니다.

```
stackcount –p 123 t:sched:sched_switch
```

14.5.2 bpftrace

시스템 콜을 프로세스별로 집계합니다.

```
bpftrace –e 'tracepoint:raw_syscalls:sys_enter { @[pid, comm] = count(); }'
```

시스템 콜을 시스템 콜 probe 이름별로 집계합니다.

```
bpftrace –e 'tracepoint:syscalls:sys_enter_* { @[probe] = count(); }'
```

시스템 콜을 시스템 콜 이름별로 집계합니다.

```
bpftrace –e 'tracepoint:raw_syscalls:sys_enter {
    @[ksym(*(kaddr("sys_call_table") + args->id * 8))] = count(); }'
```

"attach"로 시작하는 커널 함수 호출을 집계합니다.

```
bpftrace –e 'kprobe:attach* { @[probe] = count(); }'
```

커널 함수 vfs_read()의 시간을 측정하고, 히스토그램으로 요약합니다.

```
bpftrace –e 'k:vfs_read { @ts[tid] = nsecs; } kr:vfs_read /@ts[tid]/ {
    @ = hist(nsecs – @ts[tid]); delete(@ts[tid]); }'
```

커널 함수 "func1"에 대한 첫 번째 정수형 인자의 빈도를 집계합니다.

```
bpftrace –e 'kprobe:func1 { @[arg0] = count(); }'
```

커널 함수 "func1"에 대한 리턴 값의 빈도를 집계합니다.

```
bpftrace –e 'kretprobe:func1 { @[retval] = count(); }'
```

유휴 상태를 제외하고 커널 레벨 스택을 99Hz 주기로 샘플링합니다.

```
bpftrace –e 'profile:hz:99 /pid/ { @[kstack] = count(); }'
```

CPU에서 동작 중인 커널 함수를 99Hz 주기로 샘플링합니다.

```
bpftrace -e 'profile:hz:99 { @[kstack(1)] = count(); }'
```

컨텍스트 스위치 스택 트레이스를 집계합니다.

```
bpftrace -e 't:sched:sched_switch { @[kstack, ustack, comm] = count(); }'
```

워크 큐 요청을 커널 함수별로 집계합니다.

```
bpftrace -e 't:workqueue:workqueue_execute_start { @[ksym(args->function)] =
    count() }'
```

hrtimer 시작을 커널 함수별로 집계합니다.

```
bpftrace -e 't:timer:hrtimer_start { @[ksym(args->function)] = count(); }'
```

14.6 BPF 원 라이너 사례

각각의 도구에 대해서 한 것과 마찬가지로 몇 가지 샘플 출력 결과를 살펴보면 원 라이너를 명확히 이해할 수 있습니다.

14.6.1 시스템 콜 함수별 시스템 콜 집계

```
# bpftrace -e 'tracepoint:raw_syscalls:sys_enter {
    @[ksym(*(kaddr("sys_call_table") + args->id * 8))] = count(); }'
Attaching 1 probe...
^C
[...]
@[sys_writev]: 5214
@[sys_sendto]: 5515
@[SyS_read]: 6047
@[sys_epoll_wait]: 13232
@[sys_poll]: 15275
@[SyS_ioctl]: 19010
@[sys_futex]: 20383
@[SyS_write]: 26907
@[sys_gettid]: 27254
@[sys_recvmsg]: 51683
```

이 출력 결과는 recvmsg(2) 시스템 콜에 대한 sys_recvmsg() 함수가 트레이싱하는 동안 51,683회로 가장 많이 호출되었음을 보여줍니다.

이 원 라이너는 syscalls:sys_enter_* tracepoint와 일치하는 모든 tracepoint를 이용하는 대신, 초기화와 종료 속도를 훨씬 빠르게 하기 위해서 raw_syscalls: sys_enter tracepoint 하나만 사용합니다. 그러나 raw_syscall tracepoint는 시스

템 콜에 대한 ID 번호만 제공하기 때문에 이 원 라이너는 커널 sys_call_table에 서 해당 항목을 조회해서 시스템 콜 함수 이름으로 변환합니다.

14.6.2 커널 함수별 hrtimer 시작 집계

```
# bpftrace -e 't:timer:hrtimer_start { @[ksym(args->function)] = count(); }'
Attaching 1 probe...
^C

@[timerfd_tmrproc]: 2
@[sched_rt_period_timer]: 2
@[watchdog_timer_fn]: 8
@[intel_uncore_fw_release_timer]: 63
@[it_real_fn]: 78
@[perf_swevent_hrtimer]: 3521
@[hrtimer_wakeup]: 6156
@[tick_sched_timer]: 13514
```

이 예는 사용 중인 타이머 함수를 보여줍니다. perf(1)가 SW 기반 CPU 프로파 일링을 수행 중이었기 때문에, 출력 결과에 perf_swevent_hrtimer()가 포착되었 습니다. 소프트웨어 버전의 CPU 프로파일링은 타이머를 사용하기 때문에 필자 는 어떤 CPU 프로파일 모드가 사용 중인지(cpu-clock 혹은 cycle events) 확인 하기 위해 이 원 라이너를 작성했습니다.

14.7 도전 과제

커널 함수를 트레이싱할 때의 몇 가지 도전 과제입니다.

- 일부 커널 함수는 컴파일러에 의해 인라인화됩니다. 이로 인해 BPF 트레이 싱에 함수가 표시되지 않을 수 있습니다. 한 가지 해결 방법은 동일한 분석을 수행하기 위해 인라인되지 않은 부모 함수 또는 자식 함수를 트레이싱하는 것입니다(필터가 필요할 수도 있습니다). 또 다른 방법은 kprobe 명령어 오 프셋 트레이싱을 사용하는 것입니다.
- 일부 커널 함수는 인터럽트 비활성화 같은 특수 모드에서 실행되거나, 트레 이싱 프레임워크의 일부이기 때문에 트레이싱하는 것이 안전하지 않습니다. 이러한 함수는 트레이싱할 수 없도록 커널이 블랙리스트에 추가합니다.
- 모든 kprobe 기반 도구는 커널의 변경 사항에 대응하기 위해 유지보수가 필 요합니다. 일부 BCC 도구는 이미 망가졌으며, 최신 커널에 적용하려면 수정

이 필요했습니다. 장기적인 해결책은 가능한 한 tracepoint를 사용하는 것입니다.

14.8 정리

이번 장은 리소스를 중심으로 설명하는 이전 장의 내용을 보충하는 자료로서 커널 분석에 중점을 두었습니다. Ftrace를 포함한 기존 도구를 정리했고, 커널 메모리 할당, wakeup과 워크 큐 요청을 살펴보았으며 BPF를 이용해서 off-CPU 분석을 더 자세하게 살펴보았습니다.

15장

컨테이너

컨테이너는 리눅스에서 서비스를 배포할 때 일반적으로 사용하는 방법이 되었으며 보안 격리, 애플리케이션 시작 시간, 리소스 제어와 배포의 용이성을 제공합니다. 이번 장에서는 컨테이너 환경에서 BPF 도구를 사용하는 방법을 다루며 컨테이너에 특화된 분석 도구와 방법의 몇 가지 차이점을 학습합니다.

학습 목표

- 컨테이너의 생성과 트레이싱 대상에 대해서 이해하기
- BPF 권한, 컨테이너 ID, FaaS 환경과 같은 트레이싱 도전 과제에 대해 이해하기
- 컨테이너 간 CPU 공유 정량화하기
- 블록(blk) cgroup I/O 스로틀링(throttling) 계측하기
- 오버레이 파일 시스템(overlay FS)의 성능 계측하기

이번 장은 컨테이너 분석을 위해 필요한 배경지식으로 시작하며, 뒤이어 BPF 활용 가능성에 대해서 설명합니다. 그 후 다양한 BPF 도구들과 원 라이너를 소개합니다.

컨테이너 안에 있는 애플리케이션 성능을 분석하는 데 필요한 지식과 도구는 대부분 이전 장들에서 다루었습니다. 컨테이너에서라도 CPU는 여전히 CPU이고, 파일 시스템은 여전히 파일 시스템이고, 디스크는 여전히 디스크입니다. 이번 장에서는 네임스페이스나 cgroup과 같은 컨테이너에만 해당되는 차이점에 초점을 맞춥니다.

15.1 배경지식

컨테이너를 사용하면 단일 호스트에서 여러 개의 운영체제 인스턴스를 실행할 수 있습니다. 컨테이너를 구현하는 방법은 크게 두 가지입니다.

- OS 가상화: 여기에는 리눅스 네임스페이스를 사용하여 시스템을 분할(partitioning) 하는 작업이 포함되며, 일반적으로 리소스 제어를 위해 cgroup과 결합해서 사용됩니다. 커널은 단 한 개만 동작하고, 모든 컨테이너 간에 공유됩니다. 이것은 도커, 쿠버네티스 및 다른 컨테이너 환경들이 사용하는 접근 방법입니다.
- 하드웨어 가상화: 여기에는 자체 커널이 있는 경량 가상 머신 실행이 포함됩니다. 이것은 인텔 Clear Containers(현재의 Kata Containers[165])와 AWS의 Firecracker[166]가 사용하는 접근 방법입니다.

하드웨어 가상화 컨테이너 분석에 대한 일부 정보는 16장에서 설명합니다. 이번 장에서는 OS 가상화 컨테이너에 대해서 다룰 것입니다.

일반적인 리눅스 컨테이너 구현을 그림으로 표현하면 그림 15.1과 같습니다.

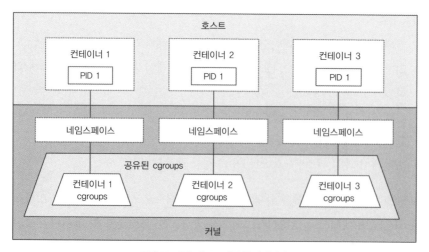

그림 15.1 리눅스 OS 가상화 컨테이너

네임스페이스는 시스템의 뷰(view)를 제한합니다. 네임스페이스에는 cgroup, ipc, mnt, net, pid, user 그리고 uts가 있습니다. pid 네임스페이스는 컨테이너 자신이 소유한 프로세스만 볼 수 있도록 컨테이너의 /proc에 대한 프로세스 뷰를 제한하고, mnt 네임스페이스는 볼 수 있는 파일 시스템 마운트를 제한하며,

uts[1] 네임스페이스는 uname(2) 시스템 콜에서 리턴되는 세부 정보를 분리합니다.

cgroup(제어 그룹)은 리소스 사용을 제한합니다. 리눅스 커널에는 v1과 v2라는 두 가지 버전의 cgroup이 있는데, 쿠버네티스와 같은 많은 프로젝트가 여전히 v1을 사용하고 있습니다. cgroup v1에는 blkio, cpu, cpuacct, cpuset, devices, hugetlb, memory, net_cls, net_prio, pids 그리고 rmda가 있습니다. 각각의 제어 그룹은 컨테이너 간의 리소스 경쟁을 제한하기 위해 설정할 수 있습니다. 예를 들어 CPU와 메모리 사용량에 하드 제한(hard limit)을 적용하거나, CPU나 디스크 사용에 대해 소프트 제한(softer limit, 공유 기반)을 적용할 수 있습니다. 또한 그림 15.1과 같이 컨테이너 간에 공유되는 cgroup처럼 cgroup의 계층 구조도 존재할 수 있습니다.[2]

cgroup v2는 v1의 다양한 단점을 해결하였고, 향후 몇 년 안에 컨테이너 기술들이 v2로 이전하게 되어 결국 v1을 더는 사용하지 않게 될 것입니다.

컨테이너 성능 분석에 있어 통상적인 관심사는, 리소스를 공격적으로 소비하고 다른 컨테이너의 액세스 경쟁을 유발하는 테넌트(tenant) 컨테이너인 '시끄러운 이웃(noisy neighbors)'의 존재 가능성에 대한 것입니다. 다행히도 컨테이너 성능 분석은 기존 성능 분석과 크게 다르지 않습니다. 여러 애플리케이션이 하나의 시분할 시스템 아래에서 동작하는 것처럼 컨테이너 프로세스 모두 하나의 커널 아래에서 동작하고 호스트에서 동시에 분석이 가능하기 때문입니다. 주된 차이점은 하드웨어 제한이 발생하기 이전에 cgroup을 이용해 추가적인 소프트웨어 제한을 부과할 수 있다는 것입니다. 컨테이너를 지원하도록 업데이트되지 않은 모니터링 도구는 이러한 소프트 제한과 컨테이너가 발생시키는 성능 이슈에 대해 알지 못할 수 있습니다.

15.1.1 BPF 활용 가능성

컨테이너 분석 도구는 일반적으로 지표 기반으로, 어떠한 컨테이너나 cgroup, 네임스페이스가 존재하는지와 그 설정과 크기는 어떠한지를 보여줍니다. BPF 트레이싱 도구는 다음과 같은 질문에 대해 다량의 상세한 정보로 답할 수 있습니다.

---

1 uname(2) 시스템 콜의 utsname 구조체의 이름을 따서 이름 지었으며, 이 이름 자체도 유닉스 시분할 시스템(UNIX Time-sharing System)에서 가져온 이름입니다.[167]
2 cgroup을 네임스페이스에 사용한 직사각형 대신 평행사변형으로 표현하였는데, 이는 소프트 제한과 하드 제한 사이의 리소스 사용 범위를 의미하기 위해서였습니다.

- 컨테이너별 실행 큐 대기 시간은 어떻게 되는가?
- 스케줄러가 동일한 CPU에 있는 컨테이너 간의 실행을 전환시키고 있는가?
- CPU 혹은 디스크 소프트 제한에 도달했는가?

BPF를 통해 스케줄러 이벤트에 대한 tracepoint와 커널 함수의 kprobe를 계측하면 이러한 질문에 답할 수 있습니다. 이전 장들에서 설명했듯이 일부 이벤트(예: 스케줄링)는 매우 빈번하게 발생할 수 있으며, 지속적인 모니터링보다 애드혹(ad hoc) 분석에 더 적합합니다.

cgroup 이벤트에는 cgroup:cgroup_setup_root, cgroup:cgroup_attach_task 등의 tracepoint가 있습니다. 이는 컨테이너 시작을 디버그하는 데 도움이 될 수 있는 상위 레벨 이벤트입니다.

BPF 네트워크 패킷 프로그램 역시 BPF_PROG_TYPE_CGROUP_SKB 유형을 사용하여 cgroup ingress와 egress에 연결할 수 있습니다(이번 장에서 살펴보지는 않습니다).

15.1.2 도전 과제
컨테이너 환경에서 BPF 트레이싱을 사용할 때의 몇 가지 도전 과제는 다음에 나오는 주제에서 다룹니다.

BPF 권한
현재 BPF 트레이싱은 루트 권한이 필요합니다. 이는 대부분의 컨테이너 환경에서 BPF 트레이싱 도구는 컨테이너 안에서가 아니라 호스트에서만 실행될 수 있음을 의미합니다. 이는 변경되어야 할 점으로, 비권한 BPF 접근은 컨테이너의 문제를 해결하기 위해 구체적으로 논의 중입니다.[3] 이것에 관해서는 11.1.2 "권한 없는 BPF 사용자"에도 정리되어 있습니다.

컨테이너 ID
쿠버네티스나 도커와 같은 기술에서 사용하는 컨테이너 ID는 사용자 공간 소프트웨어가 관리합니다. 예를 들면 다음과 같습니다(볼드체로 강조).

```
# kubectl get pod
NAME                         READY   STATUS         RESTARTS   AGE
```

---

3 필자는 현재 토론이 실시간으로 진행되고 있는 LSFMM summit 2019의 BPF 트랙에서 이것을 작성하고 있습니다.

```
kubernetes-b94cb9bff-kqvml    0/1        ContainerCreating    0          3m
[...]
# docker ps
CONTAINER ID    IMAGE     COMMAND    CREATED       STATUS       PORTS    NAMES
6280172ea7b9    ubuntu    "bash"     4 weeks ago   Up 4 weeks            eager_bhaskara
[...]
```

커널에서 컨테이너는 여러 cgroup과 네임스페이스의 집합이지만, 이들을 하나로 묶는 커널 공간 식별자는 존재하지 않습니다. 커널에 컨테이너 ID를 추가하자는 제안이 있었지만[168], 아직까지 그런 일은 일어나지 않았습니다.

이러한 점 때문에 호스트에서 BPF 트레이싱 도구를 실행하는 것은 약간의 문제가 있습니다. 호스트 환경에서 BPF 트레이싱 도구를 실행하면 모든 컨테이너의 이벤트를 캡처하게 됩니다. 하나의 컨테이너만을 위해 이벤트를 필터링하거나 컨테이너별로 이벤트를 나누고 싶을 수도 있지만, 커널에는 컨테이너 ID가 없기 때문에 필터링이나 세분화가 불가능합니다.

다행히도 다수의 해결책이 있는데, 각각의 해결 방법은 조사하고자 하는 컨테이너 런타임의 구성 방법에 따라 달라집니다. 컨테이너는 몇 가지 네임스페이스의 조합을 사용하는데 이러한 세부 정보는 커널의 nsproxy 구조체에서 읽을 수 있습니다. 예를 들어 linux/nsproxy.h에서는 다음과 같습니다.

```
struct nsproxy {
        atomic_t count;
        struct uts_namespace *uts_ns;
        struct ipc_namespace *ipc_ns;
        struct mnt_namespace *mnt_ns;
        struct pid_namespace *pid_ns_for_children;
        struct net            *net_ns;
        struct cgroup_namespace *cgroup_ns;
};
```

컨테이너가 PID 네임스페이스를 사용하는 것은 거의 확실하므로, 최소한 이것을 이용해서 컨테이너를 구분 지을 수 있습니다. 다음은 bpftrace를 이용하여 현재 태스크의 PID 네임스페이스에 접근하는 예시입니다.

```
#include <linux/sched.h>
[...]
        $task = (struct task_struct *)curtask;
        $pidns = $task->nsproxy->pid_ns_for_children->ns.inum;
```

위의 코드는 $pidns를 PID 네임스페이스 ID(정수형)로 설정했는데, 이 값은 출력되거나 필터링될 수 있습니다. 이 값은 /proc/PID/ns/pid_for_children 심볼릭 링크에 표시된 PID 네임스페이스와 일치할 것입니다.

만약 컨테이너 런타임이 UTS 네임스페이스를 이용하고 nodename을 컨테이너 이름으로 지정한다면(쿠버네티스와 도커에서 흔히 사용하는 것처럼), 컨테이너의 출력 결과를 식별하기 위해서 BPF 프로그램에서 nodename을 가져올 수 있습니다. 예를 들어 bpftrace로 이를 구현하면 다음과 같습니다.

```
#include <linux/sched.h>
        [...]
        $task = (struct task_struct *)curtask;
        $nodename = $task->nsproxy->uts_ns->name.nodename;
```

pidnss(8) 도구(15.3.2 "pidnss"에서 다룹니다)는 이 방법을 이용합니다.

네트워크 네임스페이스는 쿠버네티스 포드(pod) 분석에 유용한 식별자가 될 수 있는데, 이는 포드 안의 컨테이너들은 동일한 네트워크 네임스페이스를 공유할 가능성이 높기 때문입니다.

이전 장에서 살펴본 도구들에 이러한 네임스페이스 식별자를 추가하면 PID와 함께 PID 네임스페이스 ID 혹은 UTS nodename 문자열을 포함하여 컨테이너를 인식하도록(container-aware) 만들 수 있습니다. 네임스페이스를 가져오기 위해서는 curtask가 유효해야 하기 때문에 계측이 프로세스 컨텍스트에서 이뤄져야만 한다는 점에 유의하십시오.

오케스트레이션

여러 컨테이너 호스트에 걸쳐 BPF 도구를 실행하는 것은 클라우드 환경에서 여러 가상 머신에 걸쳐 배포하는 것만큼 매우 어렵습니다. 여러분의 회사는 여러 호스트를 넘나들며 주어진 명령을 실행하고 출력 결과를 수집하는 오케스트레이션(orchestration) 소프트웨어를 이미 이용하고 있을지도 모릅니다. kubectl-trace도 이를 위한 맞춤형 솔루션 중 하나입니다.

kubectl-trace는 bpftrace 프로그램을 쿠버네티스 클러스터에 걸쳐 실행하기 위한 쿠버네티스 스케줄러입니다. 이 명령은 bpftrace 프로그램에서 사용할 수 있는 $container_pid 변수를 제공하는데, 이것은 루트 프로세스의 pid를 가리킵니다. 예를 들어 봅시다.

```
kubectl trace run -e 'k:vfs* /pid == $container_pid/ { @[probe] = count() }' mypod -a
```

위 명령은 Ctrl-C를 누르기 전까지 mypod 컨테이너 애플리케이션의 커널 vfs*() 호출을 집계합니다. 이 예시에서처럼 프로그램은 원 라이너로 지정되거나, -f

옵션을 이용하여 파일에서 읽어 들일 수 있습니다.[169] kubectl-trace는 17장에서 더 자세히 다룹니다.

Function as a Service(FaaS)

이 새로운 컴퓨팅 모델은 사용자가 정의한 애플리케이션 함수를 서비스 프로바이더가 실행하는 방식인데, 이 애플리케이션 함수는 아마도 컨테이너에서 동작할 것입니다. 사용자는 함수만 정의할 뿐 그 함수를 실행하는 시스템에 대한 SSH 접근 권한이 없을 수 있습니다. 이러한 환경은 사용자의 BPF 트레이싱 도구 실행을 지원하지 않을 가능성이 높습니다(다른 도구 역시 실행할 수 없습니다). 커널이 비권한 BPF 트레이싱을 지원한다면 애플리케이션 함수가 직접적으로 커널 BPF를 호출할 수 있겠지만, 이렇게 되면 많은 문제가 생깁니다. BPF를 이용한 FaaS 분석은 아마 호스트에 대한 접근 권한을 가진 사용자나 인터페이스를 통해서만 가능할 것입니다.

15.1.3 전략

여러분이 컨테이너 분석 경험이 없다면, 어떠한 대상부터 분석을 시작해야 할지, 어떠한 도구를 사용해야 할지, 어디서부터 시작해야 할지 알기 어려울 수 있습니다. 다음과 같은 전반적인 전략을 따를 것을 추천합니다. 다음 절에서는 관련된 도구에 관해 더 자세히 설명합니다.

1. 하드웨어 리소스 병목과 이전 장들(6장, 7장 등)에서 살펴본 다른 이슈에 대해 시스템을 조사합니다. 특히 동작 중인 애플리케이션에 대한 CPU 플레임 그래프를 작성해 봅니다.
2. cgroup 소프트웨어 제한에 도달하였는지 확인합니다.
3. 6장~14장 사이에 나열한 BPF 도구들을 살펴보고 실행해 봅니다.

필자가 직면한 대부분의 컨테이너 이슈는 컨테이너 설정 문제가 아니라 애플리케이션이나 하드웨어의 문제로 인해 발생했습니다. CPU 플레임 그래프는 때때로 컨테이너 내에서 실행하는 것과 연관 없는 애플리케이션 레벨의 이슈를 보여줍니다. 컨테이너 제한을 조사하는 것뿐만 아니라 이러한 이슈가 있는지 확인해 보십시오.

15.2 기존 도구

컨테이너는 이전 장들에서 살펴본 수많은 성능 분석 도구를 이용해 분석할 수 있습니다. 여기서는 호스트와 컨테이너 내에서 기존 도구를 사용해 컨테이너를 분석합니다.[4]

15.2.1 호스트에서 사용 가능한 도구

컨테이너에만 해당되는 동작, 특히 cgroup 사용량을 분석하기 위해 호스트에서 사용할 수 있는 몇 가지 도구와 지표가 있습니다.(표 15.1)

도구	유형	설명
systemd-cgtop	커널 통계	cgroup에 대한 top
kubectl top	커널 통계	쿠버네티스 리소스에 대한 top
docker stats	커널 통계	도커 컨테이너의 리소스 사용량
/sys/fs/cgroups	커널 통계	cgroup 통계
perf	통계와 트레이싱	cgroup 필터를 지원하는 다목적 트레이싱 도구

표 15.1 컨테이너 분석을 위한 기존의 호스트 도구

이러한 도구들은 이어지는 절에서 설명합니다.

15.2.2 컨테이너에서 사용 가능한 도구

컨테이너 자체 내에서도 기존 도구를 사용할 수 있는데, 이를 통해 확인되는 일부 지표는 컨테이너만이 아니라 호스트 전체를 가리킬 수 있다는 점에 유의하세요. 표 15.2에 리눅스 4.8 커널에서 일반적으로 사용하는 도구들을 정리해 놓았습니다.

도구	설명
top(1)	컨테이너 프로세스 요약. 헤더에 표시된 요약은 호스트에 대해 보여줍니다.
ps(1)	컨테이너 프로세스 정보 출력
uptime(1)	호스트의 부하 평균을 포함한 호스트 통계 출력
mpstat(1)	호스트 CPU와 CPU 사용량 출력

---

4 이 주제에 대한 자세한 내용은 필자가 USENIX LISA 2017에서 발표한 "리눅스 컨테이너 성능 분석 (Linux Container Performance Analysis)"[Gregg 17]의 비디오와 슬라이드를 참조하시기 바랍니다.

vmstat(8)	호스트 CPU, 메모리 및 기타 통계 출력
iostat(1)	호스트 디스크 정보 출력
free(1)	호스트 메모리 정보 출력

표 15.2 컨테이너에서 실행할 때의 기존 도구

컨테이너 인식(container-aware)이라는 용어는 도구가 컨테이너에서 실행될 때 호스트가 아닌 컨테이너 프로세스와 컨테이너 리소스만 보여주는 도구의 특징을 설명하는 데 사용됩니다. 이 표에 있는 어떤 도구도 완전하게 컨테이너를 인식하지는 못합니다. 이는 시간이 지남에 따라 커널과 도구들이 업데이트되면 달라질 수 있습니다. 현재로서는 이것이 컨테이너 내의 성능 분석에 있어서 알려진 한계점입니다.

15.2.3 systemd-cgtop

systemd-cgtop(1) 명령은 리소스를 가장 많이 소모하는 최상위 cgroup을 보여줍니다. 예를 들어, 다음은 프로덕션 컨테이너 호스트에서 해당 명령을 실행한 사례입니다.

```
# systemd-cgtop
Control Group                                Tasks   %CPU   Memory  Input/s
Output/s
/                                                -   798.2   45.9G        -
-
/docker                                       1082   790.1   42.1G        -
-
/docker/dcf3a...9d28fc4a1c72bbaff4a24834       200   610.5   24.0G        -
-
/docker/370a3...e64ca01198f1e843ade7ce21       170   174.0    3.0G        -
-
/system.slice                                  748     5.3    4.1G        -
-
/system.slice/daemontools.service              422     4.0    2.8G        -
-
/docker/dc277...42ab0603bbda2ac8af67996b       160     2.5    2.3G        -
-
/user.slice                                      5     2.0   34.5M        -
-
/user.slice/user-0.slice                         5     2.0   15.7M        -
-
/user.slice/u....slice/session-c26.scope         3     2.0   13.3M        -
-
/docker/ab452...c946f8447f2a4184f3ccff2a       174     1.0    6.3G        -
/docker/e18bd...26ffdd7368b870aa3d1deb7a       156     0.8    2.9G        -
-
[...]
```

이 출력 결과에는 '/docker/dcf3a...' 라는 이름의 cgroup이 이 업데이트 인터벌에 총 610.5%의 CPU(여러 CPU에 걸쳐 실행됨)와 24GB의 메인 메모리를 소비하고 있으며, 200개의 실행 중인 태스크가 있음을 보여줍니다. 또한, 출력 결과는 시스템 서비스(/system.slice)와 사용자 세션(/user.slice)에 대해 systemd가 생성한 수많은 cgroup을 보여줍니다.

15.2.4 kubectl top

쿠버네티스 컨테이너 오케스트레이션 시스템은 kubectl top을 이용하여 기본적인 리소스 사용량을 확인할 수 있는 방법을 제공합니다. 다음은 호스트('nodes')를 확인하는 예시입니다.

```
# kubectl top nodes
NAME                         CPU(cores)   CPU%   MEMORY(bytes)   MEMORY%
bgregg-i-03cb3a7e46298b38e   1781m        10%    2880Mi          9%
```

CPU(cores) 시간은 누적된 CPU 시간을 밀리초 단위로 보여주고, CPU%는 노드의 현재 사용량을 나타냅니다. 컨테이너(pods)의 리소스 사용량을 확인해 보면 다음과 같습니다.

```
# kubectl top pods
NAME                         CPU(cores)   MEMORY(bytes)
kubernetes-b94cb9bff-p7jsp   73m          9Mi
```

이는 누적된 CPU 시간과 현재 메모리 크기를 보여줍니다.

이러한 명령어를 사용하기 위해서는 메트릭 서버(metrics server)가 실행 중이어야 하는데, 쿠버네티스를 어떻게 초기화했느냐에 따라 메트릭 서버가 기본으로 추가되어 있을 수도 있습니다.[170] cAdvisor, Sysdig, Google Cloud Monitoring과 같은 다른 모니터링 도구도 이러한 지표를 GUI로 표시할 수 있습니다.[171]

15.2.5 docker stats

도커 컨테이너 기술은 stats와 같은 일부 docker(1) 분석 하위 명령을 제공합니다. 다음은 프로덕션 호스트에서 해당 명령을 실행한 결과입니다.

```
# docker stats
CONTAINER      CPU %     MEM USAGE / LIMIT    MEM %     NET I/O      BLOCK I/O        PIDS
353426a09db1   526.81%   4.061 GiB / 8.5 GiB  47.78%    0 B / 0 B    2.818 MB / 0 B   247
```

```
6bf166a66e08  303.82%  3.448 GiB / 8.5 GiB    40.57%  0 B / 0 B  2.032 MB / 0 B   267
58dcf8aed0a7  41.01%   1.322 GiB / 2.5 GiB    52.89%  0 B / 0 B  0 B / 0 B        229
61061566ffe5  85.92%   220.9 MiB / 3.023 GiB 7.14%    0 B / 0 B  43.4 MB / 0 B     61
bdc721460293  2.69%    1.204 GiB / 3.906 GiB 30.82%   0 B / 0 B  4.35 MB / 0 B     66
[...]
```

이 출력 결과는 UUID 값이 '353426a09db1'인 컨테이너가 이 업데이트 인터벌에 총 527%의 CPU를 사용하였으며 8.5GB 제한 대비 4GB의 메인 메모리를 사용하고 있었음을 보여줍니다. 이 인터벌에 대해서 네트워크 I/O는 발생하지 않았고, 매우 적은 양의 디스크 I/O(MB 단위)만 발생하였습니다.

15.2.6 /sys/fs/cgroup

이 디렉터리는 각종 cgroup 통계가 담긴 가상 파일들로 구성되어 있습니다. 컨테이너 모니터링 도구는 이 파일을 읽어서 그래프화합니다. 예를 들면 다음과 같습니다.

```
# cd /sys/fs/cgroup/cpu,cpuacct/docker/02a7cf65f82e3f3e75283944caa4462e82f...
# cat cpuacct.usage
1615816262506
# cat cpu.stat
nr_periods 507
nr_throttled 74
throttled_time 3816445175
```

cpuacct.usage 파일은 이 cgroup의 총 CPU 사용량을 나노초 단위로 보여줍니다. cpu.stat 파일은 이 cgroup이 CPU 스로틀된 횟수(nr_throttled)와 총 스로틀된 시간을 나노초 단위로 보여줍니다. 이 예시는 이 cgroup이 507시간 주기 중에서 74번 CPU 스로틀되었고, 총 3.8초 동안 스로틀되었음을 보여줍니다.

여기에는 cpuacct.usage_percpu도 있는데, 이번에는 쿠버네티스의 cgroup을 출력해 보겠습니다.

```
# cd /sys/fs/cgroup/cpu,cpuacct/kubepods/burstable/pod82e745...
# cat cpuacct.usage_percpu
37944772821 35729154566 35996200949 36443793055 36517861942 36156377488 36176348313
35874604278 37378190414 35464528409 35291309575 35829280628 36105557113 36538524246
36077297144 35976388595
```

위의 예시는 CPU가 16개인 시스템에서 실행하였기 때문에 16개의 필드가 포함되어 있으며, 총 CPU 시간은 나노초로 표현됩니다.

이 cgroup v1 지표는 커널 소스 트리의 Documentation/cgroup-v1/cpuacct.txt에 문서화되어 있습니다.[172]

15.2.7 perf

6장에서 소개한 perf(1) 도구는 호스트에서 실행될 수 있으며 --cgroup(-G)를 이용하여 cgroup을 필터링할 수 있습니다. 예를 들어, 이 도구는 perf record 하위 명령을 사용해서 CPU 프로파일링에 사용될 수 있습니다.

```
perf record -F 99 -e cpu-clock --cgroup=docker/1d567... -a -- sleep 30
```

이벤트는 프로세스 컨텍스트에서 발생하는 어떠한 것(예: 시스템 콜)이든 될 수 있습니다.

또한, perf stat 하위 명령을 사용하면 이벤트를 perf.data 파일에 기록하는 대신 이벤트 수만 집계할 수 있습니다. 다음은 이 명령을 이용해서 read 계열의 시스템 콜을 집계하는 사례인데, 여기서는 위의 사례와는 다른 형식으로 cgroup을 지정하였습니다(식별자 생략).

```
perf stat -e syscalls:sys_enter_read* --cgroup /containers.slice/5aad.../...
```

여러 개의 cgroup을 지정할 수도 있습니다.

perf(1)는 BCC와 bpftrace가 제공하는 프로그래밍 기능이 없음에도 불구하고, BPF가 트레이싱할 수 있는 동일한 이벤트를 트레이싱할 수 있습니다. perf(1)에도 자체 BPF 인터페이스가 있기는 합니다. 이에 대한 예시는 부록 D에 있습니다. 컨테이너 조사에 적용할 수 있는 기타 perf 사용 사례에 관해서는 필자의 perf 예제 페이지를 참고하세요.[73]

15.3 BPF 도구

이번 절에서는 컨테이너 성능 분석과 문제 해결에 사용할 수 있는 BPF 도구를 다룹니다. 이 도구들은 BCC에서 가져왔거나 이 책을 위해서 만들어졌습니다. 표 15.3에는 이번 절에서 살펴본 도구의 출처를 정리해 놓았습니다.

도구	소스	대상	설명
runqlat	BCC	스케줄러	PID 네임스페이스별, CPU 실행 큐 지연 시간 요약
pidnss	책	스케줄러	PID 네임스페이스 전환 집계(CPU를 공유하는 컨테이너 간)
blkthrot	책	블록 I/O	블록 cgroup에 의한 블록 I/O 스로틀 집계
overlayfs	책	Overlay FS	오버레이 파일 시스템의 읽기/쓰기 지연 출력

표 15.3 컨테이너 특화 도구

컨테이너 분석의 경우, 이 도구들은 이전 장에 나온 많은 도구들과 함께 사용해야 합니다.

15.3.1 runqlat

runqlat(8)는 6장에서 소개했습니다. 이 도구는 실행 큐 지연 시간을 히스토그램으로 표시하여 CPU 포화 이슈를 확인하는 데 도움을 줍니다. 또한 PID 네임스페이스를 표시하는 --pidnss 옵션을 지원합니다. 다음은 프로덕션 컨테이너 시스템에서 이 도구를 실행한 사례입니다.

```
host# runqlat --pidnss -m
Tracing run queue latency... Hit Ctrl-C to end.
^C
pidns = 4026532382
     msecs               : count     distribution
        0 -> 1           : 646       |****************************************|
        2 -> 3           : 18        |*                                       |
        4 -> 7           : 48        |**                                      |
        8 -> 15          : 17        |*                                       |
       16 -> 31          : 150       |********                                |
       32 -> 63          : 134       |********                                |

[...]
pidns = 4026532870
     msecs               : count     distribution
        0 -> 1           : 264       |****************************************|
        2 -> 3           : 0         |                                        |
[...]
```

출력 결과는 하나의 PID 네임스페이스(4026532382)가 다른 네임스페이스에 비해 실행 큐 지연 시간이 훨씬 높다는 것을 보여줍니다.

이 도구는 컨테이너 이름을 표시하지 않는데, 네임스페이스에서 컨테이너로 매핑하는 방식은 사용된 컨테이너 기술에 따라 다르기 때문입니다. 대신, 최소한 루트 사용자로 ls(1) 명령을 사용하면 주어진 PID에 대한 네임스페이스를 확인할 수 있습니다. 예를 들면 다음과 같습니다.

```
# ls -lh /proc/181/ns/pid
lrwxrwxrwx 1 root root 0 May  6 13:50 /proc/181/ns/pid -> 'pid:[4026531836]'
```

이것은 PID 181이 PID 네임스페이스4026531836에서 동작한다는 것을 보여줍니다.

15.3.2 pidnss

pidnss(8)[5]는 CPU가 한 컨테이너를 실행하다가 다른 컨테이너의 실행으로 전환될 때를 집계하는데, 이를 위해 스케줄러 컨텍스트 스위치 도중 PID 네임스페이스가 전환됨을 감지합니다. 이 도구는 여러 컨테이너가 단일 CPU를 놓고 경쟁하는 문제를 확인하거나 문제가 없음을 밝혀내기 위해 사용할 수 있습니다.

```
# pidnss.bt
Attaching 3 probes...
Tracing PID namespace switches. Ctrl-C to end
^C
Victim PID namespace switch counts [PIDNS, nodename]:


@[0, ]: 2
@[4026532981, 6280172ea7b9]: 27
@[4026531836, bgregg-i-03cb3a7e46298b38e]: 28
```

출력 결과는 두 개의 필드와 전환 집계를 보여줍니다. 이 필드는 PID 네임스페이스 ID와 nodename입니다(존재할 경우). 이 출력 결과는 nodename이 'bgregg-i-03cb3a7e46298b38e'인 PID 네임스페이스(호스트)가 트레이싱하는 동안 다른 네임스페이스로 28번 전환했으며, nodename이 '6280172ea7b9'인 PID 네임스페이스(도커 컨테이너)가 27번 전환했음을 보여줍니다. 이러한 세부 정보는 호스트에서 확인할 수 있습니다.

```
# uname -n
bgregg-i-03cb3a7e46298b38e
# docker ps
CONTAINER ID  IMAGE   COMMAND   CREATED      STATUS      PORTS   NAMES
6280172ea7b9  ubuntu  "bash"    4 weeks ago  Up 4 weeks          eager_bhaskara
[...]
```

이 도구는 kprobe를 이용해 커널 컨텍스트 스위치 경로를 트레이싱하여 동작합니다. 바쁜 I/O 워크로드에서는 오버헤드가 상당할 것입니다.

이번에는 쿠버네티스 클러스터를 설정하는 동안의 또 다른 예시입니다.

```
# pidnss.bt
Attaching 3 probes...
Tracing PID namespace switches. Ctrl-C to end
^C
Victim PID namespace switch counts [PIDNS, nodename]:
```

---

5 연혁: 필자는 필자의 동료인 사르군 딜론(Sargun Dhillon)의 제안에 기반해서, 2019년 5월 6일에 이 책을 위해 이 도구를 만들었습니다.

```
@[-268434577, cilium-operator-95ddbb5fc-gkspv]: 33
@[-268434291, cilium-etcd-g9wgxqsnjv]: 35
@[-268434650, coredns-fb8b8dccf-w7khw]: 35
@[-268434505, default-mem-demo]: 36
@[-268434723, coredns-fb8b8dccf-crrn9]: 36
@[-268434509, etcd-operator-797978964-7c2mc]: 38
@[-268434513, kubernetes-b94cb9bff-p7jsp]: 39
@[-268434810, bgregg-i-03cb3a7e46298b38e]: 203
[...]
@[-268434222, cilium-etcd-g9wgxqsnjv]: 597
@[-268434295, etcd-operator-797978964-7c2mc]: 1301
@[-268434808, bgregg-i-03cb3a7e46298b38e]: 1582
@[-268434297, cilium-operator-95ddbb5fc-gkspv]: 3961
@[0, ]: 8130
@[-268434836, bgregg-i-03cb3a7e46298b38e]: 8897
@[-268434846, bgregg-i-03cb3a7e46298b38e]: 15813
@[-268434581, coredns-fb8b8dccf-w7khw]: 39656
@[-268434654, coredns-fb8b8dccf-crrn9]: 40312
[...]
```

pidnss(8)의 소스 코드는 다음과 같습니다.

```
#!/usr/local/bin/bpftrace

#include <linux/sched.h>
#include <linux/nsproxy.h>
#include <linux/utsname.h>
#include <linux/pid_namespace.h>

BEGIN
{
        printf("Tracing PID namespace switches. Ctrl-C to end\n");
}

kprobe:finish_task_switch
{
        $prev = (struct task_struct *)arg0;
        $curr = (struct task_struct *)curtask;
        $prev_pidns = $prev->nsproxy->pid_ns_for_children->ns.inum;
        $curr_pidns = $curr->nsproxy->pid_ns_for_children->ns.inum;
        if ($prev_pidns != $curr_pidns) {
                @[$prev_pidns, $prev->nsproxy->uts_ns->name.nodename] = count();
        }
}

END
{
        printf("\nVictim PID namespace switch counts [PIDNS, nodename]:\n");
}
```

이 소스 코드는 네임스페이스 식별자를 가져오는 예시이기도 합니다. 다른 네임 스페이스의 식별자도 유사하게 가져올 수 있습니다.

커널 네임스페이스와 cgroup 정보를 넘어 컨테이너에 특화된 세부 정보가 필 요할 경우, 여러분은 이 도구를 BCC로 포팅하고 쿠버네티스, 도커 등에서 직접 세부 정보를 가져오도록 소스 코드를 수정할 수 있습니다.

15.3.3 blkthrot

blkthrot(8)[6]는 blk cgroup 컨트롤러가 하드 제한에 기반해 I/O를 스로틀할 때 를 집계합니다.

```
# blkthrot.bt
Attaching 3 probes...
Tracing block I/O throttles by cgroup. Ctrl-C to end
^C

@notthrottled[1]: 506

@throttled[1]: 31
```

이 출력 결과를 통해, 트레이싱하는 동안 ID가 1인 블록 cgroup이 31번 스로틀 되고 506번 스로틀되지 않았음을 확인할 수 있었습니다.

이 도구는 커널 blk_throtl_bio() 함수를 트레이싱하여 동작합니다. 일반적으로 블록 I/O는 비교적 적게 발생하는 이벤트이기 때문에 오버헤드는 미미할 것입니다.

blkthrot (8)의 소스 코드는 다음과 같습니다.

```
#!/usr/local/bin/bpftrace

#include <linux/cgroup-defs.h>
#include <linux/blk-cgroup.h>

BEGIN
{
        printf("Tracing block I/O throttles by cgroup. Ctrl-C to end\n");
}

kprobe:blk_throtl_bio
{
        @blkg[tid] = arg1;
}
```

---

6 연혁: blkthrot(8)는 2019년 5월 6일에 이 책을 위해 만들었습니다.

```
kretprobe:blk_throtl_bio
/@blkg[tid]/
{
        $blkg = (struct blkcg_gq *)@blkg[tid];
        if (retval) {
                @throttled[$blkg->blkcg->css.id] = count();
        } else {
                @notthrottled[$blkg->blkcg->css.id] = count();
        }
        delete(@blkg[tid]);
}
```

이 소스 코드는 cgroup_subsys_state 구조체(여기서는 blkcg의 css)로부터
cgroup ID를 가져오는 예시이기도 합니다.

필요하다면 블록 요청 완료 시점에서 struct bio 구조체에 BIO_THROTTLED
플래그가 있는지 확인하는 다른 접근 방법을 사용할 수도 있습니다.

15.3.4 overlayfs

overlayfs(8)[7]는 오버레이 파일 시스템의 읽기와 쓰기의 지연 시간을 트레이싱합
니다. 오버레이 파일 시스템(overlay FS)은 컨테이너에 주로 활용되므로, 이 도
구는 컨테이너 파일 시스템 성능에 대한 시각을 제공합니다.

```
# overlayfs.bt 4026532311
Attaching 7 probes...

21:21:06 -------------------
@write_latency_us:
[128, 256)             1 |                                                          |
[256, 512)           238 |@@@@@@@@@@@@@@@@@@@@@@@@@@@@@@@@@@@@@@@@@@@@@@@@@@@@@@@@@@@@@@|

@read_latency_us:
[1]                    3 |@                                                         |
[2, 4)                 1 |                                                          |
[4, 8)                 3 |@                                                         |
[8, 16)                0 |                                                          |
[16, 32)             115 |@@@@@@@@@@@@@@@@@@@@@@@@@@@@@@@@@@@@@@@@@@@@@@@@@@@@@@@@@    |
[32, 64)             123 |@@@@@@@@@@@@@@@@@@@@@@@@@@@@@@@@@@@@@@@@@@@@@@@@@@@@@@@@@@@@@ |
[64, 128)              0 |                                                          |
[128, 256)             1 |                                                          |

21:21:07 -------------------
[...]
```

---

7   연혁: 이 도구는 필자의 동료인 제이슨 코흐(Jason Koch)가 2019년 3월 18일에 컨테이너 성능 분석을
    하던 중 만들었습니다.

이 출력 결과는 21:21:06 인터벌 동안의 읽기와 쓰기의 지연 시간 분포를 보여주고 있는데, 일반적으로 16~64μs 정도가 읽기에 소요되었음을 알 수 있습니다.

이 도구는 읽기와 쓰기에 대한 overlayfs file_operations_t 커널 함수를 트레이싱하여 동작합니다. 오버헤드는 이 함수의 호출 비율에 대해 상대적이며, 대부분의 워크로드 환경에서는 무시할 수 있는 수준일 것입니다.

overlayfs(8)의 소스 코드는 다음과 같습니다.

```
#!/usr/local/bin/bpftrace

#include <linux/nsproxy.h>
#include <linux/pid_namespace.h>

kprobe:ovl_read_iter
/((struct task_struct *)curtask)->nsproxy->pid_ns_for_children->ns.inum == $1/
{
        @read_start[tid] = nsecs;
}

kretprobe:ovl_read_iter
/((struct task_struct *)curtask)->nsproxy->pid_ns_for_children->ns.inum == $1/
{
        $duration_us = (nsecs - @read_start[tid]) / 1000;
        @read_latency_us = hist($duration_us);
        delete(@read_start[tid]);
}

kprobe:ovl_write_iter
/((struct task_struct *)curtask)->nsproxy->pid_ns_for_children->ns.inum == $1/
{
        @write_start[tid] = nsecs;
}

kretprobe:ovl_write_iter
/((struct task_struct *)curtask)->nsproxy->pid_ns_for_children->ns.inum == $1/
{
        $duration_us = (nsecs - @write_start[tid]) / 1000;
        @write_latency_us = hist($duration_us);
        delete(@write_start[tid]); }  interval:ms:1000 {
        time("\n%H:%M:%S ------------------\n");
        print(@write_latency_us);
        print(@read_latency_us);
        clear(@write_latency_us);
        clear(@read_latency_us);
}

END
{
        clear(@write_start);
        clear(@read_start);
}
```

ovl_read_iter()와 ovl_write_iter() 함수는 리눅스 4.19에서 추가되었습니다. 이 도구는 PID 네임스페이스 ID를 인자로 받아들입니다. 또한, 이 도구는 단독으로 실행되기보다는 도커 컨테이너 ID를 인자로 받아들이는 다음의 래퍼(overlayfs. sh)와 함께 실행되도록 제작되었습니다.

```bash
#!/bin/bash

PID=$(docker inspect -f='{{.State.Pid}}' $1)
NSID=$(stat /proc/$PID/ns/pid -c "%N" | cut -d[ -f2 | cut -d] -f1)

bpftrace ./overlayfs.bt $NSID
```

여기서 이 셸 래퍼는 도커 컨테이너 ID를 커널에 대응되는 PID 네임스페이스로 변환하는 일을 합니다. 여러분은 이 코드를 자신이 사용하는 컨테이너 기술에 맞춰 수정할 수 있습니다. 위와 같은 과정이 필요한 이유에 대해서는 15.1.2 "도전 과제"에서 설명했습니다. 컨테이너 ID는 사용자 공간에서 만들어진 것이고 커널 안에는 존재하지 않기 때문입니다.

15.4 BPF 원 라이너

이번 절은 bpftrace 원 라이너를 살펴봅니다.

cgroup ID를 99Hz 주기로 집계합니다.

```
bpftrace -e 'profile:hz:99 { @[cgroup] = count(); }'
```

cgroup v2 중 'container1'이라는 이름의 cgroup에서 열린 파일의 이름을 트레이싱합니다.

```
bpftrace -e 't:syscalls:sys_enter_openat
    /cgroup == cgroupid("/sys/fs/cgroup/unified/container1")/ {
    printf("%s\n", str(args->filename)); }
```

15.5 연습 문제

특별히 언급하지 않는 한, 다음 문제는 bpftrace나 BCC를 사용해서 작성할 수 있습니다.

1. 6장에서 소개한 runqlat(8)를 UTS 네임스페이스 nodename을 포함하도록 수정하세요(pidnss(8) 참고).

2. 8장에서 소개된 opensnoop(8)을 UTS 네임스페이스 nodename을 포함하
   도록 수정하세요.

3. mem cgroup으로 인해 어떠한 컨테이너가 스왑되는지 보여주는 도구를 개
   발하세요(mem_cgroup_swapout() 커널 함수 참고).

15.6 정리

이번 장에서는 리눅스 컨테이너에 대해서 개괄하였고, BPF 트레이싱을 이용해
서 오버레이 파일 시스템의 지연 시간뿐만 아니라 컨테이너 CPU 경쟁과 cgroup
스로틀링된 시간을 살펴보는 방법에 대해 알아보았습니다.

B P F *P e r f o r m a n c e   T o o l s*

하이퍼바이저

이번 장에서는 BPF 도구를 하드웨어 가상화를 위한 가상 머신 하이퍼바이저 (hypervisor)와 함께 사용하는 방법에 대해 설명합니다. Xen과 KVM이 대표적인 하이퍼바이저 사례입니다. OS 레벨 가상화인 컨테이너와 함께 사용하는 BPF 도구에 대해서는 이전 장에서 논의했습니다.

학습 목표

- 하이퍼바이저 구성과 BPF 트레이싱 활용 가능성 이해하기
- 가능하다면 게스트 환경의 하이퍼 콜(hypercalls) 및 exit 트레이싱하기
- 빼앗긴 CPU 시간 요약 정리하기

이번 장은 하드웨어 가상화 분석을 위해 필요한 배경지식으로 시작하여 BPF 활용 가능성과 하이퍼바이저를 사용하는 각기 다른 상황에 따른 추천 전략을 설명한 다음 몇 가지 BPF 도구의 사례를 살펴봅니다.

16.1 배경지식

하드웨어 가상화는 자체 커널을 포함하여 운영체제 전체를 구동할 수 있는 가상 머신(virtual machine, VM)을 만듭니다. 그림 16.1은 하이퍼바이저의 일반적인 구성 두 가지를 보여줍니다.

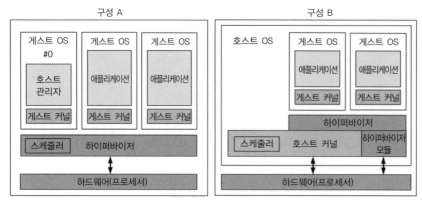

그림 16.1 일반적인 하이퍼바이저 구성

과거에는 하이퍼바이저의 구분을 위해 타입 1(Type 1) 혹은 타입 2(Type 2)라는 용어를 사용하였습니다.[1][Goldberg73] 그러나 이 분야의 기술 발전과 함께 이러한 타입은 더 이상 실질적인 구분이 되지 못하는데[173], 커널 모듈을 사용하게 됨에 따라 타입 2가 타입 1처럼 되기 때문입니다. 다음 내용은 그림 16.1에서 보여주는 두 가지 일반적인 구성에 대해 설명합니다.

- **구성 A:** 이 구성은 네이티브 하이퍼바이저 혹은 베어 메탈 하이퍼바이저라고 부릅니다. 하이퍼바이저 소프트웨어는 프로세서 바로 위에서 작동되는데, 실행 중인 게스트 가상 머신을 위한 도메인을 만들고 진짜 CPU에 가상 게스트 CPU를 스케줄링합니다. 특권 도메인(그림 16.1의 0번)은 다른 도메인들을 관리할 수 있습니다. 대표적인 사례가 Xen 하이퍼바이저입니다.
- **구성 B:** 하이퍼바이저 소프트웨어는 호스트 OS 커널이 실행하며 커널 레벨 모듈과 사용자 레벨 프로세스로 구성됩니다. 호스트 OS는 하이퍼바이저를 관리하는 권한이 있으며, 해당 커널은 VM CPU를 호스트상의 다른 프로세스와 함께 스케줄링합니다. 이 구성은 커널 모듈을 사용하여 하드웨어에 직접 접근할 수 있게 해 줍니다. 대표적인 사례가 KVM 하이퍼바이저입니다.

두 가지 구성 모두 게스트 I/O 처리를 위해 도메인 0(Xen)이나 호스트 OS(KVM)에서 I/O 프락시(예: QEMU 소프트웨어)를 실행할 수 있습니다. 이 방법은 I/O

---

1 (옮긴이) 여기서는 타입 1과 타입 2에 대해서는 소개되지 않았지만 둘의 차이점을 간략하게 설명한다면, 타입 1은 하이퍼바이저가 프로세서에서 직접 실행되는 형태이고, 타입 2는 하이퍼바이저가 호스트 OS 커널에 실행됩니다. 그러나 기술의 발전으로 인해 하이퍼바이저의 일부가 하드웨어(프로세서 등)에 직접 접근할 수 있게 되어 타입 2가 타입 1처럼 되어 실질적인 구분 기준으로 사용되지 않습니다.

에 오버헤드를 부가하기 때문에 공유 메모리 전송 등 다른 기법을 추가하면서 여러 해에 걸쳐 최적화되었습니다.

1998년에 VMware가 개척한 최초의 하드웨어 하이퍼바이저는 하드웨어 전가상화(full hardware virtualization)를 수행하기 위해 바이너리 변환(Binary Translation)을 이용하였습니다.[VMware 07] 이후 다음과 같은 개선이 이루어졌습니다.

- **프로세서 가상화 지원**: 2005-2006년에 VM 동작에 대한 프로세서 레벨의 더 빠른 하드웨어 지원을 제공하는 AMD-V와 인텔 VT-x 확장이 발표되었습니다.
- **반가상화(Paravirtualization, paravirt 혹은 PV)**: 수정되지 않은 OS를 실행하는 대신, 반가상화를 이용해 OS가 하드웨어 가상 머신에서 실행되고 있다는 것을 알게 하며 특별한 호출(hypercall)을 하이퍼바이저에 보내 일부 작업을 보다 효율적으로 처리합니다. 효율성을 위해서 Xen은 이들 하이퍼 콜을 멀티콜(multicall)로 일괄 처리합니다.
- **하드웨어 장치 지원**: VM 성능을 좀 더 최적화하기 위해, 프로세서 이외의 하드웨어 장치들도 가상 머신에 대한 지원을 추가해 왔습니다. 여기에는 네트워크 및 저장 장치용 SR-IOV와 이것을 사용하기 위해 필요한 ixgbe, ena, nvme 같은 특수 드라이버가 포함됩니다.

Xen은 여러 해에 걸쳐 진화하면서 성능이 개선되고 있습니다. 현대적인 Xen VM은 흔히 하드웨어 VM 모드(HVM)로 부팅한 다음 HVM 지원이 있는 PV 드라이버를 사용합니다. 이는 양쪽(PV, HVM) 모두에서 장점을 뽑아 구성한 것으로 PVHVM이라 부릅니다. 이것의 성능은 네트워크나 저장 장치용 SR-IOV와 같은 일부 드라이버용 하드웨어 가상화를 사용함으로써 더욱 개선될 수 있습니다.

2017년에 아마존 웹 서비스(AWS)는 니트로 하이퍼바이저(Nitro hypervisor)를 출시했는데, 여기에는 KVM에 기반한 부분과 프로세서, 네트워크, 저장 장치, 인터럽트 그리고 타이머 등 모든 주요한 리소스에 대한 하드웨어 지원을 탑재하고 있습니다.[174] QEMU 프락시는 사용되지 않습니다.

16.1.1 BPF 활용 가능성

하드웨어 VM은 자체 커널을 실행하기 때문에 게스트 환경에서 BPF 도구를 사용할 수 있습니다. BPF는 게스트 환경에서 다음과 같은 질문의 해답을 찾는 데 도움을 줄 수 있습니다.

- 가상화된 하드웨어 리소스의 성능은 어떠한가? 이 질문에 대한 대답은 이전 장에서 설명한 도구들을 이용하면 답할 수 있습니다.
- 반가상화가 사용 중이라면, 하이퍼바이저 성능의 척도로서의 하이퍼 콜의 지연 시간은 얼마나 되는가?
- 빼앗긴 CPU 시간의 빈도와 지속 시간은 어떻게 되는가?
- 하이퍼바이저 인터럽트 콜백이 애플리케이션을 간섭하고 있는가?

호스트에서 BPF 도구를 실행한다면, BPF는 더 많은 질문에 대답할 수 있습니다 (만약 여러분이 클라우드 컴퓨팅 프로바이더라면 호스트 접근이 가능하겠지만, 단순 사용자일 경우에는 호스트 접근이 불가할 것입니다).

- QEMU가 사용 중이라면 게스트 환경에서 어떠한 워크로드가 발생하고 있는가? 그에 따른 성능 결과는 어떻게 되는가?
- 구성 B 하이퍼바이저에서 게스트가 하이퍼바이저로 exit하려는 이유는 무엇인가?

BPF를 이용한 하드웨어 하이퍼바이저 분석은 향후에 또 다른 영역으로 개발이 이루어져 더 많은 기능과 가능성이 더해질 수 있을 것입니다. 향후에 이루어질 작업 몇 가지는 뒤에 나오는 도구들을 다룬 절에서 언급합니다.

AWS EC2 Guests

하이퍼바이저가 에뮬레이션에서 반가상화로, 그리고 다시 하드웨어 지원으로 이동해 가며 성능이 최적화됨에 따라, 이벤트가 하드웨어로 이동하기 때문에 게스트에서 트레이싱할 대상이 더 적어졌습니다. 이것은 AWS EC2 인스턴스의 진화와 함께 명백해졌습니다. 트레이싱할 수 있는 하이퍼바이저 대상의 유형을 정리하면 다음과 같습니다.

- PV: 하이퍼 콜(멀티콜), 하이퍼바이저 콜백, 드라이버 콜, 빼앗긴 시간
- PVHVM: 하이퍼바이저 콜백, 드라이버 콜, 빼앗긴 시간
- PVHVM+SR-IOV 드라이버: 하이퍼바이저 콜백, 빼앗긴 시간
- KVM(Nitro): 빼앗긴 시간

가장 최신의 하이퍼바이저인 니트로는 게스트에서 동작하는 하이퍼바이저에 특화된 코드가 거의 없습니다. 이것은 의도적인 설계로, 하이퍼바이저 기능을 하드웨어로 이동시킴으로써 성능을 향상시킵니다.

16.1.2 추천 전략

어떤 하드웨어 하이퍼바이저 구성이 사용되고 있는지 판단하는 것부터 시작합니다. 하이퍼 콜을 사용하고 있습니까? 아니면 특수한 장치 드라이버를 사용하고 있습니까?

게스트 측면

1. 과도한 동작을 확인하기 위해 하이퍼 콜을 계측합니다(사용 중인 경우).
2. 빼앗긴 CPU 시간을 확인합니다.
3. 리소스 분석을 위해 이전 장의 도구를 사용하는데, 이것은 가상 리소스라는 것을 기억하시기 바랍니다. 성능은 하이퍼바이저 혹은 외부 하드웨어에 의해 부과된 리소스 관리에 의해 제한될 수 있으며, 또한 다른 게스트의 접근으로 인해 경쟁에 시달릴 수도 있습니다.

호스트 측면

1. 과도한 동작을 확인하기 위해 VM exit을 계측합니다.
2. I/O 프락시가 사용 중이면(QEMU), 워크로드와 지연 시간을 계측합니다.
3. 리소스 분석을 위해 이전 장의 도구를 사용합니다.

니트로의 경우와 같이 하이퍼바이저의 기능이 하드웨어로 옮겨감에 따라 하이퍼바이저용 전문 도구보다는 이전 장에서 다룬 도구들을 사용해 더 많은 분석을 수행해야 합니다.

16.2 기존 도구

하이퍼바이저 성능 분석과 문제 해결을 위한 도구는 많지 않습니다. 게스트 환경의 일부 상황에서는 하이퍼 콜용 tracepoint가 존재하는데, 이는 16.3.1 "Xen 하이퍼 콜"에서 살펴봅니다.

호스트에서 Xen은 게스트 리소스 사용을 확인하기 위한 xl top과 xentrace 같은 자체 도구를 제공합니다. KVM의 경우 리눅스 perf(1) 유틸리티에 kvm 하위 명령이 있습니다. 다음은 이를 사용한 출력 결과입니다.

```
# perf kvm stat live
11:12:07.687968

Analyze events for all VMs, all VCPUs:

             VM-EXIT    Samples  Samples%   Time%  Min Time    Max Time      Avg time
```

```
         MSR_WRITE   1668   68.90%   0.28%    0.67us     31.74us    3.25us ( +- 2.20% )
               HLT    466   19.25%  99.63%    2.61us 100512.98us 4160.68us ( +- 14.77% )
  PREEMPTION_TIMER    112    4.63%   0.03%    2.53us     10.42us    4.71us ( +- 2.68% )
  PENDING_INTERRUPT    82    3.39%   0.01%    0.92us     18.95us    3.44us ( +- 6.23% )
 EXTERNAL_INTERRUPT    53    2.19%   0.01%    0.82us      7.46us    3.22us ( +- 6.57% )
    IO_INSTRUCTION     37    1.53%   0.04%    5.36us     84.88us   19.97us ( +- 11.87% )
          MSR_READ      2    0.08%   0.00%    3.33us      4.80us    4.07us ( +- 18.05% )
      EPT_MISCONFIG      1    0.04%   0.00%   19.94us     19.94us   19.94us ( +- 0.00% )
```

Total Samples:2421, Total events handled time:1946040.48us.

이 출력 결과는 가상 머신 exit의 이유와 각 이유에 대한 통계를 보여주고 있습니다. 이 사례의 출력에서 가장 길게 지속된 exit는 가상 CPU가 유휴 상태로 들어가는 HLT(halt)에 대한 것입니다.

KVM에는 exit와 같은 이벤트에 대한 tracepoint가 존재하고, 이것을 BPF와 함께 사용해서 더 상세한 도구를 만들 수 있습니다.

16.3 게스트 BPF 도구

이번 절에서는 여러분이 게스트 VM 성능 분석과 문제 해결을 위해 사용할 수 있는 BPF 도구에 대해 다룹니다. 이 도구들은 이 책의 4장과 5장에서 다룬 BCC와 bpftrace 저장소에서 가져왔거나 이 책을 위해 새로 만들었습니다.

16.3.1 Xen 하이퍼 콜

게스트가 반가상화를 사용하고 하이퍼 콜을 호출한다면, 기존 도구인 funccount(8), trace(8), argdist(8) 그리고 stackcount(8)를 사용해 계측할 수 있습니다. 심지어 여러분이 사용할 수 있는 Xen tracepoint도 있습니다. 하이퍼 콜 지연 시간을 측정하기 위해서는 도구를 커스터마이즈해야 합니다.

Xen PV

예를 들어, 이 시스템은 PV(반가상화)로 부팅되었습니다.

```
# dmesg | grep Hypervisor
[    0.000000] Hypervisor detected: Xen PV
```

사용할 수 있는 Xen tracepoint를 집계하기 위해 BCC funccount(8)를 사용한 결과입니다.

```
# funccount 't:xen:*'
Tracing 30 functions for "t:xen:*"... Hit Ctrl-C to end.
^C
FUNC                                      COUNT
xen:xen_mmu_flush_tlb_one_user               70
xen:xen_mmu_set_pte                          84
xen:xen_mmu_set_pte_at                       95
xen:xen_mc_callback                          97
xen:xen_mc_extend_args                      194
xen:xen_mmu_write_cr3                       194
xen:xen_mc_entry_alloc                      904
xen:xen_mc_entry                            924
xen:xen_mc_flush                           1175
xen:xen_mc_issue                           1378
xen:xen_mc_batch                           1392
Detaching...
```

xen_mc tracepoint는 멀티콜, 즉 일괄 처리된 하이퍼 콜을 위한 것입니다. 이 멀티콜은 xen:xen_mc_batch 호출로 시작한 다음 각 하이퍼 콜에 대해 xen:xen_mc_entry 호출로 이어지고 xen:xen_mc_issue로 끝나게 됩니다. 진짜 하이퍼 콜은 플러시(flush) 동작에서만 일어나는데, 이는 xen:xen_mc_flush로 트레이싱될 수 있습니다. 성능 최적화의 일환으로 issue가 무시되는 두 개의 'lazy' 반가상화 모드가 있는데, 이것은 멀티콜을 버퍼에 쌓아두고 나중에 비워질 수 있도록 합니다. 그 두 개 중 하나는 MMU 업데이트용이며, 나머지 하나는 컨텍스트 스위칭용입니다.

가능한 한 많은 xen_mc_calls를 그룹화하기 위해 다양한 커널 코드 경로가 xen_mc_batch와 xen_mc_issue로 묶입니다. 하지만 어떠한 xen_mc_calls도 호출되지 않는다면, issue와 flush는 어떤 하이퍼 콜도 발생시키지 않습니다.

다음 절의 xenhyper(8) 도구는 이들 tracepoint 중 하나를 사용한 예시입니다. 사용 가능한 tracepoint가 아주 많기 때문에 이러한 도구를 더 많이 작성할 수 있지만, 안타깝게도 Xen PV 게스트의 사용 빈도가 낮아지면서 HVM 게스트(PVHVM)에 자리를 내주고 있습니다. 필자는 예시를 위해 한 개의 도구와 다음의 원 라이너만 포함시켰습니다.

Xen PV: 하이퍼 콜 집계

호출된 하이퍼 콜의 횟수는 xen:xen_mc_flush tracepoint와 얼마나 많은 하이퍼 콜이 발생하였는지 보여주는 mcidx 인자를 통해 집계할 수 있습니다. 예를 들어 다음은 BCC argdist(8)를 사용한 모습입니다.

```
# argdist -C 't:xen:xen_mc_flush():int:args->mcidx'
[17:41:34]
t:xen:xen_mc_flush():int:args->mcidx
        COUNT       EVENT
        44          args->mcidx = 0
        136         args->mcidx = 1
[17:41:35]
t:xen:xen_mc_flush():int:args->mcidx
        COUNT       EVENT
        37          args->mcidx = 0
        133         args->mcidx = 1
[...]
```

이 명령은 매 플러시마다 얼마나 많은 하이퍼 콜이 호출되었는지 집계합니다.
집계가 0이라면 어떠한 하이퍼 콜도 발생하지 않은 것입니다. 위의 출력 결과는
대략 초당 130 하이퍼 콜이 발생하고, 트레이싱을 하는 동안 한 번 이상의 하이
퍼 콜이 일괄 처리된 사례는 없음을 보여줍니다.

Xen PV: 하이퍼 콜 스택

stackcount(8)를 이용해 각 xen tracepoint를 트레이싱하면 어떤 코드 경로가
해당 tracepoint를 호출하였는지 확인할 수 있습니다. 다음은 멀티콜이 호출되
었을 때를 트레이싱하는 예입니다.

```
# stackcount 't:xen:xen_mc_issue'
Tracing 1 functions for "t:xen:xen_mc_issue"... Hit Ctrl-C to end.
^C
[...]

  xen_load_sp0
  __switch_to
  __schedule
  schedule
  schedule_preempt_disabled
  cpu_startup_entry
  cpu_bringup_and_idle
    6629

  xen_load_tls
    16448

  xen_flush_tlb_single
  flush_tlb_page
  ptep_clear_flush
  wp_page_copy
  do_wp_page
  handle_mm_fault
  __do_page_fault
  do_page_fault
```

```
    page_fault
      46604

    xen_set_pte_at
    copy_page_range
    copy_process.part.33
    _do_fork
    sys_clone
    do_syscall_64
    return_from_SYSCALL_64
       565901
Detaching...
```

과도한 멀티콜(하이퍼 콜)은 성능 이슈가 될 수 있고, 이 출력 결과는 그 이유를 밝히는 데 도움을 줍니다. 하이퍼 콜 트레이싱의 오버헤드는 발생 비율에 따라 달라지고, 바쁜 시스템의 경우 빈번하게 일어나 눈에 띄는 수준의 오버헤드를 발생시킬 수 있습니다.

Xen PV: 하이퍼 콜 지연 시간

실제 하이퍼 콜은 플러시 동작에서만 발생하는데, 이 동작이 언제 시작하고 종료되는지에 대한 tracepoint는 존재하지 않습니다. 이를 알아내기 위해 kprobe로 전환해 실제 하이퍼 콜을 포함하고 있는 xen_mc_flush() 커널 함수를 트레이싱할 수 있습니다. 다음은 BCC funclatency(8)를 사용한 예시입니다.

```
# funclatency xen_mc_flush
Tracing 1 functions for "xen_mc_flush"... Hit Ctrl-C to end.
^C
     nsecs               : count     distribution
         0 -> 1          : 0        |                                        |
         2 -> 3          : 0        |                                        |
         4 -> 7          : 0        |                                        |
         8 -> 15         : 0        |                                        |
        16 -> 31         : 0        |                                        |
        32 -> 63         : 0        |                                        |
        64 -> 127        : 0        |                                        |
       128 -> 255        : 0        |                                        |
       256 -> 511        : 32508    |***************                         |
       512 -> 1023       : 80586    |****************************************|
      1024 -> 2047       : 21022    |**********                              |
      2048 -> 4095       : 3519     |*                                       |
      4096 -> 8191       : 12825    |******                                  |
      8192 -> 16383      : 7141     |***                                     |
     16384 -> 32767      : 158      |                                        |
     32768 -> 65535      : 51       |                                        |
     65536 -> 131071     : 845      |                                        |
    131072 -> 262143     : 2        |                                        |
```

이와 같이 게스트 환경에서 플러시 동작의 지연 시간을 계측하는 것은 하이퍼바이저 성능에 대한 중요한 척도일 수 있습니다. BCC 도구는 어느 하이퍼 콜이 일괄 처리되었는지 기억하도록 작성할 수 있어 이 지연 시간을 하이퍼 콜 동작 유형에 따라 세분화할 수 있습니다.

하이퍼 콜 지연 시간 이슈를 확인할 수 있는 또 다른 방법은, 6장에서 다룬 CPU 프로파일링을 시도하고 hypercall_page() 함수(hypercall 함수로 구성된 실제 테이블에 해당) 혹은 xen_hypercall*() 함수를 통해 하이퍼 콜에 소모된 CPU 시간을 알아보는 것입니다. 그림 16.2는 이에 대한 예시입니다.

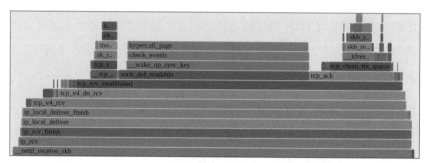

그림 16.2 Xen PV 하이퍼 콜을 보여주는 CPU 플레임 그래프(발췌)

그림 16.2는 hypercall_page()로 끝나는 TCP 수신 코드 경로를 보여줍니다. 주의할 점은 게스트의 일부 하이퍼 콜 코드 경로는 샘플링이 불가능할 수도 있기 때문에, 이 CPU 프로파일링 접근 방법이 오해의 소지가 있다는 것입니다. 그 이유는 일반적으로 PV 게스트가 PMC 기반 프로파일링에 대한 접근 권한이 없어서 그 대신 소프트웨어 기반 프로파일링을 기본으로 하기 때문입니다. 소프트웨어 기반 프로파일링은 IRQ가 비활성화(IRQ disabled)된 코드 경로에 대해서는 샘플링이 불가능한데, 일부 하이퍼 콜이 여기에 해당됩니다. 이 이슈에 대해서는 6.2.4 "정주기 샘플링"에서 설명했습니다.

Xen HVM

HVM 게스트의 경우, xen tracepoint는 일반적으로 호출되지 않습니다.

```
# dmesg | grep Hypervisor
[    0.000000] Hypervisor detected: Xen HVM
# funccount 't:xen:xen*'
Tracing 27 functions for "t:xen:xen*"... Hit Ctrl-C to end.
^C
FUNC                              COUNT
Detaching...
```

그 이유는 게스트가 호출하는 코드 경로가 더 이상 하이퍼 콜이 아니라 HVM 하이퍼바이저에 의해서 트랩(trap)되고 핸들링되는 네이티브 호출이기 때문입니다. 이렇게 되면 이전 장들에서 살펴본 일반적인 리소스 기반 도구를 이용해서 계측해야만 합니다. 이 상황에서는 하이퍼바이저 성능 분석이 더욱 어려워지는데, 리소스들은 하이퍼바이저를 통해 액세스되기 때문에 계측된 지연 시간은 리소스 지연시간+하이퍼바이저 지연 시간으로 구성된다는 점에 주의하시기 바랍니다.

16.3.2 xenhyper

xenhyper(8)[2]는 xen:xen_mc_entry tracepoint를 통해 하이퍼 콜을 계측하는 bpftrace 도구로, 하이퍼 콜 이름의 집계 횟수를 출력합니다. 이 도구는 반가상화 모드로 부팅하는 Xen 게스트에서 하이퍼 콜을 사용할 때에만 유용합니다. 예시 출력 결과는 다음과 같습니다.

```
# xenhyper.bt
Attaching 1 probe...
^C

@[mmu_update]: 44
@[update_va_mapping]: 78
@[mmuext_op]: 6473
@[stack_switch]: 23445
```

xenhyper(8)의 소스 코드는 다음과 같습니다.

```
#!/usr/local/bin/bpftrace

BEGIN
{
        printf("Counting Xen hypercalls (xen_mc_entry). Ctrl-C to end.\n");

        // 사용하는 커널 버전의 xen-hypercalls.h와 일치하도록 업데이트해야 합니다
        @name[0] = "set_trap_table";
        @name[1] = "mmu_update";
        @name[2] = "set_gdt";
        @name[3] = "stack_switch";
        @name[4] = "set_callbacks";
        @name[5] = "fpu_taskswitch";
        @name[6] = "sched_op_compat";
        @name[7] = "dom0_op";
        @name[8] = "set_debugreg";
```

---

2 연혁: 이 도구는 2019년 2월 22일에 이 책을 위해 개발하였습니다.

```
        @name[9] = "get_debugreg";
        @name[10] = "update_descriptor";
        @name[11] = "memory_op";
        @name[12] = "multicall";
        @name[13] = "update_va_mapping";
        @name[14] = "set_timer_op";
        @name[15] = "event_channel_op_compat";
        @name[16] = "xen_version";
        @name[17] = "console_io";
        @name[18] = "physdev_op_compat";
        @name[19] = "grant_table_op";
        @name[20] = "vm_assist";
        @name[21] = "update_va_mapping_otherdomain";
        @name[22] = "iret";
        @name[23] = "vcpu_op";
        @name[24] = "set_segment_base";
        @name[25] = "mmuext_op";
        @name[26] = "acm_op";
        @name[27] = "nmi_op";
        @name[28] = "sched_op";
        @name[29] = "callback_op";
        @name[30] = "xenoprof_op";
        @name[31] = "event_channel_op";
        @name[32] = "physdev_op";
        @name[33] = "hvm_op";
}

tracepoint:xen:xen_mc_entry
{
        @[@name[args->op]] = count();
}

END
{
        clear(@name);
}
```

이 도구는 하이퍼 콜 동작 번호와 이름 간의 전환을 위해 커널 소스 코드의 매핑에 기반한 변환 테이블을 이용합니다. 이러한 매핑은 때때로 변경되기 때문에 사용하는 커널 버전과 일치시키기 위해 업데이트해야 합니다.

이 소스 코드의 @맵 키를 수정함으로써 하이퍼 콜로 이어지는 프로세스 이름이나 사용자 스택 트레이스에 대한 정보도 출력하도록 커스터마이즈할 수 있습니다.

16.3.3 Xen 콜백

Xen 콜백은 게스트가 하이퍼바이저에 하이퍼 콜을 호출하는 방식이 아니라, IRQ 알림처럼 Xen이 게스트를 호출할 때 발생합니다. /proc/interrupts에는 이러한 호출에 대한 CPU별 집계가 있습니다.

```
# grep HYP /proc/interrupts
HYP:   12156816    9976239   10156992    9041115    7936087    9903434
9713902
8778612    Hypervisor callback interrupts
```

각각의 숫자는 CPU 한 개에 대한 Xen 콜백 호출 횟수입니다(예시는 CPU가 8개
인 시스템입니다). 이것은 BPF를 이용해서 커널 함수 xen_evtchn_do_upcall()
의 kprobe를 통해 트레이싱할 수도 있습니다. 다음은 bpftrace를 이용해서 어떤
프로세스가 인터럽트되는지 계산하는 예시입니다.

```
# bpftrace -e 'kprobe:xen_evtchn_do_upcall { @[comm] = count(); }'
Attaching 1 probe...
^C

@[ps]: 9
@[bash]: 15
@[java]: 71
@[swapper/7]: 100
@[swapper/3]: 110
@[swapper/2]: 130
@[swapper/4]: 131
@[swapper/0]: 164
@[swapper/1]: 192
@[swapper/6]: 207
@[swapper/5]: 248
```

출력 결과는 대부분의 유휴 CPU 스레드('swapper/*')가 Xen 콜백에 의해서 인
터럽트된 것을 보여줍니다.

Xen 콜백의 지연 시간도 측정할 수 있는데, 예를 들어 BCC funclatency(8)를
이용할 수 있습니다.

```
# funclatency xen_evtchn_do_upcall
Tracing 1 functions for "xen_evtchn_do_upcall"... Hit Ctrl-C to end.
^C
     nsecs               : count     distribution
         0 -> 1          : 0         |                                        |
         2 -> 3          : 0         |                                        |
         4 -> 7          : 0         |                                        |
         8 -> 15         : 0         |                                        |
        16 -> 31         : 0         |                                        |
        32 -> 63         : 0         |                                        |
        64 -> 127        : 0         |                                        |
       128 -> 255        : 0         |                                        |
       256 -> 511        : 1         |                                        |
       512 -> 1023       : 6         |                                        |
```

```
   1024 -> 2047     : 131    |********                                       |
   2048 -> 4095     : 351    |**********************                         |
   4096 -> 8191     : 365    |***********************                        |
   8192 -> 16383    : 602    |***************************************%|
  16384 -> 32767    : 89     |*****                                          |
  32768 -> 65535    : 13     |                                               |
  65536 -> 131071   : 1      |                                               |
```

위의 예는 대부분의 시간 동안 Xen 콜백 처리에 1~32μs가 소요되었음을 보여줍니다.

인터럽트 유형에 대한 더 많은 정보는 xen_evtchn_do_upcall()의 자식 함수에서 트레이싱할 수 있습니다.

16.3.4 cpustolen

cpustolen(8)[3]은 빼앗긴 CPU 시간의 분포를 보여주는 bpftrace 도구로, 이를 통해 CPU 시간을 짧은 시간 동안 빼앗겼는지, 긴 시간 동안 빼앗겼는지를 보여줍니다. 빼앗긴(stolen) 시간은 다른 게스트가 사용했기 때문에 해당 게스트가 사용하지 못한 CPU 시간을 의미합니다(일부 하이퍼바이저 구성에서는 게스트 전체를 대표해서 다른 도메인의 I/O 프락시가 소비한 CPU 시간도 포함될 수 있으므로 '빼앗긴'이라는 용어는 오해의 소지가 있습니다[4]). 예시 출력 결과는 다음과 같습니다.

```
# cpustolen.bt
Attaching 4 probes...
Tracing stolen CPU time. Ctrl-C to end.
^C

@stolen_us:
[0]                 30384 |@@@@@@@@@@@@@@@@@@@@@@@@@@@@@@@@@@@@@@@@@@@@@@@@@@@@|
[1]                     0 |                                                  |
[2, 4)                  0 |                                                  |
[4, 8)                 28 |                                                  |
[8, 16)                 4 |                                                  |
```

이 출력 결과는 대부분의 시간 동안 빼앗긴 CPU 시간이 없지만('[0]'번째 버킷) 4번의 경우 빼앗긴 시간이 8~16μs 범위에 있음을 보여줍니다. '[0]'번째 버킷이 출력 결과에 포함되었기 때문에, 총 시간 대비 빼앗긴 시간의 비율을 계산할 수 있

---

3 연혁: 이 도구는 2019년 2월 22일에 이 책을 위해 개발하였습니다.
4 빼앗긴 시간을 측정하는 방법 때문에, 이 시간에는 게스트 전체를 대표해서 VMM(Virtual Machine Monitor, 하이퍼바이저)에서의 시간도 포함될 수 있습니다.[Yamamoto 16]

습니다. 이 경우에는 0.1%입니다(32/30416).

이 도구는 Xen과 KVM 버전의 xen_stolen_clock()과 kvm_stolen_clock() kprobe를 사용해서 stolen_clock paravirt ops 호출을 트레이싱하며 동작합니다. 이 함수는 가령 컨텍스트 스위치와 인터럽트와 같은 빈번한 이벤트에서 호출될 수 있기 때문에 워크로드에 따라서는 이 도구의 오버헤드가 눈에 띄는 수준일 수 있습니다.

cpustolen(8)의 소스 코드는 다음과 같습니다.

```
#!/usr/local/bin/bpftrace

BEGIN
{
        printf("Tracing stolen CPU time. Ctrl-C to end.\n");
}

kretprobe:xen_steal_clock,
kretprobe:kvm_steal_clock
{
        if (@last[cpu] > 0) {
                @stolen_us = hist((retval - @last[cpu]) / 1000);
        }
        @last[cpu] = retval;
}

END
{
        clear(@last);
}
```

Xen과 KVM이 아닌 다른 하이퍼바이저의 경우 업데이트가 필요합니다. 다른 하이퍼바이저도 paravirt ops(pv_ops) 구조체를 사용할 것이기 때문에, 유사한 steal_clock 함수를 가지고 있을 것입니다. 주목할 점은 더 상위 레벨 함수인 paravirt_steal_clock()은 어떤 하나의 하이퍼바이저 유형에 종속되어 있지 않기 때문에 트레이싱에 더욱 적합할 것처럼 보일 수 있다는 것입니다. 그러나 이 함수는 트레이싱에 활용할 수 없습니다(인라인되었을 것입니다).

16.3.5 HVM Exit 트레이싱

PV에서 HVM 게스트로 이동함에 따라 더 이상 명시적 하이퍼 콜을 계측할 수 없게 되었지만, 게스트는 여전히 리소스에 접근하기 위해 VM exit를 하고 있기 때문에 이것을 트레이싱해 볼 수 있습니다. 시도해 볼 수 있는 접근 방법은 이전 장들에서 나온 기존의 도구를 이용해서 리소스의 지연 시간을 분석하는 것입니다. 그러나 여기서 측정하는 지연 시간에는 하이퍼바이저에서 소모된 시간도 포함되기 때문에 리소스에 대한 지연 시간을 직접적으로 측정할 수 없다는 점에 유의해야 합니다. 하이퍼바이저에서 소모된 시간은 베어 메탈 머신의 지연 시간 측정과 비교함으로써 추론할 수 있습니다.

게스트에 의한 exit 가시성에 빛을 비출 수 있는 흥미로운 연구 프로토타입(research prototype)인 hyperupcalls라는 연구 기술이 있습니다.[Amit 18] 이 기술은 게스트가 하이퍼바이저에 미니 프로그램을 실행시키도록 요청할 수 있는 안전한 방법을 제공합니다. 이 방법을 이용하면 게스트로부터 하이퍼바이저를 트레이싱할 수 있습니다. 이 기술은 하이퍼이저의 확장 BPF VM을 사용해서 구현했고, 게스트가 실행할 BPF 바이트코드를 컴파일합니다. 이 기능은 아직까지 어떠한 클라우드 프로바이더도 사용할 수 없지만(앞으로도 결코 가능하지 않을 수 있습니다) 이것은 BPF를 이용하는 또 다른 흥미로운 프로젝트입니다.

16.4 호스트 BPF 도구

이번 절은 호스트의 VM 성능 분석, 문제 해결에 사용할 수 있는 BPF 도구에 대해서 다룹니다. 이 도구들은 4장과 5장에서 다룬 BCC와 bpftrace 저장소에서 가져왔거나 이 책을 위해서 만든 것입니다.

16.4.1 kvmexits

kvmexits(8)[5]는 exit 이유별로 게스트의 exit 시간 분포를 보여주는 bpftrace 도구입니다. 이 도구는 하이퍼바이저와 관련된 성능 이슈를 드러나게 하고 추가적인 분석을 안내합니다. 예시 출력 결과는 다음과 같습니다.

```
# kvmexits.bt
Attaching 4 probes... Tracing KVM exits. Ctrl-C to end
^C
[...]

@exit_ns[30, IO_INSTRUCTION]:
[1K, 2K)               1 |                                                    |
[2K, 4K)              12 |@@@                                                 |
[4K, 8K)              71 |@@@@@@@@@@@@@@@@@@                                  |
[8K, 16K)            198 |@@@@@@@@@@@@@@@@@@@@@@@@@@@@@@@@@@@@@@@@@@@@@@@@@@@@@@|
```

---

5 연혁: 필자는 DTrace를 이용해서 이 도구를 kvmexitlatency.d라는 이름으로 개발했으며 2013년에 필자의 책 《Systems Performance》[Gregg 13b]에서 공개했습니다. 이 책을 위해서 2019년 2월 25일에 bpftrace를 이용해서 제작했습니다.

```
[16K, 32K)          129 |@@@@@@@@@@@@@@@@@@@@@@@@@@@@@@@@@@@            |
[32K, 64K)           94 |@@@@@@@@@@@@@@@@@@@@@@@@@                     |
[64K, 128K)          37 |@@@@@@@@@                                    |
[128K, 256K)         12 |@@@                                          |
[256K, 512K)         23 |@@@@@@                                       |
[512K, 1M)            2 |                                             |
[1M, 2M)              0 |                                             |
[2M, 4M)              1 |                                             |
[4M, 8M)              2 |                                             |

@exit_ns[1, EXTERNAL_INTERRUPT]:
[256, 512)           28 |@@@                                          |
[512, 1K)           460 |@@@@@@@@@@@@@@@@@@@@@@@@@@@@@@@@@@@@@@@@@@@@@@ |
[1K, 2K)            463 |@@@@@@@@@@@@@@@@@@@@@@@@@@@@@@@@@@@@@@@@@@@@@@@|
[2K, 4K)            150 |@@@@@@@@@@@@@@                               |
[4K, 8K)            116 |@@@@@@@@@@@@                                 |
[8K, 16K)            31 |@@@                                          |
[16K, 32K)           12 |@                                            |
[32K, 64K)            7 |                                             |
[64K, 128K)           2 |                                             |
[128K, 256K)          1 |                                             |

@exit_ns[32, MSR_WRITE]:
[512, 1K)          5690 |@@@@@@@@@@@@@@@@@@@@@@@@@@@@@@@@@@@@@@@@@@@@@@@|
[1K, 2K)           2978 |@@@@@@@@@@@@@@@@@@@@@@@@@                     |
[2K, 4K)           2080 |@@@@@@@@@@@@@@@@                             |
[4K, 8K)            854 |@@@@@@@                                      |
[8K, 16K)           826 |@@@@@@@                                      |
[16K, 32K)          110 |@                                            |
[32K, 64K)            3 |                                             |

@exit_ns[12, HLT]:
[512, 1K)            13 |                                             |
[1K, 2K)             23 |                                             |
[2K, 4K)             10 |                                             |
[4K, 8K)             76 |                                             |
[8K, 16K)           234 |@@                                           |
[16K, 32K)         4167 |@@@@@@@@@@@@@@@@@@@@@@@@@@@@@@@@@@@@@@@@@@     |
[32K, 64K)         3920 |@@@@@@@@@@@@@@@@@@@@@@@@@@@@@@@@@@@@@@@        |
[64K, 128K)        4467 |@@@@@@@@@@@@@@@@@@@@@@@@@@@@@@@@@@@@@@@@@@@@@@@|
[128K, 256K)       3483 |@@@@@@@@@@@@@@@@@@@@@@@@@@@@@@@@@@@            |
[256K, 512K)       1764 |@@@@@@@@@@@@@@@@@                            |
[512K, 1M)          922 |@@@@@@@@@                                    |
[1M, 2M)            113 |@                                            |
[2M, 4M)            128 |@                                            |
[4M, 8M)             35 |                                             |
[8M, 16M)            40 |                                             |
[16M, 32M)           42 |                                             |
[32M, 64M)           97 |@                                            |
[64M, 128M)          95 |@                                            |
[128M, 256M)         58 |                                             |
[256M, 512M)         24 |                                             |
[512M, 1G)            1 |                                             |
```

```
@exit_ns[48, EPT_VIOLATION]:
[512, 1K)          6160 |@@@@@@@@@@@@@@@@@@@@@@@@@@@@@@@@@@@@@@@@@@          |
[1K, 2K)           6885 |@@@@@@@@@@@@@@@@@@@@@@@@@@@@@@@@@@@@@@@@@@@@@@      |
[2K, 4K)           7686 |@@@@@@@@@@@@@@@@@@@@@@@@@@@@@@@@@@@@@@@@@@@@@@@@@@@@|
[4K, 8K)           2220 |@@@@@@@@@@@@@@                                    |
[8K, 16K)           582 |@@@                                               |
[16K, 32K)          244 |@                                                 |
[32K, 64K)           47 |                                                  |
[64K, 128K)           3 |                                                  |
```

이 사례는 exit 분포를 유형별로 보여주는데, 여기에는 exit 코드 번호와 exit 이유 문자열(알려진 경우)이 같이 출력되었습니다. 1초 가까이 지속된 가장 긴 exit는 HLT(halt)였고, 이것은 유휴 CPU 스레드로써 정상적인 동작입니다. 출력 결과는 또한 IO_INSTRUCTIONS가 8ms까지 소요된다는 것을 보여줍니다.

이 도구는 kvm:kvm_exit와 kvm:kvm_entry tracepoint를 트레이싱함으로써 동작하는데, 이 함수들은 성능 가속화를 위해서 커널 KVM 모듈을 사용할 때에만 사용됩니다.

kvmexit(8)의 소스 코드는 다음과 같습니다.

```
#!/usr/local/bin/bpftrace

BEGIN
{
        printf("Tracing KVM exits. Ctrl-C to end\n");

        // arch/x86/include/uapi/asm/vmx.h 참고
        @exitreason[0] = "EXCEPTION_NMI";
        @exitreason[1] = "EXTERNAL_INTERRUPT";
        @exitreason[2] = "TRIPLE_FAULT";
        @exitreason[7] = "PENDING_INTERRUPT";
        @exitreason[8] = "NMI_WINDOW";
        @exitreason[9] = "TASK_SWITCH";
        @exitreason[10] = "CPUID";
        @exitreason[12] = "HLT";
        @exitreason[13] = "INVD";
        @exitreason[14] = "INVLPG";
        @exitreason[15] = "RDPMC";
        @exitreason[16] = "RDTSC";
        @exitreason[18] = "VMCALL";
        @exitreason[19] = "VMCLEAR";
        @exitreason[20] = "VMLAUNCH";
        @exitreason[21] = "VMPTRLD";
        @exitreason[22] = "VMPTRST";
        @exitreason[23] = "VMREAD";
        @exitreason[24] = "VMRESUME";
        @exitreason[25] = "VMWRITE";
        @exitreason[26] = "VMOFF";
        @exitreason[27] = "VMON";
```

```
        @exitreason[28] = "CR_ACCESS";
        @exitreason[29] = "DR_ACCESS";
        @exitreason[30] = "IO_INSTRUCTION";
        @exitreason[31] = "MSR_READ";
        @exitreason[32] = "MSR_WRITE";
        @exitreason[33] = "INVALID_STATE";
        @exitreason[34] = "MSR_LOAD_FAIL";
        @exitreason[36] = "MWAIT_INSTRUCTION";
        @exitreason[37] = "MONITOR_TRAP_FLAG";
        @exitreason[39] = "MONITOR_INSTRUCTION";
        @exitreason[40] = "PAUSE_INSTRUCTION";
        @exitreason[41] = "MCE_DURING_VMENTRY";
        @exitreason[43] = "TPR_BELOW_THRESHOLD";
        @exitreason[44] = "APIC_ACCESS";
        @exitreason[45] = "EOI_INDUCED";
        @exitreason[46] = "GDTR_IDTR";
        @exitreason[47] = "LDTR_TR";
        @exitreason[48] = "EPT_VIOLATION";
        @exitreason[49] = "EPT_MISCONFIG";
        @exitreason[50] = "INVEPT";
        @exitreason[51] = "RDTSCP";
        @exitreason[52] = "PREEMPTION_TIMER";
        @exitreason[53] = "INVVPID";
        @exitreason[54] = "WBINVD";
        @exitreason[55] = "XSETBV";
        @exitreason[56] = "APIC_WRITE";
        @exitreason[57] = "RDRAND";
        @exitreason[58] = "INVPCID";
}

tracepoint:kvm:kvm_exit
{
        @start[tid] = nsecs;
        @reason[tid] = args->exit_reason;
}

tracepoint:kvm:kvm_entry
/@start[tid]/

{
        $num = @reason[tid];
        @exit_ns[$num, @exitreason[$num]] = hist(nsecs - @start[tid]);
        delete(@start[tid]);
        delete(@reason[tid]);
}

END
{
        clear(@exitreason);
        clear(@start);
        clear(@reason);
}
```

일부 KVM 구성은 커널 KVM 모듈을 사용하지 않기 때문에 필요한 tracepoint가 호출되지 않고 그렇게 되면 게스트의 exit를 측정할 수 없을 것입니다. 이 경우에는 exit 이유를 확인하기 위해 uprobe를 이용해 qemu 프로세스를 직접 직접 계측할 수 있습니다(USDT probe를 추가하는 편이 좋습니다)

16.4.2 향후 작업

KVM이나 이와 유사한 하이퍼바이저의 경우 게스트의 CPU는 프로세스로 동작하고 있는 것을 확인할 수 있고, 이러한 프로세스는 top(1)과 같은 도구로 확인할 수 있습니다. 이것은 다음과 같은 질문에 대한 답을 궁금하게 만듭니다.

* 게스트가 CPU에서 무엇을 하고 있는가? 함수나 스택 트레이스를 확인할 수 있는가?
* 왜 게스트가 I/O를 호출하고 있는가?

호스트는 CPU에서 동작하고 있는 명령어 포인터를 샘플링할 수도 있으며, 하이퍼바이저로의 exit에 따라 I/O가 수행될 때도 이 명령어 포인터를 읽을 수 있습니다. 다음은 bpftrace를 이용해서 I/O 명령에 대한 IP를 보여주고 있는 사례입니다.

```
# bpftrace -e 't:kvm:kvm_exit /args->exit_reason == 30/ {
    printf("guest exit instruction pointer: %llx\n", args->guest_rip); }'
Attaching 1 probe...
guest exit instruction pointer: ffffffff81c9edc9
guest exit instruction pointer: ffffffff81c9ee8b
guest exit instruction pointer: ffffffff81c9edc9
guest exit instruction pointer: ffffffff81c9edc9
guest exit instruction pointer: ffffffff81c9ee8b
guest exit instruction pointer: ffffffff81c9ee8b
[...]
```

그러나 호스트에는 이러한 명령어 포인터를 함수 이름으로 변환하는 심벌 테이블이나 어떤 주소 공간을 사용해야 하는지, 혹은 어떤 프로세스가 동작 중인지를 알려주는 프로세스 컨텍스트가 없습니다. 이에 대한 해결 방안들은 수년간 논의되어 왔는데, 필자가 저술한 《Systems Performance》[Gregg 13b]도 여기에 포함됩니다. 이러한 해결책 중에는 현재 페이지 테이블의 최상단(루트)을 가져오기 위해 CR3 레지스터를 읽어 들여 어떠한 프로세스가 동작하고 있는지 알아내고, 게스트가 제공한 심벌 테이블을 사용하는 방법 등이 있습니다.

이러한 질문은 현재 게스트의 계측을 통해 답변할 수 있으나 호스트에서는 불가능합니다.

16.5 정리

이번 장은 하드웨어 하이퍼바이저에 대해서 개괄하고, BPF 트레이싱이 게스트와 호스트로부터 세부 사항(하이퍼 콜, 빼앗긴 CPU 시간, 게스트 exit)을 어떻게 드러낼 수 있는지 살펴보았습니다.

17장

기타 BPF 성능 측정 도구

이번 장에서는 BPF를 기반으로 만든 기타 관측가능성 도구를 살펴봅니다. 이 도구들은 모두 오픈 소스이며 온라인에서 무료로 구할 수 있습니다(이 장의 많은 부분을 계산하는 데 도움을 준 필자의 동료이자 넷플릭스 성능 엔지니어링팀의 제이슨 코흐(Jason Koch)에게 감사를 전합니다).

이 책에 수많은 커맨드 라인 BPF 도구가 수록되어 있기는 하지만, 대부분의 사람들은 GUI를 통해서 BPF 트레이싱을 사용할 것입니다. 특히 수천 개 혹은 수십만 개의 인스턴스로 구성되는 클라우드 컴퓨팅 환경에서는 필요에 의해 보통 GUI를 통해 관리합니다. 이러한 BPF 기반 GUI는 이전 장에서 다룬 BPF 도구들의 프론엔드로써 만들어진 것이기 때문에, 앞부분을 먼저 학습하는 것이 도움이 될 것입니다.

이번 장에서 논의할 GUI와 기타 도구는 다음과 같습니다.

- 벡터(vector)와 PCP(Performance Co-Pilot): 원격 BPF 모니터링용
- 그라파나(Grafana)와 PCP: 원격 BPF 모니터링용
- eBPF Exporter: 프로메테우스(Prometheus)나 그라파나와의 BPF 통합
- kubectl-trace: 쿠버네티스(Kubernetes) 포드(pod)와 노드 트레이싱용

이번 장의 역할은 이들 도구의 사용 예시를 통해 BPF 기반 GUI와 자동화 도구의 활용 가능성에 대해 설명하는 것입니다. 여기에는 각 도구의 기능, 내부 구조와 용도 그리고 추가 자료에 대해 정리한 절들이 포함되어 있습니다. 이 책을 쓰고 있는 동안에도 이 도구들에 대한 개발 작업이 한창 진행되고 있으며, 기능은 계속 확대될 것입니다.

17.1 벡터와 PCP

넷플릭스 벡터(Vector)는 시스템과 애플리케이션의 지표를 고해상도로, 거의 실시간에 가깝게 시각화하는 오픈 소스 호스트 레벨 성능 모니터링 도구입니다. 웹 애플리케이션으로 구현되어 있으며, 현업에서 검증된(battle-tested) 오픈 소스 시스템 모니터링 프레임워크인 PCP(Performance Co-Pilot)를 이용하고, 가장 위에는 유연하면서 사용자 친화적인 UI 레이어를 제공합니다. 이 UI는 매초혹은 그보다 긴 간격으로 지표를 폴링할 수 있고, 대시보드를 통해 사용자가 원하는 모든 것을 설정할 수 있어서 지표간 상관관계와 분석을 단순화할 수 있습니다.

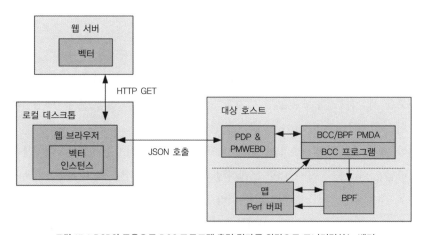

그림 17.1 PCP의 도움으로 BCC 프로그램 출력 결과를 원격으로 모니터링하는 벡터

그림 17.1은 벡터가 동작하는 방법에 대해 설명하고 있습니다. 먼저, 웹 서버에서 애플리케이션 코드를 가져오면 로컬 웹 브라우저에서 벡터가 실행됩니다. 그후, 벡터는 대상 호스트의 PCP와 직접 연결하게 되고 BPF 프로그램을 실행함으로써 시스템을 모니터링합니다. 향후 버전에서는 내부 PCP 컴포넌트가 변경될수 있습니다.

벡터의 특징에는 다음과 같은 것들이 포함됩니다.

- 대시보드를 통해 동작 중인 인스턴스의 수많은 리소스(CPU, 디스크, 네트워크, 메모리)의 사용률을 출력할 수 있습니다.
- 보다 깊이 있는 분석을 할 수 있도록 2,000개 이상의 지표를 사용할 수 있습니다. PMDA(성능 지표 도메인 에이전트)의 구성을 변경하여 지표를 추가하거나 제거할 수 있습니다.

- 1초 단위로 시간의 흐름에 따른 데이터를 시각화합니다.
- 서로 다른 지표들과 서로 다른 호스트 간에 지표 데이터를 동시에 비교합니다. 컨테이너 대비 호스트의 지표를 비교하는 것도 가능합니다. 예를 들어, 컨테이너와 호스트 레벨에서의 리소스 사용률을 동시에 비교해 둘 사이의 상관 관계를 확인할 수 있습니다.

벡터는 기존에 사용하던 다른 소스에 더해 현재는 BPF 기반 지표도 지원합니다. 이는 BPF의 BCC 프론트엔드를 사용하는 PCP 에이전트가 추가됨으로써 가능해졌습니다. BCC는 4장에서 다루었습니다.

17.1.1 시각화

벡터는 사용자에게 다양한 포맷으로 데이터를 보여줄 수 있습니다. 그림 17.2에서 볼 수 있는 것처럼, 시계열 데이터(time series data)는 라인 차트를 사용해 시각화할 수 있습니다.

벡터는 초 단위 BPF 히스토그램 또는 이벤트별 로그 데이터를 시각화하는데 적합한 다른 그래프 유형도 지원합니다. 대표적인 예가 히트맵(heat map)과 표로 나타낸 데이터(tabular data)입니다.

그림 17.2 시스템 지표의 벡터 라인 차트 사례

17.1.2 시각화: 히트맵

히트맵은 시간에 따른 히스토그램을 보여주는 데 사용할 수 있으며 초 단위 BPF 지연 시간 히스토그램을 시각화하는 데에도 적합합니다. 지연 시간 히트맵은 양쪽 축에 시간을 가지고 있으며 특정 시간 동안의 집계와 지연 시간 영역에서의 집계 수를 보여주는 버킷으로 구성됩니다.[Gregg 10] 축은 다음과 같습니다.

- x축: 시간의 경과로 각각의 칼럼은 1초입니다(혹은 인터벌 하나).
- y축: 지연 시간(latency)
- z축(채도): 해당 시간 및 지연 시간 범위로 들어오는 I/O 개수를 보여줍니다.

시간과 지연 시간을 시각화하는 데 산포도(scatter plot)를 사용할 수 있지만, 수천 개 혹은 수만 개의 I/O를 표시한 수많은 포인트가 서로 섞이면서 세부 사항은 사라지게 됩니다. 히트맵은 채도를 필요한 만큼 조정해서 이러한 문제를 해결합니다.

벡터에서는 관련 BCC 도구에 히트맵을 일반적으로 사용할 수 있습니다. 이 책을 쓰는 시점에는 블록 I/O 지연 시간을 수집하는 biolatency(8), CPU 실행 큐 대기 지연 시간을 수집하는 runqlat(8) 그리고 파일 시스템 지연 시간을 모니터링하는 데 사용되는 ext4-, xfs-와 zfs-dist 도구에 대해서 히트맵을 사용할 수 있습니다. BCC PMDA를 구성하고(17.1.5 "내부 구조" 참고) 벡터에서 적합한 BCC 차트를 불러오면 시간에 따라 시각적으로 표시되는 출력 결과를 볼 수 있습니다. 그림 17.3은 간단한 fio(1) 작업을 실행하는 호스트에서 블록 I/O 지연 시간을 2초짜리 샘플링한 결과를 시각화한 것입니다.

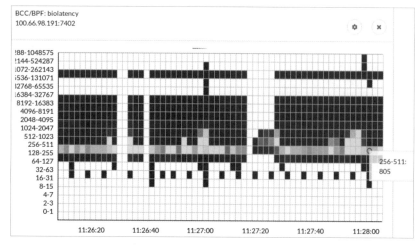

그림 17.3 BCC/BPF biolatency(8)를 보여주는 벡터 지연 시간 히트맵

가장 일반적인 블록 지연 시간은 256~ 511μs 범위에 있고, 커서를 올려 놓은 곳에 있는 툴팁(tooltip)은 그 버킷에 805개의 샘플이 있었음을 보여주고 있습니다.

비교를 위해서 비슷한 시간 동안 캡처한 커맨드 라인 biolatency(8)의 결과를 살펴보겠습니다.

```
# biolatency
Tracing block device I/O... Hit Ctrl-C to end.
^C
 usecs               : count    distribution
        0 -> 1       : 0        |                                        |
        2 -> 3       : 0        |                                        |
        4 -> 7       : 0        |                                        |
        8 -> 15      : 0        |                                        |
       16 -> 31      : 5        |                                        |
       32 -> 63      : 19       |                                        |
       64 -> 127     : 1        |                                        |
      128 -> 255     : 2758     |********                                |
      256 -> 511     : 12989    |****************************************|
      512 -> 1023    : 11425    |***********************************     |
     1024 -> 2047    : 2406     |*******                                 |
     2048 -> 4095    : 1034     |***                                     |
     4096 -> 8191    : 374      |*                                       |
     8192 -> 16383   : 189      |                                        |
    16384 -> 32767   : 343      |*                                       |
    32768 -> 65535   : 0        |                                        |
    65536 -> 131071  : 0        |                                        |
   131072 -> 262143  : 42       |                                        |
```

동일한 지연 시간이 히스토그램으로 표시되었지만 히트맵을 사용하면 시간에 따른 변동을 훨씬 쉽게 확인할 수 있습니다. 또한 히트맵은 128~256ms의 I/O 지연 시간이 단기간에 갑자기 발생한 결과가 아니라 시간에 따라 지속적으로 발생하고 있음을 분명하게 보여줍니다.

이러한 히스토그램을 만드는 BPF 도구는 지연 시간뿐만 아니라 바이트 크기에 대한 것도 있고 실행 큐 길이와 기타 지표 등 여러 가지가 있습니다. 이들은 모두 벡터 히트맵을 사용해 시각화할 수 있습니다.

17.1.3 시각화: 표로 나타낸 데이터

데이터를 시각화하는 것 외에도 원시 데이터를 표(tabular data)로 만들어 살펴보는 것이 도움이 될 수도 있습니다. 이 방법은 일부 BCC 도구에서 특히 유용한데, 표는 추가적인 컨텍스트를 제공하며 여러 값들을 쉽게 이해하는 데 도움이 되기 때문입니다.

예를 들어 다음은 execsnoop(8) 출력을 모니터링하여 최근에 시작된 프로세스의 목록을 표로 출력한 것입니다. 그림 17.4를 보면 Tomcat(Catalina) 프로세스가 모니터링되는 호스트에서 시작되었음을 확인할 수 있습니다. 표는 이러한 이벤트의 세부 사항을 시각화하는 데 적합합니다.

BCC/BPF: execsnoop
100.66.98.191:7402

COMM	PID	PPID	RET	ARGS
dirname	19709	19682	0	/usr/bin/dirname /apps/tomcat/bin/catalina.sh
catalina.sh	19682	4680	0	/apps/tomcat/bin/catalina.sh start
setuidgid	19682	4680	0	/usr/local/bin/setuidgid www-data /apps/tomcat/bin/catalina.sh start
ldconfig.real	19708	19707	0	/sbin/ldconfig.real -p

그림 17.4 BCC/BPF execsnoop(8)의 이벤트별 출력을 보여주는 벡터

또 다른 예로 tcplife(8)를 이용해 TCP 소켓을 모니터링하여 호스트 주소와 포트 세부 정보, 전송된 바이트와 세션 지속 시간을 표시할 수 있습니다. 이것은 그림 17.5를 통해 확인할 수 있습니다.

BCC/BPF: tcplife
100.66.98.191:7402   ✕

PID	COMM	LADDR	LPORT	DADDR	DPORT	TX_KB	RX_KB	MS
3745	amazon-ssm-agen	100.66.98.191	29104	52.94.209.3	443	4	6	20037
17336	wget	100.66.98.191	30424	128.112.18.21	80	0	2050272	41595
3745	amazon-ssm-agen	100.66.98.191	25798	52.94.210.188	443	4	6	20025
3745	amazon-ssm-agen	100.66.98.191	45840	52.119.164.173	443	2	6	75016

그림 17.5 BCC/BPF tcplife(8)를 통해 TCP 세션을 표시하는 벡터

여기서는 amazon-ssm-agent가 20초간 롱 폴링(long-polling)하고 있음을 확인할 수 있고, wget(1) 명령어가 41.595초 동안 2GB의 데이터를 수신하였음을 확인할 수 있습니다.

17.1.4 BCC가 제공하는 지표

bcc 도구 패키지에서 사용할 수 있는 대부분의 도구는 현재 PCP PMDA와 함께 사용할 수 있습니다.

벡터는 다음의 BCC 도구를 위해 사전에 구성된 차트가 있습니다.

- biolatency(8)와 biotop(8)
- ext4dist(8), xfsdist(8), zfsdist(8)
- tcplife(8), tcptop(8), tcpretrans(8)
- runqlat(8)
- execsnoop(8)

이 도구들 중 많은 수는 호스트에서 사용할 수 있는 설정 옵션을 동일하게 지원합니다. 데이터 시각화를 위해 커스터마이즈된 차트, 표, 혹은 히트맵과 함께 또 다른 BCC 도구를 벡터에 추가할 수도 있습니다.

벡터는 tracepoint, uprobe, USDT 이벤트에 대한 커스터마이즈된 이벤트 지표를 추가하는 것도 지원합니다.

17.1.5 내부 구조

벡터 자체는 웹 애플리케이션으로, 모든 것이 사용자의 브라우저 안에서 실행됩니다. 리액트(React)로 만들었으며 도식화를 위해 D3.js를 이용합니다. 지표 수집을 위해서는 다양한 운영체제에서 성능 지표를 수집, 저장, 처리하는 도구 모음인 Performance Co-Pilot[175]을 사용합니다. 리눅스용 PCP는 기본적으로 1,000개의 이상의 지표를 제공하며 자체 플러그인이나 PMDA를 사용하여 차례대로 확장이 가능합니다.

벡터가 BPF 지표를 시각화하는 방법을 이해하기 위해서는 PCP가 이러한 지표를 어떻게 수집하는지 이해하는 것이 중요합니다(그림 17.6)

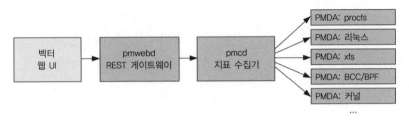

그림 17.6 벡터 지표 소스 내부 구조

- PMCD(performance metrics collector daemon, 성능 지표 수집 데몬)는 PCP의 핵심 컴포넌트입니다. 일반적으로 대상 호스트에서 실행되며 수많은 에이전트의 지표 수집을 관리합니다.

- PMDA(performance metrics domain agent, 성능 지표 도메인 에이전트)는 PCP가 호스팅하는 에이전트에 주어진 이름입니다. 여러 가지 PMDA를 사용할 수 있으며 각 PMDA는 서로 다른 지표를 수집할 수 있습니다. 예를 들면 커널 데이터를 수집하는 에이전트, 다른 파일 시스템용 에이전트, NVIDIA GPU용 에이전트 등이 있습니다. BCC 지표를 PCP와 함께 사용하기 위해서는 BCC PMDA를 설치해야 합니다.

- 벡터는 싱글 페이지 웹 애플리케이션으로 서버에 배포하거나 로컬에서 실행할 수 있으며 대상 pmwebd 인스턴스에 연결할 수 있습니다.

- pmwebd는 대상 호스트의 pmcd 인스턴스에 대한 REST 게이트웨이 역할을 합니다. 벡터는 외부에 공개된 REST 포트로 연결되며 pmcd와 상호 작용하기 위해 이것을 이용합니다.

PCP의 무상태 모델(stateless model)은 가볍고 강력합니다. 클라이언트가 상태 관리, 샘플링 레이트와 계산을 모두 처리하기 때문에 호스트에서의 오버헤드는 무시할 수 있는 수준입니다. 지표는 호스트 간에 합산되거나 사용자의 브라우저 세션 바깥에서 지속되지 않기 때문에 프레임워크가 가볍게 유지됩니다.

17.1.6 PCP와 벡터 설치하기

단일 호스트에서 PCP와 벡터를 둘 다 실행하면 로컬 모니터링을 수행할 수 있습니다. 실제 프로덕션 배포 환경에서는 PCP 에이전트와 PMDA가 동작 중인 호스트와는 다른 호스트에서 벡터를 실행할 것입니다. 자세한 내용은 최신 프로젝트 문서를 참조하세요.

벡터를 설치하는 과정은 문서화되어 온라인으로 업데이트되고 있습니다.[176][177] 현재 이들 문서에는 pcp와 pcp-webapi 패키지를 설치하는 방법, 도커 컨테이너로 벡터 UI를 실행하는 방법에 대한 내용 등이 있습니다. BCC PMDA를 사용하도록 설정하려면 다음의 추가 지시 사항을 따르기 바랍니다.

```
$ cd /var/lib/pcp/pmdas/bcc/
$ ./Install
[Wed Apr  3 20:54:06] pmdabcc(18942) Info: Initializing, currently in 'notready'
state.
[Wed Apr  3 20:54:06] pmdabcc(18942) Info: Enabled modules:
[Wed Apr  3 20:54:06] pmdabcc(18942) Info: ['biolatency', 'sysfork', 'tcpperpid',
'runqlat']
```

BCC PMDA가 구성된 동일한 호스트에서 벡터와 PCP가 실행 중일 때는, 해당
시스템에 연결해서 시스템 지표를 확인할 수 있습니다.

17.1.7 연결 및 데이터 보기

(로컬 머신에서 테스트 중이라면) *http://localhost/* 혹은 벡터가 설치된 해당 주소
로 접속합니다. 그림 17.7과 같은 대화 상자에 대상 시스템의 호스트명을 입력
합니다.

그림 17.7 벡터 대상 시스템 선택

연결 창은 곧 새로운 연결을 보여줄 것입니다. 그림 17.8과 같이 X 아이콘이 곧
녹색으로 표시되고(①) 옆에 표시된 버튼들을 사용할 수 있게 됩니다. 이 예시
에서는 준비된 대시보드 대신 특정 차트를 사용할 것이기 때문에, [Custom] 탭
(②)을 선택하고 'runqlat'(③)를 선택합니다. 서버에서 사용할 수 없는 모듈
은 전부 어두워지면서 클릭할 수 없게 됩니다. 사용 가능한 모듈을 클릭하고
[Dashboard^](4)의 화살표를 클릭해 대시보드를 닫습니다.

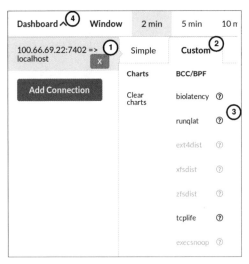

그림 17.8 벡터에서 BCC/BPF 도구 선택

연결 대화창에서 [Custom] 탭으로 전환하고 BCC/BPF 옵션을 보면 사용 가능한 BCC/BPF 지표를 확인할 수 있습니다. 이 경우 많은 수의 BPF 프로그램은 PMDA에서 사용할 수 없기 때문에 회색으로 보입니다. 'runqlat'를 선택하고 대시보드 패널을 닫으면 매초 실시간으로 업데이트되는 실행 큐 지연 시간 히트맵이 나타납니다.(그림 17.9) 이것은 runqlat(8) BCC 도구를 소스로 합니다.

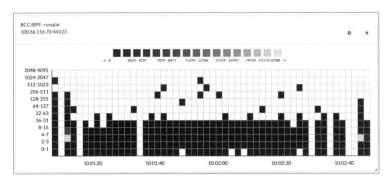

그림 17.9 벡터 실행 큐 지연 시간 히트맵

사용 가능한 다른 BCC 지표에 대한 구성 위젯도 확실히 살펴보시기 바랍니다.

17.1.8 BCC PMDA 구성하기

앞에서 언급했듯이 BCC PMDA 기능의 많은 부분은 특별히 구성하지 않으면 사용할 수 없습니다. BCC PMDA 매뉴얼 페이지(pmdabcc(1))는 구성 파일 포맷에 대해 상세하게 기술합니다. 다음은 벡터에서 사용 가능하도록 tcpretrans BCC 모듈을 구성하는 방법을 보여줍니다. 이것을 통해서 TCP 세션 통계를 확인할 수 있습니다.

```
$ cd /var/lib/pcp/pmdas/bcc
$ sudo vi bcc.conf
[pmda]
# List of enabled modules
modules = biolatency,sysfork,tcpperpid,runqlat,tcplife
```

해당 파일에서 tcplife 모듈에 대한 추가 설정 옵션 그리고 다른 많은 것들을 볼 수 있습니다. 이 파일은 BCC PMDA 설정에 중요합니다.

```
# This module summarizes TCP sessions
#
# Configuration options:
# Name             - type   - default
#
# process          - string - unset: list of names/pids or regex of processes
to monitor
# dport            - int    - unset: list of remote ports to monitor
# lport            - int    - unset: list of local ports to monitor
# session_count    - int    - 20   : number of closed TCP sessions to keep in
cache
# buffer_page_count - int   - 64   : number of pages for the perf ring buffer,
power of two
[tcplife]
module = tcplife
cluster = 3
#process = java
#lport = 8443
#dport = 80,443
```

PDMA 설정이 변경될 때마다 PMDA를 다시 컴파일하고 다시 시작해야만 합니다.

```
$ cd /var/lib/pcp/pmdas/bcc
$ sudo ./Install
...
```

이제 브라우저를 새로고침하고 tcpretrans 차트를 선택할 수 있습니다.

17.1.9 향후 작업

전체 BCC 도구와의 통합을 향상시키기 위해서는 벡터와 PCP 사이에 더 많은 작업이 필요합니다. 벡터는 넷플릭스에서 호스트의 지표를 상세하게 살펴보기 위한 솔루션으로 잘 사용되었습니다. 넷플릭스에서는 그라파나(Grafana)도 이 기능을 제공할 수 있는지 현재 검토 중이며, 이를 통해 호스트와 지표에 대한 개발에 더욱 집중할 것입니다. 그라파나는 다음 절에서 다룹니다.

17.1.10 추가 자료

벡터와 PCP에 대한 추가적인 정보는 다음을 참고하세요.

- *https://getvector.io/*
- *https://pcp.io/*

17.2 그라파나와 PCP

그라파나(Grafana)는 유명한 오픈 소스 차트 작성, 시각화 도구로 여러 백엔드 데이터 소스로의 연결을 지원하고 저장된 데이터를 보여줍니다. PCP(Performance Co-Pilot)를 데이터 소스로 사용하면 그라파나를 통해 PCP에 드러난 모든 지표를 시각화할 수 있습니다. PCP에 대해서는 앞 절에서 상세히 다뤘습니다.

그라파나에서 지표 표시를 지원하기 위해 PCP를 구성하는 방법은 두 가지입니다. 데이터 내력(historic data)을 보여주는 것도 가능하며 실시간 지표 데이터를 보여주는 것도 가능합니다. 각각의 방법은 활용 사례와 구성 방법이 약간 다릅니다.

17.2.1 설치 및 구성

그라파나에서 PCP 데이터를 보여주는 두 가지 옵션은 다음과 같습니다.

- 그라파나 PCP 라이브 데이터 소스: 여기서는 Grafana-pcp-live 플러그인을 사용합니다. 이 플러그인은 최신의 지표 데이터를 얻기 위해 PCP 인스턴스를 폴링하며, 브라우저에서 결과물의 짧은 히스토리(몇 분 분량)를 유지합니다. 데이터는 장기적으로 지속되지 않습니다. 장점은 보고 있지 않는 동안에는 모니터링하는 시스템에 부하가 없다는 것입니다. 이것은 호스트에 대한 다양한 범위의 라이브 지표를 깊이 들여다볼 때 유용합니다.
- 그라파나 PCP 아카이브드 데이터 소스: 여기서는 Grafana-pcp-redis 플러그인을 사용합니다. 이 플러그인은 PCP pmseries 데이터 저장소에서 데이터를 불러

와서 레디스(redis) 인스턴스로 데이터를 모으고 확인합니다. 이것은 구성된 pmseries 인스턴스에 의존적이며 PCP가 데이터를 폴링하고 저장한다는 것을 의미합니다. 이 옵션은 여러 호스트에 걸쳐 더 큰 시계열 데이터를 수집해서 살펴볼 때 더 적합합니다.

앞의 17.1 "벡터와 PCP"에서 설명한 PCP 구성 단계를 수행했다고 가정합니다.

두 가지 옵션 모두에 대해 변경이 빈번하게 발생하기 때문에 설치를 위한 최선의 접근 방법은 17.2.4 "추가 자료"의 링크를 보고 플러그인 각각에 대한 설치 지침을 살펴보는 것입니다.

17.2.2 연결과 데이터 보기

Grafana-pcp-live 플러그인은 활발하게 개발이 진행 중입니다. 이 책을 쓰고 있는 시점에 백엔드에 연결하는 방법은 PCP 클라이언트 구성에 필요한 변수 설정과 동일합니다. 또한 이 플러그인은 저장 장치를 전혀 사용하지 않기 때문에 대시보드는 여러 다른 호스트에 동적으로 연결될 수 있습니다. 이 설정에 필요한 변수들은 _proto와 _host 그리고 _port입니다.

새 대시보드를 만들고 대시보드 설정을 입력한 다음, 대시보드를 위한 변수를 만들고 필요한 규칙에 따라 값을 설정합니다. 그러면 그림 17.10과 같은 결과를 볼 수 있습니다(호스트 필드에 적절한 주소를 채워 넣어야 합니다).

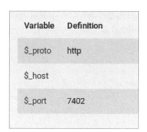

그림 17.10 Grafana-pcp-live에서 대시보드 변수 설정하기

일단 대시보드의 구성이 완료되면 새 차트를 추가할 수 있습니다. PCP 지표를 선택하는데, 사용 가능한 지표인 bcc.runq.latency가 시작하기에 좋습니다.(그림 17.11)

그림 17.11 그라파나에서 쿼리(query) 선택하기

다음으로는 적절한 시각화도 구성해야 합니다.(그림 17.12) 여기서는 'Heatmap'
(히트맵 시각화)을 선택하고 [Data format]을 'Time series buckets'(시계열 버킷)
으로, [Unit]은 'micoseconds(μs)'로 설정합니다. [Bucket Bound]는 'Upper'(상
단)로 설정해야 합니다.(그림 17.13)

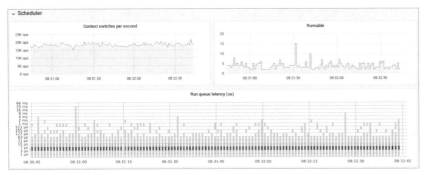

그림 17.12 그라파나 PCP, 표준 PCP 지표(컨텍스트 스위치, 실행 가능 작업의 수)뿐만 아니라 실행 큐 지연
시간(runqlat) BCC 지표도 확인할 수 있습니다.

그림 17.13 그라파나에서 시각화 설정하기

17.2.3 향후 작업

bcc-tools 패키지에 포함된 전체 BCC 도구와의 통합이 활발히 이루어지기 위해
서는 그라파나와 PCP 사이에 여전히 더 많은 작업이 필요합니다. 향후 업데이트

에서는 커스터마이즈된 bpftrace 프로그램을 시각화하는 것도 지원할 것입니다. 또한 Grafana-pcp-live 플러그인이 현업에서 검증된 것으로 인정받으려면 사전에 몇 가지 중요한 추가 작업이 필요합니다.

17.2.4 추가 자료

grafana-pcp-live, grafana-pcp-redis 모두 grafana-pcp 프로젝트로 병합되었고 해당 프로젝트 내에서 pcp-live의 이름은 pcp-vector로 변경되었습니다.

https://grafana−pcp.readthedocs.io/en/latest/CHANGELOG.html?highlight= live#features

grafana-pcp 프로젝트의 주소는 다음과 같습니다.

https://github.com/performancecopilot/grafana−pcp

17.3 Cloudflare eBPF Prometheus Exporter(with Grafana)

Cloudflare eBPF Prometheus Exporter는 프로메테우스 모니터링 포맷에 연결되는 오픈 소스 도구입니다. 프로메테우스는 지표 데이터 수집, 저장 및 쿼리 기능으로 특히 유명한데, 이는 프로메테우스가 간단하면서도 잘 알려진 프로토콜을 제공하기 때문입니다. 어떠한 프로그래밍 언어에서도 쉽게 통합할 수 있으며, 여러 가지 간단한 언어 바인딩을 사용할 수 있습니다. 프로메테우스는 또한 경보 기능을 제공하며 쿠버네티스(Kubernetes) 같은 동적 환경과 잘 통합됩니다. 프로메테우스는 기본적인 UI만 제공하지만, 그라파나를 비롯한 여러 가지 시각화 도구를 그 위에 더해 일관성 있는 대시보드 경험을 제공할 수 있습니다.

프로메테우스는 또한 기존의 애플리케이션 운영 도구와도 잘 통합됩니다. 프로메테우스 내에서 지표를 수집하고 노출하는 도구를 expoter라고 합니다. 리눅스 호스트 통계 수집, 자바 애플리케이션용 JMX Exporter 및 웹 서버, 저장 장치 계층, 하드웨어, 데이터베이스 서비스와 같은 수많은 애플리케이션을 수집하는 데 사용할 수 있는 공식/써드 파티 Exporter가 있습니다. Cloudflare는 프로메테우스와 그라파나를 통해 지표를 드러내고 시각화할 수 있는 BPF 지표용 Exporter를 오픈 소스로 공개했습니다.

17.3.1 ebpf Exporter 빌드하고 실행하기

빌드에 도커를 사용한다는 점에 유의하세요.

```
$ git clone https://github.com/cloudflare/ebpf_exporter.git
$ cd ebpf_exporter
$ make
...
$ sudo ./release/ebpf_exporter-*/ebpf_exporter --config.file=./examples/runqlat.yaml
2019/04/10 17:42:19 Starting with 1 programs found in the config
2019/04/10 17:42:19 Listening on :9435
```

17.3.2 ebpf_exporter 인스턴스를 모니터링하도록 프로메테우스 구성하기

이것은 각자의 환경에서 대상을 모니터링하는 접근 방식에 따라 달라집니다. 다음은 인스턴스가 포트 9435에서 ebpf_experter를 실행하고 있다고 가정했을 때의 샘플 구성입니다.

```
$ kubectl edit configmap -n monitoring prometheus-core
  - job_name: 'kubernetes-nodes-ebpf-exporter'
    scheme: http
    kubernetes_sd_configs:
      - role: node
    relabel_configs:
      - source_labels: [__address__]
        regex: '(.*):10250'
        replacement: '${1}:9435'
        target_label: __address__
```

17.3.3 그라파나에서 쿼리 설정하기

ebpf_exporter는 실행되자마자 지표를 생성할 것입니다. 다음의 쿼리와 추가 포맷을 이용해 이 지표를 그래프화할 수 있습니다.(그림 17.14)

```
query: rate(ebpf_exporter_run_queue_latency_seconds_bucket[20s])
legend format: {{le}}
axis unit: seconds
```

쿼리 포맷과 그래프 구성에 대한 더 많은 정보는 그라파나와 프로메테우스 문서를 참조하기 바랍니다.

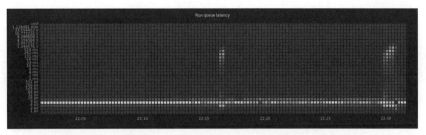

그림 17.14 그라파나 실행 큐 지연 시간 히트맵
(코어보다 많은 스레드로 schbench를 실행할 때 지연 시간이 치솟는 것을 확인할 수 있음)

17.3.4 추가 자료

그라파나와 프로메테우스에 대한 더 많은 정보는 다음을 참고하세요.

- *https://grafana.com/*
- *https://github.com/prometheus/prometheus*

    Cloudflare eBPF Exporter에 대한 더 많은 정보는 다음을 참고하세요.

- *https://github.com/cloudflare/ebpf_exporter*
- *https://blog.cloudflare.com/introducing−ebpf_exporter/*

17.4 kubectl-trace

kubectl-trace는 쿠버네티스 클러스터에서 여러 노드에 걸쳐 bpftrace를 실행하기 위한 쿠버네티스 커맨드 라인 프론트엔드입니다. 로렌초 폰타나(Lorenzo Fontana)가 만들었으며 IO Visor 프로젝트에 호스팅되었습니다(*https://github.com/iovisor/kubectl−trace* 참고).

여기 있는 사용 예시를 따라 하기 위해서는 kubectl-trace를 다운로드하여 설치해야 합니다. 쿠버네티스도 설치해야 합니다(쿠버네티스 설치에 대한 설명은 이 책의 범위를 넘어섭니다).

```
$ git clone https://github.com/iovisor/kubectl-trace.git
$ cd kubectl-trace
$ make
$ sudo cp ./_output/bin/kubectl-trace /usr/local/bin
```

17.4.1 노드 트레이싱하기

kubectl은 쿠버네티스 커맨드 라인 프론트엔드입니다. kubectl-trace는 클러스터의 여러 노드에 걸쳐 bpftrace 명령을 실행할 수 있도록 합니다. 전체 노드를 트레이싱하는 것이 가장 간단한 방법이겠지만, BPF 계측의 오버헤드에 주의해야 합니다. bpftrace 호출이 높은 오버헤드를 발생시킨다면 전체 클러스터 노드에 영향을 끼칠 것입니다.

다음은 클러스터의 쿠버네티스 노드에 걸쳐 vfsstat.bt를 실행하고, 이에 대한 bpftrace 출력을 캡처하는 사례입니다.

```
$ kubectl trace run node/ip-1-2-3-4 -f /usr/share/bpftrace/tools/vfsstat.bt
trace 8fc22ddb-5c84-11e9-9ad2-02d0df09784a created
$ kubectl trace get
NAMESPACE NODE      NAME                                                      STATUS AGE
default   ip-1-2-34 kubectl-trace-8fc22ddb-5c84-11e9-9ad2-02d0df09784a Running 3s
$ kubectl trace logs -f kubectl-trace-8fc22ddb-5c84-11e9-9ad2-02d0df09784a
00:02:54
@[vfs_open]: 940
@[vfs_write]: 7015
@[vfs_read]: 7797
00:02:55
@[vfs_write]: 252
@[vfs_open]: 289
@[vfs_read]: 924

^C
$ kubectl trace delete kubectl-trace-8fc22ddb-5c84-11e9-9ad2-02d0df09784a
trace job kubectl-trace-8fc22ddb-5c84-11e9-9ad2-02d0df09784a deleted
trace configuration kubectl-trace-8fc22ddb-5c84-11e9-9ad2-02d0df09784a deleted
```

이 출력 결과는 단지 포드뿐만 아니라 전체 노드에 대한 모든 vfs 통계를 보여줍니다. bpftrace가 호스트에서 실행되기 때문에 kubectl-trace도 호스트의 컨텍스트 안에서 실행됩니다. 따라서 해당 노드에서 실행되는 모든 애플리케이션을 트레이싱하게 됩니다. 이 방법이 어떤 경우에는 시스템 관리자에게 유용할 수도 있지만, 많은 활용 사례에서는 컨테이너 내부에서 실행 중인 프로세스에만 초점을 맞추는 것이 중요합니다.

17.4.2 포드와 컨테이너 트레이싱하기

bpftrace(그리고 당연히 kubectl-trace)는 커널 자료 구조를 일치시킴으로써 컨테이너의 트레이싱을 간접적으로 지원합니다. kubectl-trace는 포드를 두 가지 방법으로 지원합니다. 첫 번째로 여러분이 포드의 이름을 명시하면 kubectl-trace는 해당 이름에 맞는 정확한 노드를 찾고 해당 노드에 bpftrace 프로그램을 자동으로 배포합니다. 두 번째로 kubectl-trace는 해당 명령에서만 사용할 수 있는 특수 변수 $container_pid를 제공합니다. $container_pid는 자동으로 컨테이너의 루트 프로세스의 PID(호스트 PID 네임스페이스)를 가리키게 됩니다. 이 변수를 이용하면 여러분이 선호하는 포드만을 대상으로 필터링하거나 다른 동작을 수행할 수 있습니다.

여기서 살펴볼 사례에서는, 루트 프로세스의 PID가 컨테이너 내부에서 유일하게 동작하고 있는 PID임을 보장할 것입니다. 만약 여러분의 컨테이너가 init 프로세스를 사용하거나 포크(forking) 서버를 사용하는 등 좀 더 복잡하게 구성되어 있다면, kubectl-trace를 사용하기 위해서는 PID를 자신의 상위(parent) PID에 매핑시키는 도구를 제작해야 할 수도 있습니다.

다음과 같이 새로운 쿠버네티스 디플로이먼트(deployment)를 만들어 봅시다. 이 명령어는 컨테이너 내부에 노드 프로세스(node)만 유일하게 동작하게 하기 위해 ENTRYPOINT(command)를 지정하였으며, 뒤에 나오는 vfsstat-pod.bt는 PID에 대한 추가적인 필터를 포함하고 있다는 것에 주목하십시오.

```
$ cat <<EOF | kubectl apply -f -
apiVersion: apps/v1
kind: Deployment
metadata:
  name: node-hello
spec:
  selector:
    matchLabels:
      app: node-hello
  replicas: 1
  template:
    metadata:
labels:
      app: node-hello
    spec:
      containers:
      - name: node-hello
        image: duluca/minimal-node-web-server
        command: ['node', 'index']
        ports:
        - containerPort: 3000
EOF
deployment.apps/node-hello created
$ kubectl get pods
NAME                          READY   STATUS    RESTARTS   AGE
node-hello-56b8dbc757-th2k2   1/1     Running   0          4s
```

vfsstat-pod.bt는 vfsstat.bt의 복사본인데 다음처럼 container_pid에 대한 필터가 추가되었습니다. 이와 같이 코드를 수정한 뒤에는 다음의 명령어로 트레이싱 도구를 실행하십시오(트레이싱을 시작하는 방법과 트레이싱 출력 결과를 검토하는 방법을 확인해 보십시오).

```
$ cat vfsstat-pod.bt
...
kprobe:vfs_read,
kprobe:vfs_write,
kprobe:vfs_fsync,
kprobe:vfs_open,
kprobe:vfs_create
/pid == $container_pid/
{
...
$ kubectl trace run pod/node-hello-56b8dbc757-th2k2 -f vfsstat-pod.bt
trace 552a2492-5c83-11e9-a598-02d0df09784a created
$ kubectl trace logs -f 552a2492-5c83-11e9-a598-02d0df09784a
if your program has maps to print, send a SIGINT using Ctrl-C, if you want to
interrupt the execution send SIGINT two times
Attaching 8 probes...
Tracing key VFS calls... Hit Ctrl-C to end.
[...]
17:58:34
@[vfs_open]: 1
@[vfs_read]: 3
@[vfs_write]: 4

17:58:35

17:58:36
@[vfs_read]: 3
@[vfs_write]: 4
[...]
```

노드 레벨보다는 포드 레벨에서 vfs 동작이 현저하게 적다는 것을 알 수 있는데, 대체로 유휴 상태의 웹 서버로 예상됩니다.

17.4.3 추가 자료

• *https://github.com/iovisor/kubectl-trace*

17.5 기타 도구

다음과 같은 BPF 기반의 도구도 있습니다.

- 실리움(Cilium): 컨테이너화된 환경에서 BPF를 이용해 네트워크와 애플리케이션 보안 정책을 적용합니다.
- Sysdig: 컨테이너 관측가능성을 확장하기 위해 BPF를 사용합니다.
- 안드로이드 eBPF: 안드로이드 장치에서 네트워크 사용량을 모니터링하고 관리합니다.
- osquery eBPF: 분석과 모니터링을 위해 운영체제 정보를 노출합니다. 현재는 BPF를 이용한 kprobe로 모니터링하는 것을 지원합니다.
- ply: bpftrace 와 유사하지만 최소한의 종속성을 가진 BPF 기반 CLI 트레이싱 도구로, 임베디드 타깃과 같은 환경에서 사용하기에 적합합니다.[5] ply는 토비아스 발데크란츠(Tobias Waldekranz)가 만들었습니다.

BPF가 점점 더 많이 사용되고 있기 때문에, 미래에는 더 많은 BPF 기반의 GUI 도구가 개발될 것입니다.

17.6 정리

BPF 도구 생태계는 급속도로 성장하고 있으며 더 많은 도구와 기능이 개발될 것입니다. 이번 장에서는 현재 사용 가능한 BPF 기반의 도구 네 가지에 대해 설명했습니다. 벡터/PCP와 그라파나 그리고 Cloudflare의 eBPF Exporter는 그래픽 도구로, 시계열 BPF 출력 결과와 같이 대량의 복잡한 데이터를 시각적으로 보여주는 기능을 제공합니다. 마지막 도구인 kubectl-trace는 bpftrace 스크립트를 쿠버네티스 클러스터에 직접적으로 실행할 수 있게 해줍니다. 추가로 기타 BPF 도구들의 간단한 목록도 정리했습니다.

18장

팁, 요령, 자주 발생하는 문제

이번 장에서는 성공적인 BPF 트레이싱에 필요한 팁과 요령 그리고 여러분이 직면할 수 있는 자주 발생하는 문제들과 해결 방법에 대해 공유합니다.

팁과 요령

18.1 일반적인 이벤트 발생 빈도와 오버헤드

18.2 49Hz 또는 99Hz 주기로 샘플링

18.3 노란 돼지와 회색 쥐(Yellow pigs and gray rats)

18.4 대상 소프트웨어 작성

18.5 시스템 콜 배우기

18.6 심플하게 하기

자주 발생하는 문제들

18.7 이벤트 누락

18.8 스택 트레이스 누락

18.9 출력 시 심벌(함수 이름) 누락

18.10 트레이싱할 때 함수 누락

18.11 피드백 루프(Feedback loops)

18.12 이벤트 드롭

18.1 일반적인 이벤트 발생 빈도와 오버헤드

트레이싱 프로그램의 CPU 오버헤드를 결정하는 세 가지 주요 요소는 다음과 같습니다.

- 트레이싱되는 이벤트의 발생 빈도
- 트레이싱이 진행되는 동안 수행되는 동작
- 시스템상의 CPU 개수

애플리케이션은 CPU별로 다음과 같은 오버헤드를 부담하게 됩니다.

오버헤드 = (발생 빈도 × 수행되는 동작) / CPU

단일 CPU 시스템에서 초당 100만 개의 이벤트를 트레이싱하면 애플리케이션을 느리게 동작하도록 만들겠지만 CPU가 128개인 시스템에서는 거의 영향을 받지 않습니다. 따라서, CPU의 개수는 반드시 고려해야 합니다.

위 관계식에서 수행되는 작업의 오버헤드는 CPU 개수 한 자릿수에 의해 달라질 수 있습니다. 그러나 이벤트 발생 빈도는 여러 자릿수에 의해 달라질 수 있어서 오버헤드를 추산하는 데 있어 가장 큰 변수가 됩니다.

18.1.1 발생 빈도

일반적인 이벤트 발생 비율을 직관적으로 이해할 수 있도록 표 18.1[1]을 만들어 보았습니다. 이 표에는 최대 발생 비율을 사람이 체감할 수 있도록, 초당 한 번을 1년에 한 번으로 스케일을 조정한 칼럼을 포함시켜 놓았습니다. 여러분이 이 칼럼에 표시된 발생 비율로 이메일을 보내주는 메일링 리스트에 가입했다고 생각해 보면 됩니다.

이벤트	일반적 발생 빈도[2]	스케일 조정된 최대치	최대 추산 트레이싱 오버헤드[3]
스레드 휴면	초당 1회	매년	무시할 수 있는 수준
프로세스 실행	초당 10회	매월	무시할 수 있는 수준

---

1 이것은 ≪Systems Performance≫[Gregg 13b] 2장에 있는 스케일 조정된 지연 시간 표(latency table)에서 영감을 받은 것으로, 이 표는 유명세를 타고 여러 차례 공유되었습니다. 필자가 이 스케일 조정된 발생 빈도표를 만들기는 했지만 스케일 조정된 지연 시간표의 아이디어를 제시한 것은 아니었으며, 필자는 대학생이었을 때 이와 같은 스케일 조정된 표를 처음 보았습니다.

파일 열기	초당 10~50회	매주	무시할 수 있는 수준
100Hz 주기로 프로파일링	초당 100회	주 2회	무시할 수 있는 수준
새로운 TCP 세션	초당 10~500회	매일	무시할 수 있는 수준
디스크 I/O	초당 10~1,000회	8시간마다	무시할 수 있는 수준
VFS 호출	초당 1,000~10,000회	매시간	측정할 수 있는 수준
시스템 콜	초당 1,000~50,000회	10분마다	상당한 수준
네트워크 패킷	초당 1,000~100,000회	5분마다	상당한 수준
메모리 할당	초당 만~백만 회	30초마다	비용이 높은 수준
록 이벤트	초당 5만~5백만 회	5초마다	비용이 높은 수준
함수 호출	초당 1억 회까지	초당 3회	극한의 수준
CPU 명령어	초당 10억+ 회까지	초당 30회: 음정으로 본다면, 피아노 건반에서 콘트라 옥타브 C음: 인간 가청 한계	극한의 수준 (CPU 시뮬레이터)
CPU 사이클	초당 30억+회까지	초당 90회: 피아노 건반의 G음	극한의 수준 (CPU 시뮬레이터)

표 18.1 일반적인 이벤트 발생 빈도

이 책의 전반에 걸쳐 필자는 BPF 도구의 오버헤드를 기술하면서 때로는 계측값을 이용했지만, '무시할 수 있는', '측정할 수 있는', '상당한', '비용이 높은 수준'이라는 단어로 더 자주 설명했습니다. 필자는 의도적으로 불명확하면서도 충분히 의미를 전달할 수 있는 이 단어들을 선정했습니다. 일부 지표들은 워크로드와 시스템에 따라 변할 수도 있기 때문에 고정된 숫자를 사용하면 오해의 소지가 있습니다. 이 경고를 염두에 두고 이 용어들에 대한 개략적인 가이드를 참고하세요.

- 무시할 수 있는 수준: 〈 0.1%
- 측정할 수 있는 수준: ~1%
- 상당한 수준: 〉5%

---

2 워크로드가 변하기 때문에, 발생 빈도가 딱 n회라고 단정 짓기는 어렵습니다. 데이터베이스는 보통 디스크 I/O 발생 비율이 더 높으며, 웹과 프락시 서버는 보통 패킷 발생 비율이 더 높습니다.

3 이것은 최고 발생 비율로 이벤트를 트레이싱할 때 예상되는 CPU 오버헤드입니다(아래 내용 참고). 이론적으로 CPU 시뮬레이터가 소프트웨어 실행을 트레이싱할 수 있다고 하더라도, CPU 명령어와 사이클은 개별적이며 직접적으로는 트레이싱할 수 없습니다.

- 비용이 높은 수준: 〉30%
- 극한의 수준: 〉300%

표 18.1에 있는 오버헤드 설명은 트레이싱이 진행되는 동안 수행되는 동작이 거의 없다고 생각하고 추정한 것입니다(오늘날의 일반적인 시스템에서 커널 내부 집계만 이용해서 트레이싱한 수준). 다음 절에서는 여러 다른 동작들이 어떻게 더 많은 리소스를 소모하는지 살펴봅니다.

18.1.2 수행된 동작

이번 절에서는 BPF가 한 번의 이벤트당 어느 정도의 오버헤드를 부가하는지 보여주기 위해 각 이벤트의 오버헤드 비용을 계측하여 표로 정리했습니다. 이를 통해 여러 다른 동작들이 얼마나 오버헤드를 부가하는지 확인할 수 있습니다. 여기에 계측된 오버헤드는 초당 100만 번 이상의 읽기를 수행하는 dd(1) 워크로드의 읽기 동작을 계측함으로써 산출하였습니다. 앞 절에서도 언급했듯이, 이렇게 높은 발생 비율의 이벤트에서 BPF 트레이싱은 비용이 높은 오버헤드를 부가합니다.

오버헤드 계측에 사용된 워크로드는 다음과 같습니다.

```
dd if=/dev/zero of=/dev/null bs=1 count=10000k
```

이 워크로드를 다음과 같은 bpftrace 원 라이너와 함께 실행함으로써 얼마만큼의 오버헤드가 부가되었는지 계측할 수 있습니다.

```
bpftrace -e 'kprobe:vfs_read { @ = count(); }'
```

한 번의 이벤트당 부과되는 CPU 오버헤드 비용은 런타임 시간 차이를 이벤트 발생 횟수로 나눔으로써 산정할 수 있습니다(dd(1) 프로세스 시작과 종료에 소요되는 비용은 무시). 이것은 표 18.2에서 확인할 수 있습니다.

bpftrace	테스트 목적	dd 런타임(초)	BPF 이벤트별 비용 (ns)
<none>	제어	5.97243	—
k:vfs_read { 1 }	kprobe	6.75364	76
kr:vfs_read { 1 }	kretprobe	8.13894	212
t:syscalls:sys_enter_read { 1 }	tracepoint	6.95894	96

t:syscalls:sys_exit_read { 1 }	tracepoint	6.9244	93
u:libc:__read { 1 }	uprobe	19.1466	1287
ur:libc:__read { 1 }	uretprobe	25.7436	1931
k:vfs_read /arg2 > 0/ { 1 }	필터	7.24849	124
k:vfs_read { @ = count() }	맵	7.91737	190
k:vfs_read { @[pid] = count() }	단일 키	8.09561	207
k:vfs_read { @[comm] = count() }	문자열 키	8.27808	225
k:vfs_read { @[pid, comm] = count() }	두 개의 키	8.3167	229
k:vfs_read { @[kstack] = count() }	커널 스택	9.41422	336
k:vfs_read { @[ustack] = count() }	사용자 스택	12.648	652
k:vfs_read { @ = hist(arg2) }	히스토그램	8.35566	233
k:vfs_read { @s[tid] = nsecs } kr:vfs_read /@s[tid]/ { @ = hist(nsecs - @s[tid]); delete(@s[tid]); }	시간 측정	12.4816	636 / 2[4]
k:vfs_read { @[kstack, ustack] = hist(arg2) }	복합적	14.5306	836
k:vfs_read { printf('%d bytes\n', arg2) } > out.txt	이벤트당	14.6719	850

표 18.2 bpftrace 이벤트별 비용

이 표를 통해 kprobe가 (이 시스템에서는) 빠르다는 것을 확인할 수 있습니다. 호출당 76ns만 부가하고 키와 맵이 함께 사용될 때는 200ns 정도 증가시킵니다. kretprobe는 훨씬 느린데 함수 진입을 계측하고 리턴에 대해 트램펄린 핸들러(trampoline handler)를 삽입하기 때문일 것입니다(자세한 내용은 2장 참고). uprobe와 uretprobe는 이벤트별 오버헤드가 1μs 이상으로 가장 큽니다. 이는 향후 리눅스 버전에서 개선 예정인, 이미 알려진 문제입니다.

이 표에는 짧은 BPF 프로그램만 나와 있습니다. 길이가 긴 BPF 프로그램을 작성하는 것도 가능한데 그렇게 되면 수 마이크로초 수준의, 훨씬 더 많은 오버헤드를 발생시킬 것입니다.

위의 표에 계측된 값은 Intel(R) Core(TM) i7-8650U CPU@ 1.90GHz CPUs 시스템상의 BPF JIT enabled된 리눅스 4.15에서 측정한 것으로, 일관성을 확보하기 위해 taskset(1)를 이용해 하나의 CPU만 작동되도록 하고, 표준편차를

---

4 이것은 읽기당 636ns가 추가됐지만 kprobe와 kretprobe, 이 두 가지 probe가 사용되었기 때문에 실제로는 두 개의 BPF 이벤트에 대해서 636ns입니다.

측정하면서 10회 실행 중 가장 빠른 것을 취한 결과입니다(principle of least perturbations, 최소 동요 원칙). 이 숫자들은 시스템의 속도와 시스템의 아키텍처, 실행 중인 워크로드 그리고 향후 BPF에 생길 변경에 따라 전부 바뀔 수 있다는 점에 유념하시기 바랍니다.

18.1.3 자가 테스트

애플리케이션의 성능을 정확하게 측정할 수 있다면, BPF 트레이싱 도구가 동작 중인 상태와 동작하지 않는 상태를 각각 측정해 비교해 볼 수 있습니다. 시스템이 CPU 포화 상태(100%)로 작동 중이라면 BPF는 CPU 사이클을 애플리케이션에서 빼앗아가게 되고, 그 차이는 애플리케이션 요청 비율의 감소로 측정할 수 있습니다. 시스템이 CPU 유휴 상태로 작동되고 있다면, 그 차이는 사용 가능한 유휴 CPU의 감소로 나타날 수 있습니다.

18.2 49Hz 또는 99Hz 주기로 샘플링

이 특이해 보이는 주기로 샘플링하는 것의 핵심은 록스텝(lockstep) 샘플링을 피하는 것입니다.

이 책 전반에서는 대상 소프트웨어를 개략적으로나마 이해하기 위해 정주기 샘플링을 이용하였습니다. 초당 100번의 샘플링(100Hz) 혹은 초당 50번의 샘플링은 통상적으로 크고 작은 성능 문제 모두를 해결하기에 충분한 세부 사항을 제공해 줍니다.

100Hz 샘플링을 생각해 봅시다. 이것은 10ms마다 샘플을 수집합니다. 이제 10ms마다 깨어나서 2ms의 작업을 수행하는 애플리케이션 스레드를 생각해 봅시다. 이것은 CPU 하나의 20%를 차지합니다. 만약 우리가 우연히 프로파일링 도구(100Hz 주기 샘플링)를 딱 맞는 시점에 실행해서 모든 샘플링이 해당 작업의 2ms 윈도와 일치하게 된다면 CPU 점유율은 100%로 나타날 것입니다. 아니면 반대로, 이 도구를 다른 시점에 실행하면 모든 샘플을 놓치게 되고 해당 애플리케이션 스레드가 0%의 시간을 점유하고 있었음을 보여줄 것입니다. 이러한 경우를 록스텝 샘플링이라고 합니다. 두 상황 모두 잘못된 결과를 도출하는 앨리어싱 오류(aliasing error)의 사례입니다.

100Hz 대신 99Hz를 사용하면, 샘플링을 시도한 타임 오프셋이 더 이상 애플리케이션의 작업과 일치하지 않게 됩니다. 충분한 시간(초) 동안 수집한다면, 애

플리케이션이 CPU상에서 20%의 시간만을 점유하고 있음을 보여줄 것입니다. 또한 99Hz는 100Hz라고 여겨도 될 정도로 100Hz에 근접한 값입니다. CPU가 8개인 시스템에서 1초 동안 샘플링을 한다면? 대략 800개의 샘플을 수집합니다. 필자는 검사 결과가 올바른지 확인하기 위해 이러한 계산을 자주 하고 있습니다.

예를 들어 73을 선택한다면 이것도 록스텝 샘플링을 회피하지만 머릿속에서 빨리 계산하기는 힘듭니다. CPU가 4개인 시스템에서 73Hz로 8초? 계산기 좀 주세요!

99Hz 전략이 먹히는 이유는 애플리케이션 프로그래머들이 정주기 동작(timed activity)에 보통 매초, 초당 10회, 20ms마다 등과 같은 어림수를 택하기 때문입니다. 만약 애플리케이션 개발자들이 정주기 동작에 초당 99회를 선택한다면 록스텝 문제가 또다시 생깁니다.

99를 '프로파일러 숫자'라고 부르기로 합시다. 이 숫자는 프로파일링 이외의 어떤 곳에도 사용하지 마시기 바랍니다!

18.3 노란 돼지와 회색 쥐

수학에서 숫자 17은 특별해서 '노란 돼지' 숫자라는 별명을 가지고 있습니다. 심지어 노란 돼지 데이도 있는데 7월 17일입니다.[178] 필자는 23을 선호하지만 17이라는 숫자는 트레이싱 분석에도 유용합니다.

우리는 종종 어떤 이벤트를 트레이싱해야 할지 모른 채로, 알려지지 않은 시스템을 분석하게 됩니다. 이러한 환경에서는 알려진 워크로드를 주입하고 발생하는 이벤트의 빈도를 집계하여 워크로드와 관련된 이벤트를 확인할 수 있습니다.

가령 ext4 파일 시스템이 쓰기 I/O를 어떻게 수행하는지 알아내려고 하는데 어느 이벤트를 트레이싱해야 하는지 모른다고 가정해 봅시다. 우리는 이 상황에서 dd(1)를 통해 쓰기를 23회 수행해 우리가 알고 있는 워크로드를 발생시키거나, 아니면 훨씬 더 나은 방법으로 23만 번의 쓰기를 해서 다른 활동과 확연히 구별되게 할 수도 있습니다.

```
# dd if=/dev/zero of=test bs=1 count=230000
230000+0 records in
230000+0 records out
230000 bytes (230 kB, 225 KiB) copied, 0.732254 s, 314 kB/s
```

다음 명령은 dd(1)가 23만 번의 쓰기를 수행하는 동안 'ext4_'로 시작하는 모든 함수들을 10초 동안 트레이싱합니다.

```
# funccount -d 10 'ext4_*'
Tracing 509 functions for "ext4_*"... Hit Ctrl-C to end.
^C
FUNC                          COUNT
ext4_rename2                      1
ext4_get_group_number             1
[...]
ext4_bio_write_page              89
ext4_es_lookup_extent           142
ext4_es_can_be_merged           217
ext4_getattr                   5125
ext4_file_getattr              6143
ext4_write_checks            230117
ext4_file_write_iter         230117
ext4_da_write_end            230185
ext4_nonda_switch            230191
ext4_block_write_begin       230200
ext4_da_write_begin          230216
ext4_dirty_inode             230299
ext4_mark_inode_dirty        230329
ext4_get_group_desc          230355
ext4_inode_csum.isra.56      230356
ext4_inode_csum_set          230356
ext4_reserve_inode_write     230357
ext4_mark_iloc_dirty         230357
ext4_do_update_inode         230360
ext4_inode_table             230446
ext4_journal_check_start     460551
Detaching...
```

이 함수들 중 15개는 23만 번 조금 넘게 호출되었다는 것에 주목하시기 바랍니다. 이것들은 우리가 알고 있는 워크로드와 관련이 있을 가능성이 아주 높습니다. 여기서는 이 기법을 사용해서 트레이싱된 509개의 ext4 함수 중 15개의 후보만을 추려낼 수 있었습니다. 필자는 23(혹은 230, 2300 등)을 사용하는 것을 선호하는데, 이 숫자는 연관이 없는 다른 이벤트 집계 수와 일치할 가능성이 적기 때문입니다. 10초간 트레이싱하는 동안 다른 어떤 이벤트가 23만 번 일어날 수 있을까요?

23과 17은 컴퓨터 동작에서는 2의 제곱수나 10의 제곱수와 같은 다른 숫자보다는 덜 자연스럽게 발생하는 소수입니다. 필자는 23을 선호하는데 17과 달리 2의 제곱이나 10과는 거리가 있기 때문입니다. 필자는 23을 '회색 쥐(gray rat) 숫자'라고 부릅니다.

이 기법은 12.4 "배시 셸"에서도 함수를 찾기 위해 사용되었습니다.

18.4 대상 소프트웨어 작성

부하를 발생시키는 소프트웨어를 먼저 제작해 보고, 그 다음에 그것을 측정할 트레이싱 도구를 만드는 것이 여러분의 시간과 골칫거리를 줄여줄 수 있습니다.

여러분이 DNS 요청을 트레이싱해서 지연 시간과 요청의 세부 사항을 확인하려 한다고 가정해 보겠습니다. 어디서부터 시작해야 할까요? 이러한 상황에서는 DNS 요청을 발생시키는 간단한 소프트웨어를 먼저 제작해보는 것이 도움이 됩니다. 이 소프트웨어를 제작해봄으로써 어느 함수를 트레이싱할 것인지와 요청의 세부 사항이 구조체에 어떻게 저장되어 있는지, 요청 함수의 리턴 값이 어떻게 되는지 터득하게 될 것입니다. 이러한 정보는 인터넷 검색을 통해 찾을 수 있는 프로그래머를 위한 문서(예: 코드 스니펫(code snippet))가 엄청나게 많이 있기 때문에 아주 빨리 배울 수 있습니다.

이 경우, getaddrinfo(3) resolver 함수의 매뉴얼 페이지에는 바로 사용해볼 수 있는 프로그램의 전체 소스 코드가 담겨 있습니다.

```
$ man getaddrinfo
[...]
        memset(&hints, 0, sizeof(struct addrinfo));
        hints.ai_family = AF_UNSPEC;    /* IPv4 혹은 IPv6 허용 */
        hints.ai_socktype = SOCK_DGRAM; /* 데이터그램 소켓 */
        hints.ai_flags = 0;
        hints.ai_protocol = 0;          /* 모든 프로토콜 */

        s = getaddrinfo(argv[1], argv[2], &hints, &result);
        if (s != 0) {
            fprintf(stderr, "getaddrinfo: %s\n", gai_strerror(s));
            exit(EXIT_FAILURE);
        }
[...]
```

이처럼 여러분은 결국 알려진 요청을 발생시키는 소프트웨어를 작성할 수 있을 것입니다. 심지어 해당 소프트웨어가 23개(혹은 2,300개)의 요청만을 발생시키도록 수정하여, 관련된 다른 함수들을 스택 트레이스에서 더욱 수월하게 찾을 수 있도록 할 수 있습니다.(18.3 "노란 돼지와 회색 쥐" 참고)

18.5 시스템 콜 배우기

시스템 콜은 트레이싱할 것이 풍부한 대상입니다.

시스템 콜은 매뉴얼 페이지에 문서화되어 있으며, tracepoint가 있고 애플리케이션의 리소스 사용량을 파악할 수 있게 해줍니다. 가령, 여러분은 BCC syscount(8) 도구를 사용하여 setitimer(2) 시스템 콜이 매우 자주 호출된다는 것을 발견하였습니다. 왜 그럴까요?

```
$ man setitimer
GETITIMER(2)                    Linux Programmer's Manual                GETITIMER(2)

NAME
       getitimer, setitimer – get or set value of an interval timer
SYNOPSIS
       #include <sys/time.h>

       int getitimer(int which, struct itimerval *curr_value);
       int setitimer(int which, const struct itimerval *new_value,
                     struct itimerval *old_value);

DESCRIPTION
       These  system  calls provide access to interval timers, that is, timers
       that initially expire at some point in the future, and (optionally)  at
       regular intervals after that. When a timer expires, a signal is gener
       ated for the calling process, and the timer is reset to  the  specified
       interval (if the interval is nonzero).

   [...]

   setitimer()
       The function setitimer() arms or disarms the timer specified by  which,
       by setting the timer to the value specified by new_value. If old_value
       is non-NULL, the buffer it points to is used  to  return  the  previous
       value  of  the  timer  (i.e.,  the same information that is returned by
       getitimer()).

   [...]

RETURN VALUE
       On  success,  zero is returned. On error, –1 is returned, and errno is
       set appropriately.
```

setitimer(2)의 매뉴얼 페이지를 확인해 보면, 이 시스템 콜이 무엇을 하는지와 인자 및 리턴 값에 대해 이해할 수 있습니다. 또한, 시스템 콜에 대한 tracepoint 도 존재하기 때문에 이 모든 것을 syscalls:sys_enter_setitimer와 syscalls:sys_exit_setitimer를 통해 검사해 볼 수 있습니다.

18.6 심플하게 하기

트레이싱 프로그램을 길고 복잡하게 작성하는 것은 피해야 합니다.

BPF 트레이싱은 모든 것을 트레이싱할 수 있는 초능력이기 때문에, 자제력을 잃고 트레이싱 프로그램에 점점 더 많은 이벤트를 추가하게 되고, 해결하려고 한 원래의 문제를 놓치기 쉽습니다. 이렇게 하면 다음과 같은 단점이 있습니다.

- **필요 이상의 오버헤드**: 원래의 문제는 단지 몇 개의 이벤트만 트레이싱하면 해결할 수 있는 것이었지만, 도구가 필요보다 더 많은 이벤트를 트레이싱함에 따라 해당 시스템을 사용하는 모두에게 오버헤드를 부담시키면서도 문제 해결을 위한 정보나 이해를 높여주지는 못합니다.
- **유지보수 부담**: 이것은 특히 kprobe와 uprobe를 사용할 경우에 해당되는데, 인터페이스가 소프트웨어 버전에 따라 변할 수 있기 때문입니다. 이전 4.x 버전의 리눅스 개발에서 발생한 많은 커널 변화들은 BCC 도구를 수차례 망가뜨렸습니다. 수정 방법은 각 커널 버전에 대한 코드를 포함하거나(커널 버전 번호는 backports 때문에 신뢰할 수 없는 지표이므로, 함수의 존재 여부를 체크), 단순히 그 도구를 복사해서 tools/old 디렉터리에 구 버전 커널의 복사본을 보관하는 것이었습니다. 가장 이상적인 시나리오는 트레이싱하고자 하는 이벤트에 대한 tracepoint를 사용함으로써 도구가 더 이상 망가지지 않도록 하는 것입니다(예: sock:inet_sock_set_state tracepoint는 비교적 최근인 커널 4.16에 추가되었는데 앞에서 본 tcp 분석 도구들은 이것을 사용하도록 전환되었습니다).

BCC 도구를 고치는 작업이 고되지는 않았는데, 각각의 도구가 일반적으로 몇 개의 이벤트나 특정 이벤트 유형만을 트레이싱하기 때문입니다(필자는 일부러 이렇게 동작하도록 설계했습니다). 각 도구들이 많은 수의 이벤트를 트레이싱했다면 도구는 더 자주 망가졌을 것이고 수정 작업은 더 복잡했을 것입니다. 또한, 그 도구가 특정한 코드를 포함하고 있는 모든 커널 버전에 걸쳐 모든 이벤트 유형을 테스트해야 하는 등 필요한 테스트가 훨씬 많아졌을 것입니다.

필자는 15년 전에 tcpsnoop(1M)이라는 도구를 개발할 때 이 교훈을 힘들게 터득했습니다. 도구 제작의 목적은 어느 프로세스가 TCP I/O를 발생시키는지 보여주는 것이었지만, 필자는 결국 모든 패킷 유형(TCP 핸드셰이크, port refused 패킷, UDP, ICMP 등)을 PID별로 트레이싱하는 도구를 만들어 버렸습니다. 의도하지 않았지만 이 도구의 출력 결과는 네트워크 스니핑 도구와 다를 바가 없었습니다. 이 도구는 불안정한 커널 세부 사항을 여럿 트레이싱하였으며 커널 업데이트로 인해 도구가 몇 차례 망가지기도 했습니다. 이처럼 많은 수의 이벤트를 트레이싱하다 보니, 원래의 목적을 잃어버리고 유지관리가 불가능한 무언가를 개발했습니다(이 교훈에 대해 더 자세한 내용은 10장의 tcpsnoop 참고).

필자가 개발해서 이 책에 수록한 bpftrace 도구는 15년에 걸친 경험의 산물입니다. 필자는 이 도구들이 특정한 문제만 해결하고 그 외의 일은 하지 않도록, 최소한의 이벤트만 트레이싱하도록 의도적으로 제한하고 있습니다. 가능하다면 여러분도 똑같이 해보기를 추천합니다.

18.7 이벤트 누락

이벤트를 성공적으로 계측했지만 발생하지 않은 것처럼 보이거나 도구가 아무런 출력 결과를 내놓지 않는 것은 흔히 일어나는 문제입니다(이벤트가 전혀 계측되지 않는다면 18.10 "트레이싱할 때 함수 누락" 참고) 이러한 문제가 BPF 트레이싱과 관련이 있는지 아니면 이벤트 자체의 문제인지 여부를 확인하기 위해서는 리눅스 perf(1) 유틸리티를 사용해서 이벤트를 계측해 볼 수 있습니다.

다음은 perf(1)를 사용해서 block:block_rq_insert와 block:block_rq_requeue tracepoint 이벤트가 발생하는지 체크하는 예입니다.

```
# perf stat -e block:block_rq_insert,block:block_rq_requeue -a
^C
 Performance counter stats for 'system wide':

            41      block:block_rq_insert
             0      block:block_rq_requeue

    2.545953756 seconds time elapsed
```

이 예시에서 block:block_rq_insert tracepoint는 41번 호출되었으며 block:block_rq_requeue tracepoint는 한 번도 호출되지 않았습니다. 만약 BPF 도구를 이용해 block:block_rq_insert를 트레이싱하였을 때 어떤 이벤트도 보지 못했다면, BPF 도구에 문제가 있음을 시사하는 것입니다. 만약 BPF 도구와 perf(1) 둘 다 아무 이벤트도 보여주지 못했다면 해당 이벤트에 문제(이벤트가 발생하지 않음)가 있음을 암시하는 것입니다.

이번에는 kprobe를 사용해서 vfs_read() 커널 함수가 호출되는지 체크하는 예시입니다.

```
# perf probe vfs_read
Added new event:
  probe:vfs_read      (on vfs_read)
```

You can now use it in all perf tools, such as:

```
        perf record -e probe:vfs_read -aR sleep 1
```

```
# perf stat -e probe:vfs_read -a
^C
 Performance counter stats for 'system wide':

            3,029      probe:vfs_read

      1.950980658 seconds time elapsed
# perf probe --del probe:vfs_read
Removed event: probe:vfs_read
```

perf(1) 인터페이스는 kprobe를 만들고 제거하기 위한 별도의 명령어를 필요로 하는데 이것은 uprobe의 경우도 비슷합니다. 이 예시는 트레이싱되는 동안 vfs_read()가 3,029회 호출되었음을 보여줍니다.

이전에 계측된 이벤트가 소프트웨어 변경으로 인해 더 이상 호출되지 않으면 이러한 이벤트 누락 문제가 자주 발생합니다.

이벤트 누락의 대표적인 사례는, 사용자는 공유 라이브러리에 위치한 함수를 트레이싱하려 하지만 애플리케이션이 정적으로 컴파일되어, 해당 함수는 라이브러리에서 호출되지 않고 대신 애플리케이션 바이너리에서 직접 호출되는 경우를 들 수 있습니다.

18.8 스택 트레이스 누락

이 문제는 출력되는 스택 트레이스가 불완전하게 보이거나 완전히 누락되는 경우를 의미합니다. 여기에는 심벌 누락도 포함되는데(18.9절에서 다룹니다) 이 경우 해당 프레임이 '[unknown]'으로 표시됩니다.

다음은 BCC trace(8)를 사용해서 execve() tracepoint(새로운 프로세스 실행)에 대한 사용자 레벨 스택 트레이스를 출력하는 사례입니다.

```
# trace -U t:syscalls:sys_enter_execve
PID     TID     COMM          FUNC
26853   26853   bash          sys_enter_execve
        [unknown]
        [unknown]

26854   26854   bash          sys_enter_execve
        [unknown]
        [unknown]
[...]
```

이전 절에서 다룬 것처럼 이번에도 BCC/BPF 디버깅으로 더 깊숙하게 들어가기 전에 교차 검증을 목적으로 perf(1)를 사용해 볼 수 있습니다. perf(1)를 사용해 이 작업을 재현하면 다음과 같습니다.

```
# perf record -e syscalls:sys_enter_execve -a -g
^C[ perf record: Woken up 1 times to write data ]
[ perf record: Captured and wrote 3.246 MB perf.data (2 samples) ]

# perf script
bash 26967 [007] 2209173.697359: syscalls:sys_enter_execve: filename:
0x56172df05030, argv: 0x56172df3b680, envp: 0x56172df2df00
                    e4e37 __GI___execve (/lib/x86_64-linux-gnu/libc-2.27.so)
          56172df05010 [unknown] ([unknown])

bash 26968 [001] 2209174.059399:

syscalls:sys_enter_execve: filename: 0x56172df05090, argv: 0x56172df04440, envp:
0x56172df2df00
                    e4e37 __GI___execve (/lib/x86_64-linux-gnu/libc-2.27.so)
          56172df05070 [unknown] ([unknown])
```

위에서 살펴본 예시들은 모두 유사한 망가진 스택을 보여줍니다. 여기에는 세 가지 문제점이 있습니다.

- 스택 트레이스가 불완전합니다. 이 도구들은 현재 새로운 프로그램을 호출하고 있는 bash(1) 셸을 트레이싱하고 있습니다. 필자는 새로운 프로그램 호출의 스택 트레이스가 여러 프레임으로 구성되어 있다는 것을 이전의 경험을 통해 알고 있지만, 여기에서는 단지 두 프레임(라인)만 출력되고 있습니다. 만약 여러분이 수집한 스택 트레이스가 한두 프레임으로만 구성되어 있고 시작 프레임(예: 'main' 혹은 'start_thread')으로 끝나지 않는다면, 해당 스택 트레이스는 불완전하다고 추정해 볼 수 있습니다.
- 마지막 라인이 [unknown]입니다. perf(1)조차도 해당 심벌을 해석할 수 없었습니다. bash(1)의 심벌에 문제가 있거나 아니면 libc의 __GI___execve()가 프레임 포인터를 손상시켜서 더 이상 스택 추적이 불가능했을 수도 있습니다.
- libc_GI_exceve() 호출이 perf(1)에서는 보였지만 BCC의 출력 결과에는 보이지 않습니다. 이것은 BCC trace(8)에서 개선되어야만 하는 또 다른 문제입니다.[5]

---

5 필자는 perf(1)가 해당 프레임을 얻기 위해 debuginfo를 사용할 것으로 예상합니다. 이것에 대해서는 bpftrace 이슈 #646을 참고하시기 바랍니다.[179]

18.8.1 망가진 스택 트레이스를 고치는 방법

불완전한 스택 트레이스는 불행하게도 흔히 발생하며 보통 두 가지 요소의 융합에 의해 발생합니다. ① 스택 트레이스를 프레임 포인터 기반 접근 방법으로 읽어 들이는 관측가능성 도구와 ② 프레임 포인터용으로 레지스터(RBP on x86_64)를 할당하지 않고 대신 컴파일러가 성능 최적화를 위해 이 레지스터를 범용 레지스터로 재사용하는 타깃 바이너리(target binary). 관측가능성 도구는 이 레지스터를 프레임 포인터로 기대하며 읽어 들이지만, 실제로는 범용 레지스터로 사용되고 있기 때문에 숫자, 객체 주소, 문자열에 대한 포인터 등 어떠한 것이든 담고 있을 수 있습니다. 관측가능성 도구는 심벌 테이블을 통해 이 숫자를 해석하려고 할 것이고 운이 좋으면 이에 해당되는 심벌을 찾지 못하고 '[unknown]'을 출력할 수 있습니다. 운이 나쁘면 그 임의의 숫자는 관련이 없는 심벌로 해석되며, 출력된 스택 트레이스에 잘못된 함수 이름이 포함될 수 있어서 사용자를 혼란스럽게 만듭니다.

가장 쉬운 해결책은 프레임 포인터 레지스터를 고치는 것입니다.

- C/C++ 소프트웨어 혹은 gcc나 LLVM으로 컴파일된 기타 소프트웨어: -fno-omit-frame-pointer로 소프트웨어를 다시 컴파일합니다.
- 자바: java(1)를 -XX:+PreserveFramePointer 옵션과 함께 실행합니다.

이 방법은 성능 오버헤드를 수반할 수도 있지만 보통 1% 미만으로 측정됩니다. 스택 트레이스를 사용해서 얻게 되는 성능 향상의 이점은 통상 이 오버헤드 비용을 훨씬 넘어섭니다. 이 내용은 12장에서도 논의했습니다.

또 다른 접근 방법은 프레임 포인터 기반이 아닌 다른 방식의 스택 추적 기법을 사용하는 것입니다. perf(1)는 DWARF 기반 스택 추적, ORC 및 LBR(최종 브랜치 레코드)을 지원합니다. 이 책을 쓰고 있는 시점에는 DWARF 기반 스택 추적과 LBR 스택 추적은 BPF에서 사용할 수 없으며 ORC는 사용자 레벨 소프트웨어에서 사용할 수 없습니다. 이 주제에 관한 더 자세한 내용은 2.4 "스택 트레이스 추적"을 참고하세요.

18.9 출력 시 심벌(함수 이름) 누락

이 문제는 스택 트레이스에서 심벌이 제대로 출력되지 않거나 심벌 참조(symbol lookup) 함수를 통해서 심벌을 제대로 출력할 수 없는 경우인데, 함수 이름 대신 16진수 숫자 혹은 문자열 '[unknown]'으로 표시됩니다. 문제의 원인 중 하나는 망가진 스택으로, 이전 절에서 설명했습니다. 또 하나는 짧은 시간 동안만 동작하는 프로세스로, BPF 도구가 해당 프로세스의 주소 공간을 읽고 심벌 테이블을 조회하기 전에 종료됩니다. 세 번째는 심벌 테이블 정보를 이용할 수 없다는 것입니다. 이 문제를 해결하는 방법은 JIT 런타임과 ELF 바이너리에서 서로 다릅니다.

18.9.1 심벌 누락을 고치는 방법: JIT 런타임(자바, Node.js,…)

심벌 누락은 보통 자바와 Node.js 같은 JIT 컴파일러 런타임에서 발생합니다. JIT 컴파일러는 런타임에 변경되는 자체적인 심벌 테이블이 있고, 이것은 바이너리에 있는 사전 컴파일된 심벌 테이블의 일부가 아닙니다. 일반적인 해결책은 런타임을 통해 생성할 수 있는 보조 심벌 테이블을 사용하는 것으로, 이 심벌 테이블은 주로 /tmp/perf-⟨PID⟩.map 파일로 생성되며 perf(1)와 BCC를 이용해서 읽어 들일 수 있습니다. 이 접근 방법과 몇 가지 주의사항 그리고 향후 진행될 작업에 대해서는 12.3 "자바"에서 논의했습니다.

18.9.2 심벌 누락을 고치는 방법: ELF 바이너리(C, C++,…)

심벌은 컴파일된 바이너리, 특히 패키지로 배포된 바이너리에 누락되었을 수 있는데, 파일 크기를 줄이기 위해 strip(1)을 사용해서 처리했기 때문입니다. 하나의 해결책은 빌드 프로세스를 수정함으로써 심벌이 누락되지 않도록 하는 것이며 또 다른 해결책은 debuginfo 혹은 BTF 같은 다른 심벌 정보 소스를 사용하는 것입니다. BCC와 bpftrace는 debuginfo 심벌을 지원합니다. 이 접근 방법과 몇 가지 주의 사항 그리고 향후 진행될 작업에 대해서는 12.2 "C"에서 논의했습니다.

18.10 트레이싱할 때 함수 누락

이 문제는 알려진 함수를 uprobe, uretprobe, kprobe, kretprobe를 가지고 트레이싱할 수 없는 경우로, 함수는 누락된 것으로 보이거나 호출되지 않습니다. 이 원인은 심벌이 누락된 것일 수도 있고(앞에서 다뤘습니다) 아니면 컴파일러 최적화 등 다른 이유 때문일 수 있습니다.

- 인라이닝(Inlining): 함수의 크기가 매우 작아 명령어가 거의 없다면, 해당 함수의 명령어는 함수를 호출하는(caller) 함수에 포함될 수 있습니다. 이러한 인라이닝은 최적화의 일환으로써 함수 호출, 리턴, 함수 프롤로그 명령어를 실행하는 것을 피하기 위해 발생할 수 있습니다. 인라이닝된 함수의 심벌은 완전히 없어졌거나, 존재하더라도 해당 코드 경로에 대해서는 작동하지 않습니다.

- 테일 콜(Tail-Call) 최적화: 코드 흐름이 A()-〉B()-〉C()이고, B()가 마지막으로 C()를 호출할 때 컴파일러는 최적화를 위해 C()가 A()로 직접 리턴하도록 할 수 있습니다. 이것은 최적화된 그 함수에 대한 uretprobe 혹은 kretprobe가 작동하지 않는다는 것을 의미합니다.

- 정적 및 동적 링킹: 라이브러리 안에 위치한 함수를 트레이싱하도록 uprobe를 정의하였지만, 대상 소프트웨어가 동적 링킹에서 정적 링킹으로 전환되었으며, 이에 따라 함수 위치도 변경되어 해당 함수는 이제 바이너리에 위치합니다. 반대로도 가능한데, 바이너리 안에 위치한 함수를 트레이싱하도록 uprobe를 정의했지만, 함수는 그 이후 공유 라이브러리로 옮겨졌을 수 있습니다.

이러한 함수들을 제대로 트레이싱하기 위해서는 대상 함수 대신 부모 함수, 자식 함수, 혹은 이웃 함수 같은 다른 이벤트를 트레이싱해야 할 수 있습니다. kprobe와 uprobe는 명령어 오프셋 트레이싱을 지원하므로 오프셋을 알고 있다면 인라인된 함수의 위치를 계측하는 것도 가능합니다.

18.11 피드백 루프

만약 여러분이 스스로 트레이싱한 것을 트레이싱하게 된다면 피드백 루프를 만들 수 있습니다.

다음은 피해야 할 것들의 예시입니다.

```
# bpftrace -e 't:syscalls:sys_write_enter { printf(...) }'
remote_host# bpftrace -e 'k:tcp_sendmsg { printf(...) }'
# bpftrace -e 'k:ext4_file_write_iter{ printf(...) }' > /ext4fs/out.file
```

처음 두 개는 실수로 또 다른 printf() 이벤트를 만들어 bpftrace printf() 이벤트를 트레이싱하고, 이것을 트레이싱하여 또 다른 이벤트를 발생시킵니다. 이렇게 되면 bpftrace를 종료하기 전까지 성능 문제를 일으키면서 이벤트 발생 비율이 폭발적으로 증가합니다.

세 번째도 마찬가지입니다. bpftrace가 출력 결과를 저장하기 위해서 ext4 쓰기를 발생시키면 이로 인해 더 많은 출력 결과가 만들어지고 저장되는 일이 반복됩니다.

필터를 사용해서 자신의 BPF 도구를 트레이싱하지 못하게 하거나 관심 있는 타깃 프로세스만 트레이싱하도록 하면 이러한 문제를 피할 수 있습니다.

18.12 이벤트 드롭

이벤트 드롭이 도구의 출력 결과를 불완전하게 만든다는 것을 인지해야 합니다.

BPF 도구는 출력 결과를 매우 빨리 방출해서 perf 출력 버퍼를 넘치게 하거나 너무 많은 스택 ID를 저장하려고 해서 BPF 스택 맵 등을 넘치게 할 수 있습니다.

예를 들면 다음과 같습니다.

```
# profile
[...]
WARNING: 5 stack traces could not be displayed.
```

위의 출력 결과처럼 도구는 이벤트가 언제 드롭되었는지 알려줍니다. 이러한 이벤트 드롭은 보통 튜닝을 통해 고칠 수 있습니다. 예를 들어 profile(8)은 스택 맵의 크기를 증가시키기 위한 -stack-storage-size 옵션이 있는데, 기본적으로 16,384개의 고유한 스택 트레이스를 저장할 수 있습니다. 튜닝이 다반사로 일어난다면, 사용자가 이러한 옵션을 변경할 필요가 없도록 도구의 기본값을 업데이트해야 합니다.

부록 A

bpftrace 원 라이너

이 책에서 사용한 원 라이너 중 몇 가지를 골라 정리했습니다.

6장 CPU

새로운 프로세스 생성을 인자와 함께 트레이싱합니다.

```
bpftrace -e 'tracepoint:syscalls:sys_enter_execve { join(args->argv); }'
```

시스템 콜 집계를 프로세스별로 보여줍니다.

```
bpftrace -e 'tracepoint:raw_syscalls:sys_enter { @[pid, comm] = count(); }'
```

동작 중인 프로세스 이름을 99Hz 주기로 샘플링합니다.

```
bpftrace -e 'profile:hz:99 { @[comm] = count(); }'
```

PID 189에 대한 사용자 레벨 스택을 49Hz 주기로 샘플링합니다.

```
bpftrace -e 'profile:hz:49 /pid == 189/ { @[ustack] = count(); }'
```

pthread_create()를 통한 새로운 스레드 생성을 트레이싱합니다.

```
bpftrace -e 'u:/lib/x86_64-linux-gnu/libpthread-2.27.so:pthread_create {
    printf("%s by %s (%d)\n", probe, comm, pid); }'
```

7장 메모리

프로세스 힙(heap) 확장(brk())을 코드 경로별로 집계합니다.

```
bpftrace -e tracepoint:syscalls:sys_enter_brk { @[ustack, comm] = count(); }
```

페이지 폴트를 프로세스별로 집계합니다.

```
bpftrace -e 'software:page-fault:1 { @[comm, pid] = count(); }'
```

사용자 페이지 폴트를 사용자 레벨 스택 트레이스별로 집계합니다.

```
bpftrace -e 'tracepoint:exceptions:page_fault_user { @[ustack, comm] = count(); }'
```

vmscan 동작을 tracepoint별로 집계합니다.

```
bpftrace -e 'tracepoint:vmscan:* { @[probe]++; }'
```

8장 파일 시스템

open(2)을 통해 열린 파일을 프로세스 이름과 함께 트레이싱합니다.

```
bpftrace -e 't:syscalls:sys_enter_open { printf("%s %s\n", comm,
    str(args->filename)); }'
```

read() 시스템 콜 요청 크기의 분포를 보여줍니다.

```
bpftrace -e 'tracepoint:syscalls:sys_enter_read { @ = hist(args->count); }'
```

read() 시스템 콜 읽기 크기(와 오류)의 분포를 보여줍니다.

```
bpftrace -e 'tracepoint:syscalls:sys_exit_read { @ = hist(args->ret); }'
```

VFS 호출을 집계합니다.

```
bpftrace -e 'kprobe:vfs_* { @[probe] = count(); }'
```

ext4 tracepoint를 집계합니다.

```
bpftrace -e 'tracepoint:ext4:* { @[probe] = count(); }'
```

9장 디스크 I/O

블록 I/O tracepoint를 집계합니다.

```
bpftrace -e 'tracepoint:block:* { @[probe] = count(); }'
```

블록 I/O 크기를 히스토그램으로 요약합니다.

```
bpftrace -e 't:block:block_rq_issue { @bytes = hist(args->bytes); }'
```

블록 I/O 요청 사용자 스택 트레이스를 집계합니다.

```
bpftrace -e 't:block:block_rq_issue { @[ustack] = count(); }'
```

블록 I/O 유형 플래그를 집계합니다.

```
bpftrace -e 't:block:block_rq_issue { @[args->rwbs] = count(); }'
```

블록 I/O 에러를 장치 및 I/O 유형과 함께 트레이싱합니다.

```
bpftrace -e 't:block:block_rq_complete /args->error/ {
    printf("dev %d type %s error %d\n", args->dev, args->rwbs, args->error); }'
```

SCSI opcode를 집계합니다.

```
bpftrace -e 't:scsi:scsi_dispatch_cmd_start { @opcode[args->opcode] =
    count(); }'
```

SCSI 결과 코드를 집계합니다.

```
bpftrace -e 't:scsi:scsi_dispatch_cmd_done { @result[args->result] = count(); }'
```

scsi 드라이버 함수를 집계합니다.

```
bpftrace -e 'kprobe:scsi* { @[func] = count(); }'
```

10장 네트워킹

소켓 accept(2)를 PID와 프로세스 이름별로 집계합니다.

```
bpftrace -e 't:syscalls:sys_enter_accept* { @[pid, comm] = count(); }'
```

소켓 connect(2)를 PID와 프로세스 이름별로 집계합니다.

```
bpftrace -e 't:syscalls:sys_enter_connect { @[pid, comm] = count(); }'
```

소켓 송신/수신 바이트 크기를 on-CPU PID와 프로세스 이름별로 집계합니다.

```
bpftrace -e 'kr:sock_sendmsg,kr:sock_recvmsg /retval > 0/ {
    @[pid, comm, retval] = sum(retval); }'
```

TCP 송신/수신을 집계합니다.

```
bpftrace -e 'k:tcp_sendmsg,k:tcp*recvmsg { @[func] = count(); }'
```

TCP 송신 바이트 크기를 히스토그램으로 보여줍니다.

```
bpftrace -e 'k:tcp_sendmsg { @send_bytes = hist(arg2); }'
```

TCP 수신 바이트 크기를 히스토그램으로 보여줍니다.

```
bpftrace -e 'kr:tcp_recvmsg /retval >= 0/ { @recv_bytes = hist(retval); }'
```

TCP 재전송을 유형, 원격 호스트별로 집계합니다(IPv4라 가정).

```
bpftrace -e 't:tcp:tcp_retransmit_* { @[probe, ntop(2, args->saddr)] =
    count(); }'
```

UDP 송신 바이트 크기를 히스토그램으로 보여줍니다.

```
bpftrace -e 'k:udp_sendmsg { @send_bytes = hist(arg2); }'
```

전송 커널 스택 트레이스를 집계합니다.

```
bpftrace -e 't:net:net_dev_xmit { @[kstack] = count(); }'
```

11장 보안

PID 1234에 대한 보안 감사 이벤트를 집계합니다.

```
bpftrace -e 'k:security_* /pid == 1234 { @[func] = count(); }'
```

PAM(pluggable authentication module) 세션 시작을 트레이싱합니다.

```
bpftrace -e 'u:/lib/x86_64-linux-gnu/libpam.so.0:pam_start {
    printf("%s: %s\n", str(arg0), str(arg1)); }'
```

커널 모듈 로드를 트레이싱합니다.

```
bpftrace -e 't:module:module_load { printf("load: %s\n", str(args->name)); }'
```

13장 애플리케이션

malloc() 요청된 바이트 크기를 사용자 스택 트레이스별로 집계합니다(오버헤드 높음).

```
bpftrace -e 'u:/lib/x86_64-linux-gnu/libc-2.27.so:malloc { @[ustack(5)] =
    sum(arg0); }'
```

kill() 시그널을 sender 프로세스 이름과 대상 PID, 시그널 번호와 함께 트레이싱합니다.

```
bpftrace -e 't:syscalls:sys_enter_kill { printf("%s -> PID %d SIG %d\n",
    comm, args->pid, args->sig); }'
```

1초 동안 libpthread 뮤텍스 록 함수를 집계합니다.

```
bpftrace -e 'u:/lib/x86_64-linux-gnu/libpthread.so.0:pthread_mutex_*lock {
    @[probe] = count(); } interval:s:1 { exit(); }'
```

1초 동안 libpthread 조건 변수 함수를 집계합니다.

```
bpftrace -e 'u:/lib/x86_64-linux-gnu/libpthread.so.0:pthread_cond_* {
    @[probe] = count(); } interval:s:1 { exit(); }'
```

14장 커널

시스템 콜을 시스템 콜 이름별로 집계합니다.

```
bpftrace -e 'tracepoint:raw_syscalls:sys_enter {
    @[ksym(*(kaddr("sys_call_table") + args->id * 8))] = count(); }'
```

'attach'로 시작하는 커널 함수 호출을 집계합니다.

```
bpftrace -e 'kprobe:attach* { @[probe] = count(); }'
```

커널 함수 vfs_read()의 시간을 측정하고, 히스토그램으로 요약합니다.

```
bpftrace -e 'k:vfs_read { @ts[tid] = nsecs; } kr:vfs_read /@ts[tid]/ {
    @ = hist(nsecs - @ts[tid]); delete(@ts[tid]); }'
```

커널 함수 'func1'에 대한 첫 번째 정수형 인자의 빈도를 집계합니다.

```
bpftrace -e 'kprobe:func1 { @[arg0] = count(); }'
```

커널 함수 'func1'에 대한 리턴 값의 빈도를 집계합니다.

```
bpftrace -e 'kretprobe:func1 { @[retval] = count(); }'
```

유휴 상태를 제외하고 커널 레벨 스택을 99Hz 주기로 샘플링합니다.

```
bpftrace -e 'profile:hz:99 /pid/ { @[kstack] = count(); }'
```

컨텍스트 스위치 스택 트레이스를 집계합니다.

```
bpftrace -e 't:sched:sched_switch { @[kstack, ustack, comm] = count(); }'
```

워크 큐 요청을 커널 함수별로 집계합니다.

```
bpftrace -e 't:workqueue:workqueue_execute_start { @[ksym(args->function)] =
    count() }'
```

B　P　F　　P　e　r　f　o　r　m　a　n　c　e　　T　o　o　l　s

bpftrace Cheat Sheet

개요

bpftrace -e '*probe /filter/ { action; }*'

BEGIN, END	프로그램 시작과 끝
tracepoint:syscalls:sys_enter_execve	execve(2) 시스템 콜
tracepoint:syscalls:sys_enter_open	open(2) 시스템 콜(openat(2)도 트레이싱)
tracepoint:syscalls:sys_exit_read	read(2) 시스템 콜 리턴을 트레이싱(read(2) 하나만)
tracepoint:raw_syscalls:sys_enter	모든 시스템 콜
block:block_rq_insert	블록 I/O 요청 큐잉
block:block_rq_issue	저장 장치로 블록 I/O 요청 발생
block:block_rq_complete	블록 I/O 요청 완료
sock:inet_sock_set_state	소켓 상태 변화
sched:sched_process_exec	프로세스 실행
sched:sched_switch	컨텍스트 스위치
sched:sched_wakeup	스레드 wakeup 이벤트
software:faults:1	페이지 폴트
hardware:cache-misses:1000000	매 백만 LLC 캐시 미스마다
kprobe:vfs_read	vfs_read() 커널 함수 진입점 트레이싱
kretprobe:vfs_read	vfs_read() 커널 함수의 리턴 트레이싱
uprobe:/bin/bash:readline	/bin/bash의 readline() 트레이싱

`uretprobe:/bin/bash:readline`	/bin/bash의 readline()의 리턴 트레이싱
`usdt:path:probe`	특정 경로에 대한 USDT probe 트레이싱
`profile:hz:99`	모든 CPU에 대해 99Hz 주기로 샘플링
`interval:s:1`	매초 하나의 CPU에서 동작

probe

t	tracepoint	U	usdt	k	kprobe	kr	kretprobe	p	profile
s	software	h	hardware	u	uprobe	ur	uretprobe	i	interval

probe 별칭

`comm`	on-CPU 프로세스 이름	`username`	사용자 이름 문자열
`pid, tid`	on-CPU PID, 스레드 ID	`uid`	사용자 ID
`cpu`	CPU ID	`kstack`	커널 스택 트레이스
`nsecs`	시간, 나노초	`ustack`	사용자 스택 트레이스
`elapsed`	프로그램 시작부터 흐른 시간,나노초	`probe`	현재 전체 probe 이름
`arg0..N`	[uk]probe 인자	`func`	현재 함수 이름
`args->`	tracepoint 인자	`$1..$N`	CLI 인자, 정수형
`retval`	[uk]retprobe 리턴 값	`str($1)...`	CLI 인자, 문자열
`cgroup`	현재 cgroup ID	`curtask`	현재 task 구조체에 대한 포인터

변수

`@map[key1, ...] = count()`	발생 빈도 집계
`@map[key1, ...] = sum(var)`	변수 합계
`@map[key1, ...] = hist(var)`	2의 거듭제곱 히스토그램
`@map[key1, ...] = lhist(var,min, max, step)`	선형 히스토그램
`@map[key1, ...] = stats(var)`	통계: 집계, 평균, 총합
`min(var), max(var), avg(var)`	최소, 최대, 평균
`printf("format", var0..varN)`	변수를 출력: 데이터 종합을 위해 print()를 사용
`kstack(num), ustack(num)`	커널/사용자 스택을 num 라인만큼 출력
`ksym(ip), usym(ip)`	명령어 포인터를 커널/사용자 심벌 문자열로 변환
`kaddr("name"), uaddr("name")`	심벌 이름에서 커널/사용자 주소 반환

str(str[, len])	주소에서 문자열 반환
ntop([af], addr)	IP 주소를 문자열로 반환

동작

printf("format", var0..varN)	변수 출력: 데이터 종합을 위해 print() 사용
system("format", var0..varN)	커맨드 라인에서 실행
time("format")	포맷된 시간을 출력
clear(@map)	맵 비우기: 모든 키 제거
print(@map)	맵 출력
exit()	종료

비동기 동작

–e	이 probe를 트레이싱
–l	트레이싱하는 대신 probe를 나열
–p PID	PID에 USDT probe 활성화
–c 'command'	해당 명령 호출
–v, –d	상세 정보와 디버그 출력

옵션

부록 C

BCC 도구 개발

부록 C는 4장의 연장으로, BCC 도구 개발 방법을 도구 사용 예시와 함께 설명합니다. 이 부록은 흥미가 있는 독자들만 읽어보면 됩니다. 5장은 대부분의 경우에 충분하고 선호도가 높을 것으로 예상되는 고급 언어 bpftrace를 사용하여 도구를 개발하는 방법에 대해 다룹니다. BCC와 bpftrace 도구를 개발할 때 공통적으로 신경써야 할 오버헤드 최소화 방법에 대해서는 18장을 확인하세요.

리소스

필자는 BCC 도구 개발 학습을 위한 3개의 상세한 문서를 작성했습니다. 이 문서는 온라인에서 무료로 이용할 수 있고 다른 기여자들이 관리하고 있는 BCC 저장소에 포함되어 있습니다.

- BCC 파이썬 개발자 튜토리얼(BCC Python Developer Tutorial): 이 문서는 파이썬 인터페이스를 사용해서 BCC 도구 개발에 대한 15개 이상의 레슨을 포함하고 있으며, 각 레슨마다 배워야 할 수많은 세부 사항을 강조하고 있습니다.[180]
- BCC 레퍼런스 가이드: BPF C API와 BCC 파이썬 API에 대한 전체 레퍼런스입니다. 이 문서는 BCC의 모든 기능을 다루고, 각 기능에 대한 짧은 예시를 포함하고 있습니다. 필요한 경우에 검색할 수 있습니다.[181]
- BCC/eBPF 스크립트에 기여하기: 자신이 만든 도구를 BCC 저장소에 제공하여 기여하려는 도구 개발자들을 위한 체크리스트가 들어 있습니다.[63] 이 문서

에는 필자가 여러 해에 걸쳐 트레이싱 도구들을 개발하고 관리하면서 얻은 교훈을 정리해 놓았습니다.

이 부록에서는 BCC 도구 개발을 학습할 수 있는 추가 자료를 제공합니다. 단기 특강 형태로 구성되어 있습니다. 여기에는 기본적인 예시인 hello_world.py, 이벤트별 출력 결과를 위한 sleepsnoop.py, 히스토그램 맵, 함수 시그니처와 구조체를 소개하기 위한 bitehist.py, 실제 도구의 예시인 biolatency.py까지 모두 4개의 파이썬 프로그램이 포함됩니다.

다섯 가지 팁

여러분이 BCC 도구를 작성하기 전에 알아야 할 5가지 팁입니다.

1. BPF C에는 제약이 있습니다. 한정되지 않은 루프나 커널 함수 호출은 불가능합니다. 오직 bpf_* 커널 헬퍼 함수와 몇 가지 컴파일러 내장 함수만 사용할 수 있습니다.

2. 모든 메모리는 필요한 검사를 수행하는 bpf_probe_read()를 통해서 읽어야 합니다. a-)b-)c-)d 역참조를 하려면 우선 시도해 보십시오. BCC에는 역참조를 bpf_probe_read()로 바꾸는 rewriter가 있기 때문에 제대로 동작할 것입니다. 만약 의도한 대로 동작하지 않는다면 bpf_probe_read()을 명시적으로 추가해 보세요.

   - 메모리는 BPF 스택이나 BPF 맵을 통해서만 읽을 수 있습니다. 스택은 크기가 제한되므로 크기가 큰 객체를 저장하려면 BPF 맵을 사용하십시오.

3. 커널에서 사용자 공간으로 데이터를 출력하는 세 가지 방법이 있습니다.

   - **BPF_PERF_OUTPUT()**: 사용자가 정의한 커스텀 구조체를 통해 이벤트별 세부 사항을 사용자 공간으로 보내는 방법입니다.

   - **BPF_HISTOGRAM() 혹은 기타 BPF 맵**: 맵은 키/값 해시로 이루어져 있고, 이것을 통해 더 고급의 데이터 구조를 만들 수 있습니다. 맵은 요약 통계 혹은 히스토그램으로 사용할 수 있으며 사용자 공간에서 주기적으로 읽을 수 있습니다(효과적).

   - **bpf_trace_printk()**: 디버깅 용도로만 사용됩니다. 이 방법은 메시지를 trace_pipe에 기록하며 다른 프로그램이나 트레이싱 도구와 출력 결과가 겹칠 수 있습니다.

4. 가능한 경우에는 언제나 동적 계측(kprobe, uprobe)보다는 더 안정적인 인터페이스를 제공하는 정적 계측(tracepoint, USDT)을 사용하세요. 동적 계측은 불안정한 API라 계측하고 있는 코드가 변경되면 여러분의 도구가 망가질 것입니다.

5. BCC에 새로운 기능과 활용 가능성이 추가되었는지 확인합니다. bpftrace에도 여러분이 필요로 하는 기능이 추가되었는지 확인하십시오.

도구 사용 예시

다음의 도구 예시들은 BCC 프로그램의 핵심 내용을 배우는 데 도움이 되는 것들을 선정한 것입니다. 이벤트별 출력의 사례로는 hello_world.py와 sleepsnoop.py가, 히스토그램 출력의 사례로는 bitehist.py와 biolatency.py가 있습니다.

도구 1: hello_world.py

다음은 시작으로 적절한 기본적인 예시입니다. 먼저 출력 결과를 확인해 봅시다.

```
# hello_world.py
ModuleProcessTh-30136 [005] .... 2257559.959119: 0x00000001: Hello, World!
SendControllerT-30135 [002] .... 2257559.971135: 0x00000001: Hello, World!
SendControllerT-30142 [007] .... 2257559.974129: 0x00000001: Hello, World!
ModuleProcessTh-30153 [000] .... 2257559.977401: 0x00000001: Hello, World!
SendControllerT-30135 [003] .... 2257559.996311: 0x00000001: Hello, World!
[...]
```

이것은 이벤트에 대한 한 줄 출력 결과를 출력해 주며, 'Hello, World!' 라는 텍스트로 끝마치고 있습니다.

이번에는 hello_world.py의 소스 코드입니다.

```
1 #!/usr/bin/python
2 from bcc import BPF
3 b = BPF(text="""
4 int kprobe__do_nanosleep()
5 {
6         bpf_trace_printk("Hello, World!\\n");
7         return 0;
8 }""");
9 b.trace_print()
```

라인 1: 파이썬 인터프리터를 지정합니다. 어떤 환경은 셸 환경에서 발견되는 첫 번째 파이썬을 사용하기 위해 '#!/usr/bin/env python'의 사용을 선호합니다.

라인 2: BCC에서 BPF 라이브러리를 가져옵니다.

라인 4~8: 볼드체로 강조한 부분은 C로 작성되었으며 커널 레벨 BPF 프로그램을 정의합니다. 이 따옴표로 감싼 BPF 프로그램은 텍스트 인자(argument)로 BPF() 객체 b에 전달됩니다.

라인 4: 이 함수의 이름은 'kprobe__'로 시작하는데, 이것은 이 프로그램이 kprobe 유형임을 암시하는 축약형입니다. 나머지 문자열은 계측하고자 하는 함수 이름으로 취급되는데 이 경우에는 do_nanosleep()입니다. 이 축약형은 여러 도구에서 널리 쓰이는 편은 아닌데 여러 도구에 자체적으로도 이러한 축약 기능이 있기 때문입니다. 그 대신 BPF.attach_kprobe() 파이썬 호출을 자주 사용합니다.

라인 6: 'Hello World!' 문자열과 함께 bpf_trace_printk()를 호출하는데, 이 문자열에 이어 개행 문자가 따라옵니다(문자 '\'로 이스케이프(escape)되는데, 그래서 '\n'은 컴파일의 마지막 단계에서도 보존됩니다). bpf_trace_printk()는 공유된 트레이스 버퍼(trace_pipe) 문자열을 출력합니다.

라인 9: BPF 객체에서 파이썬 trace_print 함수를 호출합니다. 이 함수는 커널의 트레이스 버퍼 메시지를 가지고 와서 출력합니다.

여기서는 사례를 간결하게 하기 위해 bpf_trace_printk() 인터페이스를 사용했습니다. 그렇지만 이 인터페이스는 디버깅 전용인데, 다른 도구와 공유하고 있는 버퍼를 사용하기 때문입니다(이 버퍼는 사용자 공간에서 /sys/kernel/debug/tracing/trace_pipe를 통해 읽을 수 있습니다). 여러분이 이 도구를 다른 트레이싱 도구와 동시에 실행시킨다면 출력 결과가 겹칠 수 있습니다. 추천하는 인터페이스는 다음에 소개할 도구인 sleepsnoop.py에서 살펴봅니다.

도구 2: sleepsnoop.py

이 도구는 커널 함수 do_nanosleep()의 호출을 타임스탬프 및 프로세스 ID와 함께 보여줍니다. 다음은 perf 출력 버퍼를 사용하는 사례입니다.

```
# sleepsnoop.py
TIME(s)              PID    CALL
489488.676744000    5008   Hello, World!
489488.676740000    4942   Hello, World!
489488.676744000    32469  Hello, World!
```

```
489488.677674000   5006   Hello, World!
[...]
```

소스 코드는 다음과 같습니다.

```
 1 #!/usr/bin/python
 2
 3 from bcc import BPF
 4
 5 # BPF 프로그램
 6 b = BPF(text="""
 7 struct data_t {
 8     u64 ts;
 9     u32 pid;
10 };
11
12  BPF_PERF_OUTPUT(events);
13
14 int kprobe__do_nanosleep(void *ctx) {
15     struct data_t data = {};
16     data.pid = bpf_get_current_pid_tgid();
17     data.ts = bpf_ktime_get_ns() / 1000;
18     events.perf_submit(ctx, &data, sizeof(data));
19     return 0;
20 };
21 """)
22
23 # 헤더
24 print("%-18s %-6s %s" % ("TIME(s)", "PID", "CALL"))
25
26 # 이벤트 처리
27 def print_event(cpu, data, size):
28     event = b["events"].event(data)
29     print("%-18.9f %-6d Hello, World!" % ((float(event.ts) / 1000000),
30         event.pid))
31
32 # print_event 콜백이 설정된 루프
33 b["events"].open_perf_buffer(print_event)
34 while 1:
35     try:
36         b.perf_buffer_poll()
37     except KeyboardInterrupt:
38         exit()
```

라인 7~10: 출력 구조체인 data_t에 대해 정의합니다. 여기에는 두 개의 멤버가 있는데, u64형(부호 없는 64비트 정수)의 타임스탬프(ts)와 u32형의 프로세스 ID(pid)입니다.

라인 12: events라는 이름의 perf 이벤트 출력 버퍼를 선언합니다.

라인 14: 앞서 본 hello_world.py 예시와 같이 do_nanosleep()을 계측합니다.

라인 15: data라는 이름의 data_t 구조체를 선언하고 이것을 0으로 초기화합니다. 이 작업은 꼭 필요합니다(BPF 검증 도구는 초기화되지 않은 메모리로의 액세스를 거부합니다).

라인 16~17: BPF 헬퍼 함수를 이용해 data의 멤버를 채웁니다.

라인 18: perf 버퍼 'events'에 data 구조체를 전송합니다.

라인 27~30: perf 버퍼의 이벤트를 처리하는 print_event()라는 이름의 콜백을 선언합니다. 라인 28에서 이벤트 데이터를 읽어 event라는 이름의 객체에 저장하고 라인 29~30은 해당 객체의 멤버에 액세스합니다(예전 버전의 BCC는 파이썬에서 데이터 구조체 레이아웃을 선언할 때 더 많은 수동 단계가 필요했지만 지금은 자동화되었습니다).

라인 33: events라는 이름의 perf 이벤트 버퍼에 perf_event() 콜백을 등록합니다.

라인 34~38: 열린 perf 버퍼를 폴링합니다. 이벤트가 발생했다면 해당 콜백이 실행됩니다. Ctrl-C를 누르면 프로그램이 종료됩니다.

이벤트가 빈번하다면 사용자 공간의 파이썬 프로그램은 이벤트를 처리하기 위해 자주 깨어날 수도 있습니다. 일부 도구는 최적화의 일환으로 마지막 while 루프에서 짧은 시간 동안 의도적으로 대기합니다. 이렇게 하면 여러 이벤트들이 버퍼에 쌓이게 할 수 있고, 파이썬이 CPU에서 동작하는 횟수를 줄임으로써 전반적인 오버헤드를 낮출 수 있습니다.

이벤트가 매우 빈번하게 발생한다면 커널 컨텍스트 속에서 이벤트를 정리하는 것도 생각해 보아야 하는데, 이 방법이 오버헤드가 더 낮기 때문입니다.

도구 3: bitehist.py

이 도구는 디스크 I/O 크기를 2의 거듭제곱 히스토그램으로 출력하는데, 이와 유사한 버전이 BCC examples/tracing 디렉터리에 있습니다. 소스 코드를 들여다보기 전에 이 도구가 무엇을 할 수 있는지 출력 결과를 살펴봅시다.

```
# bitehist.py
Tracing block I/O... Hit Ctrl-C to end.
^C
    kbytes          : count     distribution
       0 -> 1       : 3         |**                                      |
       2 -> 3       : 0         |                                        |
       4 -> 7       : 55        |****************************************|
       8 -> 15      : 26        |*******************                     |
      16 -> 31      : 9         |******                                  |
```

```
        32 -> 63        : 4        |**                                        |
        64 -> 127       : 0        |                                          |
       128 -> 255       : 1        |                                          |
       256 -> 511       : 0        |                                          |
       512 -> 1023      : 1        |                                          |
```

다음은 이 BCC 프로그램의 전체 소스 코드입니다.

```
1 #!/usr/bin/python
2 #[...]
3 from __future__ import print_function
4 from bcc import BPF
5 from time import sleep
6
7 # BPF 프로그램 로드
8 b = BPF(text="""
9 #include <uapi/linux/ptrace.h>
10
11 BPF_HISTOGRAM(dist);
12
13 int kprobe__blk_account_io_completion(struct pt_regs *ctx,
14     void *req, unsigned int bytes)
15 {
16     dist.increment(bpf_log2l(bytes / 1024));
17     return 0;
18 }
19 """)
20
21 # 헤더
22 print("Tracing block I/O... Hit Ctrl-C to end.")
23
24 # Ctrl-C 입력 전까지 트레이싱
25 try:
26     sleep(99999999)
27 except KeyboardInterrupt:
28     print()
29
30 # 출력 결과
31 b["dist"].print_log2_hist("kbytes")
```

라인 1~8: 앞에서 살펴본 hello_world.py 실행 예시에서 다룬 세부 사항이 포함되어 있습니다.

라인 9: BPF 프로그램에서 사용하는 특정 자료 구조(struct pt_ regs 구조체) 때문에 헤더가 포함되어 있습니다.

라인 11: dist라는 이름의 BPF 히스토그램 맵을 선언하는데 이 맵은 저장과 출력에 사용됩니다.

라인 13~14: blk_account_io_completion()의 함수 시그니처를 선언합니다. 첫

번째 인자인 'struct pt_regs *ctx'는 해당 함수의 인자가 아니며 계측 시에 접근할 수 있는 레지스터 상태를 의미합니다. 나머지 인자는 함수의 인자이며, 커널의 block/blk-core.c에서 가져온 것입니다.

```
void blk_account_io_completion(struct request *req, unsigned int bytes)
```

필자는 bytes 인자에만 관심이 있습니다만 'struct request *req' 인자도 선언해서 인자의 위치를 일치시켜야 합니다. 실행 BPF 프로그램에서 struct request *req 를 사용하지 않더라도 그렇게 해야 합니다. 하지만 함수 시그니처에 이 인자를 포함시키면 BPF 도구가 컴파일에 실패하는데, 그 이유는 struct request가 BPF 에서 기본적으로 알려지지 않은 구조체이기 때문입니다. 이에 대한 해결 방법은 두 가지가 있습니다. ① #include 〈linux/blkdev.h〉를 추가하는 것인데 이렇게 하면 request 구조체가 알려지게 됩니다. ② 'struct request *req'를 'void *req'로 바꾸는 것인데, void 자료형은 이미 알려져 있고 또한 이 프로그램이 해당 포인터를 역참조하지도 않기 때문에 실제의 자료형 정보를 상실했다는 것이 중요하지 않게 됩니다. 이 사례에서는 방법 ②를 사용했습니다.

라인 16: 인자 bytes를 1024로 나눈 다음 그 KB 값을 bpf_log2l()로 전달하는데, 이 함수는 전달받은 값을 통해 2의 거듭제곱 인덱스를 생성합니다. 이 인덱스는 해당 인덱스의 값을 1씩 증가시키는 dist.increment()를 통해 dist 히스토그램에 저장됩니다. 예를 들어 설명해 봅시다.

1. 첫 번째 이벤트에 대해 인자 bytes의 값이 4096이었다고 생각해 봅시다.
2. 4096 / 1024 = 4
3. bpf_log2l(4) = 3
4. dist.increment(3)는 인덱스3에 1을 더합니다. 그러면 dist 히스토그램은 다음과 같이 됩니다.

   인덱스 1: 값 0(0 → 1KB를 지칭)

   인덱스 2: 값 0(2 → 3 KB를 지칭)

   인덱스 3: 값 1(4 → 7 KB를 지칭)

   인덱스 4: 값 0(8 → 15 KB를 지칭)

   …

이 인덱스와 값은 사용자 공간에서 읽혀서 히스토그램으로 출력됩니다.

라인 22: 헤더를 출력합니다. 이 도구를 사용할 때는 헤더가 언제 출력되는지 살펴보는 것이 도움이 됩니다. 이를 통해 BCC 컴파일 단계와 계측을 위한 이벤트 연결이 완료되었고, 그리고 트레이싱이 곧 시작될 것이라는 것을 알 수 있습니다. 이 소개 메시지의 내용은 도구가 무엇을 하고 있으며, 또한 언제 종료되는지를 설명하고 있습니다.

- Tracing: 도구가 이벤트별 트레이싱을 하고 있음을 사용자에게 알려줍니다. 샘플링(프로파일링) 중이라면 그렇다고 말해줄 것입니다.
- block I/O: 어떤 이벤트가 계측되고 있는지를 사용자에게 알려줍니다.
- Hit Ctrl-C to end: 프로그램이 언제 종료될 것인지 알려줍니다. 시간 간격별 출력을 생성하는 도구에도 포함될 수 있습니다. 예를 들면 'Output every 1 second, Ctrl-C to end.'와 같습니다

라인 25~28: Ctrl-C가 입력될 때까지 프로그램을 대기시킵니다. Ctrl-C가 입력되면 출력 결과를 준비하기 위해 새로운 라인이 출력됩니다.

라인 31: dist 히스토그램을 2의 거듭제곱 히스토그램으로 출력하는데, 범위 칼럼을 표시하는 'kbytes'라는 라벨이 붙습니다. 여기에는 커널에서 각 인덱스의 값을 가져오는 것이 포함됩니다. 이 파이썬 BPF.print_log2_hist() 호출은 어떻게 각각의 인덱스가 어느 영역을 참조하는지 이해하는 것일까요? 이 영역은 커널에서 사용자 공간으로 전달되지 않으며 오로지 값만 전달됩니다. 사용자 공간과 커널 log2 알고리즘이 동일하기 때문에 그 영역을 인식할 수 있는 것입니다.

해당 BPF 코드는 구조체 역참조를 사용해서도 동일하게 작성할 수 있습니다.

```
#include <uapi/linux/ptrace.h>
#include <linux/blkdev.h>

BPF_HISTOGRAM(dist);

int kprobe__blk_account_io_completion(struct pt_regs *ctx, struct request *req)
{
        dist.increment(bpf_log2l(req->__data_len / 1024));
        return 0;
}
```

이번에는 바이트의 크기 값은 struct request 구조체와 그것의 __data_len 멤버에서 가져옵니다. 이전과는 달리 여기서는 struct request 구조체를 처리하고 있기 때문에, 자체적인 정의를 가지고 있는 linux/blkdev.h 헤더를 포함해야 했습니다. 이 함수에 두 번째 인자 bytes를 사용하지 않았기 때문에 함수 시그니처에

서 선언하지 않았습니다. 이전 인자의 위치에 영향을 미치지 않는 선에서 뒤따라오는 사용하지 않은 인자들은 생략될 수 있습니다.

여기서 실제로 일어나고 있는 일은 BPF 프로그램에 정의된 인자(struct pt_regs *ctx 이후)는 함수 호출 규약 레지스터에 따라 매핑됩니다. x86_64에서는 %rsi, %rdx 등에 해당합니다. 잘못된 함수 시그니처를 작성하면 BPF 도구는 성공적으로 컴파일하고 해당 시그니처를 레지스터에 잘못 적용해 인식 불가능한 데이터를 생성하게 됩니다.

이 함수 인자가 무엇인지 커널이 알아야 하지 않을까요? 필자는 왜 BPF 프로그램에서 이것을 다시 선언한 것일까요? 이에 대한 대답은 커널 debuginfo가 시스템에 설치되어 있다면, 커널이 알고 있다는 것입니다. 그렇지만 debuginfo 파일은 크기가 크기 때문에 디버그 정보는 시스템에 거의 설치되지 않습니다.

이 문제를 해결하기 위해 BPF Type Format이라는 가벼운 메타데이터가 개발 중입니다. BTF는 커널 vmlinux 바이너리에 포함될 수 있으며 언젠가는 사용자 레벨 바이너리에서도 사용할 수 있을 것입니다. 앞으로는 헤더 파일을 포함할 필요가 없고 함수 시그니처를 다시 선언할 필요도 없어질 것입니다. 2.3.9 "BPF 타입 포맷(BTF)"를 참고하세요.

도구 4: biolatency

다음은 필자의 biolatency.py 도구의 전체 소스 코드로 주석도 달아 놓았습니다.

```
1 #!/usr/bin/python
2 # @lint-avoid-python-3-compatibility-imports
```

라인 1: 여기서는 파이썬을 사용합니다.

라인 2: 린트 경고(lint warning)를 숨깁니다(이 옵션은 페이스북의 빌드 환경을 위해 추가했습니다).

```
 3 #
 4 # biolatency    Summarize block device I/O latency as a histogram.
 5 #               For Linux, uses BCC, eBPF.
 6 #
 7 # USAGE: biolatency [-h] [-T] [-Q] [-m] [-D] [interval] [count]
 8 #
 9 # Copyright (c) 2015 Brendan Gregg.
10 # Licensed under the Apache License, Version 2.0 (the "License")
11 #
```

```
12 # 20-Sep-2015   Brendan Gregg   Created
```

필자의 헤더 주석에는 특정한 양식이 있습니다. 라인 4에는 도구의 이름과 함께 한 줄짜리 설명을 덧붙여 놓았습니다. 라인 5는 주의 사항에 대해 설명하는데, 여기서는 "리눅스에만 해당되며 BCC/eBPF를 사용합니다."라고 적혀 있습니다.[1] 그 다음으로 이 도구의 개요, 저작권 그리고 주요 변경 이력 등을 넣습니다.

```
13
14 from __future__ import print_function
15 from bcc import BPF
16 from time import sleep, strftime
17 import argparse
```

커널의 BPF와 상호 작용을 위해 여기서는 bcc 패키지에서 BPF를 불러왔습니다.

```
18
19 # arguments
20 examples = """examples:
21     ./biolatency            # summarize block I/O latency as a histogram
22     ./biolatency 1 10       # print 1 second summaries, 10 times
23     ./biolatency -mT 1      # 1s summaries, milliseconds, and timestamps
24     ./biolatency -Q         # include OS queued time in I/O time
25     ./biolatency -D         # show each disk device separately
26 """
27 parser = argparse.ArgumentParser(
28     description="Summarize block device I/O latency as a histogram",
29     formatter_class=argparse.RawDescriptionHelpFormatter,
30     epilog=examples)
31 parser.add_argument("-T", "--timestamp", action="store_true",
32     help="include timestamp on output")
33 parser.add_argument("-Q", "--queued", action="store_true",
34     help="include OS queued time in I/O time")
35 parser.add_argument("-m", "--milliseconds", action="store_true",
36     help="millisecond histogram")
37 parser.add_argument("-D", "--disks", action="store_true",
38     help="print a histogram per disk device")
39 parser.add_argument("interval", nargs="?", default=99999999,
40     help="output interval, in seconds")
41 parser.add_argument("count", nargs="?", default=99999999,
42     help="number of outputs")
43 args = parser.parse_args()
44 countdown = int(args.count)
45 debug = 0
46
```

---

1   "eBPF"는 과거에 BPF를 이렇게 불렀기 때문입니다. 지금은 그냥 BPF라고 부릅니다.

라인 19~44: 인자를 처리합니다. 여기서는 파이썬의 argparse를 사용했습니다.

이 도구는 vmstat(8)나 iostat(1)와 유사한 유닉스 도구처럼 만들어졌기 때문에, 사람들이 옵션 스타일과 인자를 쉽게 이해하고 배울 수 있을 것입니다. 또한, 필자는 이 도구가 한 가지 일(이 경우에는 디스크 I/O 지연 시간을 히스토그램으로 보여주는 것)만 하되 그것을 잘 수행하도록 제작하였습니다. 필자는 여기에 이벤트별 세부 사항을 덤프하는 모드를 추가할 수 있었지만, 일부러 그렇게 하지 않고 해당 기능을 별도의 도구인 biosnoop.py로 만들었습니다.

여러분들은 여러 가지 이유로 BCC/eBPF를 작성(예: 다른 모니터링 소프트웨어를 위한 에이전트 작성)하게 되겠지만 사용자 인터페이스에 대해서는 걱정할 필요가 없습니다.

```
47  # BPF 프로그램 정의
48  bpf_text = """
49  #include <uapi/linux/ptrace.h>>
50  #include <linux/blkdev.h>
51
52  typedef struct disk_key {
53      char disk[DISK_NAME_LEN];
54      u64 slot;
55  } disk_key_t;
56  BPF_HASH(start, struct request *);
57  STORAGE
58
59  // 블록 I/O 시간을 계측
60  int trace_req_start(struct pt_regs *ctx, struct request *req)
61  {
62      u64 ts = bpf_ktime_get_ns();
63      start.update(&req, &ts);
64      return 0;
65  }
66
67  // 출력 결과
68  int trace_req_completion(struct pt_regs *ctx, struct request *req)
69  {
70      u64 *tsp, delta;
71
72      // 타임스탬프를 가져오고 시간 차이를 계산
73      tsp = start.lookup(&req);
74      if (tsp == 0) {
75          return 0;   // 요청 누락
76      }
77      delta = bpf_ktime_get_ns() - *tsp;
78      FACTOR
79
80      // 히스토그램으로 저장
81      STORE
```

```
82
83     start.delete(&req);
84     return 0;
85 }
86 """
```

이번에도 BPF 프로그램은 인라인 C 형태로 선언되었고 bpf_text 변수에 할당되어 있습니다.

라인 56: struct request 구조체 포인터를 키로 사용하는 'start'라는 해시 배열을 선언합니다. trace_req_start() 함수는 bpf_ktime_get_ns()를 사용해서 타임스탬프를 가져온 다음 이 값을 'start' 해시에 *req를 키로 해서 저장합니다(필자는 이 포인터 주소를 UUID로 사용하고 있습니다). 그러고 나서 trace_req_completion() 함수는 요청의 시작 시간을 가져오기 위해 'start' 해시에서 *req를 검색하는데, 그 시간은 라인 77에서 시간 차이(delta)를 계산하는 데 사용됩니다. 라인 83은 해시에서 타임스탬프를 제거합니다.

이러한 함수들의 프로토타입은 레지스터를 위한 struct pt_regs *로 시작하고, 그 후에는 포함시키고 싶은 만큼 probe되는 함수 인자가 뒤따릅니다. 필자는 각각의 첫 번째 함수 인자인 struct request *를 포함시켰습니다.

이 프로그램은 출력 데이터용 저장 공간을 선언하고 출력 결과를 저장하는데, 여기에는 문제가 있습니다. biolatency에는 모든 디스크를 위한 하나의 히스토그램 대신 디스크별로 히스토그램을 만들어내는 –D 옵션이 있는데, 이것이 저장 공간에 해당하는 코드를 바꾸게 됩니다. 그래서 이 BPF 프로그램은 STORAGE 텍스트와 STORE(그리고 FACTOR) 텍스트를 가지고 있는데 이것은 단지 사용된 옵션에 따라서 그 옵션에 해당하는 코드로 대체하게 될 단순한 문자열일 뿐입니다. 필자는 가능하다면 코드를 작성하는 코드(code-that-writes-code)는 피하려고 합니다. 디버그하기가 더 어렵기 때문입니다.

```
87
88 # 코드 대체
89 if args.milliseconds:
90     bpf_text = bpf_text.replace('FACTOR', 'delta /= 1000000;')
91     label = "msecs"
92 else:
93     bpf_text = bpf_text.replace('FACTOR', 'delta /= 1000;')
94     label = "usecs"
95 if args.disks:
96     bpf_text = bpf_text.replace('STORAGE',
97         'BPF_HISTOGRAM(dist, disk_key_t);')
```

```
 98     bpf_text = bpf_text.replace('STORE',
 99         'disk_key_t key = {.slot = bpf_log2l(delta)}; ' +
100         'bpf_probe_read(&key.disk, sizeof(key.disk), ' +
101         'req->rq_disk->disk_name); dist.increment(key);')
102 else:
103     bpf_text = bpf_text.replace('STORAGE', 'BPF_HISTOGRAM(dist);')
104     bpf_text = bpf_text.replace('STORE',
105         'dist.increment(bpf_log2l(delta));')
```

FACTOR 코드는 -m 옵션에 따라 기록하는 시간의 단위를 변경시킬 뿐입니다.

라인 95: 디스크별 집계가 요청되었는지 체크하고(-D), 요청되었다면 STORAGE 와 STORE 문자열을 디스크별 히스토그램을 집계하는 코드로 교체합니다. 이때 라인 52에서 선언한 disk_key 구조체를 사용하는데, 이 구조체는 디스크 이름과 2의 거듭제곱 히스토그램의 슬롯(버킷)으로 구성되어 있습니다.

라인 99: 시간 차이(delta)를 받은 다음 bpf_log2l() 헬퍼 함수를 사용해서 2의 거 듭제곱 슬롯 인덱스로 변환합니다.

라인 100~101: bpf_probe_read()를 통해서 디스크 이름을 불러오는데, 이는 모 든 데이터가 BPF의 스택에 복사되는 변환합니다.

라인 101: req->rq_disk, rq_disk->disk_name 등 많은 역참조를 포함합니다. BCC의 rewriter는 이것을 bpf_probe_read()로 변경합니다.

라인 103~105: 모든 디스크(디스크별이 아닌)에 대한 히스토그램을 사용할 때 실 행되는 코드입니다. 히스토그램은 BPF_HISTOGRAM 매크로를 사용해서 'dist' 라는 이름으로 선언됩니다. bpf_log2l() 헬퍼 함수를 이용해서 슬롯(버킷)을 찾 은 다음 히스토그램에서 해당 인덱스에 대한 값을 1 증가시킵니다.

　이 사례는 좋은 점(사실적)과 나쁜 점(위협적)을 둘 다 가지고 있습니다. 간단 한 사례를 더 보고 싶다면 앞에서 필자가 링크를 걸어 둔 튜토리얼을 참고하세요.

```
106 if debug:
107     print(bpf_text)
```

이 도구는 코드를 작성하는 코드를 가지고 있기 때문에, 최종 출력 결과를 디버 그할 수단이 필요합니다. 디버그가 설정되어 있으면 최종 작성된 코드를 출력합 니다.

```
108
109 # BPF 프로그램을 로드
110 b = BPF(text=bpf_text)
111 if args.queued:
112     b.attach_kprobe(event="blk_account_io_start", fn_name="trace_req_start")
```

```
113 else:
114     b.attach_kprobe(event="blk_start_request", fn_name="trace_req_start")
115     b.attach_kprobe(event="blk_mq_start_request", fn_name="trace_req_start")
116     b.attach_kprobe(event="blk_account_io_completion",
117     fn_name="trace_req_completion")
118
```

라인 110: BPF 프로그램을 로드합니다.

이 프로그램은 BPF가 tracepoint를 지원하기 전에 작성된 것인데, 필자는 여기서 kprobe(커널 동적 트레이싱)를 대신 사용하였습니다. 이 도구는 훨씬 더 안정적인 API인 tracepoint를 사용하도록 다시 작성되어야 하는데, 이를 위해서는 리눅스 4.7 이후 버전이 필요합니다.

biolatency.py에는 커널에 큐잉된 시간을 포함시킬 수 있는 -Q 옵션이 있습니다. 위의 코드에서 어떻게 구현되었는지 확인할 수 있습니다.

라인 112: 해당 옵션이 설정되었다면 커널 함수 blk_account_io_start()에 kprobe를 이용하여 BPF trace_req_start() 함수를 연결하는데, 이 함수는 request가 커널에 처음으로 큐잉될 때를 트레이싱합니다.

라인 114~115: 해당 옵션이 설정되지 않았다면 BPF 함수를 다른 커널 함수들에 연결하게 되는데, 이 함수들은 디스크 I/O가 발생하는 시점입니다(이 함수들 중 하나에서 발생할 수 있습니다). 동일한 BPF 함수를 사용하여 여러 커널 함수들을 트레이싱할 수 있는 이유는, 이들 커널 함수의 첫 번째 인자가 struct request *로 모두 동일하기 때문입니다. 인자가 서로 다르다면 이를 처리하기 위해 각각의 BPF 함수가 필요할 것입니다.

```
119 print("Tracing block device I/O... Hit Ctrl-C to end.")
120
121 # 출력 결과
122 exiting = 0 if args.interval else 1
123 dist = b.get_table("dist")
```

라인 123: STORAGE/STORE 코드에 의해 선언되고 채워진 'dist' 히스토그램을 불러옵니다.

```
124 while (1):
125     try:
126         sleep(int(args.interval))
127     except KeyboardInterrupt:
128         exiting = 1
129
130     print()
```

```
131     if args.timestamp:
132         print("%-8s\n" % strftime("%H:%M:%S"), end="")
133
134     dist.print_log2_hist(label, "disk")
135     dist.clear()
136
137     countdown -= 1
138     if exiting or countdown == 0:
139         exit()
```

이것은 매 인터벌마다 특정 횟수만큼 출력하는 로직을 가지고 있습니다(카운트다운).

라인 131~132: -T 옵션이 사용되었다면 타임스탬프를 출력합니다.

라인 134: 단일 히스토그램이나 디스크별 히스토그램을 출력합니다. 첫 번째 인자는 라벨 변수인데, 이것은 'usecs' 혹은 'msecs'이고 출력 결과의 값을 표시하는 칼럼을 부연 설명합니다. 만약 dist가 디스크별 히스토그램일 경우 두 번째 인자가 두 번째 키를 라벨링합니다. print_log2_hist()는 dist가 단일 히스토그램인지 두 번째 키를 가지고 있는지 어떻게 알아차릴까요? 이 부분은 BCC와 BPF 내부 구조의 코드 탐험 속에 포함된 흥미진진한 훈련 코스로 남겨두겠습니다.

라인 135: 다음 인터벌을 준비하기 위해서 히스토그램을 지웁니다.

다음은 -D 옵션을 사용해 디스크별 히스토그램을 출력한 샘플 사례입니다.

```
# biolatency -D
Tracing block device I/O... Hit Ctrl-C to end.
^C
disk = 'xvdb'
    usecs               : count     distribution
        0 -> 1          : 0        |                                        |
        2 -> 3          : 0        |                                        |
        4 -> 7          : 0        |                                        |
        8 -> 15         : 0        |                                        |
       16 -> 31         : 0        |                                        |
       32 -> 63         : 0        |                                        |
       64 -> 127        : 18       |****                                    |
      128 -> 255        : 167      |****************************************|
      256 -> 511        : 90       |*********************                   |

disk = 'xvdc'
    usecs               : count     distribution
        0 -> 1          : 0        |                                        |
        2 -> 3          : 0        |                                        |
        4 -> 7          : 0        |                                        |
        8 -> 15         : 0        |                                        |
       16 -> 31         : 0        |                                        |
       32 -> 63         : 0        |                                        |
       64 -> 127        : 22       |****                                    |
```

```
        128 -> 255    : 179    |****************************************|
        256 -> 511    : 88     |*****************                       |
[...]
```

추가 정보

BCC 도구 개발은 부록 앞부분에 있는 '리소스'를, BCC 전반에 대해서는 4장을
참고하세요.

부록 D

C BPF

부록 D는 C 언어로 구현된, 즉 C 프로그램으로 컴파일되거나 perf(1) 유틸리티를 통해 실행되는 BPF 도구의 예를 보여줍니다. 이 부록은 리눅스 커널이 지원하는 다른 BPF 인터페이스뿐만 아니라 BPF가 동작하는 방식에 대해 깊이 이해하려는 독자들을 위한 자료입니다.

5장은 많은 경우 충분하고 선호도가 높을 것으로 기대되는 고급 언어 bpftrace로 도구를 개발하는 법을 다루며, 부록 C는 또 하나의 선호도 높은 옵션인 BCC 인터페이스를 다룹니다. 부록 C는 2장의 BPF절에서 이어지는 속편입니다.

부록 D는 내용을 본격적으로 설명하기 전에 C 프로그래밍에 대한 설명과 5가지 팁으로 시작합니다. 첫 번째 프로그래밍 사례로 BPF 명령어 레벨 프로그래밍을 살펴보기 위해 hello_world.c가 포함되어 있으며, 이벤트별 출력과 히스토그램을 볼 수 있는 두 개의 C 도구인 bigreads와 bitehist가 이어집니다. 마지막은 perf(1) 도구에서 C 프로그래밍을 사용하는 사례로 bigreads의 perf(1) 버전이 포함되어 있습니다.

C로 프로그램하는 이유

2014년에 BPF 프로그래밍은 오직 C를 통해서만 가능했습니다. 그때 BCC 프로젝트가 생겨났는데, 이는 커널 BPF 프로그램에는 향상된 C 언어[1]를, 그리고 프

---

1 BCC에는 Clang 기반 메모리 역참조 rewriter가 포함되어 있어서 a-)b-)c가 자동적으로 이에 해당되는 bpf_probe_read() 호출로 확장됩니다. C 프로그램에서는 직접 이 함수를 호출해야 합니다.

론트엔드에는 다른 프로그래밍 언어를 제공해 주었습니다. 현재는 전체 프로그램이 고급 언어인 bpftrace 프로젝트가 있습니다.

트레이싱 도구 전체를 C로 계속해서 작성하는 이유는 다음과 같습니다. 이를 여타 다른 작성 방식과 비교해 살펴보겠습니다.

- **더 낮은 시작 오버헤드**: 필자의 시스템에서 bpftrace는 처음 트레이싱을 시작하는 데 40ms의 CPU 시간이 소요되며 BCC는 약 160ms가 소요됩니다. 이러한 시작 오버헤드는 독립형 C 바이너리를 사용하면 없앨 수 있습니다. 그러나 이 소요 시간은 BPF 커널 오브젝트 파일을 매번 컴파일하는 것이 아니라, 한 번 컴파일해두고 필요할 때 커널로 다시 전달하는 방법으로도 줄일 수 있습니다. 실리움(Cilium)과 Cloudflare는 BPF 오브젝트 파일 템플릿화를 이용해 이를 수행하는 오케스트레이션 시스템을 가지고 있어서, 프로그램 내의 특정 데이터(IP 주소, 등)는 필요에 따라 다시 작성할 수 있습니다. 자신의 환경에서는 이것이 얼마나 중요한지 판단해 보십시오. 얼마나 자주 BPF 프로그램을 시작하나요? 빈번하게 실행되어야 한다면, 이 프로그램들을 상시로 동작(pinned, 피닝)하도록 할 수는 없나요? 필자는 BCC를 튜닝해서 시작 비용을 bpftrace만큼 낮추고[2], 여기에 더해 다른 사항들을 통해 시작 비용을 더 줄일 수 있지 않을까 생각하고 있습니다.

- **크지 않은 컴파일러 의존성**: BCC와 bpftrace는 현재 BPF 프로그램을 컴파일하기 위해 LLVM과 Clang을 사용하는데, 이 컴파일러는 80MB 이상의 크기를 차지할 수 있습니다. 임베디드 시스템과 같은 일부 환경에서는 터무니없이 높은 크기일 수 있습니다. 사전 컴파일된 BPF가 포함된 C 바이너리는 이러한 의존성이 필요치 않습니다. 이 컴파일러에는 또 다른 문제가 있는데, 새 버전이 릴리스됨에 따라 API가 자주 변경되어 유지보수 부담이 발생한다는 것입니다(bpftrace를 개발하는 동안, 개발진들은 LLVM 버전 5.0, 6.0, 7과 8을 가지고 작업했습니다). 지금까지 컴파일 방법을 변경하려는 다양한 프로젝트가 있었습니다. 이 중 몇 가지는 LLVM과 Clang을 대체하는 가벼우면서도 충분한 BPF 컴파일러를 만드는 것인데, 대신 LLVM의 최적화를 포기해야 합니다. 자체적인 BPF 백엔드가 있는 SystemTap 트레이싱 도구와 ply(1) 트레이싱 도구[5]는 이미 이렇게 하고 있습니다. 다른 방법의 프로젝트들은 BCC/

---

2 *https://github.com/iovisor/bcc/issues/2367*을 살펴보세요.

bpftrace로부터 BPF 프로그램을 사전 컴파일하고 대상 시스템으로 BPF 바이너리를 보냅니다. 이들 프로젝트 역시 시작 오버헤드를 개선해야 합니다.

- 더 낮은 런타임 오버헤드: 처음에는 이게 말이 안 된다고 생각할 수 있는데, 어떠한 프론트엔드라도 궁극적으로는 동일한 BPF 바이트코드를 커널에서 실행하게 될 것이고 C와 비교해서 트레이싱 비용(kprobe, uprobe 등)은 동일할 것이기 때문입니다. 커널 내 요약을 사용하는 BCC와 bpftrace 도구도 여러 개 있는데, 이 프론트엔드에서 동작한다 하더라도 사용자 CPU 시간이 소모되지 않습니다. 따라서 이것들을 C로 다시 작성한다 하더라도 개선되는 점은 없습니다. 프론트엔드가 오버헤드에 영향을 미칠 수 있는 사례는, 많은 이벤트가 빈번하게 출력되어 사용자 공간 프론트엔드가 매초 수천 개의 이벤트를 읽고 처리해야 하는 경우입니다(이벤트가 아주 많이 발생한다면 top(1)과 같은 도구를 통해서 BPF 프론트엔드의 CPU 소모량을 확인할 수 있을 것입니다). 이러한 경우에는 해당 도구를 C로 다시 작성하면 더 나은 효과를 얻을 수 있습니다. 이 외에도 BCC의 링 버퍼 폴링 코드를 튜닝하면 효율성이 더 높아지는 것[3]을 발견할 수 있는데, 그렇게 하고 나면 C와 파이썬 사이의 차이는 무시할 수 있는 수준일 것입니다. 각 CPU별 링 버퍼를 읽어들이는 컨슈머(consumer) 스레드를 생성하는 최적화 방법도 있지만, 이것은 BCC나 bpftrace에 아직 적용되지 않았습니다.

- BPF 해킹(hacking): BCC와 bpftrace의 기능 외의 활용 사례가 있다면, BPF 검증 도구가 허락하는 그 어떤 것이라도 C로 프로그래밍할 수 있습니다. 사실 BCC를 이용해서도 임의로 작성된 C 코드를 받아들일 수 있기 때문에, 트레이싱 도구 전체를 C로 프로그래밍해야 하는 것은 아닙니다.

- perf(1)와 함께 사용: perf(1)는 BPF 프로그램을 통해 record나 trace 하위 명령의 기능을 향상시키는 것을 지원합니다. perf(1)는 다른 BPF 도구를 넘어서는 수많은 용도가 있습니다. 예를 들어 바이너리 출력 파일을 통해 많은 이벤트를 효율적으로 기록하는 도구를 필요로 한다면 perf(1)는 이 활용 사례에 이미 최적화되어 있습니다. 이 부록 뒷부분에 있는 'perf C' 절을 참고하세요.

실리움과 같은 많은 BPF 네트워킹 프로젝트가 C를 사용하고 있습니다.[182] 트레이싱을 하는 데는 bpftrace와 BCC면 거의 언제나 충분할 것입니다.

---

3 *https://github.com/iovisor/bcc/issues/1033*을 살펴보세요.

다섯 가지 팁

C 도구를 작성하기 전에 여러분이 알아야 할 팁입니다.

1. BPF C는 제약이 있습니다. 한정되지 않은 루프나 커널 함수 호출은 불가능합니다. bpf_* 커널 헬퍼 함수, BPF 테일 콜(tail calls), BPF에서 BPF로의 함수 호출 그리고 몇 가지 컴파일러 내장 함수만 사용할 수 있습니다.

2. 모든 메모리는 필요한 검사를 수행하는 bpf_probe_read()를 통해서 읽어야 합니다. 목적지는 보통 스택 메모리이지만 크기가 큰 객체의 경우에는 BPF 맵을 사용할 수도 있습니다.

3. 커널에서 사용자 공간으로 데이터를 출력하는 3가지 방법은 다음과 같습니다.

   - bpf_perf_event_output()(BPF_FUNC_perf_event_output): 이것은 사용자가 정의한 커스텀 구조체를 통해 이벤트별 세부 사항을 사용자 공간으로 보내는 최우선 순위의 방법입니다.
   - BPF_MAP_TYPE.*과 맵 헬퍼 함수(예: bpf_map_update_elem()): 맵은 키/값 해시로 이루어져 있고, 이것을 통해 더 고급의 데이터 구조를 만들 수 있습니다. 맵은 요약 통계 혹은 히스토그램으로 사용할 수 있으며 사용자 공간에서 주기적으로 읽을 수 있습니다(효과적).
   - bpf_trace_printk(): 디버깅 용도로만 사용됩니다. 이 방법은 trace_pipe에 기록하며 다른 프로그램이나 트레이싱 도구와 출력 결과가 겹칠 수 있습니다.

4. 가능하면 언제나 동적 계측(kprobe, uprobe)보다는 더 안정적인 인터페이스를 제공하는 정적 계측(tracepoint, USDT)을 사용하세요.

5. 어떻게 해야 할지 막막한 상태라면, BCC나 bpftrace로 도구를 다시 작성하고 해당 도구의 디버그나 verbose 출력 결과를 검토하면 놓친 단계를 찾아낼 수 있을 것입니다. 예를 들어 BCC의 DEBUG_PREPROCESSOR 모드는 전처리기 이후의 C 코드를 보여줍니다.

일부 도구는 bpf_probe_read()에 다음 매크로 래퍼(macro wrapper)를 사용합니다.

```
#define _(P) ({typeof(P) val; bpf_probe_read(&val, sizeof(val), &P); val;})
```

그러면 '_(skb-)dev'는 그 멤버에 해당하는 bpf_probe_read()로 확장됩니다.

C 프로그램

커널에 새로운 BPF 기능이 개발되면, 개발자는 해당 기능의 용도를 설명하기 위해 패치에 샘플 C 프로그램과 커널 셀프 테스트(self-test) 테스트 케이스를 포함시킵니다. C 프로그램은 리눅스 소스 samples/bpf 아래에, 그리고 셀프 테스트는 tools/testing/selftests/bpf 아래에 저장되어 있습니다.[4] 이 리눅스 샘플과 셀프 테스트는 BPF 프로그램을 C로 작성할 수 있는 두 가지 방법을 설명해 줍니다.[Zannoni 16]

- BPF 명령어: C 프로그램 안에 내장된 BPF 명령어의 배열로 bpf(2) 시스템 콜에 전달됩니다.
- C 프로그램: BPF로 컴파일할 수 있는 C 프로그램으로, 나중에 bpf(2) 시스템 콜에 전달됩니다. 이쪽이 더 선호되는 방법입니다.

컴파일러는 일반적으로 서로 다른 아키텍처 타깃을 정의할 수 있는 크로스 컴파일을 지원합니다. LLVM 컴파일러는 BPF 타깃을 가지고 있어서,[5] C 프로그램을 x86/ELF로 컴파일하는 것처럼 C 프로그램을 ELF 파일 형태의 BPF로 컴파일할 수 있습니다. BPF 명령어는 BPF 프로그램 유형('socket', 'kprobe/...' 등)의 이름에 기반한 ELF 섹션에 저장될 수 있습니다. 일부 BPF 객체 로더는 ELF 섹션 이름에서 BPF 프로그램 유형을 파싱하여 bpf(2) 시스템 콜에 사용합니다. 다른 로더(이 부록에 있는 것 포함)에서는 이 유형을 단순히 라벨로만 사용합니다.

BPF 프로그램을 작성하는 다른 방법들도 있습니다. 이러한 예로 LLVM IR(immediate representation, 중간 표현) 포맷으로 BPF 프로그램을 작성하는 방법이 있는데, 이렇게 작성된 코드는 LLVM에 의해 BPF 바이트코드로 컴파일될 수 있습니다.

---

4 이것들은 BPF 커널 커뮤니티의 많은 분들이 작성했습니다. 이 경로에 20개 이상의 커밋을 작성한 개발자들 중에 알렉세이 스타로보이토프, 대니얼 보크먼, 용형 쑹(Yonghong Song), 스타니슬라브 포미체프(Stanislav Fomichev), 마틴 카파이 라우(Martin KaFai Lau), 존 파스트아븐트(John Fastabend), 예스퍼 단가드 보어(Jesper Dangaard Brouer), 야쿱 키친스키(Jakub Kicinski) 그리고 안드레이 이그나토프(Andrey Ignatov) 같은 분이 있습니다. 셀프 테스트는 더 많은 개발 작업이 진행 중이고, 그 숫자가 많아짐에 따라 BPF로 만든 모든 것이 잘 돌아가게 하기 위해 새로운 개발자들에게 샘플 대신 셀프 테스트를 추가하도록 적극 권하고 있습니다.
5 BPF 타깃은 gcc용으로도 개발되었지만 아직 그 두 개가 통합되지는 않았습니다.

다음 절에서는 API 변경, 컴파일 그리고 각 유형별 도구 사례를 다룹니다. 명령어 레벨의 예로 hello_world.c를 그리고 C 프로그래밍의 예로 bigread_kern.c와 bitehist_kern.c를 살펴봅니다.

경고: API 변경

이 부록은 2018년 12월부터 2019년 8월 사이에 BPF C 라이브러리 API 변경을 반영하기 위해 두 번이나 다시 쓰였습니다. 추가적인 변경이 발생하는 경우에는 그 변경이 일어난 라이브러리의 업데이트 내역을 참고하는 것이 좋습니다. 해당 BPF 라이브러리는 리눅스 소스의 libbpf(tools/lib/bpf)와 iovisor BCC[183]의 libbcc입니다.

리눅스 4.x 계열 구 버전 API는 samples/bpf에 위치한 bpf_load(bpf_load.c와 bpf_load.h)로, 공통 함수들로 구성된 간단한 라이브러리였습니다. 커널 libbpf가 선호됨에 따라 더는 사용하지 않게 되었으며, 언젠가는 이 구 버전 bpf_load API도 없어질 수 있습니다.[6] 대부분의 네트워킹 샘플 프로그램들은 기존의 API를 대신해 libbpf를 사용하도록 이미 변환되었습니다. libbpf는 커널 기능에 맞춰 개발되었으며 외부 프로젝트(BCC, bpftrace)에서 사용되고 있습니다. BPF 커뮤니티는 bpf_load 라이브러리나 사용자가 만든 커스텀 라이브러리 대신에 libbpf와 libbcc를 사용할 것을 추천합니다. 그렇게 하지 않으면 libbpf와 libbcc에 있는 기능과 수정 사항에 뒤쳐지게 되고 최신 BPF의 반영을 방해하게 됩니다.

이 부록에 있는 트레이싱 도구는 libbpf와 libbcc를 사용합니다. 최신 API를 사용할 수 있게 이 도구들을 다시 작성하고(리눅스 5.4에서 사용 가능), libbpf를 위해서도 작업해 준 앤드리 나크리이코(Andrii Nakryiko)에게 감사를 전합니다. 이 도구의 이전 버전은 리눅스 4.15용으로 작성되었으며 이 책의 도구 저장소에서 찾을 수 있습니다(다음에서 확인하실 수 있습니다. *http://www.brendangregg.com/bpf-performance-tools-book.html*).

---

6 (옮긴이) 이 구 버전 bpf_load API는 역자가 2020년 11월에 커널에서 모두 제거하였습니다. 해당 내용의 패치는 다음의 링크를 참고하세요. *https://patchwork.ozlabs.org/cover/1405344*

컴파일하기

우분투 18.04(Bionic) 서버를 기준으로, 여기에서는 최신의 커널을 가져오고 컴
파일, 설치하고 bpf 샘플을 컴파일하는 단계별 예시를 수록했습니다(경고: 가상
환경에 필요한 커널 옵션(예: make kvmconfig) 누락과 같은 실수로 인해 시스
템이 부팅되지 않을 수 있기 때문에 테스트 서버에서 먼저 시도하세요).

```
# apt-get update
# apt-get install bc libssl-dev llvm-9 clang libelf-dev
# ln -s llc-9 /usr/bin/llc
# cd /usr/src
# wget https://git.kernel.org/torvalds/t/linux-5.4.tar.gz
# cd linux-5.4
# make olddefconfig
# make -j $(getconf _NPROCESSORS_ONLN)
# make modules_install && make install && make headers_install
# reboot
[...]
# make samples/bpf/
```

BTF 지원을 위해서는 llvm-9 또는 더 최신 버전의 LLVM이 필요합니다. 예시로
보여드린 이러한 절차는, 여러분의 OS 배포판, 커널, LLVM, clang 그리고 BPF
샘플들이 업데이트되면 이에 맞춰 수정해야 합니다.

때때로 패키징된 LLVM에 문제가 있어서, 소스를 통해 최신 버전의 LLVM과
clang을 빌드해야 했습니다. 다음은 빌드 절차에 대한 예시입니다:

```
# apt-get install -y cmake gcc g++
# git clone --depth 1 http://llvm.org/git/llvm.git
# cd llvm/tools
# git clone --depth 1 http://llvm.org/git/clang.git
# cd ..; mkdir build; cd build
# cmake -DLLVM_TARGETS_TO_BUILD="X86;BPF" -DLLVM_BUILD_LLVM_DYLIB=ON \
    -DLLVM_ENABLE_RTTI=ON -DCMAKE_BUILD_TYPE=Release ..
# make -j $(getconf _NPROCESSORS_ONLN)
# make install
```

이 과정에서 어떻게 빌드 타깃이 X86과 BPF로만 제한되는지 눈여겨보기 바랍
니다.

도구 1: Hello, World!

BPF 명령어 프로그래밍의 사례로 필자는 부록 C에 수록된 hello_world.py를
C 프로그램 hello_world.c로 다시 작성했습니다. 앞에서 설명한 것처럼 hello_
world.c를 samples/bpf/Makefile에 추가한 후에 samples/bpf/ 디렉터리에서

컴파일할 수 있습니다. 출력 결과 샘플을 몇 가지 살펴봅시다.

```
# ./hello_world
        svscan-1991   [007] .... 2582253.708941: 0: Hello, World!
          cron-983    [008] .... 2582254.363956: 0: Hello, World!
        svscan-1991   [007] .... 2582258.709153: 0: Hello, World!
[...]
```

위의 예는 트레이스 버퍼에 있는 다른 기본 필드와 함께 'Hello, World!' 텍스트를 보여줍니다(프로세스 이름, ID, CPU, 플래그, 타임스탬프).

hello_world.c 파일은 다음과 같습니다.

```
 1 #include <stdio.h>
 2 #include <stdlib.h>
 3 #include <string.h>
 4 #include <errno.h>
 5 #include <unistd.h>
 6 #include <linux/version.h>
 7 #include <bpf/bpf.h>
 8 #include <bcc/libbpf.h>
 9
10 #define DEBUGFS "/sys/kernel/debug/tracing/"
11
12 char bpf_log_buf[BPF_LOG_BUF_SIZE];
13
14 int main(int argc, char *argv[])
15 {
16     int prog_fd, probe_fd;
17
18     struct bpf_insn prog[] = {
19             BPF_MOV64_IMM(BPF_REG_1, 0xa21), /* '!\n' */
20             BPF_STX_MEM(BPF_H, BPF_REG_10, BPF_REG_1, -4),
21             BPF_MOV64_IMM(BPF_REG_1, 0x646c726f), /* 'orld' */
22             BPF_STX_MEM(BPF_W, BPF_REG_10, BPF_REG_1, -8),
23             BPF_MOV64_IMM(BPF_REG_1, 0x57202c6f), /* 'o, W' */
24             BPF_STX_MEM(BPF_W, BPF_REG_10, BPF_REG_1, -12),
25             BPF_MOV64_IMM(BPF_REG_1, 0x6c6c6548), /* 'Hell' */
26              BPF_STX_MEM(BPF_W, BPF_REG_10, BPF_REG_1, -16),
27             BPF_MOV64_IMM(BPF_REG_1, 0),
28             BPF_STX_MEM(BPF_B, BPF_REG_10, BPF_REG_1, -2),
29             BPF_MOV64_REG(BPF_REG_1, BPF_REG_10),
30             BPF_ALU64_IMM(BPF_ADD, BPF_REG_1, -16),
31             BPF_MOV64_IMM(BPF_REG_2, 15),
32             BPF_RAW_INSN(BPF_JMP | BPF_CALL, 0, 0, 0,
33                             BPF_FUNC_trace_printk),
34             BPF_MOV64_IMM(BPF_REG_0, 0),
35             BPF_EXIT_INSN(),
36     };
37     size_t insns_cnt = sizeof(prog) / sizeof(struct bpf_insn);
38
39     prog_fd = bpf_load_program(BPF_PROG_TYPE_KPROBE, prog, insns_cnt,
```

```
40                             "GPL", LINUX_VERSION_CODE,
41                             bpf_log_buf, BPF_LOG_BUF_SIZE);
42      if (prog_fd < 0) {
43              printf("ERROR: failed to load prog '%s'\n", strerror(errno));
44              return 1;
45      }
46
47      probe_fd = bpf_attach_kprobe(prog_fd, BPF_PROBE_ENTRY, "hello_world",
48                             "do_nanosleep", 0, 0);
49      if (probe_fd < 0)
50              return 2;
51
52      system("cat " DEBUGFS "/trace_pipe");
53
54      close(probe_fd);
55      bpf_detach_kprobe("hello_world");
56      close(prog_fd);
57      return 0;
58 }
```

이 사례는 라인 19부터 라인 35에 있는 'Hello, World!' BPF 명령어 프로그램에 관한 것입니다. 이 프로그램의 잔재는 오래된 파일 디스크립터 기반의 API와 이 사례의 크기를 작게 유지하기 위한 방법으로 trace_pipe 출력을 사용한다는 것입니다. 더 최신의 API와 출력 방법은 이 부록의 뒤에 나오는 bigreads와 bitehist 사례에서 확인할 수 있으며 최신의 방법을 사용하면 프로그램이 훨씬 길어지는 것도 볼 수 있습니다.

BPF 프로그램은 BPF 명령어 헬퍼 매크로를 사용해 prog 배열로 선언됩니다. 이 BPF 매크로와 BPF 명령어는 부록 E에 정리해 놓았습니다. 이 프로그램은 또한 BPF 프로그램 로드와 kprobe 연결을 위해 libbpf와 libbcc에 있는 함수를 사용합니다.

라인 19~26: 'Hello, World!\n'을 BPF 스택에 저장합니다. 효율성을 높이기 위해 이 문자열을 한 번에 한 글자씩 저장하는 대신 4글자를 한 그룹으로 선언하고 이 것을 32 비트 정수형(워드 크기의 BPF_W 타입)으로 저장합니다. 마지막 2바이트는 16비트 정수형(하프 워드 크기의 BPF_H 타입)으로 저장됩니다.

라인 27~33: 필요한 내용을 준비하고 BPF_FUNC_trace_printk를 호출하여 문자열을 공유 트레이스 버퍼에 기록합니다.

라인 39~41: libbpf(리눅스 소스 tools/lib/bpf에 있는 라이브러리)에서 bpf_load_program() 함수를 호출합니다. BPF 프로그램을 로드하고 프로그램의 유형을 kprobe로 세팅한 다음 해당 프로그램에 대한 파일 디스크립터를 돌려줍니다.

라인 47~48: libbcc(iovisor BCC 저장소에 있는 라이브러리: BCC의 src/cc/libbpf.h에 정의되어 있음)에서 bpf_attach_kprobe() 함수를 호출합니다. 이 함수는 do_nanosleep() 커널 함수의 진입점에 kprobe로 프로그램을 연결시킵니다. 'hello_world'라는 이벤트 이름을 사용했는데 이렇게 하면 디버깅에 도움이 됩니다(/sys/kernel/debug/tracing/kprobe_events를 통해 확인할 수 있습니다). bpf_attach_kprobe()는 probe에 대한 파일 디스크립터를 리턴합니다. 이 라이브러리 함수는 오류가 발생할 경우에 에러 메시지도 출력하므로 필자는 라인 49에 있는 테스트에 대해 추가적인 에러 메시지를 출력하지 않았습니다.

라인 52: 메시지 출력을 목적으로, system()을 사용해 공유 트레이스 버퍼 trace pipe에 대해 cat(1)을 호출합니다.[7]

라인 54~56: probe 파일 디스크립터를 닫고, kprobe를 분리하고, 프로그램 파일 디스크립터를 닫습니다. 이전 버전의 리눅스 커널에서 이 호출을 빠뜨린다면 probe는 이벤트를 소모할 프로세스가 없는데도 활성화된 상태로 남아 오버헤드가 발생합니다. 정리되지 않은 이벤트는 `cat/sys/kernel/debug/tracing/kprobe_events` 또는 bpftool(8) `prog show`를 사용해서 검사할 수 있으며 BCC의 reset-trace(8)(모든 트레이싱 도구를 중지시킴)를 사용해서 정리할 수 있습니다. 리눅스 5.2 커널부터 프로세스 종료 시 자동으로 닫히는 파일 디스크립터 기반의 probe로 전환되었습니다.

이 사례에서는, 코드를 가능한 한 짧게 만들기 위해 BPF_FUNC_trace_printk와 system()을 사용했습니다. 이 둘은 공유된 트레이스 버퍼(/sys/kernel/debug/tracing/trace_pipe)를 사용하면서 작동하는데, 커널이 보호 장치를 제공하지 않기 때문에 다른 트레이싱이나 디버깅 프로그램과 출력 결과가 겹칠 수 있습니다. 추천하는 인터페이스는 BPF_FUNC_perf_event_output을 이용하는 것으로, 이 부록 뒤에 있는 "도구 2: bigreads"에서 설명합니다.

이 프로그램을 컴파일하기 위해 Makefile에 hello_world가 추가되었습니다. 다음 diff는 리눅스 5.3을 위해 추가한 세 라인을 볼드체로 강조해 놓았습니다.

```
# diff -u Makefile.orig Makefile
--- ../orig/Makefile 2019-08-03 19:50:23.671498701 +0000
+++ Makefile 2019-08-03 21:23:04.440589362 +0000
@@ -10,6 +10,7 @@
 hostprogs-y += sockex1
 hostprogs-y += sockex2
```

---

7 이 trace pipe는 bpftool prog tracelog 명령을 통해서도 읽을 수 있습니다.

```
 hostprogs-y += sockex3
+hostprogs-y += hello_world
 hostprogs-y += tracex1
 hostprogs-y += tracex2
 hostprogs-y += tracex3
@@ -64,6 +65,7 @@
 sockex1-objs := sockex1_user.o
 sockex2-objs := sockex2_user.o
 sockex3-objs := bpf_load.o sockex3_user.o
+hello_world-objs := hello_world.o
 tracex1-objs := bpf_load.o tracex1_user.o
 tracex2-objs := bpf_load.o tracex2_user.o
 tracex3-objs := bpf_load.o tracex3_user.o
@@ -180,6 +182,7 @@
 HOSTCFLAGS_bpf_load.o += -I$(objtree)/usr/include -Wno-unused-variable

 KBUILD_HOSTLDLIBS              += $(LIBBPF) -lelf
+HOSTLDLIBS_hello_world        += -lbcc
 HOSTLDLIBS_tracex4            += -lrt
 HOSTLDLIBS_trace_output       += -lrt
 HOSTLDLIBS_map_perf_test      += -lrt
```

다음과 같이 수정하고 나면, 이 부록 뒷부분에 있는 '컴파일하기' 절에 설명한 대로 컴파일하고 실행할 수 있습니다.

이 도구를 통해 살펴본 것처럼 BPF 명령어 레벨 프로그래밍이 가능하지만, 이 방법은 트레이싱 도구에 추천하는 방법은 아닙니다. 다음 두 가지 도구에서는 C 프로그래밍을 통해 BPF 코드를 개발합니다.

도구 2: bigreads

bigreads는 vfs_read()의 리턴을 트레이싱하며 1MB를 넘는 읽기 작업에 대한 메시지를 출력합니다. 이번에는 C를 사용해서 BPF 프로그램을 선언합니다.[8] bigreads는 다음의 bpftrace로 작성된 원 라이너와 같습니다.

```
# bpftrace -e 'kr:vfs_read /retval > 1024 * 1024/ {
    printf("READ: %d bytes\n", retval); }'
```

bigreads C 프로그램을 실행하며 얻은 몇 가지 샘플 출력입니다.

```
# ./bigreads
          dd-5145   [003] d... 2588681.534759: 0: READ: 2097152 bytes
          dd-5145   [003] d... 2588681.534942: 0: READ: 2097152 bytes
```

8 필자는 이 도구를 2014년 6월 6일, C 언어가 사용 가능한 언어 중에서 가장 고급 언어였을 때 제작하였습니다. 앤드리 나크리이코(Andrii Nakryiko)가 2019년 8월 1일에 이 C BPF 도구들을 최신의 BPF 인터페이스를 사용해서 다시 작성하였습니다.

```
              dd-5145  [003] d... 2588681.535085: 0: READ: 2097152 bytes
[...]
```

이 출력 결과는 dd(1) 명령어가 각각 2MB 크기의 읽기를 세 번 발생시켰음을 보여줍니다. hello_world.c와 마찬가지로 공유 트레이스 버퍼의 기본 필드 이외에도 추가적인 필드가 함께 출력되었습니다.

bigreads는 커널 레벨 C 파일과 사용자 레벨 C 파일 2개로 구성되어 있습니다. 이렇게 프로그램이 두 부분으로 나뉘면, 커널 레벨 C 파일은 BPF 타깃의 바이너리로 별도 컴파일될 수 있고, 향후에 사용자 레벨 C 파일에서는 이 바이너리를 읽어 BPF 명령어를 커널로 보낼 수 있습니다.

커널 레벨 C 파일인 bigreads_kern.c는 다음과 같습니다.

```
 1 #include <uapi/linux/bpf.h>
 2 #include <uapi/linux/ptrace.h>
 3 #include <linux/version.h>
 4 #include "bpf_helpers.h"
 5
 6 #define MIN_BYTES (1024 * 1024)
 7
 8 SEC("kretprobe/vfs_read")
 9 int bpf_myprog(struct pt_regs *ctx)
10 {
11     char fmt[] = "READ: %d bytes\n";
12     int bytes = PT_REGS_RC(ctx);
13     if (bytes >= MIN_BYTES) {
14             bpf_trace_printk(fmt, sizeof(fmt), bytes, 0, 0);
15     }
16
17     return 0;
18 }
19
20 char _license[] SEC("license") = "GPL";
21 u32 _version SEC("version") = LINUX_VERSION_CODE;
```

라인 6: 바이트 임계 값을 정의합니다.

라인 8: 'kretprobe/vfs_read'라는 이름의 ELF 섹션을 선언하며 뒤에 BPF 프로그램이 이어집니다. 이 ELF 섹션은 최종 ELF 바이너리에서 확인할 수 있습니다. 일부 사용자 레벨 로더는 BPF 프로그램을 어디에 연결할지 판단하기 위해 이 섹션 헤더를 사용합니다. 이 섹션 헤더는 디버깅을 하는 데는 여전히 유용하겠지만, bitehist_user.c 로더(잠시 후 설명합니다)는 사용하지 않습니다.

라인 9: kretprobe 이벤트가 호출하는 함수의 정의를 시작합니다. struct pt_regs 구조체 인자는 레지스터 상태와 BPF 컨텍스트를 포함하고 있습니다. 레지스터에서 함수 매개변수와 리턴 값을 읽을 수 있습니다. 이 구조체 포인터는 수많은 BPF 헬퍼 함수에 대한 필수 인자이기도 합니다(include/uapi/linux/bpf.h를 살펴보세요).

라인 11: printf()용 포맷 문자열을 정의합니다.

라인 12: 매크로를 사용해서 pt_regs 구조체 레지스터에서 리턴 값을 가져옵니다 (long bytes = PT_REGS_RC(ctx);를 x86 아키텍처에서 ctx-〉rax로 매핑됩니다).

라인 13: 검사 식을 수행합니다.

라인 14: 디버깅 함수인 bpf_trace_printk()를 사용해서 결과물 문자열을 출력합니다. 이 함수는 출력을 공유 트레이스 버퍼에 기록하는데 여기서는 이 사례를 간결하게 하기 위한 용도로만 사용했습니다. 부록 C에서 설명한 것과 동일한 주의 사항이 있는데, 이 함수를 동시에 사용하는 다른 사용자들과 출력 결과가 겹칠 수 있다는 점입니다.

라인 20~21: 필요한 다른 섹션과 값을 선언합니다.

사용자 레벨 C 파일인 bigreads_user.c는 다음과 같습니다.

```
 1 // SPDX-License-Identifier: GPL-2.0
 2 #include <stdio.h>
 3 #include <stdlib.h>
 4 #include <unistd.h>
 5 #include <string.h>
 6 #include <errno.h>
 7 #include <sys/resource.h>
 8 #include "bpf/libbpf.h"
 9
10 #define DEBUGFS "/sys/kernel/debug/tracing/"
11
12 int main(int ac, char *argv[])
13 {
14     struct bpf_object *obj;
15     struct bpf_program *prog;
16     struct bpf_link *link;
17     struct rlimit lim = {
18             .rlim_cur = RLIM_INFINITY,
19             .rlim_max = RLIM_INFINITY,
20     };
21     char filename[256];
22
23     snprintf(filename, sizeof(filename), "%s_kern.o", argv[0]);
24
25     setrlimit(RLIMIT_MEMLOCK, &lim);
26
27     obj = bpf_object__open(filename);
28     if (libbpf_get_error(obj)) {
29             printf("ERROR: failed to open prog: '%s'\n", strerror(errno));
```

```
30              return 1;
31      }
32
33      prog = bpf_object__find_program_by_title(obj, "kretprobe/vfs_read");
34      bpf_program__set_type(prog, BPF_PROG_TYPE_KPROBE);
35
36      if (bpf_object__load(obj)) {
37              printf("ERROR: failed to load prog: '%s'\n", strerror(errno));
38              return 1;
40
41      link = bpf_program__attach_kprobe(prog, true /*retprobe*/, "vfs_read");
42      if (libbpf_get_error(link))
43              return 2;
44
45      system("cat " DEBUGFS "/trace_pipe");
46
47      bpf_link__destroy(link);
48      bpf_object__close(obj);
50      return 0;
51 }
```

라인 17~19, 라인 25: BPF 메모리 할당 이슈를 피하기 위해 RLIMIT_MEMLOCK를 무한대로 세팅합니다.

라인 27: _kern.o 파일에 있는 BPF 컴포넌트를 참조하기 위해 struct bpf_object 구조체를 만듭니다. 이 bpf_object는 여러 BPF 프로그램과 맵을 포함할 수 있습니다.

라인 28: bpf_object가 성공적으로 초기화되었는지 체크합니다.

라인 33: 커널 C 파일의 SEC()에 의해 정의된 것처럼, 섹션 이름이 'kretprobe/vfs_read'인 BPF 프로그램을 찾고 이것에 기반해 struct bpf_program 구조체를 생성합니다.

라인 36: BPF 객체를 초기화시킨 후 해당 객체를 커널 바이너리 파일에서 커널로 로드하는데, 맵과 프로그램을 모두 포함합니다.

라인 41: 앞에서 선택한 프로그램을 vfs_read() kprobe에 연결하고 bpf_link 객체를 리턴합니다. 이것은 뒤에 나오는 라인 47에서 프로그램을 분리하는 데 사용됩니다.

라인 45: 이 도구의 길이를 짧게 하기 위해 system()을 사용해서 공유 트레이스 버퍼를 출력합니다.

라인 48: bpf_object에 있는 모든 BPF 프로그램을 커널에서 제거하며 모든 연관 리소스를 해제합니다.

이 파일들을 samples/bpf 디렉터리에 추가하고 bigreads 타깃을 samples/bpf/Makefile에 추가함으로써 컴파일할 수 있습니다. 여러분이 추가해야 할 라인은 다음과 같습니다(Makefile의 유사한 라인에 각각 위치시킵니다).

```
# grep bigreads Makefile
hostprogs-y += bigreads
bigreads-objs := bigreads_user.o
always += bigreads_kern.o
```

컴파일과 실행하는 방법은 앞에서 살펴본 hello_world 사례와 동일합니다. 이번에는 BPF 프로그램을 포함한 bigreads_kern.o 파일이 별도로 존재하며, bigreads_user.o는 이 BPF 프로그램이 위치한 섹션을 읽어 들입니다. 여러분은 readelf(1) 혹은 objdump(1)를 이용해서 이 섹션을 확인할 수 있습니다.

```
# objdump -h bigreads_kern.o

bigreads_kern.o:      file format elf64-little

Sections:
Idx Name          Size      VMA               LMA               File off  Algn
  0 .text         00000000  0000000000000000  0000000000000000  00000040  2**2
                  CONTENTS, ALLOC, LOAD, READONLY, CODE
  1 kretprobe/vfs_read 000000a0  0000000000000000  0000000000000000  00000040  2**3
                  CONTENTS, ALLOC, LOAD, READONLY, CODE
  2 .rodata.str1.1 0000000f  0000000000000000  0000000000000000  000000e0  2**0
                  CONTENTS, ALLOC, LOAD, READONLY, DATA
  3 license       00000004  0000000000000000  0000000000000000  000000ef  2**0
                  CONTENTS, ALLOC, LOAD, DATA
  4 version       00000004  0000000000000000  0000000000000000  000000f4  2**2
                  CONTENTS, ALLOC, LOAD, DATA
  5 .llvm_addrsig 00000003  0000000000000000  0000000000000000  00000170  2**0
                  CONTENTS, READONLY, EXCLUDE
```

'kretprobe/vfs_read' 섹션을 볼드로 강조했습니다.

이것을 신뢰할 수 있는 도구로 만들기 위해서는 bpf_trace_printk()를 반드시 print_bpf_output()으로 대체해야 하는데, 이것은 perf CPU별 링 버퍼에 접근하는 BPF 맵을 통해서 사용자 공간에 레코드를 방출합니다. 커널 프로그램에는 다음과 같은 코드를 추가해야 합니다(이것은 최신의 BTF 기반 맵 선언 방식을 사용합니다).[9]

---

9   예전 커널에서는 다르게 정의되었는데, max_entries를 __NR_CPUS__로 설정하도록 해서 CPU별로 버퍼가 있었습니다. 이렇게 CPU별로 버퍼가 있는 max_entries 세팅은 BPF_MAP_TYPE_PERF_EVENT_ARRAY에 대한 기본값이 되었습니다.

```
struct
{
        __uint(type, BPF_MAP_TYPE_PERF_EVENT_ARRAY)
        __uint(key_size, sizeof(int));
        __uint(value_size, sizeof(u32));
}
my_map SEC(".maps");
[...]
bpf_perf_event_output(ctx, &my_map, 0, &bytes, sizeof(bytes));
```

사용자 레벨 프로그램에 대한 변경은 더 광범위합니다. system() 호출이 제거되고 맵 출력 이벤트를 처리하기 위한 함수를 추가해야 합니다. 이 함수는 차후에 perf_event_poller()를 사용해서 등록될 것입니다. 이것에 대한 사례는 리눅스 소스 코드 samples/bpf 디렉터리의 trace_output_user.c에 있습니다.

도구 3: bitehist

이 도구는 부록 C에 있는 BCC bitehist.py에 기반하고 있습니다. 이것은 블록 장치 I/O 크기 히스토그램을 저장하기 위해 사용하는 BPF 맵을 통해 출력을 보여줍니다. 다음은 출력 결과 사례입니다.

```
# ./bitehist
Tracing block I/O... Hit Ctrl-C to end.
^C
     kbytes        : count     distribution
       4 -> 7      : 11        |***************                         |
       8 -> 15     : 24        |************************************    |
      16 -> 31     : 12        |*****************                       |
      32 -> 63     : 10        |**************                          |
      64 -> 127    : 5         |******                                  |
     128 -> 255    : 4         |*****                                   |
Exiting and clearing kprobes...
```

bitehist도 bigreads처럼 bitehist_kern.c와 bitehist_user.c라는 두 개의 C 파일로 구성되어 있습니다. 전체 소스 코드는 이 책의 웹사이트인 *http://www.brendangregg.com/bpf-performance-tools-book.html*에 있습니다. 다음은 이 중에서 발췌한 것입니다.

발췌한 bitehist_kern.c의 소스 코드는 다음과 같습니다.

```
[...]
struct hist_key
{
        u32 index;
};
```

```
struct
{
        __uint(type, BPF_MAP_TYPE_HASH);
        __uint(max_entries, 1024);
        __type(key, struct hist_key);
        __type(value, long);
} hist_map SEC(".maps");
[...]
SEC("kprobe/blk_account_io_completion")
int bpf_prog1(struct pt_regs *ctx)
{
        long init_val = 1;
        long *value;
        struct hist_key key = {};

        key.index = log2l(PT_REGS_PARM2(ctx) / 1024);
        value = bpf_map_lookup_elem(&hist_map, &key);
        if (value)
                __sync_fetch_and_add(value, 1);
        else
                bpf_map_update_elem(&hist_map, &key, &init_val, BPF_ANY);
        return 0;
}
[...]
```

이 소스 코드는 hist_map이라는 BPF_MAP_TYPE_HASH 유형의 맵을 선언하는데, 이런 선언 유형은 BTF를 사용해 정의합니다. 키는 struct hist_key 구조체로 버킷 인덱스만을 가지고 있으며, 해당 버킷에 대한 카운트인 value는 long형입니다.

이 BPF 프로그램은 PT_REGS_PARM2(ctx) 매크로를 사용해서 blk_account_io_completion의 두 번째 인자로부터 size를 읽어 옵니다. 이것은 (여기서는 확인할 수 없지만) log2() C 함수를 사용해서 히스토그램 버킷의 인덱스가 됩니다.

해당 인덱스에 대응되는 value에 대한 포인터는 bpf_map_lookup_elem()을 사용해서 가져올 수 있습니다. 만약 value가 발견되면 __sync_fetch_and_add()를 사용해서 값을 증가시킵니다. value가 발견되지 않는다면 bpf_map_update_elem()을 사용해서 초기화합니다.

bitehist_user.c 파일은 다음과 같습니다.

```
struct bpf_object *obj;
struct bpf_link *kprobe_link;
struct bpf_map *map;

static void print_log2_hist(int fd, const char *type)
{
```

```
[...]
        while (bpf_map_get_next_key(fd, &key, &next_key) == 0) {
                bpf_map_lookup_elem(fd, &next_key, &value);
                ind = next_key.index;
// 히스토그램 출력을 위한 로직
[...]
}

static void int_exit(int sig)
{
        printf("\n");
        print_log2_hist(bpf_map__fd(map), "kbytes");
        bpf_link__destroy(kprobe_link);
        bpf_object__close(obj);
        exit(0);
}

int main(int argc, char *argv[])
{
        struct rlimit lim = {
                .rlim_cur = RLIM_INFINITY,
                .rlim_max = RLIM_INFINITY,
        };
        struct bpf_program *prog;
        char filename[256];

        snprintf(filename, sizeof(filename), "%s_kern.o", argv[0]);

        setrlimit(RLIMIT_MEMLOCK, &lim);

        obj = bpf_object__open(filename);
        if (libbpf_get_error(obj))
                return 1;

        prog = bpf_object__find_program_by_title(obj,
            "kprobe/blk_account_io_completion");
        if (prog == NULL)
                return 2;
        bpf_program__set_type(prog, BPF_PROG_TYPE_KPROBE);

        if (bpf_object__load(obj)) {
                printf("ERROR: failed to load prog: '%s'\n", strerror(errno));
                return 3;
        }

        kprobe_link = bpf_program__attach_kprobe(prog, false /*retprobe*/,
            "blk_account_io_completion");
        if (libbpf_get_error(kprobe_link))
                return 4;

        if ((map = bpf_object__find_map_by_name(obj, "hist_map")) == NULL)
                return 5;

        signal(SIGINT, int_exit);
```

```
        printf("Tracing block I/O... Hit Ctrl-C to end.\n");
        sleep(-1);

        return 0;
}
```

main() 프로그램은 bigreads와 유사한 단계를 거쳐 BPF 프로그램을 로드합니다.

bpf_object__find_map_by_name()을 사용해서 BPF 맵 객체를 가져온 다음 전역 맵 변수로 저장합니다. 이 전역 변수는 나중에 int_exit()가 작동하는 동안 출력됩니다.

int_exit()는 SIGINT에 연결된 시그널 핸들러입니다(Ctrl-C). 시그널 핸들러를 초기화한 다음 main() 프로그램은 휴면 상태로 전환됩니다. Ctrl-C를 누르면 print_log2_hist() 함수를 호출하는 int_exit()가 작동합니다.

print_log2_hist()는 bpf_get_next_key() 루프를 사용해서 맵을 순환하며, 각 값을 읽기 위해 bpf_lookup_elem()를 호출합니다. 함수의 나머지 부분은 생략되어 있는데 키와 값을 히스토그램으로 변경하여 출력합니다.

이 도구는 bigreads에서 했던 것처럼 Makefile 추가를 통해 samples/bpf 디렉터리에서 컴파일하고 실행할 수 있습니다.

perf C

리눅스 perf(1)는 다음 두 가지 인터페이스를 통해 이벤트에 대해서 BPF 프로그램을 실행하게 할 수 있습니다.[10]

- **perf record**: 이벤트에 대해 BPF 프로그램을 실행하는데, 이 프로그램을 통해 이벤트의 필터링이 가능하고 추가적인 레코드를 perf.data 파일로 내보냄
- **perf trace**: 트레이싱 결과를 보기 편하게 변환해서 출력하기 위한 용도. BPF 프로그램을 사용해서 perf trace 이벤트의 출력 결과를 필터링하고 향상시킬 수 있습니다(예: 단순히 파일 이름 포인터를 보여주는 대신 시스템 콜에 대한 filename 문자열 표시[84]).

---

10 perf(1) BPF 지원은 왕 난(Wang Nan)이 처음 추가했습니다.

perf(1)의 BPF 활용 가능성은 급속도로 성장하는 중이어서 현재는 사용 방법에 대한 문서가 부족할 정도입니다. 문서와 관련해 가장 좋은 소스는 현재로서는 'perf'와 'BPF'라는 키워드로 리눅스 커널 메일링 리스트 아카이브를 검색하는 것입니다.

다음 절에서는 perf와 BPF를 시연해 봅니다.

도구 1: bigreads

bigreads는 앞서 'C 프로그램' 절에서 살펴본 동일한 도구에 기반하고 있으며, vfs_read()의 리턴을 트레이싱하고 1MB보다 큰 읽기를 보여줍니다. 다음의 샘플 출력을 통해 이것이 어떻게 동작하는지 살펴볼 수 있습니다.

```
# perf record -e bpf-output/no-inherit,name=evt/ \
    -e ./bigreads.c/map:channel.event=evt/ -a
^C[ perf record: Woken up 1 times to write data ]
[ perf record: Captured and wrote 0.255 MB perf.data (3 samples) ]
# perf script
        dd 31049 [009] 2652091.826549:              0                      evt:
ffffffffb5945e20 kretprobe_trampoline+0x0
(/lib/modules/5.0.0-rc1-virtual/build/vmlinux)
    BPF output: 0000: 00 00 20 00 00 00 00 00   .. .....
                0008: 00 00 00 00               ....

        dd 31049 [009] 2652091.826718:              0                      evt:
ffffffffb5945e20 kretprobe_trampoline+0x0
(/lib/modules/5.0.0-rc1-virtual/build/vmlinux)
    BPF output: 0000: 00 00 20 00 00 00 00 00   .. .....
                0008: 00 00 00 00               ....

        dd 31049 [009] 2652091.826838:              0                      evt:
ffffffffb5945e20 kretprobe_trampoline+0x0
(/lib/modules/5.0.0-rc1-virtual/build/vmlinux)
    BPF output: 0000: 00 00 20 00 00 00 00 00   .. .....
                0008: 00 00 00 00               ....
```

perf.data 레코드 파일은 1MB보다 큰 읽기 항목만을 포함하고 있는데, 뒤에 따라 나오는 BPF 출력 이벤트에는 읽기의 크기가 포함되어 있습니다. 트레이싱을 하는 도중에 dd(1)를 사용해서 3개의 2MB 읽기를 발생시켰고 BPF 출력에서 다음과 같이 확인할 수 있습니다. '00 00 20'은 리틀 엔디언 포맷(x86)으로 0x200000이고, 2MB를 의미합니다.

다음은 bigreads.c의 소스 코드입니다.

```
#include <uapi/linux/bpf.h>
```

```
#include <uapi/linux/ptrace.h>
#include <linux/types.h>

#define SEC(NAME) __attribute__((section(NAME), used))

struct bpf_map_def
{
        unsigned int type;
        unsigned int key_size;
        unsigned int value_size;
        unsigned int max_entries;
};

static int (*perf_event_output)(void *, struct bpf_map_def *, int, void *,
    unsigned long) = (void *)BPF_FUNC_perf_event_output;

struct bpf_map_def SEC("maps") channel =
{
        .type = BPF_MAP_TYPE_PERF_EVENT_ARRAY,
        .key_size = sizeof(int),
        .value_size = sizeof(__u32),
        .max_entries = __NR_CPUS__,
};

#define MIN_BYTES (1024 * 1024)

SEC("func=vfs_read")
int bpf_myprog(struct pt_regs *ctx)

{
        long bytes = ctx->rdx;
        if (bytes >= MIN_BYTES) {
                perf_event_output(ctx, &channel, BPF_F_CURRENT_CPU,
                    &bytes, sizeof(bytes));
        }

        return 0;
}

char _license[] SEC("license") = "GPL"; int _version
SEC("version") = LINUX_VERSION_CODE;
```

여기서는 MIN_BYTES보다 큰 읽기를 수집하기 위해 'channel' 맵을 통해 perf_event_output()을 발생시키는데, 이 BPF 출력 이벤트는 perf.data 파일에 기록됩니다.

perf(1) 인터페이스에는 점점 더 많은 기능이 추가되고 있으며, 현재는 'perf record -e program.c' 만으로 BPF 프로그램을 실행할 수 있게 되었습니다. 새로운 개발과 사용 예시들을 확인해 보세요.

추가 정보

BPF C 프로그래밍에 대해 더 알고 싶다면 다음을 참고하세요.

- 리눅스 소스 트리의 Documentation/networking/filter.txt[17]
- 실리움의 'BPF와 XDP 레퍼런스 가이드'[19]

부록 E

BPF 명령어

부록 E는 선정된 몇 가지 BPF 명령어에 대한 요약 정리이며, 여러 트레이싱 도구와 부록 D의 hello_world.c 프로그램의 소스 코드에서 나열된 BPF 명령어의 이해를 돕기 위해 제공됩니다. BPF 명령어를 이용해서 처음부터 직접 트레이싱 프로그램을 개발하는 것은 추천하지 않으며 여기에서 다루지도 않습니다.

부록 E에서 다루는 BPF 명령어들은 단지 선정된 일부입니다. 전체를 참조하려면 리눅스 소스에 있는 다음의 헤더 파일과 부록 E 마지막에 있는 참고 자료를 보기 바랍니다.

- 클래식 BPF: *include/uapi/linux/filter.h*와 *include/uapi/linux/bpf_common.h*
- 확장 BPF: *include/uapi/linux/bpf.h*와 *include/uapi/linux/bpf_common.h*

이 둘은 인코딩하는 것이 대부분 동일하기 때문에 bpf_common.h은 둘 사이에 공유됩니다.

헬퍼 매크로

다음은 부록 D의 hello_world.c 사례에 포함된 BPF 명령어의 일부입니다.

```
        BPF_MOV64_IMM(BPF_REG_1, 0xa21), /* '!\n' */
        BPF_STX_MEM(BPF_H, BPF_REG_10, BPF_REG_1, -4),
        BPF_MOV64_IMM(BPF_REG_1, 0x646c726f), /* 'orld' */
        BPF_STX_MEM(BPF_W, BPF_REG_10, BPF_REG_1, -8),
[...]
        BPF_RAW_INSN(BPF_JMP | BPF_CALL, 0, 0, 0,
                BPF_FUNC_trace_printk),
```

```
    BPF_MOV64_IMM(BPF_REG_0, 0),
    BPF_EXIT_INSN(),
```

이것들은 실제 고급 레벨 헬퍼 매크로(helper macro)이며 표 E.1에 정리해 놓았습니다.

BPF 명령어 매크로	설명
BPF_ALU64_REG(OP, DST, SRC)	ALU 64비트 레지스터 명령
BPF_ALU32_REG(OP, DST, SRC)	ALU 32비트 레지스터 명령
BPF_ALU64_IMM(OP, DST, IMM)	ALU 64비트 상수 값 명령
BPF_ALU32_IMM(OP, DST, IMM)	ALU 32비트 상수 값 명령
BPF_MOV64_REG(DST, SRC)	64비트 소스 레지스터에서 목적지 레지스터로 이동
BPF_MOV32_REG(DST, SRC)	32비트 소스 레지스터에서 목적지 레지스터로 이동
BPF_MOV64_IMM(DST, IMM)	64비트 상수 값을 목적지 레지스터로 이동
BPF_MOV32_IMM(DST, IMM)	32비트 상수 값을 목적지 레지스터로 이동
BPF_LD_IMM64(DST, IMM)	64비트 상수 값 로드
BPF_LD_MAP_FD(DST, MAP_FD)	레지스터에 맵 FD 로드
BPF_LDX_MEM(SIZE, DST, SRC, OFF)	레지스터에서 메모리 로드
BPF_STX_MEM(SIZE, DST, SRC, OFF)	레지스터에서 메모리 저장
BPF_STX_XADD(SIZE, DST, SRC, OFF)	레지스터에 의한 원자 메모리 더하기 연산
BPF_ST_MEM(SIZE, DST, OFF, IMM)	상수 값에서 메모리 저장
BPF_JMP_REG(OP, DST, SRC, OFF)	레지스터 값에 따라 조건부 점프
BPF_JMP_IMM(OP, DST, IMM, OFF)	상수 값에 따라 조건부 점프
BPF_JMP32_REG(OP, DST, SRC, OFF)	32비트로 레지스터 비교
BPF_JMP32_IMM(OP, DST, IMM, OFF)	32비트로 레지스터와 상수 간 비교
BPF_JMP_A(OFF)	무조건 점프
BPF_LD_MAP_VALUE(DST, MAP_FD, OFF)	레지스터로 맵 값 포인터 로드
BPF_CALL_REL(IMM)	상대적 호출(BPF에서 BPF)
BPF_EMIT_CALL(FUNC)	헬퍼 함수 호출
BPF_RAW_INSN(CODE, DST, SRC, OFF, IMM)	원시 BPF 코드
BPF_EXIT_INSN()	종료

표 E.1 BPF 명령 헬퍼 매크로[1]

---

1 BPF_LD_ABS() 와 BPF_LD_IND()는 더 이상 사용되지 않고 단지 역사적인 이유로 포함되어 있기 때문에 여기서 제외했습니다.

이들 매크로와 인자는 약어를 사용하는데, 의미가 분명해 보이는 것도 있지만
그렇지 않은 것도 있습니다. 알파벳 순서로 살펴보면 다음과 같습니다.

- 32: 32비트
- 64: 64비트
- ALU: 산술 논리 연산(arithmetic logic unit)
- DST: 목적지
- FUNC: 함수
- IMM: 상수 값. 제공된 상수
- INSN: 명령어(instruction)
- JMP: 점프
- LD: 로드
- LDX: 레지스터에서 로드(load from register)
- MAP_FD: 맵 파일 디스크립터
- MEM: 메모리
- MOV: 이동
- OFF: 오프셋
- OP: 명령(operation)
- REG: 레지스터
- REL: 상대적
- ST: 저장(store)
- SRC: 소스
- STX: 레지스터에서 저장(store from register)

지정된 명령에 따라 어떤 경우에는 이들 BPF 매크로가 BPF 명령어로 확장됩
니다.

명령어

일부 BPF 명령어를 선정해서 표 E.2에 정리해 놓았습니다(전체 목록을 보려면
앞의 헤더 파일을 참고하세요).

이름	유형	기원	값	설명
BPF_LD	명령어 클래스	클래식	0x00	로드
BPF_LDX	명령어 클래스	클래식	0x01	X로 로드
BPF_ST	명령어 클래스	클래식	0x02	저장
BPF_STX	명령어 클래스	클래식	0x03	X에서 저장
BPF_ALU	명령어 클래스	클래식	0x04	산술 논리 연산
BPF_JMP	명령어 클래스	클래식	0x05	점프
BPF_RET	명령어 클래스	클래식	0x06	리턴
BPF_ALU64	명령어 클래스	확장	0x07	ALU 64비트
BPF_W	크기	클래식	0x00	32비트 워드(word)
BPF_H	크기	클래식	0x08	16비트 하프 워드 (half word)
BPF_B	크기	클래식	0x10	8비트 바이트(byte)
BPF_DW	크기	확장	0x18	64비트 더블 워드 (double word)
BPF_XADD	Store modifier	확장	0xc0	배타적 더하기
BPF_ADD	ALU/Jump 명령	클래식	0x00	더하기
BPF_SUB	ALU/Jump 명령	클래식	0x10	빼기
BPF_K	ALU/Jump 피연산자	클래식	0x00	상수 값 피연산자
BPF_X	ALU/Jump 피연산자	클래식	0x08	레지스터 피연산자
BPF_MOV	ALU/Jump 명령	확장	0xb0	레지스터 간 이동
BPF_JLT	Jump 명령	확장	0xa0	~보다 작을 때 점프 (부호 없는)
BPF_REG_0	레지스터 번호	확장	0x00	레지스터 0
BPF_REG_1	레지스터 번호	확장	0x01	레지스터 1
BPF_REG_10	레지스터 번호	확장	0x0a	레지스터 10

표 E.2 BPF 명령어, 필드와 레지스터

명령어는 보통 명령어 클래스(Instruction Class)와 필드 값의 조합을 비트 단위로 OR해서(bitwise OR'd) 구성됩니다.

인코딩

확장 BPF 명령어 포맷은 bpf_insn 구조체로 이루어져 있습니다.

연산자	목적지 레지스터	소스 레지스터	부호 있는 오프셋	부호 있는 수치 상수
8비트	8비트	8비트	16비트	32 비트

표 E.3 확장 BPF 명령어 포맷

hello_world.c 프로그램의 첫 번째 명령어는 다음과 같습니다.

```
BPF_MOV64_IMM(BPF_REG_1, 0xa21)
```

연산자가 확장됩니다.

```
BPF_ALU64 | BPF_MOV | BPF_K
```

표 E.3과 표 E.2를 참조하면 이 연산자는 0xb7이 됩니다. 해당 명령어의 인자는 목적지 레지스터 BPF_REG_1을 0x01로, 상수(피연산자 operand)를 0xa21로 지정합니다. 결과 명령어 바이트는 bpftool(8)을 사용해서 검증할 수 있습니다.

```
# bpftool prog
[...]
907: kprobe  tag 9abf0e9561523153  gpl
        loaded_at 2019-01-08T23:22:00+0000  uid 0
        xlated 128B  jited 117B  memlock 4096B
# bpftool prog dump xlated id 907 opcodes
   0: (b7) r1 = 2593
      b7 01 00 00 21 0a 00 00
   1: (6b) *(u16 *)(r10 -4) = r1
      6b 1a fc ff 00 00 00 00
   2: (b7) r1 = 1684828783
      b7 01 00 00 6f 72 6c 64
   3: (63) *(u32 *)(r10 -8) = r1
      63 1a f8 ff 00 00 00 00
[...]
```

트레이싱 도구에서 많은 수의 BPF 명령어들은 맵에 값을 저장하고 perf records를 내보내기 위해 구조체에서 데이터를 로드하고 BPF 헬퍼 함수를 호출할 것입니다. 2.3.6 "BPF API"에 있는 'BPF 헬퍼 함수'를 살펴보기 바랍니다.

참고 자료

BPF 명령어 레벨 프로그래밍에 대해 좀 더 알고 싶다면 이 부록의 앞부분에 정리되어 있는 리눅스 소스 헤더와 아래 자료를 살펴봅시다.

- Documentation/networking/filter.txt[17]
- include/uapi/linux/bpf.h[184]
- 실리움 프로젝트의 'BPF와 XDP 레퍼런스 가이드'[19]

부록 F

B P F   *P e r f o r m a n c e*   *T o o l s*

용어사전

- **ALU** 산술 연산 장치. 산술 명령어를 처리하는 CPU의 서브 시스템
- **API** 애플리케이션 인터페이스
- **BCC** BPF 컴파일러 컬렉션(BPF Compiler Collection). BPF를 사용하기 위한 오픈 소스 소프트웨어 프레임워크 및 도구 모음(4장 참고)
- **BPF** 버클리 패킷 필터(Berkeley Packet Filter). 경량의 커널 내부 기술로 1992년에 패킷 필터링의 성능을 향상시키기 위해 처음 만들어졌으며 2014년 이래 널리 보급되어 범용 실행 환경이 됨(eBPF 참고)
- **BPF 맵(map)** 지표, 스택 트레이스 및 기타 데이터를 저장하는 데 사용되는 커널 내부 BPF 저장 객체
- **bpftrace** 고급 프로그래밍 언어로 작성된 오픈 소스 BPF 기반 트레이싱 도구 (5장 참고)
- **BTF** BPF 타입 포맷(2장 참고)
- **C** C 프로그래밍 언어
- **CPU** 중앙 처리 장치(Central Processing Unit). 이 책에서 CPU는 OS에 의해 관리되는 가상 CPU를 의미하는데, 이것은 코어 또는 하이퍼스레드일 수 있습니다.
- **CSV(Comma-Separated Values)** 파일 형식의 한 종류
- **DNS** 도메인 네임 시스템(Domain Name System)
- **DTrace** 썬 마이크로시스템즈(Sun Microsystems)에서 2005년에 솔라리스 10 용으로 발표한 동적 트레이싱 기능

- **DTraceToolkit** 230개의 DTrace 도구 모음으로 대부분 필자가 작성했으며 2005년 4월 20일에 처음 문서와 함께 오픈 소스로 발표되었습니다. DTraceToolkit은 execsnoop, iosnoop, iotop 등 여러 트레이싱 도구의 원조이며, 이 도구들은 이후 다른 프로그래밍 언어와 운영체제로 이식되었습니다.

- **eBPF** 확장 BPF(Extended BPF). eBPF라는 약어는 원래 레지스터 크기와 명령어 집합이 업데이트되고, 맵 스토리지가 추가되고, 커널 호출에 제한이 생긴 2014년에 개발된 확장 BPF를 뜻하는 것이었습니다. 2015년이 되면서 단어 앞에 붙어 있는 e가 떨어져 나가고 확장 BPF를 그냥 BPF라고 부르게 되었습니다(BPF 참고).

- **ELF**(Executable and Linkable Format) 실행 프로그램의 일반적인 파일 형식

- **Ftrace** 리눅스 커널에 내장된 기술로 다양한 트레이싱 기능을 제공합니다. 현재는 eBPF와 분리되어 있습니다(14장 참고).

- **GUI** 그래픽 사용자 인터페이스(Graphical user interface)

- **HTTP** 하이퍼텍스트 전송 규약(Hypertext Transfer Protocol)

- **Hz(헤르츠)** 초당 사이클

- **ICMP** 인터넷 제어 메시지 프로토콜(Internet Control Message Protocol) ping(1)에 의해 사용되는 프로토콜(ICMP 에코 요청/응답)

- **IO Visor** Github에 BCC와 bpftrace 저장소를 관리하고 서로 다른 회사에 근무하는 BPF 개발자들 간의 협업을 추진하는 리눅스 재단 프로젝트

- **IOPS** 초당 I/O(I/O per second)

- **iovisor** IO Visor 참고

- **IP** 인터넷 프로토콜(Internet Protocol), 주요 버전으로는 IPv4와 IPv6가 있습니다(10장 참고).

- **IPC** 사이클당 명령어 처리 회수(Instructions Per Cycle)

- **KB(Kbytes)** 킬로바이트

- **kprobe** 커널 레벨 동적 계측을 위한 리눅스 커널 기술

- **kretprobe** 커널 함수의 리턴을 계측하기 위한 kprobe

- **LBR** 최종 브랜치 레코드(Last Branch Record), 제한된 스택 트레이스를 수집할 수 있는 프로세서 기술(2장 참고)

- **LRU** 페이지 교체 알고리즘 중 하나. 가장 오랫 동안 참조되지 않은(Least Recently Used) 페이지를 교체합니다.

- **malloc** 메모리 할당. 이것은 보통 메모리 할당을 수행하는 함수를 지칭합니다.
- **MB(Mbytes)** 메가바이트
- **MMU** 메모리 관리 장치(Memory Management Unit). CPU에 메모리 주소를 알려주고, 가상-물리 주소 변환을 수행하는 하드웨어 컴포넌트입니다.
- **ms** 밀리초(Milliseconds)
- **MySQL** 오픈 소스 관계형 데이터베이스 시스템
- **off-CPU** CPU에서 현재 동작 중이지 않은 스레드를 off-CPU라 부릅니다. I/O 대기, 록, 자발적인 휴면, 혹은 또 다른 이벤트에 의해 발생할 수 있습니다.
- **on-CPU** CPU에서 현재 동작 중인 스레드
- **ORC(Oops Rewind Capability)** 리눅스 커널이 지원하는 스택 트레이스 되감기(stack unwinding) 기술
- **OS** 운영체제. 리소스와 사용자 레벨 프로세스를 관리하기 위해 사용되는 소프트웨어 모음(커널 포함)
- **PEBS** 정밀 이벤트 기반 샘플링(Precise Event-Based Sampling). 이벤트가 발생하는 동안 CPU 상태를 보다 정확하게 기록할 수 있도록 PMC와 함께 사용하는 프로세서 기술
- **perf(1)** 표준 리눅스 프로파일링 도구 겸 트레이싱 도구로 리눅스 소스 트리에 포함되어 있습니다. perf(1)는 PMC 분석 도구로 시작되었으며 트레이싱 기능도 포함하도록 확장되었습니다.
- **perf_events** 리눅스 커널 프레임워크로 perf(1) 명령어와 그것의 이벤트 계측을 지원하고, 이벤트 데이터를 링 버퍼에 기록합니다. BPF를 포함해 다른 트레이싱 도구들은 이벤트 계측과 이벤트 데이터 버퍼링을 위해 이 프레임워크를 사용합니다.
- **PID** 프로세스 식별자(Process Identifier). 프로세스에 대한 운영체제 고유 숫자 식별자입니다.
- **PMC** 성능 모니터링 카운터(Performance Monitoring Counters). 프로세서 상의 특별한 하드웨어 레지스터로 사이클, 지연 사이클, 명령어, 메모리 로드/저장 등의 로우 레벨 CPU 이벤트를 계측하도록 프로그래밍할 수 있습니다.
- **POSIX** 유닉스용 이식 가능 운영체제 인터페이스(Portable Operating System Interface for Unix). IEEE에서 유닉스 API를 정의하는 관련 규정의 일부

- probe 소프트웨어 혹은 하드웨어의 계측 지점
- provider DTrace에서 관련된 probe와 인자의 라이브러리를 지칭할 때 사용하는 용어. 리눅스에서 provider는 도구에 따라 가리키는 게 다른데, 시스템, 카테고리, 혹은 probe 유형을 뜻하기도 합니다.
- RCU(Read-Copy-Update) 리눅스 동기화 메커니즘
- RFC(Request For Comments) IETF(Internet Engineering Task Force)의 공개 문서. RFC는 네트워킹 프로토콜을 정의하는 데 사용됩니다(예: RFC 793은 TCP를 정의).
- RSS(Resident Set Size) 메인 메모리 크기의 척도
- SCSI(Small Computer System Interface) 저장 장치의 표준 인터페이스
- SLA 서비스 수준 협약(Service Level Agreement)
- SLO 서비스 수준 목표(Service Level Objective). 구체적이고 계량 가능한 목표
- SNMP 간이 망 관리 프로토콜(Simple Network Management Protocol)
- SSH(Secure Shell) 암호화된 원격 셸 프로토콜
- struct 구조화된 객체로 보통 C 프로그래밍 언어의 구조체를 의미
- SVG(Scalable Vector Graphics) 파일 형식의 한 종류
- syscall 시스템 콜 참고
- sysctl 커널 파라미터를 들여다보고 수정하는 데 사용하는 도구. 파라미터 값을 확인하기 위해 자주 사용됩니다.
- TCP 전송 제어 프로토콜(Transmission Control Protocol). RFC 793에서 최초로 정의된 프로토콜(10장 참고)
- TLB 변환 색인 버퍼(Translation Lookaside Buffer). 가상 메모리 시스템에서 메모리 변환을 위한 캐시로 MMU에 의해 사용됩니다(MMU 참고).
- tracepoint 정적 계측을 제공하는 리눅스 커널 기술
- UDP 사용자 데이터그램 프로토콜(User Datagram Protocol). RFC 768에서 최초로 정의된 프로토콜(10장 참고)
- uprobe 사용자 레벨 동적 계측을 위한 리눅스 커널 기술
- uretprobe 사용자 레벨 함수의 리턴을 계측하기 위한 uprobe의 한 유형
- μs 마이크로초(Microseconds)

- USDT 정적으로 정의된 사용자 레벨 트레이싱(User-land Statically Defined Tracing). 프로그래머가 유용한 probe를 제공하기 위해 애플리케이션 코드에 넣은 정적 계측과 관련된 트레이싱의 한 유형
- VFS 가상 파일 시스템(Virtual File System). 다른 파일 시스템 유형을 지원하기 위해 커널이 사용하는 추상화 계층
- ZFS 썬 마이크로시스템즈가 개발한, 파일 시스템과 볼륨 매니저가 합쳐진 형태의 파일 시스템
- 관측가능성(Observability) 컴퓨팅 시스템의 상태를 관측하고 분석하는 데 사용되는 방법과 도구. 이 책에서 다루는 도구들은 관측가능성 도구입니다.
- 글로브 패턴(globbing) 일련의 와일드카드로 흔히 파일명 매칭에 사용됩니다 (*, ?, []).
- 네이티브(native) 컴퓨터 동작에서 추가적인 해석과 컴파일 없이 프로세서가 직접 처리할 수 있는 코드와 데이터를 뜻합니다.
- 데몬 서비스를 제공하기 위해 끊임없이 돌아가는 시스템 프로그램
- 동적 계측(dynamic instrumentation) 이 방법을 사용하는 트레이싱 도구의 이름을 따라 동적 트레이싱이라고도 부릅니다. 이 기술은 실시간으로 명령어 텍스트를 수정하고 임시 트레이싱 명령어를 삽입하여 함수 호출, 반환 등 어떠한 소프트웨어 이벤트든지 계측할 수 있습니다. 대상 소프트웨어는 보통 동적 계측 지원 기능을 필요로 하지 않습니다. 이것은 어떠한 소프트웨어 함수도 계측할 수 있기 때문에, 안정적인 API로 간주되지는 않습니다.
- 동적 트레이싱(dynamic tracing) 동적 계측을 수행하는 소프트웨어
- 드롭(drop) 출력 버퍼에 저장될 수 있는 양보다 더 높은 비율로 도달해서 기록되지 않는(드롭되는) 트레이스 이벤트
- 록스텝(lockstep) 다른 정주기 간격으로 발생하는 이벤트와 동일한 주기로 샘플링한 것을 가리키는데, 이렇게 수집된 샘플 데이터는 이벤트가 과도하게 발생한 것으로 표현될 수 있습니다.
- 링 버퍼(ring buffer) 버퍼가 꽉 찼을 때는 기존의 값을 덮어써서 최근의 이벤트만 유지되도록 하는 버퍼 정책
- 맵 BPF 맵 참고
- 메모리 시스템 메모리로 보통 DRAM이 많이 사용됩니다.
- 명령어 셸에서 실행되는 프로그램

- 뮤텍스(mutex) 상호 배제(Mutual exclusion) 록. 소프트웨어 록으로 성능 병목 상태의 원인이 될 수 있으며 자주 검토됩니다(13,14장 참고).

- 바이트 디지털 데이터의 단위. 이 책에서는 1바이트는 8비트를 의미하고 비트는 0 혹은 1로 이루어진 산업 표준을 따릅니다.

- 배열 일련의 값들로 구성된 변수 유형의 하나로, 특정 값은 정수 인덱스를 사용해서 참조함

- 버퍼 데이터(보통 임시 I/O 데이터)를 저장하는 데 사용되는 메모리 영역

- 변수 프로그래밍 언어가 사용하는 이름을 가진 저장 객체

- 불안정(unstable) 프로그래밍 인터페이스가 변경되지 않을 것이라는 보장이 없고, 시간이 흐름에 따라 다른 소프트웨어 버전 간에 변경이 일어날 수 있습니다. kprobe와 uprobe는 소프트웨어의 내부 구조를 계측하기 때문에, 이 두 개가 제공하는 API는 안전하지 않은 인터페이스로 간주됩니다.

- 사용자 공간(user space) 사용자 레벨 프로세스의 주소 공간

- 사용자 레벨(user level) 유저 랜드 실행이 사용하는 프로세서 권한 모드. 이것은 커널 레벨에 비해 더 낮은 권한 레벨입니다. 이 모드에서는 리소스에 대한 직접 접근을 거부하며, 사용자 레벨 소프트웨어가 커널을 통해 해당 리소스들로 접근하도록 요청합니다.

- 샘플링 측정의 일부(혹은 샘플)를 사용해서 대상을 이해하는 기술. 트레이싱에서 이것은 흔히 정주기 샘플링(timed sampling)을 뜻합니다. 이 방식에서는 명령어 포인터 혹은 스택 트레이스가 지정된 시간 간격으로 수집됩니다(예: CPU 전체에 걸쳐 99Hz로).

- 서버 물리적인 컴퓨터로, 일반적으로 랙에 마운트되는 기업용 컴퓨터이고 데이터 센터에 설치됩니다. 일반적으로 커널이나 운영체제, 그리고 응용 프로그램을 돌리는 서버

- 셸(Shell) 커맨드 라인 인터프리터 및 스크립트 언어

- 소켓 통신을 위한 네트워크 엔드포인트를 가르키는 소프트웨어 추상화

- 솔라리스(Solaris) 썬 마이크로시스템스에서 독자적으로 개발한 유닉스 운영체제로 2005년에 DTrace를 기본으로 탑재해서 출시되었습니다. 오라클에서 썬을 인수했으며 솔라리스는 현재 오라클 솔라리스로 불립니다.

- 스레드(thread) 스케줄링되고 실행될 수 있는 프로그램을 대표하는 소프트웨어 추상화

- 스크립트 컴퓨터 동작에서 보통 고급 프로그래밍 언어로 짧게 작성된 실행 파일을 의미합니다. bpftrace는 스크립트 언어에 해당합니다.
- 스택 스택 트레이스의 줄임말
- 스택 백 트레이스(stack back trace) 스택 트레이스 참고
- 스택 트레이스(stack trace) 여러 스택 프레임으로 구성된 콜 스택으로 실행 함수의 계보를 보여줍니다. 스택 트레이스를 바닥에서 꼭대기까지 읽음으로써 어느 함수들이 어떤 다른 함수들을 호출했는지 확인할 수 있고, 이것으로부터 코드의 흐름을 확인할 수 있습니다. 스택을 위에서 아래로 읽으면 가장 최근의 함수부터 시작해서 가장 오래된 함수로 역방향 순서가 되기 때문에, 스택 백 트레이스라고 하기도 합니다.
- 스택 프레임(stack frame) 함수, 리턴 주소, 함수 인자에 대한 포인터 같은 함수 상태 정보를 담고 있는 데이터 구조
- 스핀(spin) 일반적으로 스핀 록이나 적응형 뮤텍스 록과 같은 리소스를 획득하기 위해 잠깐동안 루프를 실행하며 대기하는 것과 관련한 소프트웨어 메커니즘
- 시스템 콜 커널의 특권 동작을 요청하기 위한 프로세스의 인터페이스
- 실행 큐(run queue) CPU에서 처리될 차례를 기다리는 태스크들로 이루어진 CPU 스케줄러 큐. 실제로 이 큐는 트리 구조로 구현되지만, 여전히 '실행 큐'라는 용어를 사용합니다.
- 안정(stable) 인터페이스가 변경되지 않을 것으로 예상되는 프로그래밍 인터페이스에 대한 보장 수준을 나타냅니다.
- 연관 배열 값들이 고유한 키를 통해 각각 할당되고 검색될 수 있는 변수 유형
- 워크로드 시스템 혹은 리소스에 대한 요청
- 유저 랜드(user land) 사용자 레벨 소프트웨어와 파일로, 실행 프로그램은 주로 /usr/bin, /lib에 위치합니다.
- 인라인(inline) 함수의 명령어를 부모 함수에 위치시키는 컴파일러 최적화
- 인스턴스(instance) 가상 서버. 클라우드 컴퓨팅은 서버 인스턴스를 제공합니다.
- 읽기/쓰기 록(reader/writer lock) 스레드를 사용하는 소프트웨어에서 공유 데이터를 보호하기 위해 사용하는 상호 배제 록
- 자바(Java) 자바 프로그래밍 언어
- 자바스크립트(JavaScript) 자바스크립트 프로그래밍 언어

- 정적 계측/트레이싱(static instrumentation/tracing) 계측 지점을 코드에 직접적으로 포함시키는 것을 뜻합니다. 어떤 소프트웨어는 프로그래머가 계측 지점을 삽입했기 때문에 정적 계측을 지원할 수 있지만, 어떤 소프트웨어는 계측 지점이 없어 정적 계측을 지원하지 않을 수도 있습니다. 정적 계측은 인터페이스가 안정적이라는 장점이 있습니다.

- 지연 시간(latency) I/O가 완료되는 시간과 같은, 이벤트가 발생하는 데 소요되는 시간. 지연 시간은 성능 이슈를 측정하는 가장 효과적인 방법이므로 성능 분석에서 중요합니다. 범위를 추가적으로 지정하지 않는다면 정확한 측정 위치가 모호할 수 있습니다. 예를 들어 "디스크 지연 시간"은 디스크 드라이버 큐에서만 소요되는 시간을 의미할 수도, 애플리케이션에서의 대기 시간 및 처리 시간을 포함해 디스크 I/O가 완료되기를 기다리는 전체 시간을 의미할 수도 있습니다.

- 커널 리소스와 사용자 레벨 프로세스를 관리하기 위해 특권 모드로 실행되는 시스템의 핵심 프로그램

- 커널 공간(kernel space) 커널의 주소 공간

- 커널 랜드(kernel land) 커널 소프트웨어

- 커널 레벨(kernel level) 커널 실행에 사용되는 프로세서 특권 모드

- 코어 프로세서의 실행 파이프라인. 코어(core)는 OS에서 단일 CPU로 또는 하이퍼스레드(hyperthreads)를 통해 멀티 CPU로 노출될 수도 있습니다.

- 태스크(task) 스레드에 대한 리눅스 용어

- 트레이싱 이벤트 기반 기록 방식. 이벤트를 트레이싱하는 방법에는 정적/동적 계측 기반 혹은 타이머 기반이 있습니다. 이 책에서 다루는 도구들은 이벤트를 계측하고 BPF 프로그램을 실행시켜 데이터를 기록하는 트레이싱 도구입니다.

- 트레이싱 도구 tracer(트레이싱 참고)

- 파이썬(Python) 파이썬 프로그래밍 언어

- 페이지 커널과 프로세서가 관리하는 일련의 메모리 묶음. 시스템에서 사용하는 모든 메모리는 참조와 관리를 위해 페이지로 나뉩니다. 보통 페이지 크기는 4KB와 2MB(프로세스에 따라 다름)입니다.

- 페이지 인/아웃(pagein/pageout) 운영체제(커널)에서 메모리 묶음(페이지)을 외부 저장 장치 간에 이동시키기 위해 수행하는 함수

- **페이지 폴트(pagefault)** 프로그램이 backing page가 현재 가상 메모리와 매핑되지 않은 메모리 위치를 참조할 때 발생하는 시스템 트랩(trap)입니다. 페이지 폴트는 리눅스의 온디맨드 메모리 할당 모델의 정상적인 결과입니다.

- **폴트(fault)** 하드웨어/소프트웨어의 장애 모드 유형. 폴트는 보통 예상되는 장애이며, 폴트 핸들러(fault handler)가 그것들을 적절하게 처리합니다.

- **프로세스** 실행 중인 사용자 레벨 프로그램에 대한 운영체제 추상화. 각각의 프로세스는 PID를 통해 식별되며(PID 참고) 한 개 혹은 그 이상의 실행 중인 스레드를 가질 수 있습니다(스레드 참고).

- **프로파일링** 대상의 성능을 판단할 수 있는 데이터를 수집하는 기술. 일반적인 프로파일링 기법은 정주기 샘플링입니다(샘플링 참고).

- **플레임 그래프(flame graph)** 일련의 스택 트레이스를 시각화시킨 것(2장 참고)

- **하이퍼스레딩(hyperthreading)** CPU를 확장하기 위한 인텔 기술로, 운영체제는 하나의 코어에 여러 가상 CPU를 만들고 여기에 작업을 스케줄링할 수 있고 프로세서는 이를 병렬로 처리합니다.

- **호출(fire)** 트레이싱 분야에서 계측 지점이 트레이싱 프로그램을 호출하는 시점을 뜻합니다.

- **활성화(enable)** 트레이싱 분야에서 휴면 중인 계측 지점을 활성화해서 트레이싱 프로그램을 실행할 수 있게 하는 것

부록 G

참고문헌

[Aho 78] Aho, A. V., Kernighan, B. W., and Weinberger, P. J., "Awk: A Pattern Scanning and Processing Language (Second Edition)," Unix 7th Edition man pages, 1978, *https://web.archive.org/web/20150902174505/http://plan9.bell-labs.com/7thEdMan/index.html*

[Alizadeh 10] Alizadeh, M., Greenberg, A., Maltz, D., Padhye, J., Patel, P., Prabhakar, B., Sengupta, S., and Sridharan, M., "DCTCP: Efficient Packet Transport for the Commoditized Data Center," MSR-TR-2010-68, January 2010, *https://www.microsoft.com/en-us/research/publication/dctcp-efficient-packet-transport-for-the-commoditized-data-center/*

[AMD 10] AMD, BIOS and Kernel Developer's Guide (BKDG) for AMD Family 10h Processors, April 2010, *https://developer.amd.com/wordpress/media/2012/10/31116.pdf*

[Amit 18] Amit, N., and Wei, M., "The Design and Implementation of Hyperupcalls," USENIX Annual Technical Conference, 2018.

[Bezemer 15] Bezemer, D.-P., Pouwelse, J., and Gregg, B., "Understanding Software Performance Regressions Using Differential Flame Graphs," IEEE International Conference on Software Analysis, Evolution, and Reengineering (SANER), 2015.

[Bonwick 94] Bonwick, J., "The Slab Allocator: An Object-Caching Kernel Memory Allocator," USENIX Summer Conference, 1994.

[Bostock 10] Heer, J., Bostock, M., and Ogievetsky, V., "A Tour Through the Visualization Zoo," acmqueue, Volume 8, Issue 5, May 2010, *http://queue.acm.org/detail.cfm?id=1805128.*

[Cheng 16] Cheng, Y., and Cardwell, N., "Making Linux TCP Fast," netdev 1.2, Tokyo, 2016, *https://netdevconf.org/1.2/papers/bbr-netdev-1.2.new.new.pdf*

[Cockcroft 98] Cockcroft, A., and Pettit, R., Sun Performance and Tuning: Java and the Internet. Prentice Hall, 1998.

[Corbet 05] Corbet, J., Rubini, A., and Kroah-Hartman, G., Linux Device Drivers, 3rd edition, O'Reilly, 2005. (번역서) ≪리눅스 디바이스 드라이버≫ (한빛미디어, 2005)

[Desnoyers 09a] Desnoyers, M., Low-Impact Operating System Tracing, University of Montreal, December 2009, *https://lttng.org/files/thesis/desnoyers-dissertation-2009-12-v27.pdf*

[Desnoyers 09b] Desnoyers, M., and Dagenais, M., Adaptative Fault Probing, École Polytechnique de Montréal, December 2009, *http://dmct.dorsal.polymtl.ca/sites/dmct.dorsal.polymtl.ca/files/SOTA2009-Desnoyers.pdf*

[Elling 00] Elling, R., Static Performance Tuning, Sun Blueprints, 2000.

[Goldberg 73] Goldberg, R. P., Architectural Principals for Virtual Computer Systems, Harvard University, 1973.

[Gorman 04] Gorman, M., Understanding the Linux Virtual Memory Manager. Prentice Hall, 2004.

[Graham 82] Graham, S., Kessler, P., and McKusick, M., "gprof: A Call Graph Execution Profiler," Proceedings of the SIGPLAN '82 Symposium on Compiler Construction, SIGPLAN Notices, Volume 6, Issue 17, pp. 120–126, June 1982.

[Gregg 10] Gregg, B. "Visualizing System Latency," Communications of the ACM, July 2010.

[Gregg 11] Gregg, B., and Mauro, J., DTrace: Dynamic Tracing in Oracle Solaris, Mac OS X and FreeBSD, Prentice Hall, 2011.

[Gregg 13a] Gregg, B., "Blazing Performance with Flame Graphs," USENIX LISA '13 Conference, November 2013, *https://www.usenix.org/conference/lisa13/technical-sessions/plenary/gregg*

[Gregg 13b] Gregg, B., Systems Performance: Enterprise and the Cloud, Prentice Hall, 2013. (번역서) ≪시스템 성능 분석과 최적화: 엔터프라이즈에서 클라우드 환경까지 아우르는≫(위키북스, 2015)

[Gregg 13c] Gregg, B., "Thinking Methodically About Performance," Communications of the ACM, Volume 56 Issue 2, February 2013.

[Gregg 16] Gregg, B., "The Flame Graph," Communications of the ACM, Volume 59, Issue 6, pp. 48–57, June 2016.

[Gregg 17] Gregg, B., "Linux Container Performance Analysis," USENIX LISA '17 Conference, November 2017, *https://www.usenix.org/conference/lisa17/ conference-program/presentation/gregg*

[Hiramatsu 14] Hiramatsu, M., "Scalability Efforts for Kprobes or: How I Learned to Stop Worrying and Love a Massive Number of Kprobes," LinuxCon Japan, 2014, *https://events.static.linuxfound.org/sites/events/files/slides/ Handling%20the%20Massive%20Multiple%20Kprobes%20v2_1.pdf*

[Hollingsworth 94] Hollingsworth, J., Miller, B., and Cargille, J., "Dynamic Program Instrumentation for Scalable Performance Tools," Scalable High-Performance Computing Conference (SHPCC), May 1994.

[Høiland-Jørgensen 18] Høiland-Jørgensen, T., et al., "The eXpress Data Path: Fast Programmable Packet Processing in the Operating System Kernel," Proceedings of the 14th International Conference on emerging Networking EXperiments and Technologies, 2018.

[Hubicka 13] Hubicka, J., Jaeger, A., Matz, M., and Mitchell, M., System V Application Binary Interface AMD64 Architecture Processor Supplement (With LP64 and ILP32 Programming Models), July 2013, *https://software.intel. com/sites/default/files/article/402129/mpx-linux64-abi.pdf*

[Intel 16] Intel, Intel 64 and IA-32 Architectures Software Developer's Manual Volume 3B: System Programming Guide, Part 2, September 2016, *https://www.intel.com/content/www/us/en/architecture-and-technology/64-ia-32-architectures-software-developer-vol-3b-part-2-manual.htm*l

[Jacobson 18] Jacobson, V., "Evolving from AFAP: Teaching NICs About Time," netdev 0x12, July 2018, *https://www.files.netdevconf.org/d/*

4ee0a09788fe49709855/files/?p=/Evolving%20from%20AFAP%20%E2%80%93%20
Teaching%20NICs%20about%20time.pdf

[McCanne 92] McCanne, S., and Jacobson, V., "The BSD Packet Filter: A New Architecture for User-Level Packet Capture," USENIX Winter Conference, 1993.

[Stoll 89] Stoll, C., The Cuckoo's Egg: Tracking a Spy Through the Maze of Computer Espionage, The Bodley Head Ltd., 1989.

[Sun 05] Sun, Sun Microsystems Dynamic Tracing Guide (Part No: 817–6223–11), January 2005.

[Tamches 99] Tamches, A., and Miller, B., "Fine-Grained Dynamic Instrumentation of Commodity Operating System Kernels," Proceedings of the 3rd Symposium on Operating Systems Design and Implementation, February 1999.

[Tikhonovsky 13] Tikhonovsky, I., "Web Inspector: Implement Flame Chart for CPU Profiler," Webkit Bugzilla, 2013, *https://bugs.webkit.org/show_bug.cgi?id=111162*

[Vance 04] Vance, A., "Sun Delivers Unix Shocker with DTrace: It Slices, It Dices, It Spins, It Whirls," The Register, July 2004, *https://www.theregister.com/2004/07/08/dtrace_user_take/*

[VMware 07] VMware, Understanding Full Virtualization, Paravirtualization, and Hardware Assist, 2007, *https://www.vmware.com/content/dam/digitalmarketing/vmware/en/pdf/techpaper/VMware_paravirtualization.pdf*

[Welsh 01] Welsh, M., Culler, D., and Brewer, E., "seda: An Architecture for Well-Conditioned, Scalable Internet Services," ACM SIGOPS, Volume 35, Issue 5, December 2001.

[Yamamoto 16] Yamamoto, M., and Nakashima, K., "Execution Time Compensation for Cloud Applications by Subtracting Steal Time Based on Host-Level Sampling," ICPE, 2016, *https://research.spec.org/icpe_proceedings/2016/companion/p69.pdf*

[Zannoni 16] Zannoni, E., "BPF and Linux Tracing Infrastructure," LinuxCon Europe, 2016, *https://events.static.linuxfound.org/sites/events/files/slides/tracing-linux-ezannoni-berlin-2016-final.pdf*

[1] *https://events.static.linuxfound.org/sites/events/files/slides/bpf_collabsummit_2015feb20.pdf*

[2] *https://lkml.org/lkml/2013/9/30/627*

[3] *https://lore.kernel.org/netdev/1395404418-25376-1-git-send-email-dborkman@redhat.com/T/*

[4] *https://lore.kernel.org/lkml/1435328155-87115-1-git-send-email-wangnan0 @huawei.com/T/*

[5] *https://github.com/iovisor/ply*

[6] *http://halobates.de/on-submitting-patches.pdf*

[7] *https://www.usenix.org/legacy/publications/library/proceedings/sd93/*

[8] *https://www.slideshare.net/vh21/meet-cutebetweenebpfandtracing*

[9] *https://lwn.net/Articles/437981/*

[10] *https://lwn.net/Articles/475043/*

[11] *https://lwn.net/Articles/575444/*

[12] *https://patchwork.ozlabs.org/patch/334837/*

[13] *https://kernelnewbies.org/Linux_3.18*

[14] *http://vger.kernel.org/vger-lists.html#netdev*

[15] *http://www.brendangregg.com/blog/2015-05-15/ebpf-one-small-step.html*

[16] *http://www.brendangregg.com/blog/2014-07-10/perf-hacktogram.html*

[17] *https://www.kernel.org/doc/Documentation/networking/filter.txt*

[18] *https://llvm.org/doxygen/classllvm_1_1IRBuilderBase.html*

[19] *https://cilium.readthedocs.io/en/latest/bpf/*

[20] *https://graphviz.org/*

[21] *https://lore.kernel.org/lkml/CAHk-=wib9VSbwbS+N82ZPNtvt4vrvYyHyQduhFimX8nyjCyZyA@mail.gmail.com/*

[22] *http://www.brendangregg.com/blog/2014-05-11/strace-wow-much-syscall.html*

[23] *https://patchwork.ozlabs.org/patch/1030266/*

[24] *https://github.com/cilium/cilium*

[25] *https://source.android.com/devices/architecture/kernel/bpf#files_available_in_sysfs*

[26] *https://www.kernel.org/doc/Documentation/bpf/btf.rst*

[27] *https://git.kernel.org/pub/scm/linux/kernel/git/bpf/bpf-next.git/commit/?id=c04c0 d2b968ac45d6ef020316808ef6c82325a82*

[28] *https://git.kernel.org/pub/scm/linux/kernel/git/bpf/bpf-next.git/tree/Documentation/ bpf/bpf_design_QA.rst#n90*

[29] *https://www.kernel.org/doc/Documentation/bpf/bpf_design_QA.txt*

[30] *http://www.man7.org/linux/man-pages/man2/bpf.2.html*

[31] *http://man7.org/linux/man-pages/man7/bpf-helpers.7.html*

[32] *https://lwn.net/Articles/599755/*

[33] *https://www.iovisor.org/blog/2015/10/15/bpf-internals-ii*

[34] *https://gcc.gnu.org/ml/gcc-patches/2004-08/msg01033.html*

[35] *http://dtrace.org/blogs/eschrock/2004/11/19/debugging-on-amd64-part-one/*

[36] *https://github.com/sysstat/sysstat/pull/105*

[37] *http://www.brendangregg.com/flamegraphs.html*

[38] *https://github.com/spiermar/d3-flame-graph*

[39] *https://medium.com/netflix-techblog/netflix-flamescope-a57ca19d47bb*

[40] *https://lwn.net/Articles/132196/*

[41] *http://phrack.org/issues/67/6.html#article*

[42] *https://www.kernel.org/doc/Documentation/kprobes.txt*

[43] *https://web.archive.org/web/20210226185501/http:/www.ibm.com/developer works/library/l-kprobes/index.html*

[44] *https://lwn.net/Articles/499190/*

[45] *https://events.static.linuxfound.org/images/stories/pdf/eeus2012_desnoyers.pdf*

[46] *https://www.kernel.org/doc/Documentation/trace/uprobetracer.txt*

[47] *https://www.kernel.org/doc/Documentation/trace/tracepoints.rst*

[48] *https://lkml.org/lkml/2018/2/28/1477*

[49] *http://www.brendangregg.com/blog/2015-07-03/hacking-linux-usdt-ftrace.html*

[50] *https://web.archive.org/web/20161203062506/http://blogs.microsoft.co.il/sasha/ 2016/03/30/usdt-probe-support-in-bpfbcc/*

[51] *http://blog.srvthe.net/usdt-report-doc/*

[52] *https://github.com/sthima/libstapsdt*

[53] *https://medium.com/sthima-insights/we-just-got-a-new-super-power-runtime-usdt- comes-to-linux-814dc47e909f*

[54] *https://github.com/dalehamel/ruby-static-tracing*

[55] *https://xenbits.xen.org/docs/4.11-testing/misc/xen-command-line.html*

[56] *https://medium.com/netflix-techblog/linux-performance-analysis-in-60-000-milliseconds-accc10403c55*

[57] *http://www.brendangregg.com/blog/2016-10-27/dtrace-for-linux-2016.html*

[58] *https://github.com/iovisor/bcc/blob/master/INSTALL.md*

[59] *https://github.com/iovisor/bcc/blob/master/CONTRIBUTING-SCRIPTS.md*

[60] *https://github.com/iovisor/bcc#tools*

[61] *https://snapcraft.io/bpftrace*

[62] *https://packages.debian.org/sid/bpftrace*

[63] *https://github.com/iovisor/bpftrace/blob/master/INSTALL.md*

[64] *https://github.com/iovisor/bcc/blob/master/docs/kernel-versions.md*

[65] *https://github.com/iovisor/bpftrace/blob/master/docs/tutorial_one_liners.md*

[66] *https://github.com/iovisor/bpftrace/blob/master/docs/reference_guide.md*

[67] *https://github.com/iovisor/bpftrace/issues/26*

[68] *https://github.com/iovisor/bpftrace/issues/305*

[69] *https://github.com/iovisor/bpftrace/issues/614*

[70] *https://lore.kernel.org/lkml/CAHk-=wib9VSbwbS+N82ZPNtvt4vrvYyHyQduhFi mX8nyjCyZyA@mail.gmail.com/*

[71] *https://github.com/iovisor/bpftrace/pull/790*

[72] *http://www.brendangregg.com/blog/2017-08-08/linux-load-averages.html*

[73] *http://www.brendangregg.com/perf.html*

[74] *https://github.com/brendangregg/pmc-cloud-tools*

[75] *http://www.brendangregg.com/blog/2018-02-09/kpti-kaiser-meltdown-performance.html*

[76] *https://github.com/Netflix/flamescope*

[77] *https://medium.com/netflix-techblog/netflix-flamescope-a57ca19d47bb*

[78] *https://github.com/brendangregg/perf-tools*

[79] *https://github.com/pmem/vltrace*

[80] *http://agentzh.org/misc/slides/off-cpu-flame-graphs.pdf*

[81] *https://www.kernel.org/doc/Documentation/admin-guide/mm/concepts.rst*

[82] *http://www.brendangregg.com/FlameGraphs/memoryflamegraphs.html#brk*

[83] *https://docs.oracle.com/cd/E23824_01/html/821-1448/zfspools-4.html#gentextid-11970*

[84] *http://vger.kernel.org/~acme/perf/linuxdev-br-2018-perf-trace-eBPF*

[85] *https://www.spinics.net/lists/linux-fsdevel/msg139937.html*

[86] *https://lwn.net/Articles/787473/*

[87] *http://www.brendangregg.com/blog/2014-12-31/linux-page-cache-hit-ratio.html*

[88] *https://www.kernel.org/doc/ols/2002/ols2002-pages-289-300.pdf*

[89] *https://github.com/torvalds/linux/blob/16d72dd4891fecc1e1bf7ca193bb7d5b9804c038/kernel/bpf/verifier.c#L7851-L7855*

[90] *https://lwn.net/Articles/552904/*

[91] *https://oss.oracle.com/~mason/seekwatcher/*

[92] *https://github.com/facebook/folly/tree/master/folly/tracing*

[93] *https://cilium.io/*

[94] *https://engineering.fb.com/2018/05/22/open-source/open-sourcing-katran-a-scalable-network-load-balancer/*

[95] *https://www.coverfire.com/articles/queueing-in-the-linux-network-stack/*

[96] *https://www.kernel.org/doc/Documentation/networking/scaling.rst*

[97] *https://patchwork.ozlabs.org/cover/910614/*

[98] *https://lwn.net/Articles/659199/*

[99] *https://patchwork.ozlabs.org/patch/610370/*

[100] *https://www.kernel.org/doc/Documentation/networking/segmentation-offloads.rst*

[101] *https://www.bufferbloat.net/*

[102] *https://www.kernel.org/doc/Documentation/networking*

[103] *https://flent.org/*

[104] *https://www.wireshark.org/*

[105] *https://blog.cloudflare.com/the-story-of-one-latency-spike/*

[106] *http://www.brendangregg.com/DTrace/DTrace_Network_Providers.html*

[107] *http://www.brendangregg.com/DTrace/CEC2006_demo.html*

[108] *https://twitter.com/b0rk/status/765666624968003584*

[109] *http://www.brendangregg.com/blog/2016-10-15/linux-bcc-tcptop.html*

[110] *https://github.com/brendangregg/dtrace-cloud-tools/tree/master/net*

[111] *http://www.brendangregg.com/blog/2014-09-06/linux-ftrace-tcp-retransmit-tracing.html*

[112] *https://www.reddit.com/r/networking/comments/47jv98/dns_resolution_time_for_io_in_us/*

[113] *https://git.kernel.org/pub/scm/linux/kernel/git/torvalds/linux.git/commit/?id=e31 18e8359bb7c59555aca60c725106e6d78c5ce*

[114] *https://www.slideshare.net/AlexMaestretti/security-monitoring-with-ebpf*

[115] *https://seclists.org/oss-sec/2019/q2/131*

[116] *https://www.snort.org/*

[117] *https://www.slideshare.net/AlexMaestretti/security-monitoring-with-ebpf/17*

[118] *https://www.kernel.org/doc/Documentation/userspace-api/seccomp_filter.rst*

[119] *https://lwn.net/Articles/756233/*

[120] *https://lore.kernel.org/netdev/cover.1425208501.git.daniel@iogearbox.net/T/*

[121] *https://lore.kernel.org/netdev/61198814638d88ce3555dbecf8ef87552 3b95743.1452197856.git.daniel@iogearbox.net/*

[122] *https://lwn.net/Articles/747551/*

[123] *https://lore.kernel.org/netdev/20180216134023.15536-1-daniel@iogearbox.net/*

[124] *https://landlock.io/*

[125] *https://git.kernel.org/pub/scm/linux/kernel/git/bpf/bpf-next.git/commit/?id=8b40 1f9ed2441ad9e219953927a842d24ed051fc*

[126] *https://bugzilla.redhat.com/show_bug.cgi?id=1384344*

[127] *https://www.kernel.org/doc/Documentation/sysctl/net.txt*

[128] *http://vger.kernel.org/bpfconf.html*

[129] *https://lore.kernel.org/netdev/2f24a9bbf761accb982715c761c0840a14c0b5cd. 1463158442.git.daniel@iogearbox.net/*

[130] *https://lore.kernel.org/netdev/36bb0882151c63dcf7c624f52bf92db8adbfb80a. 1487279499.git.daniel@iogearbox.net/*

[131] *https://cilium.readthedocs.io/en/stable/bpf/#hardening*

[132] *http://phrack.org/issues/63/3.html*

[133] *https://lore.kernel.org/netdev/8f751452-271f-6253-2f34-9e4cecb347b8@ iogearbox.net/T/*

[134] *http://www.brendangregg.com/blog/2016-01-18/ebpf-stack-trace-hack.html*

[135] *https://github.com/jvm-profiling-tools/perf-map-agent*

[136] *https://github.com/torvalds/linux/blob/master/tools/perf/Documentation/jit-interface.txt*

[137] *https://github.com/brendangregg/FlameGraph/blob/master/jmaps*

[138] *https://docs.oracle.com/en/java/javase/11/vm/dtrace-probes-hotspot-vm.html*

[139] *http://www.brendangregg.com/blog/2007-08-10/dtrace-bourne-shell-sh-provider1.html*

[140] *http://www.brendangregg.com/bpfperftools.html*

[141] *https://github.com/sthima/node−usdt*

[142] *http://www.brendangregg.com/blog/2016-10-12/linux-bcc-nodejs-usdt.html*

[143] *https://github.com/mmarchini/node-linux-perf*

[144] *http://www.brendangregg.com/blog/2014-09-17/node-flame-graphs-on-linux.html*

[145] *https://golang.org/pkg/runtime/trace/*

[146] *http://www.brendangregg.com/blog/2017-01-31/golang-bcc-bpf-function-tracing.html*

[147] *https://github.com/iovisor/bcc/issues/934*

[148] *https://tour.golang.org/basics/4*

[149] *https://github.com/iovisor/bpftrace/issues/740*

[150] *https://github.com/iovisor/bcc/issues/1320#issuecomment-407927542*

[151] *https://github.com/mmcshane/salp*

[152] *https://wiki.tcl−lang.org/page/DTrace*

[153] *https://www.gnu.org/software/libc/*

[154] *https://bugs.debian.org/cgi−bin/bugreport.cgi?bug=767756*

[155] *https://dev.mysql.com/doc/refman/5.7/en/dba-dtrace-mysqld-ref.html*

[156] *https://www.kernel.org/doc/html/latest/core-api/memory-allocation.html*

[157] *https://www.kernel.org/doc/Documentation/locking/mutex-design.txt*

[158] *https://www.kernel.org/doc/Documentation/trace/ftrace.rst*

[159] *https://github.com/rostedt/trace-cmd*

[160] *https://git.kernel.org/pub/scm/linux/kernel/git/rostedt/trace-cmd.git*

[161] *http://kernelshark.org/*

[162] *https://www.kernel.org/doc/Documentation/kernel-hacking/locking.rst*

[163] *https://github.com/iovisor/bpftrace/pull/534*

[164] *https://lore.kernel.org/patchwork/patch/157488/*

[165] *https://clearlinux.org/news-blogs/kata-containers-next-evolution-clear-containers*

[166] *https://github.com/firecracker-microvm/firecracker/blob/master/docs/design.md*

[167] *https://lwn.net/Articles/531114/*

[168] *https://lwn.net/Articles/750313/*

[169] *https://github.com/iovisor/kubectl-trace*

[170] *https://github.com/kubernetes—incubator/metrics-server*

[171] *https://kubernetes.io/docs/tasks/debug-application-cluster/resource-usage-monitoring/*

[172] *https://www.kernel.org/doc/Documentation/cgroup-v1/cpuacct.txt*

[173] *http://blog.codemonkey.ws/2007/10/myth-of-type-i-and-type-ii-hypervisors.html*

[174] *http://www.brendangregg.com/blog/2017-11-29/aws-ec2-virtualization-2017.html*

[175] *http://www.pcp.io/*

[176] *http://getvector.io/*

[177] *https://github.com/Netflix/vector*

[178] *https://www.timeanddate.com/holidays/fun/yellow-pig-day*

[179] *https://github.com/iovisor/bpftrace/issues/646*

[180] *https://github.com/iovisor/bcc/blob/master/docs/tutorial_bcc_python_developer.md*

[181] *https://github.com/iovisor/bcc/blob/master/docs/tutorial_bcc_python_developer.md*

[182] *https://github.com/cilium/cilium/tree/master/bpf*

[183] *https://github.com/iovisor/bcc*

[184] *https://github.com/torvalds/linux/blob/master/include/uapi/linux/bpf.h*

[185] *http://www.brendangregg.com/psio.html*

[186] *https://static.sched.com/hosted_files/lsseu2019/a2/Kernel%20Runtime%20Security%20Instrumentation.pdf*

[187] *https://github.com/torvalds/linux/commits/master/drivers/nvme/host/trace.h*

찾아보기